학교현장 중심의

아동·청소년 이상심리학

Terry Diamanduros, PhD · P. Dawn Tysinger, PhD, NCSP
Jeffrey A. Tysinger, PhD, NCSP · Pamela A. Fenning, PhD, ABPP 공저
이동형 · 김문재 · 이창우 · 김주영 · 강수현 공역

Child And Adolescent Psychopathology for School Psychology

학지사

The original English language work:
Child and Adolescent Psychopathology for School Psychology
ISBN: 9780826135780
by Terry Diamanduros, PhD; P. Dawn Tysinger, PhD, NCSP;
Jeffrey A. Tysinger, PhD, NCSP; and Pamela Fenning, PhD, ABPP
has been published by:
Springer Publishing Company
Princeton, New Jersey, USA

이 과제는 부산대학교 기본연구지원사업(2년)에 의하여 연구되었음.

역자 서문

학교는 아동 · 청소년이 발달하는 중요한 맥락이다. 학교는 단순히 학업 지식과 기술을 전수하고 습득하는 장소가 아니라 저마다 다른 개성을 지닌 학생들이 인지 · 정서 · 사회 · 행동적으로 건강하게 성장하도록 지원하는 교육의 장인 것이다. 오늘날 학교현장에서 상당수의 아동 · 청소년들이 다양한 이유로 다양한 형태의 적응적 · 발달적 문제를 드러낸다. 이에 이들을 일상적으로 지원하는 상담교사나 기타 정신건강 전문인력, 일반교사, 특수교사, 학교관리자들은 이들의 심리적 특성을 잘 이해해야 할 뿐 아니라 이들의 특별한 교육적 요구를 고려하여 효과적으로 지원하는 방안에 대해 늘 고민해야 한다. 이 책은 학교현장의 교사 및 정신건강 전문가들의 이러한 고민을 염두에 두고 집필한 책이라는 점에서 주목할 만하다.

이 책은 학교현장의 관점에서 아동 · 청소년의 정신병리를 깊이 있게 다루는 대학원 수준의 교재로 집필되었으며, 구체적으로는 미국의 학교심리사(school psychologist) 대학원 양성과정에서 사용하도록 기획되었다. 이 책에는 전통적인 정신병리학 혹은 이상심리학 분야의 최신 연구 성과와 이러한 지식 기반을 교육현장에서 활용하는 데 초점을 두는 학교심리학적 관점이 잘 융합되어 있다. 이 책은 DSM-5에서 제시하고 있는 많은 정신장애 중 교실현장에서 자주 접할 수 있으며, 교육적 · 임상적 쟁점이 될 수 있는 핵심적인 장애 18가지를 선별하여 다루되, 각 장애별로 정신병리에 대한 깊이 있는 논의와 최신 연구결과들을 반영할 뿐 아니라 각 장애가 교실과 가정에서의 적응과 기능에 구체적으로 어떠한 영향을 미치는지를 비중 있게 다루고 있다. 또한 학교현장과 관련된 진단과 평가, 자문, 옹호, 상담 및 심리치료 등 학내 정신건강 지원인력의 구체적인 전문적 역할을 안내함으로써 우리나라 교육현장의 상담교사, 상담사, 임상심리사, 특수교사, 일반교사에게도 함의가 있는 내용을 두루 포함하고 있다. 다만, 미국과 한국 간에는 교육시스템, 교육 관련 법령, 학교 내 정신건강 지원 제도 및 직군이 차이가 있으므로, 이 책에 담긴 내용 중 일부는 국내 교육현장에 바로 적용하기에 어려운 대목도 일부 있을 수 있음을 참작하길 바란다. 이러한 문화적 차이에도 불구하고, 역자들은 이 책과 비길 수 있는 국내 학술서가 아직은 찾기 어려울 뿐만 아니라 독자로서 이러한 차이를 인식하고 국내 교육현장에 필요한 변화가 무엇인지 구체적으로 성찰하는 것이 발전적 변화를 위한 밑거름이 될 수 있다고 판단하여 이 책의 원서를 가감 없이 그대로 번역하여 소개하기로 한 것임을 밝혀 둔다.

현재 국내에서 출간된 대부분의 이상심리학 혹은 정신병리 관련 교재들은 예외 없이 정신장애를 임상적 관점에서만 서술하고 있으며, 중재 방안 또한 임상 장면을 염두에 두고 소개하고 있어서 정신병리를 학습하여 교육현장에 적용하고자 하는 독자들 입장에서는 교육적 관련성을 도출하기가 쉽지 않은 문제가 있다. 이러한 측면에서 이 책은 임상현장과 학교현장의 간극을 좁히는 독특한 정신병리 학습서라고 자부할 수 있으며, 국내 교육현장에 최적화된 이상심리 교재가 출간되기까지 역서로서 의미 있게 기여할 것으로 확신한다. 또한 교육현장에서 만나는 아동·청소년의 다양한 정신병리와 교육적 쟁점에 관심이 있는 독자라면 누구에게나 도움이 될 수 있으며, 학교심리나 학교상담, 상담심리 관련 전공의 일반대학원, 특수대학원 혹은 교육대학원의 전문상담교사 양성과정에서 이상심리 또는 특수아상담 관련 과목의 주교재나 부교재로 매우 적합할 것이다.

이 책은 학교심리학을 전공한 현직 교수와 대학원 박사과정을 수료한 4명의 현직 교사의 공동 노력으로 완성되었다. 서문과 제1~4장은 이동형, 제5~8장은 김문재, 제9~12장은 이창우, 제13~16장은 강수현, 제17~19장은 김주영이 번역하였으며, 여러 차례 서로 돌려 읽으며 원고의 완성도를 높이고, 대표 역자가 최종 감수하였다. 혹시 부족한 점이나 번역 오류가 발견된다면 이는 전적으로 대표 역자의 책임임을 밝혀 둔다. 학교현장에 도움이 되겠다는 일념으로 만만치 않은 역서 작업을 묵묵히 인내하며 함께 걸어 준 공동 역자들의 뜨거운 열정과 노고를 치하하며, 이 책이 나오기까지 같은 마음으로 응원하고 지켜봐 준 우리의 사랑하는 가족들에게, 그리고 좋은 책 하나가 출판되기까지 한결같이 애써 주신 학지사 직원분들께 깊은 감사의 마음을 전한다.

미리내골 학교심리연구실

대표 역자 이동형

서문

이 책은 아동·청소년의 정신병리학 관련 과목을 수강하는 학교심리학 전공 대학원생을 위한 교재로 기획되었다. 이 교재는 아동·청소년의 정신건강 관련 심리적 장애들을 포괄적으로 다루며, 학교심리학적 관점을 통합하여 『정신질환의 진단 및 통계 편람 5판』(DSM-5; American Psychiatric Association, 2013)에 따른 진단 및 2004년 제정된 연방법(U.S. Department of Education, n.d)인 「장애인교육법(Individuals with Disabilities Education Improvement Act: IDEA)」에 따른 교육적 목적의 장애 여부 결정과 관련된 쟁점들을 다룬다. 또한 이 책은 특정 장애 및 정신건강 문제가 있는 아동·청소년의 사회, 정서 및 행동적 요구와 관련된 문화적 쟁점들을 살펴보며, 학교가 그들의 정신건강 및 학습적 요구를 충족할 수 있도록 돕기 위해 어떻게 중요한 역할을 할 수 있을지 학교심리사를 위한 시사점을 제시한다. 더욱이, 학교에서 적용할 수 있는 증거기반의 교육 및 정신건강 지원과 개입 방법들도 고찰한다. 이 서문에서는, (1) 이 책의 전반적 목적과 이 책을 집필한 이유, (2) 이 책에서 다루는 내용을 대학원생들이 학습하는 데 도움을 주기 위해 만들어진 장치들, (3) 교수자용 참고자료, (4) 대상 독자, (5) 이 책의 주요 부분에서 다루는 내용 구성에 대한 정보를 제공하고자 한다.

이 책의 전반적 목적

이 책을 집필하는 데 있어서 우리의 전반적 목표는 학교심리학적 관점에서 아동·청소년의 정신건강장애에 대한 전문 정보를 제시하는 대학원생용 교재를 만드는 것이었다. 학교심리사를 양성하는 대학원 과정의 교수로서 아동·청소년의 정신건강 문제를 파악하는 데 있어서 학교심리학적 관점에서 집필된 정신병리학 교재를 찾는 것은 쉽지 않았다. 대부분의 정신병리학 교재는 임상심리학적 관점에서 쓰였으므로, 학교심리사의 전문적 활동을 통해 학교에서 아동·청소년의 정신건강과 교육적 요구를 해결할 수 있는 방법에 초점을 두고 있지 않다. 우리는 DSM-5의 진단 기준을 넘어서는 쟁점들을 다루는, 학교심리학 전공생을 위해 특별히 기획된 교재를 개발하고자 하였다. 우리는 DSM의 진단 기준을 활용하여 아동·청소년의 정신건강장애들을 식별할 뿐 아니라 학교의 다학제 팀이 특수교육 서비스 수혜자격 결정 시에 고려하는 IDEA의 장애 범주들도 함께 고려하는 포괄적 관점을 제시하는 것을 목표로 하였다. 이 책은 두 가지 형태의 분류체계(즉, DSM과 IDEA의 장애 범주)를 모두 제시함으로써 학교심리학 대학원생들이 DSM의 진단 준거 및 잠재적인 교육적 장애들의 적격성 기준에 대한 지식을 얻을 수 있도록 구성하였다. 또한 특정 정신건강장애와 관련될 수 있는 문화적 쟁점들 및 학교와 가정에서 아동·청소년의 장애가 사회성, 정서 및 행동 기능에 미칠 수 있는 영향을 고려하도록 안내하였으며, 학생의 정신건강 문제가 어떻게 학습에 영향을 미치며, 학교심리사가 학생들의 교육적 요구를 해결하기 위해 교사들과 어떻게 협력할 수 있을지에 대해 논의함으로써 독자들의 지식을 한층 더하고자 하였다. 특히 미래의 학교심리사가 아동·청소년의 다양한 기능적 측면들을 고려하게 하여 특정 정신건강장애를 가진 학생들의 사회정서적·행동적 요구를 더 잘 이해하고, 학교기반의 정신건강 서비스를 제공하는 데 있어서 그들의 역할을 보다 잘 인식할 수 있도록 돕고자 하였다. 아동·청소년 정신병리학을 가르치는 대학원 과정의 교수자와 수강생 모두 이 책에서 취한 학교심리학의 관점이 학생들의 정신건강 문제를 이해하고 다루는, 효과적이면서도 실제적인 접근이라는 것을 알게 되기를 희망한다.

학습 조력 장치

이 책은 대학원생들이 다양한 정신건강장애에 대한 장들을 읽어 나감에 따라 학습을 도울 수 있는 몇 가지 장치를 포함하고 있다. 각 장에는 해당 장애 관련 진단적 쟁점, 문화적 고려사항, 사회성과 정서 및 행동 기능에 미치는 영향, 이 장애를 가진 아동·청소년이 경험할 가능성이 큰 학습 문제, 학교심리사를 위한 시사점, 학교 장면에서 활용할 수 있는 교육 및 정신건강 지원의 유형 등에 대한 사실들을 신속히 알아볼 수 있도록 따로 음영 처리하였다. 특정 장애를 다루는 각 장은 사례 연구를 하나 제시하여 진단적 특징, 그리고 아동과 가족이 직면하는 어려움, 학교가 대응할 수 있는 여러 방법에 대해 논의하였다. 또한 각 장에는 연습문제를 두어 선다형 및 진위형 질문과 토의질문을 제시하였으며, 대학원생들이 앞으로 학생, 학부모, 교직원들과 함께 일하면서 활용할 때 도움이 될 수 있는 자료 목록을 제시하였다.

교수자를 위한 자원

이 책에는 교수자에게 도움이 될 수 있는 자료도 포함되었다. 각 장에는 연습문제와 토의질문을 위한 질문들뿐 아니라 학습 목표가 제시되었다. 각 장에는 사례 연구가 포함되어 있는데, 이러한 사례 연구는 대학원생들이 사례개념화 능력을 개발하고 학교현장에서 학생들의 교육 및 정신건강 요구가 어떻게 다루어질 수 있을지 학습하는 데 도움을 줄 수 있으므로, 교수자에게도 효과적인 도구가 될 수 있을 것이다.

교수자를 위한 그 외의 부수적인 자료들은 교수자 매뉴얼에 포함되어 있다. 이 매뉴얼에는, (1) 미국학교심리사협회(National Association of School Psychologists: NASP)의 영역들(2020), (2) 학습 목표, (3) 각 장 요약, (4) 토의 질문과 각 질문에 대한 모범적 답변에 포함될 수 있는 핵심, (5) 각 장에서 추가로 보면 좋은 자료가 포함되어 있다. 각 장의 핵심을 담고 있는 파워포인트는 교수자를 위한 도구로 제작되었으며, 교수자는 여기에 추가하고 싶은 내용을 보완하여 사용할 수 있다. 각 장에는 학습한 내용을 묻는 10개의 선다형 문제들을 모은 문제은행이 제시되어 있으며, 이는 교수자를 돕는 자료로 활용될 수 있을 것이다.

대상 독자

이 책의 대상 독자는 학교심리학을 전공하는 대학원생들이다. 우리는 이 책이 DSM-5의 진단 준거와 교육적 장애(즉, IDEA) 준거의 차이를 이해하고, 정신건강 문제가 학생들의 사회성, 정서, 행동 및 학습 기능에 영향을 미칠 수 있는 방식들을 이해하도록 돕는 데 도움이 되기를 바란다. 이 책이 사용될 수 있는 대학원 과목의 예는 다음과 같다.

- 아동 정신병리학
- 아동 · 청소년 정신병리학
- 아동기와 청소년기의 정신병리
- 교육장면에서의 발달정신병리
- 아동기의 발달정신병리
- 고급 아동 · 청소년 발달정신병리
- 아동 · 청소년 이상심리학

이 책의 내용 구성

이 책은 7부로 구성되어 있다. 이 책의 첫 부분에서는 아동 · 청소년의 정신건강장애들과 학교기반의 정신건강 서비스의 필요성이 다루어진다. 이 책의 나머지 부분은 제2장부터 제19장까지인데, 각 장은 정신건강장애의 특정 범주를 다룬다. 각 장은 다음과 같은 절로 구성되어 있다.

- 도입
- 진단적 쟁점
- 문화적 쟁점
- 학교와 가정에서 사회성, 정서 및 행동 기능에 미치는 영향
- 교실에서 학습에 미치는 영향
- 학교심리사를 위한 시사점
- 교육적 지원
- 학교기반 정신건강 개입 및 지원
- 사례 연구

제1부: 학교현장과 아동 · 청소년의 정신건강 문제

제1부는 아동 · 청소년의 정신건강에 대해 소개하는 첫 장을 포함한다. 제1장은 아동 · 청소년의 정신건강장애의 유병률에 대한 정보를 포함하며, 빈곤, 인종 스트레스, 소셜미디어, 사이버괴롭힘 등의 정신건강에 영향을 미치는 스트레스 요인, 위험요인 및 보호요인에 대한 정보를 제시한다. 또한 학교에서 아동 · 청소년의 정신건강 문제를 다루는 데 있어서 학교심리사의 역할과 학교기반 정신건강 서비스의 중요성에 대해 논의한다. 이 장은 또한 학교에서 정신건강 문제의 확인에 대해서 검토하며, 정신건강장애의 DSM-5 진단과 IDEA에 따라 분류되는 교육적 장애들을 비교한다.

제2부: 신경발달장애

제2부인 제2장부터 제4장까지는 신경발달장애를 다룬다. 주로 다루는 장애는 주의력결핍 과잉행동장애(ADHD), 지적장애, 자폐스펙트럼장애다.

제3부: 파괴적, 충동조절 및 품행장애

제3부인 제5장부터 제7장까지는 품행장애, 적대적 반항장애, 간헐적 폭발장애를 다룬다.

제4부: 불안장애

제8장에서 제11장까지는 아동·청소년의 불안장애에 초점을 둔다. 여기에 포함되는 특정 장애들로는 범불안장애, 분리불안장애, 사회불안장애, 선택적 함구증이 있다.

제5부: 기분장애

제5부에는 아동·청소년의 세 가지 기분장애, 즉 주요우울장애, 파괴적 기분조절부전장애, 지속성 우울장애(이전에는 기분부전증으로 지칭됨)가 포함된다.

제6부: 강박 및 관련 장애

제6부에는 제15장과 제16장이 포함되는데, 강박장애와 저장장애를 다룬다.

제7부: 외상 및 스트레스 관련 장애

이 책의 제7부는 외상 및 스트레스 관련 장애들에 초점을 둔다. 제17장부터 제19장까지는 외상후 스트레스장애(PTSD), 반응성 애착장애(RAD), 탈억제성 사회적 접근장애(DSED)를 다룬다.

Terry Diammanduros
P. Dawn Tysinger
Jeffrey A. Tysinger
Pamela A. Fenning

참고문헌

American Psychiatric Association. (2013). *Diagnostic and statistical manual of mental disorders* (5th ed.). https://doi.org/10.1176/appi.books.9780690425596

National Association of School Psychologists. (2020). *The professional standards of the National Association of School Psychologists*. Author.

U.S. Department of Education. (n.d.). *Individuals with Disabilities Education Improvement Act*. https://sites.ed.gov/idea/

차례

제3부
파괴적, 충동조절 및 품행장애

제5장 품행장애

제6장 적대적 반항장애

제7장

간헐적 폭발장애

제4부

불안장애

제8장

범불안장애

제5부
기분장애

제12장 주요우울장애

제13장 파괴적 기분조절 부전장애

제14장 지속성 우울장애

제 6 부
강박 및 관련 장애

제7부

외상 및 스트레스 관련 장애

제17장 외상후 스트레스장애

제18장 반응성 애착장애

제1부

학교현장과 아동·청소년의 정신건강 문제

제1장

아동 · 청소년의 정신건강

학습 목표

- 아동 · 청소년 정신건강 문제의 현황을 이해할 수 있다.
- 아동의 정신건강에 영향을 줄 수 있는 현대의 스트레스 요인들을 설명할 수 있다.
- 학교기반 정신건강 서비스의 필요성을 논의할 수 있다.
- 정신건강 서비스 제공에 있어서 학교심리사의 역할에 대해 논의할 수 있다.
- 임상/의료 장면에서 정신건강장애를 진단하기 위하여 『정신질환의 진단 및 통계 편람 5판(DSM-5)』을 사용하는 것과 학교에서 장애 범주를 확인하기 위하여 「장애인교육법(IDEA)」을 활용하는 것을 비교할 수 있다.

도입

아동 · 청소년의 정신건강

아이들은 사회 · 정서적으로 잘 발달할 때 다른 사람과 사회적으로 상호작용하고 자신의 감정을 적절한 방법으로 표현하는 데 필요한 기술을 갖추게 된다. 정신적으로 건강한 아이들은 효과적인 대처 기술을 가지고 있으며, 자신을 긍정적으로 보고, 사회적 상황에서 적절하게 상호작용하며, 자신의 감정을 조절할 수 있다. 그러나 어떤 아이들은 감정과 행동 관리에 어려움을 겪으며, 사회적 상황들에서 압도되는 경험에 이를 수 있다. 그들은 폭발하거나 정서적으로 '붕괴(meltdown)'되는 행동을 시작할 수 있는데, 이는 자신의 감정을 조절할 수 없고, 다른 사람들과 함께 있는 것에 너무 압도되어 그들 스스로를 사회적으로 고립시키기 시작하기 때문이다.

미국에서는 영유아, 아동, 청소년의 정신건강 상태에 대한 우려가 지난 20여 년에 걸쳐 증가해 왔으며, 이미 20년 전에 이를 공중건강의 위기로 지목한 바 있었다(U.S. Department of Health and Human Services, 2000). 구체적인 우려 사항으로는 부정확한 진단, 연구 기반의 치료 및 서비스의 제한된 가용성, 가용한 서비스에 대한 제한된 접근성, 확인되거나 치료되지 않은 아동 · 청소년의 정신건강 문제 등이 포함되어 있었다. 변화를 촉구하는 목소리에 반응하여, 미국의 공중위생국 장관은 2000년에 "어린이 정신건강: 국가적 조치 의제 개발"이라는 제목의 콘퍼런스를 개최하였다(U.S. Department of Health and Human Services, 2000). 이 콘퍼런스는 비록 20년 이상 전에 열렸지만, 아이들의 정신건강에 대한 동일한 우려는 오늘날에도 계속되고 있다.

미국심리학회(American Psychological Association, n.d.)에 따르면, 대략 백만 명의 아동 · 청소년들이 진단 가능한 정신건강장애를 가지고 있는 것으로 추정되고 있다. 물론 이 숫자도 놀랍지만, 심리서비스가 필요한 아이들의 오직 7%만이 실제로 정신건강 전문가로부터 치료적 서비스를 받는다는 사실 또한 놀랍기는 마찬가지이며, 더욱 우려스러운 점이기도 하다. 연구자들은 아동기 부정적 생애경험(Adverse Childhood Experiences: ACE)이 아동의 정신적 · 신체적 건강에 미치는 영향에 대해 연구해 왔다. 이러한 경험은 아동에게 스트레스를 주고 잠재적으로는 외상적일 수도 있는 것으로, 학대나 정서적 혹은 신체적으로 유해한 환경에서 사는 것과 같은 사건들을 포함한다(Boullier & Blair, 2018). 미국에서 거의 백만 명의 어린이들이 최소 한 번의 ACE를 경험한 것으로 추정된다(Child and Adolescent Health Measurement Initiative, 2013). 오늘날 미국의 아이들은 그들의 삶에 일상적으로 영향을 미치는 ACE로 볼 수 있을 듯한 몇 가지 심리사회적 도전에 직면해 있다. 스트레스를 야기하는 이러한 도전들은 빈곤, 인종 스트레스, 학교폭력, 그리고 소셜미디어와 사이버괴롭힘 등을 포함한다.

> 대략 백만 명의 아동 · 청소년이 진단 가능한 정신건강장애를 가지고 있는 것으로 추정된다.

빈곤

미국의 아동보호기금 2021년 보고서는 미국의 어린이들이 "미국에서 가장 가난한 연령 집단으로, 특히 유색인종의 아이들과 어린아이들이 가장 높은 빈곤율을 보인다."(2021, p. 10)라고 하였다. 이 보고서는 어린이 7명 중 1명, 즉 1,050만 명의 어린이들이 빈곤 속에 살아가고 있다고 하였다. 또한 이 보고서에 따르면 빈곤 속에 살고 있는 아이들의 약 71%가 유색인종이었으며, 6세 이하의 어린이 6명 중 거의 한 명은 가난했는데, 이들 중 거의 절반은 극도의 빈곤 속에 살고 있는 것으로 나타났다(Children's Defense Fund, 2021).

연구자들은 빈곤 속에 사는 아이들이 자기조절(자신의 정서와 행동을 조절), 집행기능(작업기억 및 계획 세우기 같은 인지적 기술), 충동성, 부주의, 또래관계 문제, 반항성 등에서 어려움을 경험한다고 보고하였다(American Academy of Pediatrics: AAP, 2016). 이러한 유형의 문제들은 주의력결핍 과잉행동장애(ADHD) 같은 정신건강장애의 발병에 취약하게 한다. 미국소아과학회(American Academy of Pediatrics, 2016)는 빈곤과 관련된 스트레스, 즉 불충분한 식량, 에너지, 주거, 교통 등이 양육에 영향을 미칠 수 있다고 보고한다. 빈곤은 또한 좋지 않은 발달적 · 심리사회적 결과와 관련이 있다(AAP, 2016).

인종 스트레스

연구자들은 인종차별이 소수민족 아동 · 청소년의 사회 · 정서적 안녕에 미치는 영향에 대해 연구해 왔다. 연구 증거에 따르면, 흑인 청소년들에 대한 지속적인 인종차별을 불안, 우울 및 트라우마 증상을 증가시킨다(Priest et al., 2013). Graham 등(2007)은 유색인종 소년들이 18세 생일 이전에 최소 다섯 번의 아동기 부정적 생애경험(ACE)에 노출될 수 있음에 주목하였다. 다른 연구자들은 평균적으로 흑인 청소년들이 하루에 다섯 번 정도 인종 관련 부당 행위를 경험한다는 것을 발견하였는데(English et al., 2020), 인종 관련 부당 행위의 예로는 인종 때문에 놀림을 받거나 불쾌한 농담을 듣는 것 등이 있다. 유색인종 청소년에 대한 지역사회의 폭력은 외상후 스트레스 증상들과 관련이 있는 것으로 나타났다(Deane et al., 2020). 유색인종 청소년의 사회 · 정서적 안녕감은 지역사회 폭력에 의해 부정적 영향을 받을 수 있으며(Lanier et al., 2017), 일부 연구자들은 이러한 폭력의 영향이 인종 스트레스에 의해 심화될 수 있다고 주장한다(Saleem et al., 2020). 시간이 지남에 따라, 인종 관련 부당 행위는 아동이나 청소년에게 누적적인 영향을 미쳐 위협이 경험될 수 있는 상황들에 대한 예민성을 높일 수 있으며, 인종 스트레스는 공격성과 같은 부적응적 행동뿐 아니라 불안, 우울, 과잉경계로 나타날 수 있다(National Child Traumatic Stress Network, Justice Consortium, Schools Committee, and Culture Consortium, 2017). 일부 연구자들에 따르면 인종 관련 사건은 유색인종 아동이나 청소년을 정서적으로 취약하게 만들고, 외상후 스트레스장애(PTSD)의 위험에 처하게 할 수 있는 만성적 폭력으로 인식될 수 있다(Tynes et al., 2019). 특정 인종 집단에 대한 폭력 행위와 관련하여 세간의 이목을 끄는 사례들에 대한 언론 보도는 아이에게 트라우마를 유발하는 사건이 될 수도 있다(Proctor et al., 2020).

학교폭력

불행하게도 학교폭력은 새로운 현상이 아니다. 실제로, 학자들은 이를 공중건강 문제로 간주하고 있다(Janosz et al., 2008). 질병관리본부(CDC)의 청소년 위험행동조사(2019)에 따르면, 고등학생 5명 중 1명이 학교에서 괴롭힘을 당했으며, 고등학생의 약 8%가 학교에서 싸움을 벌인 적이 있다. Flannery 등(2004)이 수행한 연구는 3학년에서 12학년까지의 학생들이 어느 정도로 폭력에 노출되었는지 조사하였는데, 약 56%의 아이들이 다른 아이가 구타당하는 것을 목격했고, 87%는 다른 아이가 뺨을 맞거나 때리는 것을 보았다고 보고하였다. 이 연구는 또한 약 44%의 학생들이 학교에 있을 때 위협을 받은 적이 있음을 밝혔다. 이 연구자들은 학교에서 높은 수준의 폭력에 노출된 학생들은 낮은 수준을 경험한 학생들에 비해 더 많은 임상적 수준의 외상을 경험하는 경향이 있음을 발견하였다. 다른 연구자들은 학교폭력 피해가 우울 증상과 정적으로 연관되어 있으며(Estevez et al., 2005), 학교폭력을 목격하는 것이 실제 피해를 입는 것보다 이후 외현화 문제행동을 더 잘 예측하는 요인임을 발견하였다(Janosz et al., 2008). CDC의 청소년 위험행동조사 결과(2019)에 따르면, 조사에 응한 고등학생의 7% 이상이 학교에서 흉기로 위협을 받거나 피해를 입었다고 응답하였고, 약 9%의 학생들이 학교에 있는 동안 안전하지 못할 것이라고 생각하여 학교에 출석하지 않은 적이 있다고 응답하였다. 집단 총격에 노출된 청소년들의 정신건강 결과에는 우울, 불안, 외상성 스트레스, 자살, 약물 남용이 포함된다(Cimolai et al., 2021). 우려스러운 연구 결과 중 하나는 남자 총격범들이 자신의 학교에서 또래들에게 총격을 가하기로 정할 때 인터넷이 그들에게 지원 그룹을 제공할 수 있다는 점이다(Markward et al., 2001).

소셜미디어와 사이버괴롭힘

소셜미디어가 사람들을 서로 연결하여 친분을 쌓을 수 있도록 돕는 역할을 할 수 있지만, 다른 사람들을 사이버상에서 괴롭히는 도구로 사용된다면, 아동 · 청소년의 사회 · 정서적, 행동적 안녕에 우려할 만한 영향을 미칠 수 있다. 예를 들어, Richards 등(2015)은 사이버괴롭힘이 아동 · 청소년의 건강에 미치는 영향을 살펴보고자 관련 연구들을 검토하였는데, 정신건강에 미치는 영향이 가장 크다는 것을 발견하였다. 구체적으로는, 소셜미디어 사용과 자존감, 신체상 간의 관련성이 드러났는데, 원인과 결과가 명확하지 않아 추가 연구가 필요하다고 강조하였다. 다른 연구들은 사이버괴롭힘과 우울 증가 간의 관련성을 발견하였고, 일부 연구자들은 사이버괴롭힘과 우울 및 불안 증상 간의 관계를 보다 정확히 살펴보기 위해 종단 연구들을 수행하였다. Rose와 Tynes(2015)는 6학년과 12학년 사이의 청소년 표본을 추적하였는데, 3년 동안에 걸쳐 수행되었다. 이 연구에서 사이버괴롭힘 피해와 우울, 사이버괴롭힘 피해와 불안 간에는 서로 영향을 주고받는 관계가 있는 것으로 나타났다(Rose & Tynes, 2015). 전반적으로, 이러한 결과들은 사이버괴롭힘이 아동 · 청소년의 정신적 안녕에 부정적 영향을 미칠 수 있음을 보여 준다.

유병률

앞에서 언급하였듯이, 전문가들은 정신건강 문제를 가진 아동·청소년의 수가 상당히 많은 점에 대해 우려를 표명해 왔다. CDC(n.d.-a)는 전국 학생건강조사결과에서 얻은 데이터를 활용하여 정신건강장애들의 유병률을 보고한다. CDC(n.d.-b)에 따르면, 대략 13~20%(5명 중 한 명)가 정신건강 문제를 가지고 있다. 외현화 문제들 중에서는 ADHD가, 내재화 장애들 중에서는 불안장애가 가장 빈번하였다.

외현화 장애: 주의력결핍 과잉행동장애와 행동 문제

ADHD는 다른 장애들보다 더 자주 발생한다. 2세와 17세 사이의 아동·청소년 중에서 대략 9.4% 또는 610만 명의 아이들이 ADHD 진단을 받는다(CDC, n.d.-a). 정서 혹은 행동상의 의뢰 문제를 살펴보면, 대부분의 학교심리학자는 다른 어떤 장애보다도 ADHD와 관련된 문제들에 대해 의뢰를 받을 가능성이 가장 크다. 3세에서 17세 사이의 아이들 중 약 7.4%가 파괴적 행동 문제로 진단을 받으며, 이는 약 450만 명에 해당된다(CDC, n.d.-a). 남아들이 여아들에 비해 ADHD로 진단받을 가능성이 더 크다는 점도 주목해야 한다(CDC, n.d.-b). 더욱이, 행동 문제는 낮거나 높은 연령대의 다른 아이들에 비하여, 6세와 11세 사이의 연령대에서 더 흔한 것으로 보고되었다(CDC, n.d.).

내재화 장애: 불안과 우울

내재화 장애들 중에서는 불안장애가 일반 집단에서는 가장 빈번히 발생한다. CDC(n.d.-a)가 보고한 자료에 따르면, 불안장애는 3세와 17세 사이의 아동·청소년 중에 7.1% 진단되는데, 이는 약 440만 명에 해당하는 숫자다. 불안장애는 우울장애보다 더 빈번히 발생하는데, 우울장애의 경우 3세와 17세 사이의 아동·청소년 중에 3.2% 진단되며, 이는 약 190만 명에 해당하는 숫자다. 불안장애와 우울장애는 연령의 증가에 따라 더 흔해진다는 점에 주목해야 한다.

공존장애

장애들이 서로 공존할 때, 이것을 공존장애라고 하며, 이는 보다 불량한 결과와 관련된다. CDC에 따르면, 우울증을 가진 3세에서 17세 사이의 아이들 4명 중 약 3명(73.8%)은 불안장애로 진단될 가능성이 가장 높다. 또한 우울증을 가진 아이들 2명 중 약 1명(47.2%)은 파괴적 행동장애 진단을 받을 것이다. 3세와 17세 사이의 아이들 중 불안장애로 진단받은 3명 중 1명(37.9%)

은 행동 문제 또한 보일 것이며, 3명 중 1명(32.3%)은 또한 우울증 진단을 받을 것이다. 행동 문제를 가진 3세와 17세 사이의 아동 · 청소년 셋 중 한 명(36.5%) 이상이 불안장애 진단을 받을 것이며, 약 5명 중 1명(20.3%)은 또한 우울증 진단을 받을 것이다.

위험요인 및 보호요인

정신건강장애가 미치는 부정적 영향에 대한 취약성은 위험요인 및 보호요인의 존재에 따라 달라진다. 학교심리사는 학생에 대한 철저한 발달 이력과 배경정보를 파악하여 정신건강 문제로 인해 더욱 위험에 처하게 하는 요인이 있는지, 혹은 이로부터 보호하는 요인이 있는지를 파악하는 것이 도움이 된다. 미국 공중위생국 장관의 한 보고서(U.S. Public Health Service et al., 2009)에 따르면, 위험요인은 일부 부정적 결과가 발생할 가능성을 높이는 것과 관련이 있다. 예를 들어, 위험요인은 유전과 같이 생물학적 요인이거나 정신질환의 가족력 같은 가족적 요인일 수 있다. 정신건강 문제 발생의 일반적인 위험요인으로는 낮은 자존감, 부정적인 가정 환경, 스트레스 사건, 또래거부 등(U.S. Public Health Service et al., 2009)을 포함한다. 반면, 정신질환의 부정적 영향으로부터 아동을 보호하는 데 도움이 되는 보호요인으로 알려진 요인들도 있다. 보호요인의 예로는 좋은 대처 기술, 높은 자존감, 지지적 관계 등이다(U.S. Public Health Service et al., 2009).

> 정신건강 문제를 일으키는 일반적인 위험요인으로는 낮은 자존감, 부정적 가정 환경, 스트레스 사건, 또래거부 등을 포함한다.

학교에서 아동 · 청소년의 정신건강 문제 다루기: 학교심리사의 역할

학교에서 아동 · 청소년의 정신건강 문제를 다루어야 할 필요성

2004년에 미국소아과협회의 학교건강위원회는 학교에 기반을 둔 정신건강 서비스의 필요성에 대한 정책 성명을 발표하였다. 이 성명은 당시 아동 · 청소년의 20% 이상이 정신건강 문제를 경험한다고 지적하였다. 이 성명은 정신건강 문제가 아이들에게 미칠 수 있는 악영향과 학교기반 정신건강 서비스의 필요성에 대해 아동 · 청소년과 함께 일하는 학제간 전문가들에게 알려야 할 의료계의 책임을 인정했다. 이 정책 성명에 따르면, 소아과 의사들이 만나는 아이들 중 정신건강 문제로 힘들어하는 아이들 수가 점차 증가하고 있다는 점에서 정신건강 서비스의 필요성이 자명하게 드러난다. 20년 동안 소아과에서 보는 정신과적 문제를 가진 아이들의 비율은 7%에서 19%로 증가하였다(Kelleher et al., 2002: American Pediatric Association Committee on School Health, 2004에서 재인용). 당시 아동 · 청소년의 학교폭력, 괴롭힘, 자살이 흔하게 보도되었다. 학업 중단율, 청소년 투옥율, 가족 역기능 증가 등 치료받지 못한 정신건강장애의 결과에 대한 심각한 우려가 제기되었다. 그들이 경험하는 정신건강장애의 유형에 대해서는 13%가 불안장애, 6.2%가 기분장애, 10.3%가 파괴적 행동, 2%가 약물사용을 경험한 것으로 보고되었다(American Pediatric Association Committee on School Health, 2004). 이 정책 성명서는 또한 학교 밖의 환경에서 제공하는 정신건강 서비스 관련 장애물들에 대해 언급하였다. 이러한 장애물로는 보험으로 처리되지 않는 서비스에 대한 재정적 제약, 서비스 시설에 접근하기 위한 운송 문제, 정신건강 문제와 관련된 낙인이 있다. 이러한 장애물은 치료 서비스의 조기 종결로 이어질 수 있다. 반면, 학교기반의 정신건강 프로그램의 장점은 정신건강 문제를 조기 확인하여 정신건강 서비스를 받게 할 수 있다는 점이다. 이 정책 성명서가 학교 정신건강 서비스 제공자와 소아과 전문의 그룹 간의 긴밀한 협력을 옹호하고, 학교 내에 서비스 지원 시스템을 구축하여 활용할 것을 강조한다는 점은 주목할 만한 흥미로운 점이다.

다른 연구자들 또한 아동 · 청소년의 정서적 · 행동적 요구를 해결하기 위해 학교에 기반을 둔 정신건강 서비스가 필요하다는 점을 잘 인식하였다. Davis 등(2006)은 아동 · 청소년 연령대에서 정신건강 문제의 유병률을 확인하는 연구에는 많은 관심을 쏟은 한편, 학교기반의 정신건강 서비스 제공에 대한 연구 관심은 상대적으로 부족하였다고 지적한다. Davis 등(2006)이 또한 주목한 점은 아동 · 청소년의 치료되지 않은 정신건강 문제의 심각성이 연방 차원에서 대통령의 정신건강 신자유위원회(New Freedom Commission on Mental Health, 2003)에 의해 인정되었으며, 이 위원회는 이들의 정신건강 요구를 해결하기 위해 학교에서 서비스가 제공될 수 있음을 인정하였다는 점이었다. Perfect와 Morris(2011)는 유병률 자료에 따르면 20%에 육박하는 아동 · 청소년이 불안, 강박장애, 파괴적 행동을 포함하는 정서 · 행동 문제를 경험하고 있다는 점에 주목한다. 또한 치료되지 않은 정신건강 문제는 결석, 훈육 문제, 낮은 성적, 낙제, 청소년 비행 등 학교 관련 문제로 이어질 수 있다고 주장한다. Perfect와 Morris(2011)는 학교기반 정신건강 서비스 제공의 필요성을 강조하며, 학교 내 정신건강 서비스 제공자로서 학교심리사에 대한 지원을 강조한다. 유사하게, 미국학교심리사협회(National Association of School Psychologists: NASP, 2015)도 정서 및 행동적 건강(wellness)과 성취도 및 졸업률 증가, 안전한 학교 환경 조성, 징계 조치 및 위험 감수 행동 예방 간의 관련성에 대해서 지적한다. 또한 이러한 요인들은 대인관계, 높은 급여, 높은 고용 안정성, 범죄 행위 연루 가능성 감소 등의 측면에서 학생들의 미래의 삶을 위해 중요한 역할을 한다(NASP, 2015).

이러한 연구들은 학교에 기반을 둔 정신건강 서비스의 제공을 지지하지만, 이러한 서비스의 효과성을 검증한 연구 결과도 살펴볼 필요가 있다. Salerno(2016)는 미국의 유치원생부터 12학년까지 학생들을 대상으로 정서적 및 행동적 결과 개선을 목표로 한 정신건강 인식 개입 프로그램의 효과를 살펴본 연구들을 검토하였다. 연구 결과, 모든 연구에서 정신건강에 대한 지식이 향상된 것으로 나타났으며, 대부분의 연구에서 정신건강에 대한 태도와 도움추구행동이 향상된 것으로 나타났다. 저자들은 정신건강과 관련하여 개선된 것이 분명하지만, 검토한 일부 연구에서는 방법론적 문제가 있었으므로 더 많은 연구가 필요하다고 결론지었다. O'Connor 등(2018)도 학교기반 정신건강 서비스의 효과를 검증한 연구들을 체계적으로 검토하였다. 그들의 분석 결과는 학교기반 정신건강 개입과 관련된 세 가지 주제의 효과를 드러냈는데, 도움 추구와 대처, 사회 · 정서적 안녕, 그리고 심리교육적 효과가 그것이었다. 전반적으로, 저자들은 연구 결과가 유망하지만, 더욱 강력한 연구가 필요하다고 결론 내렸다.

미국학교심리사협회의 실무모델과 정신건강 서비스 제공자로서의 학교심리사

학교심리사는 학교에서 정신건강 서비스 제공을 옹호하고 학교기반의 정신건강 서비스를 실제로 제공할 수 있는 독특한 위치에 있다. 정신건강 서비스 제공자로서 학교심리사의 역할은 NASP(2020)에 의해 승인되었으며, NASP 실무모델이라고도 하는 종합적 · 통합적 학교심리 서비스 모델(Model for Comprehensive and Integrative School Psychological Services)에 잘 나타나 있다.

> NASP는 학교에서 정신건강 서비스 제공자로서 학교심리사의 역할을 지지한다.

이 모델(NASP, 2020)은 10개의 영역으로 구성되어 있으며, 여기에는 자료기반 의사결정(영역 1), 자문과 협력(영역 2), 학업 중재 및 교수지원(영역 3), 정신 및 행동 건강 서비스 및 중재(영역 4), 학습 촉진을 위한 학교 차원의 실천(영역 5), 안전하고 지지적인 학교 구축을 위한 서비스(영역 6), 가족 · 학교 · 지역사회 협력(영역 7), 다양한 학생 집단을 위한 공평한 실무(영역 8), 연구 및 증거기반 실무(영역 9), 법적 · 윤리적 · 전문적 실무(영역 10)가 포함된다.

NASP 실무모델의 영역 4에 해당하는 정신 및 행동 건강 서비스 및 중재(NASP, 2020)는 학교심리사가 독특한 전문적 훈련을 통해 아동의 정신건강 및 행동에 영향을 미치는 요인들을 잘 알고 있으며, 필요한 지원에 대해 잘 이해하고 있음을 나타낸다. NASP는 학교심리사가 학교에서 정신건강 서비스 제공자로서의 역할을 수행하고, 다른 학교 전문가와 협력하여 학생의 요구를 평가하도록 권장한다. NASP는 다음과 같이 말한다.

> 학교심리사는 정신 및 행동 건강에 대한 생물학적 · 문화적 · 발달적 · 사회적 영향, 학습에 대한 행동 및 정서적 영향, 사회 · 정서적 기능을 촉진하기 위한 증거기반 전략들을 이해한다. 학교심리사는 다른 사람들과 협력하여 회복탄력성과 긍정적 행동을 촉진하고, 사회화 및 적응기술을 지원하며, 정신 및 행동 건강을 증진하는 서비스를 고안하고, 실행하며, 평가한다(2020, p. 5).

더욱이, 종합적인 정신건강 서비스는 학습 환경에 적합해야 한다. 학교심리사는 아동의 사회적 · 정서적 · 행동적 안녕, 학습 및 가족 생활이 어떻게 결합되어 교실에서의 행동에 영향을 미치는지, 교실과 학교 환경에서 발생하는 교육이 어떻게 상호작용하여 아동과 청소년의 발달과 안녕을 안내하는지 이해한다(NASP, 2001).

포괄적인 학교기반 정신건강 서비스를 제공하는 데 있어서 학교심리사는 함께 일하는 아동 · 청소년의 사회적 · 정서적 · 행동적 안녕을 보장하기 위해 특수한 역할을 한다. NASP(2021)는 학교심리사를 학교에서 다층지원체계(Multi-tiered Systems of Support: MTSS)를 구현하는 리더로 본다. MTSS는 일반적으로 학생들의 요구를 충족하기 위해 점점 더 강도 높은 지원과 서비스를 제공하는 세 개의 층으로 구성된다. 첫 단계는 모든 학생에게 보편적인 사회적 · 정서적 건강과 행동 지원을 제공한다. 두 번째 단계는 1단계에서 제공되는 서비스 외에 추가적인 사회적 · 정서적 · 행동적 서비스가 필요한 것으로 확인된 학생을 대상으로 하여 소그룹으로 서비스를 제공한다. 세 번째 단계는 개별 학생에게 보다 집중적인 정신건강 지원 및 개입을 제공한다(NASP, 2016). 학업적 · 사회적 · 정서적 · 행동적 지원을 제공하는 MTSS와 같은 지원 틀을 사용함으로써, (보편적 예방의 경우처럼) 아동의 정신건강 요구가 완전히 드러나거나 악화되거나 오래 지속되기 전에 이를 확인하고 해결해 나갈 수 있다. MTSS는 또한 개별 아동을 위해 데이터에 기반하여 점차 집중화되는 서비스 제공을 가능하게 한다(NASP, 2021). NASP(2021)는 다음과 같이 여러 수준으로 구성된 포괄적인 학교기반 정신 및 행동 건강 서비스의 연속체를 제안하였으며, 여기에는 (a) 사회정서학습 프로그램 및 모든 학생을 위한 보편적 선별 검사와 같은 보편적 건강 증진 및 예방 서비스, (b) 트라우마 기반 서비스 등과 같은 정신 및 행동 건강 문제에 대한 조기 식별 및 지원, (c) 집단상담 및 행동기능평가와 같은 표적적 학교기반 정신 및 행동 건강 중재, (d) 개별 학생에 대한 직접적 치료 중재와 같은 집중적인 학교 중재, (e) 정신의학 서비스나 가족상담과 같은 집중적 지역사회 서비스가 포함된다.

NASP(2016)는 이러한 포괄적인 학교기반 정신건강 모델을 연방법인 「모든 학생 성공법(Every Student Succeeds Act: ESSA)」과 연계해 왔는데, 이 법안은 종합적이고 통합적인 정신 및 행동 건강 서비스의 중요성을 인정하고 있다. ESSA는 또한 학교심리사가, (a) 학교 및 학군 평가 및 책무성, (b) 학교 혁신을 목표로 하는 지원 제공, (c) 학교 풍토 및 학교 안전 도모를 위한 노력, (d) 양질의 포괄적 학습 및 정신건강 관련 지원에 대한 접근 보장을 위해 필요한 적격의 정신건강 전문가이며, 교수지원 서비스 전문 인력임을 인정하고 있다(Every Student Succeeds Act, 2015). NASP(2016)는 학교심리사는 아동 · 청소년에게 직접적 서비스를 제공하는 것 외에도, 다음과 같이 다양한 역할을 수행해야 한다고 주장한다. 즉, (a) MTSS에서 제공되는 시스템 전반의 예방 지원 수립 및 제공, (b) 프로그램 계획을 위한 데이터 이해 및 해석, (c) 프로그램 서비스의 창출과 모니터링, (d) 시스템 수준, 교실 수준, 개인 사례 수준에서의 전문가 자문, (e) 위기 예방과 대응 프로토콜 제작, (f) 지역사회의 서비스 제공자들과의 계획 및 조정 등이 그것이다. 또한 NASP(2016)는 학교심리사가 MTSS 서비스의 개선으로 이어질 의사결정을 여러 수준에서 효과적으로 지원할 수 있다고 주장한다.

NASP(2021)가 제안한 포괄적인 학교기반 정신건강 서비스의 프레임워크에는 학교 및 지역사회 서비스의 연속체가 포함된다. 일부 아동에게 필요한 지역사회 서비스는 학교의 역량을 넘어서는 것일 수 있다. 따라서 지원 강도가 증가하는 시점에서 지역사회 자원과 지원이 다층 지원 시스템에 포함될 수 있다. 학교와 지역사회 서비스를 통합하려면, 학교와 지역사회 전문가 간의 많은 계획과 조정이 필요하다. 학교심리사는 이러한 노력에 참여하고, 보다 집중적인 서비스를 제공할 수 있는 정신건강 클리닉이나 기관 등 지역사회 자원들과 파트너십을 구축함으로써 이를 효과적으로 안내할 수 있다. 서비스의 중첩이나 중복을 줄이고 가족에게 스트레스를 주지 않으려면 각 학교와 지역사회 기관이 각각 기여할 수 있는 부분에 대해 명료하게 의사소통할 필요가 있다. 각 진영은 이 파트너십에서 자신의 역할이 정확히 무엇인지 이해해야 한다. 이 파트너십의 일환으로서 학교심리사는 학교와 지역사회 정신건강 제공자 간에 핵심적인 가교 역할을 할 수 있다(NASP, 2021).

학교에서 정신건강 문제의 확인: DSM 및 IDEA

학교의 정신건강 서비스 제공자로서 학교심리사는 장애를 가진 학생을 확인하는 데 학교에서 사용하는 분류체계뿐 아니라 더 집중적인 정신건강 서비스를 제공하는 지역사회 정신건강 서비스 기관들에서 사용하는 분류체계를 잘 이해하고 있어야 한다. 『정신질환의 진단 및 통계 편람 5판(DSM-5)』(American Psychiatric Association, 2013)에 대한 지식을 통해 학교심리사는 특정 장애와 관련된 증상을 이해할 수 있으며, 증상이 교실에서 어떻게 표현되고, 학교 장면에서 아동 · 청소년에게 어떤 영향을 줄 수 있는지 이해할 수 있다. 의학모델과 교육모델의 차이는 다음 절에 설명되어 있다.

의학모델: DSM-5 분류체계의 활용

아동 정신건강의학과 외래병동이나 지역사회 기반의 정신건강 기관과 같은 의료 장면 혹은 임상 장면에서 정신장애의 진단은 DSM-5를 활용하여 이루어진다(American Psychiatric Association, 2013). DSM 1판은 1844년에 "시설에 수용된 정신장애 환자들에 대한 통계적 분류"라는 이름으로 발간되었다(American Psychiatric Association, 2013, p. 6). 그 목적은 병원 장면에서 치료를 받는 다양한 형태의 환자들에 대한 의사소통을 촉진하기 위함이었다. 미국정신의학회(American Psychiatric Association: APA)가 지목하였듯이, DSM은 여러 차례의 주요 개정을 통해 정신의학과 의사, 임상심리사 및 다른 정신건강 전문가들이 서로 공통된 언어를 사용하여 정신장애의 주요 특징을 기술할 수 있는 체계로 발전하였다. 최근 판인 DSM-5에는 진단 기준이 제시되어 있으며, 이러한 기준을 기초로 정신건강 전문가들은 환자가 특정 장애의 진단 기준을 충족하였는지 결정하게 된다. DSM-5는 의료 및 임상 실무자들이 장애의 치료와 관리에 대해 의사결정을 할 때 이를 돕도록 고안되었다. DSM-5 내에서 장애들은 어떤 특징을 공유하는 주요 그룹들로 분류된다. 예컨대, 지적장애, ADHD, 자폐스펙트럼장애(ASD)와 같은 신경발달장애들은 모두 신경발달 문제에 기반하고 있다. 이 편람에는 이전 판과 달리 크게 바뀐 부분들이 설명되어 있다(보다 자세한 정보가 필요한 독자들은 American Psychiatric Association, 2013 참조).

의료 혹은 임상 장면에서, 아동 · 청소년은 임상 혹은 의학 전문가에게 의뢰되어 정신장애를 가지고 있는지 평가를 받게 된다. 포괄적인 정신과적 혹은 심리학적 평가들은 차이가 있을 수는 있지만, 몇몇 공통된 요소를 가진다. 이러한 평가 동안, 전문가는 아동 · 청소년에게(발달적으로 적절하다면), 그리고 그의 부모에게 아동 · 청소년이 경험하고 있는 증상이나 행동에 대해 진술하게 한다(John Hopkins, n.d.). 질문을 통해 해당 행동이 언제 시작되었으며, 지속시간은 어떠하였고, 얼마나 자주, 어떠한 조건에서 발생하는지 등에 대한 정보를 얻게 된다. 이러한 평가는 또한 행동이 아동에게 미친 영향을 결정하고자 한다(John Hopkins, n.d.). DSM-5 내의 많은 장애들의 한 가지 준거는 증상들이 아동 · 청소년의 기능에 중요한 영향을 미쳤는가 하는 점이다. 예컨대, 임상 혹은 의료 전문가가 ADHD가 의심되는 아동을 평가한다면, 부주의와 과잉활동성/충동성 증상과 관련된 질문을 던질 것이며, 아동의 행동이 학교 기능에 어떻게 영향을 미쳤는지, 즉 아동이 자리에 앉아 있거나, 교사의 말을 듣거나, 자료들을 조직화하는 데 어려움이 있는지를 파악할 것이다. 이러한 류의 행동이 아동의 기능, 예컨대 성적 하락이나 행동 문제로 인하여 징계에 미친 영향에 대한 정보도 수집될 것이다. 평가를 실시하는 전문가에 따라 평가의 다른 요소들도 있을 수 있다. 예를 들어, 면허를 소지한 임상심리사는 규준참조적 표준화 검사들을 사용하여 심리학적 평가를 실시하는 반면, 의학 전문가인 정신과 의사는 호소 증상을 관리하기 위해 약물치료의 필요성에 대해서 평가할 수 있다. 평가에 이어, 임상 혹은 의료 전문가는 아동 · 청소년이 DSM-5의 진단 기준을 만족시키는지 결정할 것이다. 이러한 평가 동안 취합된 모든 정보를 활용하여, 적절하다면 치료계획이 개발될 것이다.

교육모델: IDEA 분류체계의 사용

학교에서 장애의 분류는 2004년의 「장애인교육법(IDEA)」에 기반을 둔다. 이 연방법은 「전장애아교육법(Education for All Handicapped Children Act; 공법 94-142)」에서 비롯되었는데, 이 법령은 장애를 가진 학생들이 무상의 적절한 공교육(Free Appropriate Public Education, FAPE: Salvia et al., 2016)을 받을 권리가 있음을 명문화하였다. 이 법령은 또한 장애 학생들이 가능한 한 최소로 제한된 환경에서 교육을 받아야 하며, 개별화교육프로그램(Individual Education Program: IEP)을 개발해야 하고, 공평하고 편향되지 않는 도구와 절차를 통해서 평가를 받아야 한다고 규정한다. 나아가 장애 학생의 학부모는 아동의 학교 기록을 열람하고, 학생의 배치 변화에 이의를 제기할 수 있는 권리가 있다. 1986년에 이 법안은 개정되어 장애를 가진 학령전기 아동들에게도 확대되었으며, 모든 학교구가 "다학제적 평가를 실시하고 장애를 가진 모든 학령전기 아동에 대해 개별화된 가족 서비스 계획을 수립할 것을 명기하고 있다"(Salvia et al., 2016, p. 26). 4년이 지난 1990년에 이 법안은 재인준되었으며, IDEA로 알려지게 되었다(U.S. Department of Education, n.d.). IDEA는 1997년과 2004년에 다시 재인준되었으며, 2004년에 재인준된 IDEA는 13개의 장애 범주를 포함하고 있다. 여기에는 자폐증, 농맹(deaf-blindness), 발달지체, 정서장애, 청각장애, 지적장애, 중복장애, 지체장애, 기타 건강장애, 특정학습장애, 말-언어장애, 외상 후 뇌손상, 시각장애가 포함된다(U.S. Department of Education, n.d.). 이들 13가지 범주의 장애는 각기 충족해야 하는 일련의 수혜자격 기준을 가지고 있다.

부모가 평가를 의뢰하는 경우도 있지만, 교사가 평가를 의뢰하는 경우가 많다. 의뢰를 받기 전에 학생은 교실에서 뚜렷하게 드러나는 사회, 정서, 행동, 혹은 학습 문제들을 해결하기 위한 지원 혹은 중재를 받아야 한다. 이러한 지원과 중재에도 불구하고, 이들에 반응하지 않는 학생들은 비로소 특수교육 서비스 수혜자격을 결정하는 평가에 의뢰될 수 있다. 일단 부모 동의를 얻은 후에는 보건교사가 청각 및 시각 검사를 실시한다. 학교심리사와 다학제 팀의 다른 멤버들은 60일 이내에 평가를 실시해야 한다(U.S. Department of Education, n.d.). 평가가 완료된 후에 다학제 팀은 다양한 출처로부터 얻은 평가 자료들을 검토하여 해당 학생이 IDEA 법령 하에 장애를 가진 것으로 볼 수 있는지 결정을 내린다. 장애 학생으로 결정이 내려지기 위해서는, 13가지 범주의 장애 중 적어도 하나의 적격성 기준을 만족해야 하며, 학생이 교실에서 성공적으로 수행하기 위해 특수교육 및 관련서비스가 필요한 점, 즉 학생이 가진 장애가 학생의 교실 수행에 불리한 영향을 미친다는 점이 입증되어야 한다(Salvia et al., 2016). 아동 · 청소년이 특수교육 서비스 수혜자격이 있는 것으로 확인되었으면, 팀은 30일 이내에 IEP를 개발해야 하는데, 이 IEP는 장애 학생이 받게 될 구체적인 특수교육 서비스 계획을 명시하는 법적 문서라고 할 수 있다(Salvia et al., 2016).

만일 다학제 팀이 의뢰된 아동 · 청소년은 특수교육 서비스가 필요하지 않다고 결정한다면, 「재활법 504조(Section 504)」 계획이 작성될 수 있으며 이를 통해 학생의 성공을 위해 필요한 조정(accommodations)은 무엇인지 결정할 수 있게 된다. 이 계획은 1973년에 제정된 시민권 법령으로 볼 수 있는 「재활법 504조」를 통해서 실행되며, 어떤 형태의 장애든 장애가 학생의 일상 기능을 제한한다면, 장애에도 불구하고 동등하게 서비스를 받을 수 있도록 보장한다.

결론적 논평

학교심리사가 학교에 제공하는 서비스는 학생의 교육에 대한 결정들이 내려지는 데 중요한 역할을 한다. 이러한 결정들은 학생이 교육시스템에서 보내는 시간이나 학생의 진로나 직업 선택에도 영향을 미칠 수 있다.

핵심 요약

- 아동 · 청소년의 정신장애 유병률은 높다.
- 학교기반 정신건강 서비스는 아이들의 사회 · 정서 · 행동 문제의 해결을 위해 필요하다.
- NASP 실무모델의 영역 4는 학교기반 정신건강 서비스의 제공과 관련된 학교심리사의 역할에 해당된다.
- IDEA의 장애 분류는 학교에서 특수교육 서비스가 필요한 학생들을 확인하기 위해 사용되는 반면, DSM-5의 정신장애 분류체계는 의학적 진단을 내리는 데 사용된다.

연습문제

1. 정신건강 서비스 제공자로서 학교심리사의 역할은 NASP 실무모델 중 몇 영역에 해당하는가?
   a. 영역 2
   b. 영역 3
   c. 영역 4
   d. 영역 5

2. 보호요인은 아이들을 정신건강 문제로부터 보호하거나 이러한 문제의 발달 가능성을 줄여 준다.
   a. 참
   b. 거짓

3. DSM-5는 특수교육 서비스를 위한 장애 범주를 확인하는 데 활용되는 분류체계다.
   a. 참
   b. 거짓

4. 정신건강 문제의 공통된 위험요인들에는 낮은 자존감, 부정적 가정 환경, 스트레스 사건, 또래거부 등이 포함된다.
   a. 참
   b. 거짓

5. 다음 장애 중 아동 · 청소년들 사이에서 가장 흔한 것은?
   a. ADHD
   b. 불안장애
   c. 우울장애
   d. 파괴적 행동 문제

정답 1)c, 2)a, 3)b, 4)a, 5)a

토의질문

1. 장애를 DSM-5로 분류하는 데 사용하는 의학모델과 IDEA 장애 범주를 사용하는 교육모델과의 차이를 설명하라.
2. 정신건강 문제와 관련되는 세 가지 위험요인과 세 가지 보호요인에 대해 논하라.
3. 인종 스트레스가 아동의 정신건강에 미칠 수 있는 영향에 대해 논하라.
4. 학교기반 정신건강 서비스의 필요성에 대해 논하라.
5. 학교에서 정신건강 서비스의 제공자로서 학교심리사의 역할에 대해서 논하라.

● 추가 정보

National Association of School Psychologists Comprehensive School-Based Mental and Behavioral Health Services and School Psychologists: www.nasponline.org/resources-and-publications/resources-and-podcasts/mental-health/school-psychology-and-mental-health/comprehensive-school-based-mental-and-behavioral-health-services-and-school-psychologists

National Association of School Psychologists Practice Model: Improving Outcomes for Students and Schools: www.nasponline.org/standards- and-certification/nasp-practice-model

National Association of School Psychologists Position Statement: Ensuring High-Quality, Comprehensive, and Integrated Student Supports: http://www.nasponline.org/research-and-policy/policy-priorities/position-statements

National Association of School Psychologists The Professional Standards of the National Association of School Psychologists: www.nasponline.org/standards-and-certification/nasp-2020-professional-standards-adopted

● 핵심 참고문헌

American Pediatric Association Committee on School Health. (2004). School-based mental health services. *Pediatrics, 113*(6), 1839-1845. https://doi.org/10.1542/peds.113.6.1839

American Psychological Association. (n.d.). Children's mental health. https://www.apa.org/pi/families/children-mental-health

Child and Adolescent Health Measurement Initiative. (2013). Overview of adverse child and family experiences among US children. Data Resource Center, supported by Cooperative Agreement 1-U59-MC06980-01 from the U.S. Department of Health and Human Services, Health Resources and Services Administration, Maternal and Child Health Bureau. https://www.childhealthdata.org

Deane, K., Richards, M., & Santiago, C. D. (2020). Violence exposure, post traumatic stress, and affect variability among African American youth: A time sampling approach. *Development and Psychopathology, 33*(3), 1085-1096. https://doi.org/10.1017/S095457942000036X

English, D., Lambert, S. F., Tynes, B. M., Bowleg, L., Zea, M. C., & Howard, L. C. (2020). Daily multidimensional racial discrimination among Black U.S. American adolescents. *Journal of Applied Developmental Psychology, 66*. https://doi.org/10.1016/j.appdev.2019.101068

Individuals with Disabilities Education Improvement Act. (2004). 20 U.S.C. § 1400.

National Association of School Psychologists. (2015). School psychologists: Qualified health professionals providing child and adolescent mental and behavioral health services [White paper]. Author.

National Association of School Psychologists, (2016). Ensuring high quality, comprehensive, and integrated specialized instructional support services [Position statement]. Author.

National Association of School Psychologists. (2021). Comprehensive school-based mental and behavioral health services and school psychologists [Handout]. Author.

Perfect, M. M., & Morris, R. J. (2011). Delivering school-based mental health services by school psychologists: Education, training, and ethical issues. *Psychology in the Schools, 48*(10), 1049-1063. https://doi.org/10.1002/pits_20612

참고문헌

American Academy of Pediatrics Council on Community Pediatrics. (2016). Poverty and child health in the United States. *Pediatrics*, 137(4), e20160339. https://doi.org/10.1542/peds.2016-0339

American Pediatric Association Committee on School Health. (2004). School-based mental health services. *Pediatrics*, 113(6), 1839-1845. https://doi.org/10.1542/peds.113.6.1839

American Psychiatric Association. (2013). *Diagnostic and statistical manual of mental disorders* (5th ed.). https://doi.org/10.1176/appi.books.9780890425596

American Psychological Association. (n.d.). Children's mental health. https://www.apa.org/pi/families/children-mental-health

Boullier, M., & Blair, M. (2018). Adverse childhood experiences. *Paediatrics and Child Health, 28*(3), 132-137. https://doi.org/10.1016/j.paed.2017.12.008

Centers for Disease Control and Prevention. (n.d.-a). Data and statistics on children's mental health. https://www.cdc.gov/childrensmentalhealth/data.html

Centers for Disease Control and Prevention. (n.d.-b). KeyFindings: Children's mental health report. https://www.cdc.gov/childrensmentalhealth/features/kf-childrens- mental-health-report.html

Centers for Disease Control and Prevention. (2019). Youth risk behavior survey. https://www.cdc.gov/violenceprevention/youthviolence/schoolviolence/fastfact.html

Child and Adolescent Health Measurement Initiative. (2013). Overview of adverse child and family experiences among US children. Data Resource Center, supported by Cooperative Agreement 1-U59-MC06980-01 from the U.S. Department of Health and Human Services, Health Resources and Services Administration (HRSA), Maternal and Child Health Bureau (MCHB). https://www.childhealthdata.org. Revised 5/10/2013

Children's Defense Fund. (2021). State of America's children 2021. https://www.childrensdefense.org/wp-content/uploads/2021/04/The-State-of-Americas-Children-2021.pdf

Cimolai, V., Schmitz, J., & Sood, A. B. (2021). Effects of mass shootings on the mental health of children and adolescents. *Current Psychiatry Report, 23*, 12. https://doi.org/10.1007/s11920-021-01222-2

Davis, A. S., Kruczek, T., & McIntosh, D. E. (2006). Understanding and treating psychopathology in schools: Introduction to the special issue. *Psychology in the Schools. 43*(4), 413-417. https://doi.org/10.1002/pits.20155

Deane, K., Richards, M., & Santiago, C. D. (2020). Violence exposure, post traumatic stress, and affect variability among African American youth: A time sampling approach. *Development and Psychopathology, 33*(3), 1085-1096. https://doi.org/10.1017/S095457942000036X

English, D., Lambert, S. F., Tynes, B. M., Bowleg, L., Zea, M. C., & Howard, L. C. (2020). Daily multidimensional racial discrimination among Black U.S. American adolescents. *Journal of Applied Developmental Psychology, 66*. https://doi.org/10.1016/j.appdev.2019.101068

Estévez, E., Musitu, G., & Herrero, J. (2005). The influence of violent behavior and victimization at school on psychological distress: The role of parents and teachers. *Adolescence, 40*(157), 183-196. PMID: 15861625.

Every Student Succeeds Act. (2015). Public law 114-95.

Flannery, D. J., Wester, K. L., & Singer, M. I. (2004). Impact of exposure to violence in school on child and adolescent mental health and behavior. *Journal of Community Psychology, 32*(5), 559-573. https://doi.org/10.1002/jcop.20019

Graham, P. W., Yaros, A., Lowe, A., & McDaniel, M. S. (2017). Nurturing environments for boys and men of color with trauma exposure. *Clinical Child and Family Psychology Review, 20*(2), 105-116. https://doi.org/10.1007/s10567-017-0241-6

Individuals with Disabilities Education Improvement Act. (2004). 20 U.S.C. § 1400. https://doi.org/10.1111/j.1540-4560.2008.00546.x

Janosz, M., Archambault, I., Morizot, J., & Pagani, L. S. (2008). School engagement trajectories and their differential predictive relations to dropout. *Journal of Social Issues, 64*(1), 21-40.

John Hopkins. (n.d.). What is a comprehensive psychiatric evaluation? https://www.hopkinsmedicine.org/health/treatment-tests-and-therapies/comprehensive-psychiatric-evaluation

Kelleher, K. J., McInerny, T. K., Gardner, W. P., Childs, G. E., & Wasserman, R. C. (2000). Increasing identifi cation of psychosocial problems: 1979-1996. *Pediatrics*, 106, 1313-1321. https://doi.org/10.1542/peds.105.6.1313

Lanier, Y., Sommers, M. S., Fletcher, J., Sutton, M. Y., & Roberts, D. D. (2017). Examining racial discrimination frequency, racial discrimination stress, and psychological well-being among Black early adolescents. *Journal of Black Psychology, 43*(3), 219-229. https://doi.org/10.1177/0095798416638189

Markward, M. J., Cline, S., & Markward, N. J. (2001). Group socialization, the internet and school shootings. *International Journal of Adolescence and Youth,* 101-2), 135-146. https://doi.org/10.1080/02673843.2001.9747895

National Association of School Psychologists. (2015). School psychologists: Qualifi ed health professionals providing child and adolescent mental and behavioral health services [White paper]. Author.

National Association of School Psychologists. (2016). Ensuring high quality, comprehensive, and integrated specialized instructional support services [Position statement]. Author.

National Association of School Psychologists. (2020). The professional standards of the National Association of School Psychologists. Author.

National Association of School Psychologists. (2021). Comprehensive school-based mental and behavioral health services and school psychologists [Handout]. Author.

National Child Traumatic Stress Network, Justice Consortium, Schools Committee, and Culture Consortium. (2017). Addressing race and trauma in the classroom: A resource for educators. National Center for Child Traumatic Stress.

O'Connor, C. A., Dyson, J., Cowdell, F., & Watson, R. (2018). Do universal school-based mental health promotion programmes improve the mental health and emotional wellbeing of young people? A literature review. *Journal of Clinical Nursing, 27*(3-4), e412-e426. https://doi.org/10.1111/jocn.14078

Perfect, M. M., & Morris, R. J. (2011). Delivering school-based mental health services by school psychologists: Education, training, and ethical issues. *Psychology in the Schools, 48*(10), 1049- 1063. https://doi.org/10.1002/pits.20612

President's New Freedom Commission on Mental Health. (2003). http://www.mentalhealthcommission.gov/subcommittee/children_family020703.doc

Priest, N., Paradies, Y., Trenerry, B., Truong, M., Karlsen, S., & Kelly, Y. (2013). A systematic review of studies examining the relationship between reported racism and health and wellbeing for children and young people. *Social Science & Medicine, 95*, 115-127. https://doi.org/10.1016/j.socscimed.2012.11.031

Proctor, S. L., Li, K., Chait, N., Owens, C., Gulfaraz, S., Sang, E., Prosper, G., & Ogundiran, D. (2020). Preparation of school psychologists to support Black students exposed to police violence: Insight and guidance for critical training areas. *Contemporary School Psychology,* 1-17. https://doi.org/10.1007/s40688-020-00317-6

Richards, D., Caldwell, P. H., & Go, H. (2015). Impact of social media on the health of children and young people. *Journal of Paediatrics and Child Health, 61*(12), 1152-1157. https://doi.org/10.1111/jpc.13023

Rose, C. A., & Tynes, B. M. (2015). Longitudinal associations between cybervictimization and mental health among US adolescents. *Journal of Adolescent Health,* 673), 305-312. https://doi.org/10.1016/j.jadohealth.2015.05.002

Saleem, F. T., Anderson, R. E., & Williams, M. (2020). Addressing the "myth" of racial trauma: Developmental and ecological considerations for youth of color. *Clinical Child Family Psychology Review, 23*, 1-14. https://doi.org/10.1007/s10567-019-00304-1

Salerno, J. P. (2016). Effectiveness of universal school-based mental health awareness programs among youth in the United States: A systematic review. *Journal of School Health, 86*, 922-931. https://doi.org/10.1111/josh.12461

Salvia, J., Ysseldyke, J., & Witmer, S. (2016). Assessment in special and inclusive education. Cengage Learning.

Tynes, B. M., Willis, H. A., Stewart, A. M., & Hamilton, M. W. (2019). Race-related traumatic events online and mental health among adolescents of color. *Journal of Adolescent Health, 66*(3), 371-377. https://doi.org/10.1016/j.jadohealth. 2019.03.006

U.S. Department of Education. (n.d.). Individuals with Disabilities Education Improvement Act. https://sites.ed.gov/idea/

U.S. Department of Health and Human Services: U.S. Department of Education: U.S. Department of Justice. (2000). Report of the Surgeon General's Conference on Children's Mental Health: A National Action Agenda. U.S. Department of Health and Human Services. Conference Summary. https://www.ncbi.nlm.nih.gov/books/NBK44237/

U.S. Public Health Service. Office of the Surgeon General, United States. Substance Abuse, Mental Health Services Administration, Center for Mental Health Services (US), & National Institute of Mental Health (US), (2009). Mental health: A report of the surgeon general. Author.

제 2 부

신경발달장애

제 2 장

주의력결핍 과잉행동장애

학습 목표

- 주의력결핍 과잉행동장애(ADHD)에 대한 DSM-5의 진단적 특징을 요약할 수 있다.
- 아동 · 청소년의 ADHD 위험요인을 파악할 수 있다.
- ADHD 아동 · 청소년이 흔히 드러내는 사회 · 정서적, 행동적 문제에 대해 설명할 수 있다.
- 교실에서 ADHD 학생 지도를 위한 시사점을 이해할 수 있다.
- ADHD 학생에 대한 효과적인 사회성, 정서, 행동 개입을 확인할 수 있다.

도입

『정신질환의 진단 및 통계 편람 5판(DSM-5)』(American Psychiatric Association: APA, 2013)에 따르면, 주의력결핍 과잉행동장애(Attention Deficit Hyperactivity Disorder: ADHD)는 신경발달장애로 분류된다. 신경발달장애는 주로 아동기 발병을 특징으로 한다. 비록 발병 연령이 낮지만, 이러한 조건들과 관련된 문제들은 종종 성인기까지 지속된다. 이러한 장애들은 학업 · 사회 · 정서 문제 등 다양한 영역들에 걸쳐 광범위한 손상을 보이는 특징이 있다. 다른 신경발달장애의 예로는 지적장애와 자페스펙트럼장애가 있다(APA, 2013). 신경발달장애라는 우산 밑에 ADHD가 포함된 것은 DSM-5에서 처음 나타난 변화로, 이전 판인 DSM-IV-TR(APA, 2000)에서 ADHD는 유아기, 아동기 및 청소년기에 보통 처음 진단되는 장애의 범주에 포함되었었다.

진단적 쟁점: DSM-5 및 학교기반 서비스

DSM-5 진단

DSM-5는 ADHD 진단을 위한 다섯 가지 준거를 제시한다. 첫 번째 준거는 ADHD와 흔히 관련되는 부주의 및 과잉활동적/충동적 행동들을 기술한다. 이 준거는 두 부분으로 나뉜다. 첫 번째 부분은 9개의 부주의 증상들이며, 세부사항에 대한 부주의, 과제에 주의를 유지하는 것의 어려움, 말을 걸 때 산만해 보이는 것, 활동을 마치지 못하는 것, 조직화 결여, 집중을 요구하는 과제 회피, 물품이나 소지품 분실 관련 문제, 산만성 관련 문제, 망각 등이다. 첫 번째 진단 준거의 두 번째 부분은 과잉활동성 및 충동성 관련 증상들을 다룬다. 여기에는 빈번히 손발을 가만히 두지 못하거나 몸을 꼼지락거림, 자리에 머물러 있어야 할 때 자리를 이탈하는 행동, 부적절한 뛰기나 기어오르기, 조용히 활동에 참여하지 못함, 끊임없는 움직임, 과도하게 수다스러움, 대화 중 끼어들거나 부적절하게 말을 불쑥 내뱉음, 차례를 기다리지 못함, 다른 사람의 활동을 방해함 등이다. 첫 번째 준거의 두 부분에 걸쳐, 17세 이하의 경우에는 적어도 6개의 증상(부주의 혹은 과잉활동성/충동성의 어느 부분이든)을 6개월 이상 보여야 이 기준을 만족시키며, 17세 이상의 경우에는 같은 기간에 걸쳐 적어도 5개의 증상을 보이면 된다. 더욱이, 첫 번째 준거를 만족시키기 위해, 앞서 언급한 증상들이 고의적인 반항이나 이해 부족으로 인한 결과가 아니어야 한다. 두 번째 진단 준거는 증상의 시작 연령과 관련된다. DSM-5에 따르면 부주의나 과잉행동의 몇몇 증상은 12세 이전에 나타나야 한다(APA, 2013). 이 발병 연령 기준은 DSM-5에서 바뀐 것으로, 이전의 판에서는 7세까지의 발병 연령 기준이 적용되었다. Chandra 등(2021)에 의하면 이러한 변화는 늦은 연령에 발병한 사례들이 더 이른 연령에 탐지된 사례들만큼이나 ADHD 증상과 손상에 있어서 일관성을 보인다는 연구를 통해 지지된다. 그들은 더 나아가 12세 이전에 증상이 시작되었다고 보고한 사례들과 7세 이전에 증상이 시작되었다고 보고한 사례들 간에도 증상, 기능, 삶의 질, 정신의학적 공존장애 면에서 일관성이 있다는 결과를 통하여 이러한 변화의 타당성을 뒷받침하였다. ADHD의 세 번째 준거는 몇몇 증상들이 두 가지 이상의 장면에서 나타나야 한다고 규정한다. 네 번째 준거는 증상이 일상생활의 적어도 한 영역에서 개인의 기능을 손상시켜야 함을 규정하고 있으며, 마지막 준거는 이러한 증상들이 다른 정신병적 장애의 삽화(에피소드) 중에만 나타나거나 다른 정신장애와 관련하여 나타나는 것이 아니어야 한다고 규정한다.

진단 준거 외에 DSM-5는 ADHD 진단에 적용될 수 있는 세 가지 명시자를 제시하고 있다. 첫 번째 명시자는 증상의 발현과 관련된다. 아동·청소년이 진단 전, 지난 6개월 이내에 부주의 증상과 과잉활동성/충동성 모두에서 요구되는 수의 증상을 보였다면, 혼합 발현(combined presentation)으로 진단될 수 있다. 만일 그렇지 않다면, 부주의 우세 발현(predominantly inattentive presentation)이나 과잉활동성/충동성 우세 발현으로 진단될 수 있다. 이전 판의 DSM은 이를 하위 유형(subtypes)으로 지칭하였으며, 이러한 발현의 개념은 DSM-5에서 새롭게 등장한 것으로, 개인이 가진 증상들(symptomatology)이 생애에 걸쳐 변화될 수 있음을 반영한 것이다(Woolraich et al., 2019). 주목할 점은 일부 연구가 부주의 증상이 우세한 사람들 중에 ADHD가 과소진단될 수 있음을 시사하고 있다는 점이다(Mowlem et al., 2019). 두 번째 명시자는 증상들이 부분관해 상태에 있을 때 주목된다. 이 명시자는 개인이 전에는 진단 준거를 만족시켰었지만 지난 6개월 동안 요구되는 수의 증상을 보이지 않았을 때 적용된다. 하지만 이 명시자가 있는 사람은 적어도 한 영역의 삶의 기능에서 잔류 증상과 관련되는 문제들로 인하여 계속 어려움을 경험하고 있어야 한다(APA, 2013). 사실, 연구에 따르면 개인의 연령이 증가함에 따라 ADHD로 인한 일상생활의 손상은 여전히 크지만 경험하는 ADHD 증상의 수는 대개 더 적어짐을 알 수 있다(Ramtekkar et al., 2010). 끝으로, 세 번째 명시자는 심각도를 나타낸다. 경도는 현재 진단을 충족하는 수준을 초과하는 증상이 거의 없으며, 증상들로 인한 생활 기능상의 손상이 경미함을 의미한다. 반대로, 개인이 진단을 충족하는 수준을 초과하는 다양한 증상을 경험하며, 많은 증상이 본질적으로 심각하고 적어도 한 영역에서 심각한 손상으로 이어진다면 이때 심각도는 고도로 명시되어야 한다. 중등도는 증상의 표현과 손상의 수준이 경도와 중도 사이에 있을 때 명시된다(APA, 2013). 심각도 명시자는 DSM-5의 ADHD 진단 준거에 새롭게 추가된 내용이다(Carlew & Zartman, 2017).

> 일부 연구들은 부주의 증상이 우세한 사람들 가운데 ADHD가 과소진단될 수 있음을 시사한다(Mowlem et al., 2019).

시간이 지나면서 이름은 바뀌었지만, ADHD처럼 보이는 증상들과 행동들에 대해서 이르게는 1902년에 이미 전문가들 사이에서 논의되었다. 이러한 증상과 행동들은 흔히 달리 증거가 제시될 때까지는 뇌손상과 연관되어 있다고 생각되었다. 1968년 DSM-II가 출판되었을 때, 아동기의 과다운동반응 장애(hyperkinetic reaction of childhood disorder)라고 명명된 정신건강 문제에 대한 진단 기준이 포함되었다(Carlew & Zartman, 2017; Woolraich et al., 2019). **과잉행동을 수반하는 혹은 수반하지 않는 주의력결핍장애**라는 명칭은 1980년에 발간된 DSM-III에 처음으로 등장하였는데, 이는 기능적 문제의 초점이 과잉행동과 관련된 것들에서 부주의와 관련된 것들로 이

행됨에 따른 것이었다. 그 후 ADHD란 명칭이 1994년 DSM-IV의 발간과 함께 등장하게 되었다(Carlew & Zartman, 2017).

일부 연구자들은 DSM의 ADHD 진단 기준이 점차 연구에 더 기반을 두게 되었다고 하였지만, 다른 연구자들은 이러한 진단 기준이 여전히 특이성, 경험적 증거 및 변별력 측면에서 이상적인 수준에 미치지 못한다고 주장한다(Carlew & Zartman, 2017; Fabiano & Haslam, 2020). 사실, Fabiano와 Haslam(2020)의 연구는 시간이 지나면서 ADHD 진단 준거의 엄격성이 완화되었다는 진단적 인플레이션의 증거가 있음을 보여 준다. 그들의 연구는 ADHD 진단이 DSM-III(APA, 1980)에서 DSM-III-R(APA, 1987)로 이행하면서 18% 증가하였으며, DSM-III-R에서 DSM-IV로는 33%, DSM-IV에서 DSM-5로는 다시 17%가 증가하였음을 보여 주었다(Fabiano & Haslam, 2020). 유사하게, Fairman 등(2020)은 2008년부터 2013년까지 ADHD 진단이 성인의 경우에는 36%, 아동의 경우에는 18%(여아의 경우 22%, 남아의 경우 17%) 증가한 반면, 국립정신건강연구소(NIMH, n.d.)의 전국아동건강조사(NSCH) 결과에서는 2003년에서 2007년까지 진단 건수가 42% 증가하였음을 나타냈다. 끝으로, 질병통제 및 예방센터(CDC, n.d.)와 Xu 등(2018)이 제시한 통계치 또한 미국의 아동·청소년 사이에서 진단률이 증가하고 있음을 나타낸다. 1997년부터 2016년까지의 데이터를 종합적으로 연구한 결과, Xu 등(2018)은 미국 내 연령, 성별, 인종/민족, 가족 소득, 지리적 지역과 관련된 모든 하위 그룹에서 ADHD 유병률이 증가하였음을 발견하였다. 이와 관련하여, Martinhago 등(2019)은 시간이 지남에 따라 진단 기준이 아동기의 정상적 행동을 병리화하는 방식으로 바뀌었고 이는 ADHD 기준에서 볼 수 있다고 경고한다. 진단적 인플레이션의 원인이 무엇이든 간에, 임상가들은 아동·청소년의 ADHD 과잉진단을 예방하기 위해서는 진단의 정확성을 담보하기 위한 주의가 더욱 필요하다.

DSM-5의 발행 당시, 전세계 아동·청소년들 사이에서 ADHD 유병률은 약 5%인 것으로 나타났다(APA, 2013). 이는 Chung 등(2019)의 연구와 일치하는데, 이 연구에서 미국의 대규모 임상 표본에서 2007년부터 2016년까지 4.78%의 유병률을 보였다. 그러나 이 연구에서 같은 기간 동안 유병률이 26.4% 증가한 것으로 보고하였고, 이는 Fabiano와 Haslam(2020)이 지적하였듯이 ADHD 진단의 인플레이션을 추가로 지지하는 결과이다. CDC(n.d.)에 따르면, 미국에서 약 610만 명의 아동이 일생의 어느 시점에서 ADHD 진단을 받은 것으로 나타났다. 여기에는 2~5세의 아동 38만 8,500명, 6~11세 아동 240만 명, 12~17세 아동 330만 명이 포함된다. ADHD를 가진 사람들의 심리사회적 어려움을 고려하면 예상할 수 있듯이, 구금 시설(정신과 시설 포함)에 거주하는 사람들 사이에서 ADHD의 유병률(26.2%)은 엄청나게 높았다. 하지만 어린 시절부터의 소급 유병률은 심지어 41.1%에 달한다. 끝으로, 2012년과 2013년에 미국에서 의사의 진료를 받은 매 1,000건당 52.05건의 어린이가 ADHD 진단을 받았다(Fairman et al., 2020).

아동의 ADHD 심각도와 증상 발병 연령 및 후속 진단 사이에는 연관성이 있는 것으로 나타났다. NSCH 데이터에 따르면, 모든 어린이의 발병 연령 중앙치는 6세이다. 그러나 경도 ADHD 아동의 진단 연령 중앙치는 7세이며, 중등도 아동의 진단 연령의 중앙치는 보통 6세이다. 반면, 고도 ADHD 명시자와 일치하는 증상을 나타내는 아동의 경우, 진단 중앙치 연령은 겨우 4세에 불과하다. DSM-5에 따르면, 학령전기(취학전) 아동의 ADHD 주요 특징은 과잉행동이다(APA, 2013).

심각도와 연령의 관련성에 대한 이러한 연구 결과들과 일치하여, Manfro 등(2019)은 아동기에 발병하는 ADHD는 청소년이나 성인기에 발병하는 ADHD와 비교할 때, 부모나 교사 보고에 기초한 정신과적 증상을 더 많이 보인다고 보고하였다. 의뢰 연령과 관련하여, 연구에 따르면 여아가 남아에게서 더 흔한 외현화 행동 문제들을 보일 때 남아에 비해 더 이른 연령에 의뢰된다(Arcia & Conners, 1998). 유사하게, 교사를 대상으로 한 질적 연구에서도 ADHD가 있는 아동 및 청소년의 행동은 여아보다는 남아인 경우에 더 수용 가능하다는 사실을 뒷받침한다(Lawrence et al., 2017). ADHD는 일반적으로 초기 발병 연령과 12세 이전에 증상이 나타나야 한다는 진단 기준에도 불구하고 청소년기나 심지어 성인기에 증상이 나타나는 후기 발병하는 형태의 ADHD를 뒷받침하는 연구가 점점 늘고 있다(Asherson & Agnew-Blaise, 2019; Lin & Gau, 2020; Moffitt et al., 2015; Shaw & Polanczyk, 2017).

성별과 관련하여, DSM-5는 아동기와 청소년기 동안 남아의 ADHD 진단이 여아에 비해 2배나 더 많음에 주목한다. Davis 등(2021)의 최근 데이터 또한 한 주(state)에서 2017년에 남성이 여성에 비해 2배나 많은 ADHD 진단을 받았다고 보고하였고, Mowlem 등(2019)도 대규모 아동·청소년 표본에서 ADHD 남녀 아동 비율이 2.5:1이었다고 보고하였다. 그러나 전국공존장애조사의 청소년 보완 데이터에 따르면, 미국의 13~18세의 남녀 청소년 사이에서 진단의 성비는 3:1의 남녀 차이를 보여 주었다(NIMH, n.d.). 놀랍지 않게도 Mowlem 등(2019)의 연구는 증상이 더 심각할수록 남녀 모두에서 진단 확률이 높아진다는 점을 보여 준다. 그들은 또한 일반 인구 표본에서 남아가 여아보다 연구된 모든 영역에서 증상 심각도가 더 높았으며 여아가 외현화 문제를 나타내지 않은 한, ADHD로 과소진단될 수 있다고 지적하였다. 실제로, 과잉활동성/충동성 및 품행 문제는 남아에 비해 여아의 경우 진단을 유의하게 더 잘 예측하는 요인이었다. 그들은 이러한 데이터가 남아에 비해 여아가 의뢰되어 ADHD 진단을 받기 위해서 필요한 증상의 역치가 더 높음을 의미하는 것일 수 있다고 지적한다.

공존장애와 관련하여 DSM-5에 따르면, 적대적 반항장애, 품행장애, 파괴적 기분조절부전장애, 특정학습장애, 불안장애, 주요우울장애, 간헐적 폭발장애, 약물 남용장애, 반사회적 성격장애, 강박장애, 틱장애, 자폐스펙트럼장애가 ADHD와 유의하게 동시발생한다. 이러한 장애의 대부분은 ADHD를 가진 어린이와 성인에게서 더 높은 빈도로 발생한다(APA, 2013). Larson 등(2011)은 ADHD 아동의 약 67%가 적어도 한 가지 이상의 정신과적 진단을 동시에 갖고 있다고 보고하였으며, 이는 CDC가 보고한 60%와 비슷한 수치이다(CDC, n.d.). Sun 등(2019)이 수행한 최근 연구에 따르면, 아동기 ADHD 혼합형은 부주의형보다 더 큰 공존장애, 특히 반항장애, 품행장애 및 수면장애와 관련이 있었다. 아동 및 청소년기에 가장 흔히 나타나는 공존장애와 관련하여, Gnanavel 등(2019)은 외현화 장애들(적대적 반항장애 및 품행장애)과는 30~50%, ADHD와 학습장애(쓰기가 가장 흔한 어려움임) 간에는 70%의 동시발생을 보고한다. 연구와 방법론에 따라서 ADHD를 가진 아동·청소년이 우울증과 공존하는 비율은 12~50%, 불안의 경우는 15~35% 정도이다(Gnanavel et al., 2019). CDC는 ADHD가 있는 아동·청소년이 우울증과 불안을 동반하는 경우가 각각 17%와 33%라고 보고한다. 또한 연구에 따르면, ADHD와 자폐스펙트럼장애가 DSM-5 이전에는 동시에 진단될 수 없었음에도 불구하고 유의하게 동시발생하며(Antshel et al., 2016; Gnanavel et al., 2019), 이 두 장애가 공존할 때 종종 두 장애 모두에 대해 더 큰 증상 발현과 심각도로 이어진다(Gargaro et al., 2014). Gnanavel 등(2019)은 이 두 장애의 공존율을 42%로 보고하며, 이 두 신경발달장애 간의 증상이 중첩됨을 강조한다. 하지만 CDC는 이보다는 훨씬 낮은 14%로 보고한다(CDC, n.d.). Ramtekkar(2017)는 또한 두 진단을 받은 사람들 중에 수면장애로 고생하는 경우가 많다는 것을 발견하였다. ADHD를 가진 아동·청소년의 수면장애에는 취침 시 불안이나 저항, 잠들기 어려움, 수면 유지의 어려움, 주간 졸음 등이 포함된다(Cortese et al., 2009). Walsh 등(2020)의 연구는 ADHD가 심지어는 양극성장애의 전조 역할을 할 수도 있음을 시사한다.

ADHD는 다른 정신과적 진단과의 공존장애 외에도 다른 건강 및 심리사회적 문제와 연관되어 있다. 다수의 개별 연구와 메타분석에서 ADHD와 비만의 동시발생이 입증되었다(Hanc & Cortese, 2018; Inoue et al., 2019). ADHD는 비행 및 범죄행위와도 관련이 있으며, ADHD를 가진 사람들은 그렇지 않은 사람들에 비해 유의하게 어린 나이에 이러한 행동에 참여하는 경우가 많았다(Philipp-Wiegmann et al., 2017). 또한 범죄행위로 수감되는 경우, ADHD를 가진 사람들은 동료 및 직원에게 언어적·신체적 공격을 가할 가능성이 더 높았으며(Gordon et al., 2012), 석방된 후 후속 유죄 판결로 다시 투옥될 가능성도 더 높았다(Gonzalez et al., 2016). 마지막으로, 놀랍게도 ADHD는 전체적으로 더 많은 수의 입원 및 부상으로 인한 입원(Fleming et al., 2017), 자살 및 사고를 포함한 조기 사망 가능성의 증가와도 관련이 있었다(Dalsgaard et al., 2015; Sun et al., 2019). 또한 매우 놀랍게도 Chen 등(2019)은 대만에서 ADHD 진단을 받지 않은 아동에 비해 ADHD 아동의 자살률이 3배나 더 높다는 사실을 발견하였다. Sun 등(2019)의 연구에 따르면, 더 늦은 나이에 정신과적 공존장애가 발병하는 경우 ADHD를 가진 사람들의 조기 사망과 특히 관련되는 것으로 보인다. 그들은 부주의, 충동성, 위험 감수 행동이 이러한 정신건강 문제를 가진 사람들의 예상치 못한 사망 위험을 상당히 높이는 원인이 될 수 있다고 지적하였다. 이러한 문제 외에도, ADHD와의 공존장애는 아동 및 청소년의 사회적·교육적 기능에 손상을 가져올 가능성이 크므로 우려할 이유가 된다.

학교기반 수혜자격

지금은 「장애인교육법(Individuals with Disability Education Improvement Act: IDEA)」이 된 이 연방 법안은 처음에 의회를 통과하여, 1975년에 처음 법으로 제정되었다. IDEA는 모든 형태의 연방자금 지원을 받는 모든 조직 및 단체(공립학교 포함)에 적용된다. IDEA는 학교가 13개 장애 범주 중 하나에 해당하는 것으로 판명된 모든 학생에게 최소한의 제한적인 환경에서 무료로 적절한 공교육을 제공할 것을 요구한다(U.S. Department of Education, n.d.). 적격성을 결정하기 위해 학생은 학부모, 일반교사, 특수교사, 학교행정관리자 및 검사결과를 해석할 수 있는 사람(종종 학교심리사)으로 구성된 다학제 팀에 의해 실시된 평가를 받아야 한다. 팀은 장애가 의심되는 모든 영역에서 학생을 평가하여, IDEA에 따른 적격성을 결정하는 두 가지 질문에 답하게 된다. 첫 번째 질문은 학생이 장애 범주 중 하나에 대한 기준을 충족하는지 여부이고, 두 번째 질문은 학생이 교육과정상에 충분히 진보하기 위해 특수교육 서비스가 필요하다는 점을 입증하는지 여부이다(U.S. Department of Education, n.d.)

ADHD가 있는 아동·청소년의 경우, 특수교육 서비스에 대한 이러한 평가의 대부분은 **기타 건강장애**(Other Health Impairment)라는 장애 범주와 관련된다. IDEA에 따르면, 이 범주에 해당하는 개인은 "교육환경에서 제한된 각성을 초래하는 환경 자극에 대한 과잉각성을 포함하여 강점, 활력, 또는 각성의 제약"이 있어야 한다(U.S. Department of Education, n.d., 300.8 (c) (9)). 기타 건강장애의 세칙에는 ADHD가 해당될 수 있다고 명시하고 있으며, 기타 건강장애에 해당될 수 있는 다른 질환으로는 천식, 당뇨병, 뇌전증, 심장질환, 혈우병, 납중독, 백혈병, 신장염, 류마티스 열, 겸상 적혈구 빈혈 및 뚜렛증후군 등이 있다. ADHD가 기타 건강장애에 해당될 수 있음이 명시되어 있지만, ADHD 진단만으로는 특수교육 수혜자격 적격성을 결정하기에는 충분하지 않다. 앞서 언급한 두 가지 적격성 질문과 일관되게, 기준에서는 서비스 수혜자격을 얻으려면 학생의 건강 상태가 교육적 성과를 손상시켜야 한다고 명시하고 있다(U.S. Department of Education, n.d.).

만일 다학제 팀이 (철저하고 적절한 평가를 통해) ADHD가 있는 아동·청소년이 기타 건강장애에 대한 IDEA 기준을 충족하지 않는다고 결정하는 경우, 해당 학생은 다른 연방법에 따라 다른 서비스 및 지원을 받을 자격이 있을 수도 있다. 1973년 제정된 「재활법 504조」는 장애인을 보호하기 위한 민권법으로, 연방자금 지원을 받은 서비스 및 활동(예를 들면, 공립학교)에 대한 동등한 접근권을 제공하기 위한 것이다. IDEA 평가와 유사하게, 다학제 팀이 평가를 수행하여 아동·청소년이 자신 돌보기, 수작업, 걷기, 듣기, 보기, 말하기, 숨쉬기, 배우기, 일하기 등과 같은 주요 생활 기능의 수행을 방해하는 장애를 보이는지 결정해야 한다. 또한 「재활법 504조」는 팀이 적절하다고 판단하는 경우, 다른 생활 기능도 고려할 수 있다고 명시한다. 504 적격성을 위해 나열된 기능장애와 관련하여 민권사무국(Office of Civil Rights: OCR, n.d.)은 다음의 경우가 적용될 수 있다고 명시한다. 즉, "신경계, 근골격계, 언어 기관을 포함한 호흡계의 특수 감각기관, 생식계, 소화계, 비뇨생식계, 혈액 및 림프계, 피부, 내분비계, 혹은 지적장애, 기질성 뇌증후군, 정서 혹은 정신장애 및 특정 학습장애와 같은 정신 혹은 심리장애 중 하나 이상의 신체 시스템에 영향을 미치는 신체적 질병이나 상태, 미용적 손상, 또는 해부학적 손실의 경우"가 그러하다[Section 104.3 (2) (i)].

IDEA 또는 「재활법 504조」에 따라 수혜자격이 있는 경우, 아동·청소년이 교육과정 내에서 기능하고 진보할 수 있도록 교육적 요구를 충족하는 다양한 전문적 서비스를 받을 수 있다. 특수교육 서비스는 주로 IDEA 수혜자격이 있는 경우에만 제공되지만, 다학제 팀이 필요하다고 판단하면 학교는 해당 학생에게 다른 지원을 제공할 법적 의무가 있다(OCR, n.d.). ADHD가 있는 아동·청소년의 경우, 이러한 지원에는 학업 및 행동 조정(accommodations)과 수정(modifications)이 포함될 가능성이 크다. ADHD 학생을 위한 일반적인 조정 조치에는 시험을 위한 추가 시간 제공, 학습 지원을 위한 테크놀로지 활용, 수업이나 과제 시 보다 빈번한 휴식 허용, 교실에서의 방해 요소 제한, 교직원의 개별화된 지시 제공이 포함된다. 이러한 지원 외에도 ADHD 학생은 보건교사의 투약 관리 서비스, 학교 심리사의 상담/심리치료 서비스 등의 혜택을 받을 수 있다.

ADHD 학생을 위한 일반적인 조정 조치에는 시험을 위한 추가 시간 제공, 학습 지원을 위한 테크놀로지 활용, 수업이나 과제 시 보다 빈번한 휴식 허용, 교실에서 방해 요소 제한, 교직원의 개별화된 지시 제공이 포함된다.

문화적 쟁점

위험요인

ADHD의 유전력은 최대 80%로 추정되며(Polanczyk et al., 2007), 부모의 ADHD가 자녀의 ADHD 발병에 중요한 위험요인으로 작용한다(Noordermeer et al., 2017). 연구에 따르면 이러한 유전력은 남성보다는 여성에게서 훨씬 더 현저할 수 있다. 연구에 따르면 남성 친척이 아닌 여성의 직계가족이 ADHD 진단을 받는 경우, 가족 내에서 ADHD 발병률이 훨씬 더 높다(Rhee & Waldman, 2004; Taylor et al., 2016). 그러나 연구에 의하면 여성에게는 ADHD 보호인자가 존재하여 ADHD 증상의 발현을 위해서는 유전적·환경적 위험요인 모두에 더 많이 노출되어야 함을 시사한다(Martin et al., 2018).

ADHD 발병과 관련된 것으로 알려진 다른 잠재적인 유전 요인으로는 전두엽과 시상의 문제가 있다. 전두엽의 부피 감소는 아동·청소년을 포함한 ADHD 환자에 대한 수많은 신경학적 연구에서 발견되었다. 유전자 연구 또한 ADHD 발달에 기여할 가능성이 있는 여러 유전자에 대한 관심을 집중시켰으나, 이 분야의 연구는 일관성이 부족하다. 연구자들은 연구 전반에 걸친 작은 표본 크기와 장애 자체의 이질성이 ADHD의 유전적 병인에 대한 불명료성에 기여한다고 제안한다(Luo et al., 2019).

유전적 요인 외에도, 연구들은 ADHD 증상의 발현 가능성에 영향을 주는 환경적 조건도 지적한다. 그러한 위험요인 중 하나는 사회경제적 지위(SES)가 낮은 가정 배경이다. 다양한 국가의 대규모 연구를 통해 연구자들은 덜 부유한 가정 출신의 아동·청소년 사이에서 ADHD 진단 가능성이 더 높다는 것을 발견하였다(Larsson et al., 2014; Russell et al., 2014; Zablotsky & Alford, 2020). CDC(n.d.)가 보고한 자료들 또한 미국의 2~5세 아동 중 정부지원 건강보험에 가입된 아동은 고용주 지원 건강보험에 가입된 아동에 비해 ADHD 치료를 받을 가능성이 2배나 더 높은 것을 보여 준다. 빈곤은 ADHD 공존장애와도 관련될 수 있는데, Larson 등(2011)은 미국에서 빈곤 소득수준 이하에서 생활하는 가족 출신의 어린이는 사회경제적 지위가 높은 가정의 어린이에 비해 세 가지 이상의 공존장애를 가질 가능성이 4배나 더 높다는 사실을 발견하였다.

많은 연구에서 낮은 사회경제적 지위가 아동·청소년의 ADHD 진단에 대한 위험요인이라는 사실이 밝혀졌지만(Larson et al., 2011; Russell et al., 2014), Rowland 등(2018)은 이러한 관련성이 철저히 가족 소득에 의한 것이 아닐 수도 있다는 점을 주목한다. 매우 큰 규모의 실증연구에서 그들은 SES, 부모의 ADHD 병력, 자녀의 ADHD 진단 확률 사이에 복잡한 상호작용이 있음을 발견하였다. 구체적으로, 낮은 SES 가족의 자녀는 부모의 ADHD 진단 병력이 없을 때 고소득 가족에 비해 ADHD 진단을 받을 가능성이 6.2배 더 높았다. 부모가 보고한 ADHD 병력이 있는 경우, 저소득 가정의 자녀는 부모의 병력이 없는 고소득 가정의 자녀보다 ADHD 진단을 받을 가능성이 16.7배나 더 높았으며, 부유한 가정의 자녀는 ADHD 진단을 받을 가능성이 12.0배가 더 높았다. 따라서 연구자들은 가족의 SES와 부모의 진단 이력 모두 자녀의 ADHD 진단의 가족적 위험요인이라고 결론지었다(Rowland et al., 2018). 또한 Assari와 Caldwell(2019)도 SES와 인종 간의 상호작용을 발견하였다. 그들의 자료는 높은 가계소득이 백인 아동 · 청소년의 ADHD에 대한 보호요인이지만, 흑인 아동 · 청소년에게는 그렇지 않음을 보여 준다. Assari와 Caldwell(2019)에 따르면, 소수 인종에 대한 소외와 낙인화 형태의 사회적 장벽으로 인해 흑인 아동 · 청소년은 다수 문화에 소속된 경우와 동일한 방식으로 경제적 이점을 누릴 수 없는지도 모른다.

아동 · 청소년의 ADHD 발달과 관련된 또 다른 환경 요인은 부정적 생애 사건을 경험하는 것이다(Brown et al., 2017; Jimenez et al., 2017; Noordermeer et al., 2017). Noordermeer 등(2017)에 의하면, 부모의 이혼과 가족 갈등은 모두 아동의 ADHD를 예측한다. 마찬가지로, 부모와 자녀 사이의 갈등과 적대감, 초기의 빈곤 또한 아동 · 청소년의 ADHD 발달과 연관성을 보인다(Pheula et al., 2011). Brown 등(2017)은 빈곤, 부모의 이혼, 가족 정신질환, 이웃 폭력, 가정폭력, 가족의 투옥 등의 요인이 중간 내지는 심각한 수준의 ADHD 진단과 관련성이 있음을 발견하였다. 유사하게, Sharp 등(2021)의 연구에서도 아이들이 주거하는 이웃의 부유함, 가족의 SES, 가족 갈등과 ADHD 증상의 진전 간에 상호작용이 있음을 발견하였다. 그들은 덜 부유한 지역에 거주하는 ADHD 아동은 부모가 저소득층이고 가족 갈등 수준이 높을 때 ADHD 증상이 더 악화되는 경향이 있다는 점에 주목하였다. 부정적 생애 경험과 ADHD의 관련성에 대하여, Jimenez 등(2017)은 트라우마 증상들이 ADHD로 잘못 해석되고 있는 것인지, 아니면 정말로 부정적 생애 경험과 아동의 ADHD 발병 간에 인과 관계가 있는 것인지 확증하려면 더 많은 연구가 필요하다고 제안한다.

부정적 생애 경험과 ADHD의 관련성에 대하여, Jimenez 등(2017)은 트라우마 증상들이 ADHD로 잘못 해석되고 있는 것인지, 아니면 정말로 부정적 생애 경험과 ADHD 발병 간에 인과 관계가 있는 것인지 확증하려면 더 많은 연구가 필요하다고 제안한다.

DSM-5에 따르면, ADHD의 발달에 영향을 미칠 수 있는 다른 요인들도 있지만, 이러한 요인들에 대한 연구 결과는 대체로 결론이 확실하지 않다. 임신 중 산모의 흡연은 어린이의 ADHD와 관련이 있는 것으로 일관되게 나타났지만, 연구자들은 이러한 관계가 본질상 단순한 상관관계인 것인지, 아니면 인과관계인 것인지 불확실하다고 보고 있다(APA, 2013; Huang et al., 2018). 이와 관련하여, 출생 시 저체중(산모의 흡연과 연관될 수 있음)도 ADHD의 위험요인으로 나타났다. 환경 독소와 식이 요인들도 소수의 ADHD 사례에 영향을 미칠 수도 있다(APA, 2013).

전반적으로, 아동 · 청소년 ADHD의 병인은 기껏해야 혼란스러우며, 최악의 경우에는 모순된다고 할 수 있다. 많은 유전적 및 환경적 요인들이 ADHD 발병에 작은 정도로만 기여하며, 이러한 요인들은 상호작용하여 더 큰 영향을 미칠 수 있다. Luo 등(2019)에 따르면, ADHD의 발달과 ADHD의 표현에서 나타나는 이질성을 초래하는 것은 이러한 작은 기여요인들과 이러한 요인들의 상호작용이다.

문화적 고려사항

Fairman 등(2020)의 연구 결과는 연령과 인종에 따라 진단에서 차이가 있음을 지지한다. 성인 중에 흑인은 백인에 비해 ADHD 진단을 받을 확률이 77%가 낮았다. 그러나 아동 · 청소년 경우는 그 반대가 사실이었다. 흑인 아동 · 청소년이 백인 또래에 비해 ADHD 진단을 받을 확률이 24%가 더 높았다. 그 외에 다른 인종에 속하는 것으로 확인된 아동 · 청소년의 경우에는 백인 백인 또래에 비해 ADHD 진단을 받을 가능성이 훨씬 낮았다. 더욱이 이 연구의 대상자 중 흑인이고 품행장애 진단을 받은 경우에는 백인 또래에 비해 ADHD 진단을 받을 가능성이 3.78배나 더 높았다(Fairman et al., 2020). 2017년 표본에서는, 6~17세의 흑인과 백인 아동 · 청소년의 진단 유병률은 각각 14%와 15%로 유사하였으나, 히스패닉인 경우에는 6%로 훨씬 낮게 나타났다(Davis et al., 2021).

Kang과 Harvey(2020)는 아동 · 청소년의 ADHD 증상에 대한 지각에 있어서 인종에 따른 불균형의 문제가 있음을 발견하였다. 교사와 부모의 행동 보고는 아동 · 청소년의 ADHD 초기 평가와 진단에 중요한 역할을 하는 경우가 많은데, 이들의 증상과 행동에 대한 지각이 인종에 따라 의미 있는 차이가 있는 것으로 나타났다. 이 연구자들에 따르면, 흑인 부모들과 비교할 때 백인 교사들은 백인 아이나 흑인 여아보다는 흑인 남아의 ADHD 행동을 더 높은 수준으로 보고하였다. 백인 교사들은 또한 흑인 남아가 다른 아이들에 비해 ADHD 진단 준거를 만족시킬 것이라고 더욱 크게 확신하였으며, 이는 특히 흑인에 대해 더 부정적 태도를 보고한 교사들 중에 두드러졌다. 그러나 이 연구자들은 백인 교사가 흑인 남아의 ADHD 행동을 과대평가하는 것인지, 아니면 흑인 부모가 동일한 증상을 과소평가하는 것인지에 대해서는 이 연구가 결정적인 증거를 제시하지는 못한다고 강조한다. 이 연구의 또 다른 흥미로운 결과는 흑인 부모의 경우, 자신이 더 높은 수준의 인종차별을 경험하였다고 보고한 경우에 인종에 관계없이 모든 아이들에게서 더 높은 수준의 ADHD 행동 증상들을 보고할 가능성이 높았다는 점이었다(Kang & Harvey, 2020).

Cummings 등(2017)의 연구는 백인 청소년과 비교하여 소수 인종 및 소수 민족 청소년에 대한 ADHD 치료에 있어서의 불균형을 강조하였다. 그들은 진단 및 약물 처방 후 아프리카계 미국인 청소년이 백인 청소년보다 후속 치료를 받을 가능성이 적었지만, 히스패닉 청소년은 백인 청소년보다 후속 치료를 받을 가능성이 더 높다는 사실을 발견하였다. 그러나 아프리카계 미국인과 히스패닉계 아동·청소년 모두 백인 또래들에 비해 ADHD 약물치료를 조기에 중단할 가능성이 훨씬 높았다. Cummings 등(2017)은 소수집단 아동·청소년의 치료 중단이 건강에 대한 문화적 신념이나 ADHD 치료 자체와 관련된 우려 때문일 수 있다고 제안한다. 이러한 제안은 아프리카계 가족의 경우 ADHD가 치료가 필요한 상태라고 믿을 가능성이 백인 가족에 비해 낮다는 연구 결과에 의해 지지될 수 있다(Bussing et al., 2003).

학교와 가정에서 사회성, 정서 및 행동 기능에 미치는 영향

학교에서의 사회성, 정서 및 행동 기능

Manfro 등(2019)에 따르면, 아동기에 ADHD 진단을 받은 학생들은 일반적으로 발달하는 또래들에 비해 훨씬 더 많은 불리한 학교 경험을 한다. 전반적으로 ADHD를 가진 학생들은 연간 최대 50만 번의 부정적인 상호작용을 경험한다고 보고한다(Hoza et al., 2005). 연구에 따르면, ADHD를 가진 아이들은 수많은 또래관계 문제들로 어려움을 겪는다. 사실, Thorsen 등(2018)은 전청소년기(preadolescence)의 또래 문제가 지난 3~4년간의 ADHD 증상에 의해 안정되게 예측된다는 사실을 발견하였다. 또래관계 문제는 또한 ADHD 청소년의 우울증 발병을 부분적으로 매개하기도 한다(Powell et al., 2020).

Hoza 등(2005)에 따르면, ADHD를 가진 아이들의 약 50%가 사회적으로 거부를 당한다고 느낀다고 보고한다. 연구문헌에 따르면, ADHD를 가진 아이들은 그렇지 않은 아이들과 비교할 때, 또래에게 덜 호감이 가는 대상이며(Forner et al., 2017; Hoza et al., 2005), 자신을 또래와 다르다고 지각하고(Shea & Wiener, 2003; Wiener, 2020a), 더욱 빈번하게 또래와의 갈등을 경험하며, 또래로부터 더 많이 거부를 당한다(Strine et al., 2006). 이러한 또래거부는 ADHD 복합형을 가진 아동 · 청소년이 보이는 매우 공격적 행동과 관련이 있다(Thorsen et al., 2018). Fogleman 등(2019)은 ADHD를 가진 청소년들이 종종 정서조절의 문제로 인해 또래로부터 피해를 당한다는 증거를 발견하였다. 이 둘의 관계는 직접적인데, 정서조절 곤란이 클수록 이후 또래괴롭힘 피해가 커지기 때문이다. 정서조절 곤란은 ADHD를 가진 사람들이 보이는 사회성 기술 결함과 연관되어 있으며, 이러한 결함이 있을 때 사회성 발달과 관계는 더욱 손상을 입게 된다. 이 연구자들은 정서조절 곤란이 사회적 상황에서 효과적인 친사회성 기술과 문제해결 기술을 사용하는 아동의 능력을 손상시킨다고 제안한다(Fogleman et al., 2019). 정서조절은 집행기능(executive function)의 핵심 구성요소로, Forner 등(2017)은 ADHD를 가진 아동 · 청소년들 사이에서 집행기능 결함과 또래관계 문제 간의 관련성을 발견하였다. 또한 부주의 우세형의 ADHD를 가진 아이들은 사회적으로 위축되는 문제를 보이는데, 이는 그들이 처리 속도 결함으로 인해 대화의 내용을 따르고 기억하지 못함에 따른 결과일 수 있다(Thorsen et al., 2018). ADHD 청소년이 친구를 사귀더라도, 그들의 친구관계는 종종 그 질이 낮으며 일반 또래들이 맺는 또래관계에 비해 호혜성이 낮은 특징이 있다(Normand et al., 2011). 끝으로, Tseng 등(2014)은 ADHD 아동 · 청소년의 사회적 관계가 시간의 경과에 따라 감소할 수 있음에 주목한다. 그들은 사회적 관계문제와 ADHD 증상이 전 생애에 걸쳐 서로를 확대시키는 역할을 한다고 설명한다.

> 연구문헌에 따르면, ADHD를 가진 아이들은 그렇지 않은 아이들과 비교할 때, 또래에게 덜 호감이 가는 대상이며(Forner et al., 2017; Hoza et al., 2005), 자신을 또래와 다르다고 지각하고(Shea & Wiener, 2003; Wiener, 2020a), 더욱 빈번하게 또래와의 갈등을 경험하며, 또래부터 더 많이 거부를 당한다(Strine et al., 2006).

학교 환경에서 또래관계로 인한 어려움 외에도, 교사와의 관계 또한 ADHD 아동 · 청소년에게 고통의 원인이 될 수 있다(Rogers et al., 2015). ADHD 진단과 일치하는 다양한 증상들은 ADHD를 가진 학생과 관련하여 교사에게 요구되는 추가적 관심, 지원 및 구조로 인해 종종 교사–학생 상호작용 및 관계에 부담을 주는 역할을 한다. 질적 연구는 교사가 ADHD를 가진 자신의 학생을 가르치면서 경험하는 감정적 희생을 강조한다(Lawrence et al., 2017). 이들이 보이는 행동 문제만으로도 전반적인 교실 분위기나 개별 학생들의 기능에 부정적인 영향을 미칠 수 있다(Rogers et al., 2015; Rushton et al., 2020). Rushton 등(2020)에 따르면, ADHD가 있는 남녀 학생의 교사–학생 관계는 학생의 학교에 대한 전반적인 정서적 참여에 영향을 미치는 중요한 요소로 나타났다. 그러나 그들은 높은 수준의 ADHD 증상 발현이 교사와 ADHD 학생 사이의 더 큰 갈등과 연관되어 있었으며, 학생의 학교참여에 부정적 영향을 미친다는 것을 발견하였다. 이는 학교참여가 학생의 높은 학업 성취, 성공적인 졸업, 개인적 안녕과 관련되어 있다는 점을 고려할 때 특히 우려되는 점이다(Fredricks et al., 2016). Moore 등(2017)이 수행한 교사 대상의 연구에서는, ADHD를 가진 학생들이 학교 환경 내에서 성공적으로 적응하는 데 중요한 것은 학교 환경 내 관계(다른 지원이나 전략이 아닌)라는 점에 대해 교사들이 강하게 동의한다는 사실을 발견하였다. 따라서 ADHD를 가진 아동·청소년이 긍정적인 학교 관련 성과를 보일 가능성을 높이려면, 학교 환경 내 개입은 학생과 또래 간 관계뿐 아니라 교사와의 관계에도 초점을 두어야 한다.

가정에서의 사회성, 정서 및 행동 기능

ADHD는 상당한 유전가능성이 있으므로 부모와 형제자매를 포함하여 같은 가구 내의 여러 가족 구성원이 이 장애로 어려움을 겪는 경우가 많다. 추가 연구에 따르면, 유전적 요인으로 인해 ADHD를 가진 여성의 형제자매는 ADHD가 있는 남성의 형제자매보다 자신이 ADHD 진단을 받을 가능성이 더 높은 것으로 나타났다(Martin et al., 2018). 자녀가 여럿 있으면 가정에 부담이 되지만, 부모 자신이 ADHD 증상을 경험할 때 상황은 더욱 복잡해진다. 증거에 따르면, ADHD를 가진 부모는 효과적인 양육전략을 사용하는 데 어려움을 겪을 수 있으며, 이러한 어려움으로 인해 아동·청소년 자녀가 행동 문제를 보일 가능성도 높아진다(Johnston et al., 2012). 이는 특히 ADHD 증상을 보이는 아버지의 경우에 그러한 것으로 밝혀졌으며, 자녀의 ADHD 증상은 ADHD를 가진 부모 모두가 보고한 자녀양육에 대한 더 큰 불일치와도 관련이 있었다(Williamson et al., 2017). 게다가 Williamson 등(2017)에 따르면, ADHD를 가진 아버지의 부주의 증상은 특히 양육 어려움을 예측하는 것으로 나타난 반면, 어머니의 부주의 증상은 아버지가 부주의 증상을 보일 때에만 양육 문제와 관련이 있었다. 끝으로, 그들은 아버지의 과잉활동성/충동성 수준이 높고 어머니의 과잉활동성/충동성 증상이 낮을 때 양육에 대한 가장 어려운 증상 조합이 나타난다고 제안하였다. 이 조합은 가족 내에서 부정적인 양육방식을 초래할 가능성이 가장 높았다(Williamson et al., 2017).

가족 단위로 ADHD 증상을 다루는 것이 ADHD가 있는 아동·청소년의 기능을 개선하는 데 필수적인데, 이는 어머니의 ADHD 증상 수준이 높을 때 자녀가 치료로 혜택을 볼 가능성이 적다는 사실을 지지하는 연구 결과를 보면 알 수 있다(Jensen et al., 2007). Johnston 등(2012)은 ADHD를 가진 부모는 ADHD를 가진 자녀들에 대해 치료를 준수하기가 어려울 수 있다고 제안한다. 예를 들어, ADHD를 가진 부모는 일정에 따라 자녀나 약물 투여량을 관리하지 못하거나 효과나 부작용과 관련하여 서비스 제공자와 협력하지 못할 수 있다. Lawrence 등(2017)은 더 나아가

ADHD를 가진 부모는 조직화하거나 사회적 상호작용을 위한 효과적인 전략들을 모델링하는 능력에 있어서 일반 부모들보다 떨어질 수 있다고 설명한다. Johnston 등(2012)은 아동 · 청소년을 위한 중재안에 행동적 부모훈련이 포함될 경우, 심리교육에는 덜 집중하고 기술을 보다 집중적으로 연습하고 반복하는 것이 중요함을 지적한다. 그들은 또한 ADHD를 가진 부모가 교육의 혜택을 누리려면, 손에 잡히는 체험 중심의 활동에 중점을 두어야 하고 휴식 시간을 늘리는 등 보다 개별화된 교수가 필요하다고 강조한다. 마지막으로, 그들은 ADHD를 가진 부모를 위한 긍정적 양육 기술을 더 자주, 그리고 더 명시적으로 강화할 필요가 있다고 지적한다(Johnston et al., 2012).

이와 같은 부모의 양육 문제는 Larson 등(2011)의 연구 결과와 관련될 수 있는데, 이들의 연구에서 높은 부모-자녀 의사소통 문제와 부모가 보고한 ADHD를 가진 자녀의 증상 악화 간의 관련성을 보고하였다. Markel과 Wiener(2014)도 부모와 ADHD를 가진 자녀 간의 갈등 수준은 일반 자녀와의 갈등 수준보다 더 높다는 것을 보여 주었다. 이러한 갈등은 종종 성적, 과제 완수 등 학교 관련 문제를 중심으로 발생한다. 가족 간 의사소통 문제와 관련하여, DSM-5는 상호작용 방식이 ADHD의 직접적 원인으로는 알려져 있지 않다는 점에 주목한다. 다만, 이는 증상을 악화시키고 아동이나 청소년의 다른 품행 관련 문제들을 초래할 수 있다.

ADHD를 가진 아동 · 청소년을 둔 가족 내에 초래되는 긴장에 더하여, ADHD를 가진 자녀의 보호자들 가운데 상당한 수준의 동반 낙인(affiliate stigma)이 존재한다고 Chang 등(2020)은 지적하였다. 그들은 교육수준이 높은 어머니가 동반 낙인을 더 많이 경험한다는 것을 발견하였는데, 여성으로서 자녀의 행동으로 판단을 받을 가능성이 더 높으며, 어머니의 교육수준이 높을수록 자녀에 대한 학업 기대치가 충족되지 않을 수 있다고 제안하였다. 이러한 동반 낙인은 교사 대상의 질적 연구에서도 확인되었다. Lawrence 등(2017)에 따르면, 교사들은 ADHD 행동이 가정 환경에 의해 만들어지거나 악화될 수 있다는 믿음을 표명하였다. 구체적으로, 그들은 ADHD를 가진 자녀에 대한 부모의 훈육, 관여, 격려가 부족하다는 신념에 동의하였다. Chang 등(2020)은 이러한 동반 낙인이 진단이나 가용한 치료 옵션에 대한 부정적 태도와 관련돼 있다고 지적하였다. 낙인의 원인이 무엇이든 관계 없이, 보호자에게 이러한 낙인이 있으면 가족 내 관계가 긴장될 가능성이 커지며, 심지어 핵가족 밖의 사회적 관계가 위축되는 결과를 가져올 수도 있다(Chang et al., 2020).

교실에서 학습에 미치는 영향

ADHD를 가진 학생들은 IQ 검사로 측정한 전반적인 인지적 능력에 있어서 전형적으로 발달하는 또래들과 다르지 않은 것으로 보고되었다(Roy et al., 2016). 하지만 연구들은 아동기에 ADHD 진단을 받은 사람들의 경우 더 낮은 학업 성취를 보인다는 점도 보여 준다(Barbaresi et al., 2007; Rigoni et al., 2020). 또한 Manfro 등(2019)은 아동기에 발병한 ADHD를 가진 사람들이 전형적으로 발달하는 또래들에 비해 전반적인 학업 수행 수준이 더 낮으며 읽기와 쓰기 평가에서 더 낮은 점수를 받는다는 점을 강조한다. 이는 Rigoni 등(2020)의 연구와 일치하는 결과인데, 그들의 연구에서 DSM의 모든 부주의 증상이 읽기, 쓰기 표현, 필기 영역에서 성취 저하와 관련이 있으며, 9개의 부주의 증상 중 6개가 수학 성취도와도 관련이 있음을 발견하였다. 그들은 다른 유형보다는 부주의형 ADHD로 진단을 받은 아동 · 청소년이 특수교육 서비스 수혜자격이 있을 가능성이 유의하게 높다는 점에 주목하였다(Rigoni et al., 2020). 더욱이, de Zeeuw 등(2017)은 ADHD와 학업 성취 간의 관계에 대해서 인과적 가설을 제안한다. 그들은 유전 및 환경 요인을 통제한 후에도, ADHD를 가진 아동 · 청소년의 교육적 진보가 유의하게 낮음을 발견하였다. 요컨대, 이러한 결과들은 ADHD 증상이 이러한 장애를 가진 학생들의 교실 수행을 손상시킴을 시사한다. 유사하게, Larson 등(2011)은 ADHD와 공존장애 진단이 있는 아동 · 청소년 중에 81%가 학교 관련 문제를 보고하며, 약 46%가 적어도 한 학년 이상 유급된 적이 있는 것으로 보고되었다.

성별에 따른 ADHD와 학교 수행의 관련성에 대한 연구는 상충되는 결과를 제시하였다. 일부 연구는 ADHD 남아가 여아에 비해 학습 및 학교 적응 문제를 경험할 가능성이 더 크다고 제안하였다(Biederman et al., 2002). 반면, 다른 연구들은 이러한 차이가 없다고 보고하였다(Mowlem et al., 2019). 한편, CDC 자료(n.d.)에 따르면, 미국에서 ADHD로 진단된 아동 · 청소년의 90%가 성별과 관계없이 학교 장면에서 그들의 장애와 관련하여 어떠한 형태로든 지원을 받고 있는 것으로 나타난다.

ADHD를 가진 많은 학생들이 행동 문제 제어에 도움을 받기 위해 각성제 처방을 받는다. 그러나 이러한 약물이 교실에서 주의력과 순응행동 개선에 도움을 줄 수 있지만, ADHD 아동 · 청소년의 학업 성취에도 영향을 미치는지는 그 증거가 불확실하다. 일부 연구자들(Barbaresi et al., 2007; de Zeeuw et al., 2017)은 ADHD를 가진 학생들이 각성제를 복용할 때 학업 성과가 개선된다고 보고한 반면, 다른 연구는 ADHD 치료를 위한 각성제 사용과 학업 내용 습득 간의 정적 관계를 찾지 못하였다(Voight et al., 2017). 마찬가지로, 교사 대상의 한 질적 연구에서 약물이 ADHD 아동·청소년의 교실에서의 기능 수준을 개선하는 데 효과적인지와 관련하여 엇갈린 감정이 있음을 보여 준다(Moore et al., 2017). 스코틀랜드의 학생들을 대상으로 한 대규모 연구에서는 약물치료를 받고 있는 동안에도 ADHD로 진단을 받은 학생들의 교육적 성과가 암울하다는 증거를 제시하였다(Flemming et al., 2017). ADHD로 인해 약물치료를 받고 있는 학생들은 전형적으로 발달하는 또래들에 비해 무단결석 및 징계로 인한 결석의 수가 훨씬 더 많았다. 또한 또래들에 비해 특수교육 서비스가 필요하고, 교육적 성과가 낮았으며, 자퇴율이 높았고, 미래에 실업 상태에 있을 가능성도 더 컸다(Flemming et al., 2017).

> 일부 연구자들(Barbaresi et al., 2007; de Zeeuw et al., 2017)은 ADHD를 가진 학생들이 각성제를 복용할 때 학업 성과가 개선된다고 보고한 반면, 다른 연구는 ADHD 치료를 위한 각성제 사용과 학업 내용 습득 간의 정적 관계를 찾지 못했다(Voight et al., 2017).

더욱이, 연구자들은 ADHD를 가진 아동·청소년 및 성인들 사이에서 집행기능의 결함을 발견하였는데, 이러한 결과는 연령, 성별, 인종 등의 변인을 통제한 이후에도 유의하였다(Forner et al., 2017; Graham, 2017; Luo et al., 2019; Manfro et al., 2019; Silverstein et al., 2020). 연구에 따르면, ADHD의 부주의 증상들이 과잉활동성/충동성 증상들에 비해 집행기능 결함과 더 크게 관련되는 것으로 나타난다. 이는 부주의 증상과 작업기억 문제 간의 관련성을 제안하는 연구와 무관하지 않을 것이다(Barkley et al., 2008). Manfro 등(2019)은 집행기능 결함이 청소년기나 성인기에 발병하는 경우보다는 아동기에 ADHD 진단을 받는 경우가 더 현저한 것으로 보고하였다. Barnett 등(2001)의 연구는 ADHD 아동의 공간적 작업기억 문제에 대한 다른 증거를 제시하였지만, 이러한 결함이 각성제 복용을 통해서 매개될 수 있음에 주목하였다. 신경학적 연구들은 또한 아동기에 ADHD로 진단된 성인들 중에 공간적 작업기억, 주의력 유지, 반응시간, 계획 능력에서 결함이 있음을 확인하였다(Lin & Gau, 2020). 작업기억 문제는 ADHD 아동·청소년 대상의 기능적 MRI나 PET 연구에서도 확인되었다(Fassbender et al., 2011). 게다가, 억제와 같은 다른 집행기능 요소들도 ADHD 증상과 부적으로 관련되는 것으로 나타났다(Forner et al., 2017; Fried et al., 2016; McLuckie et al., 2021).

종합하면, 이러한 집행기능 결함은 ADHD 아동·청소년이 일반 학생에 비해 교실에서 일관되게 더 많은 과제이탈 행동과 더 적은 과제집중 행동을 보이는 이유일 가능성이 높다(Imeraj et al., 2013; Steiner et al., 2014). Silverstein 등(2020)은 ADHD 아동·청소년의 교실 수행을 손상시킬 수 있는 이러한 집행기능 결함과 관련된 여러 가지 실제적 문제를 기술하였다. 그들은 "억제의 실패는 다른 사람을 방해하거나, 생각하지 않고 빠르게 말해 버리거나, 쉽게 주의가 분산되는 결과를 가져올 수 있다. 계획 수립의 어려움은 과제 완수, 지시 이행, 활동 조직화의 어려움을 초래하며, 작업기억의 결함은 쉽게 망각하거나 부주의한 실수로 이어질 수 있다."(p. 45)라고 하였다. 따라서 ADHD 증상은 종종 개별 학습자와 교실 환경의 기능을 전체적으로 교란시키는 학업적 및 행동적 문제들을 초래한다.

학교심리사를 위한 시사점

평가 역할

이전에 언급하였듯이, 다학제 팀(종종 학교심리사가 포함됨)은 IDEA 및 「재활법 504조」의 보호하에 아동·청소년의 특수교육 서비스 수혜자격 결정을 위한 평가를 수행하는 업무를 맡는다. 학교심리사의 역할은 ADHD 아동·청소년을 평가하는 과정에서 특히 중요하다. 이러한 평가는 학교가 평가 진행에 관한 학부모의 동의를 받으면서 시작되며, 평가에 대한 서면 동의를 얻은 시점으로부터 수업일 기준으로 60일 이내에 완료되고 또 적절한 서비스가 제공되어야 한다.

의사결정 과정을 돕기 위해 관련 자료가 다양한 출처로부터 얻어진다. 평가는 현재 환경 내 학생의 기능과 관련되는 학교기반의 다양한 문서들을 검토하는 것에서 시작되며, 여기에는 흔히 출석 기록, 징계 파일, 학업 성적, 이전의 표준화 검사 결과 등의 자료들이 포함된다. 학교에서 얻을 수 있는 자료의 범위를 넘어서서 학부모의 동의를 받아 해당 학생의 돌봄에 관여한 소아과 의사, 심리사, 정신과 의사, 치료사 등의 외부 정보 제공자의 기록을 입수하게 된다. 이러한 기존 정보의 평가와 분석은 보다 최근 자료의 수집으로 이어진다. 이러한 정보는 학생과의 면담, 학생의 교사 및 학생 부모와의 면담을 거쳐서 얻을 뿐 아니라 교실 관찰이 이루어지기도 한다. 교실 관찰은 이러한 과정의 한 부분으로서 수행되며, 학생의 행동 문제에 대해 우려가 있는 경우라면 행동기능평가의 기초자료로도 활용된다. 행동기능평가(functional behavioral assessment) 과정을 통해 문제행동을 촉발하는 선행사건들과 환경 내에서 그러한 행동에 후속하여 그 행동을 유지하는 역할을 하는 조건들이 밝혀지게 된다. 이러한 정보들은 해당 학생이 문제행동을 통해서 만족하고자 하는 심리적 욕구를 만족시켜 주면서 문제행동과 동일한 목적을 갖지만 사회적으로 보다 수용가능하거나 좀 더 적응적인 행동을 보일 때 강화를 제공할 수 있는 증거기반의 중재안을 개발하는 데 활용된다. 다른 방식의 행동 평가도 이러한 평가 과정에서 활용된다. 행동평정척도는 아동 대상의 ADHD 평가에서 거의 보편적인 평가 요소로 볼 수 있다. 자신의 기능에 대한 청소년의 자기평가는 부모나 교사의 평가와 동일하게 신뢰할 수 있다는 연구 결과가 있으므로 청소년의 자기 보고식 평정척도도 포함되어야 한다고 Wiener(2020b)는 강조한다. 이러한 평정척도들은 일반적인 행동 및 기능뿐 아니라 특정 ADHD 증상들을 포괄한다. 끝으로, 학교심리사는 학생의 ADHD가 잠재적으로 미칠 수 있는 교육적 영향을 결정할 목적으로 적절한 개별 실시용 검사도구를 활용하여 학생의 학업 성취 및 인지능력을 평가할 가능성이 크다.

행동평정척도는 아동 대상의 ADHD 평가에서 거의 보편적인 평가 요소로 볼 수 있다. 자신의 기능에 대한 청소년의 자기평가는 부모나 교사의 평가와 동일하게 신뢰할 수 있다는 연구 결과가 있으므로 청소년의 자기 보고식 평정척도도 포함되어야 한다고 Wiener(2020b)는 강조한다.

특수서비스를 위한 학생 평가의 역할 외에도 학교심리사는 다른 평가 기능을 수행할 수도 있다. 많은 학교가 정기적으로 모든 학생을 대상으로 사회·정서·행동 문제를 선별하여 학생들에게 적절히 구성된 중재를 제공하는 데 활용하고자 한다(이 장의 "학교기반 정신건강 중재 및 지원" 절을 참조할 것). 학교심리사는 양성 과정을 통해 적절한 선별도구와 ADHD를 가진 아동·청소년의 욕구를 충족하는 중재안을 선정하는 데 필요한 전문성을 갖춘다. 학교심리사는 또한 학교 장면 내에서 이러한 지원 틀과 일치하도록 자료의 수집 및 해석 과정을 주도하거나 조력한다.

옹호 역할

Woolraich 등(2019)에 의하면, 각성제 약물치료와 행동중재는 45년 넘게 ADHD 증상이 있는 아동·청소년을 치료하는 주요 방법이었다. 국립정신건강연구소(NIMH)가 자금을 지원한 장기 연구에 따르면, 약물치료가 가장 효과적인 단일 개입이었으며, 행동중재는 가족들이 가장 선호하는 방법이었다(Jensen et al., 2001). 아동·청소년의 ADHD 치료에 있어서 각성제 약물치료의 안전성과 효과성은 Cortese 등(2018)의 최근 대규모 연구나 Brown 등(2018)의 개관 연구에서도 확인되었다. 일반적으로, 증상 경감에 가장 큰 효능을 보이는 것은 이들 두 가지 치료를 병행하는 것이지만(Jensen et al., 2001), 이 분야의 학자들은 취학 전 아동의 치료에서 약물치료를 시작하기 전에 행동중재를 먼저 시작할 것을 권장한다(Brown et al., 2018; Davis et al., 2019). 아동과 가족이 학교 장면에서나 지역사회 기반 서비스를 이용하는 경우 학교심리사가 그들을 효과적으로 옹호하려면, 이러한 치료 옵션들과 함의에 대해서 잘 알고 있어야 한다.

최근의 연구는 ADHD의 공존장애에 따라 치료의 효과성이 달라질 수 있음을 강조한다. Gnanavel 등(2019)에 따르면, ADHD와 불안증상을 가진 아동·청소년은 행동치료가 특히 적합할 수 있지만, ADHD만을 가진 경우는 이 치료만으로는 증상이 잘 개선되지 않는 것으로 보인다. 마찬가지로, ADHD와 적대적 반항장애 혹은 품행장애를 가진 경우 행동치료만 받아서는 큰 유익이 없는 것으로 보인다. ADHD와 불안 및 외현화 장애를 가진 아동의 경우 이 두 치료의 병합으로 더 잘 치료할 수 있었다(Gnanavel et al., 2019).

CDC의 보고 자료에 의하면, 미국 내 ADHD를 가진 아동·청소년 중에서 77%가 어떤 형태로든 치료를 받는다. 치료를 받은 아이들 중 32%는 행동치료와 약물치료를 병행하였으며, 30%는 약물치료만 받았으며, 15%는 행동중재만 받았다(CDC, n.d.). Danielson 등(2018)은 미국 아동·청소년의 약 2/3가 ADHD 증상 관리를 위해 약물치료나 학교 지원을 받고 있다고 보고하였다. 또한 2007년부터 2011년 사이에 ADHD 아동·청소년이 ADHD 치료를 위해 처방약물을 사용하고 있는 경우가 4% 증가하였지만 이러한 결과가 같은 기간 진단 수가 그만큼 늘었기 때문은 아니라는 NSCH의 보고 자료(NIMH, n.d.)에서 볼 수 있듯이, ADHD 진단을 받은 아동·청소년에 대한 약물치료가 증가하고 있는 것으로 보인다. 끝으로, Mowlem 등(2019)의 연구에 의하면, 여아의 경우 남아에 비해 외현화 행동 문제를 보이지 않는 한, ADHD 증상 관리를 위해 약물 치료를 받을 가능성이 더 낮은 것으로 나타났다. 이는 Davis 등(2021)의 연구 결과와 일치하는 것으로 이들의 연구에서도 6~17세 사이의 여아들은 동일 연령대의 남아들에 비해 약물치료를 권고받을 가능성이 훨씬 낮았다.

학교심리사가 지역사회의 치료 옵션들에 대해서도 잘 알고 있는 것이 ADHD를 가진, 혹은 ADHD가 의심되는 모든 아동·청소년이 안전하고 시기적절하게 정확한 진단과 치료를 받도록 그들의 권익을 옹호하는 데 필수적이다. 학교심리사는 ADHD를 가진 학생을 위한 핵심적인 의학적 조치를 이해하고 이에 접근할 수 있도록 해당 학생의 가족을 조력하는 최전선의 전문가 역할을 할 수 있다. 그러나 학교심리사는 잠재적인 한계들에 대해서도 잘 알고 있어야 한다. 또한 Brown 등(2018)이 강조하였듯이, "ADHD를 가진 아동·청소년 주변의 행동, 의료, 교육 서비스 제공자들과 협력하여 적절한 개별 맞춤식 치료를 계획하는 것이 각 개인의 성공에 도움이 될 수 있다"(p. 45).

자문 역할

학교심리사는 ADHD에 관한 교사 대상의 심리교육에서 중요한 역할을 할 수 있다(Wiener, 2020b). 이는 중요한 교원 연수 형식으로 이루어질 수 있다. Lawrence 등(2017)의 연구에서 연구에 참여한 교사들은 ADHD 진단과 효과적인 교실 내 전략에 대해서 공식적으로 배울 기회가 거의 없었으며, 그나마 ADHD에 대한 지식은 교원 연수, 동료교사와의 비공식적 협력, 개인적 경험 등을 통해 얻었다고 보고하였다. 더욱이, 이 연구의 교사들은 스스로에게 지식이 불충분하다고 말했으며 영역에 대한 지식과 기술을 증진하고 싶은 열의를 보였다(Lawrence et al., 2017). 그러나 교사들은 이 주제에 대하여 단지 반나절이나 하루 정도의 훈련을 받을 의향이 있음도 연구에서 보고되었다(Gaastra et al., 2020). 그러므로 학교심리사는 ADHD를 가진 학생을 둔 교사들을 대상으로 표적적이고, 간명하며, 실제적인 연수 기회를 고안할 필요가 있다.

ADHD에 대한 교직원 교육 외에도 학교심리사는 직접 및 간접 서비스 제공을 통해 학교 환경에 긍정적으로 영향을 미칠 수 있는 다른 기회를 갖는다. 학교기반 행동중재는 수십 년간의 연구를 통해 ADHD를 가진 아동·청소년의 기능을 개선하는 데 효능이 있음이 입증되었다(Evans et al., 2016). 학교심리사는 행동중재의 계획 및 실행에 있어서 효과적인 자문 역할을 할 수 있는 지식, 기술 및 자질을 갖추고 있다. 이와 관련하여 DuPaul 등(2011)은 "ADHD 아동의 치료에서 간과되는 측면 중 하나는 ADHD 아동을 위한 중재에 협력할 수 있는 학교 전문가 간 파트너십 형성의 필요성이다."(p. 35)라고 적으면서, 팀워크의 중요성을 강조한다. 이 인용문에서 DuPaul은 교육 환경 내에서 ADHD 학생의 호전을 위해 교사와 학교심리사 간에 형성되어야 하는 협력적 관계를 구체적으로 언급하고 있다. Dort 등(2020)은 교사들이 ADHD 학생을 위한 교실 관리 전략을 실행하는 데 있어서 적절한 지원을 받지 못한다고 제안하다. 따라서 학교심리사가 이러한 자연스러운 간극을 좁혀야 한다. 이러한 관계는 높은 성공가능성이 있지만, 학교심리사는 교사를 자문할 때 자문관계에서 도출된 어떤 중재안이든 실행을 방해하는 장애물을 잘 알고 있고, 이를 인정하며 다룰 수 있는 것도 결정적으로 중요하다. Gaastra 등(2020)에 따르면, 교사가 보고한 중재안 실행의 장애물에는 큰 학급 규모, 다양한 요구 사항을 가진 학생들의 존재, 시간 제약 등이 포함된다. 따라서 학교심리사는 ADHD가 있는 아동·청소년을 둔 교사들과 함께 학업 또는 행동 중재 프로그램을 설계할 때 이러한 문제에 대해서 민감해야 한다.

상담/치료 역할

Danielson 등(2018)에 따르면, ADHD 진단에 따라 심리사회적 치료를 받은 아동·청소년은 거의 없었다. 그들의 자료에 따르면, 진단을 받은 아동·청소년의 39%는 어떠한 형태로든 사회적 기술 훈련을 받았고, 31%는 그들의 부모가 부모훈련 프로그램에 참여하였으며, 30%는 또래 개입에 참여하였고, 20%는 인지행동치료를 받았다. 그러나 학교심리사는 중요한 문제들(예: 또래와의 사회적 갈등, 학업 문제, 행동 문제)이 일어나는 학교 환경 내에서 치료적 중재를 제공하는 데에 특유의 적합성을 갖추고 있으며, Wiener(2020a)는 이러한 목적으로 인지행동적 전략을 사용할 것을 권장한다. 그녀는 ADHD 아동·청소년들 중에 자신의 행동과 결과를 그들의 장애로 인해 스스로 통제할 수 없는 것이라는 잘못된 믿음을 가지고 있는 경우가 있는데, 학교심리사는 특히 이러한 신념을 표적으로 삼아 개입할 필요가 있다고 지적한다. 그 외에도 학내 학교심리사의 존재는 ADHD 아동·청소년의 치료 준수에도 도움이 될 가능성이 높다. 따라서 학교심리사는 아동·청소년이 깨어 있는 시간의 대부분을 보내는 환경 내에서 학생에게 이러한 직접 서비스를 제공함으로써 그들의 적응을 돕고 교육적 성과의 개선을 도울 수 있다. 이러한 적응과 성과의 개선은 학교의 벽을 넘어서 미래에 이르기까지 그들의 기능과 삶의 질에 영향을 미칠 수 있다.

교육적 지원

연구에 따르면, 교사들은 ADHD 아동·청소년의 학업 기능을 향상시키기 위해 고안된 전략들을 기꺼이 사용한다. 그러나 Moore 등(2017)은 교사들이 가장 많이 사용하는 전략이 ADHD의 핵심 증상에 대한 것이라기보다는 교사가 주목한 기술결핍을 표적으로 삼는 전략들이라고 추정한다. 교실에서의 중재 노력은 증거에 기반을 둔 것이어야 하며, ADHD 학생의 교육적 요구와 관련이 있어야 한다.

ADHD가 있는 아동·청소년의 학교 기능을 손상시키는 것으로서 자주 주목을 받는 것은 행동억제이다. 앞서 언급하였듯이, 다른 사람을 방해하거나 은연중 말을 내뱉는 것, 과제이탈 행동, 과제 미완성, 지시 불이행 등은 교실 상황에서 심각한 물의를 일으킬 수 있다. 따라서 연구자들은 학습 환경 내에서 이러한 문제들을 잘 교정할 수 있도록 행동중재 전략들을 사용할 것을 제안한다(DuPaul et al., 2011). 미국소아과학회(American Academy of Pediatrics, 2011)에 따르면, 행동중재는 ADHD 아동·청소년에 대한 1차 치료법으로 고려되어야 한다. 교실 규칙을 게시하고 반복하며 긍정적인 피드백을 자주 제공하는 등의 간단한 전략들이 ADHD 학생의 교실 행동을 개선하는 데 효과적인 것으로 나타났다. 또한 과제의 길이 단축, 참여도를 높이는 내용을 과제에 삽입하기, 과제를 선택할 수 있게 하기 등은 종종 ADHD 아동의 참여도를 개선함으로써 학습 분위기를 해치는 행동을 줄이는 데 도움을 준다(DuPaul et al., 2011). 마지막으로, 확고하면서도 차분한 목소리 사용, 단축 문구 사용, 지시 반복, 학생 이름 사용, 시각적 단서 제공과 같은 언어적 및 비언어적 기법들은 학습 환경에서 ADHD가 있는 아동·청소년에게 효과적이다(Geng, 2011).

보다 직접적인 행동중재가 필요하다면, 호출된 학교심리사가 ADHD 학생을 지도하는 교사와 협력함으로써 개별화된 중재계획을 개발한다. 이러한 중재는 행동의 기능(혹은 원인)에 초점을 둔다. 교육전문가들은 함께 협력하여 관찰을 수행하고, 자료를 모으고 분석하여 문제행동을 촉발하는 상황이나 유발자극이 무엇인지 파악하게 된다. 또한 어떤 심리적 혹은 환경적 조건들이 아동의 행동을 강화하여 지속하게 하는지 얻어진 정보를 토대로 파악하게 된다. 학교심리사와 교사가 함께 협력하는 가운데 아동이 현재 상황에서 보다 적응적 행동을 보일 때 이를 강화할 수 있는 중재 프로그램을 개발하게 된다(Chandler & Dahlquist, 2015). 이러한 중재 프로그램은 문제행동을 완화하는 데 도움을 줄 뿐만 아니라 도전행동이 보다 적응적인 교실 행동으로 대치되면서 종종 학업적 향상으로 이어지는 경우가 많다.

자기조절 중재는 ADHD가 있는 학생들의 교실에서 종종 성공적으로 사용된다. DuPaul 등(2011)에 따르면, 자기조절 중재에서 학생은 스스로 자신의 행동을 모니터링하고 강화하는 기술을 개발하게 된다. 학생에게 자신의 행동 수행을 스스로 평가하도록 가르친다면, 이러한 평가는 교사의 평가와 비교될 수 있으며, 정확한 평가 수행은 강화될 수 있다. 학생들은 자기 모니터링과 자기 행동에 대한 성찰을 연습하며 이러한 기술은 다른 상황과 장면으로도 일반화될 수 있다. 이러한 형태의 자기조절은 ADHD 아동·청소년의 학업 및 행동적 어려움을 개선하는 데 효과적인 것으로 보고되었다(DuPaul et al., 2011). 그러나 이처럼 그 효과성을 지지하는 증거에도 불구하고, Gaastra 등(2020)은 이러한 자기조절 중재가 교사들에 의해 이용될 가능성이 매우 낮은데, 그 이유는 이러한 중재가 ADHD 아동의 행동 개선에 도움이 되지 않을 것이라는 인식이 있기 때문임을 발견하였다. 이러한 연구 결과를 토대로, 저자들은 ADHD 아동·청소년을 위한 증거기반의 중재들에 대한 교사의 수용도를 제고하기 위해서는 교원 연수 기회 등을 통한 추가 훈련이 교사들에게 유익할 수 있다고 제안한다(Gaastra et al., 2020).

끝으로, ADHD가 있는 학생들을 위한 교실 지원에는 필요한 경우 기술결핍에 대한 학업 중재가 포함되어야 한다. 개별화된 행동중재를 개발하는 과정과 유사하게, 학교심리사와 교사는 함께 협력하여 자료를 모으고 분석하여 중재가 필요한 구체적인 학업 내용 영역을 확인할 수 있다. 직접 교수에 더하여, 학생들이 중재과정에 참여하고 초점을 잘 유지하는 데 필요한 기술을 개발하도록 강화하는 것이 유익할 수 있다(Peackck & Collett, 2009). Gaastra 등(2020)의 연구에서 교사들은 이러한 형태의 중재가 ADHD 학생들에게 제일 효과적이라고 인식하는 것으로 나타났다.

단지 교실 벽 내에 존재하는 이러한 지원과 전략을 넘어서, 학교의 교사와 가정의 학부모 간

의사소통의 빈도와 효과성을 증가시키는 노력이 효과적이라는 증거가 있다. 그러한 프로그램 중 하나는 일일 리포트 카드(daily report card)를 활용하는 것이다. 일일 리포트 카드는 ADHD를 가진 아동·청소년에게 널리 활용되며 학생의 성과 개선에 효과적인 것으로, 이 분야의 실증연구들을 메타분석한 결과를 통해 확인되었다(Pyle & Fabiano, 2017; Santos & Albuquerque, 2019). 일일 리포트 카드는 교사가 즉각적인 행동 피드백을 제공할 수 있는 아동의 구체적 행동 목표 목록으로 구성된다. 아동이 학교에서 특정 행동 목표를 달성하였을 때 가정에서는 보상을 제공할 수 있다.

ADHD의 효과적인 개입에 관한 연구가 지난 수십 년 동안 기하급수적으로 확장되었기 때문에, 학교심리사와 교직원들은 교육 환경 내에서 ADHD가 있는 학생들의 더 나은 적응과 더 높은 수준의 기능을 촉진하기 위해 다양한 전략, 지원, 중재를 선택할 수 있게 되었다. 다양한 옵션과 개입하고자 하는 의지, 그리고 효과적인 협력관계를 통해, ADHD 아동·청소년에게 효과적이며 지속성이 있는 긍정적 변화를 가져올 가능성은 매우 높다.

학교기반 정신건강 개입과 지원

Luo 등(2019)은 ADHD의 원인에 대한 기존 문헌을 폭넓게 검토한 후, ADHD의 치료에 있어서 다수의 심리사회적 및 치료적 개입이 효과적임을 시사하는 증거가 있음에도 불구하고, 이 진단을 받은 개개인에게 필요한 적절한 개입을 잘 안내하고자 한다면 연구가 더욱 필요하다고 경고한다. 연구문헌은 ADHD를 가진 사람들에게 그 효과성이 입증된 다양한 전략들을 제시하고 있으며, 다수는 ADHD를 가진 아동·청소년에게서 흔히 나타나는 많은 요구를 충족하기 위해 조합하여 사용될 수 있다. 사실, DuPaul 등(2011)은 "여러 치료 전략들이 여러 해에 걸쳐 일관되게 적용된다면 학교에서 ADHD를 가진 학생들의 성공가능성은 극대화될 수 있다."(p. 35)라고 말한다. 이러한 중다양식적 접근은 아동의 심리적, 행동적 및 교육적 요구들을 포괄해야 한다(Dreschler et al., 2020). 이 장의 다른 부분에서는 ADHD를 가진 아동·청소년을 위한 행동 및 교육 지원의 일부 측면을 다루었지만, 이 절에서는 그들의 심리적 요구에 초점을 두고자 한다.

어린 ADHD 아동들의 경우, 부모훈련은 그들의 행동적, 사회·정서적 요구를 해결하는 데 특히 효과적인 것으로 입증되었다(Dreschler et al., 2020).

어린 ADHD 아동들의 경우, 부모훈련은 그들의 행동적, 사회·정서적 요구를 해결하는 데 특히 효과적인 것으로 입증되었다(Dreschler et al., 2020). 이러한 훈련은 가족의 비용 경감을 위해 학교심리사가 학교 장면에서 제공할 수 있을 것이다. 부모훈련은 긍정적 양육전략과 효과적인 훈육법에 초점을 두어야 한다. ADHD의 원인과 ADHD가 해당 아동과 가족에 미치는 잠재적 영향에 대한 심리교육 또한 부모훈련에서 매우 유익한 요소이다(Dreschler et al., 2020). 부모훈련은 ADHD를 가진 아동 · 청소년 대상의 직접적인 정신건강 지원은 아니지만, 간접적으로 이들의 적응과 긍정적 결과를 지원한다.

인간중심 및 인지행동적 접근 모두가 ADHD와 관련된 도전행동들을 감소시키고, ADHD를 가진 아동 · 청소년의 분노관리를 개선하는 데 유망한 것으로 나타났다(Santos & Albuquerque, 2019). Dreschler 등(2020)에 따르면, "인지행동치료(CBT)는 긍정적 행동을 도모하고 바람직한 행동이 발생할 수 있는 상황을 조성함으로써 ADHD 관련 행동 혹은 이와 관련된 문제들을 감소시키는 데 목표를 둔 행동중재의 한 형태라고 할 수 있다"(p. 326). 인지행동치료에 대한 연구자료는 공격적인 아이들의 분노관리 기술이 개선되었으며(Miranda & Presentacion, 2000), 외현화 문제와 부주의 증상이 감소하였음(Antshel et al., 2012)을 시사한다. 인지행동치료는 보통 인지적 재구조화, 문제해결, 역할연기, 적응기술의 모델링과 같은 기법들을 포괄한다. 학교심리사는 훈련과 경험을 통해 이러한 형태의 치료적 개입을 제공하는 데 능숙해야 한다.

교육 장면 내에서 대인관계가 전반적 학교참여를 위해 중요하다는 점과 ADHD를 가진 아동 · 청소년이 흔히 경험하는 사회적 어려움들을 고려한다면, 학교심리사는 이들의 사회성 기술 향상과 교사 및 또래들과의 관계 개선을 위해 인지행동적 개입의 일종인 사회성 기술 훈련을 제공할 수 있다. 이 점과 관련하여, 연구문헌은 가장 효과적인 중재가 이루어지려면 아동에게 자연적인 환경(예: 학교)에서 개입해야 하며 개입을 통해서 다루어지는 기술들의 유지와 일반화를 촉진하기 위해서는 부모나 또래들을 참여시킬 것을 제안한다(Barnes et al., 2017). ADHD를 가진 아동 · 청소년을 위한 사회적 코치로서 또래를 활용하는 것은 학업 및 사회적 장면에서 행동 개선을 위해 유망한 것으로 나타났다(Ahmann et al., 2017). 어린아이들을 대상으로 하였을 때, Barnes 등(2017)은 공감 증진, 참여, 모델링 및 이원적 친구관계 강화의 측면들을 포괄하는 놀이기반의 사회성 기술 훈련이 효과적이라고 보고하였다. Morris 등(2021)에 따르면, 유감스럽게도 ADHD 청소년을 대상으로 또래와의 사회적 기능 개선에 목표를 둔 개입들에 대해서는 추가 연구들이 절실히 필요한 상황인데, 메타분석 연구가 다양한 중재 방법에 걸쳐서 유의한 긍정적 결과를 확인하지 못했기 때문이다.

끝으로, ADHD를 가진 아동 · 청소년을 위한 정신건강 중재 및 지원은 다층지원체계(Multi-Tiered Systems of Support: MTSS)의 틀 내에서 이루어질 수 있다. MTSS 구조 내에서, 학교는 현 환경 내에서 사회 · 정서 · 행동 문제들을 정기적으로 선별하여 학생들의 요구에 따라 점진적으로 강력한 중재를 제공하는 방식을 취한다. 1단계(Tier 1)에서는 모든 학생들에 대한 선별, 즉 ADHD 선별이 이루어진다(Tobin et al., 2014). 이러한 선별은 보통 평정척도를 활용하여 이루어진다. 이 단계에서는 모든 학생을 대상으로 예방적 개입이 이루어지며 ADHD의 위험이 있는 학생들이 확인된다. 위기학생이 선별 과정을 통해서 확인되면 해당 학생은 표적집단 중재를 받기 위해 2단계(Tier 2)로 이동한다. Tobin 등(2014)에 따르면, 이 학생들은 이 장의 "교육적 지원" 절에 설명한 것과 유사하게 일반 학급 내에서 조정과 수정 전략 지원을 받아야 한다. 시간이 지남에 따라 행동 변화에 대한 자료가 수집되면서 모니터링이 이루어지며 부모와도 소통이 이루어진다. 여러 가지 표적적 개입을 적용한 후에도 충분한 긍정적 변화가 나타나지 않은 것으로 수집된 자료를 통해 확인된다면, 해당 학생은 가장 집중적인 수준의 지원 단계인 3단계(Tier 3)로 이행할 수 있다. 3단계에서는 해당 학생에 대한 집중적이며 개별적인 개입이 이루어진다. 여기에는 앞서 언급한 정신건강 지원과 특수교육 수혜자격 결정을 위한 평가 의뢰가 포함될 수 있다. 학교심리사는 이러한 과정에서 자료수집, 자료 해석, 그리고 개입 과정 및 단계 이동에 관한 의사결정에 참여하게 된다.

사례 연구 Eli: ADHD를 가진 유치원생의 사례

배경

Eli는 교외의 한 초등학교에 다니는 6세의 유치원생이다. 그는 한부모 가정에서 태어났다. 그는 어머니와 11세 형인 Peter와 함께 살고 있다. Eli의 어머니 Dana는 한 공장의 조립 라인에서 일하고 있으며, 가족은 정부 보조금을 받는 주택 단지에 거주하고 있다. Eli와 Peter의 아버지는 Eli의 두 번째 생일이 되기 전에 집을 나갔고 가족은 그와 연락을 취하지 않는다. Dana는 학업적 문제를 겪은 전력이 있다. 그녀는 학창 시절 초기에 어려움을 겪었고, 자리 이탈 행동, 불쑥 내뱉는 말, 또래 갈등 등의 사소한 위반 행위들로 종종 어려움을 겪었다. 초등학교에서 한 번, 중학교에서 한 번 유급을 당한 후, Dana는 고등학교 1학년 때 16세에 학교를 자퇴하였다. 그녀는 업무를 자주 망각하고, 일을 끝마치지 못하고, 동료들과 갈등을 빚고, 업무 일정에 대한 혼란으로 결근하는 일이 잦아서 직장을 유지하는 데 어려움을 겪었다. 그러나 그녀는 거의 3년 동안 그 공장 일을 유지해 왔고, 잘 짜인 일정과 반복적인 업무의 이점을 십분 누리고 있는 것으로 보인다. 2년 전에 학교 선생님들이 Peter의 소란스러운 행동과 학업에 집중하지 못하는 문제에 대해 우려를 표명하기 시작하였다. Dana는 그를 소아과 의사에게 데려갔고, Dana가 몇 가지 평정척도를 작성한 후, 그 의사는 Peter를 ADHD로 진단하

였고 각성제 약물도 처방하였다. Dana는 Peter의 행동과 자신의 과거와 현재 기능 간에 유사한 점이 있음을 인정하였으므로, 가정의를 만나기로 하였다. Dana로부터 몇 가지 정보를 수집한 후, 의사는 Dana가 유년기, 청소년기, 성인기에 경험했던 학교 및 직장 환경 적응의 어려움이 ADHD에 기인할 가능성이 크다고 하였다. 그녀 역시 ADHD 진단이 내려졌고 각성제 치료도 받았다. Dana와 Peter가 약을 일관되게 복용하면 둘 다 각자의 환경에서 기능이 개선된다. 그러나 Dana는 약을 먹었는지, 언제 먹었는지를 기억하는 데 어려움이 있으며, 며칠 동안 약 복용을 놓치기도 하고 기억날 때면 하루 중 아무 때나 복용하기도 한다. 두 아들을 양육하는 Dana의 양육방식은 일관성이 없다고 할 수 있다. 어떤 날에는 그들에 대한 기대가 매우 크며 사소한 실망에도 상당한 불만을 표현한다. 다른 날에는 행동에 대한 기대나 경계가 거의 없이 느슨하게 양육한다. 그녀의 훈육은 기본적으로 거의 항상 반응적인 방식이며 지나치게 가혹한 훈육과 훈육의 부재 사이를 왔다 갔다 한다. 가족들은 서로 자주 갈등을 겪는다. Dana는 Peter의 ADHD 증상을 지켜보면서 Eli에게도 일부 유사한 행동들이 있음을 알고 있다. 하지만 그녀는 더 많은 의사 방문과 약물 투여를 관리할 수 있다고 생각하지 않아 Eli 또한 ADHD의 가능성이 있다는 느낌을 거의 무시해 왔다.

논의

Eli가 가을에 학교에 입학했을 때 선생님은 그의 행동이 또래들과 다르다는 것을 재빨리 알아차렸다. 그는 또래들에 비해 미성숙해 보였다. 학교의 하루 일과 내내 Eli는 지시사항을 따르는 데 어려움이 있었으며, 과제를 완수하는 일이 거의 없다. Eli는 종종 자기 자리를 이탈하여 교실을 배회하며 수업 첫주에는 심지어 두어 번 교실을 나간 일도 있다. Eli는 말을 할 때 시끄럽고 충동적이다. 교실이나 운동장에서 그의 에너지 수준은 다른 유치원생들과 비교할 수 없을 정도로 높다. 그는 가구 위로 올라가고, 물건을 던지며, 또래의 물건이나 장난감을 낚아채며, 교사가 내리는 거의 모든 형태의 지시에 저항한다. 학교 첫 달 말에 학내 담당자가 MTSS 과정의 일환으로 학업 · 사회 · 정서 · 행동 문제에 대한 보편적 선별을 실시한다. Eli에 대한 선별검사 결과는 그가 모든 영역에서 위기학생임을 시사한다. 학교심리사와 MTSS 팀은 Dana에게 연락을 취해 검사결과를 전달하고 Eli가 학업 · 사회 · 정서 · 행동 지원을 위한 2단계 집단 개입 프로그램에 참여할 것을 권한다. Dana는 확인된 Eli의 요구에 동의하고 Eli의 소아과 의사에게 자문을 구하기로 한다. 첫 9주간의 개입 동안 Eli는 느리기는 하지만 꾸준한 학업적 진전을 보이지만 진전도 모니터링 자료에 비추어 볼 때 사회 · 정서 · 행동 기술의 향상은 보이지 못한다. 같은 기간 동안, Dana는 Eli를 소아과 의사에게 데려가고 학교심리사에게 학교에서의 Eli의 기능에 대한 정보를 의사와 공유할 것을 요청한다. 학교심리사는 화상을 통해 의사와의 약속된 면담에 참여하여 협력한다. 의사의 평가 결과는 Eli가 DSM-5의 ADHD 진단 준거를 만족시킨다고 하지만, 소아과 의사, 학교심리사, Dana는 모두 Eli가 아직 어리므로 약물치료에 앞서 심리사회적 개입을 더 시도하는 것에 대해 의견을 같이한다. 이 약속 후에 MTSS 팀, 학교심리사, Dana가 만나 그들이 가진 옵션에 대해서 논의한다. 그들은 Eli가 학업 문제에 대해서는 2단계에 머물러 있더라도, 사회 · 정서 · 행동 중재를 위해서는 3단계 지원을 받는 것이 유익할 것이라고 결론을 내린다. 팀은 학교심리사가 개별화된 수준에서 Eli를 지원하기 위해 더 깊게 관여하게 될 것이라고 결정을 내린다. 그들은 또한 Eli가 컴퓨터를 활용하여 상호작용하는 사회성 기술 증진 프로그램에 참여하는 것이 유익할 것이며, 학교심리사가 행동기능평가 과정을 시작하여 교실 내 행동중재 계획을 개발하고 실행하기로 결정한다. 마지막으로, 학교심리사가 Eli와의 개인상담 회기를 시작하기로 한다. 개인상담은 놀이 기반의 인지행동적 접근을 취할 것이다. 학교심리사는 역할연기와 모델링을 이용하여 공감과 정서 인식 개선을 위해 작업할 것이다. 팀은 다양한 중재를 통한 객관적 목표를 수립하는 데 협력하며, 9주간 경과한 후에는 Eli의 진전 정도를 평가하기 위해 다시 회의를 소집한다. 적절한 진전이 이루어졌으면, 팀은 Eli를 2단계 중재로 되돌려 보낼 것이지만 그렇지 않다면 IDEA 하에 기타 건강장애 여부 결정을 위한 평가 가능성을 논의할 것이다.

핵심 요약

- ADHD를 가진 아동은 혼합, 부주의, 혹은 과잉행동/충동성 표현의 형태를 갖는 것으로 설명될 수 있다.
- 미국에서 ADHD 진단이 유의하게 늘고 있다.
- ADHD의 상당한 유전가능성은 가족 내에 1인 이상이 이 진단을 받을 가능성을 높이며 종종 가족관계의 긴장 고조와도 관련된다.
- ADHD 증상은 종종 교실에서의 학업 및 행동 문제 모두와 관련된다.
- 학교심리사는 ADHD 학생의 요구를 지원하는 많은 역할과 기능을 담당할 수 있으며, 여기에는 평가, 옹호, 자문, 상담/심리치료가 포함된다.
- ADHD를 가진 아동 · 청소년은 종종 중다양식의 개입을 통해 유익을 얻을 수 있다.

연습문제

1. ADHD가 있는 학생은 어떤 IDEA 장애 범주하에 특수교육 서비스 수혜자격이 있는가?
   a. 불안장애
   b. 기타 건강장애
   c. 특정학습장애
   d. 지적장애

2. 아동기 부정적 생애경험(adverse childhood experiences)은 ADHD의 발달과 관련된다.
   a. 참
   b. 거짓

3. ADHD는 부모와 자녀 간의 갈등 및 의사소통과 관련된다.
   a. 참
   b. 거짓

4. 다음 중 아동 · 청소년의 ADHD 발달과 관련이 없는 것은?
   a. 부정적 생애사건
   b. 낮은 사회경제적 지위
   c. 부모의 우울
   d. 전두엽 부피 감소

5. ADHD를 가진 취학 전 아동을 위한 최우선 개입은 부모훈련이다.
   a. 참
   b. 거짓

정답 1)b, 2)a, 3)a, 4)c, 5)a

토의질문

1. ADHD 진단이 늘고 있는 몇 가지 이유를 나열해 보라.
2. IDEA 범주 아래 기타 건강장애의 적격성 기준을 정리해 보라.
3. ADHD를 가진 부모들이 ADHD 자녀를 위한 치료 준수에 어려움을 겪을 수 있는지 이유를 설명하라.
4. ADHD 증상이 어떻게 교실 수행을 방해할 수 있는지 설명하라.
5. ADHD가 있는 학생들을 위한 몇 가지 효과적인 수업전략을 나열하라.

● 추가 정보

American Academy of Child and Psychiatry ADHD Adolescent Resource Center: www.aacap.org/aacap/Families_and_Youth/Resource Centers/ADHD_Resource_Center/Home.aspx

American Academy of Pediatrics Caring for Children With ADHD: A Practical Resource Toolkit for Clinicians: https://publications.aap.org/toolkits/pages/ADHD-Toolkit

American Psychological Association ADHD: www.apa.org/topics/adhd

Centers for Disease Control and Prevention Attention Deficit Hyperactivity Disorder: www.cdc.gov/ncbddd/adhd/index.html

Children and Adults with Attention-Deficit/Hyperactivity Disorder Assignment Accommodations: https://chadd.org/for-educators/assignment-accomodations

Children and Adults with Attention-Deficit/Hyperactivity Disorder Classroom Accommodations: https://chadd.org/for-educators/classroom-accommodations

Children and Adults with Attention-Deficit/Hyperactivity Disorder Instructional Process: https://chadd.org/for-educators/instructional-process Children and Adults with Attention-Deficit/Hyperactivity Disorder Teacher Training and Video Series: https://chadd.org/for- educators/teacher-training-video-series

Children and Adults with Attention-Deficit/Hyperactivity Disorder Webinars for Early Childhood Educators: https://chadd.org/for-educators/webinars-for-early-childhood-educators

National Federation of Families ADHD Resources: www.ffcmh.org/resources-add

National Institute of Mental Health Shareable Resources on Attention Deficit Hyperactivity Disorder: www.nimh.nih.gov/get-involved/education-awareness/shareable-resources-on-adhd

● 핵심 참고문헌

American Psychiatric Association. (2013). *Diagnostic and statistical manual of mental disorders* (5th ed.). https://doi.org/10.1176/appi.books.9780890425596

Dreschler, R., Brem, S., Brandeis, D., Grunblatt, E., Berger, G., & Walitza, S. (2020). ADHD: Current concepts and treatments in children and adolescents. *Neuropediatrics, 51*, 315-335. https://doi.org/10.1055/s-0040-1701658

Fabiano, F., & Haslam, N. (2020). Diagnostic inflation in the DSM: A meta-analysis of changes in the stringency of psychiatric diagnosis from DSM-III to DSM-5. *Clinical Psychology Review, 80*, 101889. https://doi.org/10.1016/j.cpr.2020.101889

Gaastra, G. F., Groen, Y., & Tucha, L. (2020). Unknown, unloved? Teachers' reported use and effectiveness of classroom management strategies for students with symptoms of ADHD. *Child & Youth Care Forum, 49*, 1-22. https://doi.org/10.1007/s10566-019-09515-7

Gnanavel, S., Sharma, P., Kaushal, P., & Hussain, S. (2019). Attention deficit hyperactivity disorder and comorbidity: A review of literature. *World Journal of Clinical Cases,* X17), 2420-2426. https://doi.org/10.12998/wjcc.v7.i17.2420

Hoza, B., Mrug, S., Gerdes, A. C., Hinshaw, S. P., Bukowski, M. W., Gold, J. A., Kraemer, H. C., Pelham, W. E., Wigal, T., & Arnold, L. E. (2005). What aspects of peer relationships are impaired in children with attention-deficit/hyperactivity disorder? *Journal of Consulting and Clinical Psychology, 73*(3), 411-423. https://doi.org/10.1037/0022-006X.73.3.411

Johnston, C., Mash, E. J., Miller, N., & Ninowski, J. E. (2012). Parenting in adults with attention-deficit/hyperactivity disorder (ADHD). *Clinical Psychology Review, 32*(4), 215-228. https://doi.org/10.1016/j.cpr.2012.01.007

Lawrence, K., Estrada, R. D., & McCormick, J. (2017). Teachers' experiences with and perceptions of students with attention deficit/hyperactivity disorder. *Journal of Pediatric Nursing, 36*, 141-148. https://doi.org/10.1016/j.pen.2017.06.010

Office of Civil Rights. (n.d.). Protecting students with disabilities: Frequently asked questions about Section 504 and the education of children with disabilities. https://www2.ed.gov/about/offices/list/ocr/504faq.html

Tobin, R. M., Schneider, W. J., & Landau, S. (2014). Best practices in the assessment of youth with attention deficit hyperactivity disorder within a multitiered services framework. In P. L. Harrison & A. Thomas (Eds.), Best practices in school psychology: Student-level services. National Association of School Psychologists.

U.S. Department of Education. (n.d.). Individuals with Disabilities Education Improvement Act. https://sites.ed.gov/idea/

참고문헌

Ahmann, E., Saviet, M., & Tuttle, L. J. (2017). Interventions for ADHD in children and teens: A focus on ADHD coaching. *Pediatric Nursing, 4*33), 121-131.

American Academy of Pediatrics. (2011). ADHD: Clinical practice guideline for the diagnosis, evaluation, and treatment of attention- deficit/hyperactivity disorder in children and adolescents. *Pediatrics*, 128(5), 1-16.

American Psychiatric Association. (1968). *Diagnostic and statistical manual of mental disorders* (2nd ed.). Author.

American Psychiatric Association. (1980). *Diagnostic and statistical manual of mental disorders* (3rd ed.). Author.

American Psychiatric Association. (1987). *Diagnostic and statistical manual of mental disorders* (3rd ed., rev.).

Author.

American Psychiatric Association. (1994). *Diagnostic and statistical manual of mental disorders* (4th ed., text rev.). American Psychiatric Press.

American Psychiatric Association. (2013). *Diagnostic and statistical manual of mental disorders* (5th ed.). https://doi.org/10.1176/appi.books.9780890425596

Antshel, K. M., Faraone, S. V., & Gordon, M. (2012). Cognitive behavioral treatment outcomes in adolescent ADHD. *Focus, 10*3), 334-345. https://doi.org/10.1176/appi.focus.10.3.334

Antshel, K. M., Zhang-James, Y., Wagner, K. E., Ledesma, A., & Faraone, S. V. (2016). An update on the comorbidity of ADHD and ASD: A focus on clinical management. *Expert Review on Neurotherapeutics, 16*(3), 279-293. https://doi.org/10.1586/14737175.2016.1146591

Arcia, E., & Conners, K. C. (1998). Gender differences in ADHD? *Journal of Developmental and Behavioral Pediatrics, 19*(2), 77-83. https://psycnet.apa.org/doi/10.1097/00004703-199804000-00002

Asherson, P., & Agnew-Blaise, J. (2019). Annual research review: Does late onset attention-deficit/hyperactivity disorder exist? *Journal of Child Psychology and Psychiatry, 64*), 333-352. https://doi.org/10.1111/jcpp.13020

Assari, S., & Caldwell, C. H. (2019). Family income at birth and risk of attention deficit hyperactivity disorder at 15: Racial differences. *Children, 6*, 10. https://doi.org/10.3390/children6010010

Baggio, S., Fructuoso, A., Guimaraes, M., Fois, E., Golay, D., Heller, P., Perroud, N., Aubry, C., Young, S., Delessert, D., Getaz, L., Tran, N. T., & Wolff, H. (2018). Prevalence of attention deficit hyperactivity disorder in detention settings: A systematic review and meta-analysis. Prontiers in *Psychiatry, 9*, 331. https://doi.org/10.3389/fpsyt.2018.00331

Barbaresi, W. J., Katusic, S. K., Colligan, R. C., Weaver, A. L., & Jacobsen, S. J. (2007). Modifiers of long-term school outcomes for children with attention-deficit/hyperactivity disorder: Does treatment with stimulant medication make a difference? Results from a population based study. *Journal of Developmental & Behavioral Pediatrics,* 28(4), 274-287. https://doi.org/10.1097/DBP.0b013e3180cabc28

Barkley, R. A., Murphy, K. R., & Fischer, M. (2008). ADHD in adults: What the science says. Guilford Press.

Barnes, G., Wilkes-Gillan, S., Bundy, A., & Cordier, R. (2017). The social play, social skills and parent-child relationships of children with ADHD 12 months following a RCT of a play-based intervention. *Australian Occupational Therapy, 64*, 457-465. https://doi.org/10.1111/1440- 1630.12417

Barnett, R., Maruff, P., Vance, A., Luk, E. S. L., Costin, J., Wood, C., & Pantelis, C. (2001). Abnormal executive function in attention deficit hyperactivity disorder: The effect of stimulant medication and age on spatial working memory. *Psychological Medicine, 31*, 1107-1115. https://doi.org/10.1017/S003329170105417

Biederman, J., Mick, E., Faraone, S. V., Braaten, E., Doyle, A., Spencer, T., Wilens, T. E., Frazier, E., & Johnson, M. A. (2002). Influence of gender on attention deficit hyperactivity disorder in children referred to a psychiatric clinic. *American Journal of Psychiatry, 159*(1), 36-42. https://doi.org/10.1176/appi.ajp.159.1.36

Brown, K. A., Samuel, S., & Patel, D. R. (2018). Pharmacologic management of attention deficit hyperactivity disorder in children and adolescents: A review for practitioners. *Translational Pediatrics,* 7(1), 36-47. https://doi.org/10.21037/tp.2017.08.02

Brown, N. M., Brown, S. N., Briggs, R. D., German, M., Belamarich, P. F., & Oyeku, S. O. (2017). Associations between adverse childhood experiences and ADHD diagnosis and severity. *Academic Pediatrics, 17*, 349-

355. https://doi.org/10.1016/j.acap.2016.08.013

Bussing, R., Zima, B. T., Gary, F. A., & Garvan, C. W. (2003). Barriers to detections, help-seeking, and service use for children with ADHD symptoms. *Journal of Behavioral Health Services and Research, 30*, 176-189. https://doi.org/10.1007/BF02289806

Carlew, A. R., & Zartman, A. L. (2017). DSM nosology changes in neuropsychological diagnoses through the years: A look at ADHD and mild neurocognitive disorder. *Behavioral Sciences,* 1), 1. https://doi.org/10.3390/bs7010001

Centers for Disease Control and Prevention. (n.d.). Attention-deficit/hyperactivity disorder. https://www.cdc.gov/ncbddd/adhd/data.html

Chandler, L. K., & Dahlquist, C. M. (2015), Functional assessment: Strategies to prevent and remediate challenging behavior in school settings (4th ed.). Pearson.

Chandra, S., Biederman, J., & Faraone, S. V. (2021). Assessing the validity of the age of onset criterion for diagnosing ADHD in DSM-5. *Journal of Attention Disorders, 25*(2), 143-153. https://doi.org/10.1177%2F1087054716629717

Chang, C., Chen, Y., Liu, T., Hsiao, R. C., Chou, W., & Yen, C. (2020). Affiliate stigma and related factors in family caregivers of children with attention-deficit/hyperactivity disorder. International *Journal Environmental Research and Public Health, 17*, 576. https://doi.org/10.3390/ijerph17020576

Chen, Y., Chen, Y., & Gau, S. (2019). Attention-deficit hyperactivity disorder and suicidality: The mediating effects of psychiatric comorbidities and family function. *Journal of Affective Disorders, 242*, 96-104. https://doi.org/10.1016/j.jad.2018.08.023

Chung, W., Jiang, S., Paksarian, D., Nikolaidis, A., Castellanos, F. X., Merikangas, K. R., & Milham, M. P. (2019). Trends in the prevalence and incidence of attention-deficit/hyperactivity disorder among adults and children of different racial and ethnic groups. *JAMA Network Open,* 11), 1914344. https://doi.org/10.1001/jamanetworkopen.2019.14344

Cortese, S., Adamo, N., Giovane, C. D., Mohr-Jensen, C., Hayes, A. J., Carucci, S., Atkinson, L. Z., Tessari, L., Banaschewski, T., Coghill, D., Hollis, C., Simonoff, E., Zuddas, A., Barbui, C., Purgato, M., Steinhausen, H., Shokraneh, F., Xia, J., & Cipriani, A. (2018). Comparative efficacy and tolerability of medications for attention-deficit/hyperactivity disorder in children, adolescents, and adults: A systematic review and network meta-analysis. *Lancet Psychiatry, 5*, 727-738. https://doi.org/10.1016/S2215-0366(18) 30269-4

Cortese, S., Faraone, S. V., Konofal, E., & Lecendreux, M. (2009). Sleep in children with attention deficit/hyperactivity disorder: Meta-analysis of subjective and objective studies. *Journal of the American Academy of Child & Adolescent Psychiatry, 48*(9), 894-908. https://doi.org/10.1097/CHI.0b013e3181ac09c9

Cummings, J. R., Ji, X., Allen, L., Lally, C., & Druss, B. G. (2017). Racial and ethnic differences in ADHD treatment quality among Medicaid- errolled youth. *Pediatrics, 139*(6), e20162444. https://doi.org/10.1542/peds.2016-2444

Dalsgaard, S., Ostergaard, S. D., Leckman, J. F., Mortensen, P. B., & Pedersen, M. G. (2015). Mortality in children, adolescents, and adults with attention deficit hyperactivity disorder: A nationwide cohort study. *Lancet, 385*, 2190-2196. https://doi.org/10.1016/S0140-6736(14)61684-6

Danielson, M. L., Visser, S. N., Chronis-Tuscano, A., & DuPaul, G. J. (2018). A national description of treatment among United States children and adolescents with attention-deficit/hyperactivity disorder. *Journal of Pediatrics, 192*, 240-246. https://doi.org/10.1016/j.jpeds.2017.08.040

Davis, D. W., Feygin, Y., Creel, L., Williams, P. G., Lohr, W. D., Jones, V. F., Le., J., Pasquenza, N., Ghosal, S., Jawad, K., Yan, X., Liu, G., & McKinley, S. (2019). Longitudinal trends in the diagnosis of attentiondeficit/hyperactivity disorder and stimulant use in preschool children on Medicaid. *Journal of Pediatrics, 207*, 185-191. https://doi.org/10.1016/j.jpeds.2018.10.062

Davis, D. W., Jawad, K., Feygin, Y., Creel, L., Kong, M., Sun, J., Lohr, W. D., Williams, P. G., Le, J., Jones, V. F., Trace, M., & Pasquenza, N. (2021). Disparities in ADHD diagnosis and treatment by race/ethnicity in youth receiving Kentucky Medicaid in 2017. *Ethnicity & Disease, 91*(1), 67-76. https://doi.org/10.18865/ed.31.1.67

de Zeeuw, E. L., van Beijsterveldt, C. E. M., Ehli, E. A., de Geus, E. J. C., & Boomsma, D. I. (2017). Attention deficit hyperactivity disorder symptoms and low educational achievement: Evidence supporting a causal hypothesis. *Behavioral Genetics, 47*, 278-289. https://doi.org/10.1007/s10519-017-9836-4

Dort, M., Strelow, A. E., French, B., Groom, M., Luman, M., Thorell, L. B., Biele, G., & Christiansen, H. (2020). Bibliometric review: Classroom management in ADHD-Is there a communication gap concerning knowledge between the scientific fields psychiatry/psychology and education? *Sustainability, 12*, 6826. https://doi.org/10.3390/su12176826

Dreschler, R., Brem, S., Brandeis, D., Grunblatt, E., Berger, G., & Walitza, S. (2020). ADHD: Current concepts and treatments in children and adolescents. *Neuropediatrics, 51*, 315-335. https://doi.org/10.1055/s-0040-1701658

DuPaul, G. J., Weyandt, L. L., & Janusis, G. M. (2011). ADHD in the classroom: Effective intervention strategies. *Theory Into Practice, 50*, 35- 42. https://doi.org/10.1080/00405841.2011.534935

Evans, S. E., Langberg, J. M., Schultz, B. K., Vaughn, A., Altaye, M., Marshall, S. A., & Zoromski, A. K. (2016). Evaluation of a school-based treatment program for young adolescents with ADHD. *Journal of Consulting and Clinical Psychology, 84*(1), 15-30. https://doi.org/10.1037/ccp0000057

Fabiano, F., & Haslam, N. (2020). Diagnostic inflation in the DSM: A meta-analysis of changes in the stringency of psychiatric diagnosis from DSM-III to DSM-5. *Clinical Psychology Review, 80*, 101889. https://doi.org/10.1016/j.cpr.2020.101889

Fairman, K. A., Peckham, A. M., & Sclar, D. (2020). Diagnosis and treatment of ADHD in the United States: Update by race and gender. *Journal of Attention Disorders, 24*(1), 10-19. https://doi.org/10.1177%2F1087054716688534

Fassbender, C., Schweitzer, J. B., Cortes, C. R., Tagamets, M. A., Windsor, T. A., Reeves, G. M., & Gullapalli, R. (2011). Working memory in attention deficit/hyperactivity disorder is characterized by a lack of specialization of brain function. *PLoS One*, (11), e27240. https://doi.org/10.1371/journal.pone.0027240

Fleming, M., Fitton, C. A., Steiner, M. F. C., McLay, J. S., Clark, D., King, A., Mackay, D. F., & Pell, J. P. (2017). Educational and health outcomes of children treated for attention-deficit/hyperactivity disorder. *JAMA Pediatrics, 171*(7), e170691. https://doi.org/10.1001/jamapediatrics.2017.0691

Fogleman, N. D., Slaughter, K. E., Rosen, P. J., Leaberry, K. D., & Walerius, D. M. (2019). Emotion regulation counts for the relation between ADHD and peer victimization. *Journal of Child and Family Studies, 28*, 2429-2442. https://doi.org/10.1007/s10826-018-1297-8

Forner, C. B., Miranda, B. R., Fortea, I. B., Castellar, R. G., Diago, C. C., & Casas, A. M. (2017). ADHD symptoms and peer problems: Mediation of executive function and theory of mind. *Psico thema, 29*(4), 514-519. https://doi.org/10.7334/psicothema2016.376

Fredricks, J. A., Filsecker, M., & Lawson, M. A. (2016). Student engagement, context, and adjustment: Addressing definitional, measurement, and methodological issues. *Learning and Instruction, 43*, 1-4. https://doi.org/10.1016/j.learninstruc.2016.02.002

Fried, R., Chan, J., Feinberg, L., Pope, A., Woodworth, K. Y., Faraone, S. V., & Biederman, J. (2016). Clinical correlates of working memory deficits in youth with and without ADHD: A controlled study. *Journal of Clinical and Experimental Neuropsychology, 38*(5), 487-496. https://doi.org/10.1080/13803395.2015.1127896

Gaastra, G. F., Groen, Y., & Tucha, L. (2020). Unknown, unloved? Teachers' reported use and effectiveness of classroom management strategies for students with symptoms of ADHD. *Child & Youth Care Forum, 49*, 1-22. https://doi.org/10.1007/s10566-019-09515-7

Gargaro, B. A., May, T., Tonge, B. J., Sheppard, D. M., Bradshaw, J. L., & Rinehart, N. J. (2014). Using the DBC-P Hyperactivity Index to screen for ADHD in young people with autism and ADHD: A pilot study. *Research in Autism Spectrum Disorder, 8*9), 1008-1015. https://doi.org/10.1016/j.rasd.2014.05.004

Geng, G. (2011). Investigation of teachers' verbal and nonverbal strategies for managing attention deficit hyperactivity disorder (ADHD) students' behaviours within a classroom environment. *Australian Journal of Teacher Education, 36*,7), 17-30. https://doi.org/10.14221/ajte.2011v36n7.5

Gnanavel, S., Sharma, P., Kaushal, P., & Hussain, S. (2019). Attention deficit hyperactivity disorder and comorbidity: A review of literature. *World Journal of Clinical Cases*, X17), 2420-2426. https://doi.org/10.12998/wjcc.v7.117.2420

Gonzalez, R. A., Gudjonsson, G. H., Wells, J., & Young, S. (2016). The role of emotional distress and ADHD on institutional behavioral disturbance and recidivism among offenders. *Journal of Attention Disorders, 20*(4), 368-378. https://doi.org/10.1177%2F1087054713493322

Gordon, V., Williams, D. J., & Donnelly, P. D. (2012). Exploring the relationship between ADHD symptoms and prison breaches of discipline amongst youths in four Scottish prisons. *Public Health, 126*(4), 343-348. https://doi.org/10.1016/j.puhe.2012.01.004

Graham, S. (2017). Attention-deficit/hyperactivity disorder (ADHD), learning disabilities (LD), and executive functioning: Recommendations for future research. *Contemporary Educational Psychology, 50*, 97-101. https://doi.org/10.1016/j.cedpsych.2017.01.001

Hanc, T., & Cortese, S. (2018). Attention-deficit/hyperactivity disorder and obesity: A review and model of current hypotheses explaining their comorbidity. *Neuroscience and Biobehavioral Reviews, 92*, 16-28. https://doi.org/10.1016/j.neubiorev.2018.05.017

Hoza, B., Mrug, S., Gerdes, A. C., Hinshaw, S. P., Bukowski, M. W., Gold, J. A., Kraemer, H. C., Pelham, W. E., Wigal, T., & Arnold, L. E. (2005). What aspects of peer relationships are impaired in children with attention-deficit/hyperactivity disorder? *Journal of Consulting and Clinical Psychology, 73*(3), 411-423. https://doi.org/10.1037/0022-006X.73.3.411

Huang, L., Wang, Y., Zhang, L., Zheng., Z., Zhu, T., Qu, Y., & Mu, D. (2018). Maternal smoking and attention-deficit/hyperactivity disorder in offspring: A meta-analysis. *Pediatrics, 141*(1), e20172465. https://doi.

org/10.1542/peds.2017-2465

Imeraj, L., Antrop, I., Sonuga-Barke, E., Deboutte, D., Deschepper, E., Bal, S., & Roeyers, H. (2013). The impact of instructional context on classroom on-task behavior: A matched comparison of children with ADHD and non-ADHD classmates. *Journal of School Psychology, 51*(4), 487-498. https://doi.org/10.1016/j.jsp.2013.05.004

Inoue, Y., Howard, A. G., Stickley, A., Yazawa, A., Gordon-Larsen, P. (2019). Sex and racial/ethnic differences in the association between childhood attention-deficit/hyperactivity disorder symptom subtypes and body mass index in the transition from adolescence to adulthood in the United States. *Pediatric Obesity, 14*, e12498. https://doi.org/10.1111/ijpo.12498

Jensen, P. S., Arnolds, L. E., Swanson, J. M., Vitiello, B., Abikoff, H. B., Greenhill, L. L., Hechtman, L., Hinshaw, S. P., Pelham, W. E., Wells, K. C., Connors, C. K., Elliot, G. R., Epstein, J. N., Hoza, B., March, J. S., Molina, B. S. G., Newcorn, J. H., Severe, J. B., Wigal, T., Hur, K. (2007). 3-Year follow-up of the NIMH MTA study. *Journal of the American Academy of Child & Adolescent Psychiatry, 46*(8), 989-1002. https://doi.org/10.1097/CHI.0b013e3180686d48

Jensen, P. S., Hinshaw, S. P., Swanson, J. M., Greenhill, L. L., Connors, K. C., Arnold, L. E., Abikoff, H. B., Elliott, G., Hechtman, L, Hoza, B., March, J. S., Newcorn, J. H., Severe, J. B., Vittiello, B., Wells, K., & Wigal, T. (2001). Findings from the NIMH multimodal treatment study of ADHD (MTA): Implications and applications for primary care providers. *Journal of Developmental and Behavioral Pediatrics,* 2X1), 60-73. https://doi.org/10.1097/00004703-200102000-00008

Jimenez, M. E., Wade, R., Schwartz-Soicher, O., Lin, Y., & Reichman, N. (2017). Adverse childhood experiences and ADHD diagnosis at age 9 years in a national urban sample. *Academic Pediatrics, 17*, 356-361. https://doi.org/10.1016/j.acap.2016.12.009

Johnston, C., Mash, E. J., Miller, N., & Ninowski, J. E. (2012). Parenting in adults with attention-deficit/hyperactivity disorder (ADHD). *Clinical Psychology Review, 32*4), 215-228. https://doi.org/10.1016/j.cpr.2012.01.007

Kang, S., & Harvey, E. A. (2020). Racial differences between Black parents' and White teachers' perceptions of attention-deficit/hyperactivity disorder behavior. *Journal of Abnormal Child Psychology, 48*, 661-672. https://doi.org/10.1007/s10802-019-00600-y

Larson, K., Russ, S. A., Khan, R. S., & Halfon, N. (2011). Patterns of comorbidity, functioning, and service use for US children with ADHD, 2007. *Pediatrics, 127*(3), 462-470. https://doi.org/10.1542/peds.2010-0165

Larsson, H., Sariaslan, A., Langstrom, N., D'Onofrio, B., & Lichtenstein, P. (2014). Family income in early childhood and subsequent attention-deficit/hyperactivity disorder: A quasi-experimental study. *Journal of Child Psychology and Psychiatry, 55*, 428-435. https://doi.org/10.1111/jcpp.12140

Lawrence, K., Estrada, R. D., & McCormick, J. (2017). Teachers' experiences with and perceptions of student with attention deficit/hyperactivity disorder. *Journal of Pediatric Nursing, 36*, 141-148. https://doi.org/10.1016/j.pedn.2017.06.010

Lin, Y., & Gau, S. (2020). Comparison of neuropsychological functioning between adults with early-and late-onset DSM-5 ADHD. *Journal of Attention Disorders, 24*(1), 29-40. https://doi.org/10.1177%2F1087054717730609

Luo, Y., Weibman, D., Halperin, J. M., & Li, X. (2019). A review of heterogeneity in attention deficit/hyperactivity disorder (ADHD). *Frontiers in Human Neuroscience, 13*, 42. https://doi.org/10.3389/fnhum.2019.00042

Manfro, A. G., Santoro, M., Polanczyk, G. V., Gadelya, A., Pan, P. M., Bressan, R. A., Brietzke, E., Talarico, F., Belangero, S., Rohde, L. A., & Salum, G. A. (2019). Heterotypic trajectories of dimensional psychopathology across the lifespan: The case of youth-onset attention deficit/hyperactivity disorder. *Journal of Child Psychology and Psychiatry, 60*5), 533-544. https://doi.org/10.1111/jcpp.12987

Markel, C., & Wiener, J. (2014). Attribution processes in parent-adolescent conflict in families of adolescents with and without ADHD. *Canadian Journal of Behavioural Science, 46*(1), 40-48. https://doi.org/10.1037/a0029854

Martin, J., Walters, R. K., Demontis, D., Matteisen, M., Lee, S. H., Robinson, E., Brikell, I., Ghirardi, L., Larsson, H., Lichtenstien, P, Eriksson, N., 23andme Research Team, Psychiatric Genomics Consortium: ADHD Subgroup, iPSYCH-Broad ADHD Workgroup, Werge, T., Mortenson, P. B., Pederson, M. G., Mors, O., Nordentoft, M., & Neale, B. M. (2018). A genetic investigation of sex bias in the prevalence of attention-deficit/hyperactivity disorder. *Biological Psychiatry, 83*, 1044-1053. https://doi.org/10.1016/j.biopsych.2017.11.026

Martinhago, F., Lavagnino, N. J., Folguera, G., & Caponi, S. (2019). Risk factors and genetic bases: The case of attention deficit hyperactivity disorder. *Salud Colect, 15*, e1952. https://doi.org/10.18294/sc.2019.1952

McLuckie, A., Landers, A. L., Rowbotham, M., Landine, J., Schwartz, M., & Ng, D. (2021). Are parent-and teacher-reported executive function difficulties associated with parenting stress for children diagnosed with ADHD? *Journal of Attention Disorders, 26*(1), 22-32. https://doi.org/10.1177/1087054718756196

Miranda, A., & Presentacion, M. J. (2000). Efficacy of cognitive-behavioral therapy in the treatment of children with ADHD, with and without aggressiveness. *Psychology in the Schools, 37*(2), 169-182. https://doi.org/10.1002/(SICI)1520- 6807(200003)37:2%3C169::AID-PITS8%3E3.0.CO;2-8

Moffitt, T. E., Huts, R., Asherson, P., Belsky, D. W., Corcoran, D. L., Hammerle, M., Harrington, H., Hogan, S., Meier, M. H., Polanczyk, G. V., Poulton, R., Ramrakha, S., Sugden, K., Williams, B., Rohde, L. A., & Caspi, A. (2015). Is adult ADHD a childhood-onset neurodevelopmental disorder? Evidence from a four-decade long cohort study. *American Journal of Psychiatry, 172*10), 967-977. https://doi.org/10.1176/appi.ajp.2015.14101266

Moore, D. A., Russell, A. E., Arnell, S., & Ford, T. J. (2017). Educators' experiences of managing students with ADHD: A qualitative study. *Child Care, Health, and Development, 43*(4), 489-498. https://doi.org/10.1111/cch.12448

Morris, S., Sheen, J., Ling, M., Foley, D., & Sciberras, E. (2021). Interventions for adolescents with ADHD to improve peer social functioning: A systematic review and meta-analysis. *Journal of Attention Disorders, 26*(10), 1479-1496. https://doi.org/10.1177/1087054720906514

Mowlem, F. D., Rosenqvist, M. A., Martin, J., Lichtenstein, P., Asherson, P., & Larsson, H. (2019). Sex differences in predicting ADHD clinical diagnosis and pharmacological treatment. *European Child & Adolescent Psychiatry, 28*, 481-489. https://doi.org/10.1007/s00787-018-1211-3

National Institute of Mental Health. (n.d.). Attention-deficit/hyperactivity disorder. https://www.nimh.nih.gov/health/statistics/attention-deficit-hyperactivity-disorder-adhd

Noordermeer, S. D., Luman, M., Weeda, W. D., Buitelaar, J. K., Richards, J. S., Harmant, C. A., Hoekstra, P. J., Franke, B., Heslenfeld, D. J., & Oosterlaan, J. (2017). Risk factors for comorbid oppositional defiant disorder in attention-deficit/hyperactivity disorder. *European Child and Adolescent Psychiatry, 26*, 1155-1164. https://doi.org/10.1007/s00787-017-0972-4

Normand, S., Schneider, B. H., Lee, M. D., Maisonnueve, M, Kuehn, S. M., & Robaey, P. (2011). How do children with ADHD (mis)manage their real-life dyadic friendships? A multi-method investigation. *Journal of Abnormal Child Psychology, 39*, 293-305. https://doi.org/10.1007/s10802-010-9450-x

Office of Civil Rights. (n.d.). Protecting students with disabilities: Frequently asked questions about Section 504 and the education of children with disabilities. https://www2.ed.gov/about/offices/list/ocr/504faq.html

Peacock, G. G., & Collett, B. R. (2009). Collaborative home/school interventions: Evidence-based solutions for emotional, behavioral, and academic problems. Guildford Press.

Pheula, G. F., Rohde, L. A., & Schmitz, M. (2011). Are family variables associated with ADHD, inattentive type? A case-control study in schools. *European Child & Adolescent Psychiatry, 20*, 37-145. https://doi.org/10.1007/s00787-011-0158-4

Philipp-Wiegmann, F., Rosler, M., Clasen, O., Zinnow, T., Retz-Junginger, P., & Retz, W. (2017). ADHD modulates the course of delinquency: A 15 year follow-up study of young incarcerated men. *European Archives of Psychiatry and Clinical Neuroscience, 268*, 391-399. https://doi.org/10.1007/s00406-017-0816-8

Polanczyk, G., de Lima, M. S., Horta, B. L., Biederman, J., & Rohde, L. A. (2007). The worldwide prevalence of ADHD: A systematic review and metaregression analysis. *American Journal of Psychiatry, 164*, 942-948. https://doi.org/10.1176/ajp.2007.164.6.942

Powell, V., Riglin, L., Hammerton, G., Eyre, O., Martin, J., Anney, R., Thapar, A., & Rice, F. (2020). What explains the link between childhood ADHD and adolescent depression? Investigating the role of peer relationships and academic attainment. *European Child & Adolescent Psychiatry, 29*, 1581-1591. https://doi.org/10.1007/s00787-019-01463-w

Pyle, K., & Fabiano, G. A. (2017). Daily report card intervention and attention deficit hyperactivity disorder: A meta-analysis of single case studies. *Exceptional Children, 83*(4), 378-395. https://doi.org/10.1177%2F0014402917706370

Ramtekkar, U. P. (2017). DSM-5 changes in attention deficit hyperactivity disorder and autism spectrum disorder: Implications for comorbid sleep issues. *Children, 4*, 62. https://doi.org/10.3390/children4080062

Ramtekkar, U. P., Reiersen, A. M., Todorov, A. A., & Todd, R. D. (2010). Sex and age differences in attentiondeficit/hyperactivity disorder symptoms and diagnoses: Implications for DSM-V and ICD-11. *Journal of the American Academy of Child & Adolescent Psychiatry, 49*(3), 217-228. https://doi.org/10.1016/j.jaac.2009.11.011

Rhee, S. H., & Waldman, I. D. (2004). Etiology of sex differences in the prevalence of ADHD: An examination of inattention and hyperactivity-impulsivity. *American Journal of Medical Genetics Part B (Neuropsychiatric Genetics), 127*B, 60-64. https://doi.org/10.1002/ajmg.b.20131

Rigoni, M., Blevins, L. Z., Rettew, D. C., & Kasehagen, L. (2020). Symptom level associations between attention-deficit/hyperactivity disorder and school performance. *Clinical Pediatrics, 59*(9-10), 874-884. https://doi.org/10.1177%2F0009922820924692

Rogers, M., Belanger-Lejars, V., Toste, J. R., & Heath, N. L. (2015). Mismatched: ADHD symptomatology and the teacher-student relationship. *Emotional and Behavioural Difficulties, 20*(4), 333-348. https://doi.org/10.1080/13632752.2014.972039

Rowland, A. S., Skipper, B. J., Rabiner, D. L., Qeadan, F., Campbell, R. A., Naftel, J. A., & Umbach, D. M. (2018). Attention-deficit/hyperactivity disorder (ADHD): Interaction between socioeconomic status and parental history of ADHD determines prevalence. *Journal of Child Psychology and Psychiatry, 59*(3), 213-222. https://doi.org/10.1111/jcpp. 12775

Roy, A., Hechtman, L., Arnold, L. E., Sibley, M. H., Molina, B. S. G., Swanson, J. M, & Howard, A. L. (2016). Childhood factors affecting persistence and desistence of attention-deficit/hyperactivity disorder symptoms in adulthood: Results from the MTA. (2016). *Journal of the American Academy of Child & Adolescent Psychiatry, 66*(11), 937-944. https://doi.org/10.1016/j.jaac.2016.05.027

Rushton, S., Giallo, R., & Efron, D. (2020). ADHD and emotional engagement with school in the primary years: Investigating the role of student-teacher relationships. *British Journal of Educational Psychology, 90*, 193-209. https://doi.org/10.1111/bjep.12316

Russell, G., Ford, T., Rosenberg, R., & Kelly, S. (2014). The association of attention deficit hyperactivity disorder with socioeconomic disadvantage: Alternative explanations and evidence. *Journal of Child Psychology and Psychiatry, 56*(5), 436-445. https://doi.org/10.1111/jcpp. 12170

Santos, W. M., & Albuquerque, A. R. (2019). School interventions for ADHD: A literature review (2000-2018). *Psicologia Teoria e Prática, 21*(3), 205-227. https://doi.org/10.5935/1980-6906/psicologia.v21n3p205-227

Sharp, W., Mangalmurti, A., Hall, C., Choudhury, S., & Shaw, P. (2021). Associations between neighborhood, family factors and symptom change in childhood attention deficit hyperactivity disorder. *Social Science & Medicine, 271*, 112203. https://doi.org/10.1016/j.socscimed.2019.02.054

Shaw, P., & Polanczyk, G. V. (2017). Combining epidemiological and neurobiological perspectives to characterize the lifetime trajectories of ADHD. *European Journal of Child and Adolescent Psychiatry, 26*, 139-141. https://doi.org/10.1007/s00787-017-0944-8

Shea, B., & Wiener, J. (2003). Social exile: The cycle of peer victimization for boys with ADHD. *Canadian Journal of School Psychology, 18*(1-2), 55-90. https://doi.org/10.1177%2F082957350301800104

Silverstein, M. J., Faraone, S. V., Leon, T. L., Biederman, J., Spencer, T. J., & Adler, L. A. (2020). The relationship between executive functioning defi cits and DSM-5-defined ADHD symptoms. *Journal of Attention Disorders, 24*(1), 41-51. https://doi.org/10.1177%2F1087054718804347

Steiner, N. J., Sheldrick, R. C., Frenette, E. C., Rene, K. M., & Perrin, E. C. (2014). Classroom behavior of participants with ADHD compared with peers: Influence of teaching format and grade level. *Journal of Applied School Psychology, 30*(3), 209-222. https://doi.org/10.1080/15377903.2014.896297

Strine, T. W., Lese sne, C. A., Okoro, C. A., McGuire, L. C., Chapman, D. P., Balluz, L. S., & Mokdad, A. H. (2006). Emotional and behavioral difficulties and impairments in everyday functioning among children with a history of attention-deficit/hyperactivity disorder. *Preventing Chronic Disease, 3*(2), A52. PMID: 16539793.

Sun, S., Kuja-Halcola, R., Faraone, S. V., D'Onofrio, B., Dalsgaard, S., Chang, Z., & Larsson, H. (2019). Association of psychiatric comorbidity with the risk of premature death among children and adults with attention-deficit/hyperactivity disorder. *JAMA Psychiatry, 76*(11), 1141-1149. https://jamanetwork.

com/journals/jama/fullarticle/10.1001/jamapsychiatry. 2019.1944?utm_campaign=articlePDF%26utm_medium=articlePDFlink%26utm_source=articlePDF%26utm_content=jamapsychiatry. 2019.1944

Taylor, M. J., Lichtenstein, P., Larsson, H., Anckarsater, H., Greven, C. U., & Ronald, A. (2016). Is there a female protective effect against attention-deficit/hyperactivity disorder? Evidence from two representative twin samples. *Journal of the American Academy of Child & Adolescent Psychiatry, 56*(6), 504-512. https://doi.org/10.1016/j.jaac.2016.04.004

Thorsen, A. L., Meza, J., Hinshaw, S., & Lundervold, A. J. (2018). Processing speed mediates the longitudinal association between ADHD symptoms and preadolescent peer problems. *Frontiers in Psychology, 8*, 2154. https://doi.org/10.3389/fpsyg.2017.02154

Tobin, R. M., Schneider, W. J., & Landau, S. (2014). Best practices in the assessment of youth with attention deficit hyperactivity disorder within a multitiered services framework. In P. L. Harrison & A. Thomas (Eds.), Best practices in school psychology: Student-level services. National Association of School Psychologists.

Tsai, F., Tseng, W., Yang, L., & Gau, S. S. (2019). Psychiatric comorbid patterns in adults with attention-deficit hyperactivity disorder. *PLoS ONE, 14*(2), e0211873. https://doi.org/10.1371/journal.pone.0211873

Tseng, W. L., Kawabata, Y., Gau, S., & Crick, N. R. (2014). Symptoms of attention-deficit/hyperactivity disorder and peer functioning: A transactional model of development. *Journal of Abnormal Child Psychology, 42*, 1353-1365. https://doi.org/10.1007/s10802-014- 9883-8

U.S. Department of Education. (n.d.). Individuals with Disabilities Education Improvement Act. https://sites.ed.gov/idea/

Voight, R. G., Katusic, S. K., Colligan, R. C., Killian, J. M., Weaver, A. L., & Barbaresi, W. J. (2017). Academic achievement in adults with a history of childhood attention-deficit/hyperactivity disorder: A population-based prospective study. *Journal of Developmental & Behavioral Pediatrics, 38*(1), 1-11. https://doi.org/10.1097%2FDBP.0000000000000358

Walsh, R. F. L., Sheppard, B., Cui, L., Brown, C., Van Meter, A., & Merikangas, K. R. (2020). Comorbidity and patterns of familial aggregation in attention-deficit/hyperactivity disorder and bipolar disorder in a family study of affective and anxiety spectrum disorders. *Journal of Psychiatric Research, 130*, 355-361. https://doi.org/10.1016/j.jpsychires.2020.08.017

Wiener, J. (2020a). The ripple effect of ADHD in adolescents: Self-perceptions and social relationships. *Canadian Journal of School Psychology, 36*(4), 235-237. https://doi.org/10.1177%2F0829573520936456

Wiener, J. (2020b). The role of school psychologists in supporting adolescents with ADHD. *Canadian Journal of School Psychology, 35*(4), 299-310. https://doi.org/10.1177%2F0829573520923536

Williamson, D., Johnston, C., Noyes, A., Stewart, K., & Weiss, M. D. (2017). Attention-deficit/hyperactivity disorder symptoms in mothers and fathers: Family level interactions in relation to parenting. *Journal of Abnormal Child Psychology, 45*, 485-500. https://doi.org/10.1007/s10802-016-0235-8

Woolraich, M. L., Chan, E., Froehlich, T., Lynch, R. L., Bax, A., Redwine, S. T., Ihyembe, D., & Hagan, J. F. (2019). ADHD diagnosis and treatment guidelines: A historical perspective. *Pediatrics, 144*(4), e20191682. https://doi.org/10.1542/peds.2019-1682

Xu, G., Strathearn, L., Liu, B., Yang, B., & Bao, W. (2018). Twenty-year trends in diagnosed attention-deficit/hyperactivity disorder among US children and adolescents, 1997-2016. *JAMA Open Network, 1*(4), e181471.

https://doi.org/10.1001/jamanetworkopen.2018.1471

Zablotsk y, B., & Alford, J. M. (2020). Racial and ethnic differences in the prevalence of attention-deficit/hyperactivity disorder and learning disabilities among children aged 3-17 years. *NCHS Data Brief, 358*, 1-8. PMID: 32487288.

제 3 장

지적장애

학습 목표

- 지적장애에 대한 DSM-5의 진단적 특징을 요약할 수 있다.
- 지적장애의 IDEA 수혜자격 구성 요소를 간략히 설명할 수 있다.
- 지적장애를 가진 아동 · 청소년의 문화적 고려사항을 파악할 수 있다.
- 지적장애를 가진 아동 · 청소년에서 흔한 사회 · 정서적, 행동적 문제에 대해 설명할 수 있다.
- 교실에서 지적장애를 가진 학생 지도를 위한 시사점을 이해할 수 있다.
- 지적장애를 가진 학생에 대한 효과적인 사회성, 정서, 행동 개입을 확인할 수 있다.

도입

『정신질환의 진단 및 통계 편람 5판(DSM-5)』(American Psychiatric Association, 2013)은 지적장애를 여러 신경발달장애 중 하나로 분류한다. 신경발달장애 범주에 포함된 지적장애 및 다른 장애들은 아동 초기에 시작되며 개인 기능과 관련하여 다양한 영역에 걸쳐 손상을 초래하는 경향을 공유한다는 점에서 구분된다. 다른 신경발달장애로는 주의력결핍 과잉행동장애(ADHD, 제2장)와 자폐스펙트럼장애(ASD; 제4장) 등이 있다.

이전에는 **지적장애**를 지칭하기 위해 이전에 **정신지체**(mental retardation)라는 비하적 용어가 자주 사용되었다. 2010년에 미국 의회가 공법 111-256(**Rosa의 법**으로도 지칭됨)을 통과시켰는데, 이 법은 연방법에서 모든 **정신지체**라는 용어를 **지적장애**로 변경하였으며, **정신이 지체된 사람**(mentally retarded individual)이라는 표현도 **지적장애를 가진 사람**(individuals with intellectual disability)으로 바꾸게 쓰게 되었다(GovInfo, n.d.; Rosa's Law, 2017). 용어의 이러한 변화는 지적장애를 가진 사람들에게 더 많은 존중과 품위를 안겨 주고 종종 괴롭힘과 관련되는 용어를 제거하고 싶은 바람에서 비롯되었다. 연방법에서의 변화는 1973년 「재활법」, 「장애인교육법(IDEA)」, 1965년 「고등교육법」, 1965년 「초중등교육법」(Rosa's Law, 2017)에 반영되었다.

2000년에 발행된 DSM-IV-TR(APA, 2000)에서는 이 장애를 지칭할 때 **정신지체**라는 용어를 사용하였다. DSM-5에서 용어의 변경은 지적장애인에 대한 존중과 호칭에 있어서 중요한 진전을 의미하지만, 지적장애의 진단과 관련해서도 중요한 개정이 이루어졌다.

진단적 쟁점: DSM-5 및 IDEA

DSM-5 진단

DSM-5에 따른 지적장애 진단을 위해서는 세 가지 준거가 충족되어야 한다. 그 준거들은 지적기능과 적응기능의 결함이 있으며 아동기 혹은 청소년기 동안 발달적 우려가 제기되어야 함을 명시한다. DSM-5 이전에는 진단 준거가 지적장애 결정을 위한 특정 IQ 점수 범위를 지정하였었다. 비록 현재의 DSM 개정판도 개인의 지적 기능이 평가되어야 하며, 심리측정적으로 타당하고 문화적으로 적절한 인지기능 평가를 통해 얻은 개인의 IQ 점수가 대략 평균보다 2 표준편차 이상 낮아야 함을 명시하지만, 지능 평가 과정과 관련하여 임상가의 전문적 판단 또한 중요함을 인정한다. 임상가는 진단적 의사결정 과정 동안 검사 결과의 타당성, 점수의 해석, 진단 상황의 적절성, 개인의 전반적 기능과 관련한 결과의 제한점 등의 측면들을 결정해야 한다. 지적장애의 진단을 위해 인지 기능 평가 도구는 개별적으로 실시되어야 하며, 기억, 언어적 능력, 처리 속도, 정량적 기술, 추상적 사고 등과 같은 영역을 평가해야 한다. 5세 미만 아동이 유의한 발달 지체를 보이지만, 인지 평가 도구를 사용하여 아동의 지적 기능이 진단 준거를 만족시키는지 평가하기 어렵다면(연령이 낮거나 유의한 손상으로 인해), 아동에게는 **전반적 발달지연**(global developmental delay) 진단이 내려질 수 있다. 이러한 경우, 해당 영역에 대한 표준화된 평가가 가능한 연령이나 기술 수준에 도달할 때 다시 평가해야 한다(APA, 2013).

지적 기능 진단 기준의 이러한 변화에 더하여, DSM-5에서는 이전 판에 비해 적응기능이 더욱 강조된다(APA, 2013; Kaufmann, 2018). 이러한 변화는 IQ가 일상생활 환경에서 개인이 추론하고 기능하는 능력을 충분히 반영하지 못할 수도 있다는 인식을 반영한다(Mahour & Panday,

2015). 적응기능(adaptive functioning)은 세 가지 영역에 걸쳐 연령에 적합한 개인 및 일상 기술들을 수행하는 개인의 능력으로 정의할 수 있다. 이러한 영역에는 개념적(학업적) 영역, 사회적 영역, 실제적 영역이 포함된다. DSM-5의 준거는 DSM-IV-TR(APA, 2000)에 비해 일상생활 기술에 있어서 더 큰 손상이 있을 것을 요구하는데, 이는 초점이 적응기술에서 이러한 세 가지 적응기능 영역으로 이동되었기 때문이다(Kaufmann, 2018). 그러나 적응기술은 계속 지적장애의 진단에 있어서 중요한 역할을 한다고 할 수 있는데, 그것은 각 적응기능 영역이 그 영역의 기능과 관련된 적응기술들로 구성되기 때문이다. 예를 들면, 개념적 영역은 읽기, 쓰기, 문제해결과 같은 기술들을 포함하며, 사회적 영역은 공감, 사회적 판단, 타인의 감정 인식 등과 같은 능력 등을 포괄한다. 또한 실제적 영역은 개인 관리, 레크리에이션, 행동에 대한 자기관리 등의 기능을 포함한다(APA, 2013). Papazoglou 등(2014)의 연구에서는 DSM- IV-TR에서 DSM-5로 적응행동과 관련되는 진단 기준이 변화됨에 따라 지적장애로 진단되는 아동의 수가 9% 감소한 것으로 나타났다.

DSM- IV-TR에서 DSM-5로 적응행동과 관련되는 진단 기준이 변화됨에 따라 지적장애로 진단되는 아동의 수가 9%가 감소한 것으로 나타났다 (Papazoglou et al., 2014).

적응기능에 대한 진단 기준을 만족시키기 위해서는, 적응기능 결함이 지적 기능 결함과 연관이 있어야 하며, 적어도 앞서 언급한 세 영역 중 하나에서 그 결함이 충분히 심각하여 아동이 적어도 한 가지 생활 환경(학교, 직장, 가정, 및 지역사회)에서 연령에 적합한 방식으로 기능하려면 지속적 지원이 필요해야 한다. 주목해야 할 중요한 점은 이 영역의 일부 연구자들이 지적 기능의 결함과 적응행동 결함의 관련성이 상관이 있다는 뜻이지, 인과적이라는 의미는 아니라는 점을 강조한다는 사실이다(Tasse et al., 2016). 즉, 지적 기능 결함과 적응행동 결함은 흔히 함께 발생하지만, 하나가 다른 하나의 원인이 됨을 의미하는 것은 아니라는 점이다. DSM-5의 지적 기능 진단 기준과 마찬가지로, 아동의 적응행동 또한 문화적으로 적절하고 심리측정적으로 적합한 속성을 갖춘 표준화된 평가 도구를 사용하여 측정해야 한다. 적절하다면 아동이 자기평가에 참여해야 하지만, 아동을 잘 아는 다른 응답자의 참여 또한 요구된다. 이러한 응답자로는 종종 학부모, 교육자, 보육자, 혹은 아동에게 서비스를 제공하는 다른 전문가가 참여할 수 있다. 만일 개인적 이유나 환경적 제약으로 인해 아동의 적응기술을 표준화 검사로 평가할 수 없지만, 지적 기능 결함 관련 준거를 만족시키며 그러한 결함이 아동·청소년기에 시작되었고 5세 이상이라면, 명시되지 않은(unspecified) 지적장애로 진단이 가능하다. 표준화된 도구를 통한 평가에 더하여, 적응행동은 보고된 결함을 확증하기 위해 정보의 출처, 즉 면담 및 교육, 의료 혹은 기타 다른 기록 등에 대한 임상적 판단을 거쳐 평가되어야 한다(APA, 2013).

아동의 적응기능에 대한 전반적 평가는 그 아동이 지적장애 진단 기준을 만족시키는지 결정하는 데 필요하지만, 심각도 수준을 결정하는 한 요인이기도 하다. DSM-5는 각 지적장애 진단 시에 심각도를 추정하여 제시할 것을 요구한다. 심각도 수준은 **경도**(mild), **중등도**(moderate), **중도**(severe), **최중도**(profound)로 구분된다. 심각도는 개인이 다양한 장면에서 개념적, 사회적, 실제적 영역 등 세 영역에 걸쳐 기능하는 데 필요한 외부적 지원의 질과 양에 기초하여 확립되어야 한다(APA, 2013).

마지막으로, 앞서 언급하였듯이, DSM-5에 따른 세 번째 진단 준거는 인지 기능과 적응행동의 결함이 시작된 시점과 관련된다. 이러한 결함이 아동기 혹은 청소년기에 존재하였음이 의료 및 교육 기록 검토와 면담을 통해 수집한 정보를 통해 지지되어야 한다. 결함의 심각도가 클수록 더 이른 나이에 확인될 가능성이 크다(APA, 2013). 또한 더 심각한 결함을 가진 유아나 어린 아동일수록 잘 알려졌으며 관찰가능한 지적장애의 원인(생물학적 원인)이 있을 가능성이 큰 반면, 경미한 수준일수록 원인을 잘 알 수 없을 가능성이 크다(Patel et al., 2020).

전 세계 인구 중에서 지적장애를 갖는 비율은 1~3%로 여성에 비해 남성이 두 배나 많이 진단된다(Patel et al., 2020). 이 1~3%의 지적장애 인구 중 약 75~85%는 심각도 면에서 경도로 분류되며, 약 10%는 중등도에 해당하는 것으로 추정된다(Patel et al., 2020; Saad & ElAdl, 2019). 중도 범주에 속하는 사람들은 전체 지적장애 인구 중 약 3~4%에 해당하며, 최중도의 지적장애인은 이 진단을 받은 전체 인구 중 약 1% 이하이다. 지적장애인에게 기대되는 독립성이라 함은 많은 장면에서 최소한의 도움으로 기능할 수 있는 능력과 경미한 지적장애 학생들을 위한 지원을 통해 학업 성취를 이루는 것부터 최중도 지적장애를 가진 아동·청소년이 가장 기본적인 욕구 충족을 위해서 모든 장면에서 상시 돌봄이 필요한 것까지 다양하다(Saad & ElAdl, 2019). Patel 등(2020)은 전체 인구에서 경도 지적장애의 발생 빈도가 실제로 줄고 있음을 지적하지만 이것이 가능한 이유는 제시하지 않는다.

> 여성에 비해 남성이 두 배나 많이 지적장애 진단을 받는다(Patel et al., 2020).

IDEA 수혜자격

학교심리사가 학교에서 학생들을 자주 마주하고 상호작용하고 그들과 함께 작업하는 점을 고려할 때, 교육 환경 내에서 지적장애가 어떻게 결정되는지에 대해 잘 이해하고 있어야 한다. DSM에 기초한 지적장애 진단 자체가 그러한 장애로 인해 특수교육 서비스를 받기 위한 필요조건도 충분조건도 아니다. 학교 시스템 내에서 지적장애를 결정하는 과정은 의료 혹은 심리서비스 환경에서 제공되는 평가와는 전적으로 다르다. 그러나 학교 밖의 출처에서 제공한 자료들도 학교기반 평가의 한 부분으로 고려될 수는 있다.

> 학교 시스템 내에서 지적장애를 결정하는 과정은 의료 혹은 심리서비스 환경에서 제공되는 평가와는 전적으로 다르다.

미국 교육부에 따르면, IDEA는 특수교육 서비스 기준을 충족하고 공립학교에서 해당 서비스의 필요성을 입증하는 아동·청소년을 위해 최소제한환경에서 무료로 적절한 공교육을 제공하는 연방법이다(U.S. Department of Education, n.d.). 국립교육통계센터의 최신 자료에 따르면, 미국 공립학교 학생의 약 14%가 IDEA의 13개 장애 범주 안의 장애를 가진 것으로 분류되며, 지적장애는 그러한 수혜자격 장애 범주 중 하나이다. 확인된 장애가 있는 모든 학생들 중 6%의 아동·청소년이 2018~2019학년도 동안 지적장애 범주에 따른 서비스 수혜자격이 있었다. 이는 미국에서 지적장애가 있는 3~21세 학생 대략 439,000명에 해당하는 숫자다(National Center for Education Statistics, n.d.).

IDEA의 300.8 (c) (6) 항에서 **지적장애**는 다음과 같이 정의된다. "지적장애는 적응행동의 결함과 동시에 존재하고 발달기간 동안 나타나며 아동의 교육적 성과에 부정적 영향을 미치는 평균 이하의 일반적인 지적 기능을 의미한다." **지적장애**에 대한 DSM-5와 IDEA의 기술 간에는 자명하며 확실한 유사성이 있다.

특수교육 서비스에 대한 수혜자격 결정은 아동의 부모, 지역교육기관(Local Education Agency: LEA)의 교사, 또는 기타 주기관의 평가 요청으로 시작된다. 학부모가 평가를 요청한 주체가 아닌 경우, LEA는 평가를 수행하기 위한 학부모의 동의를 구해야 한다. 해당 동의를 얻은 경우, 교육구에서는 수업일 기준으로 60일 이내에 아동에게 장애가 있는지 여부와 서비스가 필요한지 여부를 결정한다. 아동은 사용 목적에 따라 신뢰할 수 있고 타당하며 심리측정적으로 적절한 평가 도구를 통해 장애가 의심되는 모든 영역에서 평가를 받아야 한다. 평가자 혹은 평가팀은 아동의 인지, 학업, 적응상태에 대한 정보를 얻기 위해 다양한 도구(하나의 도구만으로는 수혜자격 결정을 위해 충분하지 않음)를 사용해야 한다(U.S. Department of Education, n.d.). 주정부에서 제공하는 대부분의 지침에 따르면, 지적 기능은 IQ 검사로 측정되어야 하며 지적장애 학생으로서 적격하려면 결과 점수가 평균이하(subaverage) 수준이어야 한다. 여기서 **평균이하**는 평균보다 최소 2 표준편차 낮은 점수로 광범위하게 해석된다. 그러나 어떤 경우에는 IQ 검사 대신 과학적으로 타당한 다른 절차를 사용할 수도 있다. 개별적으로 실시되는 성취도 검사와 적응행동 평가는 일반적으로 각각 학생의 학업 진보 상황과 적응기능을 측정하는 데 사용된다. 지적장애 범주에 따른 수혜자격을 결정하려면 학업 및 적응기능 영역에서도 그에 상응하는 결함이 나타나야 한다(Jacob et al., 2016). 모든 관련 평가 정보가 수집되면 개인들로 구성된 팀(아동의 부모/보호자, 일반교사, 특수교사, 결과 해석 자격을 갖춘 사람과 LEA 대표)은 해당 아동이 장애학생으로서 기준을 충족하는지, 그리고 특수교육 서비스를 필요로 하는지를 결정한다(U.S. Department of Education, n.d.). 평가 과정에 대한 보다 자세한 내용은 sites.ed.gov/idea를 참조하기 바란다.

문화적 쟁점

위험요인

지적장애가 있는 아동·청소년은 모든 인종, 민족적 배경, 문화 및 지리적 위치에 걸쳐 존재한다. 지적장애의 원인은 종종 보다 심각한 사례들의 경우 유전적 증후군, 대사 문제, 또는 신경학적 이상 등 관련된 생물학적 원인이 알려져 있다(Patel et al., 2020). 그러나 문화적 요인들 또한 지적장애가 있는 아동·청소년의 병인, 평가 및 관리에 중요한 영향을 미칠 수 있다.

5만 5,000명의 참여자를 아우르는 총 17개의 연구에 대한 메타분석에서 Huang 등(2016)은 최종 지적장애 진단을 예측하는 출생 전, 주산기, 신생아기의 위험요인을 확인하고자 하였다. 이 광범위한 연구에서 가장 많은 수의 확인가능한 위험요인은 출생 전 요인이었다. 이러한 요인에는 어머니의 특성이 많이 포함되었는데, (35세 이상으로 정의된) 고령, 아프리카계 미국인, 낮은 교육수준, 3회 이상의 출산, 음주, 흡연, 당뇨, 고혈압, 뇌전증, 천식 등이다. 이들 중 가장 강하게 연관된 요인은 산모의 노령, 인종, 교육, 3회 이상의 출산, 음주, 뇌전증이었다. 이러한 출생 전 요인 외에도, 조산, 남아, 저체중아 출산도 지적장애와 강하게 관련된 위험요인으로 나타났다. 다른 연구자들은 아버지의 고령 역시 지적장애의 위험요인임을 발견하였다(Roeleveld et al., 1992). 그러나 이러한 확인된 위험요인 중 인종, 교육수준, 조산, 출생 시 저체중 등의 일부 요인은 빈곤과도 연관이 되어 있다는 점을 주목해야 한다(Emerson, 2007). 또한 연구에 따르면 지적장애가 있는 아동은 빈곤 속에서 태어날 가능성이 더 높았으며, 그의 가족들은 장애아를 두지 않은 가족들에 비해 빈곤 상태로 남아 있을 가능성이 더 높았다(Emerson, 2007; Emerson et al., 2010). 따라서 학교심리사는 지적장애와 관련된 출생 전 위험요인을 인식하고 있어야 하며, 이러한 요인들 간의 관계와 지적장애가 있는 아동·청소년의 가족 빈곤을 고려해야 한다.

문화적으로 민감한 평가를 위한 고려사항

지적장애가 의심되는 사람에 대한 평가와 관련하여, DSM-5(APA, 2013)는 평가 과정에서 문화적 민감성을 보장하기 위해 주의를 기울일 것을 경고한다. 마찬가지로, 미국학교심리사협회(National Association of School Psychologists: NASP, n.d.)도 평가를 포함하여 학교심리사가 제공하는 모든 서비스에 걸쳐 문화적 역량의 필요성을 강조한다. 미국의 편향된 평가 관행에 대한 우려는 수십 년 전으로 거슬러 올라간다. 검사의 공정성과 관련하여 중요한 역사적 사건들에 대해서 개관하려면, Ortiz(2014)를 참조하기 바란다.

학교심리사가 문화적으로 민감한 평가를 수행할 필요성은 NASP의 전문적 윤리 원칙(Principles for Professional Ethics, 2020)에도 잘 나타나 있다. 표준 I.3.1과 I.3.2는 차별적 관행에 대한 적극적 참여나 수동적 수용을 피할 학교심리사의 책임과 그러한 실무를 시정할 의무를 각각 설명한다. 지적장애를 포함해 수혜자격 결정을 위한 평가 과정과 관련하여 더욱 구체적으로, 표준 II.3.8은 학교심리사가 아동을 평가하고, 평가 결과를 문화 및 언어를 포함한 전반적인 생활 경험과 관련하여 해석할 때 비차별적 수단을 사용해야 한다고 명시한다. 표준 II.3.9에 따르면, 이러한 평가 과정에서 아동의 배경에 따라 적절하다면 자격을 갖춘 통역자를 활용할 수도 있다. Ortiz(2014)는 어떤 평가도 편향에서 완전히 자유로울 수 없다는 점을 실무자들이 받아들이되 아동·청소년의 성과를 개선하기 위해 이러한 편향과 차별이 평가 과정에 미치는 영향을 인식하고 이를 최소화하는 것은 학교심리사의 책임임을 강조한다. 편향은 종종 검사와 가장 관련이 있지만, 평가의 모든 요소에 존재할 수 있다. Ortiz(2014)에 따르면, "편향은 어떤 심리검사의 기술적 또는 심리측정적 결함의 결과라기보다는 검사를 받는 사람과 검사의 규준이 기초하고 있는 사람들 간의 경험 차이의 결과이다"(p. 675). 비차별적 평가 실무는 개인의 인생을 바꾸는 지적장애 진단을 이 진단이 실제로 불필요한 아동에게 내려지지 않게 하는 데에도 도움이 되겠지만, 이 장애의 진단이 꼭 필요한 학생들을 정확히 확인하는 데에도 도움을 줄 수 있다(Ortiz, 2014). 지적장애 진단이 적절할 때 해당 아동은 의료적·교육적 서비스뿐 아니라 법적 보호를 받을 수 있다(Luckasson & Schalock, 2013).

> 어떤 평가도 편향에서 완전히 자유로울 수 없다(Ortiz, 2014).

진단적 낙인과 문화

문화적으로 민감하고 정확한 평가 실무의 필요성은 특히 지적장애와 관련이 깊다. 많은 진단

명에는 부정적 의미(낙인이나 금기사항도 포함)가 포함되어 있으며, 이는 지적장애의 경우 특히 그러하다. 그러므로 학교심리사는 지적장애라는 진단이 갖는 사회적 함의를 고려할 때 철저하고 정확하게, 문화적 민감성을 가지고 지적장애의 적격성을 평가해야 한다. 연구 결과에 따르면, 지적장애와 관련된 낙인을 줄이려는 노력에도 불구하고, 이러한 낙인은 여전히 전 세계의 많은 국가에서 존재하고 있다(Scior et al., 2020). 이러한 낙인으로 인해 초래된 가장 끔찍한 극단적 사례 중 하나는 서아프리카의 경우인데, 여기서는 지적장애 아동을 의례적으로 유기하거나 살해하는 것으로 보고되었지만 피해의 범위는 정확히 알려지지 않았다(Bayat, 2015). 중국의 집단주의 문화에서 지적장애에 대한 낙인은 아동·청소년을 넘어 가족까지 확대되는 경우가 많다. 아동의 지적장애는 가족 구성원의 잘못된 행위에 대한 처벌로 간주될 수 있으며, 이는 가족 전체가 장애로 인해 '체면을 잃는' 결과를 가져온다(Chiu et al., 2013). 연구에 따르면, 캐나다의 여성들에 비해 남성들이 장애인에 대해 더 부정적 태도를 갖는 경향이 있었으며, 전반적으로 성인들은 지적장애를 가진 사람들이 낮은 기능 수준을 보일수록 더 부정적으로 지각하는 경향이 있었다(Morin et al., 2013). 끝으로, Gold와 Richards(2012)는 미국에서 지적장애 등 꼬리표와 관련된 낙인효과가 아프리카계 미국인 아동·청소년에게 특히 문제가 된다고 주장한다. 그들의 주장에 따르면, 미국에서 한 아이가 장애를 가지고 있다고 꼬리표를 붙이는 것은 학습된 무기력과 자기상에 관련된 문제로 이어질 수 있으나, 특히 아프리카계 아동에게 장애의 꼬리표는 잠재적으로 더 큰 부정적 영향을 미칠 수 있는데, 이는 미국에서 아프리카계 미국인들에게 해로운 명칭을 붙인 오랜 역사가 있기 때문이다.

> 지적장애와 관련하여 낙인은 여전히 세계 도처에 존재한다.

돌봄에 있어서 문화적 고려사항

많은 신체적 및 정신적 장애와 마찬가지로 가족의 한 구성원이 지적장애로 진단을 받으면 이는 가족 전체에 많은 영향을 미치기 마련이다. 지적장애아를 둔 가족은 종종 정상적으로 발달하는 자녀를 둔 가족이 경험하는 범위를 넘어서는 많은 긴장을 경험한다. 돌봄은 주로 부모의 몫이며, 돌봄 기간의 장기화, 자녀에 대한 집중적인 지원의 필요, 재정적 부담 증가, 사회적 지원의 부족 등으로 인해 많은 중대한 도전에 직면하게 된다(McIntyre, 2016). 지적장애아를 돌보는 가족과 부모의 스트레스는 연구에서도 잘 확인되었다(Baxter et al., 2000; Emerson, 2003; Masulani-Mwale et al., 2018; McIntyre, 2016; Patton et al., 2018; Totsika et al., 2011). 가족의 돌봄 스트레스에 더하여 학교심리사가 지적장애아를 둔 가족과 함께 일할 때 알아야 할 독특한 문화적 고려사항이 있다. 개별 문화가 가족이 장애를 이해하는 방식과 돌봄에 대한 접근에도 영향을 미칠 수 있다. Dura-Vila 등(2010)은 “일단 자녀가 장애 진단을 받으면, 부모는 자녀의 발달 지연에 대한 이해를 구축하기 위해 정상적 및 비정상적 아동발달에 대한 가용한 문화적 모델을 활용하여 장애의 의미를 만들어 내는 과정을 밟게 된다.”(p. 172)라는 견해를 밝히고 있다.

중국 문화에서 가족은 종종 한 몸으로 간주되며(유교적 가르침에 따른 신념), 장애아를 돌보는 것도 가족 구성원들의 도덕적 책무로 여겨진다(Chiu et al., 2013). 가족 구성원들은 장애가 있는 것에 대해 스스로를 비난할 수도 있으며(Chiu et al., 2015), 장애라는 낙인이 장애인 당사자에서 가족으로 확대되기도 한다(Chiu et al., 2013). 이러한 상황에서 돌봄은 더욱 어렵지만, Yang 등(2016)은 부모들이 지적장애를 가진 자녀를 돌보는 것과 관련하여 긍정적 인식과 부정적 인식을 모두 가지고 있는 것을 발견하였다. 이 연구자들은 이러한 양가감정은 집단주의와 상호의존성에 가치를 두는 문화적 맥락에 뿌리를 두고 있다고 지적한다. 부모들은 자녀를 돌보는 것은 자신의 사명이지만 이를 위해 필요한 외부적 지원은 거의 없다고 믿고 있었다. 실제로, 연구에 따르면 중국 가족들은 지역사회의 지원이 가용한 지역에 살면서도 지원의 부족을 보고하는 것으로 나타났다(Wong et al., 2004). Chiu 등(2013)은 장애아의 부모와 함께 일하는 전문가들의 경우 그들이 경험하는 수치, 죄책감, 불안 등을 이해하는 것이 중요하다고 지적한다. 이는 자녀의 지적장애와 관련하여 중국계 가족들과 작업하는 학교심리사가 고려할 점이다.

Chiu 등(2015)이 기술한 중국의 귀인신념과 유사하게, John 등(2017)도 인디언 가족들이 자녀의 지적장애에 대해 처음에는 자신을 비난하는 것을 발견하였다. 그러나 장애의 원인에 대한 그들의 이해는 시간이 지나면서, 특히 학교 시스템과 상호작용하면서, 변화해 나갔다. 일부 인디언 부모들은 처음에는 장애의 원인에 대해서 미신적 혹은 종교적 신념(예: 힌두교의 카르마 이론)을 가지고 이해하려고 하였으나, 전문가들을 만나면서 종종 더 과학적인 이해에 도달하게 되었다(John et al., 2017). 이는 장애아를 돌보는 부모들을 교육하는 학교심리사가 참고할 점이다. John 등(2017)은 인디언 가족들은 전통적인 서구 의학적 접근으로 인한 좌절감이 상승할수록, 지적장애아 치료를 위해 물리치료, 천연 물질 사용, 아유르베다(Ayurveda: 몸과 마음의 균형을 추구하는 인도의 고대 치료의학) 등 덜 흔한, 비전통적 치료 옵션을 찾을 가능성이 증가하는 것을 발견하였다. 치료와 돌봄을 결정하는 데 확대가족 성원의 의견 또한 구하는 경우가 많다.

라틴계 가족에 대해서 Cauce와 Domenech-Rodriguez(2002)는 가족 구성원이 서로에 대해 강한 의무감을 느끼는 태도적 가족주의(attitudinal familism)의 개념을 기술한다. 이러한 신념은 가족의 친밀감과 온 가족의 행복을 위해 가족 구성원이 서로에 대해 지는 책임에 초점을 맞춘다. 연구에 따르면, 라틴계 가족 구성원들은 비라틴계 가족보다 태도적 가족주의 개념을 더 많지적장애가 있는 아이를 돌보는 라틴계 가족이 대가족의 지원을 기대할 가능성이 더 높은 이유이며 이는 해당 부모의 돌봄 자기효능감을 높인다(Cohen, 2013).

이 지지하는 것으로 나타났다(Cortes, 1995). 이러한 신념이 바로 지적장애가 있는 아이를 돌보는 라틴계 가족이 대가족의 지원을 기대할 가능성이 더 높은 이유이며, 이는 해당 부모의 돌봄 자기효능감을 높인다고 Cohen(2013)은 설명한다. Lauderdale-Littin과 Blacher(2017)는 지적장애 자녀를 둔 라틴계 어머니들이 소수 민족 집단 출신이 아닌 어머니들과 비교할 때 스트레스 수준은 더 높게 보고하였지만 양육에 대해서는 더 긍정적으로 지각한다는 연구 결과를 보고하였다. 또한 연구에 따르면, 영성과 신앙(종교 이상의)은 지적장애가 있는 자녀를 둔 라틴계 가족 사이에서 긍정적 지원의 원천으로 인식된다(Dura-Vila et al., 2010).

아동발달에 대한 기대에 있어서, 많은 라틴계 가족들은 양육과 보살핌의 가치를 믿는다고 Cohen은 지적한다. 아이에게 장애가 있는 경우, 더 어린 아이들과 관련된 행동이나 습관을 계속하도록 허용함으로써 부모가 그 연령의 아이에게서 전형적이지 않은 행동을 강화하는 것처럼 보일 수 있다. 따라서 Cohen(2013)은 비라틴계 전문가들이 가족의 문화를 존중하여 자조 기술보다는 사회·정서적 기술에 개입 노력을 집중함으로써 이러한 문화적 측면을 존중할 것을 권장한다.

Terhune(2005)에 따르면, 아프리카계 가족들 사이에서 지적장애 같은 발달장애에 대해 생각하고 소통하는 방식은 "동화(assimilation), 교육, 사회경제적 지위, 역사 및 기타 요인의 영향을 받는다"(p. 19). 라틴계 가족들이 발견하는 영적 지원과 유사하게, 아프리카계 미국인 가족들도 자신의 신앙과 종교지도자가 지적장애가 있는 자녀를 양육하는 데 중요한 자원이라고 보고한다. 그들의 신앙과 동료 교회 회원들은 어려운 시기에 필요한 지원을 제공한다(Rogers-Dulan, 1998). 백인 가족들에 비해 지적장애 진단을 받는 아프리카계 미국인 아동·청소년의 비율이 더 높음에도 불구하고, 이러한 신앙 기반의 지원은 낮은 사회경제적 지위로 인해 지원 서비스에 대한 접근성이 흔히 떨어지는 아프리카계 미국인 문화에서 특히 중요할 수 있다(Walker et al., 1996). 돌봄과 관련하여 아프리카계 미국인 부모들은 외부 기관이나 자원보다는 확대가족을 이용할 가능성이 더 높다(Yamaki & Fujiura, 2002).

아프리카계 미국인 가족들을 대상으로 서비스를 제공하는 학교심리사에게 있어서 명료한 의사소통은 가족과의 팀 형성과 효과적인 서비스 제공을 위해 필수적이다. Harry 등(1995)은 지적장애가 있는 어린 자녀를 둔 아프리카계 미국인 부모는 학교기반 서비스가 또래들을 '따라잡도록' 돕기 위한 것이라고 믿는 경우가 흔하며, 자녀의 장애가 영구적인 상태라는 사실을 깨닫게 됨에 따라 전체 시스템에 대해 환멸을 보일 수 있다고 보고한다. Terhune(2005)의 연구는 아프리카계 미국인 가족들이 자녀에 대한 지원과 관련하여 기관들과의 상호작용이 거의 협력적이지 않다고 인식하며, 상황에 따라 기관이나 가족이 통제권을 행사한다고 인식한다는 사실을 시사한다. 따라서 효과적인 팀 형성을 위해서 학교심리사는 평가 결과가 정확하게 전달되고, 특수교육에 대한 수혜자격 및 배치 결정이 협력적으로 이루어지고, 교육적 옵션이 철저히 설명되어 부모가 의사결정 과정에 대해 충분한 지식을 갖추고 의견을 제공할 수 있도록 해야 한다. Terhune은 또한 "그들은 최선의 조치라고 주장하는 전문가들에 의해 목소리가 묻히지 않고 가족의 가치가 존중되기를 간절히 바란다."(p. 26)라고 하였다. 교육과정과 관련하여, 아프리카계 미국인 가족은 지적장애가 있는 사람에게 적응기술이나 기능적 생활 기술보다는 사회적 관계 기술을 가르치는 것을 종종 더 중요하게 여기는 것으로 나타났다. 따라서 학교심리사가 가족의 가치, 우선순위 및 기대를 이해하기 위해 노력할 때 가족을 이 모든 과정에 참여시킬 수 있으며, 자녀를 위해 더 나은 결과를 제공할 수 있다.

지금까지 언급한 문화적 고려사항은 연구에 기반을 두고 있지만, 집단 간 차이보다는 집단 내 차이가 더 크다는 점도 기억하는 것이 중요하다. 따라서 학교심리사는 문화적 고려사항을 지적장애가 있는 특정 아동이나 해당 아동의 가족에게 과도하게 일반화하지 않도록 유의해야 하며, 각 개인에 대해 개방성, 공감, 그리고 아동에게 최선의 이익이 되는 것을 옹호하는 맥락에서 경청하고 배우려는 의지를 가지고 접근해야 한다.

학교와 가정에서 사회성, 정서 및 행동 기능에 미치는 영향

학교에서의 사회성, 정서 및 행동 기능

DSM-5(APA, 2013)에 따르면, 지적장애는 일반적으로 아동·청소년의 사회성, 정서 및 행동 기능에 영향을 미치는 여러 다른 진단들과 함께 발생한다. 지적장애와 동반되는 가장 흔한 장애로는 ADHD, ASD, 우울장애, 양극성장애, 불안장애, 상동운동장애, 충동조절장애 및 주요신경인지장애등이 있다. Dekker 등(2002)은 정서적·행동적 우려사항을 중심으로 지적장애가 있는 6~18세의 아동·청소년들을 지적장애가 없는 표본과 비교하는 대규모 연구 프로젝트를 수행하였다. 그들은 지적장애가 있는 아이들이 지적장애가 없는 아이들보다 부모와 교사가 주의력, 사회적 우려, 공격성, 고립 및 사고 문제에 대해 문제를 보이는 것으로 평가할 가능성이 더 높다는 사실을 발견하였다. 전반적으로 연구자들은 지적장애가 있는 아동·청소년 표본의 약

연구에 따르면, 지적장애를 가진 아동·청소년의 약 50%가 문제행동을 보인다(Dekker et al., 2002)

50%가 사회적·정서적 문제 및 행동 문제를 보인다고 판단하였다. 이러한 유병률은 전형적으로 발달하는 아동·청소년 표본에 비해 3~4배가 더 높았다. 다른 연구자들 또한 전형적으로 발달하는 또래들에 비해 지적장애 아동·청소년의 우울증과 불안 위험이 더 크다는 사실을 발견하였다(Alimovic, 2013; Maiano et al., 2018; Whitney et al., 2019). 또한 ADHD나 ASD를 동반하는 지적장애가 있는 아동·청소년의 경우 불안 및 우울 증상은 물론 다른 행동 문제에 대한 위험도 높은 것으로 보인다. 다소 긍정적인 점은 지적장애를 가진 히스패닉 아이들과 다운증후군을 동반한 지적장애를 가진 아이들은 지적장애를 가진 다른 아이들에 비해 우울 증상을 경험할 가능성이 더 낮다는 점이다(Whitney et al., 2019).

지적장애를 가진 아동·청소년의 위기 상태가 사회·정서적 문제와 결합되어 지적장애 학생들은 학교 장면에서 흔히 행동 문제를 표출한다. 몇몇 연구들은 지적장애가 있는 아동·청소년들 중에 행동 문제가 유의하게 높은 비율로 나타난다는 점을 강조하였다(Dekker et al., 2002; Emerson, 2003; Emerson & Einfield, 2010). 파괴적(disruptive) 행동은 지적장애를 가진 남아들과 여아들 간에 큰 차이 없이 유사한 빈도로 발생하는 듯하다(Baker & Blacher, 2015). 파괴적 행동은 개인이 사회적 배제를 경험하고(Emerson, 2001), 가정 밖에 보호를 위해 배치될 확률을 증가시킨다(Myrbakk & von Tetzchner, 2008). 몇몇 극단적인 사례에서, 아동·청소년이 청소년 사법 제도에 연루되기도 하는데, 이런 사례들은 장애가 없는 또래들에 비해 지적장애가 있는 청소년들 사이에서 불균형적으로 많이 발생한다(Frize et al., 2008; van der Put et al., 2014). van der Put 등(2014)에 의하면, 지적장애 진단은 실제로 청소년 구금 시설에서 비행 및 재범의 위험요인이다.

또한 연구에 따르면 학교 환경 내에서 지적장애가 있는 아프리카계 미국인 학생과 백인 학생은 장애가 없는 백인 학생보다 행동 위반으로 인해 정학 처분을 받을 가능성이 훨씬 더 높았다(Krezmien et al., 2017). 그러나 2003년 Maryland의 자료에 따르면, 지적장애가 있는 아프리카계 미국인 학생들은 비장애 백인 또래들보다 더 높은 빈도로 정학을 받았지만, 지적장애가 있는 백인, 히스패닉, 아시아인 및 아메리카 원주민 학생들은 비장애 백인 학생들에 비해 더 높은 비율로 정학을 받지는 않은 것으로 나타났다(Krezmien et al., 2006). Krezmien 등(2006)에 따르면, 지적장애가 있는 학생들은 개인이나 재산에 대한 신체적 공격뿐만 아니라 다른 사람에 대한 언어적 공격에 가담할 수도 있다. 지적장애가 있는 학생에 대한 정학의 효과를 뒷받침하는 연구가 거의 없고, IDEA 지적장애 범주에 해당하는 학생에게 일부 징계 보호조치가 제공되고 있음에도 불구하고, 이러한 행동들은 흔히 정학으로 이어진다.

IDEA는 학생의 행동이 자신의 학습이나 환경 내 또래의 학습을 방해하는 경우, 장애학생에게 긍정적 개입과 지원을 제공할 것을 요구한다(U.S. Department of Education, n.d.). 학교심리사는 실제로 행동기능평가에 기초한 이러한 긍정적 행동중재가 지적장애 학생들의 도전행동을 예방하고 수정하는 데 가장 효과적이라는 점을 잘 이해하고 있어야 한다(Wong et al., 2014). 그러나 행동지원이 계속해서 효과가 없다면, 지역교육기관(LEA)은 최대 10일 동안 장애(지적장애 포함) 학생을 현 학교 배정에서 제외시킬 수 있으며, 여기에는 대안적인 환경에 배치하거나 정학이 포함될 수 있다.

만일 LEA가 10일 이상 배치 변경을 모색한다면, 장애징후결정(manifestation determination)을 수행해야 하며(U.S. Department Of Education, n.d.), 학교심리사는 흔히 이러한 조치 과정에 관여한다. 장애징후결정을 내릴 때 교직원과 학부모는 이용가능한 모든 데이터를 검토하여, 위반 행동이 장애와 관련되어 있는지, 그리고/또는 학교가 학생의 개별화교육프로그램(IEP)를 따르지 못한 결과와 관련되어 있는지 여부를 결정해야 한다. 이러한 조건 중 하나라도 충족되면 위반 행동은 학생이 가진 장애의 징후로 간주되며, 팀은 새로운 행동기능평가를 실시하거나 기존의 평가 결과를 검토하여 행동중재계획을 작성해야 하며, 학생은 현재 배치에서 처벌을 목적으로 더 이상 배제될 수 없다. 대안적으로, 두 가지 조건 모두 충족되지 않는다면, 비장애 학생에게 예상되는 처벌에 상응하는 방식으로 해당 장애 학생은 징계를 받을 수 있다. 만일 징계의 결과로 배치를 변경하거나 정학이 포함된다면, LEA는 학생이 IEP 목표를 달성할 수 있도록 계속해서 교육 서비스를 제공해야 한다. 이러한 절차는 위반 행동이 학내 무기, 약물, 또는 다른 개인에게 심각한 신체적 상해를 입히는 사건과 관련되지 않는 한, 모든 장애 학생들에 대해 준수된다(U.S. Department of Education, n.d.).

지적장애 아동·청소년들의 친사회적 행동 증진과 관련하여 살펴보면, 이들은 전형적으로 발달하는 또래들에 비해 구조화된 사회적 활동과 비구조화된 활동 모두에 덜 참여하지만(Solish et al., 2010), 균형 잡힌 사회성 기술 발달을 위해서는 이러한 두 가지 유형의 활동에 모두 참여할 필요가 있음을 Brooks 등(2015)은 강조한다. 종종 성인의 감독하에 수행되는 미리 정해진 기대와 규칙이 있는 활동들(예: 스포츠, 댄스 강습)은 구조화된 활동인 반면, 행동에 대한 보다 느슨한 지침을 통해 사회적 상호작용의 기회를 제공하는 활동은 구조화되지 않은 활동(예: 놀이 약속 또는 쉬는 시간)이다. Brooks 등(2005)은 구조화되지 않은 활동에 더 많은 시간을 투자할수록 지적장애 아동·청소년의 사회적 능력이 더 높아진다는 사실을 발견하였다. 이 연구는 또한 더 많은 활동에 참여하는 아동·청소년이 종종 부모로부터 더 많은 강점을 지닌 것으로 인식된다는 사실도 보여 준다(Carter et al., 2015). 따라서 학교심리사는 옹호 역할을 수행하면서 지적장애 학생들이 구조화된 활동과 비구조화된 활동에 비장애 학생들과 함께 통합되는 기회를 탐색하고 촉진하며 지원해야 한다.

가정에서의 사회성, 정서 및 행동 기능

지적장애를 가진 아동 · 청소년에 대한 사회성, 정서 및 행동 문제들은 학교 환경에만 국한되지 않으며 가정 내에서도 상당한 스트레스가 된다. 지적장애 아동 · 청소년을 돌보는 일과 연관된 부모의 스트레스에 대해서 여러 문헌들이 다루고 있다(Baxter et al., 2000; Emerson, 2003; Masulani-Mwale et al., 2018; McIntyre, 2016; Patton et al., 2018; Totsika et al., 2011). 연구들에 따르면, 지적장애를 가진 아동 · 청소년은 비장애아에 비해 가정에서 신체적 학대나 방임을 당할 가능성이 3~4배나 높았으며(Jones et al., 2012; McDonnell et al., 2019) 가해자가 직계가족 구성원일 가능성도 더 높았다(McDonnell et al., 2019). McDonnell 등(2019)는 지적장애 아동 · 청소년들, 다른 학대나 방임을 경험한 아이들과 비교하더라도 "더욱 빈번하고 복잡한 학대의 위험에 처한다."(p. 582)라고 지적한다. 학대의 수준까지 이르지 않더라도, 지적장애를 가진 아동 · 청소년들은 가정에서 체벌로 훈육될 가능성이 더 크다(Kimura & Yamazaki, 2016).

학교심리사는 지적장애 아동 · 청소년 대상의 폭력에 관한 이러한 놀라운 통계자료들을 잘 알고 있어야 하며, 가정에서 부모가 경험하는 스트레스에 대한 보호요인에 대해서도 잘 인식하고 있어야 한다. Patton 등(2018)은 높은 수준의 사회적 지지가 지적장애아를 둔 부모의 스트레스를 완충한다고 보고하였다. 유사하게, Kimura와 Yamazaki(2016)도 자녀의 행동에 대한 이해와 기대를 돕고 위탁 돌봄을 제공함으로써 지적장애를 가진 자녀를 돌보는 부모의 스트레스 수준을 경감시킬 수 있다고 제안한다.

또 다른 연구문헌에 따르면, 지적장애 자녀를 둔 부모들은 자녀를 돌보는 것과 관련된 자신의 스트레스를 넘어서서 아이에게 장애에 대해 말하는 것에 갈등을 느낀다. 일부 연구는 부모가 종종 이러한 대화를 회피한다고 제안하였지만(Cunningham et al., 2000), 보다 최근의 연구에 따르면 지적장애 청소년을 둔 부모의 약 66%가 그들의 자녀와 장애의 상태에 대해서 대화를 나눈 것으로 나타났다(Jones et al., 2014). 자녀가 가진 지적장애의 원인을 알고 또 이해하고 있는 부모들은 이를 자녀와 논의할 가능성이 더 크다(Jones et al., 2014). 반면, 부모들은 종종 이에 대한 대화를 피하기도 하는데, 이는 자녀가 이해하지 못하거나 제공된 정보로 인해 스트레스를 받을 것이라는 믿음 때문인 것으로 알려져 있다. 하지만 지적장애 아동 · 청소년

> 실제로, 학교심리사는 가족이 자녀의 장애 상태에 대해 논의하는 것에 대해 취하는 입장을 잘 이해하고 존중하는 동시에 사회성 · 정서 · 행동 문제가 발생하는 상황에서 이에 개입하고 아동의 권익을 옹호해야 한다.

들은 종종 부모가 이에 대해 말한 적이 없었을 때조차 그들의 장애에 대해서 알고 있다고 보고한다(Cunningham et al., 2000). 부모가 자녀와 지적장애에 대해 대화하려고 선택할 때, 그러한 대화는 흔히 사회적 배제나 괴롭힘과 관련된 문제들에서 비롯된다(Jones et al., 2014). 실제로, 학교심리사는 가족이 자녀의 장애 상태에 대해 논의하는 것에 대해 취하는 입장을 잘 이해하고 존중하는 동시에 사회성 · 정서 · 행동 문제가 발생하는 상황에서 이에 개입하고 아동의 권익을 옹호해야 한다.

지적장애 아동의 양육 및 가정생활과 관련하여 또 다른 중요한 개념은 자녀의 자기결정에 대한 부모의 신념과 관련이 있다. 자기결정의 개념에는 자기옹호, 의사결정, 자신을 위한 문제해결의 측면들이 포함된다. 수년 동안 사회에서는 지적장애가 있는 개인의 경우 자기결정권을 발휘할 수 없다고 믿었지만, 최근 수십 년 동안 긍정심리학에 초점을 맞추면서 지적장애 아동 · 청소년을 위한 강점 기반의 접근방식이 중요하게 강조되었다. 연구에 따르면, 청소년기 자기결정의 촉진은 성인기로의 성공적인 전환을 위해 특히 중요하다(Wehmeyer, 2014). 그러나 자녀의 문제행동은 자녀의 자기결정 능력에 대한 부모의 지각과 자녀의 전반적 강점 평가에 부정적 영향을 미치는 경우가 많다(Carter et al., 2009, 2015). 더욱이, 부모들은 종종 자녀의 자기결정에 대해서 내적 갈등을 보고하는데, 이는 부모가 자녀에게 일부 자율성을 부여하는 동시에 지각된 피해로부터 자녀를 보호하기를 원하기 때문이다(Arellano & Peralta, 2013). 다소 놀라운 연구 결과는 교사가 종종 자신의 학생을 자기결정과 관련된 기술이 거의 없다고 평가하지만, 동일한 학생의 부모는 심지어 교사보다도 더 낮게 평가한다는 사실이다. 이는 아동이 관찰되는 맥락이나 행동에 대한 평가자의 인식 및 기대가 다르기 때문인 것으로 보인다(Grigal et al., 2011). 놀랍지 않게도, 자녀의 지적장애의 심각성에 대한 부모의 지각은 종종 자녀의 자기결정능력에 대한 평가와 관련된다. 즉, 자녀의 장애를 덜 심각하다고 인식하는 부모는 더 심각하다고 인식하는 부모에 비해 자녀의 자기결정능력을 높게 평가한다(Carter et al., 2013).

학교심리사는 가족이 지적장애 자녀의 자기결정 기술을 육성하도록 돕는 데 중요한 역할을 할 수 있다. Carter 등(2013)은 자기결정이 미래의 고용 및 독립적 생활과 관련하여 보다 긍정적인 결과와 연관되어 있으므로(Cimera et al., 2014) 전환서비스 기간 동안의 목표로 우선순위를 두어야 한다고 지적한다. 지적장애 청소년이 특수교육 서비스를 받고 있는 경우, IDEA는 향후 교육, 훈련, 고용 및 독립적 생활을 위한 전환계획(목표 및 지원 포함)을 개발하여 실행할 것을 요구한다(U.S. Department of Education, n.d.). 학교심리사는 이러한 결정과 학교 및 가정에서 이러한 계획의 실행을 지원해야 한다. Wehmeyer(2014)는 가정 환경에서 이러한 기술을 증가시키고 보다 긍정적 발달을 촉진할 수 있는 기본적인 전략들을 제안한다. 부모는 지적장애를 가진 자녀가 기회를 탐색하고 위험을 감수할 수 있도록 격려해야 하며, 자녀와 양질의 시간을 보내면서 지적장애에 대한 질문들을 다루어야 한다. 끝으로, 부모는 현실적인 기대를 담은 목표 설정을 어떻게 하는지 시범을 보이고, 부모의 결정에 대해 자세히 설명하며, 자녀가 결정할 수 있는 기회를 부여하는 것과 같은 단순한 단계들을 취함으로써 지적장애를 가진 자녀의 자기결정을 촉진할 수 있다. 학교심리사는 학교와 가정 간의 연결책(liaison)으로서 부모에게 필요한 지식을 제공하고 자녀의 자기결정 기술 개발을 위해 실행할 수 있는 가정 기반의 중재를 조력할 수 있다.

교실에서 학습에 미치는 영향

지적장애 학생에 대해 내려지는 가장 중요한 교육적 결정 중 하나는 학생의 교육적 배치라고 할 수 있다. 배치(placement)란 학교에서 서비스와 지원이 제공되는 환경을 의미한다. 지적장애 학생을 위한 가장 포괄적(inclusive, 통합교육적) 배치는 일반교육 교실이다. 이러한 배치는 한때 매우 진보적인 것으로 간주되었으나, 이제는 학교 환경 내에서 흔한 일이다. 따라서 장애 학생을 자신의 학급에서 통합교육하는 것에 대한 교사의 태도는 그 학생에게 그 환경이 얼마나 성공적인지를 결정하는 주요 요인이 된다. 몇 가지 요인이 지적장애를 가진 학생들에 대한 교사의 긍정적 태도에 도움이 되는 것으로 나타났다. Dessemontet 등(2014)은 교사에게 지적장애를 구체적으로 다루는 교사 연수 훈련을 제공할 때 지적장애 학생들이 가진 권리에 대한 교사의 지식이 증가하고 지적장애 학생들의 능력에 대한 인식도 개선되었다고 보고하였다. 또한 지적장애 학생을 가르치는 경험이 지적장애 학생을 가르치는 능력에 대한 교사의 자신감과 장애 학생을 자신의 학급에 통합하려는 의지를 증가시켰다.

연구에 따르면, 통합학급에서 장애 학생에 대한 노출은 교사의 태도 변화와 마찬가지로 장애 학생에 대한 동료 학생들의 태도와 수용도를 증가시키는 것으로 나타났다(Siperstein et al., 2007). 일부 교육자들과 부모들은 지적장애 학생들을 일반학급에서 통합교육하는 것이 전형적으로 발달하는 학생들에게 미치는 교육적 영향에 대해 우려하지만, 많은 연구들이 통합학급 내의 전형적으로 발달하는 학생들의 학업 성과가 다르지 않거나 심지어 더 긍정적임을 보여 준다(Demeris et al., 2007; Dessemontet & Bless, 2013; Kalambouka et al., 2007).

물론 지적장애를 가진 아동·청소년의 교실 경험에는 교사와 또래의 수용 외에도 중요한 것들이 더 있다. 각 학생의 집행기능(executive functioning)은 교실에서 적응하고 성공하는 데 핵심적인 역할을 하는 능력이다. Memisevic과 Sinanovic(2014)은 **집행기능**을 "계획, 조직, 인지적 유연성, 작업기억, 모니터링, 자기조절과 같이 많은 일상 활동 및 능력을 담당하는 일련의 고급 인지 기술"로 정의한다(p. 831). 학생의 지적장애 심각도는 집행기능 기술과 관련이 있으며, 심각도가 높을수록 더 큰 결함을 보인다(Memisevic & Sinanovic, 2014). 교실에서 집행기능의 결함은 기억하거나 지시를 따르는 데 어려움이 있는 것으로 보일 수 있다(Alloway, 2010). 주의력과 행동 또한 집행기능 결함에 의해 영향을 받는다. 집행기능 결함이 있는 아이들 사이에서 반응 억제(호명하지 않았는데도 발언을 하는 것과 같은) 문제가 흔하며, 문제해결 및 과제 간 주의전환에서도 어려움이 있다(Diamond, 2013). Dawson(2014)은 학생의 학년이 올라감에 따라 집행기능 기술에 대한 요구 또한 증가한다고 설명한다. 이처럼 집행기능의 중요성을 고려할 때, 연구문헌에 나타나는 집행기능 결함과 학업 성취 저하 사이의 해로운 연결고리를 쉽게 이해할 수 있을 것이다(Best et al., 2011; Bull et al., 2008).

> 각 학생의 집행기능 기술은 교실에서 적응하고 성공적으로 수행하는 능력에 있어서 핵심적 역할을 한다.

개별 과목과 관련하여, 읽기는 교실 활동과 학업적 진보를 위해 필수적이라고 할 수 있는데, 이는 학생들이 결국 배우기 위해 읽어야 하는데 이렇게 하려면 읽는 법을 먼저 배워야 하기 때문이다. 많은 연구가 지적장애를 가진 아동・청소년들이 읽기에 어려움을 겪는 것으로 확인하였다. 지적장애는 종종 읽기를 잘 해내는 데 필요한 다양한 기술에 어려움을 초래하는데, 청각적 이해, 음운학적 인식, 단어 해독, 지각 기술, 이해 등이 여기에 해당된다(Afacan et al., 2018; Channell et al., 2013; Dessemontet & de Chambrier, 2015; Panopoulos & Drossinou-Korea, 2020; van Wingerden et al., 2017). 이러한 읽기 관련 어려움은 지적장애 학생의 학교생활 내내 지속되어 다른 과목의 학습에도 상당한 영향을 미칠 가능성이 크다. 학교심리사는 옹호와 교육계획 수립의 역할을 통하여 지적장애를 가진 학생들의 읽기 기술을 위해 효과적인 교수 및 중재 전략들에 대해 알고, 설명하고, 또 이러한 전략들을 실행하도록 조력해야 한다. 읽기 교수와 중재를 위해 특별히 효과적인 전략으로는 참여에 대해 체계적인 촉구하기(prompting), 3단계 해독 전략, 또래 튜터링, 소리 내어 읽기, 시각 단어 교수, 안내된 사회적 상호작용 등이 포함된다. 이 연구와 이러한 전략들에 대한 더 자세한 정보는 Alquraini와 Rao(2020)를 참조하기 바란다.

지적장애 학생들의 읽기 어려움은 그에 상응하는 글쓰기의 어려움으로 이어진다. 학교 환경에서 글쓰기는 교육과정 전반에 걸쳐 학생들의 교과 내용에 대한 이해를 보여 주기 위해 사용되는 일반적이고 기대되는 방식이다(Cannella-Malone et al., 2015). 글쓰기를 통해 효과적으로 소통하는 능력은 계획하기, 조직화하기, 수정하기 등의 여러 하위기술을 포괄한다(Hayes, 2012; Pennington & Delano, 2012). 이러한 하위기술들은 지적장애를 가진 아동・청소년들이 종종 어려움을 경험하는 집행기능과 그 성질상 유사하다. 학교심리사는 효과적으로 학생들의 글쓰기를 지원하는 교실 내 전략들에 대해 알고 있어야 하고, 지적장애 학생들의 이러한 전략 사용을 지원해야 한다. 연구에 따르면, 초등학교 저학년 학생을 위해서는 워드 프로세싱 통합하기, 초등학교 고학년과 중학생을 위해서는 글쓰기 목표 사용하기, 명시적 교수, 어른과 또래로부터 피드백 받기, 자기평가 과정 등이 지적장애를 가진 아동·청소년의 글쓰기 기술을 향상시키는 데 생산적인 접근이다(Graham et al., 2016).

지적장애 학생에게서 나타나는 집행기능 결함은 읽기뿐 아니라 수학 기술에도 영향을 미친다. 작업기억, 문제해결, 주의와 관련된 문제들이 수학 성취에 심각한 어려움을 초래한다. 장애 상태와 상관없이 Spooner 등(2019)은 기대되는 수업 내용에 적합하고 지적장애 학생의 필요와 기술에 상응하는 증거기반의 교수 전략들을 통해 학생이 기본 수학 기술의 진전을 학습하도록 돕는 것이 중요하다고 강조한다. 지적장애 학생을 위한 수학 교수법과 관련하여 가장 최근의 연구는 체계적 교수, 자연 교수(in vivo instruction), 최소 촉구 시스템 전략(system-of-least prompts strategy), 상시 시간지연 전략, 과제분석 교수 등의 교수전략이 효과적임을 보여 준다. 이러한 교수기법에 대한 설명은 Hudson 등(2018)을 참조하기 바란다. 국가수학자문위원회(National Mathematics Advisory Panel, 2008)는 학생들이 자신의 현재 생활에서 친숙한 주제들을 가지고 수학문제를 해결하도록 가르칠 것을 권장한다.

학교심리사를 위한 시사점

평가 역할

학교 장면에서 학교심리사는 어떤 학생이 IDEA에 따라 특수교육을 받을 자격이 있는 장애를 가지고 있는지 결정하는 평가 과정의 최전선에 있다. 특히 지적장애의 경우 더욱 그러한데, 이는 학교심리사가 학생이 장애 기준을 충족하고 서비스에 대한 필요성을 입증하는지 여부를 결정하는 데 필요한 인지, 학업, 적응행동 평가에서 종종 중요한 역할을 하기 때문이다. 학교심리사는 학생이 가진 결함의 심각도에 따라 다양한 공식적 및 비공식적 평가 도구, 관찰, 인터뷰를 활용하여 팀이 수혜자격 결정을 내리는 데 필요한 데이터를 수집한다. 이러한 평가 역할은 신중하고 정확하게 수행되어야 하는데, 이러한 결정이 학생과 가족의 삶에 중대한 영향을 미치기 때문이다. 즉, 이러한 결정은 현재의 교육 계획 및 제공뿐 아니라 평생의 학업 및 직업 기회에도 영향을 미치는 것이다.

옹호 역할

학교심리사가 지적장애가 있는 학생의 삶과 행복을 위해 수행할 수 있는 가장 중요한 역할 중 하나는 옹호하는 것이라고 말할 수 있을 것이다. 지적장애가 있는 아동·청소년은 신체적·사회적·정서적·학업적 어려움을 복합적으로 경험하는 경우가 많기 때문에, 이들의 기능을 개선하기 위해서는 많은 지원과 서비스가 필요하며, 다수의 기관과 전문인력이 필요하다. 이러한 측면에서 학교심리사는 훈련·윤리·역할 면에서 학생, 가족 및 서비스 기관 간의 연결책으로 기능할 수 있는 최적의 위치에 있다. 학교심리사는 학생과 가족에게 지역사회 기반의 기회를 제공하여 학생의 발달과 돌봄을 돕고 가족을 위해 방향, 관심 및 자원을 제공할 수 있다. 그러면서 학교심리사는 지역사회 기반 서비스 제공자와 교직원 간의 조정 및 의사소통에 중요한 역할을 할 수 있다.

학교심리사는 지역사회 파트너와 함께 건강 및 사회·정서적 계획을 위해 중요한 협력적 노력을 기울일 수 있지만, 장애 학생의 전환을 위해 노력할 때 이러한 옹호 역할이 특히 더 중요해진다. IDEA에서는 학교에서 성인기로의 전환계획을 16세부터 시작하도록 요구하고 있는데, 효과적인 전환계획은 장애 학생에게 더 긍정적 결과를 가져온다. Krieg 등(2014)은 전환계획이 부분적으로 기능평가, 흥미조사, 직업평가 및 면담을 기반으로 할 것을 권고한다. 이러한 평가들을 통해서 얻는 데이터와 다른 관련 데이터는 지역사회가 가지고 있는 기회 및 자원들과 매칭되어 장애 학생에게 현실적이면서도 적절히 도전적인 전환계획을 세움으로써 지역사회에 계속 참여하고, 긍정적 자존감을 발달시키며, 성인기에 만족스러운 역할 수행의 가능성을 최대화해야 한다. 학교심리사는 데이터 기반의 의사결정 및 협력 기술을 활용하여 지적장애가 있는 청소년을 위한 효과적인 전환서비스를 목표로 하는 팀의 노력을 증진하는 데 독특하게 기여할 수 있다.

자문 역할

학교심리사는 자신의 훈련과 경험을 활용하여 전환 서비스를 위한 자문과 협력의 역할을 하는 것 외에도 지적장애 학생들을 위한 다른 서비스와 지원을 제공할 수 있다. 학교심리사는 자문을 통해 학생들의 행동, 사회성, 정서, 학업 기능을 향상하기 위한 핵심적 간접 서비스를 제공할 수 있다. 지적장애를 가진 학생들은 이러한 모든 영역에서 어려움을 겪는 경우가 많으므로,

학교심리사의 역할은 적절하고 영향력이 있을 수 있다. 학교심리사는 행동기능평가, 중재 계획 작성, 부적응적 교실행동을 수정하거나 대체하기 위한 개입 실행을 통해 교사를 지원해야 한다. 학교심리사는 사회·정서적 지원 및 서비스에 대한 자신의 지식을 활용하여 지적장애가 있는 학생의 사회성 기술 개발 혹은 감정조절 등에 대해 중재팀 혹은 기타 서비스 제공자를 자문할 수 있다. 끝으로, 학교심리사는 학습과 인지에 대한 이해를 바탕으로 지적장애 아동·청소년에게 제공되는 집단 혹은 개인 학업 중재를 개선하는 데 기여할 수 있다.

상담/치료 역할

학생의 요구가 학교심리사의 자문과 같은 간접적 역할을 통해 다룰 수 있는 범위를 넘어설 때, 학교심리사는 서비스 노력을 직접 서비스를 제공하는 방향으로 돌려 지적장애 학생의 행동적, 사회·정서적 요구를 지원해야 할 수도 있다. 그러한 경우, 학교심리사는 아동·청소년에게 상담 혹은 치료 서비스를 제공하여 학교에서 보다 적절한 사회적 행동을 하도록 돕거나, 친사회적 기술 레퍼토리를 개발하도록 조력하거나, 혹은 정서 이해 및 조절을 지원하는 것이 적절하다고 판단할 수 있다. 이러한 판단하에 학교심리사는 부모로부터 적절한 동의를 받아 학생을 대상으로 개인 혹은 집단 상담이나 치료적 서비스를 제공할 수 있다. 학교심리사는 학생 내담자와 협력하여 현 환경 내에서 기능이 향상되고 전반적으로 행복이 증진되는 적응 수준을 향해 상담목표를 설정하고 치료계획을 개발할 수 있다. 또한 지적장애 아동·청소년은 전형적으로 발달하고 있는 또래들에 비해 행동적·정서적·사회적 영역에서 위기에 있으므로 학교심리사는 이런 학생들을 지원하기 위해 위기상황에 개입하는 역할을 맡을 수 있다. 지적장애 학생들의 의사소통, 정서조절, 불안, 우울 등의 어려움은 학교 장면에서 신체적 공격, 정서 과잉, 심지어는 자살/타살 생각으로 표출될 수도 있다. 위기예방 및 개입에 대한 학교심리사의 훈련은 이러한 위기상황에서 학생, 또래 및 교직원의 안전을 지키는 데 필수적이므로 학교심리사는 위기상황에 개입할 수 있도록 잘 준비되어 있어야 한다.

교육적 지원

지적장애 학생들을 위한 교육 계획과 학업 교육은 IDEA 제정 이후 최소제한환경 내에서의 무상의 적절한 교육을 제공하라는 요구로 인하여 극적으로 바뀌었다. Spooner와 Browder

(2015)는 연방법인 IDEA의 실행으로 말미암아 많은 지적장애 학생이 처음으로 공립학교에 다닐 수 있게 되었다고 설명한다. Spooner와 Browder(2015)는 그 이후 지적장애 학생들을 위해 어떤 교육적 발전이 이루어졌는지 탐색하였다. 그들은 조작적 조건화 전략들의 사용, 기능적 기술 커리큘럼의 도입, 그리고 표준 기반의 교수에 대한 초점이 지적장애 아동 · 청소년 교육에서 결정적인 발전이었다고 본다.

모든 학습자를 위한 교육정보 제공 및 설계 프로젝트(Informing and Designing Education for All Learners[IDEAL] Project: 교사들이 장애 학생들을 교육할 수 있도록 조력하는 데 헌신하는 조직)에 따르면, 기능적 기술은 지적장애가 있는 아동 · 청소년을 위한 커리큘럼의 필수적인 부분이 되어야 하는데, 이러한 커리큘럼이 미래의 독립적 생활에 도움이 되기 때문이다. 기능적 기술은 시간, 돈, 자기돌봄, 위생 등 개인이 잠재적으로 독립적 생활을 유지하는 데 도움이 되는 개념들과 같이 응용된 내용에 초점을 맞춘다. 그러나 지적장애 학생들에게 이러한 기술들이 아무리 중요하다고 해도 읽고 쓰는 기술이나 산수 기술 또한 필요하므로 학업적 커리큘럼을 무시한 채 가르치지는 말아야 한다고 IDEAL 프로젝트는 강조한다. 이 프로젝트는 또한 지적장애가 있는 학생들을 교육하기 위해, 과제 또는 개념을 더 작은 부분으로 나누기, 개념을 한번에 한 단계씩 가르치기, 개인 및 소그룹 지도 활용하기, 기술을 연습할 수 있는 많은 기회 제공하기, 여러 양식의 촉진자극 사용하기, 정확성에 대해 정적 강화하기와 같은 구체적인 교수전략들을 권장한다(Project IDEAL, n.d.). 또한 Spooner 등(2012)은 중증 장애학생 교수와 관련된 문헌을 광범위하게 검토한 결과, 시간지연 전략 및 과제분석 교수가 읽기, 수학, 과학 교육 전반에 걸쳐 효과적인 증거기반 전략이라는 사실을 발견하였다. Cannella-Malone 등(2015)은 국어 쓰기 교수와 관련하여 교사가 과제에 약자 ACCESS를 이용하여 접근할 것을 권장한다. 여기서 ACCESS는 Accommodation and assistive technology(조정과 보조기술), Concrete topics(구체적 주제), Critical skills(비판적 기술), Explicit instruction(명시적 교수), Strategy instruction(전략 교수), Systematic evaluation(체계적 평가)를 나타낸다.

> 기능적 기술은 시간, 돈, 자기돌봄, 위생 등 개인이 잠재적으로 독립적 생활을 유지하는 데 도움이 되는 개념들과 같이 응용된 내용에 초점을 맞춘다.

끝으로, 지적장애 학생들의 교육과 발달을 지원하기 위해 교실에서의 보조기술 활용에 대해 다루는 것이 중요하다. **기술**이라는 용어가 정교한 전자기기를 연상시킬 수도 있지만, 사실 보조기술은 교수적 목적이나 기능적 목적으로 사용되는 모든 물리적 개체가 이에 해당될 수 있다. 지적장애 학생을 위한 보조기술은 연필을 효과적으로 잡을 수 있게 해 주는 고무 연필 그립과 같은 낮은 기술부터 의사소통 또는 응답 목적을 위한 터치 스크린 기술과 같은 첨단 기술까지

연속체에 속할 수 있다. 보조기술은 학문적, 사회적, 또는 기능적 생활 환경에서 필수적일 수 있다. 보조기술을 사용하면 지적장애가 있는 학생이 동료들과 함께 더욱 완전하게 주어진 환경에 참여할 수 있으므로 삶의 질이 향상된다. 보조기술의 일반적 예로는 이동 장치, 청각 및 시각 보조장치, 음성인식 및 단어 예측 소프트웨어, 물리적 건물 개조 등이 있다. 학교심리사가 지적장애가 있는 아동 · 청소년을 더 잘 지원하고 옹호하기 위해 다양한 보조기술 도구들와 이들의 활용에 대해서도 익숙해지는 것이 필요하다.

학교기반 정신건강 개입과 지원

지적장애 학생들은 장애 자체의 특성으로 인해 다양한 사회 · 정서 · 행동 문제에 직면할 위험이 크다(Alimovic, 2013; Dekker et al., 2002; Emerson, 2003; Emerson & Einfield, 2010; Green et al., 2015; Maiano et al., 2018; Whitney et al., 2019). 사회적 문제는 사회적 배제와 괴롭힘(Jones et al., 2014), 정서적 문제는 종종 불안과 우울로 나타날 수 있다(Alimovic, 2013; Green et al., 2015; Maiano et al., 2018; Whitney et al., 2019). 행동과 관련해서는 지적장애 아동 · 청소년의 집행기능 결함이 교실에서 지시를 따르거나(Alloway, 2010), 충동조절, 정서조절과 관련 문제들로 이어질 수 있다(Diamond, 2013).

지적장애가 있는 아동 · 청소년의 또래 상호작용(사회적 배제 및 괴롭힘 포함)과 관련된 문제를 해결하기 위해 사회성 기술 훈련이 학교 장면에서 제공될 수 있는 효과적인 개입인 것으로 보고되었다(Lappa & Mantzikos, 2019; Ledford et al., 2018; Plavnick et al., 2015). 이러한 개입은 개인 혹은 소집단 형태로 제공될 수 있으며, 학교나 클리닉 장면에서 제공될 때 더 큰 효과를 보인다는 증거가 있다(Ledford et al., 2018). 사회성 기술에는 사회적 인지 기술, 의사소통 기술, 친사회적 행동, 정서적 조정 기술이 포함된다(Weiner, 2004). 사회성 기술은 명시적으로 가르쳐서 학습되기보다는 상호작용을 통해 암묵적으로 습득된다. 그러나 지적장애를 가진 아동 · 청소년은 친사회적 상호작용으로 이어지는 사회적 신호를 직관하는 데 어려움이 있을 뿐 아니라, 장애에 의한 고립으로 인하여 환경과 자연적으로 상호작용하면서 사회성 기술을 연습할 기회도 더 적다(Canney & Byrne, 2006). 연구자들은 명시적인 사회성 기술 교수 외에도 지적장애가 있는 청소년들에게 사회적 지각을 교수하는 것이 효과가 있음을 발견하였다(Stauch et al., 2018). 많은 증거기반의 사회성 기술 중재 프로그램이 이용 가능하므로, 학교심리사는 함께 일하는 학생이 가진 구체적인 사회성 기술의 요구에 맞는 것을 조사하길 권한다. 학교심리사는 지적장애를 가진 학생의 사회성 기술 문제를 이해하고, 높은 성공 가능성이 있는 개입을 선택하고, 또래 및 성인과 함께 있는 학교 장면에서 이를 충실히 실행하여, 그 효과성을 평가하는 역할을 수행할 수 있다.

정서적 기능과 관련하여, 지적장애를 가진 아동・청소년들은 불안 및 우울과 관련된 문제들을 해결하기 위해 추가적인 중재가 필요할 수도 있다. 불안 증상을 다루는 것이 특히 중요한데, 지적장애와 불안장애를 함께 가진 아동은 문제행동을 보일 가능성이 더 높으며, 불안이 오래 지속된다는 증거가 있기 때문이다(Green et al., 2015). 연구에 따르면, 긍정적 행동지원(Moskowitz et al., 2017)과 인지행동치료 모두가 지적장애 학생이 대처 기술을 개발하도록 돕는 데 효과적이었다(Hronis et al., 2019; Moskowitz et al., 2017; Reaven et al., 2011). 안타깝게도, 지적장애와 우울을 함께 가진 아이들에 대한 심리적 개입의 효과성을 검증한 연구는 거의 없었지만(Cameron et al., 2020), 몇몇 소규모 연구가 지적장애 아동・청소년의 우울 증상 치료에 인지행동치료의 효과성을 확인하였다(Grieg & MacKay, 2005; Loades, 2015; Selvapandiyan, 2019). 따라서 현시점에서는 이러한 방향의 치료가 유망한 것으로 보이며, 인지행동치료 훈련을 받은 학교심리사는 학교에서 이러한 개입에 제공할 수 있을 것이다. 인지행동치료는 부적응적인 사고 패턴에 초점을 두어 개인이 대처 기술을 배우고 자신의 행동과 동기를 더 잘 이해하도록 도우며, 아동・청소년이 현재 환경에 적응하도록 돕기 위해 현재 생활 환경에 중점을 둔다.

행동과 관련하여, 기능 기반 중재가 지적장애를 가진 학생에게 특히 효과적인 것으로 나타났다(Wong et al., 2015). 학교심리사는 행동기능평가 과정과 그에 따른 긍정적 행동지원에 대해 잘 훈련을 받아 숙달되어 있다. 평가 과정에는 학생의 목표 행동에 대한 일련의 체계적인 교실 관찰이 포함된다. 학교심리사는 행동의 선행사건과 행동의 결과(consequences)에 대한 정보를 활용하여 아동이 문제행동을 하는 이유를 결정한다. 이러한 맥락에서 결과는 꼭 처벌을 의미하지 않고 행동에 후속하여 그 행동의 발생가능성을 높이는 모든 것을 의미한다. 학교심리사는 해당 행동이 아동의 기술 결함으로 인해 발생하는지, 아니면 아동이 상황에서 사회적으로 적절한 행동하는 기술을 가지고 있지만 이를 사용하지 않기로 선택하는지 여부를 판단한다. 그런 다음, 학교심리사는 아동에게 동일한 기능을 제공하는 사회적으로 더 적절한 대체행동을 찾아내어 그 행동을 가르치고 나서, 이전의 부적절한 행동을 대신하여 사용하도록 강화한다. 학교심리사는 이러한 중재 과정을 통해 학교에서 장애 학생과 비장애 학생의 중요한 행동 개선을 지원할 수 있다.

사례 연구 **Antonella: 지적장애가 있는 혼혈 소녀의 사례**

배경

Antonella는 대도시 지역에 사는 7세 유치원생이다. Antonella의 어머니(Stacy)는 백인이고 원래 미국 중서부 출신이며, 아버지(Rodrigo)는 과테말라 출신의 불법 이민자이다. Stacy는 미군과 함께 과테말라에 주둔했고 그녀의 군 복무가 끝나갈 무렵 예상치 못한 임신을 하게 되었다. 그녀는 복무를 마치고 시카고의 메트로 지역으로 이사했다. 그 직후 Rodrigo는 Stacy와 함께하기 위해 미국으로 이주하였다. Stacy는 임신 15주차에 조기 산전 관리를 받고 검사를 받았는데, 검사 결과 다운증후군의 위험이 높은 것으로 나타났다. Stacy의 의사는 양수천자(amniocentesis)를 통한 추가 검사를 권장했으며, 실제로 아기가 다운증후군을 가지고 태어날 경우를 대비해 의료계 소속 사회복지사와 상담하여 서비스에 대한 사전계획을 세우도록 제안하였다. Stacy는 사회복지사와 한 번 만났지만 그녀와 Rodrigo는 Rodrigo의 불법체류로 인해 더 많은 관심을 받는 것을 두려워한 나머지 그 시점에서 산전 관리를 중단하였다. 임신 38주 차에 Antonella가 시카고의 한 병원에서 태어났고, 추적검사를 통해 다운증후군 진단이 확정되었다. 사회복지사가 다시 참여하여 가족이 조기 개입 서비스를 받도록 의뢰하였다. Stacy와 Rodrigo가 전일제 직장에서 일하는 동안 영아기부터 걸음마기 초기까지 Antonella의 외할머니가 가정에서 그녀를 돌보았다. 집에 있는 동안, Antonella가 대운동, 미세운동, 언어기술의 지연을 보임에 따라, 물리치료, 작업치료 및 언어치료를 받았다. Antonella는 첫 번째 생일이 될 때까지 독립적으로 앉지 못했고, 2세 6개월이 되었을 때 걷기 시작했다. 18개월쯤부터 스스로 음식을 손으로 먹기 시작했지만, 숟가락이나 포크를 사용하는 데에는 계속 어려움이 있었다. 그녀의 말은 매우 지연되어 세 번째 생일을 맞이하였을 때 매우 적은 수의 단어만을 사용할 수 있었고 3세 때 조기 중재를 위한 특수 유치원에 입학하라는 권고를 받기도 하였다. 그러나 그녀의 가족은 Rodrigo의 불법 체류 신분으로 인해 그러한 조치를 다시금 두려워하게 되었고, 조기 개입 프로그램에 참여하는 대신, Rodrigo는 딸과 집에 머물기 위해 직장을 그만두었다. 그는 자신이 전문가들로부터 본 활동이나 온라인을 통해 조사한 것들을 반복함으로써 Antonella의 발달을 촉진하려고 계속 노력하였으나 전문적 서비스를 받는 것은 중단되었다. 그녀의 가족은 Antonella를 5세 때 유치원에 보내겠다고 생각했지만, 그들이 개발한 이러한 방식을 지속하기로 결정하였다. 그 후 2년 동안 Antonella는 거의 진전이 없었으며 심지어 행동적으로는 퇴행하였다. 7세의 나이에, 가족은 소아심리학자(pediatric psychologist)의 서비스를 찾았고, 그는 Antonella의 발달 기간에 처음 나타난 인지 기능 및 적응 기능의 결함을 토대로 지적장애를 진단하였다. 그 시점에서 가족은 Antonella를 지역 공립학교에 등록하기로 결정하였는데, 7세에 유치원에 입학한 Antonella는 영어 단어 15개와 스페인어 단어 2개로 구성된 어휘력을 가지고 있었다. 그녀는 독립적으로 옷을 입을 수 없었으며, 빈번한 화장실 사고로 어려움을 겪었다. 또한 Antonella는 좌절감을 느낄 때 또래들과 교사를 자주 발로 차고, 물고, 물건을 던졌다. 유치원 입학 선별검사에서 그녀는 모양, 색깔, 글자, 10까지의 숫자를 말하는 것 중 어떤 것도 정확히 답변하지 못했다. 학교 관계자는 Antonella에 대한 특수교육 평가를 위해 부모의 동의를 요청하였고 허가를 받았다.

논의

지적장애의 원인이 알려진 경우, 흔한 원인은 다운증후군이다. 실제로, 지적장애가 있는 전체 아동·청소년 인구 중 약 20%가 다운증후군을 가지고 있다. 다운증후군은 뇌 발달에 영향을 미치며, 다운증후군을 가진 사람들은 일반인들에 비해 뇌의 용적이 적고 뇌 모양도 다르다. 이러한 차이가 지적장애를 일으키는 것으로 추정되고 있다. 다운증후군에 의해 초래되는 대부분의 지적장애의 경우 장애의 심각도는 경도에서 중등도이다. Antonella의 경우 대운동, 소근육 운동, 말-언어기술의 초기 지연은 지적장애의 특징이다. 그러한 결함은 아동 초기 내내 계속되었다. 그녀의 부모는 아버지의 불법 이민자 신분으로 인해 지당한 두려움을 갖고 있었지만, 조기 개입이 지적장애가 있는 아동의 이후 발달 결과에 결정적으로 중요하다는 연구 결과를 고려할 때, 부모가 가정 기반 조기 개입 서비스에서 그녀를 철회하기로 결정함으로써 Antonella의 지연이 더 악화되었을 가능성이 높다. 마찬가지로, 입학 지연으로 인해 Antonella는 인지 및 적응 기능 결함을 다루기 위해 학교에서 받을 수 있는 서비스의 혜택을 누릴 수 없었다. 더욱이, 그녀의 공격적 행동으로 인해 그녀는 유치원 또래들 사이에서 사회적으로 배제될 위험이 있다.

Antonella의 부모가 평가에 대해 동의하였으므로, 학교심리사는 평가 과정을 시작해야 한다. 법적으로, 학교심리사를 포함하는 수혜자격 결정 팀은 60일 이내에 평가를 완료하고, Antonella가 지적장애 학생으로서 기준을 충족하는지 여부를 결정해야 한다. 그러나 Antonella는 현재 아무런 전문적 서비스도 받고 있지 않으므로, 평가를 즉시 시작하여 속성으로 진행할 필요가 있다. 평가 동안, 팀은 기록을 검토하고, 교실 관찰을 완료하고, 부모 및 교사와 면담을 수행할 것이다. 이전의 DSM-5 진단은 중요한 자료가 된다. 팀은 부모로부터 정보공개 동의를 받아 개인 심리학자로부터 해당 기록을 받을 것이다. 또한 Antonella가 다운증후군을 가지고 있으므로, 이 점과 관련하여 그녀를 돌보는 데 관여한 서비스 제공자로부터 의료기록을 받기 위해 동의를 구하게 될 것이다. 교실 관찰은 학교심리사나 다른 팀 멤버가 수행할 것이며, 교실 내 또래들과 비교하여 Antonella의 기능에 대해 유용한 정보를 제공할 것이다. 부모와의 면담은 가정 내에서 Antonella의 초기 발달과 기능에 초점을 맞출 것이며, 이는 초기 지연에 대한 정보와 적응행동 결함을 확인할 수 있는 중요한 자료가 될 것이다.

교사와의 면담은 Antonella의 현재 시점의 학업, 사회, 정서 및 행동 수행에 대한 자료를 제공할 것이다. 이러한 자료가 확보된 후, 검사 실시 과정이 시작될 수 있다. IDEA는 장애가 의심되는 모든 영역에서 Antonella를 평가할 것을 요구한다. 학교심리사는 Antonella의 인지능력을 개별적으로 실시하는 지능검사를 활용하여 평가하는 데 책임이 있으며, Antonella의 학업 기능 또한 개별적으로 실시하는 학업 성취도 검사를 통해 평가할 것이다. 학교심리사는 또한 적응행동평가 도구를 Antonella의 부모와 교사에게 실시하여 적응행동 기술을 평가하는 책임을 맡을 것이다. 끝으로, 학교심리사는 평가의 일환으로 행동기능평가를 실시하라고 요청받을 수 있는데, Antonella가 교실과 가정에서 행동 문제를 표출하고 있기 때문이다. 말과 언어에서 분명히 문제가 있으므로, 언어치료사가 Antonella의 의사소통 기술을 평가할 것이다. 만일 수혜자격 결정팀이 Antonella가 계속해서 대근육 및 소근육 운동 기술에서 지연을 보인다고 믿는다면, 각각 물리치료사와 작업치료사가 각각 해당 기술을 평가하게 될 것이다. Antonella는 혼혈인이며 가족 역동은 문화권을 넘어서므로, 팀원들은 평가 과정에서 문화적 요인들이 고려되도록 유의해야 할 것이다. 그들은 또한 영어가 모국어가 아닌 Antonella의 아버지가 평가 과정에 충분히 참여할 수 있도록 조치를 취할 필요가 있다. 가령, 서류를 스페인어로 제공하거나 인터뷰나 회의에서 통역인을 활용하는 것 등이 해당된다. 평가를 위해 필요한 모든 정보가 수집되었을 때, 팀(검사 과정에 참여한 전문가, 일반교사, 특수교사, 학교행정관리자, 부모)은 의사결정을 목적으로 만나게 될 것이다. 만일 팀이 Antonella가 지적장애의 기준을 충족하며 교육적 지원이 필요하다고 결정하면, 팀은 그녀가 IDEA의 지적장애로 인하여 특수교육 서비스 수혜자격이 있다고 결정할 것이다. 팀의 다음 과제는 Antonella를 위한 개별화교육계획(IEP)를 개발하는 것이다. IEP는 평가 자료에 기초하여 그녀의 현재 수행수준, 교육적 배치, 모든 요구 영역에 걸친 연간 목표 및 세부 목표, 관련서비스(예: 물리치료, 언어치료, 작업치료 등)를 제시할 것이다. IEP 팀은 매년 만나 Antonella의 교육적 진보를 논의하고, 배치를 검토하며, 연간 목표와 세부 목표를 업데이트할 것이다. 재평가는 3년마다 실시된다. 결함의 심각도와 팀의 결정에 따라, Antonella는 최고 21세까지 학교기반 서비스를 받을 자격이 있을 수 있다.

특수교육 서비스를 위한 평가를 넘어서서 필요한 교육적 지원이 마련되었을 때, 학교심리사는 교실에서 Antonella의 공격적 행동에 대한 행동개입에 참여할 가능성이 높다. 팀은 Antonella가 IEP 목표를 향해 진전을 이룰 수 있도록 IDEA에 따라 그녀를 최소제한환경에 배치하고자 노력할 것이다. 그러나 여러 자료를 참조할 때, Antonella가 일반학급에 참여하기 위해서는 일부 행동의 변화가 필요할 것이다. 이에 학교심리사는 평가 동안 행동기능평가를 실시하여 행동개입을 위한 토대를 마련할 것이다. 연구에 따르면 지적장애를 가진 학생들의 문제행동을 수정하려면 기능 기반의 중재가 매우 효과적임을 알 수 있으므로, 학교심리사는 Antonella가 문제행동을 하는 이유를 찾기 위해 그러한 정보를 활용할 것이다. 학교심리사는 그녀의 문제행동의 목적을 이해하고자 할 것이며, 교실에서 그러한 행동을 유지하는 요인이 무엇인지, 공격행동을 통해 얻는 긍정적인 것은 무엇이고 피할 수 있는 부정적인 것은 무엇인지 파악할 것이다. 그러고 나서 학교심리사는 Antonella에게 동일한 기능을 가지면서, 새로우며 사회적으로 수용가능한 대체행동을 강화하는 긍정적 전략들을 활용하는 행동개입계획을 개발할 것이다. 학교심리사는 그러한 계획이 실행됨에 따라 개입계획을 모니터할 것이며 시간에 따른 Antonella의 진보를 평가할 것이다. 또한 학교심리사는 Antonella를 사회성 기술 집단에 참여하게 할 수도 있을 것이다. 많은 서로 다른 형태의 소집단 사회성 기술 개입들이 지적장애 학생들의 인지, 의사소통, 사회적 문제해결 기술들을 개선하는 데 효과가 있음을 보여 주었기 때문이다.

핵심 요약

- 아동이 DSM-5(APA, 2013)에 따라 지적장애로 진단을 받기 위해서 지적기능과 적응행동의 결함을 보여야 하며 발달기간 동안 이러한 증상들이 시작되어야 한다.
- 아동이 학교 시스템 안에서 특수교육 서비스를 받을 자격이 있으려면, IDEA의 지적장애를 위한 수혜 자격 기준을 충족해야 하며 교육과정에서 진보하기 위해 지원이 필요함을 입증해야 한다.
- 문화적 고려사항과 관련하여, 학교심리사는 가족의 가치, 우선순위 및 기대를 이해하도록 최선을 다함으로써 가족을 평가 과정에 참여시키고 자녀를 위해 나은 결과를 제공해야 한다.
- 실무적으로, 학교심리사가 아동의 장애 상태에 대해 논의하는 것과 관련하여 가족의 입장을 이해하고 존중하는 것이 중요하지만, 동시에 아동에게 사회적 · 정서적 · 행동적으로 중요한 결과가 초래되는 상황에서는 개입하고 옹호하여야 한다.
- 지적장애가 있는 학생의 경우, 교실에서 적응하고 성공하는 데 집행기능 수준이 중요한 역할을 한다.
- 학교심리사는 지적장애를 가진 학생들의 요구를 지원하기 위해 많은 역할과 기능에 참여할 수 있다.

연습문제

1. 다음 중 DSM-5 지적장애 진단에 필요한 것은 무엇인가?
   a. 지적 기능의 결함
   b. 적응 기능의 결함
   c. 발달시기에 증상이 시작됨
   d. 이상 모두

2. 어떤 학생이 IDEA에 따라 학교기반의 서비스 수혜자격이 있으려면 DSM-5 지적장애 진단이 필요하다.
   a. 참
   b. 거짓

3. NASP의 전문가 윤리원칙(2020)에 따르면, 학교심리사는 문화적 고려사항에 기초하여 적절하다고 간주될 경우 평가 과정 동안 자격을 갖춘 통역자를 사용할 수 있다.
   a. 참
   b. 거짓

4. 다음 중 계획, 조직화, 단기기억과 관련되는 일련의 인지 기술들을 의미하는 것은?
   a. 메타인지
   b. 집행기능
   c. 작업기억
   d. 적응행동

5. 자연 교수와 최소 촉구 시스템 전략은 지적장애 학생들에게 글쓰기 기술을 가르치기 위한 증거기반의 교수전략이다.
   a. 참
   b. 거짓

정답 (1) d, (2) b, (3) a, (4) b, (5) b

토의질문

1. 지적장애의 DSM-5 진단 기준과 IDEA의 수혜자격 기준을 비교하라.
2. 지적장애 자녀를 돌보는 부모의 스트레스에 대해 요약하라.
3. 지적장애 학생들이 자기결정 기술을 개발하도록 조력할 수 있는 몇 가지 방식에 대해 토의하라.
4. 집행기능 결함이 지적장애 아동 · 청소년의 학업 성취에 어떻게 영향을 미치는지 설명하라.
5. 지적장애 학생들을 위한 증거기반의 사회 · 정서적 개입 중 한 가지에 대해 자세히 설명하라.

● 추가 정보

American Association on Intellectual and Developmental Disabilities Promotes progressive practices for individuals with intellectual disability: www.aamr.org

Best Buddies Nonprofit organization focused on promoting friendships and employment for individuals with intellectual disability: www.bestbuddies.org

Centers for Disease Control and PreventionFacts About Intellectual Disability: www.cdc.gov/ncbddd/childdevelopment/facts-about-intellectual-disability.html

National Association of Councils on Developmental Disabilities Supports programs for self-determination and inclusion of individuals with disabilities: www.nacdd.org

National Center for Education StatisticsStudents with Disabilities: https://nces.ed.gov/programs/coe/indicator_cgg.asp#:-text-In%202018%E2%80%9319%2C%20the%20number, percent%20had%20specific%20learning%20disabilities

Project DEAL-Organization dedicated to help teachers support learners with disabilities: www.projectidealonline.org

Siskin Children's Institute-Dedicated to improving the lives of children with special needs: www.siskin.org

Special Olympics Provides sports and competition opportunities for children and adults with intellectual disabilities: www.specialolympics.org

The Arc of the United States-Organization for promoting rights and opportunities for individuals with intellectual disabilities: www.thearc.org

U.S. Department of EducationIDEA: https://sites.ed.gov/idea

● 핵심 참고문헌

American Psychiatric Association. (2000). *Diagnostic and statistical manual of mental disorders* (4th ed., text rev.). American Psychiatric Press.

Carter, E. W., Lane, K. L., Cooney, M., Weir, K., Moss, C. K., & Machalicek, W. (2013). Self-determination among transition-age youth with autism or intellectual disability: Parent perspectives. *Research and Practice for Persons with Severe Disabilities, 38*(3), 129-138. https://doi.org/10.1177/154079691303800301

Emerson, E. (2003). Mothers of children and adolescents with intellectual disability: Social and economic situation, mental health status, and the self-assessed social and psychological impact of the child's difficulties. *Journal of Intellectual Disability Research, 47*, 385- 399. https://doi.org/10.1046/j.1365-2788.2003.00498.x

Jones, L., Bellis, M. A., Wood, S., Hughes, K., McCoy, E., Eckley, L., Bates, G., Mikton, C., Shakespeare, T., & Officer, A. (2012). Prevalence and risk of violence against children with disabilities: A systematic review and meta-analysis of observational studies. *The Lancet, 380*, 899-907. https://doi.org/10.1016/S0140-6736(12)60692-8

Kimura, M., & Yamazaki, Y. (2016). Physical punishment, mental health, and sense of coherence among parents of children with intellectual disability in Japan. *Journal of Applied Research in Intellectual Disabilities, 29*, 455-467. https://doi.org/10.1111/jar.12198

Memisevic, H., & Sinanovic, O. (2014). Executive functioning in children with intellectual disability-The effects of sex, level, and aetiology of intellectual disability. *Journal of Intellectual Disability Research, 55*(9), 830-837. https://doi.org/10.1111/jir.12098

Patel, D. R., Cabral, M. D., Ho, A., & Merrick, J. (2020). A clinical primer on intellectual disability. *Translational Pediatrics, 9*(1), 23-35. https://doi.org/10.21037%2Ftp.2020.02.02

Saad, M. A. E., & ElAdl, A. M. (2019). Defining and determining intellectual disability (Intellectual Developmental Disorder): Insights from DSM-5. *International Journal of Psycho-Educational Sciences, 8*(1), 51-54.

Spooner, F., Knight, V. F., Browder, D. M., & Smith, B. R. (2012). Evidence-based practice for teaching academics to students with severe developmental disabilities. *Remedial and Special Education, 35*(6), 374-387. https://doi.org/10.1177/0741932511421634

Terhune, P. S. (2005). African-American developmental disability discourses: Implications for policy development. *Journal of Policy and Practice in Intellectual Disabilities*, X1), 18-28. https://doi.org/10.1111/j.1741-1130.2005.00004.x

U.S. Department of Education. (n.d.). Individuals with Disabilities Education Improvement Act. https://sites.ed.gov/idea

참고문헌

Afacan, K., Wilkerson, K., & Ruppar, A. (2018). Multicomponent reading interventions for students with intellectual disability. *Remedial and Special Education, 39*(4), 229-242. https://doi.org/10.1177/0741932517702444

Alimovic, S. (2013). Emotional and behavioural problems in children with visual impairment, intellectual and multiple disabilities. *Journal of Intellectual Disability Research, 67*(2), 153-160. https://doi.org/10.1111/j.1365-2788.2012.01562.x

Alloway, T. P. (2010). Working memory and executive functioning profiles of individuals with borderline intellectual functioning. *Journal of Intellectual Disability Research, 54*(5), 448-456. https://doi.org/10.1111/j.1365-2788.2010.01281.x

Alquraini, T. A., & Rao, S. M. (2020). Developing and sustaining readers with intellectual and multiple disabilities: A systematic review of literature. *International Journal of Developmental Disabilities, 66*(2), 91-103. https://doi.org/10.1080/20473869.2018.1489994

American Psychiatric Association. (2000). *Diagnostic and statistical manual of mental disorders* (4th ed., text rev.). American Psychiatric Press.

American Psychiatric Association. (2013). *Diagnostic and statistical manual of mental disorders* (5th ed.). https://doi.org/10.1176/appi.books.9780890425596

Arellano, A., & Peralta, F. (2013). Self-determination of young children with intellectual disability: Understanding parents' perspectives. *British Journal of Special Education, 40*(4), 175-181. https://doi.org/10.1111/1467-8578.12037

Baker, B. L., & Blacher, J. (2015). Disruptive behavior disorders in adolescents with ASD: Comparisons to youth with intellectual disability or typical cognitive development. *Journal of Mental Health Research in Intellectual Disabilities, 8*, 98-116. https://doi.org/10.1080/19315864.2015.1018395

Baxter, C., Cummins, R. A., & Yiolitis, L. (2000). Parental stress attributed to family members with and without disability: A longitudinal study. *Journal of Intellectual and Developmental Disability, 26*(1), 105-118. https://doi.org/10.1080/13269780050033526

Bayat, M. (2015). The stories of "snake children": The killing and abuse of children with developmental disabilities in West Africa. *Journal of Intellectual Disability Research, 59*(1), 1-10. https://doi.org/10.1111/jir.12118

Best, J. R., Miller, P. H., & Naglieri, J. A. (2011). Relations between executive function and academic achievement from ages 5 to 17 in a large, representative national sample. *Learning and Individual Differences, 21*(4), 327-366. https://doi.org/10.1016/j.lindif.2011.01.007

Brooks, B. A., Floyd, F., Robins, D. L., & Chan, W. Y. (2015). Extracurricular activities and the development of social skills in children with intellectual and specific learning disabilities. *Journal of Intellectual Disability Research, 59*(7), 678-687. https://doi.org/10.1111/jir. 12171

Bull, R., Espy, K. A., & Wiebe, S. A. (2008). Short-term memory, working memory, and executive functioning in preschoolers: Longitudinal predictors of mathematical achievement at age 7 years. *Developmental Neuropsychology, 33*, 205-228. https://doi.org/10.1080/87565640801982312

Cameron, L., Phillips, K., Melvin, G., Hastings, R., & Gray, K. (2020). Psychological interventions for depression in children and young people with an intellectual disability and/or autism: Systematic review. *British Journal of Psychiatry*, 1-10. https://doi.org/10.1192/bjp.2020.226

Cannella-Malone, H. I., Konrad, M., & Pennington, R. C. (2015). ACCESS! Teaching writing skills to students with intellectual disability. *Teaching Exceptional Children, 47*(5), 272-280. https://doi.org/10.1177/0040059915580032

Canney, C., & Byrne, A. (2006). Evaluating circle time as a support to social skills development Reflections on a journey in school-based research. *British Journal of Special Education, 33*(1), 19-24. https://doi.org/10.1111/j.1467-8578.2006.00407.x

Carter, E. W., Boehm, T. L., Biggs, E. E., Annandale, N. H., Taylor, C. E., Loock, A. K., & Liu, R. Y. (2015). Known for my strengths: Positive traits of transition-age youth with intellectual disability and/or autism. *Research and Practice for Persons with Severe Disabilities, 40*(2), 101-119. https://doi.org/10.1177/1540796915592158

Carter, E. W., Lane, K. L., Cooney, M., Weir, K., Moss, C. K., & Machalicek, W. (2013). Self-determination among transition-age youth with autism or intellectual disability: Parent perspectives. *Research and Practice for Persons with Severe Disabilities, 38*(3), 129-138. https://doi.org/10.1177/154079691303800301

Carter, E. W., Owens, L., Trainor, A. A., Sun, Y., Swedeen, B., & Emerson, E. (2009). Self-determination skills and opportunities of adolescents with severe intellectual and developmental disabilities. *American Journal of Intellectual and Developmental Disabilities, 114*(3), 179-192. https://doi.org/10.1352/1944-7558-114.3.179

Cauce, A., & Domenech-Rodriguez, M. (2002). Examining the relationship between stress and lack of social support in mothers of children with Autism. *Focus on Autism and Other Developmental Disabilities, 17*, 208-215. https://doi.org/10.1177/10883576020170040301

Channell, M., Love all, S., & Connors, F. (2013). Strengths and weaknesses in reading skills of youth with intellectual disabilities. *Reading in Developmental Disabilities, 34*(2), 776-787. https://doi.org/10.1016/j.ridd.2012.10.010

Chiu, M. Y. L., Yang, X., Wong, F. H. T., & Li, J. H. (2015). The mediating effect of affective stigma between face concern and general mental health-The case of Chinese caregivers of children with intellectual disability. *Research in Developmental Disabilities, 36*, 437-446. https://doi.org/10.1016/j.ridd.2014.10.024

Chiu, M. Y. L., Yang, X., Wong, F. H. T., Li, J. H., & Li, J. (2013). Caregiving of children with intellectual disabilities in China-An examination of affiliate stigma and the cultural thesis. *Journal of Intellectual Disability Research, 57*(12), 1117-1129. https://doi.org/10.1111/j.1365-2788.2012.01624.x

Cimera, R. E., Burgess, S., & Bedesem, P. L. (2014). Does providing transition services by age 14 produce better vocational outcomes for students with disability? *Research and Practice for Persons with Severe Disabilities, 39*(1), 47-54. https://doi.org/10.1177/1540796914534633

Cohen, S. R. (2013). Advocacy for the "Abandonados": Harnessing cultural beliefs for Latino families and their children with intellectual disabilities. *Journal of Policy and Practice in Intellectual Disabilities, 10*(1), 71-78. https://doi.org/10.1111/jppi. 12021

Cortes, D. E. (1995). Variations in familism in two generations of Puerto Ricans. *Hispanic Journal of Behavioral Sciences, 17*, 249-255. https://doi.org/10.1177/07399863950172008

Cunningham, C. C., Glenn, S., & Fitzpatrick, H. (2000). Parents telling their offspring about Down syndrome and disability. *Journal of Applied Research in Intellectual Disabilities, 13*, 47-61. https://doi.org/10.1046/j.1468-3148.2000.00012.x

Dawson, P. (2014). Best practices in assessing and improving executive skills. In P. L. Harrison & A. Thomas (Eds.), Best practices in school psychology: Student-level services. National Association of School Psychologists.

Dekker, M. C., Koot, H. M., van der Ende, J., & Verhulst, F. C. (2002). Emotional and behavioral problems in children with and without intellectual disability. *Journal of Child Psychology and Psychiatry, 43*(8), 1087-1098. https://doi.org/10.1111/1469-7610.00235

Demeris, H., Childs, R. A., & Jordan, A. (2007). The influence of students with special needs included in grade-3 classrooms on the large-scale achievement scores of students without special needs. *Canadian Journal of Education, 30*, 609-627. https://doi.org/10.2307/20466655

Dessemontet, R. S., & Bless, G. (2013). The impact of including children with intellectual disability in general education classrooms on the academic achievement of their low, average, and high-achieving peers. *Journal of Intellectual and Developmental Disabilities, 38*(1), 23-30. https://doi.org/10.3109/13668250.2012.757589

Dessemontet, R. S., & de Chambrier, A. (2015). The role of phonological awareness and letter-sound knowledge in the reading development of children with intellectual disabilities. *Research in Developmental Disabilities,* 41-42, 1-12. https://doi.org/10.1016/j.ridd.2015.04.001

Dessemontet, R. S., Morin, D., & Crocker, A. G. (2014). Exploring the relations between in-service training, prior contacts, and teachers' attitudes towards persons with intellectual disability. *International Journal of Disability: Development and Education, 61*(1), 16-26. https://doi.org/10.1080/1034912X.2014.878535

Diamond, A. (2013). Executive functions. *Annual Review of Psychology, 64*(1), 135-138. https://doi.org/10.1146/annurev-psych-113011-143750

Dura-Vila, G., Dein, S., & Hodes, M. (2010). Children with intellectual disability: A gain not a loss: Parental beliefs and family life. *Clinical Child Psychology and Psychiatry, 15*(2), 171-184. https://doi.org/10.1177/1359104509341009

Emerson, E. (2001). Challenging behavior: Analysis and intervention in people with severe intellectual disabilities (2nd ed.). Cambridge University Press. https://doi.org/10.1017/CBO9780511543739

Emerson, E. (2003). Mothers of children and adolescents with intellectual disability: Social and economic situation, mental health status, and the self-assessed social and psychological impact of the child' s difficulties. *Journal of Intellectual Disability Research, 47*, 385-399. https://doi.org/10.1046/j.1365-2788.2003.00498.x

Emerson, E. (2007). Poverty and people with intellectual disabilities. *Mental Retardation and Developmental Disabilities Research Reviews. 13*(1), 107-113. https://doi.org/10.1002/mrdd.20144

Emerson, E., & Einfield, S. (2010). Emotional and behavioural difficulties in young children with and without developmental delay: A bi-national perspective. *Journal of Child Psychology and Psychiatry, 51*, 583-593. https://doi.org/10.1111/j.1469-7610.2009.02179.x

Emerson, E., Shahtahmasebi, S., Lancaster, G., & Berridge, D. (2010). Poverty transitions among families supporting a child with intellectual disability. *Journal of Intellectual and Developmental Disability, 35*(4), 224-234. https://doi.org/10.3109/13668250.2010.518562

Frize, M., Kenny, D., & Lennings, C. (2008). The relationship between intellectual disability, indigenous status and risk of reoffending in juvenile offenders on community orders. *Journal of Intellectual Disability Research, 52*, 510- 519.

Gold, M. E., & Richards, H. (2012). To label or not to label: The special education question for African Americans. Educational Foundations, Winter/Spring, 143-156.

GovInfo. (n.d). Content details: Public law 111-256-Rosa's law. https://www.govinfo.gov/app/details/PLAW-111publ256

Graham, S., Harris, K. R., & Chambers, A. B. (2016). Evidence-based practices and writing instruction. In C. A.

MacArthur, S. Graham, & J. Fitzgerald (Eds.), *Handbook of writing research* (2nd ed., pp. 211-266). The Guilford Press.

Green, S. A., Berkovits, L. D., & Baker, B. L. (2015). Symptoms and development of anxiety in children with or without intellectual disability. *Journal of Child Clinical and Adolescent Psychology, 44*(1), 137-144. https://doi.org/10.1080/15374416.2013.873979

Grieg, A., & MacKay, T. (2005). Asperger's syndrome and cognitive behaviour therapy: New applications for educational psychologists. *Education and Child Psychology, 22*(4), 45-51.

Grigal, M., Hart, D., & Weir, C. (2011). Postsecondary education for people with intellectual disability: Current issues and critical challenges. *Inclusion, 1*, 50-63. https://doi.org/10.1352/2326-6988-1.1.050

Harry, B., Allen, N., & McLaughlin, M. (1995). Communication versus compliance: African-American parents' involvement in special education. *Exceptional Children, 61*, 364-378. https://doi.org/10.1177/001440299506100405

Hayes, J. R. (2012). Modeling and remodeling writing. *Written Communication, 29*, 369-388. https://doi.org/10.1177/0741088312451260

Hronis, A., Roberts, R., Roberts, L., & Kneebone, I. (2019). Fearless Me!: A feasibility case series of cognitive behavioral therapy for adolescents with intellectual disability. *Journal of Clinical Psychology, 75*(6), 919-932. https://doi.org/10.1002/jclp.22741

Huang, J., Zhu, T., Qu, Y., & Mu, D. (2016). Prenatal, perinatal, and neonatal risk factors for intellectual disability: A systematic review and meta-analysis. *PLoS ONE, 11*(4), e0153655. https://doi.org/10.1371/journal.pone.0153655

Hudson, M. E., Rivera, C. J., & Grady, M. M. (2018). Research on mathematics instruction with students with signifi cant cognitive disabilities: Has anything changed? *Research and Practice for Persons with Severe Disabilities, 43*(1), 38-53. https://doi.org/10.1177/1540796918756601

Jacob, S., Decker, D. M., & Lugg. E. T. (2016). Ethics and law for school psychologists. Wiley.

John, A., Bailey, L. E., & Jones, J. L. (2017). Culture and context: Exploring attributions and caregiving approaches of parents of children with an intellectual disability in urban India. *Child and Family Social Work, 22*, 670-679.

Jones, J. L., Oseland, L. M., Morris, K. L., & Larzelere, R. E. (2014). Parent report of conversations with their adolescents with intellectual disability. *Journal of Applied Research in Intellectual Disabilities, 27*, 521-530. https://doi.org/10.1111/jar.12090

Jones, L., Bellis, M. A., Wood, S., Hughes, K., McCoy, E., Eckley, L., Bates, G., Mikton, C., Shakespeare, T., & Officer, A. (2012). Prevalence and risk of violence against children with disabilities: A systematic review and meta- analysis of observational studies. *The Lancet, 380*, 899-907. https://doi.org/10.1016/S0140-6736(12)60692-8

Jones, J. L., Oseland, L. M., Morris, K. L., & Larzelere, R. E. (2014). Parent report of conversations with their adolescents with intellectual disability. *Journal of Applied Research in Intellectual Disabilities, 27*, 521-530. https://doi.org/10.1111/jar.12090

Kalambouka, A., Farrell, P., Dyson, A., & Kaplan, I. (2007). The impact of placing pupils with special educational needs in mainstream schools on the achievement of their peers. *Educational Research, 49*, 365-382. https://

doi.org/10.1080/00131880701717222

Kaufmann, W. (2018, May 9). Intellectual disability's introduction in the DSM-5: What's the impact? Spectrum News. https://www.spectrumnews.org/opinion/viewpoint/intellectual-disabilitys-introduction-dsm-5-whats-impact/

Kimura, M., & Yamazaki, Y. (2016). Physical punishment, mental health, and sense of coherence among parents of children with intellectual disability in Japan. *Journal of Applied Research in Intellectual Disabilities, 29*, 455-467. https://doi.org/10.1111/jar.12198

Krezmien, M. P., Leone, P. E., & Achilles, G. M. (2006). Suspension, race, and disability: Analysis of statewide practices and reporting. *Journal of Emotional and Behavioral Disorders, 14*, 217-226. https://doi.org/10.1177/10634266060140040501

Krezmien, M. P., Travers, J. C., & Camacho, K. (2017). Suspension rates of students with autism or intellectual disabilities in Maryland from 2004 to 2015. *Journal of Intellectual Disability Research, 6*(11), 1011-1020. https://doi.org/10.1111/jir. 12406

Krieg, F. J., Stroebel, S. S., & Farrell, H. B. (2014). Best practices in planning for effective transition from school to work for students with disabilities. In P. L. Harrison & A. Thomas (Eds.). Best practices in school psychology: Student-level services. National Association of School Psychologists.

Lappa, C., & Mantzikos, C. (2019). Teaching social skills in small groups of children with multiple disabilities: Motor and intellectual disabilities. *European Journal of Special Education Research, 4*(1), 57-77. https://doi.org/10.5281/zenodo.2579432

Lauderdale-Littin, S., & Blacher, J. (2017). Young adults with severe intellectual disability: Culture, parent, and sibling impact. *Journal of Intellectual and Developmental Disability, 423*), 230-239. https://doi.org/10.3109/13668250.2016

Ledford, J. R., King, S., Harbin, E. R., & Zimmerman, K. N. (2018). Antecedent social skills interventions for individuals with ASD: What works, for whom, and under what conditions? *Focus on Autism and Other Developmental Disabilities. 33*(1), 3-13. https://doi.org/10/1177/1088357616634024

Loades, M. E. (2015). Evidence-based practice in the face of complexity and comorbidity: A case study of an adolescent with Asperger's syndrome, anxiety, depression, and chronic pain. *Journal of Child and Adolescent Psychiatric Nursing, 28*, 73-83. https://doi.org/10.1111/jcap.12108

Luckasson, R., & Schalock, R. L. (2013). Defining and applying a functionality approach to intellectual disability. *Journal of Intellectual Disability Research, 577*), 657-668. https://doi.org/10.1111/j.1365-2788.2012.01575.x

Mahour, P., & Panday, S. (2015). Changes in intellectual disability in DSM-5. *International Journal of Contemporary Issues in Behavioral Sciences, 1*(2), 46-50.

Maiano, C., Coutu, S., Tracey, D., Bouchard, S., Lepage, G., & Morin, A. J. S. (2018). Prevalence of anxiety and depressive disorders among youth with intellectual disabilities: A systematic review and meta-analysis. *Journal of Affective Disorders, 236*, 230-242. https://doi.org/10.1016/j.jad.2018.04.029

Masulani-Mwale, C., Kauye, F., Gladstone, M., & Mathanga, D. (2018). Prevalence of psychological distress among parents of children with intellectual disabilities in Malawi. *BMC Psychiatry, 181*(46), 1-7. https://doi.org/10.1186/s12888-018-1731-x

McDonnell, C. G., Boan, A. D., Bradley, C. C., Seay, K. D., Charles, J. M., & Carpenter, L. A. (2019). Child maltreatment in Autism Spectrum Disorder and intellectual disability: Results from a population-based sample. *Journal of Child Psychology and Psychiatry, 60*(5), 576-584. https://doi.org/10.1111/jcpp.12993

McIntyre, L. L. (2016). Promoting well-being in families with children with intellectual and developmental disabilities. Soptlight on Diability Newsletter. https://www.apa.org/pi/disability/resources/publications/newsletter/2016/09/family-developmental-disabilities

Memisevic. H.. & Sinanovic. O. (2014). Executive functioning in children with intellectual disability-The effects of sex. level. and aetiology of intellectual disability. *Journal of Intellectual Disability Research. 58*(9), 830-837.

Morin, D., Rivard, M., Crocker, A. G., Boursier, C. P., & Caron, J. (2013). Public attitudes towards intellectual disability: A multidimensional perspective. *Journal of Intellectual Disability Research, 57*(3), 279-292. https://doi.org/10.1111/jir. 12008

Moskowitz, L. J., Walsh, C. E., Mulder, E., McLauglin, D. M., Hajcak, G., Carr, E. G., & Zarcone, J. R. (2017). Intervention for anxiety and problem behavior in children with autism spectrum disorder and intellectual disability. *Journal of Autism and Developmental Disorders, 47*, 3930-3948. https://doi.org/10.1007/s10803-017-3070-z

Myrbakk, E., & von Tetzchner, S. (2008). The prevalence of behavior problems among people with intellectual disability living in community settings. *Journal of Mental Health Research in Intellectual Disabilities, 1*, 205-222. https://doi.org/10.1080/19315860802115607

National Association of School Psychologists. (n.d.). NASP's commitment to culturally competent practice. https://www.nasponline.org/resources-and-publications/resources-and-podcasts/diversity-and-social-justice/cultural-competence/nasps-commitment-to-culturally-competent-practice

National Association of School Psychologists. (2020). Principles for professional ethics. https://www.nasponline.org/standards-and-certification/professional-ethics

National Center for Education Statistics. (n.d.). Digest of education statistics. https://nces.ed.gov/programs/digest/d19/tables/dt19_204.30.asp

National Mathematics Advisory Panel. (2008). Foundations for success: The final report of the National Mathematics Advisory Panel. U.S. Department of Education

Ortiz, S. O. (2014). Best Practices in nondiscriminatory assessment. In P. L. Harrison & A. Thomas (Eds.), Best practices in school psychology: Foundations. National Association of School Psychologists.

Panopoulos, N., & Drossinou-Korea, M. (2020). Bronfenbrenner's theory and teaching intervention: The case of student with intellectual disability. *Journal of Language and Linguistic Studies, 16*(2), 537-551. https://doi.org/10.17263/jlls. 759243

Papazoglou, A., Jacobson, L. A., McCabe, M., Kaufmann, W., & Zabel, T. A. (2014). To ID or not to ID? Changes in classification rates of intellectual disability using DSM-5. *Intellectual and Developmental Disabilities, 52*(3), 165- 174. https://doi.org/10.1352/1934-9556-52.3.165

Patel, D. R., Cabral, M. D., Ho, A., & Merrick, J. (2020). A clinical primer on intellectual disability. *Translational Pediatrics, 9*(1), 23-35. https://doi.org/10.21037/tp.2020.02.02

Patton, K. A., Ware, R., McPherson, L., Emerson, E., & Lennox, N. (2018). Parent-related stress of male and female carers of adolescents with intellectual disabilities and carers of children within the general population:

A cross- sectional comparison. *Journal of Applied Research in Intellectual Disabilities, 31*, 51-61. https://doi.org/10.1111/jar.12292

Pennington, R. C., & Delano, M. E. (2012). Writing instruction for students with autism spectrum disorders: A review of literature. *Focus on Autism and Other Developmental Disabilities, 27*, 158-167. https://doi.org/10.1177/1088357612451318

Plavnick, J. B., Kaid, T., & MacFarland, M. C. (2015). Effects of a school-based social skills training program for adolescents with autism spectrum disorder and intellectual disability. *Journal of Autism and Developmental Disorders, 45*, 2674-2690. https://doi.org/10.1007/s10803-015-2434-5

Project IDEAL. (n.d.). Intellectual disabilities. http://www.projectidealonline.org/v/intellectual-disabilities

Reaven, J., Blakeley-Smith, A., Culhane-Shelburne, K., & Hepburn, S. (2011). Group cognitive behavior therapy for children with high-functioning autism spectrum disorders and anxiety: A randomized trial. *The Journal of Child Psychology and Psychiatry, 53*(4), 410-419. https://doi.org/10.1111/j.1469-7610.2011.02486.x

Roeleveld, N., Vingerhoets, E., Zielhuis, G. A., Gabreels, F. (1992). Mental-retardation associated with parental smoking and alcohol-consumption before, during, and after pregnancy. *Preventive Medicine, 21*(1), 110-119. https://doi.org/10.1016/0091-7435(92)90010-F

Rogers-Dulan, J. (1998). Religious connectedness among urban African American families who have a child with disabilities. *Mental Retardation, 36*(2), 91-103. https://doi.org/10.1352/0047-6765(1998)036%3C0091:RCAUAA%3E2.0.CO;2

Rosa's Law, 82 Fed. Reg. 31910-31913 (July 11, 2017) (to be codified at 34 C.F.R. pts. 104, 105, 222, 300, 361, 373, 385, 668, & 674). https://www.federalregister.gov/documents/2017/07/11/2017-14343/rosas-law

Saad, M. A. E., & ElAdl, A. M. (2019). Defining and determining intellectual disability (Intellectual Developmental Disorder): Insights from DSM-5. *International Journal of Psycho-Educational Sciences,* (1), 51-54.

Scior, K., Hamid, A., Hastings, R., Werner, S., Belton, C., Laniyan, A., Patel, M., & Kett, M. (2020). Intellectual disability stigma and initiatives to challenge it and promote inclusion around the globe. *Journal of Policy and Practice in Intellectual Disabilities, 17*(2), 165-175. https://doi.org/10.1111/jppi.12330

Selvapandiyan, J. (2019). Improvising pragmatic cognitive-behavioural therapy for depressed adolescents with Asperger's syndrome. *Primary Care Companion of CNS Disorders. 21*(3). https://doi.org/10.4088/PCC.18102381

Siperstein, G. N., Norins, J., & Mohler, A. (2007). Social acceptance and attitude change. Fifty years of research. In J. W. Jacobson, J. A. Mulnick, & J. Rojahn (Eds.), Handbook of intellectual and developmental disabilities (pp. 133- 154). Springer.

Solish, A., Perry, A., & Minnes, P. (2010). Participation of children with and without disabilities in social, recreational, and leisure activities. *Journal of Applied Research in Intellectual Disabilities, 23*, 226-236. https://doi.org/10.1111/j.1468-3148.2009.00525.x

Spooner, F., & Browder, D. M. (2015). Raising the bar: Significant advances and future needs for promoting learning fur students with severe disabilities. *Remedial and Special Education, 36*(1), 28-32. doi:10.1177/0741932514555022

Spooner, F., Knight, V. F., Browder, D. M., & Smith, B. R. (2012). Evidence-based practice for teaching academics to students with severe developmental disabilities. *Remedial and Special Education, 33*(6), 374-

387. https://doi.org/10.1177/0741932511421634

Spooner, R., Root, J. R., Saunders, A. F., & Browder, D. M. (2019). An updated evidenced-based practice review on teaching mathematics to students with moderate and severe developmental disabilities. *Remedial and Special Education, 40*(3), 150-165. https://doi.org/10.1177/0741932517751055

Stauch, T. A., Plavnick, J. B., Sankar, S., & Gallagher, A. C. (2018). Teaching social perception skills to adolescents with autism and intellectual disabilities using video-based group instruction. *Journal of Applied Behavior Analysis. 51*(3), 647-666. https://doi.org/10.1002/jaba.473

Tasse, M. J., Luckasson, R., & Schalock, R. L. (2016). The relation between intellectual functioning and adaptive behavior in the diagnosis of intellectual disability. *Intellectual and Developmental Disabilities, 54*(6), 381-390. https://doi.org/10.1352/1934-9556-54.6.381

Terhune, P. S. (2005). African-American developmental disability discourses: Implications for policy development. *Journal of Policy and Practice in Intellectual Disabilities,* X1), 18-28. https://doi.org/10.1111/j.1741- 1130.2005.00004.x

Totsika, V., Hastings, R. P., Emerson, E., Berridge, D. M., & Lancaster, G. A. (2011). Behavior problems at 5 years of age and maternal mental health in autism and intellectual disability. *Journal of Abnormal Child Psychology, 39*, 1137. https://doi.org/10.1007/s10802-011-9534-2

U.S. Department of Education. (n.d.). Individuals with Disabilities Education Improvement Act. https://sites.ed.gov/idea/

van der Put, C. E., Asscher, J. J., Stams, G. J. J. M., & Moonen, X. M. H. (2014). Differences between juvenile offenders with and without intellectual disabilities in the importance of static and dynamic risk factors. *Journal of Intellectual Disability Research, 58*11), 992-1003. https://doi.org/10.1111/jir.12078

van Wingerden, E., Segers, E., & Kaila, M. (2017). Foundations of reading comprehension in children with intellectual disabilities. *Research in Developmental Disabilities, 60*, 211-222. https://doi.org/10.1016/j.ridd.2016.10.015

Walker, S., Saravanabhavan, R. C., Villiams, V., Brown, O., & West, T. (1996). An examination of the impact of federally supported community services and educational systems on underserved people with disabilities from diverse cultural populations. Howard University Research and Training Center.

Wehmeyer, M. L. (2014). Self-determination: A family affair. *Interdisciplinary Journal of Applied Family Science, 63*1), 178-184. https://doi.org/10.1111/fare.12052

Weiner, J. (2004). Do peer relationships foster behavioral adjustment in children with learning disabilities? *Learning Disability Quarterly,* 271), 21-30. https://doi.org/10.2307/1593629

Whitney, D. G., Shapiro, D. N., Peterson, M. D., & Warschausky, S. A. (2019). Factors associated with depression and anxiety in children with intellectual disabilities. *Journal of Intellectual Disability Research, 63*(5), 208-417. https://doi.org/10.1111/jir.12583

Wong, C., Odom, S. L., Hume, K. A., Cox, A. W., Fettig, A., Kucharczyk, S., Brock, M. E., Plavnick, J. B., Fleury, V. P., & Schultz, T. R. (2015). Evidence-based practices for children, youth, and young adults with autism spectrum disorder: A comprehensive review. *Journal of Autism and Developmental Disorders, 45*, 1951-1966. https://doi.org/10.1007/s10803-014-2351-z

Wong, S. Y., Wong, K. S., Martinson, I., Lai, C., Chen, W. J., & He, Y. S. (2004). Needs of Chinese parents of children with developmental disability. *Journal of Learning Disabilities, 8*, 141-158. https://doi.org/10.1177/1469004704042703

Yamaki, K., & Fujiura, G. (2002). Employment and income status of adults with developmental disabilities living in the community. *Mental Retardation, 40*, 132-142. https://doi.org/10.1352/0047- 6765(2002)040%3C0132:EAISOA%3E2.0.CO;2

Yang, X., Byrne, V., & Chiu, M. Y. L. (2016). Caregiving experience for children with intellectual disabilities among parents in a developing area in China. *Journal of Applied Research in Intellectual Disabilities, 29*(1), 46-57. https://doi.org/10.1111/jar.12157

제4장

자폐스펙트럼장애

학습 목표

- 자폐스펙트럼장애(ASD)에 대한 DSM-5 진단 기준을 이해할 수 있다.
- ASD가 어린 아동의 사회성, 정서 및 행동 기능에 미치는 영향을 설명할 수 있다.
- ASD가 어린 아동이 교실에서 학습하는 능력에 영향을 미칠 수 있는 방식들을 확인할 수 있다.
- 학교심리사가 ASD 아동의 교육적 요구를 해결하도록 돕기 위한 시사점들을 요약할 수 있다.
- ASD 아동의 교육 및 정신건강 요구를 해결하기 위해 사용되는 교육적 지원 및 학교기반 정신건강 개입에 대한 지식을 갖출 수 있다.

도입

자폐스펙트럼장애(Autism Spectrum Disorder: ASD)는 두 가지 핵심 영역, 즉 사회적 의사소통 및 상호작용과 제한된 반복적 행동 패턴의 결합을 특징으로 하는 복잡한 신경발달장애이다. 질병통제예방센터(CDC, 2021a)에 따르면, 11개의 지역사회에 거주하는 8세 아동 대상의 연구에서 ASD는 44명 중 약 1명에게서 발생하였다. 또한 4세까지 ASD로 확인되는 경우가 많았으며, 여아보다 남아의 발생 확률이 4.2배 더 높았다. ASD로 진단된 8세 아동의 약 1/3이 지적장애 또한 가지고 있었다는 점은 주목할 만하다. 『정신질환의 진단 및 통계 편람 5판(DSM-5)』(APA, 2013a)은 ASD의 전 세계 유병률이 일반 인구의 약 1%라고 언급하였다. 미국 내에서는 350만 명 이상이 ASD 진단을 받은 것으로 보고 되었다(Buescher et al., 2014).

진단적 쟁점

DSM-5 진단

DSM-5에서 ASD는 신경발달장애로 분류된다(APA, 2013a). 이는 DSM-IV-TR(APA, 2000)과 달리 변경된 부분으로, 여기서는 전반적 발달장애(Pervasive Developmental Disorder: PDD) 중 한 유형으로 분류되었다. PDD의 범주에는 5개의 유형이 포함되었는데, 자폐장애, 아스퍼거장애, 달리 명시되지 않은 전반적 발달장애(PDD-NOS), 레트장애, 아동기 붕괴성장애가 그것이다. APA(2013a)에 따르면, 개별 하위 유형을 삭제한 결정은 이러한 여러 하위 유형이 서로 다른 의료 및 임상 전문가들 사이에서 일관되게 사용되고 있지 않다는 연구결과를 반영한 것이다. 그러나 주목할 점은 네 가지 하위 유형 중 하나로 분명히 진단된 사람들은 여전히 ASD로 진단되어야 한다는 사실이다. 다만, 사회적 의사소통에 뚜렷한 결함이 있지만 ASD의 다른 진단 기준을 충족하지 못하는 경우에는 사회적 의사소통장애(social communication disorder 혹은 pragmatic communication disorder)에 대한 평가가 추천된다. **스펙트럼**이라는 용어의 사용과 관련하여 DSM-5(APA, 2013a)의 설명에 따르면, 이 용어는 이 장애의 증상이 사람에 따라 상당히 다르게 표현될 수 있다는 점을 반영하는 것이다.

> **스펙트럼**이라는 용어의 사용과 관련하여 DSM-5(APA, 2013a)의 설명에 따르면, 이 용어는 이 장애의 증상이 사람에 따라 상당히 다르게 표현될 수 있다는 점을 반영하는 것이다.

DSM-5(APA, 2013a)의 기준에 따라 ASD를 진단하려면, 여러 상황에서 지속적이고 뚜렷한 사회적 의사소통 및 사회적 상호작용의 결함을 나타내야 한다. 다양한 출처에서 정보를 얻어야 하며, 여기에는 초기 발달력에 관한 부모면담, 아동관찰, 교사면담 및 (적절한 경우) 아동면담을 통한 정보 수집 등을 포함할 수 있다. 이러한 결함은 전형적으로 주고받는 식의 대화가 아닌 비전형적인 사회적 접근에서부터 타인과 상호작용을 시작하지 못하는 것이나 타인에게 사회적으로 반응하지 못하는 것에 이르기까지 다양한 방식으로 표출될 수 있다. 또한 사회적 의사소통 및 사회적 상호작용 결함은 비언어적 의사소통 행동을 통해 나타날 수도 있다. 사회적 의사소통 및 상호작용 결함이 나타날 수 있는 세 번째 방식은 대인관계를 맺고, 유지하고, 이해하는 것과 관련되는데, 사회적 상황에 맞게 자신의 행동을 조정하는 것의 어려움부터 타인에 대한 관심 결여에 이르기까지 다양할 수 있다(2013a).

DSM-5 진단을 위해서는 제한된 패턴의 반복적 행동이나 관심이 있어야 한다. 이러한 반복적 행동은 상동적 혹은 반복적 운동 동작(예를 들면, 손 퍼덕임)이나 물건 사용(예를 들면, 작은 장난감을 줄 세우는 것), 혹은 반향어에서 볼 수 있듯이 반복되는 말 등 다양한 방식으로 나타날 수 있다. 제한된 반복적 행동이 표출되는 또 다른 예는 일상적인 변화에 관련하여 동일성을 고집하거나 융통성이 없는 것이다(일상의 변화는 아동에게 고통을 초래할 수 있음). 이러한 행동은 비정상적으로 강렬하고 제한적이며 고정된 관심으로도 명백히 나타날 수 있으며, 감각 입력에 대한 과잉 또는 과소 반응, 특정 소리에 대한 부정적 반응과 같이 환경의 감각적 측면들에 대한 비전형적 관심 등으로 나타날 수도 있다.

자폐적 특성이 3세 이전에 나타나야 한다고 규정하였던 DSM-IV(1994)와 달리, DSM-5에서는 증상이 시작되는 시한이 넓어져 이제는 초기 발달 시기에만 나타나면 된다. 증상은 개인의 기능에 심각한 부정적 영향을 미쳐야 한다. 아동이 나타내는 행동은 지적장애나 전반적 발달지연(global developmental delay)으로 더 잘 설명되어서는 안 된다는 점도 주목할 만하다. 진단 과정의 일부로 사회적 의사소통 및 상호작용 결함뿐 아니라 제한적 · 반복적 행동의 현재 심각도 수준이 표시되어야 한다. 이러한 심각도 수준은 필요한 지원(즉, 지원 필요, 실질적 지원 필요, 매우 실질적 지원 필요; APA, 2013a)에 따라 결정된다.

감별진단과 관련하여 ASD와 구별되어야 하는 몇 가지 장애가 있다. 레트 증후군(Rett syndrome)은 일반적으로 1세에서 4세 사이에 발생하는 사회적 상호작용의 붕괴를 수반하므로 그 증상은 ASD와 유사하다(APA, 2013a). 그러나 레트 증후군을 가진 아이들의 경우 사회적 의사소통이 일반적으로 개선되면서 자폐 증상들이 점차 사라진다. DSM-5 편람은 ASD의 모든 진단 기준이 충족될 때만 ASD 진단이 고려되는 점을 강조한다(APA, 2013a). ASD와 레트 증후군과 달리, 선택적 함구증(selective mutism)의 경우, 아동의 초기 발달은 일반적인 발달 경로를 따르며, 특정 상황에서는 말을 하지 않기로 선택할 수도 있으나, 다른 상황에서는 발달적으로 적절한 의사소통 기술이 있고, 심지어 함구하고 있는 동안에도 사회적 호혜성(social reciprocity)이 있다는 증거가 존재한다. 더욱이, 선택적 함구증 아동은 ASD의 특징인 제한적이고 반복적인 행동을 나타내지 않는다. 언어장애가 있는 아동의 경우, 의사소통의 어려움이 뚜렷할 수 있으며, 다른 사람이 자신을 이해하지 못할 것을 걱정한다면 이러한 어려움이 아동의 사회적 상호작용에 영향을 미칠 수 있다. 그러나 DSM-5(APA, 2013a)는 비전형적인 비언어적 의사소통은 일반적으로 특정 언어장애와 관련성이 없으며, 언어장애 아동은 ASD 아동이 보이는 반복적 행동을 보이지 않는다고 지적한다. 또한 사회적(실용적) 의사소통장애의 경우에도 반복적 행동이 나타나지 않는다는 점에서 ASD와 구별된다. ASD의 진단 기준이 충족된다면 아동은 사회적 의사소통장애가 아닌 ASD로 진단되는 점을 기억할 필요가 있다.

DSM-5 편람에 따르면, 이미 ID 진단을 받은 어린 아동이 비언어적 기술의 발달 수준에 비해 사회적 의사소통 및 상호작용 기술에서 상당한 손상을 보인다면, ASD 진단을 내리는 결정이 적절한 것으로 간주한다(APA, 2013a).

유아기 동안 ASD와 지적장애(ID)를 구분하는 것이 쉽지 않을 수 있다. ID를 가진 어린 아동은 아직 언어기술이나 상징기술을 발달시키지 못했을 수 있으며, 반복적 행동이 때로는 ID를 가진 어린 아동에게서 나타나므로 처음에는 ASD를 가진 것처럼 보일 수 있다(APA, 2013a). DSM-5 편람에 따르면, 이미 ID 진단을 받은 어린 아동이 비언어적 기술의 발달 수준에 비해 사회적 의사소통 및 상호작용 기술에서 상당한 손상을 보인다면, ASD 진단을 내리는 결정이 적절한 것으로 간주한다(APA, 2013a). 그러나 아동의 사회적 의사소통 기술이 지적 능력과 유사하게 발달한다면 ASD로 진단하지 않는다는 점에 유의해야 한다(APA, 2013a).

앞서 언급했듯이, ASD의 진단적 특징 중 하나는 상동증(stereotypies)이므로, 이러한 증상들이 ASD로 더 잘 설명된다면 상동운동장애는 따로 진단되지 않는다(APA, 2013a). 한 가지 기억할 점은 상동증이 때때로 자해를 초래할 수 있는데, 만일 그렇다면 상동행동장애를 추가로 진단할 수 있다. ASD와 구분되어야 할 또 다른 장애는 주의력결핍 과잉행동장애(ADHD)이다. ASD 아동은 쉽게 주의가 산만해지거나 지나치게 집중하는 등 주의력 이상을 나타낸다. 주의력 문제나 과잉행동이 비슷한 발달연령의 개인에게서 일반적으로 나타나는 것보다 더 크다면 ADHD 추가 진단을 고려할 수 있다(APA, 2013a). 조현병 증상이 기괴한 관심이나 믿음과 사회적 손상을 포함한다면, 아동기 조현병과 ASD가 구별될 필요가 있으나, 환청과 같은 다른 증상들은 ASD 경우에는 나타나지 않는다(2013a).

공존장애와 관련하여, DSM-5는 ASD를 가진 사람들의 약 79%가 다른 정신건강 관련 장애를 가지고 있으며, 40%는 최대 두 가지 이상의 장애를 가지고 있다고 지적한다(APA, 2013a). ASD가 초기 발달 시기에 종종 연관되는 세 가지 장애는 지적장애, 언어장애, 상동운동장애이다. ASD와 ADHD는 두 장애의 진단 준거가 동시에 충족된다면 공존할 수 있다. 일부 학자들은 ADHD가 ASD와 가장 흔히 공존한다고 보고한다(Lord et al., 2013). Lord 등(2018)이 강조하였듯이, ADHD와의 공존은 평균 지능을 가진 ASD 아동 · 청소년이나 ID가 있는 아동 · 청소년의 결과에 상당한 영향을 미칠 수 있다. 불안장애 또한 ASD 아동 · 청소년에게서 보고되는데 그들이 보이는 짜증과 공격성은 아동 · 청소년의 경우 경미한 신체적 공격행동으로, 성인의 경우에는 언어적 공격행동으로 표출될 수 있다(Lord et al., 2018).

학교기반 수혜자격

ASD의 의학적 진단을 위해서는 DSM-5의 진단 준거 사용이 필수적이지만, 학교에서 ASD를 가진 아동에게 특수교육 서비스가 필요한지 결정하기 위해서는 다른 분류체계가 사용된다. 「장애인교육법(IDEA)」으로 알려진 연방법은 장애 학생들에게 최소제한환경에서 무료 공교육을 제공하고 특수교육 서비스 및 관련서비스를 제공하도록 보장한다(IDEA, 2004). 이 법안의 파트 B에 따라, 3세에서 21세 사이의 아동·청소년은 13가지 장애 범주 중 하나에 해당되어 서비스 수혜자격이 있는 것으로 결정될 수 있다. 다학제 팀은 60일 이내에 학생에 대한 평가를 완료하고 학생이 특수교육 서비스를 받을 자격이 있는지 여부를 결정하기 위해 수행되는 평가를 통하여 수집된 자료를 검토하는 회의를 갖는다. 수혜자격을 결정하기 전에 팀은 해당 학생이 ASD의 수혜자격 요건을 충족하는지 여부와 특수교육 및 관련 서비스가 필요한지 여부를 결정해야 한다(Salvia et al., 2016). 아동이 특수교육 서비스 수혜자격이 있는 것으로 확인되면, 이러한 결정 후 30일 이내에 개별화교육프로그램(Individual Education Program: IEP)이 수립된다. IEP에는 학생의 현재 성취 및 기능 수행수준, 학생을 위한 연간 목표, 학생을 위해 설정된 목표를 향한 진전 상황, 특수교육 및 관련서비스, 필요한 조정 또는 수정에 대한 정보가 포함된다(U.S. Department of Education, n.d.).

IDEA(2004)는 ASD를 아동의 언어적·비언어적 의사소통과 사회적 상호작용에 심각한 영향을 미치는 발달장애로 정의한다. 이 연방법의 정의에 따르면 ASD의 징후는 일반적으로 3세 이전에 뚜렷하게 나타난다. ASD는 아동의 학교 수행에 불리하게 영향을 미칠 수 있다. 이 장애는 아동의 반복적인 행동과 상동적 움직임, 일상이나 환경 변화에 대한 저항, 감각 경험에 대한 비전형적 반응을 특징으로 한다(IDEA, 2004). 아동의 부정적 교육적 수행이 주로 정서장애(emotional disturbance)에 기인한 것으로 판단되었다면 ASD는 고려되지 않는다는 점에 유의해야 한다. 또한 3세 이후에 자폐증의 징후를 보이는 아동도 자폐아동으로 고려될 수 있다(IDEA, 2004).

아동이 ASD라는 의학적 진단을 받았더라도, 팀은 아동이 특수교육 수혜자격이 없는 것으로 결정하고 1972년 「재활법 504조」를 통하여 조정(accommodations) 제공을 고려할 수도 있다(Office of Civil Rights, n.d.). 이 재활법은 장애인의 시민권을 보호하고 학교 서비스에 대한 평등한 접근권을 제공하기 위해 제정된 민권법이다. 다학제 팀은 학생의 장애가 ASD와

> 만일 학생이 「재활법 504조」에 따라 적격하다고 판단되면 504 계획이 개발되는데, 이 계획은 학교가 지원을 제공하고 학생의 서비스 이용과 학습을 방해하는 학교 환경 내 장애물을 제거하는 방법들을 설명한다.

관련하여 학습을 포함하는 주요 생활 기능을 방해하는지 여부를 판단한다. 만일 학생이 「재활법 504조」에 따라 적격하다고 판단되면 504 계획이 개발되는데, 이 계획은 학교가 지원을 제공하고 학생의 서비스 이용과 학습을 방해하는 학교 환경 내 장애물을 제거하는 방법들을 설명한다. 504 계획에는 학생이 받게 될 구체적인 지원 및 서비스, 서비스와 지원을 제공할 사람, 계획이 의도한 대로 실행되도록 보장할 사람 등이 개괄적으로 설명되어 있다.

문화적 쟁점

위험요인

환경적 위험요인들과 ASD 간에 관련이 있다. 여러 연구가 ASD와 산모의 고령(APA, 2013b; Lord et al., 2018) 및 부친의 고령(Lord et al., 2018) 간에 관련성을 발견하였다. 산모의 고령과 관련하여 Lyall 등(2014)에 따르면, 산모의 대사 상태, 체중 증가, 고혈압 같은 임신 중의 불특정 요인들과 감염이나 자가면역질환의 가족력으로 인한 병원 입원과 같은 보다 특정 요인들이 ASD와 발달지연의 경미한 위험과 함께 관련이 있었다. 양극성장애와 발작을 치료하기 위한 기분안정제인 발프로에이트(valproate)의 사용도 위험요인인 것으로 밝혀졌다(APA, 2013a; Lord et al., 2018). 연구들은 ASD의 위험 증가가 조산, 저체중 출산, 임신기간에 비해 작거나 큰 상태와도 관련이 있음을 발견하였다(Lampi et al., 2012; Moore et al., 2012).

유전도 ASD의 위험요인으로 확인되었다. DSM-5(APA, 2013a)에 따르면, 쌍생아 일치율은 ASD의 유전가능성 추정치가 37~90% 이상의 범위인 것을 보여 주었다(APA, 2013a). Tick 등(2016)은 메타분석을 실시한 결과, 유전가능성 추정치가 74~93%인 것으로 보고하였다. 형제자매 연구를 수행한 다른 학자들은 더 나이 든 형제 1명이 ASD 진단을 받은 후 태어난 동생의 7~20%에서 ASD가 발생하는 것으로 나타났으며, 나이 든 형제자매가 두 명인 경우는 유병률이 증가하였다(Sandin et al., 2014).

문화적 고려사항

연구에 따르면, ASD는 문화나 인종에 의해 제한되지 않는다(Dyches et al., 2004). CDC(2021b)에 따르면, ASD는 모든 인종 · 민족 · 사회경제적 집단에 존재한다. CDC(2021b)의 최근 보고

ASD는 모든 인종 · 민족 · 사회경제적 집단에 존재한다.

서는 "ASD로 진단된 8세 아동 중 흑인, 백인, 히스패닉 및 아시아/태평양 섬 출신 주민 8세 아동의 비율에서 전반적인 차이가 없다."(p.1)라는 결과에서 명백히 나타나듯이 인종적 격차가 감소했음을 지적하였다. 이는 ASD가 흑인이나 히스패닉보다는 백인 아이들 사이에서 유병률이 더 높은 것으로 보고한 이전의 보고서들(Autism Society of America, 2000: Dyches et al., 2004에서 재인용)과 다른 결과이다. 그러나 이 보고서는 이전 결과와 같이, ASD로 진단된 히스패닉 아이들의 비율은 백인이나 흑인과 비교할 때 여전히 더 낮은 수준에 머물러 있다고 지적하였다(CDC, 2021b). 더욱이, 최근 CDC 연구는 ASD 아동을 찾아내는 데에 많은 진전이 있었으나 히스패닉 아동의 확인에는 더 진전이 필요함을 보여 주었다(CDC, 2021b).

일부 연구는 ASD의 전 세계 유병률이 증가했다고 보고하였다. Chiarotti와 Venerosi(2020)는 2014년 이후 발표된 ASD 유병률 추정치에 대한 포괄적 요약을 제공한다. 전반적으로, 그들은 평가 방법의 방법론적 차이와 검토된 각 개별 지역 내 유병률의 지속적 증가로 인해 전 세계 유병률 추정치에서 큰 차이가 있다고 하였다. 유사하게, Zaroff와 Uhm(2012)은 ASD의 유병률에 관한 전 세계의 연구들을 검토한 후 방법론적 요인들이 관찰된 차이에 기여했을 가능성이 제일 크다고 결론지었다. Chiarotti와 Venerosi(2020)는 유럽, 아시아, 북미, 중동, 호주 및 뉴질랜드 전역의 국가들로부터 추정 데이터를 검토하였다. 이러한 연구들에 기초할 때, ASD는 모든 문화와 인종에 걸쳐 나타나며 이 장애의 유병률 추정치는 증가하고 있는 것이 확실하다. 보다 자세한 논의는 Chiarotti와 Venerosi(2020)를 참조하기 바란다.

학교심리학 및 특수교육과 관련하여 특수교육 서비스에 대한 ASD 수혜자격 결정에서 인종 간 차이가 존재한다. 연구자들은 IDEA(2004)에 의해 고려되는 13가지 장애 범주 중 하나인 ASD의 인종별 차이를 검토하였는데, Morrier와 Hess(2012)는 29만 5,000명 이상의 학령기 학생 자료에서 80%의 주에서 인종에 따라 ASD 인구가 과소대표되는 것으로 나타났다. 즉, "자폐증으로 인해 수혜자격이 있어 특수교육 서비스에 등록하고 있는 인종별 학생 인구의 비율이 인종별 일반 인구 비율과 비례하는 경우는 자료를 제공한 주들 중 15~20%에 불과하다."(p. 60)라는 것을 발견하였다. 그들은 또한 자료를 검토한 49개 주 중 95%에서 히스패닉 학생들이 과소대표되고 있는 사실을 발견하였는데, 이는 IDEA(2004)에 따라 특수교육 서비스를 받도록 히스패닉 학생들을 확인하는 데에 시스템적인 문제가 있음을 시사한다. 저자들은 미국에서 히스패닉 학생들이 "가장 빠르게 증가하고 있는 점"을 감안한다면, 매우 우려스럽다고 지적하였다(Morrier & Hess, 2012, p. 60).

학교와 가정에서 사회성, 정서 및 행동 기능에 미치는 영향

학교에서 사회성, 정서 및 행동적 어려움

ASD를 가진 아동 · 청소년들은 다른 정신건강 문제를 경험할 수 있다. ASD 행동의 강도 때문에 불안과 같이 다른 문제 관련된 증상들은 눈에 띄지 않을 수 있다. 연구문헌에서 ASD 아동 · 청소년에게서 관찰되는 가장 흔한 문제들에는 행동 문제, ADHD, 불안, 우울이 포함된다. 정신건강 문제는 ASD가 있는 취학 전 아동의 약 45%에서 보고되었으며 ASD 아동이 나이가 들수록 더 널리 나타나는 경향이 있다(Kerns et al., 2020).

Vasa 등(2020)이 연구문헌을 검토한 결과, ASD 아동 · 청소년들은 그렇지 않은 또래들에 비해 높은 수준의 불안을 보이는 것으로 나타났다. 이들의 불안에 기여하는 잠재적 요인들에는 감각문제, 수면장애, 문제행동 등이 포함된다고 저자들은 지적하였다. ASD를 가진 학생들 및 그들의 가족과 일하는 학교심리사는 이러한 문제들을 반드시 평가해야 한다.

ASD를 가진 아동 · 청소년의 정서 및 행동 문제를 더 잘 이해하기 위해서, Simonoff 등(2008)은 10세와 14세 사이의 아동 표본을 대상으로 ASD와 관련된 공존장애를 검토하는 연구를 수행하였다. 이 연구에서 표본의 70%에 달하는 아이들이 적어도 하나의 공존장애를 가지고 있었으며, 대략 41%는 두 개 이상의 공존장애를 가진 것으로 나타났다. 저자들은 가장 빈번히 진단되는 공존장애는 사회불안장애, ADHD, ODD라고 보고하였다(Simonoff et al., 2008).

행동 문제들은 자신의 정서를 조절하는 어려움과 관련될 수 있다. 자기조절이 빈약한 아동은 (ASD 아동에게서 관찰되듯) 정서적 붕괴(meltdown)나 폭발(outburst)을 보일 수 있는데, 이는 그들이 자신의 정서를 통제하거나 관리할 수 없기 때문이며 이러한 문제가 그들의 행동을 통해 나타나기 마련이다. Ros 등(2018)은 어린아이들의 자기조절 결함을 예측하는 ASD 및 ADHD 행동의 역할을 연구하였는데, 이 연구에서 심각한 수준의 ASD 증상들이 보다 경미한 수준의 ADHD 증상들을 보이는 아이들 사이에서 더욱 저조한 집행기능과 관련돼 있는 것으로 나타났다.

가정에서 사회성, 정서 및 행동 기능

정서-행동 문제가 ASD를 가진 개별 아동뿐 아니라 가족에게도 미치는 영향을 살펴보아야 한다. 자녀의 문제에 가장 잘 대처하려고 분투하는 부모의 노력은 부모에게 스트레스가 도전적 행동 다루기, 아이에게 요구되는 다양한 형태의 돌봄과 관련된 높은 경제적 비용, 보호자의 고용 포기 등이 가족의 스트레스 경험에 기여할 수 있다(Lopez & Magaña, 2020).

될 수 있다. 학자들은 ASD를 가진 아동이 보이는 정서-행동 문제들이 부모의 양육 스트레스와 연관됨을 발견하였다(Salomone et al., 2018). 자녀의 행동 문제에 어떻게 반응해야 하는지 잘 알지 못함으로 인해 부모는 문제행동을 허용적으로 다룰 수 있으며, 그러한 허용성과 낮은 수준의 한계 설정은 ASD 아동의 이후 행동 문제와 관련될 수 있다(Osborne et al., 2008). 유사하게, 일부 학자들은 일반 자녀를 둔 부모나 심지어 다른 장애를 가진 부모와 비교하였을 때, ASD 자녀를 둔 부모의 양육 효능감이 더 낮고 스트레스 수준은 더 높은 것을 발견하였다(Hayes & Watson, 2013). 앞서 살펴본 대로, ASD는 아동의 가족과 가정생활에 영향을 줄 수 있다. 도전적 행동 다루기, 아이에게 요구되는 다양한 형태의 돌봄과 관련된 높은 경제적 비용, 보호자의 고용 포기 등이 가족의 스트레스 경험에 기여할 수 있다(Lopez & Magaña, 2020). 그러나 ASD 자녀를 돌보는 것이 가족의 힘을 키우는 경험으로 인식될 수도 있다.

Lopez와 Magaña(2020)는 ASD가 ASD 자녀를 둔 다양한 가족들에 미치는 영향을 검토하는 연구를 진행하였다. 표본은 1세에서 22세 사이의 ASD 자녀를 둔 46명의 라틴계와 56명의 비라틴계 백인 어머니로 구성되었다. 연구자들은 ASD 자녀의 양육과 관련된 가족의 어려움 및 자녀의 미래에 관하여 가지고 있는 비관성의 수준에 관하여 이 두 그룹 간의 차이를 조사하였다. Lopez와 Magaña(2020)는 가족 내 문제에 대한 어머니의 인식, 낙관성, 비관성을 검토하였는데, 라틴계 어머니가 백인 어머니에 비해 가족 문제를 덜 인지하고, 자녀의 미래에 대해 비관적 태도를 덜 취하는 것으로 나타났다.

교실에서 학습에 미치는 영향

ASD 아동·청소년의 인지능력은 우수한 기능 수준부터 지적 결함에 해당하는 수준까지 다양할 수 있다. 그들은 교실에서의 성공에 영향을 미치는 독특한 강점과 한계들을 가지고 있을 수 있다(Williams et al., 2005). ASD를 가진 일부 아이들의 경우, 공간 및 비언어적 능력들이 언어적으로 매개되는 능력들에 비해 더 우수한 것으로 발견되었다(Joseph et al., 2002). 더욱이, ASD 아동·청소년의 집행기능 결함도 연구문헌에 잘 제시되어 있으며, 어떤 연구들은 집행기능과 언어 간의 관련성을 탐색하기도 하였다(Joseph et al., 2005). Joseph 등(2005)의 연구에 따르면, ASD 아동·청소년은 전형적으로 발달하는 또래들에 비해 언어기술이 저조하였으나,

ASD를 가진 아동 · 청소년 집단 내에서는 언어 능력과 집행기능 간에 구체적인 관련성이 없었다. 반면, 비교집단에서는 집행기능 검사에서의 수행과 언어 능력 간에 정적인 관계가 있었다. Joseph 등(2005)은 "자폐증에서 나타나는 집행기능 결함은 언어 손상 자체와 직접적으로 관련된다기 보다는 자기조절을 위해서 언어를 사용하는 관리 기능의 실패를 포함한다."(p. 361)라고 지적하였다. ASD 아동 · 청소년과 일할 때, 집행기능의 결함과 언어 손상이 아동의 학업 수행에 영향을 미칠 수 있는 요인으로 고려하는 것이 중요하다. Williams 등(2005)에 따르면, ASD에서 독특하게 나타나는 인지적 프로파일이 따로 있는 것은 아니므로, ASD를 가진 개별 아동이 독특한 교육적 요구를 가질 것임을 기억하는 것이 중요하다.

Barton과 Harn(2012)은 구조화된 교실 환경을 만들어서 "ASD를 가진 학생이 교실 내에서 중요한 특징들에 주의를 기울이게 하고, 그렇게 함으로써 학습과 독립성을 촉진하며 기능적이지 못한 상동행동에 들이는 시간을 최소화하도록 하는 것이 중요하다."(p. 101)라고 권장한다. ADHD가 ASD와 공존할 수 있는 점을 고려한다면, ASD 아동은 주의 문제를 경험할 수 있다. 고도로 구조화된 교실 환경이 활동과 과제에 더 잘 주의를 기울이게 하는 데 도움이 될 수 있다. 또한 ASD 아동 · 청소년은 종종 변화에 저항적이며 전환에 어려움을 겪으므로, 고도로 구조화된 교실 환경을 제공함으로써 ASD 아동 · 청소년에게 필요한 예측 가능성을 제공하고, 일상적 전환 시기를 알 수 있도록 도울 수 있다. 만일 일상생활의 변화가 계획되었다면, 아이가 변화에 대비할 수 있도록 5분 전에는 경고를 주는 것도 도움이 될 수 있다.

교실 내 도전행동들이 학습에 영향을 미칠 수 있다. 자기조절의 어려움은 교실의 질서를 파괴하고 교수를 멈추게 하는 폭발적 행동을 초래할 수 있다. 사고의 경직성과 전환에 대한 저항이 파괴적 행동으로 이어질 수 있다. 아동이 보이는 행동 문제를 다루기 위해서 교사와 학교심리사는 행동평가를 진행하고 행동개입계획(BIP)을 개발하여 친사회적 행동과 적응적 행동을 증가시키고 교실에서 아동의 기능을 방해하는 문제행동을 감소시키도록 도울 수 있다.

ASD 아동 · 청소년들은 사회적 의사소통 및 상호작용에 결함을 보이므로, 또래와의 상호작용에서 많은 어려움을 겪을 수 있다. 따라서 이들의 또래와의 긍정적 상호작용을 촉진하는 것이 중요하다. 학교심리사의 안내에 따라, ASD를 가진 어린 아동의 교사는 또래와의 사회적 접촉을 시작하고, 순서를 기다리고, 서로 나누는 기술 등의 기술을 어떻게 통합할지를 계획할 수 있을 것이다. 스크립트 사용, 모델링, 비디오 모델링과 같은 전략들은 사회적 상호작용을 촉진하는 데 활용할 수 있는 유용한 도구가 될 수 있다(Barton & Harn, 2012).

학교심리사를 위한 시사점

옹호 역할

옹호자의 역할을 하는 학교심리사는 부모와 협력하여 자녀의 교육적 요구에 대한 부모의 관점을 알아야 한다. 부모는 ASD에 대해서 질문이 있을 수 있으므로 부모에게 심리교육적 자료들을 제공하는 것은 부모가 ASD와 그것이 자녀에게 미치는 영향을 더 잘 이해하도록 돕는 중요한 방법이다. 부모는 학교가 제공할 수 있는 서비스에 대해 질문이 있을 수 있으므로, 교실에서 교육적 지원이 필요한 점에 대해 잘 설명할 필요가 있다. 학교심리사가 특수교육 평가를 의뢰하기 전에 제공될 수 있는 다층지원체계(Multi-Tiered Systems of Support)에 대해 부모에게 알리는 것도 중요하다. 자녀가 특수교육 평가를 받도록 의뢰된 경우, 학교심리사는 과정, 수행할 수 있는 평가의 형태(행동, 지능, 성취도, 적응행동, 의사소통, 발달력), 소요되는 시간, 수혜자격 회의에서 어떤 일이 일어나는지 등에 대해 설명할 수 있다. 또한 부모는 자녀가 특수교육 수혜자격이 있는 것으로 판명되면 어떻게 되는지에 대해 궁금할 수 있다. IEP의 목적과 그에 명시된 정보 유형에 대한 설명은 부모가 IEP에 설정된 목표를 이해하는 데 더 도움이 될 것이다.

학교심리사가 학교 외부의 서비스를 옹호해야 할 때도 있을 수 있다. 부모는 ASD 학생에게 종종 필요한 정신건강 서비스 등 서비스를 제공하는 지역사회 기관을 찾는 데 도움이 필요할 수도 있다. 학부모가 학교 내부 및 외부 기관의 자원들을 충분히 숙지하고 이를 활용하도록 도움으로써 학부모는 자녀가 꼭 필요한 서비스를 받도록 자녀를 위해 옹호하는 법을 배우게 된다.

자문 역할

통합교육으로 인해 ASD를 가진 학생들이 일반학급에 배치되는 경우가 많다. ASD가 있는 학생들은 종종 학습을 방해하는 도전행동을 보이는데, 교실에서 이러한 행동을 관리하느라 교수 시간이 허비되곤 한다. 교사들은 ASD에 대한 지식이 부족하고 행동 관리에 대한 사전교육도 부족하므로 교실에서 특수아동의 행동을 관리하는 데 어려움을 겪을 수 있다. 일반교사는 ASD를 가진 학생의 독특한 사회·정서적, 행동적, 학습적 요구를 이해하지 못할 수도 있다 (Wilkinson, 2010). Wilkinson(2010)의 연구에 따르면, 교사들 사이에서 ASD에 대한 사실적 지식의 수준은 낮은 것으로 나타났다. 결국 교사들은 ASD 학생과 관련하여 학교심리사의 도움을 청할 것이며, 학교심리사는 일반교사들에게 자문 서비스를 제공함으로써 교사들을 지원하는 독특한 역할을 할 수 있다. Williams 등(2005)이 지적하듯이, 학교심리사는 ASD 학생의 지원 네트워크를 구축하는 데 도움을 줄 수 있으며, 증거기반의 개입에 대한 지식을 활용하여 교사가 교실 내 ASD 학생의 행동적 요구를 잘 다루도록 조력할 수 있다.

학제적 전문가들이 ASD 아동·청소년과 함께 일하는 경우가 흔하다. 이러한 전문가들로 행동치료사, 언어병리사, 임상심리사, 작업치료사 등이 포함된다. 학교심리사는 또한 ASD를 가진 아동·청소년에게 서비스를 제공하는 학교 및 외부기관들 간의 연결책으로 기능할 수 있다. Cheak-Zamora와 Farmer(2015)의 연구 결과에서 나타났듯이 이러한 협력의 과정을 방해하는 이슈들이 제기될 수 있는데, 이 연구에서 면담한 부모들의 절반 미만(44%)만이 학교와 그들의 일차 진료 전문가 간의 의사소통에 만족하는 것으로 나타났다.

Shahidullah 등(2020)은 학제적 전문가들 사이에서 이러한 형태의 돌봄 조정에는 ASD 아동·청소년에게 서비스를 제공하는 전문가들 간의 효과적인 소통과 협력이 필요하다고 주장한다. 지역사회의 외부 전문가와의 파트너십을 개발하는 것은 그들을 잘 돌보는 데 필수적일 수 있다. Shahidullah 등(2020)은 학교심리사가 이러한 협력적 파트너십에서 장애물에 직면할 수 있다고 지적하는데, 여기에는 "교육적 분류의 적격 기준과 의학적 진단 간의 불일치, 다른 서비스 제공자들의 역할과 책임의 명료성 부족, 정보 공유에 대한 내부 시스템 구축 부족"(p. 107)이 포함된다. 그들은 효과적인 파트너십 구축을 고려하는 학교심리사의 실무 활동을 권장하는데, 이러한 활동으로는 (1) 가족의 우선순위에 초점을 맞추고 가족과 전문가 간의 의사소통을 촉진함으로써 가족의 필요를 이해하고 이에 대응하기, (2) 파트너와 의사소통 빈도를 높이고 평가 과정을 최대한 간소화하여 일차 진료 및 지역사회 기반 파트너와의 의사소통을 개선하기, (3) 이용 가능한 연구기반 실무에 익숙해지고, 다층적 서비스 제공을 위해 협력하며, 가능할 때는 원격의료를 활용함으로써 가용한 연구기반 실무의 활용을 조정하기, 그리고 (4) 콘퍼런스나 다른 교육 기회 참여 등 전문성 개발 기회를 얻고 훈련생이나 동료 학교심리사들을 멘토링함으로써 전문성 개발 및 계속 교육에 참여하기 등이 포함될 수 있다(Shahidullah et al., 2020). 저자들은 학제적 전문가들 사이에서 강력한 파트너십을 구축하는 것이 중요하다는 점을 강조하면서 미래의 파트너십 구축에 대한 책임은 학교심리사에게 있을 수 있다고 지적한다.

평가 역할

학교심리사는 ASD가 있는 것으로 확인된 학생을 위한 학교심리서비스 제공에 참여한다. 이러한 서비스 중 하나는 학교기반 평가이며, 이는 특수교육 수혜자격 결정, 개입 계획 및 진전도 모니터링과 관련될 수 있다(McClain et al., 2018). 수혜자격을 결정하는 목적으로 진행되는 평가의 유형은 학교가 위치한 주의 요구사항에 따라 다르다. 예를 들면, 조지아주의 경우 ASD를 결정하는 최초의 평가에서는 다음과 같은 형태의 평가가 필수적이다. 즉, (1) 인지능력과 적응행동평가를 포함하는 종합심리평가, (2) 학업 수행과 현재의 기능 수준을 평가하는 성취도 평가, (3) 공식적 및 비공식적 측정도구를 사용하여 언어적 및 비언어적 의사소통, 발성, 실용적 언어를 평가하는 (언어병리사의) 의사소통 평가, (4) 또래 및 성인들과의 사회적 상호작용, 다른 사람과 관계할 수 있는 능력, 상동행동(예를 들면, 손 퍼덕임), 감각자극에 대한 비정상적 반응 및 변화에 대한 저항과 같이 흔히 ASD와 관련되는 행동들에 대한 행동평가, 그리고 (5) 발달적 지연과 차이를 포함하는 발달력 및 초기 발달에서 ASD 행동이 시작된 연령이 그것이다.

학교심리사는 자폐적 특성을 평가하도록 개발된 검사 도구들에 친숙해야 한다. 선별 도구들도 자폐적 행동의 신속한 평가를 위해 사용하여 보다 포괄적 평가가 필요한지 여부를 결정할 수 있다. 선별자는 진단도, 포괄적 평가도 제공하지 않는다는 점을 기억하는 것이 중요하다. 어린 아동에게 사용되는 선별 도구로는 걸음마기 및 유아기 자폐증 선별 도구(Screening Tool for Autism in Toddlers and Young Children: STAT; Stone et al., 2000)가 있다. 이 도구(STAT)는 아동의 발달에 대한 우려가 있을 때 사용할 수 있는 대화형 도구로, STAT는 놀이, 의사소통, 모방 영역을 평가하는 12가지 활동들로 구성되어 있으며, 실시하는 데 약 20분 정도가 걸린다. Gilliam 평가척도-2판(Gilliam Rating Scale-Second Edition: GARS-2; Gilliam, 2005)은 자폐 행동을 평가하는 진단 도구로, 3~22세의 개인에게 실시할 수 있도록 개발되었다. 자폐 행동을 측정하는 관찰 평가 도구로는 자폐 진단 관찰표-2판(Autism Diagnostic Observation Schedule-Second edition: ADOS-2; Lord et al., 2012)이 있다. 이 도구는 12개월부터 성인 연령대까지 실시할 수 있도록 개발되었으며, 사회적 상호작용, 의사소통, 놀이, 자료의 상상적 사용 영역들을 평가하며 개인이 ASD가 의심되는 경우 사용할 수 있다. 이 도구는 또한 개인의 표현 언어 수준에 따라 실시되는 30분 모듈의 관찰 스케줄 4개로 구성되어 있다. ADOS-2를 실시하려면 전문 기관이 주최하는 교육 워크숍을 통해 제공되는 특별 교육을 이수해야 한다는 점에 유의해야 한다.

교육적 지원

ASD를 가진 많은 학생들은 전형적으로 발달하는 또래들과 함께 일반 교실에서 교육을 받는다. 연구에 따르면 ASD를 가진 학생들이 일반 교실에 배치되는 경우 더 빈번한 사회적 상호작용, 파괴적 행동에 대한 우려 감소, 학업/기능적 기술 향상 등 긍정적인 결과를 보이는 것으로 나타났다(National Autism Center, 2015). ASD 학생들의 독특한 요구와 일반 학급에서 교육을 받는 학생들이 수가 늘고 있는 점을 고려한다면, 이들에 대한 교육적 지원이 더욱 필요하다고 할 수 있다(Sansosti et al., 2018). Sansosti 등(2018)은 학교와 가족이 협력하여 가정과 학교 간에 사용하는 전략들에서 일관성을 유지하는 것이 중요하다는 점을 강조한다. Sansosti 등(2018)에 따르면, ASD 학생들에게 제공되는 지원들은 다음과 같은 요소들이 포함되어야 한다. 즉, (1) 선택하기를 포함하는 개별화된 지원, (2) 기능적 프로그램 개발, (3) 증거기반 교수, (4) 가정-학교 협력, 그리고 (5) 사람 중심의 계획 수립이 그것이다. 선택하기를 포함하는 개별화된 지원과 관련하여, Sansosti 등(2018)은 ASD 학생에게 여러 옵션들 중 하나의 활동을 선택할 기회가 주어지도록 지원을 설계할 것을 권장한다. 기능적 프로그램 개발은 친사회적 기술을 촉진하면서 동시에 문제행동은 감소시키는 접근을 활용해야 한다. 이러한 ASD 학생들 대상의 예방-교수-강화 접근은 문제행동을 예방하고, 대체행동을 교수하며, 유관되는 정적 강화를 제공하도록 개발되어 있다. Sansosti 등(2018)이 확인한 또 다른 지원 요소에는 구조화된 환경 내의 증거기반 교수를 포함한다. 개입은 신중하게 설계되어야 하며 개입이 성공적인지 자주 점검하는 것을 포함해야 하는 점을 기억하는 것이 중요하다. 가족-학교 협력에 대해서는, 학교가 ASD 학생의 가족과 협력적으로 일하면서 가족을 교육 계획 수립과 지원 및 서비스 제공에 참여시킴으로써 학생이 학교와 가정 환경 모두에서 기술을 활용할 수 있게 돕는 것이 핵심이다. Sansosti 등(2018)에 따르면, 이러한 접근은 학습 기회를 증가시키며 교실에서 배운 기술을 유지하고 이러한 기술을 여러 환경에서 두루 사용할 수 있도록 돕는다. Sansosti 등(2018)이 권장하는 마지막 요소는 사람 중심의 계획 수립으로, 이는 학생의 장기 목표에 초점을 두며, 지원을 제공함으로써 아동이 확인된 학업적 · 사회적 · 행동적 목표에 도달할 수 있도록 보장한다(Sansosti et al., 2018).

학업적 문제를 해결하는 데 사용되는 구체적인 교육적 지원들과 관련하여, Sansosti 등(2018)은 유용할 수 있는 몇 가지 지원을 제시한다. 그러한 교육적 지원 중 하나는 보다 적은 수의 단어/단계를 사용하고 여러 단계의 지시를 반복함으로써 지시사항을 단순화하는 것이다. 교사는 학생이 지시사항을 이해하였는지 확인하는 것을 잊지 말아야 한다. 지시사항을 단순화하는 또 다른 방법은 단계별 지시사항이 기록된 목록표를 사용하는 것이다. 학생은 정보를 처리하는 데 시간이 걸릴 수 있으니, 학생에게 시간을 주고 몇 초가 경과한 후에 두 번째 지시사항을 전달하여 학생의 사고가 방해받지 않도록 하는 것이 중요하다는 점을 기억하라. Sansosti 등(2018)이 제시한 세 번째 지원은 섹션으로 나누어 자료를 제시하거나 한 페이지에 더 적은 수의 항목만 포함시키거나, 한 번에 한 페이지만 제시하는 것이 포함된다. 이 기술은 학생이 과제에 집중하고 계속 집중할 수 있도록 도와줄 뿐만 아니라 피드백을 받을 수 있는 기회도 제공한다. 어떤 학생들은 색상 구분을 사용할 때 조직화 기술이 개선된다고 느낄 수 있다. 폴더와 기타 물건들을 색상으로 구분하여 한 가지 색깔이 한 학업 영역에 사용되도록 할 수 있다. 특정 학업 영역과 관련된 지원에 대해서는 Sansosti 등(2018)을 참조하기 바란다.

학교기반 정신건강 개입과 지원

ASD의 핵심 특징은 사회적 의사소통과 상호작용의 손상이다. ASD 아동 · 청소년들은 사회적 상황과 다른 사람들에게 반응하는 방식을 이해하는 데 어려움을 경험한다. 따라서 ASD 아동 · 청소년에게 가장 중요한 개입은 사회성 기술 훈련(Social Skills Training: SST)이다. 그들이 학교, 가정, 지역사회에서 다른 사람들과 어울릴 수 있도록 종종 사회성 기술을 체계적으로 가르쳐 주어야 한다. SST는 ASD 아동의 사회성 기술 구축을 돕는 효과적인 증거기반의 개입이다(Bohlander et al., 2012; Tse et al., 2007). SST를 통하여, ASD 아동은 눈 맞춤 유지, 인사하는 방법, 대화를 시작하는 방법, 정서와 신체 언어를 이해하는 방법, 공감하는 방법, 단호하게 말하는 방법 및 다른 유사한 기술들을 배울 수 있다(Bohlander et al., 2012). 이러한 개입은 개인의 연령과 발달 수준에 맞게 수정될 수 있다. 또래 멘토링은 ASD가 아닌 아동을 또래 멘토로 투입하는 독특한 접근이다. 또래 멘토는 ASD를 가진 아동과 함께 할 수 있는 과제를 받는다. 이러한 과제에는 사회적 상호작용이나 놀이를 함께 하면서 상호작용을 촉진하는 방법이 포함된다. 또 다른 형태의 SST는 비디오 모델링을 포함하는데, 이것은 아동에게 사회적 개념을 가르치는 데 활용될 수 있다. 예를 들면, ASD를 가진 아동이 특정 기술의 비디오 데모를 관찰하며 비디오를 본 직후에 해당 기술을 따라 한다. 사회적 상황 이야기(social stories)는 시각적 또는 서면 자료를 사용하여 사회적 기술 개념을 설명한다. 사회적 상황 이야기는 아동의 강점들을 통합하고 역할연기와 같은 기법들을 포함한다(Bohlander et al., 2012). 네 번째 개입은 관계기술 교육과 강화를 위한 UCLA 프로그램(PEERS; www.semel.ucla.edu/peers)이다. 이 프로그램은 대략 3~4개월간 일주일에 한 번, 90분 회기로 진행되며, 학령전기의 아동부터 성인기까지 사용될 수 있다. 각 회기는 강의, 집단활동, 상호작용 촉진에 초점을 맞춘 역할연기로 구성되며, 학습된 기술이 다른 상황으로 전이될 수 있도록 부모가 회기에 참석하고 아동이 해당 기술을 연습하도록 도울 수 있다.

사회적 의사소통 및 상호작용의 결함에 더하여, ASD 아동·청소년들은 도전행동들을 드러낼 수 있는데, 이 부분에 대해서 학교기반의 서비스가 필요할 수도 있다. 앞서 논의한 대로, 학교심리사는 행동평가를 고려할 수 있으며, 행동평가의 결과를 통해 행동개입프로그램(BIP) 개발을 안내할 수 있다(Williams et al., 2005). BIP의 목적은 문제행동 혹은 부적절한 행동을 제거하고 **대체행동**(replacement behavior)이라 부르는 대안적 행동을 제시하는 것이다. BIP는 행동을 명확히 기술하며 그 행동이 발생하는 이유에 대해 가능한 설명을 제공한다. 이 계획은 아동에게 대체행동을 교수하는 데 사용될 수 있는 전략들과 지원들을 포함한다. 행동기능평가는 아동으로 하여금 부적절한 행동에 참여하도록 동기부여하는 것이 무엇인지 결정할 것이다. 응용행동분석의 기법들과 인지행동치료(CBT)가 아동의 문제행동을 다루는 데 통합될 수 있다(Williams et al., 2005). 여기서 기술하였듯이 사회성 기술을 증진하고 문제행동을 감소시키는 데 초점을 맞추는 방법들이 ASD를 가진 아동·청소년과 작업할 때 효과적인 것으로 알려져 있다.

사례 연구 **Jack: 자폐스펙트럼장애가 있는 1학년 학생**

배경

Jack은 이제 막 초등학교에 입학한 6세 소년이다. 그의 부모는 Jack이 만삭으로 태어났으며, 사회적 상호작용과 의사소통을 제외하고는 초기 발달이정표에 따라 발달이 정상으로 이루어졌다고 보고하였다. 그가 18개월이 되었을 때, 그의 부모는 Jack이 참여하고 있는 놀이 그룹의 다른 아이들과 '다르다'는 점을 알아차렸다. 어렸을 때 Jack은 부모가 까꿍 놀이를 할 때 반응을 주고받지 않았으며, 부모가 미소를 지어도 미소를 지으려고 하지 않았다. 부모가 Jack을 껴안았을 때 그는 부모를 다시 껴안지 않고 가만히 있었다. Jack은 다른 아이들과 함께 있을 때 그들과 상호작용하는 대신 혼자 노는 경향이 있었다. 그는 부모나 다른 사람들과 눈 맞춤을 피했으며, 일반적으로 얼굴에 표정을 나타내지 않았다. 다른 아이들이 함께 놀려고 접근해도, Jack은 그들을 보기만 하고 반응하지 않았다. 부모가 묘사한 다른 행동에는 반복적 행동이 포함되었는데, 이 행동은 압도하거나 혼란스럽게 하는 일이 있을 때 나타났다. 반복적 행동에는 손 퍼덕임과 작은 물체를 뒤집는 것이 포함되었다. 그는 또한 부모와 교사 모두가 지적하였듯이, 일상생활에서 변화에 저항하였다. 부모에 따르면, Jack은 소형 자동차, 특히 자동차 바퀴에 강하게 집착하였다. 이러한 행동은 사회적 상황에서 의사소통하고 동료들과 상호작용하는 능력에 영향을 미쳤다. 교사에 따르면, Jack은 교실에서 비슷한 행동을 보이며, 다른 사람과 상호작용을 시작하기보다는 혼자서 지내는 경향이 있다. 교사는 또한 그가 교실에서 주의집중하는 데 어려움이 있고 교실에서 일어나는 자극에 쉽게 주의가 산만해진다는 점을 지적하였다.

Jack의 부모는 놀이 그룹에 속한 따른 아이들과 비교하였을 때, Jack의 행동에 차이가 있음을 알아차리고 소아과 의사에게 알렸고, 의사는 조기 개입 프로그램을 통한 평가를 권고하였다. 평가 결과, Jack의 인지능력과 적응행동은 평균 범위에 있었으나, 그의 사회·정서적 기술은 결함이 있는 것으로 나타났다. 그는 3세까지 조기 개입 프로그램을 통하여 서비스를 받았다. Jack은 취학 전 특수교육 서비스를 결정하기 위한 평가에 의뢰되었지만, 부모는 다른 주로 이주하였으며 더 이상의 도움을 찾지 않았다.

논의

Jack의 행동에 대한 설명을 고려할 때, 그는 ASD의 징후를 드러내고 있는 것으로 보인다. 부모를 보며 웃지 않는 등 사회적 상호성이 결여된 행동이 뚜렷하다. 사회적 의사소통 및 상호작용 결함의 다른 징후로는 눈 맞춤 결여, 얼굴표정 결여, 또래에 대한 관심 결여 등이 있다. 더욱이, Jack은 손 퍼덕임이나 물체 뒤집기와 같은 반복적 행동을 보인다. 제한된 행동에는 일상의 변화가 있으면 화를 내는 것, 소형 자동차에 집착하는 것 등이 포함된다. 부모는 이러한 증상들이 약 18개월에 시작되었다는 점을 알고 있었으며, 이러한 행동이 타인과 소통하며 사회적으로 상호작용하는 데에 중대한 영향을 미쳤다.

학교심리사는 Jack과 그의 부모를 돕는 데 중추적인 역할을 할 수 있다. Jack은 조기 개입 서비스를 받았기 때문에 그의 부모는 ASD에 대한 많은 지식을 가지고 있을 수 있다. 그럼에도 불구하고 학교심리사는 여전히 부모가 교육시스템을 탐색하도록 지원하는 역할을 할 수 있다. 교사는 자폐 아동을 다룬 경험이 많지 않을 수 있으며, 그런 경우 학교심리사는 ASD에 대한 교사의 이해를 높이기 위해 심리교육 자료를 제공할 수 있다. Jack의 요구를 다루기 위해, 교육적 지원이 제공될 수 있을 것이다. 이러한 지원에는 가능하면 그에게 선택권을 주고, 문제행동을 예방하며 행동을 대체하고, 유관성 정적 강화를 제공할 가능성을 높이기 위해 예방-교수-강화 접근방식을 사용하는 것이 포함될 수 있다.

Jack이 제공된 지원에 적절히 반응하지 않을 경우, 평가를 위해 학교심리사에게 의뢰할 수 있다. 주요 발달이정표가 달성된 시기를 명확히 파악하려면 발달력을 확보하는 것이 중요하다. 평가할 수 있는 영역에는 인지 기능, 적응행동, 성취도, 행동 및 의사소통이 포함된다. 다학제 팀이 물어봐야 할 두 가지 주요 질문은 Jack이 ASD의 IDEA 범주에 대한 적격 기준을 충족하는 학생인지 여부와 일반교실에서 성공하기 위해 특수교육 서비스가 필요한지 여부이다. Jack이 장애 학생으로 결정된다면 IEP가 개발되어야 한다. Jack에게 가능한 개입에는 사회성 기술 훈련(SST)이 포함되며, 교실에서 그의 행동에 문제가 있는 경우 행동치료도 가능하다.

핵심 요약

- ASD는 아동 45명 중 1명 꼴로 발생하는 신경발달장애이다.
- ASD는 사회적 의사소통 및 상호작용의 결함을 특징으로 한다. 제한된 반복적 행동 또한 이 장애의 특징이다.
- ASD는 모든 문화와 인종에 걸쳐 나타나며, 유병률 추정치는 이 장애가 증가일로에 있음을 나타낸다.
- 사회성 기술 훈련은 ASD를 가진 아동의 사회적 의사소통 및 상호작용의 어려움을 다루는 데 효과적인 도구이다.

연습문제

1. ASD 진단의 두 가지 핵심 영역은 무엇인가?
   a. 사회적 의사소통 및 상호작용
   b. 부주의
   c. 반복적 행동
   d. a와 c 모두

2. ASD를 가진 사람들 중 대략 몇 %가 또 다른 정신건강장애를 동시에 가지고 있는가?
   a. 30%
   b. 50%
   c. 70%
   d. 90%

3. 연구에 따르면 80%의 주가 인종에 따라 ASD가 과소대표되고 있다고 보고한다.
   a. 참
   b. 거짓

4. 다음 중 ASD의 위험요인으로 여겨지는 것은?
   a. 산모의 고령
   b. 발프로에이트에 태아가 노출됨
   c. 출산 시 저체중
   d. 위 요인들 모두

5. ASD 학생들에게 도움이 될 수 있는 교육적 지원 중 하나는 교수를 단순화하는 것이다.
   a. 참
   b. 거짓

정답 1)d, 2)c, 3)a, 4)d, 5)a

토의질문

1. DSM-5의 ASD 진단 준거를 요약하라.
2. ASD 범주 아래 IDEA의 수혜자격 기준을 요약하라.
3. ASD를 가진 학생을 위해 지원적 교육서비스를 계획할 때 포함되어야 하는 교육적 지원의 요소들을 제시하라.
4. ASD를 가진 학생의 일반학급 교사를 위해 학교심리사가 제공할 수 있는 지원 방법들에 대해서 설명하라.
5. ASD를 가진 학생을 위해 효과적인 교실 전략을 열거하라.

● 추가 정보

General Information Website

American Psychiatric Association What is Autism Spectrum Disorder? www.psychiatry.org/patients-families/autism/what-is-autism-spectrum-disorder

American Psychiatric Association Expert Q&A: Autism: www.psychiatry.org/patients-families/autism/expert-q-and-a

American Psychiatric Association Adam's Story, www.psychiatry.org/patients-families/autism/patient-story

American Psychological Association Autism Spectrum Disorder. www.apa.org/topics/autism-spectrum-disorder

Centers for Disease Control and Prevention What Is Autism Spectrum Disorder? www.cdc.gov/ncbddd/autism/facts.html

Centers for Disease Control and Prevention Real Stories from People Living with Autism Spectrum Disorder. www.cdc.gov/ncbddd/autism/stories.html

Articles for School Psychologists

American Psychological Association Diagnosing and Managing Autism Spectrum Disorder. www.apa.org/topics/autism-spectrum-disorder/diagnosing

American Psychological Association Helping People with Autism Reach Their Full Potential. www.apa.org/monitor/2020/07/autism-potential

National Association of School Psychologists Expanding the Role of School Psychologists for Children with Autism Spectrum Disorders: www.nasponline.org/publications/periodicals/spf/volume-5/volume-5-issue-4-(winter- 2011)

Books for School Psychologists

American Psychological Association Autism Spectrum Disorder in Children and Adolescents: Evidence-Based Assessment and Intervention in Schools: www.apa.org/pubs/books/4317328

American Psychological Association Autism Spectrum Disorder: A Clinical Guide for General Practitioners: www.apa.org/pubs/books/4317325

Books for Children

American Psychological Association All My Stripes: A Story for Children with Autism: www.apa.org/pubs/magination/441B163

American Psychological Association Autism, The Invisible Cord: A Sibling's Diary. www.apa.org/pubs/magination/441B101

American Psychological Association Russell's World: A Story for Kids about Autism: www.apa.org/pubs/magination/441B074

Factsheets for Families

Autism Society Living with Autism: Going to Middle School. www.autism-society.org/wp-content/uploads/2014/04/Transition_to_Middle School.pdf

Autism Society Living with Autism: Moving from Preschool to Kindergarten www.autism-society.org/wp-content/uploads/2014/04/Transition-Preschool_to_Kindergarten.pdf

Autism Society Living with Autism: Planning for Successful Transitions Across Grade Levels: www.autism-society.org/wp-content/uploads/2014/04/Transition_Across_Grade_Levels.pdf

Autism Society Living with Autism: Preparing for a Lifetime: www.autism-society.org/wp-content/uploads/2014/04/Transition-Preparing_for_a_Lifetime.pdf

Autism Society Living with Autism: Preparing to Experience College Living www.autism-society.org/wp-content/uploads/2014/04/CollegeLiving.pdf

Autism Society Living with Autism: Puberty and Children on the Autism Spectrum: www.autism-society.org/wp-content/uploads/2014/04/LWA_Puberty.pdf

Autism Society Living with Autism: Sibling Perspectives: Guidelines for Parents: www.autism-society.org/wp-content/uploads/2014/04/LWA_Siblings.pdf

Autism Society Next Steps: A Guide for Families New to Autism: www.autism-society.org/wp-content/uploads/2017/02/nextsteps09.pdf

Autism Society What Is Autism? www.autism-society.org/wp-content/uploads/2014/04/What_is_Autism_Final.pdf

Centers for Disease Control and Prevention "Learn the Signs, Act Early" Program Factsheet. www.cdc.gov/ncbddd/actearly/pdf/LTASE-program-one-pager-P.pdf

Books for Families

American Psychological Association Autism and Your Teen: Tips and Strategies for the Journey to Adulthood. www.apa.org/pubs/books/4441032

American Psychological Association Parent Training for Autism Spectrum Disorder: Improving the Quality of Life for Children and Their Families: www.apa.org/pubs/books/4317503

● 핵심 참고문헌

American Psychiatric Association. (2013a). *Diagnostic and statistical manual of mental disorders* (5th ed.). https://doi.org/10.1176/appi.books.9780890425596

American Psychiatric Association. (2013b). Autism spectrum disorder. http://www.dsm5.org/Documents/Autism%20Spectrum%20Disorder%20Fact%20Sheet.pdf

Centers for Disease Control and Prevention. (2021a). CDC's Autism and Developmental Disabilities Monitoring Network. Author. https://www.cdc.gov/ncbddd/autism/pdf/ADDM_factsheet_2021-508.pdf

Dyches, T. T., Wilder, L. K., Sudweeks, R. R., Obiakor, F. E., & Algozzine, B. (2004). Multicultural issues in autism. *Journal of Autism and Developmental Disorders, 34*(2), 211-222. https://doi.org/10.1023/b:jadd.0000022611.80478.73

Lopez, K., & Magaña, S. (2020). Perceptions of family problems and pessimism among Latina and Non-Latina White mothers raising children with autism spectrum disorder. *Journal of Autism and Developmental Disorders, 50*(7), 2360-2374. https://doi.org/10.1007/s10803-018-3640-8

Sansosti, F. J., Harjusola-Webb, S., & Sansosti, J. M. (2018). Autism spectrum disorder: Helping handout for school and home. In G. G. Bear & K. M. Minke (Eds.), Helping handouts: Supporting students at school and home (S5H3). National Association of School Psychologists.

Shahidullah, J. D., McClain, M. B., Azad, G., Mezher, K. R., & McIntyre, L. L. (2020). Coordinating autism care across schools and medical settings: Considerations for school psychologists. *Intervention in School and Clinic, 56*(2), 107-114. https://doi.org/10.1177/1053451220914891

Williams, S. K., Johnson, C., & Sukhodolsky, D. G. (2005). The role of the school psychologist in the inclusive education of school-age children with autism spectrum disorders. *Journal of School Psychology, 43*(2), 117-136. https://doi.org/10.1016/j.jsp.2005.01.002

참고문헌

American Psychiatric Association. (1994). *Diagnostic and statistical manual of mental disorders* (4th ed.). American Psychiatric Press.

American Psychiatric Association. (2000). *Diagnostic and statistical manual of mental disorders* (4th ed., text rev.). Author.

American Psychiatric Association. (2013a). *Diagnostic and statistical manual of mental disorders* (5th ed.). https://doi.org/10.1176/appi.books.9780890425596

American Psychiatric Association. (2013b). Autism spectrum disorder. http://www.dsm5.org/Documents/Autism%20Spectrum%20Disorder%20Fact%20Sheet.pdf

Barton, E., & Harn, B. (2012). Educating young children with autism spectrum disorders. Corwin Press.

Bohlander, A. J., Orlich, F., & Varley, C. K. (2012). Social skills training for children with autism. *Pediatric Clinics of North America, 59*(1), 165-174. https://doi.org/10.1016/j.pcl.2011.10.001

Buescher, A. V., Cidav, Z., Knapp, M., & Mandell, D. S. (2014). Costs of autism spectrum disorders in the United Kingdom and the United States. *JAMA Pediatrics, 168*(8), 721-728. https://doi.org/10.1001/

jamapediatrics.2014.210

Centers for Disease Control and Prevention. (2021a). CDC's Autism and Developmental Disabilities Monitoring Network. Author. https://www.cdc.gov/ncbddd/autism/pdf/ADDM_factsheet_2021-508.pdf

Centers for Disease Control and Prevention. (2021b). Spotlight on closing the racial and ethnic gap in the identification of autism spectrum disorder among 8-year-old children. Author. https://www.cdc.gov/ncbddd/autism/addm- community-report/documents/spotlight-on-closing-racial-gaps-addm-community-report-2021-H.pdf

Cheak-Zamora, N. C., & Farmer, J. E. (2015). The impact of the medical home on access to care for children with autism spectrum disorders. *Journal of Autism and Developmental Disorders, 45*, 636-644. https://doi.org/10.1007/s10803-014-2218-3

Chiarotti, F., & Venerosi, A. (2020). Epidemiology of autism spectrum disorders: a review of worldwide prevalence estimates since 2014. *Brain Sciences, 10*(5), 274. https://doi.org/10.3390/brainsci10050274

Dyches, T. T., Wilder, L. K., Sudweeks, R. R., Obiakor, F. E., & Algozzine, B. (2004). Multicultural issues in autism. *Journal of Autism and Developmental Disorders, 34*(2), 211-222. https://doi.org/10.1023/b:jadd.0000022611.80478.73

Georgia Rules and Regulations-160-4-7-05-3 Eligibility Determination and Categories of Eligibility. http://archives.gadoe.org/DMGetDocument.aspx/Autism_eligibility_3-11-10.pdf? p=6CC6799F8C1371F68ED41AA6F919E8FF80855C47A88CC8D64AC212CA68770DA0&Type=D

Gilliam, J. (2005). Gilliam rating scale (2nd ed.). Pearson.

Hayes, S. A., & Watson, S. L. (2013). The impact of parenting stress: A meta-analysis of studies comparing the experience of parenting stress in parents of children with and without autism spectrum disorder. *Journal of Autism and Developmental Disorders, 43*(3), 629-642. https://doi.org/10.1007/s10803-012-1604-y

Individuals with Disabilities Education Act. (2004). 20 U.S.C. § 1400. https://sites.ed.gov/idea/regs/b

Joseph, R. M., McGrath, L. M., & Tager-Flusberg, H. (2005). Executive dysfunction and its relation to language ability in verbal school-age children with autism. *Developmental Neuropsychology, 27*(3), 361-378. https://doi.org/10.1207/s15326942dn2703_4

Joseph, R. M., Tager-Flusberg, H., & Lord, C. (2002). Cognitive profiles and social-communicative functioning in children with autism spectrum disorders. *Journal of Child Psychology and Psychiatry, 43*, 807-821. https://doi.org/10.1111/1469-7610.00092

Kerns, C. M., Rast, J. E., & Shattuck, P. T. (2020). Prevalence and correlates of caregiver-reported mental health conditions in youth with autism spectrum disorder in the United States. *Journal of Clinical Psychiatry, 82*1). https://doi.org/10.4088/JCP.20m13242

Lampi, K. M., Lehtonen, L., Tran, P. L., Suominen, A., Lehti, V., Nina Banerjee, P., Gissler, M., Brown, A. S., & Sourander, A. (2012). Risk of autism spectrum disorders in low birth weight and small for gestational age infants. *Journal of Pediatrics, 161*, 830-836. https://doi.org/10.1016/j.jpeds.2012.04.058

Lopez, K., & Magaña, S. (2020). Perceptions of family problems and pessimism among Latina and Non-Latina White mothers raising children with autism spectrum disorder. *Journal of Autism and Developmental Disorders, 50*(7), 2360-2374. https://doi.org/10.1007/s10803-018-3640-8

Lord, C., Elsabbagh, M., Baird, G., & Veenstra-Vanderweele, J. (2018). Autism spectrum disorder. The Lancet,

39X10146), 508-520. https://doi.org/10.1016/S0140-6736(18)31129-2

Lord, C., Rutter, M., DiLavore, P. C., Risi, S., Gotham, K., & Biship, S. L. (2012). Autism Diagnostic Observation Schedule, Second Edition; Part I: Modules 1-4. Western Psychological Services.

Lyall, K., Ashwood, P., Van de Water, J., & Hertz-Picciotto, I. (2014). Maternal immune-mediated conditions, autism spectrum disorders, and developmental delay. *Journal of Autism and Developmental Disorders, 44*, 1546-1555. https://doi.org/10.1007/s10803-013-2017-2

McClain, M. B., Otero, T. L., Haverkamp, C. R., & Molsberry, F. (2018). Autism spectrum disorder assessment and evaluation research in 10 school psychology journals from 2007 to 2017. *Psychology in the Schools, 55*(6), 661-679. https://doi.org/10.1002/pits.22133

Moore, G. S., Kneitel, A. W., Walker, C. K., Gilbert, W. M., & Xing, G. (2012). Autism risk in small- and large-for-gestational-age infants. *American Journal of Obstetrics Gynecology, 206*, 314.el-e9. https://doi.org/10.1016/j.ajog.2012.01.044

Morrier, M. J., & Hess, K. L. (2012). Ethnic differences in autism eligibility in the United States public schools. *The Journal of Special Education, 46*(1), 49-63. https://doi.org/10.1177/0022466910372137

National Autism Center. (2015). Evidence-based practice and autism in the schools (2nd ed.). Author.

Office of Civil Rights. (n.d.). Rehabilitation Act of 1973, 29 U.S.C. 794 § 504.

Osborne, L. A., McHugh, L., Saunders, J., & Reed, P. (2008). Parenting stress reduces the effectiveness of early teaching interventions for autistic spectrum disorders. *Journal of Autism and Developmental Disorders, 386*), 1092-1103. https://doi.org/10.1007/s10803-007-0497-7

Ros, R., Gregg, D., Hart, K. C., & Graziano, P. A. (2018). The association between self-regulation and symptoms of autism spectrum disorder in preschoolers with externalizing behavior problems. *Journal of Psychopathology & Behavioral Assessment, 40*(4), 714-724. https://doi.org/10.1007/s10862-018-9677-3

Salomone, E., Leadbitter, K., Aldred, C., Barrett, B., Byford, S., Charman, T., Howlin, P., Green, J., Le Couteur, A., McConachie, H., Parr, J. R., Pickles, A., Slonims, V., & The PACT Consortium. (2018). The association between child and family characteristics and the mental health and wellbeing of caregivers of children with autism in mid-childhood. *Journal of Autism and Developmental Disorders, 48*(4), 1189-1198. https://doi.org/10.1007/s10803-017- 3392-x

Salvia, J., Ysseldyke, J., & Witmer, S. (2016). Assessment in special and inclusive education. Cengage Learning.

Sandin, S., Lichtenstein, P., Kuja-Halkola, R., Larsson, H., Hultman, C. M., & Reichenberg, A. (2014). The familial risk of autism. *Journal of the American Medical Association, 311*(17), 1770-1777. https://doi.org/10.1001/jama.2014.4144.

Sansosti, F. J., Harjusola-Webb, S., & Sansosti, J. M. (2018). Autism spectrum disorder: Helping handout forschool and home. In G. G. Bear & K. M. Minke (Eds.), Helping handouts: Supporting students at school and home (S5H3). National Association of School Psychologists.

Shahidullah, J. D., McClain, M. B., Azad, G., Mezher, K. R., & McIntyre, L. L. (2020). Coordinating autism care across schools and medical settings: Considerations for school psychologists. *Intervention in School and Clinic, 56*(2), 107-114. https://doi.org/10.1177/1053451220914891

Simonoff, E., Pickles, A., Charman, T., Chandler, S., Loucas, T., & Baird, G. (2008). Psychiatric disorders in children with autism spectrum disorders: prevalence, comorbidity, and associated factors in a populationderived sample. *Journal of the American Academy of Child and Adolescent Psychiatry, 47*(8), 921-929. https://doi.org/10.1097/CHI.0b013e318179964f

Stone, W. L., Coonrod, E. E., & Ousley, O. Y. (2000). Brief report: Screening Tool for Autism in Two-Year-Olds (STAT): Development and preliminary data. *Journal of Autism and Developmental Disorders, 30*(6), 607-612. https://doi.org/10.1023/a:1005647629002

Tick, B., Bolton, P., Happé, F., Rutter, M., & Rijsdijk, F. (2016). Heritability of autism spectrum disorders: A meta-analysis of twin studies. *Journal of Child Psychology and Psychiatry, 57*(5), 585-595. https://doi.org/10.1111/jcpp.12499

Tse, J., Strulovitch, J., Tagalakis, V., Meng, L., & Fombonne, E. (2007). Social skills training for adolescents with Asperger syndrome and high-functioning autism. *Journal of Autism and Developmental Disorders, 37*(10), 1960-1968. https://doi.org/10.1007/s10803-006-0343-3

U.S. Department of Education. (n.d.). Individuals with Disabilities Education Act. https://sites.ed.gov/idea/

Vasa, R. A., Keefer, A., McDonald, R. G., Hunsche, M. C., & Kerns, C. M. (2020). A scoping review of anxiety in young children with autism spectrum disorder. *Autism Research, 13*(12), 2038-2057. https://doi.org/10.1002/aur.2395

Wilkinson, L. A. (2010). A best practice guide to assessment and intervention for autism and Asperger syndrome in schools. Jessica Kingsley Publishers.

Williams, S. K., Johnson, C., & Sukhodolsky, D. G. (2005). The role of the school psychologist in the inclusive education of school-age children with autism spectrum disorders. *Journal of School Psychology, 43*(2), 117-136. https://doi.org/10.1016/j.jsp.2005.01.002

Zaroff, C. M., & Uhm, S. Y. (2012). Prevalence of autism spectrum disorders and influence of country of measurement and ethnicity. *Social Psychiatry and Psychiatric Epidemiology, 47*(3), 395-398. https://doi.org/10.1007/s00127- 011-0350-3

제 3 부

파괴적, 충동조절 및 품행장애

제 5 장

품행장애

학습 목표

- 품행장애에 대한 DSM-5의 진단적 특징을 요약할 수 있다.
- 아동 · 청소년기 품행장애와 관련된 문화적 고려사항을 이해할 수 있다.
- 품행장애 아동 · 청소년이 흔히 드러내는 사회 · 정서적, 행동적 문제를 설명할 수 있다.
- 교실에서 품행장애 학생 지도를 위한 시사점을 이해할 수 있다.
- 품행장애 학생에 대한 사회성, 정서, 행동 개입을 구체적으로 확인할 수 있다.

도입

『정신질환의 진단 및 통계 편람』의 다섯 번째 개정판인 DSM-5(Diagnostic and Statistical Manual of Mental Disorders [5th ed.]; American Psychiatric Association: APA, 2013)에서 품행장애(Conduct Disorder: CD)는 파괴적, 충동조절 및 품행장애의 하위장애로 분류된다. 파괴적, 충동조절 및 품행장애 범주에 속한 여러 정신장애는 정서 및 행동 조절과 관련된 문제들을 포함하고 있다. 이러한 유형의 정신장애를 가진 사례에서는 다른 사람에게 해를 끼치거나 규칙/법률을 위반하거나 권위를 가진 사람과 심각한 갈등을 일으키는 행동을 전형적으로 나타낸다. 적대적 반항장애(ODD; 6장 참고), 간헐적 폭발장애(IED; 7장 참고) 등도 품행장애와 함께 파괴적, 충동조절 및 품행장애 범주에 포함된다.

DSM-5에 따라 파괴적, 충동조절 및 품행장애를 진단할 때는 증상이 나타나는 맥락을 주의 깊게 살펴야 한다. 일상에서 잘 기능하고 있는 일반적인 아동·청소년이나 성인도 맥락에 따라 파괴적, 충동조절 및 품행장애의 일부 증상을 보일 수 있다. 하지만 증상의 빈도, 강도, 심각도 등이 일반적인 아동·청소년이나 성인에 비해 현저하게 높은 수준을 보이며 일상의 기능을 심각하게 손상하는 경우 품행장애를 비롯한 임상적 진단을 고려할 수 있다(APA, 2013).

진단적 쟁점: DSM-5 및 학교기반 서비스

DSM-5 진단

DSM-5에 따라 품행장애를 진단하기 위해서는 다음 세 가지 진단 기준을 충족해야 한다. 첫째, 다른 사람의 기본적인 권리를 침해하거나 나이에 맞는 사회적 규범/규칙을 위반하는 행동이 지속적으로 반복되어야 한다. 둘째, 이러한 행동 문제가 사회적, 학업적 또는 직업적 기능에 임상적으로 심각한 손상을 초래해야 한다. 셋째, 18세 이상의 성인이라면 반사회성 성격장애 진단 기준에 부합하지 않아야 한다. 첫 번째 진단 기준, 즉 다른 사람의 기본적인 권리를 침해하거나 나이에 맞는 사회적 규범/규칙을 위반하는 행동은 크게 4개 범주(사람/동물에 대한 공격, 재산 파괴, 사기나 절도, 심각한 규칙 위반)로 분류되는 15개 행동 목록에 비추어 판단할 수 있다. 첫 번째 진단 기준에 최종적으로 부합하려면 15개 행동 목록(예: 타인을 괴롭히고 위협하며 겁박한다, 타인의 재산을 고의로 파괴한다, 환심을 사거나 물건을 차지하거나 책임을 회피하기 위해 자주 거짓말을 한다, 자주 무단결석을 한다[13세 이전에 시작] 등) 중에서 세 가지 이상이 지난 12개월 동안, 그리고 한 가지 이상이 지난 6개월 동안 지속적으로 반복되어야 한다(APA, 2013).

앞서 언급한 기준 외에도 DSM-5에서는 품행장애를 진단하는 과정에서 평가 대상의 연령, 친사회적 정서의 결함, 증상의 심각도를 구별하는 별도의 명시자(specifier)를 두고 있다. 먼저, 평가 대상의 연령과 관련된 명시자는 증상의 발병 시기에 따라 품행장애를 아동기 발병형, 청소년기 발병형, 불특정 발병형으로 구별한다. 아동기 발병형(childhood-onset type)은 10세 이전에 한 가지 이상의 품행장애 증상을 보이는 경우로, 청소년기 발병형에 비해 대체로 증상의 정도가 심각하고 오랫동안 지속되는 경향이 있다(Dandreaux & Frick, 2009; Frick, 2016). 만일 10세 이후에 품행장애 증상을 보인다면 청소년기 발병형(adolescent-onset type)으로 구별할 수 있다. 이와 관련하여 Nock 등(2006)은 18세 이상 미국 성인이 참여한 National Comorbidity Survey Replication(NCS-R) 데이터를 기반으로 품행장애 발병 연령 중앙치를 11.6세로 보고한 바 있다. 청소년기 발병형은 아동기 발병형에 비해 전통적인 사회적 규범이나 관습에 순응하지 않은 경향이 있는데, 이러한 특성이 청소년기 발병형에서 나타나는 과도한 반항심이나 적대감에 영향을 미쳤을 수 있다(Dandreaux & Frick, 2009). 품행장애 증상의 시작이 10세 이전인지 이후인지 분명하게 판단하기 어렵다면 불특정 발병형(unspecified onset)으로 구별할 수 있다. Dandreaux와 Frick(2009)은 비교적 연령이 높은 청소년의 품행장애를 진단하는 과정에서 증상의 시작 시점을 특정하는 것이 매우 어려운 일이지만, 다양한 평가 자료(예: 자기 보고, 부모보고, 사법 기록 등)를 교차 점검함으로써 이러한 문제를 어느 정도 해결할 수 있다고 언급하였다.

다음으로, 친사회적 정서의 결함과 관련된 명시자는 대인관계 및 정서 기능에 현저한 손상을 보이는 일부 품행장애 사례에 적용할 수 있다. 이러한 사례를 바르게 판별하기 위해서는 다양한 유형의 정보원, 즉 평가 대상의 자기 보고 외에도 대상에 대한 정보를 제공할 수 있는 다른 여러 사람(예: 부모, 친척, 교사, 또래, 동료)의 평가 결과를 종합적으로 고려해야 한다. 친사회적 정서의 결함 여부를 판단할 수 있는 증상은 모두 네 가지로, (a) 문제행동에 대한 후회/죄책감 결여, (b) 다른 사람의 감정을 고려하지 않는 냉담함(공감 부족), (c) 저조한 수행(학교, 직장, 또는 중요한 활동에서)에 대한 문제의식 결여, (d) 피상적이거나 가식적인 정서 표현을 들 수 있다. 네 가지의 증상 목록 중에서 두 가지 이상의 증상이 다양한 상황에서 12개월 이상 지속적으로 나타나는 경우 친사회적 정서가 결핍된 품행장애로 구별한다. 친사회적 정서가 결핍된 품행장애 아동·청소년은 일반적인 품행장애 아동·청소년에 비해 더욱 심각한 품행장애 증상을 보일뿐더러(Scheepers et al., 2011), 현저한 행동 문제를 가진 아동·청소년에 비해서도 더욱 심각하고 의도적인 공격행동을 보일 수 있다(Frick et al., 2014). 하지만 소년원에서 생활하는 남자 청소년 표본(평균 16.73세)을 분석한 Colins(2016)의 연구에 따르면, 친사회적 정서가 결핍된 품행장애 청소년은 병리적 측면(예: 증상의 심각도, 다른 정신장애 유병률)에서 일반적인 품행장애 청소년과 유의한 차이를 보이지 않았다. 이러한 결과를 토대로, Colins는 품행장애 진단 과정에서 친사회적 정서의 결함을 구별하는 DSM-5의 명시자가 실제 임상 장면에서 유용한 기준으로 활용될 수 있는지 의문을 제기하기도 하였다. 한편으로, Kahn 등(2012)은 품행장애 아동·청소년(5~18세)의 25~30%가 친사회적 정서의 결함을 보인다고 밝혔다. 물론 품행장애 아동·청소년이 친사회적 정서의 결핍을 보이더라도 집중적인 치료를 통해 긍정적인 변화를 기대할 수 있다. 하지만 친사회적 정서가 결핍된 품행장애 아동·청소년은 일반적인 품행장애 아동·청소년에 비해 치료에 제대로 반응하지 않을 가능성이 높다(Frick, 2016; Frick et al., 2014).

증상의 심각도와 관련된 명시자는 품행장애 심각도를 경도(mild), 중등도(moderate), 중도(severe)로 구별한다. 경도는 진단 기준에 부합하는 품행 문제의 수가 드물고 다른 사람에게 비

DSM-5에서는 품행장애를 진단하는 과정에서 평가 대상의 연령, 친사회적 정서의 결함, 증상의 심각도를 구별하는 별도의 명시자를 두고 있다(APA, 2013).

교적 적은 피해를 입히는 경우, 중등도는 품행 문제의 수와 타인에게 미치는 영향이 중간 정도인 경우(경도와 중도 사이), 중도는 진단 기준에 부합하는 품행문제의 수가 많고 다른 사람에게 심각한 피해를 입히는 경우를 나타낸다. 그리고 품행장애 진단 과정에서 명시자가 제시하는 기준을 더욱 정확하게 평가하기 위해서는 여러 유형의 평가자가 제공하는 정보를 종합적으로 검토할 필요가 있다(APA, 2013).

유병률 및 공존장애

DSM-5에 따르면, 품행장애의 유병률(1년 유병률 기준)은 대체로 2~10% 범위에 분포(중앙치 4%)한다. 일부 연구 결과는 여러 발달 시기 중에서, 특히 아동·청소년기 품행장애 유병률을 파악하는 데 도움을 준다. 예컨대, Canino 등(2010)은 다양한 문화권에서 수행된 품행장애 유병률 연구를 바탕으로 아동·청소년기 품행장애 유병률을 3.2%로 추정한 바 있다. 그리고 프랑스 국립보건의학연구원(National Medical Research Institute)이 발행한 자료에서는 아동기(5~12세) 품행장애 유병률을 2~5%로, 청소년기(13~18세) 품행장애 유병률을 5~9%로 밝히고 있다(INSERM Collective Expertise Centre, 2005). 하지만 이러한 품행장애 유병률 연구의 대다수가 DSM-5 출간 이전 시점에서 수행되었다는 사실에 주의를 기울일 필요가 있다. DSM-5의 품행장애 진단 기준이 이전 DSM-IV(또는 DSM-IV-TR)의 품행장애 진단 기준에 비해 크게 달라지지 않았더라도 DSM-5가 출간되기까지 상당한 시간이 소요되었다는 점을 감안한다면 품행장애 유병률에 일부 변화가 나타날 가능성을 배제할 수는 없다. 또한 발달 시기와 관련하여 Patel 등(2018)의 연구를 살펴보면, 18세 이하 아동·청소년 임상 표본(정신장애로 입원 치료를 받은 사례)에서 11세 이하 아동 집단은 12~18세 청소년 집단에 비해 품행장애 진단 가능성이 약 5배 더 높은 것으로 나타났다. 더욱이, 아동기에 처음으로 품행장애 증상을 보이는 사례의 경우 청소년기에 처음으로 품행장애 증상을 보이는 사례에 비해 심각한 비행을 저지를 가능성이 더 높을 뿐 아니라 성인기에 이르러 범죄에 연루될 위험이 더 큰 것으로 나타났다(Gathright & Tyler, 2014; Institut national de la santé et de la recherche médicale [INSERM] Collective Expertise Centre, 2005; Odgers et al., 2008; Patel et al., 2018). 아울러 품행장애 증상은 시간이 지남에 따라 점차 악화되는 경향(예: 거짓말하기/몰래 훔치기 등의 초기 증상이 강도/강간과 같은 중대한 범죄 행위로 이어지는 등)이 있으며 성인기에까지 심각한 영향(예: 공격성, 기물 파손, 사기, 폭력, 규칙 위반, 반사회성 성격장애 등)을 미칠 수 있다(DSM-5; APA, 2013).

성별에 따른 품행장애 유병률을 살펴보면, 아동기와 같이 비교적 낮은 연령대에서는 남아의 품행장애 유병률이 여아에 비해 뚜렷하게 높은 편이지만 청소년기에 이르게 되면 이러한 격차가 눈에 띄게 감소하는 경향이 있다. 예컨대, 일부 연구에서는 아동기 남아의 품행장애 유병률이 여아에 비해 약 3~4배 더 높은 것으로 보고하였다(Moffitt et al., 2001; Loeber et al., 2000). 청소년기가 되면 품행장애 유병률은 성별에 상관없이 대체로 증가하는데, 특히 십 대 여아의 품행장애 유병률이 이전에 비해 현저하게 증가하는 경향을 보인다. 앞선 Loeber 등의 연구에서는 아동기 품행장애 유병률의 성별 격차가 약 4배에 달하였지만 청소년기에서 2배 이하(남 15.8%, 여 9.2%)로 줄어드는 모습을 보였다. 덧붙여 18세 이하 아동 · 청소년 임상 표본(정신장애로 입원치료를 받은 사례)에서는 남아의 품행장애 유병률이 여아에 비해 약 3배 정도 더 높은 것으로 나타났다(Patel et al., 2018). 이러한 결과에 비추어 일부 연구자들은 여아에 한하여 몇몇 정신장애에 대한 DSM-5의 10세 연령 기준(예: 파괴적 기분조절부전장애를 진단하기 위해서는 10세 이전에 관련 증상이 시작되어야 함)을 사춘기로 변경하는 것이 임상적으로 타당하다고 주장하기도 하였다. 이들은 청소년기가 되어 품행장애를 경험하는 여아가, 특히 문란한 성생활이나 임신과 같은 심각한 문제에 노출될 수 있다는 점을 우려한다. 품행장애를 가진 여아의 경우 타인의 신체에 해를 입히는 직접적인 공격 행동의 빈도가 많지는 않지만, 간접적으로 위협하기, 나쁜 소문 퍼트리기, 비방하기 등 타인을 마음대로 조종하려는 행동(manipulative behavior)을 남아에 비해 더 많이 보이는 경향이 있다(APA, 2013; INSERM Collective Expertise Centre, 2005).

한편으로, 품행장애 아동 · 청소년은 품행장애 외에도 다른 정신장애와 관련된 증상을 함께 경험할 가능성이 높다(Gathright & Tyler, 2014; INSERM Collective Expertise Centre, 2005). 예컨대, Patel 등(2018)의 연구에서 품행장애 아동 · 청소년은 다른 정신장애를 가진 아동 · 청소년에 비해 정신증(psychosis) 진단을 받을 가능성이 약 11배나 더 큰 것으로 나타났다. 특히 품행장애 아동 · 청소년은 품행장애 진단을 받기 전에 흔히 적대적 반항장애(ODD)에 부합하는 증상을 먼저 보이며, 향후 성인기에 이르러서는 반사회성 성격장애 진단을 받는 경우가 많다. 품행장애 아동 · 청소년은 흔히 주의력결핍 과잉행동장애(ADHD), 우울, 불안을 함께 경험하기도 한다(INSERM Collective Expertise Centre, 2005). 특히 앞서 ADHD나 ODD 진단을 받았던 품행장애 아동 · 청소년의 경우 다양한 영역에서 심각한 문제를 겪을 가능성이 높다(APA, 2013; NSERM Collective Expertise Centre, 2005). 그리고 청소년기 품행장애는 흔히 물질 남용이나 심각한 행동 문제(예: 자살 사고, 자살 시도 등)와 밀접하게 관련되어 있다(APA, 2013). 아울러 품행장애를 가진 여자 청소년의 상당수가 대마초를 흡입한 경험이 있다는 결과에도 주의를 기울여야 한다(NSERM Collective Expertise Centre, 2005).

학교기반 수혜자격

장애인교육법

교사, 학교 관리자, 부모, 법률가를 비롯하여 이 분야에 관심을 가진 사람들은 품행장애 학생이 「장애인교육법(Individuals with Disabilities Education Improvement Act: IDEA)」에 따른 특수교육 및 관련서비스 수혜자격을 갖출 수 있는지에 대한 논쟁을 오랫동안 계속해 왔다(Olympia et al., 2004; Sullivan & Sadeh, 2014; Theodore et al., 2004). 품행장애 학생이 IDEA의 적용을 받으려면 이들의 증상이나 행동이 IDEA에서 제시하는 13개의 장애 유형 중 한 가지 이상의 유형에 부합해야 한다. 따라서 앞선 논쟁의 대부분은 품행장애가 IDEA에서 정한 장애 유형 중, 특히 정서장애(Emotional Disturbance) 진단 기준에 부합하는지에 초점을 두고 있다. 미국의 연방법률인 IDEA에서는 정서장애 진단 기준을 다음과 같이 명시하고 있다. "(a) 학습활동이 불가하며 이는 지적 · 감각적 · 의학적 요인에 의해 설명되지 않아야 한다. (b) 또래 및 교사와 만족스러운 대인관계를 형성하거나 유지할 수 없다. (c) 일반적인 상황에서 부적절한 유형의 행동이나 감정을 보인다. (d) 일상생활 전반에 걸쳐 우울감을 느끼거나 자신이 불행하다고 느낀다. (e) 개인적인 문제 또는 학교에서 겪는 어려움과 관련하여 신체적 증상이 나타나거나 두려움을 느끼는 경향이 있다."[U.S. Department of Education, n.d., Section 300.8 (c) (4) (i)] IDEA에 따르면 정서장애는 조현병을 포함한다. 그리고 사회적 부적응 아동 · 청소년의 경우 앞선 (a)~(e) 기준에 부합하는 정서적 문제를 가진 것으로 판단되지 않는다면 정서장애로 진단하지 않는다(U.S. Department of Education, n.d.). IDEA에서 제시한 정서장애 개념은 Bower(1957)의 연구를 기초로 정의되었는데, 이 연구에 참여한 교사는 자신의 학생에게 '정서적인 장애(emotionally disturbed)'가 있다고 표현하였다. 하지만 Bower는 이후 연구에서 정서적인 장애를 가진 아동 · 청소년이 **사회적 부적응**과 밀접한 관련이 있다고 밝히면서 1975년 제정된 「장애아동교육법」(Public Law 94-142; IDEA의 모체)의 정서장애 진단 기준에 문제를 제기하였다(Bower, 1982).

혹자는 품행장애 증상이 IDEA에서 제시한 정서장애 진단 기준 (c), 즉 "일반적인 상황에서 나타나는 부적절한 유형의 행동"에 부합한다고 주장하기도 한다(Olympia et al., 2004). 반면에 대다수 연구자들은 품행장애 및 관련 행동을 사회적 부적응의 범주에서 설명해야 한다고 주장한다(Cloth et al., 2014). 하지만 IDEA에서는 사회적 부적응을 구체적으로 정의하지 않았으며, 결과적으로 평가자에 따라 사회적 부적응의 개념을 다르게 해석할 여지를 남겨 두었다. 이러한 모호성은 품행장애 증상이 정서장애 진단 기준에 부합하는지 여부를 평가하는 과정에서 일부 혼란을 야기할 수 있다(Sullivan & Sadeh, 2014). 사실, 이 분야의 연구자들은 사회적 부적응의 개념적 모호성이 가져올 수 있는 여러 가지 문제점(예: IDEA 적용의 비일관성, 학생 선별의 한계, 사회적 부적응 평가척도의 부족 등)을 오랫동안 꾸준하게 제기해 왔다(Olympia et al., 2014; Sullivan & Sadeh, 2014).

IDEA에서는 사회적 부적응에 대한 정의를 명확하게 제시하지 않았지만, 미국심리학회에서 발간한 심리학 사전(American Psychological Association Dictionary of Psychology, n.d.)은 **사회적 부적응**(social maladjustment)을 다음과 같이 정의하고 있다. "(a) 친화 욕구(affiliative needs)를 충족시킬 만한 사회적 관계를 맺지 못하고, (b) 사회성 기술이 현저하게 부족하며, (c) 긍정적인 사회적 관계를 유지하기 어렵다." 그리고 Theodore 등(2004)은 사회적 부적응의 개념을 구체화하려는 대부분의 연구가 부적응 행동의 의도성에 초점을 두고 있다고 언급하였다. 다시 말해, 사회적 부적응 아동 · 청소년은 자신의 행동을 충분히 인지하고 있으며 스스로 행동을 통제하고 있다는 것이다. 이러한 모습은 자신의 내재화 문제를 제대로 통제하지 못하는 정서장애 아동 · 청소년의 모습과 확연한 차이를 보인다. 아울러 사회적 부적응의 정의가 아직 명확한 합의에 이르지는 못했지만 정서장애와 **사회적 부적응**에 대한 중재 전략이 각각 다르게 적용되어야 한다는 견해가 널리 인정되고 있다(Theodore et al., 2004). 더욱이 미국 판례를 살펴보면, 정서장애 관련 증상 없이 사회적 부적응 행동만을 보이는 학생의 경우 정서장애에 따른 특수교육 수혜 대상으로 인정하기 어렵다고 판시한 사례를 다수 확인할 수 있다. 이와 관련한 주요 판례로 A.E. vs. Independent School Dstrict #25 of Adair County, Oklahoma, Springer v. Fairfax County School Board, N.C. v. Bedford Central School District, W.G. v. New York City Department of Education 등을 들 수 있다. 판례에 대한 자세한 정보를 확인하려면 Sullivan과 Sadeh(2014)의 연구를 찾아볼 것을 권한다.

일부에서는 품행장애 아동 · 청소년이 정서장애 진단을 받을 수 없다면 IDEA가 정하는 장애유형 중에서 '기타 건강장애(Other Health Impairment: OHI)' 진단 기준에 부합할 가능성을 제기해 왔다. 미국 교육부(n.d.)에 따르면, "기타 건강장애는 체력, 활동성, 또는 주의력 감소로 인하여 교육 환경에 대한 각성 수준은 현저하게 떨어지고 다른 환경 자극에 대한 각성 수준은 높아진 상태"[Section 300.8 (c) (9)]를 말한다. 구체적으로 OHI 진단 기준에 부합하려면 만성적인 또는 급성으로 발병한 건강 문제가 학생의 교육 활동 수행에 부정적인 영향을 미쳐야 한다. IDEA에서는 OHI로 고려해야 할 질병 사례를 다양하게 제시하고 있는데, 가령 천식, 주의력결핍 과잉행동장애(ADHD), 당뇨병, 뇌전증, 심장질환, 혈우병, 납중독, 백혈병, 신장염, 류마티스열, 겸상 적혈구 빈혈, 뚜렛증후군 등을 들 수 있다. IDEA에서 OHI의 질병 사례를 이처럼 광범위하게 열거한 까닭은 사례 목록에 포함되지 않은 다른 질병도 OHI로 고려할 수 있다는 점을 명확히 하기 위한 것이다(U.S. Department of Education, n.d.). 일부에서는 이러한 가능성을 감안하여 품행장애 아동·청소년이 OHI 진단을 통해 학교에서 제공하는 특수교육 및 관련서비스 수혜자격을 갖출 수 있다고 주장한다. 하지만 대다수의 연구자 및 실무자는 IDEA의 장애 유형에 OHI를 포함한 의도가 심각한 신체 질환으로 교육 활동 수행에 어려움을 겪는 아동·청소년(예: 만성 질환으로 결석이 잦거나, 병원 진료를 위해 등교하지 못하거나, 설령 등교하더라도 건강 문제로 수업에 제대로 참여하지 못하는 등)을 지원하기 위한 것이라고 생각한다. 하지만 부모 및 장애인 권익옹호 단체를 비롯한 일부 사람들은 OHI 진단 기준에 명시된 "교육 활동 수행에 부정적인 영향을 미치는 만성적인 건강 문제"가 품행장애와 관련된 문제를 포함할 수 있다고 주장하기도 한다.

IDEA의 의도와 상관없이, 만일 품행장애 아동·청소년이 특수교육 및 관련서비스 수혜자격을 갖출 수 있다면 일반적인 교육 환경에서 교사나 관리자가 간과할 수 있는 학생의 일부 권리를 보장하는 데 도움을 줄 것이다. 예컨대, IDEA에 따른 특수교육 및 관련서비스 지원 대상 학생은 자신만의 개별화교육프로그램(IEP)에 명시된 교육 서비스를 받을 권리를 가진다. 학생이 혹여 정학/퇴학 처분(품행장애와 같은 심각한 행동 문제를 다루는 과정에서 학교가 흔히 취하는 행정 조치; Frick, 2012) 등으로 기존 교육 환경에서 배제되더라도 학교는 가정을 비롯한 대체 환경에서 IEP에 따른 서비스를 계속해서 제공해야 한다. 또한 IDEA의 법적 보호하에 학교가 해당 학생을 기존 교육 환경에서 배제하는 조치를 취하더라도 최대 10일까지만 가능하다. 이때 허용되는 그 10일은 연속적이든 누적적이든 상관이 없다. 이처럼 학생이 10일 이상 배제된다면, 이는 배치의 변경을 의미한다. 이러한 배치 변경을 진행하는 학교에서는 사전에 장애 징후 결정 청문회의(manifestation determination hearing)를 개최해야 한다. 장애 징후 결정 청문회의에서는 교직원이 IEP를 적절하게 운영하였는지, 그리고 학생의 문제행동이 장애로 인한 것은 아닌지 면밀하게 검토해야 한다(U.S. Department of Education, n.d.). 앞서 언급한 바와 같이 사회적 규범/규칙을 위반하는 행동은 품행장애 여부를 결정짓는 주요한 증상 중의 하나이다(APA, 2013). 따라서 품행장애 학생을 대상으로 장애 징후 결정 청문회의가 개최된다면 학생의 문제행동을 품행장애 증상의 일부로 보아야 한다고 판단할 가능성이 높다. IDEA에서는 학생의 문제가 장애의 증상으로 나타나는 것이라면 해당 학생을 징계할 수 없도록 규정하고 있다(U.S. Department of Education, n.d.). 학교의 일부 구성원은 이러한 조항이 품행장애 아동·청소년의 심각한 문제행동을 제대로 규제할 수 없도록 방해하며, 결과적으로 학교의 안전과 질서를 유지하는 데 커다란 걸림돌이 된다고 여길 수 있다. 학생이 학교에서 심각한 문제행동을 보이는 경우 학교에서는 흔히 기존 교육 환경에서 학생을 배제하는 방식으로 대처해 왔지만, 사실 이러한 접근 방법이 문제행동 예방 및 개선에 효과가 있다는 것을 입증할 증거는 거의 없다. 그리고 이러한 배제 전략이 의도치 않게 소수 인종/민족 집단에 속한 학생들에게 남용되고 있을 가능성에도 주의를 기울여야 한다(Losen, 2015; Skiba et al., 2002, 2011).

IDEA에서는 학생의 문제가 장애의 증상으로 나타나는 것이라면 해당 학생을 징계할 수 없도록 규정하고 있다(U.S. Department of Education, n.d.).

재활법 504조

품행장애 학생이 특수교육 및 관련서비스 수혜자격을 갖추지 못한다면 IDEA가 아닌 다른 법령에 의거하여 이들에게 별도의 학교기반 서비스를 제공할 수 있는지 추가적으로 검토할 수 있다. 이러한 법령의 대표적인 사례로 미국의 연방법인 「재활법 504조(Section 504 of the Rehabilitation Act)」를 들 수 있다. 「재활법 504조」는 장애인을 보호하고 장애인에 대한 차별을 예방하기 위한 목적으로 지난 1973년에 제정되었으며, 시민의 인권 신장에 크게 기여한 기념비적인 법령으로 평가받고 있다. 공립학교를 비롯하여 미국 연방정부에게 예산 지원을 받는 기관 및 단체는 예외 없이 「재활법 504조」를 준수해야 한다. 「재활법 504조」에 따르면, 공립학교는 장애를 가진(또는 장애가 의심되는) 학생이 공교육에 자유롭게 접근할 수 있도록 보장하고 이들에게 보탬이 될 수 있는 별도의 학교기반 교육 서비스를 적절하게 제공해야 한다. 고무적인 것은 「재활법 504조」에 따른 수혜자격이 IDEA가 정한 특수교육 및 관련서비스 수혜자격을 필요로 하지 않는다는 점이다. 즉, 학교기반 평가 결과가 "주요한 생활 기능을 한 가지 이상 현저하게 제한하는 신체적 또는 정신적 손상"을 입증한다면, 평가 대상 학생은 IDEA 적용 여부와는 상관없이 「재활법 504조」에 따라 별도의 학교기반 서비스 수혜자격을 갖출 수 있다[Office of Civil Rights, n.d., Section 104.3 (2) (iv)]. 「재활법 504조」에서는 주요한 생활 기능으로 걷기, 듣기, 보기, 말하기, 숨쉬기, 학습하기, 노동, 자기돌봄, 수작업 수행 등을 들고 있다. 이 외에도 개인의 생활에 영향을 미치는 여러 기능들이 주요한 생활 기능의 사례로 포함될 수 있다(Office of Civil Rights, n.d.).

앞서 언급한 바와 같이 IDEA에서는 특수교육 및 관련서비스 수혜자격으로 13개의 장애 유형을 제시하고 있다. 반면에 「재활법 504조」에서는 특정 장애 유형을 제시하기보다 장애를 가진 사람의 신체적/정신적 손상에 초점을 맞추고 있다. 이와 관련하여 「재활법 504조」에서는 신체적 손상을 "생리적 질병/상태, 성형으로 인한 변형, 또는 해부학적 소실이 다음 신체 체계 중 하나 이상에 영향을 미치는 경우: 신경계, 근골격계, 특수 감각기관, 발성기관을 포함한 호흡기관, 심혈관계, 생식계, 소화계, 비뇨생식계, 혈액 및 림프계, 피부, 내분비계"로, 정신적 또는 심리적 손상을 "정신지체, 기질성 뇌증후군, 정서 및 정신 질환, 특정학습장애를 비롯한 모든 유형의 정신장애"로 정의한다[Office of Civil Rights, n.d., Section 104.3 (2) (i)].

품행장애의 경우 정신장애 분류체계에 포함된다는 점에서 「재활법 504조」가 규정한 정신적 손상의 정의에 부합하는 것으로 볼 수 있지만, 품행장애 진단 자체가 「재활법 504조」에 따른 수혜자격을 완전하게 보장하지는 않는다. 「재활법 504조」의 적용 여부를 평가하는 과정에서 학교는 다학제 팀을 구성하여 평가에 필요한 자료를 수집하고 결과를 면밀하게 검토함으로써 평가 대상 학생이 주요 생활 기능에 실제 현저한 손상을 보이는지 판단해야 한다(Office of Civil Rights, n.d.). 이와 관련하여 Zirkel과 Weathers(2016)는 미국 공립학교 학생 중에서 「재활법 504조」의 적용을 받는 학생의 비율을 약 1.48%로 보고한 바 있다(2011~2012년 기준). 평가 대상 학생이 「재활법 504조」에 따른 학교기반 서비스 수혜자격에 부합한다면, 학교는 해당 학생의 교육 활동에 영향을 미치는 여러 요인(예: 교육 환경, 커리큘럼, 교구 등)을 조정/변경하기 위한 구체적인 실천 계획을 마련하게 되는데, 이 과정에서 「재활법 504조」 실천 계획의 일환으로 별도의 행동개입계획(behavioral intervention plan)을 수립하여 실행할 수 있다. 품행장애 학생을 위한 「재활법 504조」 실천 계획에는 학교심리사(또는 상담사)가 제공하는 상담 서비스, 그리고 보건교사(또는 학교 간호사)가 참여하는 약물 관리 서비스 등이 포함될 수 있다.

학교기반 서비스 유형은 매우 광범위하기 때문에 학교가 품행장애 아동·청소년에게 필요한 서비스를 적절하게 제공하려면 학교심리사의 역할이 중요하다. 이를 위해 학교심리사는 품행장애와 관련된 학교기반 서비스 수혜자격 결정 요인, 품행장애가 다양한 영역(예: 사회성, 정서 및 행동 기능)에 미치는 영향, 품행장애 아동·청소년을 위한 법적 보호 장치 등에 해박한 지식을 갖추어야 한다. 특히 IDEA와 「재활법 504조」에 정통한 학교심리사는 다학제 팀이 품행장애 학생에 대한 자료를 수집하고 평가 결과를 분석하며 주요 사안에 대한 결정을 내리는 과정에서 중추적인 역할을 할 수 있다. 학교심리사는 이러한 역할을 감당할 만한 전문적인 식견과 역량을 꾸준하게 쌓아 나가야 한다. 다학제 팀의 올바른 결정과 학교의 적절한 지원은 품행장애 아동·청소년의 삶에 큰 영향을 미칠 수 있다.

문화적 쟁점

위험요인

Frick(2016)의 연구에 따르면, 세로토닌(기분 안정 호르몬) 수준 저하, 휴지기 심박수 감소, 집행기능 손상, 사회적 정보처리 결함(예: 귀인 편향), 정서조절 문제, 성격 요인(예: 충동성)과 같은 다양한 문제들이 품행장애의 위험요인으로 기능할 수 있다. 그리고 품행장애 아동·청소년(특히, 친사회적 정서의 결함을 가진 사례)은 양심(conscience)의 자연스러운 발달을 저해하는 기질적 문제를 가지고 있을 수도 있다(Frick, 2016). 하지만 주목할 만한 점은 가정, 또래, 지역사회와 관련된 문화적 요인이 아동·청소년기 품행장애 발달에 영향을 미칠 수 있다는 것이다. 이러한 요인의 주요 사례로는 부적절한 양육에 노출되는 것, 어린 시절 가정이나 지역사회에서 폭력을 경험하는 것, 품행문제를 가진 또래와 어울리는 것 등을 들 수 있다(Frick, 2016; Gathright & Tyler, 2014). 특히 아동기 발병형 품행장애(10세 이전에 품행장애 증상을 보이는 경우)는 청소년기 발병형 품행장애(10세 이후에 품행장애 증상을 보이는 경우)에 비해 가족의 불안정성, 비효과적인 양육전략, 가족 간의 갈등과 밀접한 관련을 보이는 것으로 나타났다(Frick, 2016). 더욱이, 일부 연구에서는 빈곤 관련 요인이 아동·청소년의 품행장애 진단 가능성을 증가시킬 수 있다는 우려를 제기한 바 있다(Gathright & Tyler, 2014; INSERM Collective Expertise Centre, 2005; Loeber et al., 2000; Patel et al., 2018). 실제로, 18세 이하 아동·청소년 임상 표본(정신장애로 입원 치료를 받은 사례)에서 경제 수준이 낮은 가정(하위 50%)의 자녀는 경제 수준이 높은 가정(상위 50%)의 자녀에 비해 품행장애 진단을 받을 가능성이 약 1.5배 더 높은 것으로 나타났다(Patel et al., 2018).

> 경제 수준이 낮은 가정(하위 50%)의 자녀는 경제 수준이 높은 가정(상위 50%)의 자녀에 비해 품행장애 진단을 받을 가능성이 약 1.5배 더 높은 것으로 나타났다(Patel et al., 2018).

Gathright와 Tyler(2014)도 학대, 방임, 거부, 가혹한 훈육, 비일관적 양육 태도, 부실한 자녀관리, 한부모 가정 환경, 부모의 범죄, 부모의 약물/알코올 남용 등과 같은 문제들이 품행장애의 위험요인으로 기능할 수 있다고 언급하였다. 하지만 이러한 환경(또는 문화)요인만으로 품행장애의 발달을 설명하기에는 충분하지 않다. 사실, 대다수의 연구자들은 품행장애 발달이 기질과 환경의 상호작용에 따른 것이라는 견해를 일관되게 지지하고 있다. 가령, 일부 쌍생아 연구를 살펴보면 유전 요인과 환경 요인의 상호작용이 아동·청소년의 품행장애 발달에 큰 영향을 미친다는 사실을 확인할 수 있다(APA, 2013; Gathright & Tyler, 2014; INSERM Collective Expertise Centre, 2005). 이와 관련하여 INSERM Collective Expertise Centre(2005)는 품행장애의 원인을 하나의 요인으로 제한하지 않도록 주의를 당부하면서 다음과 같은 견해를 밝혔다. "일부 아동·청소년은 매우 공격적이고 반사회적인 행동 패턴을 선택하거나 유지한다. 하지만 어떠한 단일 요인도 독자적으로 그 까닭을 설명하거나 예측할 수 없다."(para. 6)

품행장애의 위험요인 외에도, Gathright와 Tyler(2014)는 아동·청소년기 품행장애 발달을 억제할 수 있는 다양한 보호요인을 함께 언급하였다. 특히 이들은 품행장애의 보호요인을 개인/환경 특성과 대응 전략 범주 등으로 구별하여 체계적으로 제시하였다. 예컨대, 개인/환경 특성으로는 가족력(적대적 반항장애, 품행장애)이나 공존장애 증상의 부재를, 대응 전략으로는 품행장애에 대한 조기 중재(평가 포함)를 들 수 있다.

문화적 고려사항

National Comorbidity Survey Replication(NCS-R) 데이터를 사용하여 18세 이상 미국 성인의 정신장애 유병률을 분석한 Breslau 등(2006)의 연구를 살펴보면, 품행장애 유병률이 인종/민족에 따라 차이를 보일 가능성을 확인할 수 있다. 이들의 연구에서 히스패닉의 품행장애 유병률(평생 유병률 기준)은 6.9%로, 다른 인종/민족 집단(백인 5.0%, 흑인 4.9%)의 유병률에 비해 다소 높은 것으로 나타났다. 그리고 흑인과 백인 아동이 유사한 유형의 문제행동을 보이더라도 흑인 아동은 품행장애 진단을, 백인 아동은 비교적 경미한 수준의 적대적 반항장애 진단을 받을 가능성이 높았다(Proctor et al., 1992). 18세 이하 아동·청소년 임상 표본(정신장애로 입원 치료를 받은 사례)을 분석한 Patel 등(2018)의 연구도 주목할 만하다. 구체적으로, 품행장애 집단의 인종/민족별 비율에서는 백인 아동·청소년의 비율이 가장 높았던 반면(백인 48.4%, 흑인 29.4%, 히스패닉 15.2%, 기타 7.0%), 동일 인종/민족 집단의 품행장애 진단 비율에서는 흑인 및 히스패닉 집단의 품행장애 진단 비율(각각 11.7%, 8.0%)이 백인 집단의 품행장애 진단 비율(5.5%)을 앞서는 것으로 나타났다. 특히 흑인 집단의 품행장애 진단 가능성은 기타 인종/민족 집단(6.8%; 백인 및 히스패닉 제외)에 비해 두 배가량 더 높은 것으로 나타났다. 다른 연구 결과를 종합적으로 고려하였을 때 이러한 경향은 11세 이하 흑인 남아에게서 더욱 뚜렷하게 나타날 것으로 예측되었다. Patel 등은 결과를 해석하면서 부모의 양육 방식이 인종/민족에 따른 품행장애 진단 비율에 영향을 미칠 수 있다고 주장하였다. 가령 흑인 부모는 자녀 양육 과정에서 체벌 사용의 빈도가 높으며 자녀의 순종적인 태도를 강조하는 경향이 있다. 특히 빈곤 가정의 흑인 부모는 자녀에게 사회적 상황에 순응하기보다 생존을 위해 사회적 고통과 억압(예: 인종차별과 같은 사회의 구조적 문제)에 대항하도록 가르침으로써 높은 수준의 외현화 행동을 유발할 수 있다(Patel et al., 2018). 남자 아동·청소년의 외현화 행동과 그 결과를 장기적으로 추적한 Schaeffer 등(2003)의 연구에서도 흑인 아동·청소년은 다른 인종/민족에 속한 아동·청소년에 비해 더 높은 수준의 공격성을 보였으며, 특히 빈곤 가정에 속한 흑인 아동·청소년의 경우 성장 과정에서 범죄에 연루되거나 성인기(19~20세)에 이르러 품행장애 및 반사회적 성격장애 기준에 부합할 가능성이 높았다.

문화적 쟁점과 관련하여 또 하나 주목할 점은 품행장애를 평가하는 과정에서 문제행동이 나타나는 맥락을 주의 깊게 살펴야 한다는 것이다. 아동·청소년의 문제행동이 주변 환경의 영향을 크게 받는 상황에서 행동의 맥락을 고려하지 않고 증상만으로 품행장애를 진단한다면 이는 매우 성급한 판단일 수 있다. 이를테면 범죄나 전쟁 등으로 폭력이 난무하는 지역에서는 심각한 문제행동이 공공연하게 나타날 수 있다(APA, 2013). 그리고 인종/민족에 대한 암묵적 편견이 건강 서비스 분야 전반에 걸쳐 만연하다는 점을 고려할 때 정신건강 전문가는 증상을 평가하는 과정에서 특히 인종/민족과 관련된 자신의 인식을 면밀하게 살피고 인종/민족에 따른 차별을 예방하기 위해 많은 노력을 기울여야 한다(Merino et al., 2018). 가령, 정신건강 전문가는 소수 인종/민족 배경을 가진 아동·청소년이 흔히 일탈 행동을 보인다는 암묵적인 편견에서 벗어나 일탈 행동의 여부를 신중하게 판단하고자 노력해야 한다(Okonofua & Eberhardt, 2015; Okonofua et al., 2016).

학교와 가정에서 사회성, 정서 및 행동 기능에 미치는 영향

학교에서의 사회성, 정서 및 행동 기능

DSM-5의 품행장애 진단 기준에서도 알 수 있듯이, 대부분의 품행장애 아동·청소년이 학교에서 나타내는 외현화 행동 문제는 품행장애를 규정짓는 핵심적인 특징으로, 발생 빈도 및 강도가 높고 매우 파괴적이다. 품행장애 아동·청소년은 후회나 죄책감 없이 학교 규칙을 지속적으로 위반할 뿐만 아니라, 잘못된 행동을 지적하는 교사 및 관리자와도 서슴없이 격렬한 언쟁을 벌이곤 한다. 학교에서 품행장애 아동·청소년의 행동 문제는 거짓말, 절도, 신체적/언어적 공격, 지시 불응(학습활동 관련) 등 다양한 유형으로 나타날 수 있다. 타인과 대등한 위치에서 사회적 상호작용을 하는 상황에서도 품행장애 아동·청소년은 상대방의 의도를 적대적으로 인식하여 강렬한 적개심을 표출할 수 있다(Griffiths & Hart, 2016).

품행장애 학생이 학교에서 심각한 문제행동을 보인다면 관리자는 학생을 기존 교육 환경에서 대체 환경(예: 교실 변경, 전학 등)으로 이동시키는 조치를 검토하기도 한다. 대체 환경은 일반적으로 학업과 훈육의 측면에서 매우 제한적이고 경직된 구조를 가지고 있다. 언뜻 생각하면 제한적인 구조를 갖춘 교육 환경은 문제행동 개선에 어느 정도 보탬이 될 것 같기도 하다. 하지만 이러한 교육 환경은 품행장애 아동 · 청소년(특히, 초등학생보다는 중고등학생)에게 오히려 역효과를 가져올 수 있다. 실제로, 제한적인 교육 환경은 품행장애 증상을 악화시키고 더욱 심각한 수준의 규칙 위반 행동을 유발하는 경향이 있다. 또한 행동 문제를 가진 아동 · 청소년이 학교에서 이미 겪고 있는 대인관계 및 학업 문제를 심화시키기도 한다. 이러한 점에서 제한적인 교육 환경이 품행장애 학생의 고등학교 중도 탈락 가능성을 높인다는 연구 결과는 일면 당연하게 보이기도 한다(Powers et al., 2016).

품행장애 학생은 잦은 문제행동으로 인하여 또래와 긍정적인 사회적 관계를 맺지 못하는 경우가 많다. 품행장애 학생은 또래에게 좀처럼 수용되지 못하고 반복적으로 거부를 당하며, 이처럼 되풀이되는 또래 거부 경험은 품행장애 학생이 결국 품행 문제를 가진 또래들과 어울릴 수밖에 없도록 만든다. 품행 문제를 가진 아동 · 청소년 집단에서는 특히 반사회적 행동이 또래의 관심을 끌 수 있으며, 이러한 사회적 환경은 품행장애 학생의 반사회적 행동을 한층 강화하고 유지하는 데 기여할 수 있다(Deater-Dekkard, 2001; Schaeffer et al., 2003). 더욱이, 품행장애 학생은 학교에서 다른 또래를 자주 괴롭히는 모습을 보이는데, 이러한 괴롭힘 가해 행동은 또래 집단에서 자신의 사회적 지위를 심각하게 손상시킬 수 있다(Kokkinos & Panayiotou, 2004).

가정에서의 사회성, 정서 및 행동 기능

품행장애의 초기 징후는 흔히 가정에서 처음으로 발견된다. 특히 초기 아동기에는 자기조절 및 사회적 상호작용과 관련된 문제가 나타날 수 있다. 따라서 향후 품행장애 진단 가능성이 높은 아동 · 청소년은 감정의 기복이 심하고 충동적인 모습을 자주 보인다. 그리고 사회적 상호작용 장면(또래/성인)에서 공격적인 행동을 하거나 속임수를 사용하는 경향이 있다. 이들은 반항적인 행동 패턴을 지속적으로 나타내며 학교 적응에 필요한 주요 기능을 제대로 갖추지 못한 경우가 많다. 또한 이들은 흔히 어린 시절부터 사회적 부적응 행동을 보이는데, 대표적인 사례로 거짓말, 절도, 재산 파괴, 사람/동물에 대한 공격 등을 들 수 있다. 이러한 행동은 다분히 의도적이며 발달적으로 용인할 수 있는 수준을 넘어선다(Gathright & Tyler, 2014).

당연하게도 품행장애 아동 · 청소년의 가정은 여러 문제에 부딪힐 수 있다. 특히 부모의 정신병리와 관련된 일부 생물학적 요인이 자녀의 품행장애 발달에 영향을 미칠 수 있다는 사실은 품행장애 아동 · 청소년과 가족의 문제를 더욱 어렵게 만든다. Gathright와 Tyler(2014)의 연구에 따르면, 품행장애 아동 · 청소년의 부모는 알코올 의존, 반사회성 성격장애, ADHD, 품행장애, 조현병과 같은 정신장애를 가지고 있을 가능성이 높다. 심지어 품행장애 아동 · 청소년의 형제자매들도 적대적 반항장애나 품행장애 증상을 보일 가능성이 있다. 이러한 복합적인 정신병리 문제는 가정의 경제적 안정성, 정서적 안녕감, 가족 간 의사소통, 가족 관계를 손상시키는 등 품행장애 아동·청소년 및 가족에게 심각한 어려움을 초래할 수 있다.

Gathright와 Tyler(2014)의 연구에 따르면, 품행장애 아동·청소년의 부모는 알코올 의존, 반사회성 성격장애, ADHD, 품행장애, 조현병과 같은 정신장애를 가지고 있을 가능성이 높다.

부모가 품행장애 자녀를 돌보기 어려운 형편이라면 다른 가정이나 기관에 일정 기간 이들의 양육을 위탁해야 할 필요도 있다. 품행장애 아동·청소년의 위탁보호는 다양한 상황에서 고려될 수 있는데, 가령 품행장애 아동·청소년의 문제행동이 현저하게 심해져서 부모가 자녀의 안전을 확보할 수 없는 경우(APA, 2013; INSERM Collective Expertise Centre, 2005), 부모의 정신장애 증상이 품행장애 아동·청소년 양육에 심각한 문제를 초래하는 경우(APA, 2013), 부모의 양육 방식이 지나치게 부적절하여 품행장애 아동·청소년에게 필요한 환경(예: 가정 환경의 구조화, 적절한 훈육, 지켜야 할 경계 설정 등)을 제공할 수 없는 경우(INSERM Collective Expertise Centre, 2005) 등을 들 수 있다. 위탁보호의 궁극적인 목적은 품행장애 아동·청소년의 가족이 제 기능을 회복하여 적절한 시점에서 부모와 자녀가 재결합하도록 돕는 것이다. 이를 위해 사회복지 전문가는 위탁보호의 진행 상황(위탁 아동·청소년, 아동·청소년의 가정, 위탁 가정/시설)을 면밀히 모니터링하면서 세부 목표가 충분히 달성되고 있는지 지속적으로 확인해야 한다.

불가피하게 위탁보호를 신청해야 하는 상황을 사전에 예방하려면 부모의 역할이 매우 중요하다. 구체적으로, 품행장애 아동·청소년의 부모는 정신건강 전문가의 지원을 받아 적절한 양육 기술을 익히고 가정에서 자녀의 문제행동을 효과적으로 다룰 수 있도록 노력해야 한다. 특히 자녀가 청소년기로 접어들면 일부 양육 기술의 긍정적인 효과가 축소될 가능성이 있기 때문에 이러한 노력은 가급적 신속하게 이루어질 필요가 있다(Eyberg et al., 2008). 가령 부모는 가정에서 행동개입계획을 수립하고 꾸준하게 실천함으로써 품행장애 자녀의 문제행동 개선을 효과적으로 뒷받침할 수 있다. 행동개입계획은 주로 긍정적 행동중재 및 지원(positive behavioral interventions and supports)에 주안점을 둔다. 하지만 자녀가 심각한 문제행동을 보이는 상황이라면 더욱 직접적인 유형의 훈육 전략을 사용할 수도 있다. 아울러 부모는 일상생활 가운데 품행장애 자녀와의 상호작용 및 의사소통이 양과 질 모두에서 강화되도록 노력해야 한다(Frick, 2016). 그리고 검증된 부모훈련 프로그램에 참여하여 자녀의 품행장애 증상 완화를 촉진하고 가정에 긍정적인 변화를 가져오기 위하여 노력해야 한다.

교실에서 학습에 미치는 영향

집행기능은 주의력, 지시 이행, 충동 통제, 문제해결력 등과 밀접한 관련이 있는데, 품행장애 학생은 많은 경우 이러한 집행기능의 결함으로 어려움을 겪는다. 일부 연구에 따르면, 신체적 공격성/폭력성을 보이는 품행장애 아동·청소년의 상당수가 집행기능에 결함을 가지고 있는 것으로 나타났다(INSERM Collective Expertise Centre, 2005). 어린 시절에 주의력/집중력 문제(집행기능의 결함과 관련)를 경험하는 아동의 경우 향후 반사회적 행동을 나타낼 가능성도 있다(Schaeffer et al., 2003). 품행장애 학생이 가진 집행기능의 결함은 교실에서의 학습활동에도 부정적인 영향을 미칠 수 있다. 이와 관련하여, Schaeffer 등(2003)은 주의력/집중력의 결핍이 교실 적응에 심각한 문제를 초래하는 과정을 다음과 같이 설명하고 있다. 먼저, 주의력/집중력 문제를 가진 학생은 교실의 규칙을 준수하는 것과 관련하여 교사에게 많은 요구와 압력을 받게 되며 상황에 따라 교사에게 반항적인 태도를 보일 수 있다. 그리고 이 같은 상황에 맞닥뜨린 교사는 고압적이고 강압적인, 그리고 일관성이 결여된 방식으로 학생을 훈육하고자 시도할 수 있다. 하지만 이러한 방식의 훈육은 학생의 반항적인 태도를 누그러뜨리기보다 오히려 강화할 가능성이 있다. 더욱이 서로 주도적인 위치에서 갈등 상황을 통제하려는 학생과 교사의 대립은 일종의 힘겨루기 양상으로 가열될 수 있다(Schaeffer et al., 2003). 따라서 교사는 품행장애 학생과의 소모적인 힘겨루기를 중단하고 이들이 다양한 영역에서 자신의 집행기능을 향상시킬 수 있도록 돕는 것에 주안점을 두어야 한다.

이처럼 교실에서 나타나는 문제행동을 다루는 것은 품행장애 아동·청소년의 학교생활을 지원하는 과정에서 가장 우선시되어야 할 과제이겠지만, 한편으로 품행장애에 따른 학업 문제를 고려하지 않을 수 없다. 품행장애 학생의 상당수가 언어 및 학습 능력에 결함을 보인다는 사실은 이미 여러 실증연구를 통해 입증된 바 있다(APA, 2013; Dery et al., 1999; INSERM Collective Expertise Centre, 2005). 예컨대, 품행장애 학생은 많은 경우 어휘력, 이해력, 언어 유창성, 구술 표현, 글쓰기 영역 등에서 어려움을 겪는다. 그리고 이 같은 언어 및 학습 능력의 결함은 향후 성인기에서 나타나는 비행 행동과도 관련이 있다(INSERM Collective Expertise Centre, 2005). Dery 등(1999)의 연구에 따르면 품행장애 청소년(13~17세)의 언어 능력 결함은 사회경제적 조건을 통제하였을 때도 뚜렷하게 나타난다. 이러한 결과는 품행장애 청소년의 언어 능력 결함이 일부 환경 변인(흔히 언어 능력 및 관련 기술에 문제를 초래하는 것으로 알려진)이 아닌 품행장애와 밀접하게 관련되어 있다는 것을 보여 준다. Gilmour 등(2004)의 연구에서는 품행장애 아동·청소년이 사회적 의사소통에 손상을 보이며 이러한 손상의 정도가 자폐스펙트럼장애를 가진 아동・청소년과 유사한 수준으로 나타난다는 사실을 발견하였다. 언어 능력 및 사회적 의사소통의 결함에 따른 문제는 향후 반사회적 행동의 기저 요인으로 기능할 수도 있다(Gilmour et al., 2004). 아울러 최근 연구에서는 품행장애 학생의 IQ 점수가 일반적인 또래에 비해 낮은 편이라고 밝히기도 하였다(Lazaratou et al., 2018).

> 품행장애 학생의 상당수가 언어 및 학습 능력에 결함을 보인다는 사실은 이미 여러 실증연구를 통해 입증된 바 있다(APA, 2013; Dery et al., 1999; INSERM Collective Expertise Centre, 2005).

이러한 점에 비추어 볼 때, 교사는 품행장애 학생의 정서조절 및 문제행동을 다루는 과정에서 이들이 가진 학업 문제도 함께 고려해야 한다. 교사는 이처럼 부담스러운 기대와 극심한 중압감으로 인하여 자칫 소진 상태에 이를 수 있다(Brunsting et al., 2014). 하지만 품행장애에서 비롯되는 여러 문제에도 불구하고 교사는 품행장애 아동・청소년과 긍정적이고 생산적인 관계를 맺을 수 있다. 이와 관련하여 Simpson 등(2011)은 아동・청소년의 정서행동 문제에 효과적으로 대처하기 위한 지도 전략을 구체적으로 제시한 바 있다. 예컨대, 교사는 학생 수가 적당한(즉, 교사 1인당 학생 수가 적은) 교실 환경에서 질 높은 수업으로 학습활동을 지원하고 긍정적 행동중재 및 지원에 초점을 맞춘 행동개입계획을 실행할 수 있다. 또한 품행장애 학생이 학습활동에 능동적으로 참여할 수 있는 다양한 기회를 수시로 제공하여 학습활동 맥락에서 나타나는 학생의 충동조절 문제를 효과적으로 다룰 수 있다. 만일 이러한 지도 전략이 학생의 문제행동 감소 및 학업 성취도 향상에 기여한다면 학생은 크나큰 성취감을 경험하게 되고 교사는 높은 수준의 자기효능감을 느낄 수 있을 것이다(Brunsting et al., 2014).

학교심리사를 위한 시사점

평가 역할

학교심리사는 다학제 팀의 일원으로 아동・청소년의 특수교육 및 관련서비스 수혜자격을 평가하는 과정에서 중요한 역할을 담당한다. 앞서 언급한 바와 같이, 품행장애 아동・청소년을 대상으로 특수교육 및 관련서비스 수혜자격을 평가하는 경우 다학제 팀은 주로 품행장애 증상이 IDEA에서 정한 정서장애 또는 기타 건강장애 진단 기준에 부합하는지를 중점적으로 살피게 된다. 품행장애 아동・청소년에 대한 전반적인 평가 영역을 고려할 때 혹여 다학제 팀이 정서장애나 기타 건강장애 이외의 장애 유형을 검토하더라도 학교심리사가 평가 과정에서 수행하는 역할이 크게 달라지지는 않을 것이다.

다학제 팀은 부모의 서면 동의서를 접수한 후 60일 이내(공휴일 및 휴업일 제외)에 평가 절차를 완료하고 평가 대상 학생에 대한 특수교육 및 관련서비스 수혜자격 여부를 결정해야 한다. 다학제 팀은 평가 과정에서 크게 두 가지 주요 사안을 검토한다. 첫 번째는 학생의 문제가 IDEA에서 제시하는 13개의 장애 유형 중 하나에 부합하는지 여부이며, 두 번째는 특수교육 및 관련서비스가 학생의 학업 문제를 개선하는 데 실제로 기여할 수 있는지 여부이다. 다학제 팀은 광범위한 영역에서 자료를 수집 및 검토하여 수혜자격에 대한 결정을 내리게 되는데, 이러한 과정에서 학교심리사의 역할이 필수적이다.

품행장애 학생의 증상 및 관련 특징에 대한 의학적 소견은 다학제 팀에게 특히 중요한 자료로 활용될 수 있다. 다학제 팀이 평가 대상 학생의 의무기록(medical record)에 접근할 때는 먼저 부모의 동의를 확보해야 한다. 의무기록에는 일반적으로 학생의 신체질환, 정신질환, 심리적 문제 등에 대한 자료 및 진단 결과가 포함되어 있다. 하지만 특정 질환이나 장애 진단이 특수교육 및 관련서비스 수혜자격을 완전하게 보장하지는 않는다. 다학제 팀은 의무기록 외에도 학교에서 수집 가능한 행동 발달 관련 자료도 면밀하게 검토해야 한다. 행동 발달 관련 자료에는 과거에 학교 규칙을 위반한 기록(훈육 의뢰), 그리고 학생의 현재 기능을 가늠할 수 있는 교실 관찰 기록 등이 포함된다.

교실에서 학생의 행동을 관찰하는 것은 전체 평가 과정의 일부인 행동기능평가의 첫 단계로, 학교기반 전문가인 학교심리사는 이와 같은 행동기능평가를 효과적으로 수행할 수 있다. 행동기능평가의 목적은 문제행동을 조작적으로 정의하는 것, 문제행동의 배경사건 및 선행사건을 확인하는 것, 문제행동을 무심코 강화하는 타인의 반응(후속결과)을 찾아내는 것이다. 특히 행동기능평가는 학생이 어떤 이유로 문제행동을 보이는지, 다시 말해 문제행동의 기능이 무엇인지를 구체적으로 밝히는 데 도움을 준다. 한편으로, 학생의 증상이 IDEA가 정한 정서장애 진단 기준에 부합하는지 판단하려면 무엇보다 사회적 부적응 여부를 결정해야 하는데(즉, 정서장애 증상 없이 사회적 부적응 행동만을 보이는 경우 정서장애로 진단할 수 없음), 이 경우 앞서 언급한 의무기록 및 행동기능평가 결과가 핵심적인 자료로 활용될 수 있다. 일반적으로, 학교심리사가 수행하는 다른 유형의 심리평가도 평가 과정에서 유용한 자료로 사용될 수 있으며, 여기에는 면접(부모/교사/학생 대상), 행동평가(부모/교사 평정), 기능평가(예: 자존감, 우울, 불안) 등이 포함된다. 이처럼 학교기반 정신건강 전문가인 학교심리사의 전문적인 역량은 다학제 팀이 특수교육 및 관련서비스 수혜자격 여부를 결정하는 과정에서 필수적이다.

이 외에도 다학제 팀은 학생에게 우려되는 모든 영역에서 이들을 평가할 책무를 가진다. 특히 학생의 학업 기능은 특수교육 및 관련서비스 수혜자격을 좌우할 수 있는 결정적인 사안으로, 다학제 팀은 이를 면밀하게 평가해야 한다. 하지만 다학제 팀의 구성원 가운데 인지 능력과 관련된 평가에 전문성을 갖춘 경우가 흔치 않기 때문에 학교심리사는 학생의 학업 기능을 평가하는 과정에서도 중추적인 역할을 수행해야 한다. 학업 기능과 관련하여 일부 연구에서는 품행장애 학생의 상당수가 인지 능력에 결함을 보일 가능성을 제기하였다. 물론 이러한 결함을 분명하게 입증하기 위해서는 더욱 많은 연구 결과가 축적되어야 한다. 하지만 앞서 언급한 것처럼 지능검사나 성취도 평가를 바탕으로 측정한 품행장애 학생의 언어 능력은 일반적인 또래에 비해 뒤처질 수 있다(INSERM Collective Expertise Centre, 2005). 따라서 다학제 팀은 이러한 가능성을 주의 깊게 살펴야 한다. 학생의 현재 기능 수준을 확인하고 학생의 문제가 학업 수행 및 결과에 영향을 미치는지 여부를 평가하기 위해서는 인지 능력뿐만 아니라 학업 성취도에 대한 구체적인 정보도 필요하다. 학교심리사는 이처럼 학생의 학업 성취도를 평가하는 과정에서도 핵심적인 역할을 수행할 수 있다. 아울러 평가 과정 전반에 걸쳐 문화적 맥락이 신중하게 고려되어야 하는데, 이와 관련하여 학교심리사는 다학제 팀이 인종/민족에 대한 편견에 영향을 받지 않고 문화적 다양성을 충분히 반영한 결정을 내릴 수 있도록 안내해야 한다.

평가에 필요한 자료를 모두 수집한 후 다학제 팀은 학생의 문제가 IDEA에서 제시하는 장애 유형 중 하나(예: 정서장애, 기타 건강장애)에 부합하는지 여부를 검토하는 등 특수교육 및 관련서비스 수혜자격에 대한 논의를 시작한다. 만일 품행장애 학생이 특수교육 및 관련서비스 수혜조건을 모두 충족한다면 다학제 팀은 신속하게 해당 학생을 위한 개별화교육프로그램(IEP) 개발에 착수할 것이다. IEP에는 연간 및 세부 목표, 특수교육 서비스 제공 장소(배치), 관련 서비스 등에 대한 내용이 개략적으로 명시된다. 학교심리사는 IEP의 일환으로 특수교육 관련 서비스를 제공하는 역할을 담당할 수도 있다. 예컨대, 학교심리사는 행동개입계획의 수립/실천을 지원하거나 학업/행동 기능 향상을 위한 상담 및 심리치료를 제공할 수 있다.

하지만 다학제 팀은 품행장애 학생이 가진 문제가 IDEA의 장애 유형에 부합하지 않는다거나(흔히 있는 일이지만), 특수교육 및 관련서비스가 학생의 학업 문제를 개선하지 못할 것으로 판단할 수 있다. 이 경우 다학제 팀은 IDEA가 아닌 「재활법 504조」에 의거하여 품행장애 학생에게 별도의 학교기반 서비스를 제공할 수 있는지 추가적으로 검토할 수 있다. 「재활법 504조」에 따른 평가 절차와 IDEA에 따른 평가 절차(예: 자료수집 영역/방법)는 크게 다르지 않다. 「재활법 504조」와 IDEA의 핵심적인 차이를 들자면, 「재활법 504조」에서는 "주요한 생활 기능을 현저하게 제한하는 신체적 또는 정신적 손상(또는 손상이 의심되는 경우)"을 다루고 있다는 점이다. 「재활법 504조」에 따른 평가 과정에서 다학제 팀은 품행장애 증상이 일반적인 정신장애 진단 기준(예: DSM-5)에 부합하는지, 그리고 이러한 증상이 학습 능력을 실제로 저해하는지를 주로 검토한다. 만일 품행장애 학생이 「재활법 504조」에 따른 수혜 조건을 모두 충족한다면 다학제 팀은 별도의 실천 계획을 수립하여 품행장애 학생이 장애에 상관없이 학교의 교육활동에 자유롭게 참여할 수 있도록, 그리고 다양한 영역에서 자신의 기능을 충분히 향상시킬 수 있도록 지원할 것이다. 학교심리사는 「재활법 504조」 적용 과정에서도 평가 절차 전반(예: 자료수집, 결과 분석, 의사결정 등)에 걸쳐 중추적인 역할을 수행해야 한다.

이 외에도 학교심리사의 중요한 역할은 학교의 모든 학생을 대상으로 여러 영역(예: 사회성, 정서 및 행동 기능)에 걸쳐 보편적 차원의 선별 검사를 진행하고, 이를 통해 품행장애(또는 관련 문제) 가능성이 있는 학생을 조기에 식별하는 것이다. 학교심리사는 이러한 선별 검사를 직접 진행할 수도 있고 선별 검사를 위한 평가 도구를 개발하여 배포할 수도 있다. 품행장애에 대한 조기 중재의 중요성을 고려할 때, 학생의 문제행동을 효과적으로 다루기 위해서는 품행장애 증상을 보이는 학생을 신속하게 식별하고 이들에게 필요한 맞춤형 중재를 집중적으로 제공해야 한다. 학교는 이러한 중재 과정에서 학생의 학교 적응 및 전반적인 기능 발달을 지원하고 학교 풍토를 더욱 긍정적인 방향으로 개선하고자 노력해야 한다.

옹호 역할

품행장애 증상을 조기에 식별하고 적절한 중재를 제공하는 것은 현재(아동·청소년기)의 문제 상황을 개선하는 데 기여할 뿐만 아니라 향후 성인기에도 긍정적인 영향을 미칠 수 있다. 안타깝게도 품행장애 아동·청소년의 경우 성인기에 이르러 각종 범죄에 연루되거나 반사회성 성격장애 진단을 받을 가능성이 높다. 하지만 가급적 이른 시기에 집중적인 중재를 실행한다면 향후 나타날 수 있는 심각한 문제를 어느 정도 예방할 수 있다. 신속한 중재를 위해 무엇보다 중요한 것은 품행장애 아동·청소년과 관련된 많은 사람들(예: 가족, 담임교사, 교직원)이 품행장애 초기 증상을 정확하고 인식하고 신속하게 포착하는 것이다(INSERM Collective Expertise Centre, 2005). 이와 관련하여 학교심리사는 심리교육 프로그램 등을 통해 교직원을 비롯한 많은 사람들이 아동·청소년기 사회성, 정서 및 행동 기능의 발달적 특징(일반적/비전형적)을 바르게 이해하고 품행장애 초기 증상을 빠르게 알아차리도록 도울 수 있다. 품행장애 초기 증상을 신속하게 알아차리는 것은 결과적으로 품행장애의 우려가 있는 아동·청소년을 정확하게 식별하고 이들에게 효과적인 서비스를 제공하는 데 기여할 수 있다.

학교심리사는 품행장애 아동 · 청소년을 위한 약물치료 과정에도 간접적으로 관여할 수 있다. 현재까지 미국 FDA(U.S. Food and Drug Administration)에서 품행장애에 특화된 치료제를 공식적으로 승인한 사례는 없지만, 일선 병원에서는 이미 품행장애 아동 · 청소년을 대상으로 다양한 종류의 약물을 처방하고 있다(Gathright & Tyler, 2014; INSERM Collective Expertise Centre, 2005; Lillig, 2018). 학교에서 약물을 전문적으로 관리하는 교직원(예: 학교 간호사)은 흔히 품행장애 학생이 처방받은 약물을 별도로 보관해 두었다가 정해진 시간에 학생에게 전달한다. 이와 같은 약물치료 과정에서 학교심리사는 병원(예: 소아과 전문의, 정신건강의학과 전문의)과 학교 사이를 잇는 가교 역할을 훌륭하게 수행할 수 있다. 예컨대, 학교심리사는 학교에서 품행장애 아동 · 청소년의 문제행동을 면밀하게 관찰한 후 이와 관련된 정보를 병원에 제공할 수 있다. 그리고 병원에서 처방한 약물이 품행장애 아동 · 청소년의 문제행동 개선에 어느 정도 효과가 있는지 구체적인 피드백을 제공할 수 있다. 특히 학교심리사는 학교의 다양한 맥락에서 품행장애 아동 · 청소년이 타인과 상호작용하는 모습을 자연스럽게 관찰할 기회를 가진다. 이러한 점에서 학교심리사는 품행장애 아동 · 청소년의 사회성, 정서 및 행동 기능 등에 대한 종합적인 학교기반 정보를 지역사회 전문기관(예: 병원 등)에 제공하여 품행장애 치료가 더욱 체계적으로 진행되도록 도울 수 있다.

> 학교심리사는 학교의 다양한 맥락에서 품행장애 아동 · 청소년이 타인과 상호작용하는 모습을 자연스럽게 관찰할 기회를 가진다. 이러한 점에서 학교심리사는 품행장애 아동 · 청소년의 사회성, 정서 및 행동 기능 등에 대한 종합적인 학교기반 정보를 지역사회 전문기관(예: 병원 등)에 제공하여 품행장애 치료가 더욱 체계적으로 진행되도록 도울 수 있다.

자문 역할

학교심리사는 전문적인 역량을 갖춘 자문가로서 품행장애 아동 · 청소년의 부모에게 적절한 심리교육을 제공할 수 있다. 예컨대, 학교심리사와 같은 학교기반 전문가는 품행장애 아동 · 청소년의 부모가 자녀의 발달적 특징을 올바르게 이해하고 연령대에 적합한 행동과 그렇지 않은 행동(즉, 일반적인 행동과 비전형적인 행동)을 구별하도록 도울 수 있다. 그리고 학교심리사는 이들 부모가 적절한 양육전략을 바탕으로 자녀의 문제행동에 효과적으로 대처하도록 지원할 수 있다. 사실, 체벌 중심의 강압적인 훈육이 품행장애 문제를 오히려 악화시킬 수 있다는 점은 이미 많은 연구에서 입증된 바 있다. 따라서 학교심리사는 품행장애 아동 · 청소년의 부모가 이러한 유형의 훈육 방식을 지양하고 가급적 긍정적 행동중재 및 지원에 초점을 맞춘 행동개입을 가정에서 실행하도록 도울 필요가 있다. 이러한 접근방식으로는, 가령 자녀의 바람직한 행동을 민감하게 알아차리고 적절한 방법으로 강화하는 것, 가벼운 문제행동은 못 본 척 지나쳐 주는 것, 지켜야 할 경계를 분명하게 설정하는 것 등을 들 수 있다. 아울러 품행장애 증상 완화에 효과적인 것으로 알려진 치료 전략의 상당수는 품행장애 아동·청소년의 가족이 치료 과정에 함께 참여할 것을 강조한다. 이와 관련하여 학교심리사는, 특히 부모훈련이나 가족치료 분야에 전문성을 갖춘 외부 전문가와 사전에 긴밀한 협력 관계를 구축할 필요가 있다. 이를 통해 품행장애 아동·청소년의 부모가 부모훈련이나 가족치료에 참여하기로 결정하였을 때 구체적인 정보(예: 지역사회 자원 목록 등)를 제공함으로써 이들의 치료 과정을 효과적으로 뒷받침할 수 있다.

상담 및 치료 역할

인지행동치료(Cognitive Behavioral Therapy: CBT)는 품행장애 아동·청소년(10세 이상)의 문제행동 감소에 효과적인 개입 방법으로 알려져 있다(INSERM Collective Expertise Centre, 2005). 전문적인 역량을 갖춘 숙련된 학교심리사라면 학교에서 CBT를 직접 실행할 수 있기 때문에 CBT는 치료의 접근성 측면에서도 분명한 이점을 가진다. Kazdin(1997)의 개관 연구에 따르면, 이와 같은 인지기반 치료 전략은 학교, 가정 및 지역사회 전반에 걸쳐 품행장애 아동·청소년의 문제행동 개선에 긍정적인 영향을 미칠 수 있다. 요컨대, CBT는 학교 환경에서 비교적 손쉽게 적용할 수 있을 뿐만 아니라(Forman & Barakat, 2011), 다양한 심리사회적 문제에 효과적으로 대처할 수 있는 대표적인 치료 전략이다(Beidas et al., 2012).

아울러 품행장애 아동·청소년의 문제행동이 위험 수준에 이르거나 심각한 위기 상황을 초래할 수도 있다는 점에서 경우에 따라 학교심리사는 교내 위기관리 업무를 담당하기도 한다. 특히 폭력/자해의 위협이나 타인(예: 또래, 교사)에게 가해진 신체 공격 행위에 적절하게 대응하는 것은 품행장애와 관련된 핵심적인 위기관리 사안으로 볼 수 있다. 학교심리사는 이러한 역할을 수행하는 과정에서 모든 사람의 안전을 확보하기 위한 조치를 우선적으로 취해야 한다. 그리고 가족이나 지역사회, 필요하다면 법집행기관(예: 경찰)과의 적극적인 상호 협력을 통하여 품행장애 아동·청소년이 향후 심각한 위기 상황에 놓이지 않도록 꾸준하게 지원해야 한다.

교육적 지원

앞선 언급한 바와 같이 품행장애 학생은 집행기능에 결함을 보이는 경우가 많다. 따라서 집행기능 개선에 초점을 맞춘 중재 전략은 특히 학업 및 행동 기능 개선에 많은 도움을 줄 수 있다. 이러한 유형의 중재 전략은 학생 개인에게 집중적이고 개별화된 지원을 가능하게 하며, 교실 환경에서도 효과적으로 실행될 수 있다(Dawson, 2014). 품행장애 학생이 집행기능에 결함을 보이는 경우 학교는 이러한 결함이 학생 개인의 개별적인 특징인지, 아니면 학교 교육의 특정 체제나 구조가 많은 학생들의 집행기능 발달에 부정적인 영향을 미치고 있는지 주의 깊게 살펴야 한다(Dawson, 2014). 집행기능 결함과 교육 환경의 관련성 여부는 중재의 주체(예: 학교심리사, 전문 치료자, 담임교사)를 결정하는 데 큰 도움을 줄 수 있다.

집행기능에 결함을 가진 품행장애 학생은 흔히 주의력/집중력 문제를 경험한다. 따라서 품행장애 학생의 학업 기능 및 학업 성취도를 향상시키려면 학습활동이 진행되는 교실에서 집행기능 개선을 위한 지원이 원활하게 이루어져야 한다. 이와 관련하여 학교 현장에서 실행 가능한 집행기능 평가 및 개선 전략을 다룬 Dawson(2014)의 연구를 참고할 만하다. Dawson은 다양한 연령대의 품행장애 학생에게 적용할 수 있는 증거기반 중재 전략을 매우 폭넓게 제시하고 있다. 예컨대, 선택형(예: 진위형/선다형) 과제, 간단한 답변으로 작성할 수 있는 과제, 비교적 짧은 시간 내에 제출할 수 있는 과제 등 기존 과제의 유형을 조정하거나 양을 줄이는 전략은 학생이 주의력/집중력을 유지하면서 과제를 끝까지 이행하는 데 기여할 수 있다. 특히 품행장애 학생이 과제의 내용을 제대로 이해하지 못하여(예: 과제 설명에 많은 문장이나 정보가 포함) 수행에 어려움을 겪는다면 이와 같은 접근방식이 많은 도움을 줄 수 있다. 그리고 교실의 가재도구나 장식을 재배치하여 학습자료에 대한 접근성을 높이고 불필요한 자극을 제거하는 등 교실 환경을 적절하게 구조화하는 것도 품행장애 학생의 학업 기능 및 학업 성취도 향상에 기여할 수 있다. 이처럼 구조화된 교실 환경은 품행장애 학생이 학습활동에 집중하고 충동적인 행동을 억제하도록 도울 뿐만 아니라, 교실 수업을 진행하는 교사 및 수업에 함께 참여하는 다른 또래에게도 긍정적인 영향을 미칠 수 있다. 또한 집행기능 향상을 위해 체계적인 교육을 실시하고 인지행동기반의 기술 훈련을 제공하는 것도 품행장애 학생이 교실에서 안정적으로 적응하는 데 큰 보탬이 된다. 가령 다양한 수업 자료 및 방법(예: 시각, 청각, 운동감각 등)을 사용하여 필요한 내용을 명확하게 전달하는 것, 모델링을 통해 조직화 기술(예: 정리정돈, 노트 필기, 우선순위)을 가르치는 것, 행동 시연을 통해 적절한 행동 반응을 연습하게 하는 것, 학생이 자신의 집행기능을 효과적으로 사용하였을 때 칭찬을 통해 강화하는 것 등을 들 수 있다. 아울러 메타인지를 강화하는 전략(예: 계획하기, 목표 설정하기, 문제해결

집행기능에 결함을 가진 품행장애 학생은 흔히 주의력/집중력 문제를 경험한다. 따라서 품행장애 학생의 학업 기능 및 학업 성취도를 향상시키려면 학습활동이 진행되는 교실에서 집행기능 개선을 위한 지원이 원활하게 이루어져야 한다.

하기, 자기평가하기)도 집행기능 개선에 도움을 줄 수 있다. 가령, 교사는 메타인지와 관련된 직접적인 질문(예: "수업시간에 발표할 홍보 포스터를 완성하는 데 어느 정도 시간이 걸릴까?")을 던짐으로써 품행장애 학생이 자신의 집행기능을 효과적으로 사용하도록 촉진할 수 있다(Dawson, 2014).

이 외에도 교실에서 적용 가능한 다른 여러 전략들이 품행장애 학생의 학습활동에 긍정적인 영향을 미칠 수 있다. 이와 관련하여 Harrison 등(2013)의 연구를 참고할 만한데, 이들은 체계적인 문헌 분석을 통해 행동 문제를 가진 학생에게 사용할 수 있는 검증된 중재 전략을 다양하게 소개하였다. 대표적인 사례로 선택하기(choice-making) 전략을 들 수 있는데, 이는 학생에게 동일한 목적을 가진 두 가지 이상의 과제(또는 행동/활동) 목록을 제시한 후 직접 선택할 수 있는 기회를 부여하는 것이다. 매우 간단한 방법이지만 학생이 교실에서 스스로 선택할 수 있는 기회를 가지게 되면 과제에 대한 집중력, 학습활동의 생산성, 과제 수행의 정확성을 향상시킬 수 있다. 학생이 흥미를 보이는 주제를 중심으로 과제를 제시하거나 수업의 전환 속도를 높여 학생의 집중력을 최대한 유지시키는 것도 좋은 방법이다. 이러한 전략은 학생이 교실에서 자신의 문제행동을 개선하고 규칙을 준수하도록 돕는 데 효과적인 것으로 알려져 있다(Harrison et al., 2013).

학교기반 정신건강 개입과 지원

품행장애에 대한 개입 과정에서는 다양한 유형의 접근방식, 즉 서로 구별되면서도 상호보완적인 전략을 사용하는 것이 중요하다. 따라서 품행장애 아동·청소년을 위한 학교기반 개입은 문제행동 개선에 영향을 미칠 수 있는 다양한 대상, 즉 품행장애 학생 자신, 부모, 그리고 교사에게 초점을 맞출 수 있다. 이러한 접근방식은 일반적으로 품행장애 학생의 가족을 위한 지원 체계를 갖추는 것, 친사회적인 또래와의 접촉을 늘리는 것, 품행 문제를 가진 또래와의 접촉을 줄이는 것, 그리고 교사와의 상호작용을 촉진하고 학교의 지원을 강화하는 것에 중점을 둔다(INSERM Collective Expertise Centre, 2005). 또한 학교는 다층지원체계(Multi-Tiered Systems of Support: MTSS)를 통해 품행장애 학생의 문제행동에 체계적으로 개입할 수 있다. MTSS에서는 모든 학생에게 보편적으로 적용하는 1차적 중재, 일부 학생을 소집단으로 구성하여 지원하는 2차적 중재, 그리고 1차적 및 2차적 중재에 충분하게 반응하지 않은 학생에게 집중적이고 개별화된 지원을 제공하는 3차적 중재를 단계별로 실행한다. MTSS는 행동의 결과에 따라 사후 조치를 취하는 전통적인 접근방식에 비해 품행장애 학생에게 더욱 긍정적인 영향을 미치는 것으로 알려져 있다. 가령, 품행장애 학생을 기존 교육 환경에서 배제하고 제한적인 교육 환경으로 이동시키는 처벌적 조치는 문제해결에 효과가 없을뿐더러 오히려 부정적인 결과를 초래하는 경향이 있다. 실제로, Powers 등(2016)에 따르면, 제한적인 교육 환경이 품행장애 학생의 문제행동을 증가시키고 고등학교 중도 탈락 가능성을 높이는 것으로 나타났다.

학교 차원의 긍정적 행동지원(School-Wide Positive Behavior Support: SWPBS; Stewart et al., 2007)은 학교현장을 위한 단계별 중재 체계의 대표적인 사례로, 품행장애 학생의 문제행동 개선 및 학교 적응에 긍정적인 영향을 미치는 것으로 알려져 있다. SWPBS는 사후 조치가 아닌 예방에 초점을 맞추고 있으며, 3단계 예방 모델(1차적, 2차적 및 3차적 중재)에 따라 학교의 모든 학생이 단계별로 필요한 지원을 받을 수 있도록 돕는다. SWPBS가 학교와 학생에게 가져오는 긍정적인 결과는 이미 많은 연구를 통해 입증된 바 있다. 예컨대, 초등학교를 대상으로 4년에 걸쳐 SWPBS의 효과를 분석한 Curtis 등(2010)의 연구를 살펴보면, SWPBS 실행 기간 동안 훈육 의뢰, 등교 중지(정학), 수업 배제(등교 중지 포함) 학생 비율이 유의하게 감소하는 등 학생의 문제행동 지표가 뚜렷하게 개선되는 모습을 보였다. 37개 초등학교를 SWPBS 실행 집단(21개교)과 SWPBS 미실행 집단(통제집단, 16개교)으로 분류한 후 4년에 걸쳐 SWPBS의 효과를 분석한 Bradshaw 등(2012)의 무선통제연구에서도 이와 유사한 결과를 보고하였다. 구체적으로, SWPBS는 학생의 문제행동을 완화할 뿐만 아니라 집중력, 정서조절 능력, 친사회적 행동 기능을 향상시키는 것으로 나타났다. 흥미롭게도 어린 연령대(유치원)에서 SWPBS에 참여하기 시작한 학생 집단의 경우 SWPBS에 따른 긍정적인 효과가 가장 뚜렷하게 나타났다(Bradshaw et al., 2012). 아울러 SWPBS에 참여한 학교는 대체로 높은 수준의 실행충실도를 유지하였는데(Bradshaw et al., 2010), 이러한 경향은 SWPBS의 장기적 효과, 즉 SWPBS 실행 기간에 걸친 긍정적인 결과와 밀접한 관련이 있는 것으로 보인다.

SWPBS는 학교에 적절한 지원 체계가 마련되어 있다면 학생의 문제행동을 예측할 수도 있고 예방할 수도 있다는 점을 강조한다. 일부 연구에 따르면, 학교별로 10~20%가량의 학생은 부적절하다고 판단되는 유형의 행동을 보일 수 있다. 이와 관련하여 문제행동 예방을 위한 학교의 SWPBS 진행 사례를 개략적으로 살펴보면 다음과 같다. 먼저, 학교의 모든 교직원은 상호 협력을 통하여 예측 가능한 문제행동의 유형과 맥락(예: 때와 장소)을 구체적으로 검토한다. 문제행동에 대한 예측이 완료되면 교직원은 브레인스토밍 기법 등을 활용하여 문제행동별 예방 전략을 자유롭게 제시한다. 이어 교직원은 상호 합의를 바탕으로 학교의 다양한 장소(예: 교실)에서 학생에게 기대하는 행동 목록을 결정한다. 기대 행동은 부정적인 표현이 아닌 긍정적인 표현으로 진술되어야 한다(즉, 하지 않아야 할 행동이 아닌 해야 할 행동). 그리고 학생은 학교가 자신에게 기대하는 행동이 무엇인지 분명하게 알 수 있어야 한다. 학생이 기대 행동을 실천하는 과정에서 교직원은 합의된 강화 체계에 따라 학생의 기대 행동을 일관된 모습으로 강화한다. 만일 학생이 부적절한 행동을 보인다면 교직원은 특정 맥락에서 학생에게 기대하는 행동이 무엇인지 구체적으로 다시 가르친다(Scott, 2001).

사회성 기술 훈련도 품행장애 아동・청소년에게 긍정적인 영향을 미치는 것으로 알려져 있다. 품행장애 아동・청소년을 위한 사회성 기술 훈련은 주로 갈등 상황에 대처하는 방법이나 연령대에 적합한 친사회적 행동을 익히는 것에 중점을 두어야 한다(INSERM Collective Expertise Centre, 2005). 예컨대, 역할 놀이 및 모델링은 갈등이 일어나는 장면에서 사회성 기술을 연습할 기회를 제공하기 때문에 특히 사회적 문제해결에 어려움을 겪는 아동에게 보탬이 될 수 있다. 품행 문제를 가진 4~8세 아동을 대상으로 사회성 기술 훈련의 효과를 분석한 Webster-Stratton 등(2001)의 연구에 따르면, 사회성 기술 훈련에 참여한 집단은 별도의 프로그램에 참여하지 않은 대기 통제집단에 비해 가정에서의 외현화 행동, 학교에서의 공격 행동, 또래에 대한 친사회적 행동에서 더욱 고무적인 결과를 보였을 뿐 아니라, 갈등 상황에서 긍정적인 대처 전략을 선택하는 경향도 더 높은 것으로 나타났다. 그리고 이러한 사회성 기술 훈련의 효과는 훈련 종료 후 1년이 경과한 시점에서도 그대로 유지되었다. 하지만 부모가 자녀를 지나치게 비난하거나 자녀에게 체벌을 자주 가하는 등 부적절한 양육 방식을 사용하는 경우 사회성 기술 훈련의 효과가 제대로 나타나지 않았다(Webster-Stratton et al., 2001).

한편, 학교에서 품행장애 학생을 비롯한 몇몇 학생을 소집단으로 구성하여 상담을 진행하는 경우 소집단 환경이 품행장애 학생에게 긍정적인 영향을 미칠 수 있는지 주의 깊게 살펴야 한다. 소집단은 다양한 유형의 사회성 문제를 효과적으로 다룰 수 있는 환경임에 틀림없지만, 일부 연구에서는 소집단 환경이 품행장애 학생의 증상 개선에 그다지 큰 도움이 되지 않는다고 주장한다. 실제로, 소집단 환경에서는 품행장애 학생의 부적절한 행동이 또래의 관심을 통해 더욱 강화될 수 있다. 가령, 소집단 환경에서는 상담의 목표(소집단/개인)에 어긋나는 대화가 시작되기도 하는데, 만일 품행장애 학생이 부적절한 언행을 보였을 때 또래가 웃거나 놀라는 등 특별한 관심을 보인다면 품행장애 학생은 다른 곳에서도 그러한 언행을 계속할 가능성이 높다(Dishion et al., 1999; Theodore et al., 2004).

교직원은 학교 환경에서 품행장애 학생에게 필요한 개입 및 지원을 적절하게 제공할 수 있다. 하지만 가장 효과적인 것은 품행장애 학생을 위한 개입 및 지원이 다학제적 접근을 바탕으로 다양한 환경에서 폭넓게 이루어지는 것이다(Burns et al., 2003; Frick, 2016; Kazdin, 1997). 따라서 품행장애 아동・청소년의 일상생활 및 치료 과정에 참여하는 개인 및 기관이 상호 협력하여 이들에게 통합적인 서비스를 제공하는 것은 무엇보다 중요하다. 품행장애 아동·청소년과 관련된 개인 및 기관이 열린 대화, 사례 관리 협의, 기록 공유(예: 의료, 사회복지, 교육, 사법 영역) 등 자신의 역할에 따라 투명하게 소통하고 꾸준하게 노력한다면 품행장애 아동·청소년의 문제행동 개선 및 학교 적응에 큰 보탬이 될 수 있을 것이다(Burns et al., 2003).

교직원은 학교 환경에서 품행장애 학생에게 필요한 개입 및 지원을 적절하게 제공할 수 있다. 하지만 가장 효과적인 것은 품행장애 학생을 위한 개입 및 지원이 다학제적 접근을 바탕으로 다양한 환경에서 폭넓게 이루어지는 것이다(Burns et al., 2003; Frick, 2016; Kazdin, 1997).

사례 연구 Bryce: 품행장애를 가진 흑인 남아의 사례

배경

Bryce는 11세 흑인 아동(남자)으로 미국 뉴올리언스의 슬럼가에 살고 있다. Bryce는 최근 전문의로부터 품행장애 진단을 받았다. Bryce는 현재 초등학교 5학년에 재학 중이며, 몇 년 전(2학년 때) 심각한 학업 및 행동 문제로 인하여 유급된 적이 있다. 초등학교에 입학한 지 겨우 2개월이 되었을 때 Bryce는 이미 두 번째 정학 처분을 받았다. 당시 Bryce는 담임교사의 책상에서 지갑을 훔치려다 들키자 책상을 넘어뜨리고 학교 밖으로 도망을 갔다. 도망치던 Bryce는 학교 근처 길모퉁이에서 학교 전담 경찰관에게 붙잡혔다. Bryce의 학교생활기록부에는 이와 유사한 사건이 빼곡하게 기록되어 있다.

Bryce는 친부모가 함께 살고 있는 가정에서 태어났다. 하지만 Bryce의 가족은 처음부터 역기능적이었다. Bryce의 아버지인 Rick은 아동·청소년 시절 학교에서 여러 가지 문제를 일으켰으며 결국 고등학교 과정을 제대로 마치지 못하고 중도에 학교를 그만두었다. Rick은 학창 시절 동안 학업에 많은 어려움을 겪었으며 특히 읽기 능력에 현저한 결함을 보였다. 이로 인해 Rick은 특정학습장애 진단을 받았다. 또한 특정학습장애 진단을 바탕으로 특수교육 및 관련서비스 수혜자격을 갖출 수 있었다. 하지만 Rick은 학업 기능뿐만 아니라 행동 기능에도 심각한 문제를 보였다. 가령 초등학교 초기부터 Rick은 수업시간에 교사와 언쟁을 벌이면서 어려운 과제를 모면하려 하였다. 그리고 같은 이유로 교사를 조롱하고 또래에게 욕설을 내뱉었으며 때로는 교실을 도망치듯 나가 버리기도 하였다. 이로 인해 Rick은 기존 교실이 아닌 별도의 장소(제한적인 교육 환경)로 이동하여 수업을 받는 경우가 많았다. Rick은 중학생이 되자 빈번하게 무단결석을 하였으며 등교하더라도 교실 수업에 전혀 참여하지 않았다. 학교 밖에서는 건달들과 어울렸고 마약을 상습적으로 복용하거나 암암리에 판매하기도 하였다. 하지만 학교는 Rick을 유급시키기보다 출석 일수에 따라 매년 다음 학년으로 자동 진급시켰다. 16세가 되던 해에 Rick은 급우를 칼로 위협하다가 결국 고등학교에서 퇴학을 당했으며, 이후 다시는 학교에 돌아가지 않았다. 학교를 떠난 후로 Rick은 푼돈을 받아 가며 노동판을 전전했지만 매번 몇 달 이상 지속하지는 못하였다. 현재 Rick은 건달들과 어울리지 않는다. 하지만 마약을 완전히 끊지는 못하였다. 그리고 3년 전에 우울증 진단을 받아 지금까지 줄곧 항우울제를 복용하고 있다.

Bryce의 어머니인 Shannon은 Rick과 2년여의 결혼생활 중에 Bryce를 임신하였다. Shannon은 Bryce를 임신한 지 대략 18주 차에 임신 사실을 알게 되었다. Shannon은 습관적으로 대마초를 피웠지만 임신 사실을 알게 된 이후로 모든 약물과 술을 끊었다. 하지만 결혼생활 동안 남편인 Rick과의 관계는 매우 불안정했다. Shannon과 Rick의 언쟁은 고성이 오가는 큰 싸움으로 번지기 일쑤였으며, 보다 못한 이웃의 신고로 경찰이 찾아오는 경우가 많았다. Rick은 Shannon에게 여러 차례 폭력을 휘두르기도 하였다(임신 전 2회, 임신 중 1회). Bryce는 정상적인 임신 기간(38~42주)을 모두 채우고 태어났다. 하지만 Bryce는 태어날 때부터 곧잘 짜증 섞인 행동을 보였다. Bryce의 이러한 행동은 그렇지 않아도 불편한 관계에 있던 Rick과 Shannon에게 큰 스트레스를 주었다. Rick은 Bryce가 태어나고 8주가 지난 시점에서 직장을 잃었다. 이때부터 Rick은 마약에 자주 손을 대었고 친구들을 집으로 데려오기 시작했다. Shannon은 요양원에서 간호조무사로 일을 하며 가족을 부양했다. Shannon이 12시간을 교대로 근무해야 했기 때문에 Bryce는 주로 Rick과 Rick의 친구들에게 맡겨졌다. 하지만 Rick은 자신이 외출하고 싶을 때면 아파트 단지 안에 거주하는 아무 사람에게나 Bryce를 맡겨 놓고 집을 나가 버렸다. 갑작스럽게 Bryce를 돌보게 된 사람들은 대체로 Bryce에게 낯선 사람들이었으며 불안정한 가정 환경을 가진 사람들이었다.

Bryce는 3세가 되자 부모의 말을 듣지 않고 고집을 부리기 시작했다. Bryce는 부모의 말을 듣기 싫을 때면 부모를 깨물거나 발로 차는 행동을 자주 보였다. 4세가 되어서는 끊임없이 욕설을 내뱉었다. Rick의 친구들은 Bryce가 욕설을 할 때마다 웃거나 놀라는 등 Bryce에게 특별한 관심을 내비쳤다. Bryce는 이웃집 고양이를 심술궂게 괴롭히다가 다치게 하였고, 지역 교회의 Mom's Day Out 프로그램에 참여하였다가 심각한 문제행동으로 인해 중도에 그만두기도 했다. Bryce는 유치원에 입학할 당시부터 공격 행동(언어적/신체적), 규칙 위반, 도망가기 등 습관처럼 굳어져 버린 여러 부적응 행동을 보였다. 학교는 Bryce를 위해 일부 행동개입 전략을 실행해 보았지만 그리 큰 효과를 거두지 못하였으며, 한때 부모에게 대안학교를 권유하기도 하였다. Bryce는 심각한 문제행동으로 인하여 몇 주에 한 번씩은 정학 처분을 받았다. 학교는 다학제 팀을 구성한 후 Bryce의 특수교육 및 관련서비스 수혜자격 여부를 평가하였다. 하지만 두 차례에 걸친 평가 모두에서 다학제 팀은 Bryce가 수혜 대상에 해당하지 않는다고 결론지었다. 평가 과정에서 다학제 팀은 Bryce의 경우 전반적인 인지 기능 수준이 낮고 읽기 능력에도 일부 결함을 보이지만, 이러한 학업 문제가 특정학습장애 기준에 미치지는 못한다고 판단하였다. 그리고 Bryce가 심각한 사회적 부적응 행동을 보이지만 뚜렷한 정서장애 증상을 동반하지 않기 때문에 정서장애로 진단할 수 없다고 판단하였다.

Bryce의 문제행동은 집과 학교를 가리지 않고 계속되었다. Bryce가 11세가 되자 Shannon은 자신의 아들이 동네 건달들과 어울려 다니며 나쁜 짓을 하지는 않을까 노심초사하였다. 11세 생일이 조금 지났을 무렵, Bryce는 교실에서 담임교사의 지갑을 훔쳐 달아났는데, 이 사건으로 다시 한번 정학 처분을 받았다. Shannon은 정학으로 등교가 중지된 기간에 Bryce를 데리고 인근 병원을 찾았다. Bryce의 증상을 확인한 전문의는 중등도 품행장애(아동기 발병형)를 진단하면서 우선 Bryce에게 기분안정제를 처방하였다. 그리고 전문적인 상담 치료를 권하였다. 문제가 끊임없이 계속되자 Shannon과 Rick은 현재 집에서 다소 떨어진 Rick의 친척 집으로 이사하여 Bryce를 다른 학교로 전학시키고 Bryce에게 새롭게 시작할 기회를 주기로 결정했다.

논의

Bryce의 사례를 살펴보면 품행장애와 관련된 여러 위험요인을 확인할 수 있다. Bryce의 아버지인 Rick은 어린 시절부터 학업 및 행동 문제를 나타냈다. 그러나 Rick의 경우 품행장애 진단을 받은 적은 없는 것으로 보인다. Bryce의 가족은 범죄율이 높은 지역에서 살고 있으며 가정 형편이 매우 어렵다. Rick은 일거리를 찾는 과정에서 많은 문제를 겪고 있다. 그리고 아내인 Shannon에게 때때로 폭력을 휘둘렀으며, 최근에는 우울증 진단까지 받았다. Bryce는 일찍부터 폭력에 노출되었고 불안정한 양육자에게 자주 맡겨졌다. Bryce가 경험한 이 같은 문제들은 품행장애의 발달과 밀접한 관련이 있다. Bryce는 어려서부터 줄곧 학교 규칙을 위반하는 행동을 나타냈고 이러한 행동은 시간이 지날수록 점차 악화되고 있는 것으로 보인다.

Bryce가 전입할 새로운 학교의 다학제 팀은 Bryce의 학교 적응 및 학업/행동 기능 개선을 뒷받침하기 위해 적절한 지원 방법을 찾고자 노력할 것이다. 먼저, 다학제 팀은 이전 학교에서 작성한 Bryce의 종합적인 평가 결과(학업 및 행동 관련 기록 등)를 면밀하게 확인해야 한다. 만일 기존 평가 결과에 뚜렷한 문제가 발견되지 않는다면(예: 평가 영역의 누락, 평가 결과의 타당성 등), 「재활법 504조」에 따라 Bryce에게 별도의 학교기반 서비스를 제공할 수 있는지 추가적으로 검토해야 한다. 이를 위해 다학제 팀은 먼저 부모의 동의를 확보한 후 광범위한 영역에 걸쳐 관련 자료를 수집할 것이다. 자료수집 과정에서는 교실 관찰, 부모/교사 면담, 진료 기록 검토 등 다양한 평가 방법이 사용될 수 있다. 학교심리사는 다학제 팀의 일원으로 심리 및 교육 영역을 평가하고 관련 자료를 수집하는 데 중추적인 역할을 담당할 수 있다. 가령, 학교심리사는 학업 성취도 평가, 지능검사, 심리검사

(예: 행동/우울/불안 척도), 행동기능평가 등을 통해 Bryce의 학업, 사회성, 정서 및 행동 기능 수준을 구체적으로 파악하는 데 도움을 줄 수 있다. 다학제 팀은 이렇게 수집된 자료를 활용하여 Bryce의 문제행동이 「재활법 504조」에 따른 학교기반 서비스 수혜자격에 부합하는지(즉, 품행장애 증상이 주요 생활 기능을 현저하게 제한하는지, 그리고 이러한 증상이 학습 능력을 실제로 저해하는지) 여부를 판단하게 된다. 만일 Bryce가 수혜자격을 충족한다면 Bryce를 위한 학교기반 서비스의 유형을 구체적으로 결정할 수 있다. 가령 다학제 팀은 행동기능평가 결과를 바탕으로 긍정적 행동중재 및 지원에 초점을 맞춘 행동개입계획을 수립하여 교실에서 Bryce의 문제행동을 효과적으로 다루는 데 기여할 수 있다. 또한 학업 기능 관련 자료를 토대로 실질적인 학업 지원 전략을 수립하여 Bryce의 읽기 능력을 개선하는 데 도움을 줄 수 있다.

이 외에도 다학제 팀은 다른 유형의 지원을 통해 Bryce의 학교 적응 및 학업 기능 향상을 뒷받침할 수 있다. 예컨대, Bryce가 품행장애 진단과 함께 약물 처방을 받았다는 점에서 Bryce를 위한 지원 계획에 보건교사(또는 학교 간호사)가 참여하는 약물 관리 서비스를 포함할 수 있다. 그리고 학교심리사가 직접 제공하는 서비스도 Bryce에게 많은 보탬이 될 수 있다. 가령, Bryce가 아직 상담치료를 받은 적이 없다는 점에서 학교심리사가 주관하는 학교기반 상담 서비스는 상담 치료의 시작을 알리는 좋은 기회가 될 수 있다. 물론 상담 및 심리치료의 구체적인 접근방식은 접수면접(intake session) 과정에서 상호 협의를 바탕으로 결정되는 것이 바람직하겠지만, 특히 인지행동치료 및 사회성 기술 훈련은 Bryce와 같은 품행장애 학생의 문제행동 감소에 효과적인 것으로 알려져 있다. 학교심리사는 상담을 진행하는 과정에서 상담의 목적, 세부 목표, 평가 절차 등을 구체적으로 설정하여 상담 치료가 Bryce의 문제행동 개선에 어느 정도 도움을 주었는지 평가해야 한다. 또한 학교심리사는 외부 전문가와 협력 체제를 구축하고 적절하게 역할을 분담하여 학교기반 정신건강 서비스(예: 상담)와 지역사회 기반 정신건강 서비스(예: 가족치료, 정신건강의학과 진료)를 포괄하는 랩어라운드 서비스(wraparound service)를 제공할 수 있다. 「재활법 504조」 실천계획에 따른 개별 지원 외에도, 학교심리사는 Bryce와 밀접하게 관련된 다른 사람(예: 가족)에게 필요한 지원을 제공함으로써 Bryce에게 긍정적인 영향을 미칠 수도 있다. 가령, 학교심리사는 Bryce의 가족에게 부모훈련이나 가족치료를 위한 구체적인 정보(예: 지역사회 자원 목록)를 제시할 수 있다. 만일 학교에 아직 SWPBS가 마련되어 있지 않다면 학교심리사는 SWPBS 개발 및 운영 과정 전반에 걸쳐 전문적인 역량을 발휘할 수도 있다. SWPBS와 같은 단계별 중재 체계는 Bryce를 비롯한 학교의 모든 학생이 보편적 차원의 지원을, 그리고 필요할 경우 개별적이고 집중적인 지원을 충분히 받을 수 있도록 돕는다.

핵심 요약

- DSM-5에 따라 품행장애를 진단하려면 첫째, 다른 사람의 기본적인 권리를 침해하거나 나이에 맞는 사회적 규범/규칙을 위반하는 여러 행동이 지난 12개월 동안 지속적으로 반복되어야 한다. 둘째, 이러한 행동 문제가 사회적, 학업적, 또는 직업적 기능에 임상적으로 심각한 손상을 초래해야 한다. 그리고 셋째, 18세 이상의 성인이라면 반사회성 성격장애 진단 기준에 부합하지 않아야 한다.
- 품행장애의 위험요인과 관련하여, 학교심리사는 환경 요인이 품행장애 발달에 홀로 영향을 미치지 않는다는 점에 주의를 기울여야 한다. 품행장애 발달은 기질과 환경의 상호작용에 영향을 받는 것으로 알려져 있다.
- 품행장애 아동·청소년의 가정은 많은 어려움에 처할 수 있다.
- 품행장애 아동·청소년은 언어 능력 및 집행기능의 결함으로 어려움을 겪는 경우가 많다.
- 학교심리사는 품행장애 학생을 지원하는 과정에서 다양한 역할과 기능을 수행할 수 있다.
- 품행장애 아동·청소년을 위한 학교기반 개입은 문제행동 개선에 영향을 미칠 수 있는 다양한 대상, 즉 품행장애 학생 자신, 부모, 그리고 교사에게 초점을 맞출 수 있다. 이러한 접근방식은 일반적으로 품행장애 학생의 가족을 위한 지원 체계를 갖추는 것, 친사회적인 또래와의 접촉을 늘리는 것, 품행 문제를 가진 또래와의 접촉을 줄이는 것, 그리고 교사와의 상호작용을 촉진하고 학교의 지원을 강화하는 것에 중점을 둔다.

연습문제

1. 다음 중 DSM-5에 따른 품행장애 진단 기준으로 알맞은 것은?
   a. 지적 기능의 결함
   b. 사회적, 학업적, 또는 직업적 기능에 심각한 손상을 초래하는 증상
   c. 5세 이전에 발병
   d. 위의 a, b, c 모두 해당

2. 청소년기 발병형 품행장애는 아동기 발병형 품행장애에 비해 성인기에 이르러 범죄에 연루될 가능성이 더 크다.
   a. 참
   b. 거짓

3. IDEA에 따르면 정서장애 증상 없이 사회적 부적응 행동만을 보이는 경우 정서장애로 진단할 수 없다 (IDEA에 따른 특수교육 및 관련서비스 수혜 대상에서 제외).
   a. 참
   b. 거짓

4. 다음 인지 기능 중에서 품행장애 아동 · 청소년이 흔히 문제를 보이는 것은?
   a. 언어 능력
   b. 정보처리 속도
   c. 작업기억
   d. 시공간 인지 기능

5. 학교에서의 사회성 기술 훈련은 품행장애 아동 · 청소년에게 효과적인 개입 방법으로 알려져 있다.
   a. 참
   b. 거짓

정답 1)b, 2)b, 3)a, 4)a, 5)a

토의질문

1. 품행장애에 대한 DSM-5의 진단 기준을 설명하시오.
2. 품행장애 아동 · 청소년이 학교기반 서비스 수혜자격을 갖추려면 어떠한 기준에 부합해야 하는지 설명하시오.
3. 품행장애 발달에 영향을 미치는 환경 요인에 대하여 설명하시오.
4. 품행장애 아동 · 청소년 및 가족의 권익을 옹호하기 위한 학교심리사의 역할(옹호자)에 대하여 논하시오.
5. 품행장애 아동 · 청소년을 위한 증거기반의 사회 · 정서적 개입 전략에 대하여 논하시오(예: 한 가지 전략을 선택하여 자세하게 설명).

● 추가 정보

American Academy of Child and Adolescent Psychiatry Conduct Disorder: www.aacap.org/AACAP/Families_and_Youth/Facts_for_Families/FFF-Guide/Conduct-Disorger-033.aspx

American Academy of Child and Adolescent Psychiarty Conduct Disorder Resource Center: www.aacap.org/AACAP/Families_and_Youth/Resource_Centers/Conduct_Disorder_Resource_Center/Home.aspx

American Academy of Child and Adolescent Psychiatry Violent Behavior in Children and Adolescents: www.aacap.org/AACAP/Families_and_Youth/Facts_for_Families/FFF-Guide/Understanding-Violent-Behavior-In-Children-and-Adolescents-055.aspx

American Psychiatry Association Impulse Control and Conduct Disorder: www.psychiatry.org/patients-families/disruptive-impulse-control-and-conduct-disorders/what-are-disruptive-impulse-control-and-conduct-disorders

Centers for Disease Control and Prevention Behavior and Conduct Problems in Children: www.cdc.gov/childrensmentalhealth/behavior.html

Johns Hopkins MedicineConduct Disorder: www.hopkinsmedicine.org/health/conditions-and-diseases/conduct-disorder

Merck ManualConduct Disorder: www.merckmanuals.com/professional/pediatrics/mental-disorders-in-children-and-adolescents/conduct-disorder

● 핵심 참고문헌

American Psychiatric Association. (2013). *Diagnostic and statistical manual of mental disorders* (5th ed.). https://doi.org/10.1176/appi.books.9780890425596

Dandreaux, D. M., & Frick, P. J. (2009). Developmental pathways to conduct problems: A further test of the childhood and adolescent-onset distinction. *Journal of Abnormal Child Psychology, 37*, 375-385. https://doi.org/10.1007/s10802-008-9261-5

Dawson, P. (2014). Best practices in assessing and improving executive skills. In P. L. Harrison & A. Thomas (Eds.), Best practices in school psychology: Student-level services. National Association of School Psychologists.

Frick, P. J. (2016). Current research on conduct disorder in children and adolescents. *South African Journal of Psychology, 46*(2), 160-174. https://doi.org/10.1177/0081246316628455

Gathright, M. M., & Tyler, L. H. (2014). Disruptive behavior in children and adolescents. University of Arkansas for Medical Sciences Psychiatric Research Institute.

INSERM Collective Expertise Centre. (2005). Conduct: Disorder in children and adolescents. https://www.ncbi.nlm.nih.gov/pmc/articles/PMC6162794/#~text=Current%20data%20indicates%20that%20the,of%20conduct%20disorder%20than%20girls

Office of Civil Rights. (n.d.). Protecting students with disabilities: Frequently asked questions about Section 504 and the education of children with disabilities. https://www2.ed.gov/about/offices/list/ocr/504faq.html

Patel, R. S., Amaravadi, N., Bhullar, H., Lekireddy, J., & Win, H. (2018). Understanding the demographic predictors and associated comorbidities in children hospitalized with conduct disorder. *Behavioral Science, 8*(9), 80. https://doi.org/10.3390/bs8090080

Contents

Schaeffer, C. M., Petras, H., lalongo, N., Poduska, J., & Kellam, S. (2003). Modeling growth in boys' aggressive behavior across elementary school: Links to later criminal involvement, conduct disorder, and antisocial personality disorder. *Developmental Psychology, 39*(6), 1020-1035. https://doi.org/10.1037/0012-1649.39.6.1020

U.S. Department of Education. (n.d.). Individuals with Disabilities Education Improvement Act. https://sites.ed.gov/idea/

참고문헌

American Psychiatric Association. (2013). *Diagnostic and statistical manual of mental disorders* (5th ed.). https://doi.org/10.1176/appi.books.9780890425596

American Psychological Association Dictionary of Psychology. (n.d.). Social maladjustment. https://dictionary.apa.org/social-maladjustment

Beidas, R. S., Mychailyszyn, M. P., Edmunds, J. M., Khanna, M. S., Downey, M. M., & Kendall, P. C. (2012). Training school mental health providers to deliver cognitive-behavioral therapy. *School Mental Health, 4*(4), 197-206. https://doi.org/10.1007%2Fs12310-012-9074-0

Bower, E. M. (1982). Defining emotional disturbance: Public policy and research. *Psychology in the Schools, 19*, 55-60. https://doi.org/10.1002/1520(19820108)19:1〈55:aid-pits2310190112〉3.0.c0;2-2

Bradshaw, C. P., Mitchell, M. M., & Leaf, P. J. (2010). Examining the effects of schoolwide positive behavioral interventions and supports on student outcomes: Results from a randomized controlled effectiveness trial in elementary schools. *Journal of Positive Behavior Interventions, 12*(3), 133-148. https://doi.org/10.1177/1098300709334798

Bradshaw, C. P., Waasdorp, T. E., & Leaf, P. L. (2012). Effects of school-wide positive behavioral interventions and supports on child behavior problems. *Pediatrics, 130*(5), e1136-e1145. https://doi.org/10.1542/peds.2012-0243

Breslau, J., Aguilar-Gaxiola, S., Kendler, K. S., Su, M., Williams, D., & Kessler, R. C. (2006). Specifying race-ethnic differences in risk for psychiatric disorder in a USA national sample. *Psychological Medicine, 36*, 57-68. https://doi.org/10.1017/S00332917005006161

Brunsting, N. C., Sreckovic, M. A., & Lynne Lane, K. (2014). Special education teacher burnout. A synthesis of research from 1979 to 2013. *Education and Treatment of Children, 37*(4), 681-711. https://doi.org/10.1353/etc.2014.0032

Burns, B., Howell, J. C., Wiig, J. K., Augimeri, L. K., Welsh, B. C., Loeber, R., & Petechuk, D. (2003). Treatment, services, and intervention programs for child delinquents (pp. 1-15). Office of Juvenile Justice and Child Delinquency Bulletin Series, March. Canino, G., Polanczyk, G., Bauermeister, J. J., Rohde, L. A., & Frick, P. J. (2010). Does the prevalence of CD and ODD vary across cultures? *Social Psychiatry and Psychiatric Epidemiology, 45*, 695-704. https://doi.org//10.1007/s00127-010-0242-y

Cloth, A. H., Evans, S. W., Becker, S. P., & Paternite, C. E. (2014). Social maladjustment and special education: State regulations and continued controversy. *Journal of Emotional and Behavioral Disorders, 22*(4), 214-224. http://dx.doi.org/10.1177/1063426613487405

Colins, O. F. (2016). The clinical usefulness of the DSM-5 specifier for conduct disorder outside of a research context. *Law and Human Behavior, 40*(3), 310-318. https://psycnet.apa.org/doi/10.1037/lhb0000173

Curtis, R., Van Horne, J. W., Robertson, P., & Karvonen, M. (2010). Outcomes of a school-wide positive behavioral support program. Professional School Counseling. https://doi.org/10.1177/2156759X1001300303

Dandreaux, D. M., & Frick, P. J. (2009). Developmental pathways to conduct problems: A further test of the childhood and adolescent-onset distinction. *Journal of Abnormal Child Psychology, 37*, 375-385. https://doi.org/10.1007/s10802-008-9261-5

Dawson, P. (2014). Best practices in assessing and improving executive skills. In P. L. Harrison & A. Thomas (Eds.), Best practices in school psychology. Student-level services. National Association of School Psychologists.

Deater-Dekkard, K. (2001). Annotation: Recent research examining the role of peer relationships in the development of psychopathology. *Journal of Child Psychology and Psychiatry and Allied Disciplines, 42*, 565-579. https://doi.org/10.1111/1469-7610.00753

Dery, M., Toupin, J., Pauze, R., Mercier, H., & Fortin, L. (1999). Neuropsychological characteristics of adolescents with conduct disorder: Association with attention-deficit hyperactivity and aggression. *Journal of Abnormal Child Psychology, 27*, 255-236. https://doi.org/10.1023/a:1021904523912

Dishion, T. J., McCord, J., & Poulin, F. (1999). When interventions harm: Peer groups and problem behavior. *American Psychologist, 54*, 755-764. https://doi.org/10.1037//0003-066X.54.9.755

Eyberg, S. M., Nelson, M. M., & Boggs, S. R. (2008). Evidence-based psychosocial treatments for children and adolescents with disruptive behavior. *Journal of Clinical Child and Adolescent Psychology, 37*, 215-237. https://doi.org/10.1080/15374410701820117

Forman, S. G., & Barakat, N. M. (2011). Cognitive-behavioral therapy in the schools: Bringing research to practice through effective implementation. *Psychology in the Schools, 48*(3), 283-296. https://doi.org/10.1002/pits.20547

Frick, P. J. (2012). Developmental pathways to conduce disorder: Implications for future directions in research, assessment, and treatment. *Journal of Clinical Child and Adolescent Psychology, 41*, 378-389. https://doi.org/10.1080/15374416.2012.664815

Frick, P. J. (2016). Current research on conduct disorder in children and adolescents. *South African Journal of Psychology, 46*(2), 160-174. https://doi.org/10.1177/0081246316628455

Frick, P. J., Ray, J. V., Thornton, L. C., & Kahn, R. E. (2014). Can callous-unemotional traits enhance the understanding, diagnosis, and treatment of serious conduct problems in children and adolescents? A comprehensive review. *Psychological Bulletin, 140*, 1-57. https://doi.org/10.1037/a0033076

Gathright, M. M., & Tyler, L. H. (2014). Disruptive behavior in children and adolescents. University of Arkansas for Medical Sciences Psychiatric Research Institute. Gilmour, J., Hill, B., Place, M., & Skuse, D. H. (2004). Social communication deficits in conduct disorder: A clinical and community survey. *Child Psychology and Psychiatry, 45*(5), 967-978. https://doi.org/10.1111/j.1469-7610.2004.01-1-00289.x

Griffiths, A., & Hart, S. J. (2016). Conduct disorder. *Communique, 45*(2), 26-27. http://www.nasponline.org/publications/periodicals/communique/issues/volume-45-issue-2

Harrison, J. R., Bunford, N., Evans, S. W., & Sarno Owens, J. (2013). Educational accommodations for students with behavioral challenges: A systematic review of the literature. *Review of Educational Research, 83*(4), 551-597. https://doi.org/10.3102/0034654313497517

INSERM Collective Expertise Centre. (2005). Conduct. Disorder in children and adolescents. https://www.ncbi.nlm.nih.gov/pmc/articles/PMC6162794/#~text=Current%20data%20indicates%20that%20the,of%20conduct%20disorder%20than%20girls.

Kahn, R. E., Frick, P. J., Youngstrom, E., Findling, R. L., & Youngstrom, J. K. (2012). The effects of including acallous-unemotional specifier for the diagnosis of conduct disorder. *Journal of Child Psychology and Psychiatry, 53*, 271-282. https://doi.org/10.1111/j.1469-7610.2011.02463.x

Kazdin, A. E. (1997). Practitioner review: Psychosocial treatments for conduct disorder in children. *Journal of Child Psychology and Psychiatry, 38*(2), 161-178. https://doi.org/10.1111/j.1469-7610.1997.tb01851x

Kokkinos, C. M., & Panayiotou, G. (2004). Predicting bullying and victimization among early adolescents: Associations with disruptive behavior disorders. *Aggressive Behavior, 30*, 520-533. https://doi.org/10.1002/ab.20055

Lazaratou, H., Kalogerakis, Z, Petroutsou, A., Bali, P. P., Konsta, A., Pirlympou, M., Papadakos, L, Bechraki, A., & Dikeos, D. (2018). Differences in verbal and performance IQ in conduct disorder: Research findings from a sample in Greece. *Journal of Psychiatry and Behavioral Sciences, 2*, 1010. https://doi.org/10.33582/2637-8027/1010

Lillig, M. (2018). Conduct disorder recognition and management. *American Family Physician, 98*(10), 584-592. PMID: 30365289.

Loeber, R., Burke, J. D., Lahey, B. B., Winters, A., & Zera, M. (2000). Oppositional defiant and conduct disorder: A review of the past 10 years, part 1. *Journal of the American Academy of Child and Adolescent Psychiatry, 39*, 1468-1482. https://doi.org/10.1097/00004583-200012000-00007

Losen, D. (Ed.) (2015). Closing the school discipline gap: Equitable remedies for excessive inclusion. Teachers College Press.

Merino, Y., Adams, L., & Hall, W. J. (2018). Implicit bias and mental health professionals: Priorities and directions for research. *Psychiatric Services, 69*(6), 723-725. https://doi.org/10.1176/APPI.PS.201700294

Moffitt, T. E., Caspi, A., Rutter, M., & Silva, P. A. (2001). Sex differences in antisocial behaviour: Conduct disorder, delinquency, and violence in the Dunedin longitudinal study. Cambridge University Press.

Nock, M. K., Kazdin, A. E., Hiripi, E., & Kessler, R. C. (2006). Prevalence, subtypes, and correlates of DSM-IV conduct disorder in the National Comorbidity Survey Replication. *Psychological Medicine, 36*, 699-710. https://doi.org/10.1017/S0033291706007082

Odgers, C. L., Moffitt, T. E., Broadbent, J. M., Dickson, N., Hancox, R. J., Harrington, H., Poulton, R., Sears, M. R., Thomson, W. M., & Caspi, A. (2008). Female and male antisocial trajectories: From childhood origins to adult outcomes. *Developmental Psychopathology, 20*, 673-716. https://doi.org/10.1017/S0954579408000333

Office of Civil Rights. (n.d.). Protecting students with disabilities: Frequently asked questions about Section 504 and the education of children with disabilities. https://www2.ed.gov/about/offices/list/ocr/504faq.html

Okonofua, J. A., & Eberhardt, J. L. (2015). Two strikes: Race and the disciplining of young students. *Psychological Science, 26*(5), 617-624. https://doi.org/10.1177/0956797615570365

Okonofua, J. A., Paunesku, D., & Walton, G. M. (2016). Brief intervention to encourage empathic discipline cuts suspension rates in half among adolescents. *Proceedings of the National Academy of Sciences of the United States of America, 113*, 5221-5226. https://doi.org/10.1073/pnas.1523698113

Olympia, D., Farley, M. A., Christiansen, E., & Pettersson, H. (2004). Social maladjustment and students with behavioral and emotional disorders: Revisiting basic assumptions and assessment issues. *Psychology in the Schools, 41*(8), 835-847. https://doi.org/10.1002/pits.20040

Patel, R. S., Amaravadi, N., Bhullar, H., Lekireddy, J., & Win, H. (2018). Understanding the demographic predictors and associated comorbidities in children hospitalized with conduct disorder. *Behavioral Science, 8*(9), 80. https://doi.org/10.3390/bs8090080

Powers, C. J., Bierman, K. L., & Coffman, D. L. (2016). Restrictive educational placements increase adolescents risks for students with early-starting conduct problems. *Journal of Child Psychology and Psychiatry, 57*(8), 899-908. https://doi.org/10.1111/jcpp.12487

Proctor, E. K., Vosler, N. R., & Murty, S. (1992). Child demographics and DSM diagnosis: A multi-axis study. *Child Psychiatry and Human Development, 22*, 165-183. https://doi.org/10.1007/BF00705890

Schaeffer, C. M., Petras, H., Ialongo, N., Poduska, J., & Kellam, S. (2003). Modeling growth in boys' aggressive behavior across elementary school: Links to later criminal involvement, conduct disorder, and antisocial personality disorder. *Developmental Psychology, 39*(6), 1020-1035. https://doi.org/10.1037/0012-1649.39.6.1020

Scheepers, F. E., Buitelaar, J. K., & Matthys, W. (2011). Conduct disorder and the specifier callous and unemotional traits in the DSM-5. *European Child and Adolescent Psychiatry, 20*(2), 89-93. https://doi.org/10.1007/s00787-010-0149-x

Scott, T. (2001). A schoolwide example of positive behavioral support. *Journal of Positive Behavior Interventions, 3*(2), 88-94. https://doi.org/10.1177/109830070100300205

Simpson, R. L., Peterson, R. L., & Smith, C. R. (2011). Critical education program components for students with emotional and behavioral disorders: Science, policy, and practice. *Remedial and Special Education, 32*, 230-242.

Skiba, R. J., Horner, R. H., Chung, C. G., Rausch, M. K., May, S. L., & Tobin, T. (2011). Race is not neutral: A national investigation of African American and Latino disproportionality in school discipline. *School Psychology Review, 40*(1), 85-107. https://doi.org/10.1080/02796015.2011.12087730

Skiba, R. J., Michael, R. S., Nardo, A. C., & Peterson, R. L. (2002). The color of discipline: Sources of racial and gender disproportionality in school punishment. *Urban Review, 34*, 317-342. https://doi.org/10.1023/A:1021320817372

Stewart, R. M., Benner, G. J., Martella, R. C., & Marchand-Martella, N. E. (2007). Three-tiered models of reading and behavior: A research review. *Journal of Positive Behavior Interventions, 9*, 239-253. https://doi.org/10.1177/10983007070090040601

Sullivan, A. L., & Sadeh, S. S. (2014). Differentiating social maladjustment from emotional disturbance: An analysis of case law. *School Psychology Review, 43*(4), 450-471. https://doi.org/10.17105/SPR-13-0038.1

Theodore, L. A., Akin-Little, A., & Little, S. G. (2004). Evaluating the differential treatment of emotional disturbance and social maladjustment. *Psychology in the Schools, 41*(8), 879-886. https://doi.org/10.1002/pits.2004

Webster-Stratton, C., Reid, J., & Hammond, M. (2001). Social skills and problem solving training for children with early-onset conduct problems: Who benefits? *Journal of Child Psychology and Psychiatry, 42*(7), 943-952. https://doi.org/10.1111/1469-7610.00790

U.S. Department of Education. (n.d.). Individuals with Disabilities Education Improvement Act. https://sites.ed.gov/idea/

Zirkel, P. A., & Weathers, J. M. (2016). K-12 students eligible solely under Section 504: Updated national incidence data. *Journal of Disability Policy Studies, 27*(2), 67-75. https://doi.org/10.1177/1044207315626115

제 6 장

적대적 반항장애

학습 목표

- 적대적 반항장애(ODD)에 대한 DSM-5의 진단적 특징을 요약할 수 있다.
- 청소년기 적대적 반항장애의 위험요인을 파악할 수 있다.
- 적대적 반항장애 아동이 흔히 드러내는 사회 · 정서적, 행동적 문제에 대해 설명할 수 있다.
- 교실에서 적대적 반항장애 학생 지도를 위한 시사점을 이해할 수 있다.
- 적대적 반항장애 학생들에 대한 효과적인 사회성, 정서, 행동 개입을 확인할 수 있다.

도입

『정신질환의 진단 및 통계 편람 5판(DSM-5)』(American Psychiatric Association: APA, 2013)은 적대적 반항장애(Oppositional Defiant Disorder: ODD)를 파괴적, 충동조절 및 품행장애의 하위 범주로 분류하고 있다. 이 진단 영역에서 ODD와 다른 장애들은 정서 및 행동 조절과 관련된 문제들을 보인다. 이들의 특징은 일반적으로 다른 사람들에게 해를 끼치거나 규칙, 법률 및 권위를 가진 사람들과 심각한 갈등을 초래한다는 것이다. 다른 파괴적, 충동조절 및 품행장애의 예로는 품행장애(제5장에서 논의)와 간헐적 폭발장애(Intermittent Explosive Disorder: IED; 제7장에서 다룸)가 있다.

ODD와 관련된 대부분의 증상은 일상적 기능 면에서 큰 문제가 없는 아동, 청소년, 성인들에게서도 나타날 수 있다. 그러나 ODD를 진단할 때는 무엇보다 행동의 맥락이 결정적으로 중요하다. 즉, 임상적으로 심각한 수준에서 행동을 보이는 사람들은 비슷한 연령, 성별 및 문화권의 다른 사람들에 비해 더 자주 그리고 더 심각한 수준의 강도로 이러한 증상들을 보일 수 있다. 따라서 임상가는 DSM-5의 기준에 따라 아동 또는 청소년을 ODD로 진단할 때, 단순히 증상의 표현을 넘어 그 행동들이 전형적인 적응과 관련된 것인지 아니며 임상적으로 의미가 있는 것인지를 탐색해야 한다(APA, 2013).

진단적 쟁점: DSM-5 및 학교기반 서비스

DSM-5 진단

DSM-5의 ODD 진단과 관련된 첫 번째 기준은 8개의 정의된 증상 중 적어도 4개를 보여야 한다는 것이다. 여덟 가지 증상은 3개의 범주로 묶이는데, 이는 분노/과민한 기분, 논쟁적/반항적 행동 및 보복적 특성이다. 진단을 위해 확인되는 증상들은 이러한 3개의 범주 중 어느 것에서든 나타날 수 있다. 가령, 분노/과민한 기분은 세 가지 증상을 포함하며, 구체적으로 화가 나서 욱하거나 쉽게 짜증을 내거나 분노를 나타내는 표현이 있다. 논쟁적/반항적 행동은 네 가지 증상을 포함하며 권위를 가진 사람들과의 갈등, 규칙이나 명령에 적극적으로 불응하는 것, 고의로 다른 사람을 성가시게 하는 것 및 행동에 대한 책임을 지지 않는 것과 관련이 있다. 보복적 특성 범주에는 최근 6개월 이내 두 차례 이상 보복 행동을 보이는 증상만 제시되어 있다. DSM-5에서는 단순히 증상들이 일치하는 것 외에도 5세 이상 아동의 경우에는 증상이 지난 6개월간 주 1회 이상 나타나야 하는 반면, 매우 어린 아동(5세 이하)을 진단하기 위해서는 증상들이 6개월 동안 거의 매일 나타나야 함을 언급한다(APA, 2013). 그리고 증상 표현의 빈도와 강도에서 같은 성별, 나이 또는 문화에 속한 다른 이들 사이에서 흔히 나타나는 정도를 넘어서야 한다.

DSM-5에서 ODD 진단의 두 번째 및 세 번째 기준 모두는 증상 표현의 맥락과 관련이 있다. 이 중 두 번째 기준은 표현되는 행동이 미치는 영향과 관련이 있다. 즉, ODD 진단을 내리기 위해서는 행동이 자신이나 다른 가까운 관계에 있는 사람들에게 괴로움을 주거나 자신의 사회적, 학업적 또는 직업적 기능을 손상시켜야 한다. 이러한 환경에서의 손상에는 관계 문제, 권위에 대한 반항 그리고 자신이 그 환경에서 적응하고 발전할 수 없게 하는 전반적인 불복종이 있다. 세 번째 기준은 진단에서 제외해야 하는 경우에 대한 설명이다. 발생한 행동은 약물/알코올 사용이나 정신증, 우울 또는 양극성장애의 결과로 나타난 것이 아니어야 한다. 또한 발생한 행동들이 파괴적 기분조절곤란장애의 진단 기준을 충족시킬 경우, ODD로 진단되지 않는다(APA, 2013).

진단 기준의 적용 외에도 아동이나 청소년 또는 성인을 ODD로 진단하는 임상가는 증상 표현의 범위와 관련된 명시자도 적용해야 한다. 특정 상황에서 단독으로 증상을 보일 경우, 경도로 판정되지만 증상 표현이 두 가지 이상의 상황에서 발생한다면 중등도로 판단한다. 마지막으로, 세 가지 이상의 상황에서 증상을 보이는 경우는 중증으로 판단한다(APA, 2013).

DSM-5에 있는 현재의 ODD 진단 기준은 이전 버전(DSM-IV-TR)에서 몇 가지 부분이 변경된 것이다. 가령, DSM-5에서는 이전 DSM과는 달리 ODD의 증상을 세 가지 범주(즉, 분노/과민한 기분, 논쟁적/반항적 행동, 보복적 특징)로 구분하여 제시하였고, 아울러 ODD로 진단하려면 품행장애 진단 기준에 부합하지 않아야 한다는 진단 제외기준을 삭제하였다. 또한 ODD 진단을 위해 연령 수준에 따른 증상 빈도 및 심각성 기준과 관련한 임상적 지침을 고려하도록 했다(Gathright & Tyler, 2014).

> DSM-5에 의하면 ODD의 최초 징후는 보통 유치원 시기에 발생하고 청소년기 이후에는 잘 나타나지 않는다(APA, 2013).

ODD 발생은 주로 아동기에 발견된다. DSM-5에 의하면 ODD의 최초 징후는 보통 유치원 시기에 발생하고 청소년기 이후에는 잘 나타나지 않는다(APA, 2013). 질병통제예방센터(Centers for Disease Control and Prevention: CDC)에서는 아동이 8세가 되기 전에 ODD가 가장 많이 발병하고 12세 이후에 시작되는 경우가 거의 없다는 점에 주목한다(CDC, n.d.). 연구자들에 따르면, 3세 아동들에게서 이후의 ODD 진단을 예측하는 기질과 정서적 차원들이 발견되었다(Ezpeleta et al., 2012, 2019; Rowe et al., 2010; Stringaris, 2011). ODD로 진단을 받는 아동들은 유아기 때조차 까다롭고 예민한 특성을 보인 것으로 기술되었다(Gathright & Tyler, 2014). ODD에만 특정되지 않더라도 Gathright와 Tyler(2014)는 모든 파괴적 행동장애들의 최초 경고 징후에는 과민함, 부주의, 충동성 및 빈약한 문제해결력이 있다고 지적한다.

DSM-5에 의하면, 전체 인구(청소년 및 성인)에 걸친 ODD의 전반적인 유병률은 약 3.3%이다(APA, 2013). 아동기의 ODD 유병률 추정치는 보통 1%에서 3% 범위이고(Boat & Wu, 2015), 2009년 국가연구위원회 및 의학연구소(National Research Council and Institute of Medicine)에서는 아동기 ODD 유병률이 전체 인구 중 2.8%라고 밝혔다. 그리고 3~17세 표본에서 행동 및 품행 문제(예: ODD, 품행장애)를 경험한 비율은 4.6%로(Perou et al., 2013), 특히 청소년(13~18세) 임상 표본에서는 12.6%까지 높게 나타났다(Merikangas et al., 2010). Ezpeleta 등(2019)은 초기 아동기의 유병률을 분석할 때, 일반 인구 중 아동 표본에서 3세에서 8세의 유병률이 6%에서 7%이지만 9세까지는 8.8%로 올라간다는 것을 1년간의 발병률 연구를 통해 발견하였다. 또한 ODD가 발병하는 가장 위험한 때는 유치원 시기로 발병율이 12.6%에 달하고 이러한 위험성은 초기 아동기에 발병률 9.3%로 내려간다고 보고하였다(Ezpeleta et al., 2019). 그러나 Roberts 등(2009)은 11~17세 아동 · 청소년 표본에서 12개월 동안 새롭게 ODD로 진단받을 확률이 1.56%라고 보고했다. 그래서 이 두 연구는 청소년기와 대조적으로 아동기, 특히 아동의 연령대가 낮을수록 ODD 발병률이 높아진다는 것을 더욱 분명하게 보여 준다. 다른 여러 정신장애에서도 그러하듯이 이러한 조기 발병 경향성은 ODD의 공존장애 발달 가능성을 증가시킬 우려가 있다(Ezpeleta et al., 2019; Kessler et al., 2007; Rutter et al., 1999). 그리고 Heflinger와 Humphreys(2008)는 남아가 여아보다 더 어린 나이에 진단되는 경향이 있음을 발견했다. 아울러 일부 연구에 따르면, ODD 증상을 신속하게 치료하지 않은 채 그대로 방치할 경우 시간이 지날수록 증상이 안정적으로 유지되어 치료의 효과가 떨어질 수 있다(Hipwell et al., 2011; Loeber et al., 2009). 치료를 받을 경우, 67%의 ODD 아동 · 청소년은 3년 이내에 증상이 없어지지만 30%는 품행장애 진단과 일치하는 수준의 증상으로 발전한다(Connor, 2002).

DSM-5는 청소년기 이전 남아의 유병률을 여아의 4배로 보고하지만 다른 연구들에서는 성별에 따른 유병률 차이가 덜 명확하다. 실제로, 일부 연구자들은 많은 정신장애 연구에서 채택하고 있는 ODD 진단 기준이 주로 남아에 초점을 두고 있어서 여아의 독특한 특성을 반영하는 데 불충분하다고 주장한다(Crick & Zahn-Waxler, 2003; Lahey et al., 1994; Munkvold et al., 2011). 그럼에도 불구하고, Munkvold 등(2011)은 광범위한 실증적 연구에서 7세에서 9세 사이의 아동 중 여아의 ODD 유병률은 1.3%이고 남아는 4.0%라는 것을 발견하였는데, 이는 DSM-5의 추정치와 거의 일치하는 것이다. 아동 · 청소년기 ODD 증상의 양상도 남아와 여아 사이에서 다르게 나타날 가능성이 있다. 예컨대, ODD 남아는 여아에 비해 더 많은 수의 증상을 경험하고 신체적으로 더 공격적인 모습을 보일 수 있다. 그리고 친사회적 행동도 ODD 여아에 비해 상대적으로 적게 나타날 수 있다(McKinney & Renk, 2007).

아동 · 청소년기 ODD는 다른 정신장애와 공존하는 경우가 많다(APA, 2013). 그러나 ODD가 아동 · 청소년이 받는 첫 번째 진단인 경우는 별로 없다는 것을 보여 주는 자료가 있다. Heflinger와 Humphreys(2008)는 정신장애 진단을 받은 적이 없는 아동 · 청소년이 처음으로 정신장애 진단을 받는 경우 ODD보다는 주의력결핍 과잉행동장애(ADHA) 또는 우울로 진단받는 경우가 많다고 주장한다. 아울러 이들의 연구에서 이미 다른 정신장애 진단을 받은 아동 · 청소년은 다른 진단을 받지 않은 이들보다 ODD로 진단받을 가능성이 24%나 더 높은 것으로 나타났다.

DSM-5와 다른 연구자들에 따르면, 청소년기에 ODD와 ADHD가 동반 발생할 확률이 특히 높다(APA, 2013; Ezpeleta et al., 2019; van Lier et al., 2007). 과잉행동과 관련해서는 교사들이 73%의 ODD 남아에게 높은 과잉행동 점수를 주는 반면, ODD 진단을 받지 않은 남아의 경우에는 약 15% 정도만을 그렇게 평가한다는 것이 연구를 통해 밝혀졌다. Rey와 Walter(1999)는 ODD 아동 · 청소년이 ADHD로 진단받을 확률이 ODD를 가지지 않은 아동 · 청소년의 4배가 된다는 것을 발견하였다. ADHD를 동반하는 것 외에도 아동 · 청소년기 ODD가 아동기나 성인기 품행장애 발달로 이어지는 경우도 적지 않은데(INSERM Collective Expertise Centre, 2005), 다만 일부 연구에서는 이러한 발달 궤적이 여아보다는 남아에게서 더 높은 빈도로 나타난다는 결과를 제시하기도 하였다(Rowe et al., 2002; van Lier et al., 2007). ODD를 가진 사람은 불안, 우울 및 약물 남용 문제를 발달시키는 경우도 많다(APA, 2013). 특히 Ezpeleta 등(2019)은 3~5세 연령대에 ODD 진단을 받은 아동의 경우, 일반적인 동년배에 비해 향후 주요우울장애를 경험할 가능성이 5배 이상이라는 것을 발견하였다. 또 다른 연구에서는 ODD 여아가 ODD 남아보다 우울 증상을 발달시키기 더 쉽다고 주장한다(Burke et al., 2010; Rowe et al., 2002). 또한 Munkvold 등(2011)에 따르면 교사들은 46% 이상의 ODD 여아가 정서적 문제들을 보이는 데 비해 ODD 진단이나 증상이 없는 여아의 경우에는 단 10% 이상만 그렇다고 평가한다. 그러나 Burke(2012)의 연구에서는 ODD 남아에게서 짜증과 같은 정서적 증상이 우울의 발달을 예측한다는 것이 발견되었다.

끝으로, Rey와 Walters(1999)는 ODD 아동 · 청소년이 의사소통장애 및 학습 문제로 힘들어하는 경우도 많아서 학교에서 기능 문제를 자주 보인다고 주장하였다. 정서 및 행동 문제가 있는 학생들은 이러한 문제가 없는 또래보다 낮은 성취로 인해 학습활동에 많은 어려움을 겪을 수 있으며, 아울러 이와 같은 학업 기능의 손상이 핵심적인 모든 학습 내용에 걸쳐 일어난다는 것을 보여 주는 연구가 있다(Kent et al., 2011; Lane, 2007).

학교기반 수혜자격

장애인교육법

「장애인교육법」(IDEA)은 공립학교에 재학 중인 장애 아동 · 청소년을 보호하기 위한 연방법령이다. IDEA는 13가지의 장애 범주를 명시하고 있다. 대상 학생은 모든 영역의 의심되는 장애에 대해 평가를 받아야 한다. 그리고 특수교육 및 관련서비스 수혜자격을 평가하는 다학제 팀은, (a) 학생이 한 가지 장애 범주에 대한 기준을 충족하는가, (b) 그 학생이 특수교육 서비스가 필요한 것으로 보이는가를 결정한다. 만일 다학제 팀이 두 가지 조건을 충족한다고 결정하면

IDEA는 해당 아동 또는 청소년이 최소 제한 환경에서 무상으로 적절한 공교육과 교육과정을 이수하는 데 필요한 관련서비스들(예: 상담, 언어치료, 작업치료)을 받아야 한다고 명령한다(U.S. Department of Education, n.d.).

특수교육 및 관련서비스 수혜자격 결정을 위한 평가 과정은 모든 장애 범주에 적용되는데, ODD 아동 및 청소년과 관련된 이러한 사안들은 몇십 년 동안 논쟁의 원인이 되었다(Olympia et al., 2004; Sullivan & Sedah, 2014; Theodore et al., 2004). 많은 경우 학교의 다학제 팀은 외부에서 ODD 진단을 받은 아동·청소년이 IDEA의 정서장애 기준을 충족하는지 결정하는 데 어려움을 겪는다. IDEA에서는 **정서장애**(emotional disturbance)를 지적, 감각적 또는 다른 건강 요인으로 인해 설명되지 않는 학습 능력의 부족, 또래나 성인과 만족할 만한 대인관계를 형성하거나 유지할 수 있는 능력의 부족, 일반적 상황에서 부적절한 형태의 행동이나 느낌, 전반적으로 만연해 있는 불안, 불행 또는 우울한 기분, 그리고 개인적인 문제 또는 학교 문제와 관련된 신체적 증상 또는 두려움이 나타나는 경향성으로 정의한다. 이 기준에 따라 조현병이 있는 아동·청소년은 정서장애 범주에 명확히 포함되지만, **사회적 부적응**(social maladjustment)으로 판명된 아동·청소년은 이 범주에서 제외할 것을 명시하고 있다(U.S. Department of Education, n.d.).

그래서 ODD 아동·청소년이 정서장애 기준을 충족하는지 여부와 관련한 논쟁은 주로 사회적 부적응의 개념에 초점이 맞추어져 있다. 안타깝게도 연방법에는 사회적 부적응에 대한 정의가 없고 이 용어가 무엇을 설명하는 것인지 문헌에서 합의된 바도 없다(Sullivan & Sedah, 2014). 많은 사람은 미흡한 정의로 인해 평가, 적용 그리고 정서장애 범주에 학생의 포함 여부에 있어서 일관성 문제가 발생한다고 주장한다(Becker et al., 2011; Olympia et al., 2004; Sullivan & Sedah, 2014). 이러한 문제에도 불구하고 다학제 팀은 행동의 합목적성에 따라 정서장애와 사회적 부적응을 구분하는 경우가 많다. 다시 말해, 앞서 언급한 정서장애 증상 중 일반적인 상황에서 부적절한 느낌이나 행동이 양쪽 모두에 해당할 수 있지만, 결정을 내리는 사람들은 정서장애를 가진 학생이 자신들의 행위를 통제하지 못하거나 자신의 행위로 인해 발생하는 결과를 이해하지 못한다는 것으로, 그리고 사회적 부적응이 있는 학생은 보통 의도적으로 행동을 선택하고 가능성 있는 결과를 충분히 인지하는 것으로 믿는 경우가 많다. 이처럼 ODD가 있는 사람의 행동은 사실상 의도적인 것으로 생각되기 때문에 이들을 사회적 부적응으로 규정하는 경우가 많다. 실제로, DSM-5에서는 ODD가 있는 사람의 경우 자신을 화가 나 있거나 반항적이라고 보는 경우가 거의 없고, 자신의 행위를 자신이 받은 불합리한 요구에 대한 반응으

> ODD가 있는 사람의 경우 자신을 화가 나 있거나 반항적이라고 보는 경우가 거의 없고, 자신의 행위를 자신이 받은 불합리한 요구에 대한 반응으로서 공정하고 적절하다고 믿는다(APA, 2013).

로서 공정하고 적절하다고 믿는다고 설명하고 있다(APA, 2013).

ODD 아동 · 청소년의 증상을 사회적 부적응 행동으로 판단하고 정서장애 범주에서 제외하는 것은 교육 및 심리학 분야에서 여전히 논란거리이지만, 정서장애 아동 · 청소년과 사회적 부적응 아동 · 청소년을 구분하기 위한 시도는 꾸준하게 계속되어 왔다. 특히 많은 경우 사법부 차원에서 사회적 부적응 학생이 정서장애 범주하에 있는 다른 특수교육 수혜 대상에 해당되지 않는다고 판시한 바 있다. 여기에는 다음과 같은 판례들이 있는데, A. E. vs. Independent School District #25 of Adair County, Oklahoma와 Springer v. Fairfax County School Board, N.C. v. Bedford Central School District, 그리고 W.G. v. New York City Department of Education 등이다(Sullivan & Sedah, 2014). 판례 외에도 학자들은 치료에 필요한 것이 서로 다르다는 것을 근거로 정서장애 아동 · 청소년과 사회적 부적응 아동 · 청소년을 구분해야 하는 중요성을 설명하였다(Theodore et al., 2004).

다학제 팀이 ODD 학생들을 위해 고려하는 두 번째 IDEA 장애 범주는 기타 건강장애(Other Health Impairment: OHI)이다. IDEA에서 OHI는 학습 환경에서 기능하고 관련 교육과정을 수행하는 학생의 능력에 부정적인 영향을 미치는 만성적인 의학적 조건들을 다루도록 의도되었다. 법률에는 많은 건강 상태가 명시되어 있는데, ADHD, 당뇨병, 뇌전증, 심장질환, 혈우병, 납중독, 백혈병, 신장염, 류마티스열, 겸상 적혈구 빈혈, 그리고 뚜렛증후군이 포함된다. 그러나 IDEA는 이 목록이 완전한 것이 아니며 다른 질환들도 고려되어야 한다고도 설명하고 있다(U.S. Department of Education, n.d.). 어떤 이들은 ODD가 만성적인 정신건강 상태이며 ODD의 행동 증상이 학생들의 학업 문제로 이어진다고 주장할 수 있지만, 다른 이들은 OHI란 잦은 결석이나 학습을 저해하는 감각 문제를 초래하는 신체적 건강 문제를 가진 사람들을 위한 범주라고 믿고 있다.

진단의 특성상 ODD는 규칙 위반과 권위를 가진 인물에 대한 반항을 기반으로 하므로, 학교 장면 안에서 빈번한 위반 행동과 연결될 수 있다(APA, 2013). 학교에서 이런 형태의 행동을 하면 대안적인 교육 환경에 배치하거나 출석 정지와 같은 처벌을 통해 현 환경에서 배제되는 경우가 많으며, 만성적으로 정서 및 행동 문제를 보이는 학생들의 경우 더욱 그렇다. Achilles 등(2007)은 정서 및 행동 문제와 관련된 장애를 가진 학생들이 다른 형태의 장애 학생들에 비해 교실에서 분리되어 훈육실로 의뢰되는 경우가 더 많다는 것을 발견하였다. 이러한 처벌들은 인종에 따른 불균형의 증거가 있고 그 효과성을 뒷받침하는 증거가 부족함에도 불구하고 학교에서는 비교적 자주 사용된다(Hess et al., 2014; Losen & Gillespie, 2012: Losen & Martinez, 2013; Skiba et al., 2002, 2011). Powers 등(2016)은 제한적인 교육 환경에 배치된 학생들이 열악한 사회경제적 배경을 가진 미국 흑인 남학생인 경우가 더 많다는 것을 발견하였다. 또한 출석 정지는 학습 경험 부족과 품행 문제를 악화시키는 교육 격차로 이어지고 대안적 교육 환경 배치는 파괴적 행동과 학교 이탈 및 최종적으로 퇴학할 가능성을 증가시킨다. Hess 등(2014)에 의하면 교육 환경에서 배제되는 것과 관련된 위험성은 다양한 배경을 가진 학생들에게 더 심각하다. 이 학생들의 배제는 "학업 실패, 사회적 소외 및 미래의 경제적 문제"로 이어질 수도 있다(p. 322).

학생들에게 IDEA의 특수교육 서비스 수혜자격이 있음이 확인되면 학교는 IDEA에 따라 ODD 학생들이 교육 환경에서 분리되어 잠재적인 불이익을 받지 않도록 보호조치를 시행해야 한다. IDEA는 장애 학생이 자신의 개별화교육프로그램(IEP)에 기술된 서비스들을 받을 수 있어야 하고, 출석 일수 10일(연속적이든 비연속적이든) 이상은 이러한 지원을 중단할 수 없다고 명령하고 있다. 장애학생의 위반 행동에 대한 처벌로서 학교가 행정적 기준인 10일 이상 서비스를 중단한다면 이는 곧 배치의 변경을 의미하는 것이다. 학교는 아동의 IEP가 적절히 시행되고 있는지와 가장 최근의 위반 행동이 학생의 장애로 인한 징후의 결과인지 결정하는 장애 징후 결정(manifestation determination) 회의를 소집해야 한다. 만일 이 회의에서 위반 행동이 장애의 증상에 기인한 것이라고 결정한다면(ODD 학생의 경우 그럴 수 있음) 해당 학생은 그 위반으로 인해 처벌받을 수 없다(U.S. Department of Education, n.d.).

재활법 504조

ODD 학생들은 IDEA의 조항 외에도 또 다른 연방법을 통해 그들의 특별한 교육적 요구 충족을 위한 추가 서비스와 지원을 받을 수 있다. 1973년에 제정된 「재활법 504조」는 장애인이 장애 때문에 차별받지 않도록 시민 평등권 보호를 제공한다. 연방 재정지원을 받는 모든 교육기관(공립학교 포함)은 「재활법 504조」의 적용을 받아야 한다. 개인이 「재활법 504조」의 수혜자격을 갖추기 위해서는 자기돌봄, 수작업 수행, 걷기, 듣기, 보기, 말하기, 숨쉬기, 학습하기, 노동과 같은 주요 생활 기능을 수행하는 데 제약을 가하는 장애를 가지고 있거나 그러한 장애를 가지고 있는 것으로 의심되어야 한다(Office of Civil Rights, n.d.). 그러나 진단을 받았다고 해서 무조건 수혜자격이 있는 것은 아니라는 점에 유의해야 한다. 다학제 팀은 해당 장애가 실제로 학교에서 아동·청소년의 주요 생활 기능의 수행 및 이와 관련된 기대를 충족하는 데 어려움을 초래하는지 판단하기 위해 포괄적 평가를 수행해야 한다. ODD 학생의 경우, 이 장애의 증상들(규칙 위반과 권위를 가진 인물에 대한 반항 포함)이 교실에서 학습하고 기능하는 데 지장을 초래할 수 있으므로, 「재활법 504조」에 따른 교육 서비스 수혜자격을 인정받을 가능성이 있다.

문화적 쟁점

위험요인

연구자들은 ODD 증상의 발달이 많은 가족 변인과 관련이 있다는 것을 발견하였다. 아동 · 청소년에게 있어 초기 가족 경험은 향후 ODD 진단과 특히 관련이 있는 것으로 보인다(Harvey et al., 2011). 분명히 처벌적인 양육을 받은 아동 · 청소년은 ODD 발달의 가능성이 더 크고, 내재화 문제를 가진 어머니가 있는 아동의 경우도 마찬가지이다(Ezpeleta et al., 2019; Lavigne et al., 2013; Romano et al., 2005; Tung & Lee, 2014; Wakschlag & Keenan, 2001). Harvey 등(2011)은 어머니에게 우울 증상이 있는 경우와 부모가 자녀를 지나치게 간섭하고 통제하는 경우, ODD 증상이 있는 3세 아동이 6세에 이르러 더 심한 ODD 증상을 보일 가능성이 크다고 보고하였다.

이러한 가족 문제는 빈곤 문제로 인해 악화되거나 그 결과로 나타나는 경우가 많고, 사회경제적 지위 역시 아동의 ODD 발달과 그 외 행동 문제들과 관련된다(Harvey et al., 2011). 빈곤과 연결된 문제에는 가정폭력과 부모의 방임적인 양육 태도, 본보기가 될 또래 및 성인의 부족 등이 있다(Lahey et al., 2000). Wakschlag과 Keenan(2001) 역시 높은 양육 스트레스와 가혹한 훈육, 임신 중 어머니의 흡연, 범죄 장면 목격 등이 ODD와 관련이 있을 수 있다고 지적하였다. 부모의 결혼생활 불안정성과 자녀의 ODD 사이의 연관성을 지지하는 연구도 있다(Gathright & Tyler, 2014). 약물 남용 문제를 가진 아버지들에게 ODD 자녀가 있는 경우가 많지만, 이 관계는 단순히 상관연구를 통한 결과이고 인과관계는 아직 밝혀지지 않았다. 끝으로, 일부 연구에서는 부모의 반사회적 행동과 자녀의 ODD 사이에 밀접한 관련성이 있다는 결과를 보고하기도 하였다(Frick et al., 1992).

가족 문제와 관련하여 어떤 연구자들은 남아가 여아에 비해 부정적인 가정 상황에 노출되는 경향이 더 크다고 단정하지만(Lahey et al., 2006; Moffitt & Caspi, 2001), 다른 실증연구들에서는 여아가 힘든 가정 환경에 노출되었을 때 더 크게 영향을 받을 수 있다고 주장한다(Sanson & Prior, 1999). 그렇더라도 가족과 관련된 환경 변인들은 특정 유전 변인과 함께 아동 · 청소년의 ODD 발달을 강력하게 예측하는 것으로 밝혀졌다. 실제로, ODD 증상 발달 및 실제 진단 변량의 67%가 가정 환경과 생물학적 요인들의 조합에 의해 설명된다(Burt et al., 2001; Cronk et al., 2002).

성격 요인과 관련하여 Ezpeleta 등(2019)은 자신의 부정적인 정서를 제대로 통제하지 못하거나 전반적인 정서조절 문제를 보이는 아동의 경우 ODD 발달에 취약하다는 점을 발견하였다. Sanson과 Prior(1999)는 반항적인 성향과 기질적인 문제들이 영아기와 같은 초기에 드러나는 경우가 많을 수 있다고 설명한다. 그리고 다른 연구자들은 가장 초기 단계에서 양육하기 어려운 아동이 ODD와 관련되는 비일관적이고 가혹한 양육을 받게 될 수 있다고 이론화한다(Alvarez & Ollendick, 2003; Rey & Walter, 1999). 덧붙여, 남아가 여아에 비해 기질을 기반으로 하여 ODD에 이르는 병인적 경로를 가지는 경향이 높다는 주장이 있다(Sanson & Prior, 1999).

다양한 요인과 ODD의 발달 사이에 관련성이 있음을 보여 주는 증거들이 있지만 많은 연구에도 불구하고 아직 확인된 명확한 단일 경로는 없다. 그러나 McKinney와 Renk(2007)는 이러한 연구들을 통합하여 ODD의 원인과 관련하여 복합 경로를 제시하는 이론으로 발전시켰으며, 이들의 이론은 상호작용적–발달적–병인학적 접근으로 지칭된다. 이 이론에 따르면 유전적 · 환경적 · 기질적 변인과 발달과정에서 이 변인들의 상호작용이 다양한 경로를 거쳐 파괴적 행동장애들을 초래한다.

아동 · 청소년의 ODD 증상 발달과 관련된 위험요인들이 연구를 통해 밝혀졌지만 몇 가지 권장되는 보호요인도 언급되었다. Gathright와 Tyler(2014)는 조기 진단, 효과적인 치료 전략, ADHD 공존장애의 부재, 파괴적 행동장애 관련 가족력 부재 등이 ODD 아동 · 청소년에게 더 좋은 결과를 가져오거나 이를 촉진할 수 있다고 설명하였다. 이에 더하여 Lanza와 Drabick(2011)는 가정에서 구조화된 일상을 유지하는 가족들이 ODD 아동의 긍정적 적응을 촉진한다는 점을 발견하였다. 구조화된 일상에는 명확한 기대, 일관된 규칙과 시행, 식사 및 취침시간 관련 가족 일정 등이 있다.

> Gathright와 Tyler(2014)는 조기 진단, 효과적인 치료 전략, ADHD 공존장애의 부재, 파괴적 행동장애 가족력 부재 등이 ODD 아동 · 청소년에게 더 좋은 결과를 가져오거나 이를 촉진할 수도 있다고 설명하였다.

문화적 고려사항

일부 연구는 민족이 아동 · 청소년의 ODD 발달에 영향을 미치는 위험요인임을 시사하지만, 문화적으로 민감하게 해석하면 민족은 낮은 사회경제적 지위와 같은 다른 복잡한 요인들과 관련될 때에만 위험요인이 될 수 있다(McKinney & Renk, 2007). 소수 민족이 집중되는 지역사회일수록 빈곤율이 높고 신체적 공격행동을 보이는 아동들이 집중되는 경향이 있다(Romano et al., 2005). 따라서 ODD 증상의 발달에 있어 민족과의 상관관계보다는 어려운 환경 조건의 존재가 더 중요하다고 할 수 있다(McKinney & Renk, 2007).

또한 임상가들이 진단을 내릴 때는 언제나 자신의 잠재적 편견을 인식하고 신중해야 하는데,

ODD를 고려할 때 특히 문화적 편견을 인식해야 한다는 연구가 있다. 2002년에 Day는 ODD 진단에서 인종의 영향을 알아보는 연구를 수행했다. 그는 ODD 증상을 보이는 아동의 사례를 만들었다. 사례 속의 아동은 흑인, 백인 혹은 인종 미상으로 묘사되었다. 이 사례들은 정기적으로 진단 업무를 수행하는 임상가들에게 보내졌고 이 임상가들에게 이 가상의 아동을 진단하고 자신의 진단에 대해 확신 정도를 평가하게 하였다. Day는 사례 속의 아동이 백인이나 인종이 특정되지 않았을 때보다 흑인으로 묘사되었을 때 임상가들이 더 많은 진단을 내리고 자신의 진단에 대한 확신 정도를 더 높게 평가한다는 것을 발견하였다(Day, 2002). 이러한 결과와 같이 Heflinger와 Humphreys(2008)는 소수 민족 아동이 또래의 백인 아동보다 ODD 진단을 받을 확률이 38%가 더 높고, 백인 아동들보다 더 어린 나이에 ODD 진단을 받을 가능성도 크다는 사실을 발견하였다. 따라서 임상가들은 자신의 실무에서 잠재적 편견이 나타나고 있지는 않은지 성찰하고 자신의 문화적 역량을 적극적으로 개선할 필요가 있다.

학교와 가정에서 사회성, 정서 및 행동 기능에 미치는 영향

학교에서의 사회성, 정서 및 행동 기능

ODD 아동 · 청소년은 학교에서 도발적인 것으로 해석되는 행동을 하는 경우가 많다. 이 장애의 특성은 반항과 규칙 위반이다. Lahey 등(2000)에 따르면, ODD 아동은 나이가 어릴수록 높은 수준의 반항적 행동을 보이지만, 후기 아동기에는 공격적 행동을 보이는 경향이 더 크다. 청소년기에는 재물손괴가 더 흔히 나타난다. ODD 학생은 교실에서 정상적으로 발달하는 또래들과 비교할 때 낮은 자존감과 낮은 좌절 내성을 보이기도 한다(Cederna-Meko et al., 2014). 이러한 행동들은 ODD 학생과 그들의 교사 및 또래들과의 관계에서 불필요한 긴장을 초래하는 경우가 많기 때문에 중요하다(Burke, Rowe et al., 2014).

> Lahey 등(2000)에 따르면 ODD 아동은 나이가 어릴수록 높은 수준의 반항적 행동을 보이지만, 후기 아동기에는 공격적 행동을 보이는 경향이 더 크다.

행동 문제를 가진 아동 · 청소년의 사회성 기술 부족이 학교에서 주요한 고려 대상이 되어야 한다고 주장한 이들도 있다(Gresham, 2002). Mathys 등(2012)은 ODD 청소년들이 사회 학습 과정에서 결손이 있는 경우가 많다고 주장한다. 구체적으로, 이들은 신경생물학적 연구를 통해 ODD 아동 · 청소년이 자신의 행동과 그 행동이 초래할 긍정적 또는 부정적 결과 사이의 관계를 포괄하는 능력의 부족으로 인해 적절한 행동을 학습하고 부적절한 행동을 억제하는 데 어려움이 있음을 지적하고 있다. 이러한 문제들은 이 학생들의 주의집중, 충동성, 전반적인 문제해결에 대한 어려움으로 인해 더욱 악화된다(Mathys et al., 2012). 또래관계에서의 어려움과 또래 거부 역시 ODD 아동·청소년이 가진 흔한 사회적 문제이며(Burke, Rowe et al., 2014; Munkvold et al., 2011; Pardini & Fite, 2010), 이러한 문제는 ODD 아동·청소년의 공격적 행동 및 괴롭힘 행동의 결과로 나타날 때가 많다(Fite et al., 2014).

여러 연구에 따르면, ODD에는 두 가지로 명확히 구분되는 증상 차원이 있음을 알 수 있다(Burke, Boylan et al., 2014; Evans et al., 2016; Lavigne et al., 2015; Rowe et al., 2010). 한 가지 차원은 증상 표현에서 과민성을 더 많이 보이는 것과 관련되며, 다른 차원은 더 높은 수준의 반항성을 보이는 것과 관련된다. 과민성을 보이든 반항성을 보이든 간에 교사는 ODD 아동·청소년이 일반적인 또래에 비해 더 많은 신체적 및 관계적 공격성을 보일 뿐만 아니라 또래 거부도 더 많이 당하는 것으로 평가하였다(Evans et al., 2016). 다만, 높은 수준의 과민성 증상을 가진 ODD 아동·청소년은 또래관계에서 어려움을 경험할 가능성이 가장 높았으며(Stringaris & Goodman, 2009), 불안(Stringaris & Goodman, 2009; Whelan et al., 2013), 우울 및 반응적 공격성(Evans et al., 2016)을 보이는 경향이 있었다. 반대로, 반항성을 더 많이 보이는 ODD 학생들은 주도적 공격성과 같이 품행 문제를 더 발달시키는 경향이 있었다(Evans et al., 2016). 다른 연구 결과들은 반항적인 태도로 인해 초래되는 교사 및 또래관계 문제는 후속되는 ODD 증상들과도 관련이 있다는 것을 보여 준다(de Moura & Burns, 2010; Li et al., 2018). 따라서 두 가지 차원의 증상(과민성과 반항성) 모두 학교기반 기능과 관련되는 문제로 인하여 아동·청소년 자신이나 교사 및 또래에게 상당한 고통을 안겨 줄 수 있다. 그리고 Evans 등(2016)은 서로 다른 차원(과민성 대 반항성)에 적합한 개입 방향이 다르다고 주장한다. 즉, 주로 과민성을 보이는 아동·청소년에게는 감정 통제 및 기술 훈련에 초점을 맞춘 개입이 유리한 반면, 반항성과 결부된 증상을 보이는 아동에게는 교사와 부모 훈련이 더 도움이 된다는 것이다(Evans et al., 2016). 그러므로 학교심리사는 ODD의 두 가지 차원을 이해하고 ODD 아동·청소년의 긍정적인 변화에 도움이 되는 가장 적절한 방법을 결정하기 위해 기능 분석 기술을 적용할 필요가 있다.

가정에서의 사회성, 정서 및 행동 기능

실증연구에서 형제나 또래에게 부적절한 행동을 하는 ODD 아동·청소년과 주로 자신의 부모와 같은 성인들에게 반사회적 형태의 행동을 보이는 ODD 아동·청소년 간에는 차이점이 존재한다는 사실이 보고되었다(Taylor et al., 2006). 예를 들어, 유아기에 기질적 문제를 보인 ODD 아동 · 청소년과 과잉행동을 더 많이 보이는 ODD 아동 · 청소년은 부모에게 적대적 행동을 보일 가능성이 더 크다(Frick & Morris, 2004). 이 진단과 함께 가정에서 일반적으로 나타나는 행동에는 성질부리기, 언쟁하기, 규칙에 의문을 제기하거나 규칙을 무시하기, 다른 사람을 짜증 나게 하거나 짜증 내기, 행동에 대한 책임을 받아들이지 않기, 화나 폭발적 분노 표현하기, 사소한 것에 대해 복수 시도하기(American Academy of child and Adolescent Psychiatry: AACAP, 2009; Cederna-Meko et al., 2014) 등이 있다. 아울러 여아는 주로 거짓말을 하거나 비협조적인 데 반해, 남아는 가정불화를 유발하는 경향이 있다(AACAP, 2009).

이러한 행동들의 심각성을 고려하여 부모는 ODD 아동 · 청소년을 양육하는 데 역효과를 가져온다고 입증된 더 엄격하고 강압적인 훈육 수단으로 상황에 대한 통제력을 되찾으려고 시도할 수 있다(Ezpeleta et al., 2019). 안타깝게도 이러한 상태는 실제로 아동학대나 가정 밖 위탁으로 이어질 수 있다(Lewis et al., 2002). 아동 · 청소년이 가정에서 방임이나 학대, 또는 가혹한 행위를 당한다면 가정이 이외의 장소에 위탁되어야겠지만, 소수 민족 출신이거나 낮은 사회경제적 배경을 가진 아동 · 청소년의 수가 위탁 양육 환경에서 불균형적으로 많은 것으로 나타났다(Pecora et al., 2009). 이에 더하여 파괴적 행동들을 보이는 아동 · 청소년들이 거주형 복지 시설과 같은 매우 통제적인 장소에 배치될 가능성이 4배 더 큰 것으로 알려져 있다(James et al., 2006).

부정적인 가정 환경 및 기능은 ODD 발달에 하나의 원인이 될 수 있지만, 긍정적인 가족 기능은 ODD 아동들에게 보호요인으로 작용할 수 있다는 것을 보여 주는 연구도 있다. Lanza와 Drabick(2011)은 가족의 일상을 구조화하였을 때, ODD 아동이 학교에서 자신의 행동을 더욱 능숙하게 조절할 수 있다는 점을 발견하였다. 이 연구자들은 도시에 거주하는 저소득층 흑인 아동을 대상으로 한 연구에서 아동이 구조화되고 예측 가능한 가정 환경에 속해 있을 때 교사가 아동의 충동성 및 ODD 증상을 더욱 낮게 평정한다는 사실을 발견하였다. 덧붙여, 어머니들이 감정코칭 기술을 배우고 이를 아동들에게 활용했을 때, 이 또한 ODD에 대한 보호요인이 된다는 견해도 주목할 만한다. 감정코칭은 자신의 감정 표현하기와 타인의 감정 알아차리기에 대한 직접적인 지시를 필요로 한다(Dunsmore et al., 2013; Katz & Windecker-Nelson, 2004). 따라서 이러한 접근방식은 ODD를 개념화하고 치료하는 데 중요한 함의를 제공해 준다.

Lanza와 Drabick(2011)은 가족의 일상을 구조화하였을 때, ODD 아동이 학교에서 자신의 행동을 더욱 능숙하게 조절할 수 있다는 점을 발견하였다.

교실에서 학습에 미치는 영향

교육에 미치는 ODD의 영향과 관련된 연구는 명확하지 않은 상태이고, 최악의 경우 상충되기도 한다. 하지만 몇몇 연구를 살펴보면 ODD가 직접 경로나 ADHD를 경유하는 간접 경로를 통하여 아동·청소년의 학업 수행에 문제를 일으킬 가능성을 확인할 수 있다(Liu et al., 2017; Serra-Pinheiro et al., 2008). Burke와 Rowe 등(2014)은 ODD 증상이 학업 기능의 손상과 밀접한 관련이 있다는 점을 발견하였는데, 이러한 관련성은 주의력, 과잉행동, 충동성과 같은 문제를 통제하였을 때에도 유의한 것으로 나타났다. 마찬가지로, Rhodes 등(2012)도 ODD 남아에게서 특정 인지 결핍을 발견하였다. 연구자들은 ODD 남아가 언어기억·공간기억·작업기억·장기기억 과제에 어려움이 있다고 주장하였다. 그러나 Mayes와 Calhoun(2007)은 ODD 아동·청소년과 일반 또래의 학습, 주의력, 쓰기 및 처리속도 과제에서 차이를 발견하지 못했고, Serra-Pinheiro 등(2008)의 연구에서도 아동·청소년의 주의력 문제를 통제하였을 때 ODD 증상이 학업 기능의 손상과 유의한 관련을 보이지 않았다고 밝혔다. 이 결과들과 관련하여, Liu 등(2017)은 "ODD는 학업 성취에 직접적인 영향을 미치기보다는 사회적 손상과 교실에서의 행동 문제에 일부 영향을 미치는 것으로 보인다."라고 언급하였다(p. 879).

한편으로, ODD 증상을 직접 다룬 것은 아니지만, 일부 연구에서는 행동 문제를 가진 아동·청소년이 집행기능 및 언어 능력에 손상을 보일 수 있으며, 이 과정에서 ADHD 증상과 관련된 부주의, 과잉행동, 충동성이 관여(즉, 매개)할 가능성을 확인한 바 있다(Alvarez & Ollendick, 2003; Loeber et al., 2000). 집행기능 기술에는 주의집중, 지시이행, 충동 통제, 문제해결이 있고, 일부 실증연구에서는 주의력과 충동 통제 문제가 이후 발달 단계에서 반사회적 행동(범죄 포함)으로 이어지는 경우가 많다는 것을 보여 준다(Schaeffer et al., 2003). 하지만 이러한 문제들과 상관없이, 집행기능 결함은 ODD 특유의 행동 문제와 함께 ODD 아동·청소년의 교실 및 학교에서 심각한 문제들로 이어지며, ODD 학생들은 일반 또래에 비해 성적이 부진하고 특수교육 서비스를 받을 가능성이 큰 것으로 알려져 있다(Greene et al., 2002).

Leadbeater와 Ames(2017)는 ODD의 특징인 과민성과 반항성은 아동·청소년이 학업과제를 수행하는 데 인내심을 제한하므로 현재와 이후의 교육적 성과 측면에서 학업 성적을 악화시킬 수 있다고 주장한다. 또한 이들은 청소년기의 ODD 증상이 젊은 성인 남성의 낮은 학력 수준과 관련된다는 것을 발견하였다(Leadbeater & Ames, 2017). 따라서 이들의 연구 결과는 전 생애에 걸친 ODD의 지속적이고 복합적인 영향을 방지하기 위해서는 조기 학업 지원이 필요함을 강조한다.

학교심리사를 위한 시사점

평가 역할

교사나 학부모가 ODD 아동 · 청소년의 특수교육 서비스 수혜자격 여부를 확인하기 위해 학교에 평가를 의뢰하는 경우, 학교심리사는 그 과정에서 매우 중요한 역할을 하게 된다. 학교의 다학제 팀은 IDEA나 「재활법 504조」에 따라 평가 대상 아동의 특수교육 수혜자격 심사에 필요한 자료가 무엇인지 결정하기 위해 회의를 소집해야 한다. 이 팀은 부모, 일반교사, 특수교사, 행정관리자 대표, 그리고 평가 결과를 해석할 수 있는 자격을 갖춘 사람으로 이루어진다. 그리고 평가 대상 학생의 부모가 평가 절차에 대해 동의한 이후 60일 이내(공휴일 및 휴업일 제외)에 모든 절차(즉, 평가 완료, 수혜자격 여부 결정, 서비스 실행 등)가 마무리되어야 한다.

다학제 팀은 해당 학생의 우려되는 모든 영역에서 과거 및 현재 기능과 관련된 자료를 수집하게 된다. 이미 ODD 진단을 받은 학생에 대해서는 기록 검토가 매우 중요하다. 교직원은 신체 및 정신건강 전문가와 같은 외부 서비스 제공자로부터 정보를 수집하기 위해 부모의 승인을 추가로 받게 된다. 해당 아동 · 청소년이 사법 처리에 연루된 적이 있다면 여기에 소년 재판 기록도 포함될 수 있다. 기록은 학업과 행동 이력 모두를 조사하기 위해 교내에서 평가된다. 이 자료들은 성적, 표준화된 검사 점수, 징계 의뢰 이력, 이전의 학습 및 행동 개입에 관한 것이다. 해당 아동 · 청소년에 대한 기존 정보 외에도 부모, 교사 및 학생과의 면접을 통해 이 자료들의 핵심적인 내용을 검토하게 된다. 학교심리사는 전부는 아니더라도 앞서 언급한 평가에 대한 일부 정보를 수집하는 책임을 지는 경우가 많다.

기존 자료의 수집 외에도 평가를 위해서는 새로운 정보도 필요하다. ODD 학생이 학교에서 행동 문제를 보일 수 있기 때문에 학교심리사는 목표 행동 및 이와 관련된 환경 그리고 가능성 있는 행동 원인을 분석하기 위해 행동기능평가의 첫 단계인 행동 관찰을 수행하게 된다. 다학제 팀에서 해당 학생이 정서장애에 대한 IDEA 수혜자격 기준을 충족하는지에 관심이 있을 경우, 이러한 관찰과 분석은 사회적 부적응과 관련된 배제 기준에 대한 중요한 지표를 제시하게 된다. 학교심리사는 다른 척도를 사용하여 아동의 정서 및 행동 상태를 평가하는 경우도 있다. ODD 학생을 평가할 때는 행동, 불안, 우울, 자존감에 대한 평가 도구를 사용하는 것이 일반적이다.

필요한 서비스와 지원을 결정하기 위해 현재의 기능 수준을 측정하는 교육자료를 수집하게 된다. 학교심리사는 개별 인지 능력 검사와 학업 성취도 종합검사를 실시할 수도 있다. IDEA 평가에서 다학제 팀은 평가 대상 학생의 증상이 IDEA에서 제시하는 13개의 장애 유형 중 하나에 해당하는지, 그리고 특수교육 서비스가 평가 대상 학생의 교육활동을 실제로 개선할 수 있는지 여부를 결정해야 한다. IDEA(정서장애와 OHI)와 「재활법 504조」 기준에 대한 보다 자세한 정보는 '학교기반 수혜자격' 절을 참고하기 바란다. 평가 대상 학생이 두 가지 연방법률의 기준에서 지원을 받을 자격이 있다고 확인되면 학교는 이들의 교육적 진보에 도움이 되는 모든 필수적인 교육 서비스를 제공하기 위한 계획을 세우고 실행해야 한다.

개별 학생을 위한 평가 외에도 학교심리사는 다른 선별/평가 과정도 도와야 한다. 학교심리사는 ODD 아동・청소년과 같이 사회성, 정서 및 행동 문제의 위험이 있는 학생들을 확인하는 목적의 보편적 차원의 선별을 지원하는 리더가 되어야 한다. 일단 ODD로 확인되면, 해당 학생에게는 해당 학생의 전반적 학교 적응을 저해하는 문제들을 예방 혹은 교정하기 위해 표적적 개입이 제공되어야 한다. 이와 관련한 대표적인 학교 지원 체계인 다층지원체계(Multi-Tiered Systems of Support: MTSS)에 대해 더 많은 정보를 얻기 위해서는 '학교기반 정신건강 개입과 지원' 절을 참고하기 바란다.

옹호 역할

아동・청소년에게서 보이는 많은 ODD 징후가 학교에서 일어난다는 사실을 고려할 때 심리학 및 교육학 분야의 전문성을 두루 갖춘 학교심리사는 ODD 학생과 지역사회 정신건강 전문가 사이에서 진행되는 치료를 옹호하고 이들에게 필요한 지원을 효과적으로 제공하는 데 핵심적인 역할을 수행할 수 있다. 예컨대, 학교심리사는 ODD 아동・청소년을 진료하는 소아과 의사나 정신건강의학과 의사의 약물치료 관리와 관련된 중요한 관찰과 진전도 모니터링을 제공할 수 있다. 하지만 약물만을 단독으로 처방하는 방식이 ODD 치료에 그리 효과적이지 않을 수 있다는 점에도 주의를 기울여야 한다(AACAP, 2009; Woolgar & Scott, 2005). 따라서 학교심리사는 ODD 학생의 실질적인 증상 개선과 학교 적응을 위해 교내외에서 추가적인 심리적, 교육적 및 치료적 개입이 활발하게 제공될 수 있도록 노력해야 한다.

> 학교심리사들은 ODD 아동・청소년을 진료하는 소아과 의사나 정신건강의학과 의사의 약물치료 관리와 관련된 중요한 관찰과 감독 과정을 제공할 수도 있다.

자문 역할

부모관리훈련(Parent-Management Training)은 AACAP와 다른 연구자들에 의해 ODD 아동·청소년에게 가장 효과적인 치료법 중 하나로 확인되었다(AACAP, 2009; MacKenzie, 2007). 지역사회의 훈련된 실무자를 통해 이러한 개입을 찾아보는 것이 가족에게는 유용할 수도 있으나 시간과 비용의 제약으로 인해 망설이는 가족도 있을 수 있다. 따라서 학교심리사는 가족의 적응을 돕고 ODD 아동·청소년이 더 긍정적으로 기능할 수 있도록 양육 전략에 대해 자문을 제공할 수 있다. 예컨대, 학교심리사는 긍정적 부모역할의 중요성과 가혹하고 징벌적인 훈육으로 인한 비효율성 및 역효과에 대해 잘 이해하도록 도울 수 있다. 부모가 자녀의 행동과 관련한 자신들의 기대와 반응에 대해 일관성을 가지도록 훈련시킬 수도 있다. 이러한 단순한 전략들을 실행함으로써 양육의 효율성과 가족의 안정성 및 아동의 순응도를 개선할 수 있다. 이에 더해 Markward와 Bride(2001)는 이러한 가족 중심의 실천은 학교에서 시작하는 것에 제일 적절하다고 지적한다.

부모 자문 외에도 학교심리사는 자신의 훈련과 경험을 바탕으로, 교실에서 ODD 학생을 지도하는 교사에게 자문 서비스를 제공하기에 매우 적합하다. ODD 학생은 학업 환경에서 행동 문제를 보이는 경향이 있고, 이러한 문제는 학습부진 문제와 공존하거나 이를 유발할 수도 있다. 학교심리사는 행동 및 학습 개입의 개발·실행·평가에 대해 객관적인 안내와 분석, 지원을 제공하도록 훈련받으며, ODD 학생 및 그들의 교사에게 긍정적인 변화를 가져다주기 위해 자신의 심리학적 배경을 활용하여 증거기반의 개입을 제공할 수 있다. 여기에는 학생의 규칙 위반 행동 시 단순히 교실에서 분리하는 조치보다는 학교와 학생 모두에게 더욱 적절하고 효과적인 조치를 취할 수 있도록 담당 관리자를 자문하는 것도 포함된다.

상담/심리치료 역할

학교심리사는 교육 환경 내에서 학생들에게 상담 및 심리치료를 제공하는 전문가이다. ODD 진단을 받은 아동·청소년은 많은 경우 이러한 상담 및 치료 서비스를 필요로 하며, 이를 통해 적절한 대처 전략을 익히고 다양한 기능 영역에서 더욱 효과적으로 적응할 수 있다. 인지행동치료와 사회성 기술 훈련은 학교에서 적용하기에 적합하며 ODD 학생들에게 효과적인 치료 개입으로 보고되었다(Battagliese et al., 2015). 학교심리사의 이러한 서비스는 학생이 필요로 하는 정신건강 서비스를 가족의 재정적 부담과 이동 부담을 줄여 주면서 제공할 수 있는 장점이 있다. 이러한 개입을 통해 ODD 아동 · 청소년의 증상이 호전되고 다양한 영역에서 긍정적인 결과가 나타나기를 기대해 보지만, 만일 ODD 아동 · 청소년의 언행이 자신이나 다른 사람의 안전을 위협하거나 위협할 가능성이 있다면 학교심리사는 위기 개입 서비스 제공 요청을 받을 수도 있다. 학교심리사는 학교에서 위기가 발생하는 경우, 이어지는 주요 후속 조치를 안내할 수 있는 가장 숙련된 전문가인 경우가 많다.

교육적 지원

Harrison 등(2013)에 따르면, IDEA와 실증연구 모두가 교실에서의 학업 성취를 방해하는 행동 문제를 가진 아동 · 청소년에게 필요한 지원에 대해 충분한 지침을 제공하지는 못한다. 이에 이들은 행동 문제를 가진 학생을 교실에서 지원할 수 있는 방안들에 대해 광범위하게 검토하여 어떤 방법들이 어떤 표본에서 효과적인지 확인하였다. ODD를 특정하지는 않았으나, 이들의 개관에 따르면 다수의 교육적 지원이 교실에서 순응하지 않고 반항적인 ODD 증상을 보이는 아동 · 청소년의 교실 적응을 촉진할 수 있음을 보여 주었다.

적대적 행동에 대한 유망한 또 다른 지원은 교실에서 학생에게 선택권을 주는 것이다. 이 간단한 방법으로 교사는 학생에게 수행할 과제 선택 목록을 제공하며, 학생은 완성하고 싶은 과제를 선택한다. 이렇게 함으로써 학생의 순응과 참여가 증가하고, 잠재적으로는 학업적 진보를 보이게 된다. Harrison 등(2013)은 선택권을 주는 것이 큰 효과의 크기로 문제행동을 감소시킬 뿐만 아니라 향후 과제 선택 목록이 제공되지 않더라도 학급의 공통 과제에 참여할 동기를 높이며 점차 과제에 대한 완성도 및 정확도가 개선된다는 사실을 발견하였다. 따라서 학업과 관련된 것이든 아니든 교실에서 선택권을 제공하는 전략은 교사가 용인할 수 있는 선택지를 통제하면서 동시에 학생의 바람직한 성과도 촉진할 수 있는 간단한 전략이다.

Harrison 등(2013)이 실증연구를 통해 탐색한 두 번째 교실 내 지원 전략은 학습지 같은 학습 과제에 학생이 좋아하는 요소들을 추가하는 것이다. 교실에서의 수업을 자주 방해하는 아동의 학습지에 호기심을 자극하는 간단한 그림, 만화 또는 사진을 포함하는 것이 유용한 것으로 나타났다. 과제에 관심 요소를 제공하면 불복종 행동이 감소하고 순종적인 행동이 증가하는 것이 여러 실증연구에서 확인되었다. 따라서 이러한 방법을 사용함으로써 학생과 교사 모두가 경험하는 수업의 질을 높일 수 있다.

앞서 언급된 방법들에 비해 효과성에 대한 증거는 덜 명확하지만, ODD 아동 · 청소년처럼 파괴적 행동을 보이는 학생에게 유용할 수 있는 그 외의 방법들도 있다. 가령, 교실에서 학생의 능동적 참여를 유도할 수 있는 기본적인 방법에는 과제 집중 행동을 촉진하기 위해 과제의 양을 줄여서 제시하는 것과 수업 중 대답할 기회를 더 많이 제공해 주는 것 등이 있다(Harrison et al., 2013). 마지막으로, Rhoades 등(2012)은 ODD와 관련된 기억력 문제가 다양한 점을 고려하여 교실에서의 과제 수행과 기대를 촉진하기 위해 서면 메모나 리마인더의 사용을 권고한다. 이러한 효과적인 교실 전략들은 많은 교사에게 이미 익숙한 것들로 실행이 용이하고 긍정적 결과를 가져올 수 있다.

교실에서 학생의 능동적 참여를 유도할 수 있는 기본적인 방법에는 과제 집중 행동을 촉진하기 위해 과제의 양을 줄여서 제시하는 것과 수업 중 대답할 기회를 더 많이 제공해 주는 것 등이 있다(Harrison et al., 2013).

이처럼 교실에서 사용할 수 있는 방법들 외에도 교사의 상호작용 방식이 ODD 학생과 수업 시에 중요할 수 있다. Danforth(2016)는 목소리 톤의 중요성을 강조하였다. 교사가 소리를 지르거나 빈정대는 말투를 사용하지 않는 것이 중요한데, 이는 긴장 상황을 악화시키고 나아가 ODD 아동·청소년의 반항적 태도를 심화시킬 수 있기 때문이다. 차라리 교사 및 학교의 권위자가 지시할 때는 중간 정도의 목소리 톤을 사용하고, 필요한 질책을 할 때는 단호하지만 침착한 톤을 사용해야 한다. 칭찬이나 격려할 때, 밝고 쾌활한 목소리 톤을 사용하면 해당 학생으로부터 원하는 반응을 이끌어 낼 가능성이 더 크다(Danforth, 2016).

학교기반 정신건강 개입과 지원

AACAP(2009)는 연령에 따른 가장 효과적인 ODD 치료에 대해 설명하였다. 학령전기 아동에 대한 치료에서는 주로 진단과 관련된 부모관리 훈련 및 교육에 초점을 맞추어야 한다고 지적한다. 학령기 아동에게는 부모훈련과 학교기반 개입 및 개인치료를 병행할 때 긍정적 변화의 가능성이 가장 크고, 청소년에게는 개인치료와 부모관리 훈련을 결합할 것을 AACAP는 권고한다(AACAP, 2009). 부모훈련과 관련하여, 3세에서 8세 사이의 아동이 더 나이 든 아동이나 청소년에 비해 치료에 더 잘 반응함을 보여 주는 연구 결과가 있으므로(Dishion & Patterson, 1992), 보다 성공적인 결과를 내기 위해서는 조기 개입이 필수적임을 알 수 있다.

파괴적 행동장애를 가진 아동·청소년에게 가장 성공적인 선택안으로서 권장되는 개인치료적 접근은 인지행동치료인데, 주로 문제해결과 분노관리 기술에 초점을 맞춘다(Battagliese et al., 2015). 매우 어린 ODD 아동에게 이를 적용한 연구도 있다(Calub et al., 2021). 인지행동치료 기술에는 이완, 역할놀이, 일기 쓰기, 아동에게 도움이 안 되는 생각을 바꾸도록 도와주는 인지 재구조화 등이 있다. 학교심리사는 보통 이러한 치료적 개입에 대해 잘 훈련되어 있으므로 학교 내에서 이러한 서비스를 제공함으로써 ODD 학생들의 삶에 긍정적으로 영향을 미칠 수 있다. 이와 동시에 개입이 필요한 ODD 증상을 가진 아동·청소년이 외부에서 치료를 받을 때 발생하는 가족의 부담도 최소한으로 줄일 수 있다.

인지행동치료 기법이 ODD 아동·청소년에게 유용하지만 인지행동치료는 사회학습이론을 기반으로 한다는 점을 고려해야 한다. Mathys 등(2012)은 이러한 이유로 ODD 학생에게 이 치료의 효과가 제한적일 수 있다고 주장한다. 이들의 주장에 따르면, ODD 아동·청소년이 가진 신경생물학적 결함은 자신의 행동으로 인해 야기되는 잠재적인 긍정적 및 부정적 결과와 관련된 사회적 정보를 처리하는 데 어려움을 발생시킨다고 주장한다. 이들은 인지행동적 개입의 성과를 높이기 위해서는 각 아동·청소년의 사회학습 역량을 개별적으로 평가해야 한다고 믿는다. 구체적으로, 학교심리사와 같은 치료자는 아동·청소년이 상과 벌에 어떻게 반응하는지 표준적인 행동 관찰을 실시하고, 그들의 집행기능을 평가하며, 이러한 기술들에 대해 부모 및 교사와 면담하여, 특정 학생의 강점과 약점을 고려한 개입을 실시할 필요가 있다. 인지행동치료의 일반적 개입 요소들은 긍정적 결과의 가능성을 극대화하기 위해 쉽게 조정이 가능하다(Matys et al., 2012).

사회학습적인 문제들로 인해 학교에서 행동 문제를 보이는 아동·청소년의 성공을 위해 그 기반이 잘 확립된 또 다른 개입은 아마도 사회성 기술 훈련일 것이다. ODD 학생이 사회학습에 어려움을 겪고 또래관계에서 어려움을 경험하는 것을 고려할 때, 사회성 기술 훈련은 보다 성공적인 상호작용과 관계 형성 촉진 기술들을 구축하는 데 효과적일 수 있다. 사회성 기술 훈련을 받은 후에 ODD 아동·청소년의 사회적 유능성, 안녕감, 자신의 정서를 확인하는 능력이 개선되었다고 보고한 실증연구들이 있다(Behan & Carr, 2000; Goertz-Dorten et al., 2019; Gresham et al., 2004; Zabihi Hesari et al., 2019). Gresham 등(2004)은 사회성 기술 훈련에 대한 5개의 메타분석 연구들에 대해 포괄적 메타분석을 실시하여 실증연구에서 개입에 참여한 이들 중 65%가 개입 후 사회성 기술에서 향상을 보였다는 것을 발견하였다. 사회성 기술 훈련은 문제행동 발생을 억제하는 방식으로 사회성 기술을 개발하고, 유지하며, 또 여러 상황에 결쳐 일반화하도록 행동적 접근을 사용하는 경우가 많다. Frey 등(2014)에 따르면 사회성 기술 훈련은 필수 기술에 대한 모방, 기술 연습, 기술에 대한 피드백 및 강화 그리고 검토로 이루어진다. 학교심리사는 출간된 많은 프로그램 중 하나를 사용하거나 ODD 아동·청소년을 위해 앞서 언급된 단계를 단순히 따름으로써

> Frey 등(2014)에 따르면 사회성 기술 훈련은 필수 기술에 대한 모방, 기술 연습, 기술에 대한 피드백 및 강화 그리고 검토로 이루어진다.

개별화되고 목표지향적 방식으로 학교에서 이러한 개입을 실시할 수 있다.

개별적인 상담이나 치료적 개입 외에도 학교의 다층지원체계가 ODD 학생과 같이 파괴적 행동과 규칙 위반을 자주 보이는 아동 · 청소년의 긍정적 행동을 촉진하는 데 유망하다. MTSS는 학생의 교육적 요구를 기초로 하여 강도와 특수성을 높이면서 학생에게 개입을 제공한다. Hess 등(2014)은 이러한 지원을 활용하면 소수 인종 및 민족 집단 출신의 학생이 교실에서 퇴출되는 것과 같은 처벌을 불균형적으로 많이 받는 문제에 대처할 수 있고, 동시에 많은 학생의 행동 결과를 개선하는 데 도움이 될 수 있다고 지적한다. Hess 등(2014)은 이 과정에서 문화적 민감성을 확보하기 위해 3단계로 실행할 것을 권장한다. 이들 단계에는 다양한 학생 집단의 관련 행동 자료 분석하기, 개입 개발의 문제 확인하기와 문제 분석 단계에서 의도적으로 문화적 변인 다루기, 다양한 집단에서 효과가 있는 개입과 지원 선택하기가 포함된다.

Stoiber(2014)에 따르면 MTSS는 "모든 학생을 위한 교육적 성과의 최적화"라는 목표를 가지고 있다(p. 45). 이러한 MTSS의 목표는 특별한 관심이 필요한 학생집단이 일반적인 또래와 유사하게 발달해 나아가도록 하는 데 특히 도움이 된다. MTSS는 행동 문제에 대한 예방 및 개입 수준을 주로 3개의 단계로 구별하여 실행한다(단, 2~4단계로 범위를 축소하거나 확장하는 것도 가능). 중재 단계의 1단계는 학교 환경에 참여하고 정해진 교육과정을 따라가는 데 특별한 지원이 필요하지 않은 것으로 확인된 일반 학생(학생 집단의 80~90%)을 포함한다. 기대 행동은 학교 전체에서 일관되게 설정되고 실행되며 여기에는 사회 · 정서 학습 프로그램이나 적절한 행동을 보일 때 강화를 제공하는 학교기반 긍정적 행동개입 체계 같은 긍정적인 행동 결과를 촉진하는 전반적 프로그램이 포함된다. 다음으로 2차적 중재 단계는 더 많은 관심을 기울일 필요가 있는 작은 학생 집단을 대상으로 하는 개입과 지원을 특징으로 한다. 이러한 개입은 1차적 중재 단계의 기본적인 구조를 보완하거나 강화하는 역할을 한다. 또한 2단계에는 이 단계에서 지원받은 학생에 대한 개입이 시간이 지남에 따라 효과가 있는지 판단하기 위해 모니터링하는 과정을 반드시 포함해야 한다. 이 수준에서 개입을 실행할 시에는 효과가 있는지 판단하기까지 6주에서 12주 동안의 노력이 필요하다. 학생들이 2단계 개입 후에도 지속적으로 기대를 충족하는 것이 어려우면 학교의 중재 팀은 해당 아동 · 청소년을 3차적 중재 단계로 이동시킬 수 있다. 3단계에서는 훨씬 더 강도가 높은 수준의 개입과 지원이 매우 작은 집단이나 개인에게 제공된다. 약 1~5%의 학생에게 이 단계의 개입이 필요하다. 3단계에서 제공되는 개입은 강도가 높아질 뿐만 아니라 지속 기간이 길어지고 훨씬 더 집중하여 진행 과정을 감독하도록 요구되는 경향이 있다(Stoiber, 2014). MTSS 실시에 대해 더 자세한 논의는 Stoiber(2014)를 참고하면 된다.

사례 연구 Calliope: 적대적 반항장애를 가진 백인 여아의 사례

배경

Calliope는 8세이고 수양 가족과 함께 중서부 지역 시골에 살고 있다. Calliope는 10대 미혼모인 어머니에게서 태어났다. Calliope가 태어났을 때, 어머니인 Tressa는 생물학적 부모와 함께 살고 있었다. Tressa의 아버지는 실직 중이었고 어머니는 편의점 점원과 같이 낮은 급여를 받는 일을 했다. 어머니의 수입으로 임대료와 전기세 등을 겨우 충당할 수 있었다. 이 가족은 정부 지원과 지역 자선 단체에 식생활을 의지하였지만, 월말에 이르면 부족해지는 경우가 많았다. Calliope가 태어나기 전, Tressa는 아침과 점심을 공립 고등학교에서 매일 무료로 먹고는 점심 식사 후에는 다시 집에 가 잠을 자는 경우가 많았다. Tressa는 어린아이일 때, 우울증 치료를 받았고 지역사회 상담과 시설에서 근무하는 정신건강의학과 의사가 처방한 항우울제를 통해 우울 증상을 관리하였다. 그러나 병원은 그녀가 거주하는 작은 지역사회로부터 30마일이나 떨어져 있었고 Tressa의 가족은 예약에 맞추어 갈 형편이 되지 못해 치료를 중단할 수밖에 없었다. Tressa의 아버지가 종일 그녀가 집에 있는 것에 대해 불평을 하자 그녀는 학교에서 나오면 자신의 집 대신 친구의 집으로 가기 시작했다. Tressa는 친구의 오빠와 관계를 맺기 시작했고 임신하게 되었는데, 그 오빠가 연세 드신 고모와 살기 위해 아칸소주로 막 떠나기 직전이었다.

원래 Tressa의 가족은 Calliope가 고등학교 2학년을 마칠 때까지 생물학적 아버지와 함께 살게 할 계획이었다. Calliope가 태어났을 때 매우 심하게 신경질적인 아기였다. 그녀는 어렸을 때도 짜증을 잘 내고 달래기가 어려웠다. Calliope의 요구는 할머니에게 너무 부담이었고 엄마인 Tressa는 학교에 다니지 않고 그녀와 함께 집에 머물렀다. 그러나 할머니의 수입은 가족의 필요를 충족시키기 어려웠다. Tressa는 두 명의 친구와 함께 저렴한 모텔에서 지내면서 일자리를 찾아보기로 하였다. 그녀는 일련의 최소 임금을 받는 직장에서 일했고 모텔에서 지내는 다양한 사람들에게 Calliope의 돌봄을 맡겼다. 그러나 유아기가 되자 Tressa는 Calliope의 도발적인 행동 때문에 보모를 찾기 어려워졌다. Calliope는 어떤 형태로든 지적을 받거나 훈육을 받으면 몇 시간 동안 소리를 지르고 신체적 공격 행동을 하며 극단적으로 화를 내는 모습을 보였다. 돌보미들은 Calliope에게 마지못해 응해 주면서 대립을 피하려고 했지만, Calliope가 더욱 극단적인 행동을 지속해서 양육자들은 안전 문제 때문에 대응해야만 했다. 그러자 Calliope는 때리고 물고 할퀴면서 이들의 몸에 멍이나 상처를 남겼다. Calliope가 모든 돌봄 자원을 소진시키자 Tressa는 Calliope를 지역 협동조합에서 운영하는 자선 단체 및 종교 단체의 무료 탁아 프로그램에 등록했다. 거기서 Calliope는 실제로 모든 기대에 응하지 않는 모습을 보였고 자원봉사 돌보미들에게 반항적이었으며 프로그램을 시작한 첫 주에 직원

두 명과 아동 두 명을 다치게 했다. Tressa는 Calliope를 첫 5일 동안 매일 일찍 데려가도록 요구받았을 때, 직장을 그만두고 Calliope가 어린이집에 갈 수 있을 때까지 8개월 동안 함께 집에 머무르기로 결정했다. 새로운 방식은 메마른 재정에 훨씬 더 큰 부담이 되었지만, Tressa는 엄한 훈육이 Calliope의 문제행동을 바로잡는 데 도움이 된다고 믿고 있었다. Tressa는 Calliope가 신체적 공격성을 보이면 엉덩이를 때렸다. 이는 Calliope의 행동을 더 악화시키기만 했다. 이후 Tressa는 작은 잘못에도 체벌을 받았으며 Calliope의 행동은 지속되었다. Calliope가 학교에 입학했을 때, 집에서나 학교에서나 거의 매일 주목할 만한 행동을 보였다. 반항과 신체적 공격뿐만 아니라 무시당했다고 생각되면 보복 행동을 하기도 하였다. 예를 들어, 교사가 또래에게 책을 던졌다는 이유로 도서관에서 내쫓았을 때, Calliope는 교사 책상에 있는 가족사진을 부숴 버렸다. 그리고 한 또래가 Calliope가 원하는 노란색 마커를 가져갔을 때, 그 아이를 밀쳐 넘어뜨리고 머리카락에 풀을 발랐다. 이런 사건들 이후에 Tressa는 소아과 의사에게 도움을 구했다. 이 의사는 Calliope를 ODD로 진단했다. 그가 상담을 추천했지만 Tressa는 교외의 클리닉까지 운전해 갈 수 없었다. 교직원들이 Calliope의 행동에 따라 벌이 정해진 규칙을 통해 관리하려고 시도했지만 그녀의 행동은 계속되었다. Tressa는 Calliope의 행동에 대한 좌절과 자신의 스트레스로 인해 더욱 혹독한 신체적 체벌에 의존하는 데까지 이르렀다. Calliope가 8세가 되었을 때, 심각한 신체적 체벌로 인해 Calliope의 몸에 큰 상처가 생겼음을 발견하고 한 교사가 이를 보고한 후, 사회복지 서비스가 관여하게 되었다. Calliope는 치료를 위한 위탁 양육 가정으로 보내어지고 Tressa는 아동학대로 경범죄 선고를 받은 후 가족 회복을 위한 절차를 밟기 시작했다.

논의

Calliope의 초기 이력은 ODD의 많은 위험요인을 보여 준다. Calliope는 우울 이력을 가진 어머니에게서 태어났다. 또한 아기일 때, 달래기가 어려웠고 매우 어린 아동기에는 반항과 신체적 공격 같은 행동 문제를 보였다. 행동의 빈도와 강도는 ODD와 일치한다. Calliope의 어머니는 행동 문제에 대응하여 가혹한 형태의 훈육을 시도했고, 이는 ODD 증상 관리에 역효과를 가져오는 경우가 많았다.

학교에서는 처벌 지향적인 전략에 의존하기보다 학교심리사의 의견과 서비스를 구해야 한다. 학교심리사는 먼저 행동기능평가를 통해 Calliope의 행동을 촉발하는 선행사건 또는 배경, 이 행동으로 인해 발생하는 결과를 판단하고 도움을 주게 될 것이다. 이 과정은 행동의 기능을 판단하고 왜 그런 행동이 일어나는지에 대한 질문에 답하는 역할을 맡는다. 이 행동 기능에 대한 지식은 Calliope가 문제행동을 표현하는 것과 반대로, 사회적으로 적절한 행동을 하도록 긍정적으로 강화하기 위한 행동개입 계획의 근거가 된다. 행동 계획이 준비되면 학교심리사가 Calliope와 개인상담을 시작하는 것도 도움이 될 것이다. 인지행동치료와 사회성 기술 훈련은 두 가지 모두 ODD 학생에게 효과적이라고 밝혀졌다. Calliope에게는 적응 개선과 친사회적 행동 발달에 맞춘 이러한 개입들이 유리할 수 있다. Tressa의 법적 상황을 고려할 때, Tressa의 가족 회복 계획에는 부모 훈련 요소가 이미 포함되어 있을 가능성이 높지만 학교심리사는 양육전략 개발이나 가족 옹호를 통해 이후에도 지원할 수 있다. 마지막으로, Calliope에 대한 학교의 대응이 주로 문제행동에 반응하는 방식으로 진행되었다는 점에 주목할 필요가 있다. 따라서 학교심리사는 Calliope의 행동에 단순히 반응하는 전략이 아닌 행동에 선행하는 전략을 개발하여 교직원이 Calliope의 문제행동을 효과적으로 예방하고 교정할 수 있도록 도와야 한다. 이와 관련하여 학교심리사는 단위학교 수준에서 MTSS의 기초를 마련해야 한다. 학교심리사는 교직원과의 협의를 통해 보편적 선별 검사와 계층적 개입 시스템을 확립하여 학교에서 학생이 친사회적 행동을 개발하고 참여하도록 지원할 수 있다. 이러한 지원 시스템은 교육 환경 내에 있는 다양한 학생들에게 효과가 있는 것으로 입증되었다.

핵심 요약

- DSM-5에서 ODD 진단을 내리기 위해서는 아동 · 청소년이 첫 번째 기준에서 적어도 네 가지 이상의 증상을 보여야 한다.
- 병인과 관련하여 학교심리사는 ODD 발달에 유의하게 영향을 미치는 가족 요인과 생물학적 요인을 기억해야 한다.
- 구조화된 가족의 일상과 감정코칭은 ODD 아동 · 청소년에게 가정에서의 보호요인으로 작용할 수 있다.
- 부모관리 훈련은 ODD 아동 · 청소년에게 가장 효과적인 개입 방법 중 한 가지이다.
- 학교심리사는 평가, 옹호, 자문, 상담/심리 치료를 포함하여 ODD 학생의 필요를 지원하는 많은 역할과 기능을 수행할 수 있다.
- 사회성 기술 훈련은 ODD 아동 · 청소년의 치료에 효과가 있는 것으로 입증되었다.

연습문제

1. DSM-5에서 ODD 진단의 근거가 되는 심각도 명시자는 무엇인가?
   a. 증상의 수
   b. 증상이 발생하는 상황의 수
   c. 발병 연령
   d. 병인

2. ODD 학생은 IDEA의 정서장애 기준을 자동적으로 충족시킨다.
   a. 참
   b. 거짓

3. ODD의 유전적 요소를 뒷받침하는 연구는 없다.
   a. 참
   b. 거짓

4. 다음 중 증거기반의 ODD 치료는 무엇인가?
   a. 부모관리훈련
   b. 출석정지
   c. 특수교육 서비스
   d. 대안적 교육 배치

5. ODD 증상은 청소년기에 가장 자주 시작된다.
   a. 참
   b. 거짓

정답 1)b, 2)b, 3)b, 4)a, 5)b

토의질문

1. ODD에 대한 DSM-5의 진단 기준을 기술하시오.
2. ODD 아동 · 청소년이 왜 IDEA의 정서장애 기준을 충족시키지 못할 수도 있는지 설명하시오.
3. ODD 발달에 영향을 미치는 가족 요인들을 열거하시오.
4. ODD 아동 · 청소년을 위한 학교심리사의 옹호 역할에 대해 설명하시오.
5. ODD 학생을 위한 증거기반의 사회 · 정서 개입 중 하나를 자세히 설명하시오.

● 추가 정보

American Academy of Child and Adolescent Psychiatry ODD: A Guide for Families: www.aacap.org/App_Themes/AACAP/docs/resource_centers/odd/odd_resource_center_odd_guide.pdf

American Academy of Child and Adolescent Psychiatry Oppositional Defiant Disorder. www.aacap.org/AACAP/Families_and_Youth/Facts_for_Families/FFF-Guide/Children-With-Oppositional-Defiant-Disorder-072.aspx

American Academy of Child and Adolescent Psychiatry Oppositional Defiant Disorder Resource Center. www.aacap.org/AACAP/Families_and_Youth/Resource_Centers/Oppositional_Defiant_Disorder_Resource_Center/Home.aspx

Cedars-Sinai Oppositional Defiant Disorder in Children: www.cedars-sinai.org/health-library/diseases-and-conditions---pediatrics/o/oppositional-defiant-disorder-odd-in-children.html

Centers for Disease Control and Prevention Behavior or Conduct Problems in Children: www.cdc.gov/childrensmentalhealth/behavior.html

Intervention Central School-Wide Strategies for Managing Defiance/Non-Compliance: www.interventioncentral.org/behavioral-interventions/challengeing-students/school-wide-strategies-managing-defiance-non-complianc

Mayo Clinic Oppositional Defiant Disorder: www.mayoclinic.org/diseases- conditions/oppositional-defiant-disorder/diagnosis-treatment/drc-20375837

National Federation of Families Oppositional Defiant Disorder Resources: www.ffcmh.org/resources-odd

● 핵심 참고문헌

American Psychiatric Association. (2013). *Diagnostic and statistical manual of mental disorders* (5th ed.). https://doi.org/10.1176/appi.books.9780890425596

Burke, J. D., Rowe, R., & Boylan, K. (2014). Functional outcomes of child and adolescent oppositional defiant disorder symptoms in young adult men. *Journal of Child Psychology and Psychiatry*. *55*, 264-272. https://doi.org/10.1111/jcpp.12150

Evans, S. C., Pederson, C. A., Fite, P. J., Blossom, J. B., & Cooley, J. L. (2016). Teacher-reported irritable and defiant dimensions of oppositional defiant disorder: Social, behavioral, and academic correlates. *School*

Mental Health, 8, 292-304. https://doi.org/10.1007/s12310-015-9163-y

Ezpeleta, L., Granero, R., de la Osa, N., Penelo, E., & Domenech, J. M. (2012). Dimensions of oppositional defiant disorder in 3-year-old preschoolers. *Journal of Child Psychology and Psychiatry, 53*(11), 1128-1138. https://doi.org/10.1111/j.1469-7610.2012.02545.x

Gathright, M. M., & Tyler, L. H. (2014). Disruptive behavior in children and adolescents. University of Arkansas for Medical Sciences Psychiatric Research Institute.

Harrison, J. R., Bunford, N., Evans, S. W., & Sarno Owens, J. (2013). Educational accommodations for students with behavioral challenges: A systematic review of the literature. *Review of Educational Research, 83*(4), 551-597. https://doi.org/10.3102/0034654313497517

Stoiber, K. C. (2014).A comprehensive framework for multitiered systems of support in school psychology. In P. L.Harrison& A.Thomas(Eds.), Best practices in school psychology: Student-level services. National Association of School Psychologists.

Sullivan, A. L., & Sadeh, S. S. (2014). Differentiating social maladjustment from emotional disturbance: An analysis of case law. *School Psychology Review. 43*(4). 450-471. https://doi.org/10.1080/02796015.2014.12087415

U.S. Department of Education. (n.d.). Individuals with Disabilities Education Improvement Act. https://sites.ed.gov/idea

참고문헌

Achilles, G. M., McLaughlin, M. J., & Croninger, R. G. (2007). Sociocultural correlates of disciplinary exclusion among students with emotional, behavioral, and learning disabilities in the SEELS national dataset. *Journal of Emotional and Behavioral Disorders, 15*, 33-45. https://doi.org/10.1177/10634266070150010401

Alvarez, H. K., & Ollendick, T. H. (2008). Individual and psychosocial risk factors. In C. A.Essau (Ed.). Conduct and oppositional defiant disorders: Epidemiology, risk factors, and treatment(pp. 97-116). Erlbaum.

American Academy of Child and Adolescent Psychiatry. (2009). ODD: A guide for families by the American Academy of Child and Adolescent Psychiatry. https://www.aacap.org/App_Themes/AACAP/docs/resource_centers/odd/odd_resource_center_odd_guide.pdf

American Psychiatric Association. (2000). *Diagnostic and statistical manual of mental disorders* (4th ed., text rev.). American Psychiatric Press.

American Psychiatric Association. (2013). *Diagnostic and statistical manual of mental disorders* (5th ed.). https://doi.org/10.1176/appi.books.9780890425596

Battagliese, G., Caccetta, M., Luppino, O. I., Baglioni, C., Cardi, V., Mancini, F., & Buonanno, C. (2015). Cognitive-behavioral therapy for externalizing disorders: A meta-analysis of treatment effectiveness. *Behaviour Research and Therapy, 75*, 60-71. https://doi.org/10.1016/j.brat.2015.10.008

Becker, S. P., Paternite, C. E., Evans, S. W., Andrews, G., Christensen, O. A., Kraan, E. M., & West, M. D. (2011). Eligibility, assessment, and educational placement issues for students classified with emotional disturbance: Federal and state-level analyses. *School Mental Health, 3*, 24-34. https://doi.org/10.1007/s12310-010-9045-2

Behan, J., & Carr, A. (2000). Oppositional defiant disorder. In A.Carr (Ed.). What works with children and adolescents? A critical review of psychological interventions with children, adolescents and their families (pp. 102-130). Taylor & Frances/Routledge.

Boat, T. F., & Wu, J. T. (Eds.). (2015). Mental disorders and disabilities among low income children. National Academies Press. https://www.ncbi.nlm.nih.gov/books/NBK332874/

Burke, J. D. (2012). An affective dimension within oppositional defiant disorder symptoms among boys: Personality and psychopathology outcomes into early childhood. *Journal of Child Psychology and Psychiatry. 53*(11), 1176-1183. https://doi.org/10.1111/j.1469-7610.2012.02598.x.

Burke, J. D., Boylan, K., Rowe, R., Duku, E., Stepp, S. D., Hipwell, A. E., & Waldman, I. D. (2014). Identifying the irritability dimension of ODD: Application of a modified bifactor model across five large community samples of children. *Journal of Abnormal Psychology, 123*, 841-851. https://doi.org/10.1037/a0037898

Burke, J. D., Hipwell, A. E., & Loeber, R. (2010). Dimensions of oppositional defiant disorder as predictors of depression and conduct disorder in preadolescent girls. *Journal of the American Academy of Child and Adolescent Psychiatry, 49*(5), 484. https://doi.org/10.1097/00004583-201005000-00009

Burke, J. D., Rowe, R., & Boylan, K. (2014). Functional outcomes of child and adolescent oppositional defiant disorder symptoms in young adult men. *Journal of Child Psychology and Psychiatry, 55*, 264-272. https://doi.org/10.1111/jcpp.12150

Burt, S. A., Krueger, R. F., McGue, M., & Iacono, W. G. (2001). Sources of comorbidity among attention deficit/hyperactivity disorder, oppositional defiant disorder, and conduct disorder: The importance of shared environment. *Journal of Abnormal Psychology, 110*, 516-525. https://doi.org/10.1037/0021-843X.110.4.516.

Calub, C. A., Rapport, M. A., & Alexander, K. (2021). Reducing aggression using a multimodal cognitive behavioral treatment approach: A case study of a preschooler with oppositional defiant disorder. *Clinical Case Studies, 20*(1), 39-55. https://doi.org/10.1177%2F1534650120958069

Cederna-Meko, C., Koch, S. M., & Wall, J. R. (2014). Youth with oppositional defiant disorder at entry into home-based treatment, foster care, and residential treatment. *Journal Child and Family Studies, 23*, 895-906. https://doi.org/10.1007/s10826-013-9745-y

Centers for Disease Control and Prevention. (n.d.). Behavior or conduct problems in children. https://www.cdc.gov/childrensmentalhealth/behavior.html

Connor, D. F. (2002). Aggression and antisocial behavior in children and adolescents: Research and treatment. Guilford Press.

Crick, N. R., & Zahn-Waxler, C. (2003). The development of psychopathology in females and males: Current progress and future challenges. *Development and Psychopathology, 15*(3). 719-742. https://doi.org/10.1017/S095457940300035X

Cronk, N. J., Slutske, W. S., Madden, P. A. F., Bucholz, K. K., Reich, W., & Heath, A. C. (2002). Emotional and behavioral problems among female twins: An evaluation of the equal environments assumption. *Journal of* the American Academy of Child and Adolescent Psychiatry, *41*, 827-837. https://doi.org/10.1097/00004583-200207000-00016

Danforth, J. S. (2016). A flow chart of behavior management strategies for families of children with co- occurring attention-deficit hyperactivity disorder and conduct problem behavior. *Behavior Analysis in Practice, 9*, 64-76. https://doi.org/10.1007/s40617-016-0103-6

Day, J. (2002). The effect of race on the diagnosis of oppositional defiant disorder. Information Analyses.

de Moura, M. A., & Burns, G. L. (2010). Oppositional defiant behavior toward adults and oppositional defiant behavior toward other children: Evidence for two separate constructs with mothers' and fathers' ratings of Brazilian Children. *Journal of Child Psychology and Psychiatry, 51*(1), 23-30. https://doi.org/10.1111/j.1469-7610.2009.02130.x.

Dishion, T. J., & Patterson, G. (1992). Age effects in parent training outcome. *Behavior Therapy, 23*, 719-729. https://doi.org/10.1016/S0005-7894(05)80231-X

Dunsmore, J. C., Booker, J. A., & Ollendick, T. H. (2013). Parental emotion coaching and child emotion regulation as protective factors for children with oppositional defiant disorder. *Social Development, 22*(3). 444-466. https://doi.org/10.1111j.1467-9507.2011.00652.x

Evans, S. C., Pederson, C. A., Fite, P. J., Blossom, J. B., & Cooley. J. L. (2016). Teacher-reported irritable and defiant dimensions of oppositional defiant disorder: Social, behavioral, and academic correlates. *School Mental Health, 8*, 292-304. https://doi.org/10.1007/s12310-015-9163-y

Ezpeleta, L., Blas Navarro, J., de la Osa, N., Penelo, E., & Maria Domenech, J. (2019). First incidence, age of onset outcomes and risk factors of onset of DSM-5 Oppositional Defiant Disorder: A cohort study of Spanish children from ages 3 to 9. BMJ Open, 9(3), e022493. https://doi.org/10.1136/bmjopen-2018-022493

Ezpeleta, L., Granero, R., de la Osa, N., Penelo, E., & Domenech, J. M. (2012). Dimensions of oppositional defiant disorder in 3-year-old preschoolers. *Journal of Child Psychology and Psychiatry, 53*(11), 1128-1138. https://doi.org/10.1111/j.1469-7610.2012.02545.x

Fite, P. J., Evans, S. C., Cooley. J. L., & Rubens, S. L. (2014). Further evaluation of associations between symptoms of inattention-hyperactivity and oppositional defiance and bullying and victimization in adolescence. *Child Psychiatry and Human Development, 45*, 32-41. https://doi.org/10.1007/s10578-013-0376-8

Frey, J. R., Elliott, S. N., & Miller, C. F. (2014). Best practices in social skills training. In P. L.Harrison & A.Thomas (Eds.). Best practices in school psychology: Student-level services. National Association of School Psychologists.

Frick, P. J., Lahey, B. B., Loeber, R., Stouthamer-Loeber, M., Christ, M. A., & Hanson, K. (1992). Familial risk factors to oppositional defiant disorder and conduct disorder: Parental psychopathology and maternal parenting. *Journal of Consulting and Clinical Psychology, 60*, 49-55. https://doi.org/10.1037//0022-006x.60.1.49

Frick, P. J., & Morris, A. S. (2004). Temperament and developmental pathways to conduct problems. *Journal of Clinical Child and Adolescent Psychology, 33*, 54-68. https://doi.org/10.1207/S15374424JCCP3301_6

Gathright, M. M., & Tyler, L. H. (2014). Disruptive behavior in children and adolescents. University of Arkansas for Medical Sciences Psychiatric Research Institute.

Goertz-Dorten, A., Benesch, C., Berk-Pawlitzek, E., Faber, M., Hautmann, C., Hellmich, M., Lindenschmidt, T., Schuh, L., Stadermann, R., & Doepfner, M. (2019). Efficacy of individualized social competence training for children with oppositional defiant disorders/conduct disorders: A randomized control trial with an active control group. *European Child & Adolescent Psychiatry, 28*, 165-175. https://doi.org/10.1007/s00787-018-1144-x

Greene, R. W., Biederman, J., Zerwas, S., Monuteaux, M. C., Goring, J. C., & Faraone, S. V. (2002). Psychiatric comorbidity, family dysfunction, and social impairment in referred youth with oppositional defiant disorder. *American Journal of Psychiatry, 159*, 1214-1224. https://doi.org/10.1176/appi.ajp.159.7.1214

Gresham, F. M. (2002). Teaching social skills to high-risk children and youth: Preventive and remedial strategies. In M.Shinn, H.Walker, & G.Stoner (Eds.). Interventions for academic and behavior problems II: Preventative and remedial approaches (pp. 403-432). National Association of School Psychologists.

Gresham, F. M., Cook, C. R., Crews, S. D., & Kern, L. (2004). Social skills training for children and youth with emotional and behavioral disorders: Validity considerations and future directions. *Behavioral Disorders, 30*(1), 32-42. https://doi.org/10.1177%2F019874290403000101

Harrison, J. R., Bunford, N., Evans, S. W., & Sarno Owens, J. (2013). Educational accommodations for students with behavioral challenges: A systematic review of the literature. *Review of Educational Research, 83*(4), 561-597. https://doi.org/10.3102/0034654313497517

Harvey, E. A., Metcalfe, L. A., Herbert, S. D., & Fanton, J. H. (2011). The role of family experiences and ADHD in the early development of oppositional defiant disorder. *Journal of Consulting and Clinical Psychology. 79*(6), 784-795. https://doi.org/10.1037/a0025672

Hefl inger, C. A., & Humphreys, K. L. (2008). Identification and treatment of children with oppositional defiant disorder: A case study of one state's public service system. *Psychological Services, 5*(2), 139-152. https://doi.org/10.1037/1541-1559.5.2.139

Hess, R. S., Pejic, V., & Castejon, K. S. (2014). Best practices in delivering culturally responsive, tiered-level supports for youth with behavioral challenges. In P. L.Harrison& A.Thomas (Eds.). *Best practices in school psychology: Student-level services.* National Association of School Psychologists.

Hipwell, A. E., Stepp. S., Feng, X., Burke, J., Battista, D. R. Loeber, R., & Keenan, K. (2011). Impact of oppositional defiant disorder on the temporal ordering of conduct problems and depression across childhood and adolescence in girls. *Journal of Child Psychology and Psychiatry, 52*(10), 1099-1108. https://doi.org/10.1111/j.1469-7610.2011.02488.x

INSERM Collective Expertise Centre. (2005). Conduct: Disorder in children and adolescents. https://www.ncbi.nlm.nih.gov/pmc/articles/PMC6162794/#:~:text=Current%20data%20indicates%20that%20the,of%20conduct%20disorder%20than%20girls

James, S., Leslie, L. K., Hurlburt, M. S., Slymen, D. J., Landsverk, J., Davis, I., Mathiesen, S. G., & Zhang, J. (2006). Children in out-of-home care: Entry into intensive or restrictive mental health and residential care placements. *Journal of Emotional and Behavioral Disorders, 14*(4). 196-208. https://doi.org/10.1177/10634266060140040301

Katz, L. F., & Windecker-Nelson, B. (2004). Parental meta-emotion philosophy in families with conduct-problem children: Links with peer relations. *Journal of Abnormal Child Psychology, 32*, 385-398. https://

doi.org/10.1023/b:jacp.0000030292.36168.30

Kent, K. M., Pelham, W. E., Molina, B. S. G., Sibley. M. H., Waschbusch, D. A., Yu, J., & Karch, K. M. (2011). The academic experience of male high school students with ADHD. *Journal of Abnormal Child Psychology, 39*, 451-462. https://doi.org/10.1007/s10802-010-9472-4

Kessler, R. C., Amminger, G. P., Aguilar-Gaxiola, S., Alonso, J., Lee, S., & Ustün, T. B. (2007). Age of onset of mental disorders: A review of recent literature. *Current Opinion in Psychiatry, 20*(4), 359-364. https://doi.org/10.1097/YCO.0b013e32816ebc8c

Lahey, B. B., Applegate, B., Barkley. R. A., Garfinkel, B., McBurnett, K., Kerdyk, L., Greenhill, L., Hynd, G. W., Frick, P. J., Newcorn, J., Biederman, J., Ollendick, T., Hart, E. L., Perez, D., Waldman, I., & Shaffer, D. (1994). DSM-IV field trials for oppositional defiant disorder and conduct disorder and children and adolescents. *American Journal of Psychiatry, 151*(8), 1163-1171. https://doi.org/10.1176/ajp.151.8.1163.

Lahey, B. B., Schwab-Stone, M., Goodman, S. H., Waldman, I. D., Canino, G., Rathouz, P. J., Miller, T. L., Dennis, K. D., Bird, H., & Jensen, P. S. (2000). Age and gender differences on oppositional behavior and conduct problems: A cross-sectional household study of middle childhood and adolescence. *Journal of Abnormal Psychology, 109*(3), 488-503. https://psycnet.apa.org/doi/10.1037/0021-843X.109.3.488

Lahey. B .B., Van Hulle, C. A., Waldman, I. D., Rodgers, J. L., D'Onofrio, B. M., & Pedlow. S. (2006). Testing descriptive hypotheses regarding sex differences in the development of conduct problems and delinquency. *Journal of Abnormal Child Psychology, 34*, 730-748. https://doi.org/10.1007/s10802-006-9064-5

Lane, K. L. (2007). Identifying and supporting students at risk for emotional and behavioral disorders within multi-level models: Data driven approaches to conducting secondary interventions with an academic emphasis. *Education and Treatment of Children, 30*, 135-164. https://doi.org/10.1353/etc.2007.0026

Lanza, H. I., & Drabick, D. A. G. (2011). Family routine moderates the relation between child impulsivity and oppositional defiant disorder symptoms. *Journal of Abnormal Child Psychology, 39*, 83-94. https://doi.org/10.1007/s10802-010-9447-5

Lavigne, J. V., Bryant, F. B., Hopkins, J., & Gouze, K. R. (2016). Dimensions of oppositional defiant disorder in young children: Model comparisons, gender and longitudinal invariance. *Journal of Abnormal Child Psychology, 43*, 423-439. https://doi.org/10.1007/s10802-014-9919-0

Lavigne, J. V., Herzing. L. B., Cook, E. H., LeBailly, S. A., Gouze, K. R., Hopkins, J., & Bryant, F. B. (2013). Gene X environment effects of serotonin transporter, dopamine receptor D4, and monoamine oxidase A genes with contextual and parenting risk factors on symptoms of oppositional defiant disorder, anxiety, and depression in a community sample of 4-year-old children. *Developmental Psychopathology, 25*, 555-575. https://doi.org/10.1017/S0954579412001241

Leadbeater, B. J., & Ames, M. E. (2017). The longitudinal effects of oppositional defiant disorder symptoms on academic and occupational functioning in the transition to young adulthood. *Journal of Abnormal Child Psychology, 45*, 749-763. https://doi.org/10.1007/s10802-016-0190-4

Lewis, E. E., Dozier, M., Ackerman, J., & Sepulveda-Kozakowski, S. (2002). The effect of placement instability on adopted children's inhibitory control abilities and oppositional behavior. *Developmental Psychology, 43*(6). 1415-1427. https://doi.org/10.1037/0012-1649.43.6.1415

Li, L., Lin, X., Hinshaw, S. P., Du, H., Qin, S., & Fang, X. (2018). Longitudinal associations between oppositional defiant symptoms and interpersonal relationships among Chinese children. *Journal of Abnormal Child Psychology, 46*, 1267-1281. http://dx.doi.org/10.1007/s10802-017-0359-5

Liu, C.-Y., Huang, W.-L., Kao, W.-C., & Gau, S. S.-F. (2017). Influence of disruptive behavior disorders on academic performance and school functions of youths with attention-deficit/hyperactivity disorder. *Child Psychiatry and Human Development, 48*(6), 870-880. https://doi.org/10.1007/s10578-017-0710-7

Loeber, R., Burke, J. D., Lahey, B. B., Winters, A., & Zera, M. (2000). Oppositional defiant and conduct disorder: A review of the past 10 years, part I. *Journal of the American Academy of Child and Adolescent Psychiatry, 39*, 1468-1482. https://doi.org/10.1097/00004583-200012000-00007

Loeber, R., Burke, J. D., & Pardini, D. A. (2009). Perspectives on oppositional defiant disorder, conduct disorder, and psychopathic features. *Journal of Child Psychology and Psychiatry, 50*(1-2), 133-142. https://doi.org/10.1111/j.1469-7610.2008.02011.x

Losen, D. J., & Gillespie, J. (2012). Opportunities suspended: The disparate impact disciplinary exclusion from school. The Center for Civil Rights Remedies at the Civil Rights Project of UCLA.

Losen, D. J., & Martinez, T. E. (2013). Out of school and off track: The overuse of suspensions in American middle and high schools. The Center for Civil Rights Remedies at the Civil Rights Project of UCLA.

MacKenzie, E. P. (2007). Improving treatment outcome for oppositional defiant disorder in young children. *Journal of Early and Intensive Behavior Intervention, 4*(2), 500-510. http://dx.doi.org/10.1037/h0100387

Markward, M. J., & Bride, B. (2001). Oppositional defiant disorder and the need for family-centered practice in schools. *Children & Schools, 23*(2), 78-83. https://doi.org/10.1093/cs/23.2.73

Mathys, W., Vanderschuren, L. J. M. J., Schutter, D. J. L. G., & Lochman, J. E. (2012). Impaired neurocognitive functions affect social learning processes in oppositional defiant disorder and conduct disorder: Implications for interventions. *Clinical Child and Family Psychological Review, 15*, 234-246. https://doi.org/10.1007/s10567-012-0118-7

Mayes, S. D., & Calhoun, S. L. (2007). Learning, attention, writing, and processing speed in typical children and children with ADHD, autism, anxiety, depression, and oppositional defiant disorder. *Child Neuropsychology, 13*, 469-493. https://doi.org/10.1080/09297040601112773

McKinney, C., & Renk, K. (2007). Emerging research and theory in the etiology of oppositional defiant disorder: Current concerns and future directions. *International Journal of Behavioral Consultation and Therapy, 3*(7), 349-371. https://doi.org/10.1037/H0100811

Merikangas, K. R., He, J. P., Burstein, M., Swanson, S. A., Avenevoli, S., Cui, L., Benjet. C., Georgiades, K., & Swendsen, J. (2010). Lifetime prevalence of mental disorders in U.S. adolescents: Results from the National Comorbidity Survey Replication-Adolescent Supplement (NCS-A). *Journal of the American Academy of Child & Adolescent Psychiatry, 49*(10), 980-989. https://doi.org/10.1016/j.jaac.2010.05.017

Moffitt, T. E., & Caspi, A. (2001). Childhood predictors differentiate life-course persistent and adolescence-limited antisocial pathways among males and females. *Development and Psychopathology, 13*(2), 355-375. https://doi.org/10.1017/s0954579401002097

Munkvold, L. H., Lundervold, A. J., & Manger, T. (2011). Oppositional defiant disorder-Gender differences in co-occurring symptoms of mental health problems in a general population of children. *Journal of Abnormal Child Psychology, 39*, 577-587. https://doi.org/10.1007/s-10802-011-9486-6.

National Research Council and Institute of Medicine. (2009). Preventing mental, emotional, and behavioral disorders among young people: Progress and possibilities. The National Academies Press.

Office of Civil Rights. (n.d.). Protecting students with disabilities: Frequently asked questions about Section 504 and the education of children with disabilities. https://www2.ed.gov/about/offices/list/ocr/504faq.html

Olympia, D., Farley, M. A., Christiansen, E., & Pettersson, H. (2004). Social maladjustment and students with behavioral and emotional disorders: Revisiting basic assumptions and assessment issues. *Psychology in the Schools, 41*(8), 835-847. https://doi.org/10.1002/pits.20040

Pardini, D. A., &Fite, P. J. (2010). Symptoms of conduct disorder, oppositional defiant disorder, attention-deficit/hyperactivity disorder, and callous-unemotional traits as unique predictors of psychosocial maladjustment in boys: Advancing an evidence base for DSM-V. *Journal of the American Academy of Child and Adolescent Psychiatry, 49*, 1134-1144. https://doi.org/10.1016/j.jaac.2010.07.010.

Pecora, P. J., White, C. R., Jackson, L. J., & Wiggins, T. (2009). Mental health of current and former recipients of foster care: A review of recent studies in the USA. *Child and Family Social Work, 14*(2), 132-146. https://doi.org/10.1111/j.1365-2206.2009.00618.x

Perou, R., Bitsko, R. H., Blumberg, S. J., Pastor, P., Ghandour, R. M., Gfroerer, J. C., Hedden, S. L., Crosby, A. E., Visser, S. N., & Schieve, L. A. (2013). Mental health surveillance among children-United States, 2005-2011. *Morbidity and Mortality Weekly Report, 62*(Suppl.2), 1-35. https://stacks.cdc.gov/view/cdc/13598

Powers, C. J., Bierman, K. L., & Coffman, D. L. (2016). Restrictive educational placements increase adolescents' risks for students with early-starting conduct problems. *Journal of Child Psychology and Psychiatry, 57*(8), 899-908. https://doi.org/10.1111/jcpp.12487

Rey, J. M., & Walter, G. (1999). Oppositional defiant disorder. In R. L.Hendren (Series Ed.), J. M.Oldham, & M. B.Riba (Vol. Eds.), Review of psychiatry: Volume 18-Disruptive behavior disorders in children and adolescents (pp. 99-132). American Psychiatric Association Press.

Rhoades, S. M., Park, J., Seth, S., & Coghill, D. R. (2012). A comprehensive investigation of memory impairment in attention deficit hyperactivity disorder and oppositional defiant disorder. *Journal of Child Psychology and Psychiatry, 53*(2), 128-137. https://doi.org/10.1111/j.1469-7610.2011.02436.x

Roberts, R. E., Roberts, C. R., & Chan, W. (2009). One-year incidence of psychiatric disorders and associated risk among adolescents in the community. *Journal of Child and Adolescent Psychiatry, 50*, 405-415. https://doi.org/10.1111/j.1469-7610.2008.01969.x

Romano, E., Trembley. R. E., Boulerice, B., & Swisher, R. (2005). Multilevel correlates of childhood physical aggression and prosocial behavior. *Journal of Abnormal Child Psychology, 33*, 565-578. https://doi.org/10.1007/s10802-005-6738-3

Rowe, R., Costello, E. J., Angold, A., Copeland, W. E., & Maughan, B. (2010). Developmental pathways in oppositional defiant disorder and conduct disorder. *Journal of Abnormal Psychology, 119*, 726-728. https://doi.org/10.1037/a0020798.

Rowe, R., Maughan, B., Pickles, A., Costello, E. J., & Angold, A. (2002). The relationship between DSM-IV oppositional defiant disorder and conduct disorder: Findings from the Great Smokey Mountain Study. *Journal of Child Psychology and Psychiatry, 43*(3), 365-373. https://doi.org/10.1111/1469-7610.00027.

Rutter, M., Giller, H., & Hagell, A. (1999). Antisocial behavior by young people. *Journal of the American*

Academy of Child and Adolescent Psychiatry, 38, 1320-1321. https://doi.org/10.1097/00004583- 200112000-00023

Sanson, A., & Prior, M. (1999). Temperament and behavioral precursors to oppositional defiant disorder and conduct disorder. In H. C.Quay & A. E.Hogan (Eds.), Handbook of disruptive behavior disorders (pp. 397-417). Plenum Publishers.

Schaeffer, C. M., Petras, H., Ialongo, N., Poduska, J., & Kellam, S. (2003). Modeling growth in boys' aggressive behavior across elementary school: Links to later criminal involvement, conduct disorder, and antisocial personality disorder. *Developmental Psychology, 39*(6), 1020-1035. https://doi.org/10.1037/0012-1649.39.6.1020

Serra-Pinheiro, M. A., Mattos, P., Regalla, M. A., de Souza, I., & Paixao, C. (2008). Inattention, hyperactivity. oppositional-defiant symptoms and school failure. *Arquivos de Neuro-Psiquiatria, 66*(4), 828-831. http://dx.doi.org/10.1590/S0004-282X2008000600010

Skiba, R. J., Horner, R. H., Chung, C. G., Rausch, M. K., May. S. L., & Tobin, T. (2011). Race is not neutral: A national investigation of African American and Latino disproportionality in school discipline. *School Psychology Review, 40*(1), 85-107. https://doi.org/10.1080/02796015.2011.12087730

Skiba, R. J., Michael, R. S., Nardo, A. C., & Peterson, R. L. (2002). The color of discipline: Sources of racial and gender disproportionality in school punishment. *Urban Review, 34*, 317-342. https://doi.org/10.1023/A:1021320817372

Stoiber, K. C. (2014). A comprehensive framework for multitiered systems of support in school psychology. In P. L.Harrison& A.Thomas (Eds.). Best practices in school psychology: Student-level services. National Association of School Psychologists.

Stringaris, A. (2011). Irritability in children and adolescents: A challenge for DSM-5. *European Child & Adolescent Psychiatry, 20*, 61-66. https://doi.org/10.1007/s00787-010-0150-4.

Stringaris, A., & Goodman, R. (2009). Three dimensions of oppositionality in youth. *Journal of Child Psychology & Psychiatry, 50*, 216-223. https://doi.org/10.1111/j.1469-7610.2008.01989.x.

Sullivan, A. L., & Sadeh, S. S. (2014). Differentiating social maladjustment from emotional disturbance: An analysis of case law. *School Psychology Review, 43*(4), 450-471. https://doi.org/10.1080/02796015.2014.12087415

Taylor, T. K., Burns, G. L., Rusby, J. C., & Foster, E. M. (2006). Oppositional defiant disorder toward adults and oppositional defiant disorder toward peers: Initial evidence for two separate constructs. *Psychological Assessment, 18*(4), 439-444. https://doi.org/10.1037/1040-3590.18.4.439

Theodore, L. A., Akin-Little, A., Little, S. G. (2004). Evaluating the differential treatment of emotional disturbance and social maladjustment. *Psychology in the Schools, 41*(8). 879-886. https://doi.org/10.1002/pits.2004

Tung, I., & Lee, S. S. (2014). Negative parenting behavior and childhood oppositional defiant disorder: Differential moderation by positive and negative peer regard. *Aggressive Behavior, 40*, 79-90. https://doi.org/10.1002/ab.21497

U.S. Department of Education. (n.d.). Individuals with Disabilities Education Improvement Act. https://sites.ed.gov/idea/

van Lier, P. A. C., van der Ende, J., Koot, H. M., & Verhulst, F. C. (2007). Which better predicts conduct problems? The relationship of trajectories of conduct problems with ODD and ADHD symptoms from childhood into adolescence. *Journal of Child Psychology and Psychiatry and Allied Disciplines, 48*(6), 601-608. https://doi.org/10.1111/j.1469-7610.2006.01724.x

Wakschlag. L. S., & Keenan, K. (2001). Clinical significance and correlates of disruptive behavior in environmentally at-risk preschoolers. *Journal of Clinical Child Psychology, 30,* 262-275. https://doi.org/10.1207/S15374424JCCP3002_13

Whelan, Y. M., Stringaris, A., Maughan, B., & Barker, E. D. (2013). Developmental continuity of oppositional defiant disorder subdimensions at ages 8, 10, and 13 years and their distinct psychiatric outcomes at age 16 years. *Journal of the American Academy of Child and Adolescent Psychiatry. 52*, 961-969. https://doi.org/10.1016/j.jaac.2013.06.013.

Woolgar, M., & Scott, S. (2005). Evidence-based management of conduct disorders. *Current Opinion in Psychiatry, 18*(4), 392-396. https://doi.org/10.1097/01.yco.0000172057.71025.68

ZabihiHesari, N. K., Hoveizeh, Z., MokhtariYousefabad, S. E., Hoseini, T., & BahadoriJahromi, S. (2019). The effect of social skills training on subjective well-being, alexithymia, and social competence in children with oppositional defiant disorder. *Journal of Child Mental Health, 6*(3). 138-148. http://childmentalhealth.ir/article-1-474-en.html

제7장

간헐적 폭발장애

학습 목표

- 간헐적 폭발장애(IED)에 대한 DSM-5의 진단적 특징을 요약할 수 있다.
- 아동 · 청소년의 IED 위험요인을 파악할 수 있다.
- IED 아동 · 청소년이 학교와 가정에서 흔히 드러내는 문제에 대해 설명할 수 있다.
- IED 아동 · 청소년의 학급 생활에 필요한 교육적 지원을 이해할 수 있다.
- IED 아동 · 청소년의 적응과 정신건강을 위한 효과적인 개입을 확인할 수 있다.

도입

『정신질환의 진단 및 통계 편람』의 5번째 개정판인 DSM-5(Diagnostic and Statistical Manual of Mental Disorders, 5th ed.; American Psychiatric Association: APA, 2013)에서 간헐적 폭발장애(Intermittent Explosive Disorder: IED)는 파괴적, 충동조절 및 품행장애의 하위장애로 분류된다. 이 범주에 속한 장애들의 공통점은 다른 사람과 관련된 정서와 행동을 조절하는 것에 관련된다는 것이다. 이러한 장애가 있는 사람들은 다른 사람의 권리나 권위, 재산을 침해하는 경우가 많다. 다른 파괴적, 충동조절 및 품행장애의 예로는 품행장애(CD)와 적대적 반항장애(ODD)가 있다.

파괴적, 충동조절 및 품행장애 범주에 속한 다른 장애를 진단할 때와 마찬가지로, DSM-5에 근거해 아동 · 청소년을 IED로 진단 내리기 위해서는 IED와 연관된 증상들이 정상적으로 발달 중인 아동 · 청소년에게서도 나타날 수 있다는 점을 고려해야 한다. 따라서 증상 표현 자체만으로는 임상적 진단이 필요한지 판단하기 어렵다. 행동과 정서 조절 문제를 진단할 때에는 이러한 문제들의 특성, 심각성, 빈도가 진단을 정당화하기에 충분한지 맥락을 살펴보는 것이 매우 중요하다. 아동 · 청소년에게 IED 진단을 내리기 위해서는 비슷한 연령, 성별, 문화적 환경에 있는 또래와 비교하여 임상적 수준의 증상이 나타나야 한다(APA, 2013). 예를 들어, 정상적으로 발달 중인 아동은 가게에서 새로운 장난감을 사 달라고 할 때, 반복적으로 거절당하면 처음에는 칭얼대다가 점점 심해져서 계산대에서 울고 소리 지르는 상황까지 이르게 될 수도 있다. 그러나 IED 아동은 동일한 상황에서 한번 거절당하면 중간 단계 없이 바로 장난감을 짓밟거나 부모에게 던지거나 욕설을 외치는 모습을 보일 수 있다.

진단적 쟁점: DSM-5 및 학교기반 서비스

DSM-5 진단

DSM-5에 따라 IED를 진단하기 위해서는 다음 여섯 가지 진단 기준을 충족해야 한다(APA, 2013). 첫째, 자신의 공격 충동을 조절하지 못하고 사회적으로 부적절한 공격 행동을 반복적으로 폭발시키는 모습을 보인다. 이러한 행동 폭발(behavioral outburst)은 공격 행동의 빈도와 강도에 따라 다음 두 가지 하위 기준으로 구별할 수 있다(두 가지 중 하나 이상에 부합해야 함). (a) 언어적 또는 신체적 공격 행동(사람, 동물, 사물 대상)이 지난 3개월 동안 평균 주 2회 이상 나타나는 경우(단, 공격 행동이 사람/동물에게 부상을 입히거나 사물을 파손하는 결과로 이어지지 않음), 또는 (b) 사람/동물에게 부상을 입히거나 사물을 파손하는 심각한 공격 행동이 지난 1년 동안 3회 이상 나타나는 경우이다. 둘째, 행동 폭발로 나타나는 공격 행동의 강도가 행동의 원인(예: 특정 사건, 심리사회적 스트레스)에 비해 지나치게 과도하다. 셋째, 반복적인 행동 폭발은 사전에 계획되거나 특정 목적(예: 돈, 협박, 힘의 과시 등)을 달성하기 위한 것이 아니어야 한다. 즉, 조절할 수 없는 분노나 충동에 따른 것이어야 한다. 넷째, 반복적인 행동 폭발이 현저한 심리적 고통을 유발하거나, 사회적(대인관계)/직업적 기능에 심각한 손상을 초래하거나, 경제적 피해/법적 문제와 관련이 있어야 한다. 이처럼 둘째, 셋째, 넷째 기준은 첫째 기준을 상세하게 부연하고 있다. 다섯째, 생활 연령이 적어도 6세 이상(또는 이에 준하는 발달 수준)이어야 한다. 여섯째, 반복적인 행동 폭발이 다른 정신장애(예: 주요우울장애, 양극성장애, 파괴적 기분조절부전장애, 반사회성 성격장애, 경계선 성격장애, 또는 다른 정신증적 장애)에 의해 더 잘 설명되지 않아야 하며, 다른 신체 질환(예: 두부외상, 알츠하이머병)이나 물질(예: 약물 남용, 약물 처방)의 생리적 효과에 따른 것이 아니어야 한다. 아동 · 청소년(6~18세)의 경우 조절 능력 문제와 관련된 정신장애 증상으로 공격 행동을 보일 수도 있는데, 이러한 사례에는 IED를 진단하지 않는다. 덧붙여, 이미 주의력결핍 과잉행동장애(ADHD), 품행장애, 적대적 반항장애, 자폐스펙트럼장애 진단을 받았더라도 반복적이고 충동적인 공격 행동이 이러한 장애의 보편적인 증상을 크게 뛰어넘는다면, 그리고 별도의 임상적 주의가 필요한 경우라면 IED를 추가적으로 진단할 수 있다. 아울러 IED에 따른 행동 폭발은 일반적으로 30분 이내로 수그러들며 가까운 친구나 동료가 일으킨 사소한 문제로 촉발되는 경우가 많다. 이러한 공격 행동은 흔히 폭발의 전조를 거의 보이지 않으며 매우 충동적인 속성을 가진다(APA, 2013).

DSM–5에 따라 IED를 진단하기 위해서는 평가 대상의 생활 연령이 적어도 6세 이상(또는 이에 준하는 발달 수준)이어야 한다(APA, 2013).

IED로 명명된 증상의 기준과 특징은 1952년에 출간된 DSM 초판에서부터 DSM–5에 이르기까지 변화해 왔다(Coccaro et al., 2014). DSM–5에서의 핵심적 변화는 첫 번째 기준의 하위 기준과 관련된다. Coccaro 등(2014)에 따르면, 두 하위 기준은 행동 폭발이 '높은 빈도/낮은 강도[즉, 하위 기준 (a)]'로 나타나는 경우와 '낮은 빈도/높은 강도[즉, 하위 기준 (b)]'로 나타나는 경우를 구분한 것이다. 이전 DSM–IV–TR(APA, 2000)에서는 첫 번째 유형, 즉 높은 빈도/낮은 강도로 나타나는 행동 폭발을 IED 진단 기준에 구체적으로 명시하지 않았다. 이와 관련하여 Coccaro 등(2014)은 IED 하위 기준(즉, 행동 폭발을 두 가지 유형으로 구분)의 근거를 마련하는 연구를 수행한 바 있다. 일부 연구에 따르면 IED가 있는 사람은 높은 빈도/낮은 강도의 행동 폭발만을 단독으로 보이거나, 낮은 빈도/높은 강도의 행동만을 단독으로 보일 수 있다. 하지만 Coccaro 등(2014)이 실시한 대규모 임상 연구에서는 IED가 있는 참여자의 70%가 높은 빈도/낮은 강도, 그리고 낮은 빈도/높은 강도의 공격 삽화를 동시에 보이는 것으로 나타났다. 높은 빈도/낮은 강도의 행동을 단독으로 보이는 참여자는 20%였으며, 10%의 참가자만이 낮은 빈도/높은 강도의 행동을 단독으로 보였다. 이러한 결과는 IED가 있는 경우, 행동의 빈도와 강도에 따라 구분되는 집단 사이에 유의미한 차이가 없음을 나타낸다. 따라서 이들은 모두 IED 진단 대상으로 고려되어야 하며 비슷한 치료를 제공해야 한다(Coccaro et al., 2014). 마지막으로, 이 연구의 대상에서 성인만이 포함되었다는 점에 유의할 필요가 있다. 따라서 IED 진단이 가능하다고 명시된 6세 이상의 아동 · 청소년에게까지 이 연구 결과를 적용하기는 어렵다.

IED 증상은 성인기에 뚜렷하게 드러날 수 있지만, 대부분의 경우 아동기나 청소년기에 발병한다(APA, 2013). 일례로 McLaughlin 등(2012)은 National Comorbidity Survey Replication

Adolescent Supplement 데이터에서 6,000명 이상의 청소년(13~17세) 자료를 분석하여 IED의 평균 발병 연령이 12세라는 것을 발견하였다. IED 관련 연구를 체계적으로 분석한 Coccaro(2012)의 개관 연구에서는 IED 평균 발병 연령을 13~21세로, 흑인 청소년(13~17세) 데이터를 분석한 Oliver 등(2016)의 연구에서는 IED의 평균 발병 연령을 10세로 보고하였다. 또한 Kessler 등(2006)도 18세 이상의 미국 성인이 참여한 National Comorbidity Survey Replication 데이터를 분석하여 IED 평균 발병 연령을 14세로 보고한 바 있다.

Coccaro(2012)에 따르면, 충동적인 공격성을 가진 장애는 1952년에 최초로 출간된 DSM에 실려 있었지만, IED는 다른 정신장애에 비해 드물게 나타나는 것으로 여겨졌다. 그러나 2000년대 중반에 수행한 Kessler 등(2006)의 연구에서는 대략 50년이 흐른 시점에서의 IED 유병률이 예상보다 훨씬 높다는 사실을 보여 주었다. 구체적으로, 이 연구에서는 가중치를 부여한 IED 평생 유병률을 5.4%로 보고하였다. 이는 미국 전체 인구 중 약 1,600만 명에 해당하는 것이다. 또한 Kessler 등이 보고한 IED 평생 유병률은 Mclaughlin 등(2012)이 보고한 청소년의 평생 유병률 5.3%와 거의 일치하는 수치이다. 그러나 Oliver 등(2016)은 아프리카계 흑인 및 카리브 흑인(Caribbean Black) 청소년의 IED 평생 유병률이 각각 9.0% 및 12.4%로 그보다 높다는 것을 발견하였다. 아울러 세계보건기구(World Health Organization: WHO)에서 시행한 세계정신건강실태조사(World Mental Health Survey) 데이터에 따르면, 조사에 참여한 국가 중에서 미국의 IED 평생 유병률이 7.4%로 가장 높은 것으로 나타났다(Kessler et al., 2011). Kessler 등(2011)은 세계정신건강실태조사에 참여한 대부분 국가의 IED 평생 유병률이 미국의 절반도 채 되지 않았다고 언급하였다. 1년 유병률 정보도 IED 유병률을 이해하는 데 도움이 된다. 이와 관련하여 DSM-5에서는 전 연령대에 걸친 IED 1년 유병률을 2.7%로 보고하였으며(APA, 2013), 대규모 청소년 표본(13~17세)을 분석한 McLaughlin 등(2012)의 연구에서는 IED 1년 유병률을 1.7%로 보고한 바 있다. 그리고 Oliver 등(2016)은 아프리카계 흑인 및 카리브 흑인 청소년의 IED 1년 유병률을 각각 6.7% 및 11.5%로 보고하였다. IED 유병률은 지리적 위치에 따라 매우 다양하게 분포하며, 특히 아시아 및 중동 지역에서는 가장 낮은 수준의 유병률을 보인다. 사실, 이러한 유병률 차이가 문화권에 따른 IED 유병률의 차이를 실제로 보여 주는 것인지, 혹은 측정 방법 등의 문제에 따른 것인지는 명확하지 않다(Coccaro, 2012).

성별에 따른 IED의 유병률 차이도 아직은 명확하게 밝혀지지 않았다. 하지만 일부 연구에서는 남성의 IED 유병률이 여성에 비해 2배 더 높았다고 밝혔으며(APA, 2013; Coccaro et al., 1998; Kessler et al., 2011; McElroy et al., 1998), 일부 연구에서는 남성의 IED 유병률이 여성에 비해 1.4~2.3배 더 높았다고 보고하였다(APA, 2013; Kessler et al., 2006; Yoshimasu & Kawakami,

2011). 흑인 청소년(13~17세) 표본을 분석한 Oliver 등(2016)의 연구에서도 남자 청소년의 IED 평생 유병률이 여자 청소년에 비해 유의하게 높다는 사실을 확인하였다. 반면에 대규모 청소년 표본(13~17세)을 분석한 McLaughlin 등(2012)의 연구에서는 남자 청소년이 여자 청소년에 비해 행동 폭발을 보일 가능성이 더 높았지만, 결과적으로 IED 평생 유병률에서는 성별에 따른 차이가 발견되지 않았다(McLaughlin et al., 2012). 아울러 Galbraith 등(2018)은 남자 청소년과 여자 청소년이 IED와 관련하여 다른 유형의 공격 행동을 보일 수 있다고 주장하였다. 다시 말해, 남자 청소년은 차갑고 냉정한 특성과 관련된 적극적(또는 선제적) 공격성을 보이는 경향이 있지만, 여학생은 정서조절 문제와 관련된 반응적 공격성을 보이는 경향이 있다.

공존장애와 관련하여, DSM-5에서는 여러 다른 정신장애가 IED와 동시에 나타날 수 있다고 언급하였다. IED의 대표적인 공존장애 사례로는 우울, 불안, 주의력결핍 과잉행동장애(ADHD), 적대적 반항장애(ODD), 품행장애(CD) 등을 들 수 있다. Galbraith 등(2018)은 National Comorbidity Survey Replication Adolescent Supplement 데이터를 분석하면서 IED 청소년의 불안장애 진단 가능성이 일반적인 또래에 비해 약 3.5배 더 높았다고 밝혔다. 그리고 DSM-5에서는 반사회성 성격장애나 경계선 성격장애를 가진 사람이 IED의 발병 및 증상 악화에 취약하다고 언급하였다(APA, 2013). 마지막으로, 일부 임상 연구에서는 IED를 가진 사람이 흔히 물질 남용 문제를 동시에 경험한다고 밝혔다(Coccaro et al., 1998, 2005). 실제로, IED 진단을 받은 경우는 그렇지 않은 경우에 비해 물질 남용 및 우울 문제를 경험할 가능성이 각각 3배 및 4배 더 높은 것으로 나타났다(Coccaro, 2012; Coccaro et al., 2005; Kessler et al., 2006; Yoshimasu & Kawakami, 2011).

> 대규모 청소년 표본에서 IED 청소년의 불안장애 진단 가능성은 일반적인 또래에 비해 약 3.5배 더 높은 것으로 나타났다(Galbraith et al., 2018).

Kessler 등(2006, 2011)에 따르면, IED를 포함한 다수의 정신장애를 경험하는 사람은 IED 증상을 먼저 호소하는 경우가 많다. 예컨대, McLaughlin 등(2012)의 연구에서 IED는 범불안장애, 주요우울장애, 외상후 스트레스장애, 공황장애, 물질관련장애 등과 같은 다른 공존장애에 앞서 나타나는 것으로 확인되었다. Medeiros 등(2018)의 연구에서도 IED는 주요우울장애에 선행하여 발달하는 것으로 나타났다. 마찬가지로, Radwan과 Coccaro(2020)도 IED가 다른 유형의 파괴적, 충동조절 및 품행장애와 공존하는 경우 일반적으로 ODD나 CD에 앞서 진단된다고 밝혔다. 하지만 일부 연구에 따르면 IED는 공포증 및 분리불안장애(McLaughlin et al., 2012), 그리고 ADHD(Radwan & Coccaro, 2020) 진단을 앞서지는 않는 것으로 보인다. 이처럼 IED는 다른 여러 정신장애와 공존하지만 IED의 증상은 다른 정신장애와 구별되는 독특한 특징을 가지고 있는 것으로 여겨진다(Radwan & Coccaro, 2020).

일부 연구에서는 IED와 다른 정신장애가 공존할 때 IED 증상이 더 심각하게 표현되는 경우가 많다고 주장하였다. 예컨대, Medeiros 등(2019)은 IED와 범불안장애를 함께 가진 사람이 IED만을 가진 사람에 비해 더 높은 수준의 적대감을 보인다고 밝혔다. 이들의 견해에 따르면, IED와 범불안장애의 공존은 타인에 대한 공격성을 강화할 가능성이 있다. Galbraith 등(2018)의 연구에서도 IED와 불안장애(예: 사회공포증, 특정 공포증, 공황장애, 범불안장애)를 함께 진단받은 청소년은 IED만을 진단받은 청소년에 비해 행동 폭발로 인하여 학업적, 사회적 및 전반적 기능에 손상을 보일 가능성이 더 크다고 밝혔다. 그리고 이들 청소년은 물질 남용을 경험하거나 추가적인 정신장애 진단을 받을 가능성이 더 큰 것으로 나타났다. 아울러 Medeiros 등(2018)의 연구에서도 IED와 주요우울장애의 공존이 더 높은 수준의 공격 행동, 적대감, 사회적 부적응과 관련이 있는 것으로 나타났다. 이처럼 IED 증상은 특정 정신장애와 공존하면서 더욱 악화되는 것으로 보인다.

학교기반 수혜자격

장애인교육법

「장애인교육법(Individuals with Disabilities Education Improvement Act: IDEA)」은 미국의 연방법률로, IDEA가 정한 13개의 장애 유형 중 한 가지 이상에 부합하는 학생이 학교에서 적절한 공교육(특수교육 및 관련서비스 포함)을 무상으로 받도록 규정하고 있다. 따라서 특정 정신장애 진단을 받은 아동 · 청소년이라면 IDEA에 따른 특수교육 및 관련서비스 수혜자격을 갖출 가능성이 있다. 학교의 특수교육 및 관련서비스는 전문적인 지원을 통해 아동 · 청소년이 장애를 극복하고 학교 교육과정을 원활하게 이수할 수 있도록 뒷받침한다(U.S. Department of Education, n.d.). 정신건강 문제를 가진 학생이 IDEA의 적용을 받는 경우 이들에게 흔히 진단되는 장애 유형은 정서장애(Emotional Disturbance: ED)이다.

IDEA에서 제시하는 정서장애 진단 기준은 다음과 같다. (a) 지적, 감각적 또는 의학적 요인으로 설명할 수 없는 학습 능력의 부족, (b) 또래 및 교사와 만족스러운 대인관계를 형성하거나 유지하는 능력의 부족, (c) 일반적인 상황에서 보이는 부적절한 유형의 행동이나 감정, (d) 일상생활 전반에 걸쳐 느끼는 불행감 또는 우울감, (e) 개인적인 문제 또는 학교 문제와 관련한 신체적 증상이나 두려움을 느끼는 경향성 등이다. 아동 · 청소년이 정서장애 진단을 받으려면 이러한 기준 중 하나 이상이 "장기간에 걸쳐 나타나며 그 정도가 심각하여 교육활동을 수행하는 데 부정적인 영향을 미쳐야" 한다[U.S. Department of Education, n.d., Section 300.8 (c) (4) (i)]. 이 중

(b) 및 (c) 기준(즉, 대인관계 및 부적절한 행동 문제)은 IED 아동 · 청소년에게 흔히 나타나는 특징으로 볼 수 있다. 하지만 IDEA에서는 조현병 아동 · 청소년의 경우 정서장애로 진단하지만, 사회적 부적응 아동 · 청소년의 경우 앞선 (a)~(e) 기준에 부합하는 정서적 문제를 가진 것으로 판단되지 않는다면 정서장애로 진단하지 않는다. 여기에서 IED 아동 · 청소년을 정서장애로 진단하는 것과 관련한 문제가 발생한다.

IDEA에서는 사회적 부적응에 대한 조작적 정의를 명확하게 제시하지 않는다. 이 분야의 많은 연구자들은 이러한 개념적 모호성이 사회적 부적응을 일관성 있게 해석하고 적용하는 데 심각한 문제를 야기한다고 주장한다(Olympia et al., 2004; Sullivan & Sadeh, 2014). 더욱이, 사회적 부적응의 개념적 모호성은 지난 수십 년 동안 학부모, 교직원, 법률 대리인, 학자 사이에 상당한 논쟁을 초래하였다. 그나마 사법기관의 판례를 통해 일반적으로 합의된 내용은 사회적 부적응과 관련된 행동이 사실상 의도적이며 아동 · 청소년이 통제할 수 있다는 점이다. 그리고 사회적 부적응 아동 · 청소년은 행동의 결과를 알면서도 문제행동을 선택한다는 점이다. 반면에 정서장애에 해당하는 아동 · 청소년의 어려움은 주로 자신의 노력으로 조절하기 힘든 내재화 문제에 의해 발생한다(Theodore et al., 2004). 따라서 IED 아동 · 청소년이 정서장애와 관련된 별도의 증상을 뚜렷하게 나타내지 않는다면 대부분의 사례에서 IDEA가 정한 정서장애 진단을 받지 못하며, 결과적으로 특수교육 및 관련서비스 수혜자격을 얻지 못한다.

다학제 팀이 교직원이나 부모의 의뢰에 따라 IED 아동 · 청소년의 특수교육 및 관련서비스 자격 여부를 평가하는 과정에서 정서장애 외에 고려해 볼 만한 IDEA의 장애 유형으로 기타 건강장애(Other Health Impaired: OHI)를 들 수 있다. OHI는 만성적인(또는 급성으로 발병한) 건강 문제 때문에 일반적인 교육활동을 제대로 수행하지 못하는 아동 · 청소년을 뒷받침하고자 IDEA의 장애 유형에 포함되었다(U.S. Department of Education, n.d.). 이와 관련하여 IDEA의 OHI 진단 기준에서는 아동 · 청소년의 학교 교육활동에 부정적인 영향을 미칠 수 있는 건강 문제(예: 천식, ADHD, 당뇨병, 뇌전증, 심장질환 등)를 다양하게 열거하면서 OHI 진단 기준에 부합할 만한 사례를 구체적으로 제시하고 있다. 하지만 이 같은 사례 목록에 포함되지 않았더라도(예: IED) 아동 · 청소년의 다른 건강 문제가 이들의 주요 기능을 손상시키고 교육활동을 심각하게 가로막고 있다면 앞선 사례와 같이 OHI로 진단될 수 있다. 혹자는 IED에 따른 행동 폭발이 학교에서의 교육활동을 심각하게 저해할 수 있기 때문에 IED 아동 · 청소년이 OHI 진단을 받을 가능성은 충분하다고 주장하기도 한다. 하지만 대부분의 교직원은 OHI 범주가 신체 질병으로 어려움을 겪는 아동 · 청소년을 위한 것이라고 여긴다. 다시 말해, 신체 질병에 따른 증상이나 결핍이 학교에서의 교육활동에 현저한 문제를 초래하는 경우 OHI를 진단할 수 있다는 것이다. 이러한 점에서 다학제 팀이 OHI 진단을 통해 IED 아동·청소년에게 특수교육 및 관련서비스 수혜 자격을 부여하는 사례는 그리 흔치 않다.

재활법 504조

앞서 언급한 바와 같이, IED 학생이 IDEA에 따라 특수교육 및 관련서비스 수혜자격을 갖추는 것은 어려운 일이다. 하지만 다학제 팀은 「재활법 504조(Section 504 of the Rehabilitation Act)」를 적용하여 IED 학생이 별도의 학교기반 서비스를 받을 수 있는지 추가적으로 검토해 볼 수 있다. 미국의 연방법률인 「재활법 504조」는 장애를 가진 사람의 권리를 보호하기 위한 목적으로 지난 1973년에 제정되었으며, 미국 연방정부에게 예산 지원을 받는 모든 기관이나 단체(공립학교 포함)에 일괄적으로 적용된다. IED 아동·청소년의 대부분은 지금껏 「재활법 504조」의 적용을 받아 왔으며, 사법부의 일관된 판례들이 이러한 결정을 뒷받침하고 있다.

「재활법 504조」에 따르면, 학교는 별도의 학교기반 서비스를 제공함으로써 장애를 가진(또는 장애가 의심되는) 아동·청소년이 학교의 교육활동에 참여하여 적절하게 기능하고 자신의 역량을 충분히 개발할 수 있도록 뒷받침해야 한다. 만일 아동·청소년이 "주요 생활 기능을 현저하게 제한하는 신체적 또는 정신적 손상"을 가지고 있다면 「재활법 504조」의 적용을 받을 수 있다. 「재활법 504조」에서는 주요 생활 기능으로 걷기, 듣기, 보기, 말하기, 숨쉬기, 학습하기, 노동, 자기돌봄, 수작업 수행 등을 들고 있다. 아울러 「재활법 504조」에서는 신체적 또는 정신적 손상의 유형과 관련하여 "생리적 질병/상태, 성형으로 인한 변형, 또는 해부학적 소실이 다음 신체 체계 중 하나 이상에 영향을 미치는 경우: 신경계, 근골격계, 특수감각기관, 발성기관을 포함한 호흡기관, 심혈관계, 생식계, 소화계, 비뇨생식계, 혈액 및 림프계, 피부, 내분비계; 또는 정신지체, 기질성뇌증후군, 정서 및 정신 질환, 특정학습장애를 비롯한 모든 유형의 정신장애" [Office of Civil Rights, n.d., Section 104.3 (2) (i)]라는 지침을 제공한다.

IED는 「재활법 504조」에서 규정한 정신적 손상의 정의에 분명하게 부합하는 것으로 보인다. 하지만 다학제 팀은 IED 아동·청소년을 대상으로 「재활법 504조」에 따른 수혜자격 여부를 평가하는 과정에서 IED가 주요 생활 기능을 실제로 현저하게 제한하는지 확인할 책무가 있다. IED 아동·청소년이 결함을 보일 수 있는 주요 생활 기능으로 특히 학업 기능을 들 수 있는데, 이는 IED에 따른 언어적/신체적 공격 행동(행동 폭발)이 교실수업 및 학습활동에 심각한 문제를 초래하기 때문이다. IED 아동·청소년이 학교 규칙을 위반했을 때 혹여 학교가 처벌적이고 반응적인(즉, 결과에 따른 사후 조치) 훈육 전략을 고수하며 이들을 교실 수업에서 배제해 버린다면 IED 아동·청소년의 학업 기능은 더욱 제한될 수밖에 없다. 분야별 전문가로 구성된 다학제 팀(평가 대상 학생의 학부모 포함)이 「재활법 504조」에 따라 IED 아동·청소년의 수혜자격을 인정하는 경우 학교는 이들의 주요 기능 향상 및 학교 적응을 돕기 위해 구체적인 실천 계획을 마련하게 된다. 「재활법 504조」 실천 계획은 세부 전략을 통해 IED 아동·청소년의 교육활동에 영향을 미칠 수 있는 여러 요인(예: 교육 환경, 커리큘럼, 교구 등)을 조정/변경하며, 별도의 행동개입계획(behavioral intervention plan)을 포함한다. 행동개입계획은 IED 아동·청소년에 대한 행동기능평가 결과를 바탕으로 수립되며, 주로 긍정적 행동중재 및 지원(Positive Behavioral Interventions and Supports)에 초점을 맞춘다. 이러한 접근방식의 행동개입계획은 가령 학교 환경에서 IED 아동·청소년의 문제행동을 유지시키는 변인을 집중적으로 다룬다. 아울러 IED 아동·청소년을 위한 「재활법 504조」 실천 계획은 학교심리사(또는 상담사)가 제공하는 학교기반 상담 서비스 및 개입 프로그램, 그리고 필요할 경우 보건교사(또는 학교 간호사)가 참여하는 약물 관리 서비스 등을 포함할 수 있다.

문화적 쟁점

위험요인

가족 및 유전 요인은 IED의 발달 과정에 많은 영향을 미치는 것으로 보인다. 일부 연구에서는 IED를 가진 사람의 32%에게 IED를 가진 가까운 친족(부모, 형제자매, 자녀)이 있는 것으로 나타났으며(McElroy et al., 1998), 일부 연구에서는 다른 정신장애나 행동 변인을 배제했을 때도 가족 사이에서 IED의 위험성이 증가하는 것으로 나타났다(Coccaro, 2010). 더 나아가, 공격적 경향성이 유전적 원인에 의한 것이라고 주장하는 두 가지 연구도 존재한다(Yeh et al., 2010). 그러나 Lee 등(2014)에 따르면 양육 방식도 IED의 발달과 높은 상관관계가 있다. 이들은 다른 유형의 정신장애를 가진 구성원이나 임상적 진단을 전혀 받지 않은 구성원으로 이루어진 가족에 비해 IED를 가진 구성원이 있는 가족에게서 부적절한 양육 행동(낮은 수준의 보살핌 및 높은 수준의 통제)이 훨씬 자주 나타난다는 것을 발견하였다. 이 연구자들은 자신들의 연구 결과를 바탕으로 IED가 부모의 낮은 온정(특히 어머니의)과 관련성이 높을 수 있다고 주장하였다. 이와 유사하게 Smeijers 등(2018)은 부모의 거부(즉, 높은 적대감, 무차별적 거부, 낮은 온정)가 성인 정신질환자의 공격성과 관련이 있다는 것을 발견하였다. 마지막으로, McLaughlin 등(2012)에 따르면 아동·청소년의 가족 규모 및 구조가 IED 발달 가능성과 관련이 있다. 구체적으로 말하면 IED와 가장

> 범죄 피해나 가까운 친구 또는 친척의 죽음으로 인한 외상을 경험했거나 복합적인 외상으로 어려움을 겪는 사람은 IED 발달의 위험성이 더 높다(Fincham et al., 2009).

밀접하게 연관이 있는 인구통계학적 변인은 집에서 함께 생활하는 부모의 존재 여부이다. 양친이 없는 가정에서 생활하는 아동·청소년은 IED로 진단받을 가능성이 더 크다. 또한 가족 구성과 관련해서는 형제가 없는 아동·청소년이 IED 증상을 나타내는 기간이 더 길다(McLaughlin et al., 2012).

IED 발달과 관련된 최근의 다른 위험요인은 정신적 외상이다. 범죄 피해나 가까운 친구 또는 친척의 죽음으로 인한 외상을 경험했거나 복합적인 외상으로 어려움을 겪는 사람은 IED 발달의 위험성이 더 높다(Fincham et al., 2009). Nickerson 등(2012)에 따르면 특히 생애 초기에 외상에 노출되는 경우 IED와 관련한 문제가 발생할 수 있다. 심지어 성인기에 외상 사건을 반복적으로 경험하는 경우보다 아동기에 외상에 노출된 경우에 IED로 진단받을 가능성이 더 크다.

이뿐만 아니라 아동·청소년기에 경험한 특정 유형의 외상이 IED를 강하게 예측하는 것으로 나타났는데, 이는 바로 아동 학대이다(Fanning et al., 2014; Puhalla et al., 2020). Fanning 등(2014)과 Puhalla 등(2020)의 연구 모두에서 IED 집단은 통제집단에 비해 아동 학대를 더 많이 경험한 것으로 나타났다. 아동 학대 경험은 전반적인 공격성을 유의하게 예측하였으며 IED 집단을 다른 정신장애 집단과 구별하는 요인으로 기능하였다(Puhalla et al., 2020). 그리고 Fanning 등(2014)은 아동 학대 유형 중 신체적 학대(정서적 및 성적 학대가 아닌)가 특히 IED를 유의하게 예측한다는 것을 발견했다. 그러나 Nickerson 등(2012)은 이와 대조적으로 아동기(성인기보다)의 성적 트라우마가 IED 발달과 관련이 있다는 것을 발견하였다. 이 분야의 연구자들은 초기 학대 경험이 아동·청소년의 사회적 정보처리 결함으로 이어질 수 있으며, 이로 인해 아동·청소년은 세상을 적대적이라고 믿을 뿐 아니라 위협으로 인식되는 상황에서 방어의 수단으로 공격적 행동을 사용한다고 가정한다(Coccaro et al., 2016; Fanning et al., 2014; Puhalla et al., 2020). 아울러 초기 외상 경험이 아동의 정서조절 발달을 저해한다는 주장도 존재한다. 정서조절의 어려움은 폭발적 분노(IED와 일치하는)를 유발하는데, 이는 평생에 걸쳐 대인관계에 손상을 입히게 된다(Cloitre et al., 2009; Coccaro et al., 2016; Zlotnick et al., 2018).

앞서 언급한 환경 변인 외에도 IED와 사회·정서적 정보처리 결핍과 관련된 신경학적 차이에 주목하는 연구가 있다. 가령 일부 이론가들은 IED가 기본적으로 정서조절과 관련된 장애라고 주장하는데, McCloskey 등(2016)의 연구가 이를 뒷받침한다. 이 연구에서는 IED 집단에게 화난 얼굴의 이미지를 보여 주었을 때, 투쟁-도피 반응을 담당하는 편도체의 반응이 증가하는 것으로 나타났다. IED 집단의 편도체 활동 항진과는 대조적으로, 비IED 집단(통제집단)의 경우에는 뇌의 다른 부위에서 각성이 일어나는 모습을 보였는데, 이는 IED 집단과 비IED 집단이 정서를 처리하는 방법에 뚜렷한 차이가 있음을 보여 주는 것이다. 또한 확산텐서영상(diffusion tensor imaging)으로 IED 성인의 뇌를 분석한 Lee 등(2016)은 위세로다발(superior longitudinal fasciculus) 영역에서 백질 연결성(white matter connectivity) 이상을 발견하기도 하였다. 백질은 신경섬유로 이루어져 있으며 뇌조직 사이에서 정보를 전달하는 역할을 한다. 백질 연결성에 문제가 생기면 집행기능과 관련된 여러 뇌조직이 서로 원활하게 연결되지 못한다. 특히 문제해결 및 충동조절 능력과 같은 집행기능의 결함은 IED 아동·청소년에게서 흔히 나타나는 문제행동과 밀접하게 관련되어 있다. 아울러 Dell'Osso 등(2006)의 연구는 신경학적 관점에서 IED와 다른 충동조절 관련 장애가 서로 구별될 수 있다는 점을 보여 준다.

문화적 고려사항

다양한 인종/민족 집단에 따른 IED 유병률 외에도 일부 연구자들은 IED와 다른 문화적 변인들 사이의 관련성을 알아보려고 시도하였다. 예를 들어, Ortega 등(2008)은 미국 본토에 거주하는 라틴계 하위집단에서 IED 진단을 비교하고 IED와 문화적 적응 사이의 관련성을 탐색하였다. 이들은 푸에르토리코인이 쿠바, 멕시코 및 그 외 라틴계에 비해 IED 진단을 받을 확률이 가장 높다는 것을 발견하였다. 이는 사회인구학적으로 비슷한 다른 집단에 비해 푸에르토리코인의 정신장애 진단율이 높다고 주장하는 다른 연구 결과와 일치하며, 이러한 연구 결과는 푸에르토리코인이 문화적으로 정신건강 문제를 더 잘 수용하기 때문일 수도 있다(Ortega et al., 2008). 일부 연구자들은 푸에르토리코인이 태어나면서 미국 시민권을 얻었다 하더라도 실제로는 다른 라틴계 집단에 비해 높은 수준의 차별을 느낄 수 있다고 주장한다(Alegria et al., 2007). 문화적 적응과 관련하여 Ortega 등(2008)은 미국 출생이거나 높은 수준의 영어 능력을 가진 라틴계 사람이 미국 출생이 아니면서 낮은 수준의 영어 능력을 가진 라틴계 사람에 비해 IED 진단을 받을 가능성이 오히려 더 크다고 주장했다. 이와 함께 Ortega 등은 문화적 쟁점이 되는 사회적 투자와 종교 활동이 미국 문화에 제대로 동화되지 못한 이민자들에게 대처 경로를 제공해 줄 수 있다고 주장한다.

앞서 언급했듯이 Oliver 등(2016)은 흑인 청소년의 IED에 초점을 맞춘 대규모 연구 프로젝트에 참가했다. 이들은 카리브계 흑인 청소년이 아프리카계 흑인 청소년들보다 IED로 진단받을 확률이 유의미하게 높다는 것을 발견하였다. 이들은 이 연구 결과가 아프리카계 흑인 남성에 비해 카리브계 흑인 남성의 기분 및 불안장애 비율이 더 높다고 보고한 다른 연구를 반영한다고 설명한다. 이 연구자들은 카리브계 흑인 청소년이 더 심한 공격적 경향을 가진 심리적 문제

(IED 진단과 일치하는)를 나타내는지 알아보기 위해 이 분야에서 더 많은 실증연구가 필요하다고 주장한다. 그런데 이 연구에서는 카리브계 흑인 청소년의 IED 유병률이 높게 나타났음에도 불구하고, IDE 증상이 표현되면 카리브계 흑인 청소년보다 미국 흑인 청소년이 더 심각한 기능 손상을 경험하는 것으로 나타났다. 결과적으로, 유병률과 IED 표현에서 이러한 민족 집단 간의 특성 차이를 조사하기 위해서는 더 많은 연구가 필요하다.

학교와 가정에서 사회성, 정서 및 행동 기능에 미치는 영향

학교에서의 사회성, 정서 및 행동 기능

학교에서의 기능과 학업 환경에 대한 IED의 영향과 관련하여 McLaughlin 등(2012)은 IED의 초기 징후가 학교(가정이나 지역사회가 아니라)에서 감지될 수 있는데, 이는 다른 정신장애에 비해 IED의 평균 발병 연령이 낮기 때문이다. 많은 연구에서 IED 아동 · 청소년이 성인 및 또래와의 대인관계를 발전시키고 유지하는 데 손상을 입히는 문제행동(신체적 또는 언어적 공격 삽화 외에도)을 보일 수 있다고 보고한다. 이러한 부수적인 행동들은 다툼을 발생시키고 학교 환경에 악영향을 끼칠 가능성이 있으므로 학교의 관심사가 될 수 있다.

또래와의 관계 형성 및 사회적 상호작용에 부정적인 영향을 미치는 대표적인 행동은 관계적 공격성이다. 관계적 공격성(relational aggression)은 다른 사람의 이미지나 사회적 지위에 해를 끼치려고 하는 술책에 해당한다. 예컨대, 괴롭힘, 험담, 모욕, 사회적 배제 등을 들 수 있다. 일반적인 사람과 비교할 때, IED를 가진 사람은 흔히 높은 수준의 관계적 공격성을 보인다(Murray-Close et al., 2010). 관계적 공격성에 대한 Murray-Close 등의 연구는 IED 성인을 대상으로 했지만, 관계적 공격성이 아동기와 청소년기에 일반적으로 나타난다는 것을 고려하면 IED 아동 · 청소년도 이처럼 사회적으로 유해한 행동을 할 가능성이 충분하다.

학교에서 또래 및 성인와의 관계에 갈등을 유발할 수 있는 또 다른 문제는 IED 아동 · 청소년이 사회적 상호작용을 인식하는 방식에 있다. 서로 대등한 위치에서 중립적으로 상호작용하는 상황에서도 IED를 가진 사람은 이러한 상호작용을 부정적인 것으로 해석하여(Coccaro et al., 2009, 2016), 상대방에게 적대적으로 반응할 가능성이 높다. 예컨대, Coccaro 등(2016)은 IED 집단의 사회적 귀인을 평가하기 위해 중립적인 사례를 사용하였다. 이들의 연구에서 IED 집단은 정신장애 진단을 받지 않은 집단(통제집단)이나 IED가 아닌 다른 정신장애 진단을 받은 집단에 비해 중립적인 사례를 더욱 부정적으로 해석하였다(즉, 높은 수준의 적대적 의도, 낮은 수준의 양호한 의도). 더욱이, 해당 사례에 대한 적절한 반응을 제시하더라도 IED 집단은 이러한 반응을 그다지 선호하지 않았을 뿐만 아니라 이러한 반응이 성공적인 결과를 가져올 가능성도 낮다고 평가하였다(Coccaro et al., 2016). 부정적 귀인과 관련된 이러한 문제는 타인과의 갈등으로 이어질 수 있고 IED에 따른 심각한 공격 행동(행동 폭발)을 촉발할 수 있다. Kessler 등(2011)에 따르면, IED 증상의 핵심은 지각된 자극에 대한 부적절한 반응이다. 이러한 반응은 원래 폭발적으로 일어나는 경우가 많은데, 이는 시작 속도가 매우 빠르고 격한 분노를 보이며 지속시간이 짧기 때문이다. 행동 폭발은 이미 불편한 사회적 관계 및 대인관계를 악화시키는 경우가 많다. 남자 청소년의 또래관계에 초점을 맞춘 Poulin과 Bouvin(1999)의 연구에서도 반응적 공격성을 보이는 남자 청소년의 경우 의도적 공격성을 보이는 청소년에 비해 친구의 수가 적거나 친구 관계의 질이 낮은 것으로 나타났다. 나아가, Lope 등(2018)의 연구 결과는 학교에서 공격적인 청소년이 또래 및 성인과 불편한 관계를 맺는다는 견해를 뒷받침한다. 이들의 연구에서는 공격적인 청소년이 일반적인 또래에 비해 친구의 수가 적고 자신에 대한 교사의 지지를 낮은 수준으로 지각하며 학교를 부정적으로 평가하는 것으로 나타났다.

> 서로 대등한 위치에서 중립적으로 상호작용하는 상황에서도 IED를 가진 사람은 이러한 상호작용을 부정적인 것으로 해석하여(Coccaro et al., 2009, 2016), 상대방에게 적대적으로 반응할 가능성이 높다.

추가적으로, 학교는 IED 진단에 핵심이라 할 수 있는 IED 아동 · 청소년의 폭발적인 공격 행동에 각별한 주의를 기울여야 한다. McLaughlin 등(2012)은 IED 청소년이 일으키는 주요 사건이 매년 평균 18.3건에 이른다고 보고하였으며, Fanning 등(2019)은 IED 집단이 정신장애 진단을 받지 않은 집단이나 IED가 아닌 다른 정신장애 진단을 받은 집단에 비해 더 많은 비율로 충동적인 공격 행동을 한다고 밝혔다. 더욱이 IED 아동 · 청소년이 흔히 보이는 행동 폭발은 비교적 많은 시간을 보내는 학교 일과 중에 나타날 가능성이 크다. IED 아동 · 청소년의 공격적인 행동 폭발은 학교에 심각한 문제를 일으키지만, 이와 더불어 IED 아동 · 청소년의 심리 및 정서 기능에 부정적인 영향을 미칠 수 있다. Kulper 등(2015)은 공격 행동을 하는 사람은 공격 행동을 하기 전, 그리고 공격 행동을 하는 동안에 부정적인 정서와 신체적 고통을 경험한다는 것을 발견하였다. 공격 행동을 하는 학생은 자신의 행동에 대한 통제력 부족을 느끼는 경우도 많다. 이처럼 공격 행동에 따른 심리적 결과의 강도는 IED 아동 · 청소년에게 매우 중요하다. 따라서 학교는 모든 학생의 적응과 안전을 지원하기 위해 선행적이고 긍정적인 행동지원 계획과 위기대응 계획 모두를 가지고 있어야 한다.

가정에서의 사회성, 정서 및 행동 기능

Dodge(2006)는 IED 아동 · 청소년에게서 나타나는 적대적 귀인 편향이 부모의 거부 및 온정의 부족으로 인한 결과일 수 있다는 가설을 제기하였다. 적대적 귀인은 중립적 사건과 상호작용을 부정적이거나 위협적인 것으로 인식하게 한다. Dodge(2006)는 생애 초기 어린 아동이 적대적 귀인을 가지고 있는 것은 자연스러운 일이지만, 대다수 아동은 발달 과정에서 비교적 온건한 방식으로 귀인하는 방법을 배운다고 설명하였다. 그러나 생애 초기 양육자에게서 받은 온정이 부족하면 친사회적 상호작용을 지원하는 기술이 제대로 발달하지 않을 수 있다. 적대적 귀인 편향은 아동 · 청소년의 공격적인 행동을 촉발하는 인지 왜곡의 한 형태이다. 이렇게 유발된 공격적인 행동은 인지 왜곡을 강화하고 다시 폭력적인 행동을 촉발하는 악순환으로 이어진다(Barriga et al., 2000, 2008).

이러한 잘못된 귀인과 인지 왜곡은 양육 문제로 이미 상태가 악화된 가정에 불화와 역기능을 일으키는 것을 넘어 폭력으로까지도 이어질 수 있다. Barriga 등(2008)과 Smeijers 등(2018)에 따르면, IED 아동 · 청소년과 같이 자기중심적 인지 왜곡(self-serving cognitive distortion)을 가진 사람은 흔히 신체적 및 언어적 공격 행동을 보일 수 있다. 만일 이들이 신체적 공격 행동을 보인다면, 그것은 공격을 당한 사람이 그럴 만하다고 여기기 때문이다. 언어적 공격도 인지 왜곡의 결과이지만 그 속성은 더욱 적대적인 경향을 보인다. 다시 말해, 이들이 언어적 공격 행동을 보인다면, 그것은 규칙과 체계가 자신에게는 적용되지 않아야 한다고 여기기 때문이다. de Vries 등(2016)은 Barriga 등(2018)의 주장을 지지하면서 부모의 거부와 청소년의 공격 행동이 인지 왜곡에 의해 매개된다는 결과를 제시하였으며, Smeijers 등(2018)도 부모의 거부와 자녀의 공격 행동 간에 직접적인 관련성을 보여 주는 결과를 보고하였다. Lope 등(2018)은 청소년이 가정에서 공격 행동을 보이는 경우 이와 같은 부적절한 행동이 부정적인 가족 관계와 관련이 있을 수 있다고 언급하였다. 구체적으로 살펴보면, 공격적인 경향을 보이는 청소년은 자신의 가족에게 많은 갈등이 있으며 자신의 의사소통 방식이 매우 공격적이라고 평가하였다. 또한 자신의 가족이 서로 편안하게 대화하지 못할뿐더러 가족의 응집력도 낮은 수준이라고 평가하였다.

Barriga 등(2008)과 Smeijers 등(2018)에 따르면, IED 아동 · 청소년과 같이 자기중심적 인지 왜곡을 가진 사람은 흔히 신체적 및 언어적 공격 행동을 보일 수 있다. 만일 이들이 신체적 공격 행동을 보인다면, 그것은 공격을 당한 사람이 그럴 만하다고 여기기 때문이다.

일부 가족관계와 가정생활은 양육 문제 외에도 IED의 유전 가능성으로 인해 더 악화될 수 있다. 앞서 언급했듯이 일부 연구에 따르면, IED 아동 · 청소년의 경우 가까운 친족(부모, 형제자매, 자녀) 중에 IED 진단을 받은 사례가 상당히 많은 것으로 나타났다(Coccaro, 2010; McElroy et al., 1998). 가정에서 예상치 못한 행동 폭발을 보이는 사람은 자신의 가족에게 높은 각성 수준, 불안, 걱정, 심지어 공포까지도 안겨 줄 수 있다. 만일 한 가정 내에서 두 사람 이상이 IED 증상을 보인다면, 이들이 적대적 귀인 편향과 인지 왜곡이라는 렌즈를 통해 서로 혹은 다른 가족 구성원과 상호작용을 하게 되면서 가정 내의 어려움이 몹시 증가할 수 있다. 이 경우에는 가정의 모든 구성원에 대한 언어적 및 신체적 폭력 가능성이 현저하게 높아질 수 있다.

교실에서 학습에 미치는 영향

IED에 내재하는 심각한 행동 문제와 폭발적인 감정 분출은 IED 학생이나 또래 모두의 학습 환경에 혼란을 가져올 수 있다. 이러한 폭력적 행위가 교실에서 발생하면 학생의 행동을 관리하고 안전을 확보하기 위해 수업이 중단될 수 있다. 수업 진행을 방해한 학생은 기존 교육 환경에서 배제(학교나 해당 학군에서 일반적으로 징계하는 방식에 따라 결정)될 수도 있는데, 이와 관련한 구체적인 사례로 대체 환경(예: 교실 변경, 전학 등)으로 이동, 정학, 퇴학 등을 들 수 있다. 이러한 처벌적 조치는 미국의 교육 현장에서 광범위하게 사용되는 방법이지만, 연구에 따르면 학생에게 더 유해한 결과(예: 문제행동 악화, 학업중단 가능성 증가 등)로 이어지는 경우가 많다(Hess et al., 2014; Powers et al., 2016).

이 외에도 Boxmeyer 등(2018)의 연구는 분노와 관련된 학생의 심리사회적 손상이 교실에서 사건이 발생한 이후에도 지속되는 경우가 많음을 보여 준다. 이들에 따르면, 자신의 화를 참기 어려워하는 학생은 학업 수행 문제, 규칙 위반(학교 내), 각종 범죄(학교 밖)와 관련된 사건을 자주 경험한다. IED(또는 IED와 유사한 증상을 보이는) 아동 · 청소년의 분노가 이처럼 부정적인 결과로 이어지는 것을 막기 위해서는 예방 전략과 개입 전략이 모두 마련되어야 한다.

학교심리사를 위한 시사점

평가 역할

다학제 팀에서 IED 학생에게 특수교육 및 관련서비스를 제공하는 것이 적절한지 평가하기로 결정한 경우, 학교심리사는 다학제 팀이 학생을 평가하고 수혜자격 여부를 결정하는 과정에서 중추적인 역할을 하게 된다. 사실, 학교기반 서비스 수혜자격 여부를 평가하는 절차는 어떤 법률(즉, IDEA 또는 「재활법 504조」)을 적용하더라도 유사한 방식으로 진행된다. 다학제 팀이 평가 절차에 착수하기 위해서는 먼저 IED 학생에 대한 평가 의뢰와 함께 학부모가 서명한 동의서가 접수되어야 한다. 그 후에 다학제 팀은 본격적인 평가를 시작하고 부모의 동의서를 제출받은 날로부터 60일 이내에 평가 대상 학생에게 수혜자격이 있는지 결정한다. 이를 위해 다학제 팀은 예상되는 장애 영역에서 IED 학생에 대한 평가 계획을 구체적으로 수립한다.

IED 아동 · 청소년을 평가하는 과정에서 평가의 핵심 요소에는 각종 기록 검토, 관찰, 면담, 행동기능평가, 심리 검사 등이 포함될 수 있다. 이와 관련하여 학교심리사는 관련 기록을 검토하는 역할을 맡기도 한다. 가령 학교심리사는 IED 학생의 출결, 성적, 표준화 검사 결과, 행동발달사항, 훈육실 의뢰 내역 등과 같은 학교생활기록을 살펴볼 수 있다. 한편, IED 사례에서는 학교 외부에 존재하는 별도의 기록을 수집하고 검토할 필요가 있을 수도 있다. 가령 IED 아동 · 청소년이 외부에서 정신건강 서비스(예: 병원 진료, 심리치료)를 받고 있다면, 다학제 팀은 부모의 동의를 구한 후 외부 전문가(예: 심리사, 정신건강의학 전문의, 소아과 전문의)가 작성한 보고서 및 관련 기록을 확보할 수 있다. 그리고 일부 IED 아동 · 청소년의 경우 심각한 공격 행동으로 법적인 처벌을 받은 경험이 있을 수 있는데, 이러한 사례에서는 재판 기록이나 보호 관찰 기록이 공격 행동의 정도와 심각성을 평가하는 데 도움이 될 수 있다.

과거 이력에 대한 자료 검토 외에도, IED 아동 · 청소년의 현재 수행수준을 가늠하기 위한 방법으로 관찰 평가를 실시할 수도 있다. 관찰은 다양한 상황(구조화/비구조화)에서 진행되며 공식 및 비공식 방법이 모두 사용될 수 있다. 또한 면담은 학생의 전반적인 기능을 평가하는 데 핵심이 되는 요인을 학생, 부모 및 교사와 함께 살펴보며 관련 정보를 수집하는 과정이다. 면담에서 획득한 정보는 IED 학생의 현재 기능과 관련된 맥락(학교 및 가정에서)을 구체적으로 파악하는 데 도움을 준다. 더욱이, 관찰과 면담은 행동기능평가를 위한 중요한 자료로 활용된다. 행동기능평가는 우려되는 문제행동(예: IED 학생의 언어적 또는 신체적 공격 행동)을 바르게 이해하고자 문제행동에 선행한 사건, 그리고 문제행동의 결과로 발생하여 문제행동을 유지하는 사건을 분석하는 것이다. 행동기능평가의 목표는 이렇듯 문제행동의 발생 및 유지에 기여하는 요인을 구체적으로 파악함으로써 문제행동을 대체할 수 있는, 즉 학생의 욕구를 충분히 충족시킬 수 있는 적절한 대체 행동을 형성하고 강화하는 것이다. 학교심리사는 이처럼 다양한 유형의 평가 자료를 수집하고 검토하는 과정에서 전문적인 역량을 발휘할 수 있다.

학교심리사는 평가 목적에 맞는 심리 검사를 수행하기에 특히 적합하다. IED 아동 · 청소년에게 흔히 동반되는 문제들을 고려할 때, 행동평정척도나 성격측정도구 등을 사용하여 IED와 관련된 행동적, 정서적 및 사회적 요인을 추가로 살펴볼 필요가 있다. 그리고 경우에 따라 우울, 불안, 자존감과 같은 문제를 다루어야 할 수도 있다.

심리 평가 외에도 학교심리사는 IED 아동 · 청소년의 학업 및 인지 기능을 평가할 수도 있다. 만일 다학제 팀에서 IDEA에 따른 특수교육 및 관련서비스 수혜자격을 평가하는 중이라면 학업 및 인지 기능 평가 결과는 특히 중요하다. 수혜자격과 관련하여 IDEA에서는 크게 두 가지 주요 사안을 검토하도록 요구한다. 첫째는 학생의 문제가 IDEA에서 제시하는 13개의 장애 유형 중 하나에 부합하는지 여부이며, 둘째는 특수교육 서비스가 학생의 교육활동을 실제로 개선할 수 있는지 여부이다. 이 사안에 대한 결정은 특수교육 서비스가 제공되지 않은 상태에서 교육과정을 따라가는 학생의 학업 수행 및 능력 수준을 근거로 하여 내려진다. 따라서 IED 아동 · 청소년의 학업 및 인지 기능을 평가한 자료(예: 관련 기록 및 과제 견본 검토)가 주요한 근거로 활용될 수 있다. 전반적인 자료수집과 의사결정은 다학제 팀의 구성원이 함께 이끌어 가지만, 그 과정에서 학교심리사의 역할은 매우 중요하다.

옹호 역할

IED의 특징인 공격 행동이 학업 문제, 범죄 및 약물 남용과 같은 부정적인 결과와 밀접하게 관련된다는 점에서 IED 아동 · 청소년의 조기 진단 및 치료는 필수적이다(Fergusson et al., 2005; Radwan & Coccaro, 2020). 실제로, National Comorbidity Survey Replication Adolescent Supplement 데이터를 분석한 McLaughlin 등(2012)의 연구에 따르면, 미국의 IED 청소년은 IED 진단을 받지 않은 청소년에 비해 절도, 강도 및 강력 범죄로 체포될 가능성이 훨씬 더 큰 것으로 나타났다. Shao 등(2019)이 수행한 연구에서도 중국의 IED 청소년은 강력 범죄(예: 강간 및 폭행)를 저지를 가능성이 크고 청소년 사법 체계 내에서 상습범이 될 가능성이 높은 것으로 나타났다. 만일 IED 아동 · 청소년이 자신에게 필요한 지원을 제대로 받지 못하고 있다면, 학교심리사는 이들의 가족을 독려하여 유용한 지역사회 자원에 효과적으로 접근하도록 도움으로써 IED 아동 · 청소년이 향후 경험할 수 있는 심각한 문제를 예방하는 데 기여할 수 있다. 공격성 문제를 가진 아동 · 청소년을 위한 치료적 개입에는 사회적 · 가족적 · 개인적 요인이 포함되어야 하며, 학교심리사는 이러한 영역 전반에 걸쳐 아동 · 청소년의 권익을 옹호할 수

McLaughlin 등(2012)의 연구에 따르면, 미국의 IED 청소년은 IED 진단을 받지 않은 청소년에 비해 절도, 강도 및 강력 범죄로 체포될 가능성이 훨씬 더 큰 것으로 나타났다.

있는 특별한 위치에 있다(Fergusson et al., 2005).

학교심리사는 IED 아동 · 청소년이 의사(예: 정신건강의학 전문의, 소아과 전문의)의 소견에 따라 약물 처방을 받은 경우 약물치료 과정에서도 이들의 권익을 옹호하며 중요한 역할을 할 수 있다. 정신장애 치료 분야의 연구에서는 약물치료가 IED를 가진 사람의 충동적인 공격 행동을 감소시키는 데 어느 정도 효과가 있다는 점을 밝히고 있다(Coccaro, 2012). IED에 주로 처방되는 약물로는 기분안정제, 항정신병약, 선택적 세로토닌 재흡수 억제제(SSRIs)를 들 수 있다. 하지만 일반적으로 약물치료 분야의 연구는 공격적인 경향을 가졌지만 IED 진단 기준에 미치지 못하는 사람을 대상으로 이뤄진 경우가 많다(Dell'Osso et al., 2006). 따라서 의료진이 IED 아동 · 청소년에게 가장 적절한 약물을 찾기 위해 노력하는 동안 학교심리사는 약물 처방 효과 및 투약 과정을 학교에서 관찰하고 감독하는 역할을 맡을 수 있다. 학교심리사는 의사들이 접근하기 어려운 학교 환경에서 학생의 학업, 사회성, 행동 및 정서 기능에 대한 객관적인 자료를 수집하고 제공함으로써 약물치료와 관련된 중요한 의사결정을 뒷받침할 수 있다.

자문 역할

학교심리사는 자문 역할을 통해 IED 아동 · 청소년의 학업, 사회성, 행동 및 정서 기능과 관련된 전문지식을 학교에 제공해 줄 수 있다. IED의 행동 특성을 고려할 때, IED 학생이 또래나 교사에게 심각한 언어적/신체적 공격 행동(행동 폭발)을 보일 가능성은 언제나 존재한다. 행동 폭발은 촉발 사건에 어울리지 않는 수준으로 예고 없이 일어나는 경우가 많기 때문에 행동 폭발이 일어나는 상황을 쉽게 예견하기 어렵다. 따라서 학교심리사는 학교에서 문제행동이 발생하지 않도록 친사회적 행동을 촉진하는 예방적 전략을 수립 · 수행 · 지원하기 위해 노력해야 한다. 가령 학교심리사는 다층지원체계(Multi-Tiered Systems of Support: MTSS), 긍정적 행동중재 및 지원(Positive Behavioral Interventions and Supports), 사회 · 정서 학습 프로그램, 폭력 예방 프로그램 등의 계획 및 평가와 관련된 주요 지침을 교직원에게 제공할 수 있다. 또한 학교심리사는 위험한 상황이 발생했을 때 교직원이 위기에 적절하게 대응하도록 도울 수 있다. 이와 관련하여 학교심리사는 위기대응계획 수립 과정에 참여하여 학교가 다양한 위기 상황(예: IED 학생이 폭력 행동을 보이는 상황)에 효과적으로 대응할 수 있는 전략을 마련하는 데 도움을 줄 수 있다. 이러한 위기대응계획은 학교, 학급 또는 개인 단위에서 실행 가능한 구체적인 대응 전략을 포함해야 한다. 학교가 학생 중심의 적절한 안전 대책을 수립하고 위기 상황 대처를 위한 예행연습을 정기적으로 진행한다면 학교는 교직원에게 더 안전한 환경이 될 수 있다. 아울러 IED 행동 폭발의 두 가지 하위 기준(높은 빈도/낮은 강도, 낮은 빈도/높은 강도)를 고려할 때, 학교심리사는 학교가 행동개입 및 안전계획 양쪽 모두를 통해 IED 학생에게 적절하게 대응하도록 뒷받침해야 한다.

상담/치료 역할

IED 관련 연구에서는 IED를 가진 사람에 대한 조기 개입과 치료의 중요성을 강조한다. 가령 Rynar와 Coccaro(2018)는 IED 증상을 조기에 다룰수록 삶의 질 손상, 삶의 만족도 저하, 고용 불안정 및 부부 불화와 같은 성인기 IED와 관련된 부정적인 결과를 예방하는 데 도움이 될 수 있다고 주장하였다. 그리고 IED 성인을 대상으로 이뤄진 한 연구에서는 IED와 신체 질환의 관련성을 보고한 바 있다. 구체적으로 살펴보면, IED는 직접적인 원인은 아니지만 관상동맥성 심장질환, 고혈압, 뇌졸중, 당뇨병, 관절염, 허리/목 통증, 궤양, 두통 및 기타 만성적 통증의 위험성 증가와 유의한 상관을 보이는 것으로 나타났다(McCloskey et al., 2010). 이러한 결과는 IED 치료가 IED 아동 · 청소년의 현재 및 미래의 기능 양쪽 모두를 다루는 데 매우 중요하다는 것을 시사한다. 그러나 McLaughlin 등(2012)에 따르면 개입을 필요로 하는 많은 IED 아동 · 청소년이 제대로 치료를 받지 못하며, 설령 치료를 받더라도 대부분의 경우 이들의 정서적 요구와 관심을 다루는 치료를 받지 못한다. 이와 관련하여 McLaughlin 등의 연구에서는 IED 청소년의 6.5%만이 지난 12개월 동안 분노에 대한 치료를 받은 것으로 나타났다(McLaughlin et al., 2012). 그리고 Oliver 등(2016)의 연구에서는 IED 흑인 청소년의 치료율이 특히 낮은 것으로 확인되었다. 또한 Galbraith 등(2018)은 IED와 불안장애를 동시에 가진 청소년의 경우 IED 청소년에 비해 치료 기회를 가질 가능성이 더 큰 것으로 보고하였다. IED를 치료할 방법을 찾고자 한다면 인지행동치료(Cognitive Behavioral Therapy: CBT)를 고려해 볼 만하다. McCloskey 등(2008)에 따르면, CBT는 충동적 공격성과 부정적 귀인을 줄이는 데 효과적이다. 학교심리사는 IED 아동 · 청소년을 대상으로 상담 및 치료 개입을 실행할 수 있는 충분한 경험과 전문적 역량을 갖추고 있다. 따라서 학교심리사는 자신의 역할에 최선을 다하고 숙련된 기능을 발휘함으로써 IED 학생의 현재와 미래에 긍정적인 영향을 미칠 수 있도록 노력해야 한다.

교육적 지원

IED 학생이 필요로 하는 학업 지원에 대한 연구는 드물지만, IED 진단 기준에 부합하지 않더라도 높은 공격성을 보이는 아동 · 청소년에 대한 연구는 비교적 풍부한 편이다. 사실, 학교에서 잦은 공격 행동을 보이는 학생이 학업에 많은 어려움을 겪는다는 점은 명확하다. 예컨대, 대규모 유럽 아동 · 청소년 표본을 분석한 Vuoksimaa 등(2021)의 연구에서는 연령, 측정 도구, 평가자와 상관없이 높은 수준의 공격 행동을 보이는 학생일수록 낮은 수준의 학업 수행(교과 성적 및 표준화 검사 결과로 측정)을 보고하였다. 이러한 결과는 아동 · 청소년의 높은 공격성과 낮은 학업 수행(또는 학업 성취도) 사이에 인과관계가 있음을 주장한 다른 연구와 일치하는 결과이다(Fergusson et al., 2005; Hinshaw, 1992).

Savage 등(2017)의 메타분석 연구에서는 다른 변인(예: 부모의 교육수준, 가족의 사회경제적 지위)을 통제한 상태에서도 높은 공격성과 낮은 학업 성취도가 서로 관련을 보이는 것으로 나타났다. 여러 연구에 따르면, 높은 공격성과 낮은 학업 수행 사이의 관련성은 유전요인과 환경요인 모두의 영향을 받는 것으로 보인다(Hinshaw, 1992; Lewis et al., 2017; Porsch et al., 2016). 이처럼 공격 행동과 낮은 학업 성취도 사이의 관련성은 많은 연구를 통해 일관되게 입증되었지만, 학교에서는 학업 영역에서의 개입을 통해 학생의 심각한 공격 행동(행동 폭발)을 감소시키고 증상의 수준을 완화하려는 노력을 거의 기울이지 않고 있다(Savage et al., 2017). 교육적 지원의 중요성을 보여 주는 사례로 Lekwa 등(2019)의 연구를 살펴보면, 교실에서의 교육적 지원(수업 전략 및 행동관리 전략)은 학생의 학습활동 참여(학업 성취도와 관련)를 예측하였지만 단순한 행동관리 전략은 학생의 학습활동 참여를 유의하게 예측하지 않았다. 따라서 교실에서의 교육적 지원 및 개입은 IED 학생의 학업 성취도 개선에 기여할 뿐만 아니라 결과적으로 IED 학생의 공격 행동 감소에도 긍정적인 영향을 미칠 수 있다.

> 여러 연구에 따르면, 높은 공격성과 낮은 학업 수행 사이의 관련성은 유전 요인과 환경 요인 모두의 영향을 받는 것으로 보인다(Hinshaw, 1992; Lewis et al., 2017; Porsch et al., 2016).

특히 교실에서 학생의 학습활동 참여를 증진하는 것은 IED 아동 · 청소년의 학업 성취도 개선을 뒷받침하고, 그리고 결과적으로 문제행동 완화에 기여할 수 있는 좋은 방법이 될 수 있다. 이와 관련하여 Gettinger와 Miller(2014)는 학생의 학습활동 참여를 증진하는 다양한 교실 전략을 소개한 바 있다. 이 전략은 크게 관리 전략, 교육 전략, 학생 조절 전략으로 분류할 수 있다. 먼저, 관리 전략은 교실 구조화 및 리더십과 관련이 있으며, 학교의 일상적인 활동에 학생 참여를 촉진하는 데 주안점을 둔다. 관리 전략의 대표적인 사례로는, 학생이 관리하는 교실 환경 디자인하기, 교육활동과 교육활동 사이 전이 시간(transition time) 줄이기, 긍정적인 교사–학생 관계 형성 및 유지하기 등을 들 수 있다. 다음으로, 교육 전략은 교사 및 과제 변인과 관련이 있다. 교육 전략의 대표적인 사례로는, 주요 사안 결정 과정에 학생의 능동적인 참여 독려하기, 교사의 관심 적절하게 배분하기, 학습을 위한 효과적인 비계(scaffolding) 설정하기 등을 들 수 있다. 마지막으로, 학생 조절 전략은 교실에서 학습자의 독립성을 촉진하는 데 주안점을 둔다. 학생 조절 전략의 대표적인 사례로는, 학생의 메타인지 고취하기, 자기 모니터링 기술 가르치기, 목표 설정 독려하기 등이 있다. 아울러 Gettinger와 Miller(2014)는 학교심리사가 학습활동 참여 전략의 원리 및 기술과 관련하여 실용적이고 실제적인 지식을 갖추어야 한다고 권고하였다. 이를 바탕으로 학교심리사는 교사에게 효과적인 자문을 제공하여 교실 환경 및 학생의 학업/행동 기능 개선을 위한 교사의 노력을 뒷받침할 수 있다.

학교기반 정신건강 개입과 지원

McLaughlin 등(2012)은 IED와 관련된 문제를 다루는 과정에서 학교폭력예방 프로그램의 중요성을 강조하였다. 그리고 Lester 등(2017)은 체계적인 문헌 검토를 통해 학교폭력예방에 효과적인 접근방식을 조사하였다. 이 연구자들은 인지행동적 개입 전략이 특히 학교 전체 학생을 대상으로 실시될 때 또래 괴롭힘 예방에 효과적일 수 있다는 사실을 발견하였다. 또한 Lester 등(2017)에 따르면, 다양한 프로그램에 걸쳐 사회·정서 학습 및 또래 중재가 신체적/언어적 공격성 감소에 일관된 효과를 보이는 것으로 나타났다. 일반적으로 사회·정서 학습 프로그램은 아동·청소년이 자신의 정서를 인식하고 이해하며 다른 사람에 대한 공감을 표현하고 긍정적인 관계를 조성하도록 가르친다. 그리고 또래 중재 프로그램은 선발한 학생을 공정한 협상가로 훈련시켜서 또래 갈등 해결을 돕게 한다.

Lester 등(2017)에 따르면, 다양한 프로그램에 걸쳐 사회·정서 학습 및 또래 중재가 신체적/언어적 공격성 감소에 일관된 효과를 보이는 것으로 나타났다.

개인 수준의 CBT에서는 특히 인지적 재구조화, 이완 훈련, 대처기술 훈련과 같은 전략을 포함하는 CBT 프로그램이 IED를 가진 사람에게 효과적인 것으로 나타났다(McCloskey et al., 2008). 그리고 일부 연구에 따르면, CBT의 효과는 개인치료와 집단치료 모두에서 나타났다(Costa et al., 2018; McCloskey et al., 2008). 또한 CBT는 대면 및 온라인을 혼합한 치료 환경에서도 효과를 보이는 것으로 나타났다(Lochman et al., 2017). CBT는 IED를 가진 사람의 공격성, 분노, 적대감 및 우울을 개선하는 데 도움을 줄 수 있다. 아울러 Smeijers 등(2018)은 인지 왜곡과 관련된 연구를 수행하면서, "인지치료 과정에서는 일반적인 접근을 취하는 것보다 ……(중략)…… 특히 인지 왜곡을 다루는 것에 초점을 맞추어야 한다."라고 밝혔다(p. 502). 이들의 견해에 따르면, 치료의 분명한 목표를 정하는 접근방식은 공격 행동 감소에 더욱 효과적일 수 있다. 이와 유사하게 Coccaro 등(2016)도 사회적 정보처리 결함에 초점을 맞추어 공격 행동을 보이는 사람에게 개입할 것을 권장한다.

개입 과정에서 IED 아동·청소년이 사회적 신호를 포착하고 정서를 알아차리도록 돕는 것도 매우 중요하다. IED 아동·청소년뿐만 아니라 IED 성인도 특정 사례에 내포된 정서를 명확하게 인식하는 데 어려움을 겪는다. Patoilo 등(2021)의 연구에서 IED 성인은 분노와 관련된 사례를 정확하게 알아차렸지만, 분노와 관련이 없는 사례에서도 분노를 예측하는 경우가 많았다. 더욱이, 이들은 슬픔과 관련된 사례를 정확하게 알아차리는 것에도 어려움을 보였다. 이처럼 자신과 타인의 정서를 인식하고 알아채는 능력은 정서 지능(emotional intelligence)의 범주에 포함된다. 하지만 Coccaro 등(2015)의 연구에서는 인구통계학적 변인과 인지 변인을 통제한 후에도 IED를 가진 사람의 정서 지능이 일반적인 또래에 비해 부족한 것으로 나타났다. 이러한 결과는 정서 지능에 직접 개입하는 전략이 IED를 가진 사람의 공격적인 경향을 감소시키는 데 효과적일 수 있다는 점을 시사한다. Coccaro 등(2015)은 IED를 가진 사람이 정서를 이해하고 관리하는 데 어려움을 겪는다고 언급하였다. 또한 이러한 문제가 중립적인 상호작용 상황에서 상대방에게 적대적으로 반응하는 것과 관련될 수 있다고 밝혔다(Coccaro et al., 2015). 학교심리사는 학교기반의 치료적 개입을 실행하는 과정에서 정서 지능에 직접 개입하는 전략을 사회·정서 학습 프로그램에 반영할 수 있다. 사회·정서 학습 프로그램은 학교의 모든 학생에게 보편적으로 적용될 수도 있고, 표적집단이나 개인에게 집중적이고 개별화된 방식으로 적용될 수도 있다. 그리고 이러한 노력은 IED 학생의 상호작용을 악화시키는 일부 사회적 관계 문제를 다루는 데 도움을 줄 수 있다.

마지막으로, 아동중심놀이치료(Child-Centered Play Therapy: CCPT)도 IED 아동에게 효과적인 치료 전략으로 사용될 수 있다. 물론 CCPT의 효과를 입증하기 위해서는 더 많은 연구가 축적되어야 하지만, 일례로 Paone과 Douma(2009)는 IED 아동(약물치료를 받지 않은 7세 아동)을 대상으로 사례 연구를 진행하면서 CCPT가 IED 증상을 유의하게 감소시켰다고 밝혔다. 이들은 CCPT가 아동의 자기인식 및 문제해결 기술 강화에 도움을 줄 수 있으며, 이러한 능력의 발달은 결과적으로 IED 아동의 증상 개선에 긍정적인 영향을 미칠 수 있다고 주장하였다. 따라서 CCPT의 사용을 지지하는 실증적 증거가 충분히 축적될 때까지 학교심리사는 CCPT의 효과성을 다루는 연구를 꾸준하게 모니터링할 필요가 있다.

사례 연구 **Denver: 간헐적 폭발장애를 가진 백인 남아의 사례**

배경

Denver는 대도시에 사는 14세 소년이다. Denver는 형제가 없으며 미혼모인 어머니에게서 태어났다. 그리고 아버지는 Denver의 삶에 한 번도 관여한 적이 없다. Denver가 태어나기 전에 어머니인 Emily는 우울증으로 힘들었으며, 출산 후 한 차례 심각한 산후 우울증을 겪었다. Emily가 심각한 우울 증상으로 Denver를 제대로 돌볼 수 없게 되자, Denver의 양육을 돕기 위해 Emily의 친구가 이들이 거주하는 작은 아파트로 들어왔다. Emily의 친구는 Denver의 양육을 주로 맡았지만, Denver가 생후 7개월이 되었을 때 해군에 입대하는 바람에 집을 떠나게 되었다. 이후 Emily가 주양육자로 Denver의 양육을 시작하였지만, Emily는 Denver와의 일상을 다소 낯설게 느꼈고 서로의 관계를 형성하는 데 큰 관심이 없었다. Emily는 어린 아들에게 무심했고 애정을 거의 쏟지 않았다. Denver가 성장하는 과정에서 Emily의 기대는 일관되지 못했다. Emily는 Denver의 일상에 좀처럼 관여하지 않았지만, 때때로 Denver가 자신이 예상한 대로 행동하지 않으면 불같이 화를 내곤 했다. Denver가 4세가 되었을 때 Emily는 남자친구를 집으로 데려와 동거를 시작했다. Emily는 계속해서 거친 말을 쏟아부으며 Denver를 공격했다. 더욱이, Emily의 남자친구는 Denver의 사소한 잘못까지 간섭하면서 신체적으로 Denver를 학대하기 시작했다. Denver를 양육하는 과정에서 이들의 간섭과 통제는 점점 심해졌다. 이윽고 Denver는 일상에 변화가 있을 때, 그리고 누군가가 자신을 비난할 때 갑작스럽고 폭발적인 울화행동(tantrum)을 보이기 시작했다. 이러한 행동은 소리 지르기, 물건 부수기, 다른 사람 때리기, 욕설하기 등으로 나타났다. 유치원에서 선생님이 Denver의 반응을 바로잡거나 과제를 수행하는 새로운 방법을 보여 주려고 하면 Denver는 언어적 폭력성을 보였다. 이러한 행동 패턴은 Denver의 학교생활 초기에 계속되었고 결국 학교에서 집으로 전화가 자주 걸려 오게 되었다. Denver의 잘못을 알리는 전화로 인해 가정에 부담과 좌절감이 쌓이게 되자 Emily의 남자친구는 집을 떠났다. Denver는 더 이상 Emily의 남자친구에게 신체적 학대를 당하지 않았지만, Emily는 이전보다 자신의 아들을 더욱 비난하는 모습을 보였다. 11세가 된 Denver가 충격적인 행동 폭발을 보이자, Emily는 Denver와 함께 인근 소아과를 찾아가 Denver의 행동에 대해 문의하였다. 소아과 전문의는 Emily가 거주하는 지역의 정신건강의학 전문의를 소개하였고 Denver는 IED 진단을 받았다. 정신건강의학 전문의는 모자에게 인지행동치료, 가족치료, 그리고 약물치료를 권했다. Emily는 약물치료를 선택했다. 하지만 Denver나 자신을 위한 다른 어떤 형태의 치료도 받지 않았다. Denver는 꾸준히 약물을 복용했다. 약 3년 동안 Denver의 행동 폭발 빈도는 큰 변화를 보이지 않았지만, 행동 폭발 강도는 어느 정도 감소하는 경향을 보였다. 하지만 최근 들어 Denver는 약물치료 이전 수준의 행동 폭발을 나타냈고, 교직원과 또래들은 Denver의 위협적인 태도와 격분한 언어 표현에 두려움을 느꼈다. 그리고 Denver는 6학년에서 8학년 과정을 거치면서 세 번에 걸쳐 낙제점을 받았다. 이에 교장은 Denver를 돕기 위해 학교심리사에게 협조를 요청했다.

논의

첫째, 학교심리사는 관련 정보를 수집하고 현재 학교에서 보이는 Denver의 상태에 대해 의논하기 위해 어머니인 Emily와의 면담을 요청했다. Emily는 이 상황에 좌절감을 느끼며 면담에 동의했다. 면담에서 Emily는 최근 Denver가 급격하게 성장하면서 Denver의 행동 폭발에 두려움을 느끼게 되었다고 말했다. Denver는 이제 Emily보다 몸집이 더 커졌고 행동 폭발 과정에서 몸집으로 Emily에게 대항하기도 했지만, 결코 Emily에게 신체적인 해를 가하려 하지는 않았다. Emily는 Denver의 체중과 체격이 상당히 변했는데도 지난 2년 동안 동일한 약물 처방이 이루어졌다는 사실도 언급하였다. 약물이 증상 완화에 더 이상 효과를 보이지 않는다는 점을 고려하여 학교심리사는 Denver의 약물 처방을 주관하는 정신건강의학 전문의에게 직접 연락하고자 Emily로부터 서면 동의서를 받았다. Emily는 전문적 치료의 필요성을 충분히 이해하지만 지역사회 서비스를 시작하기에 시간과 돈이 턱없이 부족하다고 말하였다. 학교심리사는 Emily의 이야기를 들은 후 학교에서 CBT를 진행하는 것에 대한 동의도 함께 요청하였다.

Emily와의 면담이 종료된 후 학교심리사는 정신건강의학 전문의에게 연락하여 Denver의 문제행동, 최근의 행동 변화, 그리고 체격 발달에 대해 논의하였다. 충분한 논의를 통해 두 사람은 구체적인 협력 방안을 수립하였다. 이에 학교심리사는 학생 관찰 자료 및 교사 면담 정보를 전문의에게 제공하였다. 해당 자료에 대한 검토를 거친 후 전문의는 Denver의 현재 약물 처방을 유지하되 오전 중반에 추가 복용하도록 권고하는 방안을 채택하였다. 학교심리사는 Denver의 행동 폭발에 효과적으로 대처하기 위해 보건교사(또는 학교 전담 간호사) 및 Emily와 협력하여 보건교사가 학교에서 Denver의 약물과 약물 복용을 관리하는 절차를 마련하였다.

약물 관리 문제를 다루면서 학교심리사는 Denver와 첫 번째 치료 회기를 시작했다. 학교심리사는 접수면접을 진행하는 동안 Denver가 다른 사람의 정서를 알아차리는 데 어려움이 있고 IED 청소년에게서 일반적으로 나타나는 적대적 귀인을 보인다는 것을 알게 되었다. 학교심리사는 이러한 문제를 다루기 위해 CBT 기반의 치료계획을 수립하였다. 또한 교직원과 협력하여 문제행동 예방을 위한 긍정적 행동중재 및 지원 계획, 그리고 위기 상황에 대처할 안전 대책을 수립하였다.

학습활동과 관련하여 학교심리사는 Denver의 학업 성취도가 개선되기를 희망하였다. 학교심리사는 교사 면담 및 수업 관찰을 통해 Denver가 수업에 거의 참여하지 않는다는 점, 그리고 Denver의 행동 폭발은 수업에 참여하지 않을 때 주로 일어난다는 것을 발견하였다. 학교심리사는 학생의 학습활동 참여 증진을 위한 전략 및 정보가 교사의 교과 수업 및 교실 관리에 큰 도움을 줄 것으로 판단하였다. 이에 학교심리사는 교장과 협력하여 교사를 대상으로 학습활동 참여 전략을 안내할 별도의 연수 시간을 마련하였다. 아울러 학교심리사는 Denver의 수업을 담당하는 교사들과 함께 Denver에게 특히 효과적일 수 있는 여러 전략(예: 새로운 교실 환경 구성, 전이 시간 감소, 메타인지 전략 등)을 논의할 것이다. 마지막으로, 학교심리사는 교장, 교사, Emily, 정신건강의학 전문의, 보건교사와 팀을 구성하여 6주에 걸친 정기 협의회를 진행하면서 Denver의 학업 및 행동 개선과 관련된 새로운 정보에 대하여 논의하였다.

핵심 요약

- DSM-5에 따라 IED를 진단하려면 아동·청소년의 행동 폭발이 공격 행동의 빈도 및 강도와 관련된 기준에 부합해야 한다.
- 학교심리사는 가족 문제가 IED 발달의 위험요인일 수 있다는 점에 주의를 기울여야 한다.
- IED 아동·청소년은 중립적인 상호작용 상황에서 상대방의 행동을 적대적으로 해석할 수 있다.
- IED 아동·청소년의 적대적 귀인과 인지 왜곡은 공격 행동을 촉발할 수 있다.
- 학교심리사는 평가, 옹호, 자문, 상담/치료 등 IED 학생을 지원하는 과정에서 다양한 역할과 기능을 수행할 수 있다.
- IED 아동·청소년을 위한 정신건강 개입은 정서를 알아차리는 것, 그리고 인지 왜곡을 다루는 것에 초점을 맞추어야 한다.

연습문제

1. 다음 중 IED 진단을 위한 연령 기준으로 알맞은 것은?

   a. 3세 이상

   b. 6세 이상

   c. 13세 이상

   d. 18세 이상

2. 다른 국가에 비해 미국의 IED 유병률은 대체로 낮은 편이다.

   a. 참

   b. 거짓

3. IED 아동 · 청소년에게 인지 왜곡이 나타나는 경우는 매우 드물다.

   a. 참

   b. 거짓

4. 다음 중 다른 사람의 평판이나 사회적 지위에 해를 끼치려는 공격성의 유형은?

   a. 반응적 공격성(reactive aggression)

   b. 관계적 공격성(relational aggression)

   c. 집단적 공격성(regimented aggression)

   d. 지속적 공격성(residual aggression)

5. 외상은 IED 발달의 위험요인이다.

   a. 참

   b. 거짓

정답 1) b, 2) b, 3) b, 4) b, 5) a

토의질문

1. IED에 대한 DSM-5의 진단 기준을 설명하시오.
2. IED 아동 · 청소년이 IDEA에서 사회적 부적응으로 고려될 수 있는 이유를 설명하시오.
3. IED 발달에 영향을 미칠 수 있는 가족 요인을 열거하시오.
4. 적대적 귀인이 IED 아동 · 청소년의 대인관계를 어떻게 손상시킬 수 있는지 논하시오.
5. IED 아동 · 청소년을 위한 증거기반의 사회 · 정서적 개입 전략에 대하여 논하시오(예: 한 가지 전략을 선택하여 자세하게 설명).

● 추가 정보

American Psychiatric Association What Are Disruptive, Impulse Control, and Conduct Disorders?: www.psychiatry.org/patients-families/disruptive-impulse-control-and-conduct-disorders/what-are-disruptive-impulse-control-and-conduct-disorders

Mayo Clinic Intermittent explosive disorder: www.mayoclinic.org/diseases-conditions/intermittent-explosive-disorder/symptoms- causes/syc-20373921

National Institutes of Health Intermittent Explosive Disorder Affects Up to 16 Million Americans: www.nih.gov/news-events/news- releases/intermittent-explosive-disorder-affects-16-million-americans

● 핵심 참고문헌

American Psychiatric Association. (2013). Diagnostic and statistical manual of mental disorders (5th ed.). https://doi.org/10.1176/appi.books.9780890425596

Coccaro, E. F., Fanning, J., Keedy, S. K., & Lee, R. J. (2016). Social cognition in intermittent explosive disorder and aggression. *Journal of Psychiatric Research, 83*, 140-150. http://doi.org/10.1016/j.jpsychires.2016.07.010

Coccaro, E. F., Lee, R., & McCloskey, M. S. (2014). Validity of the new A1 and A2 criteria for DSM-5 intermittent explosive disorder. *Comprehensive Psychiatry, 55*, 260-267. https://doi.org/10.1016/j.comppsych.2013.09.007

Galbraith, T., Carliner, H., Keyes, K. M., McLaughlin, K. A., McCloskey, M. S., & Heimberg, R. G. (2018). The co-occurrence and correlates of anxiety disorders among adolescents with intermittent explosive disorder. *Aggressive Behavior, 44*, 581-590. https://doi.org/10.1002/ab.21783

Gettinger, M., & Miller, K. (2014). Best practices in increasing academic engaged time. In P. L. Harrison & A. Thomas (Eds.), *Best practices in school psychology: Student-level services.* National Association of School Psychologists.

Lester, S., Lawrence, C., & Ward, C. L. (2017). What do we know about preventing school violence? A systematic review of systematic reviews. *Psychology, Health, & Medicine, 22*(51), 187-223. http://doi.org/10.1080/13548506.2017.1282616

McLaughlin, K. A., Green, J. G., Hwang, I., Sampson, N. A., Zaslavsky, A. M., & Kessler, R. C. (2012). Intermittent explosive disorder in the National Comorbidity Survey Replication Adolescent Supplement. *Archives of General Psychiatry, 69*(11), 1131-1139. https://doi.org/10.1001/archgenpsychiatry. 2012.592

Oliver, D. G., Caldwell, C. H., Faison, N., Sweetman, J. A., Abelson, J. M., & Jackson, J. S. (2016). Prevalence of DSM-IV intermittent explosive disorder in Black adolescents: Findings from the National Survey of American Life, Adolescent Supplement. *American Journal of Orthopsychiatry, 86*(5), 552-563. https://doi.apa.org/doiLanding?doi=10.1037%2Fort0000170

Puhalla, A. A., Berman, M. E., Coccaro, E. F., Fahlgren, M. K., & McCloskey, M. S. (2020). History of childhood abuse and alcohol use disorder: Relationship with intermittent explosive disorder and intoxicated aggression frequency. *Journal of Psychiatric Research, 125*, 38-44. https://doi.org/10.1016/j.jpschires.2020.02.025

U.S. Department of Education. (n.d.). Individuals with Disabilities Education Improvement Act. https://sites.ed.gov/idea

참고문헌

Alegria, M., Mulvaney-Day, N., Torres, M., Polo, A., Cao, Z., & Canino, G. (2007). Prevalence of psychiatric disorders across Latino subgroups in the United States. *American Journal of Public Health, 97*(1), 68-75. https://doi.org/10.2105/AJPH.2006.087205

American Psychiatric Association. (1952). *Diagnostic and statistical manual of mental disorders*. Author.

American Psychiatric Association. (2000). *Diagnostic and statistical manual of mental disorders* (4th ed., text rev.). American Psychiatric Press.

American Psychiatric Association. (2013). *Diagnostic and statistical manual of mental disorders* (5th ed.). https://doi.org/10.1176/appi.books.9780890425596

Barriga, A. Q., Hawkins, M. A., & Camelia, C. R. (2008). Specificity of cognitive distortions to antisocial behaviours. *Criminal Behaviour and Mental Health, 18*(2), 104-116. http://doi.org/10.1002/cbm.683

Barriga, A. Q., Landau, J. R., Stinson, B. L., Liau, A. K., & Gibbs, J. C. (2000). Cognitive distortions and problem behaviors in adolescents. *Criminal Justice and Behavior, 27*(1), 36-56. http://doi.org/10.1177/0093854800027001003

Boxmeyer, C., Barry, T., Lochman, J., & Powell, N. (2018). Anger and aggression: Helping handout for school. In K. M. Minke & G. G. Bear (Eds.). *Helping handouts: Supporting students at school and home*. National Association of School Psychologists.

Cloitre, M., Stolbach, B. C., Herman, J. L., van der Kolk, B., Pynoos, R., Wang, J., & Petkova, E. (2009). A developmental approach to complex PTSD: Childhood and adult cumulative trauma as predictors of symptom complexity. *Journal of Traumatic Stress, 22*, 399-408. https://doi.org/10.1002/jts.20444.

Coccaro, E. F. (2010). A family history of intermittent explosive disorder. *Journal of Psychiatric Research, 44*(15),

1101-1105. https://doi.org/10.1016/j.jpsychires.2010.04.006

Coccaro, E. F. (2012). Intermittent explosive disorder as a disorder of impulsive aggression for DSM-5. *American Journal of Psychiatry, 169*(6), 577-588. https://doi.org/10.1176/appi.ajp.2012.11081259

Coccaro, E. F., Fanning, J., Keedy, S. K., & Lee, R. J. (2016). Social cognition in intermittent explosive disorder and aggression. *Journal of Psychiatric Research, 83*, 140-150. http://doi.org/10.1016/j.jpsychires.2016.07.010

Coccaro, E. F., Kavoussi, R. J., Berman, M. E., & Lish, J. D. (1998). Intermittent explosive disorder-revised: Development, reliability, and validity of research criteria. *Comprehensive Psychiatry, 39*(6), 368-376. https://doi.org/10.1016/S0010-440X(98)90050-5

Coccaro, E. F., Lee, R., & McCloskey, M. S. (2014). Validity of the new A1 and A2 criteria for DSM-5 intermittent explosive disorder. *Comprehensive Psychiatry, 55*, 260-267. https://doi.org/10.1016/j.comppsych.2013.09.007

Coccaro, E. F., Noblett, K. L., & McCloskey, M. S. (2009). Attributional and emotional responses to socially ambiguous cues: Validation of a new assessment of social/emotional information processing in healthy adults and impulsive aggressive patients. *Journal of Psychiatric Research, 43*(10), 915-925. https://doi.org/10.1016/j.jpsychires.2009.01.012

Coccaro, E. F., Posternak, M. A., & Zimmerman, M. (2005). Prevalence and features of intermittent explosive disorder in a clinical setting. *Journal of Clinical Psychiatry, 66*, 1221-1227. https://doi.org/10.4088/JCP.v66n1003

Coccaro, E. F., Solis, O., Fanning, J., & Lee, R. (2015). Emotional intelligence and impulsive aggression in intermittent explosive disorder. *Journal of Psychiatric Research, 61*, 135-140. http://doi.org/10.1016/j.jpsychires.2014.11.004

Costa, A. M., Medeiros, G. C., Redden, S., Grant, J. E., Tavares, H., & Seger, L. (2018). Cognitive-behavioral group therapy for intermittent explosive disorder: Description and preliminary analysis. *Brazilian Journal of Psychiatry, 40*, 316-319. http://doi.org/10.1590/1516- 4446-2017-2262

de Vries, S. L., Hoeve, M., Stams, G. J. J., & Asscher, J. J. (2016). Adolescent-parent attachment and externalizing behavior: The mediating role of individual and social factors. *Journal of Abnormal Child Psychology, 44*, 283-294. https://doi.org/10.1007/s10802-015-9999-5

Dell'Osso, B., Altamura, A. C., Allen, A., Marazziti, D., & Hollendar, E. (2006). Epidemiologic and clinical updates on impulse control disorders. *European Archives of Psychiatry and Clinical Neuroscience, 256*, 464-475. https://doi.org/10.1007/s00406-006-0668-0

Dodge, K. A. (2006). Translational science in action: Hostile attributional style and the development of aggressive behavior problems. *Developmental Psychopathology, 18*(3), 791-814. http://doi.org/10.1017/S0954579406060391

Fanning, J. R., Coleman, M., Lee, R., & Coccaro, E. F. (2019). Subtypes of aggression in intermittent explosive disorder. *Journal of Psychiatric Research, 109*, 164-172. https://doi.org/10.1016/j.jpsychires.2018.10.013

Fanning, J. R., Meyerhoff, J. J., Lee, R., & Coccaro, E. F. (2014). History of childhood maltreatment in intermittent explosive disorder and suicidal behavior. *Journal of Psychiatric Research, 56*, 10-17. http://doi.org/10.1016/j.jpsychires.2014.04.012

Fergusson, D. M., Horwood, L. J., & Ridder, E. M. (2005). Show me the child at seven: The consequences of conduct problems in childhood for psychosocial functioning in adulthood. *Journal of Child Psychology and Psychiatry, 46*(8), 837-849. https://doi.org/10.1111/j.1469-7610.2004.00387.x

Fincham, D., Grimsrud, A., Corrigall, J., Williams, D. R., Seedat, S., Stein, D. J., & Myer, L. (2009). Intermittent explosive disorder in South Africa: Prevalence, correlates, and the role of traumatic exposures. *Psychopathology, 42*, 92-98. https://doi.org/10.1159/000203341

Galbraith, T., Carliner, H., Keyes, K. M., McLaughlin, K. A., McCloskey, M. S., & Heimberg, R. G. (2018). The co-occurrence and correlates of anxiety disorders among adolescents with intermittent explosive disorder. *Aggressive Behavior, 44*, 581-590. https://doi.org/10.1002/ab.21783

Gettinger, M., & Miller, K. (2014). Best practices in increasing academic engaged time. In P. L. Harrison & A. Thomas (Eds.), *Best practices in school psychology Student-level services.* National Association of School Psychologists.

Hess, R. S., Pejic, V., & Castejon, K. S. (2014). Best practices in delivering culturally responsive, tiered-level supports for youth with behavioral challenges. In P. L. Harrison & A. Thomas (Eds.), *Best practices in school psychology: Student-level services.* National Association of School Psychologists.

Hinshaw, S. P. (1992). Externalizing behavior problems and academic underachievement in childhood and adolescence: Causal relationships and underlying mechanisms. *Psychological Bulletin, 111*, 127-155. https://doi.org/10.1037/0033-2909

Kessler, R. C., Coccaro, E. F., Fava, M., Jaeger, S., Jin, R., & Walters, E. (2006). The prevalence and correlates of DSM-IV intermittent explosive disorder in the National Comorbidity Survey Replication. *Archives of General Psychiatry, 63*(6), 669-678. https://doi.org/10.1001/archpsyc.63.6.669

Kessler, R. C., Coccaro, E. F., Fava, M., & McLaughlin, K. A. (2011). The phenomenology and epidemiology of intermittent explosive disorder. In J. E. Grant & M. N. Potenza (Eds.), *Oxford Handbook of Impulse Control Disorders.* Oxford University Press. https://doi.org/10.1093/oxfordhb/9780195389715.013.0053

Kulper, D. A., Kleiman, E. M., McCloskey, M. S., Berman, M. E., & Coccaro, E. F. (2015). The experience of aggressive outbursts in intermittent explosive disorder. *Psychiatry Research, 225*(3), 710-715. https://doi.org/10.1016/j.psychres.2014.11.008

Lee, R., Arfanakis, K., Evia, A. M., Fanning, J., Keedy, S., & Coccaro, E. F. (2016). White matter integrity reductions in intermittent explosive disorder. *Neuropsychopharmacology, 41*, 2697-2703. http://doi.org/10.1038/npp.2016.74

Lee, R., Meyerhoff, J., & Coccaro, E. F. (2014). Intermittent explosive disorder and aversive parental care. *Psychiatry Research, 220*, 477- 482. http://doi.org/10.1016/j.psychres.2014.05.059

Lekwa, A. J., Reddy, L. A., & Shernoff, E. S. (2019). Measuring teacher practices and student academic engagement: A convergent validity study. *School Psychology, 34*(1), 109-118. http://doi.org/10.1037/spq0000268

Lester, S., Lawrence, C., & Ward, C. L. (2017). What do we know about preventing school violence? A systematic review of systematic reviews. *Psychology, Health, & Medicine, 22*(51), 187-223. http://doi.org/10.1080/13548506.2017.1282616

Lewis, G. J., Asbury, K., & Plomin, R. (2017). Externalizing problems in childhood and adolescence predict subsequent educational achievement but for different genetic and environmental reasons. *Journal of Child Psychology and Psychiatry, 58*(3), 292-304. https://doi.org/10.1111/jcpp.12655

Lochman, J. E., Boxmeyer, C. L., Jones, S., Qu, L., Ewoldsen, D., & Nelson, M. W. (2017). Testing the feasibility of a briefer school-based preventive intervention with aggressive children: A hybrid intervention with face-to-face and internet components. *Journal of School Psychology, 62*, 33-50. https://doi.org/10.1016/j.jsp.2017.03.010

Lope, E. E., Jimenez, T. I., & Moreno, D. (2018). Aggressive behavior in adolescence as a predictor of personal, family, and school adjustment problems. *Psicothema, 30*(1), 66-73. http://doi.org/10.7334/psicothema2016.294

McCloskey, M. S., Kleabir, K., Berman, M. E., Chen, E. Y., & Coccaro, E. F. (2010). Unhealthy aggression: Intermittent explosive disorder and adverse physical health outcomes. *Health Psychology, 29*(3), 324-332. https://doi.org/10.1037/a0019072

McCloskey, M. S., Noblett, K. L., Deffenbacher, J. L., Gollan, J. K., & Coccaro, E. F. (2008). Cognitive-behavioral therapy for intermittent explosive disorder: A pilot randomized clinical trial. *Journal of Consulting and Clinical Psychology, 76*(5), 876-886. https://psycnet.apa.org/doi/10.1037/0022-006X.76.5.876

McCloskey, M. S., Phan, K. L., Angstadt, M., Fettich K. C., Keedy, S., & Coccaro, E. F. (2016). Amygdala hyperactivation to angry faces in intermittent explosive disorder. *Journal of Psychiatric Research, 79*, 34-41. http://doi.org/10.1016/j.jpsychires.2016.04.006

McElroy, S. L., Soutullo, C. A., Beckman, D. A., Taylor, P., & Keck, P. E. (1998). DSM-IV intermittent explosive disorder: A report of 27 cases. *Journal of Clinical Psychiatry, 59*, 203-210. https://doi.org/10.4088/jcp.v59n0411

McLaughlin, K. A., Green, J. G., Hwang, I., Sampson, N. A., Zaslavsky, A. M., & Kessler, R. C. (2012). Intermittent explosive disorder in the National Comorbidity Survey Replication Adolescent Supplement. *Archives of General Psychiatry, 69*(11), 1131-1139. https://doi.org/10.1001/archgenpsychiatry. 2012.592

Medeiros, G. C., Seger, L., Grant, J. E., & Tavares, H. (2018). Major depressive disorder and depressive symptoms in intermittent explosive disorder. *Psychiatry Research, 262*, 209-212. https://doi.org/10.1016/j.psychres.2018.02.001

Medeiros, G. C., Seger-Jacob, L., Garreto, A. K., Kim, H. S., Coccaro, E. F., & Tavares, H. (2019). Aggression directed toward others versus aggression directed toward self: Clinical differences between intermittent explosive disorder and nonsuicidal self-injury. *Brazilian Journal of Psychiatry, 41*(4), 303-309. http://doi.org/10.1590/1516-4446-2018-0149

Murray-Close, D., Ostrov, J. M., Nelson, D. A., Crick, N. R., & Coccaro, E. F. (2010). Proactive, reactive, and romantic relational aggression in adulthood: Measurement, predictive validity, gender differences, and association with intermittent explosive disorder. *Journal of Psychiatric Research, 44*(6), 393-404. https://doi.org/10.1016/j.jpsychires.2009.09.005

Nickerson, A., Aderka, I. M., Bryant, R. A., & Hofmann, S. G. (2012). The relationship between childhood exposure to trauma and intermittent explosive disorder. *Psychiatry Research, 197*, 128-134. http://dx.doi.org/10.1016/j.psychres.2012.01.012

Office of Civil Rights. (n.d.). Protecting students with disabilities: Frequently asked questions about Section 504 and the education of children with disabilities. https://www2.ed.gov/about/offices/list/ocr/504faq.html

Oliver, D. G., Caldwell, C. H., Faison, N., Sweetman, J. A., Abelson, J. M., & Jackson, J. S. (2016). Prevalence of DSM-IV intermittent explosive disorder in Black adolescents: Findings from the National Survey of American Life, Adolescent Supplement. *American Journal of Orthopsychiatry, 86*(5), 552-563. https://doi.apa.org/doiLanding?doi=10.1037%2Fort0000170

Olympia, D., Farley, M. A., Christiansen, E., & Pettersson, H. (2004). Social maladjustment and students with behavioral and emotional disorders: Revisiting basic assumptions and assessment issues. *Psychology in the Schools, 41*(8), 835-847. https://doi.org/10.1002/pits.20040

Ortega, A. N., Canino, G., & Alegria, M. (2008). Lifetime and 12-month intermittent explosive disorder in Latinos. *American Journal of Orthopsychiatry, 78*(1), 133-139. https://doi.org/10.1037/0002-9432.78.1.133

Paone, T. R., & Douma, K. B. (2009). Child-centered play therapy with a seven-year-old boy diagnosed with intermittent explosive disorder. *International Journal of Play Therapy, 18*(1), 31-44. https://doi.org/10.1037/a0013938

Patoilo, M. S., Berman, M. E., & Coccaro, E. F. (2021). Emotion attribution in intermittent explosive disorder. *Comprehensive Psychiatry, 106*, 152229. https://doi.org/10.1016/j.comppsych.2021.152229

Porsch, R. M., Middledorp, C. M., Cherny, S. S., Krapohl, E., van Beijsterveldt, C. E. M., Loukola, A., Korhonen, T., Pulkkinen, L., Corley, R., Rhee, S., Kaprio, J., Rose, R. R., Hewitt, J. K., Sham, P., Plomin, R., Boomsma, D. I., & Bartels, M. (2016). Longitudinal heritability of childhood aggression. *American Journal of Medical Genetics, 171*(5), 697-707. https://doi.org/10.1002/ajmg.b.32420

Poulin, F., & Boivin, M. (1999). Proactive and reactive aggression in boys' friendship quality in mainstream classrooms. *Journal of Emotional and Behavioral Disorders, 7*(3), 168-177. https://doi.org/10.1177/106342669900700305

Powers, C. J., Bierman, K. L., & Coffman, D. L. (2016). Restrictive educational placements increase adolescents' risks for students with early-starting conduct problems. *Journal of Child Psychology and Psychiatry, 57*(8), 899-908. https://doi.org/10.1111/jcpp.12487

Puhalla, A. A., Berman, M. E., Coccaro, E. F., Fahlgren, M. K., & McCloskey, M. S. (2020). History of childhood abuse and alcohol use disorder: Relationship with intermittent explosive disorder and intoxicated aggression frequency. *Journal of Psychiatric Research, 125*, 38-44. https://doi.org/10.1016/j.jpschires.2020.02.025

Radwan, K., & Coccaro, E. F. (2020). Comorbidity of disruptive behavior disorders and intermittent explosive disorder. *Child and Adolescent Psychiatry and Mental Health, 14*(24), 1-10. https://doi.org/10.1186/s13034-020-00330-w

Rynar, L., & Coccaro, E. F. (2018). Psychosocial impairment in DSM-5 intermittent explosive disorder. *Psychiatry Research, 264*, 91-98. https://doi.org/10.1016/j.psychres.2018.03.077

Savage, J., Ferguson, C. J., & Flores, L. (2017). The effect of academic achievement on aggression and violent behavior: A meta-analysis. *Aggression and Violent Behavior, 37*, 91-101. http://doi.org/10.1016/j.avb.2017.08.002

Shao, Y., Qioa, Y., Xie, B., & Zhou, M. (2019). *Intermittent explosive disorder in male juvenile delinquents in China. Frontiers in Psychiatry, 10*, 485. https://doi.org/10.3389/fpsyt.2019.00485

Smeijers, D., Brazil, I. A., Bulten, E. B. H., & Verkes, R. (2018). Retrospective parental rejection is associated with aggressive behavior as well as cognitive distortions in forensic psychiatric outpatients. *Psychology of Violence, 8*(4), 495-504. http://doi.org/10.1037/vio0000134

Sullivan, A. L., & Sadeh, S. S. (2014). Differentiating social maladjustment from emotional disturbance: An analysis of case law. *School Psychology Review, 43*(4), 450-471. https://doi.org/10.1080/02796015.2014.12087415

Theodore, L. A., Akin-Little, A., & Little, S. G. (2004). Evaluating the differential treatment of emotional disturbance and social maladjustment. *Psychology in the Schools, 41*(8), 879-886. https://doi.org/10.1002/pits.2004

U.S. Department of Education. (n.d.). Individuals with Disabilities Education Improvement Act. https://sites.ed.gov/idea

Vuoksimaa, E., Rose, R. J., Pulkkinen, L., Palviainen, T., Rimfeld, K., Lundstrom, S., Bartels, M., van Beijsterveldt, C., Hendriks, A., de Zeeuw, E. L., Plomin, R., Lichtenstein, P., Boomsma, D., & Kaprio, J. (2021). Higher aggression is related to poorer academic performance in compulsory education. *Journal of Child Psychology and Psychiatry, 62*(3), 327-338. https://doi.org/10.1111/jcpp.13273

Yeh, M. T., Coccaro, E. F., & Jacobson, K. C. (2010). Multivariate behavior genetic analyses of aggressive behavior subtypes. *Behavioral Genetics, 40*, 603-617. https://doi.org/10.1007/s10519-010-9363-z

Yoshimasu, K., & Kawakami, N. (2011). Epidemiological aspects of intermittent explosive disorder in Japan: prevalence and psychosocial comorbidity: Findings from the World Mental Health Japan Survey, 2002-2006. *Psychiatry Research, 186*(2-3), 384-389. https://doi.org/10.1016/j.psychres.2010.07.018

Zlotnick, C., Johnson, J., Kohn, R., Vicente, B., Rioseco, P., & Saldivia, S. (2008). Childhood trauma, trauma in adulthood, and psychiatric diagnoses: Results from community sample. *Comprehensive Psychiatry, 49*, 163-169. https://doi.org/10.1016/j.comppsych.2007.08.007

제 4 부

불안장애

제8장

범불안장애

학습 목표

- 범불안장애(GAD)에 대한 DSM-5의 진단적 특징을 요약할 수 있다.
- 아동 · 청소년의 GAD 위험요인을 파악할 수 있다.
- GAD 아동 · 청소년이 흔히 드러내는 사회 · 정서적, 행동적 문제를 설명할 수 있다.
- 교실에서 GAD 학생 지도를 위한 시사점을 이해할 수 있다.
- GAD 학생에 대한 사회성, 정서, 행동 개입을 확인할 수 있다.

도입

범불안장애(Generalized Anxiety Disorder: GAD)로 인해 홀로 어려움을 겪는다고 생각해 보자. 불안의 무게가 매 순간 당신의 가슴을 짓누른다. 당신은 이것과 싸우려고 애써 보지만, 이것은 더 강하게 죄어 온다. 이런 일이 당신에게 일어나면, 당신은 고립되고 자신의 생각에 구속되어 살게 된다. 이러한 생각의 감옥에서 벗어날 방법을 찾기는 어렵다. 당신은 통제하지 못할 것처럼 보이는 행동으로 인해 당신과 가장 가까운 사람들이 상처받을까 두려워서 그들과 거리를 둘 수도 있다. 당신은 자신을 다른 사람과 다르다고 생각한다. 당신은 화가 나고 정서적으로 소진된다. 하루하루가 고통스럽지만 겨우 견뎌 낸다. 매일 전쟁이고 당신을 이해해 줄 사람이 있을지 확신이 없다. 이로 인해 심신이 지쳐 간다. 만일 당신이 아동이나 청소년이라면 이런 상황을 이해하는 데 참조할 만한 것이 없어서 상황은 더욱 심각할 수 있다. 어떤 사람은 상황을 달리 바라볼 방법이 있다는 사실을 모를 수도 있고, 자신이 느끼는 바를 말로 설명하지 못할 수도 있고, 다른 사람들이 자신을 어떻게 평가할지 걱정할 수도 있다. GAD는 심신을 쇠약하게 하는 장애가 될 수 있다.

진단적 쟁점: DSM-5 및 학교기반 서비스

DSM-5 진단

『정신질환의 진단 및 통계 편람』의 5번째 개정판인 DSM-5(Diagnostic and Statistical Manual of Mental Disorders, 5th ed.; American Psychiatric Association: APA, 2013)에 따라 GAD를 진단하기 위해서는 다음 여섯 가지 진단 기준을 충족해야 한다. 첫째, 다양한 사건이나 활동(예: 직업, 학업 등)에 대한 과도한 불안과 걱정이 적어도 6개월 동안 나타나야 하며, 불안과 걱정에 사로잡힌 날이 그렇지 않은 날보다 많아야 한다. 둘째, 불안과 걱정을 조절하기가 어렵다고 느껴야 한다. 셋째, 불안과 걱정은 6개의 세부 증상 중에서 3개 이상의 증상과 관련이 있어야 한다(진단 대상이 아동·청소년이라면 1개 이상의 증상과 관련). 그리고 일부 증상의 경우, 지난 6개월 동안 증상을 보인 날이 그렇지 않은 날보다 많아야 한다. 세 번째 기준에서 제시하는 6개의 세부 증상으로, (1) 안절부절못함(또는 긴장감, 신경이 곤두선 느낌), (2) 쉽게 피로해짐, (3) 집중력 부족(또는 정신이 멍해짐), (4) 짜증(화를 잘 냄), (5) 근육 긴장, (6) 수면장애(좀처럼 잠들지 못함, 잠든 상태를 유지하기 어려움, 예민하고 불만족스러운 수면)를 들 수 있다. 넷째, 불안, 걱정, 또는 신체적 증상이 사회적, 직업적, 또는 다른 중요한 기능 영역에 임상적으로 현저한 고통이나 손상을 초래해야 한다. 다섯째, 이러한 증상은 물질(예: 약물 남용, 약물 처방)의 생리적 효과나 다른 의학적 질환(예: 갑상선항진증)에 따른 것이 아니어야 한다. 여섯째, 이러한 증상은 다른 정신장애(예: 공황발작)에 대한 불안(공황장애), 부정적인 평가에 대한 두려움(사회불안장애), 강박사고에 따른 불안(강박장애), 애착대상과 떨어지는 것에 대한 불안(분리불안장애), 외상 사건을 상기시키는 자극이나 단서에 대한 불안(외상후 스트레스장애) 등에 의해서 더 잘 설명되지 않아야 한다(APA, 2013). 한편으로, GAD의 세 번째 진단 기준에서 제시한 6개 세부 증상은 DSM-5의 이전 버전인 DSM-IV-TR(APA, 2000)에서 제시한 기준과도 일치한다. 하지만 DSM-IV-TR이 DSM-5로 개정되는 과정에서 일부 연구자들은 6개 증상 중 4개 증상, 즉 '쉽게 피로해짐' '집중력 부족(또는 정신이 멍해짐)' '짜증(화를 잘 냄)' '수면장애'를 GAD 진단 기준에서 제외하고 다른 2개 증상(안절부절못함, 근육 긴장)만을 남겨 두어야 한다고 주장하기도 하였다. 이들은 앞선 4개 증상이 다른 2개 증상에 비해 아동·청소년기 GAD에서 드물게 나타나며 우울 증상과도 중복된다는 점을 이와 같은 주장의 근거로 내세웠다. 하지만 이러한 견해를 수용하여 6개가 아닌 2개의 증상만으로 GAD를 진단한다면 임상적으로 심각한 불안을 호소하는 아동·청소년이 자칫 GAD 진단에서 배제될 수 있다. 실제로, 앞선 4개 증상을 진단 기준에서 제외하는 경우, DSM-5에 따라 GAD 진단이 가능한 아동·청소년(6개 증상 중 1개 이상의 증상과 관련)의 10.9%가 GAD 진단 기준을 충족하지 못하는 것으로 나타났다(Comer et al., 2012). 덧붙여, GAD 증상을 가진 아동·청소년은 DSM-III-R(APA, 1987)까지 흔히 과다불안장애(Overanxious Disorder: OAD)로 진단되었지만, DSM-IV(APA, 1994) 출간 이후 진단체계가 개편(즉, OAD가 GAD에 통합)되면서 현재의 GAD 진단을 받을 수 있게 되었다(APA, 1994; Keeton et al., 2009).

GAD 진단의 핵심적인 요소는 과도하고 극단적인 수준의 불안, 걱정, 공포이다. 우리 대부분은 살아가는 동안 불안을 경험하기 마련이다. 하지만 불안과 걱정이 그 정도가 지나쳐 병리적인 수준으로 치닫는 때는 언제인가? 이와 관련하여 DSM-5에서는 GAD와 일반적인 불안(즉, 병리적이지 않은 불안)의 차이를 다음과 같이 언급한다. 첫째, GAD의 불안은 지나치게 과도하여 "심리사회적 기능을 현저하게 손상한다"(APA, 2013, p. 222). 심리사회적 기능은 일상에서 활동하는 것, 사회적 관계를 맺고 유지하는 것, 그리고 생존의 욕구를 충족하는 것 등으로 설명할 수 있다(APA, 2013). 둘째, 예상되는 상황이 초래할 결과나 영향에 비추어 GAD의 불안은 그 강도와 빈도가 과도하게 높고 지속 시간(또는 기간)이 지나치게 길다(APA, 2013). 아동·청소년 사례에서 이러한 불안과 걱정은 특히 수행 장면(예: 학교생활, 스포츠 활동, 사회적 관계 등)과 관련되어 나타나는 경우가 많다. 셋째, GAD의 불안은 일반적인 불안에 비해 신체 증상(예: 통증, 안절부절못함, 신경이 곤두섬 등)을 동반할 가능성이 높다(APA, 2013). 덧붙여, 일반적인 불안을 느끼는 사람은 자신의 불안을 곧잘 누그러뜨릴 수 있지만, GAD를 가진 사람은 불가능하진 않더라도 자신의 불안을 조절하기 무척 어렵다.

DSM-5에서 GAD는 불안장애의 하위장애로 분류된다. 불안장애 범주에는 GAD 외에도 분리불안장애, 사회불안장애, 선택적 함구증 등이 함께 포함된다(APA, 2013; 이 책의 9장, 10장, 11장 참조). 불안장애 범주에 속한 여러 정신장애는 과도한 두려움과 걱정을 특징적으로 나타내는데, 이것은 대개의 상황에서 누구나 흔히 느낄 수 있는 불안의 수준을 크게 뛰어넘는다. 이러한 유사점으로 인해 불안장애 범주 내에서는 중복 진단(즉, 동일한 증상을 다른 유형의 불안장애로 판단)이나 공존장애 진단

> 불안을 측정하는 많은 평가 도구들은 GAD와 다른 불안장애 증상을 구별하는 데 한계를 보일 수 있다(Keeton et al., 2009).

의 가능성이 높다. 따라서 임상가는 불안장애를 진단하는 과정에서 평가 대상의 불안 증상과 불안장애 범주에 속한 모든 장애와의 관련성을 면밀하게 살펴야 한다(APA, 2013). 아울러 불안을 측정하는 많은 평가도구들이 GAD와 다른 불안장애 증상을 구별하는 데 한계를 보일 수 있다는 점도 염두에 두어야 한다(Keeton et al., 2009).

DSM-5에 따르면, GAD의 발병 연령 범위는 매우 넓으며 다른 유형의 불안장애에 비해 발병 연령의 중앙치(성인기에 해당하는 30세)도 상대적으로 높게 나타난다(APA, 2013). 아동·청소년 표본을 분석한 일부 연구를 살펴보면, GAD의 발병 연령은 대략 10세에서 13세 사이에 분포하는 것으로 나타난다(Beidel & Turner, 2005; Costello et al., 2003; Weems, 2008). 또한 GAD의 원인, 진단, 치료 전략을 전반적으로 개관한 Keeton 등(2009)은 GAD의 평균 발병 연령을 8.5세로 언급하기도 하였다. 한편으로, 일부 연구에서는 아동이 청소년으로 성장하면서 두려움을 느끼는 주요 대상이 달라질 가능성을 제기하였다. 예컨대, Jarrett 등(2015)의 연구에서 6~9세 아동은 동물과 관련된 두려움을, 10~13세 아동은 개인적 위험이나 죽음과 관련된 불안을, 14~17세의 청소년은 사회적 상황이나 수행과 관련된 두려움을 보고하는 경우가 많았다. 이처럼 연령대(발달 수준)에 따라 걱정 유형이 달라질 수 있다는 결과는 다른 여러 연구를 통해서도 입증된 바 있다. 하지만 연령대와 GAD 증상 수준의 관련성은 연구에 따라 다소 상충되는 결과를 보이기도 한다. 예컨대, GAD 아동·청소년 표본을 분석한 일부 연구를 살펴보면, Masi 등(1999)의 연구에서는 고연령 집단(12~18세)과 저연령 집단(7~12세)이 GAD 증상의 수에서 차이를 보이지 않았던 반면, Kendal과 Pimentel(2003)의 연구에서는 고연령 집단(11~13세)이 저연령 집단(9~11세)에 비해 더 많은 수의 GAD 증상(신체 증상)을 보고하였다. 아울러 GAD 아동·청소년의 연령대별 주요 기능 차이를 분석한 Jarrett 등(2015)의 연구에서는 고연령 집단(10~13세)과 저연령 집단(7~9세)이 불안의 수준에서 유의한 차이를 보이지 않았다. 하지만 불안 증상의 유형(GAD 관련 증상)은 연령대별 집단에 따라 차이를 보이는 것으로 나타났다. 구체적으로, 고연령 집단은 저연령 집단에 비해 학교 관련 걱정, 주의집중 문제, 정서조절 문제(화를 쉽게 냄)를 보일 가능성이 높았던 반면, 저연령 집단은 고연령 집단에 비해 위험을 회피할 가능성이 높은 것으로 나타났다.

아동·청소년기 GAD 유병률과 관련하여, Costello 등(2005)은 체계적인 문헌 분석을 통해 아동·청소년의 2.2~3.6% 정도가 GAD 진단 기준에 부합하였거나 부합할 것으로 추정하였다. 그리고 National Comorbidity Survey Replication Adolescent Supplement 데이터를 분석한 Burnstein 등(2014)은 미국 청소년(13~18세)의 GAD 평생 유병률을 3%로, 그리고 DSM-5에서는 미국 청소년의 GAD 1년 유병률을 0.9%로 보고하였다(APA, 2013). **평생 유병률**은 지금껏 GAD 진단을 한 번 이상 받은 적이 있다고 응답한 청소년의 비율을, 1년 유병률은 지난 1년간 GAD 진단을 한 번 이상 받은 적이 있다고 응답한 청소년의 비율을 말한다. 이란 아동·청소년의 전국 단위 데이터를 분석한 Mohammadi 등(2020)의 연구에서는 GAD 평생 유병률을 연령대에 따라 구분하여 6~9세 1.3%, 10~14세 2.7%, 15~18세 3.9%로 보고한 바 있다. 또한 미국 질병통제예방센터(Centers for Disease Control and Prevention: CDC)에서는 미국 아동·청소년(3~17세) 중에서 불안장애(GAD 포함) 진단 경험을 가진 사례가 약 440만 명에 이른다고 밝히기도 하였다. 주목할 것은 미국 아동·청소년의 불안장애 유병률이 이전에 비해 증가하고 있다는 점이다(2007년 5.5%, 2011년 6.4%; CDC, n.d.). 한편으로, 아동·청소년기 GAD 유병률의 성차와 관련하여, 여아의 GAD 유병률은 흔히 남아에 비해 더 높은 경향을 보인다(Beesdo et al., 2009; Lewinsohn et al., 1998; Mohammadi et al., 2020). 하지만 GAD 증상의 수나 심각도에서는 뚜렷한 성차가 확인되지 않을 수 있다(Masi et al., 2004).

학교기반 수혜자격: 장애인교육법 및 재활법 504조를 중심으로

「장애인교육법(Individuals with Disabilities Education Improvement Act: IDEA)」은 미국의 모든 공립학교에 적용된다. 아동·청소년이 IDEA에 따라 장애를 가진 것으로 인정받을 경우 최소제한환경(Least Restrictive Environment: LRE)에서 자신에게 필요한 공교육에 자유롭게 접근할 권리를 보장받을 수 있다. 이와 관련하여 IDEA에서는 특수교육 및 관련서비스 수혜자격을 위한 13개의 장애 유형을 제시하고 있다[34 C.F.R. § 300.8 (c) (1)-(13) 참조]. GAD(또는 다른 여러 정신장애) 아동·청소년은 IDEA가 정한 장애 유형 가운데 특히 정서장애(emotional disturbance)와 관련될 가능성이 높다. IDEA에서는 정서장애 진단 기준을 34 CFR 300.8 (c) (4)에 다음과 같이 기술하고 있다. 정서장애란 "(i) 주어진 다섯 가지 증상 중 한 가지 이상이 오랜 기간에 걸쳐 나타나며 그 정도가 심각하여 교육활동을 수행하는 데 부정적인 영향을 미치는 상태를 말한다" [U.S. Department of Education, n.d., Section 300.8 (c) (4)]. 구체적인 다섯 가지 증상으로는, (a) 지적, 감각적 또는 의학적 요인으로 설명할 수 없는 학습 능력의 부족, (b) 또래 및 교사와 만족스러운 대인관계를 형성하거나 유지하는 능력의 부족, (c) 일반적인 상황에서 보이는 부적절한 유형의 행동이나 감정, (d) 일상생활 전반에 걸쳐 느끼는 불행감 또는 우울감, (e) 개인적인 문제 또는 학교 문제와 관련한 신체적 증상이나 두려움을 느끼는 경향성을 들 수 있다. 추가적으로, IDEA에서는 조현병 아동·청소년이 정서장애 진단을 받을 수 있도록 명시하고 있다. 하지만 사회적 부적응 아동·청소년의 경우 앞선 (a)~(e) 기준에 부합하는 정서적 문제를 가진 것으로 판단되지 않는다면 정서장애로 진단하지 않는다.

앞서 언급한 다섯 가지 정서장애 증상 중에서 진단 기준 (e), 즉 '개인적인 문제 또는 학교 문제와 관련한 신체적 증상이나 두려움을 느끼는 경향성'은 DSM-5에서 제시하는 GAD 증상과 일면 유사한 측면이 있다. 하지만 진단 기준 (e)는 포괄적인 속성을 띠고 있기 때문에 다른 여러 불안장애(예: 특정공포증, 광장공포증, 사회불안장애, 공황장애, 분리불안장애, 선택적 함구증)에도 적용될 여지가 있다. DSM-5에서 불안장애의 하위장애로 분류된 장애는 공통적으로 개인적인 문제 또는 학교 문제와 관련한 신체적 증상이나 두려움을 보일 수 있다. 만일 다학제 팀이 특수교육 및 관련서비스 수혜자격을 평가하는 과정에서 GAD 학생의 문제가 정서장애 기준에 부합한다고 결정한다면, 다음으로 학교의 특수교육 서비스가 학생의 교육활동을 실제로 개선할 수 있는지 여부를 판단해야 한다. 이를 위해 다학제 팀은 GAD 증상이 학교에서 학생의 학업 기능에 직접적인 영향을 미치고 있는지, 그리고 추가적인 서비스가 학생의 학업 기능과 수준을 향상시키는 데 기여할 수 있는지 평가해야 한다. GAD 증상은 출결, 주의집중, 행동과 관련된 문제를 촉발하여 학생의 학업 기능에 손상을 가할 수 있다. 그리고 정서장애 진단 기준은 지난 수십 년간 논쟁의 대상이 되었지만, 많은 이들은 IDEA의 장애 유형에 정서장애를 포함한 취지가 GAD와 같은 내재화 문제로 교육활동 수행에 어려움을 겪는 아동·청소년을 지원하기 위한 것이라는 데 동의한다. 하지만 GAD 진단 자체가 IDEA에 따른 특수교육 및 서비스 수혜자격을 완전하게 보장하지는 않는다.

만일 GAD 아동·청소년에게서 정서장애의 증거를 찾을 수 없다면, 다학제 팀은 GAD 아동·청소년의 증상이 IDEA가 정하는 장애 유형 중 기타 건강장애(Other Health Impairment: OHI) 진단 기준에 부합할 가능성을 추가적으로 검토해 볼 수 있다. OHI 진단 기준은 다음과 같이 크게 세 가지로 살펴볼 수 있다. 첫째, OHI는 "체력, 활동성, 또는 주의력 감소로 인하여 교육 환경에 대한 각성 수준은 현저하게 떨어지고 다른 환경 자극에 대한 각성 수준은 높아진 상태"를 말한다[U.S. Department of Education, n.d., Section 300.8 (c) (9)]. 둘째, 손상된 각성 상태가 만성 또는 급성으로 발병한 건강 문제에 따른 것이어야 한다. 셋째, 손상된 각성 상태가 학생의 교육활동 수행에 부정적인 영향을 미쳐야 한다. 이와 관련하여 IDEA에서는 OHI 진단 기준에 OHI로 고려해야 할 질병 사례를 다양하게 제시하고 있으며, 가령 천식, 주의력결핍 과잉행동장애(ADHD), 당뇨병, 뇌전증, 심장질환, 혈우병, 납중독, 백혈병, 신장염, 류마티스열, 겸상 적혈구 빈혈, 뚜렛증후군 등을 들 수 있다(GAD는 미포함). 하지만 이러한 사례 목록에 직접 포함되지 않은 질병을 가진 아동·청소년도 진단 기준에 부합한다면 OHI 진단을 받을 수 있다(U.S. Department of Education, n.d.). 이러한 점에서 일부에서는 GAD 아동·청소년이 OHI 진단을 통해 학교에서 제공하는 특수교육 및 관련서비스 수혜자격을 갖출 수 있다고 주장하기도 한다.

IDEA에 따른 수혜자격에 부합하지 않더라도, GAD 아동 · 청소년은 1973년에 제정된 「재활법 504조(Section 504 of the Rehabilitation Act)」를 통해 별도의 학교기반 서비스 수혜자격을 갖출 수 있다. 「재활법 504조」는 장애를 가진 사람의 권리를 보호하기 위한 미국의 연방법률로, 연방정부에게 예산 지원을 받는 모든 기관, 단체 및 부서(공립학교 포함)는 예외 없이 「재활법 504조」를 준수해야 한다. 「재활법 504조」는 장애를 가진 사람이 장애로 인한 차별을 받지 않도록, 그리고 비장애인과 동등하게 공공 서비스에 불편 없이 접근할 수 있도록 보장하고 있다. 따라서 공립학교는 「재활법 504조」에 따라 별도의 학교기반 서비스를 마련하여 장애를 가진(또는 장애가 의심되는) 학생이 공교육에 자유롭게 참여할 수 있도록 지원해야 한다. 주목할 점은 「재활법 504조」의 경우 IDEA와는 다르게 학생의 장애가 교육활동에 직접적인 영향을 미치는지 여부를 판단하지 않는다는 것이다[즉, 학생의 장애 유무(또는 장애를 의심할 수 있는지)만을 판단; Office of Civil Rights, n.d.]. 만일 교육활동에 미치는 부정적인 영향을 입증하지 못하여 GAD 학생이 IDEA에 따른 서비스 수혜자격을 갖추지 못했더라도, 다학제 팀이 '주요한 생활 기능을 한 가지 이상 현저하게 제한하는 신체적 또는 정신적 손상'을 확인한다면 GAD 학생은 「재활법 504조」를 바탕으로 별도의 학교기반 서비스 수혜자격을 갖출 수 있다. 「재활법 504조」에서는 교육활동 수행을 개인이 갖춰야 할 주요한 생활 기능 사례 중의 하나로 기술하고 있다(예: 걷기, 듣기, 보기, 말하기, 숨쉬기, 학습하기, 노동, 자기돌봄, 수작업 수행 등; Office of Civil Rights, n.d.). 요컨대, 학교는 다양한 법률적 근거를 통해 GAD 학생의 「재활법 504조」를 지원하는 학교기반 서비스를 제공할 수 있다.

문화적 쟁점

위험요인

최근 여러 연구에서 GAD의 발달과 관련된 위험요인을 다양하게 보고하고 있다. 이 중에서 주목할 만한 위험요인으로 유전 요인을 들 수 있다(Beesdo et al., 2009; Eley et al., 2003; Kendler et al., 2002). 가령 대규모 쌍생아 종단 데이터를 분석한 Eley 등(2003)의 연구를 살펴보면, 유전 요인이 일반화된 불안(GAD와 관련)에 상당한 영향을 미치고 있다는 점을 확인할 수 있다. 그리고 이들의 연구에서 환경 요인은 불안 증상 변량의 3~35%를 설명하였지만, 유전 요인은 불안 증상 변량의 39~64%를 설명하였다. 또한 DSM-5에서도 GAD의 약 33%가 유전 요인과 관련되어 있다고 언급한 바 있다(APA, 2013). Kendler 등(2002)의 발달 모형 연구에서도 불안의 가족력과 어머니의 내재화 문제가 불안의 발달(임상적 수준)에 영향을 미칠 수 있다는 점을 시사하고 있다. 아울러 일부 연구에서는 GAD가 투쟁-도피 반응을 담당하는 편도체(amygdala)와 관련되어 있을 가능성을 제기하기도 하였다(Biederman et al., 2001; DeBellis et al., 2000). 편도체는 기억, 의사결정, 스트레스 반응(즉, 불안)에 영향을 미칠 수 있는데, 가령 DeBellis 등(2000)의 연구에서 GAD 아동·청소년의 편도체는 일반적인 아동·청소년의 편도체에 비해 그 크기가 현저하게 큰 것으로 나타났지만 이러한 차이가 유전 요인에 따른 것인지, 아니면 환경 요인에 따른 것인지는 아직 분명하지 않다.

일부 환경 요인들도 GAD 발달에 영향을 미칠 수 있다. 이와 관련하여, 특히 환경 요인과 아동·청소년기 불안(GAD 초기 징후로 기능할 수 있는)의 관련성에 주목할 필요가 있다(APA, 2013; Keeton et al., 2009). 예컨대, 부모의 부적절한 양육 행동은 의도치 않게 자녀의 불안을 높이는 데 기여하는 것으로 보인다. 일부 연구에 따르면, 부모의 과보호는 자녀의 불안 수준을 증가시킬 뿐만 아니라 불안을 다루기 위한 대처 기술 습득을 방해하는 것으로 나타났다(Keeton et al., 2009; Wood et al., 2003). 부모의 거부(즉, 무관심, 온정 부족)와 부모의 통제(즉, 과잉 간섭, 자녀의 의존적 태도 강화)도 아동·청소년기 불안과 관련이 있는 것으로 알려져 있다. 부모 양육 행동과 아동기 불안과의 관련성을 분석한 McLeod 등(2000)의 메타분석 연구에서는 부모의 통제가 부모의 거부에 비해 아동기 불안과 더욱 밀접한 관련을 보인다고 밝히기도 하였다. 아울러 불안장애 아동·청소년(GAD, 사회불안장애, 분리불안장애, 특정공포증; 6~18세)의 학교기반 치료 과정을 분석한 Pella 등(2018)은 부모의 부적절한 양육 행동이 아동·청소년기 불안장애 치료의 걸림돌이 될 수 있다는 사실을 발견하였다. 다시 말해, 부모가 양육 과정에서 지나치게 불안한 모습을 보이는 경우 이들의 자녀는 불안 치료 방해 요인(즉, 학교기반 치료 프로그램 출석을 주저하게 만드는 요인; 가령, '치료 회기 동안 수업에 참석하지 않는다면 과제를 제대로 이해하지 못할 것이다.' '학교에서 상담을 받는다는 사실이 친구들에게 알려지지 않았으면 좋겠다.' 등)의 수를 더 많이 보고하는 것으로 나타났다.

아동·청소년기 GAD의 위험요인으로 기능할 수 있는 다른 환경 요인으로는, 낮은 사회경제적 수준(Kendler et al., 2002; Kessler et al., 2012), 부모의 불안장애(Kawakami et al., 2012), 어머니의 낮은 교육수준/문맹/정신장애 입원 치료 경험(Mohammadi et al., 2020)과 같은 가족 관련 요인을 들 수 있다. 또한 생활 속에서 겪은 외상 경험

부모의 부적절한 양육 행동은 의도치 않게 자녀의 불안을 높이는 데 기여할 수 있다.

도 아동 · 청소년기 GAD 발달에 영향을 미칠 수 있다(Kendler et al., 2002). 가령 아동 · 청소년기 GAD를 전반적으로 개관한 Imran 등(2017)의 연구에 따르면, 외상 사건을 경험하는 것, 폭력에 노출되는 것, 혼란스러운 도시 지역에서 살아가는 것 등이 GAD와 관련되어 있는 것으로 보인다.

기질 관련 요인도 GAD의 위험요인으로 아동 · 청소년기 GAD 발달에 영향을 미칠 수 있다. 예컨대, Kendler 등(2002)은 초기 아동기 행동 억제, 불안 및 위험 회피 성향, 그리고 후기 아동기/청소년기 부정적 정서성(신경증) 및 품행 문제 등이 GAD 발달과 관련되어 있다고 언급하였다. 이 외에도 GAD 아동 · 청소년은 완벽주의(perfectionism)로 어려움을 겪을 수 있으며(APA, 2013; Jarret et al., 2015), 다양한 영역에 걸쳐 자신의 수행 결과에 대하여 확신을 얻고자 과도한 노력을 기울이는 경향이 있다(APA, 2013).

끝으로, GAD 아동 · 청소년은 GAD뿐만 아니라 다른 정신장애를 함께 경험할 가능성이 높다. 앞서 언급한 바와 같이 GAD는 다른 유형의 불안장애와 공존하는 경우가 많다(APA, 2013). 실제로, Masi 등(2014)의 연구에서는 GAD 아동 · 청소년의 약 75%가 다른 유형의 불안장애 진단 기준에 부합하는 것으로 나타났다. GAD와 가장 흔하게 공존하는 불안장애는 사회불안장애, 분리불안장애, 특정공포증(가능성 순으로)으로 알려져 있다. 이와 관련하여 Keeton 등(2009)에 따르면, "GAD, 특정공포증, 분리불안장애가 함께 공존하는 것은 이례적인 일이 아니라 사실 당연한 일이다. 불안 증상을 보이는 아동 · 청소년의 약 60%가 세 가지 불안장애 중 두 가지 불안장애 진단 기준에 부합하고, 약 30%가 세 가지 불안장애 진단 기준에 모두 부합한다"(p. 172). 또한 GAD 아동 · 청소년은 다른 유형의 불안장애뿐만 아니라 주요우울장애(MDD) 증상을 함께 보이는 경우가 많다(Moffitt et al., 2007). 일례로 Costello 등(2003)의 연구에서는 불안장애 아동 · 청소년의 우울장애 진단 비율을 대략 15%로 보고한 바 있다. GAD 아동 · 청소년은 주의력결핍 과잉행동장애(ADHD), 적대적 반항장애(Masi et al., 2004), 그리고 물질 남용 문제를 함께 경험하기도 한다(Kaplow et al., 2001; Sartor et al., 2007). 아울러 GAD를 포함한 불안장애 아동 · 청소년은 일반적인 또래에 비해 성인기에 이르러 정신장애 진단을 받을 가능성이 높다(Costello et al., 2003; Imran et al., 2017).

문화적 고려사항

문화적 고려사항과 관련하여, DSM-5에서는 GAD의 주요 증상(즉, 겉으로 표현되는 증상)이 문화적 맥락에 따라 달라질 수 있다는 점을 강조하고 있다. 가령 일부 문화권에서는 신체적 증상이 GAD의 주요 증상으로 나타나는 반면에, 일부 문화권에서는 인지적 증상이 GAD의 주요 증상으로 나타나는 경향이 있다(APA, 2013). 그러나 문화적 맥락에 따른 GAD 증상의 차이는 주로 성인 표본에서 보고되고 있다. 따라서 향후 연구에서는 아동·청소년 표본에서도 GAD의 주요 증상이 문화권에 따라 차이를 보이는지 추가적으로 탐색할 필요가 있다.

GAD 유병률이 인종/민족에 따라 차이를 보일 수 있다는 점에도 주목할 필요가 있다. 이와 관련하여, 다양한 인종/민족 배경(백인, 아시아계, 히스패닉, 흑인, 카리브계 흑인)을 가진 18세 이상 미국 성인을 미국 이민자 집단(미국 밖에서 출생)과 미국 태생 집단(미국 내에서 출생)으로 구분한 후 GAD 평생 유병률을 비교한 Budhwani 등(2015)의 연구를 참고할 만하다. 이들의 연구에서는 미국 태생 백인 집단이 가장 높은 GAD 유병률(10.82%)을, 미국 카리브계 흑인 이민자 집단이 가장 낮은 GAD 유병률(2.35%)을 보이는 것으로 나타났다. 또한 동일한 인종/민족 집단 내에서 미국 이민자 집단과 미국 태생 집단을 구분하여 GAD 유병률을 비교하였을 때, 각각의 인종/민족 집단(백인, 아시아계, 히스패닉, 흑인, 카리브계 흑인) 모두에서 미국 태생 집단의 유병률이 미국 이민자 집단의 유병률에 비해 높은 것으로 나타났다. 건강 상태가 좋지 못한 사람의 경우 이민 생활을 선택하기보다 본국에 남는 것을 더 선호할 수 있기 때문에 이민을 결정한 사람이라면 처음부터 양호한 수준의 건강 상태(정신건강 포함)를 보였을 가능성이 있다. 그리고 이러한 건강상의 이점은 이민 후에 수입 감소 및 경제적 어려움을 경험하는 과정에서도 계속해서 이어질 수 있다(Budhwani et al., 2015). 대규모 미국 성인 데이터를 분석한 Asnaani 등(2010)의 연구에서도 백인의 GAD 유병률(8.6%)이 히스패닉(5.8%), 흑인(4.9%), 아시아계(2.4%)에 비해 더 높은 것으로 나타났다. 아울러 Breslau 등(2007)도 18세 이상의 미국 성인이 참여한 National Comorbidity Survey Replication 데이터를 분석하면서 소수 인종/민족 집단의 GAD 유병률이 백인 집단에 비해 더 낮았다고 밝혔다(백인 8.6%, 흑인 5.1%, 히스패닉 4.8%).

학교기반 불안 치료 과정에서도 문화적 맥락을 주의 깊게 살펴야 할 필요가 있다. 예컨대, Pella 등(2018)의 연구에서는 가족 관련 인구통계학적 변인과 학교기반 불안 치료 방해 요인(즉, 학교기반 치료 프로그램 출석을 주저하게 만드는 요인) 사이의 관련성을 구체적으로 입증한 바 있다. 다시 말해, 연구에 참여한 불안장애 아동·청소년(6~18세)이 소수 민족/인종 집단(히스패닉, 흑인, 아시아계 등)에 속하거나 부모의 학력이 낮은 경우 학교기반 불안 치료 방해 요인의 수를 더 많이 보고하는 것으로 나타났다. 또한 흑인 가정의 자녀들이 백인 가정의 자녀들에 비해 치료 방해 요인이 더 많다고 인식하였다.

학교와 가정에서 사회성, 정서 및 행동 기능에 미치는 영향

학교에서의 사회성, 정서 및 행동 기능

학교 환경은 여러 측면에서 GAD 아동 · 청소년에게 불안을 유발할 가능성이 있다. GAD 아동 · 청소년은 학습활동뿐만 아니라 또래나 교사와의 관계에서 많은 어려움에 부딪힐 수 있다(Barrett & Heubeck, 2000). 특히 학교에서의 사회성과 관련하여, GAD 아동 · 청소년이 흔히 경험하는 또래관계 문제를 주의 깊게 살필 필요가 있다. Huberty(2014)에 따르면, 불안 증상을 가진 아동 · 청소년은 또래와 관계를 맺는 과정(관심을 가지고 접근하기, 함께 대화 나누기, 집단 활동에 참여하기 등)에서 다양한 사회적 문제를 경험한다. 예컨대, 이들은 일반적인 또래에 비해 호감도가 낮은 경향이 있으며(Nelson et al., 2005), 사회적으로 위축된 모습을 보이는 경우가 많다(Coplan et al., 2007). 또한 불안장애 아동은 품행장애 아동에 비해서도 또래에게 관심(긍정적 및 부정적 관심 모두)을 받지 못하고 무시를 당하는 경향이 있다(Strauss et al., 1998). 더욱이, 불안장애(GAD 포함) 아동 · 청소년은 낮은 수준의 사회적 유능감을 보일뿐더러 자신이 사회적 상황에서 또래에게 거부당할 가능성이 높다고 여기는 것으로 나타났다(Chansky & Kendall, 1997).

그러나 Alfano 등(2011)의 연구 결과는 GAD 아동 · 청소년의 사회적 관계에 대한 다른 관점을 제시한다. 이들의 견해에 따르면, GAD 아동 · 청소년의 또래관계 문제는 다른 유형의 불안장애(사회불안장애)를 가진 아동 · 청소년과 비교할 때 상대적으로 양호한 편일 수 있다. 구체적으로, GAD 아동 · 청소년(6~13세)은 일반적인 또래에 비해 친구의 수가 적었지만 절친한 친구 유무 및 사회적 활동 참여 유무에서 유의한 차이를 보이지 않았다. 그리고 부모가 평정한 사회적 유능감 점수에서도 일반적인 또래와 다르지 않았다. Alfano 등은 이러한 연구 결과를 해석하면서 GAD의 속성이 또래관계를 비롯한 사회적 관계의 일부 측면에 오히려 긍정적인 영향을 미칠 수 있다고 언급하였다. 가령, GAD 아동 · 청소년은 성실하면서도 규칙에 순응하는 경향이 있는데, 이러한 특성은 다른 유형의 불안장애를 가진 아동 · 청소년에 비해 상대적으로 양호한 수준의 또래관계를 형성하고 유지하는 데 보탬이 될 수 있다. 또한 GAD 아동 · 청소년의 경우 지나치게 위험한 행동을 보이는 또래들과 어느 정도 거리를 두려 하는 등 또래관계를 선택적으로 맺을 가능성이 있는데, 이러한 점이 GAD 아동 · 청소년의 친구 수(일반적인

> Alfano 등(2011)의 연구에서 GAD 아동 · 청소년(6~13세)은 일반적인 또래에 비해 친구의 수가 적었지만 절친한 친구 유무 및 사회적 활동 참여 유무에서 유의한 차이를 보이지 않았다.

또래에 비해 적은)에 일부 영향을 미쳤을 수 있다.

가정에서의 사회성, 정서 및 행동 기능

GAD 아동·청소년은 가정에서 불안 증상을 보일 뿐만 아니라 수면 관련 문제를 경험하기도 한다(Shanahan et al., 2014). 가령 아동·청소년기 정신장애와 수면 문제의 관련성을 분석한 Shanahan 등(2014)의 연구에서는 아동·청소년의 26.1%가 지난 3개월 동안 한 가지 이상의 수면 문제를 경험한 것으로 나타났다. 가장 흔한 수면 문제는 수면 과정에서 불안하고 예민해지는 것, 그리고 좀처럼 잠들지 못하는 것이었다. 또한 수면 후 피로감(tiredness)을 보고한 여아의 비율은 남아에 비해 약 3배 더 높은 것으로 나타났다. 연령과 수면 문제의 관련성을 살펴보면, 아동(9~12세)의 주요 수면 문제는 불면증, 악몽, 야경증, 몽유병이었던 반면에, 청소년(13~16세)의 주요 수면 문제는 수면 후 불만족(inadequately rested by sleep)이었다. 특히 GAD 아동·청소년의 경우 과다수면(hypersomnia) 문제와 관련이 있는 것으로 나타났다. 우려스러운 것은 수면이 정서조절 및 학업 수행에 많은 영향을 미칠 수 있다는 점이다(Shanahan et al., 2014). 따라서 GAD 아동·청소년의 부모는 자녀의 수면 습관과 수면의 질을 주의 깊게 살펴야 한다.

만일 GAD 아동·청소년의 불안 증상이 악화되어 등교를 거부하기 시작한다면 이들의 가정은 또 다른 난관에 부딪힐 수 있다. Suldo와 Ogg(2014)에 따르면, 등교 거부는 여러 측면에서 아동·청소년의 가정에 심각한 문제를 초래한다. 예컨대, 미국 내 대부분의 주(州)에서는 무단 결석 관련 법률을 통하여 아동·청소년의 학교 출석을 명령하고 있기 때문에, 아동·청소년이 등교 거부로 학교에 출석하지 않아 법률에서 규정한 결석 일수를 초과할 경우 부모는 관련 법률을 위반하게 된다. 부모에게 법적인 책임을 부과하는 것 외에도 등교 거부에 따른 결석은 부모의 직업에 부정적인 영향을 미칠 수 있다. 가령, 부모는 등교를 거부하는 자녀를 돌보기 위해 직장의 출근 시간을 제대로 지키지 못하거나 아예 결근을 해야 할 수도 있다. 이러한 직장 생활의 불안정성은 심각할 경우 가정의 경제적 문제나 부모의 이직으로 이어질 수도 있다.

등교 거부가 이처럼 중대한 결과를 초래하지는 않더라도 아동·청소년이 등교 거부 과정에서 심각한 정서조절 및 행동 문제를 보인다면 이들의 가족은 매우 큰 정서적 고통과 갈등을 감내해야 할 수 있다(Suldo & Ogg, 2014). 안타깝게도 불안 증상을 가진 아동·청소년이 등교 거부를 통해 학교에 출석하지 않는다면 이는 의도치 않게 아동·청소년의 회피 행동을 강화하고 있을 수 있다. 다시 말해, 학교와 관련된 불안을 호소하는 아동·청소년이 학교에 가지 않는 경우 불안의 수준이 낮아지기 마련이며, 이러한 불안 감소 경험은 이들의 등교 거부 가능성을 재차 높일 수 있다. 따라서 등교 거부에 대한 개입은 아동·청소년의 주요 기능을 개선하는 것, 그리고 긍정적 강화 전략을 통해 이들이 점진적으로 다시 등교하도록 뒷받침하는 것에 주안점을 두어야 한다(Suldo & Ogg, 2014).

교실에서 학습에 미치는 영향

많은 아동·청소년들이 GAD로 어려움을 겪고 있음에도 불구하고, 현재까지 아동·청소년기 불안과 학업의 관련성을 탐색한 연구는 상당히 제한적이다(Mychailyszyn et al., 2010). 하지만 일부 연구 결과를 살펴보면 몇 가지 중요한 시사점을 발견할 수 있다. 예컨대, Langley 등(2004)은 불안의 영향을 평가하는 척도를 타당화하면서 아동·청소년(4~17세)의 불안이 학업 수행 억제 및 학업 역량 문제와 관련이 있다는 사실을 발견하였다(특히 연령대가 높은 아동·청소년; Ialongo et al., 1994; Jarrett et al., 2015; Kessler et al., 1995). 아동·청소년기 불안장애(GAD, 분리불안장애, 사회불안장애)와 학업 기능의 관련성을 분석한 Mychailyszyn 등(2010)도 GAD 아동·청소년(7~14세)이 일반적인 또래에 비해 낮은 수준의 학업 성실성, 학업 수행, 학업 성취도를 보였다고 밝혔다(교사 평정). 그리고 GAD 아동·청소년은 일반적인 또래에 비해 학업 기능(school functioning) 영역에서도 낮은 수준을 보이는 것으로 나타났다(부모 평정: 어머니). GAD 아동·청소년의 연령대별 주요 기능 차이를 분석한 Jarrett 등(2015)의 연구도 주목할 만하다. 이들의 연구에서 저연령 집단(7~9세)은 고연령 집단(10~13세)에 비해 낮은 수준의 학업 문제 및 높은 수준의 행복감을 보이는 것으로 나타났다(교사 평정). 그리고 저연령 집단은 고연령 집단에 비해 학업 역량(school competence) 영역에서도 높은 수준을 보이는 것으로 나타났다(부모 평정). 아동·청소년의 연령이 높아지고 교육과정의 수준이 올라감에 따라 GAD 학생이 경험하는 학교 관련 문제가 증가할 수 있다는 점에서 Jarrett 등(2015)이 보고한 연구 결과는 특히 조기 개입의 중요성을 시사하고 있다.

> GAD 아동·청소년의 연령대별 주요 기능 차이를 분석한 Jarrett 등(2015)의 연구에서 저연령 집단(7~9세)은 고연령 집단(10~13세)에 비해 낮은 수준의 학업 문제 및 높은 수준의 행복감을 보이는 것으로 나타났다.

불안 증상을 가진 아동·청소년의 학업 수행 문제는 학업 기능 자체의 결함보다는 이들이 지각한 다른 유형의 위협(즉, 불안을 유발하는)에서 비롯되었을 가능성이 있다(Wood, 2006). 다시 말해, 아동·청소년이 특정 대상이나 상황(즉, 지각된 위협)에 불안을 느끼게 되면 생리적 각성 상태에 놓이게 되고 자연스럽게 자신이 지각한 위협에 주의를 집중하게 된다. 이러한 각성은 비교적 덜 위협적인 자극(예: 수업 과제)에 대한 집중력을 감소시키는 경향이 있다. 이와 관련하여, 아동기 불안 증상과 주요 기능의 관련성을 4년에 걸쳐 추적한 Ialongo 등(1994)의 연구에서는 높은 수준의 초기 불안 증상(1학년 시점)이 낮은 수준의 학업 성취도(5학년 시점; 읽기 및 수학 점수)를 유의하게 예측하는 것으로 나타났다. 추가적으로, 아동 · 청소년기 불안장애(또는 불안 증상) 유병률은 대체로 남아보다는 여아 표본에서 높게 나타나는 것으로 알려져 있다. 하지만 학업 불안(시험불안 및 수학불안) 영역에서는 오히려 남아의 유병률이 여아의 유병률을 앞설 수 있다는 점에도 주의를 기울일 필요가 있다(Carey et al., 2017).

시험불안(test anxiety)은 학교 환경에서 특징적으로 나타날 수 있는 불안의 유형이다. 시험불안은 만성적이고 일반화된 불안이나 불안장애의 발달을 알리는 초기 징후로 기능할 수 있다(Beidel & Turner, 1998). 일부 연구에 따르면, 특히 아동 · 청소년기 시험불안은 전반적으로 낮은 수준의 학업 성취도와 관련이 있는 것으로 나타났다(Call et al., 1994; Dusek et al., 1975; Pintrich & DeGroot, 1990). 미국 흑인 아동(8~12세)의 시험불안을 분석한 Turner 등(1993)의 연구에서도 시험불안이 높은 아동은 시험불안이 낮은 아동에 비해 더욱 낮은 수준의 학업 성취도를 보이는 것으로 나타났다. 이러한 연구 결과는 학교현장에서 GAD 아동 · 청소년의 전반적인 학업 기능을 개선하기 위한 노력이 꾸준하게 이어져야 한다는 점을 강조하고 있다.

불안장애를 가진 캐나다 성인(18~65세)에게 학생 시절을 회상하게 하는 방법으로 불안장애와 학업 기능의 관련성을 살핀 Van Ameringen 등(2003)의 연구도 참고할 만하다. 비록 Van Ameringen 등(2003)의 연구가 GAD에 초점을 둔 것은 아니지만, 이들의 결과는 불안장애 학생이 학습활동 영역에서 경험하는 문제와 관련하여 중요한 시사점을 제공한다. 예컨대, 불안장애(사회불안장애, 공황장애, 광장공포증 등)를 가진 성인은 학생 시절에 학교(또는 교실)에서 지나치게 긴장하였거나 또래 앞에서 발표를 하는 데 많은 어려움을 겪었던 것으로 나타났다(Van Ameringen et al., 2003). 학교환경에서 경험하는 이러한 유형의 불안은 흔히 등교 거부로 이어지기도 한다. 만일 불안 증상을 가진 학생이 자주 신체 증상을 호소하며 보건실을 방문하거나 부모님께 연락하여 조퇴를 하려고 한다면 이를 등교 거부의 초기 징후로 볼 수 있다(Suldo & Ogg, 2014). Van Ameringen 등(2003)에 따르면, 불안장애를 가진 성인의 34.8%가 학생 시절 불안과 걱정으로 인하여 상당 기간 등교하지 않은 채 집에 머물러 있었던 것으로 나타났다. 마찬가지로, 다른 연구에서도 불안장애(또는 관련 증상)을 가진 학생이 만성적인 등교 거부 행동을 보일 수 있다고 우려하였다(Berg, 1992; Last & Strauss, 1990). 이와 관련하여 일부 연구에서는 불안 증상을 가진 학생의 5~7%가 실제 등교 거부 행동을 보인다고 밝히기도 하였다(Heyne & King, 2004).

잦은 결석(특히 습관적이거나 장기적인)은 학습 결손을 누적하고 학업 기능 발달을 저해하여 학생의 교육활동 전반에 심각한 문제를 초래할 수 있다(Suldo & Ogg, 2014). 더욱이, 잦은 결석은 특수교육 및 관련서비스 수혜자격 평가에도 부정적인 영향을 미칠 수 있다. 앞서 언급한 바와 같이 IDEA가 정한 특수교육 및 관련서비스 수혜자격을 갖추려면, 특정 장애 증상에 따른 교육활동 수행의 결함이 입증되어야 한다. 만일 교육활동 수행의 결함이 특정 장애 증상이 아닌 단지 결석에서 비롯된 것이라면 다학제 팀은 평가 대상 학생에게 특수교육 및 관련서비스 수혜자격을 부여할 수 없다. 다시 말해, 결석 빈도가 지나치게 높을 경우 특수교육 및 관련서비스와 상관없이 애당초 평가 대상 학생에게 학업 기능 개선을 위한 기회가 충분히 주어졌는지 판단하기 어렵다. 아울러 Van Ameringen 등(2003)에 따르면, 불안장애를 가진 성인의 약 48.8%가 학교생활을 중도에 그만둔 것으로 나타났다. 또한 이들의 22.4%가 학교를 떠난 주된 이유로 불안 증상(학교나 교실에서 지나친 긴장감을 느끼는 것)을 들었다. 고등학교 중퇴를 포함하여 학교생활을 중도에 그만두는 것은 개인의 학력, 직업, 경제력 등에 부정적인 영향을 미칠 수 있다.

학교심리사를 위한 시사점

평가 역할

앞서 언급한 바와 같이, GAD 아동 · 청소년은 미국의 연방법률인 IDEA와 「재활법 504조」에 따라 별도의 학교기반 서비스 수혜자격을 갖출 수 있다. 이 중에서 어떤 법률을 적용하든 학교심리사는 학교기반 서비스 수혜자격 평가 과정에서 중추적인 역할을 담당한다. 가령 학교심리사는 행동 관찰, 자료 및 기록 검토, 면접 등을 바탕으로 GAD 아동 · 청소년의 인지적 · 학업적 · 심리적 기능을 체계적으로 평가할 수 있다. 학교심리사가 수집한 데이터 및 평가 결과는 다학제 팀이 학교기반 서비스 수혜자격을 판단하는 과정에서 핵심적인 자료로 활용될 뿐만 아니라 향후 GAD 아동 · 청소년에게 필요한 지원의 유형을 결정하는 데 도움을 줄 수 있다. 이를 통해 학교심리사는 GAD 아동 · 청소년이 학교 환경에서 적절하게 기능하고 교육활동에 참여하여 자신의 역량을 최대한 발휘하도록 뒷받침할 수 있다.

옹호 역할

GAD 아동 · 청소년은 많은 경우 GAD 치료 과정에서 지역사회 정신건강 전문가(예: 소아과 전문의, 정신건강의학과 전문의, 심리학자 등)의 조력을 필요로 한다. 지역사회 정신건강 전문가의 유형이나 참여 방식은 GAD 치료 전략(예: 심리치료, 약물 처방)에 따라 차이를 보일 수 있다. 이와 관련하여 학교심리사는 전문적인 역량과 풍부한 경험을 바탕으로 지역사회 정신건강 전문가와 학교 사이를 잇는 가교 역할을 훌륭하게 수행할 수 있다. 예컨대, 아동 · 청소년은 하루 중의 많은 시간을 학교생활에 할애하기 때문에 외부 전문가의 경우 학교의 도움 없이 GAD 아동 · 청소년의 학교 적응 관련 정보를 충분하게 수집하기 어렵다. 하지만 학교심리사는 부모의 동의하에 GAD 아동 · 청소년의 출결 현황, 교실 행동, 학업 성취도, 또래관계 등 학교 환경에서 수집 가능한 정보를 지역사회 정신건강 전문가에게 효과적으로 제공할 수 있다. 이러한 정보는 GAD 아동 · 청소년에 대한 치료 성과를 점검하고 기존 치료 전략(예: 심리치료, 약물 처방 등)을 유지하거나 조정하는 과정에서 중요한 근거 자료로 활용될 수 있다. 만일 GAD 아동 · 청소년이 지금까지 외부 전문가의 조력을 제대로 받지 못했다면, 학교심리사는 이들의 가족에게 지역사회 자원 및 서비스에 대한 구체적인 정보를 제공함으로써 GAD 치료 과정을 효과적으로 뒷받침할 수 있다. 그리고 학교심리사는 긴밀한 협력 관계를 바탕으로 지역사회 정신건강 전문가와 GAD 아동 · 청소년의 가족이 서로의 의사를 원활하게 소통하도록 촉진할 수 있다.

자문 역할

교실 기반 행동개입계획을 위한 자문은 흔히 학생의 문제행동 제거 및 최소화에 초점을 맞출 것으로 여겨진다. 하지만 문제행동 감소를 위한 행동개입계획보다는 긍정적 · 적응적 · 친사회적 행동 증진을 위한 행동개입계획이 GAD 학생의 기능 향상에 더 많은 도움을 줄 수 있다. 학교심리사는 교실에서 긍정적 행동중재 및 지원과 연계한 행동개입계획이 실행되도록 교사에게 필요한 자문을 제공하고, 이를 바탕으로 GAD 아동 · 청소년의 학업 기능(예: 학습활동 참여, 과제 수행, 학교 출석 등) 개선을 효과적으로 뒷받침할 수 있다. 이러한 행동개입 과정에서 GAD 아동 · 청소년은 자신에게 불안을 유발하는 상황(또는 대상)에 대하여 바르게 인식하고 불안에 대처할 수 있는 기술을 습득해 나간다. 학교심리사와 교사는 적절한 강화를 통해 GAD 아동 · 청소년이 교실 환경에서 불안 대처 기술을 꾸준하게 연습하도록 독려할 수 있다. 결과적으로, 이러한 행동개입은 GAD 아동 · 청소년이 다양한 장면에서 불안 대처 기술을 사용하여 자신의 불안을 효과적으로 다루도록 촉진할 것이다.

> 학교심리사는 교실에서 긍정적 행동중재 및 지원과 연계한 행동개입계획이 실행되도록 교사에게 필요한 자문을 제공하고, 이를 바탕으로 GAD 아동 · 청소년의 학업 기능(예: 학습활동 참여, 과제 수행, 학교 출석 등) 개선을 효과적으로 뒷받침할 수 있다.

학교심리사는 교직원뿐만 아니라 GAD 아동 · 청소년의 부모에게도 자문을 제공할 수 있다. 앞서 언급한 바와 같이 부모의 부적절한 양육 방식은 의도치 않게 자녀의 불안을 유발하거나 강화할 수 있다. 이와 관련하여 학교심리사는 부모훈련 프로그램 및 심리교육을 통해 GAD 아동 · 청소년의 부모가 기존의 비효과적인 양육 방식을 조정하고 효과적인 양육전략을 다양하게 익히도록 지원할 수 있다. 예컨대, 불안 증상을 가진 자녀의 부정적인 반응을 최소화하려면, 자녀 양육 과정에서 일관된 반응, 긍정적인 상호작용, 명확한 기대가 중요하다는 점을 명확하게 이해할 필요가 있다(Huberty, 2014). 이러한 전략은 간단하지만 부모-자녀 간의 유대감, 그리고 GAD 아동 · 청소년의 안전감 및 안정감을 증진하는 데 보탬이 될 수 있다.

상담/치료 역할

아동 · 청소년이 학교 환경에서 경험하는 불안에 대한 개입 과정에서 불안 증상의 완전한 제거에 초점을 맞추는 것은 그리 효과적이지도 현실적이지도 않다(Huberty, 2014). 따라서 학교심리사가 GAD 아동 · 청소년의 사례를 다루는 경우 증상의 완전한 제거보다 GAD 아동 · 청소년이 자신의 증상을 적절하게 관리하면서 학교 환경에 잘 적응하도록 지원하는 것에 중점을 두어야 한다. 아울러 불안 증상의 개선은 다양한 영역에서 긍정적인 결과를 가져올 수 있다. 예컨대, 높은 불안 증상을 가진 아동 · 청소년(6~13세) 집단에서 CBT 프로그램을 실행한 Wood(2006)의 연구에 따르면, 불안 증상의 감소가 학업 기능의 향상을 유의하게 예측하는 것으로 나타났다. 이러한 결과는 불안 유발 자극(학습활동 외)에 대한 아동 · 청소년의 각성 수준이 낮아지면서 오히려 학습활동 참여 수준과 수업/과제 집중력이 높아졌기 때문일 수 있다.

GAD 아동 · 청소년을 위한 대표적인 개입 방법으로 인지행동치료(Cognitive Behavioral Therapy: CBT)를 들 수 있다. CBT는 개입 과정에서 아동 · 청소년의 생각, 감정, 행동의 상호작용에 초점을 맞춘다(자세한 내용은 '학교기반 정신건강 개입과 지원' 절에서 후술할 예정). Mychailyszyn 등(2011)은 CBT가 아동 · 청소년기 불안장애 치료에 긍정적인 결과를 가져올 뿐만 아니라 학교 체계 내에서도 무리 없이 실행될 수 있다는 점을 강조한 바 있다. 하지만 증거기반 개입 전략으로서 CBT가 가진 강점에도 불구하고, CBT는 여전히 학교현장에서 충분하게 활용되지 못하고 있다(Creed et al., 2015). 따라서 학교심리사는 학생의 다양한 불안 문제를 다루는 과정에서 학교기반 CBT의 실행을 적극적으로 고려할 필요가 있다. Creed 등(2015)은 학교기반 CBT의 경우 불안 증상이 나타나는 맥락, 즉 학생이 현저한 불안을 경험하는 학교 환경에서 새로운 대처 기술을 연습할 수 있는 특별한 기회를 제공한다고 언급하였다. 그러나 학교현장에서 CBT를 더욱 광범위하게 활용하려면 학교심리사가 CBT의 실행 및 성과에 걸림돌이 될 수 있는 방해 요인을 명확하게 인식해야 한다. 예컨대, Pella 등(2018)은 학교기반 불안 치료의 방해 요인(즉, 학교기반 치료 프로그램 출석을 주저하게 만드는 요인)을 분석하면서 불안장애 아동·청소년(GAD, 사회불안장애, 분리불안장애, 특정공포증; 6~18세)이 "치료 회기 동안 수업에 참석하지 못한다면 과제를 제대로 이해하지 못할 것이다."(45.3%) "학교에서 상담을 받는다는 사실이 친구들에게 알려지지 않았으면 좋겠다."(37.7%) "수업시간에 치료 프로그램에 참여한다면 친구들이 내가 어디로 가는지 너무 많이 물어볼 것이다."(36.9%)와 같은 걱정에 휩싸인다고 보고하였다. 그럼에도 불구하고, 학교기반 정신건강 서비스에 참여하는 아동·청소년의 경우 지역사회 전문기관에 의뢰된 아동·청소년에 비해 적극적으로 치료 과정을 시작할 뿐만 아니라 이를 꾸준하게 유지하는 것으로 나타났다(Atkins et al., 2006).

교육적 지원

불안과 관련된 문제는 특히 학습활동에 대한 집중력을 약화시킬 우려가 있다. 이러한 점에서 현재의 과제에 집중하는 것, 그리고 불안 증상을 관리하는 것에 초점을 맞춘 교실 전략이 GAD 아동·청소년에게 보탬이 될 수 있다. 이와 관련하여 Huberty(2014)의 연구에서는 불안 증상을 가진 아동·청소년의 학업 기능 개선을 위한 교실 전략을 다양하게 제시한 바 있다. 예컨대, 교실 일과를 체계적으로 조직하고 일관되게 유지함으로써 교실에서 이루어지는 모든 활동의 예측 가능성을 높이는 것은 불확실성과 관련된 불안을 감소시키는 데 도움을 준다. 또한 성취 목표 및 평가 과정을 명확하게 제시하는 것은 학업 수행에 긍정적인 영향을 미칠 수 있다. 과제를 작은 단위로 쪼개어 제시하는 것, 그리고 스스로 과제를 세분화하도록 가르치는 것도 학생의 불안을 최소화하고 학업 부담에 대한 대처 기술을 증진하는 데 기여할 수 있다. 아울러 사회성 기술 훈련 과정에서 또래 모델링을 사용하거나 교실에서 이완 전략을 실행하도록 독려하는 것도 전반적인 교실 적응에 도움을 줄 수 있다(Huberty, 2014).

학교기반 정신건강 개입과 지원

많은 연구에서 알려진 바와 같이 아동·청소년기 GAD의 불안 증상은 정신건강 개입을 통해 충분히 개선될 수 있다. 이와 관련하여 아동·청소년기 GAD를 전반적으로 개관한 Imran 등(2017)은 심리치료의 중요성을 강조하면서, 불안장애 아동·청소년 사례를 다루는 경우 심리치료를 가장 우선적인 개입 방법으로 채택할 것을 권고하였다. 특히 CBT는 아동·청소년기 GAD 증상 개선을 위한 대표적인 심리치료로, 이미 많은 실증연구에서 치료의 효과를 일관되게 입증한 바 있다(Imran et al., 2017; Ishikawa et al., 2007; Keeton et al., 2009; McLoone et al., 2006; Rapee, 2000; Wood, 2006). 일부 임상 연구에 따르면, CBT 프로그램에 참여한 불안장애 아동·청소년의 80% 이상이 CBT의 장기적인 치료 효과를 보여 주었다(Barrett et al., 2001; Rapee, 2000). 또한 CBT나 약물치료를 단독으로 실행하는 것보다 CBT와 약물치료[즉, 선택적 세로토닌 재흡수 억제제(SSRI)]를 병행하는 방식이 아동·청소년기 GAD 증상 완화에 더욱 효과적인 것으로 알려져 있다(Creswell et al., 2014; Imran et al., 2017; Piacentini et al., 2014). 하지만 불안장애 아동·청소년의 부모는 자녀에 대한 정신건강 개입 방법으로 약물치료보다 CBT를 더 선호하고 수용하는 경향이 있다(Brown et al., 2007; Chavira et al., 2003). 또한 자녀의 불안을 치료하는 데 처방약물보다는 CBT가 더 신뢰할 만하다고 생각한다.

불안장애 아동·청소년의 부모는 자녀에 대한 정신건강 개입 방법으로 약물치료보다 CBT를 더 선호하고 신뢰하는 경향이 있다(Brown et al., 2007; Chavira et al., 2003).

CBT의 주요 전략으로는 이완 훈련, 역할놀이, 글쓰기 활동, 점진적 노출(불안을 유발하는 자극에 대한), 인지적 재구조화(부정적인 사고에 대처) 등을 들 수 있다. 학교심리사는 학교 환경에서 CBT를 직접 실행할 수 있는 전문적인 역량을 갖추고 있으며, 많은 연구에서 학교기반 CBT의 긍정적인 치료 효과를 보고한 바 있다. 숙련된 전문가가 학교에서 CBT를 직접 실행한다면 아동·청소년이 개인적으로 사설 치료 기관을 방문하는 것에 비해 수업 결손을 줄일 수 있을 뿐만 아니라 가족이 치료 과정에서 감당해야 할 경제적·시간적 부담을 최소화하도록 도울 수 있다(Creed et al., 2013, 2015).

학교기반 CBT의 구체적인 전략과 관련하여 McLoone 등(2006)의 연구를 참고할 만하다. 이들은 학교 맥락에서 아동·청소년기 불안장애의 유형, 특징, 평가, 치료 등을 전반적으로 개관하면서 다양한 유형의 불안장애 치료에 적용할 수 있는 두 가지 학교기반 CBT 프로그램을 자세하게 소개하였다. 첫 번째 학교기반 CBT는 총 10회기(회기당 1시간)로 이루어진 Cool Kids 프로그램으로, 6명 내외의 소집단 환경에서 진행된다(Misfud & Rapee, 2005). Cool Kids 프로그램은 폭넓은 아동·청소년기 연령대(7~16세)에 무리 없이 적용할 수 있지만 가급적 동일한 연령대로 소집단을 구성할 것을 권장한다. 또한 Cool Kids 프로그램은 불안장애 치료에 흔히 사용되는 다수의 CBT 전략(예: 심리교육, 인지적 재구조화, 관리 전략, 점진적 노출, 사회성 기술 훈련, 자기 주장 훈련 등)을 포함하며, 추가적으로 부모 대상 심리교육을 위한 2개의 회기(프로그램 시작 전, 프로그램 중반부)를 별도로 제공한다. 특히 부모 대상 심리교육은 프로그램의 목적 및 내용을 공유하고 부모의 적극적인 참여와 협조(예: 치료 과정 지원하기, 가정에서 CBT 전략 연습하기, 치료자와 원활하게 소통하기)를 촉진하는 데 초점을 맞추고 있다. 프로그램의 목적은 아동·청소년이 적절한 대처 기술을 사용하여 자신의 불안 증상을 관리하는 것, 불안을 유발하는 상황에 직면하는 것, 그리고 부모/치료자의 도움을 받지 않고 독립적으로 자신의 불안을 다루는 것이다. 높은 수준의 불안 증상을 가진 아동(8~11세)을 대상으로 Cool Kids 프로그램의 효과를 분석한 Misfud와 Rapee(2005)의 연구에 따르면, 10주에 걸친 치료 과정이 종료된 후 Cool Kids 프로그램에 참여한 아동 집단의 불안 수준이 프로그램에 참여하지 않은 아동 집단에 비해 유의하게 낮은 것으로 나타났다(자기 보고 및 교사 평정).

McLoone 등(2006)이 소개한 두 번째 학교기반 CBT는 총 10회기(회기당 1시간)로 이루어진 FRIENDS 프로그램이다. Cool Kids 프로그램과는 달리 Lowry-Webster 등(2001)이 개발한 FRIENDS에서는 교사가 직접 퍼실리테이터 역할을 맡아 학급 전체 학생을 대상으로 프로그램을 진행한다. 이러한 특징으로 인하여 FRIENDS 프로그램은 학교에서 예방 중심 중재의 일환으로 운영될 수 있다. 또한 별도의 소집단을 구성하지 않기 때문에 FRIENDS에 참여하는 학생은 불안 치료 프로그램 참여에 따른 낙인에서 비교적 자유로울 수 있다(Lowry-Webster et al., 2001). FRIENDS 프로그램은 Cool Kids 프로그램과 마찬가지로, 불안장애 치료에 흔히 사용되는 다수의 CBT 전략(예: 노출 치료, 이완 훈련, 인지 전략, 유관성 관리 등)을 포함하지만, 연령대에 따라 아동용 프로그램(6~11세)과 청소년용 프로그램(12~16세)을 별도로 구분한다. 그리고 또래와의 원활한 상호작용을 바탕으로 또래와 친밀한 사회적 관계를 맺고 서로의 경험을 통해 배우며 폭넓은 사회적 연결망을 구축하도록 독려한다. 아울러 FRIENDS 프로그램은 부모 대상 심리교육을 위한 3개의 회기를 별도로 제공한다. 부모 대상 심리교육은 프로그램의 목적 및 내용을 공유하고 자녀를 위한 몇몇 행동 관리 기술(예: 행동 강화, 계획된 무시, 명확한 지시)을 익히는 데 초점을 맞추고 있다. 불안장애 아동(6~10세)을 대상으로 FRIENDS 프로그램의 효과를 분석한 Shortt 등(2001)의 연구에 따르면, 10주에 걸친 치료 과정이 종료된 후 FRIENDS 프로그램에 참여한 아동의 69%가 더 이상 불안장애(GAD, 분리불안장애, 사회불안장애) 진단 기준에 부합하지 않는 것으로 나타났다.

GAD 아동·청소년을 위한 또 하나의 대표적인 학교기반 CBT의 사례로, Coping Cat 프로그램을 들 수 있다. Coping Cat은 수많은 실증연구를 바탕으로 치료 효과를 입증하였을 뿐만 아니라, 아마도 가장 대중적이고 광범위하게 활용되는 CBT 프로그램일 것이다. Coping Cat은 학령기 아동(7~13세)의 불안 치료를 위해 개발되었으며, 청소년용 Coping Cat(CAT 프로그램)의 경우 14~17세 연령대에 적용할 수 있다. 또한 총 16회기(회기당 50분; 부모 대상 심리교육 2회기 별도)로 구성되어 있으며, 매뉴얼화된 증거기반 CBT로 치료자용 처치 매뉴얼 및 내담자용 워크북을 함께 포함하고 있다. 프로그램의 내용은 크게 네 가지 범주, 즉 불안에 대한 정서 및 신체 반응 파악하기, 불안한 상황에서 생각과 느낌을 명확하게 알아차리기, 불안에 대한 효과적인 대처 계획 수립하기, 성과 평가 및 자기 강화하기로 구분할 수 있다. Coping Cat 프로그램은 현재 영어, 중국어, 일본어, 헝가리어, 에스파냐어, 노르웨이어 등으로 번역되었으며 다양한 언어로 이용이 가능하다. 앞서 언급한 바와 같이 Coping Cat 프로그램은 장단기 무선통제연구 모두에서 아동·청소년기 불안 증상 감소에 긍정적인 영향을 미치는 것으로 확인되었다(Kendall, 1994; Kendall & Southam-Gerow, 1996; Lenz, 2015; McNally Keehn et al., 2013; Norris & Kendall, 2020; Oldham-Cooper & Loades, 2017; Santesteban-Echarri et al., 2018). 이처럼 학교심리사는 학교 체계 내에서 다양한 증거기반 개입 전략을 실행하여 GAD 아동·청소년의 증상 개선 및 학교 적응에 많은 도움을 줄 수 있다.

사례 연구 **Mia: 범불안장애를 가진 백인 여아의 사례**

배경

Mia는 13세 백인 여자 아동으로 미국 중서부 중산층 가정의 자녀이다. Mia의 가족은 Mia를 어릴 때부터 매사에 걱정이 많은 아이로 표현한다. Mia는 수줍음이 많고 조용하며 유순하다. Mia는 현재 아빠(John), 엄마(Susan), 오빠(Sam, 16세)와 함께 살고 있다. 나머지 친인척은 Mia의 집과 다소 멀리 떨어진 교외에서 살고 있다. 하지만 할아버지와 할머니(친가/외가)는 Mia 가족의 생활에 중요한 역할을 하고 있다. 엄마인 Susan은 대학을 졸업한 후 현재 척추지압 클리닉에서 부서 관리자로 일하고 있다. 아빠인 John은 대학을 졸업한 후 현재 보험설계사로 일하고 있다. John은 주로 재택근무를 하면서 경우에 따라 다른 지역으로 출장을 가기도 한다. Susan과 John은 자녀들이 테크니컬스쿨(technical school)에 가거나 4년제 대학에 진학하거나 군대에 입대하는 등 자신의 학력을 높이고 인생의 목표를 성취해 나가기를 바라고 있다. 그리고 Susan은 Mia가 사회적 관계를 맺고 유지하는 과정에서 독립적이고 주도적인 태도를 갖추었는지 확인하고 싶어 한다. Mia의 양육은 Susan과 John이 나누어 맡고 있다. Susan에 따르면, Mia는 비슷한 나이의 동성 친구 5명과 친하게 지내고 있다. Mia는 학교 밴드 활동을 하면서 이들과 가까워졌다. Mia는 5명의 친구들과 시간을 보낼 때면 주로 대화를 하거나, 학교 과제에 대한 정보를 문자로 주고받거나, 온라인 게임을 함께 즐기면서 게임 관련 주제로 채팅을 하곤 한다. 하지만 우려스럽게도, 지난 1년간 친구들과 함께하는 시간이 현저하게 줄어들기 시작했다. Susan은 이러한 상태가 지속된다면 Mia에게 어떤 친구도 남지 않을 것이라고 걱정하고 있다.

교사들은 흔히 Mia를 예의 바른 학생으로 표현한다. 그러나 Mia는 결석이 잦은 데다, 특히 수학 성적이 계속해서 하락하고 있다. Mia는 복통으로 인하여 최근 며칠간 결석하기도 하였다. Mia는 병원에서 진료를 받았지만 별다른 문제가 발견되지 않았기 때문에 소아과 전문의는 Mia의 증상을 신경성 복통으로 진단하였다. Mia의 담임교사는 Mia의 집중력이 수시로 달라진다고 말하면서, Mia가 수업 중에 자주 '멍하게' 있는다고 표현하였다. 학교 성적과 관련하여 Mia는 대부분 교과에서 B 학점을, 특히 수학 교과에서 C^-(72점) 학점을 받았다. Susan은 다른 교과에 비해 Mia의 수학 교과 성적이 낮은 편이라고 말하였다. 하지만 Mia가 C^- 학점을 받은 것은 이번이 처음이다. 올해 들어 Mia는 가장 좋아하는 과목으로 영어와 역사를, 가장 싫어하는 과목으로 수학을 들었다. Susan은 작년에 비해 Mia가 수학 과제와 관련하여 더 많은 좌절감을 느끼는 것 같다고 말하였다. 또한 Mia가 소위 '단락반응(short circuit)'을 보이며 주요 기능을 멈추는 것 같다고 표현하였다. Mia는 집에서 과제를 하기 전후에 과도한 불안감에 휩싸이는 것으로 보인다. Susan과 John은 Mia의 지나친 불안감, 끊임없는 재확인, 그리고 잦은 결석으로 인하여 큰 좌절을 경험하고 있다.

Mia는 어렸을 때 죽음에 대하여 두려움을 느꼈다고 말하였다. 하지만 당시 자신을 두려움에 떨게 했던 죽음의 원인(예: 사고, 질병 등)에 대해서는 기억하지 못하였다. Mia는 죽음 자체에 불안을 느꼈었다. 현재 Mia는 자신이 대학 진학에 실패하여 낙오자가 되지는 않을까 걱정하고 있다. 그리고 자신의 노력과는 상관없이 학교 시험 결과가 좋지 않을 것이라고 여긴다. Mia는 최근 들어 과제나 시험에 대해 친구들과 의논조차 할 수 없다고 느끼기 시작했다. 그리고 자신이 '셧다운(shut down)' 되었다고 느끼기 시작했다. Mia는 친구들이 자신을 좋아하지 않는다고 생각하고 친구들을 점점 멀리하고 있다. Mia는 더 이상 자신의 불안을 감당하기 어려우며 이러한 문제에 대해 부모와 의논할 수도 없다고 말하였다. Mia는 매 순간 불안에 압도를 당하고 있다. Mia는 이처럼 과도하면서도 통제하기 힘든 불안으로 인하여 좀처럼 잠을 자지 못하고 지나치게 조바심을 내며 수업에 집중하지 못하고 있다.

논의

Mia가 보고하는 불안의 강도, 빈도, 지속 시간(또는 기간)은 Mia의 일상에서 일어나는 어떤 사건에 비추어 보아도 지나치게 과도하다. 그리고 Mia는 학교 성적 및 대학 진학과 관련하여 극심한 불안에 시달리고 있다. Mia의 불안은 통제 불가능한 수준이며 오랜 시간 지속되었다. Mia는 안절부절못하고 집중력이 부족하며 수면장애를 겪고 있다. 또한 Mia의 불안은 대인관계와 학업 기능에 현저한 손상을 초래하고 있다.

Mia는 친구들과의 관계에서도 어려움을 경험하고 있다. 친구들과의 소통은 대부분 온라인 환경에서 이루어지고 있지만, Mia는 이러한 가벼운 소통조차도 점차 멀리하고 있다. Mia는 사회적 상황에 거의 참여하지 않고 사회적 접촉을 시작하지도 않는다. 그리고 낯선 사람과 함께 있는 것을 불편하게 여기고 또래와의 집단 활동에도 거의 참여하지 않는다. Mia의 성적은 계속해서 떨어지고 있으며, 특히 수학 성적은 뚜렷한 하락세를 보이고 있다. 정답과 오답이 명확하게 가려진다는 점에서 수학은 Mia에게 매우 불편하고 어려운 교과일 수 있다. 그리고 성취 수준이 명확하게 판별된다는 점에서 수학은 개인이 자기강화(self-reinforcement)를 실행하기에 적절한 교과이기도 하다. 다시 말해, 수학 성취도가 낮은 학생은 자신의 성취 수준을 분명하게 가늠할 수 있으며, 이와 같은 인식이 오히려 수학 학습(또는 평가) 과정에서 불안감을 증폭시킬 수 있다.

이 사례에서는 Mia에 대한 포괄적인 평가, 그리고 Mia의 학업 성취도에 대한 평가가 도움이 될 것으로 보인다. 평가 결과를 바탕으로 다학제 팀은 Mia의 수학 학습과 관련된 문제에 개입할 구체적인 방법을 결정할 수 있다. 그리고 이러한 평가 결과는 Mia의 결석 문제를 다루기 위한 계획을 수립하는 데 보탬이 될 수 있다. 다학제 팀은 평가 결과를 적절하게 활용하여 Mia의 불안과 사회적 상호작용을 개선하기 위한 최적의 개입 전략을 찾아낼 수도 있다. 학업 기능 향상을 위한 개입은 주로 학교에서 이루어지며 경우에 따라 가정에서도 실행될 수 있다. 불안과 사회적 상호작용 문제를 다룰 때는 상담을 포함한 심리치료를 우선적으로 고려할 필요가 있다. 상담을 포함한 심리치료는 학교 안팎에서 학교심리사나 외부 전문가 등에 의해 실행될 수 있다. 특히 CBT는 Mia의 불안 증상을 개선하는 데 매우 효과적인 개입 방법 중의 하나이다. CBT는 주요 전략으로 이완 훈련, 역할놀이, 글쓰기 활동, 점진적 노출(불안을 유발하는 자극에 대한), 인지적 재구조화(부정적인 사고에 대처) 등을 포함한다. CBT는 Mia가 적절한 대처 기술을 바탕으로 불안을 유발하는 상황(실패에 대한 두려움)에 용기 있게 직면하고 자신의 불안을 적절하게 관리하도록 도울 수 있다. 또한 Mia가 불안에 대한 정서 및 신체 반응을 명확하게 파악하도록 도울 수도 있다. 이 모든 개입 과정에서 Mia는 가장 먼저 치료자와의 협력을 통해 자신의 불안에 대처할 구체적인 계획을 수립해 나갈 것이다. 만일 외부 전문가가 Mia의 치료 과정을 주관한다면, 학교심리사는 자문 역할을 통해 외부 전문가를 지원할 수 있다. 학교심리사는 관련 자료를 수집하거나 Mia와 함께 다양한 사안에 대해 검토할 수도 있다. 그리고 교사와 간단한 교실 전략을 공유하여 교실에서 Mia의 불안 증상을 효과적으로 다루도록 지원할 수도 있다. 예컨대, 교실 일과를 체계적으로 조직하고 일관되게 유지함으로써 교실에서 이루어지는 모든 활동의 예측 가능성을 높이는 것은 불확실성과 관련된 Mia의 불안을 감소시키는 데 도움을 준다. 성취 목표 및 평가 과정을 명확하게 제시하는 것은 Mia의 학업 수행에 긍정적인 영향을 미칠 수 있다. 아울러 과제(특히 수학 교과)를 작은 단위로 쪼개어 제시하는 것도 Mia의 불안을 최소화하고 학업 부담을 줄이는 데 기여할 수 있다. Mia의 불안 증상은 심각하지만 포괄적인 평가와 데이터 기반 개입 전략을 통해 Mia의 불안을 효과적으로 관리할 수 있다.

핵심 요약

- DSM-5에 따라 GAD를 진단하려면 대부분의 사람들이 일상에서 경험하는 불안, 그리고 GAD와 관련된 심각한 수준의 불안을 구분할 수 있어야 한다.
- GAD의 위험요인과 관련하여, 학교심리사는 유전 및 환경 요인 모두가 GAD 발달과 관련이 있다는 점에 주의를 기울여야 한다.
- GAD 아동 · 청소년의 가정은 자녀가 등교 거부 행동을 보이는 경우 많은 어려움에 처할 수 있다.
- 교실에서의 불안 증상은 학습활동에 대한 집중력을 약화시킬 우려가 있다.
- 학교심리사는 평가, 옹호, 자문, 상담/치료 등 다양한 영역에서 GAD 아동 · 청소년을 지원할 수 있다.
- 인지행동치료(CBT)는 아동 · 청소년기 GAD에 효과적인 개입 방법으로 알려져 있다.

연습문제

1. IDEA에 따라 특수교육 및 관련 서비스 수혜자격을 평가할 때 GAD 아동 · 청소년에게 흔히 진단될 수 있는 장애는?
   a. 불안장애
   b. 정서장애
   c. 특정학습장애
   d. 지적장애

2. GAD 진단을 받는 경우 IDEA가 정한 정서장애 기준을 완전하게 충족시킬 수 있다.
   a. 참
   b. 거짓

3. 유전 요인은 GAD의 발달에 영향을 미치지 않는다.
   a. 참
   b. 거짓

4. 다음 중 등교 거부의 초기 징후로 가장 알맞은 것은?
   a. 정규교과 외 특별활동에 대한 참여 부족
   b. 또래관계에 대한 걱정
   c. 시험불안
   d. 잦은 보건실 방문

5. CBT나 약물치료를 단독으로 실행하는 것보다 CBT와 약물치료(SSRI)를 병행하는 방식이 아동 · 청소년기 GAD 증상 완화에 더욱 효과적이다.
   a. 참
   b. 거짓

정답 1) b, 2) b, 3) b, 4) d, 5) a

토의질문

1. GAD에 대한 DSM-5의 진단 기준을 설명하시오.
2. IDEA에 따른 정서장애 진단을 통해 특수교육 및 관련서비스 수혜자격을 얻으려면 어떠한 기준에 부합해야 하는지 설명하시오.
3. GAD 발달에 영향을 미칠 수 있는 유전 요인을 열거하시오.
4. 학교심리사가 자문가로서 GAD 아동 · 청소년을 위해 어떠한 역할을 수행할 수 있는지 설명하시오.
5. GAD 아동 · 청소년을 위한 증거기반의 사회 · 정서적 개입 전략에 대하여 논하시오(예: 한 가지 전략을 선택하여 자세하게 설명).

● 추가 정보

American Academy of Child and Adolescent Psychiatry Anxiety Disorders Resource Center: www.aacap.org/AACAP/Families_and_Youth/Resource_Centers/Anxiety_Disorder_Resource_Center/Ho me.aspx

American Academy of Child and Adolescent Psychiatry Anxiety Disorders: Parents' Medication Guide: www.aacap.org/App_Themes/AACAP/docs/resource_centers/resources/med_guides/anxiety-parents-medication-guide.pdf

Anxiety and Depression Association of America Childhood Anxiety Disorders: https://adaa.org/find-help/by-demographics/children/childhood-anxiety-disorders

Centers for Disease Control and Prevention Anxiety and Depression in Children: www.cdc.gov/childrensmentalhealth/depression.html

Mayo Clinic Antidepressants for Children and Teens: www.mayoclinic.org/diseases-conditions/teen- depression/in-depth/antidepressants/art-20047502

Merck Manual Overview of Anxiety Disorders Children and Adolescents: www.merckmanuals.com/professional/pediatrics/mental-disorders-in-children-and- adolescents/overview-of-anxiety-disorders-in-children-and-adolescents

National Association of School Psychologists Anxiety and Anxiety Disorders in Children: Information for Parents: www.nasponline.org/resources-and-publications/resources-and-podcasts/mental- health/mental-health-disorders/anxiety-and-anxiety-disorders-in-children-information-for-parents

Stanford Children's Health Generalized Anxiety Disorder in Children and Teens: www.stanfordchildrens.org/en/topic/default?id=generalized-anxiety-disorder-in-children-and- adolescents-90-P02565

● 핵심 참고문헌

Alfano, C., Beidel, D., & Wong, N. (2011). Children with generalized anxiety disorder do not have peer problems, just fewer friends. *Child Psychiatry and Human Development, 42*(6), 712-723. https://doi.org/10.1007/s10578-011-0245-2

American Psychiatric Association. (2013). *Diagnostic and statistical manual of mental disorders* (5th ed.). https://

doi.org/10.1176/appi.books. 9780890425596

Costello, E. J., Mustillo, S., Erkanli, A., Keeler, G., & Angold, A. (2003). Prevalence and development of psychiatric disorders in childhood and adolescence. *Archives of General Psychiatry, 60*, 837-844. https://doi.org/10.1001/archpsyc.60.8.837

Eley, T. C., Bolton, D., O'Connor, T. G., Perrin, S., Smith, P., & Plomin, R. (2003). A twin study of anxiety-related behaviours in pre-school children. *Journal of Child Psychology and Psychiatry, 44*(7), 945-960. https://doi.org/10.1111/1469-7610.00179

Imran, N., Haider, I. I., & Azeem, M. W. (2017). Generalized anxiety disorder in children and adolescents: An update. *Psychiatric Annals, 47*(10), 497-501. https://doi.org/10.3928/00485713-20170913-01

Jarrett, M. A., Black, A. K., Rapport, H. F., Grills-Taquechel, A. E., & Ollendick, T. H. (2015). Generalized anxiety disorder in younger and older children: Implications for learning and school functioning. *Journal of Child and Family Studies, 24*, 992-1003. https://doi.org/10.1007/s10826-014-9910-y

Keeton, C. P., Kolos, A. C., & Walkup, J. T. (2009). Pediatric generalized anxiety disorder: Epidemiology, diagnosis, and management. *Pediatric Drugs, 11*(3), 171-183. https://doi.org/10.2165/00148581-200911030-00003

Kendler, K. S., Gardner, C. O., & Prescott, C. A. (2002). Toward a comprehensive developmental model for major depression in women. *American Journal of Psychiatry, 159*, 1133-1145. https://doi.org/10.1176/appi.ajp. 159.7.1133

Kessler, R. C., McLaughlin, K. A., Koenen, K. C., Petukhova, M., & Hill, E. D. (2012). The importance of secondary trauma exposure for post-disaster mental disorder. *Epidemiology and Psychiatric Sciences, 21*(1), 35-45. https://doi.org/10.1017/s2045796011000758

Van Ameringen, M., Mancini, C., & Farvolden, P. (2003). The impact of anxiety disorders on educational achievement. *Anxiety Disorders, 17*, 561-571. https://doi.org/10.1016/s0887-6185(02)00228-1

참고문헌

Alfano, C., Beidel, D., & Wong, N. (2011). Children with generalized anxiety disorder do not have peer problems, just fewer friends. *Child Psychiatry and Human Development, 42*(6), 712-723. https://doi.org/10.1007/s10578-011-0245-2

American Psychiatric Association. (1994). *Diagnostic and statistical manual of mental disorders* (4th ed.). American Psychiatric Press.

American Psychiatric Association. (2013). *Diagnostic and statistical manual of mental disorders* (5th ed.). https://doi.org/10.1176/appi.books. 9780890425596

Asnaani, A., Richey, J. A., Dimaite, R., Hinton, D. E., & Hofmann, S. G. (2010). A cross-ethnic comparison of lifetime prevalence rates of anxiety disorders. *The Journal of Nervous and Mental Disease, 198*(8), 551-555.

https://dx.doi.org/10.1097&percent; 2FNMD.0b013e3181ea169f

Atkins, M. S., Frazier, S. L., Birman, D., Adil, J. A., Jackson, M., Graczyk, P. A., Talbott, E., Farmer, A. D., Bell, C. C., & McKay, M. M. (2006). School-based mental health services for children living in high poverty urban communities. *Administration and Policy in Mental Health and Mental Health Services Research, 33*(2), 146-159. https://doi.org/10.1007/s10488-006-0031-9

Barrett, P. M., Duffy, A. L., Dadds, M. R., & Rapee, R. M. (2001). Cognitive-behavioral treatment of anxiety disorders in children: Long-term (6-year) follow up. *Journal of Consulting and Clinical Psychology, 69*, 135-141. https://doi.org/10.1037/0022-006X.69.1.135

Barrett, S., & Heubeck, B. G. (2000). Relationships between school hassles and uplifts and anxiety and conduct problems in grades 3 and 4. *Journal of Applied Developmental Psychology, 21*, 537-554. https://doi.org/10.1016/S0193-3973(00)00053-8

Beesdo, K., Pine, D. S., Lieb, R., & Wittchen, H. U. (2009). Incidence and risk patterns of anxiety and depressive disorders and categorization of generalized anxiety disorder. *Archives of General Psychiatry, 67*(1), 47-57. https://doi.org/10.1001/archgenpsychiatry. 2009, 177

Beidel, D. C., & Turner, S. M. (1998). Comorbidity of test anxiety and other anxiety disorders in children. *Journal of Abnormal Child Psychology, 16*, 275-287. https://doi.org/10.1007/BF00913800

Beidel, D. C., & Turner, S. M. (Eds.). (2005). Excessive worry and generalized anxiety disorder. In Childhood anxiety disorders: A guide to research and treatment(pp. 101-126). Routledge.

Berg, I. (1992). Absence from school and mental health. *British Journal of Psychiatry, 161*, 154-166. https://doi.org/10.1192/bjp. 161.2.154

Biederman, J., Faraone, S. V., Hirshfeld-Becker, D. R., Friedman, D., Robin, J. A., & Rosenbaum, J. F. (2001). Patterns of psychopathology and dysfunction in high-risk children of parents with panic disorder and major depression. *American Journal of Psychiatry, 158*(1), 49-57. https://doi.org/10.1176/appi.ajp. 158.1.49

Breslau, J., Aguilar-Gaxiola, S., Kendler, K. S., Su, M., Williams, D., & Kessler, R. C. (2007). Specifying race-ethnic differences in risk for psychiatric disorder in a US national sample. *Psychological Medicine, 36*(1), 57-68. https://dx.doi.org/10.1017&percent; 2FS0033291705006161

Brown, A. M., Deacon, B. J., Abramowitz, J. S., Dammann, J., & Whiteside, S. P. (2007). Parents' perceptions of pharmacological and cognitive-behavioral treatments for childhood anxiety disorders. *Behaviour Research and Therapy, 45*(4), 819-828. https://doi.org/10.1016/j.brat. 2006.04.010

Budhwani, H., Hearld, K. R., & Chavez-Yenter, D. (2015). Generalized anxiety disorder in racial and ethnic minorities: A case of nativity and contextual factors. *Journal of Affective Disorders, 175*, 275-280. http://dx.doi.org/10.1016/j.jad. 2015.01.035

Burnstein, M., Beesdo-Baum, K., He, J. P., & Merikangas, K. R. (2014). Threshold and subthreshold generalized anxiety disorder among US adolescents: Prevalence, sociodemographic, and clinical characteristics. *Psychological Medicine, 44*(11), 2351-2362. https://doi.org/10.1017/S0033291713002997

Call, G., Beer, J., & Beer, J. (1994). General and test anxiety, shyness, and grade point average of elementary school children. of divorced and nondivorced parents. *Psychological Reports, 74*, 512-514. https://doi.org/10.2466/pr0.1994.74.2.512

Carey, E., Devine, A., Hill, F., & Szucs, D. (2017). Differentiating anxiety forms and their role in academic performance from primary to secondary school. *PLoS One, 12*(3), e0174418. https://doi.org/10.1371/journal.pone.0174418

Centers for Disease Control and Prevention. (n.d.). Data and statistics on children's mental health. https://www.cdc.gov/childrensmentalhealth/data.html

Chansky, T. E., & Kendall, P. C. (1997). Social expectancies and self-perceptions in anxiety-disordered children. *Journal of Anxiety Disorders, 11*, 347-363. https://doi.org/10.1016/s0887-6185(97)00015-7

Chavira, D. A., Stein, M. B., Bailey, K., & Stein, M. T. (2003). Parental opinions regarding treatment for social anxiety disorder in youth. *Journal of Developmental & Behavioral Pediatrics, 24*(5), 315-322. https://doi.org/10.1097/00004703-200310000-00002

Comer, J. S., Pincus, D. B., & Hofmann, S. G. (2012). Generalized anxiety disorder and the proposed associated symptoms criterion change for DSM-5 in a treatment-seeking sample of anxious youth. *Depression and Anxiety, 29*, 994-1003. https://doi.org/10.1002/da. 21999

Coplan, R. J., Girardi, A., Findlay, L. C., & Frohlick, S. L. (2007). Understanding solitude: Young children's attitudes and responses towards hypothetically socially-withdrawn peers. *Social Development, 16*, 390- 409. https://doi.org/10.1111/j.1467-9507.2007.00390.x

Costello, E. J., Egger, H., & Angold, A. (2005). 10-Year research update review: The epidemiology of child and adolescent psychiatric disorders: I. Methods and public health burden. *Journal of the American Academy of Child and Adolescent Psychiatry, 44*(10), 972-986. https://doi.org/10.1097/01. chi. 0000172552.41596.6f.

Costello, E. J., Mustillo, S., Erkanli, A., Keeler, G., & Angold, A. (2003). Prevalence and development of psychiatric disorders in childhood and adolescence. *Archives of General Psychiatry, 60*, 837-844. https://doi.org/10.1001/archpsyc.60.8.837

Creed, T. A., Jager-Hyman, S., Pontoski, K., Feinberg, B., Rosenberg, Z., Evans, A., Hurford, M. O., & Beck, A. T. (2013). The Beck Initiative: Training school-based mental health staff in cognitive therapy. *International Journal of Emotional Education, 5*(2), 49-66. https://www.um.edu.mt/library/oar/handle/123456789/6200

Creed, T. A., Waltman, S. H., Frankel, S. A., & Williston, M. A. (2015). School-based cognitive behavioral therapy: Current status and alternative approaches. *Current Psychiatry Reviews, 12*(1), 53-64. https://doi.org/10.2174/1573400511666150930232419

Creswell, C., Waite, P., & Cooper, P. J. (2014). Assessment and management of anxiety disorders in children and adolescents. *Archives of Disease in Childhood, 99*(7), 674-678. http://dx.doi.org/10.1136/archdischild-2013-303768

DeBellis, M. D., Casey, B. J., Dahl, R. E., Birmaher, B., Williamson, D. E., Thomas, K. M., Axelson, D. A., Frustaci, K., Boring, A. M., Hall, J., & Ryan, N. D. (2000). A pilot study of amygdala volumes in pediatric generalized anxiety disorder. *Biological Psychiatry, 48*, 51-57. https://doi.org/10.1016/s0006-3223(00)00835-0

Dusek, J. B., Kermis, M. D., & Mergler, N. L. (1975). Information processing in low and high test-anxious children as a function of grade level and verbal learning. *Developmental Psychology, 11*, 651-652. https://doi.org/10.1037/0012-1649.11.5.651

Eley, T. C., Bolton, D., O'Connor, T. G., Perrin, S., Smith, P., & Plomin, R. (2003). A twin study of anxiety-related behaviours in pre-school children. *Journal of Child Psychology and Psychiatry, 44*(7), 945-960.

https://doi.org/10.1111/1469-7610.00179

Heyne, D., & King, N. J. (2004). Treatment of school refusal. In P. M. Barrett & T. H. Ollendick (Eds.), *Handbook of interventions that work with children and adolescents: Prevention and treatment* (pp. 243-272). Wiley.

Huberty, T. (2014). Best practices in school-based interventions for anxiety and depression. In P. L. Harrison & A. Thomas (Eds.), *Best practices in school psychology: Student-level services National Association of School Psychologists.*

Ialongo, N., Edelson, G., Werthamer-Larsson, L., Crockett, L., & Keliam, S. (1994). The significance of self-reported anxious symptoms in first grade children: Prediction to anxious symptoms and adaptive functioning in fifth grade. *Journal of Child Psychology and Psychiatry, 36*, 427-437. https://doi.org/10.1111/j.1469-7610.1995.tb01300.x

Imran, N., Haider, I. I., & Azeem, M. W. (2017). Generalized anxiety disorder in children and adolescents: An update. *Psychiatric Annals, 47*(10), 497-501. https://doi.org/10.3928/00485713-20170913-01

Ishikawa, S., Okajima, I, Matsuoka, H., & Sakano, Y. (2007). Cognitive behavioural therapy for anxiety disorders in children and adolescents: A meta-analysis. *Child and Adolescent Mental Health, 12*(4), 164-172. https://doi.org/10.1111/j.1475-3588.2006.00433.x

Jarrett, M. A., Black, A. K., Rapport, H. F., Grills-Taquechel, A. E., & Ollendick, T. H. (2015). Generalized anxiety disorder in younger and older children: Implications for learning and school functioning. *Journal of Child and Family Studies, 24*, 992-1003. https://doi.org/10.1007/s10826-014-9910-y

Kaplow, J. B., Curran, P. J., Angold, A., & Costello, E. J. (2001). The prospective relation between dimensions of anxiety and the initiation of adolescent alcohol use. *Journal of Clinical Child & Adolescent Psychology, 30*(3), 316-326. https://doi.org/10.1207/S15374424JCCP3003_4

Kawakami, N., Abdulghani, E. A., Alonso, J., Bromet, E. J., Bruffaerts, R., Caldas-de-Almeida, J. M., Chiu, W. T., de Girolamo, G., de Graaf, R., Fayyad, J., Ferry, F., Florescu, S., Gureja, O., Hu, C., Lakoma, M. D., LeBlanc, W., Lee, S., Levinson, D., Malhotra, S., … Kessler, R. C. (2012). Early life mental disorders and adult household income in the World Mental Health Surveys. *Biological Psychiatry, 72*(3), 228-237. https://doi.org/10.1016/j.biopsych. 2012.03.009

Keeton, C. P., Kolos, A. C., & Walkup, J. T. (2009). Pediatric generalized anxiety disorder: Epidemiology, diagnosis, and management. *Pediatric Drugs, 11*(3), 171-183. https://doi.org/10.2165/00148581-200911030-00003

Kendall, P. C. (1994). Treating anxiety disorder in children: Results of a randomized clinical trial. *Journal of Consulting and Clinical Psychology, 62*(1), 100-110. https://doi.org/10.1037/0022-006X.62.1.100

Kendall, P. C., & Pimentel, S. S. (2003). On the physiological symptom constellation in youth with generalized anxiety disorder (GAD). *Journal of Anxiety Disorders, 17*, 211-221. https://doi.org/10.1016/S0887-6185(02)00196-2

Kendall, P. C., & Southam-Gerow, M. A. (1996). Long-term follow-up of a cognitive-behavioral therapy for anxiety-disordered youth. *Journal of Consulting and Clinical Psychology, 64*(4), 724-730. https://doi.org/10.1037/0022-006X.64.4.724

Kendler, K. S., Gardner, C. O., & Prescott, C. A. (2002). Toward a comprehensive developmental model for major depression in women. *American Journal of Psychiatry, 159*, 1133-1145. https://doi.org/10.1176/appi.ajp.159.7.1133

Kessler, R. C., Foster, M. P. H., Saunders, W. B., & Stang, P. E. (1995). Social consequences of psychiatric disorders I: Educational attainment. *American Journal of Psychiatry, 152*, 71026-71032. https://doi.org/10.1176/ajp.152.7.1026

Kessler, R. C., McLaughlin, K. A., Koenen, K. C., Petukhova, M., & Hill, E. D. (2012). The importance of secondary trauma exposure for post-disaster mental disorder. *Epidemiology and Psychiatric Sciences, 21*(1), 35-45. https://doi.org/10.1017/s2045796011000758

Langley, A. K., Bergman, R. L., McCracken, J., & Piacentini, J. C. (2004). Impairment in childhood anxiety disorders: Preliminary examination of the Child Anxiety Impact Scale-Parent Version. *Journal of Child and Adolescent Psychopharmacology, 14,* 105-114.

Last, C. G., & Strauss, C. C. (1990). School refusal in anxiety-disordered children and adolescents. *Journal of the American Academy of Child and Adolescent Psychiatry, 29*, 31-35. https://doi.org/10.1097/00004583-199001000-00006

Lenz, A. S. (2015). Meta-analysis of the Coping Cat program for decreasing severity of anxiety symptoms among children and adolescents. *Journal of Child and Adolescent Counseling, 1*(2), 51-65. https://doi.org/10.1080/23727810.2015.1079116

Lewinsohn, P. M., Gotlib, I. H., Lewinsohn, M., Seeley, J. R., & Allen, N. B. (1998). Gender differences in anxiety disorders and anxiety symptoms in adolescents. *Journal of Abnormal Psychology, 107*(1), 109-117. https://psycnet.apa.org/doi/10.1037/0021-843X.107.1.109

Lowry-Webster, H. M., Barrett, P. M., & Dadds, M. R. (2001). A universal prevention trial of anxiety and depressive symptomatology in childhood: Preliminary data from an Australian study. *Behaviour Change, 18*, 36-50. https://doi.org/10.1375/bech.18.1.36

Masi, G., Millepiedi, S., Mucci, M., Poli, P., Bertini, N, & Milantoni, L. (2004). Generalized anxiety disorder in referred children and adolescents. *Journal of the American Academy of Child & Adolescent Psychiatry, 43*(6), 752-260. https://doi.org/10.1097/01.chi.0000121065.29744.d3

Masi, G., Mucci, M., Favilla, L., Romano, R., & Poli, P. (1999). Symptomology and comorbidity of generalized anxiety disorder in children and adolescents. *Comprehensive Psychiatry, 40*, 210-215. https://doi.org/10.1016/S0010-440X(99)90005-6

McLeod, B. D., Wood, J. J., & Weisz, J. R. (2000). Examining the association between parenting and childhood anxiety: A meta-analysis. *Clinical Psychology Review, 27*(2), 155-172. https://doi.org/10.1016/j.cpr.2006.09.002

McLoone, J., Hudson, J. L., & Rapee, R. M. (2006). Treating anxiety disorders in a school setting. *Education and Treatement of Children, 29*(2), 219-242. https://www.jstor.org/stable/42899883

McNally Keehn, R. H., Lincoln, A. J., Brown, M. Z., & Chavira, D. A. (2013). The Coping Cat program for children with anxiety and autism spectrum disorder: A pilot randomized controlled trial. *Journal of Autism and Developmental Disorders, 43*(1), 57-67. https://dx.doi.org/10.1007/s10803-012-1541-9

Misfud, C., & Rapee, R. M. (2005). Early intervention for childhood anxiety in a school setting: Outcomes for an economically disadvantaged population. *Journal of the American Academy of Child and Adolescent*

Psychiatry, 44, 996-1004. https://doi.org/10.1097/01.chi.0000173294.13441.87

Moffitt, T. E., Caspi, A., Harrington, H., Milne, B, J., Melchior, M., Goldberg, D., & Poulton, R. (2007). Generalized anxiety disorder and depression: Childhood risk factors in a birth cohort followed to age 32. *Psychological Medicine, 37*, 441-452. https://doi.org/10.1017/S0033291706009640

Mohammadi, M. R., Pourdehghanm, P., Mostafavi, S., Hooshyari, Z., Ahmadi, N., & Khaleghi, A. (2020). Generalized anxiety disorder: Prevalence, predictors, and comorbidity in children and adolescents. *Journal of Anxiety Disorders, 73*,102234. https://doi.org/10.1016/j.janxdis.2020.102234

Mychailyszyn, M. P., Beidas, R. S., Benjamin, C. L., Edmunds, J. M., Podell, J. L., Cohen, J. S., & Kendall, P. C. (2011). Assessing and treating child anxiety in schools. *Psychology in the Schools, 48*(3), 223-232. https://doi.org/10.1002/pits.20548

Mychailyszyn, M. P., Mendez, J. L., & Kendall, P. C. (2010). School functioning in youth with and without anxiety disorders: Comparisons by diagnosis and comorbidity. *School Psychology Review, 39*(1), 106-121. https://doi.org/10.1002/pits.20548

Nelson, L. J., Rubin, K. H., & Fox, N. A. (2005). Social withdrawal observed peer acceptance, and the development of self-perceptions in children ages 4 to 7 years. *Early Childhood Research Quarterly, 20*, 185-200. https://doi.org/10.1016/j.ecresq.2005.04.007

Norris, L. A., & Kendall, P. C. (2020). A close look into Coping Cat: Strategies within an empirically supported treatment for anxiety in youth. *Journal of Cognitive Psychotherapy, 34*(1), 4-20. http://dx.doi.org/10.1891/0889-8391.34.1.4

Office of Civil Rights. (n.d.). Protecting students with disabilities: Frequently asked questions about Section 504 and the education of children with disabilities. https://www.ed.gov/about/offices/list/ocr/504faq.html

Oldham-Cooper, R., & Loades, M. (2017). Disorder-specific versus generic cognitive behavioral treatment of anxiety disorders in children and young people: A systematic narrative review of evidence for the effectiveness of disorder-specific CBT compared with the disorder-generic treatment, Coping Cat. *Journal of Child and Adolescent Psychiatric Nursing, 30*(1), 6-17. https://doi.org/10.1111/jcap.12165

Pella, J. E., Ginsburg, G. S., Casline, E., Pikulski, P. J., & Drake, K. L. (2018). Children's perceptions of barriers to session attendance in school-based treatment for anxiety. *School Mental Health, 10*, 417-427. https://doi.org/10.1007/s12310-018-9253-8

Piacentini, J., Bennett, S., Compton, S. N., Kendall, P., Birmaher, B., Albano, A. M., March, J., Sherrill, J., Sakolsky, D., Ginsburg, G., Rynn, M., Bergman, R. L., Gosch, E., Waslick, B., Iyengar, S., McCracken, J., & Walkup, J. (2014). 24- and 36-week outcomes for the Child/Adolescent Anxiety Multimodal Study (CAMS). *Journal of the American Academy of Child and Adolescent Psychiatry, 53*(3), 297-310. https://dx.doi.org/10.1016&percent;2Fj.jaac.2013.11.010

Pintrich, P. R., & DeGroot, E. V. (1990). Motivational and self-regulated learning components of classroom academic performance. *Journal of Educational Psychology, 82*, 33-40. https://doi.org/10.1037/0022-0663.82.1.33

Rapee, R. M. (2000). Group treatment of children with anxiety disorders: Outcome and predictors of treatment response. *Australian Journal of Psychology, 52*, 125-130. https://doi.org/10.1080/00049530008255379

Santesteban-Echarri, O., Hernandez-Arroyo, L., Rice, S. M., Guerre-Lobera, M. J., Serrano-Villar, M., Espin-

Jaime, J. C., & Jimenez-Arriero, M. A. (2018). Adapting the Brief Coping Cat for children with anxiety to a group setting in the Spanish public mental health system: A hybrid effectiveness-implementation pilot study. *Journal of Child and Family Studies, 27*(10), 3300-3315. http://dx.doi.org/10.1007/s10826-018-1154-9

Sartor, C. E., Lynskey, M. T., Heath, A. C., Jacob, T., & True, W. (2007). The role of childhood risk factors in initiation of alcohol use and progression to alcohol dependence. *Addiction, 102*(2), 216-225. https://doi.org/10.1111/j.1360-0443.2006.01661.x

Shanahan, L., Copeland, W. E., Angold, A., Bondy, C. L., & Costello, E. J. (2014). Sleep problems predict and are predicted by generalized anxiety/depression and oppositional defiant disorder. *Journal of the American Academy of Child and Adolescent Psychiatry, 53*(5), 550-558. https://doi.org/10.1016/j.jaac. 2013.12.29.

Shortt, A. L., Barrett, P. M., & Fox, T. I. (2001). Evaluating the FRIENDS program: A cognitive-behavioral group treatment for anxious children and their parents. *Journal of Child Clinical Psychology, 30*, 525-535. https://doi.org/10.1207/S15374424JCCP3004_09

Strauss, C. C., Lahey, B. B., Frick, P., Frame, C. L., & Hynd, G. W. (1998). Peer social status of children with anxiety disorders. *Journal of Consultation and Clinical Psychology, 56*, 500-507. https://doi.org/10.1037//0022-006x.56.1.137

Suldo, S. M., & Ogg, J. (2014). Best practices in interventions for anxiety-based school refusal. In P. L. Harrison & A. Thomas (Eds.), *Best practices in school psychology: Student-level services*. National Association of School Psychologists.

Turner, B. G., Beidel, D. C., Hughes, S., & Turner, M. W. (1993). Test anxiety in African American school children. *School Psychology Quarterly, 8*(2), 140-152. https://doi.org/10.1037/h0088835

U.S. Department of Education. (n.d.). Individuals with Disabilities Education Improvement Act. https://sites.ed.gov/idea

Van Ameringen, M., Mancini, C., & Farvolden, P. (2003). The impact of anxiety disorders on educational achievement. *Anxiety Disorders, 17*, 561-571. https://doi.org/10.1016/s0887-6185(02)00228-1

Weems, C. F. (2008). Developmental trajectories of childhood anxiety: Identifying continuity and change in anxious emotion. *Developmental Review, 28*, 488-502. https://doi.org/10.1016/j.dr.2008.01.001

Wood, J. J. (2006). Effect of anxiety reduction on children's school performance and social adjustment. *Developmental Psychology, 42*(2), 345-349. https://doi.org/10.1037/0012-1649.42.2.345

Wood, J. J., McLeod, B. D., Sigman, M., Hwang, W., & Chu, B. (2003). Parenting and childhood anxiety: Theory, empirical findings, and future directions. *Journal of Child Psychology and Psychiatry, 44*(1), 134-151. https://doi.org/10.1111/1469-7610.00106

제9장

분리불안장애

학습 목표

- 분리불안장애(SAD)에 대한 DSM-5의 진단 기준이 DSM-IV(APA, 1994) 및 이전 DSM에서 제시하는 진단 기준과 어떠한 차이가 있는지 구별할 수 있다.
- 장애를 가진 학생의 교육활동을 보장하기 위한 미국의 연방법률(예: 「장애인교육법」, 「재활법 504조」)이 DSM-5로 진단받은 SAD 아동·청소년에게 어떻게 적용될 수 있는지 이해할 수 있다.
- 문화적 민감성 관점에서 SAD의 유병률, 공존장애, 위험요인, 관련 변인에 대하여 알 수 있다.
- SAD에 대한 평가 및 개입 방법을 살펴볼 수 있다.

도입

분리불안장애(Separation Anxiety Disorder: SAD)는 『정신질환의 진단 및 통계 편람』의 다섯 번째 개정판인 DSM-5(Diagnostic and Statistical Manual of Mental Disorders, 5th ed.)에서 불안장애(Anxiety Disorders)의 하위장애로 분류된다(American Psychiatric Association: APA, 2013). DSM-5에서는 아동·청소년뿐만 아니라 성인도 분리불안장애 진단을 받을 수 있다. SAD 아동·청소년은 주요 애착 대상(예: 부모, 보호자)과 떨어질 것이라고 예상하거나 실제로 떨어지는 상황에서 극심한 두려움과 불안을 경험한다. SAD 증상은 아동·청소년이 또래 및 성인과 맺는 사회적 관계에 문제를 야기하고 학업, 사회성, 행동 및 정서 기능을 비롯한 생활 기능의 모든 측면에 걸쳐 매우 부정적인 영향을 미칠 수 있다.

인지행동치료(Cognitive Behavioral Therapy: CBT)는 SAD 증상 완화를 돕는 대표적인 증거기

반치료로 알려져 있다. 또한 학교심리사는 직접적인 역할(즉, 인지행동치료) 및 간접적인 역할(즉, 자문, 심리교육, 자료 모니터링)을 통하여 SAD 아동·청소년과 가족을 폭넓게 지원할 수 있는 특별한 위치에 있다.

진단적 쟁점

DSM-5 진단

DSM-5에서는 SAD를 불안장애의 하위장애로 분류하고 있다(ICD-9-CM code: 309.21; APA, 2013). APA에 따르면, "분리불안장애(SAD)는 애착 대상과 떨어지는 것에 대하여 극심한 두려움이나 불안을 느끼는 것"을 말한다(APA, 2016, p. 4). 임상가들이 DSM-5를 기반으로 SAD 진단을 내릴 때는 다음 네 가지 주요 기준을 고려해야 한다(APA, 2013). 첫 번째 주요 기준은 포괄적인 내용으로, 주요 애착 대상과 떨어지는 것에 대한 과도한 두려움이나 불안과 관련이 있다(APA, 2013, p. 190). 이 범주에 해당하려면 다음 제시하는 여덟 개의 하위기준 중에서 적어도 세 가지를 충족하여야 한다. (a) 애착 대상과 떨어지는 상황이 예상되거나 실제로 떨어져야 할 때 심한 불안과 고통을 느낀다. (b) 가까운 사람들(즉, 부모, 보호자)이나 자신이 불의의 사고를 당하지 않을까 과도하게 두려워한다. 예컨대, 이들은 고통스러운 질병에 걸려 사랑하는 사람과 헤어지게 되지는 않을까 두려워할 수 있다. (c) 애착 대상과 분리될 수 있는 뜻밖의 사건들(예: 길 잃음, 납치, 사고, 질병)에 대하여 지속적으로 과도하게 걱정한다. (d) 분리에 의해 야기되는 불안으로 인하여 애착 대상과 떨어지는 것을 매우 주저한다. 만일 SAD 아동·청소년이 이러한 증상을 보이는 경우에는 자칫 등교 거부로 이어질 수 있기 때문에, 특히 학교생활 및 학업 수행에 많은 어려움을 겪을 수 있다. (e) 추가적인 하위기준으로는 애착 대상 없이 홀로 있는 것에 대한 불안, 애착 대상이 보이지 않는 상태에서 잠을 자는 것에 대한 걱정, 애착 대상과 떨어지는 상황을 떠올리거나 실제로 떨어질 때 느끼는 신체 증상, 그리고 분리에 대한 악몽을 들 수 있다.

SAD에 대한 DSM-5의 두 번째 주요 기준으로, 임상가들은 애착 대상과의 분리에서 오는 두려움이나 불안이 얼마나 오랫동안 지속되었는지를 고려해야 한다. 아동·청소년의 경우에는 4주 이상, 성인의 경우에는 6개월 이상 이러한 기간이 지속되어야 SAD 진단이 가능하다.

SAD 진단을 위한 세 번째 주요 기준은 사회적·학업적·직업적 기능과 같은 핵심적인 기능 영역이나 다른 중요한 기능 영역에 임상적으로 심각한 손상이 발견되어야 한다는 것이다. 특히 학업 및 사회적 발달은 아동·청소년에게 무척 중요한 발달 영역으로, 학교심리사는 SAD 아동·청소년의 학업 수행을 유심히 살피고 애착 대상과의 분리에 대한 과도한 불안이 이들의 등교에 어떤 영향을 미칠 수 있는지 면밀하게 검토하여야 한다. SAD 아동·청소년은 학교의 교직원들에게 무단결석을 습관처럼 반복하는 학생으로 오인될 수 있기 때문에, 이들의 결석은 사회·정서적 지지 또는 정신건강을 위한 전문적인 치료보다는 훈육 의뢰(discipline referrals)나 처벌적인 조치로 이어질 가능성이 있다. SAD 진단을 위한 마지막 네 번째 주요 기준은 관찰되는 증상이 DSM-5의 다른 정신장애 진단 기준에 의해 더 잘 설명되지 않아야 한다는 것이다. DSM-5는 SAD 진단을 내리기 전에 추가적으로 검토해야 할 다른 정신장애의 사례[자폐스펙트럼장애, 정신증적 장애, 광장공포증(밖으로 나가는 것에 대한 두려움), 범불안장애, 질병불안장애]를 별도로 제시하고 있다(APA, 2013).

진단 기준의 변화: DSM-IV에서 DSM-5로

DSM-IV(APA, 1994)와 비교할 때 DSM-5(APA, 2013)의 SAD 진단 기준에서 가장 눈에 띄는 변화는 SAD가 '유아기, 아동기, 청소년기에 흔히 처음으로 진단되는 장애' 범주에서 '불안장애' 범주로 이동하였다는 것이다(APA, 2013; Center for Behavioral Health Statistics and Quality, 2016). 결과적으로, 성인 역시 아동·청소년과 마찬가지로 SAD 진단을 받을 수 있다(Center for Behavioral Health Statistics and Quality, 2016). 이러한 변화를 반영하여 DSM-5(APA, 2013)에서는 성인에 대한 SAD 증상의 지속 기간을 6개월 이상으로 규정하였으며 SAD가 18세 이전에 발병한다는 기존의 진단 기준을 삭제하였다. 그리고 SAD가 영향을 미칠 수 있는 추가적인 기능 영역(직업적 기능)을 직접적으로 명시하였으며, SAD 진단 과정에서 배제해야 하는 정신장애의 종류에도 일부 변화를 주었다(자폐스펙트럼장애, 범불안장애, 질병불안장애를 새롭게 포함하였음; Center for Behavioral Health Statistics and Quality, 2016). 또한 6세 이전에 SAD가 조기 발병한 경우를 조발성(early onset)으로 규정한 명시자(specifier) 역시 삭제하였다. 성인 SAD를 고려한 일부 진단 기준의 이 같은 변화가 아동·청소년을 대상으로 일하는 학교심리사의 일상적인 업무에 큰 영향을 미치지는 않을 것이다. 하지만 학교심리사가 초기 아동기 연령대에 해당하는 어린 학생의 사례를 다루는 경우에는 조발성을 규정한 명시자의 삭제가 일부 영향을 줄 수도 있다.

> SAD에 대한 DSM-5 진단 기준의 주요 변화는 SAD가 불안장애의 하위장애로 분류되며 성인도 아동·청소년과 마찬가지로 SAD 진단을 받을 수 있다는 것이다(APA, 2013).

장애인교육법에 적용하기

DSM-5(APA, 2013)의 SAD 진단 기준에 부합하는 학생이 개별화교육프로그램(Individual Education Program: IEP)과 함께 특수교육 및 관련서비스(예: 상담, 심리지원 서비스)를 받으려면 학생에게서 관찰되는 증상이나 행동이 「장애인교육법(Individuals with Disabilities Education Improvement Act: IDEA」(2004)에서 제시하는 13개의 장애 유형 중 하나에 포함되어야 한다. 학교심리사는 다방면의 전문가로 구성된 다학제 팀(multidisciplinary team)의 일원으로, 특수교육과 관련된 평가를 수행하는 데 핵심적인 역할을 담당하며 개별화교육프로그램의 개발 및 실행에 기여한다. SAD 진단을 받은 학생 중에서 특수교육 및 관련서비스 수혜자격을 갖춘 학생의 비율이 어느 정도인지를 보고한 연구는 아직 찾아보기 어렵지만, 특히 정서장애(emotional disturbance; IDEA, 2004)의 경우 SAD와 중첩될 수 있는 몇몇 증상과 행동을 포함한다. 정서장애 진단을 위한 기준은 다음과 같다.

(i) 정서장애는 다음 특성 중 한 가지 이상이 오랜 기간에 걸쳐 나타나며 그 정도가 심각하여 교육활동을 수행하는 데 부정적인 영향을 미치는 상태를 말한다.
  (A) 학습활동이 불가하며 이는 지적 · 감각적 · 의학적 요인에 의해 설명되지 않아야 한다.
  (B) 또래 및 교사와 만족스러운 대인관계를 형성하거나 유지할 수 없다.
  (C) 일반적인 상황에서 부적절한 유형의 행동이나 감정을 보인다.
  (D) 일상생활 전반에 걸쳐 우울감을 느끼거나 자신이 불행하다고 느낀다.
  (E) 개인적인 문제 또는 학교에서 겪는 어려움과 관련하여 신체적 증상이 나타나거나 두려움을 느끼는 경향이 있다.
(ii) 정서장애는 조현병을 포함한다. 그리고 사회적 부적응 아동 · 청소년의 경우 상기 (i) 기준에 부합하지 않는다면 정서장애로 진단하지 않는다[IDEA, 2004, Section 300.8 (c) (4)].

혹자는 SAD 아동이 주요 애착 대상과의 분리에 대한 불안과 심리적 고통으로 인하여 또래 및 교사와 만족스러운 대인관계를 맺기 어렵기 때문에 정서장애 기준에 부합한다고 주장할 수 있다. 또는 SAD 아동이 SAD와 관련된 불안으로 인하여 신체적 증상이나 두려움을 나타낸다고 주장할 수도 있다. 그러나 특수교육 수혜자격을 얻기 위해서는 무엇보다 교육활동 수행에 미치는 부정적인 영향이 확인되어야 한다. 다시 말해, SAD 아동이 현저한 불안이나 대인관계 문제를 보이더라도 학교에서 이뤄지는 교육활동에 적절하게 참여하고 있다면 IDEA(2004)가 규정하는 범위 내에서는 일반적으로 특수교육 대상자로 인정받기 쉽지 않다. 비록 개별 사례마다 차이가 있을 수는 있겠지만, 많은 SAD 아동이 정서장애 진단 기준에 미치지 못하여 특수교육 대상에서 배제될 가능성이 높다. 학교심리사는 다학제 팀의 일원으로 특수교육 수혜 대상을 결정하는 과정에서 핵심적인 역할을 담당하며, 학생이 나타내는 사회 · 정서 및 행동 문제의 원인과 영향을 구체적으로 밝히는 데 뛰어난 전문성을 갖추고 있다. 미국 교육부 산하 특수교육 프로그램 사무국(Office of Special Education Programs: OSEP)이 발표한 최근 자료에 따르면, 지역별 편차가 있기는 하지만(1.65~17.36%) 특수교육 및 개별화교육프로그램 대상 아동 중에서 정서장애로 진단받은 사례는 단지 5.45%에 불과하였다(OSEP, 2020). 이러한 결과는 정서장애 진단을 토대로 특수교육 수혜자격을 얻는 아동의 비율이 비교적 낮은 편이라는 점을 시사한다. 하지만 이러한 분석 결과는 국가 수준의 통계 자료와 일치하지 않는 것으로, 실제 매우 많은 수의 아동이 불안 관련 장애(예: SAD)를 비롯한 여러 유형의 정신건강 문제 및 정신장애를 호소하는 것으로 나타났다. 일례로, 미국에서 수행된 전국 단위 연구에서 최소 한 가지 이상의 정신장애를 가진 아동의 비율은 16.5%로 확인되었으며, 이 중 거의 절반가량(49.4%)의 아동이 제대로 된 치료를 받지 못한 것으로 나타났다(Whitney & Peterson, 2019).

재활법 504조에 적용하기

앞서 언급한 바와 같이, IDEA(2004)에서는 DSM-5(APA, 2013)의 SAD 진단 기준에 부합하는 학생이 특수교육 수혜 대상으로 인정받기 쉽지 않다. 하지만 이들에게 1973년 제정된 「재활법 504조(Section 504 of the Rehabilitation Act)」를 적용하는 경우 다른 유형의 학교기반 교육 서비스 수혜자격을 갖추게 될 가능성이 크다. 「재활법 504조」에서는 장애를 가진 사람을, "일상의 주요한 활동을 한 가지 이상 현저하게 제한하는 신체적 또는 정신적 손상을 가진 자"[Office for Civil Rights: OCR, 2016, para. 3]로 정의한다. 여기서 말하는 정신적 손상에는 정신장애가 포함되지만 법령 내에서 다양한 유형의 정신장애를 포괄적으로 제시하기 어렵기 때문에 「재활법 504조」에서는 특정 정신장애 목록을 별도로 규정하지 않고 있다(OCR, 2016). 물론 일상의 주요 활동 중 하나인 학습활동은 보고 듣고 생각하는 다른 활동들과 마찬가지로 장애에 영향을 받을 수 있다. 하지만 OCR(2016)은 학교가 학생의 장애가 학습활동에 어떻게 영향을 미칠 수 있는지를 평가하는 것도 중요하지만, 학생의 장애가 학교에서 이루어지는 모든 유형의 교육활동 및 지원에 대하여 학생의 참여를 제한하고 있지는 않은지, 만약 그렇다면 어떻게 영향을 미칠 수 있는지를 함께 고려해야 한다고 강조한다. 「재활법 504조」(1973)는 학생이 장애로 인하여 차별받지 않아야 한다는 점, 그리고 장애 학생이 비장애 학생과 동등한 권리를 보장받아야 한다는 점을 명시하고 있다. IDEA와 마찬가지로, 학교가 「재활법 504조」를 준수하기 위해서는 장애를 가진 학생이 적절한 공교육에 자유롭게 접근할 수 있도록(Free and Appropriate Public Education: FAPE) 보장해야 한다(OCR, 2016). 이에 따라 학교는 "정규교육이나 특수교육, 그리고 관련 조력 및 서비스 제공"(OCR, 2016, p. 11)을 통하여 비장애인 학생과 동일한 수준으로 장애인 학생의 필요를 효과적으로 채울 수 있어야 한다. IDEA와 「재활법 504조」가 학교현장에 적용되는 사례를 살펴보면 다양한 과정 및 절차들이 유사한 형태로 나타나는 것을 확인할 수 있다. 예컨대, 적절한 평가(evaluation) 및 배치(placement) 활동, 그리고 학생의 가족이 재평가를 요청하거나 정당한 절차를 거칠 권리(예: 통지를 받을 권리, 청문회를 요구할 권리)가 여기에 포함된다(OCR, 2016). 「재활법 504조」에서 직접 규정하고 있지는 않지만, 대부분의 학교는 교육 서비스 운영 방안 등을 포함하는 「재활법 504조」 실천 계획을 자체 수립하여 관련 법령을 어떻게 준수하고 있는지를 개략적으로 밝히고 있다. IDEA(2004)에서는 학생의 장애가 교육활동 수행에 부정적인 영향을 미친다는 것을 입증해야 하지만 「재활법 504조」(2016)에서는 그렇지 않다. 학교심리사는 다학제 팀의 구성원으로서 적절한 교육 지원 방안을 결정하고 「재활법 504조」의 준수 여부를 평가하는 데 중요한 역할을 담당한다. 행동계획/불안 감소를 위한 개입(애착 대상과 떨어지는 상황에서 사용 가능한 대처기술 연습; Kendall & Hedtke, 2006), 학부모와의 협력, 교사 대상 자문, 사회성 기술 훈련 등은 「재활법 504조」를 바탕으로 SAD 학생을 지원하는 대표적인 사례라고 할 수 있다.

> SAD 학생은 IDEA(2004)에 따라 특수교육 서비스의 수혜 대상이 될 수 있으며 이 경우 대개는 정서장애 진단을 받는다. 하지만 「재활법 504조」를 적용하는 경우 SAD 학생이 교육적 보호를 받을 가능성은 더욱 커진다.

유병률 및 발병 시기

DSM-5(APA, 2013) 진단 기준의 변화가 SAD 유병률에 미칠 영향을 구체적으로 파악하기 위해서는 더 많은 시간이 필요하다. 이는 유병률 연구의 대부분이 대규모 표본 및 장기간에 걸친 분석 과정을 포함하기 때문에 이미 완료된 연구 사례가 비교적 드물기 때문이다. 현시점에서 참고할 수 있는 유병률 데이터도 서로 다른 결과를 보이며 일치하지 않는 경우가 많은데, 자료수집 방법을 비롯한 다수의 요인들이 이러한 차이에 영향을 미쳤을 수 있다(Vaughan et al., 2017). 더욱이, 유병률 정보를 제시하는 많은 연구가 대개 현재의 DSM-5가 아닌 이전의 DSM 진단 기준을 사용하였다는 점에도 주의를 기울여야 한다.

미국 연구 동향

일부 역학 연구 결과를 살펴보면, SAD가 아동, 청소년, 성인에게서 흔히 나타나며 특히 성인기에 발병하는 사례가 적지 않다는 사실을 확인할 수 있다(Shear et al., 2006). 일례로, Shear 등(2006)은 미국의 National Comorbidity Survey Replication(NCS-R; Kessler & Merikangas, 2004) 데이터를 이용하여 일반적인 정신장애(DSM-IV; APA, 1994) 유병률을 보고하였는데, 이들 연구에서 아동 SAD의 평생 유병률은 4.1%, 성인 SAD의 평생 유병률은 6.6%로 나타났다. 평생 유병률은 특정 정신장애가 일생에 걸쳐 적어도 한 번 이상 나타났을 경우 해당 사례를 집계하는 방식으로 산출한다(National Institute of Mental Health, 2017). Shear 등은 성인 SAD 진단을 받은 사람의 대다수가 성인기에 이르러서야 처음으로 SAD 증상을 경험하였다고 보고하였다(77.5%). 이러한 결과는 DSM-5(APA, 2013)에 성인 SAD 진단 기준을 추가하는 것이 타당하다는 것을 보여 준다. 또한 연구 결과는 많은 수의 SAD 아동이 성인이 된 이후에도 여전히 SAD 진단 기준에 부합한다는 사실을 보여 주었으며(36.1%), 이는 SAD가 때때로 오랜 기간 이어지는 힘겨운 싸움이 될 수 있다는 점을 시사한다. 이와 관련하여 학교심리사는 SAD의 위험이 있는 아동을 신속하게 식별하고 이들에게 적절한 치료를 제공하여 일생에 걸쳐 계속될 수 있는 심리적 고통을 예방하는 데 중요한 역할을 수행할 수 있다.

청소년(13~17세) 및 성인(18~64세)에 초점을 맞추어 연구를 진행한 Kessler 등(2012)은 NCS-R(Kessler & Merikangas, 2004) 및 추가적인 청소년 데이터(NCS-A; Merikangas et al., 2009)를 이용하여 SAD의 유병률을 보고하였다. SAD 평생 유병률은 불안장애 범주에 속한 하위장애(특정공포증 및 사회공포증 제외) 중에서 가장 높은 6.7%였으며(다음은 외상후 스트레스장애로 5.7%), 청소년 SAD 평생 유병률(7.7%)은 성인 SAD(6.6%)에 비해 더 높은 것으로 나타났다. 성별에 따른 SAD 평생 유병률 차이를 살펴보았을 때, 청소년의 경우 여학생(9.5%)이 남학생(5.9%)에 비해 유의하게 더 높은 비율을, 성인의 경우 마찬가지로 여성(8.2%)이 남성(4.7%)에 비해 유의하게 더 높은 비율을 보였다. SAD 1년 유병률(설문 시점을 기준으로 지난 1년간 SAD 진단을 한 번 이상 받은 적이 있다고 응답한 비율)은 청소년 SAD의 경우 1.5%, 성인 SAD의 경우 1%로 확인되었다. 그리고 SAD의 평생 유병률에 대한 1년 유병률 비율(1년 유병률/평생 유병률)은 약 20%로 나타났는데, 이는 지금껏 SAD 진단을 받은 적이 있다고 응답한 사례의 대략 20%만이 지난 1년 사이에 SAD 진단을 받았다는 것을 의미한다. 이를 두고 Kessler 등(2012)은 특히 SAD의 경우에는 DSM의 다른 정신장애에 비해 아동이 청소년으로 성장하면서 자연스럽게 호전되는 사례가 많은 데에서 기인하는 것일 수 있다고 해석하였다. 아울러 이들 연구에서는 평생 발병 위험도(Lifetime Morbid Risk: LMR)를 분석하여 관련 결과를 제공함으로써 SAD 유병률을 더욱 면밀하게 이해하는 데 도움을 주었다. Kessler 등(2012)은 LMR이 언젠가 일생의 어떤 시점에서 특정 정신장애 진단을 받을 것으로 예상되는 사람의 비율, 그리고 연구에 참여한 현시점에서 이미 특정 정신장애 진단을 받은 사람의 비율에 대한 정보를 모두 포함하며 LMR이 어떻게 이러한 정보를 제공하는지 서술하였다. 또한 LMR이 일반적으로 사용되는 측정 방법은 아니지만(Oakley-Browne et al., 2006; Kessler et al., 2012에서 재인용) 관련 정책이나 치료계획 수립을 위한 유용한 정보로 활용될 수 있다고 언급하였다. LMR에 대한 SAD 평생 유병률 비율(평생 유병률/LMR)은 일련의 공포증과 함께 가장 높은 수준으로 나타났는데, 이는 언젠가 SAD 진단을 받을 것으로 예상되는 청소년/성인 대부분이 연구에 참여한 현시점에서 이미 SAD 진단을 받았다는 것을 의미한다. 유사한 맥락으로 SAD 및 공포증의 발병 연령 또한 연구에 포함된 정신장애(DSM-IV; APA, 1994) 중에서 가장 낮은 것으로 확인되었다.

미국 오리건주 지역사회 표본을 대상으로 종단 연구를 수행한 Lewinsohn 등(2008)도 SAD의 발병 연령 및 유병률에 대한 추가적인 정보를 제공하였다. 이들의 연구에서 SAD의 평균 발병 연령은 약 7세였으며 SAD의 지속 기간은 약 3년으로 측정되었다. 아울러 16세(첫 번째 측정 시기) 이전에 SAD 진단을 받은 청소년 중 약 6%만이 17세(두 번째 측정 시기)가 되었을 때도 SAD 진단 기준에 부합하는 것으로 나타났다.

> SAD를 비롯한 정신장애의 유병률을 측정하기 위해 다양한 방법들이 사용되고 있다. 미국 연구 사례에서 Shear 등(2006)은 아동 SAD의 평생 유병률은 4.1%, 성인 SAD의 평생 유병률을 6.6%로 보고하였다.

국제 공동 연구 및 국외 연구 동향

세계보건기구(World Health Organization: WHO)에서 시행하는 세계정신건강실태조사의 일환으로, 대면 면접을 통한 대규모 실태조사가 아프리카, 아메리카(예: 미국, 멕시코, 콜롬비아), 중동, 유럽, 아시아 전역에 속한 17개 국가에 걸쳐 실시된 바 있다(Kessler et al., 2007). 85,000명이 넘는 인원을 조사한 Kessler 등(2007)의 연구는 현시점에서 가장 방대한 규모의 국제 역학 연구 중 하나로 평가받는다. 이들 연구에는 비전문가 면접관(lay interviewer)[1]이 참여하여 평가를 진행하였으며 주요 분석 결과는 DSM-IV 및 ICD-10(International Classification of Diseases, Tenth Revision; WHO, 1991) 편찬을 위한 기초 자료로 활용되었다. 이 중 불안장애에 대한 연구 결과

1) 역자 주: 전문가 면접관이 아닌 해당 분야의 전문지식을 갖추지 않은 일반적인 면접관이 면접을 진행하는 경우 연구 비용 절감, 연구 가설 및 대상에 대한 편견 배제, 면접 지침 준수 등 고유한 이점을 살릴 수 있어, 특히 대규모 표본을 다루는 의학 연구에서 이를 채택하는 경우가 많다.

는 SAD와 가장 밀접하게 관련되어 있다. Kessler 등의 연구에서 SAD와 공포증의 발병 연령 중앙치는 7~14세 사이에 분포(IQR 8~11세)하였던 반면, 범불안장애(GAD), 공황장애(PD), 외상 후 스트레스장애(PTSD)와 같은 다른 불안 관련 장애들의 발병 연령 중앙치는 24~50세 사이에 분포(IQR 31~41세)하는 것으로 나타났다. 이러한 결과는 많은 국가들이 참여한 대규모 표본에서도 SAD와 공포증이 다른 불안장애에 비해 비교적 조기에 발병한다는 사실을 보여 주는 것이다. 아울러 SAD와 공포증의 발병 연령이 불안장애를 포함한 여러 정신장애 중에서 가장 낮았다고 밝힌 Kessler 등(2012)의 연구 결과와도 일치하는 것이다.

Mohammadi 등(2020)의 최근 연구에서도 이란 아동 · 청소년(6~18세) 29,699명이 응답한 전국 단위 데이터를 이용하여 SAD 유병률을 분석하였다. 이들은 이란판 Kiddie Schedule for Affective Disorders and Schizophrenia Present and Lifetime(K-SADS-PL; Ghanizadeh et al., 2006)에 따른 반구조화된 면접을 효과적으로 진행할 수 있도록 사전에 임상심리사에게 훈련을 받았으며, 이후 면접 결과를 분석하여 특정 정신장애 진단 기준에 부합하는 아동 · 청소년의 비율을 분석하였다. 연구 결과, 전체 표본에 대한 SAD 유병률은 5.3%로 나타났으며, 앞선 Kessler 등(2012)의 결과와는 달리 성별에 따른 차이는 발견되지 않았다. 또한 Mohammadi 등(2020)은 연령대에 따라 SAD 유병률을 비교하였을 때 어린 아동(6~9세)의 유병률이 가장 높은 7.2%임을 알아냈다. 아울러 도시지역에 거주하는 아동 · 청소년의 SAD 유병률(5.6%)은 시골지역에 거주하는 아동 · 청소년의 유병률(3.5%)에 비해 더 높은 수치를 보이는 것으로 나타났다.

SAD와 공포증이 다른 불안장애에 비해 비교적 조기에 발병한다(Kessler et al., 2007).

공존장애 및 안정성

일부 연구에서는 SAD와 다른 정신장애의 공존장애 및 이에 따른 장기적인 영향을 검토하였다. 예컨대, Kearney 등(2003)은 미국 네바다주 아동 60명을 대상으로 DSM-IV(APA, 1994) 진단 기준에 따른 정신장애 여부를 평가하였다. 그 결과, 생후 평균 3년 6개월차(Time 1)에 SAD 진단을 받았던 아동의 대부분이 재차 3년 6개월이 지난 두 번째 측정 시점(Time 2)에서는 더 이상 SAD 진단 기준에 부합하지 않는 것으로 나타났다. 다만, 이들 연구에서는 표본의 크기가 매우 작았는데, 구체적으로 Time 1에서 SAD 진단을 받은 사례(임상 집단)는 9명, 그리고 Time 2에서 SAD 진단 기준에 여전히 부합한 사례는 단 2명에 불과하였다. 그럼에도 연구 결과는 어린 아동의 SAD가 아주 안정적으로 유지되는 것은 아니라는 점을 보여 준다. 따라서 학교심리사가 초기 아동기 사례를 다룰 때는 대상의 발달적 특성, 어린 아동과 보호자의 애착 및 분리에 대한 기대, 그리고 분리 과정에서 필요한 초기 개입 및 가족 지지의 중요성에 대하여 특히 주의를 기울여야 한다. 아울러 Kearney 등(2003)은 Time 2에서 SAD 증상을 보고한 아동(임상 집단 및 준임상 집단)의 경우 SAD 증상이 없는 아동(비임상 집단)에 비해 공존장애를 가질 가능성이 높을 뿐만 아니라 더 많은 불안, 신체 증상 및 내재화 문제(Time 1, Time 2)를 보일 수 있다고 밝혔다. 이러한 점에서 학교심리사는 다학제 팀의 구성원과 협력하여 어린 아동의 SAD 증상을 주의 깊게 살피고 필요한 경우 지속적으로 이들을 지원해야 한다.

한편으로, deMathis 등(2013)은 강박장애(Obsessive-Compulsive Disorder: OCD)를 가진 브라질 성인 1,001명(평균 34.8세)을 대상으로 OCD와 다른 정신장애의 공존장애를 평가하였다. 이를 위해 임상가들은 DSM-IV(APA, 1994)에 따른 구조화된 임상 면접을 통해 연구에 참여한 성인들이 OCD를 비롯한 여러 정신장애 진단 기준에 현재 부합하거나 과거 부합한 적이 있었는지를 확인하였다. 연구 결과, OCD와 가장 흔히 공존하는 장애는 SAD였으며, 특히 SAD의 평균 발령 연령(5.9세)은 연구에 포함된 정신장애 중에서 가장 낮은 것으로 나타났다. 그리고 자신의 첫 번째 정신장애로 SAD 증상을 보였던 OCD 성인은 외상(trauma)을 경험하였을 때 PTSD 진단을 받을 가능성이 더 높은 것으로 나타났다. 또한 이들은 Dimensional Yale-Brown Obsessive Compulsive Scale(DY-BOCS)의 하위영역인 성적(sexual)/종교적(religious) 영역에서 유의하게 더 높은 점수를, 그리고 Beck Depression Inventory(Beck et al., 1961) 및 Beck Anxiety Inventory(Beck et al., 1988)에서 더 높은 점수를 보고하였다. 이러한 결과를 토대로 deMathis 등(2013)들은 이전에 SAD 증상을 보였던 OCD 성인의 경우 여러 유형의 불안 관련 장애에 추가적으로 노출될 우려가 있다고 결론을 내렸다. deMathis 등의 이 같은 공존장애 연구는 학교심리사에게 중요한 정보를 제공하는데, 그것은 SAD 진단을 받았거나 일부 SAD 증상을 가진 학생을 체계적으로 평가하고 모니터링하며 치료하는 일이 향후 추가적인 불안장애의 발병 위험을 낮추는 데 기여할 수 있다는 것이다. PTSD 관련 연구 결과 또한 주목할 만한데, 이에 따르면 학교심리사가 SAD 학생의 사례를 다루는 경우에는 특히 외상 및 관련 스트레스 요인에 노출되는 것이 어떻게 PTSD를 촉발할 수 있는지를 잘 이해하고 이를 주의 깊게 살필 필요가 있다.

Lewinsohn 등(2008)이 미국 오리건주 서부 지역 청소년을 대상으로 수행한 종단연구도 SAD와 다른 정신장애의 공존장애를 이해하는 데 중요한 정보를 제공하고 있다. 연구에 사용된 데이터는 오리건 청소년 우울증 연구 프로젝트(Oregon Adolescent Depression Project)를 통해 수집되었으며 총 네 번의 측정 시점을 두고 있다. 첫 두 번의 측정은 연구에 참여한 청소년이 약 16세(Time 1)와 17세(Time 2)였을 때, 그리고 다음 두 번의 측정은 이들 청소년이 성인기에 도달한 약 24세(Time 3)와 30세(Time 4)였을 때 실시되었다. DSM-III-R(APA, 1987; Time 1~2) 및 DSM-IV(APA, 1994; Time 3~4) 진단 기준에 따른 정신장애 여부를 판단하기 위하여 면접이 진행되었으며, 각 측정 시점마다 정신병리 증상에 대한 현재 및 과거 정보(current and retrospective information; 즉, 평생 유병률)가 수집되었다. 연구자들은 아동 · 청소년기(19세 이전) 정신장애, 특히 SAD가 초기 성인기(19~30세) 정신장애에 어떠한 영향을 미치는지 확인하기 위하여 아동 · 청소년기 진단 결과를 기준으로 참여자를 4개의 서로 다른 집단, 즉 SAD 집단, SAD가 아닌 다른 불안장애 집단, 불안장애가 아닌 다른 정신장애 집단, 정신장애 진단을 받지 않은 집단으로 구분하였다. 이들은 집단 간 인구통계학적 차이 및 공존장애(19세 이전)를 통제한 후 다중 위계적 로지스틱 회귀분석을 통해 오즈비(odds ratios)를 추정하였다. 분석 결과, Lewinsohn 등(2008)은 아동 · 청소년기 SAD 집단이 다른 세 집단에 비해 초기 성인기에 이르렀을 때 공황장애(Panic Disorder: PD) 진단을 받을 가능성이 더 높다는 사실을 발견하였다. 이와 더불어 아동 · 청소년기 SAD 집단은 이 시기에 정신장애 진단을 받지 않았거나 불안 이외의 다른 정신장애 진단을 받은 집단에 비해 초기 성인기에 이르러 우울증 진단을 받을 가능성이 더 높은 것으로 나타났다.

1만 5,000여 명의 데이터가 포함된 25편의 논문을 대상으로 메타분석을 실시한 Kossowsky 등(2013)의 연구도 참고할 만하다. 연구에서 추정한 오즈비에 따르면, SAD 아동의 경우 향후 PD 및 다른 여러 불안장애 진단을 받을 가능성은 더 높았던 반면에, 우울증 진단을 받을 가능성은 높지 않은 것으로 나타났다. 아울러 다섯 편의 연구에 대한 제한적인 메타분석 결과이기는 하지만 물질 관련 장애 진단을 받을 가능성도 높지 않은 것으로 나타났다. 이러한 점에서 Kossowsky 등(2013)은 SAD를 포함한 불안장애 연구의 경우 특히 발달적 관점에서 정신병리에 접근할 필요가 있다는 견해를 밝히기도 하였다.

한편으로, Aschenbrand 등(2003)은 아동 · 청소년기 SAD가 성인기 PD를 예측하였다고 밝힌 Lewinsohn 등(2008) 및 Kossowsky 등(2013)의 연구와 다소 상이한 결과를 보고하였다. 이들은 대략 5년에서 9년 전에 불안 치료를 위해 클리닉을 찾은 적이 있는 청소년과 성인을 대상으로 추적연구를 수행하였다. 이처럼 Aschenbrand 등은 임상 표본을 사용하여 연구를 진행하였는데, 이는 Lewinsohn 등(2008)이 사용한 일반적인 지역사회 표본과는 차이가 있다. 연구 참여자들이 불안 치료를 위해 클리닉을 찾았던 9세에서 13세 당시에는 모두가 DSM-III-R(APA, 1987) 및 DSM-IV(APA, 1994) 진단 기준에 따라 불안장애 진단을 받았었다. 연구를 위해 임상심리사 1명 및 상급 박사수료생 2명이 추수평가를 진행하였으며(연구 대상의 90%가 참여에 동의), 참여자를 현재 연령에 따라 구별하여 15~17세인 경우에는 자기 보고 및 부모평정용 Anxiety Disorders Interview Schedule for Children(ADIS-C/ADIS-P; Silverman & Albano, 1997)에, 18세 이상인 경우에는 Anxiety Disorder Interview Schedule for DSM-IV Lifetime(ADIS-IV-L; DiNardo et al., 1994)에 응답하도록 하였다. 이들의 평균 연령은 추수평가 시점에서 대략 19세(약 15.5~22.75세)였다. Aschenbrand 등은 아동기에 진단받은 불안장애 유형에 따라 참여자를 3개의 서로 다른 집단, 즉 SAD 집단, GAD 집단(SAD 미진단), 사회공포증 집단(SAD 미진단)으로 구분하였다. 그리고 앞선 Lewinsohn 등의 연구와 유사하게 아동기 SAD가 청소년기 및 초기 성인기 정신장애를 예측하는 정도를 확인하기 위하여 오즈비를 추정하였다. 하지만 Lewinsohn 등의 결과와는 다르게 아동기 SAD 집단은 다른 불안장애 집단(GAD 및 사회공포증)에 비해 향후 PD나 광장공포증 진단 가능성을 증가시키지 않았으며, 아울러 주요우울장애에 대해서도 동일한 결과가 확인되었다. 그럼에도 아동기 SAD 집단은 다른 불안장애 집단에 비해 향후 OCD, 특정공포증, PTSD 및 급성 스트레스장애 진단을 받을 가능성이 더 높은 것으로 나타났다.

Aschenbrand 등(2003)과 Lewinsohn 등(2008)의 결과는 특히 PD를 예측하는 SAD의 역할과 관련하여 일치하지 않는 측면이 있지만, 이 같은 간극은 표본의 차이에 기인하는 것일 수도 있다. 앞서 언급한 바와 같이 Aschenbrand 등(2003)은 이전에 불안 치료를 받은 경험이 있는 청소년과 성인을 대상으로 연구를 수행하였다. 다시 말해, Lewinsohn 등(2008)의 표본은 일반적인 지역사회 표본이지만 Aschenbrand 등(2003)의 표본은 임상표본으로 간주할 수 있다.

SAD 병력을 가진 아동·청소년이 외상에 노출되었을 때 향후 PD (Kossowsky et al., 2013; Lewinsohn et al., 2008)와 PTSD(deMathis et al., 2013)와 같은 정신장애를 겪을 우려가 있다.

위험요인 및 관련 변인

SAD 관련 문헌들을 살펴보면 SAD의 위험요인 및 관련 변인에 대한 이해를 높이는 데 도움이 된다. Milrod 등(2014)이 언급한 바와 같이 "분리불안은 부모가 자녀에게 전할 수 있는 유전적 기원과 사회적/경험적/후생유전학적 기원 모두를 가지고 있다"(p. 35). 일부 연구들은 생물학적 요인이 SAD에 관여할 가능성을 밝히기도 하였다. 가령 SAD 및 관련 불안장애의 기원에 대한 신경학적 설명을 보여 주는 것으로, SAD 및 PD를 가진 사람이 공기 중 CO_2 농도에 민감하게 반응한다는 증거가 제시되었다(Esquivel et al., 2010: Battaglia, 2015에서 재인용; Magnotta et al., 2012: Battaglia, 2015에서 재인용). 또한 Lebowitz 등(2016)은 SAD 아동·청소년(7~16세, 임상표본)의 경우 다른 불안장애를 가진 아동·청소년에 비해 옥시토신(Oxytocin: OT)의 수준이 더 낮은 경향이 있다는 사실을 발견하였다. OT 수준이 낮은 아동·청소년은 특히 **가족타협**(family accommodation) 수준이 더 높았는데, 이는 불안과 관련한 심리적 고통을 자녀가 회피하도록 부모가 돕고 있을 가능성이 더 높다는 것을 의미한다(Lebowitz et al., 2016, p. 39). 아울러 OT 수준이 낮은 아동·청소년은 불안한 상황에서 부모에게 의존하지 못할 때 심리적 고통을 더욱 크게 느끼는 것으로 나타났다. Milrod 등(2014)은 이와 같은 SAD의 기저에 신경학적 추력(neural drivers)이 존재할 가능성을 언급하였다. 이들에 따르면 신경학적 추력은 애착 대상과 떨어지는 상황에서 공포 회로(fear circuitry)를 지나치게 활성화하고 애착 대상과의 재회에 대한 보상 메커니즘(reward mechanisms)을 과도하게 각성하는 데 깊이 관여하고 있을 수 있다. 동시에 Milrod와 동료들은 이러한 신경 체계를 인과관계의 원인으로 결론을 내리는 것에 주의를 당부하였다. 그리고 이 같은 신경 체계가 SAD를 가진 사람에 내재하는 또 다른 기저 체계, 가령 사회적 및 인지적 사고 과정과 관련이 있을 수 있다고 언급하였다(Paquette et al., 2003: Milrod et al., 2014에서 재인용).

향후 연구에서는 SAD에 대한 가족타협의 역할을 구체적으로 평가할 필요가 있으며, 이는 학교심리사가 SAD 아동을 면밀하게 이해하고 보다 효과적인 치료를 수행하는 데 중요한 시사점을 제공할 수 있다. Lebowitz 등(2016)의 연구는 불안을 회피하지 않고 적절하게 다룰 수 있도록 SAD 아동을 돕는 과정에서 학교심리사와 가족의 협력이 무엇보다 중요하다는 것을 잘 보여준다. 이와 관련하여 Philipps 등(2020)은 가족이 SAD와 연관된 불안 관련 스트레스를 회피하도록 자녀를 돕게 되면 불안이 유발되는 상황(부모와 떨어지는 것)에 자녀가 노출되지 못하도록 막음으로써 의도치 않게 SAD 증상을 유지 및 강화하고 결과적으로 효과적인 SAD 치료를 어렵게 만든다는 견해를 밝히기도 하였다. 특히 이들의 연구에서는 문제행동(예: 부모가 집에 있게 하려는 다양한 유형의 행동, 우는 것, 부모 없이 자러 가지 않는 것)을 하는 자녀를 가진 부모가 문제행동을 하지 않으면서 SAD 증상의 수가 적거나 중간 정도인 자녀를 가진 부모에 비해 자녀와 타협하는 행동을 할 가능성이 매우 높은 것으로 나타났다.

> SAD 아동의 경우 다른 불안장애를 가진 아동에 비해 옥시토신의 수준이 더 낮은 경향이 있다(Lebowitz et al., 2016).

가족 및 환경 요인 또한 SAD에 관여할 수 있는 위험요인으로 꾸준하게 다루어져 왔다. 일례로, Battaglia(2015)는 부모가 자녀의 SAD 발달에 미치는 잠재적인 영향을 밝히는 것은 어려운 일이지만, 부정적인 초기 생활 사건(예: 부모의 이혼이나 사망으로 인한 분리 및 상실)을 경험한 아동의 경우 SAD 및 PD를 겪게 될 위험이 높다는 증거가 있다고 언급하였다. SAD와 PD의 동시적/종단적 관련성은 앞서 언급한 다른 연구에서도 확인된 바 있다(Kossowsky et al., 2013; Lewinsohn et al., 2008). SAD의 발달과 관련하여 생애 초기 부모 애착의 역할에 주목한 다른 연구들도 참고할 만하다. 예컨대, Sirin(2019)은 1,500명이 넘는 튀르키예 대학생을 대상으로 회고적 연구(retrospective study)를 진행하면서, 이들이 어렸을 때 부모에게 수용을 경험하였는지 거절을 경험하였는지, 현재 연인 관계를 안정적으로 여기는

지 불안정(예: 불안 또는 회피)하게 여기는지, 그리고 현재 성인 SAD 증상은 어느 정도인지를 평가하였다. 수집한 데이터를 구조방정식 모델링을 통해 분석한 결과, 아동기 부모 거절과 성인기 SAD의 관계는 불안정 애착에 의해 매개되었으며, 특히 회피애착보다는 불안애착의 매개효과가 더 큰 것으로 나타났다. 연구 결과는 이 같은 경로의 복잡성(complexities)과 더불어, 부모 거절에 대한 초기 신념이 성인기의 친밀한 관계 및 SAD 발달에 순차적으로 어떤 영향을 미칠 수 있는지를 구체적으로 보여 주었다. 다만, Sirin의 연구는 정신장애 진단을 받은 적이 없는 대학생 표본을 사용하였다는 한계를 가진다. 물론 참여자가 특정 시점에서 정신장애 진단 기준에 부합할 가능성을 배제할 수는 없지만 Sirin의 연구에서 관련 정보는 수집되지 않았다.

문화적 쟁점

SAD와 정신장애에 대한 문화적 쟁점은 인종차별(racism)이라는 더 큰 맥락에서 논의되어야 할 필요가 있다. 인종차별은 의료 환경이나 학교를 비롯한 거의 모든 사회 시스템에서 발견되며, 특히 사회 전반에 걸쳐 소수 인종의 문화적 배경을 충분히 고려한 효과적인 정신건강 서비스를 찾아보기가 쉽지 않다(Alegria et al., 2010; American Psychological Association, 2017). 미국소아과학회(American Academy of Pediatrics: AAP)는 성명을 통해 소수 인종 집단에 속한 아동·청소년이 여러 건강 지표에서 문제를 보이며 인종차별이 모든 영역(개인, 구조, 시스템)에서 이러한 결과에 일조하고 있다는 점을 분명하게 밝힌 바 있다(Trent et al., 2019). AAP는 교육계 및 의료계 종사자(예: 소아과 전문의)의 암묵적인 편견을 예방하기 위한 훈련을 적극적으로 실시하고 인종차별을 경험한 환자나 내담자의 정신건강을 면밀하게 평가해야 한다는 권고사항을 성명에 포함하였다.

더욱이, 소수 인종 건강 정책(예: 인종/민족에 대한 편견 및 의료 서비스 격차 해소 등) 추진을 위해 지난 1986년에 설립된 미국 보건복지부(Department of Health and Human Services) 산하 소수 인종 건강 사무국(Office of Minority Health)에서도 소수 인종/민족 집단 프로파일을 발간하면서 이들 집단이 의료 서비스에 제대로 접근하지 못할뿐더러 건강 상태도 그리 좋은 편이 아니라고 밝혔다. 각 프로파일은 소수 인종/민족 집단에 속한 아동·청소년 및 가족의 건강 상태가 취약하다는 점을 명백하게 보여 주고 있으며, 이러한 문제는 특히 개인의 건강에 영향을 미칠 수 있는 광범위한 사회적 요인들과 밀접하게 연결되어 있다(예: 실업, 주택 격차, 열악한 거주 환경, 보험 미가입, 의료 서비스 부족; U.S. Department of Health and Human Services, 2019a). 이 같은 사실을 입증하는 많은 통계 자료 중의 하나로, 9~12학년에 재학 중인 아프리카계 미국인 여학생이 비(非)히스패닉계 미국인 또래에 비해 자살을 시도할 가능성이 60% 더 높은 것으로 나타났다(U.S. Department of Health and Human Services, 2019b). 학교심리사는 미국 보건복지부(U.S. Department of Health and Human Services) 웹사이트에 접속하여 이와 관련한 정보와 자원을 다양하게 활용할 수 있다. 웹사이트에서는 소수 인종/민족 집단의 정신건강을 지원하는 정보를 포함하여 의료 서비스 이용 및 건강 상태에 대한 중요한 정보를 제공하고 있다.

SAD 진단을 받았거나 SAD가 우려되는 학생의 사례를 관리할 때는 특히 문화적 쟁점을 고려해야 하는데, 이는 학생 개인 차원의 결핍을 넘어 더 큰 맥락, 즉 편향된 시스템(biased systems) 안에서 SAD를 다룬다는 것을 의미한다. 예컨대, 인종차별에 따른 외상과 관련하여 French 등(2020)은 **근원적 치유**(radical healing, p. 14)라 불리는 심리학의 새로운 이론적 틀(framework)을 제안하면서, 주로 개인 수준에 머물러 있었던 심리치료의 초점을 소수 인종/민족이 속해 있는 지역사회에 기반한 치유로 전환할 것을 강조하였다. 근원적 치유의 이론 체계는 오랜 세월에 걸쳐 견고한 시스템이 되어 버린 인종차별의 맥락에서 구체화되지만, 동시에 유색인종이 우리 사회에 남긴 막대한 문화적 유산과 커다란 기여, 그리고 그들이 보여 주었던 엄청난 회복력(resiliency)을 자각하게 한다.

특히 SAD에 영향을 미치는 문화적 요인을 평가할 때 이와 같은 이론적 모형을 적용하는 것이 가능하다. 예컨대, 학교심리사는 SAD 아동·청소년에 대한 문화적 쟁점을 검토하면서 유색인종이 일상에서 숱하게 경험하는 인종주의(racism), 편견(bias), 차별(discrimination), 마이크로어그레션(microaggression)[2]을 염두에 두고 이러한 현실이 애착 대상과 떨어져야 하는 상황에서 아동과 부모의 행동에 어떤 영향을 미칠 수 있는지 주의 깊게 살펴야 한다. 이 장의 서두에서 언급한 바와 같이, SAD에 대한 DSM-5의 포괄적 진단 기준은 애착 대상 곁에 있지 못할 때 극심한 두려움과 심리적 고통을 느끼는 것이다(APA, 2013). 끊임없이 이어져 온 인종차별의 역사와 최근의 비극적인 사건(예: George Floyd를 비롯하여 미국 역사 전반에 걸쳐 많은 유색인종이 죽임을 당한 사건)을 감안할 때 임상가는 흑인이나 황인이 경험하는 일상의 인종차별, 그리고 이들이 집을 나설 때 느낄 수 있는 실제적인 두려움을 유심히 살펴야 한다(Nir, 2020). 집 바깥에서 매일 경험하는 인종차별의 현실이 반영된 개인의 행동을 병리적인 것으로 성급하게 판단하지 않는

2) 역자 주: 의도적이든 그렇지 않든 상대방으로 하여금 굴욕을 느끼게 하는 일상의 짧고 흔한 언어적·행동적·환경적 공격을 가리키는 것으로, 특히 인종에 대한 마이크로어그레션(racial microaggressions)은 유색인종에게 부정적이고 적대적이며 이들을 폄하하는 내용으로 미묘하게 인종차별적인 모욕을 주는 것을 말한다(Sue et al., 2007).

것이 중요하다. 학교심리사는 SAD 관련 증상의 평가 및 치료를 위해 SAD 아동 · 청소년의 가족과 협력하는 과정에서 이와 같은 현실을 분명하게 이해하고 있어야 한다.

아동 · 청소년기 SAD와 관련하여 인종, 문화, 민족에 대한 내용을 구체적으로 살핀 연구는 매우 드문 편이지만 일부 연구에서 몇몇 중요한 시사점을 발견할 수 있다. 대표적인 사례로, Sood 등(2012)은 미국 문화에 대한 적응(acculturation) 수준, 종교적 신념 및 민족성이 아동기 SAD 증상의 원인을 해석하거나 도움을 청할 전문가를 선택하는 경향에 어떻게 영향을 미치는지 분석하였다. 이를 위해 연구자들은 푸에르토리코, 인디언(남아시아), 유럽 배경을 가진 미국 어머니에게 아동기 SAD 주요 증상을 묘사한 4개의 사례를 읽게 한 후, SAD 증상에 심리적 · 의학적(신체적) · 종교적 원인이 어느 정도 관여한다고 생각하는지, 그리고 종교 지도자, 정신건강 전문가, 의사에게 어느 정도 도움을 청할 것인지에 응답하도록 하였다. 분석 결과, 미국 문화에 대한 적응 수준이 높은 어머니일수록 SAD 증상의 원인을 심리적인 문제로 간주하며 정신건강 전문가에게 도움을 청할 가능성이 높은 것으로 나타났다. 자기 전통문화에 대한 정체성(민족성)은 SAD 증상의 원인을 해석하는 경향(심리적 및 종교적)이나 도움을 청할 전문가를 선택하는 경향에 별다른 영향을 미치지 않았다. 아울러 종교적 신념의 수준이 높은 어머니일수록 종교 지도자에게 더 많이 도움을 청하는 것으로 나타났다. 하지만 시크교 신자(Sikh)가 가톨릭 신자에 비해 종교 지도자에게 도움을 청할 가능성이 더 낮게 나타나는 등(종교적 신념을 통제한 후) 동일한 민족성을 가진 집단 내에서 일부 차이가 있을 수 있다는 점이 확인되었다. 이러한 결과에 비추어 Sood 등(2012)은 특정 종교와 관련된 결과를 다른 종교에까지 일반화하지 않도록 주의를 기울일 필요가 있다고 당부하였다. 특히 이들은 남아시아 배경을 가진 사람들에 대한 심리 및 정신건강 연구가 최근까지도 매우 제한적으로 이뤄지고 있다고 언급하였다. 안타깝게도 근래 들어 더욱 증가하고 있는 아시아 · 태평양계 미국인(Asian American Pacific Islanders: AAPIs)을 향한 혐오 범죄는 지난 수 세기에 걸쳐 AAPIs에게 가해진 심각한 폭력과 인종차별, 그리고 인종차별에 따른 외상과 긴밀하게 연결되어 있으며 이러한 문제해결을 위해 더 많은 연구와 노력이 필요하다는 것을 여실히 보여 준다(Truong et al., 2021).

나아가, Sood 등(2012)은 푸에르토리코 배경(Puerto Rican: PR)을 가진 어머니가 유럽 배경(European American: EA)을 가진 어머니에 비해 SAD 증상의 원인을 의학적(신체적)인 문제에서 찾으려는 경향이 더 강하다는 사실을 발견하였다. 이와 관련하여 연구자들은 PR 아동 및 가족의 경우 몸과 마음의 통합적 관점(즉, 서로 밀접하게 연결되어 있음)을 강조하고 있을 수 있기 때문에 치료 목표를 정하는 과정에서 이들과 긴밀하게 협력하는 것이 중요하다고 제안하였다. 그리고 이러한 결과는 라틴계 아동의 정신건강 문제가 종종 신체적인 문제로 나타날 수 있다고 밝힌 선행연구의 결과를 지지하는 것이라고 언급하였다(Pina & Silverman, 2004: Sood et al., 2012에서 재인용). 라틴계 이주민의 경우 인종차별 및 외국인 혐오 등에 따른 외상으로 인하여 정신건강 문제에 취약할 가능성이 있으며, 특히 이 같은 일들이 최근 라틴계 이주민들에게 더욱 비일비재하게 일어나고 있기 때문에 애착 대상과 떨어지는 상황에서 이들이 느끼는 두려움은 매우 현실적인 것일 수 있다. 이러한 두려움은 SAD 증상 발현에 영향을 미칠 수 있으며 결과적으로 라틴계 가족이 정신건강 치료에 참여할 가능성을 높일 수 있다(Diaz & Fenning, 2017).

SAD 및 불안장애를 비롯한 여러 정신건강 문제를 바르게 진단하고 치료하기 위해서는 인종차별과 폭력이 만연하는 문화적 시스템, 인종/민족적 시스템 등을 사회 전반에 걸쳐 광범위하게 검토할 필요가 있다. 모든 사례에 일률적으로 적용할 수 있는 접근방식은 존재하지 않으며 개별 사례를 폭넓은 역사적 맥락 속에서 이해하는 것이 중요하다. 이는 개인이 가진 인종/민족 정체성뿐만 아니라 상호 교차 가능하면서 때로는 억압될 수도 있는 다른 여러 정체성(즉, 계층, 성별, 성 정체성, 성적 지향, 체류자격, 언어 등; Crenshaw, 2016)의 잠재적 역할을 함께 고려한다는 것을 의미한다. 아울러 소수 인종/민족 집단에 속하거나 사회적으로 억압된 정체성을 가진 아동 · 청소년 및 가족에게 이들이 가진 정체성에 따라 동일한 치료 방식을 적용할 수 있다고 가정해서는 안 된다. 학교심리사, 교육자 및 임상가들이 SAD 진단을 받았거나 SAD가 우려되는 유색인종 아동 · 청소년의 사례를 다루는 경우에는 인종주의, 편견, 차별과 같은 다양한 사회적 맥락을 폭넓게 고려해야 하며, 이들을 평가하고 치료하는 과정에서 문화적 배경의 차이를 충분하게 고려할 수 있도록 적절한 훈련과 지원을 받을 필요가 있다.

> SAD 진단 및 치료 과정에서 SAD 아동 · 청소년과 가족을 둘러싼 문화적 맥락이 반드시 고려되어야 한다. 특히 소수 인종/민족 집단에 속한 아동 · 청소년과 가족이 인종주의, 편견, 차별이 만연하는 사회 시스템으로 인하여 정신건강 서비스에 제대로 접근하지 못하는 경우에는 더욱 그러하다(미국 보건복지부, 2019a).

학교와 가정에서 사회성, 정서 및 행동 기능에 미치는 영향

사회성, 정서 및 행동 문제

SAD의 특징은 주요 애착 대상과 떨어지거나 집을 나서야 하는 상황에서 극심한 두려움과 심리적 고통을 느끼는 것이다(APA, 2013). SAD 아동이 주요 애착 대상/보호자(부모)와 떨어져야 하는 상황에 맞닥뜨리게 되면 이를 회피하기 위해 울화행동이나 울음을 터트리는 행동 등 심리적으로 고통스러워하고 불안해하는 모습을 보일 수 있다(Pincus et al., 2008). Pincus 등(2008)에 따르면, 이러한 외현화 행동은 가령 아침 등교 시간(학교에 가기 위해 부모와 떨어져야 하는 시간)이나 저녁 취침 시간(자기 방에 가서 자야 하지만 부모와 계속 함께 있기를 원하는 시간)에 특히 증가할 수 있다. 이 중에서 학교에 가지 않으려는 행동은 학교심리사가 다루어야 할 핵심 사안으로, 자세한 내용은 이어지는 '학교에서의 기능' 절에서 후술하기로 한다. 아울러 사회적 측면에서 SAD 아동은 분리에 따른 심리적 고통으로 인해 사회적 상호작용에 제대로 참여하지 못하여 또래들과 발달적으로 적절한 사회적 관계를 맺을 중요한 기회(예: 함께 스포츠 활동 참여하기, 함께 밤을 지새우며 놀기, 함께 시간 보내기)를 놓치게 된다(Pincus et al., 2008; Vaughan et al., 2017).

아동 발달에 미치는 영향

앞서 언급한 바와 같이, SAD 아동은 학교에 등교하여 또래들과 적절한 사회적 관계를 맺는 등 이들에게 기대되는 과업에 참여할 기회를 충분히 갖지 못하기 때문에 여러 중요한 발달이정표(developmental milestones)를 충족하지 못할 위험이 높다(Vaughan et al., 2017). Erikson(1963)의 심리사회적 발달 단계는 아동·청소년이 심리사회적 발달을 순차적으로 성취하는 과정에서 주요 애착 대상/보호자(부모)와의 분리가 필요한 이유를 설명하도록 돕는다. 예컨대, Erikson의 네 번째 심리사회적 발달 단계인 '근면성(industry) 대 열등감(inferiority)'은 아동이 애착 대상과 떨어져 더 많은 독립성을 획득하는 학령기(5.5~12세)에 주로 발달하며 이를 통해 아동은 사회에서 중요하게 여겨지는 다양한 활동들을 수행할 수 있게 된다. 미국 및 서구 문화권에서는 아동이 보호자(부모)의 관여 없이 학교에서 학습활동에 스스로 참여하고 자신만의 또래관계를 맺을 수 있도록 애착 대상과의 분리를 필수적인 과정으로 여긴다.

학교에서의 기능

등교를 회피하는 SAD 아동·청소년은 정규 교육과정을 제대로 이수할 수 없을 뿐 아니라 교사 및 또래들과 학교에서 자연스럽게 사회적 관계를 맺고 교류할 수 있는 중요한 기회를 놓치게 된다. 한 연구에 따르면 SAD 아동·청소년의 약 75%는 적어도 한 번 이상 등교를 거부한 경험이 있는 것으로 나타났다(Hella & Bernstein, 2012: Elliott & Place, 2019에서 재인용). 하지만 다른 연구에서는 SAD 아동의 약 30~38%가 등교 거부 행동을 보인다고 밝혔다(Heyne et al., 2004: Doobay, 2008에서 재인용). 이와 관련하여 Elliott과 Place(2019)는 비교적 최근의 개관 연구를 통해 등교 거부의 개념적 정의가 현재까지 합의에 이르지 못한 까닭이 무엇인지를 논하였으며, 아울러 어느 정도 접점을 찾아가고 있음에도 **등교 거부**(school refusal)와 무단결석(truancy)의 차이를 다투는 논쟁이 여전히 계속되고 있다고 언급하였다(Elliott, 1999 참조). 넓은 의미에서 등교 거부는 SAD 및 불안 관련 장애로 인하여 등교를 회피하는 아동만이 아니라 특별한 이유 없이 등교하지 않으려는 아동에게도 적용된다(Elliott & Place, 2019). 또한 SAD와는 달리 DSM-5(APA, 2013)에서는 등교 거부에 대한 별도의 진단 기준을 제시하지 않고 있다(Elliott & Place, 2019). 하지만 학교심리사는 학생의 출석 자료를 검토하기 용이한 위치에 있기 때문에 다학제팀과 협력하여 학생이 학교에 오지 않으려는 근본적인 이유를 판단할 수 있다.

SAD는 학교에서의 사회적 관계 및 사회 · 정서 학습에도 영향을 미칠 수 있다(Mahoney et al., 2018). 학교는 문제해결, 갈등 해소, 상호 협력, 또래관계를 경험하는 주요한 환경으로 여겨진다. 따라서 아동 · 청소년이 학교에 가지 않으려 하거나, 부모에게 계속 연락하고 싶어 교실에 머무르지 못하거나, 교실에 있더라도 불안으로 인해 학습활동에 제대로 참여하지 못한다면 중요한 사회적 발달이정표를 충족할 기회가 크게 제한될 수 있다(APA, 2016).

가정에서의 기능

> SAD 아동과 부모가 서로 건강한 관계를 맺고 긍정적인 상호작용을 할 수 있도록 지원하는 개입 전략은 이들에게 많은 도움을 줄 수 있다(Cunningham & Renk, 2017).

SAD 아동 · 청소년의 가족은 가정에서 매우 어려운 시간을 보내고 있을 수 있다. SAD 증상은 주요 애착 대상과 떨어질 것이라고 생각하거나 실제로 떨어지는 상황에서 극심한 심리적 고통을 포함한다(APA, 2016). SAD 아동 · 청소년은 애착 대상과 떨어지지 않기 위해 집에서 온갖 떼를 쓰며 매우 공격적인 행동을 보인다(Philipps et al., 2020). 이러한 상호작용은 가족에게 심각한 고통을 안겨 줄 수 있으며 결과적으로 부모와 자녀의 관계를 어렵게 만들 수 있다(Cunningham & Renk, 2017). Cunningham과 Renk는 SAD 치료 과정 전반에서 애착 이론(Bowlby, 1982)을 바탕으로 긍정적인 부모-자녀 관계 형성을 위해 노력하는 것이 중요하다고 언급하였다. 이들은 **안정적 양육 서클**(Circle of Security-Parenting)로 알려진 부모교육 프로그램의 일부와 전통적인 인지행동치료를 통합하여 SAD 및 뚜렛장애(Tourette's disorder) 아동(6세)을 치료하였으며 긍정적인 결과를 확인하였다. 학교심리사는 외부 전문가와 협력하여 SAD 아동 · 청소년 가정에서 더욱 긍정적인 상호작용이 일어나도록 촉진하고 등교 거부를 초래하는 SAD 관련 불안 처치에 중점을 둔 인지행동치료를 강화할 수 있다(Doobay, 2008).

교실에서 학습에 미치는 영향

학습 영역에서 SAD 아동·청소년에게 가장 우려되는 문제 중의 하나는 잦은 결석으로 인하여 학교의 수업일수를 제대로 채우지 못할 위험이며, 결과적으로 학습 시간의 손실을 입게 된다는 것이다. SAD가 학업 기능에 미치는 영향을 평가한 실증연구는 제한적인 편이지만, 이와 관련하여 Grills-Taquechel 등(2012)의 연구를 참고할 만하다. Grills-Taquechel 등(2012)은 읽기 능력과 불안 간의 관계를 확인하기 위하여 상반된 경로를 가진 두 가지 모형, 즉 읽기 능력이 불안을 예측하는 경우와 불안이 읽기 능력을 예측하는 경우 모두를 탐색하였다. 이를 위해 1학년 학생들이 학년의 중간 시점(학기말) 및 학년이 종료되는 시점(학년말) 각각에서 자기 보고식 불안 척도에 응답하였고, 유창성(fluency) 및 해독력(decoding)을 측정하는 읽기 평가에도 참여하였다. 흥미롭게도 분석 결과는 읽기 평가의 유형에 따라 다르게 나타났다. 다시 말해, 학기말에 높은 해독력을 보이는 아동은 학년말에 측정한 위험 회피(harm avoidance: 불안 척도의 하위척도; 예컨대, 주어진 일을 빈틈없이 정확하게 하려 하거나 어른의 말을 잘 따르는 경향) 수준이 더 높았던 반면에, 학기말에 낮은 유창성을 보이는 아동은 학년말에 측정한 분리불안(separation anxiety: 불안 척도의 하위척도) 증상 수준이 더 높은 것으로 확인되었다. Grills-Tacquechel 등은 이 같은 결과를 1학년 학생에게 주어진 읽기 과제의 유형과 관련지어 해석하였다. 이들에 따르면 해독력이 낮은 아동은 자신이 가진 해독력 문제를 알고 있기 때문에 과제를 틀리지 않고 정확하게 수행하는 것에 큰 부담을 느끼지 않을 수 있다. 하지만 유창성이 낮은 아동은 학습활동을 제대로 해내지 못할 것이라는 불안으로 인하여 학교에 가기를 꺼릴 수 있으며, 특히 읽기 유창성 평가와 같이 시간의 압박이 있는 과제가 주어졌을 때 이러한 경향은 더욱 심해질 수 있다. 이와 같은 연구 결과는 학교심리사에게 주요한 시사점을 제공한다. 가령 학급에서 일반적인 읽기 평가를 실시하는 경우 학교심리사는 불안 관련 데이터를 수집할 기회를 가질 수 있으며, SAD가 의심되거나 SAD의 우려가 있는 아동을 판단하는 데 해당 분석 결과를 활용할 수 있다. 물론 SAD와 학업 수행 및 결과의 관련성을 면밀하게 평가하기 위해서는 실제 상황에서의 임상적 관찰(clinical observation)과 함께 더 많은 연구 결과가 축적되어야 할 필요가 있다. 하지만 분명한 것은 SAD 아동이 분리불안으로 인해 학교에 가지 않는다면 학업을 정상적으로 수행하는 데 어

> SAD의 가장 큰 문제 중 하나는 SAD 아동이 애착 대상과 떨어지는 것에 대한 불안 때문에 학교를 회피한다는 것이다. 이로 인해 SAD 아동은 학업 문제를 겪을 우려가 있으며, 설령 학습 활동에 참여하더라도 높은 불안을 호소할 수 있다(APA, 2000: Doobay, 2008에서 재인용).

려움을 겪을 수 있다는 점이다. 또한 SAD 아동은 등교한 상태에서도 주요 애착 대상/보호자(부모)와 수시로 연락하기를 원할 수 있어 학습활동에 제대로 참여하지 못할 가능성이 높다(APA, 2000: Doobay, 2008에서 재인용).

학교심리사를 위한 시사점

평가 역할

최근까지 SAD를 비롯한 아동·청소년기 불안장애 진단 및 측정에 사용할 수 있는 여러 유형의 평가 도구(예: 구조화/반구조화된 면접 도구, 평정척도)들이 다양하게 개발되었다(Silverman & Ollendick, 2005 참조). Orenes 등(2017)이 언급한 것처럼, 임상가들이 SAD 평가에 흔히 사용하는 대표적인 도구로는 Anxiety Disorders Interview Schedule for Children for DSM-IV Child/Parent Version(ADIS-IV-C/P; Silverman & Albano, 1997)을 들 수 있다. ADIS-IV-C/P는 아동과 부모 양쪽 모두에게 사용할 수 있는 반구조화된 면접 도구로, 피면접자는 불안 증상(DSM-IV 불안장애 관련) 및 이러한 증상이 생활 기능에 미치는 영향에 대하여 '예 또는 아니요'로 양자택일하여 응답할 수 있다(APA, 1994; Silverman & Albano, 1997; Silverman et al., 2001). ADIS-IV-C/P는 SAD 진단과 관련하여 아동 면접 자료, 부모 면접 자료, 그리고 아동-부모 면접 결과를 결합한 자료 모두에서 높은 수준의 검사-재검사 신뢰도를 보여 주었다(Silverman et al., 2001).

SAD 평가를 위한 평정척도의 사례로는 Separation Anxiety Assessment Scale Children and Adolescent Version(SAAS-C; Eisen & Schaefer, 2005)과 Separation Anxiety Assessment Scale Parent Version(SAAS-P; Eisen & Schaefer, 2005)을 들 수 있다. 이들 척도는 아동·청소년의 SAD 증상을 여러 하위영역(예: 혼자 있는 것에 대한 두려움, 버려지는 것에 대한 두려움 등)으로 구별하여 체계적으로 평정한다. SAAS-C와 SAAS-P의 신뢰도 및 타당도를 평가한 연구는 비교적 제한적이지만, 몇몇 연구 결과에서 이와 관련한 일부 정보를 확인할 수 있다. 예컨대, Hahn 등(2003: Chessa et al., 2012에서 재인용)은 평정자 간 신뢰도를 보여 주는 두 척도의 급내상관계수(Intraclass Correlation: ICC)가 0.68로 적절한 수준이었다고 보고한 바 있다. 이탈리아 초등학생(6~10세, 비임상표본)을 대상으로 SAAS-C의 심리측정적 속성을 평가한 Chessa 등(2012)은 SAAS-C의 내적 합치도가 적절하였으며, 아울러 불안을 측정하는 다른 두 척도와의 관련성을 토대로 SAAS-C의 수렴타당도를 확인하였다고 밝혔다. 스페인 남부의 학령기 아동(3~6학년)

을 대상으로 SAAS-C를 타당화한 Orenes와 동료들(2017)도 SAAS-C의 내적 합치도 및 검사-재검사 신뢰도가 만족할 만한 수준이었으며, 다른 분리불안 척도 및 유사 증상을 측정하는 다른 두 척도와의 관련성을 바탕으로 SAAS-C의 수렴타당도를 입증하였다고 보고하였다.

이처럼 SAD에 특화된 독립적인 평정척도 외에도 한 척도 내에서 하위척도를 통해 SAD를 비롯한 여러 유형의 불안을 함께 측정하는 경우도 있는데, 그 대표적인 사례로 Screen for Child Anxiety Related Emotional Disorders(SCARED; Birmaher et al., 1997)를 들 수 있다. SCARED는 자기 보고 및 부모평정을 통해 아동·청소년의 불안을 평가하며, 개발 초기에는 85개의 예비문항을 포함하였지만 척도의 타당화 과정에서 38개의 문항으로 축소되었다. SCARED의 심리측정적 속성과 관련하여, Birmaher 등은 SCARED가 높은 수준의 내적 합치도(0.74~0.93)를 보였다고 밝혔다. 그리고 SCARED가 불안과 다른 정신장애를 구별하고 척도 내에서도 여러 유형의 불안(하위척도로 측정)을 구별할 수 있다는 연구 결과에 따라 SCARED의 판별 타당도를 확인하였다고 보고하였다. Runyon 등(2018)도 65편의 논문(1997~2017년 발행)에 대한 메타분석을 수행하여 SCARED의 심리측정적 속성을 종합적으로 평가한 바 있다. 분석 결과는 SCARED가 심리측정적으로 안정적이라는 기존 연구의 견해를 지지하는 것으로 나타났다. 예컨대, SCARED 전체 문항 및 각 하위척도(SAD 척도 포함)의 내적 합치도는 모두 높은 수준이었으며, 검사-재검사 신뢰도 및 아동-부모 간 평정 일치도 또한 중간에서 높은 수준으로 대체로 양호하였다. 이 같은 연구 결과는 SCARED(Birmaher et al., 1997)가 연구자와 임상가들이 불안 및 불안의 특정 하위 유형(예: SAD)을 평가하는 데 사용할 수 있는 타당한 평가도구라는 것을 입증한다(Runyon et al., 2018).

SCARED와 마찬가지로, Multidimensional Anxiety Scale for Children(MASC)도 자기 보고와 부모평정을 통해 아동·청소년의 불안 및 불안의 특정 하위 유형을 평가하는 척도로 잘 알려져 있으며, 현재는 초판에 이어 출간된 개정판(second edition)이 활용되고 있다(March, 2013). MASC 초판에서 SAD 증상의 측정을 위해 개발된 분리/공황(separation/panic) 하위척도는 개정판에서 **분리불안/공포증**(separation anxiety/phobias)으로 새롭게 명명되었다(March, 2013). Wei 등(2014)은 불안장애 아동·청소년(7~17세)을 대상으로 MASC 초판(March et al., 1997)의 심리측정적 속성을 평가하면서 분리/공황 하위척도 문항이 높은 수준의 내적 합치도를 보인다고 밝혔다. 또한 자기 보고 및 부모평정 결과, 모두에서 분리/공황 하위척도는 아동기 및 청소년기 SAD를 유의하게 예측하였으며, 특히 청소년 표본(13~17세)에서 더 강한 예측력을 가지는 것으로 나타났다.

이처럼 학교심리사와 임상가들은 평정척도, 직접 관찰, 면접 등 다양한 평가 방법과 도구를 사용하여 SAD 및 관련 불안장애를 평가할 수 있다. 이는 해당 연구 분야의 발전과 더불어 불안(또는 하위 유형)의 측정 및 진단 과정을 더욱 타당화하려는 노력이 계속되고 있다는 것을 시사한다(Silverman & Ollendick, 2005). 이 절에서 필자는 몇몇 연구 사례들을 바탕으로 독자들이 SAD 및 관련 불안장애를 평가하는 다양한 도구에 대하여 전반적으로 개관할 수 있도록 돕고자 하였다. 이와 관련하여 더 자세한 정보를 확인하려면, 예컨대 Silverman과 Ollendick(2005), 그리고 Spence(2018)의 개관 연구를 찾아볼 것을 권한다. 이들 연구에서는 평가 대상의 연령 범위, 신뢰도, 타당도 등 불안을 측정하는 평가 도구에 대한 구체적인 정보를 제공하고 있다.

자문 역할

학교심리사는 학생의 부모 및 핵심 가족 구성원을 지원하는 자문가로 중요한 역할을 담당하며, 가정에서 자녀를 위한 심리적 · 교육적 개입을 실천하려는 가족의 노력을 뒷받침한다(자세한 내용은 후술할 예정). 이와 관련하여 학교심리사는 SAD 증상 관련 문제로 인하여 일상에서 심각한 심리적 고통과 어려움에 직면한 가족을 체계적으로 지원하는 전문가로 활동할 수 있다. 또한 학교심리사는 학업 및 행동개입 계획 수립에 필요한 자문을 교사에게 제공하여 학생이 학급에서 더 잘 기능하도록 돕는 데 보탬이 될 수 있다. 따라서 학교심리사는 자문가로서 전문성을 갖추기 위한 숙련을 쌓아야 하며, 아울러 미국학교심리사협회 표준안(National Association of School Psychologists: NASP, 2020)에 따른 증거기반 의사결정을 실천할 수 있어야 한다. 아울러 학교심리사는 SAD 아동 · 청소년과 빈번하게 교류하는 학생 생활지도 담당자, 출석 관련 업무 담당자, 기타 학교 관계자들에게 적절한 심리교육을 제공할 수 있다. 때때로 이들은 처벌적 훈육보다 정신건강 지원을 바탕으로 SAD 증상을 치료하는 것의 중요성을 제대로 인식하지 못하고 있을 수 있다. 사실, 처벌적 훈육은 문제해결에 도움이 되지 않을뿐더러, 특히 등교 중지와 같은 조치는 SAD 학생이 학교를 피하는 행동을 의도치 않게 강화할 우려가 있다(Allen et al., 2018).

옹호 역할

학교심리사는 숙련된 학교기반 정신건강 전문가로 SAD 아동 · 청소년의 권익을 대변하는 중요한 옹호자(advocate)이다. 이들은 SAD 증상 및 관련 불안, 그리고 이에 따른 심리적 고통이 아동 · 청소년의 정신건강, 행동 및 학업 기능 등에 어떤 영향을 미칠 수 있는지 잘 이해하고 있다. 그리고 교직원 및 SAD 학생의 가족에게 적절한 자문을 제공하고 학생의 정신건강, 행동 및 학업을 지원하며 필요한 경우 다층지원체계(Multi-Tiered Systems of Support: MTSS; Jimerson et al., 2016) 적용 여부를 검토하는 데 핵심적인 역할을 수행한다. 또한 학교심리사는 SAD 학생을 대상으로 IDEA(2004)나 「재활법 504조」(1973)에 따른 학교기반 서비스 수혜자격을 평가하는 과정에서 중요한 역할을 담당한다. 이와 관련하여 학교심리사는 SAD 학생이 학교에서 교육적 · 행동적 · 심리적 지원을 충분하게 받을 수 있도록 도와야 할 윤리적 책무를 가진다(NASP, 2020). 아울러 학교심리사는 자문과 협력을 바탕으로 지역사회 전문가(예: 치료사)와 협업할 수 있는 전문성을 갖추고 있으며, 이에 따라 외부 전문가가 참여하는 치료 과정을 학교 체계 내에서 어떻게 실행하고 지원할 것인지 결정할 수 있다.

교육적 지원

학교심리사는 SAD 아동 · 청소년에게 교육적 · 심리적 지원을 제공하는 중요한 역할을 수행한다. 이들은 전문적인 치료자로 SAD 치료를 직접 담당할 수도 있지만, 다른 유형의 개입 과정을 간접적으로 지원하는 데 주력할 수도 있다. 예컨대, 학교심리사는 다학제 팀의 구성원과 협력하여 인지행동치료와 연계한 행동개입계획 수립을 지원하고, 이를 통해 학생의 성공적인 등교 및 학교 적응을 도울 수 있다. 또한 SAD에 대한 개입 및 지원의 효과를 평가하고 필요에 따라 교내외 전문가와 협력할 수 있도록 관련 데이터를 꾸준하게 수집하는 데 핵심적인 역할을 할 수 있다. 아울러 SAD 증상이 아동 · 청소년의 사회적 발달에 부정적인 영향을 미칠 수 있다는 점에서 특히 사회성 기술 훈련은 유용한 교육적 지원책이 될 수 있다(Doobay, 2008). 이와 관련하여 학교심리사는 SAD 학생에게 개인 및 집단 수준의 사회성 기술 훈련을 제공할 수 있으며, 가족과의 협력을 통해 SAD 학생이 지역사회에서 더 많은 또래들과 사회적 교류를 경험하도록 지원할 수 있다.

학교기반 정신건강 개입과 지원

CBT는 SAD를 포함한 불안장애 치료를 위해 선택할 수 있는 대표적인 개입 방법으로 잘 알려져 있다(Friedl et al., 2017). Suveg 등(2009)은 CBT가 SAD 및 다른 불안장애에서 흔히 나타나는 사고 오류(인지 왜곡) 및 회피 행동에 초점을 맞추고 있다고 밝혔다. Suveg 등의 연구는 CBT

가 불안 및 관련 장애 아동·청소년을 위한 치료에 효과적일 수 있다는 증거를 보여 주는 좋은 사례이다. 이들은 한 클리닉에서 7~15세 아동·청소년을 대상으로 무선통제연구를 수행하여 CBT의 치료 효과를 평가하였다. 연구에 참여한 아동·청소년은 사전 진단에서 SAD를 비롯한 여러 유형의 불안장애를 한 가지 이상 가진 것으로 나타났다. 연구 결과, CBT를 받은 아동·청소년에게 몇몇 긍정적인 결과가 확인되었는데, 가령 불안 감소(MASC 자기 보고), 자기효능감 개선, 불안(걱정)에 대한 대처기술 및 정서조절 능력 향상 등을 들 수 있다. 하지만 직접적인 목표로 다루지 않은 정서 영역(예: 분노, 슬픔)에서 CBT는 아동·청소년의 정서조절에 큰 영향을 미치지 못하였다. 이 같은 연구 결과를 바탕으로 Suveg 등은 CBT의 경우 개입의 목표로 삼은 핵심 정서를 다루는 데 효과적일 수 있지만, 이러한 긍정적 결과가 개입 과정에서 직접 겨냥하지 않은 다른 정서에까지 이어지지 않을 수 있다고 밝혔다.

매뉴얼화된 증거기반 CBT(evidence-supported manualized CBT)의 대표적인 사례로는 Coping Cat 프로그램(Kendall & Hedtke, 2006; The California Evidence-Based Clearinghouse for Child Welfare, 2018)을 들 수 있다. Coping Cat은 학령기 아동(7~13세)의 불안 치료를 위해 개발되었으며 많은 학교에서 널리 사용하고 있어 학교심리사에게도 매우 친숙하다. 'CAT' 프로그램으로 알려진 청소년용 'Coping Cat'의 경우 14세에서 17세 사이의 연령대에 적용할 수 있다(Walkup et al., 2008). Kendall과 Hedtke가 처음 개발한 Coping Cat은 총 16회기로 구성되었으며, 치료자용 처치 매뉴얼 및 내담자용 워크북을 함께 포함하고 있다. Coping Cat에 참여한 아동은 배우고 연습하는 과정을 통하여 자신의 불안 관련 정서, 신체 증상, 사고 패턴을 바르게 이해하고 불안을 유발하는 실제적인 장면에서 새롭게 익힌 대처기술을 실행할 기회를 가진다(Kendall & Hedtke, 2006). 또한 이들은 치료자의 지원을 바탕으로 자신이 대처기술을 얼마나 잘 적용하였는지를 평가한다(The California Evidence-Based Clearinghouse for Child Welfare, 2018). 아울러 Coping Cat에는 부모교육를 위한 2개의 회기가 별도로 마련되어 있다. Crawley 등(2013)은 이러한 Coping Cat을 참고하여 아동·청소년의 불안 치료를 위한 또 다른 CBT 프로그램을 개발한 바 있다. Crawley 등의 CBT 프로그램은 Coping Cat과 마찬가지로, 매뉴얼에 따라 진행할 수 있도록 제작되었다. 그리고 전문가들이 중요시하는 CBT의 핵심 구성 요소(예: 노출)를 포함하며, 특히 8회기로 이루어져 있어 비교적 짧은 기간에 집중적으로 실시할 수 있다. Crawley 등은 한 가지 이상의 불안장애(예: SAD) 진단을 받은 6~13세 아동에게 이들이 개발한 프로그램을 적용하여 효과를 분석하였다. 연구 결과, 치료를 마친 아동의 약 42%가 기존 불안장애 진단 기준에 더 이상 부합하지 않았다. 또한 이들 아동의 약 33%는 2개월이 지난 추수평가에서도 여전히 기존 불안장애 진단 기준에 부합하지 않는 것으로 나타났다. Coping Cat을 토대로 개발된 컴퓨터 기반의 Camp Cope-A-Lot(CCAL; Kendall & Khanna, 2008)도 아동 · 청소년을 위한 CBT 프로그램으로 참고할 만하다. CCAL은 컴퓨터 기반의 12회기로 이루어져 있어 Coping Cat에 비해 치료 과정이 비교적 간소화되었다. Khanna와 Kendall(2010)은 SAD을 비롯한 특정 유형의 불안장애(DSM-IV; APA, 1994)를 가진 7~13세 아동에게 CCAL을 적용하여 효과를 분석하였다. CCAL에 참여한 아동은 프로그램의 전반부(1~6회기)까지 주어진 매뉴얼을 활용하여 필요한 대처기술을 스스로 학습하였다. 이어지는 후반부(7~12회기)에서는 각 아동이 자신에게 불안을 유발하는 실제적인 스트레스 상황에 직면하여 앞서 학습한 대처기술을 연습할 수 있도록 치료자가 직접 지원하였다. Khanna와 Kendall(2010)은 CCAL 외에도 개별 인지행동치료(Individual Cognitive Behavioral Therapy: ICBT) 및 컴퓨터 기반의 교육 · 지원 · 관심(Computer-Assisted Education, Support, and Attention: CESA) 프로그램에 아동을 무선배정하여 CCAL의 치료 효과를 비교하였다. ICBT 집단에 속한 아동은 Coping Cat(Kendall & Hedtke, 2006)을 12회기로 축약한 프로그램에, CESA 집단에 속한 아동은 치료자와의 만남, 불안에 대한 심리교육, 난이도가 점차 높아지는 컴퓨터 게임 등 불안한 아동을 위한 교육 및 지원, 그리고 불안에 관심을 기울이도록 돕는 12회기의 구조화된 프로그램에 각각 참여하였다. 이 중 CESA에 포함된 불안에 대한 심리교육은 CBT 기반의 아동 불안 치료를 다룬 Kendall 등(2008)의 선행연구를 바탕으로 구성되었다. Khanna와 Kendall(2010)의 연구에는 5명의 학교심리사를 비롯한 지역사회 임상가들이 참여하여 치료자의 역할을 수행하였다. 연구 결과, CCAL 및 ICBT 프로그램의 긍정적인 효과가 확인되었는데, 구체적으로 CCAL 및 ICBT 집단에 속한 아동의 경우 CESA 집단에 속한 아동에 비해 불안 증상이 완화되고 전반적인 기능이 개선되었다. 아울러 이 같은 치료 효과는 3개월이 지난 시점에서도 여전히 유지되는 것으로 나타났다. 요컨대, 지난 수십 년에 걸친 다른 실증 연구들과 마찬가지로, 이 절에서 소개한 연구들은 CBT가 SAD를 포함한 아동 · 청소년 불안장애 치료에 효과적으로 사용될 수 있다는 것을 보여 준다(Kendall & Hedtke, 2006; Labellarte et al., 1999).

SAD 치료에서 약물 사용 여부는 약물을 단독으로 사용하든 CBT와 병행하여 약물을 사용하든 매우 논쟁적인 주제일뿐더러 관련 정보도 제한적인 편이다(Labellarte et al., 1999; Walkup et al., 2008). 하지만 이와 관련하여 Walkup 등(2008)의 연구를 참고할 만한데, 이들은 체계적으로 설계한 무선통제연구를 바탕으로 GAD, SAD 및 사회공포증 중 한 가지 이상의 불안장애 진단을 받은 7~17세 아동 · 청소년에 대한 치료 효과를 비교한 바 있다. Walkup과 동료들은 참여자를 치료 방법에 따라 4개의 서로 다른 집단에 무선배정하였다. 첫 번째 집단에서는 14회기의 CBT(Coping Cat; Kendall & Hedtke, 2006)가 진행되었으며, 두 번째 집단에서는 약물의 약리적 효과를 평가하기 위해 선택적 세로토닌 재흡수 억제제(Selective Serotonin Reuptake Inhibitor: SSRI)의 하나인 설트랄린(sertraline)이 제공되었다. 다음 세 번째 집단에서는 CBT와 약물치료가 병행되었으며, 마지막 네 번째 집단에서는 플라시보 효과를 확인하기 위하여 별도의 위약(僞藥)이 제공되었다. 각 집단의 불안 수준을 처치 이전(기저선), 4주, 8주 및 12주차에서 평가하여 비교한 결과, CBT와 약물치료를 병행하는 것이 CBT나 약물을 단독으로 처방하는 것에 비해 불안 치료에 더욱 효과적일 수 있다는 사실이 확인되었다. 이와 관련하여 Walkup 등(2008)은 치료 방법을 선택할 때 아동 · 청소년과 가족이 어떤 방법을 더 편안하게 느끼는지를 함께 고려하는 것이 중요하다고 언급하였다. 학교심리사는 학생의 정신건강을 위한 개입 및 평가 과정에서 핵심적인 역할을 수행할 수 있다. 약물치료의 필요성이 인정된다면 학교심리사는 적절한 지원과 자문을 통하여 학생의 치료를 담당하는 의사 및 간호사가 학교기반 데이터를 효과적으로 수집하도록 도울 수 있다. CBT와 관련하여, 학교심리사는 체계적인 개입(예: Coping Cat)을 실행할 수 있는 지식과 역량을 갖추고 있다(The California Evidence-Based Clearinghouse for Child Welfare, 2018 참조). 이들은 외부 전문가에 의한 CBT를 지원할 수도 있는데, 특히 학생이 집을 나서서 등교해야 할 때 CBT의 핵심 요소인 노출이 효과적으로 이뤄지도록 뒷받침할 수 있다. 아울러 학교기반 개입 또는 외부 치료에 대한 지원의 일환으로, 학교심리사는 SAD 아동 · 청소년이 치료 과정에서 학습한 대처기술을 학교에서 적용할 때 이들을 북돋우고 독려함으로써 이러한 기술이 다양한 장면에서 적절하게 사용되도록 강화할 수 있다.

사례 연구 Hilary: 분리불안장애를 가진 라틴계 여학생 사례

배경

현재 공립 초등학교 3학년에 재학 중인 Hilary(8세)는 부모 Caroline과 Jim, 그리고 언니 Mira(16세)와 함께 살고 있다. Hilary의 가족은 라틴계이다. 엄마인 Caroline은 미국 태생으로, Caroline의 부모가 멕시코에서 미국으로 이주한 후에 태어났다. Jim의 부모는 두 세대에 걸쳐 미국에 거주하였으며, Jim은 직업 군인이었던 아버지를 따라 가족과 함께 자주 이사를 다녔다. Jim은 현재 군에서 외과 전문의로 복무하고 있다. Hilary가 태어난 이후 Jim은 타 지역에 위치한 군 주둔지에 세 차례 배치되었으며, 가장 최근에는 군 복무 중 제일 길었던 9개월 동안 가족과 떨어져 근무한 바 있다. Hilary의 가족도 한 차례 Jim을 따라 워싱턴주 터코마(Tacoma)에서 앨라배마주 헌츠빌(Huntsville) 인근 군사 시설로 이사를 하기도 하였다. Caroline은 현재 초등교사로 재직 중이며, Jim이 집과 멀리 떨어진 곳에 배치되어 군사 훈련을 받을 때면 남은 가족을 돌보는 일차적인 책임을 맡는다. Caroline은 주로 학교와 단기 계약을 맺고 대체 교사로 근무한다. Caroline의 부모와 Jim의 아버지는 현재 현역에서 은퇴하였으며 Hilary의 가족에게 많은 도움을 주고자 노력하고 있다. 이들은 Jim이 타지역 주둔지에 배치되거나 군사 활동으로 바쁜 시기가 되면 Caroline을 돕기 위해 Hilary의 집에 자주 방문한다. Jim의 어머니는 5년 전에 세상을 떠나셨다. Hilary는 항상 아빠, 엄마, 할아버지, 할머니와 과도하게 밀착되어 있었다. Hilary는 4세 되던 해에 극단적인 울화행동을 하기 시작했는데, 주로 Jim이 타지역에 배치되어 일정 기간 집을 떠나야 하거나 Hilary의 집에 머물고 있던 할아버지와 할머니가 다시 돌아가야 하는 경우였다. Jim 또는 할아버지와 할머니가 집을 나서야 한다는 말을 들으면 Hilary는 이들에게 매달리며 울화행동을 표현한다. Caroline이 할아버지와 할머니, 베이비시터, 또는 언니인 Mira에게 Hilary를 맡기고 출근이나 외출을 해야 할 때면 Hilary는 이유를 막론하고 Caroline을 붙잡고 늘어진다. Hilary의 이 같은 울화행동은 Jim이 집을 비운 사이에 특히 심해진다. Hilary가 언니인 Mira에게 매달리지는 않지만 언니의 관심을 받으려 무척 애를 쓴다. Mira는 이런 동생이 무척 성가시다고 여긴다.

Hilary는 유치원 입학 초기부터 등원을 어려워하였으며 이 때문에 Caroline은 Hilary를 집에서 직접 가르치기로 결심하였다. 이즈음 Hilary의 가족이 앨라배마주 헌츠빌로 이사했는데, 그 후로는 이러한 경향이 특히 두드러졌다. Hilary의 가족은 올해 8세가 된 Hilary가 3학년 과정을 시작할 수 있도록 학교에 다시 보내기로 하였다. Caroline이 Hilary에게 학교에 갈 준비를 하라고 할 때면 Hilary는 심한 울화행동과 함께 극도의 스트레스를 호소하였다. Caroline은 Hilary가 학교에 갈 시간이 되면 집에 남아 있고 싶은 마음에 자신과 Mira에게 이따금 공격적인 모습을 보인다고 밝혔다. 더욱이 Hilary는 등교를 준비하는 아침 시간에 큰 소리로 울어 대며 한바탕 소란을 일으키기도 한다. 때때로 Caroline은 이러한 상황을 견디지 못하고 Hilary가 더 심한 행동이나 불안을 보이지 않도록 학교에 가지 않는 것을 허락한다.

Hilary는 5세 무렵부터 혼자 자는 것을 거부하고 아빠, 엄마와 함께 잠을 자기 시작하였다. Jim이 집을 비우는 날에는 Caroline과 단둘이 잠을 자며 때때로 언니인 Mira와 자기도 한다. Hilary는 할아버지, 할머니 댁에 가는 날이면 흔쾌히 집을 나서기도 하지만, 부모와 떨어지는 순간에는 여전히 힘들어하는 모습을 보인다. 그리고 할아버지, 할머니와 함께 있더라도 Caroline에게 전화해 달라고 하루 온종일 수시로 보채곤 한다. Hilary를 구슬려 가까스로 학교에 보내더라도, 이처럼 Hilary는 집에 전화를 할 수 있도록 선생님에게 부탁하여 가족들 모두가 무사히 잘 있는지를 수시로 확인하려 할 것이다. Jim이 군사 활동 등으로 집에 없을 때 Hilary는 혹시 아빠가 다치지는 않을까 걱정에 휩싸인다고 말한다. 뿐만 아니라, 엄마, 언니, 할아버지, 할머니가 교통사고를 당하지는 않을지, 그리고 자신이 사고 현장에 없어 이들을 돕지 못하는 것은 아닌지 몹시 걱정된다고 말한다. Caroline과 Jim은 Hilary를 학교에 보내는 것을 포기하고 다시 홈스쿨링을 시작할 마음을 먹고 있다. 「재활법 504조」 실천 계획에 따라 Hilary는 교육활동 보조원(instructional assistant) 및 행동계획(behavioral plan) 지원을 받을 수 있었고, 이는 Hilary의 등교에 어느 정도 도움을 주고 있다. 하지만 일 년의 절반이 지난 시점에서 이미 20일 넘게 학교에 나오지 않는 등 지나치게 결석이 잦은 편이다. 설령 학교에 등교하더라도 Hilary는 배가 아프다고 말하면서 자주 보건실에 간다. Hilary의 가족, 특히 Caroline은 몹시 지쳐 있고 이 같은 어려움에서 하루빨리 벗어나고 싶어 한다. Hilary의 가족은 수년간 제대로 잠을 잘 수 없었다. 가족과 떨어지는 것에 대한 심리적 고통 및 불안을 끊임없이 호소하고 그들에게 닥칠지 모르는 불의의 사고를 걱정하는 Hilary의 모습을 보면서 Caroline과 Jim은 큰 근심에 싸여 있다. 아울러 이들은 Hilary가 사회적 기술이 미숙하지는 않을지, 친구와 사귈 기회가 부족하지는 않을지, 동년배들이 응당 하는 일들을 제대로 해낼 수는 있을지 염려하고 있다. Hilary의 읽기 성적은 또래들과 유사한 수준이지만 수학 성적은 다소 뒤떨어져 있다. 학년이 올라가면서 학교 공부가 점차 어려워지면 Hilary의 성적이 지금보다 더 뒤처지지는 않을지 Caroline과 Jim은 걱정하고 있다.

논의

Hilary는 전형적인 SAD 증상을 보인다. 이는 부모와 떨어지는 상황에서 느끼는 극심한 심리적 고통과 불안을 포함하며 곧잘 울화행동이나 울음을 터뜨리는 행동으로 이어진다. 또한 Hilary는 가족에게 불의의 사고가 일어나지는 않을지 늘 노심초사한다. 특히 군 복무 중인 아빠가 다치지는 않을까, 그리고 가족들이 교통사고를 당하지는 않을까 지나치게 걱정하는 모습을 보인다. Hilary의 불안, 울화행동 및 울음을 누그러뜨리기 위하여 가족들은 자주 Hilary와 타협하는 행동(Philipps et al., 2020)을 하곤 하는데, 이것은 Hilary의 불안 및 관련 행동을 강화할 가능성이 있다. 이에 학교심리사는 다음 몇 가지 방법으로 Hilary와 가족을 지원할 수 있다. 먼저, 학교심리사는 「재활법 504조」 지원팀을 소집하여 관련 계획을 검토하고 이를 적절하게 조정할 필요가 있다. 만일 행동계획이 제대로 수립되지 않았거나 내용이 미흡하다고 판단되면 이에 상응하는 조처가 신속하게 이루어져야 한다. 행동계획에는 결과 평가를 위한 자료수집 방법이 포함되어야 하며, 특히 Hilary가 학교에 머무는 시간, 그리고 교육활동과 교육활동 사이의 전이 시간(transition time)에 적용할 구체적인 전략들이 면밀하게 검토되어야 한다. 아울러 학교심리사와 지원팀은 Hilary가 특수교육 수혜 대상으로 인정받을 수는 없는지 특수교육 평가 결과를 재차 살펴볼 필요가 있다. 평가와 관련하여 학교심리사는 Hilary의 불안 수준을 점검하는 도구로 SCARED(Birmaher et al., 1997)와 같은 척도를 사용할 수 있다.

Coping Cat(Kendall & Hedtke, 2006)과 같이 매뉴얼화되어 있는 CBT 프로그램도 Hilary에게 도움을 줄 수 있다. 만일 학교심리사가 관련 훈련을 충분히 받은 경우라면 프로그램을 직접 실행할 수 있으며, 필요한 경우 외부 전문가에게 프로그램 진행을 의뢰하고 이를 간접적으로 지원하는 방법을 채택할 수도 있다. 불안 관련 장애 자녀의 부모들이 함께 모여 사례를 공유하고 도움을 주고받는 부모 지원 모임(parent support group)도 Hilary와 가족에게 보탬이 될 수 있다. 또한 학교심리사와 지원팀은 Hilary를 위한 행동계획을 수립하고 적절한 지원을 이어 나가기 위하여 Hilary의 부모 및 조부모와 협력할 수 있으며, 이들을 포함한 모든 가족 구성원을 구체적인 행동계획에 참여시킬 수 있다. 아울러 학교심리사는 Hilary의 수업을 담당하는 교사에게 중요한 자문을 제공할 수 있는데, 가령 Hilary가 집에 전화하고 싶다거나 몸이 아프다고 할 때 적절한 전략을 사용하도록 도움을 줄 수 있다. SAD의 특징 및 SAD를 다루는 방법에 대하여 학교의 전 교직원을 대상으로 심리교육을 실시하는 것도 좋은 방법이다. 또한 학교심리사는 보건교사, 관리자, 학생 생활지도 및 출결 업무 담당자 등 지원팀에 속한 모든 일원에게 자문을 제공하여 Hilary를 위한 계획이 일관되게 실행되고 효과적으로 조정되도록 뒷받침할 수 있다. 그리고 Hilary의 학업 수행 과정을 유심히 살핀 후 추가적인 2차 및 3차 중재가 별도로 필요한지를 결정하는 데 도움을 줄 수도 있다. 끝으로, 학교심리사는 Jim이 직업 군인이라는 점을 고려하여 Hilary의 가족 전체가 타지역으로 이주할 가능성을 염두에 두어야 한다. 실제 그러한 경우에는 Hilary가 새롭게 전입하는 학교에 필요한 자문을 제공할 필요가 있다. 이는 미국의 모든 50개 주에서 체결한 주간(州間) 상호 군사 협정에 따른 것으로, 직업 군인의 자녀는 부모와 함께 타지역으로 이주하여 새로운 학교에 전입하는 과정에서 다양한 혜택과 지원을 받을 수 있다(Department of Defense Education Activity, 2020). 특히 Hilary가 전입할 학교에 특수교육 프로그램, 「재활법 504조」 실천 계획, 학교의 지원 및 개입 등에 대한 자문을 제공하는 것은 매우 중요하다(Department of Defense Education Activity, 2020).

핵심 요약

- SAD 아동 · 청소년은 애착 대상과 떨어지는 것에 대한 과도한 두려움과 걱정을 특징적으로 나타내며(APA, 2013), 집을 나서는 것에 대한 두려움으로 인하여 때때로 심각한 수준의 학교 부적응을 보인다.
- DSM-5(APA, 2013)에서 SAD는 불안장애 범주에 속한 하위장애로 분류되며, 성인도 아동 · 청소년과 마찬가지로 SAD 진단을 받을 수 있다.
- SAD 아동 · 청소년은 향후 PD를 비롯한 다른 정신장애를 겪을 위험이 있다. 따라서 SAD의 초기 징후를 포착하여 이를 조기에 치료하는 것은 매우 중요하다.
- SAD의 진단 및 측정에는 면접, 자기 보고, 부모평정척도 등 실증적 · 심리측정적으로 검증된 다양한 평가 도구를 사용할 수 있다.
- SAD 진단이 적절한지 판단할 때는 문화적 요인을 살펴보는 것이 중요하며, SAD 치료는 내담자가 가진 문화적 배경을 충분히 고려하는 방식으로 이루어져야 한다.
- CBT는 SAD 치료에 효과적인 것으로 알려져 있으며 많은 실증연구들이 이를 입증하고 있다.
- 학교심리사는 SAD 아동 · 청소년의 가족 및 학교 관계자가 SAD를 바르게 이해하여 SAD를 무단결석과 동일하게 취급하지 않도록 돕는 데 핵심적인 역할을 수행할 수 있다.

연습문제

1. 성인에게 SAD 진단을 할 수 있다.

   a. 참

   b. 거짓

2. 다음 중 SAD 아동 · 청소년이 보일 수 있는 증상은?

   a. 애착 대상과 떨어질 때 나타나는 극심한 심리적 고통

   b. 울화행동 및 울음을 터뜨리는 행동

   c. 자신이나 애착 대상에게 일어날지 모르는 사고에 대한 근거 없는 두려움

   d. 위의 a, b, c 모두 해당

3. 다음 중 가장 실증적인 증거를 바탕으로 SAD 치료의 효과성을 입증한 심리치료는?

   a. 정신역동치료

   b. 인지행동치료

   c. 인본주의치료

   d. 변증법적 행동치료

4. 다음 중 SAD 아동 · 청소년이 향후 경험할 가능성이 가장 높은 정신장애는?

   a. 조현병

   b. 공황장애

   c. 양극성 장애

   d. 품행장애

5. 다음 중 SAD 아동 · 청소년에게 도움을 줄 수 있는 교육적 지원은?

   a. 사회성 기술 훈련

   b. 행동개입계획

   c. 학업 수행 지원

   d. 위의 a, b, c 모두 해당

정답 1) a, 2) d, 3) b, 4) b, 5) d

토의질문

1. SAD에 대한 DSM-5(APA, 2013) 진단 기준이 이전의 DSM 진단 기준에 비해 어떻게 달라졌는지 설명하시오.
2. SAD의 발병 또는 증상 악화에 기여할 수 있는 생물학적 및 가족 요인에 대해 논하시오.
3. SAD 아동 · 청소년을 대상으로 CBT를 진행하는 경우, 직접 실행한다면 어떻게 프로그램을 진행할 것인지, 외부 전문가에게 의뢰한다면 어떻게 자문을 제공할 것인지 구체적으로 설명하시오.
4. 학교심리사가 SAD 아동 · 청소년의 가족 및 학교 관계자(교사, 학생 생활지도 담당자, 관리자 등)와 협력하면서 자문 및 협업 기술을 어떻게 사용할 수 있을지 구체적으로 설명하시오.
5. SAD 아동 · 청소년의 학업, 사회성, 정서 및 행동 문제를 다루는 과정에서 학교심리사가 어떤 도움을 줄 수 있을지 간략하게 설명하시오.

● 추가 정보

American Counseling Association Anxiety Resources: www.counseling.org/knowledge-center/mental- health-resources/anxiety

American Psychiatric Association What Are Anxiety Disorders?: www.psychiatry.org/patients- families/anxiety-disorders/what-are-anxiety-disorders

American Academy of Child and Adolescent Psychiatry Anxiety Disorders Resource Center: www.aacap.org/aacap/Families_and_Youth/Resource_Centers/Anxiety Disorder_Resource_Center/Home.aspx

Anxiety and Depression Association of American (ADAA) What Is Anxiety? https://whatisanxiety.adaa.org/?gclid=CjwKCAjwieuGBhAsEiwA1Ly_nfNRqXgaLybhP3QhzeqEZ88l1jJU-Dum3v774cf7Hmz7UJiInWVPLxoC0z8QAvD_BwE

Center for Disease Control and Prevention Anxiety and Depression in Children: www.cdc.gov/childrensmentalhealth/depression.html

● 핵심 참고문헌

Birmaher, B., Khetarpal, S., Brent, D., Cully, M., Balach, L., Kaufman, J., & Neer, S. M. (1997). The Screen for Child Anxiety Related Emotional Disorders (SCARED): Scale construction and psychometric characteristics. *Journal of the American Academy of Child Adolescent Psychiatry, 36*, 543-553. https://doi.org/10.1097/00004583-199704000-00018

Crawley, S. A., Kendall, P. C., Benjamin, C. L., Brodman, D. M., Wei, C., Beidas, R. S., & Podell, J. L. (2013). Brief cognitive-behavioral therapy for anxious youth: Feasibility and initial outcomes. *Cognitive Behavior Practice, 20*(2), 1-9. https://doi.org/10.1016/J.cbpra.2012.07.003

Doobay, A. F. (2008). School refusal behavior associated with separation anxiety disorder: A cognitive-behavioral approach to treatment. *Psychology in the Schools, 45*(4), 261-272. https://doi.org/10.1002/

pits.20299

Grills-Taquechel, A. E., Fletcher, J. M., Vaughn, S., & Stuebing, K. K. (2012). Anxiety and reading difficulties in early elementary school: Evidence for unidirectional or Bi-Directional relations? *Child Psychiatry Human Development, 43*, 35-47. https://doi.org/10.1007/s10578-0110246-1

Hella, B., & Bernstein, G. A. (2012). Panic disorder and school refusal. Child and Adolescent Psychiatric *Clinics of North America, 21*, 593-606. https://doi.org/10.1016/j.chc.2012.05.012

Kearney, C. A., Sims, K. E., Pursell, C. R., & Tillotson, C. A. (2003). Separation anxiety disorder in young children: a longitudinal and family analysis. *Journal of Clinical Child and Adolescent Psychology, 32*(4), 593-598. https://doi.org/10.1207/S15374424JCCP3204_12

Kendall, P. C., & Hedtke, K. (2006). Coping Cat workbook (2nd ed.). Workbook Publishing.

Kendall, P. C., & Khanna, M. S. (2008). Camp Cope-A-Lot: The Coping Cat DVD [DVD]. Workbook. http://workbookpublishing.com

Kessler, R. C., & Merikangas, K. R. (2004). The National Comorbidity Survey Replication (NCS-R): Background and aims. *International Journal of Methods in Psychiatric Research, 13*(2), 60-68. https://doi.org/10.1002/mpr.166

Kessler, R. C., Petukhova, M., Sampson, N. A., Zaslavsky, A. M., & Wittchen, H. U. (2012). Twelve month and lifetime prevalence and lifetime morbidity risk of anxiety and mood disorders in the United States. *International Journal of Methods in Psychiatric Research, 21*(3), 169-184. https://doi.org/10.1002/mpr.1359

Khanna, M. S., & Kendall, P. C. (2010). Computer-assisted cognitive behavioral therapy for child anxiety: Results of a randomized clinical trial. *Journal of Consulting and Clinical Psychology, 78*(5), 737-745. https://doi.org/10.1037/a0019739

참고문헌

Alegria, M., Vallas, M., & Pumariega, A. (2010). Race and ethnic disparities in pediatric mental health. *Child and Adolescent Psychiatry Clinics of North America, 19*(4), 759-774. https://doi.org/10.1016/j.chc.2010.07.001

Allen, C. W., Diamond-Myrsten, S., & Rollins, L. K. (2018). School absenteeism in children and adolescents. *American Family Physician, 98*(12),738-744. https://doi.org/10.1007/978-1-4614-8106-5

American Psychiatric Association. (1987). *Diagnostic and statistical manual of mental disorders* (3rd ed., rev.). American Psychiatric Press.

American Psychiatric Association. (1994). *Diagnostic and statistical manual of mental disorders* (4th ed.). American Psychiatric Press.

American Psychiatric Association. (2013). *Diagnostic and statistical manual of mental disorders* (5th ed.). https://doi.org/10.1176/appi.books.9780890425596

American Psychiatric Association. (2016). Anxiety disorders: DSM-5 selections American Psychiatric Press.

American Psychological Association, Working Group for Addressing Racial and Ethnic Disparities in Youth Mental Health. (2017). Addressing the mental health needs of racial and ethnic minority youth: A guide for practitioners www.apa.org/pi/families/resources/mental-healthneeds.pdf

Aschenbrand, S. G., Kendall, P. C., Webb, A., Safford, S. M., & Flannery-Schroeder, E. (2003). Is childhood separation anxiety disorder a predictor of adult panic disorder and agoraphobia? A seven year longitudinal study. *Journal of the American Academy of Child and Adolescent Psychiatry, 42*(12),1478-1485. https://doi.org/10.1097/01. chi.0000091508, 46853.35

Battaglia, M. (2015). Separation anxiety: At the neurobiological crossroads of adaptation and illness. *Dialogues in Clinical Neuroscience, 17*(3), 277-285. https://doi.org/10.31887/DCNS.2015.17.3/mbattaglia

Beck, A. T., Brown, G., Epstein, N., & Steer, R. A. (1988). An inventory for measuring clinical anxiety: Psychometric properties. *Journal of Consulting and Clinical Psychology, 56*, 893-897. https://doi.org/10.1037//0022-006x.56.6.893

Beck, A. T., Ward, C. H., Mendelson, M., Mock, J., & Erbaugh, G. (1961). An inventory for measuring depression. *Archives of General Psychiatry, 4*, 561-571. https://doi.org/10.1001/archpsyc.1961.01710120031004

Birmaher, B., Khetarpal, S., Brent, D., Cully, M., Balach, L., Kaufman, J.,& Neer, S. M. (1997). The screen for child anxiety realated emotional disorders (SCARED): Scale construction and psychometric charateristics. *Journal of the American Academy of Child Adolescent Psychiatry, 36*, 543-553. https://doi.org/10.1097/00004583-199704000-00018

Bowlby, J. (1982). Attachment and loss: Retrospect and prospect. *American Journal of Orthopsychiatry, 52*, 664-678.

Center for Behavioral Health Statistics and Quality. (2016). 2014 National Survey on Drug Use and Health: DSM-5 changes: Implications for child serious emotional disturbance (Unpublished internal documentation). Substance Abuse and Mental Health Service Administration.

Chessa, D., DiRiso, D., Delvecchio, E.,& Lis, A. (2012). Assessing separation anxiety in Italian youth: Preliminary psychometric properties of the Separation Anxiety Assessment Scale. *Perceptual and Motor Skills: Physical Development and Measures, 115*(3), 1-22. https://doi.org/10.2466/03.10.15.PMS.115.6.811-832

Crawley, S. A., Kendall, P.C., Benjamin, C. L., Brodman, D. M., Wei, C., Beidas, R. S.,& Podell, J. L. (2013). Brief cognitive-behavioral therapy for anxious youth: Feasibility and initial outcomes. *Cognitive Behavior Practice, 20*(2), 1-9. https://doi,org/10.1016/J.cbpra.2012.07.003

Crenshaw, K. (2016). *On intersectionality: Essential writings.* The New Press.

Cunningham, A., & Renk, K.(2017). I'm uncomfortable, you're uncomfortable: An integrative family approach to the treatment of Tourette's disorder and separation anxiety disorder in a young child. *Clinaical Case Studies, 16*(6), 446-463. https://doi.org/10.1177/1534650117732143

deMathis, M., Diniz, J. B, Hounie, A. G., Shavitt, R. G., Fossaluza, V., Ferrao, Y., Leckman, J. F. deBraunca Pereira, C., do Rosario, M. C., & Miguel, E. C. (2013). Trajectory in obsessive-compulsive disorder comborbidity. *European Neuropsychopharmacology, 23*, 594-601. https://doi.org/10.1016/j.euroneuro.2012.08.006

Department of Defense Education Activity. (2020). *The military interstate compact.* https://www.dodea.edu/

Partnership/interstateCompact.cfm

Diaz, Y., & Fenning, P. (2017). Toward understanding mental health concerns for the Latinx immigrant student: A review of the literature. *Urban Education, 56*(6), 959-981. https://doi.org/10.1177/0042085917721953

DiNardo, P. A., Brown, T. A., & Barlow, D. H. (1994). *Anxiety Disorders Interview Schedule for DSM-IV: Lifetime Version* (ADIS-IV-L). Graywind.

Doobay, A. F. (2008). School refusal behavior associated with separation anxiety disorder: A cognitive-behavioral approach to treatment. *Psychology in the Schools, 45*(4), 261-272. https://doi.org/10.1002/pits.20299

Eisen, A. R., & Schaefer, C. E. (2005). *Separation anxiety in children and adolescents: An individualized approach to assessment and treatment.* Guilford Press.

Elliott, J. G. (1999). School refusal: Issues of conceptualisation, assessment, and treatment. *Journal of Child Psychology and Psychiatry, 40*, 1001-1012. https://doi.org/10.1111/1469-7610.00519

Elliott, J. G., & Place, M. (2019). Practitioner review: School refusal: Developments in conceptualisation and treatment since 2000. *Journal of Child Psychology and Psychiatry, 60*(1), 4-15. https://doi.org/10.1111/jcpp.12848

Erikson, E. (1963). *Childhood and society.* W.W.Norton.

Esquivel, G., Schruers, K. R., Maddock, R. J., Colasanti, A., & Griez, E. J. (2010). Acids in the brain: A factor in panic? *Journal of Psychopharmacology, 24*, 639-647. https://doi.org/10.1177/0269881109104847

Freidl, E. K., Stroeh, O. M., Elkins, R. M., Steinberg, E., Albano, A. M., & Rynn, M. (2017). Assessment and treatment of anxiety among children and adolescents. *Focus (American Psychiatric Publishing), 15*(2), 144-156. https://doi.org/10.1176/appi.focus.20160047

French, B. H., Lewis, J. A., Mosley, D. V., Adames, H. V., Chavez-Duenas, N. Y., Chen, G., & Neville, H. A.(2020). Toward a psychological framework of healing in communities of color. *The Counseling Psychologist, 48*(1), 14-46. https://doi.org/10.1177/0011000019843506

Ghanizadeh, A., Mohammadi, M. R., & Yazdanshenas, A. (2006). Psychometric properties of the Farsi translation of the kiddie schedule for affective disorders and schizophrenia-present and lifetime version. *BMC Psychiatry, 6*,10. https://doi.org/10.1186/1471-244X-6-10

Grills-Taquechel, A. E., Fletcher, J. M., Vaughn, S., & Stuebing, K. K. (2012). Anxiety and reading difficulties in early elementary school: Evidence for unidirectional or Bi-Directional relations? *Child Psychiatry Human Development, 43*, 35-47. https://doi.org/10.1007/s10578-0110246-1

Hahn, L., Hajinlian, J., Eisen, A. R., Winder, B., & Pincus, D. B. (2003). Measuring the dimensions of separation anxiety and early panic in children and adolescents: The Separation Anxiety Assessment Scale. In A. R. Eisen (Ed.), Recent advances in the treatment of separation anxiety and panic in children and adolescents. Paper presented at the 37th annual convention of the Association for the Advancement of Behavior Therapy, Boston, MA(November).

Hella, B., & Bernstein, G. A. (2012). Panic disorder and school refusal. *Child and Adolescent Psychiatric Clinics of North America, 21*, 593-606. https://doi.org/10.1016/j.chc.2012.05.012

Heyne, D., King, N. J, & Tonge, B. (2004). School refusal. In T. H. Ollendick & J. S. March (Eds.), *Phobic and anxiety disorders in children and adolescents: A clinician's guide to effective psychosocial and pharmacological interventions* (pp. 236–271). Oxford University Press.

Individuals With Disabilities Education Improvement Act. (2004). 20 U.S.C. § 1400. Part B. Sup Part A, Sec 300.8 c (4). https://sites.ed.gov/idea/regs/b/a/300.8/c/4

Jimerson, S. R., Burns, M. K., & VanDerHeyden, A. M. (Eds.). (2016). *Handbook of response to intervention: The science and practice of multi-tiered systems of support* (2nd ed.). Springer Science + Business Media. https://doi.org/10.1007/978-1-4899-7568-3

Kearney, C. A., Sims, K. E., Pursell, C. R., & Tillotson, C. A. (2003). Separation anxiety disorder in young children: a longitudinal and family analysis. *Journal of Clinical Child and Adolescent Psychology, 32*(4), 593–598. https://doi.org/10.1207/S15374424JCCP3204_12

Kendall, P. C., & Hedtke, K. (2006). *Coping Cat workbook* (2nd ed.). Workbook Publishing.

Kendall, P. C., Hudson, J. L, Gosch, E, Flannery-Schroeder, E., & Suveg, C. (2008). Cognitive-behavioral therapy for anxiety disordered youth: A randomized clinical trial evaluating child and family modalities. *Journal of Consulting and Clinical Psychology, 76*(2), 282–297. https://doi.org/10.1037/0022-006X.76.2.282

Kendall, P. C., & Khanna, M. S. (2008). Camp Cope-A-Lot: The Coping Cat DVD [DVD]. Workbook. http://workbookpublishing.com

Kessler, R. C., Angermeyer, M., Anthony, J. C., De Graaf, R., Demyttenaere, K., Gasquet, I., De Girolamo, G., Gluzman, S., Gureje, O., Haro, J. M., Kawakami, N., Karam, A., Levinson, D., Medinamora, M. E., Oakley Browne, M. A., Posada-Villa, J., Stein, D. J., Adley Tsang, C. H., Aguilar-Gaxiola, S., ... Ustun, T. B. (2007). Lifetime prevalence and age-of-onset distributions of mental disorders in the World Health Organization's World Mental Health Survey Initiative. *World Psychiatry, 6*, 168–176. PMID: 18188442.

Kessler, R. C., & Merikangas, K. R. (2004). The National Comorbidity Survey Replication (NCS-R): Background and aims. *International Journal of Methods in Psychiatric Research, 13*(2), 60–68. https://doi.org/10.1002/mpr.166

Kessler, R. C., Petukhova, M., Sampson, N. A., Zaslavsky, A. M. & Ullrich-Wittchen, H. (2012). Twelve-month and lifetime prevalence and lifetime morbid risk of anxiety and mood disorders in the United States. *International Journal of Methods in Psychiatric Research, 21*(3), 169–184. https://doi.org/10.1002/mpr.1359

Khanna, M. S., & Kendall, P. C. (2010). Computer-assisted cognitive behavioral therapy for child anxiety: Results of a randomized clinical trial. *Journal of Consulting and Clinical Psychology, 78*(5), 737–745. https://doi.org/10.1037/a0019739

Kossowsky, J., Pfaltz, M. C., Scheider, S., Taeymans, J., Locher, C., & Gaab, J. (2013). The separation anxiety hypothesis of panic disorder revisited: A meta-analysis. *American Journal of Psychiatry, 170*(7), 768–781. https://doi.org/10.1176/appi.ajp.2012.12070893

Labellarte, M. J., Ginsburg, G. S., Walker, J. T., & Riddle, M. A. (1999). The treatment of anxiety disorders in children and adolescents. *Biological Psychiatry, 46*(11), 1567–1578. https://doi.org/10.1016/S0006-3223(99)00248-6

Lebowitz, E. R., Leckman, J. F., Feldman, R., Zagoory-Sharon, O., McDonald, N., & Silverman, W. K. (2016). Salivary oxytocin in clinically anxious youth: Associations with separation anxiety and family accommodation. *Psychoneuroendocrinology, 65*, 35–43. https://doi.org/10.1016/j.psyneuen.2015.12.007

Lewinsohn, P. M., Holm-Denoma, J. M., Small, J. W., Seeley, J. R., & Joiner, T. E. (2008). Separation anxiety disorder in childhood as a risk factor for future mental illness. *Journal of the American Academy of Child and Adolescent Psychiatry, 47*(5), 548-555. https://doi.org/10.1097/CHI.0b013e31816765e7

Magnotta, V. A., Heo, H.-Y., Dlouhy, B. J., Dahdaleh, N. S., Follmer, R. L, Thedens, D. R., Welsh, M. J., & Wemmie, J. A. (2012). Detecting activity-evoked pH changes in human brain. *Proceedings of the National Academy of Sciences, 109*(21), 8270-8273. https://doi.org/10.1073/pnas.1205902109

Mahoney, J. L., Durlak, J. A., & Weissberg, R. P. (2018). An update on social and emotional learning outcome research. *Phi Delta Kappan, 100*(4), 18-23. https://doi.org/10.1177/0031721718815668

March, J. S. (2013). *Multidimensional Anxiety Scale for children-2nd edition: Technical manual.* Multi-Health Systems.

March, J. S., Parker, J. D. A., Sullivan, K, Stallings, P., & Conners, C. (1997). The Multidimensional Anxiety Scale for Children (MASC): Factor structure, reliability, and validity. *Journal of the American Academy of Child & Adolescent Psychiatry, 36*(4), 554-565. https://doi.org/10.1097/00004583-199704000-00019

Merikangas, K., Avenevoli, S., Costello, J., Koretz, D., & Kessler, R. C. (2009). National comorbidity survey replication adolescent supplement (NCS-A): I. Background and measures. *Journal of the American Academy of Child and Adolescent Psychiatry, 48*(4), 367-369. https://doi.org/10.1097/CHI.0b013e31819996f1

Milrod, B., Markowitz, J. C., Gerber, A. J., Cyranowski, J., Altemus, M., Shapiro, T., Hofer, M., & Glatt, C. (2014). Childhood separation anxiety and the pathogenesis and treatment of adult anxiety. *American Journal of Psychiatry, 171*, 34-43. https://doi.org/10.1176/appi.ajp.2013.13060781

Mohammadi, M. R., Badrfam, R., Khaleghi, A., Hooshyari, Z., Ahmadi, N., & Zandifar, A. (2020). Prevalence/comorbidity and predictor of separation anxiety disorder in children and adolescence. *Psychiatric Quarterly, 91*, 1415-1429. https://doi.org/10.1007/s11126-020-09778-7

National Association of School Psychologists. (2020). *The professional standards of the National Association of School Psychologists.* Author. https://www.nasponline.org/standards-and-certification/nasp-2020-professional-standards-adopted

National Institute of Mental Health. (2017). How is prevalence reported. https://www.nimh.nih.gov/health/statistics/what-is-prevalence.shtml

Nir, S. M. (2020, September 9). The bird watcher, that incident and his feelings on the woman's fate. The New York Times. https://www.nytimes.com/2020/05/27/nyregion/amy-cooper-christian-central-park-video.html

Oakley Browne, M. A., Wells J.E., Scott, K. M., & McGee, M. A. (2006). Lifetime prevalence and projected lifetime risk of DSM-IV disorders in Te Rau Hinengaro: The New Zealand Mental Health Survey. *The Australian and New Zealand Journal of Psychiatry, 40*(10), 865-874. https://doi.org/10.1111/j.1440-1614.2006.01905.x

Orenes, A., Mendez, X., & Garcia-Fernandez, J. M. (2017). Spanish validation of the Separation Anxiety Assessment Scale. *Child Psychiatry and Human Development, 48*, 468-477. https://doi.org/10.1007/s10578-016-0673-0

Paquette, V., Lévesque, J., Mensour, B., Leroux, J. M., Beaudoin, G., Bourgouin, P., & Beauregard, M. (2003). "Change the mind and you change the brain": Effects of cognitive-behavioral therapy on the neural correlates of spider phobia. *Neuroimage, 318*, 401-409. https://doi.org/10.1016/s1053-8119(02)00030-7

Phillips, K. E., Norris, L. A., & Kendall, P. C. (2020). Separation anxiety symptom profiles and parental accommodation across pediatric anxiety disorders. *Child Psychiatry and Human Development, 51*(3), 377-389. https://doi.org/10.1007/s10578-019-00949-7

Pina, A. A., & Silverman, W. K. (2004). Clinical phenomenology, somatic symptoms, and distress in Hispanic/Latino and European American youths with anxiety disorders. *Journal of Clinical Child and Adolescent Psychology, 33*, 227-236. https://doi.org/10.1207/s15374424jccp3302_3

Pincus, D. B., Santucci, L. C., Ehrenreich, J. T., & Eyberg, S. M. (2008). The implementation of modified parent-child interaction therapy for youth with separation anxiety disorder. *Cognitive and Behavioral Practice, 15*(2), 118-125. https://doi.org/10.1016/j.cbpra.2007.08.002

Runyon, K., Chestnut, S. R., & Burley, H. (2018). Screening for children anxiety: A meta-analysis of the Screen for Child Anxiety Related Emotional Disorders. *Journal of Affective Disorders, 240*, 220-229. https://doi.org/10.1016/j.jad.2018.07.049

Section 504 of the Rehabilitation Act of 1973, 34.C.F.R., Part 104. (1973). https://www.dol.gov/agencies/oasam/centers-offices/civil-rights-center/statutes/section-504-rehabilitation-act- of-1973

Shear, K., Jin, R., Ruscio, A. M., Walters, E. E., & Kessler, R. C. (2006). Prevalence and correlates of estimated DSM-IV child and adult separation anxiety disorder in the national comorbidity survey replication. *American Journal of Psychiatry, 163*(6), 1074-1083. https://doi.org/10.1176/ajp.2006.163.6.1074

Silverman W., & Albano, A. M. (1997). *The Anxiety Disorders Interview Schedule for Children* (DSM-IV). Psychological Corporation.

Silverman, W. K., & Ollendick, T. H. (2005). Evidence-based assessment of anxiety and its disorders in children and adolescents. *Journal of Clinical Child and Adolescent Psychology, 34*(3), 380-411. https://doi.org/10.1207/s15374424jccp3403_2

Silverman, W. K., Saavedra, L. M., & Pina, A. A. (2001). Test-retest reliability of anxiety symptoms and diagnosis with the anxiety disorder interview schedule for DSM-IV: Child and Parent Versions. *Journal of the American Academy of Child and Adolescent Psychiatry, 40*(8), 937-944. https://doi.org/10.1097/00004583-200108000-00016

Sirin, H. D. (2019). Parental acceptance-rejection and adult separation anxiety: The mediation of adult attachment insecurity. *Psychological Reports, 9*(4), 1-9. https://doi.org/10.1177/2158244019885138

Sood, E. D., Mendez, J. L., & Kendall, P. C. (2012). Acculturation, religiosity, and ethnicity predict mothers' causal beliefs about separation anxiety disorder and preferences for help-seeking. *Journal of Cross-Cultural Psychology, 43*(3), 393-409. https://doi.org/10.1177/0022022110389492

Spence, S. H. (2018). Assessing anxiety disorders in children and adolescents. *Child and Adolescent Mental Health, 23*(3), 266-282. https://doi.org/10.1111/camh.12251

Suveg, C., Sood, E., Comer, J. S., & Kendall, P. C. (2009). Changes in emotion regulation following cognitive-behavioral therapy for anxious youth. *Journal of Clinical Child and Adolescent Psychology, 38*(3), 390-401. https://doi.org/10.1080/15374410902851721

The California Evidence-Based Clearinghouse for Child Welfare. (2018). Coping Cat https://www.cebc4cw.org/program/coping-cat/detailed

Trent, M., Dooley, D. G., & Douge, J. (2019). AAP section on adolescent health, AAP Council on Community

Pediatrics, AAP Committee on Adolescents. The impact of racism on child and adolescent health. *Pediatrics, 144*(2), e20191765. https://doi.org/10.1542/peds.2019-1765

Truong, D. M., Tanaka, M. L., Cooper, J. M., Song, S., Talapatra, D., Arora, P., Fenning, P., McKenney, E., Williams, S., Stratton-Gadke, K., Jimerson, S. R., Pandes-Carter, L, Hulac, D., & García-Vázquez, E. (2021). School Psychology Unified Call for Deeper Understanding, Solidarity, and Action to Eradicate Anti-AAAPI Racism and Violence. *School Psychology Review, 50*(2-3), 469-483. http://doi.org/10.1080/2372966X.2021.1949932

U.S. Department of Education, Office for Civil Rights. (2006). Your rights under Section 504 of the Rehabilitation Act. https://www.hhs.gov/sites/default/files/ocr/civilrights/resources/factsheets/504.pdf

U.S. Department of Education, Office for Civil Rights. (2016, December). Parent and educator resource guide to Section 504 in public elementary and secondary schools. https://www.wrightslaw.com/law/ocr/sec504.guide.ocr.2016.pdf

U.S. Department of Education Office of Special Education Programs. (2020). OSEP fast facts: Children identified with emotional disturbance. https://sites.ed.gov/idea/osep-fast-facts-children-IDed-Emotional-Disturbance-20

U.S. Department of Health and Human Services, Office of Minority Health. (2019a). About the Office of Minority Health. https://minorityhealth.hhs.gov/omh/browse.aspx?lvl=1&lvlid=1

U.S. Department of Health and Human Services, Office of Minority Health. (2019b). Mental and behavioral health-African Americans. https://minorityhealth.hhs.gov/omh/browse.aspx?lvl=4&lvlid=24

Vaughan, J., Coddington, J. A., Ahmed, A. H., & Ertel, M. L. (2017). Separation anxiety disorder in school-age children: What health care providers should know. *Journal of Pediatric Health Care, 31*(4), 433-440. https://doi.org/10.1016/j.pedhc.2016.11.003

Walkup, J., Albano, A. M., Piacentini, J., Birmaher, B., Compton, S., Sherrill, J. T., Ginsburg, G. S., Rynn, M. A., McCracken, J, Waslick, B., Iyengar, S., March, J. S., & Kendall, P. C. (2008). Cognitive behavioral therapy, sertraline, or a combination in childhood anxiety. *New England Journal of Medicine, 359*, 2753-2766. https://doi.org/10.1056/NEJMoa0804633

Wei, C., Hoff, A., Villabo, M. A., Peterman, J., Kendall, P. C., Piacentini, J., McCracken, J., Walkup, J. T., Albano, A. M., Rynn, M., Sherrill, J., Sakolsky, D., Birmaher, B., Ginsburg, G., Keaton, C., Gosch, E., Compton, S. M., & March, J. (2014). Assessing anxiety in youth with the Multidimensional Anxiety Scale for Children (MASC). *Journal of Clinical Child Adolescent Psychology, 43*(4), 566-578. https://doi.org/10.1080/15374416.2013.814541

Whitney, D. G., & Peterson, M. D. (2019). US national and state-level prevalence of mental health disorders and disparities of mental health care use in children. *JAMA Pediatrics, 173*(4), 389-391. https://doi.org/10.1001/JAMAPediatrics.2018.5399

World Health Organization. (1991). International classification of diseases (ICD-10;10th rev.). World Health Organization.

제10장

사회불안장애

학습 목표

- 사회불안장애에 대한 DSM-5의 진단 기준을 검토하고, 특히 명시자의 주요 변화를 설명할 수 있다.
- 장애를 가진 학생의 교육활동을 보장하기 위한 미국의 연방법률(예: 「장애인교육법」, 「재활법 504조」)이 DSM-5로 진단받은 SOC 아동 · 청소년에게 어떻게 적용될 수 있는지 이해할 수 있다.
- 문화적 민감성 관점에서 SOC의 유병률, 공존장애, 위험요인, 관련 변인에 대하여 알 수 있다.
- 교육활동 장면에서 SOC가 학업, 사회성, 정서 및 행동 영역에 어떤 영향을 미칠 수 있는지 이해할 수 있다.
- SOC 아동 · 청소년을 위한 증거기반의 사회적, 행동적, 정신건강적 개입 방법을 살펴보고, 이러한 개입이 학교현장에서 어떻게 적용될 수 있는지 설명할 수 있다.

도입

미국정신의학회(American Psychiatric Association: APA, 2013)가 편찬한 『정신질환의 진단 및 통계 편람』의 다섯 번째 개정판인 DSM-5(Diagnostic and Statistical Manual of Mental Disorders, 5th ed.)에 따르면, 사회불안장애(Social Anxiety Disorder: SOC[1) 또는 사회공포증)는 불안장애의 하위장애로 분류된다(ICD-9-CM code: 300.23; APA, 2013). SOC 아동 · 청소년은 사회적 상황에서

1) 이 장에서 사회불안장애(Social Anxiety Disorder)는 SOC로 축약하여 쓰기로 하며, 이는 분리불안장애(Separation Anxiety Disorder)의 줄임말인 SAD와 구별하고자 함이다. 실제 정신병리 및 정신건강 분야에서는 SOC가 사회불안장애를 나타내는 줄임말로 사용되고 있다.

현저한 불안을 보이며 타인에게 부정적인 평가를 받는 것을 몹시 두려워한다. 안타깝게도 실증적인 증거를 바탕으로 치료 효과를 입증한 개입 방법이 이미 개발되어 있음에도 불구하고 SOC 아동 · 청소년의 대부분은 제대로 된 치료를 받지 못하는 것으로 나타났다(Chavira et al., 2004a). 이에 따라 SOC 아동 · 청소년은 중요한 사회적 발달이정표를 충족하지 못할 위험이 높다.

이 장에서는 DSM-5 진단 기준, 그리고 장애를 가진 학생의 교육활동을 보장하기 위한 법률(예: 「장애인교육법」, 「재활법 504조」)을 개관하는 등 학교심리사에게 중요한 SOC 진단 관련 쟁점들을 다룰 것이다. 또한 SOC 아동 · 청소년에게 흔히 발견되는 공존장애는 무엇이며 이러한 공존장애가 잠재적으로 학업, 사회성, 정서 및 행동 기능에 어떤 영향을 미칠 수 있는지를 함께 살펴보고자 한다. 학교심리사의 역할에 대한 시사점은 평가, 자문, 옹호 영역으로 체계화하여 서술할 것이다. 아울러 이 장에서는 학교나 지역사회에서 실행할 수 있는 증거기반의 개입 방법을 소개할 것이며, 구체적으로 부모/가족 참여 및 사회성 기술 훈련의 필요성과 함께 인지행동치료(Cognitive Behavioral Therapy: CBT)의 효과를 입증하는 주요 연구들을 강조하고자 한다(Herbert et al., 2009; Warner et al., 2007). 학교심리사의 역할은 이 장 전체에 걸쳐 서술되어 있는데, 특히 학교심리사가 SOC 아동 · 청소년을 돕기 위한 다층지원체계(Multi-Tiered Systems of Support: MTSS)의 실행에 어떻게 기여할 수 있는지(Doll, 2019), 그리고 SOC 아동 · 청소년의 가족, 교사 및 지역사회 서비스 제공자에게 어떠한 자문을 제공하고 이들과 어떻게 협력할 수 있는지를 중점적으로 다루고자 한다.

진단적 쟁점: DSM-5 및 학교기반 서비스

DSM-5 진단

DSM-5에 따라 SOC를 진단하기 위해서는 다음 열 가지 진단 기준을 충족해야 한다(APA, 2013). 먼저, SOC의 핵심적인 증상으로, SOC를 가진 사람은 (a) 다른 사람에게 관찰되거나 평가될 수 있는 한 가지 이상의 사회적 상황에 대하여 현저한 불안이나 두려움을 느낀다(APA, 2013). 또한 이들은 (b) 타인에게 부정적인 평가를 받는 것에 대하여 몹시 불안해한다(APA, 2013). 아동이 SOC 진단을 받으려면 성인과 상호작용하는 상황뿐만 아니라 또래들과 함께 어울리는 장면에서도 현저한 불안을 느껴야 하는데, 이는 특히 학교심리사에게 중요한 점이라고 할 수 있다(APA, 2013). 아동의 SOC 증상은, 가령 짜증을 내고 성질을 부리는 것(tantrums, 울화행동), 다른 사람에게 지나치게 매달리는 것, 울음을 터뜨리는 것, 또는 사회적 상황에서 말을 하지 않는 것과 같이 부적절하고 공격적인 행동으로 표현될 수 있다. SOC 진단을 위해 고려해야 할 또 다른 기준으로는, SOC를 가진 사람이 (c) 사회적 상황에 놓였을 때 거의 예외 없이 불안이나 두려움을 경험하며, (d) 이 같은 사회적 상황을 적극적으로 회피하거나 극심한 불안/두려움을 그대로 안은 채 참고 견딘다는 것이다(APA, 2013). 또한 (e) 사회적 상황에 노출되었을 때 느끼는 불안/두려움의 정도가 그러한 상황에서 예상되는 실제적인 위협에 비해 지나치게 크다는 것이다(APA, 2013). 아울러 SOC 진단을 위해서는, (f) 사회적 상황에서 나타나는 불안, 두려움, 또는 회피가 얼마나 오랫동안 이어졌는지를 고려해야 하는데, 이러한 증상이 대략 6개월 이상 지속되어야 SOC 진단이 가능하다(APA, 2013). 그리고 (g) 불안, 두려움, 또는 회피가 주요 생활 영역(사회적, 직업적, 또는 다른 중요한 기능 영역)에 임상적으로 현저한 고통이나 손상을 일으켜야 하며, (h) 다른 정신장애, 특히 SOC와 유사한 증상을 가진 다른 정신장애(예: 공황장애, 신체변형장애, 자폐스펙트럼장애)를 배제할 수 있어야 한다(APA, 2013). 마지막으로, (i) 다른 의학적 질환(예: 파킨슨병, 비만(증), 화상이나 부상으로 인한 외모 손상)을 가지고 있다면 불안, 두려움, 또는 회피의 정도가 이와 관련되지 않아야 하며, (j) SOC의 증상이 약물, 알코올, 의약품 등 물질의 생리적 효과에 따른 것이 아니어야 한다(APA, 2013).

진단 기준의 변화: DSM-IV-TR에서 DSM-5로

DSM-5의 SOC 진단 기준에서 살펴볼 수 있는 중요한 변화 중 하나는, '일반화된(generalized)' SOC를 규정하였던 이전 DSM의 명시자(specifier)가 '수행형(performance-only)' SOC에 대한 내용으로 바뀌었다는 것이다(Chou et al., 2015). 다시 말해, 불안/두려움을 유발하는 사회적 상황이 여러 사람 앞에서 말을 하거나 어떤 일을 수행하는 특정 장면(예: 운동 경기, 댄스 등)으로 국한된다면 DSM-5의 SOC 진단 기준에 추가적으로 포함된 명시자에 따라 이를 **수행형** SOC로 구별할 수 있다(APA, 2013). 이전 DSM-IV-TR의 SOC 진단 기준에서는 일반화된 SOC를 명시하도록 하는 별도의 명시자를 두고 있었지만(APA, 2000), 이는 DSM-IV-TR이 DSM-5로 개정되는 과정에서 제외되었다(Center for Behavioral Health Statistics and Quality, 2016). 명칭에서 알 수 있듯이 일반화된 SOC 명시자는 단순히 무엇인가를 수행하는 특정 상황에 국한되기보다 거의 모든 사회적 상황에서 현저한 불안이나 두려움을 보이는 사례를 구별하기 위한 것이었다(Chou et al., 2015). 반면에 DSM-5에서 새롭게 제시한 명시자는 수행 장면에서의 불안에만 초점을 두고 있는데, 사실 이 같은 명시자가 임상적으로 유용한지를 입증하는 실증적 증거는 부족한 편이다(Chou et al., 2015; Kerns et al., 2013). 실제로, 지금까지의 관련 연구를 살펴보면 SOC 진단 기준에 부합한 아동·청소년 중에서 수행 장면에서의 불안만을 보고한 사례가 매우 드물다는 것을 확인할 수 있다(Burstein et al., 2011; Kerns et al., 2013). 예컨대, Burstein 등(2011)은 일반적인 미국 청소년을 대표하는 전국 단위의 비임상 표본에서 DSM-5의 SOC 명시자에 부합하는, 즉 수행 불안만을 가진 청소년의 비율이 어느 정도인지를 평가하고자 National Comorbidity Survey Replication Adolescent Supplement(NCS-A; Merikangas et al., 2009) 데이터의 일부를 분석한 바 있다. 분석 결과, SOC 청소년 중에서 수행 불안만을 보고한 사례는 단지 1% 미만(0.8%)에 불과하였던 반면, 이전 DSM의 명시자에 따른 일반화된 SOC 유형은 SOC 청소년의 55% 이상(55.8%)을 차지하는 것으로 나타났다. Kerns 등(2013)의 연구에서도 DSM-IV-TR에 따라 SOC 진단을 받은 아동·청소년 가운데 수행 불안만을 보고한 사례는 단 한 건도 없었을 뿐 아니라, 이들 아동·청소년의 64% 이상이 일반화된 유형의 불안을 보이는 것으로 나타났다. 더욱이, Kerns 등은 일반화된 SOC 유형에 해당하는 아동·청소년의 경우 그렇지 않은 SOC 아동·청소년에 비해 더욱 심각한 수준의 SOC 및 우울 증상을 보일 가능성이 있다고 밝혔다. 이러한 연구 결과는 학교심리사에게 중요한 시사점을 제공한다. 특히 학교심리사는 학교에서 아동·청소년의 SOC 증상을 가장 먼저 발견할 수 있는 사람 중 하나이다. 예컨대, SOC 아동·청소년은 교실에서 공개적인 방식으로 진행되는 평가에 제대로 참여하지 않을 수 있고, 또래와 자연스럽게 마주치는 일상적인 학교 환경(예: 복도, 운동장, 급식소 등)을 의도적으로 회피할 수도 있다.

> 이전의 DSM IV-TR과 비교하였을 때, SOC에 대한 DSM-5 진단 기준의 주요 변화는 일반화된 SOC를 규정하였던 명시자가 수행형 SOC에 대한 내용으로 바뀌었다는 것이다(APA, 2013; Center for Behavioral Health Statistics and Quality, 2016).

장애인교육법에 적용하기

SOC 학생이 「장애인교육법(Individuals with Disabilities Education Improvement Act: IDEA, 2004a)」의 적용을 받으려면, 이들의 증상이나 행동이 IDEA에서 제시하는 13개의 장애 유형 중 한 가지 이상의 유형에 부합해야 한다. 그리고 학생이 가진 장애가 교육활동 수행에 부정적인 영향을 미친다는 점이 입증되어야 한다. 다시 말해, SOC 진단 여부가 IDEA에 따른 특수교육 및 관련서비스(즉, 심리, 사회복지, 말/언어 서비스 등) 수혜자격을 결정하지 않는다는 것이다. SOC 학생이 별도의 평가 절차를 거쳐 최종적으로 특수교육 및 관련서비스 수혜자격을 획득하였을 때, SOC 학생에게 가장 흔하게 적용되는 장애 유형은 정서장애(Emotional Disturbance: ED; Sulkowski et al., 2012)로 알려져 있다. IDEA에서 제시하는 정서장애 진단 기준은 다음과 같다.

(i) 정서장애는 다음 증상 중 한 가지 이상이 오랜 기간에 걸쳐 나타나며 그 정도가 심각하여 교육활동을 수행하는 데 부정적인 영향을 미치는 상태를 말한다.

(A) 학습활동이 불가하며 이는 지적 · 감각적 · 의학적 요인에 의해 설명되지 않아야 한다.

(B) 또래 및 교사와 만족스러운 대인관계를 형성하거나 유지할 수 없다.

(C) 일반적인 상황에서 부적절한 유형의 행동이나 감정을 보인다.

(D) 일상생활 전반에 걸쳐 우울감을 느끼거나 자신이 불행하다고 느낀다.

(E) 개인적인 문제 또는 학교에서 겪는 어려움과 관련하여 신체적 증상이 나타나거나 두려움을 느끼는 경향이 있다.

(ii) 정서장애는 조현병을 포함한다. 그리고 사회적 부적응 아동 · 청소년의 경우 상기 (i) 기준에 부합하는 정서적 문제를 가진 것으로 판단되지 않는다면 정서장애로 진단하지 않는다[IDEA, 2004b, Section 300.8 (c) (4)].

앞의 정서장애 진단 기준 중에서, 특히 SOC 아동 · 청소년과 밀접한 관련이 있는 항목은 (i)-(B), 즉 또래들과 만족스러운 대인관계를 형성하고 유지하는 것에 대한 어려움일 수 있다. SOC 아동 · 청소년이 사회적 상황, 구체적으로 또래와의 관계에서 높은 불안을 호소한다는 점을 고려할 때(DSM-5; APA, 2013), 이들 아동 · 청소년이 (i)-(B)에 부합할 가능성은 상당히 높은 편이다. 사회적 상황에서 나타나는 SOC의 불안 증상은 아동 · 청소년이 건강한 사회적 관계를 형성하고 유지하는 데 명백하게 부정적인 영향을 미칠 수 있다. 더욱이, 학교에서 수업에 참여하고 과제를 완성하기 위해서는 많은 경우 또래들과 빈번하게 교류해야 하기 때문에 SOC는 학생의 교육활동 수행에도 부정적인 영향을 미칠 수 있다. 만일 또래와의 협업 등 교육활동과 관련된 사회적 상황에서 학생이 매우 높은 불안을 보인다면, 이것은 SOC 증상이 교육적 성취를 저해하고 있다는 것을 입증하는 증거가 될 수 있다.

한편으로, SOC 학생은 IDEA가 정하는 장애 유형 중에서 '기타 건강장애(Other Health Impaired: OHI)' 진단 기준에 부합할 가능성도 있다(Sulkowski et al., 2012). OHI 진단을 위한 기준은 다음과 같다(IDEA, 2004c).

9. 기타 건강장애는 체력, 활동성, 또는 주의력 감소로 인하여 교육 환경에 대한 각성 수준은 현저하게 떨어지고 다른 환경 자극에 대한 각성 수준은 높아진 상태를 말한다.

(i) 천식, 주의력결핍 과잉행동장애(ADHD), 당뇨병, 뇌전증, 심장질환, 혈우병, 납중독, 백혈병, 신장염, 류마티스열, 겸상 적혈구 빈혈, 뚜렛장애 등 만성 또는 급성으로 발병한

건강 문제에 따른 것이다.

(ii) 학생이 교육활동을 수행하는 데 부정적인 영향을 미친다[IDEA, 2004c, Section 300.8 (c) (9)].

정서장애 진단 기준과 마찬가지로, OHI 진단에 따라 특수교육 서비스 대상으로 인정을 받으려면 학생에게 관찰되는 문제가 학교에서의 교육활동 수행에 부정적인 영향을 미쳐야 한다. 그리고 IDEA와 관련하여 한 가지 알아 두어야 할 것은 미국의 일부 주(州)에서 연방법인 IDEA(2004)가 명시하지 않은 내용을 주(州) 단위의 법률을 통해 자체 규정하고 있다는 점이다(Sulkowski et al., 2012). 예컨대, 어떤 주(州)에서는 불안 증상을 가진 학생에게 OHI 판정을 내리고 특수교육 서비스 수혜자격을 부여하는 과정에서 불안장애를 입증하는 의사의 소견을 요구하기도 한다. 또한 어떤 주(州)에서는 정서장애 진단 기준을 더욱 상세하게 기술하면서 불안, 두려움, 공포증의 목록을 구체적으로 언급하고 있다. 따라서 학교심리사가 연방 차원의 법률과 더불어 그들이 속한 주(州)에서 제정한 법률을 면밀하게 이해하는 것은 매우 중요하다. 일반적으로, 학교심리사는 교육 관련 법률 및 지침에 대한 폭넓은 지식과 이해를 바탕으로 학생에게 필요한 정신건강 관련 지원을 효과적으로 제공하는 전문가이자 권위자로 여겨지고 있다(National Association of School Psychologists: NASP, 2020a).

사실, 사회불안을 비롯한 불안 증상을 보이는 다수의 학생들은 DSM-5 진단 기준에 부합하거나 특수교육 서비스 수혜자격을 충족할 만한 구체적인 증상을 나타내지 않을 수 있다. 하지만 학교심리사는 학교의 다층지원체계(Multi-Tiered Systems of Support: MTSS) 또는 반응중재모델(Response to Intervention: RtI) 실행 과정에서 핵심적인 역할을 수행하며, 특히 MTSS/RtI의 1차적 중재를 바탕으로 불안을 예방하고 초기 불안 징후에 대응하는 등 불안 증상을 보이는 많은 학생들을 효과적으로 지원할 수 있다(Sulkowski et al., 2012). SOC에 대하여 구체적인 언급을 하지는 않았지만, Sulkowski 등은 학교심리사가 MTSS/RtI의 단계별 중재, 즉 모든 학생에게 보편적으로 적용하는 1차적 중재, 일부 학생들을 소집단으로 구성하여 지원하는 2차적 중재, 그리고 1차 및 2차적 중재에 충분하게 반응하지 않은 학생에게 집중적이고 개별화된 지원을 제공하는 3차적 중재를 통하여 학생의 불안을 체계적으로 다룰 것을 제안하였다. 이와 관련하여 Sulkowski와 동료들은 가령 1차적 중재에서 학교의 모든 학생을 대상으로 불안 및 다른 정신건강 문제에 대한 평가를 실시하고, 이어 MTSS/RtI의 단계별 중재 전략에 따라 소집단 중재 및 개별화된 중재를 단계별로 진행할 것을 권고하였다. 학생의 불안 치료를 돕는 학교의 일반적인 교육 서비스 유형에 대하여 이들이 제안한 내용을 자세하게 알고 싶다면 Sulkowski 등(2012)의 연구를 참고하기 바란다. 이처럼 학교심리사는 학교기반 정신건강 전문가로서 MTSS/RtI를 실행하여 다양한 유형의 불안을 가진 학생을 지원하는 중요한 위치에 있다. MTSS/RtI의 단계별 중재에 따른 체계적인 예방, 초기 개입 및 개별화 치료 전략은 SOC 또는 SOC의 전조 증상을 가진 학생에게도 적용될 수 있다. MTSS/RtI는 특히 내재화 문제를 호소하는 학생을 효과적으로 지원하는 예방 중심의 접근법으로 학교현장에서 갈수록 강조되고 있다(Collins et al., 2019; Doll, 2019). 요컨대, MTSS/RtI는 연속성을 갖춘 학생 지원 체계로서 특수교육 서비스 수혜자격의 유무와 상관없이 정신건강 문제를 호소하는 학생에게 필요한 맞춤형 지원을 단계별 중재 전략에 따라 체계적으로 제공할 수 있다. 용어의 측면에서 MTSS와 RtI는 혼용되는 경향이 있는데, 흔히 단계별 중재 체계를 가리키는 용어로 학교현장에서는 MTSS를, 연방법인 IDEA에서는 RtI를 사용한다. 하지만 MTSS와 RtI를 특수교육을 지칭하는 용어로 오인하는 경우도 적지 않은데, 이는 사실이 아니다. 특수교육은 IDEA에 따라 수혜자격을 인정받은 학생에게만 제공되는 반면, MTSS/RtI는 특수교육뿐만 아니라 일반적인 교육 장면에도 포괄적으로 적용된다(Munson, n.d.). MTSS/RtI와 같은 단계별 중재 체계는 더욱 광범위한 사회적 상황과 맥락에서 SOC 학생이 자신의 불안을 적절하게 다루도록 지원할 수 있다.

> SOC 학생은 정서장애(ED) 또는 기타 건강장애(OHI) 진단을 통해 특수교육 및 관련서비스 수혜자격을 얻을 가능성이 있다(APA, 2013; Center for Behavioral Health Statistics and Quality, 2016; IDEA, 2014b, 2014c).

재활법 504조에 적용하기

SOC 아동・청소년은 1973년 제정된 「재활법 504조(Section 504 of the Rehabilitation Act)」를 통해서도 필요한 교육적 지원을 받을 수 있다. 「재활법 504조」에서는 장애를 가진 사람을, "(1) 일상의 주요한 활동을 현저하게 제한하는 신체적 또는 정신적 손상을 가진 자, 또는 (2) 그러한 손상에 대한 기록을 가지고 있거나, (3) 그러한 손상을 가진 것으로 간주되는 자"로 정의한다(U.S. Department of Education, Office for Civil Rights, 2016, p. 3). 여기서 말하는 정신적 손상은 정신장애를 포함하지만 법령 내에서 광범위한 유형의 정신장애를 포괄하여 제시하기 어렵기 때문에 「재활법 504조」에서는 특정 정신장애 목록을 별도로 규정하지는 않는다(U.S. Department of Education, Office for Civil Rights, 2016). 학교는 「재활법 504조」에 따른 실천 계획을 별도 수립하여 SOC 학생에게 필요한 지원이 효과적으로 이루어질 수 있도록 노력해야 한다. 예컨대, 학교는 인지행동치료의 일환으로 교실에서의 불안 감소 및 또래 노출(peer exposure) 계획을 세우고 소집단 학습활동 및 과제 발표 시간, 또는 비구조화된 휴식시간 및 점심시간 등에 이를 적용할 수 있다.

유병률 및 발병 시기

Khalid-Khan 등(2007)이 언급한 바와 같이, SOC는 아동 · 청소년기에 흔히 나타나며 비교적 이른 나이에 발병하는 정신건강장애로 알려져 있다. 안타깝게도 SOC는 제대로 식별되지 못하는 경우가 많으며, 결과적으로 SOC 아동 · 청소년에게 필요한 치료가 적기에 이루어지지 않을 수 있다. 이로 인해 환자의 건강 상태를 일차적으로 점검하는 주치의(primary care physician)가 SOC 관련 문제를 주로 다루어야 할 수도 있다(Khalid-Khan et al., 2007). 학생의 생활 근거지, 즉 학생이 거주하는 지역사회 및 마을에서 근무하는 학교심리사는 아동 · 청소년을 일상적으로 만나는 의사(예: 소아과 전문의)와 마찬가지로, SOC 증상을 가진 학생을 식별하는 데 중추적인 역할을 할 수 있다. 그리고 학교심리사는 학교현장에서 일하는 아동 · 청소년 전문가로, 미국 전역의 많은 학교에서 운영되기 시작했거나 이미 정착되어 있는 MTSS의 보편적인 절차에 따라 학생의 불안을 체계적으로 평가할 수 있는 용이한 위치에 있다(Sulkowski et al., 2012). 또한 학교심리사는 지역사회 정신건강 전문가와 협력하여 SOC 아동 · 청소년을 바르게 진단하고 이들에게 필요한 전문적인 치료를 효과적으로 제공할 수 있다.

미국 연구 동향

일련의 역학 연구에서는 특정 정신건강장애가 얼마나 빈번하게 나타나는지에 대하여 유용한 정보를 제공한다. 학교심리사 및 임상가는 이러한 정보를 토대로 특정 정신건강장애 증상을 보이는 학생을 개별적인 관점에서 어떻게 도울 것인지, 나아가 학교 차원의 맥락에서 전체 학생들을 어떻게 지원할 것인지 더 잘 이해할 수 있다(Doll & Cummings, 2008). 일례로, Kessler, Avenevoli, Green 등(2009)은 13~17세 미국 청소년이 참여한 National Comorbidity Survey Replication Adolescent Supplement(NCS-A; Kessler, Avenevoli, Costello et al., 2009) 데이터를 이용하여 다양한 정신장애(DSM-IV; APA, 1994)의 유병률을 비교 · 평가하였다. 앞선 NCS-A 데이터 수집 과정에서는 비전문가 면접관(lay interviewer)[2]이 구조화된 면접도구인 Composite International Diagnostic Interview(CIDI; Merikangas et al., 2009)를 사용하여 청소년의 정신장애를 진단한 바 있다. Kessler, Avenevoli, Green 등은 이 같은 진단 결과가 임상적으로 타당한

2) 역자 주: 전문가 면접관이 아닌 해당 분야의 전문지식을 갖추지 않은 일반적인 면접관이 면접을 진행하는 경우 연구 비용 절감, 연구 가설 및 대상에 대한 편견 배제, 면접 지침 준수 등 고유한 이점을 살릴 수 있어, 특히 대규모 표본을 다루는 의학 연구에서 이를 채택하는 경우가 많다.

지를 재평가하고자 정신건강 분야의 임상가로 하여금 반구조화된 면접도구인 Kiddie Schedule for Affective Disorders and Schizophrenia for School-Age Children(K-SADS; Kaufman et al., 1997)을 사용하여 청소년의 정신장애를 재차 진단하도록 하였다. K-SADS 면접은 앞서 CIDI 면접에 참여하였던 청소년[확률표본추출(probability sampling)] 및 부모를 대상으로 CIDI 면접 후 대략 77일이 지난 시점에서 실시되었다. Kessler, Avenevoli, Green 등은 CIDI 및 K-SADS 면접 결과를 바탕으로 SOC 진단 기준에 부합한 청소년의 비율 정보를 함께 제시하고 있다. 이들이 보고한 사회공포증(social phobia)의 평생 유병률은 면접도구에 따라 각각 9.8%(CIDI), 9.2%(K-SADS)로 나타났다. 평생 유병률은 특정 정신장애가 일생에 걸쳐 적어도 한 번 이상 나타났을 경우 해당 사례를 집계하는 방식으로 산출한다(National Institute of Mental Health, 2017). 특히 사회공포증의 평생 유병률은 특정 공포증을 비롯한 여러 유형의 불안장애 중에서 두 번째로 높은 비율을 보였다. 이와 함께 Kessler, Avenevoli, Green 등은 서로 다른 평가 방식(CIDI와 K-SADS)을 바탕으로 청소년기 SOC를 진단한 결과가 대체로 일치한다는 사실을 발견하였다. 이러한 결과는 SOC가 청소년들 사이에서 흔하게 나타날 수 있는 정신장애라는 것을 시사한다. 뿐만 아니라, 대규모 연구에서 주로 채택하는 평가 도구로 정신장애를 진단한 결과와 집중적인 임상 면접을 바탕으로 정신장애를 진단한 결과가 얼마나 일치할 수 있는지를 이해하는 데도 중요한 시사점을 가진다.

Chavira 등(2004a)도 지역사회 아동·청소년(8~17세)을 대상으로 몇몇 불안장애의 유병률을 분석한 바 있다. 이들은 소아과 전문의에게 진료를 받은 경험이 있는 아동·청소년 명단에서 무작위로 대상을 추출하여 표본을 구성하였다. 연구에 참여한 아동·청소년 및 부모는 여러 종류의 평정척도에 응답하였고 불안장애 진단을 위한 면접에도 참여하였다. SOC 증상을 평가하기 위한 평정척도로는 Social Anxiety Scale-Children Revised(SAS-C; LaGreca et al., 1988) 및 Social Anxiety Scale-Adolescents(SAS-A; LaGreca & Lopez, 1998)가, SOC를 비롯하여 불안 관련 장애를 진단하기 위한 면접도구로는 Anxiety Disorders Interview Schedule for Children(Silverman & Albano, 1996)이 사용되었다. 분석 결과, SAS-C에 응답한 아동의 18%, 그리고 SAS-A에 응답한 청소년의 12%가 각 평정척도의 임상적 절단점을 초과하는 것으로 나타났다. 또한 Anxiety Disorders Interview Schedule for Children을 사용하여 1년 유병률을 산출하였을 때 아동·청소년의 약 7%(6.8%)가 SOC 진단 기준에 부합하는 것으로 확인되었다. 하지만 불안장애(예: SOC)로 진단된 아동·청소년 중에서 약물치료나 심리치료를 받은 적이 있다고 응답한 사례는 단지 31%에 불과하였으며, 특히 소수 인종 아동·청소년의 경우 백인 아동·청소년에 비해 심리치료를 받을 가능성이 더 낮은 것으로 나타났다. 이러한 결과는 학교심리사에게 중요한 시사점을 제공하는데, 가령 SOC 아동·청소년의 상당수는 정신건강 전문가의 도움을 제대로 받지 못하여 적절한 치료 시기를 놓치고 있으며, 특히 소수 인종 아동·청소년이 손쉽게 이용할 수 있는 정신건강 서비스가 사회 전반에 걸쳐 여전히 부족하다는 것이다(U.S. Department of Health and Human Services, Office of Minority Health, 2019). 이와 함께 Chavira 등의 연구에서는 상대적으로 연령이 낮은 아동 집단(8~12세)이 청소년 집단(13~17세)에 비해 심리치료를 받을 가능성이 더 낮다는 것을 보여 준다. 따라서 학교심리사가 SOC 학생을 식별하고 치료하는 과정에서 소수 인종/민족에 속하는 학생의 사례를 다루는 경우에는 개인, 체제, 그리고 구조적 편견 및 인종차별과 관련된 문제를 특히 염두에 두어야 한다. 아울러 장애, 성별, 성 정체성, 성적 지향과 같이 상호 교차 가능하면서 때로는 억압될 수도 있는 다른 여러 정체성의 잠재적 역할에도 주의를 기울일 필요가 있다(Annamma et al., 2020; Staats, 2015-2016; Sullivan et al., 2020).

국제 공동 연구 및 국외 연구 동향

Stein 등(2017)은 아프리카, 아메리카(북미/남미), 유럽(동/서), 서태평양 및 지중해 동부지역 국가를 대표하는 지역사회 가구 표본(households samples)을 기반으로 전 세계에 걸친 대규모 역학 연구를 수행한 바 있다. 데이터 분석 결과, 모든 국가를 포함하는 전체 표본에서 SOC의 1개월 유병률, 1년 유병률, 평생 유병률은 각각 1.3%, 2.4%, 4%로 산출되었다. 흥미롭게도 SOC 유병률은 해당 국가가 위치한 지역이나 국민 소득의 수준에 따라 차이를 보이는 것으로 나타났다. 예컨대, SOC 유병률은 아프리카 및 지중해 동부지역 국가에서 가장 낮았던 반면, 아메리카(북미/남미) 및 서태평양 국가에서 가장 높았다. 또한 국민 소득이 하위/중하위 수준인 국가에서 가장 낮았던 반면, 국민소득이 상위 수준인 국가에서 가장 높은 것으로 확인되었다. 아울러 SOC는 아프리카 및 지중해 동부지역, 그리고 국민 소득이 중상위 수준인 국가에서 가장 오래 지속되는 것으로 나타났다. 이들의 연구 결과는 주목할 만한데, 그것은 SOC가 전 세계에 걸쳐 비교적 흔하게 나타나는 정신장애이면서도, 국민 소득이 높은 국가나 특정 지역(예: 아메리카)에 위치한 국가에서 대체로 더 높은 유병률을 보이는 등 국가에 따라 SOC의 사례 수에 차이가 있을 수 있다는 것을 보여 주기 때문이다. 향후 연구에서는 경제 수준에 따른 국가 간 SOC 유병률 차이에 영향을 미칠 수 있는 요인이 무엇인지, 그리고 전 세계에 걸친 SOC 유병률 차이가 더 광범위한 맥락에서 어떻게 나타나는지 살펴볼 필요가 있다.

6~18세 이란 아동·청소년을 대상으로 SOC의 유병률을 평가한 Mohammadi 등(2020)의 연구도 참고할 만하다. 이들의 연구에서는 임상심리사가 아동·청소년 및 부모(11세 미만 아동의 경우 부모가 동석)를 대상으로 면접을 진행한 후 DSM-IV(APA, 1994)를 바탕으로 불안장애를 진단

하였다. 면접도구로는 이란판 Kiddie Schedule for Affective Disorders and Schizophrenia for School-Aged Children/Present and Lifetime Versions(K-SADS-PL; Kaufman et al., 1997)가 사용되었다. 이란판 K-SADS-PL의 신뢰도 및 타당도에 대한 구체적인 정보를 확인하고 싶다면 Ghanizadeh 등(2006)의 연구를 참고하기 바란다. Mohammadi 등의 연구에서 SOC의 평생 유병률(가중치를 부여한 값)은 1.8%였으며, 15~18세 청소년의 경우 6~9세 아동에 비해 SOC 진단을 받을 가능성이 더 높은 것으로 나타났다. 사실, SOC진단 비율이 연령대에 따라 차이를 보이는 이유를 명확하게 설명하기는 어렵다. 하지만 발달적 관점에서 아동과 청소년에게 기대하는 행동이 잠재적으로 다를 수 있으며, 이러한 차이가 연령대별 SOC 진단 비율에 영향을 미쳤을 가능성이 있다.

DSM에서 제시하는 다른 정신장애와 마찬가지로, 아동 · 청소년 SOC 유병률은 연구방법이나 표집 방법에 따라 일부 차이를 보일 수 있다. 지역사회 표본에 기반한 SOC 유병률은 대략 7%이며, 특히 SOC는 아동 · 청소년에게 비교적 흔하게 나타나는 불안장애로 알려져 있다. 하지만 SOC 학생의 상당수가 적절한 치료를 받지 못하고 있다(Chavira et al., 2004a).

공존장애

SOC 아동 · 청소년은 SOC 외에도 다른 정신건강장애를 함께 가지고 있는 경우가 많다. 일례로, Chavira 등(2004b)은 소아과 전문의에게 진료를 받은 경험이 있는 지역사회 아동 · 청소년(8~17세)을 대상으로 SOC와 다른 정신장애의 공존장애를 분석하였다. 진단을 위한 면접도구로는 Anxiety Disorders Interview Schedule for Children-Parent Version(ADIS-C/P; Silverman & Albano, 1996)이 사용되었다. ADIS-C/P는 DSM에서 제시하는 다른 여러 정신장애와 더불어 SOC를 측정하는 모듈을 함께 포함하고 있다. 분석 결과, SOC는 주요우울장애(MDD), 주의력결핍 과잉행동장애(ADHD), 범불안장애(GAD), 특정공포증과 공존할 가능성이 높은 것으로 나타났다. 참고로 이는 일반화된(generalized) SOC에 대한 결과이며, 일반화되지 않은(nongeneralized) SOC에서는 이러한 공존장애가 유의하지 않은 것으로 나타났다.[3] Chavira 등이 보고한 결과는 앞선 Kerns 등(2013)의 연구 결과와 일치하는 것으로, 일반화된 SOC 아동 · 청소년의 경우 우울 증상을 함께 경험할 뿐만 아니라 SOC 및 우울 증상의 정도가 상대적으로

3) 역자 주: Chavira 등(2004b)은 참여자에게 21개의 사회적 상황을 제시한 후 4개 이상(이 중 2개 이상의 상황에서 대인 간 상호작용을 포함)에서 현저한 두려움 및 회피를 보이는 참여자를 '일반화된' SOC로, 4개 미만에서 현저한 두려움 및 회피를 보이거나 수행 관련 공포만을 보고하는 참여자를 '비일반화된' SOC로 진단하였다.

심각할 수 있다는 주장을 지지하고 있다.

이처럼 아동 · 청소년의 불안과 우울이 공존하는 잠재적인 이유를 Garber와 Wearsing(2010)의 개관 연구에서는 다음과 같이 설명하고 있다. 첫째, 불안 및 우울을 측정하는 평가도구가 분석 결과에 영향을 미쳤을 가능성으로(Cole et al., 1997: Garber & Wearsing, 2010에서 재인용), 가령 불안과 우울은 서로 다른 기저 요인에 기반한 독립적인 구인임에도 불구하고 겉으로 드러나는 증상은 꽤나 유사하게 비춰질 수 있다. 둘째, 불안과 우울은 모두 부정적 정서성(negative affectivity)을 특징적으로 나타내며, 이는 고통스러운 감정의 표현과 관련이 있다(Clark & Watson, 1991: Garber & Wearsing, 2010에서 재인용). 셋째, 불안장애 아동의 경우 이들의 부모가 불안이나 우울 증상을 가지고 있을 가능성이 높다(Weissman et al., 1997). 이 같은 설명은 불안 및 우울 증상이 겹칠 수 있다는 것을 공통적으로 강조하는데, 이는 학생을 대상으로 심리검사를 실시하고 임상가의 진단 소견을 면밀히 검토해야 하는 학교심리사에게 중요한 내용일 수 있다. 따라서 SOC 학생의 사회 · 정서 기능 및 정신건강에 대한 평가는 총체적인 관점에서 이루어져야 하며, 학교의 다학제 팀은 이러한 과정을 통해 SOC 학생을 명확하게 이해할 수 있다. 또한 Garber와 Wearsing(2010)은 심각한 불안 증상을 미연에 방지하고 예방적 차원의 치료를 적극적으로 시행함으로써 높은 불안을 보이는 아동 · 청소년에게 향후 나타날 수 있는 우울을 사전에 차단할 필요가 있다고 밝히기도 하였다. 학교심리사는 불안에 취약한 학생을 판별하고 지원하는 예방 중심의 1차적 중재에 관여한다는 점에서 Garber와 Wearsing의 이 같은 권고는 학교심리사의 역할과 관련하여 중요한 시사점을 제공한다. 아울러 불안을 예방하고 치료하는 과정에서 얻게 되는 긍정적인 결과가 우울의 예방에도 기여할 수 있다는 것을 보여 준다.

Grant 등(2005)의 연구에서도 SOC의 공존장애에 관한 정보를 찾아볼 수 있는데, 이들은 18세 이상 미국 성인이 참여한 전국 단위 National Epidemiological Survey on Alcohol and Related Conditions(Grant et al., 2004) 데이터를 이용하여 SOC에 대한 역학 연구를 수행한 바 있다. 데이터 분석 결과, SOC 진단 기준(DSM-IV; APA, 1994)에 부합하는 성인의 경우 범불안장애(GAD), 제1형 양극성장애, 회피성 성격장애, 의존성 성격장애를 함께 가지고 있을 가능성이 높았다. SOC의 1년 유병률과 평생 유병률은 각각 2.8%, 5.0%로 확인되었다. 또한 SOC의 평균 발병 연령은 청소년기에 해당하는 15.1세였던 반면에, 발병 연령 중앙치는 12.5세로 나타났다. SOC 진단을 받은 대부분의 성인(80% 이상)은 관련 치료를 받은 경험이 없었다고 응답하였는데, 이는 Chavira 등(2004a)의 연구 결과와 일치하는 것이다. SOC 치료를 받은 적이 있다고 밝힌 성인의 경우에도 평균적으로 대략 27세가 되어서야 첫 치료를 시작한 것으로 나타났다. 학교에서 SOC 학생을 식별하고 이들에게 필요한 치료를 제공하는 데 핵심적인 역할을 담당하는 학교심리사는 이 같은 연구 결과에 주목할 필요가 있다. 다시 말해, 학교심리사는 SOC 학생을 위한 다방면의 지원이 조기에 충분하게 이뤄지도록 뒷받침함으로써 SOC가 성인기로까지 이어지는 사례를 최소화하는 데 기여할 수 있다. 한편으로 흔히 보고되는 요인은 아니지만, Grant 등(2005)은 SOC 유병률이 인종/민족에 따라 차이를 보일 수 있다는 점을 발견하였다. 구체적으로, 미국 원주민은 백인에 비해 SOC 진단을 받을 가능성이 더 높았던 반면에, 아프리카계, 아시아계, 히스패닉의 경우에는 백인에 비해 SOC 진단을 받을 가능성이 상대적으로 낮았다. 또한 이들의 연구에서는 SOC 진단에 영향을 미치는 다른 인구통계학적 요인을 언급하면서, 시골 지역에 거주하는 성인의 경우 도시 또는 인구 밀집 지역에 거주하는 성인에 비해 SOC 진단을 받을 가능성이 더 낮다고 보고하였다. 그럼에도 학교심리사의 수는 여전히 충분하지 않으며 시골 지역에서 특히 부족하다는 점을 고려할 때, SOC 아동 · 청소년을 효과적으로 지원하고 다양한 정신건강 문제를 폭넓게 다루기 위해서는 학교심리사와 지역사회 정신건강 전문가가 원활하게 협력할 수 있는 환경을 조성하고 더 많은 학교심리사가 시골 지역에서 일하도록 뒷받침하는 창의적인 방법을 찾아가는 것이 중요하다(Lahman et al., 2006). 아울러 학교심리사는 치료 과정에서 학생이 속한 문화적 배경을 충분히 고려할 수 있어야 하는데, 가령 이를 위해 미국 원주민 아동 · 청소년과 가족이 가진 정체성 및 세계관(예: 백인 중심의 전통적인 정신건강 치료가 이들에게 어떻게 받아들여지고 있는지)을 확인할 필요가 있다. 그리고 사람들이 가진 편견을 깨트리고 더 넓게는 인종차별과 폭력이 만연하는 사회적 시스템을 타파하기 위하여 노력할 필요가 있다(NASP, 2020b).

Schneier 등(2010)의 연구도 참고할 만한데, 이들은 18세 이상의 미국 성인으로 구성된 전국 단위 표본에서 SOC와 알코올 남용/알코올 의존의 공존장애를 살펴보았다. 진단을 위한 면접도구로는 Alcohol Use Disorder and Associated Disabilities Interview Schedule-DSM-IV Version(Hasin et al., 2007)이 사용되었다. 연구 결과, SOC 진단을 받은 성인의 경우 알코올 관련 장애(알코올 남용/알코올 의존)를 함께 가지고 있을 가능성이 높은 것으로 나타났다. 또한 알코올 의존을 가진 성인을 대상으로 인구통계학적 요인에 따른 차이를 살펴보았을 때, 여성이 남성에 비해, 그리고 백인이 히스패닉이나 아프리카계 미국인에 비해 SOC 진단을 받을 가능성이 더 높은 것으로 나타났다. Schneier 등의 연구는 성인 표본에 국한되어 있어 결과 해석에 주의가 필요하겠지만, 아동 · 청소년기 SOC 예방 및 초기 개입의 필요성을 분명하게 보여 주고 있다는 점에서 학교심리사에게 중요한 정보를 제공한다. 가령 학교에서는 SOC 예방 및 초기 개입을 위한 보편적인 1차적 중재의 일환으로 적절한 대처기술이나 알코올/약물 남용 예방에 중점을 둔 중재 전략을 개발하고 이를 건강 · 보건 교육과정의 주요 내용 체계에 포함시킬 수 있다. 이 같은 노력을 통해 학교는 SOC 아동 · 청소년과 더불어 다른 정신건강 문제로 어려움을 겪고 있는 많은 학생들을 효과적으로 지원할 수 있으며, 전체 학생을 대상으로 하는 보편적인 예방 전략을 체계적으로 실천할 수 있다(Doll & Cummings, 2008).

또 다른 연구 사례로, Asher와 Aderka(2018)는 18세 이상의 미국 성인이 참여한 전국 단위 National Comorbidity Survey Replication(NCS-R; Kessler & Üstün, 2004) 데이터를 사용하여 SOC의 유병률이 성별에 따라 차이를 보이는지 확인하였다. SOC 1년 유병률 및 평생 유병률을 각각 산출한 결과, 두 유병률 모두에서 여성(8.0%, 13.5%)이 남성(5.8%, 10.9%)에 비해 유의하게 더 높은 수치를 보였다. 아울러 SOC와 다른 정신장애의 공존장애에도 성차가 발견되었다. 구체적으로, SOC 남성은 여성에 비해 물질 관련 장애(예: 알코올/약물 남용 및 의존)와 품행장애 진단 비율이, SOC 여성은 남성에 비해 불안 관련 장애(예: 특정공포증, 범불안장애, 외상후 스트레스 장애) 진단 비율이 더 높은 것으로 나타났다(SOC는 1년 유병률 기준, 다른 정신장애는 평생 유병률 기준). 이전에 공황발작을 경험한 적이 있다고 응답한 비율 또한 SOC 여성이 남성에 비해 높은 것으로 나타났다. Asher와 Aderka의 연구 결과는 성인 표본에 국한되어 있어 결과 해석에 일부 제한이 따르겠지만, 성인기가 아닌 아동 · 청소년기에 이러한 공존장애의 전조(前兆)가 이미 나타났을 수 있다. 하지만 품행장애를 가진 SOC 남학생의 경우 학칙에 따라 징계를 받아야 할 대상으로 분류되어 이들의 사회적 어려움을 다루기 위한 정신건강 서비스 및 관련 지원이 간과될 수 있다. 그리고 불안 관련 장애를 가진 SOC 여학생의 경우 주로 내재화 증상으로 고통을 겪기 때문에 현저한 부적응 행동이 겉으로 드러나지 않는다면 이들의 사회적 어려움을 학교에서 제대로 알아차리지 못할 수도 있다. 물론 이 같은 가능성을 사실로 단정지어 말하기는 어렵다. 하지만 학교심리사는 예방 중심 중재 등을 통하여 학생의 사회적 문제(예: SOC)를 다루고 치료하는 과정에 관여한다는 점에서 SOC, 특히 SOC와 다른 정신장애의 공존장애가 어떠한 모습으로 나타날 수 있는지 면밀히 살펴야 한다.

> SOC 아동 · 청소년은 주요우울장애, ADHD, GAD, 특정공포증, 제1형 양극성장애, 회피성/의존성 성격장애 등 DSM의 여러 다른 정신장애에 취약할 위험이 있다(Chavira et al., 2004b; Grant et al., 2005). 또한 성인 대상의 역학 연구에서 SOC와 알코올 남용/알코올 의존의 공존장애가 발견되었으며(Schneier et al., 2010), 여성의 SOC 유병률이 남성에 비해 더 높을 수 있다는 결과가 확인되었다(Asher & Aderka, 2018).

위험/보호요인 및 관련 변인

Festa와 Ginsburg(2011)는 7~12세 아동을 대상으로 사회불안을 예측하는 다양한 변인을 분석한 바 있다. 이들은 아동-부모 면접 및 자기 보고를 통하여 아동의 사회불안을 측정하였는

데, 이에 따른 평가 도구로는 면접을 위한 Anxiety Disorders Interview Schedule for DSM-IV Child Version(ADIS-C; Silverman & Albano, 1996), 그리고 자기 보고식 평정을 위한 Screen for Child Anxiety Related Emotional Disorders-Child Version(SCARED-C; Birmaher et al., 1999)을 사용하였다. 이 외에도 다양한 평가 방법과 도구를 바탕으로 부모 변인(부모 불안, 거부, 과잉 통제) 및 또래 변인(사회적 수용, 사회적 지지, 또래관계의 질)을 측정하였다. 가령 과잉 통제(overcontrol)의 측정에는 자기 보고식 척도가 사용되었으며, 동시에 외부 관찰자가 부모-자녀 간 상호작용을 지켜보며 행동으로 관측되는 과잉 통제의 정도를 함께 평가하였다. 연구 결과, 아동이 지각한 높은 수준의 사회적 수용, 사회적 지지, 또래관계의 질은 낮은 수준의 사회불안과 관련이 있었다. 아울러 예측 변인이 아동의 사회불안을 설명하는 양상은 사회불안의 측정 방법(즉, 평가자 및 평가도구)에 따라 차이를 보이는 것으로 나타났다. 다시 말해, 면접을 통해 평가한 사회불안은 부모 불안 및 또래관계의 질에 의해 유의하게 예측되었지만, 자기 보고를 통해 측정한 사회불안은 부모의 과잉 통제 및 또래의 사회적 수용에 의해 유의하게 예측되었다. 이러한 결과를 토대로 연구자들은 사회불안을 평가하고 개입하는 과정에서 부모 불안(또는 불안과 관련된 행동) 및 또래관계의 역할을 면밀하게 살피는 것이 중요하다는 견해를 밝힌 바 있다. Festa와 Ginsburg의 연구는 학교심리사에게도 중요한 시사점을 제공한다. 학교심리사는 다양한 사회적 장면에서 또래 상호작용을 관찰할 수 있을 뿐 아니라, SOC 아동·청소년이 학교에서 긍정적인 또래관계를 형성하고 또래와의 사회적 상호작용에 적극적으로 참여하도록 도울 수 있다.

Weissman 등(1997)의 연구에서도 부모의 정신건강이 자녀의 불안 및 심리적 어려움에 영향을 미칠 가능성을 확인할 수 있다. 이들은 주요우울장애(MDD) 진단을 받은 부모와 그렇지 않은 부모의 자녀를 대상으로 연구를 진행하였다. 정신장애 진단 기준으로 DSM-III(APA, 1980)와 DSM-III-R(APA, 1987)이 사용되었으며, 총 세 번의 측정 시점(Time 1~3) 중 DSM-III는 Time 1~2에서, DSM-III-R은 Time 3에서 적용되었다. 연구 결과, MDD 부모의 자녀(한 명 이상의 부모가 MDD 진단을 받은 경우)는 심각한 수준의 사회적 어려움과 함께 MDD, 공포증, 공황장애(PD) 진단을 받을 가능성이 더 높은 것으로 나타났다. 특히 MDD 부모의 자녀는 대체로 불안장애(예: SOC, PD, GAD 등)를 MDD에 앞서 경험하는 것으로 나타났다.

문화적 쟁점

아동·청소년과 가족이 가진 문화적 규범 및 신념은 또래관계를 비롯하여 아동·청소년의 사회적 상호작용에 많은 영향을 미친다. 아동 · 청소년이 또래에게 접근하는 방식, 또래관계를 평가하는 방식, 그리고 수줍거나 수동적인 아이로 지각되는 방식은 문화적 맥락에 따라 다르게 나타날 수 있다(Chen & French, 2008). 이러한 관점을 SOC 진단에 적용하여 살펴본다면, 혹자는 DSM-5(APA, 2013) 진단 기준이 지나치게 서구 문화권의 시각만을 반영하고 있다고 주장할 수 있다. 인종/민족성, 성별, 사회 계층, 언어, 체류자격, 성 정체성, 성적 지향 등 아동 · 청소년이 가진 다양한 유형의 정체성은 또래관계에서 나타나는 사회적 표현, 사회적 상호작용, 의미 부여 등에 광범위하게 영향을 미친다. 아울러 아동 · 청소년과 가족이 가진 개인 정체성 및 문화적 정체성은 가령 소수 집단에 속한 학생을 대상으로 SOC를 평가하거나 이들에게 필요한 개입 및 지원 유형을 결정하는 과정에서 잠재적인 편견을 유발할 수 있다. 이에 따라 학교심리사가 SOC 진단을 받았거나 SOC가 우려되는 학생의 사례를 다루는 경우에는 먼저 이들의 개인적인 정체성과 이들이 속해 있는 문화를 주의 깊게 살펴야 한다. 즉, SOC에 대한 평가와 치료는 학생이 가진 문화적 배경을 충분히 고려하는 방식으로 이루어져야 한다. 하지만 동시에 특정 문화나 인종에 따라 개인을 정형화하여 획일적으로 분류할 수 없다는 사실을 기억할 필요가 있다. 결과적으로, 학교심리사는 가정, 학교, 지역사회 등 학생이 기능하는 다양한 맥락 내에서 한 개인의 전체(totality)를 총체적으로 다루어야 한다. 그리고 학생이 사회적 상황에서 나타나는 문제를 실제 심각한 어려움으로 여기고 있는지, 만약 그러하다면 언제, 그리고 누구에 의해서 그러한지를 면밀하게 살펴야 한다. 이를 위해 학교심리사는 학생과 가족, 그리고 이들의 일상에 중요한 역할을 하는 사람들(예: 교사 등)의 목소리에 부단히 귀를 기울이고 그 말을 존중할 수 있어야 한다.

Hofmann 등(2010)은 SOC의 진단 및 치료 과정에 영향을 미칠 수 있는 SOC의 문화적 측면을 개관하면서, 국가별 역학 데이터를 바탕으로 SOC 유병률이 인종/민족에 따라 달라질 수 있다는 점을 보여 주었다. 이 가운데 일부 데이터(예: Grant et al., 2005)는 이 장에서 이미 언급된 바 있다. 이와 더불어 Hofmann 등은 SOC가 흔히 한국과 일본의 문화적 맥락에서 마치 SOC의 아형(亞型)과 같이 특수한 형태로 표현되는 사례를 구체적으로 서술하였다(물론 이러한 사례가 때때로 다른 문화권에서 보고되는 경우도 있다). 대표적으로 Taijin kyofusho(TKS; Hofmann et al., 2010, p. 1119)로 불리는 공포증을 들 수 있다. TKS를 가진 사람은 핵심적인 증상으로 자신이 타인을 불쾌하게 하거나 곤란하게 만들지는 않을까 하는 두려움을 느낀다. TKS는 SOC와 유사하게 사회적 상황에서 현저한 불안을 느끼지만 SOC와는 달리 자신이 아닌 타인의 고충에 초점을 두는 것이 특징이다. 예컨대, TKS를 가진 사람은 자신의 신체적 결함 또는 특정 행동(예: 타인을 향한 부적절한 응시나 표정 등)이 타인을 거북하게 할 것이라고 생각하며 두려워한다. 이 같은 유형의 SOC, 즉 TKS는 일본의 정신병리분류체계에서 찾을 수 있다. 학교심리사가 다양한 문화권에 속한 학생들을 지원하는 경우 SOC가 특정 문화권에서 특수한 형태의 두려움으로 표현될 수 있다는 점을 이해하고, 평가 및 치료 과정에서 학생이 가진 문화적 정체성을 신중하게 살펴야 한다. 아울러 TKS와 같은 사례를 특정 문화적 배경을 가진 아동·청소년(예: 한국, 일본)의 정형화된 행동으로 바라보지 않도록 주의를 기울여야 한다.

뿐만 아니라, Hofmann 등(2010)은 SOC 진단 및 치료 과정에서 고려해야 할 문화적 측면을 더욱 광범위하게 기술하였다. 가령, 어떤 아동·청소년과 가족은 집단주의 문화를 고수하면서 특히 공동의 목표를 강조하고 집단 규범을 우선시할 수 있다. 집단주의 문화는 개인의 가치를 중요하게 여기는 서구권의 개인주의 문화와 여러 측면에서 차이를 보일 수 있다. 가령, 개인이 가진 독립성과 자율성의 수준은 상호의존을 강조하는 집단주의 문화, 그리고 자기정체성을 강조하는 개인주의 문화 각각에서 다르게 나타날 수 있다. 특히 이러한 차이는 특정 문화권의 성별 규준 및 사회적 기대와 밀접한 관련이 있을 수 있다. 거듭 말하지만 이처럼 포괄적인 성격의 문화적 요인을 학생 개인이나 특정 집단에 일반화하여 적용하지 않도록 각별히 주의해야 한다. 동시에 문화적 배경이 아동·청소년의 행동에 영향을 미칠 가능성을 염두에 두고 문화적 요인에 따른 차이를 병리적인 것으로 성급하게 판단하지 않도록 해야 한다.

> 학교심리사는 아동·청소년과 가족이 가진 문화적 규준 및 신념을 주의 깊게 살펴야 한다(Chen & French, 2008). 문화적 요인을 학생 개인에게 정형화하거나 일반화하지 않도록 해야 하며, 동시에 학생이 가진 개인 정체성과 문화적 정체성을 염두에 두고 소수 집단에 속한 학생의 행동을 병리적인 것으로 성급하게 판단하지 않도록 유의해야 한다.

학교와 가정에서 사회성, 정서 및 행동 기능에 미치는 영향

사회성, 정서 및 행동 문제

SOC 아동·청소년은 현저한 불안이나 두려움으로 인하여 사회적 상황에서 심각한 어려움을 경험한다(APA, 2013). 대개 이들은 건강한 사회·정서적 발달을 촉진하는 사회적 상황 및 사회적 교류를 회피한다. 따라서 SOC 증상은 사회성 및 정서 기능의 다양한 측면에 부정적인 영향을 미칠 수 있다. 또한 SOC 아동·청소년은 갑작스럽게 울음을 터트리거나 울화행동(tantrums)을 보이는 등 행동적인 측면에서도 문제를 보일 수 있다(APA, 2013). SOC 아동·청소년은 흔히 또래와 함께 있을 때 현저한 불안을 호소하기 때문에(DSM-5; APA, 2013), 또래 주변에서 자신의 불안을 적절하게 관리하도록 돕는 일은 이들의 사회성, 정서 및 행동 기능을 개선하는 데 핵심적인 개입 전략으로 사용될 수 있을 것이다. 그리고 또래 상호작용 장면에서 사회적 대처기술을 적절하게 사용하도록 지원하는 일도 주요한 전략이 될 수 있다. 학교는 하루 중의 많은 시간을 또래와 어울리며 다양한 활동을 함께 하는 중요한 장소이다. 이 장 전체에 걸쳐 언급하고 있는 MTSS와 같이, 연속성을 갖춘 단계별 중재 체계는 학교 환경에서 SOC 학생에게 필요한 사회·정서적 지원을 효과적으로 제공할 수 있다(Doll, 2019). 단계별 중재의 첫 단계는 가령 증거기반 교육과정을 바탕으로 학교/학급 차원의 사회·정서 학습 프로그램을 편성하여 운영하는 방식으로 진행할 수 있다(모든 학생에게 보편적으로 적용하는 1차적 중재). 학업 및 사회·정서 학습 협회(Collaboration for Academic, Social, and Emotional Learning: CASEL)에서는 웹사이트를 통해 증거기반의 사회·정서 학습 자료를 제공하고 있으며, 학교의 다학제 팀이 사회·정서 지원 계획을 수립하고 이를 실행 및 평가하는 데 많은 도움을 주고 있다(CASEL, 2021). 그리고 많은 실증적 증거들이 SOC에 대한 인지행동치료의 효과를 입증한다는 점에서 인지행동치료는 보편적 중재 전략인 사회·정서 학습(1차적 중재)을 보완하는 좋은 방법이 될 수 있다(CASEL, 2021; Mohatt et al., 2014). 인지행동치료는 특히 집단(표적 집단에게 적용하는 2차적 중재) 또는 개인(개별 학생에게 적용하는 3차적 중재) 수준에서 효과적으로 적용할 수 있다(Doll, 2019).

한편, SOC 아동·청소년이 보일 수 있는 문제행동의 기저에는 그 행동을 설명하는 이유가 있다는 점을 기억해야 한다. 가령, SOC 아동·청소년은 사회적 상황에서 일어나는 현저한 불안을 행동화할 수 있는데, 이러한 사례를 개별적으로 지원하기 위한 방법으로 행동기능평가(Functional Behavior Assessment: FBA)/행동개입 계획(Behavior Intervention Plan: BIP)을 고려할 수 있다. 학교심리사는 학교 분야의 핵심 전문가로 FBA/BIP를 실행할 수 있는 전문지식을 갖추고 있다. FBA에서는 학생이 왜 이런 문제행동을 보이는지 그 목적을 구체적으로 파악하기 위하여 행동이 가진 '기능(function)'에 대한 데이터를 수집한다(Loman et al., 2019). 예컨대, 학생의 부적절한 행동은 자신이 원하는 것(예: 어른의 관심)을 획득하기 위한 것이거나 자신이 원하지 않는 것(예: 어려운 과제, 사회적 관계)을 회피하기 위한 것일 수 있다. 행동이 가진 기능을 확인한 후에는 구체적인 행동개입계획을 수립하여 학생이 예전의 부적절한 행동과 동일한 기능을 가진 바람직한 대체행동을 학습하고 이를 적절하게 사용하도록 도울 수 있다(Loman et al., 2019). 긍정적 행동중재 및 지원(Positive Behavioral Interventions and Supports: PBIS) 센터에서는 자체적으로 운영하는 웹사이트를 통해 FBA/BIP 관련 자료를 풍부하게 제공하고 있다(www.pbis.org/resource/basic-fba-to-bsp-trainers-manual). 아울러 이곳 웹사이트(www.pbis.org)에서는 단계별 중재를 위한 행동계획의 설계 및 실행에 도움이 되는 학교 차원의 PBIS 관련 자료들도 손쉽게 찾아볼 수 있다.

사회적 발달에 미치는 영향

SOC는 특히 아동·청소년의 사회적 발달에 부정적인 영향을 미칠 수 있다. Erikson(1963)의 심리사회적 발달 단계에 따르면, 아동, 청소년 및 성인이 건강한 사회적 발달을 성취하기 위해서는 사회적 환경에서 타인과 관계를 맺으며 다양한 사회적 경험을 쌓아 나가야 한다. SOC 증상은 Erikson이 제안한 심리사회적 발달의 전 단계에 걸쳐 크고 작은 영향을 주겠지만, 주로 협동놀이를 통해 사회적 상호작용을 경험하는 초기 아동기를 비롯하여, 학령기 '근면성 대 열등감(약 5.5~12세, 단계 4)', 청소년기 '정체감 대 역할 혼미(단계 5)', 그리고 초기 성인기 '친밀감 대 고립(단계 6)'에 큰 영향을 미칠 수 있다. 이 중 학령기에 해당하는 4단계에서는 특히 자신이 속한 문화에서 강조하는 여러 기초 역량(예: 읽기, 셈하기)을 집중적으로 학습하게 된다. 또한 이 시기의 아동은 다양한 사회적 발달을 눈에 띄게 성취할 뿐 아니라 또래에게 수용되는 것에 열중하고 사회적 비교에도 관심을 둔다(Eccles, 1999). 따라서 현저한 불안이 있거나 사회적 사회작용을 회피하는 학령기 아동의 경우 중요한 사회적 발달이정표를 제대로 충족하지 못할 위험이 높다.

아동이 청소년기에 이르게 되면 또래에게 깊이 몰두하고 또래에게 수용되는지 여부에 더욱 주의를 기울인다. 이와 관련하여 Erikson(1963)은 청소년이 일종의 파벌을 형성하고 자신의 집단에 누가 속하는지, 그리고 누가 속하지 않는지에 촉각을 세우는 경향이 있다고 서술한 바 있다. 사실, 고등학교 복도만 살펴보아도 이러한 모습을 심심치 않게 발견할 수 있다. 따라서 또래에게 다가가거나 이들과 교류하는 데 심한 불안을 느끼는 SOC 청소년의 경우 또래와 어울리지 못한 채 혼자 남겨질 위험이 높다. 나아가, 초기 성인기의 핵심적인 사회적 발달이정표로 타인과의 친밀한 관계 형성을 들 수 있는데, 만일 이 시기에 친밀한 관계를 맺지 못할 경우 자칫 고립에 빠지게 된다. 가령, 사회불안을 가진 청년은 자신의 연인을 찾을 수 있는 사회적 상황에 좀처럼 머물지 못하거나 연인이 있더라도 데이트와 같은 사회적 활동에 참여하기 어려울 수 있다. 학교심리사가 사회불안을 가진 학생을 돕기 위한 개입 및 지원 계획을 수립할 때는 아동·청소년에게 기대되는 사회적 발달이정표가 구체적으로 무엇인지 고려해야 하며, 아울러 이들이 SOC에 대한 DSM-5 진단의 기준에 공식적으로 부합하는지 여부를 면밀하게 평가해야 한다.

가정에서의 기능

가정에서 SOC 자녀에게 또래와 어울릴 것을 권유하고 설득할 때면 자녀의 불안 수준이 높아질 수 있다. 학교에 가지 않으려는 SOC 자녀의 경우 등교하기를 다그칠 때도 높은 불안이 일어날 수 있으며, 이러한 불안은 짜증을 부리거나 울음을 터트리는 등의 회피 행동으로 표현될 수 있다(APA, 2013). 그리고 이들은 학교에서 팀 프로젝트를 수행해야 하거나, 공개적으로 발표를 해야 하거나, 어떤 방식이든 타인 앞에서 평가를 받아야 하는 경우 학교를 회피할 수 있다. 또한 이웃의 또래와도 어울리지 않고 일상적인 활동(예: 장보기, 외출하기 등)에도 참여하지 않는 등 노출이 필요한 여러 외부 활동을 꺼릴 수 있다. SOC 아동・청소년이 광범위한 사회적 상황과 관련된 불안에 적절하게 대처하도록 도우려면 무엇보다 가족에 대한 충분한 지원이 뒷받침되어야 한다. 부모 대상 심리교육을 포함한 인지행동치료는 SOC 자녀를 둔 부모에게 도움을 줄 수 있는데, 가령 이러한 지원을 통해 부모는 불안이 유발되는 상황에 자녀를 효과적으로 노출하는 방법이나 자녀의 불안을 무심코 강화하지 않도록 주의하는 방법 등을 익힐 수 있다. 자세한 내용은 이어지는 '학교기반 정신건강 개입과 지원' 절에서 후술하기로 한다(Warner et al., 2007). 특히 COVID-19 위기상황이 해제된 최근 들어 비대면 수업이 대면 수업으로 전환되고 교실의 구조(예: 자리 배치 변화)가 조정되며 또래관계를 제약하던 사회적 거리 두기가 종료되는 등 SOC 학생에게 영향을 미칠 만한 사회적 변화가 곳곳에서 나타남에 따라, SOC 자녀를 가진 부모에 대한 지원 방안이 다각도로 모색될 필요가 있다(Loades & Reynolds, 2021).

교실에서 학습에 미치는 영향

SOC가 아동・청소년의 사회성, 정서 및 행동 기능에 영향을 미친다는 점을 고려할 때, SOC는 학교 적응 및 학교에서의 기능과도 밀접한 관련이 있을 수 있다. 초・중・고등학생 시기에는 또래와의 상호 협력을 바탕으로 학습활동에 참여하고 과제를 해결하는 것이 일반적인 모습이다. 하지만 SOC 아동・청소년은 학습활동 장면에서 기대되는 또래와의 사회적 상호작용을 회피하는 모습을 보인다. 심지어 어떤 SOC 아동・청소년에게는 또래가 붐비는 교실에서 자리를 잡고 앉아 있는 것조차 매우 힘든 일일 수 있다. 이렇듯 SOC 증상의 일부인 사회적 회피 행동은 SOC 아동・청소년의 학습활동에 부정적인 영향을 미칠 수 있다. 자칫 이들이 등교를 거부하기 시작한다면 학교 출석에도 악영향을 줄 수 있다. 이러한 점에서 학습활동이나 출결 현황을 주기적으로 모니터링하는 것은 SOC 아동 · 청소년을 위한 지원 전략 수립 및 실행에 많은 도움을 줄 것이다.

SOC 아동 · 청소년은 다양한 교실 상황에 적응할 준비가 충분히 되어 있지 않을 수 있다. 이를테면 협동학습 과정에서 또래와 교류해야 하거나, 소집단 과제에 참여해야 하거나, 팀 프로젝트를 수행해야 하는 경우 이들은 높은 불안을 느낄 수 있다. 점심시간, 등하교 시간, 휴식 시간 및 쉬는 시간과 같이 사람들이 붐비는 비구조화된 학교 환경, 그리고 팀 스포츠, 클럽 활동, 지역사회 여가 활동과 같은 정규 교과 이외의 특별활동 시간도 사회 · 정서적 및 행동적 지원을 요하는 또 다른 학교 맥락일 수 있다.

한편 COVID-19 팬데믹이 SOC 아동 · 청소년의 일상에 적지 않은 영향을 주었을 뿐 아니라, 이로 인한 크고 작은 영향이 지속될 수 있다는 사실에 주목해야 한다. COVID-19 팬데믹 당시 전 세계 많은 국가에서 등교 중단 및 비대면 수업 지침을 내렸으며, COVID-19 위기상황이 해제된 후에는 대다수 국가에서 등교 재개와 함께 다시금 대면 수업으로의 전환을 단행한 바 있다. 이 같은 등교 중단 및 재개가 사회불안을 가진 아동 · 청소년에게 미칠 파급과 관련하여 다음의 두 약식 논문(letters to the editor)을 참고할 만하다. 먼저, Morrissette(2021)은 COVID-19에 따른 등교 중단이 사회불안을 가진 학생의 학교 회피 행동을 강화하였을 가능성이 있으며, 이는 불안을 유발하는 사회적 상황에 노출될 기회를 제한하는 등 효과적인 불안 치료를 방해하는 요인이 될 수 있다고 밝혔다. 이와 함께 Morrissette은 사회불안을 가진 학생의 경우 등교가 중단된 상황에서 비교적 편안한 마음을 가질 수 있겠지만 그것은 단지 학교에 가지 않아도 되는 상황에서 학생의 회피 행동이 강화되었기 때문이며, 따라서 불안 감소를 위한 치료와 지원은 반드시 계속되어야 한다고 주장하였다. 이어 Loads와 Reynolds(2021)는 Morrissette의 견해에 동의하면서, 다시금 학교에 등교하는 것이 사회불안을 가진 학생에게 특히 힘겨운 일이 될 수 있는 까닭을 여러 측면에서 설명하였다. 이를테면 Morrissette이 언급한 바와 같이 등교 중단 기간 동안 사회적 상황을 회피하려는 학생의 행동이 의도치 않게 강화되었을 수 있으며, 세상을 위험한 곳으로 여기는 기존 신념이 눈에 보이지 않는 감염병에 의해 촉발되었을 수 있다. 또한 주요 미디어가 전달하는 COVID-19 관련 정보가 건강에 대한 불안을 크게 증폭시켰을 수 있으며, COVID-19 방역지침 완화(예: 사회적 거리 두기 해제 등)에 따라 새롭게 재편된 학교 환경이 학생의 적응에 어려움을 더할 수 있다. Loads와 Reynolds는 사회불안을 비롯한 정신건강 문제가 증가할 것으로 예상되는 만큼 학교기반의 정신건강 전문가가 이에 대비할 필요가 있다고 강조하였다. 이들은 구체적으로 다음과 같이 언급하고 있다. “학교 관계자는 학생의 심리 및 행동 문제 발생률이 눈에 띄게 증가한 것을 확인하게 될 것이다. 따라서 학교는 정신건강 서비스 지원 방안을 개선하는 등 이러한 상황에 대비한 효과적인 대응 전략을 신속하게 마련해야 한다." (Loads & Reynolds, 2021, p. 7)

학교심리사를 위한 시사점

평가 역할

학교심리사는 다양한 평가 도구를 사용하여 아동 · 청소년의 SOC를 평가 및 진단할 수 있다. 대표적인 사례로, Anxiety Disorders Interview Schedule for DSM–IV: Child and Parent Versions(ADIS–IV–CP; Silverman & Albano, 1996)은 사회공포증(SOC)을 비롯한 여러 유형의 불안장애를 측정하는 하위척도를 갖추고 있다. ADIS–IV–CP는 이 장의 '진단적 쟁점' 절에서 이미 언급한 바 있다. Silverman 등(2001)의 연구에서 ADIS–IV–CP의 사회공포증 하위척도는 아동 면접 자료, 부모 면접 자료, 그리고 아동–부모 면접 결과를 결합한 자료 모두에서 높은 수준의 검사–재검사 신뢰도를 보여 주었다.

Screen for Child Anxiety Related Emotional Disorders(SCARED; Birmaher et al., 1997) 또한 여러 유형의 불안을 평가하기 위해 흔히 사용되는 평가 도구로 사회불안을 측정할 수 있는 별도의 하위척도를 포함하고 있다. SCARED는 자기 보고 및 부모평정을 통해 아동 · 청소년의 불안을 평가하며, 개발 초기에는 85개의 예비문항을 포함하였지만 척도의 타당화 과정에서 38개의 문항으로 축소되었다. SCARED의 심리측정적 속성을 종합적으로 평가한 Runyon 등(2018)의 메타분석에 따르면, SCARED의 사회불안 하위척도는 일반적인 지역사회 및 임상 표본 모두에서 안정적인 속성을 갖춘 것으로 나타났다. 이 같은 메타분석 결과를 바탕으로 Runyon 등은 SCARED가 불안 관련 장애 진단 과정을 지원하고 개입의 효과성을 평가하는 유용한 평가 도구로 사용될 수 있다고 밝혔다. 아울러 SCARED가 비교적 짧은 시간 내에 빠르게 실행할 수 있는 평정척도라는 점에서, 학교심리사는 SOC 학생이 학교 내외 전문가가 참여하는 치료에 어떻게 반응하고 있는지를 평가할 때 SCARED(또는 유사한 평가 도구)의 사용을 적극적으로 고려할 수 있다.

Multidimensional Anxiety Scale for Children(MASC) 역시도 자기 보고와 부모평정을 통해 아동 · 청소년의 불안을 평가하는 척도로 널리 활용되고 있으며 사회불안 측정을 위한 별도의 하위척도를 포함하고 있다. 현재는 초판에 이어 출간된 개정판(second edition)이 활용되고 있다

(March, 2013). Wei 등(2014)은 MASC 초판(March et al.,1997)의 심리측정적 속성을 평가하면서 사회불안 하위척도가 다른 하위척도와 마찬가지로 안정적인 속성을 갖추고 있다고 보고하였다. 가령 MASC의 사회불안 하위척도 점수는 사회공포증의 유무 및 심각도를 유의하게 예측하는 것으로 나타났다. 참고로 Wei 등은 ADIS-IV C/P(Silverman & Albano, 1996)를 사용하여 사회공포증(현재 사회불안이라고 불림)을 진단하였으며, 이 과정에서 DSM-IV(APA, 1994) 진단 기준 충족 여부 및 증상의 심각도를 종합적으로 고려하였다.

한편, Social Anxiety Scale for Children-Revised(SASC-R)는 사회불안 측정만을 목적으로 개발된 평정척도로, 적절한 수준의 내적 합치도 등 안정적인 심리측정적 속성을 갖춘 22개의 문항으로 구성되어 있다(LaGreca & Stone, 1993). SASC-R은 3요인 구조이며 다음과 같은 3개의 하위척도를 가지는데, (a) 부정적인 평가에 대한 두려움(Fear of Negative Evaluation: FNE), (b) 사회적 회피와 심리적 고통-새로운 상황(Social Avoidance and Distress-Specific to New Peers or Situations: SAD-New), (c) 사회적 회피와 심리적 고통-일반화(Social Avoidance and Distress-General: SAD-G) 등이다. SASC-R의 타당도와 신뢰도를 분석한 LaGreca와 Stone의 연구는 특히 학교심리사가 참고할 만한 중요한 정보를 제공한다. 예컨대, 이들의 연구에서 높은 사회불안을 보고한 아동은 사회적 수용 및 전반적인 자기가치감의 정도를 낮게 지각하는 것으로 나타났다. 더욱이, 연구에 참여한 아동을 또래 평가에 따라 4개의 서로 다른 집단(인기 아동, 거부된 아동, 무시된 아동, 일반 아동)으로 구분하였을 때, 거부되거나 무시된 아동은 일반적인 또래에 비해 더 높은 사회불안을 보이는 것으로 나타났다. SASC-R에 이어 개발된 청소년용 Social Anxiety Scale(SAS-Adolescents: SAS-A)도 SASC-R과 동일한 3요인 구조를 유지하였으며 심리측정적으로 안정적인 속성을 갖춘 것으로 확인되었다(Inderbitzen-Nolan & Walters, 2000).

Liebowitz Social Anxiety Scale for Children and Adolescents(LSAC-CA: Masia et al., 1999)도 사회불안 측정에 특화된 아동·청소년용 척도의 대표적인 사례이다. LSAC-CA는 각기 다른 사회적 상황을 제시하는 24개의 문항으로 구성되어 있으며, 다양한 사회적 상황에서 아동·청소년이 느끼는 불안 및 회피의 정도를 임상가가 직접 평정한다. 이 중 절반인 12개의 문항은 사회적 상호작용 장면(예: 낯선 사람을 쳐다보는 상황)을, 나머지 절반인 12개의 문항은 수행 관련 장면(예: 학급에서 질문하는 상황)을 평가한다. Masia-Warner 등(2003)은 평균 연령 13.4세인 아동·청소년 표본에서 여러 다른 SOC 척도의 측정 결과 등을 바탕으로 LSAC-CA의 심리측정적 속성을 평가하였다. 내적 합치도 및 검사-재검사 신뢰도가 높은 수준을 보이

학교심리사는 SOC 측정에 특화된 독립적인 SOC 척도, 하위척도를 통해 SOC를 비롯한 여러 유형의 불안을 함께 측정하는 척도 등 다양한 평가 도구를 사용하여 SOC가 우려되는 아동·청소년을 식별하고 평가할 수 있다.

는 등 연구 결과는 LSAC-CA가 SOC를 측정하는 데 사용할 수 있는 타당하고 믿을 만한 평가 도구라는 것을 입증한다. 아울러 연구에 참여한 아동·청소년을 3개의 서로 다른 집단[SOC 집단, SOC가 아닌 다른 불안장애 진단을 받은 집단, 정신장애 진단을 받지 않은 집단(통제집단)]으로 구분하였을 때, SOC 집단의 LSAC-CA 점수는 다른 두 집단에 비해 유의하게 높은 것으로 확인되었다.

자문 역할

학교심리사는 부모, 외부 전문가 및 교사에게 자문을 제공하는 중요한 역할을 담당한다. 예컨대, 학교심리사는 교사와 협력하여 교실에서 이뤄지는 또래 상호작용을 꾸준하게 관찰함으로써 현재 적용 중인 개입 전략이 충분히 효과적인지를 검토하고 필요에 따라 지속적으로 조정될 수 있도록 교사를 대상으로 자문을 진행할 수 있다. 또한 교사에게 사회·정서 및 행동 지원 계획 수립 및 실행에 필요한 자문을 제공하여 SOC 아동·청소년이 또래와 교류하며 함께 어울리는 과정에서 자신의 불안을 효과적으로 다루도록 도울 수 있다. 아울러 학교심리사는 교사 및 학교 관계자가 학생들과 함께 포용적 학교공동체를 만들고 학생의 회피 행동이 강화되지 않는 바람직한 학교 환경을 조성할 수 있도록 적절한 자문을 통해 뒷받침할 수 있다.

한편으로, 학교심리사는 가정에서 CBT 전략을 반영한 구체적인 행동개입계획을 수립하고 실행하도록 부모 및 가족에게 필요한 자문을 제공할 수 있다. 이러한 계획에는 대개 치료적 기법들과 행동 연습이 포함된다. 이를 통해 부모 및 가족은 자녀의 회피 행동이 의도치 않게 강화되지 않도록 주의를 기울이는 동시에 자녀가 불안이 유발되는 사회적 상황에 자연스럽게 접근하도록 도울 수 있다. 가정에서 자녀가 이웃과의 만남, 지역사회 활동, 스포츠 행사 및 축제, 일반적인 이벤트(예: 생일 파티, 놀이 활동) 등 더 많은 사회적 활동에 참여하도록 지원하는 것 또한 부모와 가족에게 제안할 수 있는 좋은 전략이다.

옹호 역할

학교심리사는 SOC 아동·청소년의 권익을 옹호하는 중요한 역할을 담당한다. SOC 아동·청소년과 함께 있는 성인(예: 부모, 교사 등)은 SOC의 핵심 증상이 무엇인지, 그리고 SOC가 아동·청소년의 사회적 기능 및 학업 성취에 어떤 영향을 주는지 제대로 인식하지 못하고 있을 수 있다. 또한 학교심리사는 SOC 학생이 IDEA(2004)나 「재활법 504조」(OCR, 2016)에 따라 여러 유형의 지원을 받을 자격을 갖추도록 돕는 데 핵심적인 역할을 할 수 있다. 아울러 생활지도 담당자를 비롯한 학교 관계자와 상호 협력하여 사회불안과 관련된 학생의 행동에 대해 처벌적 조치(예: 교실에서 나가게 하는 것)가 아닌 치료적 개입이 이루어지도록 지원할 수 있다.

교육적 지원

사회성 기술 훈련

SOC 아동 · 청소년은 MTSS와 같이 연속성을 갖춘 단계별 중재 체계에 기반한 교육적 지원을 통해 많은 도움을 받을 수 있다. 가령 첫 단계인 1차적 중재에서는 학교/학급 차원의 사회 · 정서 학습 프로그램을 편성하여 사회불안 증상을 가진 학생을 포함한 모든 학생에게 보편적으로 적용할 수 있다(CASEL, 2021). SOC에 대한 DSM-5(APA, 2013) 진단 기준에 부합하든 그렇지 않든 사회불안 증상을 가진 학생은 추가적인 교육적 지원을 요청할 권리가 있으며, 흔히 학교에서의 사회적 상황이나 수행 관련 장면에서 일어나는 불안과 두려움을 다루는 데 조력을 받을 수 있다. 이러한 교육적 지원의 대표적인 사례로 사회성 기술 훈련을 들 수 있다. 사회성 기술 훈련은 학생이 소집단 기반 수업이나 비구조화된 학교 환경(예: 점심시간, 휴식 시간) 등 학교의 다양한 사회적 상황에서 적용할 수 있는 사회성 기술을 갖추도록 돕는 것, 그리고 또래관계를 자연스럽게 맺고 긍정적인 상호작용을 경험하도록 돕는 것을 목적으로 한다. 사회성 기술 훈련이 SOC 또는 SOC 전조 증상을 가진 아동 · 청소년에게 보탬이 될 것이라는 견해는 논리적인 측면에서 타당하게 보이지만, 사실 이를 입증하는 증거기반 연구는 다소 제한적인 편이다(Olivares-Olivares et al., 2019). 하지만 이와 관련하여 스페인 SOC 청소년을 대상으로 사회성 기술 훈련의 개입 효과를 실증적으로 평가한 Olivares-Olivares 등(2019)의 연구를 참고할 만하다. 이들은 개입 방법에 따라 SOC 청소년을 다음과 같은 3개의 서로 다른 집단에 무선배정하였다. (a) 첫 번째 집단에서는 CBT 중심의 개입 프로그램을 진행하되 사회성 기술 훈련을 포함하지 않았으며(예: 노출치료, 인지적 재구조화, 비합리적 사고 평가하기, 숙제하기 등), (b) 두 번째 집단에서는 첫 번째 집단과 동일한 CBT 중심의 개입 프로그램과 함께 사회성 기술 훈련(예: 또래관계를 맺고 유지하기, 대화를 시작하고 유지하기, 자기 주장하기, 사람들 앞에서 말하기 등)을 추가적으로 진행하였다. (c) 마지막 세 번째 집단의 경우 대기통제집단으로 지정하고 별도의 개입 프로그램을 진행하지 않았다. 연구 결과, CBT 중심의 개입 프로그램을 진행하였던 첫 번째 및 두 번째 집단의 SOC 지표(예: 두려움을 느끼거나 회피 행동을 보이는 사회적 상황의 개수)는 모두 개선되었던 반면에, 대기통제집단의 SOC 지표는 대부분 악화되었다. 12개월이 지난 추수평가에서는 CBT 중심의 개입 프로그램과 함께 사회성 기술 훈련을 받은 집단이 사회성 기술 훈련을 받지 않은 집단에 비해 대부분의 SOC 지표에서 더 긍정적인 결과를 보였으며, 학업을 중단한 아동 · 청소년의 비율도 더 낮은 것으로 나타났다. 이러한 결과는 사회성 기술 훈련이 SOC 증상을 가진 아동 · 청소년을 지원하는 과정에서 매우 중요한 역할을 할 수 있다는 것을 보여 주는 것이다. 학교심리사는 사회성 기술 훈련을 비롯한 다양한 유형의 개입을 직접 담당하거나 다른 곳에서 실행되는 치료 과정을 간접적으로 지원할 수 있는 좋은 위치에 있다. 또한 학교심리사는 사회성 기술 훈련을 통해 SOC 아동 · 청소년이 긍정적인 사회적 상호작용 기술을 획득하고 또래와 친밀한 사회적 관계를 맺도록 도울 수 있다.

학업 수행 지원

SOC 아동 · 청소년이 사회적 상황에서 느끼는 극심한 불안 때문에 교실을 나와 버리거나 등교 자체를 포기한다면 계속해서 학교를 회피할 위험이 있다. 극심한 사회불안이 부적절하고 공격적인 행동으로 나타나 교실에서 퇴장을 당하는 경우에도 학교를 회피할 위험은 높아질 수 있다. 설령 교실에 남아 있더라도 SOC 학생은 여전히 짝과 함께하는 활동이나 소집단 단위 학습활동을 회피할 가능성이 높으며, 이러한 상황은 과제를 완수하고 중요한 학습 내용을 익히며 학습 목표에 도달하는 데 부정적인 영향을 미칠 수 있다. 이처럼 학업 수행에 많은 고충을 겪는 SOC 아동 · 청소년을 지원하기 위한 방법으로, 교사는 교실의 학습 장면에서 SOC 학생이 CBT 전략을 직접 사용하여 자신의 불안을 적절하게 다루도록 촉진할 수 있다(자세한 내용은 후술할 예정). 예컨대, 교사는 학교심리사와 협력하여 SOC 학생이 자신의 불안 징후를 사전에 인식하도록 지도하고 교실에서 감각 휴식(sensory break)을 취하거나 심호흡(deep-breathing)과 같은 전략을 사용하도록 북돋을 수 있다. 대처 전략의 요점을 기록해 놓은 대처카드를 활용하도록 격려하는 것도 SOC 학생의 학업 수행을 지원하는 효과적인 방법일 수 있다. 가령 교실에서 높은 수준의 사회불안을 느끼는 학생은 책상 아래 두었던 대처카드를 수시로 꺼내 읽으며 자동적으로 떠오르는 부정적인 생각을 적응적인 생각으로 대체하는 연습을 계속할 수 있다. 아울러 교사가 교실에서 소집단 과제를 진행할 때는 SOC 학생이 비교적 편안하게 여기는 또래들로 팀을 구성하는 것도 고려해 볼만 하다. 이와 관련하여 학교심리사는 교실에서 SOC 학생의 학업 수행을 뒷받침하기 위한 구체적인 지원 계획 수립 및 실행, 그리고 평가를 돕는 전문적인 자문가로 활약할 수 있다.

학교심리사가 주축이 되는 MTSS가 학업적 및 행동적 요소를 포괄한다는 점에서 알 수 있듯이,

학교심리사는 학교 분야의 권위자로 학업적 측면에서의 보편적인 학업 수행 문제와 행동적 측면에서의 학업 수행 과정을 아울러서 평가할 수 있는 전문적인 역량을 갖추고 있다. 이와 같은 학교심리사의 통합적 전문성은 SOC 진단을 받았거나 SOC 초기 증상을 보이는 아동·청소년을 위한 학업 수행 지원과 밀접한 관련이 있을 수 있다(McIntosh & Goodman, 2016). 따라서 학교심리사는 사회불안을 가진 학생이 학업을 어떻게 수행하는지, 그리고 이들에게 적용한 초기 개입이 얼마나 효과적인지를 검토하는 데 도움을 줄 수 있다. 또한 개별 학생의 학업 수행 과정을 모니터링하고 관련 데이터를 제공함으로써 학교 관계자가 학생에 대한 학업 수행 지원을 계속할 것인지, 일부 전략을 수정할 것인지, 단계적으로 종료할 것인지를 판단하는 데 도움을 줄 수 있다.

학교기반 정신건강 개입과 지원

인지행동치료(Cognitive Behavioral Therapy: CBT)는 정신장애 치료를 위한 대표적인 개입 방법으로 널리 알려져 있다. 특히 CBT가 SOC를 비롯한 여러 유형의 아동·청소년기 불안장애 치료에 효과적이라는 사실은 이미 많은 실증연구를 통해 입증된 바 있다(Herbert et al., 2009; King et al., 2005). 가령, Herbert 등(2009)의 연구는 체계적인 설계를 바탕으로 SOC에 대한 CBT의 효과를 보여주는 좋은 사례이다. 이들은 SOC 진단을 받은 12~17세 청소년을 집단 CBT(Group Cognitive Behavior Therapy: G-CBT), 개인 CBT(Individual Cognitive Behavior Therapy: I-CBT), 그리고 주요 CBT 전략을 배제한 심리교육(Psychoeducational-Supportive Therapy: PST) 집단에 무선배정하고 각각의 치료 효과를 비교하였다. 참고로 무선통제연구는 효과성 연구 설계에 적용할 수 있는 '최적의 표준(gold standard)'으로 여겨지고 있다. G-CBT 및 I-CBT 집단의 치료 프로그램은 불안 치료에 흔히 사용되는 여러 CBT 전략을 포함하여 모두 동일한 형식과 내용으로 구성되었다(예: 가상 및 실제 노출치료, 사회성 기술 훈련, 인지적 재구조화, 호흡연습, 심리교육). 12주에 걸친 치료 과정이 종료된 후 G-CBT, I-CBT, PST 집단 모두에서 SOC 청소년의 사회불안 증상이 호전되고 기능 손상의 정도가 완화되는 등 긍정적인 결과를 보고하였다. 하지만 사회적 행동(예: 가상의 사회적 상호작용을 요하는 역할극에 참여)의 개선 정도를 비교하였을 때는 CBT 전략을 포함하는 G-CBT 및 I-CBT 집단이 PST 집단에 비해 더욱 뛰어난 치료 효과를 보이는 것으로 나타났다.

많은 실증적 증거가 CBT의 효과를 뒷받침하고 있지만 사회불안 증상을 가진 아동·청소년의 대다수가 제대로 된 치료를 받지 못하고 있는 것이 현실이다(Chavira et al., 2004a; Warner et al., 2007). 학교심리사는 학교에서 CBT를 직접 실행하거나 외부 전문가의 CBT 치료 과정을 간접적으로 지원함으로써 이러한 격차를 줄이는 데 기여할 수 있다. 이와 관련하여 SOC 청소년을 대상으로 학교기반 CBT의 치료 효과를 평가한 Warner 등(2007)의 연구를 참고할 만하다. 이들은 SOC 진단을 받은 14~16세 청소년을 2개의 서로 다른 집단에 무선배정한 후 첫 번째 집단에서는 사회적·학업적 성취를 위한 기술 증진(Skills for Social and Academic Success: SASS; Fisher et al., 2004) 프로그램을, 두 번째 집단에서는 교육적 지원을 통한 기능 향상(Educational Supportive Group Function: ESGF; Masia-Warner et al., 2004) 프로그램을 각각 진행하였다. SASS 집단은 학교기반 CBT 집단으로, SOC 치료에 흔히 사용되는 다수의 CBT 전략을 포함하였다[예: 노출치료, 사회성 기술 훈련, 인지적 재구조화, 학생 대상 심리교육, 부모 및 교사 대상 심리교육(2회기, 사회불안 증상 관리하기/회피 행동 강화하지 않기)]. 반면에 ESGF 집단은 통제집단으로, 직접적인 CBT 요소(예: 노출치료, 사회성 기술 훈련, 인지적 재구조화)를 생략하고 주로 일반적인 교육적 지원 전략(예: 사회불안 증상, 불안을 느꼈던 경험, 이완 전략 등에 대한 설명)을 프로그램에 포함하였다. 특히 ESGF 집단에서는 치료자의 관심이 치료 효과에 영향을 주지 않도록 SOC 청소년과 치료자의 상호작용을 SASS 집단과 동일한 수준으로 통제하였다(관심 통제 조건). 12주에 걸친 치료 과정이 종료된 후 SASS 집단이 보고한 SOC 증상의 정도는 ESGF 집단에 비해 유의하게 낮은 것으로 나타났다. 또한 SASS 집단에 속한 청소년의 59%가 더 이상 SOC 진단 기준에 부합하지 않았던 반면, ESGF 집단에 속한 모든 청소년은 치료가 끝난 후에도 여전히 SOC 진단 기준을 충족하였다. 더욱이, 6개월이 지난 추수평가에서도 SASS 집단에 속한 청소년은 ESGF 집단에 속한 청소년에 비해 더욱 긍정적인 결과를 보이는 것으로 나타났다. 이러한 연구 결과는 학교기반 CBT가 학교현장에서 적극적으로 실행되어야 할 필요성을 뒷받침하는 것이다. 학교기반 CBT는 SOC를 비롯한 여러 유형의 불안장애로 어려움을 겪고 있는 아동·청소년이 개인적으로 사설 치료 기관을 찾는 것보다 훨씬 수월하게, 그리고 효율적으로 전문적인 불안 치료에 접근하도록 도울 수 있다.

앞서 언급한 연구 사례들에 비추어 볼 때 CBT가 SOC 증상 완화에 기여한다는 점은 분명해 보인다. 따라서 학교심리사는 학교기반 CBT의 실행 및 지원을 통하여 SOC에 효과적으로 개입할 기회를 가질 수 있다. 한편, CBT를 단독으로 실행하는 것보다 CBT와 약물치료를 병행하는 방식이 SOC 치료에 효과적이라는 견해가 실증적 증거를 토대로 설득력을 얻고 있다는 점에 주목할 필요가 있다(Mohatt et al., 2014). 가령, 선택적 세로토닌 재흡수 억제제(SSRIs)는 불안 치료에 흔히 처방되는 약물로 잘 알려져 있다(Mohatt et al., 2014). SOC 아동·청소년에 대한 약물치료 여부는 전문적으로 약물을 다루는 의사의 소견에 따라 매우 주의 깊게 결정되어야 한다. 특히 SOC 아동 · 청소년의 가족은 자녀의 치료 방법을 선택하는 중요한 결정권자로, 자녀의 발달 수준 등을 두루 고려하여 약물치료 여부를 신중하게 검토해야 한다. 학교 간호사, 지역사회 정신건강 전문가, 소아과 전문의, 정신건강의학과 전문의도 가족과 함께 SOC 학생을 지원하는 다학제 팀의 중요한 일원이다. 학교심리사는 SOC 학생이 약물에 어떻게 반응하는지 학교기반 데이터를 수집하고 부모의 동의하에 약물치료를 주관하는 의료진에게 관련 데이터를 제공함으로써 다학제 팀을 뒷받침할 수 있다. 아울러 학교심리사는 학교의 또래 상호작용 장면에서 SOC 학생이 보이는 불안 수준, 행동, 사회 · 정서 기능이 어떻게 변화하고 있는지를 면밀하게 관찰하고 약물을 처방하는 의료진 및 학생의 가족에게 관련 자문을 제공할 수 있다.

> CBT는 SOC 아동 · 청소년을 위한 효과적인 치료 방법으로 잘 알려져 있다. 필요에 따라 CBT는 약물치료(예: SSRIs)와 병행되기도 한다.

SOC를 비롯한 불안장애 아동 · 청소년의 상당수는 마땅히 받아야 할 치료를 제대로 받지 못하고 있다(Chavira et al., 2004a). 하지만 학교심리사는 학업, 사회성, 정서 및 행동 영역에서 SOC 아동 · 청소년을 적극적으로 지원하여 이러한 격차를 메울 수 있는 특별한 위치에 있다. 예컨대, 학교심리사는 MTSS의 단계별 중재를 바탕으로 SOC를 비롯한 정신건강 문제로 고통을 겪고 있는 학생을 도울 수 있다(Doll, 2019). 특히 CBT, 사회성 기술 훈련, 행동개입과 같은 증거기반의 치료 방법은 SOC 학생을 대상으로 긍정적인 치료 결과를 보여 주었으며, 이러한 전략은 학교의 MTSS 체계에 직접 포함될 수 있다(Herbert et al., 2009; Loman et al., 2019). 아울러 COVID-19 팬데믹 이후 많은 학교가 대면 수업을 재개하면서 학교심리사의 역할이 어느 때보다 강조되고 있다. 학교심리사는 다양한 유형의 불안장애 학생, 특히 사회불안으로 어려움을 겪고 있거나 정신건강 치료를 꾸준하게 받기 힘들었던 학생을 지원하는 데 많은 도움을 줄 수 있다(Loades & Reynolds, 2021). 이제 우리는 COVID-19 위기상황 해제와 함께 대면 수업에 다시 참여해야 하는 SOC 학생의 이야기, 가공의 인물 Alexis의 사례를 살펴보고자 한다.

사례 연구 **Alexis: 사회불안장애를 가진 백인 여학생 사례**

배경

Alexis(여, 15세)는 엄마 Diane과 함께 살고 있다. 대학생인 오빠 Kevin(20세)은 집에서 멀리 떨어진, 다른 주(州)에 위치한 대학에 재학 중이다. Alexis의 부모는 Alexis가 3세 무렵에 이혼하였으며 아빠와의 왕래가 끊어진 지는 오래되었다. Diane은 간호사로 재직하고 있으며 하루 중 많은 시간을 직장에서 보낸다. 특히 COVID-19 팬데믹 기간에는 병원에서 거의 살다시피 하며 무수한 환자들을 돌보았다. Diane의 엄마인 Susan은 근거리에 살면서 Alexis와 Kevin을 돌보는 일에 항상 힘을 보태고 있다. Diane이 저녁에 병원에서 일을 해야 한다거나 때때로 주말이 되면 Susan은 손자녀와 함께 자주 시간을 보낸다. Alexis는 엄마, 할머니, 오빠와 매우 친밀한 관계를 유지하고 있다. Alexis는 마음 편히 함께 어울릴 수 있는 사람 중 한 명이 오빠라고 생각했기 때문에, Kevin이 대학에 진학하면서 집을 떠날 때 몹시 슬퍼하였다. Kevin은 친구가 많고 밴드 활동도 열심이었지만 여동생을 돌보기 위해 시간을 내어 집으로 왔다. 엄마인 Diane은 청소년기 이후로 회복과 재발을 거듭하며 우울증을 앓아 왔다. 최근에는 과중한 직장 업무로 인하여 몹시 지쳐 있는데, 이것이 단순한 피로감인지, 우울증이 재발한 것인지에 대해서 잘 알지 못한다.

Alexis는 유치원에 입학한 이후로 많은 사람들에게 수줍은 아이로 여겨졌다. Alexis는 구석에 혼자 앉아 있는 것을 좋아하고 가급적 홀로 있으려 하며 또래들과 좀처럼 어울리지 않는 모습을 보였다. 유치원의 다학제 팀은 Alexis의 행동을 유심히 살펴본 후 Alexis에게 어떤 문제가 있는지 확인하기 위하여 초기 아동기 평가를 실시하였다. 그리고 평가 결과를 바탕으로 Alexis가 초기 아동기 지원 프로그램에 참여할 수 있도록 도움을 주었다. 당시 Diane은 Alexis의 사회적 위축 행동이 자신의 이혼 때문은 아닌지, 그리고 자신이 가족의 생계를 책임지고자 너무 많은 시간을 직장에 할애하며 Alexis를 제대로 돌보지 않았기 때문은 아닌지 자책하기도 하였다. 하지만 Alexis의 사회적 위축 행동은 초등학교와 중학교에서도 계속해서 이어졌다. Alexis는 등교하는 시간이 되면 자주 극심한 불안을 호소하였다. 소집단 프로젝트나 공개적인 발표를 해야 하는 날이면 Alexis의 불안 수준은 더욱 높아졌다. 때때로 울음을 터트리거나 매우 심한 고통에 시달리는 모습을 보였으며, 특히 손에 땀이 나거나 심장이 빠르게 뛰거나 배가 아프거나 입이 마르는 등의 신체적 증상이 빈번하게 나타났다. Alexis는 항상 다른 아이들이 자신을 평가하고 있는 것처럼 느낀다고 말하였다. 초등학생일 때 Alexis는 학교에 결석하는 날이 잦았다. 학업 능력이 우수하여 학교 수업을 따라가기에 대체로 무리가 없지만, 수년 동안 매우 불규칙적으로 등교하였고 학교 과제를 제대로 완성하지 못하는 날도 많았다. 중학생이 되어 소집단 프로젝트에 참여할 때는 최저점을 감수하더라도 중도에 그만두는 경우도 있었다. 때로는 팀원 없이 혼자서 전체 프로젝트를 하게 해 달라고 선생님께 부탁을 드렸고 이러한 요청은 곧잘 받아들여졌다. Alexis는 미술에 탁월한 재능을 보였으며 시간이 지나면서 미술 선생님들과 가까운 사이가 되었다. 사실, Alexis는 초기 아동기 지원 프로그램에 참여한 것을 제외하면 오랜 기간 전문적인 정신건강 서비스에 제대로 접근하지 못하였다. 또래들의 주변에 있는 것이 너무 힘들다고 느껴질 때 Alexis는 이따금 사회복지사를 찾아갔다. 점심시간에 Alexis는 미술 선생님과 함께 식사를 하거나 학교 식당의 구석진 곳에 혼자 앉아 밥을 먹으면서 또래가 모여 있는 장소를 회피

하곤 하였다.

Alexis는 현재 고등학교 2학년에 재학 중이다. COVID-19 팬데믹으로 학교의 대면 수업이 중단됨에 따라 Alexis는 온라인 비대면 수업에 많은 시간을 보냈다. Alexis는 이 기간에 높은 학업 성취도를 보였으며 등교하는 것보다 비대면 수업을 선호하게 되었다. 하지만 머지않아 COVID-19 위기상황이 해제되면 등교와 함께 대면 수업이 재개된다는 것을 알고 있다. Alexis는 대면 수업에 다시 참여하는 것을 거부하면서 차라리 학교를 그만두었으면 좋겠다고 말한다. Diane과 Susan은 이런 Alexis를 걱정스럽게 바라보고 있으며 Alexis가 정말 학교를 그만두는 것은 아닌지 노심초사한다. 가까운 친구를 가지고 있지는 않지만, Alexis는 이따금 인터넷에 접속하여 온라인상에서 다른 사람들과 비디오 게임을 즐기기도 한다. Alexis는 자신이 그저 혼자 있거나 가족과 함께 있는 것을 더 좋아하는 것뿐이라며 친구가 꼭 필요하다고 느끼지는 않는다고 말한다. 그리고 혼자서 그림을 그리거나 글을 쓰면서 많은 시간을 보낸다. Alexis는 고등학교 졸업 후에 자신이 미술을 전공할 수도 있다고 생각하였지만, 다른 사람들과 함께 있는 것을 여전히 원치 않는다. Alexis는 자신이 작업한 미술 작품이 다른 사람에게 형편없는 평가를 받을까 두려워하며, 이로 인해 미술을 전공할 생각을 깨끗이 포기하였다. Alexis는 자신이 경험했던 일에 대한 글을 쓰고 이를 간직하기를 좋아한다. 그리고 앞으로도 계속 엄마와 함께 살 것이라고 생각한다.

논의

Alexis는 전형적인 SOC 증상(DSM-5; APA, 2013)을 보인다. 예컨대, Alexis는 또래를 대면하는 상황에서 두려움을 느끼며 가족이 아닌 타인과의 사회적 상호작용을 애써 회피하려고 한다. 또한 불안에 따른 신체 증상을 나타내며 다른 사람이 자신을 부정적으로 평가하는 것 같다고 생각한다. 혹자는 Alexis의 교육활동 수행에 심각한 문제가 확인되지 않으므로 Alexis가 IDEA(2004)나 「재활법 504조」(1973)에 의한 지원 대상에 해당하지 않는다고 주장할 수도 있다. 하지만 우려스러운 것은 Alexis의 회피 행동이 COVID-19 팬데믹 기간 동안 의도치 않게 강화되었을 수 있다는 점, 그리고 현재 Alexis가 학교에 다시 돌아가지 않겠다고 단언하고 있다는 점이다(Morrissette, 2021). 뿐만 아니라, 탁월한 예술적 재능을 가지고 있음에도 Alexis는 고등학교 졸업 후 전문성을 갖추기 위한 노력을 단념한 채 스스로를 가두고 있는 것으로 보인다. 이에 학교심리사는 다음 몇 가지 방법으로 Alexis와 가족을 지원할 수 있다. 먼저, Alexis를 위한 행동개입을 고려할 필요가 있는데, 이 경우 Alexis가 다시 대면 수업에 참여하도록 돕는 일이 행동개입의 일차적인 목표가 될 수 있다. 사회적 상호작용 장면에 대한 노출치료를 비롯하여 Alexis에게 최적화된 CBT 프로그램을 실행하는 것도 효과적인 방법이다. 또한 Alexis가 비교적 편안하게 느끼는 미술 교사에게 적절한 자문을 제공하여 Alexis의 변화를 독려할 수 있다. COVID-19 팬데믹 기간 동안 Alexis의 가족이 많은 고충을 겪었다는 점을 고려하여, 가족이 지역사회에서 정신건강 관련 지원을 충분히 받을 수 있도록 Diane과 Susan에게 자문을 제공하는 것도 큰 도움이 될 것이다. 특히 우울증 병력을 가진 Diane의 경우에는 자신의 정신건강 관련 상담을 어떻게 시작하면 좋을지 전문적인 자문을 구하고 싶어 할 수 있다. 아울러 Alexis가 사회적 상황에서 자신의 불안을 다루는 데 효과적인 대처기술을 습득하는 등 어느 정도 준비가 갖추어졌다고 판단되면, Alexis에게 훌륭한 치료 요소로 기능할 수 있는 미술 동아리 활동을 권해도 좋을 것이다.

핵심 요약

- SOC 아동 · 청소년은 다양한 사회적 상황에서 현저한 불안, 두려움 및 회피를 특징적으로 나타내며, 특히 또래와 함께 어울리는 장면에서 몹시 불안해한다(APA, 2013). 또한 타인에게 부정적인 평가를 받는 것에 대하여 두려움을 느낀다(APA, 2013).
- 현재 DSM-5의 SOC 진단 기준에는 수행형 SOC를 별도로 구분하는 명시자가 포함되어 있다(APA, 2013; Center for Behavioral Health Statistics and Quality, 2016).
- SOC 아동 · 청소년 및 성인은 불안장애, 주요우울장애, 회피성/의존성 성격장애, 알코올 남용/알코올 의존 등 DSM의 여러 다른 정신장애에 취약할 위험이 있다.
- 여성의 SOC 유병률이 남성에 비해 더 높을 수 있다.
- 학교심리사는 학생과 가족이 가진 문화적 규준 및 신념을 주의 깊게 살피어 이들이 사회적 상호작용 및 사회적 관계에서 중요하게 여기는 것이 무엇인지를 확인할 필요가 있다.
- 의료기관 및 학교현장에서 널리 사용되고 있는 CBT 및 사회성 기술 훈련은 SOC 아동 · 청소년의 치료에 효과적인 것으로 알려져 있으며 많은 실증연구들이 이를 입증하고 있다.
- SOC 아동 · 청소년에게 약물치료가 필요한 경우 처방할 수 있는 약물의 대표적인 사례로 선택적 세로토닌 재흡수 억제제(SSRIs)를 들 수 있다.
- COVID-19 위기상황 해제와 함께 학생의 등교가 재개되고 기존의 비대면 수업이 대면 수업으로 전환됨에 따라 SOC 등 다양한 유형의 불안장애를 가진 아동 · 청소년에 대한 정신건강 관련 지원이 확대되어야 한다. 또한 CBT의 일부인 노출치료를 비롯하여 SOC 아동 · 청소년에게 적용하는 치료 방법의 적절성이 지속적으로 평가되어야 한다.

연습문제

1. DSM-5의 SOC 진단 기준에는 수행형 SOC를 별도로 구분하는 명시자가 포함되어 있다.
   a. 참
   b. 거짓

2. 다음 중 실증적인 증거를 바탕으로 SOC 아동 · 청소년 치료의 효과성을 입증한 심리치료는?
   a. 인지행동치료(cognitive behavior therapy)
   b. 심리극(psychodrama)
   c. 인본주의 치료(humanistic therapy)
   d. 정신역동치료(psychodynamic therapy)

3. 대부분의 SOC 아동 · 청소년은 신속한 진단과 함께 적절한 치료를 받고 있다.
   a. 참
   b. 거짓

4. 다음 중 SOC 아동 · 청소년에게 학교기반 서비스를 제공하기 위한 법률적 근거로 알맞은 것은?
   a. IDEA: 기타 건강장애
   b. IDEA: 정서장애
   c. 「재활법 504조」
   d. 위의 a, b, c 모두 해당

5. SOC의 유병률은 성별 및 인종/민족에 따라 차이를 보일 수 있다.
   a. 참
   b. 거짓

정답 1) a, 2) a, 3) b, 4) d, 5) a

토의질문

1. SOC에 대한 DSM-5(APA, 2013) 진단 기준을 제시하고 이전의 DSM-IV-TR(APA, 2000) 진단 기준에 비해 어떻게 달라졌는지 설명하시오.
2. SOC가 아동 · 청소년 및 성인의 사회적 발달에 어떠한 영향을 미칠 수 있는지 논하시오.
3. MTSS의 단계별 중재를 바탕으로 SOC 진단을 받았거나 SOC가 우려되는 학생을 지원하고자 할 때, MTSS의 각 단계(1차적, 2차적, 3차적 중재)에서 실행 가능한 개입 방법을 개략적으로 설명하시오.
4. 학교심리사는 SOC 아동 · 청소년의 가족과 어떻게 협력할 수 있는지 개략적으로 설명하시오.
5. 가족력이 아동 · 청소년의 SOC 발병에 어떠한 영향을 미칠 수 있는지 논하시오.

● 추가 정보

American Academy of Child and Adolescent Psychiatry: www.aacap.org/aacap/Families_and_Youth/Resource_Centers/Anxiety Disorder_Resource_Center/Home.aspx

Anxiety and Depression Association of America: https://adaa.org/understanding-anxiety/social-anxiety-disorder

Child Mind Institute Social Anxiety Disorder Basics: https://childmind.org/guide/social-anxiety-disorder

National Institute of Mental Health Social Anxiety Disorder: More Than Just Shyness. www.nimh.nih.gov/health/publications/social-anxiety-disorder-more-than-just-shyness

National Social Anxiety Center Resources: https://nationalsocialanxietycenter.com/resources

● 핵심 참고문헌

Chavira, D. A., Stein, M. B., Bailey, K., & Stein, M. T. (2004b). Comorbidity of generalized social anxiety disorder and depression in a pediatric primary care sample. *Journal of Affective Disorders, 80*, 163-171. https://doi.org/10.1016/S0165-0327(03)00103-4

Collins, T. A., Dart, E. H., & Arora, P. G. (2019). Addressing the internalizing behavior of students in schools: Applications of the MTSS model. *School Mental Health, 11*, 191-193. https://doi.org/10.1007/s12310-018-09307-9

Festa, C. C., & Ginsburg, G. S. (2011). Parental and peer predictors of social anxiety in youth. *Child Psychiatry Human Development, 42*(3), 291-306. https://doi.org/10.1007/s10578-011-0215-8

Grant, B. F., Hasin, D. S., Blanco, C., Stinson, F. S., Chou, P., Goldstein, R. B., Dawson, D. A., Smith, S., Saha, T. D., & Huang, B. (2005). The epidemiology of social anxiety disorder in the United States: Results from the national epidemiologic survey on alcohol and related conditions. *Journal of Clinical Psychiatry, 66*, 1351-1361. https://doi.org/10.4088/jcp.v66n1102

Herbert, J. D., Gaudiano, B. A., Rheingold, A. A, Moitra, E., Myers, V. H., Dalrymple, K. L., & Brandsma, L. L. (2009). Cognitive behavior therapy for generalized social anxiety disorder in adolescents: A randomized controlled trial. *Journal of Anxiety Disorders, 23*, 167-177. https://doi.org/10.1016/j.janxdis.2008.06.004

Hofmann, S. G., Asnaani, A., & Hinton, D. E. (2010). Cultural aspects in social anxiety and social anxiety disorder. *Depression and Anxiety, 27*, 1117-1127. https://doi.org/10.1002/da.20759

Inderbitzen-Nolan, H., & Walters, K. S. (2000). Social Anxiety Scale for Adolescents: Normative data and further evidence of construct validity. *Journal of Clinical Child Psychology, 29*(3), 360-371, https://doi.org/10.1207/S15374424JCCP2903_7

Kerns, C. E., Comer, J. S., Pincus, D. B., & Hofmann, S. G. (2013). Evaluation of the proposed social anxiety disorder specifier change for DSM-5 in a treatment-seeking sample of anxious youth. *Depression and Anxiety, 30*, 709-715. https://doi.org/10.1002/da.22067

LaGreca, A. M., & Stone, W. L. (1993). Social Anxiety Scale for Children-Revised: Factor structure and concurrent validity. *Journal of Clinical Child Psychology, 22*(1), 17-27. https://doi.org/10.1207/s15374424jccp2201_2

Olivares-Olivares, P. J., Ortiz-Gonzalez, P. F., & Olivares, J. (2019). Role of social skill training in adolescents with social anxiety disorder. *International Journal of Clinical and Health Psychology, 19*, 41-48. https://doi.org/10.1016/j.ijchp.2018.11.002

Runyon, K., Chestnut, S. R., & Burley, H. (2018). Screening for children anxiety: A meta-analysis of the Screen for Child Anxiety Related Emotional Disorders. *Journal of Affective Disorders, 240*, 220-229. https://doi.org/10.1016/j.jad.2018.07.049

Sulkowski, M. L., Joyce, D. K., & Storch, E. A. (2012). Treating childhood anxiety in schools: Service delivery in a response to intervention paradigm. *Journal of Child and Family Studies, 21*, 938-947. https://doi.org/10.1007/s10826-011-9553-1

참고문헌

American Psychiatric Association. (1980). *Diagnostic and statistical manual of mental disorders* (3rd ed.). American Psychiatric Press.

American Psychiatric Association. (1987). *Diagnostic and statistical manual of mental disorders* (3rd ed., rev.). American Psychiatric Press.

American Psychiatric Association. (1994). *Diagnostic and statistical manual of mental disorders* (4th ed.). Author.

American Psychiatric Association. (2000). *Diagnostic and statistical manual of mental disorders* (4th ed., text rev.). Author.

American Psychiatric Association. (2013). *Diagnostic and statistical manual of mental disorders* (5th ed.). https://doi.org/10.1176/appi.books.9780890425596

Annamma, S. A., Handy, T., Miller, A. L., & Jackson, E. (2020). Animating discipline disparities through debilitating practices; Girls of color and inequitable classroom interactions. *Teachers College Record, 122*(5), 1-30. https://www-tcrecord-org.stanford.idm.oclc.org/library

Asher, M., & Aderka, I. M. (2018). Gender differences in social anxiety disorder. *Journal of Clinical Psychology, 74*(10), 1730-1741. https://doi.org/10.1002/jclp.22624

Birmaher, B., Brent, D. A., Chiappetta, L., Bridge, J., Monga, S., & Baugher, M. (1999). Psychometric properties of the Screen for Child Anxiety Related Emotional Disorders (SCARED): A replication study. *Journal of the American Academy of Child and Adolescent Psychiatry, 38*, 1230–1236. https://doi.org/10.1097/00004583-199910000-00011

Birmaher, B., Khetarpal, S., Brent, D., Cully, M., Balach, L, Kaufman, J., & Neer, S. M., (1997) The screen for child anxiety related emotional disorders (SCARED): Scale construction and psychometric characteristics. *Journal of the American Academy of Child Adolescent Psychiatry, 38*, 543–553. https://doi.org/10.1097/00004583-199704000-00018

Burstein, M., He, J. P., Kattan, G., Albano, A. M., Avenevoli, S., & Merikangas, K. R. (2011). Social phobia and subtypes in the national comorbidity survey-Adolescent supplement: Prevalence, correlates, and comorbidity. *Journal of the American Academy of Child and Adolescent Psychiatry, 50*(9), 870–880. https://doi.org/10.1016/j.jaac.2011.06.005

CASEL. (2021). The CASEL guide to schoolwide SEL essentials: A printable compilation of key activities and tools for school teams. https://schoolguide.casel.org/uploads/sites/2/2019/09/2021.6.15_School-Guide-Essentials.pdf

Center for Behavioral Health Statistics and Quality. (2016). 2014 National Survey on drug use and health. DSM-5 changes: Implications for child serious emotional disturbance (Unpublished internal documentation). Substance Abuse and Mental Health Services Administration.

Chavira, D. A., Stein, M. B., Bailey, K., & Stein, M. T. (2004a). Child anxiety in primary care: Prevalent but untreated. *Depression and Anxiety, 20*, 155–164. https://doi.org/10.1002/da.20039

Chavira, D. A., Stein, M. B., Bailey, K., & Stein, M. T. (2004b). Comorbidity of generalized social anxiety disorder and depression in a pediatric primary care sample. *Journal of Affective Disorders, 80*, 163–171. https://doi.org/10.1016/S0165-0327(03)00103-4

Chen, X., & French, D. C. (2008). Children's social competence in cultural context. *Annual Review of Psychology, 59*, 591–616. https://doi.org/10.1146/annurev.psych.59.103006.093606

Chou, T., Cornacchio, D., Cooper-Vince, C. E., Crum, K. I., & Comer, J. S. (2015). DSM-5 and the assessment of childhood anxiety disorders: Meaningful progress, new problems, or persistent diagnostic quagmires? *Psychopathology Review, 2*(1), 30–51. https://doi.org/10.5127/pr.036214

Clark, L. A., & Watson D. (1991). Tripartite model of anxiety and depression: Psychometric evidence and taxonomic implications. *Journal of Abnormal Psychology, 100*, 316–336. https://doi.org/10.1037//0021-843x.100.3.316

Cole, D. A., Truglio, R., & Peeke, L. (1997). Relation between symptoms of anxiety and depression in children: A multitrait-multimethod multigroup assessment. Journal of Consulting and Clinical Psychology, 65:110–119. https://doi.org/10.1037//0022-006x.65.1.110

Collins, T. A., Dart, E. H., & Arora, P. G. (2019). Addressing the internalizing behavior of students in schools: Applications of the MTSS model. *School Mental Health, 11*, 191–193. https://doi.org/10.1007/s12310-018-09307-9

Doll, B. (2019). Addressing student internalizing behavior through multi-tiered system of support. *School Mental Health, 11*, 290–293. https://doi.org/10.1007/s12310-019-09315-3

Doll, B., & Cummings, J. (Eds.). (2008). Transforming school mental health services: Population-based approaches to promoting the competency and wellness of children. Corwin Press.

Eccles, J. S. (1999). The development of children ages 6 to 14. *The Future of Children, 9*(2), 30-44. https://doi.org/10.2307/1602703

Erikson, E. (1963). *Childhood and society.* W.W. Norton.

Festa, C. C., & Ginsburg, G. S. (2011). Parental and peer predictors of social anxiety in youth. *Child Psychiatry Human Development, 42*(3), 291-306. https://doi.org/10.1007/s10578-011-0215-8

Fisher, P. H., Masia Warner, C., & Klein, R. (2004). Skills for Social and Academic Success: A school-based intervention for social anxiety disorder in adolescents. *Clinical Child and Family Psychology Review, 7*, 241-249. https://doi.org/10.1007/s10567-004-6088-7

Garber, J., & Wearsing, V. R. (2010). Comorbidity of anxiety and depression in youth: Implications for treatment and prevention. *Clinical Psychology, 17*(4), 293-296. https://doi.org/10.1111/j.1468-2850.2010.01221.x

Ghanizadeh, A., Mohammadi, M. R., & Yazdanshenas, A. (2006). Psychometric properties of the Farsi translation of the kiddie schedule for affective disorders and schizophrenia. *BMC Psychiatry, 6*(1), 10. https://doi.org/10.1186/1471-244X-6-10

Grant, B. F., Hasin, D. S., Blanco, C., Stinson, F. S., Chou, P., Goldstein, R. B., Dawson, D. A., Smith, S., Saha, T. D., & Huang, B. (2005). The epidemiology of social anxiety disorder in the United States: Results from the national epidemiologic survey on alcohol and related conditions. *Journal of Clinical Psychiatry, 66*, 1351-1361. https://doi.org/10.4088/jcp.v66n1102

Grant, B. F., Stinson, F. S., Dawson, D. A., Patricia Chou, S., Dufour, M. C., Compton, W., Pickering, R. P., & Kaplan, K. (2004). Prevalence and co-occurrence of substance use disorders and independent mood and anxiety disorders: Results from the National Epidemiologic Survey on Alcohol and Related Conditions. *Archives of General Psychiatry, 61*(8), 807-816. https://doi.org/10.1001/archpsyc.61.8.807

Hasin, D. S., Stinson, F. S., Ogburn, E., & Grant, B. F. (2007). Prevalence, correlates, disability, and comorbidity of DSM-IV alcohol abuse and dependence in the United States: Results from the National Epidemiologic Survey on Alcohol and Related Conditions. *Archives of General Psychiatry, 64*, 830-842. https://doi.org/10.1001/archpsyc.64.7.830

Herbert, J. D., Gaudiano, B. A., Rheingold, A. A., Moitra, E., Myers, V. H., Dalrymple, K. L, & Brandsma, L. L. (2009). Cognitive behavior therapy for generalized social anxiety disorder in adolescents: A randomized controlled trial. *Journal of Anxiety Disorders, 23*, 167-177. https://doi.org/10.1016/j.janxdis.2008.06.004

Hofmann, S. G., Asnaani, A., & Hinton, D. E. (2010). Cultural aspects in social anxiety and social anxiety disorder. *Depression and Anxiety, 27*, 1117-1127. https://doi.org/10.1002/da.20759

How to Pronounce. (n.d.). Learn how to pronounce Taijin kyofusho. https://www.howtopronounce.com/taijin-kyofusho

Inderbitzen-Nolan, H., & Walters, K. S. (2000). Social Anxiety Scale for adolescents: Normative data and further evidence of construct validity. *Journal of Clinical Child Psychology, 29*(3), 360-371. https://doi.org/10.1207/S15374424JCCP2903_7

Individuals with Disabilities Education Improvement Act. (2004a). Statutes and regulations. https://sites.ed.gov/idea/statuteregulations/#regulations

Individuals with Disabilities Education Improvement Act. (2004b). Individuals with Disabilities Education Act, Part B. Subpart A, Section 300.8 (c) (4) (i). https://sites.ed.gov/idea/regs/b/a/300.8/c/4

Individuals with Disabilities Education Improvement Act. (2004c). Individuals with Disabilities Education Act, Part B, subpart A, Section 300.8 (c) (9). https://sites.ed.gov/idea/regs/b/a/300.8/c/9

Kaufman, J., Birmaher, B., Brent, D., Rao, U., Flynn, C., Moreci, P., Williamson, D., & Ryan, N. (1997). Schedule for Affective Disorders and Schizophrenia for School-Age Children-Present and Lifetime Version (K-SADS-PL): Initial reliability and validity data. *Journal of the American Academy of Child and Adolescent Psychiatry, 36*(7), 980-988. https://doi.org/10.1097/00004583-199707000-00021

Kerns, C. E., Comer, J. S., Pincus, D. B., & Hofmann, S. G. (2013). Evaluation of the proposed social anxiety disorder specifier change for DSM-5 in a treatment-seeking sample of anxious youth. *Depression and Anxiety, 30*, 709-715. https://doi.org/10.1002/da.22067

Kessler, R. C., Avenevoli, S., Costello, E. J., Green, J. G., Gruber, M. J., Heeringa, S., Merikangas, K. R., Pennell, B. E., Sampson, N. A., & Zaslavsky, A. M. (2009). Design and field procedures in the US National Comorbidity Survey Replication Adolescent Supplement (NCS-A). *International Journal of Methods in Psychiatric Research, 18*(2), 69-83. https://doi.org/10.1002/mpr.279

Kessler, R. C., Avenevoli, S., Green, J., Gruber, M. J., Guyer, M., He, Y., Jin, R., Kaufman, J., Sampson, N. A., Zaslavsky, A. M., & Merikangas, K. R. (2009). National comorbidity survey replication adolescent supplement (NCS-A): III. Concordance of DSM-IV/CIDI diagnoses with clinical reassessments. *Journal of American Academy of Child and Adolescent Psychiatry, 48*(4), 386-399. https://doi.org/10.1097/CHI.0b013e31819a1cbc

Kessler, R. C., & Üstün, T. B. (2004). The world mental health (WMH) survey initiative version of the world health organization (WHO) composite international diagnostic interview (CIDI). *International Journal of Methods in Psychiatric Research, 13*(2), 93-121. https://doi.org/10.1002/mpr.168

Khalid-Khan, S., Santibanez, M.-P., McMicken, C., & Rynn, M. A. (2007). Social anxiety disorder in children and adolescents: Epidemiology, diagnosis, and treatment. *Pediatric Drugs, 9*(4), 227-237. https://doi.org/10.2165/00148581-200709040-00004

King, N. J., Heyne, D., & Ollendick, T. H. (2005). Cognitive-behavioral treatments for anxiety and phobic disorders in children and adolescents: A review. *Behavioral Disorders, 30*(3), 241-257. https://doi.org/10.1177/019874290503000304

La Greca, A. M., Dandes, S. K, Wick, P., & Stone, W. L. (1988). Development of the Social Anxiety Scale for Children: Reliability and concurrent validity. *Journal of Clinical Child Psychology, 17*(1), 84-91. https://doi.org/10.1207/s15374424jccp1701_11

La Greca, A. M., & Lopez N. (1998). Social anxiety among adolescents: Linkages with peer relations and friendships. *Journal of Abnormal Child Psychology, 26*(2), 83-94. https://doi.org/10.1023/a:1022684520514

LaGreca, A. M., & Stone, W. L. (1993). Social Anxiety Scale for Children-Revised: Factor structure and concurrent validity. *Journal of Clinical Child Psychology, 22*(1), 17-27. https://doi.org/10.1207/s15374424jccp2201_2

Lahman, M. K. E., D'amato, R. C., Stecker, S., & Mcgrain, E. (2006). Addressing the shortage of rural school psychologists via technology: Using candidate qualitative interviews to inform practice. *School Psychology International, 27*(4), 439-461. https://doi.org/10.1177/0143034306070429

Loades, M. E., & Reynolds, S. (2021). Dr. Loades and Prof. Reynolds reply [Editorial]. *Journal of the American Academy of Child and Adolescent Psychiatry, 60*(1), 7-8. https://doi.org/10.1016/j.jaac.2020.08.437

Loman, S., Stickland-Cohen, M. K., Borgmeier, C., & Horner, R. (2019). Basic FBA to BSP trainers' manual. https://www.pbis.org/resource/basic-fba-to-bsp-trainers-manual

March, J. S. (2013). Multidimensional Anxiety Scale for children-2nd edition: Technical manual. Multi-Health Systems.

March, J. S., Parker, J. D. A., Sullivan, K., Stallings, P., & Conners, C. (1997). The Multidimensional Anxiety Scale for Children (MASC): Factor structure, reliability, and validity. *Journal of the American Academy of Child & Adolescent Psychiatry, 36*(4):554-565. https://doi.org/10.1097/00004583-199704000-00019

Masia, C. L., Klein, R. G., & Liebowitz, M. R. (1999). The Liebowitz Social Anxiety Scale for Children and Adolescents (LSAS-CA). Carrie Masia Warner, NYU Child Study Center.

Masia-Warner, C., Fisher, P. H., & Klein, R. (2004). Educational-supportive group function. Carrie Masia Warner, New York University School of Medicine, Child Study Center.

Masia-Warner, C., Storch, E. A., Pincus, D. B., Klein, R. G., Heimberg, R. G., & Liebowitz, M. R. (2003). The Liebowitz social anxiety scale for children and adolescents: An initial psychometric investigation. *Journal of the American Academy of Child and Adolescent Psychiatry, 42*(9), 1076-1084. https://doi.org/10.1097/01.CHI.0000070249.24125.89

McIntosh, K., & Goodman, S. (2016). *Integrated multi-tiered systems of support: Blending RTI and PBIS.* Guilford Press.

Merikangas, K., Avenevoli, S., Costello, J., Koretz, D., & Kessler, R. C. (2009) National comorbidity survey replication adolescent supplement (NCS-A): I. Background and measures. *Journal of the American Academy of Child and Adolescent Psychiatry, 48*(4), 367-369. https://doi.org/10.1097/CHI.0b013e31819996f1

Mohammadi, M. R., Salehi, M., Khaleghi, A., Hooshyari, Z, Mostafavi, S. A., Ahmadi, N., Hojjat, S. K., Safavi, P., & Amanat, M. (2020). Social anxiety disorder among children and adolescents: A nationwide survey of prevalence, socio-demographic characteristics, risk factors and comorbidities. *Journal of Affective Disorders, 263*, 450-457. https://doi.org/10.1016/j.jad.2019.12.015

Mohatt, J., Bennett, S. M., & Walkup, J. T. (2014). Treatment of separation, generalized and social anxiety disorders in youths. *American Journal of Psychiatry, 171*, 741-748. https://doi.org/10.1176/appi.ajp.2014.13101337

Morrissette, M. (2021). School closures and social anxiety during the COVID-19 pandemic. [Editorial]. *Journal of the American Academy of Child and Adolescent Psychiatry, 60*(1), 6. https://doi.org/10.1016/j.jaac.2020.08.436

Munson, A. M. (n.d.). Federal funding to support response to intervention. RtI Action Network. http://www.rtinetwork.org/getstarted/develop/federal-funding-to-support-rti

National Association of School Psychologists. (2020a). The professional standards of the national association of school psychologists. Author. https://www.nasponline.org/standards-and-certification/nasp-2020-professional- standards-adopted

National Association of School Psychologists. (2020b). Effective service delivery for Indigenous children, youth, families, and communities [Position statement]. Author.

National Institute of Mental Health. (2017). How is prevalence reported. https://www.nimh.nih.gov/health/statistics/what-is-prevalence.shtml

Olivares-Olivares, P. J., Ortiz-Gonzalez, P. F., & Olivares, J. (2019). Role of social skill training in adolescents with social anxiety disorder. *International Journal of Clinical and Health Psychology, 19*, 41-48. https://doi.org/10.1016/j.ijchp.2018.11.002

Runyon, K., Chestnut, S. R., & Burley, H. (2018). Screening for children anxiety: A meta-analysis of the Screen for Child Anxiety Related Emotional Disorders. *Journal of Affective Disorders, 240*, 220-229. https://doi.org/10.1016/j.jad.2018.07.049

Schneier, F. R., Foose, T. E., Hasin, D. S., Heimberg, R. G., Liu, S. M., Grant, B. F., & Blanco, C. (2010). Social anxiety disorder and alcohol use disorder co-morbidity in the National Epidemiologic Survey on Alcohol and Related Conditions. *Psychological Medicine, 40*(6), 977-988. https://doi.org/10.1017/S0033291709991231

Section 504 of the Rehabilitation Act of 1973. (1973). 29 U.S.C. § 705(9) (B),(20) (B). https://www.dol.gov/agencies/oasam/centers-offices/civil-rights-center/statutes/section-504-rehabilitation-act-of-1973

Silverman, W., & Albano, A. M. (1996) Anxiety disorders interview schedule for children using DSM-IV. Psychological Corporation.

Silverman, W. K., Saavedra, L. M., & Pina, A. A. (2001). Test-retest reliability of anxiety symptoms and diagnosis with the anxiety disorder interview schedule for DSM-IV: Child and parent versions. *Journal of the American Academy of Child and Adolescent Psychiatry, 40*(8), 937-944. https://doi.org/10.1097/00004583-200108000-00016

Staats, C. (2015-2016). Understanding implicit bias: What educators should know. *American Educator, 39*, 29-33, 43. https://files.eric.ed.gov/fulltext/EJ1086492.pdf

Stein, D. J., Lim, C. C. W., Roest, A. M., de Jonge, P., Aguilar-Gaxiola, S., Al-Hamzawi, A., Alonso, J., Benjet, C., Bionet, E. J., Bromet, E. J., Bruffaerts, R., deGirolamo, G., Florescu, S., Gureje, O., Haro, J. M., Harris, M. G., He, Y., Hinkov, H., Horiguchi, I., ... WHO Mental Health Survey Collaborators. (2017). The crossnational epidemiology of social anxiety disorder: Data from the World Mental Health Survey Initiative. *BMC Medicine, 15*(143), 1-21. https://doi.org/10.1186/s12916-017-0889-2

Sulkowski, M. L., Joyce, D. K., & Storch, E. A. (2012). Treating childhood anxiety in schools: Service delivery in a response to intervention paradigm. *Journal of Child and Family Studies, 21*, 938-947. https://doi.org/10.1007/s10826-011-9553-1

Sullivan, A. L., Weeks, M., Kulkarni, T., Nguyen, T., Kendrick-Dunn, T. B., & Barrett, C. (2020). Historical foundations of health disparities: A primer for school psychologists to advance social justice, *Communique, 49*(2), 1, 30-32.

U.S. Department of Education, Office for Civil Rights. (2016, December). Parent and educator resource guide to Section 504 in public elementary and secondary schools. https://www.wrightslaw.com/law/ocr/sec504.guide.ocr.2016.pdf

U.S. Department of Health and Human Services, Office of Minority Health (2019). About the office of minority health. https://minorityhealth.hhs.gov/omh/browse.aspx?lvl=1&lvlid=1

Warner, C. M., Fisher, P. H., Shrout, P. E., Rathor, S., & Klein, R. G. (2007). Treating adolescents with social anxiety disorder in school: An attention control trial. *Journal of Child Psychology and Psychiatry, 48*(7), 676-

686. https://doi.org/10.1111/j.1469-7610.2007.01737.x

Wei, C., Hoff, A., Villabo, M. A., Peterman, J., Kendall, P. C., Piacentini, J., McCracken, J., Walkup, J. T., Albano, A. M., Rynn, M., Sherrill, J., Sakolsky, D., Birmaher, B., Ginsburg, G., Keaton, C., Gosch, E., Compton, S. M., & March, J. (2014). Assessing anxiety in youth with the Multidimensional Anxiety Scale for Children (MASC). *Journal of Clinical Child Adolescent Psychology, 43*(4), 566-578. https://doi.org/10.1080/15374416.2013.814541

Weissman, M. M., Warner, V., Wickramaratne, P., Moreau, D., & Olfson, M. (1997). Offspring of depressed parents. 10 years later. *Archives of General Psychiatry, 54*(10), 932-940. https://doi.org/10.1001/archpsyc.1997.01830220054009

제 11 장

선택적 함구증

학습 목표

- 선택적 함구증에 대한 DSM-5의 진단적 특징을 요약할 수 있다.
- 아동 · 청소년기 SM의 위험요인을 파악할 수 있다.
- SM 아동 · 청소년이 학교 및 가정에서 흔히 드러내는 문제에 대해 설명할 수 있다.
- 교실에서 SM이 학습활동에 어떠한 영향을 미칠 수 있는지 이해할 수 있다.
- SM 학생에 대한 정신건강 개입 및 지원 방법을 확인할 수 있다.

도입

『정신질환의 진단 및 통계 편람』의 다섯 번째 개정판인 DSM-5(Diagnostic and Statistical Manual of Mental Disorders, 5th ed.; American Psychiatric Association: APA, 2013)에서 선택적 함구증(Selective Mutism: SM)은 불안장애의 하위장애로 분류된다. 불안장애 범주에 속한 여러 정신장애는 과도한 두려움과 걱정을 특징적으로 나타내는데, 이것은 대개의 상황에서 누구나 흔히 느낄 수 있는 불안의 수준을 크게 뛰어넘는다. SM 외에도 분리불안장애, 사회불안장애, 범불안장애 등이 불안장애의 하위장애로 분류된다. 각각의 불안장애는 불안, 두려움, 또는 회피 행동을 유발하는 대상이나 상황, 그리고 이러한 대상이나 상황을 지각하고 해석하는 경향에서 차이를 보인다(APA, 2013).

진단적 쟁점: DSM-5 및 학교기반 서비스

DSM-5 진단

SM 아동은 사회적 상황에서 높은 불안을 보이고 다른 사람과 말을 하지 않기 때문에 흔히 수줍은 아이로 여겨진다. 이들은 학교에 있을 때 특히 말을 하지 않는 경향이 있는데, 이것은 SM 아동의 학업적 및 사회적 기능에 부정적인 영향을 미칠 수 있다. 이처럼 SM 아동은 자신의 언어적 의사소통을 심각하게 제한하는 모습을 보이지만 또 다른 장면에서는 가리키거나, 글을 쓰거나, 몸짓을 하는 등의 방법을 사용하여 자신의 의사를 타인에게 전달하기도 한다(APA, 2013; Crundwell, 2006; Sharp et al., 2007). 또한 옆에서 겨우 알아들을 만한 작은 목소리로 속삭이면서 직접 말을 하기도 한다(Crundwell, 2006). 게다가 가족과 함께 집에 있을 때면 SM 아동은 여느 아이들과 다를 바 없이 곧잘 말을 하곤 한다. 하지만 집에 있더라도 가족이 아닌 다른 사람(또는 한집에 같이 살지 않는 가족)과 함께 있다면 다시금 입을 굳게 닫을 수 있다(APA, 2013; Muris & Ollendick, 2021a; Viana et al., 2009). 이처럼 SM 아동의 모습은 학교와 가정에서 상당한 차이를 보일 수 있기 때문에 어떤 부모의 경우에는 자녀의 SM 증상이 학교에서 경험한 부정적인 사건에서 비롯되었다고 여길 수도 있다(Mulligan et al., 2015). 하지만 SM 증상은 흔히 아동이 새로운 변화와 낯선 환경을 마주하였을 때 비교적 분명하게 드러나는 것으로 알려져 있다(예: 학교 입학, 부모의 이혼, 가족의 죽음; Podgorska-Jachnik, 2020; Standart & Le Couteur, 2003; Wong, 2010).

> 집에서 여느 아이들과 다를 바 없이 말을 곧잘 하는 자녀가 학교에서 전혀 말을 하지 않는다면, 어떤 부모의 경우에는 이러한 문제가 학교에서 일어난 부정적인 사건에서 비롯되었다고 여길 수도 있다(Mulligan et al., 2015).

최근 일부 연구에서는 SM에 영향을 미치는 요인을 구체적으로 평가한 바 있다. 예컨대, Schwenck 등(2021)은 SM 증상을 가진 3~17세 아동·청소년이 어떤 상황에서 말을 하지 않고 함구하는지 크게 세 가지 범주(장소, 활동, 사람)에서 체계적으로 탐색하였다. 연구 결과, SM 아동·청소년은 낯선 장소를 방문하거나, 새로운 활동을 시작하거나, 물리적/심리적 거리를 지키지 않는 사람(예: 자꾸 무엇인가를 요구하며 지나치게 압박을 가하거나 어느 정도 거리를 두고 싶은 마음을 제대로 알아차리지 못하는 사람)과 함께 있는 상황에서 가장 빈번하게 침묵을 지키는 것으로 나타났다. 흥미롭게도, Schwenck 등(2021)은 SM 아동·청소년의 경우 낯익은 사람과 함께 있으면서 말문을 열어 보려 애를 쓰는 것보다 낯설더라도 말을 재촉하지 않는 사람과 새로이 언어적 소통을 시작하는 것이 더 수월할 것이라는 견해를 밝히기도 하였다. 또한 SM 아동은 친밀하고 편안한 성인과 함께 있을 때면 이들과 떨어지지 않으려고 지나치게 안간힘을 쓸 수 있다. 그리고 자신의 주변에 이들이 보이지 않는다면 심리적 고통을 느끼며 괴로워할 수 있다(Crundwell, 2006).

DSM-5에 따라 SM을 진단하기 위해서는 다음 다섯 가지 기준을 충족해야 한다. 첫째, 흔히 말을 할 것으로 기대되는 특정한 사회적 상황(예: 학교)에서 지속적으로 말을 하지 않는다. 하지만 다른 상황(예: 집)에서는 보통의 아이들과 같이 곧잘 말을 한다. 둘째, 주요 생활 영역에서 일어나는 손상과 관련된 것으로, 말을 하지 않고 함구하는 것이 학업적 및 직업적 성취, 또는 사회적 의사소통에 부정적인 영향을 미쳐야 한다. 셋째, 특정 상황에서 말을 하지 않는 기간이 최소 1개월 이상 지속되어야 한다. 하지만 입학 후 첫 1개월에는 이 기준을 적용하지 않는다. 넷째, 만약 특정 상황에서 어떤 말을 해야 할지 모르거나 혹여 알더라도 이러한 말이 편치 않아서 함구하는 것이라면 SM으로 진단하지 않는다. 다섯째, 말을 하지 않는 것이 의사소통장애(예: 아동기 발병 유창성장애)에 의해 더 잘 설명되지 않아야 하며, 자폐스펙트럼장애, 조현병, 또는 다른 정신증적 장애의 증상으로 나타나는 것이 아니어야 한다(APA, 2013).

앞서 언급한 바와 같이, DSM-5에서는 SM을 불안장애의 하위장애로 분류한다(APA, 2013). 하지만 이전 DSM-IV-TR(APA, 2000)에서는 SM을 '유아기, 아동기, 청소년기에 흔히 처음으로 진단되는 장애' 범주(DSM-5에서 삭제)로 분류한 바 있다. 이 같은 분류체계의 차이는 DSM-IV-TR을 DSM-5로 개정하는 과정에서 SM 진단 기준에 반영된 가장 주요한 변화라고 할 수 있다. 물론 SM 진단 기준 자체를 변경한 것은 아니지만 이러한 변화는 단순히 분류체계의 구조적인 측면을 정비하는 것 이상으로 많은 점을 시사하고 있다(Holka-Pokorska et al., 2018). SM이 '유아기, 아동기, 청소년기에 흔히 처음으로 진단되는 장애'에서 '불안장애' 범주로 이동하였다는 점은 SM과 불안의 관련성을 강조하고 성인에게까지 SM을 진단할 여지를 남겨 두는 것이다. 초기 SM 관련 연구에서는 아동·청소년이 말문을 굳게 닫고 함구하는 것이 적대적이고 반항적인 행동의 표현이거나 부모의 과도한 통제로 인해 나타난 결과일 수 있다고 주장하는 등 대체로 SM과 불안의 관련성에 많은 주의를 기울이지 못하였다. 따라서 DSM-5 분류체계에서 SM이 불안장애의 하위장애로 분류되었다는 사실은 매우 중요한 의미를 가진다(Holka-Pokorska et al., 2018; Muris & Ollendick, 2021a; Sharp et al., 2007; Viana et al., 2009). 이와 관련하여 Muris와 Ollendick(2021a)은 많은 실증적 증거들이 SM을 불안장애의 하위장애로 구분한 DSM-5의 분류체계를 지지한다고 밝혔다. 가령 SM 아동은 사회불안장애를 비롯한 다른 불안장애 진단을 함께 받은 경우가 많았으며, 인지적 측면에서 이들의 사고는 특히 사회불안과 관련된 주제(예: 누군가가 주시하는 것에 대한 두려움, 타인에게 부정적인 평가를 받는 것에 대한 두려움 등)에 머물러 있는 경향이 있었다. 또한 SM 아동은 기질적인 측면에서 높은 수준의 수줍음과 더불어 낯선 환경을 힘들어하고 회피하는 모습을 보이는 것으로 나타났다. Gensthaler 등(2016)도 3~18세 아동·청소년 부모에게 자녀의 유아 시절을 회상하게 하는 방법으로 기질이 SM에 미치는 영향을 입증한 바 있다. 이들의 연구에서 SM 아동·청소년 집단(과거와 현재에 SM 진단을 받은 적이 있는 경우)은 사회불안장애 집단, 다른 내재화 문제 집단(예: 주요우울장애, 특정공포증 등) 및 통제 집단(정신장애 진단을 받지 않은 경우)에 비해 출생 후 두 해 동안 상대적으로 높은 수준의 행동억제(behavioral inhibition)를 보이는 것으로 확인되었다. 아울러 여러 실증적 증거를 바탕으로 일부 연구자들은 고유한 증상을 가진 독립적인 정신장애의 하나로 SM을 분류하기보다 사회불안장애의 특수한 아형(亞型)으로 SM을 구분할 여지가 있다고 주장하기도 하였다(Bogels et al., 2010).

그러나 불안을 SM의 추력(推力)으로 바라보는 시각에 대한 반론도 만만치 않다. 일부 연구자들은 몇몇 증거들이 SM과 사회불안의 관련성에 의구심을 품게 한다고 주장하였다. 예컨대, SM의 발병 연령이 사회공포증의 발병 연령에 비해 상대적으로 낮은 데다 SM 아동의 사회불안이 사회공포증 아동에 비해 낮은 수준을 보인다는 점에서 SM과 불안의 관련성을 쉽게 단정할 수는 없다는 것이다(Holka-Pokorska et al., 2018). 사실, DSM과 다른 진단체계인 ICD-11은 SM을 말표현장애의 하나로 분류한다(Podgorska-Jachnik, 2020). 아울러 Muris와 Ollendick(2021b)은 SM이 불안장애의 하위장애로 분류되기는 하지만 임상적 측면에서 ASD와 유사한 증상을 보이는 등 ASD와도 무관하지 않다고 밝혔다. SM과 ASD가 높은 비율로 공존한다는 점을 확인한 Steffenberg 등(2018)의 연구 결과도 이러한 견해를 지지하고 있다.

SM의 이질적 특성(heterogeneity)에 대한 논쟁의 연장선에서, 일부 연구자들은 SM이 고유한 증상을 가진 독립적인 정신장애이면서도 동시에 여러 하위 유형으로 구분될 수 있다는 주장을 제기하기도 하였다. 대표적인 사례로 Mulligan 등(2015)은 군집분석 절차를 바탕으로 SM의 서로 다른 5개 하위 유형을 추출하고 이를 제안한 바 있다. 이들 하위 유형을 구체적으로 살펴보면, 부적응 행동 및 정서조절 문제를 보이는 정서-행동형(emotional/behavioral), 다양한 정신장애(예: ADHD, 우울증, 적대적 반항장애 등)와 공존하며 발달지연 및 학업 문제를 보이는 감각-병리형(sensory/pathology), 불안 수준이 가장 높고 말과 언어 사용에 결함을 보이는 불안-언어형(anxiety/language), 학습활동 영역에서 가장 심각한 문제를 보이는 낮은 기능형(low functioning), 그리고 전형적인 SM 유형으로 대부분의 SM 아동·청소년이 포함되는 일반형(global)을 들 수 있다. 특히 일반형의 경우 연구에 참여한 3~18세 아동·청소년 중에서 고등학생의 비율이 가장 높은 하위 유형이었으며, 다른 하위 유형에 비해 많은 문제를 보이지는 않았지만 비교적 낮은 수준의 자존감을 보고하였다(Mulligan et al., 2015). 이러한 연구 결과에도 불구하고 SM 하위 유형의 유무와 각각의 특성을 타당하게 설명하기 위해서는 향후 더욱 많은 연구가 꾸준하게 축적될 필요가 있다. SM의 이질성과 관련하여, Kearney와 Rede(2021)는 SM에 행동적, 인지적, 정서적 및 발달적 증상이 복잡하게 혼재한다는 점에서 SM을 불안장애 범주가 아닌 신경발달장애(neurodevelopmental disorder) 범주로 재분류하는 것이 적절할 수 있다고 제안하였다.

한편으로, SM의 유병률을 살펴보면 SM이 비교적 흔치 않은 정신장애라는 사실을 확인할 수 있다. 대부분의 추정치에서 SM 유병률은 0.03~1%의 범위에 분포하며(APA, 2013; Viana et al.,2009), 여학생의 유병률이 남학생에 비해 더 높은 것으로 나타난다(Capozzi et al., 2018; Kristensen, 2001; Steffenberg et al., 2018). 하지만 Viana 등(2009)은 SM의 원인, 평가 및 치료에 대한 접근방식이 아직 완전한 합의에 이르지 못하였기 때문에 SM의 실제 유병률을 정확하게 가늠하기는 어렵다고 밝혔다. 일부 연구에서는 학교기반 표본에서 추정한 SM 유병률이 임상 표본에서 추정한 유병률보다 현저하게 높은 수치를 보인다는 결과를 제시하기도 하였다(Standart & Le Couteur, 2003). SM의 평균 발병 연령은 2.7~4.1세로, 흔히 5세 이전에 SM의 주요 증상이 나타나는 것으로 알려져 있다(Viana et al., 2009). SM 아동은, 특히 학교(유치원) 입학과 함께 완전히 새로운 사회적 환경에 놓이면서 SM이 초래하는 다양한 문제를 지속적으로 경험하게 된다(APA, 2013; Viana et al., 2009). 하지만 고무적인 사실은 아동의 연령이 증가함에 따라 SM의 유병률이 점차 감소하는 경향을 띤다는 것이다. 물론 이러한 유병률 감소에 영향을 미치는 요인이 무엇인지 아직 명확하게 설명하기는 어렵다. 그럼에도 SM의 주요 증상은 아동이 성장하면서 자연스럽게 호전되는 것으로 보인다(Starke, 2018; Wong, 2010).

> 선택적 함구증은 일반적으로 5세 이전에 나타나는 것으로 알려져 있다. SM 아동은, 특히 학교(유치원) 입학과 함께 완전히 새로운 사회적 환경에 놓이면서 SM이 초래하는 다양한 문제를 지속적으로 경험하게 된다(APA, 2013; Viana et al., 2009).

SM의 공존장애와 관련하여 주목해야 할 점은 SM이 다른 불안장애와 매우 높은 비율로 공존한다는 사실이다. 일부 연구 사례에서는 모든 SM 아동·청소년이 빠짐없이 한 가지 이상의 다른 불안장애(예: 사회공포증)를 진단받은 경우도 있었다(Dummit et al., 1997). SM은, 특히 사회공포증 및 분리불안장애(Arie et al., 2006; Kristensen, 2001)와 공존하는 경우가 많으며, 자폐스펙트럼장애 및 강박장애와도 흔히 공존한다(Wong, 2010). SM 아동은 광장공포증 경향을 나타내기도 하는데, 이러한 경향은 청소년기에 이르러 실제 광장공포증 진단으로까지 이어질 수 있다(Schwenck et al., 2021). 또한 SM 아동은 일반적인 또래에 비해 더 많은 신체 증상을 호소하며(Cunningham et al., 2004), 일부 사례에서는 틱장애, 유뇨증 및 유분증 진단을 함께 받기도 한다

(Black & Uhde, 1995; Kristensen, 2001).

학교기반 수혜자격

미국의 연방법률인 「장애인교육법(Disabilities Education Improvement Act: IDEA)」은 장애를 가진 학생의 교육활동을 보장하기 위한 목적으로 제정되었다. SM 학생은 IDEA에 따라 학교에서 제공하는 특수교육 및 관련서비스 수혜자격을 얻을 수 있다(U.S. Department of Education, n.d.). 학교에서는 다학제 팀(평가 대상 학생의 부모도 참여)을 구성하여 SM 학생이 특수교육 및 관련서비스 수혜자격에 부합하는지 평가해야 하며 이를 통해 학교에 재학 중인 모든 학생의 교육활동을 보장하고 이들의 학업 수행을 지원하고자 노력해야 한다. 특히 다학제 팀은 SM 학생의 증상이나 행동이 IDEA에서 제시하는 13개의 장애 유형 중 한 가지 이상의 유형에 부합하는지, 특수교육 서비스가 SM 학생에게 실제 필요한 지원인지 평가해야 할 중요한 책무를 가진다. 만일 다학제 팀에서 이러한 조건들이 모두 충족되었다고 판단한다면, SM 학생은 법적 구속력을 가진 개별화 계획에 따라 개인에게 최적화된 특수교육 및 관련서비스를 받을 수 있다. 사실, SM 진단만으로 IDEA에 따른 특수교육 및 관련서비스 수혜자격을 얻기에 충분하지 않을 수도 있다. 하지만 SM 학생의 경우 IDEA가 정하는 장애 유형 중에서 특히 정서장애에 해당할 가능성이 크다. IDEA에서 제시하는 정서장애 진단 기준은 다음과 같다. SM 학생의 경우 다음 다섯 가지 정서장애 진단 기준[(A)~(E)]에 모두 부합할 가능성도 있다.

(i) 정서장애는 다음 증상 중 한 가지 이상이 오랜 기간에 걸쳐 나타나며 그 정도가 심각하여 교육활동을 수행하는 데 부정적인 영향을 미치는 상태를 말한다.

(A) 학습활동이 불가하며 이는 지적 · 감각적 · 의학적 요인에 의해 설명되지 않아야 한다.

(B) 또래 및 교사와 만족스러운 대인관계를 형성하거나 유지할 수 없다.

(C) 일반적인 상황에서 부적절한 유형의 행동이나 감정을 보인다.

(D) 일상생활 전반에 걸쳐 우울감을 느끼거나 자신이 불행하다고 느낀다.

(E) 개인적인 문제 또는 학교에서 겪는 어려움과 관련하여 신체 증상이 나타나거나 두려움을 느끼는 경향이 있다.

(ii) 정서장애는 조현병을 포함한다. 그리고 사회적 부적응 아동 · 청소년의 경우 상기 (i) 기준에 부합하는 정서적 문제를 가진 것으로 판단되지 않는다면 정서장애로 진단하지 않는다[IDEA, 2004, Section 300.8 (c) (4)].

만일 SM 학생에게서 정서장애의 증거를 찾기 어렵다면, 다른 연방법률인 「재활법 504조(Section 504 of the Rehabilitation Act of 1973)」(Office of Civil Rights, n.d.)에 따라 이들에게 별도의 교육적 지원 및 서비스를 제공할 수 있는지 추가적으로 검토할 수 있다. 「재활법 504조」는 장애를 가진 사람이 공립학교를 비롯한 공공 기관, 공공 단체, 정부 서비스 등에 자유롭게 접근하도록 보장하는 것을 목적으로 한다. 걷기, 듣기, 보기, 말하기, 숨쉬기, 학습하기, 노동, 자기돌봄, 수작업 수행 등 "일상의 주요한 활동을 한 가지 이상 현저하게 제한하는 신체적 또는 정신적 손상을 가진"(Office of Civil Rights, n.d.) 학생이라면 「재활법 504조」에 따라 교육적 보호를 받을 자격을 얻을 수 있다. 다학제 팀이 SM 학생의 사례를 다루는 경우에는 SM 증상이 특히 학생의 언어 및 학습 능력에 부정적인 영향을 미친다고 판단할 가능성이 높다. SM 학생은 이러한 법률적 근거에 의거하여 학교의 학습활동에 필요한 학업적 · 사회적 · 정서적 및 행동적 지원을 받을 수 있을 것으로 보인다.

문화적 쟁점

위험요인

최근 SM의 발병 및 증상 악화에 영향을 미치는 다양한 위험요인들이 보고되고 있지만, SM의 병인(病因)에 대한 합의에 도달하려면 여전히 더 많은 연구와 실증적 증거가 필요하다(Viana et al., 2009). 그럼에도 환경 및 유전 요인은 SM의 발달과 밀접한 관련이 있는 것으로 알려져 있으며, 특히 많은 연구에서 가족의 정신병리(예: 부모, 형제, 자매 등이 불안장애 진단을 받은 경우)가 SM의 주요 위험요인일 수 있다는 견해를 일관되게 제시하였다. 예컨대, Black과 Uhde(1995)는 SM 아동 · 청소년의 70%가 사회공포증 병력이 있는 가족 구성원을, SM 아동 · 청소년의 37%가 SM 병력이 있는 가족 구성원을 가지고 있다는 것을 발견하였다. 다른 연구에서는 SM 자녀의 부모 중에서 불안장애(예: 사회공포증), 우울증, 성격장애 등 다른 유형의 정신장애 진단을 받은 비율이 상당히 높다는 것을 확인하였다(Capozzi et al., 2018; Chevira et al., 2007; Remschmidt et al., 2001; Steinhausen et al., 2006). 또한 부모의 정신병리가 자녀의 SM에 미치는 영향을 평가한 Koskela 등(2020)은 정신장애를 가진 부모(양쪽 모두)의 자녀가 그렇지 않은 부모(양쪽 모두)의 자녀에 비해 SM 진단을 받을 가능성이 3배 정도 더 높았다고 보고하였다. 이에 대하여 Koskela와 동료들은 다양한 유형의 정신장애가 특정 병인을 공유할 가능성이 있으며 자신들의 연구 결과가 이러한 추론을 입증하는 실증적 증거일 수 있다고 언급하였다. 아울러 이들의 연구에서는 부모 중 한 명이 정신장애를 가진 경우 특히 아버지보다는 어머니의 정신병리가 자녀의 SM에 더욱 큰 영향을 미친다는 점도 함께 보여 주고 있다.

가족의 정신병리 외에 비교적 최근에 제안된 SM의 새로운 위험요인으로 부모의 연령을 들 수 있다. 대표적으로, Koskela 등(2020)의 연구에서 아버지 연령이 35~39세일 때 출생한 자녀는 아버지 연령이 25~29세일 때 출생한 자녀에 비해 향후 SM 진단을 받을 가능성이 1.4배 높았으며, 더욱이 아버지 연령이 40세 이상일 때 출생한 자녀는 아버지 연령이 25~29세일 때 출생한 자녀에 비해 향후 SM 진단을 받을 가능성이 1.8배 높은 것으로 나타났다. 또한 동일한 연구에서 사회경제적 지위가 낮은 가정이나 어머니가 자녀를 홀로 양육하는 가정의 자녀는 그렇지 않은 가정의 자녀에 비해 SM 진단을 받을 가능성이 더 높은 것으로 확인되었다(Koskela et al., 2020). 이처럼 SM의 발병 및 증상 악화에 관여할 수 있는 요인들이 다양하게 제안되었지만 여전히 SM의 병인을 단정하여 말하기는 어렵다. SM의 병인을 면밀하게 이해하기 위해서는 향후 더 많은 연구 결과와 증거들이 꾸준하게 축적되어야 한다.

문화적 고려사항

SM 진단 과정에서 주의 깊게 살펴야 할 사항 중의 하나는 평가 대상 아동이 이중 언어를 사용하는 경우로, 이는 SM에 대한 DSM-5의 네 번째 진단 기준("특정 상황에서 어떤 말을 해야 할지 모르거나 혹여 알더라도 이러한 말이 편치 않아서 함구하는 것이라면 SM으로 진단하지 않는다.")과 밀접한 관련이 있다. 사실, 모국어가 아닌 외국어로 학습한 언어가 어느 정도 수준에 도달해야 실제 SM 진단까지 고려해 볼 수 있는지를 결정하는 것은 매우 까다로운 일이다(Toppelberg et al., 2005). 이와 관련하여 DSM-5에서는 SM 유병률이 인종/민족에 따라 다르지 않다고 언급하였지만(APA, 2013), 일부 연구에서는 현재 거주 중인 국가의 언어를 제2언어로 사용하는 이민자 가정의 자녀가 원어민 가정의 자녀에 비해 4배 이상 더 높은 SM 유병률을 보였다고 밝혔다(Elizur & Perednik, 2003). 더욱이 SM 진단을 받은 아동 중에서 이민자 가정의 자녀는 원어민 가정의 자녀에 비해 더 높은 사회불안을 보이는 것으로 나타났다(Elizur & Perednik, 2003). Starke(2018)의 연구에 따르면, 이중 언어를 사용하는 아동의 불안은 SM 발달의 초기 지표로 기능할 수 있다. 아울러 부모

> DSM-5에서는 SM 유병률이 인종/민족에 따라 다르지 않다고 언급하였지만(APA, 2013), 일부 연구에서는 현재 거주 중인 국가의 언어를 제2언어로 사용하는 이민자 가정의 자녀가 원어민 가정의 자녀에 비해 4배 이상 더 높은 SM 유병률을 보였다고 밝혔다(Elizur & Perednik, 2003).

가 주류 문화(현재 거주하는 국가의 문화)에 제대로 적응하지 못하고 있다면 자녀의 SM 증상은 더욱 심각한 양상으로 나타날 수 있다.

하지만 새로운 언어를 배우는 학습자가 말을 하지 않고 함구하는 기간을 가지는 것은 언어발달 과정에서 흔하게 나타나는 보편적인 현상일 수 있으며, 실제로 몇몇 연구 결과는 이러한 견해를 지지하기도 한다(Le Pichon & de Jonge, 2016; Toppelberg et al., 2005). 예컨대, Toppelberg 등(2005)에 따르면, "집에서 쓰는 언어가 학교에서 전혀 통하지 않고 제2언어를 사용하기에도 한참 역부족이라고 느낄 때 아동은 일반적으로 입을 굳게 닫기 시작한다. 그리고 학교에서 완전하게 침묵을 지킨다"(p. 593). Tabors(1997) 또한 영어를 제2언어로 학습하는 3~8세 아동에게서 이와 같은 발달적 침묵이 비교적 흔하게 나타나며 일반적으로 1~6개월 정도 지속된다고 밝혔다. 따라서 과도하고 불필요한 SM 진단을 예방하려면 앞서 언급하였던 SM에 대한 DSM-5의 네 번째 진단 기준을 면밀하게 이해하고, 특히 영어를 모국어가 아닌 제2언어로 학습하는 아동(예: 이민자 가정의 아동)의 사례에서 이를 바르게 적용할 필요가 있다. 그러나 말을 하지 않고 함구하는 이민자 가정의 자녀에게도 SM 진단을 고려해야 하는 상황이 있을 수 있다. 가령, 말을 하지 않는 기간이 과도하게 길어지는 경우, 제2언어 구사 수준이 크게 떨어지지 않음에도 지나치게 말을 하지 않는 경우, 억제되거나 수줍어하는(또는 불안해하는) 행동을 함께 보이는 경우, 그리고 모국어 및 제2언어 환경 모두에서 함구하는 경우 등을 들 수 있다(Toppelberg et al., 2005).

학교와 가정에서 사회성, 정서 및 행동 기능에 미치는 영향

학교에서의 사회성, 정서 및 행동 기능

Yeganeh 등(2003)의 연구에서 임상가 및 관찰자는 SM 아동이 사회공포증(Social Phobia: SP)을 가진 아동보다 더 높은 수준의 사회적 고통(예: SP 심각도)을 보인다고 평정하였는데, 사실 SM과 사회불안(또는 SP)의 경우 흔히 공존한다는 점에서 이 같은 결과가 그리 놀라운 일은 아니다. 또한 일부 연구에서 부모 및 교사는 SM 아동이 사회적 상황(예: 모임에 참여하기, 자신을 소개하기, 대화를 시작하기, 친구를 초대하기 등)에서 일반적인 또래에 비해 더 소극적인 모습을 보이며(Cunningham et al., 2004) 이들이 가진 사회성 기술(언어적/비언어적)도 더 미숙하다고 평정하였다(Cunningham et al., 2006; Klein et al., 2019). Klein 등(2019)의 연구에 참여한 SM 아동의 부모 및 교사는 이들 아동에게서 사회적 상황에서 물러나는 사회적 위축 행동이 특징적으로 나타난다고 보고하였으며, 특히 부모는 교사에 비해 자녀의 사회적 위축 수준을 더욱 높게 평정한 것으로 나타났다. 다른 연구에서도 SM 아동의 부모는 자녀가 다른 또래보다 더 많이 수줍어하고 사회적 상황에서 더 많이 물러나는 경향이 있다고 보고하였다(Capozzi et al., 2018; Milic et al., 2020). 하지만 흥미롭게도 Cunningham 등(2006)의 연구에서 SM 아동이 스스로 평정한 자신의 사회성 기술 수준은 일반적인 또래들과 유의한 차이를 보이지 않았다. SM 아동의 또래관계를 평가한 연구를 추가적으로 살펴보면, 일부 연구는 SM 아동이 또래관계를 맺는 데 많은 어려움을 경험하고 다른 또래에 비해 친구의 수도 더 적었다고 보고한 반면(Milic et al., 2020), 일부 연구는 또래 집단 내에서 아동이 가진 사회적 지위(예: 인기 아동, 거부된 아동 등)가 SM의 유무에 따라 차이를 보이지 않았다고 보고하였다(Longobardi et al., 2019). 더욱이, 이미 형성된 또래관계를 유지하는 것에서 SM 아동 집단과 일반적인 또래 집단 사이에 유의한 차이가 발견되지 않았다(Milic et al., 2020). Cunningham 등(2004)도 SM 아동이 다른 또래보다 괴롭힘 피해에 더 취약할 수 있다는 견해를 지지할 만한 증거를 찾지 못하였다고 밝혔다. 하지만 SM 아동은 불안한 모습으로 비추어지거나 때로는 적대적인 행동을 보일 수도 있기 때문에 SM 아동에 대한 괴롭힘 피해가 증가할 가능성을 완전히 배제할 수는 없다(Cunningham et al., 2004).

> 일부 연구에서 부모 및 교사는 SM 아동의 사회성 기술(언어적/비언어적)이 다른 또래에 비해 더 미숙하다고 평정하였다(Cunningham et al., 2006; Klein et al., 2019).

또래관계와 마찬가지로, 교사-학생 관계 또한 SM 아동의 학교 적응 및 학업 성취에 많은 영향을 미칠 수 있다(Collins et al., 2017; O'Connor et al., 2012; Ruzek et al., 2016). 앞서 언급한 바와 같이 SM 아동은 사회적 상황에서 흔히 소극적인 모습을 보일 수 있지만, 교사를 비롯한 학교 관계자와 함께 있는 것보다 또래와 어울리는 것을 더 선호하는 경향이 있다(Schwenck et al., 2021). 이로 인하여 교사는, 설령 교사가 모든 학생과의 관계에서 동등한 수준의 친밀함을 가지려 노력하더라도, SM 학생과의 관계가 일반적인 학생과의 관계에 비해 다소 멀게 느껴진다고 평가할 수 있다(Longobardi et al., 2019). SM이 학교에서의 사회성, 정서 및 행동 기능에 미치는 영향은 이처럼 다양한 모습으로 나타날 수 있기 때문에 SM 아동의 학교 적응 문제는 매우 주의 깊게 다루어져야 한다.

가정에서의 사회성, 정서 및 행동 기능

SM 아동의 가정 환경은 대체로 경직되어 있거나 비교적 높은 수준의 긴장감을 보이는 것으로 알려져 있다. 예컨대, Capozzi 등(2018)에 따르면, SM 아동의 부모는 범불안장애 아동의 부모에 비해 자신의 가정에서 스트레스를 유발하는 사건이 더 많이 일어난다고 보고하였다. 그리고 SM 아동의 가정은 부부 관계 및 부모-자녀 관계에서 많은 갈등을 빚는 것으로 나타났다(Remschmidt et al., 2001). 이와 함께 SM 아동의 부모는 자신의 자녀가 다른 또래에 비해 그다지 협조적이지 않고 순응적이지도 않다고 평가하였다(Cunningham et al., 2004). 사실, 부모와 교사가 동일한 SM 아동의 행동을 평가하는 경우 부모는 교사보다 자녀의 행동을 부정적으로 평가하는 경향이 있다(Klein et al., 2019). SM 아동의 부모는 자녀가 학교에 있을 때보다 집에 있을 때 더욱 많은 것을 요구한다고 보고하기도 하였다(Klein et al., 2019). 또한 SM 아동은 다른 유형의 사회불안을 가진 아동에 비해 부모로부터 온정과 수용을 덜 느끼는 것으로 보고한다(Yeganeh et al., 2016).

한편, SM 아동의 가정은 다른 가정에 비해 사회적으로 고립되어 있을 수 있다(Remschmidt et al., 2001). 만일 이들 가정이 실제로 고립되어 있다면, 부모가 자녀를 다른 또래와 직접 비교하기 쉽지 않고 특히 집 밖에서 자녀가 말을 하지 않는 모습을 제대로 관찰하기 어렵기 때문에 자녀의 SM 증상을 분명하게 식별하지 못할 수 있다(Mulligan et al., 2015). 따라서 SM 아동이 집에 있을 때 여느 아이들과 다름없이 곧잘 말을 하는 모습을 보이더라도 사회적으로 고립되어 있는 것과 같은 특정 가정 환경이 자녀의 SM 증상을 촉발하거나 악화시킬 수 있다는 점을 염두에 두어야 한다.

교실에서 학습에 미치는 영향

SM의 병인에 대하여 널리 알려진 이론 중 하나는 SM이 언어장애(language deficit)나 청각처리장애(auditory processing impairment)와 관련이 있다는 것이다(Arie et al., 2006; Holka-Pokorska et al., 2018). 일부 연구에서는 SM 아동의 약 38%가 발음 문제나 언어 표현 문제와 같이 말이나 언어를 사용하는 데 결함을 보인다고 주장하였다(Kristensen, 2001). 설령 SM 아동의 언어 문제가 장애 진단을 받을 만큼 심각하지는 않더라도, SM 아동은 다른 유형의 불안장애(예: 범불안장애, 사회공포증, 분리불안장애 등)를 가진 또래나 별도의 정신장애 진단을 받지 않은 일반적인 또래에 비해 언어 과제(예: 문장이나 단어를 듣고 어울리는 그림 선택하기 등) 수행 점수가 낮은 것으로 나타났다(Manassis et al., 2003, 2007). 의사소통과 관련하여, SM 아동은 언어장애가 없는 경우에도 사용하는 문장의 길이가 짧고 구체적이지 않으며(McInnes et al., 2004) 전반적으로 짤막하게 말하는 경향이 있었다(Milic et al., 2020). SM 아동이 가진 의사소통 문제는 특히 학생의 지식 및 학업

SM 아동은 언어장애가 없는 경우에도 사용하는 문장의 길이가 짧고 구체적이지 않으며(McInnes et al., 2004) 전반적으로 짤막하게 말하는 경향이 있다(Milic et al., 2020).

수행 과정을 평가해야 하는 교사, 그리고 SM 아동과 어울리고 싶어 하는 다른 또래들에게 어려움을 줄 수 있다. 요컨대, 앞서 언급한 모든 문제는 SM 아동이 교실에서 학습활동에 참여하고 또래와 사회적 관계를 맺는 데 부정적인 영향을 미칠 가능성이 크다.

교실에서 SM 아동은 말하기가 요구되는 상황을 회피하는 경향이 있는데(Crundwell, 2006), 이와 관련하여 SM 아동의 두려움-관련 사고(fear-related thoughts)를 탐색한 몇몇 연구 결과를 참고할 만하다. 예컨대, SM 아동·청소년(8~18세)을 대상으로 두려움의 내용을 분석한 Vogel 등(2019)은 SM 아동·청소년이 말을 하지 못하는 상황에서 사회적 두려움(59%), 실수에 대한 두려움(28%), 언어 관련 두려움(8%; 가령 부정확한 발음이나 부적절한 단어를 사용하지는 않을지), 목소리 관련 두려움(5%; 가령 자신의 목소리가 우스꽝스럽게 들리지는 않을지)을 느낀다고 보고하였다. SM 아동은 심지어 말하기가 요구되지 않는 학습활동(예: 교실 앞 칠판에서 문제 풀기)에도 어려움을 느낄 수 있다(Martinez et al., 2015). 이러한 모든 문제들은 SM 아동에게서 종종 보고되는 완벽주의(perfectionism)와 일부 관련이 있을 가능성이 있다(Vogel et al., 2019).

이 외에도 SM 아동이 가진 다른 여러 문제가 교실에서의 학습활동을 방해할 수 있다. 이러한 문제 중 일부는 SM 아동의 기억과 관련이 있는데, 일례로 Manassis 등(2007)은 SM 아동이 시각 기억 및 비언어적 작업 기억에 일부 손상을 입었을 가능성을 제기하였다. 그리고 Kristensen(2002)은 SM 아동이 일반적인 또래에 비해 소근육 및 대근육 발달 지연 문제를 더 흔하게 경험할 수 있다는 사실을 발견하였다. 또한 Klein 등(2019)의 연구에서 교사는 SM 아동이 다른 또래에 비해 수업에 잘 집중하지 않는 경향이 있다고 보고하였는데, 이러한 결과는 SM 아동이 수업 시간 동안 말하기가 요구되는 상황이 오지 않을까 계속 두려워하면서 지나치게 긴장한 상태로 있는 것과 관련될 수 있다. 그럼에도 SM 아동의 학업 성취 수준을 평가한 결과(예: 읽기, 수학, 전반적인 성취 수준)는 일반적인 학생을 평가한 결과와 유의한 차이가 없는 것으로 나타났다(Cunningham et al., 2004).

마지막으로, 많은 사례는 아니지만 SM 아동의 일부는 때때로 적대적인 행동을 보이기도 하는데, 이는 SM 아동의 교실 적응에 부정적인 영향을 미칠 수 있다(Black & Uhde, 1995; Kristensen, 2001; Manassis et al., 2007; Yeganeh et al., 2006). SM 아동의 적대적인 행동은 가령 언어적 의사소통에 대한 압박감을 심하게 느끼는 상황에서 나타날 가능성이 있다(Crundwell, 2006). 하지만 비교적 최근에 수행된 Longobardi 등(2019)의 연구에서는 SM과 문제행동의 구체적인 관련성을 발견하지 못하였다.

학교심리사를 위한 시사점

평가 역할

SM 아동의 주요 증상은 흔히 학교 맥락에서 나타나기 때문에 SM에 대한 초기 진단 및 평가 과정은 학교기반 행동에 대한 종합적인 평가를 포함해야 한다(Martinez et al., 2015; Muris & Ollendick, 2021a; Ponzurick, 2012; Viana et al., 2009). 특히 학교심리사가 외부 전문가(임상가 등)와 협업하는 경우에는 SM 아동의 학교기반 행동에 대한 구체적인 정보를 충분하게 제공할 필요가 있다. 사실, SM 아동은 집에서 보통의 아이들과 다름없이 곧잘 말을 하기 때문에 이들의 SM 증상은 학교(유치원)에 입학한 후에야 비로소 눈에 띌 가능성이 높다(Crundwell, 2006; Kehle et al., 2018; Mulligan et al., 2015; Sharp et al., 2007). 따라서 부모의 우려 및 명백한 증상에도 불구하고 환자의 건강 상태를 일차적으로 점검하는 주치의가 SM을 정확하게 진단하지 못하거나 해당 분야의 전문가에게 SM 아동을 제대로 의뢰하지 않는 경우가 적지 않다(Schwartz et al., 2006). 따라서 학교에서 관찰되는 SM 아동의 언어적/비언어적 행동에 대한 정보는 SM의 평가 및 치료 과정에서 핵심적인 데이터로 사용될 수 있다. 하지만 외부 전문가의 경우 학교의 도움 없이 이러한 정보를 충분하게 수집하기 어렵다(Martinez et al., 2015). 앞서 언급한 바와 같이 SM 아동은 말을 하지 않는 것, 수줍음, 불안 등의 증상 외에도 SM의 초기 징후로 사회적 상황에서 얼굴이 달아오르는 것, 안절부절못하며 꼼지락거리는 것, 몸이 경직되는 것, 눈 맞춤을 피하는 것, 혼자 있으려 하는 것 등의 증상을 보일 수 있다(Crundwell, 2006). 치료 시기가 늦어질수록 SM에 대한 치료 효과는 감소할 수 있기 때문에 학교(유치원)에 입학한 후 첫 1개월이 지났음에도 SM 관련 증상이 계속된다면(SM에 대한 DSM-5의 세 번째 진단 기준과 관련) 적절한 초기 개입이 신속하게 이뤄져야 한다(Capobianco & Cerniglia, 2018; Hung et al., 2012; Kehle et al., 2018; Kovac & Furr, 2019; Mulligan et al., 2015; Schwartz et al., 2006). 학교심리사는 학교 환경에서 수집 가능한 구체적인 정보를 지역사회 전문가에게 제공하여 SM이 조기에 정확하게 진단되도록 도울 수 있다.

부모의 우려 및 명백한 증상에도 불구하고 환자의 건강 상태를 일차적으로 점검하는 주치의가 SM을 정확하게 진단하지 못하거나 해당 분야의 전문가에게 SM 아동을 제대로 의뢰하지 않는 경우가 적지 않다(Schwartz et al., 2006).

한편, 학교심리사가 갖춘 전문적인 역량은 IDEA나 「재활법 504조」에 따라 SM 학생의 학교기반 교육 서비스 수혜자격을 평가하는 과정에서 매우 중요하다. 부모의 동의하에 SM 학생에 대한 평가계획이 수립되고 나면 다학제 팀은 학생에게 우려되는 모든 영역에서 이들을 종합적으로 평가할 책무를 가진다. 이러한 평가에는 인지적 · 학업적 · 사회적 · 정서적 · 행동적 영역에서의 평가, 그리고 말하기 및 언어 관련 평가가 포함될 수 있다. 학교심리사는 교실 관찰, 학교 자료 검토(예: 성적, 출결, 생활, 표준화 검사 결과), 면접(예: 학생, 교사, 부모 대상), 외부 전문가 자료 검토(예: 상담사, 심리사, 정신건강의학과 전문의) 등을 바탕으로 평가를 진행하며 이를 통해 학생의 과거 및 현재의 기능을 적절하게 파악할 수 있다. 이 중 교실 관찰은 행동기능평가(Functional Behavioral Assessment: FBA)의 일반적인 첫 단계로, 특히 학생이 말을 하지 않고 함구하는 이유를 더욱 정확하게 이해하도록 돕는다. 평가자는 SM 학생의 교실을 관찰함으로써 SM 증상(또는 언어적 표현)을 촉발하는 선행사건이나 환경 요인은 무엇인지, 그리고 SM 증상(또는 언어적 표현)을 강화하고 유지하는 데 기여하는 결과(예: SM 학생의 행동에 대한 교사나 또래의 반응)는 무엇인지 구체적으로 확인할 수 있다. 이를 통해 수집한 데이터는 SM에 대한 개입 전략을 수립하는 과정에서 매우 요긴하게 사용될 수 있다. 이 외에도 학교심리사는 SM 학생의 지적 기능, 학업 성취도, 전반적인 행동, 구체적인 불안 등을 분석함으로써 SM 학생에 대한 평가 절차를 진행할 수 있다. 언어병리사도 다학제 팀에 참여하여 수용 어휘, 표현 어휘, 구두 표현과 같은 언어 요소를 평가하는 데 기여할 수 있다. 평가에 필요한 데이터 수집이 마무리되면 다학제 팀은 구성원 간 상호 협력을 바탕으로 SM 학생이 IDEA나 「재활법 504조」에서 제시한 기준에 부합하는지, 그리고 학교기반 교육 서비스 및 지원이 실제 SM 학생의 학습활동을 개선할 수 있는지 판단하게 된다.

옹호 역할

선택적 세로토닌 재흡수 억제제(SSRIs)는 불안 치료에 흔히 처방되는 약물로 SM 치료를 위해서도 사용될 수 있다(Holka-Pokorska et al., 2018; Manassis & Tannock, 2008; Muris & Ollendick, 2021a, 2021b; Ponzurick, 2012; Schwartz et al., 2006; Viana et al., 2009; Wong, 2010). 따라서 학교심리사는 약물 관련 지식을 충분히 갖추고 있어야 한다. 그리고 이를 통해 약물치료를 진행하는 외부 전문가에게 약물치료의 효과성(예: 학생이 약물에 어떻게 반응하는지)에 대한 객관적인 자료를 제공할 수 있다. SSRIs는 특히 불안 관련 증상 감소에 효과가 있는 것으로 알려져 있지만 SSRIs가 SM 증상을 분명하게 완화시킬 수 있는지에 대해서는 아직 불분명하다(Black & Uhde,

1994; Manassis et al., 2016; Manassis & Tannock, 2008). 더욱이, SM 진단을 받은 아동 · 청소년의 대다수가 어린 아동이라는 점에서 약물치료의 적용은 더욱 신중하게 고려되어야 한다. 이와 관련하여 Muris와 Ollendick(2021a, 2021b)은 심리치료가 증상 개선에 별다른 영향을 미치지 못할 때 SSRIs의 사용을 고려하는 것이 바람직하며, SSRIs를 사용하더라도 심리치료와 병행하는 것이 더 적절할 수 있다는 견해를 밝혔다. 그럼에도 학교심리사는 SM 학생의 가족이 지역사회 전문가와 협력하여 약물치료를 포함한 최적의 치료 방법을 찾고 이를 효과적으로 적용하도록 도울 수 있다. SM 학생을 위한 치료가 학교 밖에서도 이루어질 수 있다는 점에서 Crundwell(2006)은 학교 관계자와 지역사회 전문가가 지속적으로 소통하고 협력하는 것이 중요하다고 강조한 바 있다. 이처럼 학교심리사는 교실 관찰, 자료수집, 치료 효과 검토 등을 바탕으로 지역사회 전문가(예: 상담사, 심리사, 정신건강의학과 전문의, 소아과 전문의)에게 필요한 정보를 제공함으로써 SM 학생을 위한 학교 밖 치료 과정을 효과적으로 뒷받침할 수 있다.

자문 역할

행동형성, 모방학습, 체계적 둔감법을 비롯한 행동개입 전략은 SM 치료에 효과적인 것으로 알려져 있다(Oerbeck et al., 2020; Ponzurick, 2012; Schwartz et al., 2006; Viana et al., 2009). 특히 낯선 환경에 대한 점진적 노출이나 낯선 사람과의 의사소통(아동이 대화를 시작)은 SM 아동의 언어적 의사소통을 증가시키기 위한 행동개입 전략으로 흔히 사용된다(Schwenck et al., 2021). 행동개입계획의 수립 및 실천 과정에서 학교심리사는 교사와 상호 협력하면서 이들에게 필요한 자문을 제공할 수 있다. 일반적으로 행동개입계획에 필요한 주요 정보는 행동 관찰에 기반한 행동기능평가를 통해 수집된다. SM에 대한 행동 관찰과 관련하여 Shriver 등(2011)은 다음과 같이 언급하였다. "개입 계획 수립을 위한 행동 관찰의 첫 번째 주요 목적은 아동이 말을 하거나 하지 않는 환경 및 상황을 올바르게 파악하는 것이며, 두 번째 주요 목적은 각각의 환경 및 상황에서 아동이 자신의 의사를 전달하기 위하여 무엇을 하고 있는지 확인하는 것이다."(p. 392) 이처럼 학교심리사는 행동 관찰을 통해 수집한 정보를 적절하게 사용하여 학교 및 교실 환경에서 실행 가능한 행동개입계획을 수립 및 실천하고 나아가 개입의 성과를 평가할 수 있다.

Kovac와 Furr(2019)은 학교 관계자가 자신의 학교에 배정된 학교심리사에게 SM 아동에 대한 자문을 적극적으로 구할 것을 권고하였다.

특히 Kovac와 Furr(2019)은 학교 관계자가 자신의 학교에 배정된 학교심리사에게 SM 아동에 대한 자문을 적극적으로 구할 것을 권고하였다. 예컨대, 교사와 행정가를 위한 연수 및 훈련은 학교 관계자가 SM 아동을 바르게 이해하고 식별하며 적절한 지원 방법을 찾는 데 큰 도움이 될 것이다. 학교심리사는 이러한 연수 및 훈련을 제공할 수 있는 전문적인 식견과 역량을 갖추고 있다. 아울러 학교심리사는 교육학 및 심리학 분야의 전문성을 바탕으로 학교 관계자가 학교의 교육과정 체계 내에서 SM 아동의 필요를 효과적으로 다루고 관리할 수 있도록 관련 지식과 실천 전략을 제공할 수 있다.

상담/치료 역할

인지행동치료(Cognitive Behavioral Therapy: CBT)는 SM 아동을 위한 대표적인 개입 방법으로 알려져 있다(Holka-Pokorska et al., 2018; Muris & Ollendick, 2021a; Oerbeck et al., 2018; Viana et al., 2009). 실제 많은 연구에서 CBT는 SM 아동의 주요 증상을 효과적으로 개선하였으며(Capobianco & Cerniglia, 2018; Cohan et al., 2006; Muris & Ollendick, 2021a), 학교기반 CBT 또한 SM 증상 완화에 대체로 긍정적인 결과를 보여 주었다(Oerbeck et al., 2018; Schwartz et al., 2006). 학교심리사는 학교 환경에서 이러한 개입을 직접 실행할 수 있는 숙련된 전문가이다. SM 아동을 위한 치료 서비스를 학교에서 직접 제공한다면 아동의 가족이 치료 과정에서 감당해야 할 경제적 · 시간적 부담을 최소화하도록 도울 수 있다. 또한 학교기반 개입의 가장 큰 강점 중의 하나는 SM 증상이 나타나는 맥락, 즉 SM 아동이 현저한 적응 문제를 경험하는 학교 환경에서 이들을 위한 치료가 직접 실행된다는 점이다. 따라서 SM 증상을 가진 학생이 확인되었을 때 학교심리사는 이들이 외부에서 어떠한 치료를 받고 있는지, 그리고 이러한 치료를 학교 체계 내에서 어떻게 지원할 수 있는지 면밀하게 검토해야 한다.

교육적 지원

이 분야의 연구자들은 학교의 특정 환경이 이중 언어를 사용하는 학생의 SM 증상을 악화시킬 수도 있다는 점에 대하여 우려한다. 가령, 부모와 학교의 소원한 관계, 아동이 속한 문화에 대한 편향된 시각, 그리고 제2언어 학습에 대한 불충분한 지원 등이 이중 언어 학생의 SM 증상에 부정적인 영향을 미칠 수 있다. 언어 능력이 부족한 학생의 경우 SM에 취약할 가능성(특히 불안의 수준이 높은 경우)이 있다는 점을 고려할 때 학교에서 제2언어 학습의 필요성을 이해하고 이를 적극적으로 지원하는 것은 매우 중요한 일이다. Starke(2018)에 따르면, 동시적 이중 언어 아동은 대체로 3세 전까지 양쪽 언어에 비교적 고르게 노출된 경험이 있으며 대개 한 가지 언어만 사용하는 아동과 거의 유사한 수준으로 양쪽 언어를 구사하고 이에 대한 지식을 갖추고 있다. 반면에 순차적 이중 언어 아동은 모국어가 이미 견고하게 자리 잡은 3세 이후 제2언어에 노출된 경우가 대부분이다. 제2언어는 모국어에 비해 더디게 습득되는 경향이 있는데, 이러한 언어 발달의 지연은 아동에게 부정적인 낙인을 안게 할 수 있다. 만일 순차적 이중 언어 아동이 수줍어하는 기질과 높은 불안을 보인다면 특히 SM에 취약할 가능성이 있다(Starke, 2018). 따라서 학교는 순차적 이중 언어 아동을 위한 심리사회적 개입의 필요성을 검토하는 동시에 이들이 속한 문화를 적절하게 고려하는 방식으로 학업 수행을 지원해야 한다.

교실에서는 SM 아동(이중 언어 사용 여부와 상관없이)의 불안을 가중하는 상황이나 아동이 말을 하도록 재촉하는 시도를 피해야 하는데, 이러한 장면은 아동의 SM 증상을 오히려 강화하거나 악화시킬 소지가 있다(Crundwell, 2006). 이와 관련하여 Crundwell(2006)은 교실에서 SM 아동을 돕기 위한 몇몇 권고 사항을 다음과 같이 언급하였다. 먼저, 교사는 SM 아동과의 사적인 대화를 통해 학교에서 말한다는 것이 어떤 이에게는 무척 힘든 일일 수 있음을 설명하면서 이들이 학교에서 느끼는 불안에 대하여 충분한 이해와 공감을 표현해야 한다. 그리고 SM 아동이 말을 하도록 재촉하기보다 자신이 원할 때면 언제든 말할 수 있는 허용적이고 편안한 분위기를 조성해야 한다. 또한 교사는 SM 아동의 모습을 주의 깊게 관찰하여 이들이 어떤 교실 상황에서 더 높은 불안을 느끼는지 평가하고, 나아가 SM 아동이 안전하고 수용적인 교실 환경을 충분히 경험할 수 있도록 노력해야 한다(Crundwell, 2006; Kehle et al., 2018). 이와 함께 SM 아동이 마침내 교실에서 말을 하고 목표를 달성할 것이라는 교사 자신의 기대와 확신을 아동과 함께 공유할 필요가 있다. 아울러 교실에서 SM 아동이 말을 대신하는 소통 방식(예: 글을 쓰거나 몸짓을 하는 등)에 너무 익숙하게 되면 의도치 않게 언어적 의사소통의 결핍이 강화될 수 있으며, 결과적으로 SM 아동의 언어적 표현 기회가 제한될 뿐 아니라 SM에 대한 치료 효과 또한 감소할 우려가 있다(Kehle et al., 2018).

> 교사는 SM 아동의 모습을 주의 깊게 관찰하여 이들이 어떤 교실 상황에서 더 높은 불안을 느끼는지 평가하고, 나아가 SM 아동이 안전하고 수용적인 교실 환경을 충분히 경험할 수 있도록 노력해야 한다(Crundwell, 2006; Kehle et al., 2018).

마지막으로, Kehle 등(2018)은 SM 아동을 지원하기 위한 교실 전략을 수립하고 실천하는 것이 매우 중요한 일임에 틀림없지만 이러한 지원 전략만으로 SM 증상을 모두 다루기는 어렵다고 밝혔다. 하지만 Kehle 등(2018)은 이러한 교실 전략의 제한점을 언급하면서도 SM 아동을 독려하고 이들이 교실에서 안전감을 느끼는 데 도움을 줄 수 있는 여러 가지 실천 전략을 함께 제안하였다. 예컨대, 교사는 SM 아동이 말을 하도록 재촉하기보다 이들과의 언어적 의사소통을 위한 노력을 지속하면서 언어적 의사소통을 독려하는 흥미롭고 창의적인 방법을 사용할 수 있다. 특히 소집단 학습활동은 아동의 상호작용 기회를 증가시키는 좋은 방법이다. 만일 아동이 속삭이면서 반응하거나 대답한다면 교사는 아동의 언어적 반응을 칭찬하고 전체 학생에게 아동이 표현한 내용을 큰 소리로 대신 전달할 수도 있다(Kehle et al., 2018). 아울러 다양한 단어 조합으로 대답을 요구하는 질문 방식은 SM 아동에게 과도한 불안을 일으킬 수 있기 때문에 교사는 SM 아동에게 개방형 질문을 사용하기보다 가급적 단답형으로 대답(예: 둘 중의 하나)할 수 있는 폐쇄형 질문을 사용하고자 노력해야 한다. 만일 아동이 이러한 폐쇄형 질문에도 대답을 하지 않는다면 잠깐 동안(예: 5초가량) 기다려 주는 것도 도움이 된다. 말하기 활동을 포함한 과제나 프로젝트를 평가할 때는 당분간 이를 대체할 만한 다른 방법을 찾아보는 것도 필요할 수 있다(Kehle et al., 2018; Kovac & Furr, 2019). 이러한 전략과 지원은 아동 친화적일 뿐만 아니라 SM 아동의 언어적 소통을 돕는 마중물이 될 수 있다.

학교기반 정신건강 개입과 지원

SM은 정신건강 전문가들 사이에서도 여전히 논쟁적인 주제이며 아직까지 명확하게 이해되지 못한 정신장애 중의 하나이다. Holka-Pokorska 등(2018)은 "SM의 진단 및 치료에 대한 종합적이고 단일한 이론은 현재까지 존재하지 않는다."(p. 323)라는 견해를 밝히기도 하였다. 그럼에도 개인 CBT와 개인/집단 행동치료는 SM 아동의 치료에 매우 효과적인 것으로 알려져 있다(Cohan et al., 2006; Stone et al., 2002).

SM 아동을 위한 CBT의 핵심요소에는 일반적으로 SM에 대한 이해를 돕는 심리교육(예: 불안 문제), 불안 증상을 다루는 이완 훈련, 사회적 상황에서의 불안 감소를 위한 노출 치료 및 모방 학습, 비합리적 사고에 대처하는 인지적 재구조화, 부모훈련 등이 포함된다(Muris & Ollendick, 2021a). Kehle 등(2018)은 CBT 기반의 칭찬 및 강화를 통해 언어적 의사소통을 위한 SM 아동의 노력을 효과적으로 뒷받침할 수 있다고 제안하였다. 그리고 칭찬이 주어지는 상황에서 SM 아동이 어떠한 반응을 보이는지 면밀하게 모니터링하고 이들의 언어적 표현을 강화하는 과정에 점진적으로 또래를 참여시킬 필요가 있다고 언급하였다. 학교기반 CBT의 장기적인 효과를 분석한 Oerbeck 등(2018)도 학교기반 CBT에 참여하였던 SM 아동의 상당수(참여자의 70%)가 치료 종료 후 5년이 경과한 시점에서도 SM 진단 기준에 부합하지 않았다고 보고하였다. 또한 '선택적 함구증에 대한 통합적 행동치료(Integrated Behavior Therapy for Selective Mutism: IBTSM)'로 명명된 노출 기반 치료(강화 전략 및 부모 협력 포함)를 수행한 Bergman 등(2013)은 IBTSM이 SM 아동의 언어적 의사소통을 유의하게 증가시켰으며 이러한 긍정적 결과가 치료 종료 후 3개월이 경과한 시점에서도 거의 그대로 유지되었다고 밝혔다. SM 아동을 대상으로 부모-자녀 상호작용 치료(Parent-Child Interaction Therapy: PCIT-SM)의 효과를 분석한 Catchpole 등(2019)도 유사한 결과를 보고하였는데, PCIT-SM에서 부모는 자녀와의 의사소통을 촉진하는 방법 및 낯선 환경에 자녀를 효과적으로 노출하는 전략을 익혔다. 학교심리사는 적절한 훈련을 통하여 이와 같은 치료를 학교 환경에서 직접 실행할 수 있는 전문성을 갖추고 있다. 만일 학교에서 치료 서비스를 직접 제공하기 어렵다 하더라도 학교심리사는 필요에 따라 외부 전문가(예: 임상심리사 등)와 협력하여 이러한 유형의 치료를 진행할 수 있다.

한편, 집단치료는 사회적 상황에서 현저한 불안을 느끼는 아동에게 적합하지 않은 치료 방법으로 여겨질 수 있다. 하지만 최근의 몇몇 연구는 집단치료가 SM 아동에게 충분히 긍정적일 수 있다는 증거를 보여 준다. 예컨대, SM 아동 집단(5명)과 부모 집단(7명)을 구성한 후 각 집단에 서로 다른 8회기의 치료 프로그램을 적용한 Sharkey 등(2008)의 연구에서는 집단치료가 다양한 환경(예: 학교, 지역사회 등)에서 SM 아동의 언어적 표현을 증가시키고 부모의 불안 수준이 낮추는 데 효과적일 수 있다는 것을 입증하였다. 이들의 연구에서 아동 집단은 심리교육(사회적 불안의 속성), 이완 훈련, 행동 과제(집단 내에서 수행하는 과제를 포함), 불안 감소를 위한 점진적 노출(보상 체계 사용) 등에 참여하였다. 그리고 부모 집단은 SM에 대한 심리교육에 참여하였으며, 이와 함께 일상에서 자녀의 SM을 관리하는 방법, 자녀를 향한 타인의 부정적인 발언을 다루는 방법, 자녀가 말을 시작할 때 반응하는 방법, 학교에서 아동을 지원하는 방법 등을 익혔다. 하지만 Sharkey 등의 치료 프로그램은 비교적 장기간(8주)에 걸쳐 진행되기 때문에 실행에 어려움이 있을 수 있다. 이에 반해 Lorenzo 등(2021)이 개발한 집중적 집단행동치료(Intensive Group Behavioral Treatment: IGBT)는 일주일간의 캠프 형식을 바탕으로 노출 기반 행동치료, 부모훈련, 학교 봉사활동 등을 집중적으로 실시한다. Lorenzo 등은 캠프 형식의 분위기가 SM 아동이 힘겨워하는 학교 환경을 잘 연출할 뿐 아니라 치료자가 SM 아동의 증상 개선을 위해 자연스럽게 개입할 수 있도록 돕는다고 주장하였다. 물론 Lorenzo 등이 개발한 IGBT는 실제 학교 환경에서 직접 실행하기 어려운 측면이 있다. 하지만 학교심리사는 집중적인 단기 치료 계획(주당 1회기를 실시하는 일반적인 치료 과정과 대비)을 수립 및 실행하여 SM 아동이 집단 수준에서 자신이 익힌 기술을 연습하고 긍정적인 경험을 쌓아 나갈 수 있는 중요한 기회를 제공할 수 있다.

SM이 비교적 흔치 않은 정신장애라는 점에서 SM에 대한 치료 효과를 평가한 연구는 사실 제한적인 편이며, 관련 연구를 수행하였더라도 소규모 표본을 사용하였거나 사례 연구로 설계한 경우가 대부분이다. 그럼에도 불구하고 앞서 언급한 치료 프로그램의 효과성을 입증하는 여러 실증적 증거들이 보고되고 있다. 따라서 학교심리사는 SM 아동을 돕기 위한 학교기반 개입 및 지원의 일환으로 이러한 치료 전략을 학교 환경에서 적절하게 사용할 수 있을 것이다.

사례 연구 **Ryan: 선택적 함구증을 가진 남자 아동의 사례**

배경

Ryan은 다섯 살 남자아이로 아빠와 새엄마, 그리고 이제 막 두 살이 된 남동생과 함께 살고 있다. Ryan은 태어나서 줄곧 친엄마와 함께 살았지만 친엄마는 Ryan이 태어난 지 4개월째 되던 달에 중독 치료를 받기 위해 집을 떠나야 했다. 이로 인해 Ryan은 어쩔 수 없이 외할머니와 함께 살아야만 했는데, 당시 외할머니는 이모(엄마의 자매)의 두 자녀까지 함께 돌보고 있었다. Ryan은 두 살이 되던 해부터 아빠와 살기 시작하였다. Ryan과 함께 지낸 1년 동안 아빠는 몇몇 여성들과 동거를 하기도 하였는데, 모든 여성이 몇 주를 넘기지 못하고 집을 떠났다. 세 살이 되던 해에 Ryan은 몇 달 동안 다시 친엄마와 함께 살기도 하였다. 하지만 친엄마는 중독치료를 위해 치료 기관에 다시 입소하였고 Ryan은 아빠와 연락이 닿을 때까지 위탁 시설에 맡겨졌다. Ryan의 아빠는 대학을 다녔지만 학위를 취득하지는 못하였다. 아빠는 대학을 나온 후 군대에 입대하여 5년을 복무하였으며, 현재는 정비사로 일하면서 보통 아침 9시에 출근하여 저녁 5시에 퇴근한다. 의료 기술자로 일하는 새엄마는 일주일에 세 번 10시간씩 교대 근무를 하기 때문에 남편에 비해 휴무일이 많은 편이다. 더 많은 시간을 아이들과 함께 보낼 수 있다는 점에서 새엄마는 자신이 아이들의 주양육자라고 생각한다. Ryan 가족의 일과는 정신없이 바쁘다. 하지만 새엄마는 하루 일과의 일관성을 가급적 유지하고자 노력하는데, 이는 Ryan이 예측 가능하지 않은 새롭고 낯선 일들을 당면하였을 때 힘겨워하는 모습을 보이기 때문이다.

Ryan은 현재 유치원에 다니고 있다. 유치원에 입학하기 전까지 Ryan은 주로 새엄마와 함께 집에서 생활하였다. 하지만 유치원에 다니기 시작하면서 말을 하는 것과 관련된 문제가 나타나기 시작하였다. 유치원 입학 초기에 Ryan은 사회적 상황에서 얼굴이 달아오르는 경우가 많았고, 선생님과의 눈 맞춤을 회피하였으며, 옆에서 겨우 알아들을 만한 목소리로 속삭이면서 말하는 모습을 보였다. 유치원 생활이 본격적으로 시작된 후 지금까지 Ryan은 단지 몸짓만으로 자신의 의사를 전달하고 있다. 또한 Ryan은 수줍음의 정도가 매우 높고 새로운 변화에 힘겨워하는 모습을 보인다. 특히 이제까지 없었던 낯선 활동이 진행될 때면 입을 더욱 굳게 닫는 모습을 보인다. 그리고 말이나 노래가 필요한 소집단 활동에는 거의 참여하지 않는다. 또래와 어울려 놀기도 하지만 사실 또래가 노는 모습을 그저 수동적으로 따라 할 뿐이다. 물론 Ryan은 또래와 함께 눈 맞춤을 하기도 하고 방긋 미소를 지으며 소리 내어 웃기도 한다. 하지만 여전히 몸짓만을 사용할 뿐 말은 전혀 하지 않는다. 교실에서 자신의 의사를 전달할 때 Ryan은 가리키기, 글로 적기, 또는 몸짓하기와 같은 방법을 주로 사용한다. 유치원에서 말을 하지 않고 함구하는 행동은 시간이 흐르면서 Ryan의 학업 수행에 부정적인 영향을 미치고 있다. Ryan의 선생님은 Ryan이 말을 하지 않기 때문에 Ryan의 학업 능력을 평가하는 것이 불가능하다고 말하였다. 유치원 관계자와 Ryan의 부모는 Ryan의 언어적 의사소통 문제를 다루고자 수차례 만남을 가졌으며, 이로 인해 유치원과 부모 사이에는 적지 않은 긴장감이 흐르고 있다.

집에서 Ryan은 여느 아이들과 다름없이 곧잘 말을 하지만 사람들이 많은 공공장소에서는 매우 수줍어하는 모습을 보이며 다른 사람들과 전혀 말을 하지 않는다. 정작 집에서는 말을 하는 데 아무런 문제가 없기 때문에 아빠와 새엄마는 집 밖에서 입을 굳게 닫는 Ryan의 모습이 혼란스럽기도 하다. 새엄마는 Ryan의 일상이 사전 논의된 활동에 따라 규칙적으로 진행되어야 한다고 말하였다. 그리고 새엄마는 새로운 변화와 낯선 환경을 어려워하거나 이러한 장면에서 말을 하지 않는 것이 Ryan의 연령대에서 흔하게 일어날 수 있는 일이라고 여긴다. 하지만 이러한 상황이 Ryan을 무척 힘들게 하고 있다고 생각한다. Ryan은 평소 즐겁게 지내는 편이지만 불안과 수줍음의 수준이 매우 높기도 하다. 새엄마는 Ryan이 무엇인가를 완벽하게 해낼 수 없을 때 지나치게 빨리 좌절하고 포기하는 것 같다고 하였다.

새엄마는 Ryan이 집에서 자신의 의사를 분명하고 명확하게 표현하는 편이라고 말하였다. 실제 Ryan이 집에 있을 때면 자신이 바라는 것이나 필요한 것을 주저하지 않고 이야기하며, 심지어 말없이 혼자 갈 수 있음에도 화장실에 가는 것까지 허락을 받으려 한다. Ryan은 혼자 있는 것을 좋아하고 다른 사람의 도움을 받기보다 주어진 일을 홀로 해내고자 노력한다. 하지만 유치원에서와 마찬가지로, 집에서도 무엇인가를 잘 해낼 수 없을 때 지나치게 빨리 좌절하고 포기하는 경향이 있다. 이러한 좌절감을 느낄 때면 Ryan은 종종 울음을 터트리곤 한다. 새엄마는 Ryan이 별다른 문제 없이 건강하게 태어났으며 지금껏 심각한 질병을 앓은 적이 없다고 알고 있다. Ryan은 시각이나 청각과 관련하여서도 뚜렷한 문제를 가지고 있지 않다. 아울러 새엄마는 Ryan이 자신의 연령대에서 일반적으로 기대되는 발달 수준에 적절하게 도달하였다고 생각한다.

논의

SM 아동은 흔히 집에서 말을 하는 데 별다른 문제를 보이지 않기 때문에 SM 증상은 아동이 학교(유치원)에 입학을 하고 나서야 처음으로 확인되는 경우가 대부분이다. 이러한 상황을 마주한 부모와 교사는 사실 큰 당혹감을 느낄 수도 있다. 하지만 SM 증상이 확인되었다면 체계적이고 면밀한 평가를 통해 이를 바르게 진단하고 SM 아동에게 필요한 지원을 신속하게 제공할 필요가 있다. 특히 학교에서 관찰되는 학생의 언어적/비언적 행동(개인 및 맥락 수준)에 대한 정보는 진단 및 치료 과정에서 매우 중요한 데이터로 활용될 수 있다. Ryan이 보고하는 주요 증상을 의사소통장애나 ASD로 설명하기는 어렵다. 집에서 Ryan은 여느 아이들과 다름없이 말을 하는 데 별다른 문제를 보이지 않는다. 그리고 학교에서는 직접 말을 하지는 않더라도 다른 방법으로 자신의 의사를 표현한다. 학교 입학 초기에는 선명하게 들리지 않았지만 속삭이는 정도로 말을 하기도 하였다. 하지만 현재 시점에서는 오로지 몸짓이나 글을 통해서만 소통한다. 이와 함께 Ryan은 높은 수준의 수줍음과 불안을 보일 뿐 아니라 사회적 상황에서 얼굴이 달아오르는 것, 안절부절못하며 꼼지락거리는 것, 몸이 경직되는 것, 눈 맞춤을 피하는 것, 혼자 있으려 하는 것 등 SM의 초기 징후를 나타내고 있다. 이러한 점을 종합적으로 고려할 때, 의사소통장애나 ASD보다는 SM이 Ryan의 증상을 더 잘 설명하는 것으로 판단된다. 하지만 면밀한 진단을 위하여 이 분야에 특화된 전문가(예: 언어병리사 등)를 평가 과정에 함께 참여시키는 것도 좋은 방법이 될 것이다. 아울러 SM 아동이 일반적으로 부정적인 기억(경험)과 높은 불안을 보고한다는 점에서 Ryan의 기억에 남아 있는 부정적인 경험과 Ryan의 불안을 세밀하게 평가할 필요가 있다.

Ryan의 사회성 기술(언어적/비언어적)이 또래에 비해 충분하게 발달하지 않았을 가능성도 고려해야 한다. 이 경우 Ryan에게 사회성 기술 훈련이 필요할 수 있는데, 특히 개입 초기에 사회성 기술 훈련을 실시하는 것은 Ryan이 비교적 익숙하고 편안한 분위기에서 전체 치료 과정에 참여할 수 있도록 도울 것이다. 사회성 기술 훈련은 학교와 가정에서 Ryan이 보이는 행동 격차를 감소시키는 데도 도움이 된다. 그리고 부모 대상 자문은 Ryan의 부모가 자녀의 높은 수줍음, 그리고 새로운 변화와 낯선 환경에 대한 자녀의 반응을 보다 효과적으로 다루도록 지원할 수 있다. 부모를 위한 이러한 유형의 자문은 학교와 가정의 협력 관계를 다시 탄탄하게 구축하는 데도 도움이 된다. 아울러 Ryan의 건강 상태를 일차적으로 점검하는 주치의와 더욱 긴밀하게 협력할 필요가 있다. SM 증상은 집보다 학교에서 명확하게 드러나는 경향이 있기 때문에 학교의 도움 없이 주치의가 Ryan의 상태를 분명하게 파악하기는 쉽지 않다. 만일 Ryan을 위한 심리치료가 기대만큼 효과를 보이지 않는다면(특히, Ryan이 점차 나이가 들어감에 따라) 주치의는 SM 치료에 종종 처방되는 SSRIs의 사용을 고려할 수도 있다.

한편으로, 학교심리사는 행동형성, 모방학습, 체계적 둔감법을 비롯한 행동개입 전략을 사용할 수 있다. 행동개입은 많은 사례에서 긍정적인 치료 결과를 보고한 바 있다. 심리교육을 통해 학교 관계자 및 Ryan의 부모에게 SM에 대한 구체적인 정보를 제공하는 것도 좋은 방법이다. SM에 대한 올바른 이해는 Ryan을 위한 개입 전략이 의도한 방향에 따라 정확하게 실행될 수 있도록 돕는다. 인지행동치료 또한 SM 증상 개선에 효과적인 것으로 알려져 있다. 숙련된 전문가인 학교심리사는 학교 환경에서 인지행동치료를 직접 실행할 수 있는 전문성을 갖추고 있다. 학교에서 Ryan을 위한 치료 서비스를 직접 제공한다면 Ryan의 가족이 치료 과정에서 감당해야 할 경제적 · 시간적 부담을 최소화하도록 도울 수 있다. 그리고 이러한 치료 서비스는 학교와 가정이 서로 신뢰할 수 있는 탄탄한 협력 관계를 구축하는 데 큰 도움이 될 것이다.

교실에서 Ryan을 지원하기 위한 전략을 수립하고 실천하는 것도 중요한데, 이러한 교실 전략은 지속적이고 꾸준한 개입을 가능하게 한다. 예컨대, 교사는 교실에서 Ryan이 말을 하도록 재촉하기보다 Ryan과 함께 언어적 의사소통을 위한 노력을 지속하면서 언어적 의사소통을 독려하는 흥미롭고 창의적인 방법을 사용할 수 있다. 특히 소집단 학습활동은 Ryan의 상호작용 기회를 증가시키는 데 도움이 된다. 그리고 교사는 시범을 통해 적절한 의사소통 방법을 직접 보여 줄 수 있다. 만일 Ryan이 속삭이면서 반응하거나 대답한다면 교사는 Ryan의 언어적 반응을 칭찬하고 전체 학생에게 Ryan이 표현한 내용을 큰 소리로 대신 전달할 수도 있다.

핵심 요약

- SM 증상은 아동이 학교(유치원)에 입학을 하고 나서야 처음으로 관찰되는 경우가 많다.
- DSM-5에 따라 SM을 진단하기 위해서는 다섯 가지 주요 기준을 충족해야 한다.
- SM 아동이 집에 있을 때면 대체로 말을 하는 데 큰 문제를 보이지 않는다.
- SM은 적대적인 행동보다는 불안이나 언어 문제와 더 밀접하게 관련이 있는 것으로 여겨진다.
- 학교심리사는 평가, 옹호, 자문, 상담/치료 등 SM 학생의 필요를 지원하는 다양한 역할과 기능을 수행할 수 있다.
- SM 관련 연구들은 대부분 소규모 표본을 사용하거나 단일사례를 분석하는 것에 그치는 등 제한적인 편이다. 그럼에도 연구의 결과는 CBT 및 행동치료가 SM 증상 완화에 효과적이라는 증거를 보여 준다.

연습문제

1. 다음 중 SM 증상이 있더라도 SM으로 진단하지 않는 시기는?
   a. 학교(유치원) 입학 후 첫 1개월
   b. 유치원 재학 기간
   c. 청소년기
   d. 성인기

2. 아동의 연령이 증가함에 따라 SM 발병 가능성은 더 높아진다.
   a. 참
   b. 거짓

3. 제2언어를 배우는 아동이 특정 환경에서 말을 하지 않고 함구하는 기간을 가지는 것은 언어 발달 과정에서 흔하게 나타나는 일이다.
   a. 참
   b. 거짓

4. 다음 중 이 장에서 언급한 SM의 위험요인으로 알맞은 것은?
   a. 부모의 정신장애
   b. 부모의 교육수준
   c. 형제나 자매의 우울증
   d. 형제나 자매와의 갈등

5. 이중 언어를 사용하는 아동에게 SM을 진단하지 않는다.
   a. 참
   b. 거짓

정답 1) a, 2) b, 3) a, 4) a, 5) b

토의질문

1. SM에 대한 DSM-5의 진단 기준을 설명하시오.
2. 이중 언어를 사용하는 아동을 대상으로 SM을 진단하는 과정에서 고려해야 할 문화적 요인에 대하여 설명하시오.
3. SM 아동이 IDEA의 정서장애 진단 기준에 부합할 가능성과 그 이유를 설명하시오.
4. SM 아동이 또래와의 관계에서 어떤 문제를 경험할 수 있는지 설명하시오.
5. 학교심리사가 SM 아동의 권익을 위한 옹호자로서 어떤 역할을 할 수 있는지 논하시오.

● 추가 정보

American Speech Language Hearing AssociationSelective Mutism: www.asha.org/practice-portal/clinical-topics/selective-mutism/

Cedars-SinaiSelective Mutism: www.cedars-sinai.org/health-library/diseases-and-conditions—pediatrics/s/selective-mutism.html

Child MindA Teacher's Guide to Selective Mutism: https://childmind.org/guide/teachers-guide-to-selective-mutism/

Selective Mutism AssociationEducators and School Staff: www.selectivemutism.org/educators/

Selective Mutism Resources: The Silence Within: www.selective-mutism.com/sm-resources

● 핵심 참고문헌

American Psychiatric Association. (2013). *Diagnostic and statistical manual of mental disorders* (5th ed.). https://doi.org/10.1176/appi.books.9780890425596

Holka-Pokorska, J., Pirog-Balcerzak, A., & Jarema, M. (2018). The controversy around the diagnosis of selective mutism—A critical analysis of three cases in the light of modern research and diagnostic criteria. *Psychiatria Polska, 52*(2), 323-343. https://doi.org/10.12740/PP/76088

Kovac, L. M., & Furr, J. M. (2019). What teachers should know about selective mutism in early childhood. *Early Childhood Education Journal, 47*, 107-114. https://doi.org/10.1007/s10643-018-0905-y

Lorenzo, N. E., Cornacchio, D., Chou, T., Kurtz, S. M. S., Furr, J. M., & Comer, J. S. (2021). Expanding treatment options for children with selective mutism: Rationale, principles, and procedures for an intensive group behavioral treatment. *Cognitive and Behavioral Practice, 28*(3), 379-392. https://doi.org/10.1016/j.cbpra.2020.06.002

Muris, P., & Ollendick, T. H. (2021a). Current challenges in the diagnosis and management of selective mutism in children. Psychology Research and Behavior Management, 159-167. https://doi.org/10.2147/PRBM.S274538

Podgorska-Jachnik, D. (2020). Selective mutism and shyness. Differential diagnosis and strategies supporting child development. *Interdisciplinary Contexts of Special Pedagogy, 30*, 125-149. https://doi.org/10.14746/ikps.2020.30.07

Ponzurick, J. M. (2012). Selective mutism: A team approach to assessment and treatment in the school setting. *Journal of School Nursing, 28*(1), 31-37. https://doi.org/10.1177%2F1059840511422534

Schwenck, C., Gensthaler, A., Vogel, F., Pfeffermann, A., Laerum, S., & Stahl, J. (2021). Characteristics of person, place, and activity that trigger failure to speak in children with selective mutism. European Child & Adolescent Psychiatry. https://doi.org/10.1007/s00787-021-01777-8

Toppelberg, C. O., Tabors, P., Coggins, A, Lum, K., & Burger, C. (2005). Differential diagnosis of selective mutism in bilingual children. *Journal of the American Academy of Child and Adolescent Psychiatry, 44*(6), 592-595. https://doi.org/10.1097/01.chi.0000157549.87078.f8

U.S. Department of Education. (n.d.). Individuals with Disabilities Education Improvement Act. https://sites.ed.gov/idea

참고문헌

American Psychiatric Association. (2000). *Diagnostic and statistical manual of mental disorders* (4th ed., text rev.). American Psychiatric Press.

American Psychiatric Association. (2013). *Diagnostic and statistical manual of mental disorders* (5th ed.). https://doi.org/10.1176/appi.books.9780890425596

Arie, M., Henkin, Y., Lamy, D., Tetin-Schneider, S., Apter, A., Sadeh, A., & Bar-Haim, Y. (2006). Reduced auditory processing capacity during vocalization in children with selective mutism. *Biological Psychiatry, 61*(3), 419-421. https://doi.org/10.1016/j.biopsych.2006.02.020

Bergman, R. L., Gonzalez, A., Piacentini, J., & Keller, M. L. (2013). Integrated behavior therapy for selective mutism: A randomized controlled pilot study. *Behaviour Research and Therapy, 51*, 680-689. http://dx.doi.org/10.1016/j.brat.2013.07.003

Black, B., & Uhde, T. W. (1994). Treatment of elective mutism with fl uoxetine: A double-blind, placebo-controlled study. *Journal of the American Academy of Child & Adolescent Psychiatry, 33*(7), 1000-1006. https://doi.org/10.1097/00004583-199409000-00010

Black, B., & Uhde, T. W. (1995). Psychiatric characteristics of children with selective mutism: A pilot study. *Journal of the American Academy of Child and Adolescent Psychiatry, 34*(7), 847-856. https://doi.org/10.1097/00004583-199507000-00007

Bogels, S. M., Alden, L, Beidel, D. C., Clark, L. A., Pine, D. S., Stein, M. B., & Voncken, M. (2010). Social anxiety disorder: Questions and answers for the DSM-V. *Depression & Anxiety, 27*(2), 168-189. https://doi.org/10.1002/da.20670

Capobianco, M., & Cerniglia, L. (2018). Case report. Evaluation strategies and cognitive intervention: The case of a monovular twin child affected by selective mutism. F1000 Research, 7, 221. http://dx.doi.org/10.12688/f1000research.14014.1

Capozzi, F., Manti, F., Di Trani, M., Romani, M., Vigliante, M., & Sogos, C. (2018). Children's and parent's psychological profiles in selective mutism and generalized anxiety disorder: A clinical study. *European Child & Adolescent Psychiatry, 27*, 775-783. https://doi.org/10.1007/s00787-017-1075-y

Catchpole, R., Young, A., Baer, S., & Salih, T. (2019). Examining a novel, parent child interaction therapy-informed, behavioral treatment of selective mutism. *Journal of Anxiety Disorders, 66*, 102112. https://doi.org/10.1016/j.janxdis.2019.102112

Chevira, D. A., Shipon-Blum, E., Hitchcock, C., Cohan, S., & Stein, M. B. (2007). Selective mutism and social anxiety disorder: All in the family? *Journal of the American Academy of Child & Adolescent Psychiatry, 46*(11), 1464-1472. https://doi.org/10.1097/chi.0b013e318149366a

Cohan, S. L, Chevira, D. A., & Stein, M. B. (2006). Practitioner review: Psychosocial interventions for children with selective mutism: A critical evaluation of the literature from 1990-2005. *Journal of Child Psychology and Psychiatry, 47*(11), 1085-1097. https://doi.org/10.1111/j.1469-7610.2006.01662.x

Collins, B. A., O'Connor, E. E., Supplee, L, & Shaw, D. S. (2017). Behavior problems in elementary school among low-income boys: The role of teacher-child relationships. *Journal of Education Research, 110*(1), 72-84. https://doi.org/10.1080/00220671.2015.1039113

Crundwell, R. M. A. (2006). Identifying and teaching children with selective mutism. *Teaching Exceptional Children, 38*(3), 48-54. https://doi.org/10.1177/004005990603800307

Cunningham, C. E., McHolm, A., & Boyle, M. H. (2006). Social phobia, anxiety, oppositional behavior, social skills, and self-concept in children with specific selective mutism, generalized selective mutism, and community controls. *European Child & Adolescent Psychiatry, 15*, 245-255. https://doi.org/10.1007/s00787-006-0529-4

Cunningham, C. E., McHolm, A., Boyle, M. H., & Patel, S. (2004). Behavioral and emotional adjustment, family functioning, academic performance, and social relationships in children with selective mutism. *Journal of Child Psychology and Psychiatry, 45*(8), 1363-1372. https://doi.org/10.1111/j.1469-7610.2004.00327.x

Dummit, E. S., Klein, R. G., Tancer, N. K., Asche, B., Martin, J., & Fairbanks, J. A. (1997). Systematic assessment of 50 children with selective mutism. *Journal of the American Academy of Child & Adolescent Psychiatry, 36*(5), 653-660. https://doi.org/10.1097/00004583-199705000-00016

Elizur, Y., & Perednik, R. (2003). Prevalence and description of selective mutism in immigrant and native families: A controlled study. *Journal of the American Academy of Child & Adolescent Psychiatry, 42*(12), 1451-1459. https://doi.org/10.1097/00004583-200312000-00012

Gensthaler, A., Khalaf, S., Ligges, M., Kaess, M., Freitag, C. M., & Schwenck, C. (2016). Selective mutism and temperament: The silence and behavioral inhibition to the unfamiliar. *European Child & Adolescent Psychiatry, 25*, 1113-1120. https://doi.org/10.1007/s00787-016-0835-4

Holka-Pokorska, J., Pirog-Balcerzak, A., & Jarema, M. (2018). The controversy around the diagnosis of selective mutism—A critical analysis of three cases in the light of modern research and diagnostic criteria. *Psychiatria Polska, 52*(2), 323-343. https://doi.org/10.12740/PP/76088

Hung, S., Spencer, M. S., & Dronamraju, R. (2012). Selective mutism: Practice and intervention strategies for children. *Children & Schools, 34*(4), 222-230. https://doi.org/10.1093/cs/cds006

Kearney, C. A., & Rede, M. (2021). The heterogeneity of selective mutism: A primer for a more refined approach.

Frontiers in Psychology, 12, 700745. https://doi.org/10.3389/fpsyg.2021.700745

Kehle, T. J., Del Campo, M. A., & Bray, M. A. (2018). Selective mutism: Helping handout for school. In G. G. Bear and K. M. Minke (Eds.), *Helping handouts: Supporting students at school and home*. National Association of School Psychologists.

Klein, E. R., Ruiz, C. E, Morales, K., & Stanley, P. (2019). Variations in parent and teacher ratings of internalizing, externalizing, adaptive skills, and behavioral symptoms in children with selective mutism. *International Journal of Environmental Research and Public Health, 16*(21), 4070. https://doi.org/10.3390/ijerph16214070

Koskela, M., Chudal, R., Luntamo, T., Suominen, A., Steinhausen, H., & Sourander, A. (2020). The impact of parental psychopathology and sociodemographic factors in selective mutism - A nationwide population-based study. *BMC Psychiatry, 20*, 221. https://doi.org/10.1186/s12888-020-02637-6

Kovac, L. M., & Furr, J. M. (2019). What teachers should know about selective mutism in early childhood. *Early Childhood Education Journal, 47*, 107-114. https://doi.org/10.1007/s10643-018-0905-y

Kristensen, H. (2001). Multiple informants' report of emotional and behavioural problems in a nation-wide sample of selective mute children and controls. *European Child & Adolescent Psychiatry, 10*, 135-142. https://doi.org/10.1007/s007870170037

Kristensen, H. (2002). Non-specific markers of neurodevelopmental disorder/delay in selective mutism. *European Child & Adolescent Psychiatry, 11*, 71-78. https://doi.org/10.1007/s007870200013

Le Pichon, E., & de Jonge, M. (2016). Linguistic and psychological perspectives on prolonged periods of silence in dual-language learners. *International Journal of Bilingual Education and Bilingualism, 19*(4), 426-441. https://doi.org/10.1080/13670050.2015.1007918

Longobardi, C., Badenes-Ribera, L, Gastaldi, F. G. M., & Prino, L E. (2019). The student-teacher relationship quality in children with selective mutism. *Psychology in the Schools, 56*(1), 32-41. https://doi.org/10.1002/pits.22175

Lorenzo, N. E., Cornacchio, D., Chou, T., Kurtz, S. M. S., Furr, J. M., & Comer, J. S. (2021). Expanding treatment options for children with selective mutism: Rationale, principles, and procedures for an intensive group behavioral treatment. *Cognitive and Behavioral Practice, 28*(3), 379-392. https://doi.org/10.1016/j.cbpra.2020.06.002

Manassis, K., Fung, D., Tannock, R., Sloman, L., Fiksenbaum, L, & McInnes, A. (2003). Characterizing selective mutism: Is it more than social anxiety? *Depression & Anxiety, 18*(3), 153-161. https://doi.org/10.1002/da.10125

Manassis, K., Oerbeck, B., & Overgaard, K. R. (2016). The use of medication in selective mutism: A systematic review. *European Child & Adolescent Psychiatry, 25*, 571-578. https://doi.org/10.1007/s00787-015-0794-1

Manassis, K., & Tannock, R. (2008). Comparing interventions for selective mutism: A pilot study. *Canadian Journal of Psychiatry, 53*(10), 700-703. https://doi.org/10.1177%2F070674370805301010

Manassis, K., Tannock, R., Garland, E. J., Minde, K., McInnes, A., & Clark, S. (2007). The sounds of silence: Language, cognition, and anxiety in selective mutism. *Journal of the American Academy of Child & Adolescent Psychiatry, 46*(9), 1187-1195. https://doi.org/10.1097/CHI.0b013e318076b7ab

Martinez, Y. J., Tannock, R., Manassis, K., Garland, E. J., Clark, S., & McInnes, A. (2015). The teachers' role in the assessment of selective mutism and anxiety disorders. *Canadian Journal of School Psychology, 30*(2), 83-

101. https://doi.org/10.1177%2F0829573514566377

McInnes, A., Fung, D., Manassis, K., Fiksenbaum, L, & Tannock, R. (2004). Narrative skills in children with selective mutism: An exploratory study. *American Journal of Speech-Language Pathology, 13*(4), 304-315. https://doi.org/10.1044/1058-0360(2004/031)

Milic, M. I., Carl, T., & Rapee, R. M. (2020). Similarities and differences between young children with selective mutism and social anxiety disorder. *Behaviour Research and Therapy, 133*, 103696. https://doi.org/10.1016/j.brat.2020.103696

Mulligan, C. A., Hale, J. B., & Shipon-Blum, E. (2015). Selective mutism: Identification of subtypes and implications for treatment. *Journal of Education and Human Development, 4*(1), 79-96. http://dx.doi.org/10.15640/jehd.v4n1a9

Muris, P., & Ollendick, T. H. (2021a). Current challenges in the diagnosis and management of selective mutism in children. *Psychology Research and Behavior Management, 14*, 159-167. https://doi.org/10.2147/PRBM.S274538

Muris, P., & Ollendick, T. H. (2021b). Selective mutism and its relations to social anxiety disorder and autism spectrum disorder. *Clinical Child and Family Psychology Review, 24*, 294-325. https://doi.org/10.1007/s10567-020-00342-0

O'Connor, E. E., Collins, B. A., & Supplee, L (2012). Behavior problems in late childhood: The roles of early maternal attachment and teacher-child relationship trajectories. *Attachment & Human Development, 14*(3), 265-288. https://doi.org/10.1080/14616734.2012.672280

Oerbeck, B., Overgaard, K. R., Bergman, R. L, Pripp, A. H., & Kristensen, H. (2020). The Selective Mutism Questionnaire: Data from typically developing children and children with selective mutism. *Clinical Child Psychology and Psychiatry, 25*(4), 754-765. https://doi.org/10.1177%2F1359104520914695

Oerbeck, B., Overgaard, K. R., Stein, M. B., Pripp, A. H., & Kristensen, H. (2018). Treatment of selective mutism: A 5- year follow-up study. *European Child & Adolescent Psychiatry, 27*, 997-1009. https://doi.org/10.1007/s00787-018-1110-7

Office of Civil Rights. (n.d.). Protecting students with disabilities: Frequently asked questions about Section 504 and the education of children with disabilities. https://www2.ed.gov/about/offices/list/ocr/504faq.html

Podgorska-Jachnik, D. (2020). Selective mutism and shyness. Differential diagnosis and strategies supporting child development. *Interdisciplinary Contexts of Special Pedagogy, 30*, 125-149. https://doi.org/10.14746/ikps.2020.30.07

Ponzurick, J. M. (2012). Selective mutism: A team approach to assessment and treatment in the school setting. *Journal of School Nursing, 28*(1), 31-37. https://doi.org/10.1177%2F1059840511422534

Remschmidt, H., Poller, M., Herpertz-Dahlmann, B., Hennighausen, K., & Gutenbrunner, C. (2001). A follow-up of 45 patients with elective mutism. *European Archives of Psychiatry and Clinical Neuroscience, 251*, 284-296. https://doi.org/10.1007/PL00007547

Ruzek, E. A., Hafen, C. A., Allen, J. P, Gregory, A., Mikami, A. Y., & Pianta, R. C. (2016). How teacher support motivates students: The mediating roles of perceived peer relatedness, autonomy support, and competence. *Learning and Instruction, 42*, 95-103. https://doi.org/10.1016/j.learninstruc.2016.01.004

Sharkey, L., McNichols, F., Barry, E., Begley, M., & Ahern, S. (2008). Group therapy for selective mutism - A parents' and children's treatment group. *Journal of Behavior Therapy and Experimental Psychiatry, 39*, 538-545. https://doi.org/10.1016/j.jbtep.2007.12.002

Shriver, M. D., Segool, N., & Gortmaker, V. (2011). Behavior observations for linking assessment to treatment for selective mutism. *Education and Treatment of Children, 34*(3), 389-410. https://doi.org/10.1353/etc.2011.0023

Standart, S., & Le Couteur, A. (2003). The quiet child: A literature review of selective mutism. *Child and Adolescent Mental Health, 8*(4), 154-160. https://doi.org/10.1111/1475-3588.00065

Starke, A. (2018). Effects of anxiety, language skills, and cultural adaptation on the development of selective mutism. *Journal of Communication Disorders, 74*, 45-60. https://doi.org/10.1016/j.jcomdis.2018.05.001

Steffenberg, H., Steffenberg, S., Gillberg, C., & Billstedt, E. (2018). Children with autism spectrum disorders and selective mutism. *Neuropsychiatric Disease and Treatment, 14*, 1136-1169. http://dx.doi.org/10.2147/NDT.S154966

Steinhausen, H., Wachter, M., Laimbock, K., & Metzke, C. W. (2006). A long-term outcome study of selective mutism in childhood. *Journal of Child Psychology and psychiatry, 47*(7), 751-756. https://doi.org/10.1111/j.1469-7610.2005.01560.x

Stone, B. P., Kratochwill, T. R., Sladezcek, I., & Serlin, R. C. (2002). Treatment of selecticve mutism: A best-evidence synthesis. *School Psychology Quarterly, 17*(2), 168-190. htttps ://doi.org/10.1521/scpq.17.2.168.20857

Tabors, P. O. (1997). One child, two languages: A guide for preschool educators of children learning English as a second language. Brookes.

Toppelberg, C. O., Tabors, P., Coggins, A., Lum, K., & Burger, C. (2005). Differential diagnosis of selective mutism in bilingual children. *Journal of the American Academy of Child and Adolescent Psychiatry, 44*(6), 592-595. https ://doi.org/10.1097/01.chi.0000157549.87078.f8

U.S. Department of Education. (n.d.). Individuals with Disabilities Education Improvement Act. https ://sites.ed.gov/idea

Vogel, F., Gensthaler, A., Stahl, J., & Schwenck, C. (2019). Fears and fear-related cognitions in children with selective mutism. *European Child & Adolescent Psychiatry, 28*, 1169-1181. https ://doi.org/10.1007/s00787-109-1281-0

Wong, P. (2010). Selective mutism: A review of etiology, comorbidities, and treatment. *Psychiatry, 7*(3), 23-31. https ://www.ncbi.nlm.nih.gov/pmc/articles/PMC2861522/

Yeganeh, R., Beidel, D. C., Turner, S. M. (2006). Selective mutism: More than social anxiety? *Depression & Anxiety, 23*(3), 117-123. https ://doi.org/10.1002/da.20139

Yeganeh, R., Beidel, D. C., Turner, S. M., Pina, A. A., & Silverman W. K. (2003). Clinical distinctions between selective mutism and social phobia: An investigation of childhood psychopathology. *Journal of the American Academy of Child & Adolescent Psychiatry, 42*(9), 1069-1075. https ://doi.org/10.1097/01.CHI.0000070262.24125.23

제 5 부

기분장애

제 12 장

주요우울장애

학습 목표

- 주요우울장애에 대한 DSM-5의 진단적 특징을 요약할 수 있다.
- 아동 · 청소년기 MDD의 위험요인을 파악할 수 있다.
- MDD 아동 · 청소년이 흔히 드러내는 사회성, 정서 및 행동 문제에 대해 설명할 수 있다.
- 교실에서 MDD가 학습활동에 어떠한 영향을 미칠 수 있는지 이해할 수 있다.
- MDD 학생에 대한 사회성, 정서, 행동 개입을 확인할 수 있다.

도입

『정신질환의 진단 및 통계 편람』의 다섯 번째 개정판인 DSM-5(Diagnostic and Statistical Manual of Mental Disorders, 5th ed.; American Psychiatric Association: APA, 2013)에서 주요우울장애(Major Depressive Disorder: MDD)는 우울장애의 하위장애로 분류된다. 우울장애 범주에 속한 여러 정신장애는 만성적인 슬픔, 공허함, 의욕이 없고 침울한 기분 등을 특정적으로 나타낸다. 사람들이 어려운 일이 있을 때 우울한 기분을 느끼는 것은 기간이 짧든 길든 매우 흔한 일이지만, 우울장애의 경우 우울한 기분이 생활 전반에 편재(遍在)해 있고 그 정도가 현저하게 높으며 일상의 기능을 심각하게 저해한다는 점에서 이 같은 일반적인 사례들과 구별된다. 특히 MDD는 우울장애의 전형적인 특징을 대표하는 정신장애로 볼 수 있다. MDD 외에도 파괴적 기분조절부전장애(Disruptive Mood Dysregulation Disorder), 지속성 우울장애(Persistent Depressive

Disorder) 등이 우울장애 범주에 함께 포함된다(APA, 2013).

진단적 쟁점: DSM-5 및 학교기반 서비스

DSM-5 진단

DSM-5에 따라 MDD를 진단하기 위해서는 다음 다섯 가지 진단 기준을 충족해야 한다(APA, 2013). 첫째, 구체적인 9개 증상 목록 중에서 최소 5개의 증상이 2주 이상 연속적으로 나타나야 한다. 첫 번째 기준에서 제시하는 9개의 증상은, (1) 거의 매일, 거의 온종일 우울한 기분이 지속되는 경우로 주관적 보고(예: 슬픈 기분, 공허함, 절망감) 또는 객관적 관찰(예: 슬퍼 보임)을 통해 평가될 수 있음(아동 · 청소년 사례에서는 과민하거나 짜증이 섞인 기분으로 나타날 수 있음), (2) 거의 매일, 거의 온종일, 거의 모든 일상 활동에 대한 재미와 즐거움이 이전과 달리 현저하게 감소한 경우로 주관적 보고 또는 객관적 관찰을 통해 평가될 수 있음, (3) 체중 조절을 하지 않음에도 체중이 뚜렷하게 감소하거나 증가한 경우(예: 한 달 사이에 체중의 5% 이상이 감소하거나 증가됨) 또는 식욕이 거의 매일 현저하게 감퇴하거나 왕성해지는 경우(아동 사례에서는 일반적으로 기대되는 체중에 도달하지 못하는 것으로 나타날 수 있음), (4) 불면증 또는 과다 수면이 거의 매일 나타나는 경우, (5) 정신운동초조(psychomotor agitation: 서성거리거나, 다리를 떨거나, 손을 비트는 등 가만히 있지 못하는 모습)나 정신운동지연(psychomotor retardation: 생각의 속도가 느려지거나 신체 움직임이 감소하는 등 축 처져 있는 모습)이 거의 매일 나타나는 경우로 주관적 보고(자신이 안절부절못하거나 둔화되었다고 느끼는 것) 또는 객관적 관찰을 통해 평가될 수 있음, (6) 피로감이나 활력 상실이 거의 매일 나타나는 경우, (7) 자신에 대한 무가치감 또는 과도하고 부적절한 죄책감(망상일 수 있음)이 거의 매일 나타나는 경우로 자신이 아픈 것에 대한 단순한 자책이나 죄책감은 해당되지 않음, (8) 집중력 감소, 사고력 저하, 또는 우유부단함이 거의 매일 나타나는 경우로 주관적 보고 또는 객관적 관찰을 통해 평가될 수 있음, (9) 죽음에 대한 생각을 반복하거나(죽음에 대한 단순한 두려움은 해당되지 않음), 구체적인 계획 없이 자살 사고(suicidal ideation)를 반복하거나, 자살을 시도하거나, 또는 구체적인 자살 계획을 세우는 경우이다. 첫 번째 MDD 진단 기준에 최종적으로 부합하려면 앞서 언급한 것처럼 9개 증상 목록 중에서 5개 이상을 충족하는 동시에 첫 번째 증상(우울한 기분)이나 두 번째 증상(재미와 즐거움의 감소)을 한 가지 이상 포함해야 한다. 둘째, 첫 번째 진단 기준에서 확인된 증상이 사회적, 직업적, 또는 다른 중요한 기능 영역에 임상적으로 현저한 고통이나 손상을 초래해야 한다. 이는 앞선 첫 번째 진단 기준을 한층 자세하게 규정하는 것이다. 셋째, 이러한 증상이 물질의 생리적 효과나 다른 의학적 질환에 따른 것이 아니어야 한다. DSM-5에서는 이와 같은 첫 번째, 두 번째, 세 번째 진단 기준이 주요 우울 삽화(major depressive episode)를 정의하는 것이라고 설명한다. 넷째, 주요 우울 삽화가 다른 정신장애(예: 조현정동장애, 조현병, 조현양상장애, 망상장애, 기타 조현병 스펙트럼장애, 또는 다른 정신증적 장애)에 의해서 더 잘 설명되지 않아야 한다. 마지막으로 다섯째, 조증 삽화 또는 경조증 삽화가 나타난 적이 없어야 한다(APA, 2013).

앞서 언급한 진단 기준 외에도, Rush(2007)는 임상적인 증상의 차이에 따라 MDD를 서로 다른 네 가지 하위 유형으로 구분한 바 있다. 첫 번째 유형은 멜랑콜리아(melancholia)로 불리며 외부 상황과 무관하게 우울한 기분 및 즐거움의 상실을 특징적으로 나타낸다. 두 번째 유형은 정신증적 우울증(psychotic depression)으로 심각한 우울 증상을 가진 사람에게 빈번하게 나타나며 망상이나 환각을 동반한다. 정신증적 우울증을 보이는 사례의 경우 전반적인 예후가 좋지 않을 뿐 아니라 집중적인 치료에도 증상이 호전되는 않는 경우가 많다. 세 번째 유형은 불안형 우울증(anxious depression)으로 현저한 불안 증상을 동반한다. 불안형 우울증을 보이는 사람은 자살 사고를 경험할 가능성이 높다(Rush, 2007). 마지막으로, 네 번째 유형은 비전형적 우울증(atypical depression)으로 긍정적인 사건을 경험하면 기분이 쉽게 좋아지며, 체중 증가, 과다 수면, 팔다리가 무거운 느낌 등을 특징적으로 나타낸다(Thase, 2007). 흥미롭게도 일부 신경학적 증거는 이와 같은 MDD 하위 유형들이 서로 이질적인 특징을 가지고 있다는 것을 입증하고 있다(Rush, 2007).

일부 연구에 따르면 MDD는 아동 · 청소년에게 자주 과소진단되는 것으로 보이는데, 실제로 우울 증상을 가진 아동 · 청소년의 약 50%가 적절한 진단이나 치료를 받지 못한 채 성인기에 이르는 것으로 나타났다(Birmaher & Brent, 2007; Zuckerbrot et al., 2018). 이러한 문제는 아동 · 청소년의 MDD 증상이 성인의 MDD 증상과 다소 차이를 보이기 때문일 수 있다(Mullen, 2018). 가령 MDD 아동 · 청소년은 MDD 성인에 비해 화를 쉽게 내고 행동 문제를 보이며 신체 증상을 호소할 가능성이 높다(Clark et al., 2018; Dopeheide, 2006). 그리고 아동 · 청소년은 흔히 자신의 기분이나 내적인 상태를 설명하는 데 어려움을 느끼기 때문에 아동 · 청소년을 대상으로 MDD를 진단하는 과정에서는 성인에 비해 더 많은 시간이 소요될 수 있다(Gehlawat & Gehlawat, 2020).

MDD가 아동 · 청소년에게 과소진단되는 문제는 아동 · 청소년의 MDD 증상이 성인의 MDD 증상과 다소 차이를 보이기 때문일 수 있다(Mullen, 2018).

령대를 3~5세, 6~11세, 12~17세로 구분하여 우울증 발생 빈도를 비교하였을 때, 청소년기에 해당하는 12~17세 연령대에서 우울증이 가장 흔하게 나타난다는 점을 확인할 수 있다(Ghandour et al., 2019). 물론 MDD는 전 생애에 걸쳐 나타날 수 있지만, DSM-5에서도 아동·청소년이 사춘기에 이르게 되면 MDD의 발생 가능성이 현저하게 높아질 수 있다는 점을 언급하고 있다(APA, 2013; Kessler et al., 2003). 이러한 결과에 비추어 사춘기는 MDD에 매우 취약한 시기로 보인다. 하지만 MDD는 이보다 어린 연령대에서도 얼마든지 나타날 수 있다. 예컨대, Perou 등(2013)은 CDC 데이터를 바탕으로 3~5세 아동의 0.5%, 그리고 6~11세 아동의 2%가 우울증을 앓고 있다고 언급한 바 있다. 아동·청소년기 MDD와 관련하여 Twenge와 Nolen-Hoeksema(2002)의 메타분석 연구도 참고할 만한데, 이들은 8~16세 아동·청소년 데이터를 기반으로 연령에 따른 우울 증상의 차이를 확인한 바 있다. 구체적으로, 이들의 연구에서 남학생이 보고한 우울 증상(CDI 점수)은 연령의 변화와 유의한 상관을 보이지 않았지만 남학생이 12세에 이르렀을 때 우울 증상의 수준이 일시적으로 증가하는 경향을 보였다. 남학생과 동일하게 여학생의 우울 증상(CDI 점수)도 12세에 이른 시점에서 현저한 증가세를 보였다. 하지만 여학생의 경우 아동기에서 청소년기까지 연령이 높아짐에 따라 우울 증상도 점차 증가하는 경향을 띠었으며, 특히 14~16세에 이른 시점에서는 이전 연령대에 비해 뚜렷하게 높은 수준의 우울 증상을 보이는 것으로 나타났다(Twenge & Nolen-Hoeksema, 2002).

일부 연구에서는 MDD 발병 연령이 낮을수록 향후 삶의 여러 측면에서 더 많은 문제를 경험할 가능성을 제기하기도 하였다(Fergusson & Woodward, 2002; Kovacs et al., 2015; Zisook et al., 2007). 이와 관련하여 Zisook 등(2007)의 연구를 참고할 만한데, 이들은 MDD 발병 연령을 기준으로 집단을 구분(12세 이하, 12~17세, 18~44세, 45~59세, 60세 이상)한 후 집단에 따른 심리사회적 적응 지표의 차이를 비교한 바 있다. Zisook 등에 따르면, MDD 발병 연령이 낮은 집단일수록 향후 사회적 갈등, 고용 불안정, 삶의 질 저하, 공존장애(신체적/정신적), 부정적인 자기인식, 자살 경향/자살 시도, 우울 삽화를 겪을 가능성이 더 높은 것으로 나타났다. 또한 성인기에 이르러 결혼 생활을 시작할 가능성도 더 낮은 것으로 나타났다(Zisook et al., 2007). 다른 연구에서도 MDD의 조기 발병이 가져올 수 있는 부정적인 심리사회적 결과에 대하여 우려하고 있다(Hammen et al., 2008; Rohde et al., 2013). 이처럼 MDD의 조기 발병은 삶의 여러 측면에 좋지 않은 영향을 미치는 것으로 보이지만, 다행히도 Zisook 등(2007)은 MDD의 조기 발병이 MDD의 치료 효과를 감소시킬 수 있다는 증거를 찾지는

> Zisook 등(2007)에 따르면, MDD 발병 연령이 낮은 집단일수록 향후 사회적 갈등, 고용 불안정, 삶의 질 저하, 공존장애(신체적/정신적), 부정적인 자기인식, 자살 경향/자살 시도, 우울 삽화를 겪을 가능성이 더 높은 것으로 나타났다.

못하였다. 아울러 Eaton 등(2008)은 MDD의 발병 연령이 낮을수록 MDD의 재발 위험이 증가한다는 사실을 발견하였다. 이와 관련하여, Wilson 등(2015)은 MDD의 조기 발병과 부정적인 심리사회적 적응 지표의 밀접한 관련성을 단순히 발병 시점의 문제로 간주하기보다는 MDD의 재발에 따른 문제로 보는 것이 더 타당할 수 있다고 주장하였다. Hammen 등(2008)의 연구에서도 주요 우울 삽화가 계속해서 재발하는 경우 MDD의 발병 시점(청소년기 vs. 성인기)과 상관없이 심각한 심리사회적 문제를 동반할 수 있다고 밝혔다.

MDD는 재발의 위험이 높을뿐더러 관련 증상이 개인의 일생에 걸쳐 나타날 수 있다. 앞서 언급한 바와 같이 만성적인 우울 증상을 가진 사람은 생활 기능에 심각한 문제를 보일 가능성이 높다(DSM-5; APA, 2013). MDD는 재발의 위험이 높고 심할 경우 만성적인 증상으로 나타날 수 있지만 어떤 사람의 경우에는 우울 삽화를 다시 경험하는 데 오랜 시간(몇 달 또는 몇 년)이 걸리기도 한다. 다음 우울 삽화를 다시 경험하는 데 걸리는 시간이 길어질수록 우울 삽화의 재발 가능성도 함께 감소한다(APA, 2013). 하지만 아동·청소년기 MDD는 성인기에 발병한 MDD에 비해 재발의 우려가 클 뿐만 아니라, 성인기에 이르러 양극성장애로 이어질 가능성이 높다(Birmaher & Brent, 2007).

MDD의 공존장애와 관련하여, MDD는 흔히 물질관련장애, 공황장애, 강박장애, 신경성 식욕부진증, 신경성 폭식증, 경계선 성격장애 등과 함께 공존하는 것으로 알려져 있다(DSM-5; APA, 2013). 하지만 아동·청소년기 MDD의 공존장애는 통상적인 MDD의 공존장애와 일부 차이를 보일 수 있다. 예컨대, Kovacs 등(1989)에 따르면, 아동·청소년기 우울장애는 ADHD, 불안장애(예: 분리불안장애), 품행장애, 물질관련장애(예: 알코올/담배), 유뇨증, 유분증 등과 함께 공존하는 것으로 나타났다. 또한 CDC의 National Survey of Children's Health(NSCH) 데이터에서는 우울 증상을 가진 아동·청소년의 73.8%가 불안 문제를, 47.2%가 행동 또는 품행 문제를 함께 보이는 것으로 나타났다(CDC, n.d.; Ghandour et al., 2019). 특히 아동·청소년기 우울장애의 공존장애를 평가한 Avenevoli 등(2001)은 아동·청소년기에 우울과 불안이 함께 공존하는 경우 시간적 순차성, 즉 불안장애에 뒤이어 우울 증상이 발달하는 경향이 있다고 밝혔다. 18세 이상의 성인 데이터를 분석한 Kessler 등(2003)도 MDD에 앞서 불안장애가 나타나는 시간적 순차성을 확인한 바 있다. MDD 진단을 받은 성인을 대상으로 연구를 진행한 Zhou 등(2017)에 따르면, MDD와 범불안장애(GAD)의 공존은 개인의 삶의 질(신체적/심리적)을 현저하게 떨어뜨리는 것으로 나타났다. 또한 MDD와 외상후 스트레스장애(PTSD)도 함께 나타날 수 있는데, 이 경우 심각한 심리사회적 문제를 동반할 뿐만 아니라 치료 효과에도 부정적인 영향을 미치는 것으로 알려져 있다. 하지만 일부 연구에서는 MDD와 PTSD의 공존을 두 정신장애의 단순한 병립 현상으로 간주하기보다는 외상과 관련된 표현형(trauma-related phenotype), 즉 PTSD의 하위 유형으로 이해하는 것이 더욱 타당할 수 있다고 주장하기도 하였다(Flory & Yahuda, 2015). 마지막으로, MDD가 심근경색, 발작, 당뇨병, 비만(증)과 같은 다양한 신체 질환의 위험을 높일 수 있다는 점도 염두에 두어야 한다(Anderson et al., 2007; Rush, 2007).

하지만 무엇보다 심각한 문제는 MDD가 자살 사고나 자살에 따른 사망 가능성을 현저하게 높인다는 것이다(Mullen, 2018). 자살은 청소년(12~17세) 사망 원인 중에서 두 번째로 높은 비율을 보이는 데다, MDD 청소년의 약 8%가 자살을 택하는 것으로 알려져 있다(O'Connor et al., 2016). 더욱이, MDD는 자살 충동을 느끼는 청소년에게서 가장 흔히 발견되는 정신장애이다(Wilkinson et al., 2011). 이러한 이유로 Gehlawat과 Gehlawat(2020)은 아동·청소년기 우울을 평가하는 과정에서 자살의 위험성도 함께 평가할 것을 권고한 바 있다.

학교기반 수혜자격

미국의 연방법률인 「장애인교육법(Individuals with Disabilities Education Improvement Act: IDEA)」은 장애를 가진 아동·청소년의 교육활동을 보장하기 위한 목적으로 제정되었다(U.S. Department of Education, n.d.). IDEA 하에 현재 750만 명 이상의 미국 학생이 최소제한환경(Least Restrictive Environment: LRE)에서 자신에게 필요한 공교육에 자유롭게 접근할 권리를 보장받고 있다. IDEA의 LRE 규정에 따라 장애를 가진 아동·청소년은 특별한 사유가 없는 한, 장애를 가지지 않은 학생들과 일반적인 교육 환경에서 함께 교육을 받을 수 있어야 한다. 아울러 장애를 가진 아동·청소년이 학교에서 특수교육 및 관련서비스 수혜자격을 갖추어 교육활동 수행에 필요한 지원을 받으려면, 이들이 가진 장애가 IDEA에서 제시하는 13개의 장애 유형 중 하나에 포함되어야 한다. 특수교육 및 관련서비스 수혜자격 여부를 심의하는 학교의 다학제 팀에는 교직원과 학부모(평가 대상 학생) 등이 참여하며, 이들은 크게 두 가지 주요 사안을 검토한다. 첫 번째는 학생의 문제가 IDEA에서 제시하는 13개의 장애 유형 중 하나에 부합하는지 여부이며, 두 번째는 특수교육 서비스가 학생의 교육활동을 실제로 개선할 수 있는지 여부이다. 만일 다학제 팀에서 이 두 가지 조건이 모두 충족되었다고 판단한다면 평가 대상 학생은 특수교육 및 관련서비스 수혜자격을 갖추게 되며, 학교에서는 이들을 위한 개별화교육프로그램(Individual Education Program: IEP)을 별도로 운영해야 한다(U.S. Department of Education, n.d.).

교직원이나 학부모가 IDEA에 따라 특수교육 및 관련서비스 수혜자격 심의를 의뢰하는 경우 학교에서는 다학제 팀을 별도로 구성하여 관련 평가 절차를 진행해야 한다. 다학제 팀은 부모의 서면 동의서를 접수한 후 60일 이내(공휴일 및 휴업일 제외)에 평가 절차를 완료해야 한다. 만일 평가 대상 학생이 조건을 충족하여 심의를 통과한다면 학교는 해당 학생을 위한 특수교육 및 관련서비스를 시작할 수 있다. 이와 관련하여 IDEA에서는 평가 과정에서 학생에게 적용 가능한 모든 장애 유형을 광범위하게 검토해야 한다고 규정하고 있다.

MDD 아동·청소년은 IDEA가 정하는 장애 유형 가운데 특히 정서장애(emotional disturbance)에 해당할 가능성이 높다. IDEA에서는 정서장애 진단 기준을 다음과 같이 제시하고 있다.

(i) 정서장애는 다음 증상 중 한 가지 이상이 오랜 기간에 걸쳐 나타나며 그 정도가 심각하여 교육활동을 수행하는 데 부정적인 영향을 미치는 상태를 말한다.
   (A) 학습활동이 불가하며 이는 지적·감각적·의학적 요인에 의해 설명되지 않아야 한다.
   (B) 또래 및 교사와 만족스러운 대인관계를 형성하거나 유지할 수 없다.
   (C) 일반적인 상황에서 부적절한 유형의 행동이나 감정을 보인다.
   (D) 일상생활 전반에 걸쳐 우울감을 느끼거나 자신이 불행하다고 느낀다.
   (E) 개인적인 문제 또는 학교에서 겪는 어려움과 관련하여 신체적 증상이 나타나거나 두려움을 느끼는 경향이 있다.
(ii) 정서장애는 조현병을 포함한다. 그리고 사회적 부적응 아동·청소년의 경우 상기 (i) 기준에 부합하는 정서적 문제를 가진 것으로 판단되지 않는다면 정서장애로 진단하지 않는다[U.S. Department of Education, n.d., Section 300.8 (c) (4)].

정서장애 증상과 MDD 증상이 상당 부분 중첩된다는 점에서 MDD 아동·청소년이 가진 문제는 앞의 (A)~(E) 정서장애 진단 기준에 모두 부합할 가능성도 있다. 하지만 MDD 아동·청소년이 최종적으로 특수교육 및 관련서비스 수혜자격을 얻으려면 이들의 문제가 교육활동 수행에 직접적인 영향을 미친다는 점이 추가적으로 입증되어야 한다. MDD 아동·청소년이 이러한 기준을 모두 충족하는 경우, 다학제 팀은 해당 학생을 IDEA에 따른 특수교육 및 관련서비스 수혜 대상으로 결정할 수 있다. 특수교육 및 관련서비스에는 특수교육 프로그램, 학교심리사(또는 상담사)가 제공하는 상담 서비스, 보건교사(또는 학교 간호사)가 참여하는 약물 관리 서비스 등 다양한 유형의 지원 서비스가 포함될 수 있다.

만일 MDD 증상이 교육활동 수행에 부정적인 영향을 미친다는 점을 입증할 수 없다면 다른 법령을 추가적으로 검토하여 MDD 학생에게 특수교육 대신 다른 유형의 교육 서비스를 제공할 수 있는지 살펴볼 수 있다. 대표적인 사례로 「재활법 504조(Section 504 of the Rehabilitation Act)」

를 들 수 있다. 미국의 연방법률인 「재활법 504조」는 장애를 가진 사람의 권리를 보호하기 위한 목적으로 지난 1973년에 제정된 바 있다. 「재활법 504조」는 장애를 가진 사람이 장애로 인하여 차별 받지 않아야 한다는 것을 명시하고 있으며, 이는 미국 연방정부에게 예산 지원을 받는 모든 기관이나 단체에 일괄적으로 적용된다. 따라서 학교는 장애 진단을 받았거나 장애가 우려되는 학생에게 「재활법 504조」를 적용하여 이들의 교육활동을 지원해야 할 책무를 가지고 있다. 「재활법 504조」에 의거한 평가는 IDEA에 의거한 평가와 크게 다르지 않다. 다시 말해, 학교기반 평가의 결과가 "주요한 생활 기능을 한 가지 이상 현저하게 제한하는 신체적 또는 정신적 손상" [(Office of Civil Rights, n.d., Section 104.3 (2) (iv)]을 입증한다면 평가 대상 학생은 「재활법 504조」에 따라 별도의 교육적 지원 및 서비스 수혜자격을 갖출 수 있다. 「재활법 504조」에서는 장애 유형 목록을 구체적으로 제시하지는 않지만 주요한 생활 기능으로 걷기, 듣기, 보기, 말하기, 숨쉬기, 학습하기, 노동, 자기돌봄, 수작업 수행 등을 들고 있다(Office of Civil Rights, n.d.). 이러한 법률적 근거 및 학교기반의 학업적, 사회적, 정서적 및 행동적 지원은 MDD 아동 · 청소년의 학교 적응을 효과적으로 뒷받침하는 데 기여할 수 있을 것이다.

문화적 쟁점

위험요인

일부 연구에서는 우울이 경제적 빈곤과 밀접하게 관련되어 있다는 점을 보여 준다(Kessler et al., 2003; Rice et al., 2017). 예컨대, 앞서 언급한 NSCH 데이터에 따르면, 빈곤층 아동 · 청소년의 경우 고소득층 아동 · 청소년에 비해 더 높은 수준의 우울을 보이는 것으로 나타났다. 그리고 Rice 등(2017)은 사회경제적 취약성이 청소년기 MDD와 직접적으로 관련되어 있다는 사실을 발견하기도 하였다. 20세 이상 미국 성인을 대상으로 우울증의 유병률을 평가한 Brody 등(2018)도 이와 유사한 결과를 보고한 바 있다. 구체적으로, 빈곤층 집단에서는 우울증 진단 비율이 거의 16%에 달하였지만, 집단의 경제 수준이 높아짐에 따라 우울증 진단 비율은 점차 감소하는 경향을 보였다. 또한 전 연령대에 걸친 대규모 표본을 경제력 수준(low-income vs. non-low-income), 성별 및 연령대에 따라 구분한 후 각 집단의 MDD 진단 비율을 분석한 대만 연구에서는 경제력이 낮은 65세 이하 남녀 집단(남성은 45세 이상 64세 이하 집단, 여성은 18세 이상 44세 이하 집단)이 가장 높은 MDD 비율을 보이는 것으로 나타났다(Lee et al., 2016). 청소

Rice 등(2017)은 사회경제적 취약성이 청소년기 MDD와 직접적으로 관련되어 있다는 사실을 발견하였다.

년 및 성인(15~40세)을 대상으로 MDD의 유병률을 분석한 Riolo 등(2005)도 빈곤층에 속하는 청소년 및 성인의 경우 그렇지 않은 집단에 비해 MDD 진단 가능성이 약 1.5배 더 높았다고 밝혔다. 하지만 인종/민족에 따라 집단을 구분하였을 때 낮은 경제 수준과 MDD 유병률의 관련성은 백인 집단에서만 유의하였으며 다른 인종(예: 아프리카계 미국인, 멕시코계 미국인) 집단에서는 유의하지 않았다. 반면에 Twenge와 Nolen-Hoeksema(2002)의 메타분석 연구에서는 아동 · 청소년(8~16세)의 사회경제적 지위와 우울(Children's Depression Inventory: CDI 점수) 사이에서 유의한 관련성을 발견하지 못하였다. 하지만 이들의 연구는 단 하나의 우울 척도, 즉 CDI 데이터만을 다루고 있다는 점에서 결과 해석에 다소 주의를 기울일 필요가 있다.

경제 수준과 같은 인구통계학적 변인 외에도, 다수의 연구에서는 MDD의 위험요인으로 특히 아동기 불안이 아동 · 청소년기 우울의 발달에 영향을 미칠 가능성을 제기한 바 있다(Axelson & Birmaher, 2001; Ghandour et al., 2019; Rice et al., 2017). 예컨대, 아동 · 청소년기 불안장애와 우울장애의 관련성을 종합적으로 개관한 Axelson과 Birmaher(2001)는 일부 쌍생아 연구 결과를 인용하면서, 불안과 우울이 동일한 유전적 소인을 공유할 가능성이 있으며 이러한 생물학적 요인이 불안장애와 우울장애에 공통적으로 나타나는 부정적 정서를 설명할 수 있다고 주장하였다. 앞서 언급한 NSCH 데이터에서도 유전적 소인이 우울의 발달에 영향을 미칠 가능성을 엿볼 수 있다. 가령 Ghandour 등(2019)의 연구에서 신체건강 상태가 보통 이하(fair or poor)로 평정된 아동 · 청소년 가운데 우울증 진단을 받은 비율은 18%(건강 상태가 매우 좋은 경우 2.1%, 건강 상태가 좋은 경우 9.8%)에 이르렀으며, 더욱이 함께 살고 있는 부모(또는 주 양육자)의 정신건강 상태가 보통 이하로 평정된 아동 · 청소년 가운데 우울증 진단을 받은 비율은 13.4%(건강 상태가 매우 좋은 경우 1.9%, 건강 상태가 좋은 경우 5.9%)에 달하는 것으로 나타났다(Ghandour et al., 2019). 우울증을 가진 부모의 자녀를 대상으로 4년에 걸친 종단연구를 수행한 Rice 등(2017)도 과민성 및 불안(irritability and anxiety)이 대체로 청소년기 MDD[첫 번째 우울 삽화가 평균 14.4세(10~18세)에 나타남]에 선행한다는 사실을 발견하였다.

한편으로, 일부 연구들은 외상 사건에 노출된 사람의 상당수가 PTSD와 MDD를 함께 경험하는 것으로 보인다고 밝혔다(Afzali et al., 2017; Vallati et al., 2020). 특히 몇몇 연구들은 성적 학대와 청소년기 MDD가 밀접한 관련을 보인다는 사실을 발견하기도 하였다(Fergusson & Woodward, 2002; Vallati et al., 2020). 대규모 종단 데이터를 분석한 Widom 등(2007)은 성적 학대와 MDD의 관련성을 입증하지는 못하였지만 신체적 학대나 복합적 학대(신체적 학대/성적 학대/

방임 중 두 가지 이상에 노출)의 경험이 MDD 평생 유병률을, 그리고 심각한 방임의 경험이 MDD 1년 유병률을 높일 수 있다는 점을 발견하였다(MDD 유병률은 평균 28.7세에 측정). 또한 어린 시절 학대나 방임을 경험한 아동은 성장 과정에서 MDD뿐만 아니라 다른 정신장애[예: 물질관련장애(약물), PTSD, 반사회성 성격장애, 지속성 우울장애]를 함께 겪을 가능성이 높았다. 아울러 이들의 MDD 발병 연령은 다른 일반적인 또래에 비해 낮은 경향을 보였다(Widom et al., 2007). 이와 유사하게 Chorot 등(2017)도 부모의 방임적인 양육 태도가 자녀의 우울과 밀접하게 관련되어 있다는 사실을 확인하였다. MDD 청소년 및 성인에게 자신의 어린 시절을 회상하게 하는 방법으로 아동기 학대와 청소년기/성인기 MDD의 관련성을 살핀 Vallati 등(2020)의 연구도 주목할 만하다. 이들의 연구에서 아동기에 경험한 정서적 학대(즉, 적대감, 비난, 거부)는 청소년기/성인기의 MDD 증상을 더욱 악화시키는 것으로 나타났다. 이러한 관련성은 정서적 학대의 가해자가 다름 아닌 자신의 어머니였을 때 더욱 분명하게 드러났다. 반면에 아동기에 행해진 정서적 학대의 가해자가 자신의 아버지였을 때는 청소년기/성인기에 이르러 PTSD를 경험할 가능성이 더 높은 것으로 나타났다. 그리고 정서적 학대나 성적 학대(가해자가 가족이나 친인척이 아닌 경우)를 겪은 아동의 경우 신체적 학대를 겪은 아동과 비교할 때 청소년기/성인기에 이르러 MDD 진단을 받을 가능성이 더 높았을 뿐만 아니라 우울 삽화를 더 빈번하게 경험하는 것으로 나타났다(Vallati et al., 2020). 학대나 방임과 같은 외상 사건 외에 어린 시절 심각한 관계 상실(예: 부모나 사랑하는 사람의 죽음)을 경험하는 것도 아동·청소년기 MDD의 발달과 밀접한 관련이 있는 것으로 보인다(Gehlawat & Gehlawat, 2020).

문화적 고려사항

Twenge와 Nolen-Hoeksema(2002)의 메타분석 연구를 살펴보면, 미국 아동·청소년 중에서 특히 라틴계의 MDD 유병률이 다른 인종에 비해 높게 나타날 가능성을 확인할 수 있다. 하지만 비교적 최근의 NSCH 데이터 분석 결과는 흑인 및 라틴계 아동·청소년의 MDD 유병률이 백인 아동·청소년의 MDD 유병률에 비해 오히려 낮게 나타날 수 있다는 점을 보여 준다. 그러나 이들 연구에서는 이러한 차이가 어디에서 비롯되었는지 구체적으로 언급하지는 않는다. Ghandour 등(2019)의 견해에 따르면, 소수 인종 집단이 정신건강 서비스에 제대로 접근하기 어려운 사회적 현실, 그리고 진단 과정에서 이들의 증상을 흔히 품행 문제로 치부하는 편견 등이 이러한 차이(즉, 소수 인종 집단에 속한 아동·청소년의 낮은 MDD 유병률)에 일부 영향을 미쳤을 수 있다. 이러한 추론은 다른 연구 결과와도 일치하는 것이다(Riolo et al., 2005; Wang et al.,

2013; Williams et al., 2007). 아울러 18세 이상 성인을 대상으로 인종에 따른 MDD 유병률을 평가한 Williams 등(2007)의 연구에서는 아프리카계 흑인 및 카리브계 흑인(Caribbean Black)이 백인에 비해 자신의 MDD 증상을 더욱 심각하고 위중한 것으로 평가하는 경향이 있었다. 하지만 앞선 연구 결과와 유사하게 아프리카계 및 카리브계 흑인의 MDD 유병률은 백인의 MDD 유병률에 비해 상대적으로 낮은 수치를 보이는 것으로 나타났다(평생 유병률 기준). 이와 관련하여 Williams 등은, 가령 높은 자존감과 같은 심리적 자원 등이 연구 결과에 긍정적인 영향을 미칠 수 있다고 밝혔는데, 이는 Ghandour 등(2019)의 견해와 대비되면서도 더욱 고무적인 추론이라고 할 수 있다. 하지만 Ghandour와 동료들도 O'Donnell 등(2004)의 연구를 인용하면서 흑인 및 라틴계 가족이 가진 높은 수준의 회복탄력성이 일부 내재화 문제에 대한 보호요인으로 기능하였을 가능성을 추가적으로 언급한 바 있다.

학교와 가정에서 사회성, 정서 및 행동 기능에 미치는 영향

학교에서의 사회성, 정서 및 행동 기능

우울 증상을 가진 아동·청소년은 흔히 학교 환경에서 많은 어려움을 겪는 것으로 알려져 있다. 가령 Garaigordobal 등(2017)에 따르면 높은 수준의 우울 증상을 가진 아동(7~10세)의 경우 일반적인 또래에 비해 학교에서 다양한 사회·정서적 문제를 경험할 가능성이 높았는데, 대표적인 사례로 학교/교사에 대한 부정적 태도, 문제행동(예: 공격성, ADHD 증상), 낮은 학업 성취도, 높은 정서적 반응성(예: 취약성, 정서적 불균형), 높은 아동기 스트레스(예: 교사/또래/학업 성취도와 관련된 스트레스) 등을 들 수 있다.

특히 아동·청소년의 또래관계는 학교에서의 사회성, 정서 및 행동 기능에 큰 영향을 미치는 중요한 요인이다. 앞서 언급한 Garaigordobal 등(2017)의 연구에서도 우울 증상을 가진 아동은 사회성 기술이 부족할 뿐만 아니라 높은 사회적 스트레스를 경험하는 것으로 나타났다. 초등학교 저학년 종단 데이터를 사용하여 학업 성취도, 또래 호감도, 우울 증상의 관계를 분석한 Herman 등(2019)의 연구도 참고할 만하다. 이들에 따르면 또래 호감도(likability)는 우울의 발달 과정에서 학업 성취도와 우울 증상의 관계를 매개하는 것으로 나타났다. 다시 말해, 아동의 낮은 학업 성취도(1학년: Time 1)는 낮은 또래 호감도(2학년: Time 2)를 거쳐 우울 증상(3학년: Time 3)의 증가를 간접적으로 설명하였다. Cole 등(2001)의 종단연구에서도 아동의 사회적 역량 부족 또래관계 문제에서 비롯된 아동기 외로움은 청소년기 사회적 손상 및 성인기 우울을 예측한다(Katz et al., 2011).

은 향후 우울 증상의 증가와 밀접한 관련이 있었다. 아울러 또래관계 문제에서 비롯된 아동기 외로움은 청소년기 사회적 손상 및 성인기 우울을 예측하는 것으로 나타났다(Katz et al., 2011). 이처럼 MDD 아동·청소년이 사회적 관계에서 어려움을 겪는 것은 이들의 낮은 자존감과 관련이 있을 수 있다. 우울 증상을 가진 아동·청소년이 일반적인 또래에 비해 낮은 수준의 자존감을 보인다는 사실은 이미 많은 연구에서 일관되게 입증된 바 있다(Bos et al., 2010). 하지만 7~10세 아동이 참여한 Jaureguizar 등(2018)의 연구에 따르면, 자기 개념, 사회성 기술 및 회복탄력성은 스트레스(학교 맥락)와 우울의 관계를 조절하는 것으로 나타났다. 이러한 결과는 예방/개입 프로그램을 통해 아동의 자기 개념, 사회성 기술 및 회복 탄력성을 강화해 나간다면 이들 변인이 오히려 우울 증상을 완화시키는 보호요인으로 기능할 수 있다는 점을 보여 준다.

MDD 아동·청소년의 또래관계 문제는 학업 문제와 결부되어 학업 중단으로까지 이어질 가능성이 있다(자세한 내용은 '교실에서의 학습활동에 미치는 영향' 절에서 후술할 예정). 하지만 이러한 주장은 다소 논쟁적인 측면이 있는데, 실제로 일부 연구에서는 우울과 학업 중단의 관련성이 유의하지 않다는 결과를 보고하기도 하였다(Briere et al., 2017; Melkevik et al., 2016). 하지만 캐나다 고등학생을 대상으로 우울 증상과 학업 중단의 관련성을 입증한 Dupere 등(2018)은 일부 선행연구에서 평가 방법의 한계(예: 학업 중단 이후 많은 시간이 흐른 뒤에 과거를 회상하는 방식으로 학업 중단 당시의 우울 증상을 평가)에 따른 과소 추정 문제를 완전하게 해결하지 못했다고 지적하였다. 이에 반해 Dupere 등의 연구에서는 학업 중단이 발생한 즉시로 해당 학생과의 면접을 진행함으로써 우울 증상과 학업 중단의 관련성을 더욱 면밀하게 살피고자 하였다. 특히 이들이 밝힌 바에 따르면, 근래에(학업 중단 시점에서 3개월 이내) 우울 증상을 보인 청소년의 경우 다른 일반적인 또래에 비해 학업 중단 위험이 적어도 두 배 이상 높은 것으로 나타났다. 이처럼 우울 삽화가 나타나는 시점(또는 우울 삽화에 근접한 시점)에서 학업 중단 위험이 증가하는 것은 MDD를 가진 사람이 흔히 충동적이기 때문일 수도 있다(Dekker & Johnson, 2018).

가정에서의 사회성, 정서 및 행동 기능

부모의 MDD는 아동·청소년 MDD 발달에 영향을 미치는 대표적인 위험요인으로 알려져 있다(Rice et al., 2017). 통계 자료에 따르면, 대략 1,500만 명에 이르는 미국 아동·청소년이 우울 증상을 가진 부모와 함께 거주하고 있다(National Research Council, 2009). 일부 연구에서는 우울 증상을 가진 부모와 한집에 거주하는 청소년의 경우 부모의 증상에 과도하게 신경을 쓰는 경향이 있으며(예: 지나치게 순응하거나 자신의 행동을 억압하는 것), 이에 따라 청소년 자신의 우울 증상이 오히려 악화할 수 있다는 주장을 제기하기도 하였다(Davis et al., 2000). 더욱이, 부부가 서로 불화를 겪고 있다면 부모의 우울은 자녀의 우울 발달에 더욱 심각한 영향을 미칠 가능성이 있다(Bresland et al., 2016; Hammen et al., 2004). 성인을 대상으로 MDD와 대인관계의 관련성을 다룬 연구에서도 MDD 진단을 받은 사람의 경우 정신장애 진단을 받지 않은 사람에 비해 중요한 타인(예: 배우자)과 좀처럼 긍정적인 관계를 맺지 못하는 것으로 나타났다(Zlotnick et al., 2000).

아동 · 청소년의 정신건강 문제는 이러한 문제(예: 부모의 MDD나 불화)와 결합하여 가족의 기능을 악화시킬 우려가 있다. 예컨대, Garaigordobal 등(2017)에 따르면, 우울 증상을 가진 아동(7~10세)은 일반적인 또래에 비해 부모의 애정을 제대로 느끼지 못하고 집에서도 외로움을 경험하며 형제(또는 자매)와 다툼이 잦을 뿐만 아니라 부모의 과도한 요구에 시달린다고 생각하였다. 자신의 가정 환경을 이같이 지각한다는 것은 우울 증상을 가진 아동이 가족과의 관계에서 높은 수준의 스트레스를 받고 있다는 것을 의미한다(Garaigordobal et al., 2017). 다른 연구에서도 이와 유사한 결과를 보고하였다는 점에서 부모의 양육 방식(parenting practice)은 MDD 아동 · 청소년의 주요 생활 기능, 특히 가정에서의 사회성, 정서 및 행동 기능에 상당한 영향을 미치는 것으로 보인다. Chorot 등(2017)도 부모의 양육 방식과 자녀의 우울 증상이 밀접하게 관련되어 있다는 사실을 확인하였다. 이들의 연구에서 부모가 자녀에게 부정적이고 무관심한 태도를 보이거나 자녀와 제대로 소통하지 않고 냉담한 모습을 보이는 경우 자녀의 우울 증상이 유의하게 증가하는 것으로 나타났다.

> Garaigordobal 등(2017)에 따르면, 우울 증상을 가진 아동은 일반적인 또래에 비해 부모의 애정을 제대로 느끼지 못하고 집에서도 외로움을 경험하며 형제(또는 자매)와 다툼이 잦을 뿐만 아니라 부모의 과도한 요구에 시달린다고 생각하였다.

교실에서 학습에 미치는 영향

MDD가 교실에서의 학습활동에 미치는 영향과 관련하여 Fergusson과 Woodward(2002)의 연구를 참조할 만한데, 이들의 연구에서 MDD 청소년(14~16세)은 향후 학업 중단의 위험이 높았을 뿐만 아니라 고등학교 과정을 마치더라도 대학 진학 등 다음 단계의 학업을 계속할 가능성이 현저하게 낮았다. 그리고 일부 연구에서 우울 증상을 가진 아동 · 청소년은 비교적 낮은 수준의 학업 성적을 보이는 경향이 있었다(Jaureguizar et al., 2017; Riglin et al., 2014). Poirier 등(2019)도 우울 증상과 낮은 수준의 학업 역량(예: 읽기 및 말하기 역량)이 서로 관련되어 있다는 결과를 보고한 바 있다. 다만, 이 같은 관련성이 여학생 집단에서만 제한적으로 나타났다는 점에서 Poirier와 동료들은 우울 증상과 학업 역량의 관계가 성별에 따라 달라질 가능성을 제기하기도 하였다. 또한 Hishinuma 등(2012)이나 McArdle 등(2014)은 종단 데이터를 분석을 통해 우울 증상과 낮은 학업 성취도 사이에 존재하는 인과 관계를 직접적으로 보여 주고 있다. 예컨대, 미국(하와이) 고등학생 종단 데이터(9학년에서 12학년까지)를 분석한 McArdle 등(2014)의 연구에서 우울 증상은 학업 성취도를 악화시켰지만 낮은 학업 성취도는 우울 증상에 별다른 영향을 미치지 않았다. 이와 관련하여 McArdle 등은 성적 평점의 하락이 우울 증상의 초기 지표로 기능할 여지가 있다는 점에서 이를 꾸준하게 모니터링하는 것이 중요하다는 견해를 밝혔다. 이들이 언급한 바에 따르면, "학생의 성적 평점이 갑작스레 하향세를 보이기 시작한다면(특히 급격한 하락) 해당 학생은 이미 우울 증상이나 우울장애를 비롯한 정서적 문제를 경험하고 있을 수 있기 때문에 교사, 학교 상담사 및 부모는 이를 중요한 징후로 여기고 주의 깊게 살필 수 있어야 한다"(McArdle et al., 2014, p. 1338). 7~10세 아동을 대상으로 아동기 우울의 예측 변인 및 심리사회적 적응을 평가한 Garaigordobal 등(2017)은 특히 학교 교육활동에 대한 낮은 흥미가 우울의 증가를 예측할 수 있다고 밝혔다. Herman 등(2019)의 연구에서도 낮은 수준의 학업 역량이 내재화 문제를 식별하는 지표로 기능할 수 있다고 언급하였다.

MDD 아동 · 청소년의 인지 능력과 관련하여, 인지신경학적 관점에서 8~17세 MDD 아동 · 청소년의 집행기능을 평가한 Favre 등(2008)의 연구를 참조할 만하다. 이들에 따르면 MDD 아동 · 청소년은 다른 일반적인 또래에 비해 특히 인지 처리 속도 영역에서 낮은 평가를 받는 것으로 나타났다. 반면에 MDD 아동 · 청소년의 주의집중 점수는 일반적인 또래들과 유의한 차이를 보이지 않았다. 이러한 점에서 MDD 아동 · 청소년의 인지 처리 속도 저하는 주의력이나 집중력 감소가 아닌 MDD에 따른 정신운동지연(psychomotor retardation: 생각의 속도가 느려지거나 신체 움직임이 감소하는 등 축 처져 있는 모습)을 반영하는 것일 수 있다(Favre et al., 2008). 그럼에도 Favre 등의 연구는 MDD 아동 · 청소년의 학습활동에 중요한 시사점을 제공한다. 가령 학생의 연령이 증가함에 따라 교실에서 글쓰기 활동의 빈도가 높아질 수 있는데, 이러한 상황에서 MDD 학생은 교실에서 과제를 완성하거나 공책을 정리하는 데 지나치게 많은 시간을 할애할 수 있다. 이처럼 학업 수행이 계속해서 지체되면 학업 성취도가 하락하고 다른 또래들과의 학업 격차가 점차 심해질 수 있다. 나아가 수업을 따라가지 못하고 과제를 제대로 완성하지 못하여 큰 고통과 좌절을 경험할 수 있다.

이 외에도 MDD는 기억(Owens et al., 2012; Vance & Winther, 2020), 주의력, 집행기능(Allott et al., 2016; Morey-Nase et al., 2019; Wagner et al., 2015) 문제와 관련이 있을 수 있다. Goodall 등(2018)의 메타분석 연구를 살펴보면, MDD 청소년(12~25세)은 특히 언어기억과 시각기억에 문제를 보이는 것으로 나타났다. Vance와 Winther(2020)의 연구에서도 MDD가 공간작업기억(집행기능의 일부)의 손상과 관련이 있다는 사실을 보여 준다. 그리고 Barnett 등(2001)은 주의력 결핍과 공간작업기억의 손상 사이에 유의한 관련성이 있다는 결과를 보고하였으며, Owens 등(2012)은 높은 수준의 부정적 정서가 작업기억을 손상시킨다는 견해를 밝히기도 하였다. 작업기억 문제와 관련하여 특히 우울 증상과 수학 성취도의 관련성을 평가한 Stack과 Dever(2020)의 연구를 참고할 만하다. 주로 경제적으로 취약한 라틴계 가정의 아동(8~11세)이 참여한 이들의 연구에서 높은 수준의 우울 증상은 수학 성취도의 하락을 예측하였다. 하지만 캐나다 유치원 아동이 참여한 Romano 등(2010)의 연구에서 높은 수준의 우울 증상은 오히려 수학 성취도의 향상을 예측하는 것으로 나타났다. 두 연구 결과에서 나타난 불일치는 대상의 연령, 측정 방법의 문제, 문화적 차이 등에 기인한 것일 수 있다. 그럼에도 다수의 연구에서 제시하는 여러 증거를 고려할 때 학교에서 MDD 학생을 지원하는 교직원은 우울 증상과 학업 기능의 관련성을 주의 깊게 살필 필요가 있다.

학교심리사를 위한 시사점

평가 역할

학생의 정서적 문제(예: 우울)를 확인하는 과정에서 학교심리사가 수행할 수 있는 역할 중의 하나는 전체 학생을 대상으로 보편적 차원의 선별(universal screening)을 실시하는 것이다. 의료계에서는 매년 정기 검진을 통해 청소년(12세 이상)의 우울 징후를 조기에 발견하도록 권고하고 있는데(U.S. Department of Health and Human Services, 2010; U.S. Preventive Services Task Force: USPSTF, 2009; Weare & Nind, 2011; Zuckerbrot et al., 2018), 이러한 노력은 학교의 다층지원체계(Multi-Tiered Systems of Support: MTSS; Weist et al., 2018)와 어렵지 않게 통합될 수 있다. 학교심리사는 학교기반의 체계적인 정신건강 평가를 통해 학교의 모든 학생이 자신의 학업 역량, 사회성, 정서 및 행동 기능을 효과적으로 개선할 수 있도록 뒷받침해야 한다.

이 외에도 학교심리사는 MDD 아동·청소년의 특수교육 및 관련서비스 수혜자격을 평가하는 과정에서 중요한 역할을 담당한다. 앞서 언급한 바와 같이 MDD 아동 · 청소년은 두 개의 연방법률, 즉 IDEA나 「재활법 504조」에 따라 별도의 지원을 받을 수 있다. 이와 관련하여 학교심리사는 평가 관련 연수 및 훈련 프로그램을 통해 학교의 교직원이 MDD 학생의 인지적 · 학업적 · 심리적 기능을 종합적으로 평가하도록 도울 수 있다. 그리고 학교심리사는 관찰 평가, 자료 및 기록 검토, 면접 등을 바탕으로 MDD 학생의 기능(과거 및 현재)을 여러 측면에서 체계적으로 검토할 수 있다. 학교의 다학제 팀은 이렇게 수집된 데이터를 활용하여 IDEA나 「재활법 504조」에 따른 교육 서비스 수혜자격을 평가하는 등 데이터에 기반한 합리적 의사결정을 내릴 수 있다. 학교심리사는 이러한 역할을 통해 MDD 아동 · 청소년이 학교 및 교육활동 장면에서 적절하게 기능하도록 뒷받침할 수 있어야 한다.

옹호 역할

CDC가 보고한 자료에 따르면, MDD 진단을 받은 미국 아동 · 청소년(3~17세)의 약 80%가 우울 관련 치료를 받은 것으로 나타났는데 이는 매우 고무적인 결과라고 할 수 있다(CDC, n.d.; O'Connor et al., 2016). 하지만 빈곤층(또는 빈곤층에 가까운) 가정의 자녀는 경제 수준이 높은 가정의 자녀에 비해 전문적인 우울 치료에 제대로 접근하지 못할 가능성이 있다(Ghandour et al., 2019). 만일 아동 · 청소년기에 우울 증상을 치료하지 않는다면 성인기에 이르러 주요 생활(직업적 · 학업적 · 사회적) 기능 손상, 물질 남용, 자살 사고 및 자살 시도의 위험성이 현저하게 높아질 수 있다(Mullen, 2018). MDD 아동 · 청소년에 대한 치료 전략은 증상의 심각도에 따라 다르게 적용할 수 있는데, 가령 경도(mild)나 중등도(moderate)의 MDD 사례에는 심리교육 및 심리치료를 주요 치료 전략으로 선택할 수 있다(Mullen, 2018; U.S. USPSTF, 2009). 그리고 중도(severe)의 MDD 사례에는 인지행동치료와 약물치료를 병행하는 전략이 증상 완화에 가장 효과적인 것으로 알려져 있다(Cipriani et al., 2016; Mullen, 2018). 약물치료에 흔히 사용되는 대표적인 항우울제로는 선택적 세로토닌 재흡수 억제제(Selective Serotonin Reuptake Inhibitors: SSRIs) 계열에 속한 플루옥세틴(fluoxetine)을 들 수 있다. 이와 관련하여 Mullen(2018)은 심리치료와 약물치료의 병행을 강조하면서 MDD 아동 · 청소년에게 항우울제만을 단독으로 처방하는 방식을 가급적 지양해야 한다고 주장한 바 있다. 하지만 Gehlawat과 Gehlawat(2020)은 아동 · 청소년의 MDD 증상이 심각하여 심리치료의 효과가 제대로 나타나지 않을 경우 약물치료를 우선적으로 선택할 수 있다는 견해를 밝히기도 하였다. 아울러 Mullen(2018)은 MDD 치료 과정에서 아동 · 청소년의 우울 증상이 감소하더라도, 6개월에서 1년 정도 꾸준한 치료를 거친 후에 치료의 종류와 양을 점차 줄여 갈 것을 권고한 바 있다. 앞서 언급한 바와 같이 MDD 아동 · 청소년에게 약물만을 처방하는 치료 방식은 그리 권장되지 않는다. 하지만 아동 · 청소년의 연령대가 높을수록 이러한 전략이 상대적으로 빈번하게 사용되는 것으로 보인다. 예컨대, 대규모 데이터를 바탕으로 우울 증상을 가진 청소년의 치료 과정을 평가한 O'Connor 등(2016)의 연구를 살펴보면, 우울 증상 완화를 위해 약물치료, 즉 항우울제 처방만을 받은 청소년 비율이 후기 청소년 연령대(18~21세)에서 가장 높은 것으로 나타났다[초기 청소년 연령대(12~14세)의 약 4배]. MDD 아동 · 청소년에 대한 약물치료가 시작되는 시점에서 특히 자살 사고가 증가할 수 있다는 점에도 주의를 기울여야 한다 (Birmaher & Brent, 2007; Clark et al., 2018; USPSTF, 2009). 학교심리사는 이러한 점을 종합적으로 고려하여 MDD 아동 · 청소년과 가족이 지역사회 정신건강 서비스를 효과적으로 이용할 수 있도록, 그리고 필요하다면 적절한 약물치료를 받을 수 있도록 지원해야 한다.

> 아동 · 청소년기에 우울 증상을 치료하지 않는다면 성인기에 이르러 주요 생활(직업적 · 학업적 · 사회적) 기능 손상, 물질 남용, 자살 사고 및 자살 시도의 위험성이 현저하게 높아질 수 있다(Mullen, 2018).

자문 역할

학교심리사는 자문가로서 MDD 아동 · 청소년의 부모를 지원하는 역할을 할 수 있다. 특히 MDD가 자살의 위험을 높일 수 있다는 점에서 부모가 자신의 자녀를 안전하게 지키도록 돕는 것은 무엇보다 중요한 역할이다. MDD 아동 · 청소년이 자살을 시도할 가능성이 있다고 판단된다면(자살에 대한 생각을 확인하지 않았더라도), 학교심리사를 비롯한 정신건강 전문가 및 부모는 이들의 자살을 예방하고 안전을 확보하기 위한 조치를 신속하게 취해야 한다. 이와 관련하여 Zuckerbrot 등(2018)이 제안한 다음 방법을 참고할 만하다. 첫째, 부모에게 자녀의 생명을 위협할 수 있는 무기나 도구를 주변에서 치우도록 조언해야 한다. 둘째, 우울 외에도 자살 경향성에 영향을 미칠 수 있는 다른 요인(예: 성적 지향, 신체 질병, 다른 정신장애 등)을 가족이 이해하도록 도와야 한다. 셋째, 우울 치료가 신속하게 시작되도록 그리고 가족이 함께 치료 과정에 꾸준하게 참여하도록 독려해야 한다. 넷째, 긴급 상황에서 사용할 수 있는 연락처를 아동 · 청소년에게 제공해야 한다. 마지막 다섯째, 지속적인 모니터링 및 후속 조치를 위한 계획을 수립해야 한다. 아울러 자살 예방 서약서를 작성하는 것도 자살 사고를 보이는 아동 · 청소년 및 성인에게 활용 가능한 대표적인 예방 전략이다. 하지만 자살 예방 서약이 실제 자살 시도를 예방하는 데 어느 정도 효과가 있는지, 그리고 법적인 문제를 야기하지는 않는지 등에 대한 논쟁은 여전히 계속되고 있다(Garvey et al., 2009; Zuckerbrot et al., 2018). 그러나 자살 예방 서약은 일반적으로 자살 위험요인 평가나 다른 치료 전략과 함께 사용되며, 이 경우 자살 예방 서약이 자살 사고를 보이는 사람에게 부정적인 영향을 미칠 수 있다는 증거는 거의 없다(Garvey et al., 2009).

한편으로, 많은 연구자들은 MDD에 대한 심리교육을 통해 MDD 아동 · 청소년의 가족이 우울 증상의 심각성을 분명하게 이해할 수 있도록 도와야 한다고 강조한다(Morey-Nase et al., 2019). 학교심리사는 전문적인 훈련과 임상 경험을 바탕으로 심리교육을 체계적으로 제공할 수 있는 전문성을 갖추고 있다. Morey-Nase와 동료들에 따르면, 심리교육은 MDD 아동 · 청소년의 가족이 자녀의 문제와 아픔을 이해하고 공감할 수 있도록, 그리고 자녀를 위해 MDD 치료 과정을 신속하게 시작하고 꾸준하게 유지할 수 있도록 도움을 준다.

상담/치료 역할

인지행동치료(Cognitive Behavioral Therapy: CBT)는 MDD 아동 · 청소년을 위한 대표적인 개입 방법으로, 특히 학교현장에서 효과적으로 사용될 수 있다. 일부 연구에 따르면, 대인관계치료도 인지행동치료와 유사한 수준으로 아동 · 청소년기 MDD에 긍정적인 치료 효과를 보인다(Cheung et al., 2013; Clark et al., 2018; Hopkins et al., 2015). 사회성 기술 훈련과 놀이치료 또한 아동 · 청소년기 MDD 증상 완화에 도움이 되는 것으로 알려져 있다(Gehlawat & Gehlawat, 2020). 특히 학교기반 정신건강 서비스는 개입의 유형에 상관없이 청소년기 우울 삽화 및 자살 위험을 유의하게 감소시키는 것으로 보인다(Paschall & Bersamin, 2018). 더욱이, 학교기반 정신건강 서비스는 MDD 아동 · 청소년과 가족이 전문적인 치료 과정에 더욱 수월하게 접근하도록 도울 수 있다(Kern et al., 2017). Atkins 등(2006)에 따르면, 학교기반 정신건강 서비스에 참여하는 아동 · 청소년의 경우 지역사회 전문 기관에 의뢰된 아동 · 청소년에 비해 적극적으로 치료 과정을 시작할 뿐만 아니라 이를 꾸준하게 유지하는 것으로 나타났다. 정신건강 분야의 전문가인 학교심리사는 사회적 · 정서적 · 행동적 문제로 어려움을 경험하는 학생에게 다양한 유형의 지원을 효과적으로 제공할 수 있는 전문적인 식견과 역량을 갖추고 있다. 이러한 점에서 학교심리사는 학교에서 실행할 학교기반 정신건강 프로그램의 개발을 주도하고 MDD 아동 · 청소년을 위한 상담 및 치료가 충실하게 이루어지도록 노력해야 한다.

학교기반 정신건강 서비스는 개입의 유형에 상관없이 청소년기 우울 삽화 및 자살 위험을 유의하게 감소시키는 것으로 보인다(Paschall & Bersamin, 2018).

교육적 지원

Poirier 등(2019)에 따르면, 학업 역량은 우울 증상 및 품행 문제에 대한 보호요인으로 기능할 가능성이 있다. 이들은 학업 기능을 강화하는 개입 전략이 아동·청소년의 우울 증상 완화에 도움을 줄 수 있다는 견해를 밝혔는데, 이를 지지하는 연구 결과들이 최근 들어 증가하는 추세이다(Herman et al., 2019; Kellam et al., 1994). 이처럼 MDD 학생의 학업 기능을 강화하는 개입 전략은 교육적인 목적에 부합할 뿐만 아니라 다양한 영역에서 긍정적인 결과를 가져올 수 있을 것으로 보인다.

앞서 언급한 바와 같이 일부 연구들은 아동·청소년의 집행기능 손상과 우울이 밀접하게 관련되어 있다는 결과를 보고한 바 있다. 가령, Vance와 Winther(2020)는 공간작업기억 향상 훈련이 아동·청소년의 일부 우울 증상(예: 주의력 결핍)을 완화할 수 있다고 주장하였다. 이처럼 교실에서 MDD 학생의 집행기능 개선을 위해 노력하는 것은 긍정적인 결과로 이어질 가능성이 높다. 90편의 연구에 대한 메타분석을 통해 집행기능 강화 훈련의 효과(12세 이하 아동 대상)를 평가한 Takacs와 Kassai(2019)도 작업기억 프로그램, 신체 활동, 마음챙김, 자기조절과 같은 집행기능 강화 훈련이 실제로 아동의 집행기능을 유의하게 개선하였다고 밝혔다. 또한 Olive 등(2019)은 신체 활동이 우울 증상을 가진 학생에게 단기적이지만 긍정적인 영향(예: 우울 증상 개선, 외모에 대한 불만족 감소)을 미친다는 점을 확인하였다. 신체 활동, 마음챙김, 자기조절 전략은 다른 교실 전략들과 쉽게 통합될 뿐만 아니라 비교적 저렴한 비용으로 실행 가능하며 소집단 단위에서도 효과적으로 적용될 수 있다. 그리고 학습 영역 전반에 걸쳐 아동·청소년의 기능을 개선하는 데 보탬이 될 수 있다.

> Olive 등(2019)은 신체 활동이 우울 증상을 가진 학생에게 단기적이지만 긍정적인 영향(예: 우울 증상의 개선, 외모에 대한 불만족 감소)을 미친다는 점을 확인하였다.

Hart 등(2018)은 학술 문헌 및 실증연구 결과를 토대로, 우울 증상을 가진 학생에게 적용할 수 있는 실제적인 교실 전략을 다양하게 제안하면서, 이들이 교실 환경에서 편안하게 적응하고 효과적으로 기능할 수 있도록 돕고자 하였다. Hart 등이 제안한 교실 전략 사례로는 모든 학생이 안전감을 느끼는 교실 만들기, 소집단/개별 단위의 논의를 통해 교실 적응 및 정신건강 관련 문제해결하기 등을 들 수 있다. 또한 교직원(예: 교사 등)이 개인 수준에서 학생들과 친밀한 관계를 맺는 것, 그리고 교실 환경이 아닌 일상에서 이들과 유대감을 형성하고자 노력하는 것도 좋은 전략이 될 수 있다. 학생과 교직원이 친밀한 관계를 맺고 유대감을 형성하게 되면 학생은 자신을 학교의 중요한 일원으로 여기며 자신이 학교 체계에 오롯이 포함되어 있다고 느낄 수 있다. 아울러 글쓰기 활동이나 협동 학습도 교실에서 학술적 및 사회 · 정서적 학습 주제와 연계하여 진행할 수 있으며, 우울 증상을 가진 학생이 교사 및 또래와 친밀한 관계를 맺고 유대감을 형성하는 데 도움을 준다(Hart et al., 2018).

학교기반 정신건강 개입과 지원

Hishinuma 등(2012)은 우울 증상을 가진 학생이 개인 및 학교 환경에서 잘 적응하도록 돕기 위하여 아동 · 청소년기 우울 증상에 신속하고 체계적으로 개입할 것을 강조하였다. Hishinuma와 동료들에 따르면, "우울 증상 및 장애에 대한 선별, 확인, 치료는 우울이 가져올 수 있는 부정적인 결과를 개선하기 위해서뿐만 아니라 성적 평점의 잠재적인 하락을 예방하기 위해서도 매우 중요하다"(p. 1337). 이와 관련하여 학교의 다층지원체계(MTSS)는 단계별 중재, 즉 모든 학생들에게 보편적으로 적용하는 1차적 중재, 일부 학생들을 소집단으로 구성하여 지원하는 2차적 중재, 그리고 1차 및 2차적 중재에 충분하게 반응하지 않은 학생에게 집중적이고 개별화된 지원을 제공하는 3차적 중재를 통하여 학생의 우울 증상에 체계적으로 개입할 기회를 제공한다. Weist 등(2018)의 견해에 따르면, MTSS를 바탕으로 긍정적 행동중재 및 지원(Positive Behavioral Interventions and Supports)과 학교기반 정신건강 서비스를 결합한 형태의 '상호연결 시스템 프레임워크(Interconnected Systems Framework: ISF)'는 학생의 내재화 문제(예: 우울)를 개선하는 데 아마도 가장 효과적인 학교 체계일 수 있다. 간단히 말하자면, "ISF에서는 증거기반 프로토콜(protocol)에 따라 1차적(예: 학교 차원의 사회성 및 정서 기술 훈련), 2차적 및 3차적 중재를 단계별로 실행한다. 그리고 단계별 중재 과정 전반에 걸쳐 실행 충실도(fidelity)를 평가하고, 평가 결과를 바탕으로 운영 방법과 내용을 끊임없이 수정 및 보완한다"(Weist et al., 2018, p. 175). ISF에 참여하는 교직원 및 지역사회 전문가는 상호 협력하여 증거기반의 개입 전략을 새롭게 개발하거나 기존 개입 전략의 적절성을 평가한다. 예컨대, ISF의 1차적 중재에서는 전체 학생을 대상으로 학생에게 기대하는 행동과 증거기반 개입을 의도적으로 연결하는 전략[예: '책임감 가지기(기대 행동)'와 '산만하게 행동하는 또래를 쳐다보지 않기(자기 관리 기술)'를 상호 연결]을 사용할 수 있으며, 이러한 전략은 때때로 매뉴얼화된 절차에 따라 진행되기도 한다. 다음으로 2차적 중재에서는 일부 학생들(예: 우울 등 내재화 문제의 우려가 있지만 기능이 현저하게 손상되지 않은 학생)을 소집단으로 구성하여 지원하며, 1차적 중재에서 학습한 기술을 다시금 배우고 연습하며 강화할 수 있는 추가적인 기회를 제공한다. 마지막 3차적 중재에서는 내재화 문제로 이미 심각한 기능 손상을 보이는 학생을 지원하며, 주로 행동기능평가(Functional Behavior Assessment: FBA)를 실행하여 학생이 새로운 대처 전략(예: 사회적으로 적절한 방법을 사용하여 반응하기)을 학습하고 다양한 상황에서 이를 효과적으로 적용할 수 있도록 돕는다(Weist et al., 2018). 이처럼 ISF는 MDD 학생에게 필요한 개입을 체계적으로 제공하여 이들이 학교 환경에서 잘 적응하고 효과적으로 기능하도록 뒷받침할 수 있다.

MTSS는 학생의 지원 요구가 있을 때 개입 강도를 점차 높임으로써 우울 문제를 다루는 기회를 제공한다.

일부 연구에서는 아동·청소년기 우울 증상에 대한 학교의 단계별 중재, 즉 모든 학생을 위한 보편적 중재, 그리고 소집단이나 개별 학생을 위한 집중적 중재의 효과성 및 필요성에 주목하고 있다(Dupere et al., 2018; Herman et al., 2019; Lee et al., 2017; Merry et al., 2012; Weare & Nind et al., 2011). Herman 등(2019)은 사회·정서 학습 프로그램과 같은 학교 차원의 보편적 지원을 통해 학교 환경에서 아동·청소년의 내재화 문제(예: 우울)를 다룰 것을 권고하였다. 이러한 노력을 통해 학교는 내재화 문제의 우려가 있거나 이미 관련 증상을 겪고 있는 학생을 바르게 식별하여 내재화 문제에 따른 심각한 손상을 사전에 예방하고 필요에 따라 더욱 집중적인 개입을 실행할 수 있다. MDD의 예방과 관련하여, 성인 대상의 일부 실증연구는 MDD 예방을 위한 노력이 향후 MDD 발병을 21%나 감소시킨다는 결과를 보고하기도 하였다(Cuijpers et al., 2008; van Zoonen et al., 2014). 아울러 Merry 등(2012)의 연구도 참고할 만한데, 이들은 아동·청소년기 우울 예방을 위한 심리적 및 교육적 개입의 효과를 평가하고자 대규모 메타분석 연구를 수행하였다. 연구 결과에 따르면, 모든 학생을 위한 보편적 중재 프로그램, 그리고 증상을 보이는 학생을 위한 집중적 중재 프로그램 모두에서 우울 증상이 유의하게 감소하는 것으로 나타났다. 더욱이, 이러한 긍정적인 결과는 중재 프로그램이 종료된 이후 1년이 지난 시점에서도 큰 변화 없이 유지되었다(Merry et al., 2012). Werner-Seidler 등(2017)의 연구에서도 보편적 및 집중적 중재 프로그램이 우울 증상의 감소에 효과를 보이는 것으로 나타났다. 다만, 효과 크기를 비교하였을 때, 집중적 중재 프로그램이 보편적 중재 프로그램에 비해 우울 증상 감소에 조금 더 효과적인 것으로 확인되었다. 한편으로, Weare와 Nind(2011)는 거의 모든 아동·청소년 인구가 학교 교육활동에 참여하는 의무교육 기간이 아동·청소년 정신건강 문제의 예방 및 개입을 위한 최적의 시점이자 마지막 시점이라는 견해를 밝혔다. 그리고 Dupere 등(2018)은 학교에서 우울 증상을 가진 학생을 바르게 선별하고 증상의 예방과 치료를 위해 노력을 기울인다면 이들의 학업 중단 가능성을 눈에 띄게 낮출 수 있다고 언급하였다. Lee 등(2017)도 아동·청소년기 우울 예방을 위한 학교기반 보편적 중재 프로그램의 효과를 분석하면서, 보편적 중재 프로그램이 대면 또는 비대면(온라인) 환경 모두에서 비용 대비 뛰어난 효과를 보였다고 밝혔다.

편도체와 관련된 신경회로 문제[휴지기 뇌 기능적 연결성(resting-state functional connectivity)]가 MDD 성인과 MDD 청소년 집단에서 각각 어떠한 특징을 보이는지 평가한 Tang 등(2018)의 메타분석 연구도 참고할 만하다. 이들의 연구에서 특히 MDD 청소년의 경우 일반적인 또래에 비해 특히 인지조절 네트워크(예: 좌측 등가쪽 전전두엽피질(left dorsolateral prefrontal cortex: DLPFC)와 편도체의 기능적 연결성이 취약한 것으로 나타났는데[즉, DLPFC에서 편도체로 이르는 인지조절 네트워크가 제대로 작동하지 않아 정서인지(affective cognition) 처리에 문제를 보이는 것], 이러한 분석 결과는 청소년 대상 CBT의 효과에 대한 신경학적 근거를 보여 주는 것이다. 편도체는 기억(특히, 강한 정서를 동반하는 경험에 대한 기억), 정서처리, 그리고 투쟁-도피 반응(fight-or-flight response) 등과 관련하여 중요한 역할을 담당한다. Peters 등(2017)의 연구에서도 MDD 청소년의 인지조절 능력(예: Go/No-Go 과제를 통한 반응 억제)은 일반적인 또래에 비해 낮은 것으로 나타났다. 학교심리사는 이 같은 인지행동적 접근을 기반으로 아동·청소년기 MDD에 대한 개입 전략을 수립 및 실행할 수 있는데, 이 경우 7~10세 아동 표본에서 우울을 예측하는 변인을 평가한 Garaigordobal 등(2017)의 연구를 참조해도 좋을 것이다. 이들이 제안한 바에 따르면, 이완 훈련이나 인지 훈련(예: 인지적 재구조화, 자기 지시 등)은 전반적인 스트레스를 감소시키고 부정적인 사고에 적절하게 대처하는 데 도움을 줄 수 있다. 그리고 사회성 기술 훈련은 또래 및 성인과의 사회적 관계를 증진하는 데 보탬이 될 수 있다. 또한 자존감과 회복탄력성을 증진시키고 내적 통제소재의 사용을 강화하는 개입 전략도 아동기 우울 예방 및 치료에 도움을 줄 수 있다. 아울러 Garaigordobal 등은 우울과 관련된 불안을 다루는 것이, 특히 임상 장면에서 중요한 치료 목표 중 하나가 될 수 있다고 강조하였다. MDD 병력을 가진 부모의 자녀(9~17세)를 대상으로 4년간의 종단연구를 수행한 Rice 등(2017)도 과민성(irritability) 및 불안 증상이 향후 MDD 발병에 영향을 미칠 수 있다는 사실을 확인하였으며, 이에 따라 MDD 예방을 위하여 아동·청소년기 불안 치료를 더욱 강화할 필요가 있다고 권고하였다.

학교심리사는 MDD 아동·청소년을 돕기 위한 학교기반 개입과 지원 방법을 결정하고 이를 실행하는 데 중추적인 역할을 담당한다. 학교기반 정신건강 개입과 지원은 MDD를 예방하거나 치료하기 위한 목적으로 제공될 수 있으며, 단계별 중재 체계에 따라 개입과 지원 대상을 대집단(예: 모든 학생에게 보편적으로 적용), 소집단, 또는 개별 학생으로 구분하여 실행될 수 있다. MDD의 유병률, 그리고 우울 증상이 일상에 미치는 현저한 영향력을 고려할 때, 특히 MDD는 포괄적인 증거기반 프로토콜에 따라 단계별 수준에서 체계적으로 다루어져야 한다.

사례 연구 Jeremy: 주요우울장애를 가진 남자 청소년의 사례

배경

Jeremy는 16세 남자 청소년으로 엄마와 함께 살고 있다. Jeremy의 아빠는 Jeremy의 집에서 멀리 떨어진 다른 주(州)에 살고 있으며, Jeremy와 연락을 끊은 지 오래되었다. Jeremy의 엄마는 기술전문대학에서 기술자격을 취득하였으며 현재 병원에서 간호조무사로 근무하고 있다. 엄마는 일주일에 세 번 12시간씩 교대 근무를 하기 때문에 Jeremy는 집에 혼자 있는 시간이 많은 편이다.

엄마는 Jeremy를 슬픔이 많은 아이라고 표현하였다. 그리고 거의 매일 짜증을 내고 뚜렷한 이유 없이 침울한 모습을 보인다고 하였다. Jeremy는 자신의 체중이 많이 줄었으며 평소보다 잠을 더 많이 잔다고 보고하였다. 그리고 자살까지는 아니지만 어두운 생각에 사로잡혀 있으며, 특히 자신이 사라진다면 엄마가 지금보다 잘 살 수 있을 것 같다고 하였다. Jeremy는 사람들과 어울리는 것에 전혀 흥미를 보이지 않으며 방에 혼자 있는 것을 더 좋아한다. 엄마는 Jeremy가 지나치게 부정적인 태도만 보이지 않는다면 다른 사람들과 더 잘 지내면서 학교 성적도 향상될 것이라고 믿는다. 최근 들어 Jeremy는 줄곧 혼자 있으려 한다. 집에 와서도 방 안에 틀어박혀 음악을 듣는 경우가 잦아졌다. 이전만 하더라도 Jeremy는 온라인 비디오 게임에 접속하여 또래들과 함께 어울리기도 하였다. 하지만 엄마에 따르면, 현재 Jeremy는 온라인 비디오 게임에도 전혀 흥미를 보이지 않는다. 또한 예전에는 학교에 가는 것을 즐거워하였지만 지금은 학교와 관련된 이야기를 꺼낼 때마다 불편해하는 모습을 보인다.

Jeremy는 고등학교 생활에 대체로 잘 적응하고 있지만 영어 교과(English Language Arts: ELA) 성취도에서는 많이 뒤처져 있다. 특히 9학년에서 11학년까지의 성적표를 살펴보면 이러한 경향이 뚜렷하게 나타난다. 현재 Jeremy는 모든 교과 수업을 무난하게 이수하고 있지만 유독 ELA에서는 낙제점을 받을 위기에 처해 있다. 엄마가 ELA에 대하여 물어볼 때면 Jeremy는 곧잘 짜증을 부리거나 화를 낸다. Jeremy는 가장 좋아하는 과목으로 생물학을, 그리고 가장 싫어하는 과목으로 ELA를 들었다. 그리고 ELA가 아니라면 자신은 우등생 명단에 올라갈 수 있을 것이라고 하였다.

Jeremy는 혼자서 무엇인가를 하기에 어려움을 느끼더라도 다른 사람의 도움을 좀처럼 요청하지 않는다. 예컨대, 학습활동 과정에서 도움이 필요한 경우에도 선생님에게 이에 대해 말하려 하지 않는다. ELA 과제와 관련하여 엄마와 부딪힐 때면, Jeremy는 과제 수행 방법을 제대로 이해하지 못했지만 수업이 진행되는 도중에 물어보고 싶지 않았고 학교 일과가 종료된 후에도 교실에 남아 있을 시간이 부족했다고 항변하였다. 좋지 않은 성적이나 낙제점에 대해 어떻게 생각하는지 물었을 때, Jeremy는 낙제를 피하고 싶을 뿐만 아니라 좋은 성적을 받아서 엄마가 자신을 자랑스럽게 여겼으면 좋겠다고 답하였다. 그리고 나쁜 성적이나 낙제점을 받는 경우 방 안에 틀어박혀 그저 숨어 있고 싶다고 말하였다.

논의

Jeremy는 우울한 기분과 함께 무척 과민하고 짜증 섞인 모습을 보인다. 그리고 이러한 모습은 거의 매일, 거의 온종일 지속되고 있다. 또한 학교생활이나 온라인 비디오 게임 등에 대한 흥미와 즐거움도 이전과 달리 현저하게 감소하였다. Jeremy는 자신의 체중이 많이 줄었으며 평소보다 잠을 더 많이 잔다고 보고하였다. 아울러 활력 상실, 자신에 대한 무가치감, 집중력 감소 및 의사결정 문제(우유부단함)를 특징적으로 보인다. 이러한 MDD 증상은 Jeremy의 학업 및 또래 관계에 부정적인 영향을 미치고 있다.

학교의 다학제 팀은 구체적인 평가 체계를 마련하여 Jeremy의 우울 증상을 평가하고, 이와 같은 우울 증상이 Jeremy의 학교생활(예: 학업 및 또래관계) 전반에 어떠한 영향을 미치고 있는지 확인해야 한다. 또한 Jeremy의 우울 증상이 언어 및 시각기억 문제를 동반할 수 있다는 점, 그리고 Jeremy의 부정적 정서가 작업기억을 손상할 수 있다는 점에도 주의를 기울여야 한다. 아울러 Jeremy에게 별도의 사회성 기술 훈련이 필요한지도 충분히 검토해야 한다. 이처럼 Jeremy를 위한 개입 전략은 Jeremy의 문제와 필요를 종합적으로 평가한 후 그 결과를 바탕으로 수립되어야 한다.

학교심리사는 다양한 역할을 통해 Jeremy를 지원할 수 있다. 가령 학교심리사는 Jeremy의 권익을 보호하는 옹호자로서 Jeremy의 가족이 위기 가정 프로그램(예: 빈곤, 물질 남용, 자살 문제 등에 대처)에 참여하도록 지원할 수 있다. 그리고 학교심리사는 자문가로서 학교 및 가족과 협력하여 구체적인 안전 계획을 수립하고 지속적인 관찰 방안을 마련하는 등 Jeremy의 안전을 확보하기 위하여 노력할 수 있다. 또한 학교심리사는 전문적인 치료자로서 Jeremy를 위한 학교기반 치료 서비스를 직접 제공할 수도 있다.

한편으로, 교직원(예: 교사 등)은 개인 수준에서 Jeremy와 친밀한 관계를 맺고 교실 환경이 아닌 일상에서 유대감을 형성하고자 노력할 수 있다. 학생과 교직원이 친밀한 관계를 맺고 유대감을 형성하게 되면 학생은 자신을 학교의 중요한 일원으로 여기며 자신이 학교 체계에 오롯이 포함되어 있다고 느낄 수 있다. 아울러 교실에서 글쓰기 활동이나 협동 학습을 진행하는 것도 Jeremy가 교사 및 또래와 친밀한 관계를 맺고 유대감을 형성하는 데 도움을 줄 수 있다.

핵심 요약

- DSM-5에 따라 MDD를 진단하려면 9개 증상 목록 중에서 5개 이상을 충족해야 하는데, 특히 우울한 기분이 지속되거나 거의 모든 일상 활동에 대한 재미와 즐거움이 이전과 달리 현저하게 감소하여야 한다.
- MDD의 위험요인과 관련하여, 학교심리사는 빈곤 및 외상이 아동·청소년기 MDD 발달과 관련이 있다는 점에 주의를 기울여야 한다.
- 부모가 우울증을 앓고 있는 경우 자녀 또한 우울 증상을 보일 가능성이 높다.
- 학업 기능을 개선하는 것은 아동·청소년기 우울 증상 완화에 보탬이 될 수 있다.
- 학교심리사는 평가, 옹호, 자문, 상담/치료 등 다양한 영역에서 MDD 아동·청소년을 지원할 수 있다.
- 인지행동치료 및 대인관계치료는 아동·청소년기 MDD에 효과적인 개입 방법으로 알려져 있다.

연습문제

1. IDEA에 따라 특수교육 및 관련서비스 수혜자격을 평가할 때 MDD 아동 · 청소년에게 흔히 진단될 수 있는 장애는?
   a. 불안장애
   b. 정서장애
   c. 특정학습장애
   d. 지적장애

2. 아동기에 경험한 학대와 성인기 우울은 아무런 관련이 없다.
   a. 참
   b. 거짓

3. 아동 · 청소년기 불안과 우울은 함께 나타날 가능성이 높다.
   a. 참
   b. 거짓

4. 다음 중 아동 · 청소년기 MDD 발달과 관련이 없는 것은?
   a. 빈곤
   b. 외상
   c. 부모의 우울증
   d. 형제나 자매와의 갈등

5. 인지행동치료와 SSRIs를 병행하는 것은 인지행동치료를 단독으로 실행하는 것보다 아동 · 청소년기 MDD 치료에 효과적이다.
   a. 참
   b. 거짓

정답 1) b, 2) b, 3) a, 4) d, 5) a

토의질문

1. MDD에 대한 DSM-5의 진단 기준을 설명하시오.
2. IDEA에 따른 정서장애 진단을 통해 특수교육 및 관련서비스 수혜자격을 얻으려면 어떠한 기준에 부합해야 하는지 설명하시오.
3. 외상과 MDD 발달의 관련성에 대하여 설명하시오.
4. 학업 기능과 MDD의 관련성에 대하여 설명하시오.
5. MDD 아동 · 청소년을 위한 증거기반의 사회 · 정서적 개입 전략에 대하여 논하시오.

● 추가 정보

American Academy of Child and Adolescent Psychiatry Depression in Children and Teens: www.aacap.org/AACAP/Families_and_Youth/Facts_for_Families/FFF-Guide/The-Depressed-Child-004.aspx

American Academy of Child and Adolescent Psychiatry Depression Resource Center: www.aacap.org/aacap/Families_and_Youth/Resource_Centers/Depression_Resource_Center/Depression_Resource_Center.aspx

American Psychiatric Association What Is Depression?: www.psychiatry.org/patients-families/depression/what-is-depression

American Psycholoical Association Resource for Clinicians for the Treatment of Depression in Children and Adolescents: www.apa.org/depression-guideline/resources/children-adolescents

Anxiety and Depression Association of America Clinical Practice Review for Major Depressive Disorder: https://adaa.org/resources-professionals/practice-guidelines-mdd

Anxiety and Depression Association of America Depression: https://adaa.org/understanding-anxiety/depression

Merck Manual Depressive Disorders in Children and Adolescents: www.merckmanuals.com/professional/pediatrics/mental-disorders-in-children-and-adolescents/depressive-disorders-in-childrenpand-adolescents

National Alliance on Mental Illness 5 Things You Can Do to Help Your Child with Depression: www.nami.org/Blogs/NAMI-Blog/December-2018/5-Things-You-Can-Do-to-Help-Your-Child-with-Depression

National Association of School Psychologists Depression: Supporting Students at School: oEducators/Depression_Supporting_Students_at_School.pdf www.nasponline.org/Documents/Resources%20and%20Publications/Handouts/Families%20and%2 National Institute of Mental Health Depression: www.nimh.nih.gov/health/topics/depression/

Stanford Children's Health Major Depression in Children: www.stanfordchildrens.org/en/topic/default?id=major-depression-in-children-90-P02569 Stanford Children's Health Major Depression in Teens: www.stanfordchildrens.org/en/topic/default? id=major-depression-in-adolescents-90-P01614

● 핵심 참고문헌

American Psychiatric Association. (2013). *Diagnostic and statistical manual of mental disorders* (5th ed.). https://

doi.org/10.1176/appi.books.9780890425596

Birmaher, B., & Brent, D. (2007). Practice parameter for the assessment and treatment of children and adolescents with depressive disorders. *Journal of the American Academy of Child and Adolescent Psychiatry, 46*(11), 1503-1526. https://doi.org/10.1097/chi.ob013e318145ae1c

Brody, D. J., Pratt, L. A., & Hughes, J. (2018). Prevalence of depression among adults aged 20 and over: United States, 2013-2016. In NCHS Data Brief, no 303. National Center for Health Statistics. Kessler, R. C., Berglund, P., Demler, O., Jin, R., Koretz, D., Merikangas, K. R., Rush, A. J., Walters, E. E., & Wang, P. S. (2003). The epidemiology of major depressive disorder: Results from the National Comorbidity Survey Replication (NCSR). *Journal of the American Medical Association, 289*(23), 3095- 3105. https://doi.org/10.1001/jama.289.23.3095

Lee, C., Chiang, Y., Huang, J., Tantoh, D., Nfor, O. N., Lee, J., Chang, C., & Liaw, Y. (2016). Incidence of major depressive disorder: Variation by age and sex in low income individuals: A population based 10-year follow-up study. *Medicine, 95*(15), e3110. https://doi.org/10.1097/MD.0000000000003110

Parker, G., McCraw, S., & Paterson, A. (2015). Clinical features distinguishing grief from depressive episodes: A qualitative analysis. *Journal of Affective Disorders, 176*(1), 43-47. https://doi.org/10.1016/j.jad.2015.01.063

Rice, F., Sellers, R., Hammerton, G., Eyre, O., Bevan-Jones, R., Thapar, A. K., Collishaw, S., Harold, G. T., & Thapar, A. (2017). Antecedents of new-onset major depressive disorder in children and adolescents at high familial risk. *Journal of the American Medical Association Psychiatry, 74*(2), 153-160. https://doi.org/10.1001/jamapsychiatry.2016.3140

Riolo, S. A., Nguyen, T. A., Greden, J. F. & King, C. A. (2005). Prevalence of depression by race/ethnicity: Findings from the National Health and Nutrition Examination Survey III. *American Journal of Public Health, 95*(6), 998-1000. https://doi.org/10.2105/AJPH.2004.047225

Zisook, S., Lesser, I., Stewart, J. W., Wisniewski, S. R., Balasubramani, G. K., Fava, M., Gilmer, W. S., Dresselhaus, T. R., Thase, M. E., Nierenberg, A. A., Trivedi, M. H., & Rush, A. J. (2007). Effect of age of onset on the course of major depressive disorder. *American Journal of Psychiatry, 164*, 1539-1547. https://doi.org/10.1176/appi.ajp.2007.06101757

Zuckerbrot, R. A., Cheung, A., Jensen, P. S., Stein, R. E. K., & Laraque, D. (2018). Guidelines for adolescent depression in primary care (GLAD-PC): Part I. Practice preparation, identification, assessment, initial and https://doi.org/10.1542/peds.2017-4081 management. *Pediatrics, 141*(3), e20174081.

참고문헌

Afzali, M. H., Sunderland, M., Teesson, M., Carragher, N., Mills, K., & Slade, T. (2017). A network approach to the comorbidity between posttraumatic stress disorder and major depressive disorder: The role of overlapping symptoms. *Journal of Affective Disorders, 208*, 490-496. https://doi.org/10.1016/

j.jad.2016.10.037

Allott, K., Fisher, C. A., Amminger, G. P., Goodall, J., & Hetrick, S. (2016). Characterizing neurocognitive impairment in young people with major depressive disorder: State, trait, or scar? *Brain and Behavior, 6*, 200527. https://doi.org/10.1002/brb3.527

American Psychiatric Association. (2013). *Diagnostic and statistical manual of mental disorders* (5th ed.). https://doi.org/10.1176/appi.books.9780890425596

Anderson, S. E., Cohen, P., Naumova, E., Jacques, P. F., & Must, A. (2007). Adolescent obesity and risk for subsequent major depressive disorder and anxiety disorder: Prospective evidence. *Psychosomatic Medicine, 69*, 740-747. https://doi.org/10.1097/PSY.0b013e31815580b4

Atkins, M. S., Frazier, S. L., Birman, D., Adil, J. A., Jackson, M., Graczyk, P. A., Talbott, E., Farmer, A. D., Bell, C. C., & McKay, M. M. (2006). School-based mental health services for children living in high poverty urban communities. *Administration and Policy in Mental Health and Mental Health Services Research, 33*(2), 146-159. https://doi.org/10.1007/s10488-006-0031-9.

Avenevoli, S., Stolar, M., Li, J., Dierker, L., & Merikangas, K. R. (2001). Comorbidity of depression in children and adolescents: Models and evidence from a prospective high-risk family study. *Biological Psychiatry, 49*, 1071-1081. https://doi.org/10.1016/s0006-3223(01)01142-8

Axelson, D. A., & Birmaher, B. (2001). Relationship between anxiety and depressive disorders in childhood and adolescence. *Depression and Anxiety, 14*, 67-78. https://doi.org/10.1002/da.1048

Barnett, R., Maruff, P., Vance, A., Luk, E. S. L., Costin, J., Wood, C., & Pantelis, C. (2001). Abnormal executive function in attention deficit hyperactivity disorder: The effect of stimulant medication and age on spatial working memory. *Psychological Medicine, 31*, 1107-1115. https://doi.org/10.1017/s0033291701004172

Bennett, D. S., Ambrosini, P. J., Kudes, D., Metz, C., & Rabinovich, H. (2005). Gender differences in adolescent depression: Do symptoms differ for boys and girls? *Journal of Affective Disorders, 89*, 35-44. https://doi.org/10.1016/j.jad.2005.05.020

Birmaher, B., & Brent, D. (2007). Practice parameter for the assessment and treatment of children and adolescents with depressive disorders. *Journal of the American Academy of Child and Adolescent Psychiatry, 46*(11), 1503-1526. https://doi.org/10.1097/chi.ob013e318145ae1c

Bos, A. E. R., Huijding, J., Muris, P., Vogel, L. R. R., & Biesheuvel, J. (2010). Global, contingent and implicit self-esteem and psychopathological symptoms in adolescents. *Personality and Individual Differences, 48*, 311-316. https://doi.org/10.1016/j.paid.2009.10.025

Bresland, N. L., Parent, J., Forehand, R., Compas, B. E., Thigpen, J. C., & Hardcastle, E. (2016). Parental depressive symptoms and youth internalizing and externalizing problems: The moderating role of interparental conflict. *Journal of Family Violence, 31*, 823-831. https://doi.org/10.1007/s10896-016- 9817-z

Briere, F. N., Pascal, S., Dupere, V., Castellanos-Ryan, N., Allard, F., Yale-Souliere, G., & Janosz, M. (2017). Depressive and anxious symptoms and the risk of secondary school non-completion. *British Journal of Psychiatry, 211*(3), 163-168. https://doi.org/10.1192/bjp.by.117.201418

Brody, D. J., Pratt, L. A., & Hughes, J. (2018). Prevalence of depression among adults aged 20 and over: United States, 2013-2016. In NCHS Data Brief, no 303. National Center for Health Statistics.

Centers for Disease Control and Prevention. (n.d.). Data and statistics on children's mental health. https://www.

cdc.gov/childrensmentalhealth/data.html

Cheung, A. H., Kozloff, N., & Sacks, D. (2013). Pediatric depression: An evidence-based update on treatment interventions. *Current Psychiatry Report, 15*(8), 381. https://doi.org/10.1007/s11920-013- 0381-4

Chorot, P., Valiente, R. M., Magaz, A. M., Santed, M. A., & Sandin, B. (2017). Perceived parental child rearing and attachment as predictors of anxiety and depressive disorder symptoms in children: The mediational role attachment. *Psychiatry, 253*, 287-295. https://doi.org/10.1016/j.psychres.2017.04.015 of Research, Cipriani, A., Zhou, X., Del Giovane, C., Hetrick, S. E., Qin, B., Whittington, C., Coghill, D., Zhang, Y., Hazell, P., Leucht, S., Cuijpers, P., Pu, J., Cohen, D., Ravindran, A. V., Liu, Y., Michael, K. D., Yang, L., Liu, L., & Xie, P. (2016). Comparative efficacy and tolerability of antidepressants for major depressive disorder in children and adolescents: A network meta-analysis. Lancet, 388, 881-890. https://doi.org/10.1016/S0140-6736(16)30385-3

Clark, M. S., Jansen, K. L., & Cloy, J. A. (2018). Treatment of childhood and adolescent depression. *American Family Physician, 86*(5), 442-448. https://www.aafp.org/afp/2012/0901/p442.html

Cole, D. A., Jacquez, F. M., & Maschman, T. L. (2001). Social origins of depressive cognitions: A longitudinal study of self-perceived competence in children. *Cognitive Therapy & Research, 25*, 377-395. https://doi.org/10.1023/A:1005582419077

Cuijpers, P., van Straten, A., Smit, F., Mihalopoulos, C., & Beekman, A. T. F. (2008). Preventing the onset of depressive disorders: A meta-analytic review of psychological interventions. *American Journal of Psychiatry, 165*, 1272-1280. https://doi.org/10.1176/appi.ajp.2008.07091422

Davis, B., Sheeber, L., Hops, H., & Tildesley, E. (2000). Adolescent responses to depressive parental behaviors in problem-solving interactions: Implications for depressive symptoms. *Journal of Abnormal Child Psychology, 28*(5), 451-465. https://doi.org/10.1023/A:1005183622729

Dekker, M. R., & Johnson, S. L. (2018). Major depressive disorder and emotion-related impulsivity: Are both related to cognitive inhibition? *Cognitive Therapy and Research, 42*, 398-407. https://link.springer.com/article/10.1007/s10608-017-9885-2

Dillen, L., Fontaine, J. R. J., & Verhofstadt-Deneve, L. (2009). Confirming the distinctiveness of complicated grief from depression and anxiety among adolescents. *Death Studies, 33*(5), 437-461. https://doi.org/10.1080/07481180902805673

Dopeheide, J. A. (2006). Recognizing and treating depression in children and adolescents. *American Journal of Health-System Pharmacy, 63*(3), 233-243. https://doi.org/10.2146/ajhp050264

Dupere, V., Dion, E., Nault-Biere, R., Archambault, I., Leventhal, T., & Lesage, A. (2018). Revisiting the link between depression symptoms and high school dropout: Timing of exposure matters. *Journal of Adolescent Health, 62*, 205-211. https://doi.org/10.1016/j.jadohealth.2017.09.024

Eaton, W. W., Shao, H., Nestadt, G., Lee, B. H., Bienvenu, O. J., & Zandi, P. (2008). Population-based study of first onset and chronicity in major depressive disorder. *Archives of General Psychiatry, 65*(5), 513- 520. https://doi.org/10.1001/archpsyc.65.5.513

Favre, T., Hughes, C., Emslie, G., Stavinoha, P., Kennard, B., & Carmody, T. (2008). Executive functioning in children and adolescents with major depressive disorder. *Child Neuropsychology, 15*(1), 85-98. https://doi.org/10.1080/09297040802577311

Fergusson, D. M., & Woodward, L. J. (2002). Mental health, educational, and social role outcomes of adolescents with depression. *Archives of General Psychiatry, 59*, 225-231. https://doi.org/10.1001/archpsyc.59.3.225

Ferrari, A. J., Somerville, A. J., Baxter, A. J., Norman, R., Patten, S. B., Vos, T., & Whiteford, H. A. (2013). Global variation in the prevalence and incidence of major depressive disorder: A systematic review of the epidemiological literature. *Psychological Medicine, 43*, 471-481. https://doi.org/10.1017/S0033291712001511

Flory, J. D., & Yahuda, R. (2015). Comorbidity between post-traumatic stress disorder and major depressive disorder: Alternative explanations and treatment considerations. *Dialogues in Clinical Neuroscience, 17*, 141-150. https://doi.org/10.31887/DCNS.2015.17.2/jflory

Friedman, R. A. (2012). Grief, depression, and theDSM-5. *The New England Journal of Medicine, 366*(20), 1855-1857. https://doi.org/10.1056/NEJMP1201794

Garaigordobal, M., Bernaras, E., Jaureguizar, J., & Machimbarenna, J. M. (2017). Childhood depression: Relation to adaptive, clinical and predictor variables. *Frontiers in Psychology, 8*, 821. https://doi.org/10.3389/fpsyg.2017.00821

Garvey, K. A., Penn, J. P., Campbell, A. L., Esposito-Smythers, C., & Spirito, A. (2009). Contracting for safety with patients: Clinical practice and forensic implications. Journal of the American Academy of Psychiatry https://www.researchgate.net/profile/Anthony- Law, 37(3), 363-370. Spirito/publication/26824955_Contracting_for_safety_with_patients_Clinical_practice_and_forensic_i mplications/links/Oc960519c952b83635000000/Contracting-for-safety-with-patients-Clinical- practice-and-forensic-implications.pdf

Gehlawat, P., & Gehlawat, V. K. (2020). A narrative review of major depressive disorder in children and adolescents. *Archives of Depression and Anxiety, 6*(1), 19-22. https://doi.org/10.17352/2455- 5460.000046

Ghandour, R. M., Sherman, L. J., Vladutiu, C. J., Ali, M. M., Lynch, S. E., Bitsko, R. H., & Blumberg, S. J. (2019). Prevalence and treatment of depression, anxiety, and conduct problems in US children. *Journal of Pediatrics, 206*, 256-267. https://doi.org10.1016/j.jpeds.2018.09.021

Goodall, J., Fisher, C. A., Hetrick, S., Phillips, L., Parrish, E. M., & Allott, K. (2018). Neurocognitive functioning in depressed young people: A systematic review and meta-analysis. *Neuropsychological Review, 28*(2), 216-231. https://doi.org/10.1007/s11065-018-9373-9

Hammen, C., Brennan, P. A., Keenan-Miller, D., & Herr, N. R. (2008). Early onset recurrent subtype of adolescent depression: Clinical and psychosocial correlates. *Journal of Child Psychology and Psychiatry, 49*, 433-440. https://doi.org/10.1111/j.1469-7610.2007.01850.x

Hammen, C., Brennan, P. A., & Shih, J. H. (2004). Family discord and stress predictors of depression and other disorders in adolescent children of depressed and nondepressed women. Journal of the American Academy & Adolescent of Child https://doi.org/10.1097/01.chi.0000127588.57468.f6 *Psychiatry, 43*(8), 994-1002,

Hart, S. R., Varahamurti, N., & Huang, L. V. (2018). Depression: Helping handout for school. In K. M. Minke & G. G. Bear (Eds.). Helping handouts: Supporting students at school and home. National Association of School Psychologists. Herman, K. C., Hodgson, C. G., Eddy, C. L., Cohen, D. R., Reinke, W. M., Burrell, L., Mcfarlane, E. C., & Duggan, A. K. (2019). Does child likability mediate the link between academic competence and depressive symptoms in early elementary school? *Child Development, 91*(2), e331-e344.

https://doi.org/10.1111/cdev.13214

Hishinuma, E. S., Chang, J. Y., McArdle, J. J., & Hamagami, F. (2012). Potential causal relationship between depressive symptoms and academic achievement in the Hawaiian high schools health survey using contemporary longitudinal latent variable change models. *Developmental Psychology, 48*(5), 1327-1342. https://psycnet.apa.org/doi/10.1037/a0026978

Hopkins, K., Crosland, P., Elliott, N., & Bewley, S. (2015). Diagnosis and management of depression in children and young people: Summary of updated NICE guidance. *British Medical Journal, 350*, h824. https://doi.org/10.1136/bmj.h824

Jaureguizar, J., Bernaras, E., & Garaigordobil, M. (2017). Child depression: Prevalence and comparison between self-reports and teacher reports. *Spanish Journal of Psychology, 20*, e17. https://doi.org/10.1017/sjp.2017.14

Jaureguizar, J., Garaigordobil, M., & Bernaras, E. (2018). Self-concept, social skills, and resilience as moderators of the relationship between stress and childhood depression. *School Mental Health, 10*, 488-499. https://doi.org/10.1007/s12310-018-9268-1

Katz, S. J., Conway, C. C., Hammen, C. L., Brennan, P. A., & Najman, J. M. (2011). Childhood social withdrawal, interpersonal impairment, and young adult depression: A mediational model. *Journal of Abnormal Child Psychology, 39*, 1227-1238. https://doi.org/10.1007/s10802-011-9537-z

Kellam, S. G., Rebok, G. W., Mayer, L. S., Ialongo, N., & Kalodner, C. R. (1994). Depressive symptoms over first grade and their response to a developmental epidemiologically based preventative trial aimed at improving achievement. *Development and Psychopathology, 6*, 463-481. https://doi.org/10.1017/S0954579400006052

Kern, L., Mathur, S. R., Albrecht, S. F., Poland, S., Rozalski, M., & Skiba, R. J. (2017). The need for school-based mental health services and recommendations for implementation. *School Mental Health, 9*, 205- 217. https://doi.org/10.1007/s12310-017-9216-5

Kessler, R. C., Berglund, P., Demler, O., Jin, R., Koretz, D., Merikangas, K. R., Rush, A. J., Walters, E. E., & Wang, P. S. (2003). The epidemiology of major depressive disorder: Results from the National Comorbidity Survey Replication (NCSR). *Journal of the American Medical Association, 289*(23), 3095- 3105. https://doi.org/10.1001/jama.289.23.3095

Kovacs, M., Gatsonis, C., Paulauskas, S. L., & Richards, C. (1989). Depressive disorders in childhood: A longitudinal study of comorbidity with and risk for anxiety disorders. *Archives of General Psychiatry, 46*(9),776-782. https://doi.org/10.1001/archpsyc.1989.01810090018003

Kovacs, M., Yaroslavsky, I., Rottenberg, J., George, C. J., Baji, I., Benak, I., Dochnal, R., Halas, K., Kiss, E., Vetro, A., & Kapornai, K. (2015). Mood repair via attention refocusing or recall of positive autobiographical memories by adolescents with pediatric-onset major depression. *Journal of Child Psychology and Psychiatry, 56*(10), 1108-1117. https://doi.org/10.1111/jcpp.12376

Lee, C., Chiang, Y., Huang, J., Tantoh, D., Nfor, O. N., Lee, J., Chang, C., & Liaw, Y. (2016). Incidence of major depressive disorder: Variation by age and sex in low income individuals: A population based 10- year follow-up study. *Medicine, 95*(15), e3110. https://doi.org/10.1097/MD.0000000000003110

Lee, Y. Y., Barendregt, J. J., Stockings, E. A., Ferrari, A. J., Whiteford, H. A., Patton, G. A., & Mihalopoulos, C. (2017). The population cost-effectiveness of delivering universal and indicated school-based interventions to prevent the onset of major depression among youth in Australia. *Epidemiology and Psychiatric Sciences, 26*, 545-564. https://doi.org/10.1017/S2045796016000469

McArdle, J. J., Hamagami, F., Chang, J. Y., & Hishinuma, E. S. (2014). Longitudinal dynamic analyses of depression and academic achievement in the Hawaiian High Schools Health Survey using contemporary latent variable change models. *Structural Equation Modeling, 21*, 608-629. https://doi.org/10.1080/10705511.2014.919824

Melkevik, O., Nilsen, W., Evenson, M., Reneflot, A., & Mykletun, A. (2016). Internalizing disorders as risk factors for early school leaving: A systematic review. *Adolescent Research Review, 1*, 245-255. https://doi.org/10.1007/s40894-016-0024-1

Merry, S. N., Hetrick, S. E., Cox, G. R., Brudevold-Iverson, T., Bir, J. J., & McDowell, H. (2012). Psychological and educational interventions for preventing depression in children and adolescents. *Evidence-Based Child Health, 7*(5), 1409-1685. https://doi.org/10.1002/ebch.1867

Morey-Nase, C., Phillips, L. J., Bryce, S., Hetrick, S., Wright, A. L., Caruana, E., & Allott, K. (2019). Subjective experiences of neurocognitive functioning in young people with major depression. *BMC Psychiatry, 19*, 209. https://doi.org/10.1186/s12888-019-2197-1

Mullen, S. (2018). Major depressive disorder in children and adolescents. *Mental Health Clinician, 8*(6), 275-283. https://doi.org/10.9740/mhc.2018.11.275

National Research Council. (2009). Depression in parents, parenting, and children: Opportunities to improve identification, treatment, and prevention. National Academies Press. O'Connor, B. C., Lewandowski, R. E., Rodriguez, S., Tinoco, A., Gardner, W., Hoagwood, K., & Scholle, S. H. (2016). Usual care for adolescent depression from symptom identification through treatment initiation. *JAMA Pediatrics, 170*(4), http://jama.jamanetwork.com/article.aspx? 373-380. doi=10.1001/jamapediatrics.2015.4158&utm_campaign=articlePDF&percent;26utm_medium=articlePD Flink&percent;26utm_source=articlePDF&percent;26utm_content=jamapediatrics.2015.4158

O'Donnell, L., O'Donnell, C., Wardlaw, D. M., & Stueve, A. (2004). Risk and resiliency factors influencing suicidality among urban African American and Latino youth. *American Journal of Community Psychology, 33*(1-2), 37-49. https://doi.org/10.1023/B:AJCP.0000014317.20704.0b

Office of Civil Rights. (n.d.). Protecting students with disabilities: Frequently asked questions about Section 504 and education of children with disabilities. the https://www2.ed.gov/about/offices/list/ocr/504faq.html

Olive, L. S., Byrne, D., Cunningham, R. B., Telford, R. M., & Telford, R. D. (2019). Can physical education improve the mental health of children? The LOOK study cluster-randomized control trial. *Journal of Educational Psychology, 111*(7), 1331-1340. https://doi.apa.org/doiLanding? doi=10.1037&percent;2Fedu0000338

Owens, M., Stevenson, J., Hadwin, J. A., & Norgate, R. (2012). Anxiety and depression in academic performance: An exploration of the mediating factors of worry and working memory. *School Psychology International, 33*, 433-449. https://doi.org/10.1177&percent;2F0143034311427433

Parker, G., McCraw, S., & Paterson, A. (2015). Clinical features distinguishing grief from depressive episodes: A qualitative analysis. *Journal of Affective Disorders, 176*(1), 43-47. https://doi.org/10.1016/j.jad.2015.01.063

Paschall, M. J., & Bersamin, M. (2018). School-based health centers, depression, and suicide risk among adolescents. *American Journal of Preventive Medicine, 54*(1), 44-50. https://doi.org/10.1016/j.amepre.2017.08.022

Perou, R., Bitsko, R. H., Blumberg, S. J., Pastor, P., Ghandour, R. M., Gfroerer, J. C., Hedden, S. L., Crosby, A. E., Visser, S. N., Schieve, L. A., Parks, S. E., Hall, J. E., Brody, D., Simile, C. M., Thompson, W. W., Baio, J., Avenevoli, S., Kogan, M. D., & Huang, L. N. (2013). Mental health surveillance among children-United States, 2005-2011. *Morbidity and Mortality Weekly Report-Supplement, 62*(2),1-35. https://www.cdc.gov/Mmwr/preview/mmwrhtml/su6202a1.htm

Peters, A. T., Jacobs, R. H., Crane, N. A., Ryan, K. A., Weisenbach, S. L., Ajilore, O., Lamar, M., Kassel, M. T., Gabriel, L. B., West, A. E., Zubieta, J., & Langenecker, S. A. (2017). Domain-specific impairment in cognitive control among remitted youth with a history of major depression. *Early Intervention in Psychiatry, 11*, 383-392. https://doi.org/10.1111/eip.12253

Poirier, M., Temcheff, C. E., Dery, M., Toupin, J., Verlaan, P., & Lemelin, J. (2019). The role of academic skills in the evolution of conduct problems and depressive symptoms among children with and without early clinically significant conduct problems. *Journal of Early Adolescence, 39*(3), 340-370. https://journals.sagepub.com/doi/10.1177/0272431618757679

Rice, F., Sellers, R., Hammerton, G., Eyre, O., Bevan-Jones, R., Thapar, A. K., Collishaw, S., Harold, G. T., & Thapar, A. (2017). Antecedents of new-onset major depressive disorder in children and adolescents at high familial risk. *Journal of the American Medical Association Psychiatry, 74*(2), 153-160. https://doi.org/10.1001/jamapsychiatry.2016.3140

Riglin, L., Petrides, K. V., Frederickson, N., & Rice, F. (2014). The relationship between emotional problems and subsequent school attainment: A meta-analysis. *Journal of Adolescence, 37*, 335-346. https://doi.org/10.1016/j.adolescence.2014.02.010

Riolo, S. A., Nguyen, T. A., Greden, J. F. & King, C. A. (2005). Prevalence of depression by race/ethnicity: Findings from the National Health and Nutrition Examination Survey III. *American Journal of Public Health, 95*(6), 998-1000. https://doi.org/10.2105/AJPH.2004.047225

Rohde, P., Lewisohn, P. M., Klein, D. N., Seeley, J. R., & Gau, J. M. (2013). Key characteristics of major depressive disorder occurring in childhood, adolescence, emerging adulthood, and adulthood. *Clinical Psychological Science, 1*, 41-53. https://doi.org/10.1177/2167702612457599

Romano, E., Babchishin, L., Pagani, L. S., & Kohen, D. (2010). School readiness and later achievement: Replication and extension using a nationwide Canadian Survey. *Developmental Psychology, 46*(5), 995-1007. https://doi.org/10.1037/a0018880

Rush, A. J. (2007). The varied clinical presentations of major depressive disorder. *Journal of Clinical Psychiatry, 68*(8), 4-10. https://www.psychiatrist.com/wp-content/uploads/2021/02/18607_varied- clinical-presentations-major-depressive-disorder.pdf

Stack, K. F., & Dever, B. V. (2020). Using internalizing symptoms to predict math achievement among low-income urban elementary students. *Contemporary School Psychology, 24*, 89-101. https://doi.org/10.1007/s40688-019-00269-6

Takacs, Z. K., & Kassai, R. (2019). The efficacy of different interventions to foster children's executive function skills: A series of meta-analyses. *Psychological Bulletin, 145*(7), 653-697. https://doi.org/10.1037/

bul0000195

Tang, S., Lu, L., Zhang, L., Hu, X., Bu, X., Li, H., Hu, X., Gao, Y., Zeng, Z., Gong, Q, & Huang, X. (2018). Abnormal amygdala resting-state functional connectivity in adults and adolescents with major depressive disorder: A comparative meta-analysis. *EbioMedicine, 36*, 436-445- https://doi.org/10.1016/j.ebiom.2018.09.010

Thase, M. E. (2007). Recognition and diagnosis of atypical depression. *Journal of Clinical Psychiatry, 68*(8), 11-16. https://www.psychiatrist.com/wp-content/uploads/2021/02/16855_recognition- diagnosis-atypical-depression.pdf

Twenge, J. M., & Nolen-Hoeksema, S. (2002). Age, gender, race, socioeconomic status, and birth cohort differences on the Children's Depression Inventory: A meta-analysis. *Journal of Abnormal Psychology, 111*(4), 578-588. https://doi.org/10.1037//0021-843X.111.4.578

U.S. Department of Education. (n.d.). Individuals with Disabilities Education Improvement Act. https://sites.ed.gov/idea

U.S. Department of Health and Human Services, Office of Disease Prevention and Health Promotion. (2010). Healthy people 2020: Adolescent health. https://www.healthypeople.gov/2020/

U.S. Preventive Services Task Force (USPSTF). (2009). Screening and treatment for major depressive disorder in children and adolescents: US Preventive Services Task Force recommendation statement. *Pediatrics, 123*, 1223. https://doi.org/10.1542/peds.2008-2381

Vallati, M., Cunningham, S., Mazurka, R., Stewart, J. G., Larocque, C., Milev, R. V., Bagby, R. M., Kennedy, S. H., & Harness, K. L. (2020). Childhood maltreatment and the clinical characteristics of major depressive disorder in adolescence and adulthood. *Journal of Abnormal Psychology, 129*(5), 469-479. https://doi.org/10.1037/abn0000521

Vance, A., & Winther, J. (2020). Irritability, depressed mood, inattention and spatial working memory in children and adolescents with major depressive disorder with/without persistent depressive disorder. Child Psychiatry & Human Development. https://doi.org/10.1007/s10578-020-01061-x

van Zoonen, K., Buntrock, C., Ebert, D. D., Smit, F., Reynolds, C. F., Beekman, A. T. F., & Cuijpers, P. (2014). Preventing the onset of major depressive disorder: A meta-analytic review of psychological interventions. *International Journal of Epidemiology, 43*, 318-329. https://doi.org/10.1093/ije/dyt175

Wagner, S., Muller, C., Helmreich, I., Huss, M., & Tadic, A. (2015). A meta-analysis of cognitive functions in children and adolescents with major depressive disorder. *European Child and Adolescent Psychiatry, 24*(1), 5-19. https://doi.org/10.1007/s00787-014-0559-2

Wang, T. F., Shi, L., Nie, X., & Zhu, J. (2013). Race/ethnicity, insurance, income and access to care: The influence of health status. *International Journal for Equity in Health, 12*(29), 1-7. https://doi.org/10.1186/1475-9276-12-29

Wayment, H. A., & Vierthaler, J. (2002). Attachment style and bereavement reactions. *Journal of Loss and Trauma, 7*(2), 129-149. https://doi.org/10.1080/153250202753472291

Weare, K., & Nind, M. (2011). Mental health promotion and problem prevention in schools: What does the evidence say? *Health Promotional International, 26*(supplement 1), 129-169. https://doi.org/10.1093/heapro/daro75

Weist, M. D., Eber, L., Horner, R., Splett, J., Putnam, R., Barrett, S., Perales, K., Fairchild, A. J., & Hoover, S. (2018). Improving multitiered systems of support for students with "internalizing" emotional/behavioral problems. *Journal of Positive Behavior Interventions, 20*(3), 172-184. https://doi.org/10.1177/1098300717753832

Werner-Seidler, A., Perry, Y., Calear, A. L., Newby, J. M., & Christensen, H. (2017). School-based depression and anxiety prevention programs for young people: A systematic review and meta-analysis. *Clinical Psychology Review, 51*, 30-47. https://doi.org/10.1016/j.cpr.2016.10.005

Widom, C. S., DuMont, K., & Czaja, S. J. (2007). A prospective investigation of major depressive disorder and comorbidity in abused and neglected children grown up. *Archives of General Psychiatry, 64*, 49-56. https://doi.org/10.1001/archpsyc.64.1.49

Wilkinson, P., Kelvin, R., Roberts, C., Dubicka, B., & Goodyer, I. (2011). Clinical and psychosocial predictors of suicide attempts and nonsuicidal self-injury in the Adolescent Depression Antidepressants and Psychotherapy Trial (ADAPT). *American Journal of Psychiatry, 168*(5), 495-501. https://doi.org/10.1176/appi.ajp.2010.10050718

Williams, D. R., Gonzalez, H. M., Neighbors, H., Nesse, R., Abelson, J. M., Sweetman, J., & Jackson, J. S. (2007). Prevalence and distribution of major depressive disorder in African Americans, Caribbean Blacks, and Non-Hispanic Whites: Results from the National Survey of American Life. *Archives of General Psychiatry, 64*, 305-315. https://doi.org/10.1001/archpsyc.64.3.305

Wilson, S., Hicks, B. M., Foster, K. T., McGue, M., & Iacono, W. G. (2015). Age of onset and course of major depressive disorder: Associations with psychosocial functioning outcomes in adulthood. *Psychological Medicine, 45*(3), 505-514. https://doi.org/10.1017/S0033291714001640

World Health Organization. (n.d.). sheets/detail/depression Depression. https://www.who.int/news-room/fact-

Zhou, Y., Cao, Z., Yang, M., Xi, X., Guo, Y., Fang, M., Cheng, L., & Du, Y. (2017). Comorbid generalized anxiety disorder and its association with quality of life in patients with major depressive disorder. *Scientific Reports, 7*, 40511. https ://doi.org/10.1038/srep40511

Zisook, S., Lesser, I., Stewart, J. W., Wisniewski, S. R., Balasubramani, G. K., Fava, M., Gilmer, W, S., Dresselhaus, T, R., Thase, M. E., Nierenberg, A. A., Trivedi, M. H., & Rush, A. J. (2007). Effect of age of onset on the course of major depressive disorder. *American Journal of Psychiatry, 164*, 1539-1547. https ://doi.org/10.1176/appi.ajp.2007.06101757

Zlotnick, C., Kohn, R., Keitner, G., & Della Grotta, S. A. (2000). The relationship between quality of interpersonal relationships and major depressive disorder: Findings from the National Comorbidity Survey. *Journal of Affective Disorders, 59*, 205-215. https://doi.org/10.1016/s0165-0327(99)00153-6

Zuckerbrot, R. A., Cheung, A., Jensen, P. S., Stein, R. E. K., & Laraque, D. (2018). Guidelines for adolescent depression in prrimary care (GLAD-PC): Part I. Practice preparation, identification, assessment, and initial management. *Pediatrics, 141*(3), e20174081. https://doi.org/10.1542/peds.2017-4081

제 13 장

파괴적 기분조절부전장애

학습 목표

- 파괴적 기분조절부전장애(DMDD)에 대한 DSM-5의 진단적 특징을 요약할 수 있다.
- 아동 · 청소년기 DMDD의 위험요인을 파악할 수 있다.
- DMDD 아동이 겪는 일반적인 학교 및 가정 문제에 대해 설명할 수 있다.
- 교실에서 DMDD가 학습활동에 어떠한 영향을 미칠 수 있는지 이해할 수 있다.
- DMDD 학생에 대한 효과적인 정신건강 지원을 확인할 수 있다.

도입

파괴적 기분조절부전장애(Disruptive Mood Dysregulation Disorder: DMDD)는 『정신질환의 진단 및 통계 편람 5판(DSM-5)』(American Psychiatric Association: APA, 2013)에서 우울장애 중 하나로 분류된다. 우울장애 범주에서 하위 유형 장애들을 묶는 공통점은 슬픔, 공허감 또는 DMDD의 경우 만연한 과민성과 관련이 있다. 주요우울장애와 지속성 우울장애를 포함한 우울장애의 맥락에서 이러한 감정의 강도와 기간 및 기능적 손상은 모든 사람들이 경험할 수 있는 단기적인 기분 문제와 구별된다(APA, 2013).

진단적 쟁점: DSM-5 및 학교기반 서비스

DSM-5 진단

DSM-5에는 DMDD와 관련된 11가지 진단 기준이 있다. 첫 번째 기준은 이 장애가 있는 아동이 보이는 분노 행동과 관련이 있다. 이는 인지된 자극과 일치하지 않는 과도한 언어적 또는 신체적 폭발로 나타난다. 두 번째 기준은 이러한 행동이 아동의 연령에서 기대되는 정도와 일치하지 않아야 한다고 명시하며, 세 번째 기준은 분노 행동이 일주일에 평균 세 번 이상 나타난다고 정량화한다. 네 번째 기준은 분노 삽화 사이의 행동이 거의 일정하게 짜증 나거나 화가 난 것으로 설명한다. 다섯 번째 기준에 따르면, 앞서 언급한 모든 증상이 최소 1년 이상 지속되어야 하며 증상이 없는 상태가 연속 3개월을 초과하지 않아야 한다. 여섯 번째 기준은 분노가 폭발하고 짜증 난 기분이 발생하는 환경과 관련이 있는데, 이러한 증상이 가정, 학교 및 사회적 상황의 세 가지 환경 중 최소 두 군데에서 발생해야 한다. 또한 증상은 이러한 세 가지 환경 중 한 군데에서 심각하게 나타나야 한다. 일곱 번째 기준은 6세에서 18세 사이에 초기 진단이 되어야 한다고 명시하고, 여덟 번째 기준에서는 증상이 10세 이전에 지각되어야 한다는 것을 추가로 설명한다. 아홉 번째 기준부터 열한 번째 기준까지는 다른 상황이나 조건을 배제하는 역할을 한다. 아홉 번째 기준은 조증의 존재를 배제한다. 개인의 행동이 하루 이상 조증 또는 경조증의 기준을 충족한다면 DMDD 진단을 적용할 수 없다. 열 번째 기준에서는 증상이 주요 우울 삽화 동안에만 발생하거나 다른 정신과적 상태와 일치하는 경우에 진단을 적용하는 것을 배제한다. 그리고 열한 번째 기준은 장애의 특성이 실제로 약물 남용이나 의학적 문제의 결과로 나타나는 경우에 진단이 적용되지 않을 수도 있다는 것을 설명한다.

> DSM-5에 따르면 DMDD는 아동들 사이에서 양극성장애가 너무 자주 진단되고 있다고 우려한 연구자 및 실무자들을 고려하여 만들어졌다.

이는 미국에서 1994년부터 2003년까지 10년 미만의 기간에 청소년의 양극성 진단이 이전에 진단했던 비율의 약 40배로 급증한 것에 따른 당연한 우려였다(Moreno et al., 2007). Moreno 등(2007)은 이렇게 진단이 기하급수적으로 증가하는 현상이 이전에 양극성장애를 과소 진단했던 것과 관련되는지 아니면 현재에 과진단하는 것과 관련되는지 밝히기 위한 추가 연구가 필요하다고 언급했지만, Lochman 등(2015)은 후자일 가능성이 높다고 추측하였다. Lochman 등(2015)은 양극성장애에 대한 위험요인이 변하지 않았으며 세계의 다른 지역에서 진단이 급격하게 증가하지도 않았다고 설명하였다. 따라서 진단이 증가하는 원인은 아동의 양극성장애에 대한 정확한 지표를 이해하는 데 부족함이 있거나 더욱 심각한 정서조절곤란 증상이 존재하는 것을 과잉 진단하는 임상 관행의 변화 때문이라고 보았다(Lochman et al., 2015). Rao(2014)는 DSM-5 이전까지만 해도 이러한 유형의 만성적인 과민성(현재 DMDD 진단으로 특징지어짐)을 가진 아동을 위한 진단이 없었다고 주장하였다. 또한 Roy 등(2014)은 만성적인 과민성 장애를 양극성장애로 오진하는 것이 특히 치료 단계에서 문제가 되는데, 이는 많은 청소년이 비삽화성(non-episodic) 상태에서 효과가 없을 수도 있는 양극성장애 관련 약물을 처방받았기 때문이라고 언급하였다. 마지막으로, Chen 등(2016)은 DSM-5에 DMDD를 추가하는 것을 지지하면서 DMDD를 도입함으로써 양극성 진단이 감소했다는 것을 초기 데이터(DMDD의 도입 이래)를 통해 알 수 있다고 제시하였다.

DSM-5에 따르면, DMDD는 아동들 사이에서 양극성장애가 너무 자주 진단되고 있다고 우려한 연구자 및 실무자들을 고려하여 만들어졌다.

DSM-5에서는 DMDD를 추가함으로써 실제와 치료에서 심각한 우려 사항을 해결하려고 시도하였다. 하지만 이 분야의 연구자 및 학자들은 이러한 시도에 대해서 새로운 장애를 뒷받침하는 과학적 증거가 충분하지 않고 아동·청소년의 전형적인 행동을 병리적으로 다루는 사례가 더 많아질 수 있다고 주장하여 논란이 되었다(Lochman et al., 2015; Rao, 2014). 실제로, Axelson(2013)은 DSM-5 출판 당시에 진단 기준을 그대로 사용한 실증연구가 없었다고 설명하였다. 게다가 DMDD와 관련된 DSM-5 현장 테스트에서는 검사-재검사 신뢰도가 제한적이었던 것으로 입증되었다(Regier et al., 2013). 이러한 타당성 문제로 인하여 또 다른 분류체계인 『국제질병분류, 11차 개정판(International Statistical Classification of Diseases and Related Health Problems, 11th Revision)』에서는 DMDD를 진단으로 포함하지 않고 적대적 반항장애(ODD; Srinath et al., 2018) 진단의 하위에 만성적인 과민성 명시자를 포함하기로 결정하였다. 실제로, Mayes, Mathiowetz 등(2015), Mayes, Waxmansky 등(2015) 및 Mayes 등(2019)의 연구는 이러한 접근방식을 뒷받침하며 DMDD와 ODD의 진단이 유의하게 다르지 않을 수 있음을 보여 준다. 반면에 별도의 정신건강 상태로서 DMDD의 타당성을 뒷받침하는 Coccaro(2018)의 데이터에 따르면 DMDD는 간헐적 폭발장애의 폭발과 유사한 점이 있지만, 두 가지 진단은 DMDD를 지닌 아동·청소년이 분노한 에피소드 사이에 지속되는 과민성에 근거를 두고 구별된다. DMDD와 양극성장애의 차별화에 대한 추가적인 우려도 제기되었다(Noller, 2016). DMDD와 양극성장애의 진단을 구별하기 위해 주의를 기울여야 하며, 이를 두고 DSM-5에서는 양극성장애가 본질적으로 증상이 일시적인 것에 비해 DMDD는 심각하고 지속적인(비삽화성) 과민성을 보인다고 설명한다(APA, 2013).

또한 청소년기 DMDD에서 성인기 양극성장애로의 전환율이 낮은 것으로 입증된 사실(Agarwal & Tiwari, 2013)을 비롯하여, Wiggins 등(2016)의 연구에서는 DMDD를 지닌 청소년과 양극성장애를 지닌 청소년이 과민성 증상의 신경 메커니즘에서 차이가 있다는 것을 밝히면서 DMDD와 양극성장애가 구분된다는 사실을 뒷받침하였다.

이처럼 DSM-5상에 새로운 정신건강 상태를 개발하는 것과 관련된 비판 외에도 기준 자체에 대한 또 다른 우려가 제기되었다. 그중 하나는 나이 기준과 관련하여 부각된 문제이다. 앞서 언급한 바와 같이 아동·청소년이 6세 이상 18세 미만이어야 진단이 적용되므로 6세 미만의 아동은 제외된다. 대부분의 아동기 장애와 달리, DMDD의 유병률(진단이 아닌 진단 기준에 기초한)은 분노 폭발과 관련된 문제가 더 흔하게 나타나는 미취학 기간에 가장 높은 것으로 밝혀졌다(Copeland et al., 2013; Mayes et al., 2017, 2019). 실제로는 이 연령대에서 진단이 허용되지 않는다는 사실에도 불구하고(진단 기준에 의해), 미취학 아동의 증상 유병률은 나이가 많은 아동의 유병률보다 2~3배 높은 것으로 나타났다. 이 분야의 학자들은 DSM-5의 DMDD 진단에서 이 발달 기간을 제외하는 것에 적절한 타당성을 부여할 수 없다고 지적한다. 이들은 6세 미만 아동에게 DMDD를 신뢰성 있게 진단할 수 있는 경험적 데이터와 DMDD를 가진 어린 청소년과 나이 든 청소년 사이의 유사성을 보여 주는 공존장애 데이터를 제시하였다(Copeland et al., 2013). Wiggins 등(2021)은 이처럼 연령에 따라 진단을 제한하는 방식이 가장 효과적인 조기 개입을 방해할 수 있다는 점에서 실망감을 표하며, 아주 어린 나이에도 정상적인 과민성과 아동의 비정상적인 또는 과도한 과민성을 구별할 수 있다고 주장하였다. DMDD 진단에서 미취학 아동을 제외하는 것에 대한 우려 외에도 Wiggins 등(2021)은 폭발 빈도와 관련된 정량적인 기준이 경험적으로 도출되지 않았다는 점에 주목하였다. 이들은 연구에 기초하여 다음과 같은 근거를 중심으로 DMDD에 대한 초기 아동기 진단 기준을 개발할 것을 권장하였는데, 두 번의 평가 기간에 걸쳐 완화하기 어려운 급속한 발병의 짜증스러운 기분, 그리고 일반적으로 폭발할 만한 것으로 여겨지지 않는 상황에서 나타나는 조절되지 않는 울화행동과 낮은 욕구 좌절 내성 등이다. 요컨대, Mahli와 Bell(2019)은 DMDD의 문제에 대해 "DMDD는 기존 진단상의 혼란을 가중시켰으며 연구자와 임상의가 아동·청소년 과민성의 근본적인 메커니즘에 대해 보다 의미 있게 탐구하는 것을 방해할 수 있다."(p. 706)라고 언급하였다.

DMDD의 증상을 이해하기 위한 노력의 일환으로, Meyers 등(2017)은 여러 영역에 걸친 연구를 분석하고 종합하여 개념화를 제공하였다. 이들에 따르면 DMDD를 가진 아이들은 좌절감에 대한 반응으로 더 높은 수준의 생리적 각성(심박수로 측정)을 경험하고, 이는 다시 분노를 폭발시킨다. 또한 DMDD를 가진 청소년은 변화하는 환경 조건에 적응하는 데 어려움을 겪을 수 있으며, 이는 좌절감을 악화시키고 폭발적인 울화행동의 가능성을 높인다. 게다가 좌절감으로 인하여 편도체 활성화 수준이 증가하면 만성적인 짜증이 나고 DMDD가 있는 아동의 감정 조절 능력이 감소한다. 이러한 감정 조절 장애는 과민성 및 분노한 에피소드를 통제할 수 없는 것과 관련이 있으며(Meyers et al., 2017), Vidal-Ribas 등(2018)의 연구 또한 감정 조절의 결함과 과민성 간의 연관성을 뒷받침한 바 있다. 감정 조절의 어려움은 주의 전환에서의 인지 문제(또는 주의 전환을 할 수 없음) 및/또는 자기조절 전략을 사용하는 능력을 억제하는 언어 발달 문제와 관련될 수 있다. Meyers 등(2017)은 이상과 같이 설명하면서, 아동·청소년의 DMDD와 관련된 증상 및 특성을 정확하게 개념화하기 위해서는 앞서 언급한 모든 영역에서 더 많은 연구가 필요하다고 강조하였다.

다행스럽게도 DMDD의 유병률은 상당히 낮은 것으로 보인다(Copeland et al., 2013; Grau et al., 2017; Lin et al., 2021; Munhoz et al., 2017). Copeland 등(2013)에 따르면, 모든 DMDD 진단 기준을 적용할 때 16세까지 DMDD의 전체 유병률은 약 1%에 이르며, 이는 인구 기반 연구에서 유병률이 0.79%에 달한다는 Grau 등(2017)의 후향적 연구 데이터와 일치하였다. 반면에 DSM-5에서는 DMDD의 1년 유병률이 2%에서 5%라고 보고하였다(APA, 2013). 또한 유병률에 관한 데이터는 나이가 들면서 DMDD의 발현이 감소하며(Bruno et al., 2019; Copeland et al., 2013) 초기 아동기 이후에는 비교적 드물게 발생한다는 것을 보여 주었다(Copeland et al., 2013). 마지막으로, 성별과 관련하여 남성의 유병률이 더 높았으며(APA, 2013; Benarous, Renaud, et al., 2020; Copeland et al., 2013; Lin et al., 2021; Mayes et al., 2019) 최소 1건의 연구에서 진단 비율은 남성 대 여성이 3:1에 이르는 것으로 나타났다. 성별 연구에서 일관적인 결과가 나타남에도 불구하고 소년범을 대상으로 한 연구에서는 여성의 유병률이 더 높았지만, 연구자들은 이러한 차이가 나타난 것을 일반적인 DMDD가 아닌 연구의 특수한 모집단과 관련지어 설명하였다(Mroczkowski et al., 2018).

공존장애와 관련하여 DMDD가 있는 아동·청소년은 전 생애에 걸쳐 여러 문제가 동시에 발생할 위험이 있다(Bruno et al., 2019; Grau et al., 2017; Lin et al., 2021). Bruno 등(2019)에 따르면, DMDD가 있는 대다수의 아동·청소년은 적어도 하나의 다른 정신의학적 장애를 진단받는다. DMDD가 다른 정신건강 진단과 상당히 많은 공존장애를 보이면서, 일부 연구자들은 DMDD가 실제로 별도의 장애인지 아니면 DMDD의 주요 증상을 다른 정신의학적 장애의 명시자로 간주해야 하는지 의문을 제기하였다(Grau et al., 2017). DMDD와 함께 발생하는 가장 일반적인 진단은 적대적 반항장애(ODD), 주의력결핍 과잉행동장애(ADHD) 및 품행장애(CD)를 포함하는 외현화 행동 중심의 진단이다. 또한 Mulraney 등(2016)은 ADHD와 DMDD 모두를 진단받은 아동

Bruno 등(2019)에 따르면 DMDD가 있는 대다수의 아동 · 청소년은 적어도 하나의 다른 정신증적 장애를 진단받는다.

의 89.7%가 ODD 기준을 충족할 수 있고(DSM-5에서는 허용되지 않음), 41%가 불안 기준을 충족한다는 것을 발견하였다. 또한 DMDD가 있는 청소년은 성인기에 불안과 우울증을 모두 경험할 위험이 상당히 높았다(Copeland et al., 2014; Grau et al., 2017). 또한 이들은 흡연, 무방비 상태의 성적 접촉, 낯선 사람과의 성적 접촉, 신체적 다툼, 무단 침입 등을 포함한 고위험 및/또는 불법 활동에 관여할 가능성이 더 큰 것으로 나타났다(Bruno et al., 2019; Copeland et al., 2014). DMDD 아동의 부모는 수면장애를 경험하며(Waxmonsky et al., 2017) 수면 연구에서 상당한 수면분절을 보였지만(Delaplace et al., 2018), 이는 DMDD 자체보다는 다른 행동 문제(과잉행동이나 충동성 같은)에 기인할 수 있다(Waxmonsky et al., 2017). 또한 DMDD가 있는 아동 · 청소년은 DMDD 이외의 정신의학적 진단을 받은 또래와 비교했을 때 자해 행동을 하고 자살 생각을 경험할 가능성이 더 높았다(Althoff et al., 2016; Bruno et al., 2019). DMDD 아동 · 청소년의 자살 시도는 종종 계획되지 않은 경우가 많고 충동적이다(Benarous, Renaud, et al., 2020). 마지막으로, 국립정신건강연구소(NIMH, n.d.)에 따르면 DMDD를 가진 청소년은 일반적인 발달을 보이는 아동 · 청소년에 비해 전반적으로 입원율이 더 높았다.

Copeland 등(2014)은 DMDD 청소년이 성인기에 이르러 심각한 건강 문제, 정서적 고통, 재정적 문제 및 사회적 고립의 심리사회적 결과를 가져올 가능성이 더 높다는 것을 발견하였다. 마찬가지로, 아동기에 DMDD 증상을 경험했다고 보고한 성인은 DMDD 증상으로 어려움을 겪어 본 적이 없는 사람에 비해 자녀가 없고 실업 상태일 가능성이 더 높았다(Grau et al., 2017). 보다 명확히 말하여, 이 연구는 DMDD가 개인의 일상 기능에 평생 지속적으로 부정적인 영향을 미친다는 것을 나타내며 Copeland 등(2014)은 다른 정신과 진단과 비교했을 때 DMDD 청소년에게 나타나는 성인기의 심각한 결과가 더 중대할 수 있다고 추측하였다.

학교기반 수혜자격

DMDD의 정신의학적 특성에 비추어 볼 때, DMDD가 있는 아동 · 청소년이 학교에서 적응 문제를 경험할 가능성은 매우 높다(연구를 통해 명기됨). 학생이 학업적 또는 정서적 요구로 인하여 교육과정을 통해 적절하게 기능하고/또는 발달하는 능력에 손상을 입는 장애 기준을 충족할 경우, 연방법에서는 전문적인 지원을 위한 계획을 제공한다. 「장애인교육법(IDEA)」은 그 범위 내에 있는 13개의 장애 범주를 개략적으로 설명한다(U.S. Department of Education, n.d.). 이

13개 범주 중에서 DMDD가 있는 학생에게 적용될 가능성이 가장 높은 두 가지는 정서장애 또는 기타 건강장애이다. 이러한 범주에는 수혜자격에 대한 특정 기준이 있다. 학교 환경 내에서 이와 같은 장애가 의심되는 경우, 다학제 팀은 아동·청소년이 장애 학생에 해당되는지 여부를 결정한다. 수혜자격 평가는 두 가지 질문에 답하도록 고안되었다. (a) 학생이 13개 범주 중 하나의 기준을 충족하는가? (b) 학생이 교육과정에 충분히 참여하기 위해 특수교육 서비스가 필요하다는 것을 입증하는가?(U.S. Department of Education, n.d.)

정서장애 범주와 관련하여 고려해야 할 기준은 다른 인지적 또는 의학적 상태로 인한 것이 아닌, 교육적 발달의 어려움, 우정을 쌓고 유지하는 것의 어려움, 일반적인 상황에서 적절하지 않은 감정 및 행동 반응, 우울한 기분, 개인적인 문제와 관련하여 나타나는 신체적 증상이다. 이 기준에 따르면, 조현병 진단을 받은 아동·청소년의 경우에는 정서장애 범주에 따라 수혜자격을 부여받지만, 주로 사회적 부적응 행동을 특징적으로 보이는 아동·청소년의 경우에는 정서장애 기준에 따라 서비스에서 제외될 수 있다. 학생은 앞서 언급한 특성 중 하나 이상에 해당하고, 이 특성이 장기간에 걸쳐 교육적 발달을 방해하는 방식으로 지속되어 왔다는 것을 보여 주어야 한다(U.S. Department of Education, n.d.).

DMDD의 사례와 그 증상을 고려할 때 학생은 사회적 관계, 일반적인 상황에서 적절하지 않은 감정 및 행동, 때로는 우울한 기분으로 어려움을 겪을 수 있다. 따라서 팀은 DMDD가 있는 아동·청소년에 대해 질문 (a)에 동의하는 답변을 할 수 있다. 고려해야 할 더 복잡한 질문은 (b)이다. 팀은 특별한 교육적 지원의 필요성을 입증하기 위해 아동의 DMDD 증상이 교육과정을 통해 발달하는 것을 방해하는지 판단할 수 있는 충분한 데이터를 수집해야 한다.

IDEA에 의거하여 특수교육 수혜자격에 대해 고려할 수 있는 두 번째 범주는 기타 건강장애이다. IDEA에 따르면 기타 건강장애는 아동·청소년의 교육 성과에 부정적인 영향을 미치는 "환경적 자극에 대한 높은 경계심을 포함하여 제한된 능력, 활력 또는 각성을 가지는 것"을 의미한다[U.S. Department of Education, n.d., Section 300.8 (c) (9)]. IDEA는 여기에서 고려해야 할 여러 가지 건강 상태를 추가로 명시한다. 여기에는 천식, 당뇨병, 뇌전증, 심장 질환, 혈우병, 납 중독, 백혈병, 신장염, 류마티스 열, 겸상 적혈구 빈혈, 뚜렛증후군 등이 포함된다. DMDD는 이러한 건강 문제 중 하나는 아니지만, 법에서는 기준이 충족되지 않을 경우 다른 진단도 고려해야 한다고 명시하고 있다(U.S. Department of Education, n.d.). 누군가는 DMDD와 관련된 증상을 환경적 자극에 대한 경계심이 높아진 것으로 개념화할 수 있지만, 이러한 경우에도 팀은 DMDD 증상이 교육에 직접적으로 부정적인 영향을 미치는지 여부를 다시 확인해야 한다.

IDEA 규정 외에, 학교에서는 1973년 제정된 「재활법 504조(Section 504 of the Rehabilitation

Act of 1973)」를 통해 DMDD가 있는 학생을 위한 일부 특수교육 서비스 및 지원을 제공할 수 있다. 이 법안은 연방 기금을 받는 모든 서비스 기관에서 장애가 있는 사람이 모든 서비스에 동등하게 접근할 수 있도록 하기 위해서 제정되었다. 공립학교는 「재활법 504조」의 의무가 적용되는 많은 정부 기관 중 하나이다. 「재활법 504조」는 장애가 있거나 장애가 있다고 의심되는 학생이 '한 가지 이상의 주요한 생활 기능을 실질적으로 제한하는 경우' 특별 지원을 받을 수 있음을 나타낸다[Office of Civil Rights, n.d., section 104.3 (2) (iv)]. 주요 생활 기능에는 자기 돌보기, 수작업 수행하기, 걷기, 듣기, 보기, 말하기, 호흡하기, 학습하기 및 일하기가 있다. DMDD의 경우, 학생의 증상이 학습 능력을 제한하는 것으로 나타나면(적절한 평가를 통해) 필요에 따라 학교에서 서비스를 받을 수 있다.

문화적 쟁점

위험요인

대부분의 정신의학적 장애와 마찬가지로, DMDD의 발병 위험은 유전적 조건과 환경적 조건이 결합되었을 가능성이 높다(Bruno et al., 2019; Moore et al., 2019). 그러나 Roberson-Nay 등(2015)은 연구를 통해 과민성(DMDD의 주요 증상)의 발달에는 환경적 위험요인보다 유전적 요인이 더 크다는 것을 발견하였다. 생물학적 요인 중 DMDD를 가진 사람들은 다양한 감정을 묘사하는 얼굴 표정 이미지에 반응하여 편도체가 비정상적으로 활성화(과민성과 일치하는) 되었다(Wiggins et al., 2016). 또한 부모의 우울증 및 기타 형태의 정신장애는 아동·청소년의 DMDD 발병 위험요인으로 지적되어 왔다(Bruno et al., 2019; Matijasevich et al., 2015; Propper et al., 2017; Tufan et al., 2016). 구체적으로, Munhoz 등(2017)은 임신부의 기분 증상과 초기 아동기에 어머니의 우울 증상이, 특히 자녀의 DMDD 발달을 비롯하여 자녀가 보이는 과민성의 심각성과 관련이 있다는 것을 발견하였다. 그러나 Perich 등(2017)과 Propper 등(2017)은 다른 연구에서 짐작했던 것과는 달리, 양극성장애가 있는 부모의 자녀에게서 DMDD의 증거를 찾지 못하였다(Sparks et al., 2014). 아버지의 약물 남용은 자녀의 DMDD 진단과 관련이 있는 것으로 밝혀졌다(Bruno et al., 2019; Dougherty et al., 2014).

대부분의 정신의학적 장애와 마찬가지로, DMDD의 발병 위험은 유전적 조건과 환경적 조건이 결합되었을 가능성이 높다(Bruno et al., 2019; Moore et al., 2019).

환경적 조건과 관련하여 저소득 가정과 한부모 가정(Bruno et al., 2019; Copeland et al., 2013; Mayes et al., 2019) 및 어머니의 교육 수준이 낮은 가정(Lin et al., 2021; Munhoz et al., 2017) 출신의 아동들 사이에서 DMDD의 유병률이 높게 나타났다. 마지막으로, 외상 경험은 정신의학적 장애가 없는 아동·청소년에 비해 DMDD가 있는 청소년 사이에서 유의하게 높은 것으로 보고되었다(Benarous, Renaud, et al., 2020). 전반적으로, Moore 등(2019)은 DMDD 진단의 핵심인 과민성을 발달시키는 데 환경적 조건이 특히 중요하다고 지적하였다.

문화적 고려사항

DMDD가 새로운 진단이라는 것을 감안할 때 현재 DMDD와 관련된 인종, 민족 또는 문화적 쟁점의 영향에 대해서는 알려진 것이 거의 없다. 한 주(州)에 거주하는 메디케이드(Medicaid)의 수혜자를 대상으로 이루어진 대규모 연구에서 연구자들은 DMDD 진단을 받은 아동이 나이가 많고, 흑인이며 남성에다가 시골 출신일 가능성이 더 높다는 사실을 발견하였다. 그러나 이 연구자들은 데이터 세트를 분석할 때 인종 정보를 제공하지 않은 아동은 제외하였으므로, 이러한 점이 인종과 관련된 연구 결과를 왜곡할 수 있다고 지적하였다(Le et al., 2020). Le 등(2020)의 연구 결과와 달리, 다른 연구자들은 인종이 DMDD 증상과 관련이 없다고 추측하였다(Dougherty et al., 2014, 2017; Mayes et al., 2019). DMDD 진단과 관련된 문화적 쟁점이 있는지 확실하게 밝히기 위해서는 더 많은 연구가 필요하다. 그동안 임상가들은 DMDD를 가진 모든 아동·청소년의 평가, 개념화 및 치료에서 문화적 역량을 향상시키기 위해 항상 노력해야 한다.

학교와 가정에서 사회성, 정서 및 행동 기능에 미치는 영향

학교에서의 사회성, 정서 및 행동 기능

DMDD가 있는 아동은 학교에서 현저한 문제를 경험한다(Benarous, Renaud, et al., 2020; Dougherty et al., 2017; Lin et al., 2021; NIMH, n.d.). 여기에는 행동 위반으로 인한 빈번한 정학(Bruno et al., 2019; Copeland et al., 2013; Dougherty et al., 2017)과 또래관계의 어려움(Benarous, Renaud, et al., 2020; Lin et al., 2021)이 포함된다. 실제로, DMDD가 있는 청소년은 다른 정신의학적 장애가 있는 아동·청소년과 비교할 때 또래에게 신체적 및 언어적 공격성을 3~4배 더

> DMDD가 있는 청소년은 다른 정신의학적 장애가 있는 아동 · 청소년과 비교할 때 또래에게 신체적 및 언어적 공격성을 3~4배 더 많이 보이며 일반적으로 발달하는 또래보다 관계적 공격성을 보일 가능성이 더 높았다(Dougherty et al., 2017).

많이 보이며 일반적으로 발달하는 또래보다 관계적 공격성을 보일 가능성이 더 높은 것으로 나타났다(Dougherty et al., 2017). 또한 이 아이들은 또래가 보이는 공격적인 행동의 피해자가 되고(Benarous, Renaud, et al., 2020) 사회적으로 배제될 가능성이 더 큰 것으로 보고되었다(Dougherty et al., 2017). 게다가 DMDD가 있는 아동은 때때로 사회적 상황에서 위축된 모습을 보일 수 있으므로 사회적 거부의 가능성이 높아진다. 이와 같은 모습에 대해서 연구자들은 DMDD가 있는 아동이 사회적 문제에 특히 민감하기 때문일 수 있다고 언급한다(Cimino et al., 2020). 마지막으로, 이러한 또래관계 문제들은 DMDD가 있는 아동이 감정을 인식할 때 직면하는 어려움과 관련이 있을 수 있다. 나이가 들면서 이러한 기술이 향상되는 경향이 있지만, DMDD로 진단받은 아동 · 청소년은 행복한 얼굴을 두려운 것으로 잘못 해석하는 경우가 많다는 것이 연구를 통해 밝혀졌다(Vidal-Ribas et al., 2018).

가정에서의 사회성, 정서 및 행동 기능

DMDD 증상이 있는 아동 · 청소년은 DMDD가 없는 청소년에 비해 가정에서 긴장된 관계를 맺으며 부모 및 형제자매와의 빈번한 갈등, 더 많은 행동 문제가 있는 것으로 밝혀졌다(Bruno et al., 2019; Cimino et al., 2020; Dougherty et al., 2017; Lin et al., 2021; NIMH, n.d.; Uran & Kilic, 2020). 실제로, DMDD가 있는 아동의 부모는 다른 정신의학적 장애가 있는 아동의 부모와 비교했을 때, 자녀가 보이는 반항적인 행동, 과잉행동, 사회적으로 어려움이 있는 행동, 충동적 행동 및 감정적으로 변덕스러운 행동의 수준이 더 높은 것으로 평가하였다(Uran & Kilic, 2020). 일부 연구에 따르면 어머니들은 격정적인 분노 폭발보다 DMDD의 과민성이 더 다루기 힘들게 느껴진다고 보고하였다(Mayes et al., 2017). 또한 DMDD가 있는 자녀를 둔 가족은 다른 정신건강 장애를 가진 자녀를 둔 가족보다 전반적인 기능이 저하되었으며 부모의 이혼율이 더 높았다. Cimino 등(2020)의 연구에서도 DMDD를 가진 아동이 부모와 불안정한 형태의 애착으로 어려움을 겪고 있으며 부모의 민감성과 반응성이 낮다고 평가하는 것으로 나타났다.

Ramires 등(2017)에 따르면 가정에서의 관계 문제는 흔히 DMDD 아동 · 청소년이 스스로에게 문제가 없다고 믿는 것으로부터 비롯된다고 한다. 연구자들은 DMDD를 지닌 청소년이 자주 오해를 받는다고 느끼며 이들에 대한 타인의 잘못된 기대가 가정에서의 갈등과 관련이 있다는 것에 주목한다. 아동은 이러한 믿음에 대해 요구가 많고 반항적인 모습으로 반응한다. 가정의 어른들은 못마땅한 반응을 보이고, 이후 아동은 이러한 상황에서 더 강도 높은 반항으로 대응한다(Ramires et al., 2017). Lin 등(2021)은 이러한 순환을 부각하고, DMDD 진단과 낮은 부모 교육 사이의 관계를 가정하면서 다음과 같이 언급하였다. “학력이 높은 부모에 비해 교육 수준이 낮은 부모는 양육에 일관성이 없을 수 있으며 기술이나 시간이 부족하여 자녀의 분노와 정서적 문제를 효과적으로 관리하는 데 더 큰 어려움을 겪을 수 있다. 그로 인해 아동의 과민성을 악화시킨다.”(p. 490) 따라서 DMDD를 가진 청소년에게는 많은 경우에 양육 기술 개입이 필요하다.

교실에서 학습에 미치는 영향

DMDD가 있는 아동 · 청소년에게는 집행기능의 결함과 학습 문제가 나타난다(Althoff et al., 2016; Benarous, Iancu, et al., 2020; Benarous, Renaud, et al., 2020; Bruno et al., 2019; Dougherty et al., 2017). 또한 Benerous, Bury 등(2020), Benarous, Iancu 등(2020), Benarous, Renaud 등(2020)은 DMDD가 있는 아동 · 청소년 사이에서 쓰기 언어 장애와 감각 처리 장애의 유병률이 상당히 높으며, 이는 학급 성적에 많은 영향을 미칠 것이라고 지적하였다. 감각 처리 문제는 감각을 통해 파생된 정보를 구성하고 이해하는 데 어려움을 가져온다. Sahu 등(2020)은 일반적으로 DMDD가 있는 학생의 학력 저하가 시간이 지남에 따라 감소하는 패턴을 보인다고 말한다. 그러나 일반적으로 발달하는 또래와 비교할 때, DMDD 진단을 받은 아동 · 청소년은 유급되고(Benarous, Renaus, et al., 2020) 특수교육 서비스 대상자가 될(Dougherty et al., 2017) 가능성이 더 높았다. 이러한 결과에도 불구하고 교실에서 DMDD에 대한 이해는 초기 단계 수준에 있다. 진단 자체가 상대적으로 새롭다는 것은 진단의 범주를 충분히 탐구한 연구가 거의 없다는 것을 의미하며 언급된 연구 결과는 종종 하나의(또는 극소수의) 연구에 기반한다는 점에 유의해야 한다. 이 분야에서 대규모로 수행된 연구는 아직 부족한 상황이며 현재 연구들은 메타분석을 하기에 그 수가 충분하지 않다. 따라서 이 장에서 인용된 연구조차도 연구자들이 훨씬 더 깊이 있고 폭넓은 증거기반을 확립할 때까지 주의하여 해석해야 한다.

진단 자체가 상대적으로 새롭다는 것은 진단의 범주를 충분히 탐구한 연구가 부족하다는 것을 의미하며 언급된 연구 결과는 종종 하나의(또는 극소수의) 연구에 기반한다는 점에 유의해야 한다.

학교심리사를 위한 시사점

평가 역할

학교심리사는 IDEA이나 「재활법 504조」와 관련된 평가 작업을 할 때, 추가적인 요구가 있는 학생을 평가하는 과정에서 중요한 역할을 하며 DMDD로 진단될 수 있는 학생의 경우도 마찬가지다. 서비스에 대한 수혜자격을 결정할 때 교직원은 60일의 수업일 동안 모든 평가를 완료하고 자격을 부여하는 지원을 시행한다. 연방법에 따르면, 학교심리사는 다학제 팀의 의무 구성원이 되어야 할(이름을 올릴) 필요는 없지만, 종종 평가 결과를 해석할 수 있는 역할을 위임받아 이를 수행한다. 팀의 다른 구성원으로는 학부모, 일반교육 교사, 특수교육 교사 및 행정 대표자가 있다. 또한 이 법은 장애가 의심되는 모든 영역에서 학생을 평가하도록 요구하기 때문에, 특정 기술을 가진 다른 교직원도 그 과정에 포함될 수 있다.

평가 자체는 본질적으로 다면적이며 학교심리사는 수혜자격 결정에 사용되는 많은 데이터를 수집하는 데 중추적인 역할을 한다. 평가의 출발점은 기존 데이터를 수집하고 검토하는 것이다. 여기에는 출석, 징계, 성적, 표준화 검사 점수와 같은 학교생활 관련 기록을 검토하는 것이 포함된다. 학교에서 다층지원체계(MTSS)를 시행하는 경우, 아동과 관련하여 이전에 실시되었던 모든 개입에 대해 수집하고 분석하여 기록을 검토할 수 있다. 학교 시스템 외부에 존재하는 기록들도 수집하여 평가할 수 있다. DMDD가 있는 학생은 이미 외부 서비스 제공자로부터 치료를 받았을 가능성이 높다. 외부 서비스 제공자 중에는 소아과 의사, 심리학자, 정신건강의학과 의사 및/또는 상담자가 포함될 수 있다. 학교 팀은 자격수혜 절차를 지원하기 위해 이러한 기록에 접근할 수 있도록 학부모에게 서면 허가를 요청할 것이다. 학교심리사가 주도하여 내외부의 기록을 수집하는 것이 일반적이지만 다른 팀원들도 이에 동참할 수 있다.

기존 데이터와 정보 수집 외에도 팀은 의사결정 과정에 도움이 되는 새로운 정보를 찾을 수 있다. 새로 수집할 수 있는 평가 데이터의 출처 중 하나는 면접이다. 팀의 구성원(대개 학교심리사)은 평가 과정과 관련된 아동의 모든 기능 영역에 대해 학부모, 교사 및 학생과 면접한다. 이때 보통 새로운 검사를 실시하며 학교심리사는 이러한 유형의 평가를 수행하는 데 고도의 자격을 갖춘 유능한 팀원이다. DMDD가 있는 학생의 경우, 가정 및 학교에서 다양한 방법으로 아동의 행동을 충분히 탐색하는 것이 필수적이다. 학교심리사는 교사와 학부모 모두에게 학생의 행동과 심리적 기능에 대한 일반적이고 구체적인 평정척도에 응답하도록 안내한다. 팀은 수혜자격을 결정하기 위해 행동기능평가를 실시해야 한다. 행동기능평가는 목표 행동에 대한 다중적이고 체계적인 관찰로 구성된다. 그런 다음, 훈련된 전문가(학교심리사와 같은)는 이러한 관찰을 통해 특정 행동을 유발하는 환경과 행동을 지속시키는 요인을 알아낼 수 있다. 이 과정을 통해 행동 자체에 대한 통찰력을 제공할 뿐만 아니라 향후 개입을 위한 토대를 마련할 수 있다. 마지막으로, 인지 및 학업 요소를 평가할 목적으로 설계되고 개별적으로 관리되는 도구를 사용하여 평가한다. 앞서 언급한 모든 데이터를 수집한 후에, 팀은 DMDD가 있는 아동·청소년을 위한 특수교육 서비스 수혜자격을 결정할 준비를 갖춘다.

옹호 역할

학교심리사는 주어진 역할 범위 내에서 DMDD 아동·청소년의 전반적인 기능을 지원하기 위해 의료 서비스 제공자(학교 시스템 외부)와 협력하도록 요청받을 수 있다. 이러한 협력에는 진단 또는 치료 단계에서 학교에서의 행동에 대한 정보를 제공하는 것(부모의 적절한 허락하에)이 포함될 수 있다. DMDD가 있는 학생은 종종 향정신성 약물을 처방받는 경우가 있기 때문에 학교심리사는 행동상의 필요, 증상 및/또는 약물 진행 모니터링에 대한 객관적인 데이터를 제공할 수 있다.

따라서 학교심리사는 DMDD에 일반적으로 사용되는 약물에 대해 알고 있어야 한다. 미국 식품의약국(FDA) 승인을 받은 DMDD 치료제는 없지만, Tourian 등(2015)은 DMDD의 과민성에 약리학적으로 개입하기 위해서 주로 선택적 세로토닌 재흡수 억제제(SSRIs) 또는 세로토닌-아드레날린 재흡수 억제제(SNRIs)를 통해 치료한다는 점에 주목하였다. 또한 국립정신건강연구소(NIMH)는 각성제가 ADHD 아동·청소년의 과민성을 감소 및/또는 완화하는 데 효과가 있으므로 DMDD를 가진 청소년의 과민성을 해결하기 위해 각성제를 사용할 수 있다고 보고하였다. 결론적으로, 항정신병 약물은 DMDD가 있는 아동의 치료에 성공적으로 사용되고 있다(Averna et al., 2016).

미국 식품의약국(FDA) 승인을 받은 DMDD 치료제는 없지만, Tourian 등(2015)은 DMDD의 과민성에 약리학적으로 개입하기 위해서 주로 선택적 세로토닌 재흡수 억제제(SSRIs) 또는 세로토닌-아드레날린 재흡수 억제제(SNRIs)로 치료한다는 점에 주목하였다.

자문 역할

앞서 언급한 바와 같이 학교심리사는 DMDD가 있는 학생을 위한 행동기능평가 개발에 중요한 역할을 할 수 있다. 이 행동기능평가는 특수교육 서비스에 대한 평가의 맥락에서 활용할 뿐만 아니라, 행동상의 필요성이 확인되는 경우 언제든지 실시할 수 있다. 학교심리사는 개입을 설계하는 과정에서 교사와 협력하고, 행동기능평가에 대한 지식을 기초 삼아 탈선적인 행동을 보다 적응적인 교실 행동과 기능으로 대체하기 위한 증거기반 개입을 선택하고 실행한다. 학교심리사는 교실 환경 내에서 학생의 기능에 대한 심리적인 전문지식을 적용하여 간접 서비스를 제공하므로 이러한 자문 과정은 역동적이고 지속적이다.

상담/치료 역할

학교심리사의 경험을 고려한다면, 이들은 학교에서 DMDD를 가진 아동·청소년에게 상담 및 치료 서비스를 제공하기에 매우 적합하다. DMDD가 있는 학생을 위한 가장 효과적인 접근 방식과 서비스에 대해서는 여전히 많은 연구가 필요하지만, 유사한 행동 징후를 보이는 다른 장애에서 성공적인 것으로 보고된 치료적 개입을 고려해야 한다. 특히 학교심리사는 부모훈련, 인지행동치료(특히 변증법적 행동치료) 및 공격적인 폭발과 과민성을 표적으로 삼는 다른 프로그램에 개입의 초점을 맞추는 것이 도움이 될 것이다. 학교에서 이러한 유형의 심리사회적 개입을 제공한다면 다른 정신의학적 진단을 받은 학생을 통해 입증된 바와 같이, DMDD 아동과 그 가족을 위한 접근성과 개입에 대한 순응도가 높아질 수 있다(Atkins et al., 2006).

교육적 지원

연구자들이 DMDD 아동·청소년의 잠재된 학업적 요구를 계속 조사하고 있지만 강력한 증거기반이 마련될 때까지 이들은 DMDD와 유사한 외현화 행동 문제(ODD와 같은)를 지닌 아동·청소년과 동일한 방식으로 집행기능 기술을 발달시키기 위한 교실 지원 혜택을 받을 가능성이 높다. 집행기능 결함은 주의력, 지시 따르기, 충동조절 및 문제해결과 같은 기술을 손상시키고 학습 환경에서 학업 및 행동 기능 모두에 문제를 일으킨다(Schaeffer et al., 2003). 따라서 학교심리사는 이 영역에서의 긍정적인 변화를 촉진하기 위해 교사가 교실 전략 목록을 개발하는 데 도움을 주어야 한다.

Dawson(2014)에 따르면 집행기능에 어려움이 있는 학생은 교실 내에서 여러 가지 간단한 수정 및 조정을 통해 도움을 받을 수 있다. 구조화된(추상적이거나 개방형이 아닌) 과제를 활용하고,

교실 과제의 시간을 단축하고, 다양한 형식으로 지침을 제공하고, 직접 질문을 사용하면 학업 목표에 집중하고 방해가 되는 생각을 피하는 데 도움이 될 수 있다. 또한 교사를 비롯한 다른 교직원은 아동·청소년의 집행기능 발달을 지원하기 위한 모델 역할을 하고, 조직화 전략을 활용하여 수업에 참여하는 행동을 강화할 수 있다(Dawson, 2014).

또한 DMDD 학생에게 많이 나타나는 폭발적인 행동을 예방하고 대응하는 데 사용되는 기술이 교사(및 학급)에게 도움이 될 수 있다. 예방과 관련하여 McGoey 등(2018)은 교실에서의 기대치(및 규칙을 준수하지 않을 경우의 결과)가 명확해야 한다고 제안한다. 이러한 맥락에서 교사는 질문이 아닌 진술로 아동에게 지시를 내리고, 거절해야 할 때 선택권을 제공하는 방법을 개발해야 한다. 학생이 갑작스러워하거나 놀라지 않도록 전이 시간을 신중하게 계획해야 하며 교실 과제에 참여하고 동기를 유발하도록 설계해야 한다. 마지막으로, 학습 환경 내에서 사회·정서적 기술을 지도하고, 연습하고, 강화해야 한다(McGoey et al., 2018). 앞서 언급한 전략을 일관되게 활용하더라도 교실에서 DMDD 아동이 폭발적인 행동을 할 가능성은 여전히 존재한다. 따라서 연구자들은 효과적인 대응에 대해 제언한다. 이들은 아동이 증상을 보일 때 교사와 학급 구성원이 가능한 한 안전한 범위 내에서 주의를 기울이는 것을 피해야 하며 그 순간에 아동이 원하는 것을 제공하여 폭발을 강화하지 않도록 해야 한다고 말한다. 교사가 침착을 유지하면서 공감하고, 아동을 도와 적절한 시기에 서로의 감정을 전달하는 것이 매우 중요하다(McGoey et al., 2018). 이와 같은 일반적인 제안 외에도, 학교심리사와 협력하여 아동·청소년의 필요에 맞는 행동개입을 설계하는 것이 장기적인 성공을 촉진하며 새롭고 일반화 가능한 기술을 가르치는 데 필수적이다.

학교기반 정신건강 개입과 지원

Roy 등(2014)은 "DMDD는 새로운 진단이기 때문에 적절한 절차를 확립할 수 있도록 정보를 제공하는 임상적 시도가 전무하다."(p. 922)라고 언급하였다. 그간에 학문적 진전이 있기는 하였지만 이러한 발전이 진행되는 속도는 상당히 더딜 수 있다. 그럼에도 불구하고 연구자들은 행동 문제를 보이는 아동을 지원하는 증거기반의 실천을 권장하였으며(NIMH, n.d.; Roy et al., 2014), 이후로 연구에서 DMDD를 가진 아동·청소년에게 효과적인 몇 가지의 치료적 개입이 알려지기 시작하였다. 치료와 관련하여 Rao(2014)는 임상의가 청소년 과민성의 원인(예를 들어, 가족, 사회 또는 학교)을 탐색하여 필요에 맞게 치료를 적절히 조정해야 한다고 권장하였다. 그러나 Rao

는 많은 DMDD 아동 · 청소년이 촉발요인에 비해 너무 과도한 폭발적 행동을 보이기 때문에 긍정적인 변화를 위해서는 다양한 형태의 치료가 필요할 수 있다고 권고하였다. 따라서 Bruno 등(2019)은 DMDD 아동 · 청소년의 치료에서 행동적 치료 유형과 부모 교육의 중요성을 강조하였다. 마지막으로, 국립정신건강연구소(NIMH, n.d.)는 분노 폭발이 줄어들고 나면 불안 및 우울 증상이 증가할 수 있으므로 시간이 지남에 따라 치료법에 변화가 필요하다고 지적하였다.

DMDD 아동 · 청소년을 위한 부모 교육은 증상 개선에 효과적인 것으로 나타났으며(Byrne & Connon, 2021; Noller, 2016), Baweja 등(2016)은 DMDD와 ODD 간에 유사성이 있고 부모훈련을 통해 적대적인 증상이 감소하는 효과가 입증되었으므로 DMDD 아동을 위한 부모훈련이 포함되어야 한다고 언급하였다. DMDD 집단을 대상으로 한 예비 연구에서 부모는 자녀의 친사회적 행동, 공격성 및 행동 문제가 개선되었다고 인지하였지만, 이 개입을 통해 과민성이 감소했다고 보고하지는 않았다. DMDD에 대한 증거기반을 확립하기 위해서는 더 많은 연구가 필요하지만, 부모 교육은 효과성 면에서 믿을 만하다. 부모는 부모 교육을 통해 극단적인 행동을 유발하는 요인을 인식하고 이러한 요인을 피할 수 있는 방법을 학습한다. 또한 부모는 예측 가능한 일정과 일관된 기대치를 적용하여 구조화된 환경을 제공하는 기술을 습득한다.

> DMDD가 있는 아동 · 청소년을 위한 부모 교육은 증상 개선에 효과적인 것으로 나타났다(Byrne & Connon, 2021; Noller, 2016).

이 분야의 전문가들은 과민성(DMDD에서 보이는 것과 같은)을 지닌 아동이 대개 인지행동치료에 수용적이라고 말한다(Linke et al., 2020; Mikita & Stringaris, 2013; NIMH, n.d.; Noller, 2016). 인지행동치료에서 대처기술과 분노 관리는 DMDD가 있는 아동 · 청소년에게 필수적인 구성 요소이다. 또한 Moore 등(2019)은 과민성 증상을 대상으로 하는 치료 계획에 노출 치료를 포함할 것을 권장한다. 아동은 노출 치료를 통해 대처기술을 연습하고 욕구 좌절 내성을 향상시키기 위해 점점 더 좌절감을 일으키는 상황에 노출될 것이다. 사례 연구에서는 DMDD가 있는 아동에게 인지행동치료를 사용하여 분노, 공격성 및 과민성 증상을 개선하도록 지원하였다. 학교심리사는 학교에서 심리교육, 이완 훈련, 분노 유발 요인 확인, 사회적 문제해결, 의도 재구성, 사회적 기술, 갈등 해결, 부모훈련 등의 전략을 사용할 수 있다(Tudor et al., 2016).

학교심리사가 치료적 개입에 참여할 때 인지행동치료의 한 가지 유형인 변증법적 행동치료를 적용하는 것이 아동의 DMDD 증상을 빠르게 감소시킨다는 연구 결과에 주목해야 한다(Gholipour et al., 2015; Perepletchikova et al., 2017; NIMH, n. d.). 변증법적 행동치료는 내담자가 변화 전략과 수용 전략 사이에서 균형을 이루도록 한다. 이 치료는 아동과 초기 청소년이 자신의 감정과 기분을 조절하는 기술 목록을 만들도록 돕는 데 중점을 둔다. 변증법적 행동치료는 마음챙김 수련의 측면을 통합하면서 인지행동치료의 전통적인 전략을 활용한다. 또한 긍정적인 변화를 촉진하기 위해 부적응적 행동을 분석하는 것을 강조한다(Dimeff & Linehan, 2001).

개별적인 정신건강 지원 외에도, 학교는 DMDD와 관련하여 위험한 행동을 보이는 학생에게 다층지원체계(MTSS)를 통해 몇 가지 집단 개입을 제공할 수 있다. Boxmeyer 등(2018)에 따르면, 분노와 공격성 문제가 있는 학생을 대상으로 가능성을 보여 준 세 가지 개입은 패스트 트랙 프로그램(Fast Track program; Bierman & Greenberg, 1996), 분노 대처 프로그램(Anger Coping Program; Lochman et al., 2008) 및 대처 능력 프로그램(Coping Power Program; Lochman & Wells, 2003)이다. 패스트 트랙 프로그램은 학교에서의 회기와 함께 가정 방문 및 양육 훈련과 같은 학교 외부 요소를 통해 전반적인 사회성 기술 훈련을 목표로 설정한다. 분노 대처 및 대처 능력 프로그램은 학교 내에서 구조화된 집단 수업을 통해 문제해결 및 분노 관리 기술을 학습하도록 구성되었다. 또한 대처 능력 프로그램은 그 과정에 학부모 집단을 포함시킨다. 이와 같은 개입 외에도 학교는 직접적인 교육이 필요한 학생을 위해 이러한 기술을 명시적으로 가르치고 강화하는 종합적인 사회·정서적 학습 프로그램을 제공할 수 있다.

비록 현재는 DMDD에 대한 구체적인 증거기반이 빈약할 수 있지만, DMDD를 가진 사람들에게서 자주 나타나는 심각한 결과를 예방하고 아동·청소년의 긍정적인 발달을 지원하기 위한 개입이 필요하다는 것은 분명하다. 학교와 학교심리사는 유사한 진단을 받은 아동에게 효과적인 것으로 입증된 정신건강 지원을 활용하여 어려운 증상을 다루고, 학습 환경에서 DMDD 아동·청소년이 보다 적응적인 기술을 형성하는 것에 도움을 준다.

사례 연구 Luke: 파괴적 기분조절부전장애가 있는 백인 남아의 사례

배경

Luke는 부모와 함께 사는 8세 소년이다. 그의 부모는 더 이상 Luke의 '폭발적이고 파괴적인' 행동에 대처하는 방법을 모르겠다고 말한다. 부모는 Luke가 하루에도 몇 번씩 10분 정도 지속되는 분노 폭발을 보이며, 그보다 더 격렬한 30분간의 폭발이 일주일에 여러 번 발생하는데, 그러는 동안 신체적으로 공격적인 모습을 보인다고 하였다. Luke의 방에는 그가 벽을 발로 차고, 주먹으로 때리고, 가구를 집어던지는 바람에 여러 개의 구멍이 뚫려 있다. 복도도 엉망진창이 되었다. Luke가 '격렬한 분노'를 보일 때 부모는 그를 진정시키고 스스로를 다치게 하거나 집을 망가뜨리게 하지 않도록 애를 쓴다. 이 과정에서 Luke 때문에 부모의 팔과 다리에 멍이 드는 경우가 많다. 어머니는 Luke의 폭발과 악담 때문에 가족들이 더 이상 교회 예배에 참석하지 않는다고 말하였다. 그의 어머니는 Luke와 공공장소에 함께 있을 면목이 없다고 하였다.

Luke의 부모는 Luke가 항상 힘든 아이였다고 말하였다. Luke에게는 영아 산통이 있었고 밤에는 거의 잠을 자지 못하였다. 부모는 Luke가 평소에 거의 하루 종일 화를 내고 불평을 한다고 계속해서 말하였다. Luke는 투덜거릴 때 불안해 보이고 다른 사람들과 함께 있고 싶어 하지 않는다. 그의 부모는 Luke에게 친구가 없다고 말하였다. 부모는 Luke가 아이들과 함께 놀 수 있도록 다른 부모와 놀이 약속을 하고 만나 보았지만 몇 번의 폭발 후에는 그럴 가치가 없다고 생각하였다. Luke는 다른 사람들과 놀 때 적대적인 모습을 보였다. Luke는 다른 사람들이 자신을 좋아하지 않는다고 믿는다. 한 번은 킥볼 경기에서 Luke가 부모에게 "사람들이 나에게 못된 행동을 해요."라고 말하였고, 모두가 경기 중에 Luke를 내보내고 싶어 했다. Luke는 아무도 자신을 좋아하지 않으며 부모도 자신을 사랑하지 않는다는 부정적인 생각을 표현해 왔다. 부모가 재미있는 활동을 제안하여 Luke를 격려하려고 하면 그는 혼자 있게 해 달라고 요구하며 톡 쏘아 댔다. Luke가 학교에 입학하자, 숙제가 Luke와 부모 사이에서 끊임없는 싸움거리가 되면서 가정에서의 폭발과 비순응적인 태도는 더 늘어났다.

학교에서 Luke는 계속해서 방해가 되었으며, 집중하고, 지시를 따르고, 수업과제를 완료하는 데 어려움을 겪었다. Luke는 쉽게 지루해진다고 말하였다. 교사는 그가 수시로 어떠한 일도 하기를 거부하고 수업에 방해가 된다고 말하였다. Luke는 2학년이다. 그는 IDEA에 따라 정서장애가 있는 것으로 판별되었다. 학교에서는 Luke와 항상 함께 생활할 보조원을 배정하였다. Luke는 하루 종일 따라야 할 행동 계획을 가지고 있다. 지난 1년 동안 Luke는 학교 비품을 부수고 학생과 교직원을 포함한 사람들에게 폭력을 행사하여 여러 차례 귀가 조치와 네 번의 정학 처분을 받았다. 학교는 Luke의 행동이 장애 때문이라는 것을 알지만 안전상의 이유로 그를 내보냈다. Luke는 책상, 의자, 책을 던졌다. 한 번은 교장이 Luke를 제지하려고 시도하는 동안 정강이를 여러 번 걷어차였다. 교사들은 Luke가 갑작스러운 기분 변화와 행동 악화 문제를 극복하기만 한다면 기본적으로 명석한 학생이라고 평가하였다. 교직원이 Luke의 행동에 대처할 때, 그는 자주 수업을 놓치고 학업적으로 어려움을 겪는다. 시간이 지날수록 Luke의 학업 성취는 낮아졌다. 교사들은 Luke의 상태가 가장 좋은 날에도 그가 종종 짜증을 내고 동요하는 것처럼 보였고 거의 웃지 않거나 행복해 보이지 않았다고 말하였다. 교사들은 Luke의 폭발을 피하기 위해 갈수록 그에게 학업적 요구를 줄여 갔다.

논의

Luke의 분노 폭발은 빈번하고(적어도 일주일에 세 번), 심각하고, 격정적이어서 가정과 학교에서 손상을 야기한다. 폭발적인 증상이 나타나는 사이에 Luke의 기분은 만성적으로 짜증이 나고 언짢다. 이러한 증상은 몇 년 동안 개선되지 않고 지속되어 왔다. Luke는 DMDD의 기준에 부합한다. 그는 이미 정서장애 범주에 따라 특수교육을 받고 있다. 다학제 팀은 모든 요구 사항이 다뤄지고 개입이 충실하게 적용되고 있는지 확인하기를 원할 수 있다. 서비스의 초점은 출석, 징계, 성적, 교실 관리, 사회적 참여, 과제 완료 및 필요한 기타 영역에 맞춰야 한다. 논쟁의 여지가 있는 진단임에도 불구하고, 대부분의 팀원은 정신의학적 평가를 위한 의뢰가 적절할 것이라는 데 동의한다. 의료 서비스가 제공되는 경우, 학교심리사는 옹호 역할을 위해 서비스 제공자와 협력할 수 있다. 학교심리사는 DMDD가 있는 아동·청소년의 전반적인 기능을 지원하기 위해 의료 서비스 제공자(학교 시스템 외부)에게 협조할 수 있다. DMDD가 있는 학생의 행동기능평가를 개발하기 위한 자문 역할 업무가 있을 것이다. Luke에게는 행동 계획이 있지만, 이 계획이 그가 필요로 하는 사항을 적절하게 다루고 있는지 확인하기 위해 재평가해야 한다. Luke는 교실에서 자신의 행동을 바람직하게 조성하기 위해서 특정한 긍정적 행동에 대해 보상을 받아야 한다. Luke가 일으키는 폭발은 집과 학교에서 받는 요구를 회피하기 위한 수단이 되었다. 교사와 부모는 관리 교육 및 모델링을 통해 효과적인 의사소통과 훈육을 강화하는 특정한 전략을 얻는 데 도움을 받을 수 있다. 학업 성취에 초점을 맞추는 것은 Luke가 학교 공부에 참여하려는 동기를 유지하는 데 도움이 될 것이다.

학교심리사의 훈련과 경험을 고려한다면, 이들은 학교 환경에서 DMDD 아동·청소년에게 상담 및 치료 서비스를 제공하는 데 비길 바 없이 적합하다. 강력한 인지행동 또는 현실 기반 치료는 공격적인 폭발과 과민성에 효과적인 것으로 나타났다. Luke는 자신의 기분을 더 잘 조절하고 욕구 좌절 내성을 향상시키는 방법을 배울 수 있다. 그는 자신의 분노를 조절하고 적대적인 반응을 일으키는 왜곡을 식별하여 새로운 이름을 붙이는 대처기술을 배울 수 있다.

Luke의 행동은 대처하기 매우 어렵다. 일반적으로 사람들은 공격적이고 적대적인 행동에 대해 공감적으로 돌보는 반응을 보이지 않는다. 부모를 비롯하여 Luke와 함께 일하는 사람들은 정보를 제공하는 지지 집단으로부터 도움을 받을 수 있으며 이들이 좌절감을 발산하고 필요한 기술과 지원을 얻는 기회를 마련할 수 있다. 가족과 학교 간의 명확하고 솔직한 의사소통은 치료 전반에 걸쳐 매우 중요하다.

핵심 요약

- DMDD는 DSM-5의 새로운 장애이다.
- DMDD의 가장 일반적인 증상은 분노 삽화 사이에 지속적인 과민성을 동반하는 현저한 행동 폭발이다.
- DMDD의 발달은 유전적 및 환경적 위험요인 모두와 관련이 있다.
- 연구를 통해 아직 명확하게 입증되지는 않았지만, DMDD가 있는 아동 · 청소년은 집행기능 결함으로 어려움을 겪을 수 있다.
- 학교심리사는 DMDD가 있는 학생의 필요를 지원하기 위해 평가, 옹호, 자문, 상담/치료를 포함하는 여러 역할과 기능을 할 수 있다.
- 부모 교육 및 인지행동치료의 형태는 DMDD 치료에 효과적일 수 있지만 현재로서는 증거기반이 빈약하다.

연습문제

1. DMDD로 진단되는 연령대는 어느 것인가?

   a. 3~12

   b. 6~12

   c. 6~18

   d. 12~18

2. DMDD에서 과민성은 일시적이다.

   a. 참

   b. 거짓

3. DMDD와 ODD를 함께 진단할 수 있다.

   a. 참

   b. 거짓

4. 다음 중 아동 · 청소년의 DMDD 발달과 관련이 없는 것은?

   a. 빈곤

   b. 외상

   c. 부모의 우울증

   d. 형제간의 갈등

5. 변증법적 행동치료는 인지행동 전략과 마음챙김 수련을 결합한다.

   a. 참

   b. 거짓

정답 1)c, 2)b, 3)b, 4)d, 5)a

토의질문

1. DMDD에 대한 DSM-5 진단 기준을 설명하시오.
2. DMDD 진단이 DSM-5용으로 개발된 이유를 설명하시오.
3. 기타 건강장애 범주에서 IDEA의 수혜자격 기준을 요약하시오.
4. DMDD가 있는 아동 또는 청소년이 또래관계에서 어떤 어려움을 경험할 수 있는지 설명하시오.
5. 부모 교육이 DMDD를 가진 아동 청소년에게 적절한 개입이 될 수 있는 이유를 논하시오.

● 추가 정보

American Academy of Child & Adolescent Psychiatry Disruptive Mood Dysregulation Disorder: www.aacap.org/AACAP/Families_and_Youth/Facts_for_Families/FFF-Guide/Disruptive-Mood-Dysregulation-Disorder-_DMDD-_110.aspx

Disruptive Mood Dysregulation Disorder Tips for Educators. https://disruptivemooddysregulation.weebly.com/tips-for-educators.html

Merck Manual Depression and Mood Dysregulation Disorer in Children and Adolescents: www.merckmanuals.com/home/children-s-health-disorders-in-children-and-adolescents/depression-and-mood-dysregulation-disorder-in-children-and-adolescents

National Alliance on Mental Illness Beyond Growing pains: Children and Adolescents: www.nami.org/Blogs/NAMI-Blog/June-2018/Beyond-Growing-Pains-Children-and-Mood-Disorders

National Institute of Mental Health Disruptive Mood Dysregulation Disorder. www.nimh.nih.gov/health/topics/disruptive-mood-dysreulation-disorder-dmdd/disruptive-mood-dysregulation-disorder

National Institue of Mental Health Disruptive Mood Dysregulation Disorder: The Basics: www.nimh.nih.gov/sites/default/files/documents/health/publications/disruptive-mood-dysregulation-disorder/20-mh-2119-dmdd.pdf

Stanford Children's Health Mood Disorders in Teens: www.stanfordchildrens.org/en/topic/default?id=overview-of-mood-disorders-in-children-and-adolescents-90-P01634

● 핵심 참고문헌

American Psychiatric Association. (2013). *Diagnostic and statistical manual of mental disorders* (5th ed.).

Benarous, X., Renaud, J., Breton, J. J., Cohen, D., Labelle, R., & Guile, J. (2020). Are youths with disruptive mood dysregulation disorder different from youths with major depressive disorder or persistent depressive disorder? *Journal of Affective Disorders, 265*, 207-215. https://doi.org/10.1016/j.jad.2020.01.020

Bruno, A., Celebre, L., Torre, G., Pandolfo, G., Mento, C., Cedro, C., Zoccali, R. A., & Muscatello, M. R. A. (2019). Focus on disruptive mood dysregulation disorder: A review of the literature. *Psychiatry Research, 279*, 323-330. https://doi.org/10.1016/j.psychres.2019.05.043

Copeland, W. E., Angold, A., Costello, J. E., & Egger, H. (2013). Prevalence, comorbidity, and correlates of

DSM-5 proposed disruptive mood dysregulation disorder. *American Journal of Psychiatry, 170*(2), 173–179. https://doi.org/10.1176/appi.ajp.2012.12010132

Dougherty, L. R., Smith, V. C., Bufferd, S. J., Carlson, G. A., Stringaris, A., Leibenluft, E., & Klein, D. N. (2014). DSM-5 disruptive mood dysregulation disorder: Correlates and predictors in young children. *Psychological Medicine, 44*(11), 2339–2350. https://doi.org/10.1017%2FS0033291713003115

Grau, K., Plener, P. L, Hohmann, S., Fegert, J. M., Brahler, E., & Straub, J. (2017). Prevalence rate and course of symptoms of disruptive mood dysregulation disorder (DMDD). *Kinder-und Jugenpsychiatric und Psychotherapie, 46*(1), 29–38. https://doi.org/10.1024/1422-4917/a000552

McGoey, K. E., Dreste, T., & Quinn, C. (018). Temper tantrums: Helping handout for school and home. In G. G. Bear & K. M. Minke (Eds.), Helping handouts: Supporting students at school and home. National Association of School Psychologists.

Meyers, E., DeSerisy, M., & Roy, A. K. (2017). Disruptive mood dysregulation disorder (DMDD): An RDoC perspective. *Journal of Affective Disorders, 216*, 117–122. http://doi.org/10.1016/j.jad.2016.08.007

Moore, A. A, Lapato, D. M., Brotman, M. A., Leibenluft, E., Aggen, S. H., Hettema, J. M., York, T. P., Silberg, J. L, & Roberson-Nay, R. (2019). Heritability, stability, and prevalence of tonic and phasic irritability as indicators of disruptive mood dysregulation disorder. *Journal of Child Psychology and Psychiatry, 60*(9), 1032–1041. https://doi.org/10.1111/jcpp.13062

U.S. Department of Education. (n.d.). Individuals with Disabilities Education Improvement Act. https://sites.ed.gov/idea

참고문헌

Agarwal, V., & Tiwari, R. (2013). Evolution and concept of DSM-5 disruptive mood dysregulation disorder. *Journal of Indian Association for Child and Adolescent Mental Health, 9*(4), 96–101. https://www.jiacam.org/ojs/index.php/JIACAM/article/view/151

Althoff, R. R., Crehan, E. T., He, J., Burstein, M., Hudziak, J. J., & Merikangas, K. M. (2016). Disruptive mood dysregulation disorder at ages 13–18: Results from the National Comorbidity Survey - Adolescent Supplement. *Journal of Child and Adolescent Psychopharmacology, 26*(2), 1–7. https://doi.org/10.1089/cap.2015.0038

American Psychiatric Association. (2013). *Diagnostic and statistical manual of mental disorders* (5th ed.). https://doi.org/10.1176/appi.books.9780890425596

Atkins, M. S., Frazier, S. L., Birman, D., Adil, J. A., Jackson, M., Graczyk, P. A., Talbott, E., Farmer, A. D., Bell, C. C., & McKay, M. M. (2006). School-based mental health services for children living in high poverty urban communities. *Administration and Policy in Mental Health and Mental Health Services Research, 33*(2), 146–159. https://doi.org/10.1007/s10488-006-0031-9.

Averna, R., D'Agati, E., & Vicari, S. (2016). Low-dose aripiprazole monotherapy in a young child with disruptive mood dysregulation disorder. *Therapeutic Advances in Psychopharmacology, 6*(2), 149-151. https://doi.org/10.1177%2F2045125315591927

Axelson, D. (2013). Taking disruptive mood dysregulation disorder out for a test drive. *American Journal of Psychiatry, 170*(2), 136-139. https://doi.org/10.1176/appi.ajp.2012.12111434

Baweja, R., Mayes, S. D., Hameed, U., & Waxmonsky, J. G. (2016). Disruptive mood dysregulation disorder. Current insights. *Neuropsychiatric Disease and Treatment, 12*, 2115-2124. https://doi.org/10.2147/NDT.S100312

Benarous, X., Bury, V., Lahaye, H., Desrosiers, L., Cohen, D., & Guile, J. (2020). Sensory processing difficulties in youths with disruptive mood dysregulation disorder. *Frontiers in Psychiatry, 11*, 164. https://doi.org/10.3389/fpsyt.2020.00164

Benarous, X., lancu, C., Guile, J., Consoli, A., & Cohen, D. (2020). Missing the forest for the trees? A high rate of motor and language impairments in disruptive mood dysregulation disorder in a chart review of inpatient adolescents. European Child & Adolescent Psychiatry. https://doi.org/10.1007/s00787- 020-01636-y

Benarous, X., Renaud, J., Breton, J. J., Cohen, D., Labelle, R., & Guile, J. (2020). Are youths with disruptive mood dysregulation disorder different from youths with major depressive disorder or persistent depressive disorder? *Journal of Affective Disorders, 265*, 207-215. https://doi.org/10.1016/j.jad.2020.01.020

Bierman, K. L, & Greenberg, M. T. (1996). Social skills training in the Fast Track Program. In R. D. Peters & R. J. McMahon (Eds.), *Preventing childhood disorders, substance abuse, and delinquency* (pp. 65-89). SAGE Publications. https://doi.org/10.4135/9781483327679.n4

Boxmeyer, C., Barry, T., Lochman, J., & Powell, N. (2018). Anger and aggression: Helping handout for school. In G. G. Bear and K. M. Minke (Eds.), Helping handouts: Supporting students at school and home. National Association of School Psychologists. Bruno, A., Celebre, L, Torre, G., Pandolfo, G., Mento, C., Cedro, C., Zoccali, R. A., & Muscatello, M. R. A. (2019). Focus on disruptive mood dysregulation disorder: A review of the literature. *Psychiatry Research, 279*, 323-330. https://doi.org/10.1016/j.psychres.2019.05.043

Byrne, G., & Connon, G. (2021). The use of standard parent management training in addressing disruptive mood dysregulation disorder: A pilot study. Journal of Contemporary Psychotherapy. https://doi.org/10.1007/s10879-021-09489-5

Chen, J., Wang, Z., & Fang, Y. (2016). The history, diagnosis and treatment of disruptive mood dysregulation disorder. *Shanghai Archives of Psychiatry, 28*(5), 289-293. http://doi.org/10.11919/j.issn.1002-0829.216071]

Cimino, S., Carola, V., Cerniglia, L, Bussone, S., Bevilacqua, A., & Tambelli, R. (2020). The u-opioid receptor gene A118G polymorphism is associated with insecure attachment in children with disruptive mood dysregulation disorder and their mothers. *Brain and Behavior, 10*(7), e01659. https://doi.org/10.1002/brb3.1659

Coccaro, E. (2018). DSM-5 intermittent explosive disorder. Relationship with disruptive mood dysregulation disorder. *Comprehensive Psychiatry, 84*, 118-121. https://doi.org/10.1016/j.comppsych.2018.04.011

Copeland, W. E., Angold, A., Costello, J. E., & Egger, H. (2013). Prevalence, comorbidity, and correlates of DSM-5 proposed disruptive mood dysregulation disorder. *American Journal of Psychiatry, 170*(2), 173-179. https://doi.org/10.1176/appi.ajp.2012.12010132

Copeland, W. E., Shanahan, L, Egger, H., Angold, A., & Costello, J. E. (2014). Adult diagnostic and functional outcomes of DSM-5 disruptive mood dysregulation disorder. *American Journal of Psychiatry, 171*(6), 668-674. https://doi.org/10.1176/appi.ajp.2014.13091213

Dawson, P. (2014). Best practices in assessing and improving executive skills. In P. L. Harrison & A. Thomas (Eds.), *Best practices in school psychology: Student-level services*. National Association of School Psychologists.

Delaplace, R., Garny de La Riviere, S., Bon Saint Come, M., Lahaye, H., Popov, I., Rey, N., Visticot, N., & Guile, J. M. (2018). Sleep and disruptive mood dysregulation disorder: A pilot actigraphy study. *Archives de Pediatrie, 25*, 303-308. https://doi.org/10.1016/j.arcped.2018.05.003

Dimeff, L., & Linehan, M. M. (2001). Dialectical behavior therapy in a nut shell. *California Psychologist, 34*, 10-13. https://www.ebrightcollaborative.com/uploads/2/3/3/9/23399186/dbtinanutshell.pdf

Dougherty, L. R., Barrios, C. S., Carlson, G. A., & Klein, D. N. (2017). Predictors of later psychopathology in young children with disruptive mood dysregulation disorder. *Journal of Child and Adolescent Psychopharmacology, 27*(5), 396-402. https://doi.org/10.1089/cap.2016.0144

Dougherty, L. R., Smith, V. C., Bufferd, S. J., Carlson, G. A., Stringaris, A., Leibenluft, E., & Klein, D. N. (2014). DSM-5 disruptive mood dysregulation disorder: Correlates and predictors in young children. *Psychological Medicine, 44*(11), 2339-2350. https://doi.org/10.1017%2FS0033291713003115

Gholipour, S. I., Zamani, S., Jahangiri, A. H., Imani, S., & Zamani, N. (2015). The effectiveness of impulse control and dialectical behavior therapy training on impulsivity, lack of motor and cognitive planning in adolescent girls with disruptive mood dysregulation disorder. *Journal of Thought and Behavior in Clinical Psychology, 35*(10), 7-16. https://jtbcp.riau.ac.ir/article_111_25.html?lang=en

Grau, K., Plener, P. L, Hohmann, S., Fegert, J. M., Brahler, E., & Straub, J. (2017). Prevalence rate and course of symptoms of disruptive mood dysregulation disorder (DMDD). *Kinder-und Jugenpsychiatric und Psychotherapie, 46*(1), 29-38. https://doi.org/10.1024/1422-4917/a000552

Le, J., Feygin, Y., Creel, L., Lohr, W. D., Jones, V. F., Williams, P. G., Myers, J. A., Pasquenza, N., & Davis, D. W. (2020). Trends in diagnosis of bipolar and disruptive mood dysregulation disorders in children and youth. *Journal of Affective Disorders, 264*, 242-248. https://doi.org/10.1016/j.jad.2019.12.018

Lin, Y., Tseng, W., & Gau, S. S. (2021). Psychiatric comorbidity and social adjustment difficulties in children with disruptive mood dysregulation disorder. A national epidemiological study. *Journal of Affective Disorders, 281*, 485-492. https://doi.org/10.1016/j.jad.2020.12.039

Linke, J., Kircanski, K., Brooks, J., Perhamus, G., Gold, A. L., & Broman, M. A. (2020). Exposure-based cognitive-behavioral therapy for disruptive mood dysregulation disorder. An evidence-based case study. *Behavior Therapy, 51*(2), 320-333. https://doi.org/10.1016/j.beth.2019.05.007

Lochman, J. E., Curry, J. F., Dunn, H., & Ellis, M. (2008). The Anger Coping Program: An empirically supported treatment for aggressive children. *Residential Treatment for Children and Youth, 18*(3), 63-73. https://doi.org/10.1300/J007v18n03_06

Lochman, J. E., Evans, S. C., Burke, J. D., Roberts, M. C., Fite, P. J., Reed, G. M., de la Pena, F. R., Matthys, W., Ezpeleta, L, Siddiqui, S., & Garralda, M. E. (2015). An empirically-based alternative to DSM-5's disruptive mood dysregulation disorder for ICD-11. *World Psychiatry, 14*(1), 30-33. https://doi.org/10.1002/

wps.20176

Lochman, J. E., & Wells, K. C. (2003). Effectiveness of the coping power program and of classroom intervention with aggressive children: Outcomes at a 1-year follow-up. *Behavior Therapy, 34*(4), 493-515. https://doi.org/10.1016/S0005-7894(03)80032-1

Mahli, G. S., & Bell, E. (2019). Fake views: DMDD, indeed! *Australian & New Zealand Journal of Psychiatry, 53*(7), 706-710. https://doi.org/10.1177%2F0004867419863162

Matijasevich, A., Murray, J., Cooper, P. J., Anselmi, I., Barros, A. J., Barros, F. C., & Santos, I. S. (2015). Trajectories of maternal depression and offspring psychopathology at 6 years: 2004 Pelotas cohort study. *Journal of Affective Disorders, 174*, 424-431. https://doi.org/10.1016/j.jad.2014.12.012

Mayes, S. D., Calhoun, S. L, Waxmonsky, J., Kokotovich, C., Baweja, R., Lockridge, R., & Bixler, E. O. (2019). Demographic differences in disruptive mood dysregulation disorder symptoms in ADHD, autism, and general population samples. *Journal of Attention Disorders, 23*(8), 849-858. https://doi.org/10.1089/cap.2015.0074

Mayes, S. D., Kokotovich, C., Mathiowetz, C., Baweja, R., Calhoun, S. L., & Waxmonsky, J. (2017). Disruptive mood dysregulation disorder symptoms by age in autism, ADHD, and general population samples. *Journal of Mental Health Research in Intellectual Disabilities, 10*(4), 345-359. https://doi.org/10.1080/19315864.2017.1338804

Mayes, S. D., Mathiowetz, C., Kokotovich, C., Waxmonsky, J., Baweja, R., Calhoun, S. L., & Bixler, E. O. (2015). Stability of disruptive mood dysregulation disorder symptoms (irritable-angry mood and temper outbursts) throughout childhood and adolescence in a general population sample. *Journal of Abnormal Child Psychology, 43*, 1543-1549. https://doi.org/10.1007/s10802-015-0033-8

Mayes, S. D., Waxmonsky, J., Calhoun, S. L., Kokotovich, C., Mathiowetz, C., & Baweja, R. (2015). Disruptive mood dysregulation disorder (DMDD) symptoms in children with autism, ADHD, and neurotypical development and impact of co-occurring ODD, depression, and anxiety. *Research in Autism Spectrum Disorders, 18*, 64-72. http://doi.org/10.1016/j.rasd.2015.07.003

McGoey, K. E., Dreste, T., & Quinn, C. (018). Temper tantrums: Helping handout for school and home. In G. G. Bear & K. M. Minke (Eds). Helping handouts: Supporting students at school and home. National Association of School Psychologists.

Meyers, E., DeSerisy, M., & Roy, A. K. (2017). Disruptive mood dysregulation disorder (DMDD): An RDOC perspective. *Journal of Affective Disorders, 216*, 117-122. http://doi.org/10.1016/j.jad.2016.08.007

Mikita, N., & Stringaris, A. (2013). Mood dysregulation. *European Journal of Child & Adolescent Psychiatry, 22*(Suppl. 1), s11-s16. https://doi.org/10.1007/s00787-012-0355-9

Moore, A. A., Lapato, D. M., Brotman, M. A., Leibenluft, E., Aggen, S. H., Hettema, J. M., York, T. P., Silberg, J. L, & Roberson-Nay, R. (2019). Heritability, stability, and prevalence of tonic and phasic irritability as indicators of disruptive mood dysregulation disorder. *Journal of Child Psychology and Psychiatry, 60*(9), 1032-1041. https://doi.org/10.1111/jcpp.13062

Moreno, C., Laje, G., Blanco, C., Jiang, H., Schmidt, A. B., & Olfson, M. (2007). National trends in the outpatient diagnosis of bipolar disorder in youth. *Archives of General Psychiatry, 64*(9), 1032-1039. https://doi.org/10.1001/archpsyc.64.9.1032 Mroczkowski, M. M., McReynolds, L. S., Fisher, P., & Wasserman, G. A.

(2018). Disruptive mood dysregulation disorder in juvenile justice. *Journal of the American Academy of Psychiatry Law, 46*, 329-338. http://doi.org/10.1016%2Fjjaac.2016.09.164

Mulraney, M., Schilpzand, E. J., Hazell, P., Nicholson, J. M., Anderson, V., Efron, D., Silk, T. J., & Sciberras, E. (2016). Comorbidity and correlates of disruptive mood dysregulation disorder in 6-8-year-old children with ADHD. *European Child & Adolescent Psychiatry, 25*, 231-330. https://doi.org/10.1007/s00787-015-0738-9

Munhoz, T. N., Santos, I. S., Barros, A. J. D., Anselmi, L., Barros, F. C., & Matijasavich, A. (2017). Perinatal and postnatal risk factors for disruptive mood dysregulation disorder at age 11: 2004 Pelotas birth cohort study. *Journal of Affective Disorders, 215*, 263-268. http://doi.org/10.1016/j.jad.2017.03.040

National Institute of Mental Health. (n.d.). Disruptive mood dysregulation disorder: The basics. https://www.nimh.nih.gov/health/publications/disruptive-mood-dysregulation-disorder

Noller, D. T. (2016). Distinguishing disruptive mood dysregulation disorder from bipolar disorder. *Journal of the American Academy of Physician Assistants, 29*(6), 25-28. https://doi.org/10.1097/01JAA.0000483092.35899.a7

Office of Civil Rights. (n.d.). Protecting students with disabilities: Frequently asked questions about Section 504 and the education of children with disabilities. https://www2.ed.gov/about/offices/list/ocr/504faq.html

Perepletchikova, F., Nathanson, D., Axelrod, S. R., Merrill, C., Walker, A., Grossman, M., Rebeta, J., Scahill, L., Kaufman, J., Flye, B., Mauer, E., & Walkup, J. (2017). Randomized clinical trial of dialectical behavior therapy for preadolescent children with disruptive mood dysregulation disorder: Feasibility and outcomes. *Journal of the American Academy of Child & Adolescent Psychiatry, 56*(10), 832-840. https://doi.org/10.1016/j.jaac.2017.07.789

Perich, T., Frankland, A., Roberts, G., Levy, F., Lenroot, R., & Mitchell, P. B. (2017). Disruptive mood dysregulation disorder, severe mood dysregulation, and chronic irritability in youth at high familial risk of bipolar disorder. *Australian & New Zealand Journal of Psychiatry, 51*(12), 1220-1226. https://doi.org/10.1177%2F0004867416672727

Propper, L., Cumby, J., Patterson, V. C., Drobinin, V., Glover, J. M., MacKenzie, L. E., Morash-Conway, J., Abidi, S., Bagnell, A., Lovas, D., Hajek, T., Gardner, W., Pajer, K., Alda, M., & Uher, R. (2017). Disruptive mood dysregulation disorder in offspring of parents with depression and bipolar disorder. *British Journal of Psychiatry, 210*, 408-412. https://doi.org/10.1017/S0033291719001089

Ramires, V. R. R., Godinho, L. B. R., & Goodman, G. (2017). The therapeutic process of a child diagnosed with disruptive mood dysregulation disorder. *Psychoanalytic Psychology, 34*(4), 488-498. https://doi.apa.org/doi/10.1037/pap0000134

Rao, U. (2014). DSM-5: Disruptive mood dysregulation disorder. *Asian Journal of Psychiatry, 11*, 119-123. http://doi.org/10.1016/j.ajp.2014.03.002

Regier, D. A., Narrow, W. E., Clarke, D. E, Kraemer, H. C., Kuramoto, S. J., Kuhl, E. A., & Kupfer, D. J. (2013). DSM-5 field trials in the United States and Canada, Part II: Test-retest reliability of selected categorical diagnoses. *American Journal of Psychiatry, 170*(1), 59-70. https://doi.org/10.1176/appi.ajp.2012.12070999

Roberson-Nay, R., Leibenluft, E., Brotman, M. A, Myers, J., Larsson, H., Lichtenstein, P., & Kendler, K. S. (2015). Longitudinal stability of genetic and environmental influences on irritability. From childhood to young adulthood. *The American Journal of Psychiatry, 172*(7), 657-664. https://doi.org/10.1176/appi.ajp.2015.14040509

Roy, A. K., Lopes, V., & Klein, R. G. (2014). Disruptive mood dysregulation disorder: A new diagnostic approach to chronic irritability in youth. *American Journal of Psychiatry, 171*, 918-924. https://doi.org/10.1176/appi.ajp.2014.13101301

Sahu, S., Saidanha, D., Chaudhury, S., Menon, P., Marella, S., & Kalkat, V. (2020). Demographic and psychosocial profile of disruptive mood dysregulation disorder in Indian settings. *Industrial Psychiatry Journal, 29*(2), 228-236. https://www.industrialpsychiatry.org/text.asp?2020/29/2/228/311153

Schaeffer, C. M., Petras, H., lalongo, N., Poduska, J., & Kellam, S. (2003). Modeling growth in boys' aggressive behavior across elementary school: Links to later criminal involvement, conduct disorder, and antisocial personality disorder. *Developmental Psychology, 39*(6), 1020-1035. https://doi.org/10.1037/0012-1649.39.6.1020

Sparks, G. M., Axelson, D. A., Yu, H., Ha, W., Ballester, J., Diler, R. S., Goldstein, B., Goldstein, T., Hickey, M. B., Ladouceur, C. D., Monk, K., Sakolsky, D., & Birmaher, B. (2014). Disruptive mood dysregulation disorder and chronic irritability in youth at familial risk for bipolar disorder. *Journal of the American Academy of Child & Adolescent Psychiatry, 53*(4), 408-416. https://doi.org/10.1016/j.jaac.2013.12.026

Srinath, S., Jacob, P., Kandasamy, P., & Bhaskaran, S. (2018). Childhood disorders in International Classification of Diseases and Related Health Problems-11 and their relationship to Diagnostic and Statistical Manual of Mental Disorders - 5 and International Classification of Diseases and Related Health Problems-10. *Indian Journal of Social Psychiatry, 34*(5), 63-67. https://doi.org/10.4103/ijsp.ijsp_36_18

Tourian, L., LeBoeuf, A., Breton, J., Cohen, D., Gignac, M., Labelle, R., Guile, J., & Renaud, J. (2015). Treatment options for the cardinal symptoms of disruptive mood dysregulation disorder. *Journal of the Canadian Academy of Child and Adolescent Psychiatry, 24*(1), 41-54. PMID: 26336379. https://www.ncbi.nlm.nih.gov/pmc/articles/PMC4357333/

Tudor, M. E, Ibrahim, K., Bertschinger, E., Piasecka, J., & Sukhodolsky, D. G. (2016). Cognitive-behavioral therapy for a 9-year-old girl with disruptive mood dysregulation disorder. *Clinical Case Studies, 15*(6), 459-475. https://doi.org/10.1177%2F1534650116669431

Tufan, E., Topal, Z., Demir, N., Taskiran, S., Savci, U., Cansiz, M. A., & Semerci, B. (2016). Sociodemographic and clinical features of disruptive mood dysregulation disorder: A chart review. *Journal of Child and Adolescent Psychopharmacology, 26*(2), 94-100. https://doi.org/10.1089/cap.2015.0004

Uran, P., & Kilic, B. G. (2020). Family functioning, comorbidities, and behavioral profiles of children with ADHD and disruptive mood dysregulation disorder. *Journal of Attention Disorders, 24*(9), 1285-1294. https://doi.org/10.1177%2F1087054715588949

U.S. Department of Education. (n.d.). Individuals with Disabilities Education Improvement Act. https://sites.ed.gov/idea

Vidal-Ribas, P., Brotman, M. A., Salum, G. A., Kaiser, A., Meffert, L., Pine, D. S., Leibenluft, E., & Stringaris, A. (2018). Deficits in emotion recognition are associated with depressive symptoms in youth with disruptive mood dysregulation disorder. *Depression and Anxiety, 35*(12), 1207-1217. https://doi.org/10.1002/da.22810

Waxmonsky, J. G., Mayes, S. D., Calhoun, S. L, Fernandez-Mendoza, J., Waschbusch, D. A., Bendixsen, B. H., & Bixler, E. O. (2017). The association between disruptive mood dysregulation disorder symptoms and sleep problems in children with and without ADHD. *Sleep medicine, 37*, 180-186. http://doi.org/10.1016/

j.sleep.2017.02.006

Wiggins, J. L, Briggs-Gowan, M. J., Brotman, M. A, Leibenluft, E., & Wakschlag, L. S. (2021). Toward a developmental nosology for disruptive mood dysregulation disorder in early childhood. *Journal of the American Academy of Child and Adolescent Psychiatry, 60*(3), 388-397. https://doi.org/10.1016/j.jaac.2020.04.015

Wiggins, J. L, Brotmann, M. A., Adleman, N. E., Kim, P., Oakes, A. H., Reynolds, R. C., Chen, G., Pine, D. S., & Leibenluft, E. (2016). Neural correlates of irritability in disruptive mood dysregulation disorder and bipolar disorders. *American Journal of Psychiatry, 173*(7), 722-730. https://doi.org/10.1176/appi.ajp.2015.15060833

제 14 장

지속성 우울장애

학습 목표

- 지속성 우울장애(PDD)에 대한 DSM-5의 진단적 특징을 요약할 수 있다.
- 아동 · 청소년기 PDD의 위험요인을 파악할 수 있다.
- PDD 아동이 겪는 일반적인 학교 및 가정 문제에 대해 설명할 수 있다.
- 교실에서 PDD가 학습활동에 어떠한 영향을 미칠 수 있는지 이해할 수 있다.
- PDD 학생에 대한 효과적인 정신건강 지원을 확인할 수 있다.

도입

지속성 우울장애(Persistent Depressive Disorder: PDD)는 『정신질환의 진단 및 통계 편람 제5판(DSM-5)』(American Psychiatric Association: APA, 2013)에서 우울장애 중 하나로 분류된다. 기분장애 범주에 속하는 다른 장애로는 주요우울장애(MDD) 및 파괴적 기분조절부전장애(DMDD)가 있다. 우울장애는 신체적 건강과 사고 과정에 여러 가지 부정적 영향을 미치는 만성적인 슬픔 및/또는 과민성을 특징으로 한다. 사람들이 특정한 삶의 상황과 관련하여 슬퍼하거나 짜증을 느끼는 것은 정상이지만, 우울장애가 있는 사람은 일반적인 적응 문제를 넘어서 이러한 감정을 장기간 경험한다(APA, 2013). 심신을 약화시키는 우울장애의 영향은 과소평가할 수 없다. 즉, Bernaras 등(2019)은 "우울증은 전 세계에 걸쳐 질병과 장애의 주요 원인이다."(p. 2)라고 언급하였다.

진단적 쟁점: DSM-5 및 학교기반 서비스

DSM-5 진단

DSM-5에 따르면, PDD의 진단은 여덟 가지 기준에 기반한다. 첫 번째 기준에 따르면, 평가를 받는 사람은 하루 종일 대부분의 시간 동안 우울하다고 설명한다. DSM-5에서는 우울증의 전반적인 양상이 성인의 경우 최소 2년 동안 나타나야 하지만 아동의 경우 1년이면 충분하다고 명시하고 있다. 두 번째 기준에서는 첫 번째 기준을 확장하여 두 가지 추가 증상(여섯 가지 증상 목록 중)도 명백해야 한다고 언급한다. 이 여섯 가지 증상에는 식욕 변화, 무너진 수면 패턴, 활력 저하, 자아존중감 손상, 집중력 또는 의사결정의 어려움, 미래에 대한 희망 상실의 표현이 포함된다. 세 번째 기준은 우울증 기간 동안 2개월 이상 증상이 존재하지 않았던 경우가 없었다는 것을 나타낸다. 네 번째 기준은 해당 기간 동안 MDD가 명백할 수 있으며 PDD가 진단될 수 있다는 것이다. 다섯 번째 기준은 우울증이 본질적으로 단극성임을 나타낸다. 여섯 번째 및 일곱 번째 기준에서는 조현병(또는 기타 정신증적 장애), 신체건강 문제 및 약물 남용으로 인해 증상이 촉발되는 경우에 진단을 제외한다. 그리고 마지막 기준은 진단을 적용하기 위해서는 우울 증상이 개인의 기능 영역에 심각한 영향을 초래해야 한다는 것을 나타낸다(APA, 2013).

DSM-5는 진단 기준 외에도 PDD 진단에 적용될 수 있는 다섯 가지 명시자를 기술한다. 첫 번째 명시자는 PDD에 존재할 수 있는 추가적인 특징을 나타낸다. 이러한 특징의 몇 가지 예로는 불안, 우울 및 정신장애가 포함된다. 평가 기간 동안 개인이 완전히 또는 부분적으로 완화(관해)된 경우, 두 번째 명시자가 추가될 수 있다. 세 번째 명시자는 발병 연령을 조기(21세 이전) 또는 후기(21세 이후)로 기술한다. 네 번째 명시자는 우울 삽화 자체(즉, 순수한 기분부전증후군, 지속성 주요 우울 삽화, 현재 삽화를 동반하는 간헐적 주요 우울 삽화, 현재 삽화가 동반되지 않는 간헐적 주요 우울 삽화)의 기술자를 제공한다. 다섯 번째 명시자는 PDD의 심각도를 나타내며, 이를 통해 증상을 경도, 중등도 또는 중도로 설명할 수 있다(APA, 2013).

PDD는 DSM-5의 새로운 장애이다. 이전 판의 DSM에서 서로 다른 장애였던 기분부전장애와 만성 주요 우울 삽화(APA, 2013)가 합쳐진 것이다. 사실, 일부 실무자들과 논문에서는 계속해서 PDD를 기분저하증(dysthymia)이라고 지칭하고 있다(Melrose, 2017). Rodriguez-Testal 등(2014)은 DSM-5에 PDD를 포함시키는 것이 만성 우울증이 MDD가 아닌 PDD가 되었다는 점에서 증상의 진행에 의미가 있다는 신호라고 보았다. 이들은 PDD가 새로운 진단으로 발전하면 본질적으로 MDD는 그 기간에 따라 잠정적 또는 과도기적 진단으로 취급된다고 주장하였다(Rodriguez-Testal et al., 2014). 또한 Vandeleur 등(2017)은 2017년까지도 완전한 DSM-5 기준을 사용하여 PDD의 새로운 진단을 탐구한 실증연구가 없었다고 지적하였다. 이들은 연구를 시작하면서 다양한 우울 삽화 명시자를 지닌 PDD가 그 양상과 심각성에서 차이가 크다는 사실을 발견하였고, PDD의 진단 기준을 충족하는 개인들의 증상이 서로 이질적이라는 점에서 진단의 타당성에 의문을 제기하게 되었다(Vandeleur et al., 2017). 마지막으로, Kriston 등(2014)은 DSM-5에 PDD를 포함시키는 것은 연구마다 타당성에 대한 논쟁이 있으므로 시기상조라고 언급하였다.

DSM-5에 PDD가 포함된 것에 대한 논란에도 불구하고, DSM-5는 미국에서 PDD의 12개월 유병률이 약 0.5%라고 보고하였다(APA, 2013). 평생 유병률과 관련하여 Vandeleur 등(2017)은 주요 우울 삽화가 있는 PDD의 경우 15.2%, 순수한 기분부전증후군이 있는 PDD의 경우 3.3%, 간헐적 주요 우울 삽화가 있는 PDD의 경우 0.4%에 이른다는 것을 발견하였다. 그러나 이 연구자들은 만성 MDD와 PDD의 형태를 구별하기 어렵기 때문에 주요 우울 삽화가 있는 PDD의 유병률 추정치가 부풀려질 수 있다는 점에 주목하였다. Polanczyk 등(2015)은 전 세계 학교 아동의 우울증 증상 발병률이 3%에 이른다고 보고하였다. 성인이 되기 전에는 남성보다 여성에게서 우울 증상 발병률이 더 높게 나타나며(Breslau et al., 2017; Kwong et al., 2019; Lewis et al., 2020; Tharpar et al., 2012; Vibhakar et al., 2019), 청소년기에는 남아보다 여아가 우울증을 약 3배 더 많이 경험한다(Breslau et al., 2017). 연구에서 밝혀진 바에 따르면 남성과 여성의 이러한 유병률 차이는 남아와 여아의 서로 다른 발달 궤적에 기인하는 것으로 설명할 수 있다(Lewis et al., 2020). 또한 실증연구에서는 미국 청소년(특히 여아)의 우울증 발병률이 증가하는 추세임을 시사하는데, 이는 국가의 경제적 스트레스 요인 및/또는 사이버괴롭힘의 증가 때문일 수 있다(Mojtabai et al., 2016). 유병률 외에 발병 연령 또한 PDD의 중요한 논점인데, 연구에 따르면 조기에 발병할수록(DSM-5에서 21세 이전으로 정의됨) 증상이 더 심각하고 공존장애가 더 많으며 결과가 더 부정적인 것으로 나타났다(APA, 2013; Wilkowska-Chmielewska et al., 2013). 그러나 우울증 발병 연령에 대한 보다 구체적인 연구에서는 아동기 발병에 비해 청소년기 발병이 더 큰 심각성을 보이는 것으로 밝혀졌다(Copeland et al., 2021).

성인이 되기 전에는 남성보다 여성에게서 우울 증상 발병률이 더 높게 나타나며(Breslau et al., 2017; Kwong et al., 2019; Lewis et al., 2020; Tharpar et al., 2012; Vibhakar et al., 2019), 청소년기에는 남아보다 여아가 우울증을 약 3배 더 많이 경험한다(Breslau et al., 2017).

우울 증상의 경로는 여러 연구를 통해 밝혀졌다. 최근 Lewis 등(2020)은 대규모 데이터 세트에서 아동 · 청소년기(4~14세) 우울증의 네 가지 경로를 확인하였다. 이들의 연구에 따르면 젊은 사람들의 대다수(거의 75%)가 증상이 경미하고 안정적인 패턴을 보였으며 이는 시간이 지남에 따라 가장 안정적인 경로였다. 이어서 감소 경로(10.67%), 증가 경로(8.6%), 증상이 심각하고 상승하는 경로(5.57%)와 같은 발달 패턴이 나타났다(Lewis et al., 2020). Schubert 등(2017)은 여러 연구를 통해 청소년기 후반부터 성인기 초기(15~25세) 연령 범위의 사람들 중 60~80%가 경미한 수준의 증상을 유지한다는 것을 발견하였다. 경미한 수준의 경로에 대한 보호요인에는 건강한 부모 지원, 양부모 가정(부모가 다 있는 가정), 더 나은 대처 기술과 더 높은 사회경제적 지위가 있다. 또한 1~5%는 증상의 증가 또는 감소 경로를 보이며 5~12%는 평생 지속적으로 심각한 증상을 경험하는 것으로 나타났다(Schubert et al., 2017). Ames와 Leadbeater(2018)는 연구를 통해 우울 증상 경로와 관련된 청소년의 건강 위험성을 발견하였다. 이들은 경미한 증상 경로의 청소년에 비해 심각한 증상 경로의 청소년에게 수면 문제, 흡연, 위험한 성적 행동, 낮은 신체적 자존감 및 신체 활동 감소의 위험이 더 크다고 밝혔다(Ames & Leadbeater, 2018).

공존장애와 관련하여 Vandeleur 등(2017) 및 Copeland 등(2021)은 성인 표본에서 PDD와 불안장애, 외상후 스트레스장애, 약물 남용 사이에 유의미한 관계가 있다는 것을 확인하였다. 또한 이들은 주요 우울 삽화를 동반한 PDD가 있는 사람에게서 우울 증상의 수준이 가장 높으며 공존장애율 또한 가장 높다는 것을 발견하였다. 또 다른 연구에서는 다른 우울장애를 지닌 청소년에 비해 PDD가 있는 아동 · 청소년에게 불안장애가 더 자주 발생하는 것으로 나타났다(Benarous et al., 2020). 또한 Wilkowska-Chmielewska 등(2013)은 젊은 성인의 경우 우울증과 과민성, 자살 생각, 자살 시도가 동시에 발생할 수 있다고 지적하였다. Benarous 등(2020)의 연구에서 PDD가 있는 청소년은 자살 생각의 수준이 더 높으며, 다른 우울 증상이 있는 사람에 비해 지속적인 우울 증상이 있는 여성들 사이에서 자살 시도가 유의하게 더 높은 것으로 알려졌다(Breslau et al., 2017). 청소년 자살에 대한 연구에서는 17개 주(州)에 걸쳐 보고된 자살의 37% 이상에서 사망 전 우울한 기분이 확인되었다는 것을 발견하였다(Schlagbaum et al., 2020). 또한 Copeland 등(2021)은 PDD와 성인기의 범죄 행위가 동반된다는 것을 입증하였다. 마지막으로, PDD와 관련된 결과에 대해 Alaie 등(2021) 및 Philipson 등(2020)은 PDD 청소년이 다른 형태의 우울증이 있는 청소년에 비해 성인기에 실업, 낮은 임금, 정부 재정 지원에 의존, 업무 장애로 인한 어려움을 겪을 가능성이 더 높다고 보고하였다. 다른 연구에서도 우울증의 지속적인 문제(일시적인 우울증에 비해)와 관련된 결과에 대한 우려를 언급하였다(Colman et al., 2007).

청소년 자살에 대한 연구에서는 17개 주에 걸쳐 보고된 자살의 37% 이상에서 사망 전 우울한 기분이 확인되었다는 것을 발견하였다(Schlagbaum et al., 2020).

학교기반 수혜자격

DSM-5 진단은 개인이 학교 시스템 외부의 서비스를 이용하는 데 도움이 되는 한편, 연방법은 공립학교 내에서 특수 교육 수혜자격을 결정하는 데 필요한 별도의 절차를 규정하고 있다. 「장애인교육법(Individuals with Disabilities Education Improvement Act: IDEA)」에서는 학생이 자신의 필요에 맞게 교육과정을 집중적으로 수정하고 조정할 수 있는 13개의 장애 범주를 지정하고 있다(U.S. Department of Education, n.d.).

PDD가 있는 학생이 해당될 가능성이 가장 높은 자격 범주는 정서장애이다. 정서장애는 IDEA에서 다음과 같은 기준에 따라 정의된다. 즉, 다른 인지적 또는 의학적 상태로 인한 것이 아닌 교육적 발달의 어려움, 교우관계를 맺고 유지하는 것의 어려움, 일반적인 상황에서 부적절한 감정 및 행동 반응, 우울한 기분 및 개인적인 문제와 관련된 신체적 증상 등이다. 이 기준에 근거하여 조현병 진단을 받은 아동 · 청소년은 정서장애 범주에 따라 수혜자격을 얻을 수 있지만, 주로 사회적 부적응 행동을 특징적으로 보이는 청소년은 해당 기준에 의하여 서비스에서 제외될 수 있다고 추가로 명시하고 있다. 아동 · 청소년이 정서적으로 장애가 있는 것으로 간주되려면 앞서 언급한 기준에 해당하는 모습이 장기간 나타나야 한다(U.S. Department of Education, n.d.).

학교기반 수혜자격 팀이 IDEA 장애 범주에 따라 학생에게 특수교육 및 관련서비스 수혜자격을 부여하고자 한다면 두 가지 질문에 긍정적으로 답해야 한다. 첫 번째 질문은 아동이 실제로 고려하고 있는 장애 기준을 충족하는지 여부를 다룬다. 두 번째 질문에서는 학생에게 특수교육 및 관련서비스가 필요하다는 것을 입증하는지 묻는다. 검토 중인 데이터가 두 가지 질문에 대한 답이 '예'라는 것을 뒷받침하는 경우, 아동은 장애가 있는 학생으로 간주되며 규정된 연간 목표를 달성하기 위해 가능하다면 최소로 제한환경에서 적절하게 발달할 수 있도록 계획된 지원을 받을 자격이 있다(U.S. Department of Education, n.d.).

아동이 IDEA에 따른 수혜자격이 없는 것으로 판명된다면, 학교 시스템 내에서 지원을 제공할 수 있는 또 다른 경로가 있다. 1973년 제정된 「재활법 504조(Rehabilitation Act of 1973)」는 연방 기금을 받는 모든 조직이나 단체에 장애인이 동등하게 접근할 수 있도록 설계된 민권법의 일부이다. 여기에는 공립학교도 포함된다. 「재활법 504조」는 장애가 있는(또는 장애가 있는 것으로 의심되는) 학생의 장애가 "하나 이상의 주요 생활 기능을 실질적으로 제한하는" 경우(Office of Civil Rights, n.d.) 특별 지원을 받을 수 있다는 내용을 담고 있다. 주요 생활 기능에 대해 규정하고 있는 목록은 자기 돌보기, 수작업 수행하기, 걷기, 듣기, 보기, 말하기, 호흡하기, 학습하기 및 작업하기 등이다. PDD의 경우, 학교기반 수혜자격 팀은 평가 데이터를 수집하여 학생의 우울 증상이 실제로 학습을 통해 학업을 발전시키는 능력에 손상을 입히는지 여부를 결정한다(Office of Civil Rights, n.d.).

문화적 쟁점

위험요인

대부분의 정신병리와 마찬가지로, 유전적 소인과 환경적 조건은 모두 아동·청소년기의 우울증 발달에 중요한 역할을 한다(Bernaras et al., 2019; Kwong et al., 2019; Schubert et al., 2017).

대부분의 정신병리와 마찬가지로, 유전적 소인과 환경적 조건은 모두 아동·청소년기의 우울증 발달에 중요한 역할을 한다(Bernaras et al., 2019; Kwong et al., 2019; Schubert et al., 2017). Schubert 등(2017)은 "유전적인 취약성을 가진 사람이 특정한 내·외부 환경의 위험요인에 노출되면 만성적으로 높은 수준의 우울 감정을 경험할 가능성이 더욱 높아진다."라고 설명하였다(p. 495). Kwong 등(2019)은 유전적 변인과 환경적 변인의 복잡한 상호작용이 아동·청소년의 우울증 발병에 기여할 가능성이 있다는 데 동의하였다.

많은 유전적 변인이 아동·청소년의 우울증 발병과 관련이 있는 것으로 확인되었다. 그러한 변인 중 하나는 편도체와 관련이 있다. 편도체는 개인의 두려움이나 위협에 대한 반응을 제어하는 뇌의 한 부분이다. 우울증과 관련하여 일부 학자들은 우울증이 있는 사람의 경우, 편도체가 과도한 반응을 일으켜 우울 증상이 유발된다고 주장하였다(Bernaras et al., 2019). 또 다른 연구자들은 우울증이 있는 아동의 유전적 이상(2019)과 뇌의 백질 감소가 우울증의 발현에 영향을 미친다고 설명하였다(Vilgis et al., 2017).

아동·청소년의 우울증 발병에 대한 가장 강력한 위험요인 중 하나는 우울증의 가족력이다(Tharpar et al., 2012). 특히 산모의 우울증은 남아와 여아 모두에게서 아동기 우울증을 예측하는 경우가 많지만(Chen et al., 2020; Kwong et al., 2019; Lewis et al., 2020; Rohrer et al., 2011), 여아의 증상 발달에 더 심각한 영향을 미치는 것으로 나타났다(Lewis et al., 2020). 이는 특정 유형의 기질이 있을 때 특히 우세할 수 있다. 아동의 반응성 기질은 우울증 발병의 위험요인으로 지목되었다. 반응성 기질은 정서적 변동성과 반응 강도로 특징지어진다(Lewis et al., 2020).

마지막으로, 어린 시절의 트라우마와 유해한 생활사건은 모두 우울증의 발달과 관련이 있으며(Elmore et al., 2020; Vibhakar et al., 2019), 아동기에 유해한 생활사건의 수가 증가하면 우울증 발병 가능성도 높아졌다(Elmore & Crouch, 2020; Elmore et al., 2020). 유해한 생활사건은 가족의 예기치 않은 죽음과 부모의 이혼(Elmore et al., 2020)에서부터 또래 괴롭힘(Kwong et al., 2019)에 이르기까지 다양할 수 있다. 실제로, Sokratous 등(2013)은 촉발 사건이 비교적 사소하더라도 여전히 유해한 생활사건으로 인해 우울증이 유발될 수 있다는 것을 시사하였다. Vibhakar 등(2019)은 아동이 트라우마에 노출되었을 때 우울증에 걸릴 확률이 2.6배 더 높으며 트라우마에 노출된 아동 표본 중 우울증 유병률은 24% 이상이라고 보고하였다. 다행히 여러 가지 유해한 생활사건이 있는 경우에도 부모의 긍정적인 관여가 우울증 발병에 완충 역할을 할 수 있다는 것을 보여 주는 연구 결과도 보고되었다(Elmore et al., 2020).

> 어린 시절의 트라우마와 유해한 생활사건은 모두 우울증의 발달과 관련이 있다(Elmore et al., 2020; Vibhakar et al., 2019).

우울증의 초기 발병에 대한 위험요인 외에도 초기 진단 후 증상이 증가하는 경로와 관련된 위험요인이 지적되었다. Schubert 등(2017)에 따르면, 이러한 위험 요소에는 여성, 어린 시절 사회 경제적 지위가 낮은 가정 출신, 낮은 자아존중감, 만성적인 건강 문제 경험, 성소수자 지향, 청소년기의 충동성 표현, 심리 사회적 역경 직면 등이 있다(Schubert et al., 2017). 마찬가지로, Marshal 등(2013)은 성소수자 청소년으로 정체성을 확립하는 것이 우울증의 발달과 관련이 있음을 발견하였다.

학교와 가정에서 사회성, 정서 및 행동 기능에 미치는 영향

학교에서의 사회성, 정서 및 행동 기능

아동 · 청소년은 깨어 있는 시간 대부분을 학교에서 보내기 때문에 학교에서의 사회적 문제는 중대한 영향을 미칠 수 있다. PDD가 있는 아동 · 청소년의 사회적 기능에 대한 연구는 거의 없지만 PDD 성인과 관련된 증거와 일반적인 우울증 연구를 참고하여 이 영역에 대해 이해할 수 있다. 그중 하나로 PDD가 있는 성인의 외로움을 탐구한 연구(Nenov-Matt et al., 2020)를 참고할 수 있다. 이 연구에서는 PDD를 가진 사람들이 또래에 비해 훨씬 더 좁은 사회적 관계망을 가지고 있으며 외로움의 수준이 훨씬 더 높다는 것을 발견하였다. 또한 연구에서 선형적인 패턴이 나타났는데, 자기 보고를 한 PDD 증상의 심각도가 높을수록 참가자들이 더 큰 외로움

거부 민감성은 사회적 상황에서 거절당할 것이라는 고정적인 기대를 이미 마음속에 가지고 있어서 거부를 지각할 때 과잉 반응을 보이는 것이다(Nenov-Matt et al., 2020).

을 보고하는 상관관계가 있었다. 흥미로운 것은 지각된 외로움이 아동 학대(정서적 학대 및 방임)의 내력 및 거부 민감성과 관련된다는 점이다. 거부 민감성은 사회적 상황에서 거절당할 것이라는 고정적인 기대를 이미 마음속에 가지고 있어서 거부를 지각할 때 과잉 반응을 보이는 것이다(Nenov-Matt et al., 2020). Nenov-Matt 등(2020)에 따르면, 거부 민감성은 인지-정서 편향의 한 유형이다. 이러한 편향은 사회적 상황에서 스스로를 지키도록 요구하기 때문에 외로움과 같은 감정을 지속시키는 경우가 많다. 인지-정서 편향은 사회적 상황에서 주의, 해석, 기억을 바꾸기도 한다. 또한 이러한 편향은 종종 사회적 상황에서 거절당할 것이라고 예상하고, 이러한 예상에 따라 사회적 거부로 이어지는 방식으로 행동하게끔 만든다는 점에서 자신의 기대를 부정적으로 충족시키는 경우가 많다. 연구자들은 PDD를 가진 사람들이 사회적 상황에서 스스로를 벽으로 둘러싸 차단하는 경향이 있다는 점에 주목한다. 거부로부터 스스로를 보호하려는 이러한 시도는 더 큰 외로움을 만들어 낸다(Nenov-Matt et al., 2020).

이 분야의 학자들은 PDD를 가진 사람들의 사회적 인지 결함이 타인과 적대적이면서도 순종적인 방식으로 상호작용하는 적응 형태에서 비롯되었다고 설명한다. 이러한 상호작용 방식은 초기에 무관심하거나 학대하는 양육에 노출된 결과일 수 있으며 지속적으로 불만족스러운 대인관계를 형성하여 우울 증상을 강화하게 된다(Negt et al., 2016). 이를 뒷받침하기 위해(Nenov-Matt et al., 2020과 유사함) Struck 등(2020)은 PDD가 있는 사람의 사회적 인지 문제가 어린 시절에 학대받았던 초기 경험과 연결될 수 있다는 것을 발견하였다. 이들은 연구 결과를 통해 PDD를 가진 사람들이 긴장감을 주는 사회적 상황을 처리하는 데 어려움을 겪으며 타인이 부정적인 감정을 느끼거나 표현할 때 정서적 고통을 경험한다고 시사하였다. 이러한 상황은 PDD를 가진 사람들을 압도하고 훨씬 더 회피적인 상호작용 방식을 강화하게 된다(Struck et al., 2020).

가정에서의 사회성, 정서 및 행동 기능

한 흥미로운 연구에서는 부모와의 상호작용 맥락에서 우울증이 있는 청소년의 정서조절에 대해 조사하였다. 우울증은 부정적인 감정을 증가시키고 긍정적인 감정을 감소시키는 정서조절상의 장애이다. 스트레스가 많은 상황에 대처하기 위해서는 감정을 적절하게 조절하는 능력이 중요하다(Melero et al., 2020). Fussner 등(2015)의 연구에서 우울증이 있는 청소년은 보상이 있는 조건에서 우울 증상이 없는 청소년에 비해 (긍정적인 경험 후에도) 긍정적인 영향을 유지할 수 없다는 것을 발견하였다. 또한 이들은 보상이 있는 작업에서 보상이 없는 작업으로 전환할 때 부정적인 영향을 피하는 데 더 큰 어려움을 경험하였다. 이러한 연구 결과는 우울증이 있는 청소년의 정서조절에 맥락 의존적인 특성이 있다는 것을 뒷받침한다(Fussner et al., 2015). 마찬가지로, Melero 등(2020)은 높은 점수의 우울 증상이 청소년의 정서조절 측면에서 부적응적인 전략의 사용을 예측한다는 것을 발견하였다. 스트레스가 많은 상황에서 우울증이 있는 아동이 자주 채택하는 부적응 전략에는 상황에 대해 자신이나 타인을 비난하고, 파국화하는 것이 포함된다(Melero et al., 2020).

> 스트레스가 많은 상황에서 우울증이 있는 아동이 자주 채택하는 부적응 전략에는 상황에 대해 자신이나 타인을 비난하고, 파국화하는 것이 포함된다(Melero et al., 2020).

또 다른 연구에서는 스트레스 상황과 관련하여 아동의 우울증이 가족 관계에 긴장을 가져오며 우울 증상이 심할수록 더 높은 수준의 긴장을 가져오는 것으로 나타났다(Chan et al., 2014). 따라서 청소년의 장애는 가족 기능 전체에 부정적인 영향을 미치게 된다. Chan 등(2014)은 "최적의 상태가 아닌 가족 기능은 다른 스트레스 요인에 대응하여 긍정적인 대처를 촉진하는 가족의 능력을 제한할 수 있다."(p. 39)라고 서술하였다. 그리고 이들은 실제로 아동의 만성적인 긴장(학교 성적이나 사회적 문제와 같은 사안에서 언급된 바와 같이)이 나중에 지속되는 아동기 우울증의 예측요인이라는 것을 발견하였다. 이 연구자들은 이러한 만성적인 긴장으로 인해 아동이 가정에서 강력한 사회적 지지를 받을 가능성이 줄어든다고 제시하였다(Chan et al., 2014).

다른 연구자들은 아동이 학교에서 괴롭힘 피해를 입는 것에 부모의 우울증(자녀의 우울증과 관련됨)이 간접적인 영향을 미친다고 지적하였다(Chen et al., 2020). 실제로, Chen 등(2020)은 연구를 통해 이러한 설명을 뒷받침하는 근거를 발견하였는데, 우울한 부모의 자녀들이 스스로 우울해질 가능성이 더 높다는 것을 알게 되었다. 이러한 증상이 나타나기 시작하면 청소년은 상호작용을 더욱 회피하고 사회적으로 고립된다. 결국 이들은 회피와 고립으로 인해 학습 환경에서 또래와 교사 모두에게 괴롭힘 피해를 받을 수 있다. 그러나 교사보다 또래에 의한 괴롭힘 피해가 더 큰 분산(variance)을 설명하였다는 점에 유의해야 한다(Chen et al., 2020).

교실에서 학습에 미치는 영향

교실 기능 및 적응과 관련된 연구에 따르면 품행 문제와 학업 수행 문제는 일반적으로 발달하는 또래에 비해 지속적인 우울증을 지닌 청소년에게 더 흔하게 나타난다(Breslau et al., 2017; Cash et al., 2017). 또 다른 연구 결과에서 우울 증상이 있는 청소년은 우울증 문제로 어려움을 겪지 않는 학생에 비해 학급 성적이 낮은 경우가 많다고 보고하였다(Sharar et al., 2006). 일부 초기 연구에서는 아동의 PDD와 낮은 IQ(Khandaker et al., 2018) 및 공간 작업기억 결함(Vilgis et al., 2014) 사이의 연관성을 언급하였지만, 이러한 결과를 밝히기 위해서는 더 많은 실증연구가 필요하다. 교실에서는 여러 가지 문제가 나타날 수 있다. Huberty(2010)가 설명했듯이 우울증이 있는 아동은 흔히 교실에서 집중하고 참여하며, 과제를 완수하는 데 어려움을 경험한다. 또한 이들은 학업 능력에 곤란을 겪고 과제를 정확하게 인식하는 것에 어려움이 있다.

더불어 최근 연구에서는 우울증과 학교 결석 사이의 관계에 대해 설명하였다. Finning 등(2019)은 우울증이 있는 학생에게서 매우 빈번한 결석, 사유 없는 결석/무단 결석, 질병 결석, 등교 거부로 인한 결석의 비율이 더 높다는 사실을 발견하였다. 또한 이 연구자들은 메타분석을 통해 우울증 증상이 학생들 사이의 더 높은 결석률에 선행하여 나타났다는 것을 보여 주었다. 연구자들은 결석이 인정되더라도 두통, 복통, 과도한 피로와 같은 우울증의 신체적 증상과 관련될 가능성이 있다는 의견을 제시하였다(Finning et al., 2019).

> Finning 등(2019)은 우울증이 있는 학생에게서 매우 빈번한 결석, 사유 없는 결석/무단 결석, 질병 결석, 등교 거부로 인한 결석의 비율이 더 높다는 사실을 발견하였다.

또한 정신의학적 문제(Breslau et al., 2011), 특히 우울증(Quiroga et al., 2013)을 경험한 청소년의 경우 학교를 중퇴할 위험이 현저히 높았다(Quiroga et al., 2013). Quiroga 등(2013)의 연구에 따르면, 7학년 때 스스로 보고한 우울 증상은 향후 학업을 중단하는 것과 관련이 있었다. 우울 증상을 보고한 학생은 우울증이 없는 또래보다 학교에서 자퇴할 가능성이 23% 더 높지만, 우울 증상과 자퇴의 관계는 자신의 학업 능력에 대한 인식에 의해 매개되었다(Quiroga et al., 2013). 따라서 우울증 증상을 경험하는 아동·청소년이 스스로 지각하는 학업 능력을 향상시키기 위해서는 교실에서 적절한 학업 지원을 제공하는 것이 매우 중요하다.

학교심리사를 위한 시사점

평가 역할

학교심리사는 IDEA 및 「재활법 504조」에 따라 장애가 있는 학생의 수혜자격 부여와 관련된 절차(앞서 언급한)에서 필수적인 역할을 한다. 다학제 팀이 PDD가 있는 학생을 대상으로 특수교육 및 관련서비스를 받을 자격이 있는지 결정할 때, 학교심리사는 데이터 수집, 데이터 해석 및 의사결정 과정에서 중요한 업무를 수행한다. 학교심리사는 아동 · 청소년의 인지, 학업 및 심리 기능에 대한 평가를 관리하여 각 영역의 현재 수행수준과 우울증이 아동의 학업 수행에 미치는 영향을 판단한다. 심리적 평가에는 일반적인 행동 평가 척도뿐만 아니라 우울증과 관련된 척도가 포함될 수 있다. 또한 학교심리사는 학생의 이전 및 현재 기능을 확인하는 데 필요한 교실 관찰, 서류 검토(출석, 성적, 징계 및 표준화된 검사 결과), 면담(교사, 부모, 학생) 및 기록 검토(상담사, 심리학자, 정신건강의학과 의사 및/또는 소아과 의사와 같은 외부 서비스 제공자)를 수행한다. 이어서 학교심리사는 수혜자격 기준에 따라 수집된 데이터를 해석하고 분석한다. 아동 · 청소년이 특수 교육 및 관련 서비스를 받을 자격이 있다고 확인되면, 팀은 학생의 장애와 관련하여 적절한 교육 경험을 제공하기 위해 어떤 지원이 필요한지 결정한다. 이러한 서비스에는 특수 교육, 학교심리사와의 상담이나 치료 및/또는 보건교사의 약물 관리가 포함될 수 있다.

개별 학생의 수혜자격을 결정하는 역할 외에도 학교심리사는 더 광범위한 학교 전체 수준에서 중요한 평가를 제공할 수 있다. 다수의 학교에서는 PDD와 같이 정신건강상 위험이 있는 학생의 선별, 식별 및 개입을 위해 다층지원체계(MTSS)를 사용한다. 학교심리사는 이러한 과정의 일환으로 우울증 관련 증상을 예방하거나 치료 프로그램의 혜택을 받을 수 있는 학생을 선별하기 위한 도구를 설계하고 적용하는 것을 지원할 수 있다.

옹호 역할

> 아동 · 청소년의 항우울제 사용과 관련된 중대한 우려 중 하나는 항우울제 사용으로 인해 보고된 자살 위험이다(Cipriani et al., 2016).

PDD가 있는 아동 · 청소년은 종종 약물치료를 받는다. 학교심리사는 PDD 관련 증상에 대한 치료 방법을 찾아보고 관찰을 통해 약물치료의 영향(긍정적 또는 부정적)을 모니터링할 때 학생과 그 가족의 권익을 옹호하는 강력한 조력자가 될 수 있다. 이처럼 학교심리사는 명백한 부작용과 관련된 객관적인 데이터를 제공하거나 증상 감소에 대한 모니터링을 진행할 수 있다. 항우울제는 일반적으로 증상 억제 또는 완화의 목적으로 사용되지만 이를 사용하는 것에는 다소 논란이 있다(Bernaras et al., 2019). 아동 · 청소년의 항우울제 사용과 관련된 중대한 우려 중 하나는 항우울제 사용으로 인해 보고된 자살 위험이다(Cipriani et al., 2016). 플루옥세틴은 미국에서 청소년의 우울증 치료로 FDA 승인을 유일하게 받은 선택적 세로토닌 재흡수 억제제(SSRI 항우울제)이다. 이와 관련된 위험으로 인해 Bernaras 등(2019)은 중등도 또는 중도 우울증 사례가 있는 아동 · 청소년에게만 항우울제를 처방하고 다른 치료적 개입과 함께 사용할 것을 권장하였다. 더욱이, Cash 등

(2017)도 특히 아동 · 청소년의 우울증이 중등도에서 중도로 간주될 때 이러한 치료 조합을 사용해야 한다고 언급하였다. 학교심리사는 외부 치료 제공자와 협력하는 동시에 약물의 잠재적이고 중대한 영향을 고려하면서 우울증 아동 · 청소년의 가족이 최상의 치료 계획을 지지하도록 도울 수 있다.

자문 역할

학교심리사는 교육과 심리학에 대한 지식과 전문성을 가지고 교실 안에서 일어나는 문제들에 대해 교사에게 자문을 제공할 것을 요청받기도 한다. PDD 학생의 우울 증상은 주의집중, 과제 완료 및 사회적 관계와 관련된 문제를 포함하여 학교에 많은 영향을 미칠 수 있다. 학교심리사는 학생이 교실에서 더 성공적인 수행을 하도록 돕기 위해 학생과 교사 사이에 라포와 관계를 형성하는 전략을 제공할 수 있다. 이와 함께 학교심리사는 교사들이 PDD와 같은 만성적인 정신건강 상태(및 그것과 관련된 증상)와 일반적으로 발달하는 아동 · 청소년이 가끔 경험하는 슬픔이나 침울함 간의 차이를 이해하도록 도울 수 있다.

상담/치료 역할

미국에서 어떤 형태로든 치료를 받는 우울증 아동 · 청소년은 20%가 채 되지 않기 때문에 학교에서의 개입을 통해 우울증을 해결해야 할 필요성이 절실하다(Merikangas et al., 2010). 학교 기반 정신건강 서비스 제공을 통해 청소년의 우울 삽화와 자살 생각이 줄어드는 것으로 나타났다(Paschall & Bersamin, 2018). 또한 아동 · 청소년의 치료 참여율은 별도의 지역사회 기반 시설에서 서비스를 제공할 때보다 학교에서 개입을 제공할 때 훨씬 더 높다(Atkins et al., 2006). 게다가 학교심리사의 훈련과 경험을 고려한다면, 이들은 자원과 비용 차원에서 효율적인 방식으로 특히 취약한 구성원에게 효과적인 개입을 제공할 수 있는 고유한 위치에 있다. 학교심리사는 학생에게 잠재적인 정서적 · 사회적 · 학업적 혜택을 제공하기 위해 우울한 아동 · 청소년의 상담 및 치료 서비스를 자신의 실무에 통합할 수 있는 기회를 모색해야 한다.

교육적 지원

PDD가 있는 아동 · 청소년은 여러 가지 간단한 교육적 지원을 통해 혜택을 받을 수 있다. Huberty(2010)는 교사가 교실에서 우울증이 있는 청소년을 지원하기 위해 가장 먼저 할 수 있는 일은 배려하는 관계를 형성하는 것이라고 제안하였다. 이러한 관계를 맺기 위해서 교사는 학생이나 학생의 상황을 두고 빈정거리거나 폄하하기보다는 격려와 긍정을 나타내야 한다. 교사는 우울증이 있는 학생과 공감하는 방식으로 그들의 생각과 감정에 대해 편안하게 대화할 수 있어야 한다. 특히 교실에서 성공 기회를 제공하거나 수정 및 조정을 통해 학생의 성장을 지원하는 것이 유익하다. 이러한 방식에는 추가적인 학업 지원 제공, 과제 줄이기, 조직 전략 지원 또는 또래 멘토링 프로그램 시행이 해당될 수 있다(Huberty, 2010).

이와 같은 권장 사항 외에도 Hart 등(2018)은 우울증이 있는 아동 · 청소년을 교실에서 지원하기 위한 추가 전략을 제공하였다. 이들은 교직원이 집단 및 개별 토론을 통해 적응 문제와 정신건강 문제를 정상화함으로써 모든 학생이 안전함을 느끼는 교실을 만들기 위해 노력해야 한다고 언급하였다. 교사는 개인적인 차원에서 학생을 알아 가며 교실 안팎에서 학생의 삶에 의미 있는 관계를 맺고자 노력해야 한다. 이러한 지지적 관계를 형성함으로써 교사는 모든 아동 · 청소년이 교육 환경 내에 소속되어 있다고 느끼도록 도울 수 있다. 이를 수행하는 한 가지 간단한 방법은 우울증이 있는 학생을 위해 교사 및 또래와의 관계를 촉진하는 교실 저널링 활동 및 협력 연습을 활용하는 것이다(Hart et al., 2018). 교직원은 모든 학생에게 이익이 되는 교실 환경을 위해서 학업적 내용까지도 사회정서학습을 구축하는 관계에 통합될 수 있다는 점을 염두에 두어야 한다.

학교기반 정신건강 개입과 지원

이 분야의 많은 학자들은 PDD가 발생하기 전에 우울 증상의 초기 징후를 방지하기 위한 예방 프로그램을 사용할 것을 강력하게 권장한다. 광범위하게 학교를 대상으로 하는 보편적인 프로그램과 우울증 발병 위험이 있는 아동 · 청소년을 대상으로 하는 프로그램이 모두 충실하게 제공될 때 이점이 있다. 이러한 증거기반 프로그램의 대부분은 인지행동적 접근을 지향한다(Bernaras et al., 2019; Bodicherla et al., 2021). 효과가 있는 보편적 프로그램에는 Penn 회복탄력성 프로그램(Penn Resiliency Program; Gilham et al., 1990), 호주 낙관주의 프로그램(Aussie Optimism Program; Rooney et al., 2000), 자원이 풍부한 청소년 프로그램(Resourceful Adolescent Program; Shochet et al., 2001), FRIENDS(F=감정: Feelings, R=긴장 푸는 걸 기억하세요: Remember to Relax, I=최선을 다할 수 있어요: I can try my best, E=유용한 해결책을 찾기 위한 대처 단계 계획 및 전략 탐색: Explore coping step plans and strategies for finding helpful solutions, N=이제 노력한 것에 대해 스스로에게 보상해요: Now reward yourself for trying your best, D=연습하는 것을 잊지 마세요: Don't forget to practice, S=침착함을 유지해요: Stay calm; Barrett & Turner, 2001), 삶의 문제해결(Problem Solving for Life; Spence et al., 2003), 보다 힘차게(Fortius; Mendez et al., 2013)가 있다. 효과가 입증된 표적집단 프로그램에는 치료와 함께 대처하기(Coping with Course; Clarke et al., 1995), 대인관계 심리치료-청소년 기술(Interpersonal Psychotherapy-Adolescent Skills; Young et al., 2010) 및 감정에 대처하는 청소년(Adolescents Coping with Emotions: Sheffield et al., 2006)이 포함된다. 각각의 예방 프로그램에 대한 간략한 개요가 필요할 경우, Bernaras 등(2019)의 개관을 참고할 수 있다. 특히 Feiss 등(2019)의 최근 개관 및 메타분석에 따르면, 표적집단 예방 프로그램이 보편적인 예방 프로그램보다 우울 증상을 줄이는 데 더 효과적인 것으로 나타났다.

이러한 프로그램 외에도 청소년 우울증 예방을 위한 사회·정서 학습 프로그램의 가치와 효능을 제시하는 연구(Reicher & Matischek-Jauk, 2017)가 있지만, Baughman 등(2020)은 아동·청소년 우울증의 장기적인 영향을 막기 위해 유치원 단계에서부터 예방을 시작하는 것이 유리하다고 언급하였다. 이들은 이러한 맥락에서 유아기 발달에 적절하고 우울증 예방에 효과적인 사회·정서 학습 프로그램에 대해 종합적으로 검토하였다. 효과가 입증된 프로그램으로는 유치원 PATHS 프로그램(Preschool PATHS Program; Domitrovich et al., 2007), 재미있는 FRIENDS(Fun FRIENS; Barrett, 2007), 수줍은 아동을 위한 놀이 기술(Play Skills for Shy Children; Coplan et al., 2010) 등이 있다. 이러한 프로그램에 대해 보다 자세하게 검토한 내용이 필요할 경우, Baughman 등(2020)의 연구를 참조할 수 있다. Bodicherla 등(2021) 및 Feiss 등(2019)의 권고에 따르면, 우울증 예방 프로그램 효과는 모든 유형을 통틀어 시간이 지나면 흔히 사라지는 경향이 있으므로 학교에서는 장기적인 접근방식을 취해야 할 필요가 있다. 이러한 예방 프로그램은 학교 다층지원체계(MTSS) 프로그램의 일부로 시행될 수 있다.

Bodicherla 등(2021) 및 Feiss 등(2019)의 권고에 따르면, 우울증 예방 프로그램 효과는 모든 유형을 통틀어 시간이 지나면 흔히 사라지는 경향이 있으므로 학교에서는 장기적인 접근방식을 취해야 할 필요가 있다.

앞서 언급한 예방 프로그램 외에도 아동·청소년의 우울증에 가장 일반적으로 사용되고 많이 연구된 심리사회적 치료 중 하나는 인지행동치료이다(Cash et al., 2017; Das et al.,

2016). 우울증의 인지행동치료(CBT)에 대한 메타분석에서 Crowe와 McKay(2017)는 심리교육, 정서 인식, 대처기술 및 강화 기법을 통합하는 프로그램이 우울증이 있는 아동·청소년에게 도움이 된다는 것을 발견하였다. Oud 등(2019)의 체계적 문헌 고찰 및 메타 회귀 분석에 따르면 CBT는 우울증 치료에 긍정적인 결과를 가져올 뿐만 아니라 행동 활성화, 도전적 사고를 비롯하여 특히 아동·청소년 주 양육자와의 협력을 포함하는 경우에 효과적이라는 것이 입증되었다. 또한 CBT를 기존의 방식으로 실행할 수 없을 경우, 기술적으로 제공되는 CBT가 효과적일 것이라고 제안하는 연구도 있다(Bodicherla et al., 2021; Das et al., 2016; Grist et al., 2019).

마지막으로, 만성적으로 우울한 아동·청소년의 자살 위험을 무시할 수 없으므로 교직원은 학생을 위해 이러한 위험에 적절하게 대응해야 한다. 학교는 집단 및 개별 지원 서비스를 제공하는 것 외에도 아동·청소년의 자살 생각이 의심되거나 이를 표현하는 경우를 대비한 위기 개입 계획을 마련해야 한다. 학교심리사는 위험에 처한 학생 식별, 자살 위험 평가, 안전하고 효과적인 위기 프로토콜 적용에 대해 훈련하고 경험을 쌓는다. 이처럼 학교 시스템은 우울 증상에 대한 극단적인 대응을 염두에 두고 있을 수도 있는 모든 학생을 위해 전문성을 갖춘 학교심리사에게 도움을 구해야 한다.

사례 연구 Emma의 사례: 지속성 우울장애가 있는 여자 청소년

배경

Emma는 9학년에 재학 중인 14세 소녀이다. Emma는 슬퍼 보이고, 타인과 눈을 잘 마주치지 못하며 사회적 기술이 서툴다. Emma의 감정은 무디고 무감각하다. Emma는 어머니, 여동생, 할머니와 한집에서 산다. 아이들의 주 양육자는 어머니이고, 아버지와는 이혼하였다. 어머니는 가정 폭력의 피해자이며 아이들에게는 아버지가 알코올 중독자라서 치료 중이라고 말하였다. 아버지는 친권이 없으며 아이들과 접촉하지 않는다. Emma의 여동생은 현재 초등학교에 다니고 있고 할머니는 무직 상태이다. 할머니는 최근에 Emma가 사는 집으로 이사를 왔는데 Emma는 이로 인해 지난 2주 동안 자신의 우울증이 악화되었다고 보고하였다. Emma는 여동생을 가장 좋아하지만 여동생은 Emma에게 매우 공격적이다. 한 예로, 여동생은 자신의 휴대폰을 사용했다는 이유로 Emma의 목을 조른 적이 있었다. Emma는 할머니가 여동생을 적절하게 훈육하지 않으며 어머니는 일하느라 너무 바빠서 이러한 상황을 눈치채지 못한다고 생각한다.

Emma는 잠을 많이 자지 않는다고 말한다. Emma는 보통 2~3시간 정도 잠을 잔다. 머릿속에서 생각들이 끊임없이 떠오르고 긴장을 풀 수가 없다. Emma는 항상 그래 왔기 때문에 큰 문제가 아니라고 말한다. Emma는 상당히 과체중이고 이에 대해 스스로 의식하고 있다. 여동생은 과체중이 아니며 Emma의 체중에 대해 자주 언급한다. Emma는 3년 전에 춤을 추기 시작했지만 다른 아이들이 자신을 부정적으로 평가한다고 느껴서 그만둔 상태이다. 저녁 식사 시간에 Emma는 식사를 하려고 시도하지만 어려움을 겪는다. 그러고 나서 Emma는 늦게까지 밤새도록 몰래 음식을 먹는다.

어머니는 Emma가 어렸을 때는 명랑하고 웃음이 많았다고 말하였다. 그러나 초등학교 시절 어느 순간부터 Emma는 다른 사람이 되었다. Emma는 거의 웃지 않고 매우 초조해한다. 이 상태가 수년간 지속되어 왔다. Emma는 스스로가 마음에 들지 않고 쓸모없게 느껴진다고 말한다. Emma는 초등학교 시절 내내 이런 식으로 느껴 왔다. Emma는 계속해서 걱정을 자주 한다고 말하지만 실제로 무엇을 걱정하는지는 말하지 못한다. Emma는 자살하려는 것은 아니지만 자신이 없다면 세상이 어떨지 궁금하다고 말하였다. Emma가 이런 생각을 자주 하는 것은 아니고 계획을 세운 적도 없다. Emma의 이모는 보호 시설에 있고 사촌은 자살을 시도했는데, 자신은 그렇게 되고 싶지 않다고 말하였다.

Emma의 어머니는 보통 주말에는 정해진 일과가 없지만 평일에는 가족끼리 고정된 일정을 가지고 있다고 말하였다. Emma는 오전 5시에 일어나 옷을 입고 아침 식사를 한 다음, 학교 버스를 타기 위해 집을 나선다. 하지만 Emma는 밤에 잠을 잘 자지 못하고 밤새도록 음악을 들으며 SNS를 들여다본다. Emma는 귀가하는 버스를 타고 보통 3시 30분에 집에 도착한다. Emma는 방에서 휴식을 취하고 저녁때까지 숙제를 한다. Emma의 어머니는 저녁에 가족 모두가 각자의 할 일을 하고 밤 11시경에 아이들이 잠자리에 든다고 말하였다.

Emma는 자신에게 몇 안 되는 친구들이 있다고 말하였다. Emma는 대부분 온라인으로 친구들과 연락을 주고받는다. Emma는 인간관계가 그다지 소중하지 않으며 사람들은 원하는 것을 얻기 위해 다른 사람을 이용하고 버리기 때문에 외로울 수 있지만 이렇게 하는 것이 거절당하는 것보다는 낫다고 계속해서 말하였다.

논의

Emma는 우울하고 일상 활동에 대한 관심을 잃었다. Emma는 슬픔, 공허함, 절망감을 느끼고, 자아존중감이 낮으며 자기비판적이다. 또한 잠을 자는 데 어려움이 있고, 에너지가 저하되고, 과민하며 식욕이 없다. Emma는 상당히 무가치하고 무력한 감정을 느낀다고 보고하였다. Emma는 사회적 상황에서 다른 사람들과 다른 방식으로 기억하고 그 상황에 대해 타인을 비난하며 최악의 결과를 상상한다. 그런 다음, Emma는 다른 사람들로부터 스스로를 차단하는 경향이 있다. 이러한 방식이 2년 넘게 계속되고 있다.

평가에서 초점을 맞춰야 할 부분은 Emma의 우울 증상, 빈도, 특히 지속 기간이다. Emma의 주의력과 사고 과정이 영향을 받을 수 있기 때문에 전면적인 인지 평가를 실시해야 한다. 사회적 기술에 대한 적절한 평가도 도움이 될 수 있다. PDD가 있는 아동·청소년은 약물치료를 사용하는 경우가 많다. 학교심리사는 PDD 관련 증상에 대한 치료 방법을 찾고 영향을 모니터링하며 학생과 그 가족의 권익을 옹호하는 강력한 조력자가 될 수 있다. 우울 증상은 주의력, 과제 완료 및 사회적 관계와 관련된 문제를 포함하여 교실의 여러 가지 요소에 영향을 미칠 수 있다. 교육 및 심리학 영역의 지식과 전문성을 갖춘 학교심리사는 교실 내에서 이러한 문제에 대해 교사에게 자문 지원을 요청받는 경우가 많다. 치료적 개입으로 우울 증상을 해결하는 것이 중요하며 학교에서 개입이 제공될 때 아동·청소년의 치료 참여율이 상당히 높아진다. 따라서 학교심리사는 훈련과 경험을 바탕으로 효과적인 치료적 개입을 제공할 수 있는 고유한 위치에 있다. CBT는 증상 완화에 효과적인 것으로 입증되었다.

PDD가 있는 아동·청소년은 여러 가지 간단한 교육적 지원을 통해 혜택을 받을 수 있다. 교실에서 우울증이 있는 청소년을 지원하기 위해 교사가 할 수 있는 일 중 첫 번째는 배려하는 관계를 형성하는 것이다. 이러한 관계를 위해서 교사는 학생이나 학생의 상황을 두고 빈정거리거나 폄하하기보다는 격려와 긍정을 나타내야 한다. Emma는 특히 상황에 민감하다. Emma는 상황에 대해 타인을 비난하는 경향이 있고, 이후에 스스로를 차단시키는 경향이 있다. 학생들이 편안하게 자신의 생각과 감정을 공감할 수 있는 방식으로 이야기하는 긍정적인 분위기를 조성하는 것은 모두에게 도움이 된다. 교사는 이러한 지지적 관계를 만들어서 모든 아동·청소년이 교육 환경에 소속되어 있다고 느끼도록 도울 수 있다.

핵심 요약

- PDD는 본질적으로 만성적이며 아동·청소년의 진단을 위해 최소 1년의 기간 동안 분명하게 나타나야 한다.
- PDD는 DSM-5의 새로운 (그러나 다소 논란의 여지가 있는) 진단이다.
- 아동·청소년의 PDD 발달에는 유전적 요인과 환경적 요인 모두 관련이 있다.
- 학교심리사는 평가, 옹호, 자문, 상담/치료를 포함하여 PDD가 있는 학생의 요구를 지원하기 위해 많은 역할과 기능을 수행할 수 있다.
- 학교의 보편적이고 표적화된 예방 프로그램은 아동·청소년의 우울을 예방할 수 있지만, 학교는 이러한 프로그램의 이점을 유지하기 위해 장기적으로 접근해야 한다.

연습문제

1. 다음 중 PDD가 있는 아동에게 가장 적합한 IDEA 수혜자격 범주는 무엇인가?
   a. 정서장애
   b. 특정 학습장애
   c. 외상성 뇌 손상
   d. 「재활법 504조」

2. PDD는 청소년이 MDD 증상을 보일 때 진단되지 않을 수 있다.
   a. 참
   b. 거짓

3. 부모의 우울증은 자녀의 우울증 발생과 관련이 있다.
   a. 참
   b. 거짓

4. 우울증이 있는 청소년은 주로 어떤 사회적 인지 결함을 보이는가?
   a. 귀인 편향
   b. 병리적 회피
   c. 사이버괴롭힘
   d. 거부 민감성

5. 보편적이고 표적화된 예방 프로그램은 청소년의 우울증을 예방할 수 있다.
   a. 참
   b. 거짓

정답 1) a, 2) b, 3) a, 4) d, 5) a

토의질문

1. PDD에 대한 DSM-5 진단 기준을 설명하시오.
2. PDD와 관련된 환경적 위험요인에 대해 설명하시오.
3. PDD가 있는 아동이 IDEA의 정서장애 진단 기준을 충족할 수 있는 이유를 설명하시오.
4. 거부 민감성이 PDD가 있는 아동의 또래관계에 어떤 영향을 미치는지 설명하시오.
5. PDD 아동을 위한 학교심리사의 자문 역할에 대해 논하시오.

추가 정보

Harvard HealthPersistent Depressive Disorder (Dysthymia): www.health.harvard.edu/a_to_z/dysthymia-a-to-z

Johns Hopkins MedicineDysthymia: www.hopkinsmedicine.org/health/conditions-and-diseases/dysthymia

Mayo ClinicPersistent Depressive Disorder (Dysthymia): www.mayoclinic.org/diseases-conditions/persistent-depressive-disorder/symptoms-causes/syc-20350929 Merck ManualDepressive Disorders in Children and Adolescents: www.merckmanuals.com/professional/pediatrics/mental-disorders-in-children-and-adolescents/depressive-disorders-in-children-and-adolescents National Alliance on Mental Health Understanding Dysthymia: www.nami.org/Blogs/NAMI-Blog/January-2018/Understanding-Dysthymia

National Institute of Mental HealthPersistent Depressive Disorder (Dysthymic Disorder): www.nimh.nih.gov/health/statistics/persistent-depressive-disorder-dysthymic-disorder Stanford Children's HealthPersistent Depressive Disorder in Children: www.stanfordchildrens.org/en/topic/default?id=persistent-depressive-disorder-in-children-90-P01600

핵심 참고문헌

American Psychiatric Association. (2013). *Diagnostic and statistical manual of mental disorders* (5th ed.). https://doi.org/10.1176/appi.books.9780890425596

Baughman, N., Prescott, S. L, & Rooney, R. (2020). The prevention of anxiety and depression in early childhood. *Frontiers in Psychiatry, 11*, 517896. https://doi.org/10.3389/fpsyg.2020.517896

Bernaras, E, Jaureguizar, J., & Garaigordobil, M. (2019). Child and adolescent depression: A review of theories, evaluation instruments, prevention programs, and treatments. *Frontiers in Psychology, 10*, 543. https://doi.org/10.3389/fpsyg.2019.00543

Hart, S. R., Varahamurti, N., & Huang, L. V. (2018). Depression: Helping handout for school. In K. M. Minke & G. G. Bear (Eds.), Helping handouts: Supporting students at school and home. National Association of School Psychologists.

Kwong, A. S. F., Lopez-Lopez, J. A., Hammerton, G., Manley, D., Timpson, N. J., Leckie, G., & Pearson, R. (2019). Genetic and environmental risk factors associated with trajectories of depression symptoms from adolescence to young adulthood. *JAMA Network Open, 2*(6), e196587. https://doi.org/10.1001/jamanetworkopen.2019.6587

Lewis, A. J., Sae-Koew, J. H., Toumbourou, J. W., & Rowland, B. (2020). Gender differences in trajectories of depressive symptoms across childhood and adolescence: A multi-group growth mixture model. *Journal of Affective Disorders, 260*, 463-472. https://doi.org/10.1016/j.jad.2019.09.027

Nenov-Matt, T., Barton, B. B., Dewald-Kaufmann, J., Goerigk, S., Rek, S., Zentz, K., Musil, R., Jobst, A., Padberg, F., & Reinhard, M. A. (2020). Loneliness, social isolation and their difference: A cross-diagnostic study in persistent depressive disorder and borderline personality disorder. *Frontiers in Psychiatry, 11*, 608476. https://doi.org/10.3389/fpsyt.2020.608476

Tharpar, A., Collishaw, S., Pine, D. S., & Tharpar, A. K. (2012). Depression in adolescence. *Lancet, 379*, 1056-1067. https://doi.org/10.1016/S0140-6736(11)60871-4

U.S. Department of Education. (n.d.). Individuals with Disabilities Education Improvement Act https://sites.ed.gov/idea

Vibhakar, V., Allen, L. R., Gee, B., & Meiser-Stedman, R. (2019). A systematic review and meta-analysis on the prevalence of depression in children and adolescents after exposure to trauma. *Journal of Affective Disorders, 255*, 77-89. https://doi.org/10.1016/j.jad.2019.05.005

참고문헌

Alaie, L., Philipson, A., Ssegonja, R., Copeland, W. E., Ramklint, M., Bohman, H., & Jonsson, U. (2021). Adolescent depression and adult labor market marginalization: A longitudinal cohort study. European Child & Adolescent Psychiatry, https://doi.org/10.1007/s00787-021-01825-3

American Psychiatric Association. (2013). *Diagnostic and statistical manual of mental disorders* (5th ed.). https://doi.org/10.1176/appi.books.9780890425596

Ames, M. E., & Leadbeater, B. J. (2018). Depressive symptom trajectories and physical health: Persistence of problems from adolescence to young adulthood. *Journal of Affective Disorders, 240*, 121-129. https://doi.org/10.1016/j.jad.2018.07.001

Atkins, M. S., Frazier, S. L., Birman, D., Adil, J. A., Jackson, M., Graczyk, P. A., Talbott, E., Farmer, A. D., Bell, C. C., & McKay, M. M. (2006). School-based mental health services for children living in high poverty urban communities. *Administration and Policy in Mental Health and Mental Health Services Research, 33*(2), 146-159. https://doi.org/10.1007/s10488-006-0031-9.

Barrett, P. (2007). *FRIENDS: The teaching and training manual for group leaders.* Fun Friends Publishing.

Barrett, P., & Turner, C. (2001). Prevention of anxiety symptoms in primary school children: Preliminary results from a universal school-based trial. *British Journal of Clinical Psychology, 40*(4), 399-410. https://doi.org/10.1348/014466501163887

Baughman, N., Prescott, S. L., & Rooney, R. (2020). The prevention of anxiety and depression in early childhood. *Frontiers in Psychiatry, 11*, 517896. https://doi.org/10.3389/fpsyg.2020.517896

Benarous, X., Renaud, J, Breton, JJ, Cohen, D., Labelle, R., & Guile, J. (2020). Are youth with disruptive mood dysregulation disorder different from youths with major depressive disorder or persistent depressive disorder? *Journal of Affective Disorders, 265*, 207-215. https://doi.org/10.1016/j.jad.2020.01.020

Bernaras, E., Jaureguizar, J., & Garaigordobil, M. (2019). Child and adolescent depression: A review of theories, evaluation instruments, prevention programs, and treatments. *Frontiers in Psychology, 10*, 543. https://doi.org/10.3389/fpsyg.2019.00543

Bodicherla, K. P., Shah, K., Singh, R., Arinze, N. C., & Chaudhari, G. (2021). School-based approaches to prevent depression in adolescents. *Cureus, 13*(2), e13433. https://doi.org/10.7759%2Fcureus.13443

Breslau, J., Gilman, J. E., Stein, B. D., Ruder, T., Gmelin, T., & Miller, E. (2017). Sex differences in recent first-onset depression in an epidemiological sample of adolescents. *Translational Psychiatry, 7*, e1139. https://doi.org/10.1038/tp.2017.105

Breslau, J., Miller, E., Chung, W. J., & Schweitzer, J. B. (2011). Childhood and adolescent psychiatric disorders, substance abuse, and failure to graduate high school on time. *Journal of Psychiatric Research, 45*(3), 295-301. https://doi.org/10.1016/j.jpsychires.2010.06.014

Cash, R. E., Valley-Gray, S., Worton, S., & Newman, A. (2017). Evidence-based interventions for persistent depressive disorder in children and adolescents. In L. Theodore (Ed.), *Handbook of evidence-based interventions for children and adolescents*. Springer Publishing Company.

Chan, P. T., Doan, S. N., & Tompson, M. C. (2014). Stress generation in a developmental context. The role of youth depressive symptoms, maternal depression, the parent-child relationship, and family stress. *Journal of Family Psychology, 28*(1), 32-41. https://doi.org/10.1037/a0035277

Chen, J., Wu, C., Chang, C., & Wei, H. (2020). Indirect effect of parental depression on school victimization through adolescent depression. *Journal of Affective Disorders, 263*, 396-404. https://doi.org/10.1016/j.jad.2019.11.126

Cipriani, A., Zhou, X., Del Giovane, C., Hetrick, S. E., Qin, B., Whittington, C., Coghill, D., Zhang, Y., Hazell, P., Leucht, S., Cuijpers, P., Pu, J., Cohen, D., Ravindran, A. V., Liu, Y., Michael, K. D., Yang, L., Liu, L, & Xie, P. (2016). Comparative efficacy and tolerability of antidepressants for major depressive disorder in children and adolescents: A network meta-analysis. *Lancet, 388*, 881-890. https://doi.org/10.1016/S0140-6736(16)30385-3

Clarke, G. N., Hawkins, W., Murphy, M., Sheeber, L. B., Lewinsohn, P. M., & Seeley, J. R. (1995). Targeted prevention of unipolar depressive disorder in an at-risk sample of high school adolescents: A randomized trial of a group cognitive intervention. *Journal of the American Academy of Child & Adolescent Psychiatry, 34*, 312-321. https://doi.org/10.1097/00004583-199503000-00016

Colman, I., Wadsworth, M. E. J., Croudace, T. J., & Jones, P. B. (2007). Forty-year psychiatric outcomes following assessment for internalizing disorder in adolescence. *American Journal of Psychiatry, 164*(1), 126-133. https://ajp.psychiatryonline.org/doi/full/10.1176/ajp.2007.164.1.126

Copeland, W. E., Alaie, L., Jonsson, U., & Shanahan, L. (2021). Associations of childhood and adolescent depression with adult psychiatric and functional outcomes. *Journal of the American Academy of Child & Adolescent Psychiatry, 60*(5), 604-611. https://doi.org/10.1016/j.jaac.2020.07.895

Coplan, R. J., Schneider, B. H., Matheson, A., & Graham, A. (2010). 'Play Skills' for shy children: Development of a social skills facilitated play early intervention program for extremely inhibited preschoolers. *Infant and*

Child Development, 19, 223-237. https://doi.org/10.1002/icd.668

Crowe, K., & McKay, D. (2017). Efficacy of cognitive-behavioral therapy for childhood anxiety and depression. *Journal of Anxiety Disorders, 49*, 76-87. https://doi.org/10.1016/j.janxdis.2017.04.001

Das, J. K., Salam, R. A., Lassi, Z. S., Khan, M. N., Mahmood, W., Patel, V., & Bhutta, Z. A. (2016). Interventions for adolescent mental health: An overview of systematic reviews. *Journal of Adolescent Health, 59*, 549-560. https://doi.org/10.1016/j.jadohealth.2016.06.020

Domitrovich, C. E., Cortes, R. C., & Greenberg, M. T. (2007). Improving young children's social and emotional competence: A randomized trial of the preschool "PATHS" curriculum. *Journal of Primary Prevention, 28*, 67-91. https://doi.org/10.1007/s10935-007-0081-0

Elmore, A. L., & Crouch, E. (2020). The association of adverse childhood experiences with anxiety and depression for children and youth, 8 to 17 years of age. *Academic Pediatrics, 20*(5), 600-608. https://doi.org/10.1016/j.acap.2020.02.012

Elmore, A. L., Crouch, E., & Chowdhury, M. A. K. (2020). The interaction of adverse childhood experiences and resiliency on the outcome of depression among children and youth, 8-17 year olds. *Child Abuse & Neglect, 107*, 104616. https://doi.org/10.1016/j.chiabu.2020.104616

Feiss, R., Dolinger, S. B., Merritt, M., Reiche, E., Martin, K., Yanes, J. A., Thomas, C. M., & Pangelinan, M. (2019). A systematic review and meta-analysis of school-based stress, anxiety, and depression prevention programs for adolescents. *Journal of Youth and Adolescence, 48*, 1668-1685. https://doi.org/10.1007/s10964-019-01085-0

Finning, K., Ukoumunne, O. C., Ford, T., Danielsson-Waters, E, Shaw, L., De Jager, L. R, Stentiford, L., & Moore, D. A. (2019). The association between child and adolescent depression and poor attendance at school: A systematic review and meta-analysis. *Journal of Affective Disorders, 245*, 928-938. https://doi.org/10.1016/j.jad.2018.11.055

Fussner, L. M., Luebbe, A. M., & Bell, D. J. (2015). Dynamics of positive emotion regulation: Associations with youth depressive symptoms. *Journal of Abnormal Child Psychology, 43*, 475-488. https://doi.org/10.1007/s10802-014-9916-3

Gilham, J. E., Jaycox, L. H., Reivich, K. J., Seligman, M. E. P., & Silver, T. (1990). The Penn resiliency program (Unpublished manuscript). University of Pennsylvania.

Grist, R., Croker, A., Denne, M., & Stallard, P. (2019). Technology delivered interventions for depression and anxiety in children and adolescents: A systematic review and meta-analysis. *Clinical Child and Family Psychology Review, 22*, 147-171. https://doi.org/10.1007/s10567-018-0271-8

Hart, S. R., Varahamurti, N., & Huang, L. V. (2018). Depression: Helping handout for school. In K. M. Minke & G. G. Bear (Eds.), Helping handouts: Supporting students at school and home. National Association of School Psychologists.

Huberty, T. (2010). Depression: Supporting students at school. In Helping children at home and school III: Handouts for families and educators. National Association of School Psychologists.

Khandaker, G. M., Stochl, J., Zammit, S., Goodyer, I, Lewis, G., & Jones, P. B. (2018). Childhood inflammatory markers and intelligence as predictors of subsequent persistent depressive symptoms: A longitudinal cohort study. *Psychological Medicine, 48*, 1514-1522. https://doi.org/10.1017/S0033291717003038

Kriston, L., von Wolff, A., Westphal, A., Holzel, L. P., & Harter, M. (2014). Efficacy and acceptability of acute treatments for persistent depressive disorder. A network meta-analysis. *Depression and Anxiety, 31*, 621-630. https://doi.org/10.1002/da.22236

Kwong, A. S. F., Lopez-Lopez, J. A., Hammerton, G., Manley, D., Timpson, N. J., Leckie, G., & Pearson, R. (2019). Genetic and environmental risk factors associated with trajectories of depression symptoms from adolescence to young adulthood. *JAMA Network Open, 2*(6), e196587. https://doi.org/10.1001/jamanetworkopen.2019.6587

Lewis, A. J., Sae-Koew, J. H., Toumbourou, J. W., & Rowland, B. (2020). Gender differences in trajectories of depressive symptoms across childhood and adolescence: A multi-group growth mixture model. *Journal of Affective Disorders, 260*, 463-472. https://doi.org/10.1016/j.jad.2019.09.027

Marshal, M. P., Dermody, S. S., Cheong, J., Burton, C. M., Friedman, M. S., Aranda, F., & Hughes, T. L. (2013). Trajectories of depressive symptoms and suicidality among heterosexual and sexual minority youth. *Journal of Youth and Adolescence, 42*, 1243-1256. https://doi.org/10.1007/s10964-013-9970-0

Melero, S., Orgiles, M., Espada, J. P., & Morales, A. (2020). How does depression facilitate psychological difficulties in children? The mediating role of cognitive emotion regulation strategies. *Clinical Psychology & Psychotherapy, 28*(2), 384-393. https://doi.org/10.1002/cpp.2516

Melrose, S. (2017). Persistent depressive disorder or dysthymia: An overview of assessment and treatment approaches. *Open Journal of Depression, 6*, 1-13. https://doi.org/10.4236/ojd.2017.61001

Mendez, F. X., Llavona, L. M., Espada, J. P, & Orgiles, M. (2013). Fortius program. Psychological strength and prevention of emotional difficulties. Piramide.

Merikangas, K. R., He, J., Brody, D., Fisher, P. W., Bourdon, K., & Koretz, D. S. (2010). Prevalence and treatment of mental disorders among US children in the 2001-2004 NHANES. *Pediatrics, 125*(1), 75-81. https://doi.org/10.1542/peds.2008-2598

Mojtabai, R., Olfson, M., & Han, B. (2016). National trends in the prevalence and treatment of depression in adolescents and young adults. *Pediatrics, 138*(6), e20161878. https://doi.org/10.1542/peds.2016-1878

Negt, P., Brakemeier, E, Michalak, J., Winter, L, Bleich, S., & Kahl, K. G. (2016). The treatment of chronic depression with cognitive behavioral analysis system of psychotherapy: A systematic review and meta-analysis of randomized-controlled clinical trials. *Brain and Behavior, 6*(8), e00486. https://doi.org/10.1002/brb3.486

Nenov-Matt, T., Barton, B. B., Dewald-Kaufmann, J., Goerigk, S., Rek, S., Zentz, K, Musil, R., Jobst, A., Padberg, F., & Reinhard, M. A. (2020). Loneliness, social isolation and their difference: A cross-diagnostic study in persistent depressive disorder and borderline personality disorder. *Frontiers in Psychiatry, 11*, 608476. https://doi.org/10.3389/fpsyt.2020.608476

Office of Civil Rights. (n.d.). Protecting students with disabilities: Frequently asked questions about Section 504 and the education of children with disabilities. https://www2.ed.gov/about/offices/list/ocr/504faq.html

Oud, M., de Winter, L, Vermeulen-Smit, E., Bodden, D., Nauta, M., Stone, L., van den Heuvel, M., Taher, R. A., de Graaf, L., Kendall, T., Engles, R., & Stikkelbroek, Y. (2019). Effectiveness of CBT for children and adolescents with depression: A systematic review and meta-regression analysis. *European Psychiatry, 57*, 33-45. https://doi.org/10.1016/j.eurpsy.2018.12.008

Paschall, M. J., & Bersamin, M. (2018). School-based health centers, depression, and suicide risk among adolescents. *American Journal of Preventive Medicine, 54*(1), 44-50. https://doi.org/10.1016/j.amepre.2017.08.022

Philipson, A., Alaie, I., Ssegonja, R., Imberg, H., Copeland, W., Moller, M., Hagberg, L, & Jonsson, U. (2020). Adolescent depression and subsequent earnings across early to middle adulthood: A 25-year longitudinal cohort study. *Epidemiology and Psychiatric Sciences, 29*, E123. https://doi.org/10.1017/S2045796020000360

Polanczyk, G. V., Salum, G. A., Sugaya, L. S., Caye, A., & Rhode, L. A. (2015). Annual research review: A meta-analysis of the worldwide prevalence of mental disorders in children and adolescents. *Journal of Child Psychology & Psychiatry, 56*(3), 345-365. https://doi.org/10.1111/jcpp.12381

Quiroga, C. V., Janosz, M., Bisset, S., & Morin, A. J. S. (2013). Early adolescent depression symptoms and school dropout Mediating processes involving self-reported academic competence and achievement. *Journal of Educational Psychology, 105*(2), 552-560. https://doi.org/10.1037/a0031524

Reicher, H., & Matischek-Jauk, M. (2017). Preventing depression in adolescence through social and emotional learning. *International Journal of Emotional Education, 9*(2), 110-115. https://www.um.edu.mt/library/oar/bitstream/123456789/24348/1/v9i2rr9.pdf

Rodriguez-Testal, J. F., Senin-Calderon, C., & Perona-Garcelan, S. (2014). From DSM-IV-TR to DSM-5: Analysis of some changes. *International Journal of Clinical and Health Psychology, 14*, 221-231. https://doi.org/10.1016/j.ijchp.2014.05.002

Rohrer, L. M., Cicchetti, D., Rogosch, F. A., Toth, S. L, & Maughan, A. (2011). Effects of maternal negativity and of early and recent recurrent depressive disorder on children's false belief understanding. *Developmental Psychology, 47*(1), 170-181. https://doi.org/10.1037/a0021305

Rooney, R., Pike, L, & Roberts, C. (2000). The positive thinking program: Prevention manual. Unpublished manuscript, Curtin University of Technology.

Schlagbaum, P., Ruch, D. A., Tissue, J. L, Sheftall, A. H., & Bridge, J. A. (2020). Depressed mood prior to death: Implications for precipitating factors of youth suicide. *Crisis: The Journal of Crisis Intervention and Suicide Prevention, 41*(6), 445-452. https://doi.org/10.1027/0227-5910/a000660

Schubert, K. O., Clark, S. R., Van, L K, Collinson, J. L, & Baune, B. T. (2017). Depressive symptom trajectories in late adolescence and early adulthood: A systematic review. *Australian & New Zealand Journal of Psychiatry, 51*(5), 477-499. https://doi.org/10.1177%2F0004867417700274

Sharar, G., Henrich, C. C., Winokur, A., Blatt, S. J., Kuperminc, G. P., & Leadbeater, B. J. (2006). Self-criticism and depressive symptomatology interact to predict middle school academic achievement. *Journal of Clinical Psychology, 62*(1), 147-155. https://doi.org/10.1002/jclp.20210

Sheffield, J. K., Spence, S. H., Rapee, R. M., Kowalenko, N., Wignall, A, Davis, A., & McLoon, J. F. (2006). Evaluation of universal, indicated, and combined cognitive-behavioral approaches to the prevention of depression among adolescents. *Journal of Consulting and Clinical Psychology, 74*(1), 66-79. https://doi.org/10.1037/0022-006X.74.1.66

Shochet, I. M., Dadds, M. R., Holland, D., Whitefield, K., Harnett, P. H., & Osgarby, S. M. (2001). The efficacy of a universal school-based program to prevent adolescent depression. *Journal of Clinical Child & Adolescent Psychology, 30*(3), 303-315. https://doi.org/10.1207/S15374424JCCP3003_3

Sokratous, S., Merkouris, A., Middleton, N., & Karanikola, M. (2013). The association between stressful life events and depressive symptoms among Cypriot university students: A cross-sectional descriptive correlational study. *BMC Public Health, 13*, 1121. https://doi.org/10.1186/1471-2458-13-1121

Spence, S. H., Sheffield, J. K., & Donovan, C. L. (2003). Preventing adolescent depression: An evaluation of the Problem Solving for Life program. *Journal of Consulting and Clinical Psychology, 71*(1), 3-13. https://doi.org/10.1037/0022-006X.71.1.3

Struck, N., Gartner, T., Kircher, T., & Brakemeier, E. (2020). Social cognition and interpersonal problems in persistent depressive disorder vs. episodic depression: The role of childhood maltreatment. *Frontiers in Psychiatry, 11*, 608795. https://doi.org/10.3389/fpsyt.2020.608795

Tharpar, A., Collishaw, S., Pine, D. S., & Tharpar, A. K. (2012). Depression in adolescence. *Lancet, 379*, 1056-1067. https://doi.org/10.1016/S0140-6736(11)60871-4

U.S. Department of Education. (n.d.). Individuals with Disabilities Education Improvement Act https://sites.ed.gov/idea

Vandeleur, C. L., Fassassi, S., Castelao, E, Glaus, J., Strippoli, M. F., Lasserre, A. M., Rudaz, D., Gebreab, S., Pistis, G., Aubry, J., Angst, J., & Preisig, M. (2017). Prevalence and correlates of DSM-5 major depressive and related disorders in the community. *Psychiatry Research, 250*, 50-58. https://doi.org/10.1016/j.psychres.2017.01.060

Vibhakar, V., Allen, L. R., Gee, B., & Meiser-Stedman, R. (2019). A systematic review and meta-analysis on the prevalence of depression in children and adolescents after exposure to trauma. *Journal of Affective Disorders, 255*, 77-89. https://doi.org/10.1016/j.jad.2019.05.005

Vilgis, V., Chen, J., Silk, T. J, Cunnington, R., & Vance, A. (2014). Frontoparietal function in young people with dysthymic disorder (DSM-5: Persistent depressive disorder) during spatial working memory. *Journal of Affective Disorders, 160*, 34-42. https://doi.org/10.1016/j.jad.2014.01.024

Vilgis, V., Vance, A, Cunnington, R., & Silk, T. J. (2017). White matter microstructure in boys with persistent depressive disorder. *Journal of Affective Disorders, 221*, 11-16. https://doi.org/10.1016/j.jad.2017.06.020

Wilkowska-Chmielewska, J., Szelenberger, W., & Wojnar, M. (2013). Age-dependent symptomatology of depression in patients and its implications for DSM-5. *Journal of Affective Disorders, 150*, 142-145. https://doi.org/10.1016/j.jad.2012.12.012

Young, J. F., Mufson, L., & Gallop, R. (2010). Preventing depression: A randomized trial of interpersonalpsychotherapy-adolescent skills training. *Depression & Anxiety, 27*(5), 426-433. https://doi.org/10.1002/da.20664

제 6 부

강박 및 관련 장애

제 15 장

강박장애

학습 목표

- 강박장애(OCD)에 대한 DSM-5의 진단적 특징을 요약할 수 있다.
- 모든 인종에서 공통적으로 나타나는 강박사고 및 강박행동을 확인할 수 있다.
- OCD가 아동의 사회성, 정서 및 행동 기능에 어떠한 영향을 미칠 수 있는지 설명할 수 있다.
- OCD가 아동의 학업 수행에 어떠한 영향을 미칠 수 있는지 이해할 수 있다.
- 학교심리사가 OCD 증상을 경험하는 학생에게 교육적 · 심리적 지원을 제공하는 방법을 설명할 수 있다.
- OCD 아동을 위해 계획된 학교기반의 정신건강 개입에 대한 지식을 갖출 수 있다.

도입

강박장애(Obsessive-Compulsive Disorder: OCD)는 아동의 사회 · 정서적 기능, 행동 및 학업 수행에 중대한 영향을 미칠 수 있는 신경생물학적 장애이다. 또한 아동의 가족 기능에 부정적인 영향을 미칠 수 있다. OCD는 원치 않는 지속적인 강박사고 및/또는 강박행동을 특징으로 한다. 강박적인 생각은 의식에 침투하여 아동에게 많은 불안과 고통을 초래할 수 있다. 아동은 고통을 완화하기 위한 수단으로 강박적인 행동이나 의례에 몰두할 수 있다(Adams, 2011; Beauchaine & Hinshaw, 2017; Pontillo et al., 2020). COVID-19 팬데믹과 같은 스트레스 상황은 OCD 증상의 심각성을 악화시킬 수 있다(Davide et al., 2020). 이 장애의 영향으로 인하여 많은 아동 · 청소년의 심신이 약화될 수 있음에도 불구하고 증상을 경험하는 청소년의 약 90% 정도가 치료를 받지 못한다고 보고되었다(Geller & Marsh, 2012).

OCD는 증상이 드러나지 않는 경우가 많기 때문에 한때는 청소년기에 드물게 발병하는 것으로 여겨졌지만, 현재는 아동 · 청소년에게 흔한 정신건강장애로 간주된다(Adams, 2011; American Academy of Child & Adolescent Psychiatry: AACAP, 2018; Walitza et al., 2011). 연구에 따르면 OCD는 미국 내 1~4%에 이르는 아동 · 청소년에게 영향을 미치는 것으로 추정된 반면(Helbing & Ficca, 2009; Leininger et al., 2010), 또 다른 연구에서는 이 장애가 약 200명의 청소년 중 한 명꼴로 발생하는 것으로 나타났다(AACAP, 2018; Beauchaine & Hinshaw, 2017; Kraynak & Hart, 2017). OCD의 발병 연령은 연구에 따라 다르지만 일반적으로 사춘기 또는 청소년기에 시작되는 것으로 밝혀졌으며 일부 연구에서는 6~7세에 시작된다고 보고하였다(AACAP, 2018; Barton & Heyman, 2016; Beauchaine & Hinshaw, 2017; Kraynak & Hart, 2017). 조사 연구에 따르면 OCD 진단을 받은 성인의 약 30~50%는 어린 시절에 증상이 시작된 것으로 확인되었다(Pauls et al., 2014). Stewart(2008)는 첫 번째 정점이 일반적으로 10~12세 사이에 발생하고, 두 번째 정점은 초기 성인기에 발생한다고 보고하였다. 이러한 두 기간의 정점 모두 발달 및/또는 스트레스와 관련된 전환기와 일치한다는 점이 흥미롭다. 예를 들어, 첫 번째 정점은 사춘기와 관련하여 뇌의 신경생물학적 변화와 학업 스트레스가 시작되는 시점에 나타나는 반면에, 두 번째 정점은 초기 성인기에 성인으로 전환함에 따라 발생하는 스트레스와 관련될 수 있다(Adams, 2011).

성별 및 발병 연령과 관련된 대부분의 연구에 따르면 아동기에 OCD의 조기 발병은 일반적으로 남아에게서 더 많이 발생하며 후기 청소년기 및 초기 성인기 발병은 여성에게서 더 자주 발생하는 경향이 있었다(Adams, 2011; American Psychiatric Association: APA, 2013; International OCD Foundation: IOCDF, n.d.-a, n.d.-b; Walitza et al., 2011). 이후의 남은 생애 동안 OCD의 유병률은 성별 간 거의 동일하였다(Walitza et al., 2011).

진단적 쟁점

강박사고와 강박행동을 보이는 아동을 진단할 때, 일반적으로 발달하는 아동 또한 강박적인 사고 및/또는 수면 의례를 따르는 것과 같은 강박적인 행동을 보일 수 있다는 점을 염두에 두어야 한다. 어린 아동은 매일 밤 특정한 이야기를 듣거나 잠들기 전에 좋아하는 동물 인형이 옆에 있는지 확인하는 수면 의례를 갖는 것이 일반적이다. Adams(2011)가 지적한 바와 같이, 이러한 의례는 어린 아동을 어르는 작용을 하고 그들이 사는 환경에서 일관성을 느끼게 해 준다. 이와 같은 초기의 의례는 아동이 성숙하면서 결국 중단되며 장난감 공룡 같은 특정한 물건을 모으거나 특정 관심 주제에 대해 최대한 많이 알고자 하는 것과 같이 다른 관심사로 대체될 수 있다. 또한 초기 아동기 동안 어둠과 괴물에 공포를 느낄 뿐만 아니라 보통 생후 9개월경에 낯선 사람을 무서워하는 것과 같이 두려움을 경험하는 모습이 아동·청소년의 전형적인 발달의 양상이다.

일반적으로 어린 아동은 잠자리에 들기 전 이야기를 듣는 것과 같은, 또는 어둠을 무서워하면서 두려움을 갖게 되는 것과 같이 발달상 적절한 의례를 거친다.

Adams(2011)는 아동기에 보이는 전형적인 의례 및 두려움과 OCD 아동에게서 관찰되는 의례 및 두려움을 구별하는 몇 가지 특징을 확인하였다. 첫 번째 변별 요소는 의례나 두려움의 내용이 전형적으로 아동기에 발생하는 것인지의 여부이다. 예를 들어, 아동이 매일 밤 가장 좋아하는 동물 인형과 함께 자고 싶어 하는 것은 발달상 적절하지만, 매일 밤 인형을 특정한 순서로 배치해야 한다고 주장하고 그렇게 하지 않으면 정서적으로 괴로워하는 아동의 경우는 매우 다르다. 두 번째 변별 요소는 의례나 두려움이 연령에 적합한지의 여부이다. 가령, 잠자기 전 침대 밑에 괴물이 있는지 부모에게 확인해 달라고 요청하는 어린 아동은 연령에 적합한 모습이라고 볼 수 있지만, 안전을 위해 부모가 방을 다섯 번 확인하지 않으면 잠자리에 들지 않는 고등학생 청소년은 특이하게 보일 것이다. 아동기에 나타나는 전형적인 의례 및 두려움과 OCD와 관련된 의례 및 두려움을 구별하는 또 다른 요소가 있다. 아동기의 전형적인 의례 및 두려움은 대개 아동에게 편안함을 제공한다. 반면, OCD가 있는 아동은 의례를 수행하지 않으면 끔찍한 일이 일어날 것이라고 두려워하기 때문에 의례를 거치지 않으면 정서적으로 고통받고 큰 불안을 경험하는 경우가 많다(Adams, 2011). 게다가 OCD와 관련된 의례 및 두려움과 달리, 일반적인 아동기 의례는 많은 시간을 소모하지 않으며 아동의 일상 기능에 부정적인 영향을 미치지 않는다. OCD와 관련된 강박사고와 강박행동이 있는 아동·청소년은 불안을 유발하는 강박적인 생각이 순환 반복되면서 많은 시간을 소모할 수 있는데, 그 결과 불안을 해소하기 위해 강박행동을 하지만 완화는 일시적일 뿐이며 강박행동을 강화하여 강박사고를 유지하게 된다(Adams, 2011; Kyrios et al., 2014; Pauls et al., 2014). 이러한 순환이 지속되면 강박사고와 강박행동에 더 많은 시간을 소모하게 되어 아동의 사회적·정서적·행동적·학업적 기능에 부정적인 영향을 미칠 수 있다. Adams(2011)가 지적한 마지막 변별 요소는 전형적인 아동기 의례 및 두려움을 가진 아동이 이성적으로 의례를 그만두는 반면에, OCD 아동은 강박사고를 경험한 후에 반드시 강박행동을 수행해야 한다고 믿는다는 것이다.

전형적인 발달에서 관찰되는 강박사고 및 강박행동과 OCD 아동이 보이는 모습의 차이를 이해하는 것은 아동·청소년과 함께 일하는 전문가에게 필수적이다. 강박사고와 강박행동을 경험하는 학생을 대하는 학교심리사의 경우, 『정신질환의 진단 및 통계 편람 5판(DSM-5)』

(American Psychiatric Association: APA, 2013)의 의학적 모델과 「장애인교육법」(IDEA, 2004)의 장애 범주를 적용하는 교육 모델에 기반하여 OCD의 병인 및 분류 문제와 관련된 요인을 이해하는 것도 중요하다. OCD의 발병에 기여하는 요인과 그 증상에 대한 지식은 장애를 조기에 인식하도록 할 수 있다. 이는 일부 청소년의 경우 당혹감을 느끼고 증상이 자신의 기능에 미치는 영향에 대해 통찰력이 미흡하거나 장애를 치료할 수 있다는 인식이 부족해서 증상을 숨기려고 할 수 있기 때문에 중요한 부분이다(Barton & Heyman, 2016).

병인학적 고려사항

OCD의 병인에는 신경생물학적 · 유전적 · 인지적 · 행동적 · 환경적 요인이 포함된다.

OCD 관련 연구에 따르면, OCD의 특정 원인에 대한 결정적인 증거는 확인되지 않았다. 그러나 일반적으로 OCD의 원인은 다인성이라고 알려져 있다. 조사 연구에 따르면, OCD 증상은 신경생물학적 · 유전적 · 인지적 · 행동적 · 환경적 요인에 기인하여 시작될 가능성이 가장 높다(Adams, 2011; Pauls et al., 2014; Wilmshurst, 2014). OCD와 관련된 신경생물학적 요인에는 신경전달물질이 해당되는데, 이는 뉴런에서 특정 표적 세포로 메시지를 전달하는 뇌의 화학물질이다. OCD 증상은 신경전달물질인 세로토닌, 도파민 및 글루타민의 비정상적인 대사와 관련이 있는 것으로 알려졌다(Adams, 2011; Johnco, 2017; Pauls et al., 2014; Wilmshurst, 2014). 세로토닌은 기분, 불안, 행동, 인지 및 기타 뇌 기능을 조절하는 데 도움이 되며 OCD 및 기타 정신건강장애와 관련이 있다(Sinopoli et al., 2017). 도파민 또한 OCD와 관련이 있으며 행동 적응, 운동 제어, 동기, 학습, 작업기억, 장기 기억 및 인지적 유연성에 관여하는 것으로 알려졌다(Bhandari, 2019; Pauls et al., 2014). OCD와 연관된 세 번째 신경전달물질인 글루타민은 인지, 기억 및 학습과 관련이 있다(Karthik et al., 2020). OCD가 있는 사람의 신경 영상에 대한 연구에서는 대뇌 피질-선조체 시상-피질 회로에서 비정상적인 활동이 있다는 증거를 찾아냈다(Pauls et al., 2014; Salles Andrade et al., 2019). 이 신경 회로는 집행기능 및 행동 조절에 관여한다(Salles Andrade et al., 2019).

OCD와 관련된 또 다른 요인에는 유전적 특징이 있으며 쌍생아 및 가족 연구에서 유전적 특징이 이 장애의 병인에 관여한다는 증거가 확립되었다(Grados & Wilcox, 2007; Pauls, 2008; Pauls et al., 2014; van Grootheest et al., 2005). 이란성 쌍생아에 비해 일란성 쌍생아에게 OCD의 가능성이 더 높은 것으로 나타났다(Grados & Wilcox, 2007). 가족 연구에 따르면, OCD는 통제집단에 비해 OCD가 있는 친척을 둔 청년에게서 더 자주 나타났다(Grados & Wilcox, 2007; Pauls et al.,

2014). 일반 사람들과 비교할 때 1차 관계에 해당하는 부모, 형제, 자매, 자녀는 OCD가 있을 가능성이 3~12배 더 높았다(Walitza et al., 2011). 또한 틱장애 가족력이 있을 때 OCD의 위험이 증가할 수 있다고 보고되었다(Adams, 2011).

OCD의 인지 모델에서는 역기능적 신념 및 이러한 신념의 잘못된 해석과 같은 요인을 다룬다(Adams, 2011; Taylor, 2002). 많은 사람들이 침투적 사고나 '불쑥 떠오르는' 생각을 경험하더라도 OCD가 발생하지는 않지만, 이러한 생각의 중요성이나 의미를 잘못 해석하면 강박사고를 초래할 수 있다(Adams, 2011; Frost et al., 1997; Taylor et al., 2012). OCD 전문가들은 연구 논문에서 OCD와 관련된 역기능적 사고를 확인하고(Obsessive Compulsive Cognitions Working Group, 1997) 논의하였다(Adams, 2011; Frost et al., 1997; Taylor et al., 2012). 이러한 신념은 다음과 같은 내용을 포함한다.

1. 과도한 책임: 바람직하지 않은 결과를 초래하는 것에 대해 책임이 있으며 그러한 결과를 예방할 책임이 있다는 믿음
2. 생각의 지나친 중요성: 생각이 존재하는 것 자체가 그 생각을 중요하게 만든다는 믿음
3. 생각의 통제에 대한 극단적인 관심: 자신의 생각을 완벽하게 통제하는 것이 중요하며 그것이

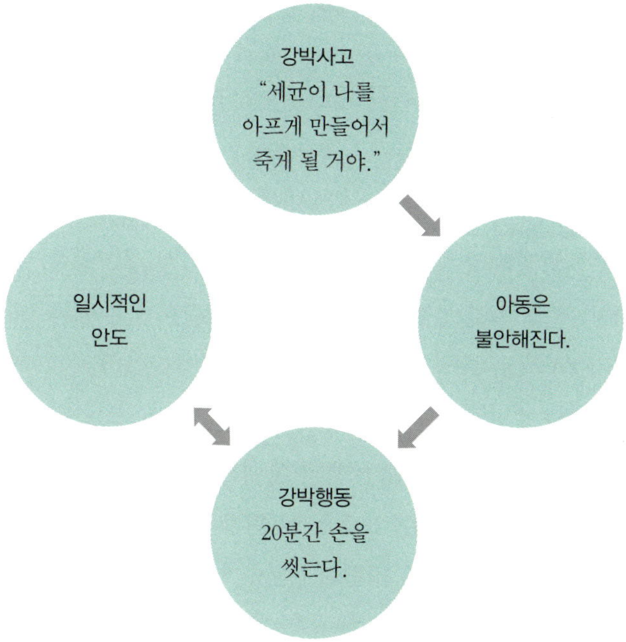

[그림 15-1] 강박사고와 강박행동의 순환

가능하다는 믿음

4. **위협에 대한 과대평가**: 부정적인 사건이 일어날 가능성이 있고 끔찍할 것이라는 믿음
5. **완벽주의**: 실수와 불완전성은 용납할 수 없다는 믿음
6. **불확실성에 대한 인내력 부족**: 유해한 사건이 발생하지 않을 것이라고 절대적으로 확신하는 일이 가능하며 필수적이라는 믿음

Walitza 등(2011)이 언급한 바와 같이, 역기능적 신념과 더불어 침투적 사고에 대해 잘못된 해석의 결과는 위기감을 느끼게 하고, 그 생각을 피하거나 다른 유형의 회피 행동을 함으로써 그 생각을 멈추려는 주관적인 긴박감을 가져올 수 있다. 이러한 행동을 통하여 아동은 침투적 사고로 인한 고통을 일시적으로 경감하고 완화하는 강박적인 행동을 학습하게 된다. 이러한 패턴은 침투적 사고에 몰두하게 만들고 주관적으로 느끼는 중요성을 증가시켜 강박행동을 강화한다는 점에서 행동의 조건화를 초래한다(Adams, 2011; Pauls et al., 2014; Walitza et al., 2011). 그 결과, [그림 15-1]과 같이 강박사고와 강박행동이 순환하게 된다.

이상에서 설명한 요인 외에도, 연구를 통해 OCD 증상이 시작되고 지속적으로 발현되는 것과 관련하여 몇 가지 환경적 요인이 입증되었다. 예를 들어, 이혼, 전학, 외상적이거나 스트레스를 주는 기타 부정적인 생활사건은 아동이나 청소년을 OCD의 위험에 놓이게 할 수 있다(Adams, 2011; Gothelf et al., 2004; Grisham et al., 2008; Lochner et al., 2002). Gothelf 등(2004)이 수행한 연구에서는 OCD 아동이 통제집단에 비해 증상이 시작되기 전, 1년 동안 훨씬 더 많은 부정적 생활사건을 경험한 것으로 나타났다. 또 다른 연구에서는 OCD와 학대 및 방임의 이력(Lochner et al., 2002) 사이에서 연관성이 발견되었고, OCD 진단을 받은 사람이 하나 이상의 외상성 사건을 경험했을 경우 증상이 훨씬 더 심각한 것으로 밝혀졌다(Cromer et al., 2007). 또한 Lafleur 등(2011)의 연구에서 제안한 바와 같이, OCD 아동·청소년에게 심리적 외상의 병력이 과도하게 나타날 수 있으며 OCD 증상이 없는 통제집단과 비교했을 때 OCD 진단을 받은 아동에게서 외상후 스트레스장애(PTSD) 비율이 더 높은 것으로 나타났다. 또한 이 연구에 따르면, OCD를 단독으로 진단받은 통제집단의 아동과 비교했을 때, PTSD와 OCD를 함께 진단받은 아동이 침투적 사고와 정서적 고통을 더 많이 경험했을 뿐만 아니라 정신적 의례행위에 대한 통제력이 낮은 것으로 나타났다(Lafleur et al., 2011). 게다가 이 연구에서는 OCD가 있는 사람들이 부상 및 감염과 같은 기타 부정적인 생활사건을 경험하였다고 밝혔다. 한 연구에 따르면, 외상성 뇌손상(TBI) 병력이 있는 청소년의 30%가 손상 후 1년 이내에 OCD 증상을 보였으며 표본집단 내에서 TBI가 있는 여아는 남아보다 증상을 더 자주 경험하였다(Grados et al., 2008).

지난 20년 동안, 몇몇 연구에서는 OCD와 연쇄상구균 감염 간에 연관이 있을 가능성이 있다고 보고해 왔다(Adams, 2011; Grisham et al., 2008). 일부 전문가들은 연쇄상구균 감염에 노출되면 일부 아동의 경우에는 OCD 증상이 갑작스럽게 발생할 수 있다고 주장하였다(Swedo, 2002). 이 질환은 연쇄상구균과 관련된 **소아 자가면역 신경정신장애**(PANDAS)로 알려져 있다. 그러나 OCD 연구자들 사이에서는 조기 발병 OCD와 PANDAS 간의 연관성에 대해 많은 논란이 존재한다. 일부 전문가들이 이러한 연관성을 뒷받침할 충분한 증거가 있다고 주장하는 반면에, 다른 전문가들은 이 둘 사이의 명확하고 결정적인 연관성을 확보하기 위해서 PANDAS에 대해 더 많은 연구가 필요하다고 제언한다(Adams, 2011; Grisham et al., 2008).

DSM-5 진단

OCD는 DSM-IV(APA, 1994)에서 불안장애로 분류되었지만, DSM-5(APA, 2013)에서는 새롭게 추가된 '강박 및 관련 장애' 범주에 포함되었다. 이 범주에는 OCD, 저장장애, 신체이형장애, 털뽑기장애(발모광) 및 피부뜯기장애(피부 벗기기)가 포함된다. 이 범주에 속하는 모든 장애의 공통적인 특징은 반복적인 생각, 강박행동, 불안 및 고통스러운 감정이다(APA, 2013). 특히 이 단락에서는 OCD에 대한 DSM-5 진단 기준 및 관련 쟁점에 초점을 맞추고자 한다.

OCD의 주요 진단 특징은 아동과 성인 모두에게 강박사고, 강박행동 또는 둘 다를 포함한다. 강박사고는 DSM-5(APA, 2013) 진단 기준에 따라 원하지 않게 의식에 침투하는 지속적인 생각, 충동, 심상 또는 관념을 포함하는데, 이는 아동·청소년에게 불안과 공포를 유발할 수 있다. 불안과 공포를 완화하기 위한 노력의 일환으로 개인은 생각을 무시하거나 다른 생각으로 상쇄시키거나 강박행동을 시도할 수 있다. 강박사고는 DSM-5(APA, 2013)에서 침투적 사고의 존재와 침투적 사고를 상쇄하려는 노력 모두로 정의된다는 점에 유의할 필요가 있다. 예를 들어, 청소년의 경우 TV 리모콘이나 휴대전화처럼 더러워질 수 있는 특정 물건을 만지면 세균에 감염되어 병에 걸린다는 강박사고를 지닐 수 있다.

앞서 언급한 바와 같이 강박행동은 정서적 고통이나 불안을 완화하거나 유해한 사건을 예방하기 위한 반복적이고 지속적인 행동, 의례 또는 정신적 행위이지만, 그 행동이나 정신적 행위가 상쇄하고자 하는 것과는 현실적으로 동떨어질 수 있다(APA, 2013). OCD가 있는 사람은 강박사고에 의해 촉발되는 과도하고 반복적인 강박행동을 경험할 수 있다. 혹은 불안을 낮추거나 두려운 사건을 예방하는 수단으로써 이들은 의례행위를 수행할 수 있다(Beauchaine & Hinshaw, 2017). DSM-5(APA, 2013)의 진단 기준에 따르면 개인은 불안을 완화하거나 두려운 사건을 예

> 강박사고는 고통이나 불안을 유발할 수 있는 원치 않는 침투적인 생각, 충동 또는 심상인 반면에, 강박행동은 고통이나 불안을 완화하기 위한 반복적이고 지속적인 행동 또는 정신적 행위이다.

방하기 위해 반복적인 행동이나 정신적 행위를 보여야 하며 이러한 행동에 관여해야 한다. 아동 · 청소년이 보일 수 있는 반복적이고 관찰 가능한 강박행동의 예로, 세균이 있다고 생각하는 물건을 만진 후 손이 오염되었거나 더럽다고 여겨지면 특정 시간 동안 반복적으로 손을 씻거나 더럽다고 생각하는 물건을 만지지 않을 수 있다. 정신적 행위의 예로는 반복적으로 수를 세거나 기도문을 외는 것을 들 수 있다. 강박행동의 목적은 강박사고와 관련된 불안을 완화하는 것이지만, 어린 아동은 강박행동을 하는 이유를 설명하지 못할 수 있다는 점에 유의해야 한다. 대부분의 아동과 성인은 강박사고와 강박행동을 모두 경험하지만(Beauchaine & Hinshaw, 2017; Adams, 2011), 어린 나이에 틱장애를 가지게 된 아동 중 일부는 강박행동만 나타내는 경향이 있는 것으로 보고되었다(Beauchaine & Hinshaw, 2017).

진단 기준에 의하면, 아동의 강박사고 또는 강박행동이 매일 1시간 이상 발생하거나 아동의 기능에 현저한 고통이나 장애를 유발해야 한다(APA, 2013). 아동 · 청소년은 과도하고 시간을 낭비하게 만드는 강박사고 및/또는 강박행동을 경험할 수 있는데, 이러한 경험은 삶의 질에 영향을 미칠 수 있다. 연구에 따르면 자기 보고나 부모의 보고를 토대로 했을 때 OCD 아동의 전반적인 삶의 질은 OCD가 없는 아동에 비해 크게 감소하였으며, 특히 OCD 청소년은 사회적 능력과 학교에서의 기능이 유의하게 낮은 것으로 나타났다(Weidle et al., 2014). 다른 진단 기준에 따르면 물질 사용 또는 의학적 상태로 인한 영향을 배제해야 하고, 아동이 보이는 증상이 다른 정신건강장애에 의해서 더 잘 설명되지 않아야 한다(APA, 2013).

증상 차원

OCD 관련 연구에서 일반적으로 보고하는 강박 증상의 차원은 네 가지로 나뉜다. 여기에는 다음과 같은 강박사고/강박행동 증상들이 포함되는데, (a) 대칭 강박사고와 정돈, 반복 및 숫자 세기 강박행동, (b) 성적, 공격적, 종교적(근실함) 및 신체적 강박사고와 확인 강박행동, (c) 오염 강박사고와 청소 강박행동, (d) 저장 강박사고와 저장 강박행동 등이다(Adams, 2011; Alvarenga et al., 2015; Bloch et al., 2008; Mataix-Cols et al., 2005; Pauls et al., 2014). 대칭과 관련된 강박사고는 유해한 사건이 발생하는 것을 피하기 위해 사물을 특정한 순서로 소유하려는 충동과 연관이 있을 수 있다. 성적 강박사고에는 성행위에 관여한다는 침투적 사고를 포함할 수 있는 반면, 종교적 강박사고에는 충분히 기도하지 않거나 죄를 짓는 것 같다는 생각이 포함될 수 있다. 오염 강박사고는 세균에 대한 두려움, 병에 걸리는 것과 관련이 있을 수 있다. Adams(2011)는 대칭/

정돈, 반복, 숫자 세기 하위 유형이 남성에게서 더 자주 발생하는 반면, 오염/청소, 세정 하위 유형은 여성에게서 더 자주 발생한다고 언급하였다. 또한 성적인 강박사고는 소년들에게서 더 자주 보고되었다(Mataix-Cols et al., 2005). 다른 하위 유형에 비해 저장은 부족한 통찰력과 관련이 있는 경우가 더 많았다(Adams, 2011). 저장행동을 보이는 OCD 아동·청소년은 OCD만 있는 경우와 비교했을 때보다 발병 연령이 더 빠르고 평생 증상이 더 심각하며 결정을 내리는 데 더 많은 어려움을 겪는 경향이 있었다(Samuels et al., 2014). 저장행동은 이제 DSM-5에서 별개의 장애이며 OCD 저장행동과 OCD가 아닌 저장행동 사이에는 차이가 있다는 점에 유의해야 한다. Adams(2011)에 따르면 OCD 저장행동은 특정 물건을 만지면 오염될까 두려워하거나 특정 물건을 버릴 경우 나쁜 일이 생길 것이라는 공포와 같은 강박사고가 특징적이지만, OCD가 아닌 저장행동은 강박사고에 의해 주도되지 않는다. OCD 저장행동은 고통스러울 수 있지만, OCD가 아닌 저장행동은 일반적으로 고통을 유발하지 않는다(Adams, 2011).

통찰력의 수준

강박사고가 불합리하며 강박행동이 과도하다는 것을 이해하는 개인의 통찰력 수준을 진단적으로 평가하는 것이 중요하다. 통찰력의 수준이 치료에 대한 개인의 반응에 영향을 미칠 수 있기 때문이다. DSM-IV(APA, 1994)에서는 개인이 자신의 강박사고와 강박행동이 과도하거나 불합리하다고 인식해야 한다는 기준이 있고, 명시자로 하나의 통찰력 수준(나쁨)만을 두었지만, DSM-5의 경우는 그렇지 않다. DSM-5에서는 강박사고와 강박행동의 과도한 특성을 인식해야 한다는 기준이 삭제되고 통찰력 명시자에 세 가지 수준이 추가되었는데, (a) "좋거나 타당한 통찰력", (b) "부족한 통찰력", (c) "통찰력 결여/망상적 믿음" 등이다(APA, 2013, p. 237; Kraynak & Hart, 2017, p. 25). 통찰력이 좋거나 타당한 경우에는 개인이 강박사고가 사실이 아닐 가능성이 높다는 것을 잘 깨닫는 반면에, 통찰력이 부족한 경우에는 강박사고가 사실일 수도 있다고 여기는 것이다. 통찰력 결여/망상적 믿음 명시자는 개인이 강박사고를 완전히 사실이라고 믿는다는 것을 나타낸다. 통찰력 결여/망상적 믿음을 가진 사람은 일반적으로 더 나쁜 결과를 보이는 경향이 있다(APA, 2013). 청소년은 자신의 강박사고와 강박행동이 불합리하거나 과도하다는 것을 인식할 수 있지만 어린 아동의 경우에는 아직 이러한 것을 이해할 수 있는 통찰력이 부족할 수 있다(APA, 2013; Beauchaine & Hinshaw, 2017). 몇몇 연구에서는 OCD 진단을 받은 아동·청소년의 통찰력 수준과 기타 특성을 조사하였다(Lewin et al., 2010; Storch et al., 2008). 예를 들어, Lewin 등(2010)은 OCD 진단을 받고 치료를 원하는 8~17세 청소년 표본에서 통찰력이 낮은 참가자들은 나이가 더 어리고, 지적 기능이 낮았으며, 환경에 대한 통제력이 감소하는 경향이 있었다고 보고하였다. 통찰력이 낮은 청소년은 우울 증상이 더 심각하고, 적응 기능 수준이 더 낮은 것으로 나타났다(Lewin et al., 2010). 또한 Storch 등(2008)은 통찰력이 좋은 청소년과 비교할 때 통찰력이 좋지 않은 청소년이 훨씬 더 심각한 OCD 증상, 더 높은 수준의 내재화 행동, 학교와 가족 및 사회적 맥락과 관련된 더 많은 손상을 보인다는 것을 발견하였다. 연구자들은 OCD 아동·청소년 중 통찰력이 거의 없는 경우에는 OCD 증상을 억제하는 것이 더 어려울 수 있으며, 이는 잠재적으로 인지행동치료(CBT)에도 영향을 미칠 수 있다고 결론지었다(Storch et al., 2008).

공존장애

OCD 관련 증상 외에도 OCD가 있는 아동·청소년은 다른 정신건강장애를 경험할 수 있다. 조사 연구에 따르면, OCD로 진단받은 아동의 70~75%가 공존장애를 가진 것으로 나타났다(Coluccia et al., 2017; Walitza et al., 2011). 공존장애는 OCD 증상의 심각성뿐만 아니라 OCD 청소년의 장애 경과에 영향을 미쳐 이들 중 약 40~75%가 만성화될 수 있다(Weidle et al., 2015). 연구에 따르면 아동의 OCD 증상이 심할수록 아동이 하나 이상의 다른 정신건강장애를 경험할 가능성이 높아졌다(Walitza et al., 2011). OCD와 공존하는 것으로 밝혀진 장애에는 사회공포증·분리불안·특정공포증을 포함한 불안장애, 주의력결핍 과잉행동장애(ADHD), 적대적 반항장애 및 품행장애와 같은 파괴적 행동장애, 섭식장애, 자폐스펙트럼장애 및 틱장애/뚜렛증후군 등이 있다(Adams, 2011; APA, 2013; Beauchaine & Hinshaw, 2017; Nazeer et al., 2020; Walitza et al., 2011; Weidle et al., 2015). OCD가 있는 아동·청소년의 치료는 공존장애의 존재 여부에 따라 영향을 받을 수 있다는 점에 유의해야 한다(Adams, 2011).

> 조사 연구에 따르면 아동의 OCD 증상이 심할수록 아동이 하나 이상의 다른 정신장애를 가질 가능성이 높아졌다(Walitza et al., 2011).

학교기반 수혜자격

조사 연구에 따르면, OCD로 진단받은 아동은 이따금 학업적·행동적·사회적 기능에 어려움을 겪는 것으로 나타났다(Adams et al., 2007; Paige, 2007; Piacentini et al., 2003). 일부 OCD 아동은 「재활법 504조」에 따른 학교기반의 조정을 통해 교육적 요구를 충족할 수 있지만, 다른 아동은 심리교육 평가 및 검토된 기타 데이터의 결과에 따라 IDEA에 의한 특수교육 서비스가 필요할 수 있다(Adams, 2011). Adams 등(2007)에 따르면 학교심리사와 학교기반 팀이 고려할 수 있는 장애 범주에는 정서장애(ED) 또는 정서행동장애(EBD; 주(州)에 따라 다름) 또는 기타 건강장애(OHI)가 있다. 때때로 공격적인 이면을 가진 사람을 정서장애라는 용어를 사용하여 지칭하는데, 이러한 용어 사용과 관련된 낙인 때문에 Adams 등(2007)을 비롯한 전문가들은 OCD 진단을 받은 학생에게 ED 또는 EBD 분류를 사용하는 것에 대해 많은 우려를 표명하였다. 더불어, OCD가 정서적 기반 장애가 아니라 신경생물학적 장애이기 때문에(Adams et al., 2007), ED 또는 EBD보다는 OHI(기타건강장애)를 고려해야 한다는 우려도 제기되었다. Adams(2011)가 지적한 바와 같이, ADHD 및 뚜렛증후군처럼 신경생물학적 기반을 가진 다른 장애들은 이러한 장애를 지원하는 전문 기관의 옹호 노력에 힘입어 현재는 OHI로 간주되는 건강장애 목록에 포함되었다.

문화적 쟁점

수십 년간 연구 논문에서 OCD 증상을 설명해 왔지만, 특히 아동・청소년의 OCD와 관련된 OCD 증상 발현의 문화적 차이는 거의 주목을 받지 못하였다. 이에 대한 한 가지 원인은 다양한 문화적 배경을 가진 참여자가 연구에 거의 포함되지 않았다는 것이다(Williams & Jahn, 2017; Williams, Sawyer, et al., 2017). 최근 Hunt(2020)는 미국과 유럽, 남미, 남아프리카, 아시아 및 중동을 포함한 문화권 전반에 걸쳐 Yale-Brown Obsessive-Compulsive Scale Symptom Checklist(Y-BOCS)에서 나타나는 OCD 발현 빈도의 인구통계학적 차이를 조사하기 위해 아동 및 성인 표본을 대상으로 한 51개의 연구를 검토하였다. 그 결과, 증상의 발현 빈도는 문화에 따라 다르지만, 대칭 강박사고와 정돈 강박행동의 빈도는 문화에 따라 유의한 차이가 발견되지 않았다. 또한 OCD 내용은 문화에 따라 다르지만 그 차이는 크지 않았다. Hunt(2020)는 전반적으로 OCD 하위 유형이 상당히 보편적이라는 결론을 내렸다.

문화적 요인이 OCD 증상의 발현에 영향을 미칠 수 있다는 점을 감안하여, 연구자들은 국제적 수준에서 문화 간 OCD의 발현을 조사하였다(de Bilbao & Giannakopoulos, 2005; Hunt, 2020; Sharma et al., 2021; Williams, Chapman, et al., 2017). 유대인 문화 내에서 OCD를 가진 사람은 견실한(종교적) 강박사고를 경험할 수 있으며 이러한 강박사고는 과도한 손 씻기, 기도하기, 종교적 문제에 대해 종교 지도자와 상의하기 등 강박적인 행동을 동반하는 경우가 많았다(Williams, Chapman, et al., 2017). 마찬가지로, 종교, 순결, 청결을 강조하는 이슬람 중동 문화의 OCD 증상에서는 기도, 신앙, 순결, 오염, 세정, 정돈과 관련된 종교적 내용이 보고되었다(Hunt, 2020; Williams, Chapman, et al., 2017). 다른 연구에서는 문화의 주요 초점이 종교에 맞춰져 있는 무슬

림 및 유대교 중동 국가의 임상 표본이 서구 국가의 임상 표본에 비해 종교와 관련된 OCD 증상을 더 많이 보고한다는 점에 주목하였다(de Bilbao & Giannakopoulos, 2005). 동아시아 국가인 일본, 대만, 중국에서 가장 많이 보고된 OCD 증상은 오염, 대칭, 의심, 공격과 관련된 강박사고였고, 강박행동으로는 세정, 확인, 반복 의례 및 질서정연함 등이 가장 많이 보고되었다(Williams, Chapman, et al., 2017). 인도의 OCD 증상을 조사한 연구에서는 공통적으로 오염, 종교적 우려, 대칭, 공격, 성적인 생각 및 병리적 의심에 대한 강박사고가 나타났다(Williams, Chapman, et al., 2017). OCD로 일차 진단을 받고 인도의 여러 시설에서 치료를 구하는 아동·청소년 표본의 증상 발현에는 다섯 가지 강박사고/강박행동 요소들이 포함되었는데, (a) 종교적 강박사고/확인, 숫자 세기 및 반복 강박행동, (b) 마술적인 것-미신적인 강박사고/미신적인 놀이 및 정돈 강박행동, (c) 수집과 저장 강박사고 및 강박행동, (d) 오염 강박사고/세정 강박행동 및 신체적 강박사고, (e) 공격 및 성적인 강박사고/피해 예방 강박행동 등이다(Sharma et al., 2021). 마지막으로, 히스패닉과 남미 문화에서 오염과 공격은 가장 흔하게 보고되는 강박사고였다(Williams, Chapman, et al., 2017).

미국 내 아프리카계 미국인의 OCD 유병률과 증상 발현에 대해서는 알려진 바가 거의 없다. 지난 몇 년 동안 Williams와 Proetto 등(2012)은 아프리카계 미국인의 OCD 증상 발현에 대한 연구의 중요성을 강조하여 왔다. Williams와 Proetto 등(2012)은 OCD 증상이 일반적이지 않을 경우에는 식별되지 않을 수 있으며 OCD가 심각한 데다가 흔치 않은 증상을 보이는 아프리카계 미국인은 오진될 수 있기 때문에 교차문화적 차이에 대한 정보를 얻는 것이 필수적이라고 지적하였다. OCD와 아프리카계 미국인에 대해 알려진 대부분의 내용은 아프리카계 미국인의 OCD가 일반 대중과 동일한 비율로 발생한다는 역학 연구에서 비롯된 것이다(Williams, Proetto, et al., 2012). Himle 등(2008)은 아프리카계 미국인, 카리브계 흑인, 비히스패닉계 백인의 세 집단을 중심으로 하여 National Survey of American Life 데이터를 조사하였다. 연구자들은 아프리카계 미국인과 카리브계 흑인의 약 1.6%가 OCD 진단 기준을 충족하고, 적어도 다른 하나의 정신건강장애를 높은 비율로 경험한다는 것을 확인하였다. 또한 이들은 아프리카계 미국인과 카리브계 흑인 사이에서 OCD가 지속적이고 다른 정신건강장애가 공존하며 높은 심각성 및 기능 손상과 관련을 보인다는 것을 발견하였다. 아프리카계 미국인의 OCD 지속성이 높은 것은 치료에 대한 접근성이 제한적인 데다가 이들을 대상으로 검증되지 않은 치료의 효과가 감소하였기 때문일 수 있다.

아프리카계 미국인의 OCD에 대해 더 많은 임상 연구가 필요하다는 것에 부응하고 이 집단에서 나타나는 OCD의 양상을 더 잘 이해하기 위해 Williams와 Domanico 등(2012)은 OCD 증상

조사 연구에 따르면 OCD가 있는 아프리카계 미국인은 백인보다 오염 증상을 보고할 가능성이 더 높고, 동물에 대한 우려를 보고할 가능성이 두 배 더 높은 것으로 나타났다.

을 경험하고 있거나 과거에 증상을 경험한 아프리카계 미국인 성인 표본에 Y-BOCS를 적용하여 연구를 수행하였다. 연구자들은 대학에서 모집한 OCD 증상이 있는 아프리카계 미국인 표본의 데이터를 National Survey of American Life에 참여한 아프리카계 미국인 및 카리브계 흑인 표본과 비교하였다. 대학에서 모집한 표본의 결과는 다음과 같이 여섯 가지로 구별되는 증상 차원을 나타내는데, (a) 오염/세정, (b) 저장, (c) 성적인 생각/재확인, (d) 공격/정신적 의례행위, (e) 대칭/완벽주의, (f) 의심/확인 등이다. 연구 결과에서 아프리카계 미국인 참가자가 백인 참가자보다 오염과 관련된 증상을 더 많이 보고하였으며 동물과 관련된 우려를 보고할 가능성이 두 배 더 높았다(Williams, Domanico, et al., 2012). 연구자들이 지적한 바와 같이, 아프리카계 미국인이 오염에 대해 크게 우려하는 것은 오염에 노출될 위험이 높은 저소득층 출신이 다수라는 사실과 관련될 수 있다. 또는 미국 백인이 밀접한 접촉이나 교류로 인한 오염을 두려워하면서 아프리카계 미국인에게 식수대나 식당을 따로 분리해서 사용하도록 강요했던 역사적인 차별 관행과도 문화적 관련이 있을 수 있다. 더불어 동물에 대한 우려가 크다는 점에 대해서 연구자들은 동물 공포증 또는 역사적으로 노예를 추적하기 위해 개를 사용한 것과 관련이 있을 수 있다고 언급하였다(Williams, Domanico, et al., 2012).

아프리카계 미국인 청소년이 성인과 마찬가지로, 조사 연구나 치료 시설에서 실제보다 그 수가 적게 표시된다는 점을 감안할 때, 아프리카계 미국인 청소년의 OCD를 더 잘 이해하기 위한 노력이 필요하다(Williams et al., 2016). Williams와 Jahn(2017)은 아프리카계 미국인 청소년의 OCD에 대해 더 많은 정보를 수집하기 위해서 아프리카계 미국인 아동의 회복탄력성에 기여할 수 있는 잠재적인 사회문화적 보호요인과 치료의 장벽이 될 수 있는 위험요인을 함께 검토하였다. Williams와 Jahn(2017)이 확인한 잠재적인 보호요인은 다음과 같다: (a) 긍정적인 민족적 정체성과 인종적 사회화는 소속감을 증진하는 데 도움이 되며 유해한 상황에서의 안녕감 및 회복탄력성과 관련이 있다. (b) 아프리카계 미국인 가정에 전형적으로 나타나는 권위주의적 양육은 가족이 OCD 행동과 타협하는 것을 막을 수 있다. (c) 가족 구성원 및 또래의 지지는 이따금 OCD 청소년이 곤란에 맞서게 할 수 있다. (d) 아프리카계 미국인은 미래보다는 현재에 초점을 맞추는 경향이 있다(이는 때때로 일부 강박사고의 초점이 될 수 있다). (e) 종교적 강박사고가 아닌 경우, 불리한 시기에 종교적 대처와 신앙에 의존한다. 한편, 잠재적인 위험요인은 다음과 같다. (a) OCD 증상 발현에 있어서의 변화 가능성 또는 오진을 초래할 가능성이 있는 예외적인 증상, (b) 치료를 받는 데 재정적인 장벽이 되는 저소득 및 보험 부족, (c) 아프리카계 미국인을 대상으로 한 OCD 치료에 능숙한 치료 전문가의 수가 부족한 것과 아프리카계 미국인이 치료 기관에 대해 제한된 지식을 갖고 있는 것, (d) 임상 연구에서의 과거 인종차별적이고 불공평한 관행과 현재 사회에서의 인종차별로 인하여 의료계에 대한 신뢰가 부족한 것, (e) 정신건강에 대한 낙인과 정신건강 문제로 도움을 필요로 하는 것에 대한 부정적인 시선, (f) 잠재적으로 아동·청소년의 OCD 위험을 증가시킬 수 있는 가족의 부정적인 의사소통 방식 등이다.

학교와 가정에서 사회성, 정서 및 행동 기능에 미치는 영향

사회·정서적 기능에 미치는 영향

OCD와 관련된 불안을 관리하는 것은 아동을 정서적으로나 사회적으로 취약하게 만들 수 있으며 이는 사회·정서적 기능에 영향을 줄 수 있다. OCD 청소년은 강박사고 및 강박행동과 관련된 불안을 해소하기 위해 정서적으로 희생함으로써 심신이 쇠약해질 수 있고, 정서조절에 어려움을 겪을 수 있으며, 이는 결국 다른 정서적 어려움으로 이어질 수 있다. OCD 증상 외에도 많은 청소년이 수치심(Tangney & Dearing, 2002; Veale & Roberts, 2014; Weingarden & Renshaw, 2015), 우울증(Peris et al., 2010; Storch, Jones, et al., 2012; Storch, Lewin, et al., 2012), 불안(Langley et al., 2010), 외로움(Storch et al., 2006), 낮은 자아존중감 및 자기 의심(Canavera et al., 2010), 정서조절곤란(Jacob et al., 2012), 자살 위험 증가(Goodwin et al., 2002)를 경험한다. 이 단락에서는 많은 OCD 아동·청소년이 경험하는 정서적 고통과 사회적 기능 손상에 초점을 맞추고자 한다.

정서적 고통

OCD로 인한 아동·청소년의 정서적 고통은 극심할 수 있다. 일부 OCD 청소년은 자신의 강박사고와 강박행동을 타인에게 들킬까 봐 두려워하거나 OCD 증상으로 인해 자신이 '미친' 것으로 보일까 봐 두려워하기 때문에 자신에게 장애가 있다는 사실에 당황할 수 있다(AACAP, 2018). 자신이 '미쳤을' 수도 있다는 걱정은 일부 OCD 아동이 의례와 같은 강박행동을 수행하라는 내면의 목소리를 들었던 경험으로부터 비롯될 수도 있다(Vera & Vera, 2010). 수치심과 스스로를 부정적으로 보는 경험을 할 수 있으며, 이는 자신의 강박행동을 타인에게 숨기려는 노력으로 이어질 수 있다(Barton & Heyman, 2016; Helbing & Ficca, 2009; Leininger et al., 2010). 수치심과 증상을 숨기려는 경향으로 인해 부모에게 증상을 드러내는 일이 늦어지게 되고, 결국 치료를 받는 것이 지연될 수 있다(Veale & Roberts, 2014). 또한 타인이 자신의 강박행동을 알아차릴 것이라는 두려움은 자신의 강박행동을 들키지 않기 위한 노력으로 이어져, 부차적으로 학교 관련 불안, 등교 거부와 같은 학교 기피를 유발할 수 있다(Fischer-Terworth, 2013).

수치심과 부정적인 자기관은 OCD 청소년이 자신의 증상을 드러내지 않고 숨기게 하여 치료를 지연시킬 수 있다.

일반적으로, 수치심은 다른 정신건강장애와 관련이 있는 고통스러운 감정일 수 있으며 대인관계에 부정적인 영향을 미치고 사회적 고립의 동기 요인으로 작용할 수 있다(Tangney & Dearing, 2002). 따라서 OCD 아동·청소년이 가진 수치심의 역할을 살펴보는 것이 중요하다. Weingarden과 Renshaw(2015)는 강박 관련 장애에서 수치심에 대한 개념을 검토하면서 수치심의 다양한 유형을 발견하였다. OCD에 국한되는 것은 아니지만, Weingarden과 Renshaw(2015)가 검토한 여러 OCD 연구에서 정신질환과 관련된 수치심이 보고되었다. 이러한 유형의 수치심은 강박행동이 공개적으로 드러날 때 타인에게 '비정상적'으로 보이는 것과 관련이 있었다. OCD가 있는 사람에게서 증상에 기반한 수치심이 확인되었으며, 이는 성적 및/또는 공격적 생각이나 심상과 관련된 강박사고의 내용이 수치심을 유발한다는 것을 시사하였다. Veale와 Roberts(2014)가 언급한 바와 같이, 강박사고와 관련된 수치심은 타인이 자신을 오해하고 부정적으로 볼 것을 두려워하기 때문에 자신에게 OCD가 있다고 밝히지 못하게끔 할 수 있다. 강박사고와 강박행동을 공개하지 않는 것이 OCD의 치료를 방해할 수 있기 때문에, 이러한 유형의 수치심은 치료 장벽으로 개념화되었다(Weingarden & Renshaw, 2015).

정서조절, 즉 정서적 경험을 관리하는 능력은 심리적 안녕감과 정서적 상황에 적응하는 데 긍정적인 영향을 미칠 수 있다. 아동·청소년이 자신의 감정을 조절하는 데 어려움을 겪을 때 심리적 부적응을 경험할 수 있다. McGuire 등(2013)은 OCD와 정서조절장애가 있는 청소년이 정서를 조절할 수 있는 OCD 청소년보다 증상이 더 심각하다는 것을 발견하였다. 마찬가지로, 불안장애가 있는 청소년은 자신의 정서를 조절하는 데 어려움을 겪는 것으로 나타났다(Suveg & Zeman, 2004). OCD가 있는 청소년과 다른 불안장애가 있는 청소년의 정서조절을 비교하기 위해 Jacob 등(2012)은 OCD가 있는 청소년과 OCD와 공존하는 경우가 많은 불안장애, 즉 범불안장애, 사회공포증, 분리불안장애를 가진 청소년의 정서조절에 대해 조사하는 연구를 수행하였다. 이 연구 결과는 OCD 청소년이 다른 불안장애를 진단받은 청소년에 비해 정서조절에 더 많은 어려움을 겪는다는 것을 보여 주었다. 연구자들이 언급한 바와 같이(Jacob et al., 2012), 침투적 사고와 강박사고는 OCD 청소년이 정서적인 경험을 견딜 수 없게 만들 수 있으며, 이는 부정적인 감정을 경험할 때 효과적으로 대처하지 못하게 할 수 있다. 정서조절장애는 심각한 불안,

우울한 기분 또는 변덕스러운 기분 변화와 같은 증상으로 나타날 수 있다(McGuire et al., 2013).

OCD 아동 · 청소년은 우울감과 OCD에 기인하지 않는(non-OCD) 불안을 경험할 수 있다. 앞서 언급했듯이 OCD는 종종 우울장애와 공존하기도 한다. Peris 등(2010)은 강박장애로 일차 진단을 받은 청소년이 지닌 우울증의 임상적 · 인지적 상관관계를 조사하였다. 이들의 연구 결과에 따르면 우울 증상의 수준이 높을수록 인지 왜곡의 수준이 높고, 나이가 많으며, OCD 증상이 심각하였다. 또한 우울 증상은 자아 역량 및 통제력을 낮게 지각하고, OCD 심각성이 높은 것과 관련이 있었다(Peris et al., 2010). 이러한 결과에 기초하여 Peris 등(2010)은 시간이 지남에 따라 OCD가 청소년에게 정서적 고통을 유발할 수 있기 때문에 우울증이 발생할 위험이 있으며, 증상을 통제하려고 노력하는데도 증상이 지속되는 청소년은 스스로를 무능하게 여겨서 우울증의 위험이 높아질 수 있다고 지적하였다. 다른 연구에서도 유사한 결과가 나타났으며 OCD가 있는 여아가 남아보다 우울장애를 가질 가능성이 더 높다고 알려졌다(Storch, Jones, et al., 2012; Storch, Lewin, et al., 2012). OCD와 우울증이 공존하는 것은 아동 · 청소년을 자기 의심과 낮은 자아존중감에 빠뜨려 취약하게 만들 수 있으며, 이는 또래 관계에 영향을 미치고 사회적 고립을 초래할 수 있다(Canavera et al., 2010). 마찬가지로, OCD 청소년은 OCD에 기인하지 않는 불안을 경험할 수 있으며 이는 증상의 심각성과 기능에 영향을 미칠 수 있다. Langley 등(2010)은 OCD와 불안장애가 공존하는 청소년이 OCD만 있는 청소년 및 OCD와 외현화 행동이 공존하는 청소년보다 OCD 증상의 심각성이 더 높다는 것을 발견하였다.

OCD 청소년은 완벽주의자가 되려는 경향으로 인한 괴로움을 경험하기도 한다. OCD를 가진 많은 사람들은 완벽주의자가 되기 위해 노력한다(Ye et al., 2008). OCD 청소년의 임상 표본에서 Ye 등(2008)은 완벽주의가 OCD 증상의 심각성과 관련이 있고 우울한 기분에 기여하며 대인 관계에 부정적인 영향을 미친다는 것을 발견하였다. Ye 등(2008)이 언급한 바와 같이, OCD가 있는 사람들은 과도한 책임감을 가지고 있는 경우가 있으며(이전 연구에서 입증된 바와 같이) 완벽함이 유해한 사건을 예방하는 방법이라고 믿는다. '완벽함'을 추구하는 비현실적인 목표는 그들의 스트레스와 걱정을 더욱 가중시킨다(Ye et al., 2008). 또한 연구 결과에 따르면 실수에 대한 민감성은 완벽주의의 부적응적인 영역이지만, 자아존중감은 완벽주의의 적응적인 영역으로 확인되었다. 실수에 대한 민감성 및 낮은 자아존중감과 관련된 자기비난은 심리적 고통의 심각성과 관련이 있으며(Ye et al., 2008) 대인 관계에 부정적인 영향을 미치는 것으로 나타났다.

사회적 기능 손상

아동의 안녕감과 사회적 발달에서 또래관계의 중요성은 많은 연구를 통해 잘 알려져 있다(Asher & Weeks, 2018; Glick & Rose, 2011; Rose & Asher, 2000). OCD 아동・청소년이 사회적 상호작용에 참여하고 우정을 쌓는 데 어려움을 겪는다고 입증된 바와 같이, 이들의 사회적 기능과 또래관계는 부정적인 영향을 받을 수 있다(Leininger et al., 2010). Borda 등(2013)은 OCD 진단을 받은 사춘기 이전의 아동이 정신의학적 문제가 없는 대조군에 비해 사회적 기능 측면에서 훨씬 더 많은 어려움을 겪고, 부정적 평가에 대한 두려움이 더 많으며 또래 괴롭힘 피해가 더 크다고 보고하였다. OCD가 있는 사춘기 이전 학생은 대조군에 비해 괴롭힘 행동(타인을 괴롭히는 행동)과 친사회적 행동을 더 적게 보고하였다. 또한 연구 결과는 OCD가 있는 사춘기 이전 학생이 또래에 비해 친구가 적고, 친구를 사귀는 데 어려움을 겪으며, 더 많은 친구를 원하는 등 또래관계에서 어려움을 경험할 가능성이 훨씬 더 높다는 것을 보여 주었다. Borda 등(2013)은 또래와의 긍정적인 사회적 상호작용을 촉진하는 데 부모와 교사가 도움을 줄 수 있으며 OCD 아동을 대하는 정신건강 서비스 제공자는 또래관계에서 이들이 겪는 어려움에 주의를 기울여야 한다고 결론 내렸다.

> 조사 연구에 따르면 OCD가 있는 사춘기 이전 학생은 대조군에 비해 사회적 기능의 어려움, 부정적 평가에 대한 두려움, 또래 괴롭힘 피해가 더 크다고 보고하였다.

OCD가 있는 사춘기 이전 아동・청소년은 정신의학적 병력이 없는 또래에 비해 괴롭힘 행동과 친사회적 행동이 현저히 적다고 알려졌지만(Borda et al., 2013), 많은 OCD 아동・청소년은 또래 괴롭힘 피해를 경험한다. Storch 등(2006)은 OCD 청소년의 또래 괴롭힘 피해를 조사한 결과, 연구 참여자의 약 25%가 또래로부터 조롱, 놀림, 사회적 배제, 신체적 학대의 형태로 피해를 본 경험이 있다는 것을 발견하였다. 또래 괴롭힘 피해는 외로움, 우울, 내재화 행동 및 외현화 행동과 정적으로 관련이 있었다(Storch et al., 2006). 또한 증상의 심각성과 또래 괴롭힘 피해 사이에 정적인 상관이 있었는데, 증상이 심할수록 OCD가 있는 사람들이 괴롭힘 피해를 입게 되어 외로움과 우울감이 증가하는 것으로 나타났다(Storch et al., 2006).

이와 같은 사회적 기능의 어려움은 국제적인 수준에서도 보고되었다. OCD가 있는 튀르키예 청소년을 대상으로 한 연구에서는 대조군에 비해 사회비교 척도 점수가 낮고 수줍음 점수가 더 높은 것으로 나타났다(Sen & Memik, 2020). OCD 청소년의 부모는 자녀가 친구를 사귀는 데 더 어려움을 겪고 또래로부터 소외될 가능성이 더 높다고 보고하였다. 또한 OCD 청소년의 부모는 자녀에게 친구가 적고 수줍음이 더 많다고 보고하였지만 대조군과 비교할 때 유의한 차이는 나타나지 않았다(Sen & Memik, 2020). 연구자들은 높은 수준의 수줍음의 경우, 청소년이 OCD

증상을 숨기기 위해 사회적 상호작용을 피하는 경향과 관련이 있을 수 있는 반면, 낮은 사회비교 척도 점수는 완벽주의자가 되고자 하며 자신이 충분히 잘하지 못한다고 인식하는 경향을 반영할 수 있다고 결론 지었다(Sen & Memik, 2020). 또 다른 연구는 OCD 진단을 받은 노르웨이와 스웨덴 청소년의 임상 표본에서 기능 손상을 조사하였는데, 이들의 대다수가 심리사회적 발달 상의 손상을 보인다는 것을 발견하였다(Valderhaug & Ivarsson, 2005).

행동적 기능 손상

앞에서 언급했듯이, 파괴적인 행동은 OCD와 공존할 수 있다. 몇몇 연구에서는 OCD 청소년의 외현화 행동에 대해서 보고하였다. Jacob 등(2012)은 OCD가 있는 아동·청소년이 자신의 강박행동을 유지할 수 있게끔 가족 구성원을 통제하려는 경우가 많기 때문에 행동을 외현화하는 경향이 있다고 주장하였다. 이들은 연구에서 불안장애 진단을 받은 사춘기 이전 아동·청소년(7~12세) 집단과 최초 진단이 OCD였던 아동·청소년 집단 사이의 외현화 행동을 조사하였다. 연구 결과에 따르면, OCD 아동·청소년은 불안장애 아동·청소년에 비해 부모가 보고한 적대적 행동이 더 많이 나타났으며, 연구자들은 OCD 아동·청소년의 이러한 행동이 가족을 강박행동에 관여시키려는 시도와 연관될 수 있다고 지적하였다. 또는 OCD에 개입할 때 강박행동을 유지하려는 자녀의 경직성에 대한 부모의 좌절감이 반영된 결과일 수 있으며, 이로 인해 강박사고 및 강박행동과 관련된 아동의 불안이 증가하여 적대적인 행동으로 이어질 수 있다(Jacob et al., 2012). 다른 연구에서는 OCD가 있는 청소년의 강압적–파괴적 행동을 조사하였다. Lebowitz 등(2015)의 연구에서 **강압적–파괴적 행동**은 "가족 구성원으로 하여금 타협하여 증상을 받아들일 것을 강요하려는 강제적 시도"(p. 2589)로 정의하였으며 어머니의 보고를 바탕으로 했을 때 최초 진단이 OCD였던 청소년 집단에서 흔하였다. 강압적–파괴적 행동은 임상적으로 OCD 증상의 심각성과 관련이 있으며 어머니의 보고에 의하면 불안, 과잉행동, 적대적 행동과 연관된 것으로 나타났다. 가족과 관련된 강압적–파괴적 행동은 아동의 OCD 증상에 대한 가족의 타협 및 부모의 고통과 관련이 있었다(Lebowitz et al., 2015).

> 강압적–파괴적 행동은 아동 또는 청소년이 가족 구성원으로 하여금 타협하여 자신의 OCD 증상을 받아들이도록 만들려는 시도와 관련 있을 수 있다.

OCD가 있는 아동·청소년에게서 극심한 분노와 관련된 문제도 보고되었다. Storch와 Jones 등(2012), Storch와 Lewin 등(2012)은 최초 진단이 OCD였던 청소년의 분노 공격에 대해 조사하였다. 이들의 연구 결과에 따르면, 분노는 참가자 표본 내에서 비교적 흔하게 나타났으며 OCD

증상의 심각성과 관련이 있었다. 분노 공격은 강박행동의 중단으로 이어질 때도 있었지만, 강박사고에 의해 유발되는 것으로 밝혀지지는 않았다. Storch 등은 아동이 분노 공격 후에 평온함을 느낀다고 보고하였으며, 분노는 OCD 관련 자극에서 벗어나거나 내부 고통을 감소시킴으로써 부적으로 강화될 수 있다고 지적하였다. 또한 연구 결과는 분노 공격이 가족 구성원과 함께 있는 집에서 발생하였으며 부모가 자녀에게 제한을 설정하거나 아동을 불안하게 만드는 자극을 피하려고 시도하는 상황에서 유발될 수 있다는 것을 시사하였다(Storch, Jones, et al., 2012; Storch, Lewin, et al., 2012). 분노 공격이 학교가 아닌 집에서 발생하는 또 다른 이유는 학교에서 시행하는 훈육 조치 때문이거나 또래가 있을 때 그러한 행동을 보이는 것에 대한 두려움 때문일 수 있다(Storch, Jones, et al., 2012; Storch, Lewin et al., 2012).

마지막으로, OCD와 외현화 행동 장애를 진단받은 아동·청소년에게서 더 큰 기능적 손상이 발견되었다. Langley 등(2010)은 OCD 청소년을 비롯하여 OCD와 불안장애가 함께 있는 청소년과 비교했을 때, OCD와 외현화 행동 장애가 있는 청소년이 가정, 학교 및 기타 친숙한 환경에서 OCD 특유의 기능적 손상을 더 많이 보인다는 사실을 발견하였다. 또한 이들은 OCD와 외현화 행동 장애를 가진 청소년이 다른 두 집단에 비해 주의집중 곤란, 비행 행동 및 공격성을 더 많이 보인다는 것을 발견하였다. 게다가 OCD와 외현화 행동 장애가 있는 청소년의 경우, 가족 기능의 손상이 더 큰 것으로 보고되었다(Langley et al., 2010).

가정에서의 가족 기능

이전 단락에서 언급한 바와 같이, OCD 아동·청소년의 외현화 행동은 가족의 관여에 영향을 미쳐서 OCD 증상(Storch, Jones, et al., 2012; Storch, Lewin, et al., 2012)과 가족 갈등(Langley et al., 2012)을 유지시킬 수 있다. OCD와 관련된 고통을 줄이기 위한 수단으로, 가족 구성원은 아동의 강박행동에 관여함으로써 아동의 OCD와 타협할 수 있다. 가령, 부모는 세균이 두려워서 손으로 물건 만지기를 꺼리는 아동에게 장갑을 주거나 문을 대신 열어 줄 수 있다. 마찬가지로, 부모는 아동의 고통을 줄이기 위해 계속적으로 안도할 수 있는 행동을 추구하는 자녀를 안심시키려고 할 수 있다. 부모와 다른 가족 구성원은 아동에게 정서적 고통을 초래하는 불안 유발 상황으로부터 아동을 보호하거나 아동의 불안으로 인해 가정이나 공공 장소에서 폐를 끼치는 것을 방지하기 위해 이러한 타협에 관여하게 된다(Kagan et al., 2017).

가족 타협이 발생하는 빈도, 가족이 사용하는 타협의 유형, 타협이 증상의 심각성과 더 큰 관련이 있는지 여부를 조사하기 위해 조사 연구가 수행되었다. Wu 등(2019)이 수행한 연구에서

OCD 청소년과 그 보호자의 임상 표본 내 가족 타협에 대해 조사한 결과, 거의 모든 부모(99.3%)가 지난주에 가족 타협이 발생했고 거의 83%가 매일 그리고/또는 '극단적인' 방식으로 발생했다고 보고하였다. 가장 흔하게 보고되는 가족 타협의 유형은 말로 안심시키고 특정 행동에 관여하는 것을 자제하는 형태였다. Pontillo 등(2020)은 이와 유사한 연구를 통해 부모의 100%가 가족 타협을 보고하였으며 안심과 회피가 가장 자주 사용되는 타협의 유형이라고 지적하였다. 또한 가족 타협은 증상의 심각성 및 기능적 손상을 높이는 것과 관련이 있다고 밝혀졌다(Pontillo et al., 2020; Wu et al., 2019).

가족 타협은 OCD를 지속시키는 요인으로 인식되어 왔다(Kagan et al., 2017; Pontillo et al., 2020; Wu et al., 2019). 안심을 통해 아동의 강박행동을 수용하거나 불안을 유발하는 상황을 피하도록 허용함으로써 가족 구성원은 의도치 않게 강박행동을 촉발한 강박적 사고의 중요성을 강화하고, 이는 다시 강박사고에 대응해야 한다는 아동의 믿음을 강화하게 된다(Pontillo et al., 2020). 따라서 가족은 의도치 않게 OCD 증상을 지속시키는 아동의 불안을 부적으로 강화하는 결과를 가져온다(Kagan et al., 2017).

아동의 강박행동과 타협하는 것은 아동의 불안을 관리하는 부모의 고통 또한 완화한다는 점에서 부모에게도 부적인 강화가 될 수 있다(Kagan et al., 2017). 그러나 언급한 바와 같이 이러한 완화는 아동과 부모에게 일시적일 뿐이다(Kagan et al., 2017). 가족 구성원이 타협함으로써 정서적 고통을 경험할 수 있으며 전반적인 가족 기능이 저하될 수 있다(Pontillo et al., 2020). 또한 높은 수준의 가족 타협이 OCD 청소년 가족 구성원의 우울 증상과 관련이 있으며 가족 구성원의 삶의 질에 부정적인 영향을 준다는 것이 조사 연구를 통해 밝혀졌다(Pontillo et al., 2020; Wu et al., 2018).

> 아동의 OCD 증상과 타협하는 가족 구성원은 정서적 고통을 경험할 수 있다.

가족 타협이 OCD 증상을 유지하는 요인으로 밝혀졌고 가족 구성원의 정서적 안녕감과 가족 기능에 부정적인 영향을 미칠 수 있다는 사실을 고려할 때, 가족이 아동의 OCD 증상을 관리하는 방법을 이해하고 가족 타협이 아동과 개별 가족 구성원에게 미칠 수 있는 역할에 대해 인식하는 것이 중요하다(Barton & Heyman, 2016). Barton과 Heyman(2016)은 가족이 아동의 OCD 증상을 관리하는 데 도움을 줄 수 있는 한 가지 방법이 OCD에 이름을 부여하여 문제를 외현화하는 것이라고 주장하였다. 이를 통해 가족은 OCD가 아동으로 하여금 강박사고와 강박행동에 몰두하도록 만든다는 것을 이해할 수 있으며 아동을 비난하는 것을 피할 수 있다(Barton & Heyman, 2016). 아동·청소년의 OCD 치료에서는 가족 타협 문제를 해결하기 위해 가족과 협력하는 것이 필수적이다.

교실에서 학습에 미치는 영향

OCD가 있는 청소년은 또래와 다른 사람들에게 OCD 증상을 숨기려고 하지만, 증상의 영향은 교실까지 범위가 확대될 수 있다. 학업에 대한 압박감이나 전학과 같은 학교 관련 스트레스는 OCD 증상이 시작되게 하거나 기존 증상을 악화시킬 수 있다(Fischer-Terworth, 2013). OCD는 아동의 학교 기능에 상당한 영향을 미칠 수 있다. OCD 학생은 학업에서 자신의 잠재력보다 훨씬 낮은 성과를 보이는 경우가 있다(Leininger et al., 2010). 학업적 곤란은 집중력 저하와 생산성 저하뿐만 아니라 학교 거부 및 회피로 인하여 수업에 결석하는 것에서 비롯될 수도 있다(Fischer-Terworth, 2013).

강박장애 증상과 관련된 어려움

OCD가 사회, 가족 및 학교 기능에 미치는 영향을 살펴본 연구에서 Piacentini 등(2003)은 참가자들이 학교 과제에 집중하고 숙제를 완료하는 데 가장 빈번한 어려움을 겪는다는 것을 발견하였다. OCD 아동이 과제를 시작하기 전에 특정 숫자를 세는 것과 같은 강박적 생각이나 정신적 의례에 집중할 때, 처음에는 OCD가 부주의한 모습으로 보일 수 있다(Adams, 2011). 강박적인 생각이나 정신적 의례는 집중하는 것과 숙제를 완료하는 것을 방해할 수 있다(Anxiety and Depression Association of America: ADAA, n.d.; Beauchaine & Hinshaw, 2017; Leininger et al., 2010; Piacentini et al., 2003). 또한 교실에서의 강박행동에는 텍스트 구절 다시 읽기, 단어 다시 쓰기, 검산하기 등이 있으며 이는 과제를 완료하는 데 시간을 낭비하게 만든다(Fischer-Terworth, 2013). 타인이 강박행동을 인지하지 못하도록 교실에서 OCD 증상을 관리하려는 노력은 아동이 많은 정신적 에너지를 소모하여 정신적·정서적으로 소진되게 만들 수 있으며 결과적으로 아동이 집중하여 수업과제를 완수하는 데 필요한 능력을 방해할 수 있다(Adams & Burke, 1999).

만성적인 지각과 학교 기피 또한 OCD 아동·청소년의 학업 수행에 부정적인 영향을 미칠 수 있다(Adams, 2011). 앞서 언급한 바와 같이, 강박행동과 의례는 많은 시간이 소요되며 잠자기 전에 행하는 수면 의례가 있다면 충분한 수면을 취하는 데 방해가 될 수 있다. 이로 인해 늦게 일어나 아침을 늦게 시작하고 학교에 지각할 수 있다. 충분한 수면을 취하지 못하면 아동이 학교에서 낮 동안 피곤함을 느끼게 되어 집중하기 어려울 수 있다. 아침에 발생하는 강박행동은 제시간에 등교하는 것을 방해하여 만성적인 지각을 유발할 수 있다. 예를 들어, 등교하려고 집을 나서기 전에 정해진 횟수만큼 손을 씻거나 집안의 모든 문을 확인하는 것을 고집하는 아동은 학교에 늦게 도착하여 교실 수업과 활동을 놓칠 수 있다. 오염에 대한 강박사고가 있어서 또래들이 건드린 학교 물건을 만지는 것을 두려워하는 일부 아동은 학교에 가는 것을 피하려고 시도할 수 있고 이는 수업 결석으로 이어질 수 있다(Leininger et al., 2010). 학교 기피는 아동이 또래로부터 강박행동에 대해 놀림 받는 것을 두려워하는 경우에도 발생할 수 있다(Adams, 2011). 따라서 만성적인 지각과 학교 기피는 수업 시간을 놓치게 하여 학업 수행에 부정적인 영향을 미칠 수 있다.

집행기능 및 신경심리학적 손상

집행기능상의 문제는 OCD 아동의 학업 수행에도 영향을 미칠 수 있다. 이 장의 앞부분에서 논의한 바와 같이, OCD가 있는 사람의 신경 영상 연구를 통해 대뇌 피질-선조체 시상-피질 회로가 OCD와 관련이 있다고 밝혀졌다. 뇌의 이러한 영역에서 신경 회로가 과잉 활동하게 되면 집행기능상의 어려움과 같은 신경심리학적 손상에 잠재적인 영향을 줄 수 있다(Pauls et al., 2014). 집행기능 기술은 목표지향적 행동 및 문제해결 행동과 관련이 있으며 이는 학업 성공에 필수적이다. 집행기능에는 계획, 정보 및 자료 조직, 목표 설정, 자기 모니터링, 한 과제에서 다른 과제로의 이행 및 정서조절 기술이 있다(National Center for Learning Disabilities, 2005). OCD 성인을 대상으로 한 연구에서는 집행기능에 어려움이 있는 것으로 나타났지만, OCD 아동·청소년의 신경심리학적 손상에 대한 연구는 거의 수행되지 않았다. 수행된 연구들은 방법론적 문제와 관련하여 연구 결과에 일관성이 없고, 표본의 크기가 작아서 의미 있는 결론을 도출하기 어렵다는 우려가 제기되었다(Lewin et al., 2014; Zandt et al., 2009). 연구에 언급된 또 다른 우려는 아동의 경우, 집행기능(전전두엽 피질)과 관련된 뇌의 구조가 완전히 발달되지 않았기 때문에 OCD 아동에게 집행기능 손상이 성인만큼 자주 발생하지 않을 수 있다는 것이다(Adams, 2011; Savage & Rauch, 2000). 따라서 전전두엽 피질이 성숙하여 갈수록 결함이 더 분명해질 수 있다.

일부 연구자들은 OCD 청소년의 집행기능에 대해 보다 결정적인 결과를 도출할 수 있도록 이러한 문제를 해결하려고 시도하였다. Lewin 등(2014)은 7~17세 사이 96명의 아동·청소년 표본을 대상으로 신경심리학적인 기능을 조사하였다. 이 연구의 결과에서는 집행기능, 특히 주의전환 및 시공간 작업기억에 결함이 있다고 제시하였다. 연구자들은 조직화 전략이 시공간 작업기억과 연관이 있긴 하지만, OCD에서 관찰되는 시공간 작업기억 부호화 결함은 안와 전두엽 피질 이상에 기인할 가능성이 더 높다고 제안하였다. 또한 연구 결과에서는 이러한 결함이 OCD 증상의 심각성과 관련이 없다는 것이 밝혀졌다(Lewin et al., 2014).

아동 · 청소년의 신경인지 기능 수준을 불안장애와 비교하기 위해 Kim 등(2019)은 7~17세 사이 총 127명의 참가자를 대상으로 연구를 수행하였다. 이 연구에서는 OCD가 있는 청소년, 범불안장애(GAD)는 있지만 OCD는 없는 청소년, 일반적으로 발달하는 청소년(통제집단)의 신경심리학적 손상에 대해 조사하고 작업기억, 시공간 작업기억, 계획 능력/효율성, 인지적 유연성을 평가하였다. 연구 결과에서는 일반적으로 발달하는 또래에 비해 OCD와 GAD가 있는 청소년이 계획 능력/효율성, 시각적 처리 및 인지적 유연성에 결함이 있는 것으로 나타났다. 특히 OCD 청소년은 다른 두 그룹에 비해 계획 능력에 현저한 손상이 있는 반면, GAD 청소년은 OCD 청소년, 그리고 일반적으로 발달하는 청소년에 비해 시각적 처리가 지연되고 인지적 경직성이 더 큰 것으로 밝혀졌다. 연구자들은 이러한 결과를 통해 OCD가 있는 아동 · 청소년의 계획 능력이 문제가 더 복잡해질수록 더 악화될 수 있다는 것을 잠재적으로 보여 준다고 지적하였다(Kim et al., 2019). 이 연구 결과를 통한 진단 및 치료의 시사점은 OCD 청소년이 다른 임상 진단과 구별될 수 있으며 구조화된 문제해결 훈련을 통해 OCD 청소년의 괴로움을 덜어 내고 도움을 줄 수 있으며 잠재적으로 이들이 불안을 다루기 위해 강박적인 행동을 수행하는 것을 줄일 수 있다는 것이다. 연구자들은 더 많은 수의 표본을 대상으로 한 추가 연구가 필요하다고 제언하였다(Kim et al., 2019).

McGuire 등(2014)은 최초 진단이 OCD였던 7~17세 사이의 아동 · 청소년 중 치료를 원하는 93명을 표본으로 하여 증상 차원에서의 인지적 후유증과 신경심리학적 손상에 대해 조사하였다. 신경심리학적 영역에서는 비언어적 기억 및 유창성, 언어적 기억, 언어적 유창성, 언어 학습, 처리 속도, 억제/전환이 평가되었다. 연구 결과, 저장 증상과 대칭/정돈 증상이 있는 청소년의 경우, 다른 차원의 OCD에 비해 인지적 후유증이 더 많이 발생하는 것으로 나타났다. 청소년 표본에서는 저장 증상에 비해 대칭/정돈 증상이 더 자주 보고되었다. 또한 대칭/정돈 증상을 보이는 청소년은 특히 비언어적 유창성, 처리 속도, 억제 및 전환 영역에서 더 큰 신경심리학적 손상을 보였다. 연구자들은 연구 결과에 대해 다음과 같은 결론을 내렸다. (a) 조사 연구들 사이에서 나타나는 신경심리학적 손상의 불일치는 경험한 증상의 유형과 관련이 있을 수 있다. (b) 본 연구의 결과는 특정 증상 차원이 뇌 기능의 독특한 변화와 관련이 있을 수 있다는 신경 구조 연구의 결과를 뒷받침한다. (c) 저장 또는 대칭/정돈 증상이 있는 청소년이 학업적 요구를 해결하기 위한 전략을 파악하려면 신경심리학적 검사를 통해 도움을 받을 수 있다.

Negreiros 등(2020)의 최근 연구에서는 OCD가 있는 아동 · 청소년의 신경인지적 지표를 조사하였다. 표본은 6~18세 사이의 아동 · 청소년 233명이며, (a) OCD 청소년, (b) OCD 청소년 중에서 OCD가 없는 이들의 형제자매, (c) 건강한 청소년으로 세 집단을 구성하였다. 신경심리학적 기능 영역 중에서 인지적 유연성, 의사결정, 계획, 반응 억제, 공간 작업기억, 주의력, 비언어 기억 인식, 인지 기능을 평가하였다. 연구 결과에 따르면 OCD 청소년과 OCD가 없는 이들의 형제자매는 건강한 통제집단에 비해 계획 영역의 점수가 유의하게 낮은 것으로 나타났다. 다른 기능 영역에서 집단 간 차이는 유의하지 않았으므로, 연구자들은 아동 · 청소년 OCD에서 계획 영역이 기존의 특성 지표라는 결론을 내렸다(Negreiros et al., 2020).

전반적으로, OCD 청소년의 집행기능 및 신경심리학적 손상과 관련된 연구 결과는 결론이 나지 않은 것으로 보이며 향후 더 많은 연구가 필요하다. 그러나 학교심리사는 OCD 아동 · 청소년이 집행 및 신경심리학적 기능과 관련된 일부 영역에서 어려움을 겪을 수 있다는 사실을 인식하는 것이 중요하다. 따라서 학교심리사는 신경심리학적 검사에 대해 고려하는 것이 타당할 것이다.

비순응적 행동

OCD 증상과 관련된 불안을 관리하는 데 어려움을 겪는 OCD 아동 · 청소년은 교실에서 부주의한 것처럼 보일 수 있으며 교사는 아동이 지시를 듣지 않거나 따르지 않는다고 여길 수 있다(Adams, 2011). 아동은 침투적 사고와 관련된 불안(강박적인 행동을 수행하려는 충동과 함께)에 완전히 에워싸여 교실에서 일어나는 일에 집중하지 못할 수도 있다. 교사와 다른 사람들에게는 아동이 순응하지 않고/또는 의욕이 없는 것처럼 보일 수 있지만, 실제로는 OCD와 관련된 증상을 다루려고 노력하는 것뿐이다. 아동이 지시를 따르지 않는 것은 아동을 보는 교사의 관점에 영향을 미칠 수 있으며 그들의 관계에도 영향을 줄 수 있다. 따라서 교사는 OCD가 교실에서 아동이나 청소년에게 어떤 영향을 미칠 수 있는지 알고, 비순응적으로 보이는 것이 실제로는 아동이 OCD 증상을 다루려고 노력하는 모습이며, 이는 아동의 정신적 에너지를 소모하여 교실에서 집중하기 어렵게 만들 수 있다는 사실을 인지하는 것이 중요하다(Adams, 2011).

학교심리사를 위한 시사점

OCD와 관련된 행동이 오해를 살 수 있지만, 증상을 조기에 인식할 때 학교에서 개입과 지원을 제공받을 수 있을 뿐만 아니라 학교 밖에서의 임상 치료로 이어질 수 있다는 점을 감안한다면(Leininger et al., 2010), 학교심리사는 OCD 아동의 요구를 해결하는 데 도움을 줄 수 있는데, (a) 부모와 교육자를 대상으로 아동기 OCD에 대한 인식과 지식을 증진시키기, (b) 아동에게 서비스를 제공하는 외부 전문가, 부모, 교직원과 함께 자문에 참여하기, (c) OCD 행동 및 공존 증상을 평가하기 등을 통해서이다. 학교심리사가 OCD 아동을 대상으로 제공하는 서비스는 미국 학교심리사협회(National Association of School Psychologists: NASP)의 2020 정신 및 행동 건강 서비스와 개입의 전문 표준 영역(2020 Professional Standards domain of Mental and Behavioral Health Services and Interventions)에 속하며, 이는 학교심리사가 증거기반의 전략을 실행하여 학습에 미치는 정서적 · 행동적 영향을 다루고 사회 · 정서적 안녕감을 지원하는 것을 포함한다.

강박장애 증상에 대한 인식 및 지식 증진

OCD 아동 · 청소년은 타인에게 오해를 받고, 심지어 자신의 증상을 부끄러워하면서 스스로에 대한 실망과 함께 증상을 더 잘 다룰 수 없다는 좌절감을 경험할 수 있다. 부모와 교사는 OCD에 대한 인식을 가지고 OCD 증상과 이 장애가 가정과 교실에서 아동의 기능에 어떤 영향을 미칠 수 있는지에 대한 지식을 습득하는 것이 필수적이다. 교육 및 정신건강 분야에서 훈련을 받은 학교심리사는 부모와 교사를 대상으로 OCD에 대한 인식과 지식을 증진시킬 수 있는 고유한 위치에 있다. 이 단락에서는 OCD가 청소년에게 미치는 영향을 더 잘 이해하기 위해 학교심리사가 부모와 교사를 위한 자원이 될 수 있는 방법에 초점을 맞추고자 한다.

강박장애 증상에 대한 부모의 인식 및 지식

학교심리사는 부모가 OCD 증상을 비롯하여 OCD가 아동의 학업 수행, 또래와의 사회적 상호작용, 정서적 안녕감, 가정과 학교에서의 행동에 미치는 영향을 더 잘 이해하도록 돕는 유용한 자원이 될 수 있다. 학교심리사가 부모에게 OCD에 대한 정보를 제공할 수 있는 한 가지 방법은 소책자나 자료꾸러미를 개발하는 것이다. 소책자나 자료꾸러미에는 OCD의 가능성 있는 원인에 대한 정보, 가정에서 증상이 나타나는 양상, OCD가 아동에게 학업적 · 정서적 · 사회적 · 행동적으로 미치는 영향에 대한 내용을 포함할 수 있다. 부모는 OCD로 인해 가족이 받는 영향, 아동 · 청소년의 강박사고 및 강박행동과 타협하려고 시도하면서 발생하는 가족 구성원의 스트레스와 관련된 정보를 얻는 것도 중요하다.

정보를 수집할 수 있는 자료원으로는 NASP가 제공하는 '강박장애: 부모와 교육자를 위한 지식(Obsessive-Compulsive Disorder: Information for Parents and Educators)'(Paige, 2004)이 있으며 유병률, 증상 및 가능한 치료 등 OCD에 대한 기본 정보를 제공한다. 또한 이 유인물은 가족과 학교가 아동을 지원할 수 있는 방법에 대해서도 설명한다. 또 다른 유용한 NASP 자료는 '강박행동: 학교 및 가정을 위해 도움이 되는 유인물(Obsessive-Compulsive Behavior: Helping Handout for School and Home)'(Malone, 2018)이며 OCD 증상의 주요 내용, 이용 가능한 치료, 가정에서의 권장 사항(예: 부모가 OCD 행동을 허용하지 않는 것의 중요성을 이해하도록 도움)을 제공한다. 이러한 NASP 자료는 NASP 웹사이트에서 회원에게 무료로 제공한다. 또한 학교심리사는 학부모를 위한 자료꾸러미를 준비하는 데 도움이 되는 국제 OCD 재단(International OCD Foundation: IOCDF)의 유인물을 활용할 수 있다. 예를 들어, 『OCD란 무엇일까?(What Is OCD?)』(IOCDF, n.d.-a, n.d.-b)라는 제목의 유인물은 OCD에 대한 간략한 개요를 제공하는 반면, 『아동 · 청소년의 OCD(OCD in Children and Teenagers)』(Wagner, 2009)에는 OCD 증상에 대한 설명, OCD가 아동과 가족 및 치료에 미치는 영향과 함께 치료 선택지도 포함되어 있다. 부모를 위한 또 다른 IOCDF 자료는 『OCD가 있는 사람과 함께 살기: 가족을 위한 지침(Living With Someone Who Has OCD: Guidelines for Families)』(van Noppen & Pato, n.d.)으로, OCD의 징후를 인식하고, 기대치를 변화시키고, 과도한 스트레스를 받지 않도록 개인 시간을 만들고, 가정 내에서 아동을 지원하는 환경을 조성하는 것에 초점을 맞춘다. 또한 시카고 메트로폴리탄 강박증 재단의 안내서 『아동을 돕는 방법: OCD에 대한 학부모 안내서(How to Help Your Child: A Parents' Guide to OCD)』(2006)에서는 OCD에 대한 기본 정보와 OCD가 학교에서 아동에게 미치는 영향, 가족의 영향, 치료 및 약물치료 고려사항, 지원 요청의 중요성에 대해 설명한다. 이러한 온라인 자료원 및 해당 URL 링크는 학부모를 위한 기타 자료와 함께 이 장의 끝부분에 실려 있다.

온라인에서 OCD에 대한 영상 및 웨비나(Webinar)도 이용 가능하며 부모는 OCD에 대해 자세히 알아볼 수 있다. 영상 시리즈 〈OCD 아이들의 목소리(OCD kids Speak Out)〉는 유튜브에서 볼 수 있으며 OCD 아동 · 청소년이 등장하여 OCD로 인한 문제와 경험을 공유한다. 이 시리즈의 일부 에피소드를 시청함으로써 부모는 OCD가 아동에게 미치는 영향을 확인하고 청소년이 자신의 OCD 증상을 관리하는 방법에 대해 배울 수 있다. 또한 부모는 이 시리즈를 자녀와 공유하여 자녀가 자신과 같이 OCD로 인한 문제를 겪고 있는 사람들이 존재한다는 것을 알도록 소개할 수 있다. 또한 OCD 전문가인 Aureen Wagner 박사가 OCD에 대한 문제를 다루며 OCD가 무엇인지, OCD를 어떻게 인식하는지 설명하는 영상과 아동에게 OCD에 대해 이야기하는 방법에 대한 영상도 있다. 부모를 위한 조언 및 OCD 설명 영상은 유튜브에서 볼 수 있다. OCD에 대해 상세한 정보를 얻고자 하는 부모를 위해 ADAA(Anxiety and Depression Association of America)에서 개발한 웨비나는 부모가 고려할 수 있는 진단 요소, 증상, 연령에 적합한 개입 및 치료 선택지에 대한 내용을 제공한다. 웨비나는 ADAA 웹사이트에서 볼 수 있다. 이 영상 자료의 링크는 이 장의 마지막에 있는 추가 정보 부분에 실려 있다.

강박장애에 대한 교육자의 인식 및 지식

OCD에 대한 대부분의 연구에서 전문가들은 교사와 교직원이 OCD와 관련된 구체적인 정보와 OCD가 교실에서 어떻게 나타날 수 있는지에 대한 지식을 갖추는 것이 중요하다고 언급하였다(Adams, 2004, 2011; Adams & Burke, 1999; Chaturvedi et al., 2014; Fischer-Terworth, 2013; Leininger et al., 2010). OCD 학생이 하루의 대부분을 학교에서 보내고 많은 학생이 학교에 있는 동안 증상을 숨기려고 한다는 점을 감안할 때, 교사는 OCD 관련 행동을 인식하고 학교심리사와 부모에게 교실에서 아동을 관찰한 정보를 전달함으로써 조기 식별을 가능하게 할 수 있다. OCD를 조기에 식별한다면 교육적 지원 및 학교기반 개입을 실행하고, 해당 아동을 임상 치료로 연계할 수 있다. OCD가 아동에게 학업적 · 정서적 · 사회적으로 미치는 영향을 이해함으로써 교사는 아동에게 지지적이고 안전하게 느껴질 수 있는 학습 환경을 더 잘 조성할 수 있다. 또한 교사는 OCD에 대한 지식을 갖추고, OCD 증상이 교실에서 아동의 수행을 방해하는지 여부를 인식함으로써 언제 학교심리사에게 도움을 요청해야 하는지 알 수 있다.

학교심리사가 교사와 다른 교직원에게 OCD에 대한 인식 및 지식을 증진시킬 수 있는 한 가지 방법은 교원 연수 기회를 제공하거나 OCD 자료꾸러미를 개발하는 것이다. 학교심리사가 교사에게 다음 내용을 제공할 것을 권장한다.

- OCD가 어떻게 정의되는지를 포함하는 OCD의 일반적인 개요: 강박사고 및 강박행동, 증상, 증상의 심각성이 OCD 원인에 대한 견해를 어떻게 바꿀 수 있는지에 대한 설명, 유병률에 대한 간략한 정보
- 일반적으로 발달하는 아동이 보이는 의례와 큰 정서적 고통을 유발하여 심신을 약화시키는 OCD 청소년의 의례 간 차이점을 다루는 구체적인 정보, OCD가 아동의 학업적 · 사회적 · 정서적 · 행동적 기능에 미치는 영향, OCD가 가족에게 미치는 영향, 교실에서 제공할

수 있는 교육적 지원과 개입

학교심리사가 교원 연수 또는 OCD 자료꾸러미를 준비하는 데 도움이 될 수 있는 몇 가지 자료원이 있다. NASP는 교육자를 위해 '강박행동: 학교 및 가정을 위해 도움이 되는 유인물'(Malone, 2018) 및 '강박장애: 부모와 교육자를 위한 지식'(Paige, 2004)과 같이 청소년의 OCD에 대해 유용한 정보를 담은 자료를 제공한다. 또한 Gail Adams(2011)의 저서 『OCD가 있는 학생들: 교직원을 위한 안내서(Students With OCD: A Handbook for School Personnel)』는 학교 환경에서의 OCD에 대해 면밀하게 다루고 있으며 학교심리사가 교원 연수를 준비하거나 교사 및 기타 교직원을 위한 자료꾸러미에 포함될 소책자를 준비하는 데 유용한 자원이 될 것이다. 또한 학교심리사는 특별히 교육자를 대상으로 OCD 정보를 제공하는 아동 정신 연구소(Child Mind Institute, https://childmind.org/guide/a-teachers-guide-to-ocd-in-the-classroom)에서 발행한 『OCD에 대한 교사용 안내서(Teachers' Guide to OCD)』 자료를 참고할 수 있다. 학교 환경에서 나타날 수 있는 흔한 OCD 증상 목록은 ADAA 웹페이지(https://adaa.org/understanding-anxiety/obsessive-compulsive disorder/ocd-at-school) 'OCD at School'(ADAA, n.d.)에서 얻을 수 있다. 또한 '교실에서 OCD는 어떻게 보일까?(What Does OCD Look Like in the Classroom?)'(Burbrick, n.d.)라는 제목의 기사는 아동 정신 연구소 웹사이트(https://childmind.org/article/what-does-ocd-look-like-in-the-classroom)에서 찾을 수 있으며, 교실에서 OCD 증상이 어떻게 나타날 수 있는지 예시를 제공하여 교사가 OCD 관련 강박행동 징후를 인식하는 방법을 배우는 데 도움이 될 수 있다.

학교심리사가 교육자를 위한 전문적인 교육 자료를 준비할 때 참고할 수 있는 또 다른 자료에는 교사에게 OCD 아동이 경험하는 문제 상황을 보여 주는 간단한 영상이 있다. ADAA에서 개발한 영상 〈OCD에 관한 사실들(OCD Facts)〉은 증상, 원인, 흔한 강박사고와 강박행동, 치료 유형과 같은 기본 정보를 통해 OCD에 대한 간략한 개요를 제공한다. ADAA의 또 다른 짧은 영상인 〈아동의 OCD(OCD in Children)〉는 OCD가 아동에게 어떻게 나타날 수 있는지와 OCD 아동이 경험하는 문제에 대해 설명한다(ADAA, 2009). 이 영상들은 둘 다 짧고 쉽게 찾아볼 수 있다. 이 온라인 자료원은 이 장의 끝부분에 관련 URL 링크와 함께 제시되어 있다.

강박장애 관련 문제에 대한 자문

학교심리사는 부모와 교사에게 OCD에 대한 인식을 제고하는 것 외에도, OCD 청소년이 가정과 학교에서 더 나은 기능을 수행하도록 돕는 자문 역할을 할 수 있다. 교사를 비롯한 교직원은 매일 학생과 많은 시간을 보내기 때문에 아동·청소년의 OCD 증상을 확인하는 데 유용한 자원이 될 수 있다. 학생의 행동을 우려하는 교사와의 자문에서는 교사의 우려 사항과 그 행동이 교실에서 아동의 수행에 영향을 미치는지에 대한 정보를 수집하는 것이 포함될 수 있다. 아동의 행동이 OCD와 관련이 있는 것으로 보이면 학교심리사는 OCD 행동이 교실에서 어떻게 나타날 수 있는지, 그리고 그 행동이 아동의 학업적·사회적·정서적·행동적 기능에 어떤 영향을 미칠 수 있는지에 대한 정보를 공유할 수 있다. 자문은 주의집중 및 학습 과제 완수의 어려움, 때로 괴롭고 불안해 보이는 상황, OCD 아동을 괴롭히는 학생과 같은 또래와의 상호작용 곤란 등 교실에서 일어나는 여러 가지 문제를 다룰 수 있다. 교사는 OCD 아동이 낮은 자존감을 지니기도 하고(Leininger et al., 2010), OCD 불안을 관리하는 데 어려움을 겪지만 주어진 과제를 완료하기 위해 열심히 노력한다는 것을 이해해야 한다(Adams, 2011). 교사는 OCD 아동이 안전하고 지지받는다고 느끼는 교실 환경을 만들기 위해서도 노력해야 한다(Chaturvedi et al., 2014). 또한 아동이 복용하는 OCD 약물의 부작용이 우려될 경우, 학교심리사는 교사와 보건교사 모두와 함께 자문에 참여해야 할 수도 있다(Leininger et al., 2010).

자녀가 학교에서 어떻게 기능하는지 걱정되는 사항에 대한 정보를 수집하기 위해 부모와 자문에 참여하는 것도 중요하다. 부모는 가정에서 아동이 어떻게 기능하는지, 그리고 아동이 증상을 관리하기 위해 어떤 방법을 시도하는지에 대한 정보를 공유하기를 원할 수 있다. 아동이 가정에서 OCD 관련 행동을 보였지만 아직 진단을 받지 못한 경우, 부모는 아동이 OCD에 대해 평가를 받기 위해 임상 심리학자 또는 정신건강의학과 의사를 어디에서 찾을 수 있는지 안내받을 수 있다. 또한 부모는 OCD 평가에서 무엇을 기대하는지, 임상의와의 면담 중에 어떤 유형의 질문을 해야 하는지 학교심리사에게 조언을 구할 수 있다. 학교심리사는 아동·청소년에게 OCD 진단이 확인된 경우, OCD에 대한 정보와 적절한 치료를 받는 것의 중요성, 노출 및 반응 예방을 통한 인지행동치료에 대해 알려 주어야 한다. 이러한 유형의 치료는 강박사고를 드러내고 아동이 강박행동에 관여하지 않기로 선택하는 것을 포함한다. 학교심리사는 우려되는 행동을 다루기 위해 부모 및 교사와 협력하여 가정과 학교에서 아동의 기능을 모니터링할 수 있다.

외부의 정신건강 전문가가 아동에게 서비스를 제공하는 경우, 학교심리사는 부모의 동의를 받아 전문가와 의사소통하는 것이 중요하다. 외부 전문가에게 학교에서 아동의 행동이 어떠한지, OCD가 아동의 기능에 어떤 영향을 미칠 수 있는지에 대한 정보를 공유할 수 있다. 아동이 증상을 관리하도록 돕는 방법과 함께 학교에서 제공할 수 있으며 실행 가능성 있는 개입에 대한 계획을 고려해 볼 수 있다. 이러한 과정에서 아동과 관련된 모든 당사자 간에 명확한 의사소통이 필수적이다.

강박장애가 있는 아동·청소년의 평가

OCD의 공식 진단은 임상 아동심리학자 또는 정신건강의학과 의사가 내릴 수 있지만, 학교 심리사는 학교 환경에서 아동·청소년의 기능에 대한 정보를 수집하여 부모, 아동, 전문가와 공유하는 중요한 역할을 할 수 있다. OCD가 학교에서 아동의 기능에 어떤 영향을 미칠 수 있는지 이해하기 위해 여러 평가 방법과 특정 평가 도구를 활용할 수 있다.

행동 관찰

아동의 행동을 관찰하는 것은 OCD 관련 행동이 교실에서 아동의 기능에 어떤 영향을 미치고 있는지 판단하는 데 유용한 도구가 될 수 있다. 학교심리사는 교사가 우려되는 행동을 발견하거나 외부 임상 전문가가 학교에서 아동의 기능에 대한 정보를 구하는 경우에 행동 관찰을 수행하도록 요청받기도 한다. 교사나 외부 전문가가 아동의 행동에 대해 어떠한 우려를 하고 있는지 확인하는 것이 중요하다. 교사가 아동이 교실에서 물건을 만지는 걸 피하는 경향이 있다는 것을 알아차리거나 외부 전문가가 교실에서 OCD 관련 행동이나 불안 징후가 나타나는지 궁금해할 수 있다. 서면 보고서에는 우려되는 행동의 구체적인 예시를 포함해야 한다. OCD 관련 행동을 촉발했을 가능성이 있는 선행사건과 그 행동 이후에 일어난 일과 같은 세부 사항을 포함하는 것이 도움이 될 수 있다. Adams(2011)가 언급한 바와 같이, 이러한 유형의 정보를 수집하는 것은 아동이 물건을 만진 후 손 소독제를 자주 사용하거나 손을 씻으러 가지 못하게 했을 때 괴로워하는 등의 행동 패턴이 분명한지 결정하는 데 유용하다. 우려되는 행동이 관찰되면 해당 행동이 아동의 기능에 부정적인 영향을 미치는지 확인하고, 가능하면 추가 관찰을 수행하여 행동의 심각성이 악화되는지 확인하는 것이 중요하다.

집행기능 기술 평가

일부 연구에서 OCD가 있는 사람의 집행기능 저하가 보고되었고 OCD 청소년에게 자기조절이 어려울 수 있다는 점을 감안할 때, 집행기능 기술 평가를 고려할 수 있다. 『집행기능의 행동평가 목록 제2판(The Behavior Rating Inventory of Executive Function-Second Edition: BRIEF-2)』(Gioia et al., 2015)은 5~18세 사이 아동·청소년의 집행기능을 평가한다. 이 도구를 통해 행동조절, 정서조절, 인지조절의 세 가지 주요 영역에서 작업기억, 계획, 억제, 조직, 자기 모니터링,

작업 모니터링, 전환, 정서 관리, 착수와 같은 집행기능 기술을 평가할 수 있다. BRIEF-2는 부모용, 교사용 및 자기 보고용으로 활용할 수 있다.

사회성, 정서 및 행동 기능 평가

앞서 언급한 바와 같이, OCD는 아동의 사회성, 정서 및 행동 기능에 부정적인 영향을 미칠 수 있으며 공존장애를 동반할 수 있다. OCD 아동이 불안이나 우울증의 징후뿐만 아니라 다른 정서적 고통의 징후를 보인다면 학교심리사는 부모 및 교사용 평정척도를 사용하는 것을 고려할 수 있다. 『아동을 위한 행동 평가 시스템-제3판(The Behavior Assessment System for Children-Third Edition: BASC-3)』(Reynolds & Kamphaus, 2015)은 다양한 행동 및 정서적 문제를 평가하며 부모용, 교사용 및 자기 보고용으로 구성되어 있다. BASC-3에는 체계적인 관찰을 수행하고 발달 이력을 평가하는 방법이 포함되어 있다. 고려해야 할 또 다른 도구는 외현화 및 내재화 행동을 평가하는 『6~18세 아동 행동 체크리스트(Child Behavior Checklist for Ages 6 to 18)』(Achenbach Empirically-Based Assessment, 2001)이다. 이 도구 또한 부모용, 교사용 및 자기 보고용으로 구성되어 있다.

구체적인 불안 및/또는 우울에 대한 측정이 필요한 경우가 있을 수 있다. 『아동을 위한 다차원 불안 척도 제2판(The Multidimensional Anxiety Scale for Children-Second Edition: MASC-2)』(2012년 3월)은 8~19세 사이의 아동 · 청소년을 대상으로 강박행동, 사회불안, 분리불안/공포증, 위험 회피, 신체 증상 등 다양한 유형의 불안을 측정하는 다면평가 도구이다. 우울에 대한 측정이 필요한 경우 『아동 우울 척도 제2판(Children's Depression Inventory-Second Edition: CDI-2)』(Kovacs, 2010)을 고려할 수 있다. 이 다면평가 검사 도구는 아동 · 청소년의 우울증과 관련된 정서적 · 기능적 문제를 측정한다.

교육적 및 사회 · 정서적 지원

OCD 관련 행동이 교실에서 집중하고 과제를 완수하는 아동의 능력을 저해할 수 있다는 점을 감안할 때, 학교심리사는 OCD 학생이 학교에서 효율적으로 기능하는 데 필요한 교육적 및 사회 · 정서적 지원을 받도록 권익을 옹호하는 역할을 할 수 있다.

Adams(2011)는 OCD 아동 · 청소년을 위한 지원 및 조정을 결정할 때 고려할 수 있는 요소를 제시하였다. 첫째, OCD 아동이 제외되지 않도록 지원과 조정을 가능한 한 분리하는 것이 중요하다. 학급 전체를 포함시키는 지원을 선택하여 수행한다면 이러한 지원이 OCD 아동을 위한 것임을 다른 사람이 알기 어려워진다. 다음으로, 일정 기간 동안 지속적으로 제공될 수 있는 지원 및 조정을 고려하는 것이 필요하다. Adams(2011)가 제시한 또 다른 요소는 지원이나 조정을 선택할 때 아동을 직접 참여시키는 것인데, 아동이 선택에 참여하면 자신의 권리를 지키는 법을 배우고 지원이나 조정을 활용할 수 있는 가능성이 더 크기 때문이다. 이 과정에 아동을 참여시키면 아동이 조정을 통해 어떠한 이점을 얻을 수 있는지 알 수 있다. 구체적인 지원을 결정한 후, 시범적으로 적용하여 아동이 조정을 통해 혜택을 받고 있는지 확인할 것을 권장한다. 조정이 효과적인지 판단하기 위해서는 데이터를 수집하는 것이 중요하다. 또한 지원 및 조정을 적합하게 맞추기 위해서는 수정하는 작업이 필요하다는 것을 명심해야 한다. 마지막으로, OCD 아동에게 IDEA(2004)에 따른 장애가 있고 특수교육 서비스를 받고 있다면 아동의 개별화교육 프로그램(Individual Education Program: IEP)에 조정이 포함되어야 한다. 마찬가지로, 「재활법 504조」 계획의 대상이 되는 아동의 경우, 「재활법 504조」 계획상에 조정이 상세하게 기록되어 있어야 한다.

교육적 지원

앞서 언급한 바와 같이, OCD 청소년은 OCD 증상으로 인해 교실에서 과제를 완수하고 집중하는 것에 방해를 받아서 학업적인 어려움에 처할 수 있다. Leininger 등(2010)은 OCD 학생이 교실에서 성공을 경험하는 데 도움이 될 수 있는 몇 가지 유형의 지원을 제안한다. 한 가지 전략은 아동이 막막해하면서 자신의 과제 수행이 완벽하기를 바랄 때 다른 과제로 전환하도록 돕는 것이다. 이를 수행하는 방법 중 하나는 다른 과제로 전환하기 전에 일정 시간 내에 과제를 완료하도록 하거나 시간이 많이 걸리지 않는 과제를 부여하는 것이다. 교실에서 제공할 수 있는 또 다른 지원은 아동이 성공적으로 완료할 수 있는 단기 목표를 설정하도록 돕고, 목표 달성에 있어 아동의 성공을 인정하는 것이다. 아동이 과제를 성공적으로 완료할 가능성을 더 높이기 위해 간단한 지시를 하고 과제를 세분화하는 것이 도움이 될 수 있다. 또한 아동은 잠들기 전에 의례를 수행하느라 늦게까지 깨어 있고, 침투적 사고로 인해 교실에서 집중하는 데 어려움을 겪을 수 있으므로 과제를 완료하기까지 더 많은 시간이 필요할 수 있다(Leininger et al., 2010).

Adams(2011)의 저서 『OCD가 있는 학생들: 교직원을 위한 안내서(Students With OCD: A Handbook for School Personnel)』에서는 OCD 아동을 지원하기 위한 광범위한 지원 및 조정 목록을 제공한다. Adams가 권장하는 일부 교육적 지원의 예를 다음과 같이 제시하였다. 교육적 지원에 대한 더 자세한 논의는 Adams의 저서를 참고할 수 있다.

- 집중: 집중의 어려움을 해결하기 위해 교사는 아동의 과제를 자주 확인하고 아동이 과제를 완료할 수 있도록 피드백을 제공할 수 있다. 아동이 OCD 증상에 관여하는 것을 예방하는 수단으로 짝과 함께 공부하도록 하는 것이 도움이 될 수 있다. 아동에게 많은 참여를 요구하는 자료를 사용하는 것이 유익하다.
- 수업 참여: OCD 아동은 종종 실수를 하거나 틀린 말을 하는 것에 대해 불안해하기 때문에 교사가 특정 답변을 요구하는 질문보다 토론 중에 주제에 대한 아동의 의견을 묻는 것이 도움이 될 수 있다. 또한 개방형 질문을 피하는 대신, 아동에게 폐쇄형 질문을 하는 것이 도움이 될 수 있다. 아동과 협의하여 자신이 호명되길 원할 때의 신호와 그렇지 않을 때의 신호를 따로 정한다.
- 읽기: 일부 OCD 아동은 실수할 경우 단어와 문장을 다시 읽어야만 한다는 점을 감안할 때, 아동에게 읽기 과제의 사본을 제공하고 단어를 읽는 동안 그 단어에 표시하도록 하는 것이 다시 읽기를 방지하는 데 도움이 될 수 있다. 또한 짧은 읽기 과제를 부여하면 아동이 과제를 완료하는 데 도움이 될 수 있다. 특정 단어가 아동의 불안을 유발하는 경우, 아동은 불안을 유발할 수 있는 단어 위에 작은 쪽지를 붙여 둘 수 있다.
- 쓰기: 일부 OCD 아동의 경우, 실수하면 단어를 지우거나 다시 써야만 한다고 느끼기 때문에 쓰기가 어려울 수 있다. 작문 과제를 위해 컴퓨터를 사용하거나 교사의 수업 내용을 녹음하기 위해 녹음기를 사용하면 아동이 자신의 과제를 다시 작성하지 않게 만들 수 있다.
- 시험 응시: OCD 학생이 시험을 볼 수 있도록 추가 시간을 허용하고 시험 중 휴식을 제공한다. 아동이 글을 쓰다가 막히는 경향이 있다면 필기 시험보다 구두 시험으로 평가하는 것이 도움이 될 수 있다. 또한 시험이 아닌 다른 방법으로 주제에 대한 아동의 지식을 평가하는 것을 고려할 수 있다.

사회 · 정서적 및 행동적 지원

교실에서 사회 · 정서적 및 행동적 지원이 이루어져야 할 수도 있다. Adams(2004, 2011)는 교실에서 사회 · 정서적 및 행동적 기능을 촉진하기 위해 여러 유형으로 지원할 것을 권장하였다. Adams(2004, 2011)가 권장하는 지원의 예는 다음과 같다. 사회 · 정서적 및 행동적 측면에서의 지원과 조정에 대해 보다 면밀하게 논의하기 위해서 Adams의 저서 『OCD가 있는 학생들: 교직원을 위한 안내서』를 참조하길 추천한다.

- OCD 아동 · 청소년은 집을 나서기 전에 의례에 참여해야 한다고 느끼기 때문에 때때로 학교에 지각하는 경우가 있다. 강박행동은 아동의 통제 범위를 벗어나는 것이며 처벌은 아동에게 더 많은 불안을 일으킬 뿐이므로, 교사는 아동에게 지각의 책임을 묻지 않아야 한다.
- 아동이 더 많은 자신감과 자존감을 키울 수 있도록 돕기 위해 아동의 강점에 초점을 맞추는 것이 중요하다.
- 아동이 교실에서 다른 학생들과 긍정적으로 상호작용할 수 있는 기회를 촉진한다. 여기에는 협력 학습 기회를 마련하고, 집단의 리더가 집단에 포함시킬 사람을 직접 선택하지 않도록 하는 것 등이 있다.
- 아동이 강박사고에 압도되고 있는 경우에 교사에게 알릴 수 있는 표시 또는 신호를 만들어서 안전하다고 느끼는 학교의 누군가에게 갈 수 있도록 한다. 이렇게 지정된 사람은 아동이 OCD와 관련된 불안으로 압도된다고 느낄 때 방문하는 것에 동의해야 한다.
- 아동이 우정을 쌓고 또래와 상호작용하는 데 도움이 필요한 경우 사회적 기술을 가르치고, 부정적인 상황에서 다른 사람에게 어떻게 대응해야 하는지 전략을 제공한다.
- 학부모를 지원하고 자주 의사소통하여 아동이 교실에서 어떻게 기능하고 있는지 알린다.
- OCD 증상의 악화 또는 약물 부작용과 관련이 있을 수 있는 아동의 행동 변화를 모니터링한다.

또한 Leininger 등(2010)은 교실에서 사회 · 정서적 및 행동적 기능을 촉진하기 위한 여러 가지 지원을 제공한다. 그 내용은 다음과 같다.

- 아동에게 실패보다는 성공할 가능성이 높은 학습 전략을 가르치고, 실수를 받아들이는 방법을 보여 주며 아동이 심한 불안을 경험할 때 찾아가 만날 수 있는 사람을 확인하게 하는 것이 불안을 완화하는 기술에 포함될 수 있다.
- 아동을 안심시키는 것을 피해야 한다. 때로 OCD 청소년은 다른 사람으로부터 안도감을 얻으려고 하는 경우가 있는데, 이는 강화되어서는 안 되는 강박행동이다. 교사는 아동이 안도감을 추구하는 것과 타협하지 않고, 과제를 지속하고 학업을 완수한 것에 대하여 칭찬할 수 있다.

학교기반 정신건강 개입과 지원

Gallant 등(2007)이 언급한 바와 같이, 학교에서 OCD 학생에게 정신건강 개입을 제공하는 것은 이점이 있다. 교직원은 OCD가 있는 학생과 매일 접촉하며 OCD 관련 행동과 사회 · 정서적 상태를 면밀하게 모니터링할 수 있다. 학교심리사는 학교의 정신건강 서비스 제공자로서, 정신건강 개입을 제공하고 학생의 OCD를 치료할 수 있는 외부 정신건강 전문가와 협력하여 OCD 아동 · 청소년에게 도움을 주는 고유한 위치에 있다. 이 단락에서는 중재반응(Response to Intervention: RtI) 모형, OCD 아동을 위한 CBT, 불안 관리 기법에 초점을 맞추고자 한다.

중재반응 모형

Adams 등(2007)은 OCD 학생이 함께 생활하는 학교에서 고려해야 할 세 가지 차원의 중재반응(RtI) 모형을 제안하였다. 1차 지원은 교실에서의 학습을 방해할 수 있는 사회 · 정서적 및 행동적 문제에 대한 보편적인 선별을 포함한다. 학교심리사가 1차 선별 도구로 고려할 수 있는 도구는 〈행동적 · 정서적 선별 시스템(Behavioral and Emotional Screening System: BESS)〉(Kamphaus & Reynolds, 2007)으로, 사회 · 정서적 어려움을 겪고 있는 학생을 확인하는 데 도움이 될 수 있다. 1차 지원에서 OCD 청소년이 자주 경험하는 사회 · 정서적 및 행동적 어려움을 해결하기 위해 고안된 개입이 시행될 수 있다. 1차 지원에는 안정감을 조성하고 스트레스를 줄이는 데 도움이 되는 호흡 기술과 유도된 심상을 포함한 마음챙김 연습처럼 교실의 모든 학생에게 불안과 스트레스를 관리하는 방법을 가르치는 개입이 해당될 수 있다. 또한 교사는 OCD 아동이 안전하고 지지받는다고 느낄 수 있도록 차분하고 긍정적인 교실을 만드는 것이 중요하다. 2차 지원에서는 OCD 관련 행동을 보이는 모든 아동의 교육적 · 사회적 · 정서적 · 행동적 요구를 해결하기 위해 학교심리사가 참여할 수 있다. 학교심리사는 사회 · 정서적 또는 행동적 어려움을 다루는 추가적인 평가를 고려할 수 있다. Adams 등(2007)은 학교심리사가 학교에서 시행할 수 있는 증거기반 개입과 관련하여 부모 및 학교 외부에서 서비스를 제공하는 임상의와 협력할 수 있다고 언급하였다. 이러한 개입에는 불안 관리 기법 또는 CBT 기법이 포함될 수 있다. 2차 지원에서 학교심리사는 아동이 학교 외부의 전문가로부터 받을 수 있는 치료(노출 및 반응 예방이 포함된 CBT 또는 OCD에 대한 약물치료)의 효과를 모니터링할 수 있다. 학교에서 좀 더 집중적인 개입이나 서비스가 필요한 경우, 아동에게 더욱 개별화된 개입을 제공하기 위해

3차 지원으로 이동시킬 수 있다. 특수교육 서비스에 대한 평가는 3차 지원에서 고려할 수 있다(Adams et al., 2007).

인지행동치료

인지행동치료(CBT)는 OCD가 있는 청소년에게 효과적인 치료 형태로 밝혀진 증거기반 치료이다(Geller & March, 2012; Sloman et al., 2007). CBT는 세 가지 요소로 구성되는데, (a) 불안과 강박행동을 향한 충동을 유발하는 두려운 대상이나 상황에 개인을 직접적으로 드러내 놓는 노출, (b) 강박적인 행동을 피하거나 자제시키는 반응 예방, (c) 왜곡된 생각을 인식하고 변화시키는 것을 포함하는 인지치료 등이다(Sloman et al., 2007). 이러한 치료적 접근은 일반적으로 아동과 부모에게 OCD에 대해 교육하고 OCD를 외부에 있는 존재로 보도록 격려하는 것으로부터 시작된다(Sloman et al., 2007). 아동이 강박사고로 인하여 의례를 행하고자 하는 충동을 느낄 때, OCD와 대화하면서 가령 "OCD, 내 머릿속에서 나가."와 같이 OCD에게 표현할 준비가 된 말을 하도록 격려한다. 때로는 아동이 자신의 OCD에 이름을 붙여서 "OCD에게 말대꾸"할 때 이름으로 부르도록 권한다[예를 들어, "(OCD에 붙인 이름), 나는 너의 말을 듣지 않을 거야. 그러니 그냥 내 머릿속에서 나가!"; Sloman et al., 2007].

아동과 함께 OCD 증상을 유발할 가능성이 있는 두려움이나 상황의 순위 목록 또는 위계를 만들 수도 있다(Adams, 2011; Sloman et al., 2007). 아동은 최소한의 괴로움을 유발하는 상황부터 시작하여 가장 큰 괴로움을 유발하는 상황까지 올라가면서 점차 위계의 각 항목에 노출된다. 아동이 두려움의 대상이나 상황에 노출된 후 일정 시간 동안 의례나 기타 강박행동에 참여하지 않도록 하면서 불안이 감소하기 시작한다. 아동은 시간이 지남에 따라 이전에 불안을 유발했던 상황에 익숙해짐으로써 강박행동을 하지 않고도 자신의 불안이 저절로 줄어든다는 것을 알게 된다. 또한 아동은 비합리적 신념에 도전하는 것을 포함하는 인지적 재구성에 대해서 배운다. 예를 들어, 싱크대 수도꼭지를 만지면 병에 걸릴 것 같아서 두려워하는 아동은 '수도꼭지를 만지면 병에 걸려서 병원에 가야 한다'에서 '우리 가족이 수도꼭지를 만진 후에 병에 걸리지 않았으니 나도 수도꼭지를 만져도 병에 걸리지 않을 것'이라고 비합리적인 생각을 바꿀 수 있다. Sloman 등(2007)은 노출 및 반응 예방 치료에서 아동이 노출될 때마다 점수를 받고, 정해진 횟수의 노출 후에 아동이 정해진 시간 동안 비디오 게임이나 원하는 다른 활동을 하게 되는 보상 시스템을 설정하여 아동의 참여를 강화할 수 있다고 언급하였다.

치료가 성공적으로 이루어지기 위해서는 아동의 치료 과정에서 가족 참여가 매우 중요하다

(Adams, 2011; Sloman et al., 2007). 가족 구성원은 아동이 의례에 참여할 수 있게 허용하는 형태로 아동의 OCD 증상과 타협해서는 안 된다. 또한 가족은 노출 회기에서 아동을 도와야 하며 아동이 불안 유발 상황에 노출되는 과정에서 괴로워할 때 보조하는 역할을 해야 한다(Adams, 2011: Sloman et al., 2007).

학교심리사는 이러한 치료 접근법과 그 내용을 이해하여 외부 치료사와 협력하고 아동의 치료를 지원하는 역할을 할 수 있다. Adams(2011)가 언급했듯이, 학교 전문가는 외부 치료사와 협력하여 CBT 개입을 제공할 수 있다. 이때 아동, 부모, 학교 전문가 및 외부 치료사 모두가 동의하는 계획을 수립하는 것이 중요하다. Wagner(2002)는 학교에서 개입을 시작하기 전에 해결해야 할 구체적인 문제에 대해 확인하였다. 예컨대, 누가 개입을 시행하고 모니터링 할 것인지 확인하고, 개입을 위해 구체적인 한계를 설정하며, 계획에 참여하는 개개인의 역할과 필요한 자원이 무엇인지 결정해야 한다. 또한 학교심리사나 기타 학교 전문가에게 교육 및 연수가 필요한지 확인하고, 개입을 위해 아동을 준비시키며, 개입이 언제 어디에서 이루어질지 결정해야 한다. 이에 더하여 개입이 완료된 후에 어떤 일이 일어날 것인지 파악하고, 아동의 반응을 어떻게 기록할 것인지 정하며, 수정이 필요하다고 판단할 경우에는 어떻게 변경할 것인지 결정해야 한다.

불안 관리 기법

OCD 아동이 외부 치료사의 서비스를 받지 않는 경우, 아동에게 도움이 될 수 있는 학교기반 개입으로 학교심리사가 불안 관리를 제공할 수 있다. 불안 관리 기법 중 하나는 심호흡 운동으로, 이는 아동이 코를 통해 심호흡을 하고 셋을 셀 때까지 숨을 참았다가 천천히 내쉬는 횡격막 호흡 운동이다. 불안 관리에 사용되는 이완 기법에는 근육 이완이 있다. 이 기법은 첫 번째 단계로 심호흡을 하고, 그 후에 다섯까지 세면서 근육을 긴장시킨 다음, 근육을 이완시킨다. 일반적으로 아동은 어깨를 긴장시키는 것에서 시작하여 팔, 복부, 다리, 발을 차례로 긴장시킨다. 불안을 줄이기 위해 사용되는 또 다른 기법은 시각화 및 유도된 심상으로, 아동이 마음속에서 평화롭게 느끼는 장소를 상상하게 하는 것이다. 유도된 심상을 통해 아동은 평화로운 장소와 관련된 소리 또는 장소의 다른 세부 사항을 시각화한다. 이 기법은 아동이 완전히 긴장을 풀 수 있도록 심부 근육 이완 운동을 한 후에 사용할 수 있다. 이러한 각각의 기법은 아동의 불안을 줄이는 데 효과적인 것으로 밝혀졌다(Adams, 2011).

이 장의 앞부분에서 언급했듯이, OCD가 있는 사람은 OCD를 유지시키는 왜곡된 생각을 가지고 있다. Adams(2011)는 자신의 OCD 증상에 대해 기꺼이 이야기하려는 아동은 건설적인 자기 대화, 인지적 재구성 및 분리 연습과 같은 인지적 전략을 실행하는 것이 유익할 수 있다고 언급하였다. OCD 청소년은 때로 스스로에 대해 비판적이고, 가령 '나 미칠 것 같아. 손을 계속해서 씻어야 해. 손을 씻는 걸 멈출 수가 없어.'와 같은 부정적인 자기 대화를 하는 경우가 있다. 학교심리사는 아동과 협력하여 부정적인 자기 대화를 확인하고, 아동에게 '나는 미친 게 아니야. 그건 내가 아니라 OCD야.'와 같은 긍정적이고 현실적인 진술로 대체하도록 가르칠 수 있다. 또 다른 인지적 전략에는 두려운 사건에 대해 생각하는 아동의 생각을 재조직할 수 있는 인지적 재구성이 있다. 예를 들어, '오, 안 돼! 끔찍해. 아마도 집이 불타 버릴 거야!'와 같이 외출 전에 난로를 확인하는 것을 잊으면 집에 불이 날 것이라는 생각을 가진 아동은 '난로를 확인하는 걸 잊었지만 괜찮아. 그건 단지 OCD가 말하는 것일 뿐이야. 집은 괜찮을 거야.'와 같이 생각을 재구성할 수 있다. 세 번째 인지적 전략은 아동이 OCD를 자신의 외부에 있는 것으로 분리하여 보도록 연습하는 것이다(Adams, 2011). OCD 청소년이 자신의 증상을 OCD로 인식하고 그 증상을 자신의 일부로 보지 않도록 하기 위해서 OCD에 이름을 붙여 볼 것을 권장한다.

맺는말

이 장에서 분명하게 알 수 있듯이 OCD는 여러 측면에서 아동의 기능과 삶의 질을 저해하여 쇠약하게 만드는 장애이다. 많은 아동 · 청소년은 수치심과 당혹감 때문에 자신의 증상을 숨기려고 하므로 침묵 속에서 고통을 겪을 수 있다. 정신건강 치료를 받지 않으면 강박사고와 강박행동의 순환이 지속되어 아동의 삶을 낭비하게 된다. 침투적 사고와 강박적 행동의 순환 패턴을 끊어 내기 위해서는 이 장애를 조기에 인지하여 개입이 제공될 수 있도록 부모와 교직원이 OCD와 관련된 행동 패턴을 인식하는 것이 필수적이다. 학교심리사는 적절한 지원과 개입을 제공하여 아동의 삶의 질이 향상되도록 아동, 부모 및 교직원의 협력을 도모하는 과정에서 중추적인 역할을 할 수 있다.

사례 연구 Bobby: 사춘기를 앞둔 중학생의 강박장애 사례

배경

Bobby는 초등학교 시절 학업 성적이 좋았던 12세 소년이다. Bobby는 우수한 성적을 거뒀고 교사에게 많은 사랑을 받았다. Bobby는 조용했지만 학교에 친구가 있었고 정규 과목 이외의 활동에도 참여하였다. 중학교에 입학한 지 4~5개월 후에, Bobby의 어머니는 Bobby가 하교하면 집에서 도시락과 책가방을 닦기 위해 소독용 천을 사용하기 시작한 것을 알아차렸다. 또한 어머니는 Bobby가 초등학생 때만큼 학교에 대한 열정을 보이고 있지 않다는 것을 알아차렸다. 어머니가 학교 생활에 대해 물었을 때, Bobby는 어깨를 으쓱할 뿐이었다. 시간이 조금 더 흐르면서 Bobby는 청결과 관련된 다른 행동을 보이기 시작하였다. Bobby는 손을 과도하게 씻기 시작했고, 집에 있을 때도 하루에 여러 번 20분씩 손을 씻기도 하였다. Bobby는 팔뚝까지 씻기도 하였다. Bobby의 손은 과하게 씻은 탓에 건조하고 빨갛게 보이곤 하였다. 또한 Bobby는 하교했을 때 집안의 가구에 앉는 것을 거부하고 대신 바닥에 앉는 것을 선호하였다. 게다가 Bobby는 문 손잡이, 조명 기구, 싱크대 수도꼭지를 만지는 것을 피하였다. Bobby는 티슈를 사용하여 문 손잡이를 열고 전등 스위치를 켜거나 싱크대 수도꼭지를 돌릴 때 팔꿈치를 사용하였다. 어머니가 이러한 행동에 대해 물었을 때, Bobby는 더러운 학교에서 집으로 세균을 가져오게 되면 그 때문에 가족 모두가 병에 걸려서 병원에 가야 할 것이라고 말하였다. 또한 Bobby는 문 손잡이, 전등 스위치, 싱크대 수도꼭지가 모두 세균에 오염되어 있다고 말하였다. Bobby는 학교에 다니는 것에 대해 더욱 괴로워했고, 때로는 등교할 때 침대에서 일어나고 싶지 않기도 하였다. Bobby는 눈물을 흘리며 어머니에게 학교에 가고 싶지 않다고 말하였다. 어느 날 Bobby는 방과 후 데리러 온 어머니의 차에 타자마자 눈물을 흘리며 "제발 저를 학교에 다시 보내지 마세요!"라고 외쳤다. Bobby는 초등학교 때 학업이 우수했지만 성적이 떨어지기 시작하였다. 어머니와 성적에 대해 대화할 때 Bobby는 계속해서 세균에 감염되고 병에 걸릴 것이 걱정되기 때문에 교실에서 집중하고 휴식을 취하기가 어렵다고 인정하였다. 또한 Bobby는 학교에 친구가 없다고 인정하였다. Bobby가 걱정된 어머니는 평가를 위한 약속을 잡기 위해 임상 심리사에게 연락하였다. 평가 결과, Bobby는 OCD의 진단 기준을 충족하였으며 이에 따라 치료 계획이 수립되었다.

논의

Bobby는 OCD 증상의 분명한 징후를 보인다. 세균에 대한 두려움이 많은 불안을 유발하여 과도하게 손을 씻고 소독용 물수건으로 물건을 닦으며 세균에 오염되었다고 생각되는 물건은 만지지 않는 등 불안을 줄이기 위해 노력한다. 세균에 대한 불안은 Bobby가 새로운 학교에 친구가 없고 정서적으로 매우 괴로웠다고 이야기한 것에서 알 수 있듯이 사회적 상호작용에 부정적인 영향을 미쳤다. 어머니는 Bobby가 불안을 완화하기 위한 치료를 받을 수 있도록 정신건강 전문가에게 도움을 구할 필요가 있다. 노출 및 반응 치료를 포함한 CBT는 Bobby에게 적절한 치료법이 될 것이다. 생각과 행동 사이의 관계에 대해 배움으로써 Bobby와 그의 치료사는 불안하게 만드는 상황이나 물건의 위계를 설정할 수 있다. 노출 회기는 불안을 가장 적게 유발하는 상황부터 시작하여 불안을 점점 더 많이 유발하는 상황으로 이끌며 진행할 수 있다. 이러한 상황에 대처하면서 Bobby는 노출 후 손을 씻고 싶은 충동을 견뎌야 할 것이다. 시간이 지나면, 노출되는 동안 불안이 줄어들어 더럽다고 믿는 물건을 만지는 것을 참을 수 있게 된다. 가족은 노출 회기 동안 Bobby를 돕기 위해 협력할 수 있다. 또한 가족은 가령 Bobby가 씻는 강박행동을 유지할 수 있게 함으로써 Bobby의 OCD와 타협하지 않도록 해야 한다.

학교심리사는 부모가 허락하는 경우, 외부 치료사와 협력하여 학교에서 Bobby를 지원할 수 있다. 학교에서는 어떤 유형의 지원과 개입을 시행할지 계획을 수립할 수 있다. 예를 들어, 학교에서 Bobby의 증상을 평가하고 모니터링하는 것이 도움이 될 수 있다. 교사는 외부 치료사, 학교심리사, 부모에게 교실에서 관찰되는 모든 OCD 관련 행동에 대해 알릴 수 있다. 또한 교사는 학교에서 Bobby의 강박행동이 나타나기 시작할 때 그가 놀림을 당하지 않도록 또래와의 상호작용을 모니터링할 수 있다. 학교심리사는 Bobby의 사회·정서적 기능을 모니터링하고 Bobby가 불안을 관리하도록 돕기 위해 직접 치료적 개입을 할 수 있다. 또한 학교심리사는 특정 상황이 불안을 유발하는 경우 Bobby가 사용할 수 있는 심호흡 및 이완 기법을 가르칠 수 있다. Bobby가 불안에 압도될 때 가서 머물 수 있는 교실이나 학교의 기타 공간을 안전한 장소로 지정하는 것도 도움이 될 수 있다. Bobby의 강박행동이 유지되지 않고 가정과 학교에서 효과적으로 기능할 수 있도록 모든 전문가와 부모가 Bobby의 경과에 대해 의사소통하는 과정이 필요하다.

핵심 요약

- OCD는 예상보다 더 자주 발생하며 치료를 받지 않으면 심신을 약화시키는 신경생물학적 장애이다. OCD는 하루에 1시간 이상을 소모하는 강박사고 및/또는 강박행동을 포함한다.
- OCD로 인해 학업적 · 사회적 · 정서적 · 행동적 기능에 부정적인 영향을 받을 수 있으므로 이러한 영역에서 아동의 기능을 향상시키기 위해 학교에서 지원을 제공하는 것이 중요하다.
- 학교심리사는 OCD 행동을 비롯한 사회 · 정서적 및 행동적 기능 평가와 교직원, 부모, 학교 외부 임상 제공자와의 자문을 통해 OCD 아동을 돕는 데 중요한 역할을 할 수 있다.
- RtI 모형을 사용하여 학교에서 정신건강 개입을 제공할 수 있다. 다른 개입에는 노출 및 반응 예방을 포함한 CBT가 있으며 이는 임상의, 부모, 학교심리사 간의 협력을 통해 학교 외부의 임상의가 제공할 수 있다. 아동이 스트레스를 줄이고 불안을 관리하도록 돕기 위해 학교에서 불안 관리 전략을 활용할 수 있다.

연습문제

1. 다음 중 OCD에 효과적인 치료로 밝혀진 것은 무엇인가?
   - a. 정신분석치료
   - b. 대인관계치료
   - c. 노출 및 반응 예방을 통한 인지행동치료
   - d. 단기해결치료

2. OCD 청소년의 가족이 보고하는 문제의 가장 흔한 두 가지 유형은 집중의 어려움과 과제 완료이다.
   - a. 참
   - b. 거짓

3. OCD의 인지 모델에 근거하였을 때 다음 중 OCD와 관련된 역기능적 신념은 무엇인가?
   - a. 과도한 책임감과 생각의 지나친 중요성
   - b. 생각의 통제 및 위협에 대한 과대평가에 따른 극단적인 우려
   - c. 완벽주의와 불확실성에 대한 인내력 부족
   - d. 위의 모든 것

4. OCD는 미국 아동 · 청소년의 ____%에 영향을 미치는 것으로 추정된다.
   - a. 1~4
   - b. 5~10
   - c. 11~15
   - d. 16~20

5. OCD 아동 · 청소년은 수치심과 부정적인 자아상으로 인해 자신의 증상을 드러내지 않고 숨기려고 하기 때문에 치료가 지연될 수 있다.
   - a. 참
   - b. 거짓

정답 1) c, 2) a, 3) d, 4) a, 5) a

토의질문

1. OCD에 대한 DSM-5 진단 기준을 설명하시오.
2. OCD와 관련된 강박사고 및 강박행동의 순환과 이러한 순환의 연속에서 불안이 어떤 역할을 하는지 설명하시오.
3. 노출 및 반응 예방과 관련된 CBT의 세 가지 구성 요소에 대해 논하시오.
4. 서로 다른 두 민족 집단에서 공통적으로 나타나는 강박사고/강박행동을 제시하고 논하시오.
5. 학교에서 OCD 학생을 위한 치료 서비스를 제공하기 위해 학교심리사가 어떤 역할을 할 수 있는지 논하시오.

● 추가 정보

Books and Guides

FOR CHILDREN AND ADOLESCENTS

- *What to Do When Your Brain Gets Stuck: A Kid's Guide to Overcoming OCD* by Dawn Huebner (2007)
- *Up and Down the Worry Hill: A Children's Book About Obsessive-Compulsive Disorder and its Treatment* by Aureen Pinto Wagner, PhD (2004)
- *A Thought Is Just A Thought. A Story of Living With OCD* by Leslie Talley (2004)
- *Mr. Worry. A Story About OCD* by Holly L. Niner and Greg Swearingen (2003)
- *Blink, Blink, Clop, Clop: An OCD Storybook* by E. Katia Moritz, PhD (2011)
- *Take Control of OCD: The Ultimate Guide for Kids With OCD* by Bonnie Zucker (2010)
- *Talking Back to OCD: The Program That Helps Kids and Teens Say "No Way"-and Parents Say "Way to Go* by John S. March, MD; and Christine Benton (2006)
- *Touch and Go Joe: An Adolescent's Experience of OCD* by Joe Wells (2021)
- *Being Me With OCD: How I Learned to Obsess Less and Live My Life* by Alison Dotson (2014)

FOR PARENTS

- *What to Do When Your Child Has Obsessive-Compulsive Disorder: Strategies and Solutions* by Aureen Pinto Wagner, PhD (2002)
- *Freeing Your Child From Obsessive-Compulsive Disorder: A Powerful, Practical Program for Parents of Children and Adolescents* by Tamar E. Chansky (2001)
- *When a Family Member Has OCD: Mindfulness and Cognitive Behavioral Skills to Help Families Affected by Obsessive-Compulsive Disorder* by Jon Hershfield, MFT; and Jeff Bell (2015)
- *Loving Someone With OCD: Help for You and Your Family* by Karen J. Landsman, PhD; Kathleen M. Rupertus, MA; and Cherry Pedrick, RN (2005)
- *Understanding OCD: A Guide for Parents and Professionals* by A. B. Lewin and E. A. Storch (2017)
- *How to Help Your Child: A Parents' Guide to OCD* by the Obsessive Compulsive Foundation of Metropolitan Chicago (2006): https://beyondocd.org/uploads/pdf/parents-guide.pdf

- *Parents' Guide to OCD* by the Child Mind Institute: https://childmind.org/guide/parents-guide-to-ocd/

FOR EDUCATORS

- *Students With OCD: A Handbook for School Personnel* by Gail B. Adams (2011)
- *Teaching the Tiger: A Handbook for Individuals Involved in the Education of Students With Attention-Deficit Disorders, Tourette Syndrome or Obsessive-Compulsive Disorder* by Marilyn P. Dornbush, PhD; and Sheryl K. Pruitt, MEd (1995)
- *Teaching Kids With Mental Health and Learning Disorders in the Regular Classroom: How to Recognize Understand and Help Challenged (And Challenging) Students Succeed* by Myles L. Cooley, PhD (2007)
- *Teachers' Guide to OCD* by the Child Mind Institute: https://childmind.org/guide/a-teachers-guide-to-ocd-in-the-classroom/

FOR SCHOOL PSYCHOLOGISTS

- *OCD in Children and Adolescents: A Cognitive-Behavioral Treatment Manual* by John S. March, MD; and Karen Mulle Friesen (1998)
- *Cognitive-Behavioral Treatment of Childhood OCD: It's Only a False Alarm Therapist Guide (Treatments That Work)* by John Piacentini, Audra Langley, and Tami Roblek (2007)
- *Handbook of Child and Adolescent Obsessive-Compulsive Disorder edited* by Eric A. Storch, PhD; Gary R. Geffken, PhD; and Tanya K. Murphy, MD (2007)
- *Treatment of OCD in Children and Adolescents: A Cognitive-Behavioral Therapy Manual* by Aureen Pinto Wagner, PhD (2003)
- *Students With OCD: A Handbook for School Personnel* by Gail Adams (2011)
- *OCD is Not the Boss of Me Manual* by K. McKenney, A. Simpson, and S. E. Stewart (2020)
- Leininger, M., Dyches, T. T., Prater, M. A., Heath, M. A., & Bascom, S. (2010). Books portraying characters with obsessive-compulsive disorder: Top 10 list for children and young adults. *Teaching Exceptional Children, 42*(4), 22-28. https://doi.org/10.1177/004005991004200403

Fact Sheets/Handouts

- National Association of School Psychologists (NASP) Handouts: The following articles are available on the NASP website: www.nasponline.org
- *Obsessive-Compulsive Disorder: Information for Parent and Educators* by Leslie Z. Paige (2004)
- Obsessive-Compulsive Disorder by Leslie Z. Paige (2007)
- *OCD: Helping Handout for School and Home* by Celeste M. Malone (2018)
- The American Academy of Child and Adolescent Psychiatry *OCD Fact Sheet*. www.aacap.org/AACAP/Families_and_Youth/Facts_for_Families/FFF-Guide/Obsessive-Compulsive-Disorder-In-Children-And-Adolescents-060.aspx
- The Child Mind Institute *Quick Facts on Obsessive-Compulsive Disorder*. https://childmind.org/article/quick-facts-on-obsessive-compulsive-disorder-ocd
- The International OCD Foundation

- *OCD Myths Versus Facts Handout:* https://anxietyintheclassroom.org/wp-content/uploads/2018/09/OCDMyth-Handout-092313.pdf
- *OCD in Children and Teenagers* (Wagner, 2009): https://iocdf.org/wp-content/uploads/2014/09/OCD-in-Kids-and-Teens.pdf
- *What Is OCD?* https://iocdf.org/wp-content/uploads/2021/01/What-Is-OCD-Brochure.pdf
- *What You Need to Know About OCD:* https://locdf.org/wp-content/uploads/2014/10/What-You-Need-To-Know-About-OCD.pdf

Tips for Working With OCD in Diverse Populations by the International OCD Foundation

- *Tips for Clinicians Working With African Americans With OCD:* https://iocdf.org/wp-content/uploads/2017/08/Tips-for-Clinicians-when-working-with-African-Americans-with-OCD-1.pdf
- *Tips for Clinicians Working With Asian Americans and Indian Americans With OCD:* https://locdf.org/wp-content/uploads/2020/05/Tips-For-Clinicians-When-Working-with-Asian-and-Indian-Americans-with-OCD.pdf
- *Tips for Clinicians Working With Hispanic and Latinx Americans With OCD:* https://iocdf.org/wp-content/uploads/2013/12/Tips-for-clinicians-when-working-with-Hispanic_Latinx-Americans.pdf
- *Tips for Clinicians Working With the Transgender OCD Community:* https://iocdf.org/wp-content/uploads/2013/12/Tips-for-Clinicians-Working-with-the-Transgender-OCD-Community.pdf

Online Support

- Parents of Children With OCD (Facebook): www.facebook.com/groups/60524071859/
- International OCD Foundation Support Groups: https://iocdf.org/ocd-finding-help/supportgroups/
- Peace of Mind Foundation Support Groups: https://peaceofmind.com/resources/support-groups/

Videos

- *Unstuck: An OCD Kids Movie:* www.ocdkidsmovie.com/familypurchase
- *The Touching Tree:* www.youtube.com/watch?v=mv9-r2quPos
- *OCD Kids Speak Out:* www.youtube.com/playlist?list=PLed8YIFAGOUT6T60cP8QvgbMXFabN4_e
- American Academy of Child and Adolescent Psychiatry *OCD Resource Center:* www.aacap.org/aacap/families_and_youth/resource_centers/Obsessive Compulsive Disorder_Resource_Center/Home .aspx#video
- Anxiety and Depression Association of America (ADAA): https://adaa.org/resources-news/from-adaa-experts/videos

Webinars

- Anxiety and Depression Association of America *Helping Kids and Teens Who Have OCD:* https://adaa.org/webinar/consumer/helping-kids-and-teens-who-have-ocd
- International OCD Foundation *What You Need to Know:* https://kids.iocdf.org/for-parents

Websites

- Child Mind Institute: https://childmind.org

- International OCD Foundation: https://iocdf.org
- OCD in Kids website by the International OCD Foundation: https://kids.iocdf.org/
- Peace of Mind Foundation: https://peaceofmind.com/

● 핵심 참고문헌

Adams, G. B. (2011). *Students with OCD: A handbook for school personnel.* Pherson Creek Press.

Adams, G. B., Smith, T. J., Bolt, S. E., & Nolten, P. (2007). Current educational practices in classifying and serving students with obsessive-compulsive disorder. *California School Psychologist, 12*(1), 93-105. https://doi.org/10.1007/BF03340934

American Academy of Child & Adolescent Psychiatry. (2018). *Obsessive-compulsive disorder in children and adolescents.* https://www.aacap.org/AACAP/Families_and_Youth/Facts_for_Families/FFF-Guide/Obsessive-Compulsive-Disorder-In-Children-And-Adolescents-060.aspx

American Psychiatric Association. (2013). *Diagnostic and statistical manual of mental disorders* (5th ed.). https://doi.org/10.1176/appi.books.9780890425596

Barton, R., & Heyman, I. (2016). Obsessive-compulsive disorder in children and adolescents. *Paediatrics & Child Health, 26*(12), 527-533. https://doi.org/10.1016/j.paed.2016.08.011

Geller, D. A., & March, J. (2012). Practice parameter for the assessment and treatment of children and adolescents with obsessive-compulsive disorder. *Journal of the American Academy of Child & Adolescent Psychiatry, 51*(1), 98-113. https://doi.org/10.1016/j.jaac.2011.09.019

Jacob, M. L., Morelen, D., Suveg, C., Brown Jacobsen, A. M., & Whiteside, S. P. (2012). Emotional, behavioral, and cognitive factors that differentiate obsessive-compulsive disorder and other anxiety disorders in youth. *Anxiety, Stress & Coping, 25*(2), 229-237. https://doi.org/10.1080/10615806.2011.571255

Kagan, E. R., Frank, H. E., & Kendall, P. C. (2017). Accommodation in youth with OCD and anxiety. Clinical Psychology. *Science and Practice, 24*(1), 78-98. https://doi.org/10.1111/cpsp.12186

Kraynak, A., & Hart, S. (2017). DSM-5 and school psychology. Obsessive-compulsive related disorders. *Communiqué, 45*(8). https://www.nasponline.org/publications/periodicals/communique/issues/volume-45-issue-8/obsessive%E2%80%93compulsive-and-related-disorders

Malone, C. M. (2018). Obsessive-compulsive disorder. Helping handout for school and home. In G. G. Bear & K. M. Minke (Eds.), *Helping handouts: Supporting students at school and home.* National Association of School Psychologists.

Paige, L. Z. (2004). Obsessive-compulsive disorder: Information for parents and educators. In G. G. Bear and K. M. Minke (Eds.), *Helping children at home and school II: Handouts for families and educators.* National Association of School Psychologists.

Piacentini, J., Bergman, R. L, Keller, M., & McCracken, J. (2003). Functional impairment in children and adolescents with obsessive-compulsive disorder. *Journal of Child and Adolescent Psychopharmacology, 13*(2, Suppl. 1), S61-S69. https://doi.org/10.1089/104454603322126359

Wagner, A. P. (2009). *OCD in children and teenagers.* https://iocdf.org/wp-content/uploads/2014/09/OCD-in-Kids-and-Teens.pdf

Williams, M. T., & Jahn, M. E. (2017). Obsessive-compulsive disorder in African American children and adolescents: Risks, resiliency, and barriers to treatment. *American Journal of Orthopsychiatry, 87*(3), 291-303. https://doi.org/10.1037/ort0000188

참고문헌

Achenbach, T. M. (2001). *Child behavior checklist*. Achenbach Empirically-Based Assessment.

Adams, G. B. (2004). Identifying, assessing, and treating obsessive-compulsive disorder in school-aged children: The role of school personnel. *Teaching Exceptional Children, 37*(2), 46-53. https://doi.org/10.1177/004005990403700206

Adams, G. B. (2011). *Students with OCD: A handbook for school personnel*. Pherson Creek Press.

Adams, G. B., & Burke, R. W. (1999). Children and adolescents with obsessive-compulsive disorder: A primer for teachers. *Childhood Education, 76*(1), 2-7. https://doi.org/10.1080/00094056.1999.10522061

Adams, G. B., Smith, T. J., Bolt, S. E., & Nolten, P. (2007). Current educational practices in classifying and serving students with obsessive-compulsive disorder. *The California School Psychologist, 12*(1), 93-105. https://doi.org/10.1007/BF03340934

Alvarenga, P. G., Cesar, R. C., Leckman, J. F., Moriyama, T. S., Torres, A. R., Bloch, M. H., Coughlin, C. G., Hoexter, M. Q, Manfro, G. G., Polanczyk, G. V., Miguel, E. C., & do Rosario, M. C. (2015). Obsessive-compulsive symptom dimensions in a population-based, cross-sectional sample of school-aged children. *Journal of Psychiatric Research, 62*, 108-114. https://doi.org/10.1016/j.jpsychires.2015.01.018

American Academy of Child & Adolescent Psychiatry. (2018). *Obsessive-compulsive disorder in children and adolescents*. https://www.aacap.org/AACAP/Families_and_Youth/Facts_for_Families/FFF-Guide/Obsessive-Compulsive-Disorder-In-Children-And-Adolescents-060.aspx

American Psychiatric Association. (1994). *Diagnostic and statistical manual of mental disorders* (4th ed.). American Psychiatric Press.

American Psychiatric Association. (2013). *Diagnostic and statistical manual of mental disorders* (5th ed.). https://doi.org/10.1176/appi.books.9780890425596

Anxiety and Depression Association of America. (n.d.). *OCD at school*. https://adaa.org/understanding-anxiety/obsessive-compulsive-disorder/ocd-at-school

Anxiety and Depression Association of America. (2009). *OCD in children*. https://adaa.org/about-adaa/press-room/multimedia/ocd-children

Asher, S. R., & Weeks, M. S. (2018). Friendships in childhood. In A. L. Vangelisti & D. Perlman (Eds.), *The Cambridge handbook of personal relationships* (pp. 119-134). Cambridge University Press. https://doi.org/10.1017/9781316417867.011

Barton, R., & Heyman, L. (2016). Obsessive-compulsive disorder in children and adolescents. *Paediatrics & Child*

Health, 26(12), 527-533. https://doi.org/10.1016/j.paed.2016.08.011

Beauchaine, T. P., & Hinshaw, S. P. (2017). *Child and adolescent psychopathology* (3rd ed.). Wiley.

Bhandari, S. (2019). *What is dopamine?* https://www.webmd.com/mental-health/what-is-dopamine

Bloch, M. H., Landeros-Weisenberger, A., Rosario, M. C., Pittenger, C., & Leckman, J. F. (2008). Meta-analysis of the symptom structure of obsessive-compulsive disorder. *American Journal of Psychiatry, 165*(12), 1532-1542. https://doi.org/10.1176/appi.ajp.2008.08020320

Borda, T., Feinstein, B. A., Neziroglu, F., Veccia, T., & Pérez-Rivera, R. (2013). Are children with obsessive-compulsive disorder at risk for problematic peer relationships? *Journal of Obsessive-Compulsive and Related Disorders, 2*(4), 359-365. https://doi.org/10.1016/j.jocrd.2013.06.006

Burbrick, J. (n.d.). *What does OCD look like in the classroom?* https://childmind.org/article/what-does-ocd-look-like-in-the-classroom/

Canavera, K. E., Ollendick, T. H., May, J. T. E., & Pincus, D. B. (2010). Clinical correlates of comorbid obsessive-compulsive disorder and depression in youth. *Child Psychiatry & Human Development, 41*(6), 583-594. https://doi.org/10.1007/s10578-010-0189-y

Chaturvedi, A., Murdick, N. L, & Gartin, B. C. (2014). Obsessive-compulsive disorder: What an educator needs to know. *Physical Disabilities: Education and Related Services, 33*(2), 71-83. https://doi.org/10.14434/pders.v33i2.13134

Coluccia, A., Ferretti, F., Fagiolini, A., & Pozza, A. (2017). Quality of life in children and adolescents with obsessive-compulsive disorder: A systematic review and meta-analysis. *Neuropsychiatric Disease and Treatment, 13*, 597-608. https://doi.org/10.2147/NDT.S122306

Cromer, K. R., Schmidt, N. B., & Murphy, D. L. (2007). An investigation of traumatic life events and obsessive-compulsive disorder. *Behavior Research and Therapy, 45*(7), 1683-1691. https://doi.org/10.1016/j.brat.2006.08.018

Davide, P., Andrea, P., Martina, O., Andrea, E, Davide, D., & Mario, A. (2020). The impact of the COVID-19 pandemic on patients with OCD: Effects of contamination symptoms and remission state before the quarantine in a preliminary naturalistic study. *Psychiatry Research, 291*, 113213. https://doi.org/10.1016/j.psychres.2020.113213

de Bilbao, F., & Giannakopoulos, P. (2005). Effect of religious culture on obsessive compulsive disorder symptomatology. A transcultural study in monotheistic religions. *Revue médicale suisse, 1*(43), 2818-2821. https://europepmc.org/article/MED/16396372?singleResult=true

Fischer-Terworth, C. (2013). Obsessive-compulsive disorder in children and adolescents: Impact on academic and psychosocial functioning in the school setting. *Life Span and Disability, 16*(2), 127-155. http://www.lifespanjournal.it/client/abstract/ENG271_1%20Fischer.pdf

Frost, R., Steketee, G., Amir, N., Bouvard, M., Carmin, C., Clark, D. A., Cottraux, J., Eisen, J., Emmelkamp, P., Foa, E., Freeston, M., Hoekstra, R., Kozak, M., Kyrios, M., Ladouceur, R., March, J., McKay, D., Neziroglu, F., Pinard, G., ... Yaryura-Tobias, J. (1997). Cognitive assessment of obsessive-compulsive disorder. *Behavior Research and Therapy, 35*, 667-681. https://doi.org/10.1016/S0005-7967(97)00017-X

Gallant, J., Storch, E. A, Valderhaug, R., & Geffken, G. R. (2007). School psychologists' views and management of obsessive-compulsive disorder in children and adolescents. *Canadian Journal of School Psychology,*

22(2), 205-218. https://doi.org/10.1177/0829573507306448

Geller, D. A., & March, J. (2012). Practice parameter for the assessment and treatment of children and adolescents with obsessive-compulsive disorder. *Journal of the American Academy of Child & Adolescent Psychiatry, 51*(1), 98-113. https://doi.org/10.1016/j.jaac.2011.09.019

Glick, G. C., & Rose, A. J. (2011). Prospective associations between friendship adjustment and social strategies: Friendship as a context for building social skills. *Developmental Psychology, 47*(4), 1117-1132. https://doi.org/10.1037/a0023277

Gioia, G. A., Isquith, P. K., Guy, S. C., & Kenworthy, L. (2015). *Behavior rating inventory of executive functioning* (2nd ed.). Psychological Assessment Resources.

Goodman, W. K., Rasmussen, S. A., Price, L. H., & Storch, E. (2011). *CY-BOCS-revised.* https://iocdf.org/wp-content/uploads/2015/03/CY-BOCSa.pdf

Goodwin, R., Koenen, K. C., Hellman, F., Guardino, M., & Struening, E. (2002). Helpseeking and access to mental health treatment for obsessive-compulsive disorder. *Acta Psychiatrica Scandinavica, 106*(2), 143-149. https://doi.org/10.1034/j.1600-0447.2002.01221.x

Gothelf, D., Aharonovsky, O., Horesh, N., Carty, T., & Apter, A. (2004). Life events and personality factors in children and adolescents with obsessive-compulsive disorder and other anxiety disorders. *Comprehensive Psychiatry, 45*(3), 192-198. https://doi.org/10.1016/j.comppsych.2004.02.010

Grados, M., & Wilcox, H. C. (2007). Genetics of obsessive-compulsive disorder: A research update. *Expert Review of Neurotherapeutics,* 7(8),967-980. https://doi.org/10.1586/14737175.7.8.967

Grados, M. A., Vasa, R. A., Riddle, M. A., Slomine, B. S., Salorio, C., Christensen, J., & Gerring, J. (2008). New onset obsessive-compulsive symptoms in children and adolescents with severe traumatic brain injury. *Depression and Anxiety, 25*(5), 398-407. https://doi.org/10.1002/da.20398

Grados, M., & Wilcox, H. C. (2007). Genetics of obsessive-compulsive disorder: A research update. *Expert Review of Neurotherapeutics,* 7(8),967-980. https://doi.org/10.1586/14737175.7.8.967

Grisham, J. R., Anderson, T. M., & Sachdev, P. S. (2008). Genetic and environmental influences on obsessive-compulsive disorder. *European Archives of Psychiatry and Clinical Neuroscience, 258*(2), 107-116. https://doi.org/10.1007/s00406-007-0789-0

Helbing, M. L. C., & Ficca, M. (2009). Obsessive-compulsive disorder in school-age children. *The Journal of School Nursing, 25*(1), 15-26. https://doi.org/10.1177/1059840508328199

Himle, J. A., Muroff, J. R., Taylor, R. J., Baser, R. E., Abelson, J. M., Hanna, G. L., Abelson, J. L., & Jackson, J. S. (2008). Obsessive-compulsive disorder among African Americans and Blacks of Caribbean descent: Results from the national Survey of American life. *Depression and Anxiety, 25*(12), 993-1005. https://doi.org/10.1002/da.20434

Hunt, C. (2020). Demographic differences in OCD symptom presentations: A quantitative review of studies using the Y-BOCS symptom checklist. *Journal of Obsessive-Compulsive and Related Disorders,* 100533. https://doi.org/10.1016/j.jocrd.2020.100533

Individuals with Disabilities Education Improvement Act. (2004). 20 U.S.C. § 1400 et seq.

International OCD Foundation. (n.d.-a). *Signs and symptoms of pediatric OCD.* https://kids.iocdf.org/professionals/md/pediatric-ocd

International OCD Foundation. (n.d.-b). *What is OCD?* https://kids.iocdf.org/what-is-ocd-kids

Jacob, M. L., Morelen, D., Suveg, C., Brown Jacobsen, A. M., & Whiteside, S. P. (2012). Emotional, behavioral, and cognitive factors that differentiate obsessive-compulsive disorder and other anxiety disorders in youth. *Anxiety, Stress & Coping, 25*(2), 229-237. https://doi.org/10.1080/10615806.2011.571255

Johnco, C. (2017). Possible causes of obsessive compulsive disorder. In A. B. Lewin & E. A. Storch (Eds.), Understanding OCD: A guide for parents and professionals (pp. 30-45). Jessica Kingsley Publishers. Kagan, E. R., Frank, H. E., & Kendall, P. C. (2017). Accommodation in youth with OCD and anxiety. *Clinical Psychology: Science and Practice, 24*(1), 78-98. https://doi.org/10.1111/cpsp.12186

Kamphaus, R. W., & Reynolds, C. R. (2007). *BASC-2 behavioral and emotional screening system manual.* Pearson.

Karthik, S., Sharma, L. P., & Narayanaswamy, J. C. (2020). Investigating the role of glutamate in obsessive-compulsive disorder: Current perspectives. *Neuropsychiatric Disease and Treatment, 16*, 1003-1013. https://doi.org/10.2147/NDT.S211703

Kim, K. L., Christensen, R. E., Ruggieri, A., Schettini, E., Freeman, J. B., Garcia, A. M., Flessner, C., Stewart, E., Conelea, C., & Dickstein, D. P. (2019). Cognitive performance of youth with primary generalized anxiety disorder versus primary obsessive-compulsive disorder. *Depression and Anxiety, 36*(2), 130-140. https://doi.org/10.1002/da.22848

Kovacs, M. (2010). *Children's depression inventory* (2nd ed.). Pearson.

Kraynak, A., & Hart, S. (2017). DSM-5 and school psychology: Obsessive-compulsive related disorders. *Communiqué, 45*(8). https://www.nasponline.org/publications/periodicals/communique/issues/volume-45-issue-8/obsessive%E2%80%93compulsive-and-related-disorders

Kyrios, M., Nedeljkovic, M., Moulding, R., Klein, B., Austin, D., Meyer, D., & Ahern, C. (2014). Study protocol for a randomised controlled trial of internet-based cognitive-behavioural therapy for obsessive-compulsive disorder. *BMC Psychiatry, 14*(1), 1-9. https://doi.org/10.1186/1471-244X-14-209

Lafleur, D. L., Petty, C., Mancuso, E., McCarthy, K., Biederman, J., Faro, A., Levy, H. C., & Geller, D. A. (2011). Traumatic events and obsessive compulsive disorder in children and adolescents: Is there a link? *Journal of Anxiety Disorders, 25*(4), 513-519. https://doi.org/10.1016/j.janxdis.2010.12.005

Langley, A. K., Lewin, A. B., Bergman, R. L., Lee, J. C., & Piacentini, J. (2010). Correlates of comorbid anxiety and externalizing disorders in childhood obsessive compulsive disorder. *European Child & Adolescent Psychiatry, 19*(8). https://doi.org/10.1007/s00787-010-0101-0

Lebowitz, E. R., Storch, E. A., MacLeod, J., & Leckman, J. F. (2015). Clinical and family correlates of coercive-disruptive behavior in children and adolescents with obsessive-compulsive disorder. *Journal of Child and Family Studies, 24*(9), 2589-2597. https://doi.org/10.1007/s10826-014-0061-y

Leininger, M., Dyches, T. T., Prater, M. A., Heath, M. A., & Bascom, S. (2010). Books portraying characters with obsessive-compulsive disorder: Top 10 list for children and young adults. *Teaching Exceptional Children, 42*(4), 22-28.

Leininger, M., Taylor Dyches, T., Prater, M. A., & Heath, M. A. (2010). Teaching students with obsessive-compulsive disorder. *Intervention in School and Clinic, 45*(4), 221-231. https://doi.org/10.1177/1053451209353447

Lewin, A. B., Larson, M. J., Park, J. M., McGuire, J. F., Murphy, T. K., & Storch, E. A. (2014). Neuropsychological functioning in youth with obsessive compulsive disorder. An examination of executive function and memory impairment. *Psychiatry Research, 216*(1), 108-115. https://doi.org/10.1016/j.psychres.2014.01.014

Lewin, A. B., Bergman, R. L., Peris, T. S., Chang, S., McCracken, J. T., & Piacentini, J. (2010). Correlates of insight among youth with obsessive-compulsive disorder. *Journal of Child Psychology and Psychiatry, 51*(5), 603-611. https://doi.org/10.1111/j.1469-7610.2009.02181.x

Lewin, A. B., & Storch, E. A. (2017). *Understanding OCD: A Guide for Parents and Professionals.* Jessica Kingsley Publishers.

Lochner, C., du Toit, P. L, Zungu-Dirwayi, N., Marais, A., van Kradenburg, J., Seedat, S., Niehaus, D. J. H., & Stein, D. J. (2002). Childhood trauma in obsessive-compulsive disorder, trichotillomania, and controls. *Depression and Anxiety, 15*(2), 66-68. https://doi.org/10.1002/da.10028

Malone, C. M. (2018). Obsessive-compulsive disorder: Helping handout for school and home. In G. G. Bear & K. M. Minke (Eds.), *Helping handouts: Supporting students at school and home.* National Association of School Psychologists.

March, J. S. (2012). *Multidimensional anxiety scale for children.* Pearson.

Mataix-Cols, D., do Rosario-Campos, M. C., & Leckman, J. F. (2005). A multidimensional model of obsessive-compulsive disorder. *American Journal of Psychiatry, 162*(2), 228-238. https://doi.org/10.1176/appi.ajp.162.2.228

McGuire, J. F., Crawford, E. A, Park, J. M., Storch, E. A., Murphy, T. K., Larson, M. J., & Lewin, A. B. (2014). Neuropsychological performance across symptom dimensions in pediatric obsessive compulsive disorder. *Depression and Anxiety, 31*(12), 988-996. https://doi.org/10.1002/da.22241

McGuire, J. F., Small, B. J., Lewin, A. B., Murphy, T. K., De Nadai, A. S., Phares, V., Geffken, G., & Storch, E. A. (2013). Dysregulation in pediatric obsessive compulsive disorder. *Psychiatry Research, 209*(3), 589-595. https://doi.org/10.1016/j.psychres.2013.04.003

National Association of School Psychologists. (2020). *The professional standards of the national association of school psychologists.* https://www.nasponline.org/standards-and-certification/nasp-2020-professional-standards-adopted

National Center for Learning Disabilities. (2005). *Executive functioning fact sheet* http://www.nsadhd.org/uploads/3/5/4/1/3541269/executive_functioning.pdf

Nazeer, A., Latif, F., Mondal, A., Azeem, M. W., & Greydanus, D. E. (2020). Obsessive-compulsive disorder in children and adolescents: Epidemiology, diagnosis and management. *Translational pediatrics, 9*(Suppl. 1), S76-S93. https://doi.org/10.21037/tp.2019.10.02

Negreiros, J., Belschner, L., Best, J. R., Lin, S., Franco Yamin, D., Joffres, Y., Selles, R. R., Jaspers-Fayer, F., Miller, L. D., Woodward, T. S., Honer, W. G., & Stewart, S. E. (2020). Neurocognitive risk markers in pediatric obsessive-compulsive disorder. *Journal of Child Psychology and Psychiatry, 61*(5), 605-613. https://doi.org/10.1111/jcpp.13153

Obsessive Compulsive Cognitions Working Group. (1997). Cognitive assessment of obsessive compulsive disorder. *Behaviour Research and Therapy, 35*, 667-681. https://doi.org/10.1016/S0005-7967(97)00017-X

Obsessive-Compulsive Foundation of Metropolitan Chicago. (2006). *How to help your child: A parents' guide to*

OCD. https://beyondocd.org/uploads/pdf/parents-guide.pdf

Paige, L. Z. (2004). Obsessive-compulsive disorder: Information for parents and educators. In G. G. Bear and K. M. Minke (Eds.), *Helping children at home and school II: Handouts for families and educators.* National Association of School Psychologists.

Paige, L. Z., (2007). Obsessive-compulsive disorder. *Principal Leadership: Student Services,* 12-13. https://www.nasponline.org/Documents/Resources%20and%20Publications/Handouts/Families%20and%20Educators/nassp_obsessive.pdf

Pauls, D. L. (2008). The genetics of obsessive compulsive disorder: A review of the evidence. American *Journal of Medical Genetics Part C: Seminars in Medical Genetics, 148*(2), 133-139. https://doi.org/10.1002/ajmg.c.30168

Pauls, D. L., Abramovitch, A., Rauch, S. L., & Geller, D. A. (2014). Obsessive-compulsive disorder: An integrative genetic and neurobiological perspective. *Nature Reviews Neuroscience, 15*(6), 410-424. https://doi.org/10.1038/nrn3746

Peris, T. S., Bergman, R. L, Asarnow, J. R, Langley, A., McCracken, J. T., & Piacentini, J. (2010). Clinical and cognitive correlates of depressive symptoms among youth with obsessive compulsive disorder. *Journal of Clinical Child & Adolescent Psychology, 39*(5), 616-626. https://doi.org/10.1080/15374416.2010.501285

Piacentini, J., Bergman, R. L., Keller, M., & McCracken, J. (2003). Functional impairment in children and adolescents with obsessive-compulsive disorder. *Journal of Child and Adolescent Psychopharmacology, 132*, Suppl. 1), $61-$69. https://doi.org/10.1089/104454603322126359

Piacentini, J., Peris, S., Bergman, L., Chang, & Jaffer. (2007). Functional impairment in childhood OCD: Development and psychometrics properties of the Child Obsessive-Compulsive Impact Scale-Revised (COIS-R). *Journal of Clinical Child and Adolescent Psychology, 36*(4), 645-653. https://doi.org/10.1080/15374410701662790

Pontillo, M., Demaria, F., Tata, M. C., Averna, R., Gargiullo, P., Pucciarini, M. L, Santonastaso, O., Boldrini, T., Tozzi, A. E., & Vicari, S. (2020). Clinical significance of family accommodation and parental psychological distress in a sample of children and adolescents with obsessive-compulsive disorder aged 8- 17 years old. *Italian Journal of Pediatrics, 46*, 167. https://doi.org/10.1186/s13052-020-00932-2

Reynolds, C. R., & Kamphaus, R. W. (2015). *Behavior assessment system for children* (3rd ed.). Pearson.

Rose, A. J., & Asher, S. R. (2000). Children's friendships. In C. Hendrick & S. S. Hendrick (Eds.), *Close relationships: A sourcebook*(pp. 47-57). Sage.

Salles Andrade, J. B. D., Ferreira, F. M., Suo, C., Yücel, M., Frydman, I., Monteiro, M., Vigne, P., Fontenelle, L. F., & Tovar-Moll, F. (2019). An MRI study of the metabolic and structural abnormalities in obsessive-compulsive disorder. *Frontiers in Human Neuroscience, 13*, 186. https://doi.org/10.3389/fnhum.2019.00186

Samuels, J., Grados, M. A., Riddle, M. A., Bienvenu, O. J., Goes, F. S., Cullen, B., Wang, Y., Greenberg, B. D., Fyer, A. J., McCracken, J. T., Geller, D., Murphy, D. L., Knowles, J. A., Rasmussen, S. A., McLaughlin, N. C., Piacentini, J., Pauls, D. L, Stewart, S. E., Shugart, Y.-Y., & Nestadt, G. (2014). Hoarding in children and adolescents with obsessive-compulsive disorder. *Journal of Obsessive-Compulsive and Related Disorders, 3*(4), 325-331. https://doi.org/10.1016/j.jocrd.2014.08.001

Savage, C. R., & Rauch, S. L. (2000). Cognitive deficits in obsessive-compulsive disorder. *American Journal of*

Psychiatry, 157(7), 1182-1182. https://doi.org/10.1176/appi.ajp.157.7.1182

Section 504 of the Rehabilitation Act of 1973, 29 U.S.C. §794 et seq. (1973).

Sen, F. D., & Memik, N. C. (2020). Assessment of social skills in adolescents with obsessive compulsive disorder/ Obsesif kompulsif bozuklugu olan ergenlerin toplumsal becerilerinin degerlendirilmesi. *Anadolu Psikiyatri Dergisi, 21*(4),409-417. https://doi.org/10.5455/apd.71042

Sharma, E., Tripathi, A., Grover, S., Avasthi, A., Dan, A., Sharma, M., Goyal, N., Manohari, S. M., & Reddy, Y. C. (2021). Association of insight, avoidance behavior, indecisiveness, and inflated responsibility with other clinical characteristics in children and adolescents with obsessive-compulsive disorder. *Brazilian Journal of Psychiatry, 43*(2), 160-167. https://doi.org/10.1590/1516-4446-2020-0952

Sinopoli, V. M., Burton, C. L., Kronenberg, S., & Arnold, P. D. (2017). A review of the role of serotonin system genes in obsessive-compulsive disorder. *Neuroscience & Biobehavioral Reviews, 80*, 372-381. https://doi.org/10.1016/j.neubiorev.2017.05.029

Sloman, G. M., Gallant, J., & Storch, E. A. (2007). A school-based treatment model for pediatric obsessive-compulsive disorder. *Child Psychiatry and Human Development, 38*(4), 303-319. https://doi.org/10.1007/s10578-007-0064-7

Stewart, S. E. (2008). Obsessive-compulsive disorder in children and adolescents. *OCD Newsletter, 22*(3), 5, 14. https://www.arcvic.org.au/resources/ocdandanxietyresearch/34-resources/37-ocdinchildren

Storch, E. A., Jones, A. M., Lack, C. W., Ale, C. M., Sulkowski, M. L., Lewin, A. B., De Nadai, A. S., & Murphy, T. K. (2012). Rage attacks in pediatric obsessive-compulsive disorder: Phenomenology and clinical correlates. *Journal of the American Academy of Child and Adolescent Psychiatry, 51*(6), 582-592. https://doi.org/10.1016/j.jaac.2012.02.016

Storch, E. A., Ledley, D. R., Lewin, A. B., Murphy, T. K, Johns, N. B., Goodman, W. K., & Geffken, G. R. (2006). Peer victimization in children with obsessive-compulsive disorder: Relations with symptoms of psychopathology. *Journal of Clinical Child and Adolescent Psychology, 35*(3), 446-455. https://doi.org/10.1207/s15374424jccp3503_10

Storch, E. A., Lewin, A. B., Larson, M. J., Geffken, G. R., Murphy, T. K., & Geller, D. A. (2012). Depression in youth with obsessive-compulsive disorder: Clinical phenomenology and correlates. *Psychiatry Research, 196*(1),83-89. https://doi.org/10.1016/j.psychres.2011.10.013

Storch, E. A., Milsom, V. A., Merlo, L. J., Larson, M., Geffken, G. R., Jacob, M. L., Murphy, T. K., & Goodman, W. K. (2008). Insight in pediatric obsessive-compulsive disorder: associations with clinical presentation. *Psychiatry Research, 160*(2), 212-220. https://doi.org/10.1016/j.psychres.2007.07.005

Suveg, C., & Zeman, J. (2004). Emotion regulation in children with anxiety disorders. *Journal of Clinical Child and Adolescent Psychology, 33*(4),750-759. https://doi.org/10.1207/s15374424jccp3304_10

Swedo, S. E. (2002). Pediatric autoimmune neuropsychiatric disorders associated with streptococcal infections (PANDAS). *Molecular Psychiatry*, 7, $24-$25. https://doi.org/10.1038/sj.mp.4001170

Tangney, J. P., & Dearing, R. L. (2002). *Shame and guilt.* Guilford Press.

Taylor, S. (2002). Cognition in obsessive compulsive disorder: An overview. In R. O. Frost & G. Steketee (Eds.), *Cognitive approaches to obsessions and compulsions: Theory, assessment, and treatment*(pp. 1-12). Pergamon/Elsevier Science. https://doi.org/10.1016/B978-008043410-0/50002-7

Taylor, S., Abramowitz, J. S., McKay, D., & Cuttler, C. (2012). Cognitive approaches to understanding obsessive compulsive and related disorders. In G. Steketee (Ed.), *The Oxford handbook of obsessive compulsive and spectrum disorders*. Oxford Handbooks Online. https://doi.org/10.1093/oxfordhb/9780195376210.013.0044

Valderhaug, R., & Ivarsson, T. (2005). Functional impairment in clinical samples of Norwegian and Swedish children and adolescents with obsessive-compulsive disorder. *European Child & Adolescent Psychiatry, 14*(3), 164-173. https://doi.org/10.1007/s00787-005-0456-9

van Grootheest, D. S., Cath, D. C., Beekman, A. T. F., & Boomsma, D. I. (2005). Twin studies on obsessive-compulsive disorder: A review. *Twin Research and Human Genetics, 8*(5), 450-458. https://doi.org/10.1375/183242705774310060

van Noppen, B., & Pato, M. (n.d.). *Living with someone who has OCD: Guidelines for family members*. https://iocdf.org/expert-opinions/expert-opinion-family-guidelines/

Veale, D., & Roberts, A. (2014). Obsessive-compulsive disorder. *British Medical Journal, 348*, g2183. https://doi.org/10.1136/bmj.g2183

Vera, L., & Vera, L. P. (2010). Trouble obsessionnel compulsif chez l'enfant et l'adolescent. In Annales Médico-psychologiques, *revue psychiatrique* (Obsessive and compulsive disorder in juvenile psychiatry), *168*(2), 163-169. https://doi.org/10.1016/j.amp.2009.12.010

Wagner, A. P. (2002). *What to do when your child has obsessive-compulsive disorder: Strategies and solutions*. Lighthouse Press.

Wagner, A. P. (2009). *OCD in children and teenagers*. https://iocdf.org/wp-content/uploads/2014/09/OCD-in-Kids-and-Teens.pdf

Walitza, S., Melfsen, S., Jans, T., Zellmann, H., Wewetzer, C., & Warnke, A. (2011). Obsessive-compulsive disorder in children and adolescents. *Deutsches Arzteblatt International, 108*(11),173-179. https://doi.org/10.3238/arztebl.2011.0173

Weidle, B., Ivarsson, T., Thomsen, P. H., Lydersen, S., & Jozefiak, T. (2015). Quality of life in children with OCD before and after treatment. *European Child & Adolescent Psychiatry, 24*(9), 1061-1074. https://doi.org/10.1007/s00787-014-0659-z

Weidle, B., Jozefiak, T., Ivarsson, T., & Thomsen, P. H. (2014). Quality of life in children with OCD with and without comorbidity. *Health and Quality of Life Outcomes, 12*(1), 1-12. https://doi.org/10.1186/s12955-014-0152-x

Weingarden, H., & Renshaw, K. D. (2015). Shame in the obsessive compulsive related disorders: A conceptual review. *Journal of Affective Disorders, 171*, 74-84. https://doi.org/10.1016/j.jad.2014.09.010

Williams, M., Sawyer, B., Ellsworth, M., Singh, S., & Tellawi, G. (2017). Obsessive-compulsive and related disorders in ethnoracial minorities: Attitudes, stigma, and barriers to treatment. In J. S. Abramowitz, D. McKay, & E. A. Storch (Eds.), *The Wiley handbook of obsessive compulsive disorders*(pp. 847-872). Wiley Blackwell. https://doi.org/10.1002/9781118890233.ch48

Williams, M. T., Chapman, L. K., Simms, J. V., & Tellawi, G. (2017). Cross-cultural phenomenology of obsessive-compulsive disorder. *The Wiley Handbook of Obsessive Compulsive Disorders, 1*, 56-74. https://doi.org/10.1002/9781118890233.ch4

Williams, M. T., Debreaux, M., & Jahn, M. (2016). African Americans with obsessive-compulsive disorder: An update. *Current Psychiatry Reviews, 12*(2), 109-114. https://doi.org/10.2174/1573400512666160602124146

Williams, M. T., Domanico, J., Marques, L., Leblanc, N. J., & Turkheimer, E. (2012). Barriers to treatment among African Americans with obsessive-compulsive disorder. *Journal of Anxiety Disorders, 26*(4),555-563. https://doi.org/10.1016/j.janxdis.2012.02.009

Williams, M. T., & Jahn, M. E. (2017). Obsessive-compulsive disorder in African American children and adolescents: Risks, resiliency, and barriers to treatment. *American Journal of Orthopsychiatry, 87*(3), 291-303. https://doi.org/10.1037/ort0000188

Williams, M. T., Proetto, D., Casiano, D., & Franklin, M. E. (2012). Recruitment of a hidden population: African Americans with obsessive-compulsive disorder. *Contemporary Clinical Trials, 33*(1), 67-75. https://doi.org/10.1016/j.cct.2011.09.001

Wilmshurst, L. (2014). *Essentials of child and adolescent psychopathology.* John Wiley & Sons.

Wu, M. S., Geller, D. A., Schneider, S. C., Small, B. J., Murphy, T. K., Wilhelm, S., & Storch, E. A. (2019). Comorbid psychopathology and the clinical profile of family accommodation in pediatric OCD. *Child Psychiatry & Human Development, 50*(5), 717-726. https://doi.org/10.1007/s10578-019-00876-7

Wu, M. S., Hamblin, R., Nadeau, J., Simmons, J., Smith, A., Wilson, M., Eken, S., Small, B., Phares, V., & Storch, E. A. (2018). Quality of life and burden in caregivers of youth with obsessive-compulsive disorder presenting for intensive treatment. *Comprehensive Psychiatry, 80*, 46-56. https://doi.org/10.1016/j.comppsych.2017.08.005

Ye, H. J., Rice, K. G., & Storch, E. A. (2008). Perfectionism and peer relations among children with obsessive-compulsive disorder. *Child Psychiatry & Human Development, 39*, 415-426. https://doi.org/10.1007/s10578-008-0098-5

Zandt, F., Prior, M., & Kyrios, M. (2009). Similarities and differences between children and adolescents with autism spectrum disorder and those with obsessive compulsive disorder: Executive functioning and repetitive behaviour. *Autism, 13*(1), 43-57. https://doi.org/10.1177/1362361308097120

제16장

저장장애

학습 목표

- 저장장애와 관련한 DSM-5의 진단적 특징을 요약할 수 있다.
- 저장장애가 있는 아동 · 청소년의 위험요인을 파악할 수 있다.
- 저장행동을 하는 아동이 흔히 드러내는 사회성, 정서 및 행동 문제에 대해 설명할 수 있다.
- 교실에서 저장장애가 학습활동에 어떠한 영향을 미칠 수 있는지 이해할 수 있다.
- 저장행동을 하는 학생에 대한 효과적인 사회성 · 정서 · 행동 개입을 제시할 수 있다.

도입

어수선하고 산더미 같은 물건들. 이 물건들은 당신의 작업/학습 공간과 거주 공간을 차지한다. 이 물건들과 떨어지는 것은 상상조차 할 수 없으며 이러한 상황을 떠올릴 때, 당신의 불안은 최고조에 달한다. 당신은 이 물건들을 소유할 때 편안함을 느끼며 명백한 이유 없이 물건들을 잃는 것을 두려워한다. 물건들이 실제 가치를 지니고 있는지는 의심스럽다. 이러한 물건들을 없애지 않고 가지고 있어야 한다고 필요성을 인지하는 것은 교육, 친구 및 가족에게 영향을 미친다. 이것이 물건을 버리지 못하고 저장하는 행동(hoarding)이다.

DSM-5에서는 저장장애(Hoarding Disorder)를 강박 및 관련 장애 범주로 분류한다. 저장장애를 비롯하여 이 진단 범주의 다른 장애는 침투적 사고와 반복적인 행동에 집중하는 것과 관련된 문제를 특징으로 한다. 저장장애 및 이 범주의 다른 장애는 별개의 특징을 지님에도 불구하고 드러나는 방식에서 서로 중첩되는 경우가 많다. 따라서 DSM-5에서는 임상의가 진단 시에 이러한 장애 중 하나를 의심한다면 강박 및 관련 장애 범주 내 모든 장애의 존재를 고려하고 평가해야 한다고 권고한다. 다른 강박 및 관련 장애에는 강박장애(OCD; 제15장에서 논의됨), 신체이형장애, 털뽑기장애 및 피부뜯기장애(APA, 2013)가 있다.

강박 및 관련 장애의 DSM-5 진단에서 개인이 진단 기준을 충족하는지 여부를 결정하기 위해 임상의가 발달 적합성과 심각성을 모두 고려하는 것이 중요하다. 많은 사람들이 집중적이거나 순차적이거나 의례적으로 보일 수 있는 행동에 관여하지만, 이러한 행동이 개인에게 정서적인 문제를 초래하고 일상의 과업을 완수하는 능력을 방해하는 경우에만 이 범주에서 진단을 받을 수 있다. 저장장애는 물건을 모으는 취미와 반드시 구별되어야 하는데, 이러한 취미는 종종 소유물을 축적하는 결과로 이어지지만 물건을 모으고 조직화하는 행위 모두 질서정연하게 나타난다(APA, 2013).

DSM-5 이전에는 저장행동이 DSM-IV-TR(APA, 2000)에 정의된 강박장애의 증상과 강박성 성격장애의 진단 기준 중 하나로 포함되었다. 그러나 정신건강 전문가들은 저장하는 습관과 이러한 습관의 개인별 특징에 대한 최근의 연구를 통해 새로운 진단이 만들어진 것이 타당하다고 결론 내렸다(Mataix-Cols et al., 2010). 해당 연구는 OCD의 발현 양상에서 저장이 독특하다는 사실을 시사하는데, OCD 진단을 받은 사람의 약 5~30%만이 저장의 특징을 보이는 것으로 나타났다(Foa et al., 1995; Samuels et al., 2014). 저장 그 자체가 고유한 장애라는 주장은 저장행동이 물건을 버리지 못하고 저장하는 사람(hoarder)에게 고통을 주지 않지만 OCD를 지닌 사람에게는 고통을 준다는 사실을 포함하여 연구를 통해 밝혀진 몇 가지 원리에 근거하고 있다(Frank et al., 2014). 연구에서 밝혀진 사실은 다음과 같다. 저장과 관련된 생각은 개인에게 괴로운 것이 아니라 개인이 늘 하는 일상적인 것으로 간주되는 반면에, 물건을 모아서 쌓아 놓는 것은 때로 스트레스의 원인이 되기도 하고, 소지품을 정리하거나 치우는 행위가 저장 행동을 하는 사람에게는 극도로 괴로울 수 있다. 또한 유사한 장애와는 다르게, 저장장애를 가진 사람은 OCD와 같이 반복적인 유형의 행동을 거의 경험하지 않고(Frank et al., 2014; Mataix-Cols et al., 2010), 시간이 흐르면서 증상이 점진적으로 악화되는 경향이 있으며 물건을 모아 두는 것에서 기쁨과 목적의식을 발견하는 경우도 있다(Mataix-Cols et al., 2010). 마지막으로, 연구자들은 OCD 진단을 받고 물건을 모아 두는 행동을 하는 사람들에게도 두 장애의 증상이 무관한 경우가 있다는 것을 발견함으로써 저장장애가 그 자체로 별개의 진단임을 지지하였다(Pertusa et al., 2008). 저장장애라는 용어는 Mataix-Cols 등(2010)이 제안하였다. 이러한 실증적인 연구 결과를 토대로 하여 DSM-5에서 처음으로 저장장애가 새로운 진단 범주로 설정되었다(APA, 2013).

진단적 쟁점: DSM-5 및 학교기반 서비스

DSM-5 진단

DSM-5에서 저장장애를 진단하기 위해서는 6가지 기준을 충족해야 한다. 첫 번째 기준은 소유한 물건이 거의 또는 전혀 가치가 없을 때에도 그것을 버리거나 나눠 주는 데 어려움을 겪는 개인에 대해 기술한다. 개인은 물건을 향한 정서적 애착, 중요하게 여기는 물건을 잃는 것에 대한 두려움, 물건이 나중에 사용되거나 필요할 것이라는 믿음에 대해 말하기도 한다. 가끔 부모는 아동이 발달적으로 적절하게 수집하는 모습을 보이는 것을 저장 행동으로 보고할 수 있으므로 이 기준을 신중하게 고려해야 한다(Samuels et al., 2014). 첫 번째 기준과 관련된 두 번째 기준은 개인이 소유물을 모으려는 욕구를 경험하고 물건을 버리거나 줄 때 정서적 긴장을 느껴야 한다는 것이다. 세 번째 기준에서 개인은 소유물을 버릴 수 없기 때문에 집 전체 생활 공간을 채울 만큼 물건을 과도하게 모으기도 하고, 모아 둔 물건에 접근하거나 사용하는 능력이 제한된다는 것을 나타낸다. 축적한 물건이 너무 광범위하기 때문에 침대, 기타 가구, 심지어 가전제품과 같은 실용적인 물건들은 그 안, 주변 또는 그 위에 쌓인 다른 물건으로 인해 더 이상 원래의 목적에 맞게 사용하거나 접근할 수 없다. DSM-5에서는 물건이 축적되어 공동 생활 공간이 어질러져 있지 않다면, 그 경우는 다른 가족 구성원이 생활 공간을 침해 받는 것을 막아 보고자 한 노력의 결과일 수 있다는 주의 사항을 제공한다. 어떤 경우에는 저장장애가 있는 사람들이 자신의 집 안팎에 또는 가족 및 친구의 공간에 물건을 보관할 수도 있다(APA, 2013). 연구자들은 아동의 경우, 이 기준에 특별한 주의를 기울여야 한다고 지적한다. 아동·청소년의 생활 환경은 부모, 보호자 또는 다른 후견인에 의해 관리될 수 있기 때문에 그들의 저장 증상이 공유 생활 공간에 미치는 영향을 식별하는 것이 어려울 수 있다(APA, 2013; Morris et al., 2016). 아동의 경우 책상, 책장, 책가방, 옷장 등 개인 수납 공간을 감안해야 한다. 네 번째 기준은 소유물을 축적하는 것이 개인의 고통이나 기능 능력의 손상으로 이어진다는 것을 나타낸다. 이러한 기준은 다른 사람이 저장장애가 있는 사람을 위해 어수선한 물건을 치우거나 버리려고 하는 경우에 더욱 분명해진다. 다섯 번째 기준에서는 저장 행동의 원인이 될 수 있는 다른 의학적 진단을 제외한다(APA, 2013). 이러한 의학적 상태 중 한 가지는 프래더-윌리 증후군(Prader-Willi syndrome)이다. 프래더-윌리 증후군은 과도한 식욕과 중증 비만을 초래하는 유전성 장애로, 프래더-윌리 증후군이 있는 사람은 종종 물건을 버리지 못하고 저장하는 것과 같은 강박행동을 경험한다

(Dykens et al., 1996). 저장장애의 여섯 번째 기준은 단순히 증상이 다른 정신장애로 더 잘 설명될 수 없다는 것을 나타낸다(APA, 2013). 이러한 기준은 DSM-5와 저장장애의 확장된 기준이 발표되기 전, 수년간의 연구를 통해 물건을 버리지 못하고 저장하는 행동에 대한 최초의 기술자(descriptors)를 사용한 Frost와 Hartl(1996)의 연구에서 도출되었다.

저장장애가 있는 사람을 진단할 때 임상의는 개인의 상태와 관련된 두 가지 명시자를 사용할 수 있다. 첫 번째 명시자는 저장장애가 '과도한 수집'을 동반하는 경우이다. DSM-5는 저장장애 진단과 일치하는 수준으로 저장 증상을 경험하는 사람들 중 약 80~90%가 물건을 구매하거나 무료로 받아서 과도한 소유물을 축적한다는 것을 명시하였다. 드문 경우지만 개인은 물건을 소유하기 위해 물건을 훔칠 수도 있다. 두 번째 명시자는 문제행동에 대한 개인의 통찰력과 관련이 있다. 임상의는 개인이 물건을 버리지 못하고 저장하는 것과 관련된 문제에 대해 좋은/타당한 통찰력을 가지고 있거나, 통찰력이 부족하거나, 통찰력이 없거나, 저장하는 것에 대한 망상적인 생각을 가지고 있다고 판단할 수 있다(APA, 2013).

> 저장장애가 있는 사람들 중 80~90%가 물건을 구매하거나 무료로 받아서 과도한 소유물을 축적한다(APA, 2013).

저장장애로 고통받는 사람의 경우, 아동기나 청소년기에 초기 증상이 나타나는 경향이 있다. 증상이 시작되는 평균 연령은 11~15세로 보고되었지만(APA, 2013; Ayers et al., 2009; Fontenelle, 2004; Grisham et al., 2006; Tolin & Villavicencio, 2011), 저장장애와 OCD가 모두 있는 아동에게서 증상의 조기 징후가 발견되었다. Samuels 등(2014)의 연구에서 참가자의 연령 범위는 5~16세였으며 평균 발병 연령은 7.7세로 나타났다. 일부 연구에서는 저장 증상을 보이는 사람 중에서 남성에 비해 여성의 평균 발병 연령이 더 빠른 것으로 나타났지만(Winsberg et al., 1999), 해당 연구의 표본 크기가 작았던 데다가 반복 실험이 필요할 것으로 보인다. 연구 결과에 따르면 시간이 지남에 따라 증상이 현저하게 진행되기 때문에, 저장과 관련된 기능 손상은 일반적으로 20대에 시작하여 30대에 완전한 임상 증상으로 나타났다(APA, 2013; Mataix-Cols et al., 2010; Tolin et al., 2010).

DSM-5에서는 유병률과 관련하여 전체 인구의 2~6%가 임상적 수준의 저장행동을 보인다고 제시하였다(APA, 2013). 연구에 따르면, 저장행동을 하는 아동 표본에서 유병률은 2~3%(Ivanov et al., 2013)에서 최대 10%(Alvarenga et al., 2015)로 보고되었다. 그러나 부모가 일반적인 수집 행동을 저장 증상으로 과잉 보고할 수 있기 때문에 실제로 유병률이 높을 가능성은 낮다(Morris et al., 2016). 연구에 따르면, 저장장애 아동·청소년의 성별에 따른 유병률 차이는 명확하지 않았다. 일부 연구에서는 남아보다 여아에게서 유병률이 훨씬 더 높다고 보고하였지만(Ivanov et al., 2013), 다른 연구자들은 남아에게서 저장장애 발생률이 더 높다는 사실을 발견하였다(OCD도 함께 가지고 있는 표본 내에서; Masi et al., 2010). 또 다른 연구 결과는 아동의 저장장애 유병률에 성별 차이가 없다는 것을 시사하였다(Hacker et al., 2016; Storch, Murdoff, et al., 2011; Testa et al., 2011).

학교기반 수혜자격

특수교육 수혜자격의 맥락에서 저장장애를 다루는 최신 연구는 없지만, 「장애인교육법」(IDEA)을 자세히 살펴보면 이 연방법에 의거한 학교기반의 지원 가능성에 대해 통찰을 얻을 수 있다. IDEA는 학생이 장애 기준(지정된 13개 범주 중 하나에 의한)을 충족하는 것으로 입증되고, 해당 장애의 영향으로 인해 서비스가 필요한 경우에 특수교육 및 관련서비스를 받을 수 있도록 의무화하고 있다(U.S. Department of Education, n.d.). 저장장애가 있는 아동·청소년은 기타 건강장애와 정서장애 범주에서 기준을 충족할 수 있다.

모든 공립학교에 적용되는 이 연방법에 따르면, 기타 건강장애는 건강 문제로 학생의 교육적 성취에 부정적인 영향을 미치는 주변 환경과 관련하여 "환경 자극에 대해 높아진 경계심을 포함하여 제한된 힘, 활력 또는 각성을 지닌" 사람을 말한다[U.S. Department of Education, n.d., Section 300.8 (c) (9)]. IDEA는 여기에 적용되는 여러 가지 의학적 상태를 간략하게 설명하고 있다. 저장장애가 이 법률 내에서 구체적으로 확인되지는 않지만, 해당 법률의 조건 목록이 결코 완전한 것은 아니며 그 외의 기준을 충족하는 다른 의학적 문제가 있는 사람도 해당 원칙에 포함되어야 한다는 선언이 명시되어 있다(U.S. Department of Education, n.d.).

저장장애와 관련하여 주목할 수 있는 IDEA의 또 다른 범주는 정서장애이다. IDEA에 따르면, 아동이 장기간에 걸쳐 하나 이상의 기준을 충족하고 이것이 아동의 학업 성취에 심각한 해를 끼치는 경우 이 범주에 따라 장애가 있는 것으로 간주할 수 있다. 그 기준은 지적, 감각적 또는 기타 건강 문제에 기인하지 않는 학습의 어려움, 적절한 사회적 관계를 만들고 지속하는 것의 어려움, 일반적인 상황에서 부적절한 반응 또는 감정, 만성적인 우울한 기분, 및/또는 학교에서의 어려움이나 개인적인 문제와 관련된 신체 증상 등이다. 이 법은 조현병이 있는 아동·청소년을 명확히 포함하지만, 아동의 행동에 기초할 때 사회적 부적응이 있다고 판단되는 경우는 직접적으로 제외한다.

따라서 기타 건강장애 및 정서장애에는 아동·청소년의 학업 기능과 관련된 지침을 포함한다. 아동이 기타 건강장애와 정서장애의 기준을 충족하려면 두 가지 장애 모두가 학교 성적에 부정적인 영향을 미쳐야 한다고 명시한다. 법의 목적은 장애가 직접적으로 작용하여 이러한 부정적인 영향을 미쳐야 한다고 제시하는 것으로 보인다. 저장장애가 있는 아동 · 청소년은 교육적 성취에 영향을 미칠 수 있는 집행기능의 결함을 보이는 경우가 있지만, 임상의가 학생의 저장장애(특히 가정에서 나타날 가능성이 가장 높기 때문에)와 부정적인 교육 결과 간에 직접적인 연관성을 이끌어 내기는 어려울 수 있다.

학교기반 서비스를 제공하기 위한 또 다른 고려사항은 「재활법 504조」에 따른 수혜자격을 참작하는 것이다. 이 연방법은 모든 형태의 연방 자금 지원을 받는 전체 기관(공립학교 포함)에 적용된다. 「재활법 504조」는 IDEA와 마찬가지로, 공립학교에서 장애를 가지고 있는(또는 장애가 있다고 의심되는) 학생에게 필요한 관련서비스 및 지원과 함께 적절한 공교육을 무료로 제공하도록 요구하는 민권법의 일부이다. 학교기반 평가를 통해 아동에게 다음과 같이 "하나 이상의 주요 생활 기능을 실질적으로 제한하는"[Office of Civil Rights, n.d., section 104.3 (2) (iv)] 경우, 예를 들어 스스로를 돌보고, 수작업을 수행하고, 걷고, 듣고, 보고, 말하고, 호흡하고, 학습하고, 작업하는 데 손상이 있다는 것을 입증한다면 아동 · 청소년은 서비스를 받을 수 있다. 그러나 「재활법 504조」에서는 주요 생활 기능 목록을 완전한 것으로 간주하지 않으므로 다른 알맞은 생활 기능이 목록에 적용될 수 있다고 설명한다(Office of Civil Rights, n.d.).

IDEA의 기타 건강장애는 수혜자격을 고려할 수 있는 여러 특정한 의학적 상태를 열거하고 있지만, 「재활법 504조」는 진단 자체보다는 손상 유형을 강조한다. 이러한 기능적 손상에는 다음 신체 시스템 중 하나 이상에 영향을 미치는 "생리학적 질병 또는 상태, 미용상의 손상 또는 해부학적 손실을 포함한다. 신경계, 근골격계, 특수 감각 기관, 발음 기관을 포함한 호흡기, 심혈관, 생식기, 소화기, 비뇨 생식기, 혈액 및 림프계, 피부, 내분비, 또는 지적장애, 기질성 뇌 증후군, 정서 또는 정신 장애, 특정 학습장애와 같은 정신적 또는 심리적 장애"를 포함한다[Office of Civil Rights, n.d., section 104.3 (2) (i)].

DSM-5에서 저장장애의 위치를 고려한다면, 저장장애는 확실히 심리적 장애(장애 지침에 따라)에 해당한다. 그러나 IDEA와 마찬가지로 진단만으로는 「재활법 504조」에 따른 서비스 수혜자격을 얻기에 충분하지 않다. 이 법은 학교기반 수혜자격 팀이 해당 장애 증상으로 인해 실제로 학생의 주요 생활 기능이 저해되는지 조사하는 종합 평가를 통해서 서비스 적격성을 결정하도록 의무화한다(Office of Civil Rights, n.d.). 「재활법 504조」에 따른 서비스 수혜자격 요건은 장애가 교육적 성취에 부정적인 영향을 미쳐야 한다고 명시하지 않기 때문에 저장장애를 지닌 학생의 경우 IDEA보다 「재활법 504조」에 의거했을 때 수혜자격이 있다고 판단될 가능성이 더 높다. 학생이 학교를 기반으로 「재활법 504조」 계획(504 plan)에 대한 수혜자격을 갖춘 경우, 다학제 팀(교직원과 학부모 포함)은 아동의 장애로 인해 요구되는 사항을 수용하는 동시에 아동·청소년이 교육과정과 환경에 온전히 참여할 수 있는 능력을 보장하는 데 필요한 지원 및 서비스를 상세하게 설명할 수 있다(Office of Civil Rights, n.d.). 저장장애의 경우 학교심리사, 학교 상담사, 학교 사회복지사 및/또는 보건교사를 통해 몇 가지 가능한 서비스를 제공받을 수 있다. 학교심리사 또는 학교 상담사는 저장장애와 관련된 상담 또는 치료 서비스를 제공할 수 있다. 물건을 버리지 못하고 저장하는 문제는 일반적으로 가정에서 나타나기 때문에 학교 사회복지사는 가족과 지역사회 기반 서비스 사이에서 연락책 역할을 할 수 있다. 마지막으로, 저장장애가 있는 아동·청소년이 저장장애와 관련된 증상에 따른 처방약을 복용하는 경우, 보건교사는 약물 관리에 관여할 수 있다.

문화적 쟁점

위험요인

최근 2019년까지도 저장장애를 연구하는 학자들은 저장장애의 원인론이 완전히 밝혀지지 않았다고 계속해서 주장하였다(Hombali et al., 2019). 그러나 Hombali 등(2019)은 저장장애 발병과 관련하여 현재까지 알려진 지식을 확인하기 위해 기존 연구들을 면밀하게 검토한 결과, 저장장애의 발병에 대한 세 가지 가능성 있는 위험요인을 발견하였다. 첫 번째 위험요인은 유전학과 관련이 있다. 여러 연구에 따르면, 저장장애가 있는 사람에게는 저장행동을 보이는 가까운 친척이 있는 것으로 나타났다(Ivanov et al., 2013; Matsunaga et al., 2010; Samuels et al., 2007; Winsberg et al., 1999). 게놈 연구에서는 특정 염색체와 저장장애 발생 사이의 관계가 밝혀졌으며(Samuels et al., 2007) 쌍생아 연구에서 얻은 증거 또한 저장장애에서 유전적 특징의 역할을 보여 주었다(Ivanov et al., 2013). Hombali 등(2019)의 연구에서 강조하는 두 번째 위험요인은 저장장애가 있는 사람들의 특정 뇌 영역 내에서 나타나는 비정상적인 신경 활동과 관련이 있다. 이러한 비정상적인 활동은 저장장애가 있는 사람들에게서 흔히 나타나는 의사결정의 어려움과 지속적인 주의집중 유지 곤란과도 관련이 있다. 이 연구에서 나타난 저장장애의 세 번째 위험요인은 외상적인 삶의 경험이다. 이론에 따르면, 저장행동을 하는 사람들은 축적된

> 이론에 따르면, 저장행동을 하는 사람들은 축적된 물건으로부터 안정감을 얻으며 자신의 소유물을 보호하는 것이 자신을 보호하는 하나의 방식인 것으로 알려졌다(Frost et al., 1995; Hartl et al., 2005).

물건으로부터 안정감을 얻으며 자신의 소유물을 보호하는 것이 자신을 보호하는 하나의 방식인 것으로 알려졌다(Frost et al., 1995; Hartl et al., 2005).

방임 상태는 외상적인 생활사건으로, 음식물 저장이라는 특정 유형의 저장행동이 발달하는데 위험요인으로 작용할 수 있다(Morris et al., 2016; Tolin, Brady, et al., 2008). 아동 · 청소년이 방임된 상태에 있거나 보호자와의 초기 애착 문제로 고통받으며 결과적으로 안정적인 식량 공급원이 없다는 두려움을 느낄 때, 음식물을 버리지 못하고 모아 둘 수 있다. 불행하게도 이러한 상황을 다룬 연구는 거의 없으며 유효한 실증적 증거도 거의 없다. 그럼에도 불구하고 OCD에서의 저장하는 증상과 마찬가지로, 이러한 저장행동은 저장장애와는 별개의 문제일 수 있다.

음식물을 저장하는 아동 · 청소년은 저장장애의 몇 가지 기준을 충족할 수 있지만, 이 행위의 특징은 저장장애의 이론적 구성 개념에 맞지 않는다. 저장장애 아동은 종종 음식물을 저장함으로써 즐거움을 얻지만, 음식물을 저장하는 아동의 추동력은 두려움이다. 음식물을 저장하는 아동은 음식이 없을 때 느끼는 두려움을 물리치기 위해 반드시 음식을 가까이에 두어야 한다. 실제로, Winsberg 등(1999)은 음식물을 저장하는 성인이 식량 부족에 대한 두려움을 보고한다는 사실을 발견했는데, 이는 Mathes 등(2017)이 지적한 불확실성에 대한 인내력 부족과 관련이 있을 가능성을 보였다. 게다가 저장장애의 진단 기준에서는 그 행동이 다른 정신건강 상태로 더 명확하게 설명될 수 없다고 명시하고 있다. 음식물 저장은 초기의 감정적 또는 환경적 조건으로 인해 발생하는 경우가 많기 때문에, 이러한 행동은 반응성 애착장애 또는 외상후 스트레스 장애와 같은 다른 임상 진단과 연관될 수 있다. 따라서 저장장애의 진단은 적용되지 않는다. 코로나 19 팬데믹 기간 동안 발생한 식량 부족 문제가 음식물 저장행동에 어떤 영향을 미칠지는 앞으로 지켜볼 일이다.

이러한 위험요인 외에도, 다수의 다른 기능적 상관관계가 저장장애를 지닌 사람과 연관되어 있는 것으로 나타났다. 저장장애가 있는 대다수의 사람들은 의사결정 기술, 조직 능력, 작업기억 문제로 어려움을 겪고 있다(Frost & Hartl, 1996). 또한 저장장애와 주요우울장애, 사회불안장애, 범불안장애, ADHD를 포함한 기타 여러 정신과적 장애들은 공존하는 경우가 많다(APA, 2013; Hacker et al., 2016; Testa et al., 2011; Tolin & Villavicencio, 2011). 그러나 가장 흔하고 밀접하게 연관된 장애는 OCD이다. DSM-5에서는 저장장애가 있는 사람의 최대 20%가 OCD 진단기준을 충족할 수 있는 것으로 나타났다(APA, 2013).

문화적 고려사항

인종 및 민족을 포함한 여러 인구통계학적 차원과 저장장애 사이의 관련성이 조사되었다. 대부분의 연구에 따르면 저장장애는 문화 전반에 걸쳐 존재하며 앞서 언급한 유전적 요인 외에 인종, 민족 또는 문화와의 연관성이 (있다 하더라도) 거의 없는 것으로 나타났다. 저장장애의 발현은 거의 모든 문화적 맥락에서 일관되게 나타난다(APA, 2013). 북미, 유럽, 아시아 및 남미 문화 전반에 걸쳐 연구가 수행되었으며 대중 전반에서 저장장애에 대한 광범위한 유사성이 발견되었다(Hombali et al., 2019; Mataix-Cols et al., 2010; Matsunaga et al., 2010; Nordsletten et al., 2018; Timpano et al., 2013, 2015). 북미 모집단 내에서 OCD 진단과 관련된 저장 증상을 보이는 아프리카계 미국인에 대한 연구가 수행되었다(Williams et al., 2012, 2017). 연구자들은 OCD가 있는 아프리카계 미국인의 56%가 물건을 버리지 못하고 저장하는 양상을 보인다는 사실을 발견했지만, 아프리카계 미국인 또는 히스패닉계 미국인 표본만을 대상으로 저장장애의 상관관계를 다룬 연구는 없었다.

학교와 가정에서 사회성, 정서 및 행동 기능에 미치는 영향

학교에서의 사회성, 정서 및 행동 기능

저장장애가 있는 일부 아동·청소년은 사물함, 책상 또는 책가방에 과도한 양의 소지품을 모아 둘 수 있지만 학교 환경 내에서는 학생에게 할당된 공간이 제한되어 있으므로 자연스럽게 학생이 저장하는 능력을 방해하게 된다. 그러나 이것이 학교 환경과 저장장애가 있는 학생들 간에 관련된 특성이 없다는 의미는 아니다. 연구를 통해 제시된 증거에 따르면, 저장장애가 있는 아동·청소년은 다른 증상을 경험하는 경우도 있다. 저장하지 않는 아동에 비해 버리지 못하고 저장하는 아동은 (부모와 정신건강 전문가로부터) 불안과 우울증 문제의 수준이 훨씬 더 높다고 평가받았다. 이들은 주의력·사고력·사회성 문제의 비율이 더 높으며, 연구에 따르면 저장장애가 있는 사람들은 다른 사람들보다 불확실성에 대한 인내력이 더 부족한 것으로 나타났다(Mathes et al., 2017). 마지막으로, 주변 어른들은 저장장애가 있는 아동·청소년이 저장하지 않는 또래에 비해 더 높은 수준의 규칙 위반과 공격성을 보인다고 보고하였다

> 교사와 부모는 저장장애가 있는 아동·청소년이 물건을 저장하지 않는 또래에 비해 더 높은 수준의 규칙 위반과 공격성을 보인다고 보고하였다(Hamblin et al., 2015).

(Hamblin et al., 2015). 현재까지의 연구에서는 규칙 위반 및 공격성에 대한 어떠한 패턴도 발견하지 못했으며 규칙 위반 및 공격성이 직접적으로 저장행동에 원인을 두고 있다는 사실도 발견하지 못하였다. 그러므로 향후 이에 대한 연구가 필요하다.

저장장애 진단이 필요한 수준까지 증상이 나타나지는 않았지만, 학습장애(Testa et al., 2011)와 ADHD(Hacker et al., 2016)가 있는 아동·청소년에게 저장 증상이 발견되었으며 이러한 상황은 학교 환경 내에서 매우 빈번하게 나타난다. 호주의 한 연구에서는 학습장애가 있는 아동 표본의 16% 이상이 어떤 형태로든 저장행동을 보였고, 학습장애와 저장행동을 모두 가진 학생들은 학습장애만 있는 학생들보다 언어 학습 과제에서 훨씬 더 낮은 성과를 얻었다. 저장장애, 학습장애, ADHD는 모두 주의력을 유지하는 능력이 저하되는 것과 관련이 있으며, 이는 학교 환경 안에서 충동조절, 불안을 유발하는 생각 및 전반적인 외현화 행동과 같은 어려움을 겪는 학생들에게 학업적·사회적·행동적 문제를 가져오게 된다(Testa et al., 2011).

가정에서의 사회성, 정서 및 행동 기능

> 연구에 따르면 가족이 저장 증상이 있는 아동을 위해 정신건강 지원을 요청할 때, 아동의 저장행동으로 인해 동기를 부여받는 경우는 드물었다 (Burton et al., 2015).

연구에 따르면, 가족이 저장 증상이 있는 아동을 위해 정신건강 지원을 요청할 때, 아동의 저장행동으로 인해 동기를 부여받는 경우는 드물었다. 아동의 저장 증상은 다른 정신건강 증상에 비해 크게 우려되지 않는 경우가 많았다(Burton et al., 2015). 저장장애가 있는 사람은 공존장애(예: ADHD, OCD, 불안, 우울증)를 경험하는 것 외에도, 다른 사람보다 부정적인 생활 환경과 바람직하지 못한 결과에 직면할 위험이 더 크다. 예를 들어, 저장장애가 있는 성인은 비만, 알코올 및 약물 사용, 건물 화재, 낙상으로 인한 부상, 건물 퇴거, 해충 침입 및 열악한 위생 상태의 위험에 처해 있는 것으로 나타났다(Grisham & Norberg, 2010; Rodriguez et al., 2012; Steketee & Frost, 2003; Storch, Rahman, et al., 2011; Tolin, Frost, Steketee, Gray, et al., 2008). 또한 저장장애가 있는 성인은 장애로 인해 월평균 7.7일의 근무일을 놓치는 것으로 알려졌으며(Tolin, Frost, Steketee, Gray, et al., 2008) 버리지 못하고 쌓아 두는 것 때문에 결국 노숙자가 될 위험에 처하는 경우가 많았다(Rodriguez et al., 2012). 이러한 위험(개인의 고통과 함께)을 고려한다면, 잠재적인 부정적 결과가 현실화되기 전에 저장 증상을 보이는(또는 저장장애로 진단받은) 아동에게 조기 치료를 시작해야 할 필요성이 커지게 된다.

저장장애가 있는 아동·청소년의 가정 환경에서 진단의 유전 가능성은 추가적인 잠재적 부담 요소이다(Ivanov et al., 2013; Matsunaga et al., 2010; Samuels et al., 2007; Winsberg et al., 1999).

물건을 버리지 못하고 저장하는 사람들의 약 50%에서 저장행동을 보이는 가족 구성원이 있는 것으로 추정되지만(APA, 2013), 저장의 유전적 역할에 대한 증거는 여아보다 남아에게 더 강력하게 나타났다(Steketee et al., 2003). 남아 표본 내에서 유전적 요소는 저장행동 분산의 약 32%를 설명했지만, 여아의 경우에는 분산의 2%를 설명하는 것에 그쳤다(Steketee et al., 2003). 유전적 요인이 저장장애 발병에 중요한 역할을 한다는 증거를 감안할 때, 가정 내 다른 가족 구성원 또한 저장장애 증상을 겪을 확률이 증가한다(Hacker et al., 2016; Morris et al., 2016). 가정에 정신과적 증상을 지닌 사람이 한 명 이상 있다는 것은 물적·재정적·사회적 제약으로 인해 충분히 복잡한 상황인 데다가, 저장과 관련된 증상이 있을 경우에는 공간과 위생에 문제가 발생하므로 일상 기능과 치료 면에서 특히 어려워질 수 있다.

Tolin, Frost, Steketee와 Fitch의 연구(2008)에서는 저장장애가 있는 사람과 함께 사는 것과 관련된 가족의 부담에 대해 조사하였다. 저장하는 사람에게는 저장하는 행동이 고통스럽지 않은 경우가 종종 있기 때문에(물건을 버리려는 시도가 있기 전까지), 장애로 인한 정서적 부담은 실제로 저장장애를 진단받은 사람보다 그를 돌보는 사람에게 더 큰 영향을 미칠 수 있다. 가족 구성원은 저장행동이 저장하는 사람에게 즐거움/안도감을 가져오기 때문에 저장행동을 허용해야 한다는 압박감을 느낀다고 공통적으로 보고한다. 이는 특히 부모가 아동·청소년에게 소유물을 구입하거나 그렇게 할 수 있는 수단을 제공함으로써 물품을 저장하도록 지원하는 경우가 해당될 수 있다(Peris et al., 2008; Storch et al., 2012). 그러나 Tolin, Frost, Steketee와 Fitch(2008)는 저장행동의 심각성이 클수록 가족 구성원이 저장장애가 있는 사람에게 드러내는 태도가 더욱 부정적이고 비판적이라는 사실을 발견하였다. 또한 개인이 인지하는 통찰 수준과 혼란의 정도는 저장장애가 있는 사람에 대한 가족 구성원의 태도와 관련이 있었다. 따라서 저장장애가 있는 아동·청소년을 위한 치료적 개입에는 저장행동에 대한 가족 구성원의 허용적 태도와 저장하는 사람을 향한 부정적인 영향을 모두 다루기 위한 가족적 요소가 포함되어야 한다.

교실에서 학습에 미치는 영향

저장장애 진단은 주로 개인이 소유물을 모으고자 하는 욕구와 관련이 있다. DSM-5에 따르면, 가장 일반적으로 저장하는 품목은 신문, 잡지, 의류, 가방, 책, 우편물, 서류이다(APA, 2013). 아동·청소년은 비교적 과도해 보일 수 있는 어떤 물건을 학교에 모아 둘 수 있고 타인이 불필요해 보이는 소지품을 버리려고 하면 고통을 겪을 수 있다. 하지만 학교는 공간이 한정되어 있

DSM-5에 따르면 가장 일반적으로 저장하는 품목은 신문, 잡지, 의류, 가방, 책, 우편물, 서류이다(APA, 2013).

고 교직원이 그 공간을 통제하기 때문에 자연스럽게 학교 환경 내에서 저장하는 능력이 제한될 것이다. 따라서 교실이나 학교 내에서 저장과 관련된 가장 직접적인 우려는 나타나지 않을 것이다. 하지만 저장장애가 있는 아동·청소년과 관계된 다른 요인들이 명백하게 드러나 학교 환경에서 학습 및 학업 성취와 관련하여 상당한 어려움을 초래할 수 있다.

아직 아동을 대상으로 연구되지는 않았지만, 학교 환경에서 발생할 수 있는 우려 중 한 가지는 인지 기능과 관련이 있다. 저장장애가 있는 성인의 뇌 기능에 대한 신경 영상 연구에서 정보처리 및 집행기능 결함의 증거를 발견하였다(Gledhill et al., 2021; Morein-Zamir et al., 2014; Tolin et al., 2012). 이러한 결함은 때때로 작업기억, 주의력, 충동조절, 문제해결 및 의사결정 기술의 문제와 관련되어 있다(Hacker et al., 2016; Hartl et al., 2004). Gledhill 등(2021)은 이 중에서 주의력 문제가 저장장애와 가장 일관된 연관을 보인다고 판단하였으며, 저장장애로 진단된 사람들에게 운동 억제 및 조직화와 관련된 우려가 일반적으로 나타난다는 것을 발견하였다.

이러한 집행기능 결함은 교실에 분명히 잠재적인 영향을 미친다. 과제에 지속적으로 주의를 기울이는 것을 힘겨워하는 아동·청소년은 교실 수업 중 지도를 따르고 필요한 내용을 습득하는 데 어려움을 겪게 된다. 이러한 주의집중의 곤란은 충동조절 문제로 인해 악화될 수 있으며, 아동이 집중력을 유지하려고 할 때에도 행동 억제가 어렵기 때문에 잦은 수업 방해로 이어지고 수업 내용을 잘못 전달받거나 전달받지 못할 수도 있다. 수업이 진행되면 작업기억 결함이 있는 아동·청소년은 인지적 조작이나 여러 단계에 걸쳐 정보의 사용이 필요한 작업에서 손상된 수행 능력을 보일 것이다. 마지막으로, 문제해결 및 의사결정 기술의 문제는 응용된 학습 내용을 다루고 교실 내에서 사회적 상호작용을 하는 것에 어려움을 가져온다. 따라서 집행기능 결함(예를 들어, 저장장애와 관련된)은 학습의 시작부터 학습 과제의 조직 및 완료, 기대되는 수행, 교실에서의 행동 조절 요소에 이르기까지 여러 가지 문제를 초래할 수 있다.

학교심리사를 위한 시사점

평가 역할

이전 논의에서는 정서장애 또는 기타 건강장애라는 IDEA 범주에 따라 학교기반 서비스 수혜자격을 부여할 수 있다는 것을 강조하였다. 그러나 장애의 결과로서 학업 수행에 손상이 초래되어야 한다는 IDEA의 요구 사항으로 인해 저장장애가 있는 아동의 경우에는 IDEA에 따른 수혜자격을 부여받는 것이 어려울 수 있다(이 주제의 더 자세한 내용은 이 장의 '학교기반 수혜자격'에 대한 논의를 참조). 따라서 학교기반 팀(아동의 부모 또는 보호자와 협력하여)은 교육적 영향 요건이 없는 「재활법 504조」에 따른 서비스 수혜자격을 부여하고자 할 가능성이 더 높다.

다학제 팀이 「재활법 504조」에 따른 평가를 요구한다면 학교심리사가 심리 평가를 수행하도록 요청받을 것이다. 이러한 심리 평가에는 아동의 인지적 · 학업적 능력 외에 정서적 · 행동적 기능에 대한 평가도 포함된다. 학교심리사는 아동이 보이는 구체적인 문제와 팀이 의뢰하는 질문에 따라 아동의 전반적인 행동(공식적 및 비공식적 수단을 통해)뿐만 아니라 우울증 및/또는 불안과 같은 개인적인 감정과 행동 문제를 평가할 수 있다.

저장 증상을 평가하기 위해 개발된 다양한 도구도 있다. 비록 대부분이 OCD 증상 맥락 내에서의 저장 증상에 초점을 맞추고 있지만, 아동용 저장 검사(Children's Saving Inventory: CSI)는 심리측정학적으로 신뢰할 수 있는 부모 보고식 도구로, 아동 · 청소년의 저장 수준과 심각성을 평가하기 위해 만들어졌다(Frost et al., 2000; Storch, Murdoff, et al., 2011). 아동용 저장 검사(CSI)는 평가 도구로서의 장점이 분명하지만, 「재활법 504조」 수혜자격의 종합적인 평가 범위에 따라 사용하기에 적합할 수도 있고 그렇지 않을 수도 있다. 게다가 학교심리사가 대학원 과정 중에 저장의 구체적인 평가에 대해 교육을 받는 것은 드문 일이다. 따라서 미국학교심리사협회(National Association of School Psychologists, 2020)의 직업 윤리 원칙(Standard II.1.1 Practice in Area of Competence)에 따라 학교심리사는 아동용 저장 검사(CSI) 또는 기타 도구를 사용하기 전에 적절하게 역량을 확보하고 준비되어 있어야 한다. 그럼에도 학교심리사는 학교 환경 내에서 수혜자격 부여를 목적으로 저장장애 아동 · 청소년을 평가하는 데 중요한 서비스를 제공할 것이다.

> 아동용 저장 검사(CSI)는 심리측정학적으로 신뢰할 수 있는 부모 보고식 도구로, 아동 · 청소년의 저장 수준과 심각성을 평가하기 위해 만들어졌다(Frost et al., 2000; Storch, Murdoff, et al., 2011).

옹호 역할

아동 · 청소년의 정신의학적 우려와 관련된 대부분의 문제와 마찬가지로, 가족은 기능 및 치료와 관련된 사안에서 중요한 역할을 한다. 학교심리사는 지역사회 기반 치료 선택지와 지원에 관한 정보를 제공하는 역할을 할 수 있으며 아동과 가족의 필요에 따라 의학적 · 심리적 또는 사회복지 지향적인 방안을 제시할 수 있다. 또한 지역사회 기반 서비스 제공자가 참여하는 경우, 학교심리사는 아동을 대신하여 해당 전문가와 학교에서 수행되고 있는 상담 및 치료 작업 간에 연락을 취하는 역할을 할 수 있다. 학교심리사는 학업 수행, 행동 조정, 진행 상황 모니터링 및/또는 약물 관리 문제에 대해서 다른 전문가와 함께 자문할 수 있다. 학교심리사는 병원 또는 집 이외의 환경에서 아동·청소년의 기능을 비롯하여 가족 구성원이 아닌 사람과의 대인관계 및 사회적 적응성에 대해 직접 관찰하고 보고할 수 있다. 저장장애가 개인 및 가족에게 미치는 복잡성, 문제, 부담에 대해서 교직원이 이해할 수 있도록 돕는 것도 중요하다. 교육자와 관리자가 저장행동 및 저장장애가 있는 아동을 지원하는 최적의 방법에 대한 이해와 지식을 갖추고 있다면 아동 및 가족과 더욱 효과적으로 소통하고 협력할 수 있다.

자문 역할

저장장애가 있는 아동·청소년의 가족과 협력할 때, 학교심리사는 중요한 교육적 요소를 제공할 수 있다. 이 분야의 학자들은 가족 구성원 간 공감을 증진하고 촉진하기 위해서는 보다 많은 이해가 필요하다고 제안한다. 가족 구성원은 종종 버리지 못하고 저장하는 사람에게 해롭고 부정적인 태도를 보이는데, Tolin, Brady 등(2008)은 가족 구성원에게 저장행동이란 그 사람이 의식적으로 선택하는 것이 아니라 장애의 증상이라는 점을 교육하라고 권장하였다. 가족 구성원이 이러한 차이점을 인식하고 증상에 대한 공감을 높이면, 전반적인 적응과 치료 결과에 도움이 될 수 있으며 저장장애가 있는 아동·청소년 가족의 부담을 줄일 수 있다.

학교심리사는 가정에서 사용하는 행동 관리 전략에 대해 부모와 상담할 수도 있다. 연구에 따르면 (좋은 취지이기는 하지만) 부모가 의도치 않게 아동·청소년의 저장행동을 발달시키고 이러한 행동을 유지하는 데 기여할 수 있는 것으로 밝혀졌다. 부모는 아동에게 소지품을 모으기 위한 재정적 자원과 물류 자원을 제공할 수 있으며 아동이 불필요한 물건을 버리지 못하도록 할 수도 있다(Ale et al., 2014; Peris et al., 2008; Storch, Rahman et al., 2011). 또한 어떤 경우에 이러한 문제행동은 저장하는 모습을 보이는 가족 구성원을 통해 모델링되었을 수도 있다. 학교심리사는 저장행동의 본질이 괴로움을 피하고 미래에 대한 두려움을 물리치고자 시도하는 데 있음을 가족 구성원이 이해하도록 도울 수 있다. 또한 학교심리사는 가족 구성원의 반응이 저장하는 행동을 어떻게 강화할 수 있는지 이해하도록 도울 수 있다. 예를 들어, 수집한 물건을 정리하려고 시도할 때 아동은 굉장히 화를 내거나, 심지어 신체적으로 공격적이고 격분하는 모습을 보일 수도 있다. 부모가 아동의 고통을 피하거나 멈추기 위해 그 물건을 치우려는 시도를 포기할 때마다, 부모는 아동이 소유물을 유지하는 것을 강화하게 된다. 이상의 내용을 바탕으로 학교심리사는 부모가 아동의 고통에 대해 보다 효과적으로 대응하는 방법을 습득하도록 돕고, 저장행동에 대처할 수 있도록 해야 한다.

학교심리사는 규칙 위반과 공격적인 행동에 대해 교직원에게 자문할 수 있다. Hamblin 등(2015)의 연구에서 교사와 부모는 저장장애를 가진 아동·청소년이 저장하지 않는 또래에 비해 더 높은 수준으로 규칙을 위반하고 공격적인 행동을 한다고 보고하였다. 학교심리사의 자문은 다양한 형태를 취할 수 있으며, 가령 개인의 행동을 다루기 위한 명확한 행동 계획을 개발하는 데 초점을 둘 수 있다. 또한 개인이 촉발 요인에서 공격적인 행동으로 진행되는 과정을 인식하도록 새로운 기술이나 능력을 가르치는 방법을 개발하는 것에 방점을 찍을 수도 있다. 강조점은 개인과 이러한 행동의 표현에 따라 달라진다. 자문은 교직원의 편의와 기술 수준에 따라 학교심리사가 아동과 바로 작업하는 직접적인 방식으로 진행되거나, 교직원을 사이에 두고 작업하는 간접적인 방식으로 진행될 수도 있다.

상담/치료 역할

학교심리사는 학교 환경 내에서 상담이나 치료를 통해 저장장애가 있는 아동·청소년에게 직접적인 개입을 제공할 수 있다. 학교 일과 중에 이러한 서비스를 가족에게 무료로 제공하는 것은 저장장애 아동에게 정신건강 서비스 제공을 확대하는 동시에, 약속 장소로 이동하면서 생기는 수업 시간 손실을 줄이는 데 도움이 될 수 있다(Creed et al., 2013, 2015). Farmer 등(2003)은 정신건강 문제가 있는 아동 중 소수만이 모든 형태의 개입에 접근할 수 있으며, 이들 중 대다수의 아동·청소년은 학교 내 실무자를 통해 서비스에 접근한다는 사실을 발견하였다. 저장장애가 있는 많은 사람이 저장 증상으로 어려움을 겪는 직계 친척을 두고 있다. 이를 감안할 때, 여러 가족 구성원의 요구를 해결하기 위해 가계나 이동에 부담이 되는 지역사회 기반 서비스를 받는 것보다는 학교에서 제공하는 서비스를 받는 것이 가족의 스트레스 완화에 도움이 될 수 있다.

> Farmer 등(2003)은 정신건강 문제가 있는 아동 중 소수만이 모든 형태의 개입에 접근할 수 있으며, 이들 중 대다수는 학교 내 실무자를 통해 서비스에 접근할 수 있다는 것을 발견하였다.

좀 더 많은 연구가 필요하지만, 저장행동의 치료에 인지행동치료(CBT)가 효과적이라는 것이 입증되었다(Ale et al., 2014; Hojgaard et al., 2019; Morris et al., 2016; Rozenman et al., 2019; Storch, Murdoff, et al., 2011; Testa et al., 2011; Winsberg et al., 1999). 또한 저장장애에 국한된 연구는 아

니지만, 학교 환경이 아동 · 청소년에게 CBT를 전달하기에 적절한 환경이라는 것을 뒷받침하는 몇몇 연구들이 있다(Chiu et al., 2013; Creed et al., 2015; Ginsberg et al., 2011; Mychailyszyn et al., 2011). CBT는 저장장애 학생들이 자주 경험하는 불안 기반 사고에 특히 효과적일 가능성이 있다. Creed 등(2015)은 학생과 부모의 참여가 부족한 데다가, 학교의 실무자가 다른 업무로 인하여 최소한의 시간만 투입하기 때문에 학교 환경에서 CBT를 제공하는 데 장벽이 있다고 지적하였다. 그러나 학교심리사는 권익옹호, 협력 및 조직화를 통해 이러한 장벽을 극복하고 저장장애 아동 · 청소년에게 필요한 증거기반 치료를 제공할 수 있다.

교육적 지원

성인을 대상으로 한 예비 연구에 따르면, 저장장애가 있는 사람은 다른 사람들에 비해 불확실성에 대한 인내력이 훨씬 더 부족한 것으로 나타났다(Mathes et al., 2017). 이 연구는 아직 저장장애 아동 · 청소년을 대상으로 하여 반복 수행되지는 않았지만, 물건을 저장하는 것이 미래의 행동이나 상황에 대한 두려움과 연관될 수 있음을 시사한다. 불확실성에 대한 인내력 부족은 교실 상황에서도 나타날 수 있다. 아동 · 청소년이 미리 안내되지 않거나 임박한 일과 관련된 두려움을 경험한다면, 이는 교실에서의 행동과 학업 성과에 영향을 미칠 수 있다.

이러한 불확실성에 대한 인내력 부족을 완화하기 위해 모든 학년의 학생들과 함께 일정표와 사전 신호를 사용하는 등 교육 환경에서 간단한 전략을 적용할 수 있다. 어린 아동의 경우, 그림 일정표를 통해 그날의 계획 중에서 현재는 어디에 이르렀는지 확인할 수 있고, 하루 동안 어떤 활동이 어떤 순서로 진행될 것인지에 대한 명확한 기대를 가질 수 있다. 연령이 증가하여 아동이 유창하게 읽을 수 있게 되면 이러한 일정표를 매일 서면으로 작성할 수 있다. 사전 신호는 일정표와 함께 사용하거나 단독으로 사용할 수 있다. 사전 신호를 통해 교사는 학생들에게 활동, 목표 및/또는 위치가 변경되기 전에 수월하게 알릴 수 있다(Chandler & Dahlquist, 2015). 학생들은 현재 활동이 언제 끝날지, 다음 활동은 무엇인지, 언제 시작될지를 알게 된다. 이 전략은 미리 안내되지 않은 일과 관련된 불안을 완화하고 하나의 활동에서 다음 활동으로 원활하게 전환할 수 있도록 해 준다.

저장장애 아동 · 청소년을 위한 학업 지원의 또 다른 영역은 집행기능의 결함과 관련될 수 있다. 집행기능 결함은 학생의 주의력, 집중력, 작업기억 및 문제해결에 영향을 미친다. 이러한 기술 결함은 학습 및 학업 성취에 상당한 영향을 미칠 수 있기 때문에 학생이 교육과정에 충분히 접근하고 발전하려면 개입이 필요할 수 있다. Dawson(2014)은 집행기능에 문제가 있는 학생이 메타인지 전략을 사용하도록 촉진하기 위해서는 명시적인 모델링을 제공해야 한다고 권고하였다. 교사는 학생들에게 활동을 계획하고 과제를 구조화하며 과제 완료에 잠재적인 장벽을 처리하여 문제를 해결하도록 안내하는 질문을 사용함으로써 학생들을 격려할 수 있다. 또한 집행기능에 어려움이 있는 아동·청소년은 교실에서 더 높은 수준의 외적 구조를 통해 혜택을 받을 수 있다. 이러한 아동은 조직화 기술을 직관적으로 익히기보다는 자신의 결함을 보완하기 위해 조직화 전략에 대한 모델링과 연습을 필요로 할 수 있다. 또한 구두와 서면 형식으로 지시를 제공하고 교실에서 적절하게 대응하는 방법을 연습하는 기회를 제공하는 것이 도움이 될 수 있다. 끝으로 모든 기술 개발 훈련과 마찬가지로, 집행기능에 어려움을 겪는 아동은 현재 학업 성적과 향후 다른 영역에서의 적응에 큰 영향을 미치는 이러한 능력을 개발하기 위해서 노력을 기울이고 진전을 보인 것에 대해 칭찬을 받아야 한다(Dawson, 2014).

Dawson(2014)은 집행기능에 문제가 있는 학생에게 메타인지 전략의 사용을 촉진하기 위해서는 명시적인 모델링을 제공해야 한다고 권고하였다.

학교기반 정신건강 개입과 지원

저장장애가 있는 아동·청소년을 위한 조기 정신건강 개입은 여러 가지 측면에서 중요하다. 조기 개입을 모색하고 우선순위를 지정해야 하는 이유 중 하나는 저장하는 것이 생애 전반에 걸쳐 점점 더 심신을 약화시키기 때문이다. 저장 증상을 보이는 아동은 청소년(나중에는 성인)이 되며, 저장행동으로 인해 타인과의 관계 및 자신의 기능과 관련하여 점점 더 혼란을 겪게 된다(APA, 2013; Mataix-Cols et al., 2010; Tolin et al., 2010). 이전에 언급한 바와 같이, 현재까지 저장장애 아동·청소년에게 효과적인 것으로 알려진 유일한 치료법은 CBT이다. 다행스럽게도 최근 훈련을 받은 학교심리사는 CBT를 실시할 수 있는 교육, 경험 및 역량을 갖추고 있으며 이를 실무에 통합하여 저장장애를 지닌 학생들을 지원할 수 있다.

CBT는 아동이 문제를 해결하고 감정을 조절하는 수단으로써 사고 패턴을 개선하도록 돕는다. 일반적인 기법에는 역할극, 일기 쓰기, 이완 및 인지적 재구성이 포함된다. 저장행동에는 물건을 버리는 것에 대한 두려움이 수반되므로 노출과 관련된 CBT 기법이 유용하고 효과적일 수 있다. 치료사는 노출 기법을 통해 저장장애가 있는 아동·청소년을 물건을 버리는 행위에 노출시키고 그 과정에서 대처 전략을 안내한다. 아동이 그 행위를 견딜 수 있고, 과정을 통해 취약함과 두려움을 덜 느낀다면 노출은 천천히 그리고 조금씩 진행될 것이다. 저장장애 아동에 대한 사례 연구에서 나타난 결과들은 이 기법이 효과적이고 일반화 가능하며 연구가 수행되는 전 기간에 걸쳐 오래 지속된다는 것을 입증하였다(Ale et al., 2014).

예비 연구에서는 전통적인 CBT보다 특정한 양식의 CBT가 저장장애가 있는 사람에게 더 효과적일 수 있다고 제안하였다. 이 연구에서 제안한 CBT는 CBT 기법을 가정 방문과 결합한 형태이다(Gibson et al., 2010). 가정 방문을 통해 소유물을 과도하게 수집하고 있는 정도(학교 환경에서는 분명하게 나타나지 않을 수 있음)를 직접 평가할 수 있으며, 실무자는 문제가 가장 자주 나타나는 환경에서 조직 기술을 모델링하고 안내할 수 있다. 또한 적절한 경우에는 노출 연습을 허용하지만 주의할 것을 권한다(Gibson et al., 2010). 대부분의 학교심리사가 이러한 치료 기술을 안내하는 데 훈련이 되어 있고 능숙하더라도, 일부 학구에서는 가정 방문에 대한 지침을 가지고 있기 때문에 학교심리사는 이러한 지침을 준수해야 한다. 지침에서는 일반적으로 가정 방문 시 학교 전문가를 한 명 이상 보내야 한다는 내용을 명시하고 있다. 또한 학교심리사는 개입의 가장 중요한 목표가 학교 환경 내 적응을 촉진하기 위한 증상 완화(가정과 관련된 요소가 있더라도)에 초점이 맞춰지도록 주의를 기울여야 한다. 이와 같이 학교 적응을 위한 증상 완화에 주안점을 둠으로써, 학교심리사는 학교기반 실무에 적용되는 자격 범위 내에서 서비스를 제공할 수 있다. 또한 외부의 전문가가 수행하는 것이 보다 합법적이고 윤리적이며 적절한 민간 실무 계약에 학교기반의 서비스가 병합되지 않도록 하는 데 도움이 된다. Gibson 등(2010)은 의뢰인의 집에서 치료를 실시하는 모든 실무자의 경우에는 경계 문제, 비밀 유지 문제 및 이중 관계의 가능성에 주의해야 한다고 경고하였다.

저장장애 아동·청소년을 위한 개별적인 상담 및 치료 외에도 이러한 학생들은 학교에서 긍정적 행동 지원 시스템의 혜택을 받을 수 있다. 저장장애 아동·청소년이 충동성과 관련된 문제로 자주 어려움을 겪는다는 점을 감안할 때, 이들은 학교에서 잘못된 의사결정에 관여하여 행동 위반을 초래할 가능성이 높다. 긍정적 행동 지원 시스템은 학생에게 행동과 관련하여 기대되는 것이 무엇인지 가르치고, 그러한 행동이 나타날 때 강화를 제공하는 체계를 제공한다(Bradshaw et al., 2012; Sugai & Horner, 2006). 또한 잘못된 행동을 유발하는 공통적인 요인을 정의하고 가능한 경우 회피하도록 사전 예방적인 훈육 접근법을 제공한다. 긍정적 행동 지원은 예방을 위한 시스템으로 주목받고 있지만, 행동 위반이 발생할 경우에 따른 절차와 결과도 명확하게 설명하고 있다(McKevitt & Fynaardt, 2014). 긍정적 행동 지원에서 명시적

> 긍정적 행동 지원에서 명시적으로 언급하고 일관되게 시행하는 행동 지침은 저장장애 학생의 문제행동을 관리하고, 안내되지 않은 요구사항 및 예상치 못한 상황과 관련된 불안을 줄이는 데 효과적일 수 있다.

으로 언급하고 일관되게 시행하는 행동 지침은 저장장애 학생의 문제행동을 관리하고, 안내되지 않은 요구사항 및 예상치 못한 상황과 관련된 불안을 줄이는 데 효과적일 수 있다.

사례 연구 Katie: 저장장애가 있는 백인 소녀의 사례

배경

Katie는 7학년에 재학 중인 12세의 백인 소녀이다. 현재 Katie는 공립학교에 다니고 있지만 학교에서 발생하는 불안과 행동 문제 때문에 부모는 홈스쿨링을 고려하고 있다. Katie는 처음에 불안, 우유부단함, 충동적인 행동 및 강한 고집으로 인해 어려움을 겪는 것으로 보였다. 학교에서 Katie는 지시를 이행하는 것이 느리고, 책상이 어수선하고, 과제를 찾지 못하고, 과제를 완료하지 못하는 등 여러 가지 문제를 겪었다. 교사가 Katie의 책상에 어지럽게 흩어져 있는 물건을 정리하려고 했을 때 사건이 발생하였다. Katie는 태아와 같은 자세로 넘어져서 과호흡 증상을 보였다. 교사는 Katie가 지시에 따르지 않기로 결정했다고 믿고 있다. 부모는 Katie가 자주 지각하고 물건을 찾지 못하며 방을 '돼지우리'처럼 만들어 놓는다고 말하였다. 부모는 Katie가 어떠한 것이라도 치우도록 동기를 부여할 수 없으며 옷장과 방은 주체할 수 없다고 계속해서 말하였다. 부모는 이 문제로 Katie와 싸우는 것을 포기하였다.

Katie는 부모와 함께 살고 있는 외동딸이다. 가족은 북동부의 주요 도시 근교에 살고 있다. 부모는 30대 초반에 결혼하였으며 아버지는 기술자이고 어머니는 치과 위생사이다. 부모는 자신들의 일에 집중하기 위해 자녀를 한 명만 갖기로 하였다. Katie는 어렸을 때부터 동물 인형을 모으기 시작하면서 동물 인형들에게 개별적인 성격을 부여하였다. Katie는 동물 인형들이 실제로는 살아 있는 게 아니라는 것을 알고 있었지만 그들과 매우 특별한 유대감을 형성하였다. Katie가 8세였을 때 디즈니랜드로 가족 여행을 가다가 가장 좋아하는 돼지 인형을 잃어버리는 매우 충격적인 사건이 발생하였다. Katie는 몇 주 동안 돼지 인형을 잃은 슬픔에 잠겨 있었다. Katie는 돼지 인형에게 무슨 일이 일어났는지 아직도 걱정하고 있다. 최근에 가족끼리 호수로 여행을 갔을 때, Katie는 버려진 동물 인형을 구하기 위해 오두막에서 도망쳐 옷을 입은 채 호수로 뛰어들었다. 부모는 이 사건으로 인해 화가 났지만 Katie는 여전히 그 인형을 가지고 있다.

Katie는 친구라고 부르는 300개 이상의 동물 인형을 가지고 있다. Katie는 다양한 종류의 동물 인형들을 침실에 보관하고 있다. Katie는 그 친구들 중 누군가를 치워 버리는 것에 대한 가능성을 논의조차 할 수 없다. 만약 그러한 논의가 이루어지면 Katie는 엄청나게 괴로워한다. 또한 Katie는 "나의 추억"이라고 부르는 물건들을 보관하고 있다. 이러한 물건들은 오래된 영화표부터 다 먹은 막대사

탕의 막대에 이르기까지 다양하며 추억을 담기 위해 신발 상자와 기타 용기에 보관된다. 이 추억의 수집품들은 옷장을 가득 채우고 방 바닥으로 쏟아져 나왔다. Katie는 자신의 방에 있는 어수선한 물건들과 제한된 공간으로 인해 괴로워하는 것처럼 보이지 않는다. Katie와 어머니는 걷기가 어려워질 경우, 방을 더 정돈할 것이다. 부모는 물건들이 생활 공간에 쏟아져 나오지 않는 한, 물건들을 보관하도록 허락하였다. 지난번에 부모가 방을 치우려고 했을 때 Katie는 쓰레기를 뒤져서 물건들을 회수하였다. 부모는 Katie가 물건들을 치울 가능성이 전혀 없고 잡동사니들을 상자에 담아 둘 수 없다는 것을 근심하고 있다. 부모는 또한 Katie가 뭔가를 준비하고 물건을 찾는 속도가 느린 것에 대해 걱정하고 있다.

Katie의 책가방은 수많은 물건으로 가득 차 있는데, 그중 대부분은 오래된 과제들과 연습 문제지이다. Katie의 책상은 오래된 연필, 펜, 종이, 지우개, 클립 및 기타 수많은 물건으로 어수선하다. 교사인 Ms. Carmichael은 Katie에게 책상을 청소하게 하려고 노력했지만 싸워서까지 그렇게 할 가치가 없다고 판단하였다. 지난번에 교사가 Katie에게 책상을 청소하라고 요구했을 때 한 사건이 발생하였다. Katie는 과호흡을 시작하여 바닥에 쓰러졌다. 교사는 이 사건을 논의하기 위해 학부모-교사 회의를 열었다. 어머니는 Katie의 책상에 있는 물건들을 상자에 담아 집으로 가져갔다. 또한 학교에서는 Katie가 과제를 시작하고 완료하는 데 오랜 시간이 걸리는 것에 대해 우려하고 있다.

논의

수많은 동물 인형과 추억 상자들은 물건을 버리거나 나눠 주는 데 어려움을 겪는 Katie의 모습을 보여 준다. Katie는 동물 인형들을 친구라고 부르고 그들에게 뚜렷한 개성을 부여하며 인형에 대한 강한 정서적 애착을 보인다. Katie와 동물 인형들과의 유대는 발달상 적절했지만 실제적 힘을 얻게 되었다. Katie가 호수에 뛰어든 사건은 생명이 없는 물건과의 압도적인 유대와 충동성을 보여 준다. Katie는 종이 조각을 과거 사건에 대한 실제 기억과 연관시킨다. 물건을 제거하려는 생각이나 행동은 공황 발작을 일으킨다. Katie의 침실과 놀이 공간은 엄청나게 어수선하다. 부모가 정리를 도와주지 않는 한, 바닥은 동물 인형들과 장난감으로 뒤덮여 있다. 부모는 Katie의 불안을 피하기 위해 물건을 치워 달라고 요청하지 않고, 집의 나머지 공간에 영향을 주지 않는 한, 물건들을 상자에 넣어서 보관하도록 도와준다. 이는 학교에서도 문제가 된다. Katie의 책상은 실제로는 쓸모가 없는 물건들로 가득 차 있다. Katie는 착수가 느리고 책상을 어지럽혀 놓아서 물건을 찾는 데 어려움을 겪고 있다. Katie는 제출할 물건을 찾을 수 없거나 물건을 떼어 놓는 것에 대해 너무 큰 불안을 느낀다. 학교는 Katie의 문제를 해결하도록 부모에게 맡겨 두고 있다. 이러한 문제 때문에 부모는 홈스쿨링을 고려하고 있다.

이러한 경우에 저장행동, 불안, 지시 따르기, 과제 완료 등 치료와 관련하여 고려해야 할 사항이 많다. 가족은 가족 치료를 통해 문제를 이해하고, Katie의 저장행동과 불안을 처리하기 위한 명확한 계획을 개발하는 데 도움을 받을 수 있다. 학교는 Katie가 지닌 어려움의 모든 요소를 탐색하는 다학제 팀으로부터 도움을 받을 수 있다. 저장행동은 정보 처리 및 집행기능 결함과 관련되어 있다는 증거가 있다. 이러한 결함은 개인의 작업기억, 주의력, 충동조절, 문제해결 및 의사결정 기술의 어려움과 관련이 있을 수 있는데, 이를 통해 Katie가 과제를 시작하고 완료하는 속도가 느리며 지시를 거부하거나 따르지 못하는 이유를 어느 정도 설명할 수 있다. 일반적으로 저장하는 행동은 현저한 학업적 문제를 수반하지 않기 때문에, 「재활법 504조」의 계획을 고려하는 것이 더 합리적이다. 여러 학업적 문제와 함께 가정에서의 문제가 있다는 점을 감안할 때, IDEA 범주에 속하는 정서장애 또는 기타 건강장애를 고려할 수도 있다. 이 범주에 따라 서비스를 받는 것은 학교에서 이용할 수 있는 여러 유형의 개입에 도움이 될 수 있다. 평가가 전개됨에 따라 학교심리사는 인지/성취 평가 및 정서적/행동적 기능 평가를 포함한 심리 평가를 수행하도록 요청받을 가능성이 높다. 학교에서는 아동용 저장검사(CSI)를 활용할 수 있다.

종합적인 평가 후에는 학업적, 행동적, 사회・정서적 요구를 다루는 것을 포함하여 필요한 모든 영역의 문제를 해결하기 위한 완전한 계획을 개발할 수 있다. 이 외에도 저장장애에 대한 오해를 최소화하기 위해 가족과 학교 구성원에게 많은 교육을 제공해야 할 수도 있다. 학교심리사가 자문가로서 Katie 및 가족과 협력하여 중요한 교육 요소를 제공하거나, 학교와 임상의 사이에서 연락책 역할을 할 수도 있다. 또한 불안에 대한 문제를 다루는 동시에 가정과 학교에서의 저장행동에 대응할 수 있는 명확한 계획을 개발해야 한다. Katie의 복잡한 문제를 다루기 위해 심리 서비스 제공자, 학교, 가족은 Katie의 모든 측면에서 요구가 해결될 수 있도록 함께 노력해야 한다.

핵심 요약

- DSM-5에 따른 저장장애 진단을 받으려면 아동 · 청소년은 소유물의 축적과 관련된 여섯 가지 기준 중 하나를 충족해야 한다.
- 학교심리사는 병인과 관련하여 유전적 요인이 저장장애의 발병에 영향을 미치는 경우가 많으며, 저장장애가 있는 아동이 가정에서 저장행동을 하는 다른 가족 구성원과 함께 생활할 수도 있다는 점을 기억해야 한다.
- 저장장애가 있는 사람이 거주하는 주택은 화재, 해충 침입 및 노숙자 문제가 발생할 위험이 더 크다.
- 저장행동을 하는 학생들은 집행기능의 결함을 보일 수 있으며, 이는 교실에서의 학업적 어려움으로 이어진다.
- 학교심리사는 평가, 옹호, 자문, 상담/치료를 포함하여 저장행동을 하는 학생의 요구를 지원하기 위해 다양한 역할과 기능을 할 수 있다.
- 저장행동을 하는 학생을 지원하기 위한 학교기반 개입으로 저장 증상 치료에서 효과가 입증된 CBT를 포함할 수 있다.

연습문제

1. 다음 중 DSM-5의 저장장애 진단에 대한 명시자는 무엇인가?
   a. 집행기능 결함
   b. 과도한 수집
   c. 아동기 발병
   d. 위의 모든 것

2. 저장장애가 있는 학생은 IDEA에 따른 기타 건강장애 기준을 자동으로 충족한다.
   a. 참
   b. 거짓

3. 선행연구는 저장장애에 유전적 요인이 있다는 것을 입증하지 않는다.
   a. 참
   b. 거짓

4. 다음 중 집행기능의 결함으로 인해 흔히 영향을 받는 기술은 무엇인가?
   a. 문제해결
   b. 작업기억
   c. 주의력
   d. 위의 모든 것

5. 저장 증상은 아동이 나이가 들수록 점차 악화되는 경우가 많다.
   a. 참
   b. 거짓

정답 1) b, 2) b, 3) b, 4) d, 5) a

토의질문

1. 저장장애에 대한 DSM-5 진단 기준을 설명하시오.
2. DSM-5에서 저장장애가 OCD로부터 독립된 진단으로 포함된 이유를 설명하시오.
3. 집행기능 결함이 교실에서 저장장애가 있는 아동 · 청소년에게 어떤 영향을 미칠 수 있는지 간략하게 설명하시오.
4. 저장행동을 하는 아동 및 그 가족과 협력하기 위한 학교심리사의 자문 역할에 대해서 논하시오.
5. 저장행동을 하는 학생을 위한 증거기반 사회 · 정서적 개입에 대해 자세히 설명하시오.

● 추가 정보

American Psychological Association Treating People With Hoarding Disorder: www.apa.org/monitor/2020/04/ce-corner-hoarding

Anxiety and Depression Association of AmericaHoarding: The Basics: https://adaa.org/understanding-anxiety/obsessive-compulsive-disorder-ocd/hoarding-basics

Child Mind InstituteHoarding in Children: https://childmind.org/article/hoarding-in-children/

Mayo ClinicHoarding Disorder: www.mayoclinic.org/diseases-conditions/hoarding-disorder/symptoms-causes/syc-20356056

● 핵심 참고문헌

American Psychiatric Association. (2013). *Diagnostic and statistical manual of mental disorders* (5th ed.). https://doi.org/10.1176/appi.books.9780890425596

Hacker, L. E., Park, J. M., Timpano, K. R., Cavitt, M. A., Alvaro, J. L., Lewin, A. B., Murphy, T. K., & Storch, E. A. (2016). Hoarding in children with ADHD. *Journal of Attention Disorders, 20*(7), 617-626. https://doi.org/10.1177%2F1087054712455845

Hombali, A., Sagayadevan, V., Tan, W. M., Chong, R., Yip, H. W., Vaingankar, J., Chong, S. A., & Subramaniam, M. (2019). A narrative synthesis of possible causes and risk factors of hoarding behaviours. *Asian Journal of Psychiatry, 42*, 104-114. https://doi.org/10.1016/j.ajp.2019.004.001

Ivanov, V. Z., Mataix-Cols, D., Serlachius, E., Lichtenstein, P., Anckarsater, H., Chang, Z., Hellner Gumpart, C., Lundstrom, S., Langstron, N., & Ruck, C. (2013). Prevalence, co-morbidity and heritability of hoarding symptoms in adolescence: A population based twin study in 15 year olds. *PLoS One, 8*(7), e69140. https://doi.org/10.1371/journal.pone.0069140

Mataix-Cols, D., Frost, R. O., Pertusa, A., Clark, L. A., Saxena, S., Leckman, J. F., Stein, D. J., Matsunaga, H., & Wilhelm, S. (2010). Hoarding disorder: A new diagnosis for DSM-5? *Depression and Anxiety, 27*, 556-572. https://doi.org/10.1002/da.20693

Office of Civil Rights. (n.d.). *Protecting students with disabilities: Frequently asked questions about Section 504 and the education of children with disabilities.* https://www2.ed.gov/about/offices/list/ocr/504faq.html

Samuels, J., Grados, M. A., Riddle, M. A, Bienvenu, O. J., Goes, F. S., Cullen, B., Wang, Y., Greenberg, B. D., Fyer, A. J., McCracken, J. T., Geller, D., Murphy, D. L., Knowles, J. A., Rasmussen, S. A., McLaughlin, N. C., Piacentini, J., Pauls, D. L., Stewart, S. E., Shugart, Y., ... Nestadt, G. (2014). Hoarding in children and adolescents with obsessive-compulsive disorder. *Journal of Obsessive-Compulsive and Related Disorders, 3*, 325-331. https://doi.org/10.1016/j.jocrd.2014.08.001

Steketee, G., & Frost, R. O. (2003). Compulsive hoarding: Current status of the research. *Clinical Psychology Review, 23*, 905-927. https://doi.org/10.1016/j.cpr.2003.08.002

Testa, R., Pantelis, C., & Fontenelle, L. F. (2011). Hoarding behaviors in children with learning disabilities. *Journal of Child Neurology, 26*(5), 574-579. https://doi.org/10.1177/0883073810387139

U.S. Department of Education. (n.d.). *Individuals with Disabilities Education Improvement Act.* https://sites.ed.gov/idea

참고문헌

Ale, C. M., Arnold, E. B., Whiteside, S. P. H., & Storch, E. (2014). Family-based behavioral treatment of pediatric compulsive hoarding: A case example. *Clinical Case Studies, 13*(1), 9-21. https://doi.org/10.1177/1534650113504487

Alvarenga, P. G., Cesar, R. C., Leckman, J. F., Moriyama, T. S., Torres, A. R., Bloch, M. H., Coughlin, C. G., Hoexter, M. Q, Manfro, G. G., Polanczyk, G. V., Miguel, E. C., & Rosario, M. C. (2015). Obsessive-compulsive symptom dimensions in a population-based, cross-sectional sample of school-aged children. *Journal of Psychiatric Research, 62*, 108-114. https://doi.org/10.1016/j.jpsychires.2015.01.018

American Psychiatric Association. (2000). *Diagnostic and statistical manual of mental disorders* (4th ed.). American Psychiatric Press.

American Psychiatric Association. (2013). *Diagnostic and statistical manual of mental disorders* (5th ed.). https://doi.org/10.1176/appi.books.9780890425596

Ayers, C. R., Saxena, S., Golshan, S., & Wetherell, J. L. (2009). Age at onset and clinical features of late life compulsive hoarding. *International Journal of Geriatric Psychiatry, 25*, 142-149. https:/doi.org/10.1002/gps.2310

Bloch, M. H., Landeros-Weisenberger, A., Rosario, M. C., Pittenger, C., & Leckman, J. F. (2008). Meta-analysis of the symptom structure of obsessive-compulsive disorder. *American Journal of Psychiatry, 165*, 1532-1542. https://doi.org/10.1176/appi.ajp.2008.08020320

Bradshaw, C. P., Waasdorp, T. E., & Leaf, P. J. (2012). Effects of school-wide positive behavioral interventions and supports on child behavior problems. *Pediatrics, 130*(5), e1136-e1145. https://doi.org/10.1542/peds.2012-0243

Burton, C. L., Arnold, P. D., & Soreni, N. (2015). Three reasons why studying hoarding in children and adolescents is important. *Journal of the Canadian Academy of Child and Adolescent Psychiatry, 24*(2), 128-130. PMID: 26379725.

Chandler, L. K., & Dahlquist, C. M. (2015). *Functional assessment Strategies to prevent and remediate challenging behavior in school settings* (4th ed.). Pearson.

Chiu, A. W., Langer, D. A., McLeod, B. D., Har, K., Drahota, A., Galla, B. M., Jacobs, J., Ifekwunigwe, M. & Wood, J. J. (2013). Effectiveness of modular CBT for child anxiety in elementary schools. *School Psychology Quarterly, 28*(2), 141-153. https://psycnet.apa.org/doi/10.1037/spq0000017

Creed, T. A., Jager-Hyman, S., Pontoski, K., Feinberg, B., Rosenberg, Z., Evans, A., Hurford, M. O., & Beck, A. T. (2013). The Beck Initiative: Training school-based mental health staff in cognitive therapy. *International Journal of Emotional Education, 5*(2), 49-66. https://www.um.edu.mt/library/oar/handle/123456789/6200

Creed, T. A., Waltman, S. H., Frankel, S. A., & Williston, M. A. (2015). School-based cognitive behavioral therapy: Current status and alternative approaches. *Current Psychiatry Reviews, 12*(1), 53-64. https://doi.org/10.2174/1573400511666150930232419

Dawson, P. (2014). Best practices in assessing and improving executive skills. In P. L. Harrison & A. Thomas (Eds.), Best practices in school psychology. Student-level services. National Association of School Psychologists. Dykens, E. M., Leckman, J. F., & Cassidy, S. B. (1996). Obsessions and compulsions in Prader-Willi syndrome. *Journal of Child Psychology and Psychiatry, 37*(8), 995-1005. https://doi.org/10.1111/j.1469-7610.1996.tb01496.x

Farmer, E. M., Burns, B. J., Phillips, S. D., Angold, A., & Costello, E. (2003). Pathways into and through mental health services for children and adolescents. *Psychiatric Services, 54*, 60-64. https://doi.org/10.1176/appi.ps.54.1.60

Foa, E. B., Kozak, M. J., Goodman, W. K., Hollander, E., Jenike, M. A., & Rasmussen, S. A. (1995). *American Journal of Psychiatry, 152*(1), 90-96. https://doi.org/10.1176/ajp.152.1.90

Fontenelle, L. F., Mendlowicz, M. V., Soares, I. D., & Versiani, M. (2004). Patients with obsessive-compulsive disorder and hoarding symptoms: A distinctive clinical subtype? *Comprehensive Psychiatry, 45*(5), 375-383. https://doi.org/10.1016/j.comppsych.2004.03.005

Frank, H., Stewart, E., Walther, M., Benito, K., Freeman, J., Conelea, C., & Garcia, A. (2014). Hoarding behavior among young children with obsessive-compulsive disorder. *Journal of Obsessive-Compulsive and Related Disorders, 3*, 6-11. https://doi.org/10.1016/j.jocrd.2013.11.001

Frost, R. O., & Hartl, T. L. (1996). A cognitive-behavioral model of compulsive hoarding. *Behaviour Research and Therapy, 34*(4), 341-350. https://doi.org/10.1016/0005-7967(95)00071-2

Frost, R. O., Hartl, T. L., Christian, R., & Williams, N. (1995). The value of possessions in compulsive hoarding: Patterns of use and attachment. *Behaviour Research and Therapy, 33*(8), 897-902. https://doi.org/10.1016/0005-7967(95)00043-w

Frost, R. O., Steketee, G., & Williams, L. (2000). Hoarding: A community health problem. *Health and Social Care, 8*(4), 229-234. https://doi.org/10.1046/j.1365-2524.2000.00245.x

Gibson, A. K., Rasmussen, J., Steketee, G., Frost, R. O., & Tolin, D. (2010). Ethical considerations in the treatment of compulsive hoarding. *Cognitive and Behavioral Practice, 17*(4), 426-438. https://doi.org/10.1016/j.cbpra.2009.06.008

Ginsberg, G. S., Becker, K. D., Drazdowski, T. K., & Tein, J. (2011). Treating anxiety disorders in inner city schools: Results from a pilot randomized control trial comparing CBT and usual care. *Child & Youth Care Forum, 41*, 1-19. https://doi.org/10.1007/s10566-011-9156-4

Gledhill, L. J., Bream, V., Drury, H., & Onwumere, J. (2021). Information processing in hoarding disorder: A systematic review of the evidence. *Journal of Affective Disorders Reports, 3,* 10039. https://doi.org/10.1016/j.jadr.2020.100039

Grisham, J. R., Frost, R. O., Steketee, G., Kim, H., & Hood, S. (2006). Age of onset of compulsive hoarding. *Journal of Anxiety Disorders, 20*(5), 675-686. https://doi.org/10.1016/j.janxdis.2005.07.004

Grisham, J. R., & Norberg, M. M. (2010). Compulsive hoarding: Current controversies and new directions. *Dialogues in Clinical Neuroscience, 12*(2), 233-240. https://doi.org/10.31887/DCNS.2010.12.2/jgrisham

Hacker, L. E., Park, J. M., Timpano, K. R., Cavitt, M. A., Alvaro, J. L, Lewin, A. B., Murphy, T. K., & Storch, E. A. (2016). Hoarding in children with ADHD. *Journal of Attention Disorders, 20*(7), 617-626. https://doi.org/10.1177%2F1087054712455845

Hamblin, R. J., Lewin, A. B., Salloum, A., Crawford, E. A., McBride, N. M., & Storch, E. A. (2015). Clinical characteristics and predictors of hoarding in children with anxiety disorders. *Journal of Anxiety Disorders, 36*, 9-14. https://doi.org/10.1016/j.janxdis.2015.07.006

Hartl, T. L, Duffany, S. R., Allen, G. J., Steketee, G., & Frost, R. O. (2005). Relationships among compulsive hoarding, trauma, and attention-deficit/hyperactivity disorder. *Behaviour Research and Therapy, 43*(2), 269-276. https://doi.org/10.1016/j.brat.2004.02.002

Hartl, T. L, Frost, R. O., Allen, G. J., Deckersbach, T., Steketee, G., Duffany, S. R., & Savage, C. R. (2004). Actual and perceived memory deficits in individuals with compulsive hoarding. *Depression & Anxiety, 20*(2), 59-69. https://doi.org/10.1002/da.20010

Hojgaard, D. R. M. A., Skarphedinsson, G., Ivarsson, T., Wiedle, B., Becker Nissan, J., Hybel, K. A., Torp, N. C., Melin, K., & Thomsen, P. (2019). Hoarding in children and adolescents with obsessive-compulsive disorder: Prevalence, clinical correlates, and cognitive behavioral therapy outcome. *European Child & Adolescent Psychiatry, 28*, 1097-1106. https://doi.org/10.1007/s00787-019-01276-x

Hombali, A., Sagayadevan, V., Tan, W. M., Chong, R., Yip, H. W., Vaingankar, J., Chong, S. A., & Subramaniam, M. (2019). A narrative synthesis of possible causes and risk factors of hoarding behaviours. *Asian Journal of Psychiatry, 42*, 104-114. https://doi.org/10.1016/j.ajp.2019.004.001

Ivanov, V. Z., Mataix-Cols, D., Serlachius, E., Lichtenstein, P., Anckarsater, H., Chang, Z., Hellner Gumpart, C., Lundstrom, S., Langstron, N., & Ruck, C. (2013). Prevalence, co-morbidity and heritability of hoarding symptoms in adolescence: A population based twin study in 15 year olds. *PLoS One, 8*(7), e69140. https://doi.org/10.1371/journal.pone.0069140

Masi, G., Millepiedi, S., Perugi, G., Pfanner, C., Berloffa, S., Pari, C., Mucci, M., & Akiskal, H. S. (2010). A naturalistic exploratory study of the impact of demographic, phenotypic, and comorbid features in pediatric obsessive-compulsive disorder. *Psychopathology, 43*, 69-78. https://doi.org/10.1159/000274175

Mataix-Cols, D., Frost, R. O., Pertusa, A., Clark, L. A., Saxena, S., Leckman, J. F., Stein, D. J., Matsunaga, H., & Wilhelm, S. (2010). Hoarding disorder: A new diagnosis for DSM-V? *Depression and Anxiety, 27*, 556-572. https://doi.org/10.1002/da.20693

Mathes, B. M., Oglesby, M. E., Short, N. A., Portero, A. K., Raines, A. M., & Schmidt, N. B. (2017). An examination of the role of intolerance of distress and uncertainty in hoarding symptoms. *Comprehensive Psychiatry, 72*, 1221-129. https://doi.org/10.1016/j.comppsych.2016.10.007

Matsunaga, H., Hayashida, K., Kiriike, N., Nagata, T., & Stein, D. J. (2010). Clinical features and treatment characteristics of compulsive hoarding in Japanese patients with obsessive-compulsive disorder. *CNS Spectrum, 15*(4), 33-40. https://doi.org/10.1017/s1092852900000092

McKevitt, B. C., & Fynaardt, A. B. (2014). Best practices in developing a positive behavior support system at the school level. In P. L. Harrison & A. Thomas (Eds.), *Best practices in school psychology: Student-level services*. National Association of School Psychologists.

Morein-Zamir, S., Papmeyer, M., Pertusa, A., Chamberlain, S. R., Fineberg, N. A., Sahakian, B. J., Mataix-Cols, D., & Robbins, T. W. (2014). The profile of executive function in OCD hoarders and hoarding disorder. *Psychiatry Research, 215*, 659-667. https://doi.org/10.1016/j.psychres.2013.12.026

Morris, S. H., Jaffee, S. R., Goodwin, G. P., & Franklin, M. E. (2016). Hoarding in children and adolescents: A review. *Child Psychiatry and Human Development, 47*, 740-750. https://doi.org/10.1007/s10578-015-0607-2

Mychailyszyn, M. P., Beidas, R. S., Benjamin, C. L., Edmunds, J. M., Podell, J. L., Cohen, J. S., & Kendall, P. C. (2011). Assessing and treating child anxiety in schools. *Psychology in the Schools, 48*(3), 223-232. https://doi.org/10.1002/pits.20548

National Association of School Psychologists. (2020). *Principles for professional ethics*. https://www.nasponline.org/standards-and-certification/professional-ethics

Nordsletten, A. E., Fernandez de la Cruz, L., Aluco, E., Alonso, P., Lopez-Sola, C., Menchon, J. M., Nakao, T., Kuwano, M., Yamada, S., Fontenelle, L. F., Campos-Lima, A. L, & Mataix-Cols, D. (2018). A transcultural study of hoarding disorder: Insights from the United Kingdom, Spain, Japan, and Brazil. *Transcultural Psychiatry, 55*(2), 261-285. https://doi.org/10.1177/1363461518759203

Office of Civil Rights. (n.d.). *Protecting students with disabilities: Frequently asked questions about Section 504 and the education of children with disabilities*. https://www2.ed.gov/about/offices/list/ocr/504faq.html

Peris, T. S., Bergman, R. L., Langley, A., Chang, S., McCracken, T. J., & Piacentini, J. (2008). Correlates of accommodation of pediatric obsessive compulsive disorder: Parent, child, and family characteristics. *Journal of the American Academy of Child & Adolescent Psychiatry, 47*, 1173-1181. https://doi.org/10.1097/CHI.0b013e3181825a91

Pertusa, A., Fullana, M. A., Singh, S., Alonso, P., Menchon, J. M., & Mataix-Cols, D. (2008). Compulsive hoarding: OCD symptom, distinct clinical syndrome, or both? *American Journal of Psychiatry, 156*(10), 1289-1298. https://doi.org/10.1176/appi.ajp.2008.07111730

Rodriguez, C. I., Herman, D., Alcon, J., Chen, S., Tannen, A., Essock, S., & Simpson, H. B. (2012). Prevalence of hoarding disorder in individuals at potential risk of eviction in New York City. A pilot study. *The Journal of Nervous and Mental Disease, 200*(1), 91-94. https://doi.org/10.1097/NMD.0b013e31823f678b

Rozenman, M., McGuire, J., Wu, M., Ricketts, E., Peris, T., O'Neill, J., Bergman, R. L., Chang, S., & Piacentini, J. (2019). Hoarding symptoms in children and adolescents with obsessive-compulsive disorder: Clinical features and response to cognitive-behavioral therapy. *Journal of the American Academy of Child and Adolescent Psychiatry, 58*(8), 799-805.https://doi.org/10.1016/j.jaac.2019.01.017.

Samuels, J., Grados, M. A., Riddle, M. A, Bienvenu, O. J., Goes, F. S., Cullen, B., Wang, Y., Greenberg, B. D., Fyer, A. J., McCracken, J. T., Geller, D., Murphy, D. L., Knowles, J. A, Rasmussen, S. A., McLaughlin, N. C., Piacentini, J., Pauls, D. L., Stewart, S. E., Shugart, Y., ... Nestadt, G. (2014). Hoarding in children and adolescents with obsessive-compulsive disorder. *Journal of Obsessive-Compulsive and Related Disorders, 3*, 325-331. https://doi.org/10.1016/j.jocrd.2014.08.001

Samuels, J., Shugart, Y. Y., Grados, M. A., Willour, V. A., Bienvenu, J., Greenberg, B. D., Knowles, J. A., McCracken, J. T., Rauch, M. D., Murphy, D. L., Wang, Y., Pinto, A., Fyer, A. J., Piacentini, J., Pauls, D. L., Cullen, B., Rasmussen, S. A., Hoehn-Saric, R., Valle, D., ... Nestadt, G. (2007). Significant linkage to compulsive hoarding on chromosome 14 in families with obsessive-compulsive disorder: Results from the OCD collaborative genetics study. *American Journal of Psychiatry, 164*(3), 493-499. https://doi.org/10.1176/ajp.2007.164.3.493

Steketee, G., & Frost, R. O. (2003). Compulsive hoarding: Current status of the research. *Clinical Psychology Review, 23*, 905-927. https://doi.org/10.1016/j.cpr.2003.08.002

Steketee, G., Frost, R. O., & Kyrios, M. (2003). Cognitive aspects of compulsive hoarding. *Cognitive Therapy and Research, 27*, 463-479. https://doi.org/10.1023/A:1025428631552

Storch, E. A., Jones, A. M., Lack, C. W., Ale, C. M., Sulkowski, M. L, Lewin, A. B., De Nadai, A. S., & Murphy, T. K. (2012). Rage attacks in pediatric obsessive-compulsive disorder: Phenomenology and clinical correlates. *Journal of the American Academy of Child and Adolescent Psychiatry, 51*(6), 582-592. https://doi.org/10.1016/j.jaac.2012.02.016

Storch, E. A., Murdoff, J., Lewin, A. B., Gellar, D., Ross, A, McCarthy, K., Morgan, J., Murphy, T. K., Frost, R., & Steketee, G. (2011). Development and preliminary psychometric evaluation of the Children's Saving Inventory. *Child Psychiatry and Human Development, 42*, 166-182. https://doi.org/10.1007/s10578-010-0207-0

Storch, E. A., Rahman, O., Park, J. M., Reid, J., Murphy, T. K., & Lewin, A. B. (2011). Compulsive hoarding in children. *Journal of Clinical Psychology: In Session, 67*, 507-516. https://doi.org/10.1002/jclp.20794

Sugai, G., & Horner, R. R. (2006). A promising approach for expanding and sustaining School-Wide Positive Behavior Support. *School Psychology Review, 35*(2), 245-259. https://doi.org/10.1080/02796015.2006.12087989

Testa, R., Pantelis, C., & Fontenelle, L. F. (2011). Hoarding behaviors in children with learning disabilities. *Journal of Child Neurology, 26*(5), 574-579. https://doi.org/10.1177/0883073810387139

Timpano, K. R., Cek, D., Fu, Z., Tang, T., Wang, J., & Chasson, G. S. (2015). A consideration of hoarding disorder symptoms in China. *Comprehensive Psychiatry, 57*, 36-45. https://doi.org/10.1016/j.comppsych.2014.11.006

Timpano, K. R., Rasmussen, J., Exner, C., Rief, W., Schmidt, N., & Wilhelm, S. (2013). Hoarding and the multi-facted construct of impulsivity. A cross-cultural investigation. *Journal of Psychiatric Research, 47*, 363-370. https://doi.org/10.1016/j.jpsychires.2012.10.1017

Tolin, D. F., Brady, R., & Hannan, S. (2008). Obsessional beliefs and symptoms of obsessive-compulsive disorder in a clinical sample. *Journal of Psychopathology and Behavioral Assessment, 30*, 31-42. https://doi.org/10.1007/s10862-007-9076-7

Tolin, D. F., Frost, R. O., Steketee, G., & Fitch, K. E. (2008). Family burden of compulsive hoarding: Results of an internet survey. *Behaviour Research and Therapy, 46*, 334-344. https://doi.org/10.1016/j.brat.2007.12.008

Tolin, D. F., Frost, R. O., Steketee, G., Gray, K. D., & Fitch, K. E. (2008). The economic and social burden of compulsive hoarding. *Psychiatry Research, 160*(2), 200-211. https://doi.org/10.1016/j.psychres.2007.08.008

Tolin, D. F., Meunier, S. A., Frost, R. O., & Steketee, G. (2010). Course of compulsive hoarding and its relationship to life events. *Depression and Anxiety, 27*(9), 829-838.https://doi.org/10.1002/da.20684

Tolin, D. F., Stevens, M. C., Villavicencio, A. L., Norberg, M. M., Calhoun, V. D., Frost, R. O., Steketee, G., Rauch, S. L., & Pearlson, G. D. (2012). Neural mechanisms of decision making in hoarding disorder. *JAMA Psychiatry, 69*(8), 832-841. https://doi.org/10.1001/archgenpsychiatry.2011.1980

Tolin, D. F., & Villavicencio, A. (2011). Inattention, but not OCD, predicts the core features of hoarding disorder. *Behaviour Research and Therapy, 49*(2), 120-125. https://doi.org/10.1016/j.brat.2010.12.002

U.S. Department of Education. (n.d.). *Individuals with Disabilities Education Improvement Act.* https://sites.ed.gov/idea

Williams, M. T., Brown, T. L., & Sawyer, B. (2017). Psychiatric comorbidity with hoarding symptoms in African Americans with obsessive-compulsive disorder. *Journal of Black Psychology, 43*(3), 259-279. https://doi.org/10.1177/0095798416639438

Williams, M. T., Elsein, J., Buckner, E., Abelson, J. M., & Himle, J. A. (2012). Symptom dimensions in two samples of African Americans with obsessive-compulsive disorder. *Journal of Obsessive-Compulsive and Related Disorders, 1*, 145-152. https://doi.org/10.1016/j.jocrd.2012.03.004

Winsberg, M. E., Cassic, K. S., & Koran, L. M. (1999). Hoarding in obsessive-compulsive disorder: A report of 20 cases. *Journal of Clinical Psychiatry, 60*(9), 591-597. https://doi.org/10.4088/jcp.v60n0905

제 7 부

외상 및 스트레스 관련 장애

제 17 장

외상후 스트레스장애

학습 목표

- 어린 아동의 외상후 스트레스장애(PTSD)에 대한 DSM-5의 진단적 특징을 요약할 수 있다.
- 인종과 관련된 외상성 스트레스가 유색 인종의 청소년들 사이에서 어떻게 나타날 수 있는지 설명할 수 있다.
- 외상이 아동의 사회적, 정서적 및 행동적 기능에 어떤 영향을 미치는지 설명할 수 있다.
- 외상성 스트레스가 아동의 학습 능력에 어떠한 영향을 미칠 수 있는지 설명할 수 있다.
- 충격적인 사건에 노출된 학생들에게 학교심리사가 교육적 및 심리적으로 지원하고 정신건강에 개입할 수 있는 방법을 토론할 수 있다.

도입

어린 시절의 외상 경험은 아동 및 청소년의 발달에 중대한 영향을 미칠 수 있다. 연구에 따르면, 미국 청소년의 약 3분의 2가 16세 이전에 충격적인 사건을 경험한다(National Child Traumatic Stress Network: NCTSN, 2020a). 외상성 사건(traumatic events)은 아동이 자신의 안전에 대한 두려움과 걱정에 압도되는, 직접적이거나 인지된 피해 위협에 직면하는 경험으로 정의되어 왔다(American Psychological Association, 2008; NCTSN, 2020a; Tobin, 2016). 외상성 사건은 아동 학대 및 방임, 학교 총격 사건 및 지역사회나 가정에서 벌어지는 폭력, 인종 관련 스트레스 요인, 토네이도나 허리케인과 같은 자연재해, 가까운 사람의 예기치 않은 사망과 같은 일을 직접적으로 겪거나 목격하면서 경험할 수 있다. 게다가 COVID-19 팬데믹은 전 세계 학부모와 학교에 특별한 시험대가 되기도 하였다. 이들은 친구를 비롯한 가까운 사람이 바이러스에 감염되어 연구에 따르면, 미국 청소년의 약 3분의 2가 16세 이전에 충격적인 사건을 경험한다(NCTSN, 2020a).

갑작스레 사망하는 상황을 지켜보는 과정에서 외상적 애도(traumatic grief)를 겪은 아동 및 청소년의 사회·정서적 요구를 다루기 위해 고군분투해야 했다. 또한 많은 아동이 자신도 바이러스에 감염되지 않을까 하는 두려움과 불안을 느꼈다. 외상성 스트레스 분야의 많은 연구자는 바이러스로 인한 가까운 사람의 상실이나 늘어난 가정폭력과 같이 팬데믹과 관련된 여러 형태의 고통을 겪은 사람에게는 COVID-19가 PTSD를 일으키는 외상성 스트레스 요인이라고 주장한다(Griffin, 2020; Humphreys et al., 2020; Zhou, 2020).

충격적인 사건에 대한 아동의 반응은 지지적인 가족과 같은 보호요인뿐만 아니라 정신건강 문제나 이전에 경험한 외상과 같은 위험요인의 영향을 받을 수 있다. 외상 경험에 대한 아동의 반응은 분노, 두려움, 슬픔, 죄책감, 무력감, 통제력 상실과 같은 감정을 비롯한 외상성 스트레스 반응 표현으로 나타날 수 있다(National Association of School Psychologists: NASP, 2016a). 어떤 아동은 쇼크나 혼돈과 같은 단기적인 고통으로 외상 사건에 반응할 수 있지만, 어떤 아동은 더 극심하고 오랫동안 지속되어 임상 차원의 PTSD 진단으로까지 이어지는 심각한 외상성 스트레스 반응을 경험할 수 있다(American Psychiatric Association: APA, 2013; Gould et al., 2020; Mills et al., 2019). 외상성 스트레스를 경험한 아동과 청소년은 학교에서 사회·정서적 및 행동적 어려움을 보일 수 있으며, 이는 교실에서의 성취와 가정에서의 역할 수행에 영향을 미칠 수 있다(Diamanduros et al., 2018a). 이 장에서는 학교심리사에게 외상과 관련된 유용한 정보를 제공하여 학교 내에서 외상이 있는 아동에게 더 나은 서비스를 제공하고 이들의 교육적 및 사회·정서적 요구를 충족하도록 하는 데 중점을 둔다.

진단적 쟁점: PTSD 및 발달외상장애

소아 하위 유형의 PTSD에 대한 DSM-5의 진단

어린 아동에게서 독특하게 나타나는 외상성 스트레스 증상을 다루기 위한 노력의 일환으로 『정신질환의 진단 및 통계 편람 제5판(DSM-5)』(APA, 2013)에서는 말이 서투르거나 언어 능력이 발달하지 않아서 감정이나 어려움을 설명하기 어려운 어린 아동에게 특히 중요한 행동 증상에 더 세심하게 주의를 기울인 PTSD 진단 기준을 개정판에 포함하고, 진단의 역치를 낮추었다. PTSD의 소아 하위 유형은 외상 사건을 직접 경험하거나 목격하거나 가까운 친척 또는 사랑하는 사람이 사고나 폭력으로 인해 실제적 혹은 위협적 죽음을 경험하는 외상 사건을 겪었음을 알게 됨으로써 외상 사건을 경험하는 만 6세 미만의 아동을 위해 개발되었다(APA, 2013). 어린 아동을 위한 PTSD 진단 기준은 세 가지 증상군에 초점을 맞추는데, 이는 (a) 침습적 사고를 통한 외상 재경험, (b) 외상과 관련된 자극 회피 및/또는 부정적인 인지와 기분 경험, (c) 각성과 반응성의 증가 경험이다. (a) 기준의 침습적 사고를 통해 외상을 재경험하는 것과 관련하여서는 적어도 증상이 하나 이상 나타나야 한다. 이 증상에는 놀이를 통한 재현으로 입증된 외상성 사고에 대한 반복적 기억, 외상 사건과 연관이 있거나 없을 수도 있는 반복적이고 고통스러운 꿈, 외상이 재생되는 것처럼 아동이 느끼는 해리 반응, 외상 촉발에 노출되었을 때 유발되는 격렬한 심리적 또는 생리적 반응이 포함된다. (b) 기준과 관련되는 어린 아동의 경우에는 외상을 상기시키는 것을 회피하는 증상 또는 부정적인 인지 및 기분 변화와 관련된 행동 증상이 하나 이상 반드시 나타나야 한다. 회피는 아동이 외상 사건에 대한 기억을 촉발하는 사람이나 장소를 피하려는 노력으로 나타날 수 있다. 부정적인 인지 및 기분 변화에는 부정적 감정의 증가, 긍정적 감정의 감소 및/또는 사회적 위축이 포함된다. 마지막으로, (c) 기준에 부합하려면 각성과 반응성의 뚜렷한 증가를 보여 주는 증상이 적어도 두 가지 이상 분명하게 나타나야 하는데, 여기에는 심한 짜증, 수면장애 및 집중 장애와 같은 행동이 포함된다. 나아가, 6세 미만의 아동에게 PTSD를 진단하기 위해서는 앞서 언급한 진단 기준을 충족하는 동시에 이러한 증상들이 외상 사건 이후 1개월 이상 지속되어야 하며 아동의 기능에 상당한 영향을 미쳐야 한다. 또한 이러한 증상은 약물이나 물질 사용 또는 의학적 질병 때문에 나타난 결과가 아니어야 한다(APA, 2013).

> DSM-5(APA, 2013)는 만 6세 미만 아동을 위해 세 가지 증상군이 있는 새로운 PTSD 하위 유형을 추가하였는데, (a) 침습적 사고를 통한 외상 재경험, (b) 외상과 관련된 자극 회피 및/또는 부정적인 인지와 기분 경험, (c) 각성과 반응성의 증가 경험 등이다.

만 6세 이상의 PTSD에 대한 DSM-5의 진단

6세 이상의 아동·청소년(성인 포함)에 대한 DSM-5의 PTSD 진단 기준(APA, 2013)은 6세 미만 아동에 대한 진단 기준과 거의 유사하다. 하지만 6세 이상의 아동·청소년을 대상으로 PTSD를 진단하는 경우에는 앞서 6세 미만 아동을 대상으로 언급한 바 있는 세 가지 증상군을 네 가지 증상군으로 세밀하게 구별해야 한다. 구체적으로, 이는 (a) 침습적 사고를 통해 외상 사건을 재경험하는 것, (b) 외상 사건과 관련된 자극을 회피하는 것, (c) 인지 및 정서에 부정적인 변화를 경험하는 것, (d) 각성과 반응성의 뚜렷한 증가를 경험하는 것이다. 6세 이상의 아동·

청소년이 (a) 및 (b) 기준에 부합하려면 침습적 사고를 통해 외상 사건을 재경험하는 것과 관련 있는 증상이 적어도 한 가지 이상, 그리고 외상 사건과 관련된 자극을 회피하는 증상이 적어도 한 가지 이상 분명하게 나타나야 한다. 나아가, (c) 및 (d) 기준에 부합하려면 인지 및 정서에 부정적인 변화를 보여 주는 증상이 적어도 두 가지 이상, 그리고 각성과 반응성의 뚜렷한 증가를 보여 주는 증상이 적어도 두 가지 이상 분명하게 나타나야 한다(APA, 2013).

DSM-5(APA, 2013)에는 6세 미만 아동 집단과 6세 이상 아동·청소년 집단에서 나타나는 현저한 해리 증상도 하위 유형으로 포함한다. 이 하위 유형은 아동이 자신의 몸에서 분리된 것처럼 느끼는 이인증(depersonalization), 주위 환경을 비현실적인 것으로 경험하는 현실감 상실(derealization)과 같은 두 가지로 명시된다(APA, 2013). 연구 결과에 따르면, 청소년에게서 나타나는 PTSD 해리성 하위 유형은 PTSD와 구별될 수 있지만, 청소년의 외상성 스트레스 증상을 완전히 이해하려면 해리 증상을 더 폭넓게 평가하는 것이 중요하다(Choi et al., 2017).

유병률

PTSD로 어려움을 겪고 있는 아동·청소년이 어느 정도인지를 이해하려면 유병률을 고려하는 것이 중요하다. Wilmshurst(2015)에 따르면 아동·청소년의 PTSD 유병률에 대한 일관된 추정치를 얻기가 어려울 수 있는데, 이는 아동이 경험하는 외상 사건의 다양성과 횟수(단일 삽화 또는 반복적 삽화), 표본집단을 지역사회에서 선정하느냐 아니면 병원에서 선정하느냐의 여부 같은 요인들 때문이다. 많은 연구에서는 PTSD 유병률과 관련하여 다양한 결과를 보고하고 있다. 예를 들어, 미국의 국립 PTSD 센터(National Center for PTSD, n.d.)에서는 외상 사건을 경험한 적이 있는 여아의 3~15%, 남아의 1~6%가 PTSD 진단을 받았다고 보고한 바 있다. 약 1만 명의 미국 청소년(13~18세)을 대상으로 PTSD 유병률을 분석한 Merikangas 등(2010)의 연구에서는 표본에 포함된 청소년의 5%가 PTSD 기준을 충족했으며, 여자 청소년의 유병률은 8%인 반면, 남자 청소년의 유병률은 2.3%인 것으로 나타났다(Merikangas et al., 2010). 아동·청소년의 PTSD 유병률을 종합적으로 평가한 Alisic 등(2014)의 메타분석에 따르면, 외상 사건을 경험한 적이 있는 아동·청소년의 약 16%가 PTSD 진단을 받은 것으로 확인되었다. 다만, 이러한 유병률은 성별이나 외상 사건의 유형에 따라 차이를 보였는데, 구체적으로 대인 관계와 관련된 외상 사건을 경험한 여아의 PTSD 진단 비율은 32.9%였던 반면, 대인 관계와 직접 관련이 없는 외상 사건을 경험한 남아의 PTSD 진단 비율은 단지 8.4%에 그치는 것으로 나타났다. 외상 사건에 노출된 청소년 표본을 통해 PTSD를 조사한 최근 연구에서는 남자 청소년의 PTSD 유병률이 약 47%인 데 비해 여자 청소년의 유병률은 약 54%인 것으로 보고되었다(Astitene et al., 2020).

복합 외상 및 발달외상장애

단일한 외상 사건을 경험한 아동과 청소년은 PTSD를 겪을 수 있는데, 여러 외상 사건에 노출된 아동과 청소년은 불안, 우울증 및 파괴적인 행동 등을 포함하는 보다 복합적인 증상 표현을 경험할 수 있다(Complex Trauma Treatment Network of NCTSN, 2016; McLaughlin et al., 2012). 청소년기의 복합 외상은 비교적 이른 나이에 시작되는 특징이 있으며, 이 외상은 보통 대인관계적 속성을 띠고 만성적으로 나타나며 학대와 같은 외상 사건에 반복적으로 노출되는 것과 관련이 있다(Spinazzola et al., 2017; Tobin, 2016: va der Kolk, 2005). 이는 아동·청소년의 자아감 형성 및 안정적 애착을 형성하고 감정을 조절하며 자신의 행동을 관리하는 능력에 영향을 미칠 수 있다(Cook et al., 2003; NCTSN, 2016; Spinazzola et al., 2018; Tobin, 2016). 또한 복합 외상은 뇌 발달에 영향을 줄 수 있으며(Tobin, 2016; van der Kolk, 2003, 2005), 아동·청소년이 교실에서 학습하는 능력에 영향을 미친다(Complex Trauma Treatment Network of NCTSN, 2016; Tobin, 2016).

아동·청소년의 외상 관련 증상의 복합성을 인식한 van der Kolk(2005)는 DSM-5가 출간되기에 앞서 복합 외상을 가진 아동을 위한 새로운 진단 장애로 발달외상장애(Developmental Trauma Disorder: DTD)를 제안했다(APA, 2013). 그가 제안한 장애에서는 만성적이고 다중적인 외상 사건을 경험한 아동의 복합 외상을 외상의 영향, 불안정한 애착 패턴 및 정서조절 장애에 초점을 맞춰 발달적 관점으로 바라본다. 복합 외상이 있는 아동은 종종 자기조절 및 대인관계에 어려움을 겪으며 이는 청소년기와 성인기에 이르기까지 장기적으로 지속될 수 있다(Cook et al., 2005; Spinazzola et al., 2018). 복합 외상이 있는 아동의 정신건강 문제는 PTSD와 관련된 증상을 넘어 불안장애, 기분장애, 반응성 애착장애와 같은 장애와 주의력결핍 과잉행동장애(ADHD), 적대적 반항장애(ODD), 품행장애로 확장된다(Cook et al., 2005; van der Kolk et al., 2019). 제안된 DTD 진단은 DSM-5에 채택되지 않았지만, PTSD 진단에서 담아내지 않는 만성적인 외상이 가진 영향이 복합적임을 강조하고 복합 외상이 아동의 신경 발달에 미치는 영향을 이해하는 틀을 제공한다(Denton et al., 2017; van der Kolk, 2005). 많은 외상 전문가는 외상을 입은 아동과 청소년에게 정신건강 서비스를 제공하는 임상가들이 이 모델을 활용해야 한다고 주장하고 있으며(Bremness & Polzin, 2014; D'Andrea et al., 2012; Denton et al., 2017; DePierro et al., 2019; Spinazzola et al., 2018), 특히 DTD가 공식적인 정신장애 유형에 포함되어 실제 임상적 진단에까지 이를 수 있도록 지원하기 위한 연구들이 지금까지 계속해서 이어지고 있다(DePierro et al., 2019; Spinazzola et al., 2018). 진단적 관점에서 발달외상을 평가하는 도구로는 발달외상장애 반구조적 인터뷰(Developmental Trauma Disorder Semi-Structured Interview: DTD-SI)-버전 10이 개발되었으며 타당한 심리측정적 특성을 가진 것으로 나타났다(Ford et al., 2018). DTD와 PTSD의 공존장애를 조사한 최근 연구에 따르면 두 장애는 주로 공존하지만, DTD의 공존장애는 PTSD를 넘어 공황장애, 분리불안장애 및 파괴적 행동장애를 포함한다(van der Kolk et al., 2019). DTD 진단은 복합 외상의 사회 · 정서적 및 행동적 결과로 어려움을 겪는 아동과 청소년을 돕기 위한 치료적 개입을 이끄는 장애 진단으로서 많은 가능성을 가지고 있다.

문화적 쟁점

유색 인종 청소년들에게 외상 노출이 끼치는 영향은 전문가의 관심을 거의 받지 못하였다. 하지만 유색 인종 청소년들은 지역사회에서 일어나는 폭력, 그리고 과거부터 현재까지 끊임없이 이어지고 있는 인종차별을 비롯하여 심각한 외상 사건을 빈번하게 경험하고 있다. 연구에 따르면 유색 인종 청소년은 18세가 되기 전에 부정적인 아동기 경험을 5회 이상 경험할 수 있으며 다른 인구 집단보다 더 높은 비율로 외상 사건에 노출된다(Graham et al., 2017). 지역사회의 폭력은 아프리카계 미국인 청소년의 외상후 스트레스 증상과 분명한 연관이 있으며(Deane et al., 2020; Paxton et al., 2004), 도심 지역에 거주하는 아프리카계 미국인 청소년에게는 PTSD의 중요한 원인임이 밝혀졌다(Hunt et al., 2011). 지역사회의 폭력이 유색 인종 아동의 사회 · 정서적 안녕에 끼치는 영향은 인종적 스트레스로 인해 심화될 수 있다(Proctor et al., 2020; Saleem et al., 2020; Sanders-Phillips, 2009). 인종적 스트레스는 유색 인종 아동이 백인 아동보다 외상 사건에 더 많이 노출되는 이유에 대한 가능한 설명으로 확인되었다(Saleem et al., 2020). English 등(2020)의 연구에 따르면, 흑인 청소년은 평균적으로 하루에 약 다섯 번이 넘는 인종차별을 경험한다. 더욱이 유색 인종, 특히 흑인 남성과 소년을 대상으로 한 경찰의 폭력과 잔인성에 관련된 외상에 직간접적으로 노출되는 것은 유색 인종 아동에게 상당한 영향을 미칠 수 있다(Proctor et al., 2020). Walter Scott의 총격 사건이나 George Floyd를 잔인하게 살해한 사건과 같이 널리 알려진 경찰 총격 사건을 간접적으로 보는 것은 유색 인종의 외상을 촉발할 수 있다.

> Graham 등(2017)에 따르면, 유색 인종 청소년은 18세가 되기 전에 부정적인 아동기 경험을 5회 이상 경험할 수 있으며 다른 인구 집단보다 더 높은 비율로 외상 사건에 노출된다.

앞선 연구에서 언급했듯이 인종적 스트레스는 외상성 스트레스 증상으로 나타날 수 있다(Saleem et al., 2020). 인종적 외상이라고도 불리는 **인종 기반 외상성 스트레스**(race-based traumatic

English 등(2020)의 연구에 따르면 흑인 청소년은 평균적으로 하루에 약 다섯 번이 넘는 인종차별을 경험한다.

stress)는 인종차별과 관련된 스트레스를 경험한 결과이다(NCTSN, Justice Consortium, Schools Committee, and Culture Consortium, 2017; Williams et al., 2018). 인종적 외상 증상에는 아동이나 청소년이 위협적일 수 있는 상황에 민감한 것, 지나치게 경계하는 것, 불안 및 우울을 경험하는 것, 공격적인 행동과 같은 부적응 반응을 보이는 것이 포함된다(NCTSN, Justice Consortium, Schools Committee, and Culture Consortium, 2017; Sanders-Phillips et al., 2014). 일부 연구자들은 인종차별이 유색 인종 아동의 사회·정서적 안녕에 영향을 미칠 수 있는 만성적인 폭력의 한 형태일 수 있으며(Lanier et al., 2017; Sanders-Phillips, 2009), PTSD의 발달로 이어질 수 있다고 주장한다(Sanders-Phillips et al., 2014; Tynes et al., 2019). 그럼에도 한쪽에서는 인종적인 동기가 있는 폭력 사건이 DSM-5에서 정의하는 외상 사건의 기준을 충족한다고 하더라도, 그 정의가 주관적이고 제한적이어서 오랜 시간 동안 누적되어 영향을 끼칠 수 있는 지속적이고 은밀한 인종 차별, 일상적인 인종차별 경험과 만성적인 미세공격(micro-aggression)을 충분히 다루지 못할 수 있음을 지적한다(Holmes et al., 2016).

인종적 스트레스가 유색 인종 청소년의 외상 관련 증상에 어떠한 영향을 미치는지 더 잘 이해하기 위해 Saleem 등(2020)은 청소년 인종적 외상의 발달 및 생태 모델(Developmental and Ecological Model of Youth Racial Trauma: EMYth-RT)을 개발했다. 이 모델은 미취학 아동과 초등학생, 중학생, 고등학생에 걸친 발달 시기에 인종적 외상이 미치는 영향과 각 발달 시기에 나타나는 외상 관련 증상에 대한 전체적인 개념을 제공한다. 또한 이 모델은 아동이 다양한 연령대에서 인종적 스트레스와 외상을 해석하고 관리하는 방식에 가족 및 지역사회가 끼치는 영향도 고려한다. 모델에 대한 자세한 내용을 알기 위해서는 Saleem 등(2020)의 연구를 참조할 수 있다.

학교나 임상 전문가들은 아동 및 청소년에게 스트레스를 주는 원인으로 인종적 외상을 간과할 수 있다. 하지만 아동 및 청소년과 함께 일하는 정신건강 전문가가 인종적 외상, 인종차별주의, 인종차별 행위가 유색 인종 아동의 발달 및 학업 수행에 영향을 미칠 수 있음을 인식하는 것은 중요하다. 학교에서의 인종적 격차는 「장애인교육법」(IDEA)에서 제시하는 지적장애 및 정서장애(또는 정서행동장애) 범주에 해당되어 특수교육 서비스 수혜를 받고 있는 학생들 가운데, 특히 아프리카계 미국인 남학생의 비율이 높다는 점에서 드러난다. 이와 함께 Sullivan 등(2009)은 지난 30년 동안 특수교육 서비스 대상 가운데 아프리카계 미국인 청소년의 수가 다른 인종에 비해 지나치게 많았다고 언급하였다. 한 소수 인종 집단에 속한 학생, 특히 흑인 학생의 경우 주관적 판단에 따른 훈육실 의뢰(office discipline referrals), 정학(suspension) 및 퇴학(expulsion)의 주요 대상이었으며, 이러한 경향은 1975년부터 일관되게 나타났다(Children's Defense Fund,

1975; Skiba et al., 2012). 일부 연구에서는 장애를 가지고 있지만 제대로 식별되지 않은 학생을 포함하여 실제 장애를 가진 학생을 더욱 정확하게 판별할 수 있도록 관련 평가 절차를 재정비해야 한다고 제안하기도 하였다(Donovan & Cross, 2002). 하지만 이처럼 학생의 장애 유무를 판별하는 과정에서는 특히 유색 인종 청소년에게서 관찰되는 문제행동이 인종적 외상, 그리고 이러한 외상과 관련된 만성 스트레스와 어떠한 관련이 있는지를 더욱 주의 깊게 살펴볼 필요가 있다.

학교와 가정에서 사회성, 정서 및 행동 기능에 미치는 영향

외상은 학교와 가정에서의 아동 발달과 기능에 상당한 영향을 미칠 수 있다. 이 절에서는 외상 사건에 대한 아동·청소년의 반응에 영향을 미치는 보호요인 및 위험요인을 검토하고자 한다. 아울러 외상과 관련된 사회성, 정서 및 행동 장애도 논의될 것이다.

보호 및 위험요인

충격적인 사건에 대한 아동의 반응은 아동의 회복탄력성과 대처 수준뿐만 아니라 상황이 제기하는 위협을 아동이 어떻게 인식하는지에 따라 달라진다(Brock, 2004; Diamanduros, 2018a). 일부 아동은 효과적인 대처기술과 강력한 지원 체계를 갖추고 있어 외상이 기능에 미치는 영향을 최소화할 수 있지만, 어떤 아동은 외상에 노출되는 고통스러운 상황을 위협적으로 지각하여 심각한 기능 손상으로 이어질 수 있다.

지각된 위협의 수준은 상황의 특성, 상황에 대한 성인의 반응, 상황과 관련된 다른 사람들과의 관계, 개인의 보호/위험요인에서 영향을 받을 수 있다(NASP School Safety and Crisis Response Committee, 2015). 아동이 심리적 고통을 동반하는 상황에 적절하게 반응하도록 도움을 줄 수 있는 내적 보호요인에는 긍정적인 자아 개념과 효과적인 문제해결 기술이 포함되며(Brock, 2004; NASP School Safety and Crisis Response Committee, 2015), 외적 보호요인에는 지지적인 가족과 강력한 사회적 지원 체계가 포함된다(Brock, 2004). 또한 청소년이 어린 아동에 비해 외상성 스트레스에 덜 취약하다는 점을 감안하면 외상 사건 당시 아동의 나이도 보호요인일 수 있다(Brock, 2004). 보호요인은 아동을 심각한 외상성 스트레스 반응으로부터 보호할 수 있지만, 위험요인은 아동이 외상 상황으로부터 받는 영향에 취약하게 만들 수 있다. 외상 사건에 대한 취약성은 폭력과 관련된 외상 사건이 의도적으로 일어난 것인지 혹은 예기치 않게 발생했는지 여부와 같은 요인의 영향을 받을 수 있다(Brock, 2004). 다음 절에서는 외상이 아동의 사회성 및 정서 기능에 미치는 영향에 대하여 논의할 것이며, 이와 관련한 주요 내용은 〈표 17-1〉에 별도로 제시하였다.

표 17-1 **외상의 영향을 받는 기능 영역**

사회성 및 정서 기능	행동 기능	학습 및 학업 수행
정서적 고통	공격적 행동	인지적 어려움
과잉 반응	파괴적 행동	IQ 하락
분노	반항적 행동	정보 처리의 어려움
격노	충동성	집행기능 문제
짜증	자기 파괴적 행동	계획하기
강렬한 불안	수면장애	기억하기
안전과 관련된 두려움	섭식장애	집중하기
강렬한 슬픔	퇴행 행동	감정 조절
죄책감	부모에게 집착하기	정신적 생산성
과소 반응	혼자 자는 것을 거부하기	성취
정서적 무감각	엄지손가락 빨기	읽기 점수 감소
해리	어둠에 대한 두려움	성적 저하
기타 반응	야뇨증	학년 유예
배신감	유분증	특수교육
불신감	재현 행동	학습에 미치는 다른 영향
수치심	놀이를 통한 외상 재현	수면의 어려움
사회적 상호작용	외상 사건 다시 말하기	신체 증상 호소
사회적 고립	외상 사건 흉내내기	집중의 어려움
불안정 애착		
자아 개념		
낮은 자존감		
자신감 결여		

사회성 및 정서 기능에 미치는 영향

앞에서 언급한 보호 및 위험요인에 근거하면 아동 · 청소년은 외상 사건에 모두 동일한 방식으로 반응하지 않을 수 있다. 아동 · 청소년은 외상 경험과 관련된 심각한 스트레스에 과잉 반응(hyper-responsive reactions)하거나 과소 반응(hypo-responsive reactions)하며 정서적 고통을 경험하는 경향이 있다(Armsworth & Holaday, 1993; Diamanduros et al., 2018a). 과잉 반응은 일반적으로 분노, 불안과 같은 감정 조절의 어려움이 특징인 반면, 과소 반응은 일반적으로 정서적 분리 및 사회적 위축이 특징이다(Armsworth & Holaday, 1993).

과잉 반응을 보이는 아이들은 정서적 불안정성을 경험할 가능성이 크며 분노, 격분, 짜증 등으로 나타나는 강한 정서적 고통의 징후를 보일 수 있다(Armsworth & Holaday, 1993; NASP, 2016a; NASP School Safety and Crisis Response Committee, 2015). 일부 아동의 경우, 분노가 외상적 상황에 대한 통제력을 제공하여 외상 사건에 책임이 있는 사람에게 분노를 돌리게 하는 방어 기제 역할을 할 수 있다(Diamanduros et al., 2018a; NASP, 2016a). 아동은 교실과 가정에서 발생하는 사건에 화 및/또는 짜증을 낼 수 있고, 분노를 조절하는 데 어려움을 겪을 수 있으며, 이로 인해 언어적 또는 행동적으로 폭발할 수 있다.

어떤 아동은 외상 사건과 관련된 스트레스에 압도되어 자신의 안전에 대해 극심한 불안과 두려움을 느낄 수 있다(Ruiz, 2016). 이들은 자신의 안전을 위험에 빠뜨릴 수 있는 상황에 노출될 것을 걱정할 수 있다. 예를 들어, 학교에 재학 중인 아동은 학교 총격 사건 후 학교로 돌아가는 것을 불안해하고 등교를 피하려고 해서 결과적으로 출석 문제가 발생할 수 있다. 또한 학령기 아동의 극심한 불안은 주변 환경에 대한 과잉 경계로 나타나거나 외상 사건을 상기함으로써 촉발될 수 있다. 어린 아동은 분리불안을 경험할 수 있으며 부모와 떨어져 있어야 하는 경우 괴로움을 겪을 수 있다(Racco & Vis, 2015). 심한 슬픔 및/또는 죄책감과 같이 내면화된 감정들도 외상 사건으로 가족이나 친구를 잃은 아동이 경험할 수 있다(Diamanduros et al., 2018; NASP, 2016a).

> 외상사건을 경험한 일부 아동은 외상사건과 관련된 감정에서 분리되어 감정적으로 마비된 것처럼 보일 수 있다. 심각한 정서적 무감각은 해리로 이어질 수 있으며, 외상과 관련된 강렬한 감정을 다루기 위한 대처 방법으로 해리가 지속적으로 사용되면 부적응 상태가 되어 정신병리로 이어질 수 있다(Choi et al., 2017; Cook et al., 2003).

반면, 외상 사건을 경험한 일부 아동은 이와 달리 과소 반응을 나타내는데, 이러한 아동의 특징은 자신의 감정을 분리하는 것이다(Armsworth & Holaday, 1993). 집과 학교에서 그들은 정서적으로 무감각해 보이고 어떤 감정도 나타내지 않는 것처럼 보일 수 있다. 심각한 정서적 무감각은 해리로 이어질 수 있는데, 이는 아동이 외상 사건에서 겪게 되는 강렬한 감정을 피하기 위해 외상 사건과 관련 감정을 구획화하는 대처 방법일 수 있다(Choi et al., 2017). 그러나 아동이 자신의 강렬한 감정에 대처하기 위하여 외상 사건과 전혀 관련 없는 상황에서도 해리를 사용한다면 이는 부적응적일 뿐만 아니라 정신병리를 초래할 수 있다(Choi et al., 2017; Cook et al., 2003). 해리에는 명확한 신체적 징후가 없으므로 부모와 교사는 아동과 청소년의 해리를 인식하기 어려울 수 있다. 일부 아동의 경우에는 해리가 공상에 빠지거나 주변 환경을 인식하지 못하는 멍한 상태로 나타날 수 있다.

사회적 기능 및 사회적 관계에 미치는 영향

아동의 사회적 기능은 보통 외상 및 외상과 관련된 강렬한 감정의 영향을 받을 수 있다. 외상 사건을 경험한 아동이 쉽게 화를 내고 짜증을 부리며 또래 활동에 잘 참여하지 않는다면 또래들은 이러한 아동과 가까워지기를 꺼릴 수 있다. 아동과 청소년은 외상 경험에 대해 말하는 것을 피하려고 자신을 사회적으로 고립시키기 시작할 수 있으며, 외상 사건에 대한 두려움을 겉으로 내비치면 다른 사람이 자신을 연약한 사람으로 여기게 될 것이라고 믿을 수 있다. 또한 이들은 자신의 외상 경험을 부끄럽게 느끼고 다른 사람들이 자신을 판단하거나 자신이 겪은 일을 완전히 이해하지 못할 수 있다고 믿기 때문에 가족과 친구들로부터 자신을 고립시키기 시작한다(NASP School Safety and Crisis Response Committee, 2015). 특히 신뢰하는 사람에게 학대를 당한 아동과 청소년은 배신감과 불신감을 경험할 수 있으며, 이는 대인관계에 부정적인 영향을 미칠 수 있다(Diamanduros et al., 2018a).

양육자가 아동에게 가하는 만성적인 외상은 양육자에 대한 아동의 애착에 지대한 영향을 미치며, 다른 사람과의 관계에도 영향을 미칠 수 있다. 연구에 따르면, 학대를 받은 아동의 80%가 불안정한 애착 패턴을 나타냈다(Cook et al., 2005). 학대받는 아동이 나타내는 가장 우려되는 불안정한 애착 패턴은 혼란 애착(disorganized attachment)이다. 비교적 나이가 어린 아동이 혼란 애착 유형에 속하는 경우 자신의 부모(또는 보호자)에게 때로는 집착하는 모습을 보이고 때로는 거절하는 모습을 보이는 등 매우 변덕스럽게 행동할 수 있다. 이들은 다른 사람에게 의지할 수 없다는 신념을 가지고 있을 수 있으며, 이러한 신념은 타인과 건강한 관계를 형성하는 능력의 발달을 저해할 수 있다(NASP School Safety and Crisis Response Committee, 2015; van der Kolk, 2005). 비교적 연령이 높은 아동이 혼란 애착 유형에 속하는 경우에는 무기력한 행동을 보이거나 타인을 강압적으로 지배하려는 행동을 보이기도 한다(Cook et al., 2005).

또한 외상 사건을 반복해서 경험하는 것은 아동의 능력 발달에 영향을 미치며, 자신을 취약한 상태로 내버려두거나 무력감을 느끼게 될 수 있다. 이들은 자신감이 손상될 수 있으며, 이는 다른 사람들과의 관계를 형성하는 능력에 영향을 미칠 수 있다. 외상 사건, 특히 대인관계 사건을 경험한 아동은 자신을 가치 없다고 느끼고 자존감이 낮을 수 있다(Cook et al., 2005; NCTSN, n.d.-e, 2013).

행동 기능에 미치는 영향

사회 기능에 영향을 미치는 것 외에도, 강렬한 감정을 조절하는 어려움은 아동의 행동에 영향을 끼칠 수 있다. 일부 아동은 강한 분노를 통제하는 데 어려움을 겪을 수 있으며, 이러한 감정에 압도당하여 일반적으로는 폭발하지 않을 상황에 격렬하게 반응할 수 있다(American Psychological Association, 2008; NASP, 2016a; NCTSN, n.d.-a). 끓어오르는 감정을 제대로 조절하지 못하는 아동은 공격적이고 파괴적인 행동을 보일 수 있으며, 이러한 행동은 집이나 학교에서 관찰될 수 있다(D'Andrea et al., 2012; Diamanduros et al., 2018a). 또한 이와 같은 공격적이고 파괴적인 행동은 수업을 방해할 수 있으며, 앞서 언급한 바와 같이 또래관계에 부정적인 영향을 미친다. 외상을 입은 일부 아동·청소년은 반항적이고 충동적이며 자기 파괴적인 행동을 보일 수 있다(D'Andrea et al., 2012; Dimanduros et al., 2018a; NCTSN, N.d.-a).

외상 사건을 경험한 어린 아동에게서는 퇴행 행동이 관찰될 수 있다. 이전에 혼자 자던 아동은 스스로 잠들기를 거부하기 시작하거나 부모와 함께 자려 하거나 악몽을 꾼다(American Psychological Association, 2008; Diamanduros et al., 2018a). 어린 아동은 부모와 분리될 것을 예상하여 부모에게 매달리기 시작할 수 있다(NASP, 2016b). 이전에 배변 훈련을 마친 아동이 야뇨증 및/또는 유분증을 경험하기 시작할 수 있다(Diamanduros et al., 2018a; NASP, 2016b).

아울러 외상 사건을 경험한 어린 아동은 외상 사건과 관련된 감정을 동반하지 않은 채 외상 사건을 놀이의 형태로 재연하고 외상 사건의 장면을 다시 이야기하는 모습을 흔히 보일 수도 있다. 외상 및/또는 경험한 외상 사건과 관련된 감정을 전달할 수 있을 만큼 아직 발달하지 않은 어린 아동은 외상을 재현하기 위해 놀이를 사용하거나 자신의 경험을 탐색하는 과정으로 외상 사건을 모방하는 행동을 할 수 있다(NCTSN, n.d.-e).

교실에서 학습에 미치는 영향

복합 외상을 경험한 아동은 교실에서 학습하는 데 어려움을 겪을 수 있다. 연구에 따르면, 외상은 뇌 발달에 영향을 끼치고 인지 기능에 영향을 미쳐 아동의 학습 능력에 영향을 줄 수 있다(Tobin, 2016; van der Kolk, 2003). 예컨대, 아동이 경험한 학대와 뇌 발달 사이의 연관성을 평가한 연구에 따르면 외상을 입은 아동은 인지적 측면에서 문제를 보일 수 있으며, 이러한 문제는 아동의 학업 수행에 부정적인 영향을 미칠 수 있다(Beer & De Bellis, 2002; Tobin, 2016; van der Kolk, 2003). 특히 외상은 계획, 기억, 집중, 감정 조절, 지속적인 정신적 생산성과 같은 집행기능 기술에 관여하는 전두엽 피질의 발달에 영향을 미칠 수 있다(De Bellis, 2005; Tobin, 2016). 연구에 따르면 폭력 및 외상 관련 고통에 노출된 아동의 IQ 표준 점수는 약 7.5점, 읽기 성취도 표준 점수는 9.8점까지 하락하는 것으로 예측되었다(Delaney-Black et al., 2002). 또한 Romano 등(2015)의 연구에서 아동 학대는 학년 유예, 특수교육 및 낮은 성적과 같은 미흡한 교육적 결과와 관련이 있는 것으로 나타났다(Romano et al., 2015). 최근의 메타분석 연구에서는 학대와 지역사회 폭력을 포함한 다양한 유형의 폭력에 노출된 아동이 고등학교를 졸업하지 못할 확률이 13%였으며, 폭력을 경험한 아동은 표준화된 시험을 잘 치르지 못하거나 높은 성적을 받지 못하는 경향이 있는 것으로 나타났다(Fry et al., 2018).

> 외상관련 고통에 노출된 아동의 IQ 표준 점수는 약 7.5점 정도 하락할 수 있으며, 읽기 성취도 점수는 약 9.8점 정도 하락할 수 있다는 실증적 증거가 있다(Delaney-Black et al., 2002).

외상 사건을 경험한 아동 및 청소년은 학교를 안전하지 않은 환경으로 간주하고 교실에서 과도하게 각성된 상태로 있을 수 있다. 이들은 자신의 안전에 대한 걱정에 사로잡혀 집중하기 어렵고 정보 처리에 어려움을 겪을 수 있다(Cole et al., 2005). 또한 스트레스와 불안감에 압도된 아동은 교실에 있는 동안 해리 증상을 보이며 교실에서 이뤄지는 활동에 집중하지 못할 수 있으며, 이는 정보 처리 능력에 영향을 미칠 수 있다. 앞서 언급한 바와 같이 외상을 입은 아동은 기억의 어려움, 특히 순차적 기억 능력에 어려움이 있을 수 있으며, 이는 정보를 순차적으로 구성하여 문제를 해결하는 능력에 영향을 미칠 수 있다(Cole et al., 2005).

아동이 가진 감정 조절의 어려움과 과잉 경계는 수업에 집중하는 것을 방해하는 충동조절의 부족, 공격적 행동 및 기타 파괴적인 행동과 같은 행동 문제로 나타날 수 있다(Cole et al., 2005). PTSD 진단을 받은 아동은 외상과 관련된 감정을 식별하고 표현하는 데에도 어려움을 겪을 수 있기 때문에 행동을 통해 자신의 감정을 표현하면서 때로는 교실이나 운동장에서 일어나는 갈

등에 과잉 반응할 수 있다. 외상 경험은 대처 및 감정 관리 능력과 같은 내부 자원을 고갈시킬 수 있으며, 이는 감정을 부적응적인 방식으로 다루고 행동으로 드러내는 결과를 초래할 수 있다(Cole et al., 2005). 주목할 점은 교사가 이런 행동을 고의로 반항하고 저항하는 것으로 오인하여 좌절할 수 있다는 것이다. 교육자와 학교 관리자는 아동의 이러한 행동들이 외상과 관련되며 적절하고 효과적인 방법으로 강렬한 감정을 다루는 대처 방식이 아동에게 없음을 인식하는 것이 중요하다. 외상 사건에 노출된 일부 아동은 자신의 감정을 식별하고 전달하는 데 어려움을 보이면서 다른 사람과 단절되고 고립될 수 있으며, 일부 아동의 경우에는 현재 상황에서 해리되어 학습 활동보다 자신의 내면 상태에 더욱 집중하는 모습을 보인다(Perry, 2005).

감정을 식별하고 표현하는 데 어려움이 있으면 교실에서 다른 어려움도 생길 수 있다. 복통, 두통, 피로, 수면 문제와 같은 정신신체적 증상이 외상을 경험한 아동에게서 나타난다는 연구 결과가 보고된 바 있다(Cole et al., 2005). 이러한 증상은 교실에서의 행동뿐만 아니라 학교 및 수업 출석에도 영향을 미칠 수 있다(Cole et al., 2005). 또한 외상과 관련된 문제행동을 보이며 교실에서 제대로 기능하지 못하는 아동의 경우 정학 처분을 받거나 학업을 중단하게 될 가능성이 높다는 점에 유의하는 것도 중요하다(Cole et al., 2005; NCTSN, 2008a). 학교의 징벌적 대응인 훈육실 회부, 정학 및 퇴학은 문제의 근본 원인을 다루지 못한다. 따라서 학교심리사는 훈육실 회부 등 학교의 사안 처리 방식을 이해하고, 상담, 지원 및 지지에 참여하여 학생을 배제하고 처벌하기보다는 정신건강을 증진할 수 있는 접근 방법으로 학생의 외상 유발 요인과 문제행동을 다룰 필요가 있다.

학교심리사를 위한 시사점

교육, 심리학 및 정신건강에 대해 훈련받은 학교심리사는 외상을 입은 아동의 요구를 학교에서 다룰 때 자신의 업무를 통해 중추적인 역할을 할 수 있다. 이러한 활동은 NASP 2020 실행 모델(NASP 2020 Practice Model; NASP, 2020)에서 제안하는 몇 가지 영역과 밀접한 관련이 있는데, 영역 1은 데이터 기반 의사결정, 영역 2는 자문 및 협업, 영역 4는 정신 및 행동 건강을 위한 서비스, 영역 5는 학습활동 촉진을 위한 학교 차원의 실천, 영역 6은 안전한 학교 환경 조성 및 지원 강화를 위한 관련서비스 등이다. Diarmanduros와 동료들(2018b)은 학교심리사가 외상이 있는 아동의 요구를 다루는 몇 가지 방법을 확인했다. 여기에는, (a) 외상이 아동의 발달과 기능에 끼치는 영향에 관한 교육자, 학교 관리자, 부모의 인식 제고, (b) 외상 관련 정보에 바탕을 둔 평가 적용이 포함된다. 이 장에서는 Diamanduros 등(2018b)의 제안을 검토하고 발전시킴으로써 아동 외상에 대한 인식을 높이고 평가 과정에서 외상 관련 정보를 이용하는 것에 중점을 둔다. 학교심리사가 외상을 입은 아동의 요구를 다루는 다른 역할에는 외상 정보에 바탕을 둔 교육 및 사회·정서적 지원과 학교기반 정신건강 서비스 제공을 지원하는 것이 포함되며, 이에 대해서는 이 장의 뒷부분에서 논의하고자 한다.

외상의 영향에 대한 인식 제고

이 장의 앞부분에서 언급한 바와 같이 외상은 아동의 발달과 기능에 중대한 영향을 미칠 수 있다. 외상이 아동의 감정 조절 능력, 관계 유지 능력, 행동 관리 능력, 교실에서의 학습 능력에 어떤 영향을 미치는지 이해하지 못하면 교육자와 부모는 외상 입은 아동과 상호작용하고 아동의 행동을 관찰하는 것이 혼란스러울 수 있다. 외상 입은 아동을 지원하는 것에 대한 교사의 인식을 이해하기 위해 교사들을 인터뷰한 Alisic(2012)은 교사들이 외상에 노출된 학생에게 제공할 수 있는 가장 적합한 지원이 무엇인지 불분명한 점을 우려한다는 사실을 발견했다. 외상에 대한 부모의 인식을 조사한 유사한 연구에서는 아동의 요구를 인식하고 그 요구를 가장 잘 충족시키는 방법인지에 대해 부모가 가장 고민하는 것으로 나타났다(Alisic et al., 2012). 따라서 학교심리사들은 외상이 아동과 청소년에게 미칠 수 있는 영향에 대한 인식을 높여서 교육자와 부모가 외상 입은 아동과 청소년을 더 잘 지원할 수 있도록 하는 것이 중요하다. 학교심리사가 교육자, 부모 및 학생을 효과적으로 지원할 수 있는 방법을 모색할 때 도움이 될 수 있는 다양한 온라인 교육 리소스가 있다. 이러한 온라인 리소스 중 하나는 'NCTSN Resources Related to Understanding Child Traumatic Stress'(NCTN, n.d.-b)와 같이 아동 외상의 다양한 측면에 대한 전문가용 무료 자료표와 웨비나가 탑재된 NCTSN이다. 온라인에 게재된 목록과 웨비나 리소스는 NCTSN 웹사이트(www.nctsn.org)에서 이용할 수 있다. 또한 Diamanduros 등(2018b)은 교육자와 부모가 외상 사건 경험이 있는 아동과 청소년을 돕는 방법을 더 잘 이해하도록 학교심리사가 도움을 줄 수 있는 방법을 확인했다. 이에 대한 내용은 다음으로 이어진다.

교사와 학교 관리자의 인식 제고

아동의 외상성 스트레스 반응에 대한 교육자와 학교 관리자의 이해를 증진하기 위해 Diamanduros 등(2018b)은 외상에 대한 정보, 아동이 외상에 반응하는 방식에 영향을 미치는 요인, 외상성 스트레스 반응, 아동이 학습할 수 있게끔 교실에서 안전하게 느끼도록 돕는 최선의 방법에 초점을 맞춘 현장 워크숍을 제공하도록 학교심리사에게 권장한다. 이러한 교육을 통해 교육자는 아동의 외상 징후를 인식하고 아동의 요구를 충족하는 방법을 더 잘 이해할 수 있다. 이와 함께 Diamanduros와 동료들(2018b)은 교사와 학교 관리자에게 도움이 될 수 있는 몇 가지 리소스를 안내한다. 외상에 대한 NASP 리소스에는 '외상 사건에 대한 강한 정서적 반응 관리: 가족 및 교사를 위한 조언(Managing Strong Emotional Reactions to Traumatic Events: Tips for Families and Teachers)'(NASP, 2016a)과 '외상: 아동과 청소년을 위한 간략한 정보 및 조언(Trauma: Brief Facts and Tips for Children and Adolescents)'(NASP, 2016b)이 포함된다. 이 두 리소스는 교육자가 외상 징후를 인식하고 교실에서 외상을 입은 아동을 지원하는 방법을 배우는 데 도움이 될 수 있는 아동 외상에 대한 기본 정보를 제공한다. 학교 관리자에게는 '외상을 입은 학생을 지원하는 학교의 역할(The Role of Schools in Supporting Traumatized Student)'(Rossen & Cowan, 2013)이 외상 이력이 있는 학생을 돕기 위한 학교 차원의 접근방식을 고려할 때 유용한 리소스일 것이다. 학교에 도움이 되는 또 다른 리소스로는 '외상: 학교를 위한 안내서(Trauma: Helping Handout for Schools)'(Reeves & Brock, 2018)이 있다. 이 유인물은 외상에 대한 정보와 학교에서 외상을 다루기 위해 권장되는 지원 및 전략을 제공한다. 이뿐만 아니라, 앞서 언급한 바와 같이 NCTSN에서도 교육자와 학교 관리자가 아동 · 청소년기 외상의 다양한 측면을 바르게 이해하는 데 필요한 풍부한 리소스를 제공하고 있다. 예를 들어, NCTSN 웹사이트에서는 '아동 · 청소년기 외상: 교육자를 위한 안내서(Children Trauma Toolkit for Educators)'(NCTSN, 2008a)와 같은 출력 가능한 문서 자료, 그리고 NCTSN 학습 센터(https://learn.nctsn.org/)를 통해 이용 가능한 다채로운 웨비나 영상 등을 언제든 쉽게 이용할 수 있다. 이러한 온라인 교육을 교육자와 학교 관리자가 이수하면 외상 입은 아동의 교육적 및 심리적 요구를 이해하는 데 도움이 될 것이다. 또한 '외상 기억: 청소년의 복합 외상과 잘못된 진단의 연관성(Remembering Trauma: Connecting the Dots Between Complex Trauma and Misdiagnosis in Youth)' '외상 기억: 두 번째 이야기(Remembering Trauma: Part 2)' '청소년을 위한, 청소년에 의한 영상(AVideo for Youth by Youth)'과 같은 영상이 아동에게 외상이 미치는 영향을 자세히 알아보는 데 도움이 될 수 있으며, 이 영상들은 '외상 평가, 서비스 및 중재 센터(Center for Trauma Assessment, Services, and Interventions)'에서 온라인(www.ptsd.va.gov/professional/assessment/child/index.asp)으로 제공된다.

인종 관련 외상을 다루기 위해 학교심리사는 NCTSN 웹사이트에서 제공되는 특정 리소스를 고려할 수 있다. 이 리소스들은 인종 및 외상과 관련된 여러 리소스를 나열하는 자료들로서, '인종적 외상에 대한 문화적 반응성(Cultural Responsiveness to Racial Trauma)'(St. Jean et al.,

2020) '교실에서 인종 및 외상 다루기: 교육자를 위한 리소스(Addressing Race and Trauma in the Classroom: A Resource for Educators)'(NCTSN, Justice Consortium, Schools Committee, & Culture Consortium, 2017), 그리고 '아프리카계 미국인 및 인종에 관해 선정된 NCTSN 리소스(Select NCTSN Resources African-Americans and Race)'(NCTSN, 2020b) 등이 있다. 또한 동영상 역시 추천할 만한 리소스이다. 〈청소년의 만성 스트레스, 인종 관련 스트레스 및 학업 결과(Chronic Stress, Race-Related Stress, and Academic Outcomes Among Adolescents〉(www.youtube.com/watch?v=X-DIOIn8Msw)는 미국심리학회(American Psychological Association, 2017)에서 제작을 후원하였는데, 만성 스트레스 요인과 인종 관련 스트레스가 아동의 두뇌 발달과 학교 성적에 미치는 영향을 다루고 있다. 또한 NCTSN 학습 센터 웹사이트(https://learn.nctsn.org)에서는 인종과 외상의 관련성을 다룬 여러 웨비나 영상 및 기타 동영상을 제공하고 있으며, 이러한 자료는 학교심리사와 교육자가 해당 분야의 전문성을 갖추는 데 큰 도움을 줄 수 있다.

부모의 인식 제고

교육자와 학교 관리자의 인식을 제고하는 것 외에도 학교심리사는 외상 및 외상이 아동에게 미치는 영향에 대한 부모의 인식을 높일 수 있다. 부모는 외상을 입은 아동이 '살아남기 위한 방식'으로 기능하며, 파괴적이거나 공격적인 아동의 행동이 인지된 위협에 대한 반응으로써 자신의 안전을 유지하기 위한 자기 보호적인 행동일 수 있음을 이해하지 못할 수 있다. 이와 관련하여 Diarmanduros 등(2018b)은 외상을 입은 아동을 치료하는 과정에 부모를 위한 심리교육, 즉 부모가 자녀의 외상을 바르게 이해하는 데 도움을 줄 수 있는 교육 프로그램을 포함할 것을 권고하고 있다. 이러한 심리교육은 일반적으로 외상에 대한 전반적인 이해, 외상이 아동·청소년에게 미치는 영향, 외상 사건에 대한 아동·청소년의 반응, 그리고 외상을 경험한 아동이 안전감을 느낄 수 있도록 돕는 방법 등과 관련하여 기본적인 정보를 제공하는 데 중점을 둔다. 이러한 교육 프로그램은 부모가 외상의 정의 및 자녀에게서 관찰되는 외상성 스트레스 반응을 바르게 이해하는 데 도움을 줄 수 있으며, 이를 통해 부모는 특히 정서적인 측면에서 자녀를 효과적으로 지원할 수 있는 방법을 익힐 수 있다. 학교심리사가 외상을 입은 아동의 가족에게 학교 환경 밖에서 추가 지원을 제공할 수 있는 지역사회 자원 목록을 준비하는 일도 중요하다. 또한 NASP를 통해 이용할 수 있는 '아동기 외상을 경험한 학생 지원: 부모와 교육자를 위한 팁(Supporting Students Experiencing Childhood Trauma: Tips for Parents and Educators)'(NASP School Safety and Crisis Response Committee, 2015) 및 학부모를 위한 NCTSN의 리소스인 '연령에 따른 외상 사건에 대한 반응(Age-Related Reactions to a Traumatic Event)'(NCTSN, nd-c) 그리고 '아동 외상성 스트레스 이해하기: 부모를 위한 안내서(Understanding Child Traumatic Stress: A Guide for parents)'(NCTSN, 2008b)'와 같은 인쇄물 자료는 자녀가 안전감을 느끼도록 도와주면서 지원하는 방법이 무엇인지를 부모에게 알려 주는 리소스이다. Child Trauma Academy 웹사이트 역시 양육자를 위해 '외상 입은 아동 도와주기: 양육자를 위한 간략한 개요(Helping Traumatized Children: A Brief Overview Caregivers)'(Perry, 2012)와 같은 외상 리소스를 제공한다. 이 리소스는 외상에 대한 개요와 외상 사건 이후에 자녀가 삶에 적응하도록 부모가 도울 수 있는 방법에 관한 지침을 부모에게 제공한다. 아울러 Perry(2012)의 연구에서는 자녀가 외상 경험을 이야기하고 싶어 할 때 부모가 자녀에게 말을 건네도록 돕고, 자녀가 안전함과 보호받고 있음을 느끼도록 돕는 다양한 방법을 제공한다.

외상 정보를 바탕으로 한 학교기반 평가 방법 사용

Diamanduros 등(2018b)이 지적한 바와 같이, 외상에 노출된 아동을 식별하는 것은 어려울 수 있다. 아동의 외상 이력은 여러 가지 이유로 학교에 알려지지 않을 수 있다(Tishelman et al., 2010). 학대받은 아동은 오해를 받을까 봐 두려워하거나 학대를 폭로하면 부모나 다른 가족 구성원에게 해가 될 수 있다고 우려해서 자신의 피해 사실을 다른 사람에게 알리는 것을 꺼릴 수 있다. 외상에 노출된 아동의 부모는 자녀의 외상이 교실에서의 아동 행동 및/또는 학습 능력에 영향을 미칠 수 있음을 이해하지 못해서 학교에 알리지 않을 수 있다.

> Eklund와 Rossen(2016)이 제안한 학교에서의 '외상 선별 지침'(Guidance for Trauma Screening)'은 특히 학교의 다층지원체계(Multi-Tiered System of Support: MTSS) 내에서 아동 · 청소년의 외상을 평가하는 데 사용할 수 있는 유용한 지침이다. 참고로 NASP 웹사이트에 접속하면 Eklund와 Rossen이 제안한 평가 지침을 확인할 수 있다.

외상 경험이 있는 아동이 학교에서 파괴적인 행동을 보일 때, 학교에서는 이를 외상에 기인한 반응으로 인식하지 못하고 적대적이거나 반항적인 행동으로 간주할 수 있다(Tishelman et al., 2010). 유사하게, 외상 사건에 대한 기억이나 외상 사건이 다시 일어날 것이라는 걱정에 몰두하느라 교실에서 과제를 끝내는 데 어려움을 겪는 아동은 과제를 수행할 동기가 없는 것으로 교사에게 비추어질 수 있다. 외상이 있는 학생을 식별하지 못하고 외상 관련 행동을 오해하는 것과 같은 문제는 외상에 노출된 아동의 교육 및 심리적 요구를 알아내는 것을 어렵게 할 수 있다. 외상을 입은 아동의 요구를 더 잘 파악하기 위해, Diarmanduros 등(2018b)은 학교심리사가 외상에 노출된 아동의 요구를 더 잘 충족시킬 수 있는 두 가지 방법을 제안했다. 이 두 방법은 (a) Eklund와 Rossen(2016)의 선별 지침을 이용한 학교에서의 외상 선별과 (b) Tishelman 등(2010)의 평가를 통한 외상 렌즈 접근법을 이용하는 학교기반 평가이다.

학교기반 외상 선별

외상 사건에 노출되어 외상성 스트레스 반응을 겪고 있는 학생 또는 외상 관련 증상이 발생할 위험이 있는 학생의 수를 학교에서 파악하는 데 도움을 주기 위해 Eklund와 Rossen(2016)은 학교를 위한 지침을 작성하였다. 학교에서는 이 지침을 따라 학생들에게 더 나은 서비스를 제공하고 다양한 지원과 개입을 통해 학생들의 교육적 및 사회·정서적 요구를 충족시킬 수 있다. '학교에서의 외상 선별 지침(Guidance for Trauma Screening in School)'이라는 제목의 이 가이드는 NASP 웹사이트에서 이용할 수 있으며 학교 내에서 외상 선별 검사를 실행해 보고자 하는 학교심리사에게 유용한 리소스를 제공한다. 이 안내서는 MTSS 프레임워크를 통한 보편적 선별에 대한 정보를 제공하고, 선별, 부모 동의 절차, 외상 선별 방법, 외상 선별 도구, 시간 고려 요소 및 선별 결과를 개입에 연결할 때의 주의 사항을 다룬다. 선별에 관한 것을 부모에게 알리고 동의를 구하는 일이 검사 과정의 첫 번째 단계가 될 것이며, 이는 부모에게 외상에 대한 더 많은 정보를 제공할 수 있는 기회가 될 수 있다. 정확한 정보를 얻기 위해, Elkund와 Rossen은 부모나 교사가 정보를 작성한 도구보다 자기 보고식 선별 도구 선택을 권한다. 진단을 위한 평가 도구를 선택할 때는 평가 도구가 평가 대상의 발달 수준에 적합한지, 평가 도구가 타당한 심리측정적 속성을 갖추었는지, 그리고 평가 도구 준비에 소요되는 비용은 적절한지 등의 문제를 종합적으로 고려해야 한다. Elkund와 Rossen는 자신들이 검토한 선별 도구 목록과 함께 아동의 외상후 스트레스장애 보조 척도를 위한 외상 증상 체크리스트(Trauma Symptom Checklist for Children−PTSD Subscale; Briere, 1996), 아동을 위한 외상 사건 선별 목록: 단축형(Traumatic Events Screening Inventory for Children: Brief Form; Ford et al., 2002), 로스엔젤레스 캘리포니아 대학교(UCLA)의 외상후 스트레스장애 반응 지수[University of California at Los Angeles(UCLA) Posttraumatic Stress Disorder Reaction Index; Steinberg et al., 2013] 및 아동용 외상 질문지(Childhood Trauma questionnaire; Bernstein et al., 1998)에 대한 간략한 설명을 지침에서 제공한다. 이 외에도 외상 선별 도구에 대한 정보를 얻을 수 있는 리소스로는 NCTSN(www.nctsn.org/treatments-and-practices/screening-and-assessments/measure-reviews), 국제 외상성 스트레스 연구 협회(International Society for Traumatic Stress, Studies; https://istss.org/clinical-resources/assessing-trauma) 및 국립 PTSD 센터(National Center for PTSD; www.ptsd.va.gov/professional/assessment/child/index.asp)가 있다. 아동 및 청소년을 위한 외상 선별 도구 보고서(Review of Trauma Screening Tools for Children and Adolescents; Wevodau, 2016) 역시 유용한 리소스이다.

또한 학교심리사는 학교에서 외상 선별 계획을 마련할 때 NCTSN 웹사이트에 설명된 외상 선별 과정 개요를 유용하게 사용할 수 있다. NCTSN에서 제안하는 선별 과정(n.d.-d)은 악몽이나 과각성 증상과 같은 외상 및 외상성 스트레스 반응에 대한 잠재적 노출을 평가하는 데 중점을 둔다. 또한 자기 보고, 부모 보고, 임상가 보고와 같은 외상 선별 도구 유형에 대한 정보를 제공하고 선별 과정에 가족을 참여시키는 방법을 제안한다. NCTSN의 웹사이트는 아동 PTSD 증상 척도(Child PTSD Symptom Scale; Foa et al., 2001), 아동 스트레스장애 체크리스트(Child Stress Disorder Checklist; Saxe et al., 2003), 외상 사건에 대한 아동용 반응 척도 수정판(Child's Reactions to Traumatic Events Scale-Revised; Jones, 1994), 외상후 증상에 대한 아동용 질문지(Child Report of Post-Traumatic Symtoms; Greenwald & Rubin, 1999)와 같은 외상 관련 평가 도구에 대한 구체적인 정보를 제공하고 있다. 이러한 정보에는 평가 도구별 사용 방법, 심리측정적 속성, 결과 해석, 장단점, 대체 가능한 다른 평가 도구 등이 포함된다. NCTSN 웹사이트에서 제공하는 외상 관련 평가 도구에 대한 정보는 www.nctsn.org/sites/default/files/resources//complex_trauma_standardized_measures.pdf에서 찾아볼 수 있다.

외상 정보에 입각한 학교기반 평가

외상 경험이 아동의 발달과 기능에 영향을 미칠 수 있다는 점에서, 학교심리사는 심리교육 평가를 진행할 때 외상 경험에 대한 평가를 함께 실시할 필요가 있다(Diamanduros et al., 2018b). 예컨대, Tishelman 등(2010)은 외상 정보에 입각한 접근방식(trauma-informed approach)을 학교기반 평가에 적용할 것을 제안하면서, 학생이 호소하는 어려움이나 학교에서 우려하는 학생의 문제행동에 외상이 깊이 관여하고 있는 것은 아닌지, 그리고 외상이 학생의 학교 적응에 영향을 미치고 여러 기능 영역에 문제를 일으키는 것은 아닌지 주의 깊게 살펴야 한다고 밝혔다. Tishelman과 동료들은 이와 같은 접근방식, 즉 학교기반 평가를 이른바 '외상 렌즈(trauma-lens)'에 비추어 수행하는 접근방식을 강조하면서, 학교기반 평가의 목적을 외상이 교실에서 요구되는 학생의 기능에 어떠한 영향을 미치는지를 구체적으로 확인하는 것, 그리고 외상이 학습 활동을 어느 정도 저해하는지 고려하면서 학생의 발달 수준에 적합한 개입 목표를 설정하는 것이라고 설명하였다. 아울러 Tishelman과 동료들은 학교기반 평가의 주요 영역을, (a) 자기조절, (b) 신체 기능, (c) 대인관계, (d) 학업 기능으로 구분하였는데, 참고로 이들 영역은 외상 사건을 경험한 학생이 일상생활에서 특히 어려움을 겪는 영역으로 앞서 언급한 바 있다. 주목할 것은 Tishelman과 동료들이 학교기반 평가를 위한 네 가지 주요 영역을 제안하면서 각 영역에서 면밀하게 살펴야 할 여러 핵심 쟁점을 함께 제시하였다는 점이다. 평가 결과에 따라 이러한 핵심 쟁점은 학생의 기능 수준에 부정적인 영향을 미치는 문제로 해석될 수도 있고, 학생이 가진 상대적인 강점으로 해석될 수도 있다. 만일 특정 영역의 핵심 쟁점이 부정적인 평가를 받는다면 이들 쟁점은 해당 영역을 손상시키는 주요 문제로 간주될 수 있다. 여기에서는 각 영역의 핵심 쟁점을 간략히 설명하고 논의한다. 이 영역들 및 핵심 문제에 대한 보다 상세한 논의는 Tishelman 등(2010)의 연구를 참조할 수 있다.

> 자기조절은 외상 사건에 노출되었을 때 부정적인 영향을 받을 수 있으며 외상 이력이 있는 청소년이 나타내는 많은 외상성 스트레스 반응의 원인으로 간주된다(Tishelman et al., 2010).

자기조절은 자신의 감정을 조절하는 능력으로, 외상 사건에 노출되었을 때 부정적인 영향을 받을 수 있으며 외상 이력이 있는 아동이 나타내는 많은 외상성 스트레스 반응의 원인으로 간주된다. Tishelman 등(2010)이 언급한 바와 같이 평가에서 고려해야 할 이 영역의 핵심 문제에는 감정 식별, 잠재적 위협에 대한 과잉 경계, 각성 조절의 어려움, 강렬한 기분 및 해리가 포함된다. 만성적인 외상에 노출된 어린 아동은 자신의 감정을 제대로 알아차리지 못할 뿐 아니라 주변 사람의 감정 또한 제대로 인식하지 못할 수 있다. 또한 이러한 아동은 잠재적인 위협을 극도로 경계하고 외상 경험을 상기시키는 자극에 격하게 반응할 수 있다. 학교에서는 과잉 경계와 관련된 어려움이 전환기 대인관계 갈등, 비판 및/또는 지각된 위협에 대한 반응성 증가로 나타날 수 있다. 각성 조절의 어려움은 집중을 유지하는 어려움과 수업에서 이랬다저랬다 하는 모습으로 드러날 수 있다. 더 나아가, 내적 각성 수준에 따른 행동은 아동이 정서적으로 단절되고 게으른 것처럼 보이는 것부터 충동적이고 파괴적인 행동을 드러내는 과각성 수준까지 다양할 수 있다. 아동은 공격적이고 자해적인 행동과 같은 부적응 대처 전략을 사용할 수도 있다. 우울과 불안 같은 기분에 대한 취약성은 학업을 끝내려는 동기 부족, 과제를 수행할 때의 좌절, 사회적 위축, 타인을 향한 분노 폭발로 나타날 수 있다. 해리 행동은 교실에서 이랬다 저랬다 하는 모습으로 나타날 수 있으며, 아동은 백일몽 때문에 지시를 이해하지 못하고, 다른 사람에게 관찰된 자신의 행동을 부정하고, 대하는 사람에 따라 다른 행동을 보여서 거짓말을 하는 것으로 오인될 수 있다(Tishelman et al., 2010).

Tishelman과 동료들이 외상 렌즈 접근방식을 바탕으로 제안한 학교기반 평가의 두 번째 주요 영역은 신체 기능(physical functioning)이다. 앞서 지적한 바와 같이, 외상성 스트레스 반응에는 아동의 신체 기능에 영향을 미칠 수 있는 내부 생리학적 외상 반응이 포함될 수 있다. Tishelman과 동료들은 해리 반응이 신체의 요구와 기능에 대한 인식을 감소시켜 먹는 것을 잊거나 과식하는 것과 같은 섭식 문제를 일으킬 뿐만 아니라 야뇨증과 유분증도 유발할 수 있음을 지적한다. 신체 기능 영역의 또 다른 핵심 문제는 스트레스가 신체에 미치는 영향으로서, 복통 및 두통 같은 신체적 불편감이 유발될 수 있으며, 이로 인해 결석이 잦아지거나 보건실을 자주 방문할 수 있다. 신체 기능과 관련된 또 다른 핵심 쟁점은 엄격하거나 부적절한 신체적 경계와 관련이 있다. 아동은 신체적 접촉을 피하거나 부적절한 신체적 애정을 추구할 수 있으며, 특히 아동이 신체적인 폭력을 당했거나 누군가가 신체적인 폭력에 당하는 것을 목격한 경우에 그렇다. 확인된 다른 핵심 문제에는 외상과 관련된 신체적인 상처가 있는데, 여기에는 자상이나 화상과 같이 피부에 입은 상처뿐만 아니라 설명되지 않는 우발적인 상처도 포함된다(Tishelman et al., 2010).

학교기반 평가를 수행할 때 고려해야 할 또 다른 영역은 대인관계이다(Tishelman et al., 2010). 양육자의 학대와 같이 사람과의 관계에서 경험한 외상은 아동의 자아감에 영향을 줄 수 있으며, 다른 사람과 관계 맺는 능력에 영향을 끼칠 수 있다. 아동의 혼란스러운 자아감은 자기 행동의 결과와 그것이 다른 사람에게 끼치는 영향에 대한 이해력, 자신의 사회적 및 정서적 요구를 전달하는 능력, 다른 사람들에 대한 공감력, 자신의 능력에 대한 자신감 부족으로 학교에서 드러날 수 있다. 아동 초기에 발생하는 복합 외상은 사람에 대한 애착과 신뢰 관계를 발전시키는 능력에 영향을 미칠 수 있다. 학교 환경에서 아동은 또래관계 형성에 어려움을 겪을 수 있고 다른 사람의 신호를 적대적인 것으로 잘못 해석하여 공격적인 행동을 할 수 있다. 외상 입은 아동은 사람들의 배신에 취약하며, 사회적으로 소통하거나 사람들의 도움 받기를 주저한다(Tishelman et al., 2010). 사회적 능력(social competence)은 외상을 경험한 아동을 평가할 때 고려해야 하는 또 하나의 핵심 쟁점으로, 이들은 특히 사회성 기술 및 사회적 문제해결 능력에서 현저한 결핍을 보일 수 있다. 사회성 기술 및 사회적 문제해결과 관련하여 학급에서 드러날 수 있는 어려움은 또래의 사회적 거절, 사회적 신호에 대한 오해, 타인과의 적대적 상호작용, 또래 집단과 소통할 때의 행동 문제, 출석률 저하를 초래할 수 있는 학교 기피, 또래들로부터의 사회적 철수, 또래보다 어린 아동과 어울리는 것이다(Tishelman et al., 2010).

마지막으로, 아동의 학업 기능은 외상이 뇌 발달에 끼치는 영향과 연관될 수 있다. 이 장의 앞부분에서 논의한 바와 같이 만성 외상은 정보 처리 및 집행기능 기술에 작용하는 신경 발달에 영향을 미칠 수 있다. 정보 처리의 어려움은 지시를 따르지 않는 것, 청각 처리 및 독해 능력의 부족으로 학급에서 드러날 수 있다(Tishelrman et al., 2010). 집행기능에 미치는 외상의 영향은 부족한 조직력, 그리고 집중 및 과제 전환, 독립적인 작업, 과제 시작과 완료를 어려워하는 것으로 나타날 수 있다(Tishelman et al., 2010).

교육 및 사회 · 정서적 지원

외상 입은 학생의 교육적 및 사회 · 정서적 요구를 다루기 위해 학교심리사는 학급에서의 학습을 촉진하고, 외상에 노출된 아동이 보호받고 안전하다고 느낄 수 있는 환경을 만드는 데 노력을 기울일 필요가 있다. Diarmanduros 등(2018b)에 따르면, 학교심리사는 학교에서 학생의 외상정보에 입각한 지원(trauma-informed support)이 정착되도록 뒷받침함으로써 외상을 경험한 학생이 학교를 안전한 장소로 느끼게 하는 데 힘을 보탤 수 있다. 이들은 학교기반 외상 정보에 입각한 실습과 지원을 제공하는 두 가지 리소스, 즉 '아동기 외상: 교육자를 위한 안내서(Child Trauma Toolkit for Educators)'(NCTSN, 2008), 그리고 '외상을 입은 아동 · 청소년 학습활동 지원: 학생의 외상에 훌륭하게 대처하는 학교 만들기(Helping Traumatized Children Learn: Creating and Advocating for Trauma-Sensitive Schools)'(Cole et al., 2005)를 추천한다. 두 리소스는 Minahan(2019)이 권고하는 외상 정보에 입각한 교수 전략과 함께 외상 입은 아동이 학급에서 안전함을 느끼도록 돕는 효과적인 도구가 될 수 있다. 아동이 학교에서 안전감을 느끼도록 돕는 지원 중 한 가지는 예측이 가능하고 일관성을 갖는 학급 환경 조성을 위해 규칙적인 학교 일과와 일정을 유지하는 것이다(Minahan, 2019). 특정 날짜에 소방 훈련과 같은 예상치 못한 활동이 예정된 경우에는 아동에게 미리 알려서 이들이 예상하고 겁먹지 않도록 하는 것이 중요하다. 또한 아동이 예상하고 대비할 수 있도록 곧 있을 변동에 대해 알리는 것이 도움이 될 것이다(Diamanduros et al., 2018b). 지시를 내릴 때 아동의 부정적인 생각과 반응을 줄이려면 교사가 아동에게 통제감을 가질 수 있는 선택권을 주는 것이 도움이 될 것이다(Minahan, 2019). 또한 아이의 긍정적인 행동에는 "네가 과제를 끝냈다는 것을 알리려고 손을 들었던 방법이 좋았어."와 같은 긍정적인 피드백을 제공하고, 부정적인 피드백은 "과제를 열심히 했구나. 여기 맞춤법이 틀린 단어가 있네. 올바른 맞춤법으로 고쳐 보자."와 같이 지지적인 방식으로 도입하는 것이 중요하다(Minahan, 2019).

아동은 학급에서 감당하기 힘든 심리적 고통을 느낄 때 안전감을 느끼는 사람과 대화하는 것으로 도움을 받을 수 있다. 학교심리사는 학생이 실제로 학급에서 이러한 상황에 처하여 적절한 휴식이 필요한 경우, 학생이 편안함을 느끼는 특정한 전문가와 대화하도록 함으로써 교사들을 도울 수 있다. 또한 교실 활동을 잠시 쉴 필요가 있을 때, 아동이 갈 수 있는 조용한 특정 장소를 교실에 정해 두는 것도 도움이 될 수 있다(Diamanduros et al., 2018b).

또한 교직원은 학교 환경에서 학생의 외상성 스트레스 반응을 촉발할 수 있는 외상 관련 단서에 대하여 사전에 인지하고 있어야 한다. 예를 들어, 총격과 관련된 외상을 입은 아동은 교내 방송의 잡음이나 불꽃놀이와 같이 크게 터지는 소리가 나면 놀라고 겁을 먹을 수 있다. 교사는 이런 일이 발생했을 때, 아동에게 침착하게 말하고 그들이 안전하다는 것을 알려 줌으로써 도움을 줄 수 있다(Diamanduros et al., 2018b).

교사가 외상 정보를 바탕으로 할 수 있는 또 다른 일은 아동에게 과제 제출 시간을 늘려 주는 것이다. 이는 외상 입은 아동이 외상 사건 및/또는 자신의 안전에 대한 걱정에 몰두하여 제시간 안에 과제를 완료하는 데 어려움을 겪을 수 있기 때문이다. 과제와 시험을 끝낼 수 있도록 시간을 늘려 주면, 과제를 완료할 기회가 될 뿐만 아니라 제시간에 완료하지 못했다는 추가적인 스트레스 없이 성취감을 얻을 수 있다(Diamanduros et al., 2018b).

외상 입은 아동을 위한 사회·정서적 지원은 MTSS 체계를 통해 제공될 수 있으며, 학교심리사는 이를 학교에서 개발하도록 도움을 줄 수 있다. Rossen과 Cowan(2013)은 MTSS가 외상을 입은 학생들을 지원하는 보편적이고 예방적인 접근방식을 제시한다고 주장한다. 이 체계를 통해, 체계적인 지원 및 관련서비스를 다양한 단계로 제공함으로써 외상 입은 아동이 교실에서 학습하고 기능하는 것에 도움을 줄 수 있다. 모든 학생에게 보편적으로 적용되는 1단계 개입에서는 학습활동, 사회·정서적 기능, 정신건강 등을 종합적으로 고려하여 학생이 안전감을 느낄 수 있는 학교 풍토를 조성하는 것에 중점을 둘 수 있다. 이는 학교에서 안전하지 않은 느낌 때문에 어려움을 겪는 외상 입은 아동에게 필수적인 것으로 교실에서의 학습을 촉진할 수 있다. 이 수준의 서비스에는 사회·정서적 학습 프로그램, 괴롭힘 방지 프로그램, 긍정적 행동 지원(PBS) 및/또는 교칙 개선이 포함된다. 위기 상황임이 확인되거나 1단계 지원 및 서비스가 소용없는 학생은 더 집중적이고 개별화된 서비스를 제공하는 2단계 및 3단계로 단계를 올린다. 이러한 수준의 지원 및 서비스는 유사한 요구를 가진 소규모 학생 그룹(2단계) 또는 특정한 요구를 가진 개별 학생(3단계)에게 일반적으로 제공된다(Rossen & Cowan, 2013).

> 외상 사건에 노출된 아동을 위한 사회·정서적 지원은 MTSS를 통해 제공될 수 있다(Reinbergs & Fefer, 2018; Rossen & Cowan, 2013).

또 다른 연구자들 역시 외상 입은 학생들에게 지원을 제공하기 위해 MTSS 체계를 사용하는 것을 제안하였다. Reinbergs와 Fefer는 체계적인 문헌 검토를 바탕으로 MTSS의 세 단계 각각에서 사용할 수 있는 선별, 개입 및 실무자 지원의 구체적인 예를 제공한다. Reinbergs와 Fefer가 제안한 1단계 선별에는 아동 외상 선별(Child Trauma Screen; Lang & Connell, 2016)이나 '행동 및 정서적 선별 시스템(Behavioral and Emotional Screening System: BESS; Reynolds & Kamphaus, 2015a)과 같은 도구가 포함될 수 있으며, 사회·정서적 학습 교육과정 또는 학교 차원의 긍정적 행동 개입 및 지원(PBIS)도 포함될 수 있다. 또한 실무자 지원을 위해서는 '아동기 외상: 교육자를 위한 안내서'(NCTSN, 2008a)가 사용될 수 있다. Reinbergs와 Fefer에 따르면, 2단계로 단계가 올라가는 학생들은 '아동 행동 평가 척도-3(Behavioral Rating Scale for Children-3: BASC-3)'(Reynolds & Kamphaus, 2015b)로 선별할 수 있으며, 개입에는 어린 아동을 위해 고안된 '바운스백 프로그램(Bounce Back Program)'(Langley et al., 2015; 이 장 후반부에서 자세히 논의됨)을 사용할 수 있다. 이 프로그램에 대해서는 이 장의 뒷부분에서 더 자세히 언급할 것이다. 2단계 실무자 지원을 위해서는 NCTSN 학습 센터(https://learn.nctsn.org/)를 통해 무료로 제공하는 전문적 훈련을 활용할 수 있다. 마지막으로, Reinbergs와 Fefer는 3단계 선별에 DSM-5의 임상가를 위한 PTSD 척도 아동 및 청소년 버전(Pynoos et al., 2015)이 포함될 수 있음을 시사하였으며, 개입에는 외상 초점 인지행동치료(CBT; Cohen et al., 2012)가 포함될 수 있다. 3단계의 실무자 지원에는 외부 임상가에게 의뢰하는 것이 포함될 수 있다. 이처럼 학교심리사는 MTSS와 같은 단계별 중재 체계를 통하여 외상을 입은 학생을 더욱 효과적으로 지원할 수 있으며, 이와 관련하여 Reinbergs와 Fefer(2018)가 제안한 모델은 학교심리사가 유용하게 활용할 수 있는 지침이 될 것이다[MTSS 중재 단계별 평가 방법, 개입 전략, 실무자를 위한 지원 사례에 대한 더 자세한 내용을 알고 싶다면 Reinbergs와 Fefer(2018) 참조].

학교기반 정신건강 개입과 지원

외상성 스트레스 반응은 학습 및 사회·정서적 발달에 중대한 영향을 미쳐서 장기적인 심리적 문제를 일으킬 수 있다. 이 점에서 외상을 입은 아동 및 청소년이 정신건강 서비스를 받는 것은 필수적이다. Diamanduros 등(2018b)은 학교심리사들이 학교에서 정신건강 서비스 제공을 옹호하면서 필요한 경우에는 학교에서 직접 실시할 수 있도록 고안된 치료 서비스에 대한 교육을 받도록 권장한다. 이들은 CBT를 바탕으로 개발된 세 가지 학교기반 정신건강 프로그램을 고려해 볼 것을 권장한다. 세 가지 프로그램은 아동 및 청소년이 외상성 스트레스를 다루고 대처기술을 익혀서 외상과 관련된 감정과 행동을 관리할 수 있도록 고안된 것으로, (a) 외상에 대한 학교기반 인지행동개입(Cognitive Behavior Interventions for Trauma in Schools: CBITS; Nadeem et al., 2011), (b) 외상에 노출된 학생을 위한 지원 프로그램(Support for Students Exposed to Trauma: SSET; Jaycox et al., 2009), (c) 바운스백(Langley et al., 2015) 등이다.

외상에 대한 학교기반 인지행동개입

외상에 대한 학교기반 인지행동개입(Cognitive Behavioral Interventions for Trauma in Schools: CBITS; Nadeem et al., 2011)은 5학년부터 12학년까지의 외상 입은 학생의 정신건강을 다루기 위해 고안된 증거기반 치료 프로그램으로서 학교심리사와 같은 학교기반 정신건강 전문가가 실시할 수 있다. 이 프로그램은 외상 중심의 CBT를 기반으로 개발되었으며, 외상성 스트레스 증상을 줄이고 대처기술을 함양하며 전반적인 안녕을 개선하도록 만들어졌다. CBITS는 소집단을 대상으로 진행하는 10회기, 그리고 학생 개인을 대상으로 진행하는 1~3회기로 구성되어 있다. 아울러 필요한 경우 일부 회기를 추가하여 부모 및 교사를 위한 심리교육을 별도로 진행할 수 있다. CBITS는 이완 훈련, 인지적 재구조화, 노출 치료, 사회적 문제해결 등과 같은 인지행동전략을 사용하며, 특히 CBITS에 포함된 학생 대상의 심리교육은 외상 사건이 학생 자신의 기능에 어떠한 영향을 미칠 수 있는지 바르게 이해하도록 돕는다. 또한 CBITS는 MTSS 모델의 2단계 또는 3단계 개입에 도입될 수 있다(Hoover et al., 2018; Reinbergs & Fefer, 2018). 연구에 따르면 CBITS는 PTSD 및 우울 증상을 줄이는 데 효과적이며(Kataoka et al., 2003; Stein et al., 2003), 학업 성취도 향상에도 영향을 끼친다(Kataoka et al., 2011). 또한 Hoover 등(2018)의 연구에 따르면 다양한 인종 및 민족으로 구성된 학생 소집단을 대상으로 CBITS를 실시하고 치료 효과를 분석한 결과, CBITS에 참여한 학생의 심리사회적 및 학업적 기능이 눈에 띄게 향상되었으며 PTSD 증상은 현저하게 감소한 것으로 나타났다. 아울러 CBITS에 참여한 학생의 90%가 치료 과정에 끝까지 참여한 것으로 확인되었다. 스페인어를 사용하는 라틴계 청소년 표본에서도 CBITS가 외상 및 우울 증상을 낮추는 데 효과적인 것으로 보고되었다(Allison & Ferreira, 2017). CBITS에 대한 온라인 교육 및 무료 자료는 CBITS 웹사이트(https://cbitsprogram.org)에서 찾아볼 수 있다. RAND 웹사이트(www.rand.org/pubs/tools/TL272.html#download)에서는 영어, 스페인어, 아랍어로 된 CBITS 매뉴얼을 이용할 수 있다.

외상에 노출된 학생을 위한 지원 프로그램

CBITS 프로그램을 토대로 개발된 외상에 노출된 학생을 위한 지원 프로그램(Support for Students Exposed to Trauma: SSET; Jaycox et al., 2009)은 외상 노출과 관련된 불안 또는 우울감과 같은 정서적 고통으로 어려움을 겪는 10세에서 14세 사이 학생들의 정서적 및 심리적 요구를 해결하기 위해 고안된 비임상 증거기반 프로그램이다. 이 프로그램은 임상 교육을 받지 않은 교직원도 운영할 수 있다. SSET는 회기당 45분씩 총 10회기로 구성되어 있으며, 소집단(8~10명)으로 편성된 10~14세 연령대의 아동・청소년들이 각 회기에 참여한다. SSET는 학생이 자신의 외상에 적절하게 반응할 수 있도록 뒷받침하는 데 중점을 두며, 이완하기, 불안에 대처하기, 문제 상황 다루기, 문제해결하기, 자신의 외상에 대하여 이야기하기(trauma narrative) 등의 전략을 효과적으로 사용할 수 있도록 지원한다. SSET는 MTSS의 2단계 개입에서도 사용할 수 있다(Reinbergs & Fefer, 2018). SSET 웹사이트(https://ssetprogram.org/)에서는 학교에 근무하는 교사 및 상담교사를 위한 온라인 교육을 제공하고 있다. 아울러 SSET에 전문성을 갖춘 학교심리사 또한 이들에게 적절한 훈련과 지원을 제공하여 학생이 호소하는 임상적 문제에 적절하게 대처할 수 있도록 도움을 줄 수 있다(Diamanduros et al., 2018b). 교육 매뉴얼인 'SSET 그룹 리더 교육 매뉴얼(SSET Group Leader Training Manual)'(Jaycox et al., 2009)에는 프로그램에 대한 정보, 교육 계획, 교육 중에 배운 기술을 연습하기 위한 과제, 워크시트, 프로그램을 실시할 때 사용할 수 있는 양식이 포함되어 있다. 이 매뉴얼은 RAND 웹사이트(www.rand.org/pubs/technical_reports/TR675.html)에서 무료로 이용할 수 있으며, 전자책(ebook)의 형태로 내려받을 수 있다.

외상성 스트레스 증상을 다루기 위해 고안된 세 가지 증거기반 개입으로는 (a) CBITS, (b) SSET, (c) 바운스백이 있다. 이 개입들은 학교에서 실시될 수 있다.

바운스백

외상에 노출된 초등학생을 위해 고안된 바운스백(Bounce Back) 프로그램(Langley et al., 2015)도 CBITS에 채택되었다. 이 증거기반 임상 프로그램은 학교심리사와 같은 학교의 정신건강 전문가가 실시하도록 고안되었으며, 5세에서 11세 사이인 학생들의 외상 관련 고통을 감소시키는 데 중점을 둔다. 4~7명의 학생으로 구성된 그룹을 대상으로 하며, 감정 식별, 문제해결법, 대처기술, 이완법, 사회적 지원에 중점을 둔 10개 이상의 세션을 실시할 수 있다. SSET와 동일하게, 바운스백 프로그램도 학생 개인을 대상으로 진행하는 별도의 회기를 포함하지만, 부모 대상의 심리교육을 실시하는 것과 더불어 개별 학생을 위한 회기에 부모도 함께 참석하게 하는 등 SSET와 비교하여 부모의 참여를 더욱 강조한다. 이를 통해 부모는 자녀가 외상에 어떻게 반응하는지를 이해할 수 있으며, 자녀가 집에서 자신의 외상에 대처하는 주요 전략을 꾸준하게 연습하도록 도울 수 있다. 아울러 바운스백 프로그램 또한 MTSS의 2단계 개입에서 효과적으로 사용할 수 있다(Reinbergs & Fefer, 2018). 참고로, 온라인 교육을 포함한 바운스백 프로그램 관련 자료는 바운스백 웹사이트(https://bouncebackprogram.org)에서 무료로 이용할 수 있다.

사례 연구 Terrance: 성적 학대를 받은 소년이 외상성 스트레스 반응을 보이는 사례

배경

Terrance는 11세인 5학년 학생으로 5세 때 위탁 보호 시설에 맡겨졌다. 위탁 보호를 받기 전에 Terrance는 친어머니와 함께 살았다. 아버지는 Terrance가 태어나기 전에 어머니를 떠났고 Terrance의 삶에 상관하지 않았다. 어머니는 어떤 친척과도 연락하지 않고 지냈다. 어머니는 십대 아들 두 명을 둔 친구와 함께 아파트에 거주했다. 어머니와 어머니의 친구는 마약을 하기 시작했고 자주 집을 비웠으며 두 명의 십대 소년이 Terrance를 돌보아야 했다. 소년들은 Terrance를 성적으로 학대했으며 이 사실을 누군가에게 말하면 Terrance를 해치겠다고 협박했다. Terrance의 어머니는 마약 소지 혐의로 체포되었고 Terrance는 위탁 보호를 받았다. Terrance는 현재의 위탁 가정에 오기 전, 위탁 가정 세 곳을 전전했는데, 전 양부모들은 그의 행동이 '통제불능'이어서 관리할 수 없었다고 주장했다. Terrance는 지금의 양부모와 2년을 지낸 후에야 성적으로 학대받은 사실을 털어놓았다. 부모는 학교에 이 사실을 알렸다. 집에서 그의 행동은 충동적이고 파괴적인 것으로 묘사된다. 현재의 양부모는 그가 자주 '초조한' 것처럼 보이고 종종 화를 내며 쉽게 이성을 잃는다고 보고한다. 또한 양부모는 그가 집에서 규칙을 지키는 데 어려움을 겪고, 논쟁을 벌인다고 보고한다. 그의 행동은 도전적이지만 양부모는 Terrance를 돕고 싶어 한다.

학교에서 Terrance는 공격적인 행동을 보이고 또래들과 싸움을 벌여서 정학 처분을 받았다. 교사는 Terrance가 사회적 판단력이 부족하며 종종 사소한 일에 마음이 상하여 또래들에게 공격적인 행동을 보인다고 보고한다. 예를 들어, 또래가 Terrance의 주의를 끌려고 어깨를 두드렸을 뿐인데, Terrance는 펄쩍 뛰었고 교사가 개입할 때까지 또래를 때리려 하였다. 교사에 따르면, Terrance는 교실에서 긴장하고 경계하는 것처럼 보이며 또래들과 사회적 상호작용을 하려 들지 않고, 교실과 운동장에서는 혼자 있는 경향이 있다. 교사는 Terrance가 책상에 앉아 있는 동안 자주 교실을 두리번거리고, 다른 학생들이 하는 일에 눈길을 돌리며 쉽게 주의가 산만해지는 것을 알아차렸다. 수업에서는 집중력이 떨어지고, 과제를 시작하고 끝내는 데 어려움을 겪는다. 체육과 같은 특별 활동을 위해 교실을 이동해야 할 때 괴로워하는 것으로 보아 한 활동에서 다른 활동으로 전환하는 것이 그에게 어려운 것이 분명했다. 또한 교사는 Terrance가 때때로 감당하기 힘든 심리적 고통을 느끼고, 감정적으로 괴로워하면서도 교사가 대화를 시도하면 자신의 감정을 부인한다고 보고한다.

논의

Terrance의 감정과 행동 표현은 복합 외상의 특징인 외상성 스트레스 반응을 나타낸다. Terrance의 주요 문제 중의 하나는 자기조절인 것으로 보인다. Terrance는 항상 신경이 곤두서 있고 자주 주변을 확인하며 또래가 어깨를 두드렸을 때 펄쩍 뛰는 모습을 보인다. 이러한 행동은 Terrance의 내적인 상태가 과도하게 각성되어 있을 가능성을 보여 준다. Terrance의 과도한 각성 상태는 자신을 향한 잠재적인 위협이나 지각된 위협에 대하여 일종의 경계 태세를 취하게 만들며, 이와 격렬하게 맞서 싸우려 하는 반응을 촉발할 수 있다. 따라서 또래가 어깨를 두드리는 것이 과거에 경험했던 성폭력의 기억을 촉발하여 극도로 흥분된 내적 상태로 위협을 느끼며 자신을 보호하려고 과잉행동을 했을 가능성이 있다. 이러한 과각성은 Terrance가 학교에서 안전함을 느끼지 못하고 더 많은 외상 경험에 취약한 상태임을 두려워하는 것을 반영할 가능성이 있다. 그래서 그는 교사가 관찰한 것처럼 교실에서 경계하고 긴장하며 자신을 보호해야 할 필요를 느낀다. 사회적 상호작용을 꺼리는 것은 다른 사람을 신뢰하는 데 어려움이 있음을 나타낼 수 있다. 친밀한 관계에 있는 사람에게 몸을 성적으로 유린당하는 일은 배신행위로 느껴질 수 있으며, 그 결과로 다른 사람을 신뢰하기 어려워진다. 지금의 양부모와 2년간 동거한 후에 자신이 학대받은 사실을 폭로하였다는 점에서 양부모와의 관계에는 어느 정도 신뢰가 생긴 것으로 보인다. 그러나 다른 사람을 신뢰하는 것은 그에게 가장 어려운 일일 것이다. 마지막으로, 외상 경험이 그의 학업 기능에 미친 영향은 그에 관해 보고된 집중력 부족, 활동 전환의 어려움, 충동조절의 어려움, 과제를 시작하고 완료하는 어려움 등과 같은 집행기능 결함에서 드러난다. 게다가 그는 파괴적인 행동으로 인해 정학을 받고 교실에서 수업을 받지 못했다.

학교심리사는 학교가 Terrance의 사회 · 정서적 및 교육적 요구를 다루는 데 도움을 주는 중요한 역할을 할 수 있다. 가장 먼저 해야 할 일 중 하나는 외상이 Terrance의 기능에 어떤 영향을 미쳤으며, 감정 조절의 어려움이 가정과 학교에서 관찰되는 파괴적인 행동과 어떻게 연결되는지 이해하도록 부모, 교사 및 학교 관리자를 돕는 것이다. 교사와 협력 시에는 Terrance가 교실에서 안전함을 느끼고 또래들과 긍정적인 관계를 구축할 수 있도록 도와줄 방법을 찾아내는 것에 중점을 둘 수 있다. 교실에서 안전함을 느끼도록 도울 수 있는 한 가지 가능한 방법은 Terrance가 자신이 감당하기 힘든 심리적 고통을 느낄 때 안전하게 머물 수 있는 안전한 장소를 마련하는 것뿐만 아니라 정서적인 괴로움을 일으키는 촉발 요인을 확인하는 것일 수 있다. Terrance가 교직원과 신뢰 관계를 형성하여 그 사람에게서 안전감을 느끼기 시작했다면, 자신에게 심각한 심리적 고통이 찾아와 누군가와 대화해야만 하는 상황에 처했을 때 신속하게 그 사람에게 가도록 계획을 세울 수 있다. 안전감을 증진하는 다른 방법은 한 활동에서 다른 활동으로 바뀔 때 미리 알려 주고, 일정 변경 혹은 소방 훈련과 같은 예상치 못한 일이 계획되어 있는지 알려 주는 것이다. 체육 교과처럼 수업 장소가 바뀌면, 체육 활동에 참여하기 위해 라커룸에서 옷을 갈아입는 동안 다시 피해당할 위험이 있다는 두려움뿐만 아니라 취약하고 안전하지 않다는 느낌이 유발될 수 있다. 체육 교사와 협조하여 어른이 교실에 따라가고, 옷을 갈아입으러 라커룸에 가지 않을 수 있도록 해 주는 것이 도움이 될 것이다. 학교에 MTSS 지원 체계가 있다면 Terrance가 사회적 기술을 쌓고 사회적 문제해결 기술을 개발할 수 있도록 교실에서 지원을 제공하는 방법이 Terrance에게 도움을 줄 것이다. 마지막으로, 학교심리사는 Tertance가 다양한 이완 기법을 활용하고, 자신의 감정을 인식하고 조절하는 방법을 배우고, 불안을 유발하는 긴장된 생각을 인식하여 사고를 재구성하도록 CBITS 프로그램과 같은 개입을 실시할 수 있다. 나아가, Terrance가 자신의 감정과 행동 사이의 연관성을 인식하여 감정과 행동을 적절하게 조절할 수 있도록 돕는 데 개입의 초점을 맞출 수 있다. 끝으로, 학교심리사와 교사는 Terrance의 집행기능을 강화하는 전략을 찾아서 그가 충동을 더 잘 관리하고 교실에 더 집중할 수 있도록 할 수 있다. Terrance는 교실에서 쉽게 주의가 산만해지고 과제를 완료하는 데 어려움을 겪기 때문에 과제 완료 시간을 늘려 주는 것도 도움이 될 수 있다.

핵심 요약

- 어린 시절의 외상은 드문 일이 아니며 외상 입은 아동의 사회 · 정서적 및 행동 기능과 교실에서 학습하는 능력에 큰 영향을 미칠 수 있다.
- 외상 이력이 있는 일부 아동은 외상성 스트레스 증상을 경험하며, 이는 PTSD 진단으로 이어질 수 있다. 복합 외상과 아동에 대한 발달외상장애(DTD) 진단은 외상이 발달에 미치는 영향, 복합 외상이 있는 아동의 불안정한 애착 양식, PTSD 진단으로 다루기 어려운 정서조절 장애에 초점을 맞추는 틀을 제공한다.
- 인종주의 및 차별과 같은 인종적 외상은 아동의 발달 및 기능에 상당한 영향을 미칠 수 있으며, 정서 및 행동 문제를 보이는 아동을 돕고자 할 때는 특히 이러한 문제가 인종차별에 따른 만성 스트레스와 밀접한 관련이 있는 것은 아닌지 주의 깊게 살펴야 한다.
- 학교심리사는 교육자와 학교 관리자 및 부모의 인식을 높이고, 학생 평가에 외상 정보를 적용하고, 정신건강 서비스를 제공함으로써 외상 입은 아동을 학교에서 돕는 데 중요한 역할을 할 수 있다.
- MTSS를 활용한 교육적 및 심리적 지원은 외상 입은 아동이 교실에서 안전함과 지지를 느끼는 학습 환경을 조성하는 데 도움이 될 수 있다. 이러한 지원은 학습을 촉진하고 사회 · 정서적 안녕을 증진한다.

연습문제

1. 다음 중 6세 미만 아동의 PTSD 소아 하위 유형에 대한 증상 군집으로 옳은 것은?
   a. 침습적 사고를 통한 외상 재경험
   b. 외상 관련 자극 회피 및/또는 인지 및 기분의 부정적인 변화 경험
   c. 각성과 반응의 증가 경험
   d. a~c 모두

2. 자기조절은 외상의 영향을 받는 영역으로서 감정 조절의 어려움과 같이 아동에게 나타나는 많은 증상의 원인으로 간주된다.
   a. 참
   b. 거짓

3. CBITS, SSET 및 바운스백은 CBT를 기반으로 하는 치료적 접근방식을 사용한다.
   a. 참
   b. 거짓

4. MTSS 프레임워크를 사용할 때, 다음 중 외상성 스트레스 증상을 겪고 있는 아동을 선별하는 데 BESS를 도입하기에 적절한 단계는?
   a. 1단계
   b. 2단계
   c. 3단계

5. 외상을 입은 아동은 집행기능 장애를 경험하지 않는다.
   a. 참
   b. 거짓

정답 1)d, 2)a, 3)a, 4)a, 5)b

토의질문

1. DSM-5에서의 6세 미만 아동을 위한 PTSD 진단 기준의 특징과 van der Kolk가 제안한 DTD 진단 기준의 주요 특징을 비교하시오.
2. 인종적 외상이 유색 인종 청소년에게 어떻게 영향을 미칠 수 있는지 논하시오.
3. 외상이 아동의 사회성, 정서 및 행동 기능에 어떻게 영향을 미칠 수 있는지 논하시오.
4. 외상이 교실에서 아동의 학습 및 기능에 어떻게 영향을 미칠 수 있는지 논하시오.
5. 외상에 대한 사회 · 정서적 지원이 MTSS 체계를 통해 어떻게 제공될 수 있는지 논하시오.

● 추가 정보

For School Psychologists

EVIDENCE-BASED INTERVENTIONS

Bounce Back: https://bouncebackprogram.org

Cognitive Behavioral Interventions for Trauma in Schools (CBITS): https://cbitsprogram.org

Support for Students Exposed to Trauma (SSET): https://ssetprogram.org

Trauma-Focused Cognitive Behavioral Therapy Web: http://tfcbt.musc.edu/

Trauma-Focused Coping in Schools (TFC): www.nctsn.org/interventions/trauma-focused-coping-schools

BOOKS

The Body Keeps the Score: Brain, Mind, and Body in the Healing of Trauma by Bessel van der Kolk, MD (2015)

Child Trauma Handbook: A Guide for Helping Trauma-Exposed Children and Adolescents by Ricky Greenwald (2005)

Children and Trauma: A Guide for Parents and Professionals by Cynthia Monahon (1993)

Clinical Work With Traumatized Young Children by Joy D. Osofsky (2013)

Cognitive-Behavioral Therapies for Trauma by V. M. Follette and J. I. Ruzek (2007)

Early Intervention for Trauma and Traumatic Loss by Brett T. Litz (2003)

Helping Children Cope With Disasters and Terrorism by Annette M. La Greca (2002)

Mass Trauma and Violence: Helping Families and Children Cope by Nancy Boyd Webb (2003)

Neurobiologically Informed Trauma Therapy With Children and Adolescents: Understanding Mechanisms of Change by Linda Chapman (2014)

Trauma Therapy in Context The Science and Craft of Evidence-Based Practice edited by Robert A. McMackin, EdD, Elana Newman, PhD; Jason M. Fogler, PhD; and Terence M. Keane, PhD (2012)

Understanding and Assessing Trauma in Children and Adolescents: Measures, Methods, and Youth in Context by Kathleen Nader (2015)

Young Children and Trauma: Intervention and Treatment by Joy D. Osofsky (2004)

ONLINE RESOURCES

Child Trauma Academy: http://childtrauma.org/

Child Trauma Institute: www.childtrauma.com

Coping With Disaster. www.mhanational.org/coping-disaster

National Association of School Psychologists (NASP) *Trauma Resources:* www.nasponline.org/resources-and-publications/resources-and-podcasts/school-climate-safety-and-crisis/mental-health-resources/trauma

National Association of School Psychologists (NASP) *A National Tragedy: Helping Children Cope:* www.nasponline.org/resources/crisis_safety/terror_general.aspx

National Child Traumatic Stress Network (NCTSN): www.nctsn.org/

National Child Traumatic Stress Network (NCTSN) *Training Resources:* www.nctsn.org/resources/training

National Center for Children Exposed to Violence: www.nccev.org/

National Crime Victims Research and Treatment Center: https://medicine.musc.edu/departments/psychiatry/divisions-and-programs/divisions/ncvc

National Institute of Mental Health *Helping Children and Adolescents Cope With Violence and Disaster: What Parents Can Do:* www.nimh.nih.gov/health/publications/helping-children-and-adolescents-cope-with-violence-and-disasters-parents/index.shtml

Parenting After Traumatic Events: Ways to Support Children: https://psychcentral.com/lib/parenting-after-traumatic-events-ways-to-support-children

University of Minnesota Extension *Historical Trauma and Cultural Healing.* https://extension.umn.edu/mental-health/historical-trauma-and-cultural-healing

Zero to Three: National Center for Infants, Toddlers, and Families: www.zerotothree.org

For Parents

BOOKS

Children Changed by Trauma: A Healing Guide by D. W. Alexander (1999)

Children and Trauma: A Guide for Parents and Professionals by Cynthia Monahon (1993)

Coping With Trauma: A Guide to Self-Understanding by J. G. Allen (1995)

The Grieving Child: A Parent's Guide by H. Fitzgerald (1992)

Integrative Parenting: Strategies for Raising Children Affected by Attachment Trauma by Debra Wesselmann, Cathy Schweitzer, and Stefanie Armstrong (2014)

It's Okay to Cry: A Parent's Guide to Helping Children Through the Losses of Life by H. Norman Wright (2004)

The Scared Child: Helping Kids Overcome Traumatic Events by Barbara Brooks and Paula M. Siegel (1996)

For Children

BOOKS

A Terrible Thing Happened: A Story for Children Who Have Witnessed Violence or Trauma by Margaret M. Holmes (2000)

Always and Forever by Alan Durant (2013)

Badger's Parting Gifts by Susan Varley (1992)

Bear's Last Journey by Udo Weigelt (2003)
The Dead Bird by Margaret Brown Wise (2016)
Everett Anderson's Goodbye by Lucille Clifton (1988)
Goodbye Mousie by Robie H. Harris (2004)
Jenny Is Scared: When Sad Things Happen in the World by Carol Shuman (2003)
The Next Place by Warren Hanson (2002)
The Purple Balloon by Chris Raschka (2007)
Remembering Crystal by Sebastian Loth (2010)

● 핵심 참고문헌

American Psychiatric Association. (2013). *Diagnostic and statistical manual of mental disorders* (5th ed.). https://doi.org/10.1176/appi.books.9780890425596

National Association of School Psychologists. (2016a). *Managing strong emotional reactions to traumatic events: Tips for parent and educators.* https://www.nasponline.org/resources-and-publications/resources-and-podcasts/school-climate-safety-and-crisis/mental-health-resources/trauma/managing- strong-emotional-reactions-to-traumatic-events-tips-for-families-and-teachers

National Center for PTSD. (n.d.). *Understand PTSD: How common is PTSD in children and adolescents?* https://www.ptsd.va.gov/understand/common/common_children_teens.asp

National Child Traumatic Stress Network. (2008a). *Child trauma toolkit for educators.* https://www.nctsn.org/sites/default/files/resources//child_trauma_toolkit_educators.pdf

National Child Traumatic Stress Network. (2014). *Complex trauma: Facts for educators.* Author.

National Child Traumatic Stress Network. (2020a). *Understanding child trauma.* https://www.nctsn.org/sites/default/files/resources/fact-sheet/understanding_child_trauma_and_the_nctsn_0.pdf

Spinazzola, J., Habib, M., Blaustein, M., Knoverek, A., Kisiel, C., Stolbach, B., Abramovitz, R., Kagan, R., Lanktree, C., & Maze, J. (2017). *What is complex trauma? A resource guide for youth and those who care about them.* National Center for Child Traumatic Stress.

van der Kolk, B. A. (2005). Developmental trauma disorder: Toward a rational diagnosis for children with complex trauma histories. *Psychiatric Annals, 35*(5), 401-408. https://doi.org/10.3928/00485713-20050501-06

참고문헌

Alisic, E. (2012). Teachers' perspectives on providing support to children after trauma: A qualitative study. *School Psychology Quarterly, 27*(1), 51-59. https://doi.org/10.1037/a0028590

Alisic, E., Boeije, H. R., Jongmans, M. J., & Kleber, R. J. (2012). Supporting children after single-incident trauma: Parents' views. *Clinical Pediatrics, 51*(3), 274-282. https://doi.org/10.1177/0009922811423309

Alisic, E., Zalta, A., Van Wesel, F., Larsen, S., Hafstad, G., Hassanpour, K., & Smid, G. (2014). Rates of post-traumatic stress disorder in trauma-exposed children and adolescents: Meta-analysis. *British Journal of Psychiatry, 204*(5), 335-340. https://doi.org/10.1192/bjp.bp.113.131227

Allison, A. C., & Ferreira, R. J. (2017). Implementing cognitive behavioral intervention for trauma in schools (CBITS) with Latino youth. *Child and Adolescent Social Work Journal, 34*(2), 181-189. https://doi.org/10.1007/s10560-016-0486-9

American Psychological Association. (2008). *Trauma and children: Update for mental health professionals.* http://www.apa.org/pi/families/resources/update.pdf

American Psychological Association. (2017). *Chronic stress, race-related stress, and academic outcomes among adolescents.* https://www.youtube.com/watch?v=X-DIOIn8Msw

American Psychiatric Association. (2013). *Diagnostic and statistical manual of mental disorders* (5th ed.). https://doi.org/10.1176/appi.books.9780890425596

Armsworth, M. W., & Holaday, M. (1993). The psychological effects of trauma on children and adolescents. *Journal of Counseling and Development, 72*(1), 49-56. https://doi.org/10.1002/j.1556-6676.1993.tb02276.x

Astitene, K., Aguenaou, H., Lahlou, L., & Barkat, A. (2020). Prevalence of post traumatic stress disorder among school-age adolescent. *International Neuropsychiatric Disease Journal, 14*(1), 40-49. https://doi.org/10.9734/indj/2020/v14i130121

Beers, S. R., & De Bellis, M. D. (2002). Neuropsychological function in children with maltreatment-related posttraumatic stress disorder. *American Journal of Psychiatry, 159*(3), 483-486. https://doi.org/10.1176/appi.ajp.159.3.483

Bernstein, D. P., Fink, L., Handelsman, L., & Foote, J. (1998). Childhood trauma questionnaire. *Assessment of family violence: A handbook for researchers and practitioners.* APA PsychTests. https://doi.org/10.1037/t02080-000

Bremness, A., & Polzin, W. (2014). Commentary: Developmental trauma disorder: A missed opportunity in DSM-5. *Journal of the Canadian Academy of Child and Adolescent Psychiatry, 23*(2), 142. PMID: 24872830.

Briere, J. (1996). *Trauma Symptom Checklist for Children: Professional manual.* Psychological Assessment Resources, Inc.

Brock, S. E. (2004). Traumatized children: Tips for parents and educations. In A. S. Canter, L. Z. Paige, M. D. Roth, I. Romero, & S. A. Carroll (Eds.), *Helping children at home and school II: Handouts for families and educators* (pp. S9-61-59-62). National Association of School Psychologists.

Children's Defense Fund. (1975). *School suspensions: Are they helping children?* Washington Research Project.

Cohen, J. A., Mannarino, A. P., & Deblinger, E. (Eds.). (2012). *Trauma-focused CBT for children and adolescents: Treatment applications.* Guilford Press.

Choi, K. R., Seng, J. S., Briggs, E. C., Munro-Kramer, M. L, Graham-Bermann, S. A., Lee, R. C., & Ford, J. D. (2017). The dissociative subtype of posttraumatic stress disorder (PTSD) among adolescents: Co-occurring PTSD, depersonalization/derealization, and other dissociation symptoms. *Journal of the American Academy of Child & Adolescent Psychiatry, 56*(12), 1062-1072. https://doi.org/10.1016/j.jaac.2017.09.425

Cohen, J. A., Mannarino, A. P., & Deblinger, E. (Eds.). (2012). *Trauma-focused CBT for children and adolescents: Treatment applications.* Guilford Press.

Cole, S. F., O'Brien, J. G., Gadd, M. G., Ristuccia, J., Wallace, D. L., & Gregory, M. (2005). *Helping traumatized children learn: Supportive school environments for children traumatized by family violence* (Vol. 1). Massachusetts Advocates for Children. https://traumasensitiveschools.org/wp- content/uploads/2013/06/Helping-Traumatized-Children-Learn.pdf

Complex Trauma Treatment Network of the National Child Traumatic Stress Network. (2016). *Complex trauma: Facts for treatment staff in residential settings.* National Center for Child Traumatic Stress. https://www.nctsn.org/sites/default/files/resources//complex_trauma_facts_for_treatment_staff_in_residential_settings.pdf

Cook, A., Blaustein, M., Spinazzola, J., & van der Kolk, B. (Eds.). (2003). *Complex trauma in children and adolescents.* National Child Traumatic Stress Network. http://www.NCTSNet.org

Cook, A., Spinazzola, J., Ford, J., Lanktree, C., Blaustein, M., Cloitre, M., DeRosa, R., Hubbard, R., Kagan, R., Liautaud, J., Mallah, K, Olafson, E., & van der Kolk, B. (2005). Complex trauma in children and adolescents. *Psychiatric Annals, 35*, 390-398. https://doi.org/10.3928/00485713-20050501-05

D'Andrea, W., Ford, J., Stolbach, B., Spinazzola, J., & van der Kolk, B. A. (2012). Understanding interpersonal trauma in children: Why we need a developmentally appropriate trauma diagnosis. *American Journal of Orthopsychiatry, 82*(2), 187. https://doi.org/10.1111/j.1939-0025.2012.01154.x

Deane, K., Richards, M., & Santiago, C. D. (2020). Violence exposure, posttraumatic stress, and affect variability among African American youth: A time sampling approach. *Development and Psychopathology,* 1-12. https://doi.org/10.1017/S095457942000036X

De Bellis, M. D. (2005). *The psychobiology of neglect. Child Maltreatment, 10*(2), 150-172. https://doi.org/10.1177/1077559505275116

Delaney-Black, V., Covington, C., Ondersma, S. J., Nordstrom-Klee, B., Templin, T., Ager, J., Janisse, J, & Sokol, R. J. (2002). Violence exposure, trauma, and IQ and/or reading deficits among urban children. *Archives of Pediatrics & Adolescent Medicine, 156*(3), 280-285. https://doi.org/10.1001/archpedi.156.3.280

Denton, R., Frogley, C., Jackson, S., John, M., & Querstret, D. (2017). The assessment of developmental trauma in children and adolescents: A systematic review. *Clinical Child Psychology and Psychiatry, 22*(2), 260-287. https://doi.org/10.1177/1359104516631607

DePierro, J., D'Andrea, W., Spinazzola, J., Stafford, E., van Der Kolk, B., Saxe, G., Stolbach, B., McKernan, S., & Ford, J. D. (2019). Beyond PTSD: Client presentations of developmental trauma disorder from a national survey of clinicians. *Psychological Trauma: Theory, Research, Practice, and Policy.* Advance online publication. https://doi.org/10.1037/tra0000532

Diamanduros, T. D., Tysinger, P. D., & Tysinger, J. (2018a). Trauma and its impact on children. *Communiqué, 46*(6), 24-25. https://www.nasponline.org/publications/periodicals/communique/issues/volume-46-issue-6

Diamanduros, T. D., Tysinger, P. D., & Tysinger, J. (2018b). Trauma and the role of the school psychologist. *Communiqué, 46*(7), 27-30. https://www.nasponline.org/publications/periodicals/communique/issues/volume-46-issue-7

Donovan, S. M., & Cross, C. T. (2002). *Minority students in special and gifted education.* National Academy of Sciences-National Research Council.

Eklund, K., & Rossen, E. (2016). *Guidance for trauma screening in schools.* The National Center for Mental

Health and Juvenile Justice. https://www.nasponline.org/x37269.xml

English, D., Lambert, S. F., Tynes, B. M., Bowleg, L., Zea, M. C., & Howard, L. C. (2020). Daily multidimensional racial discrimination among Black U.S. American adolescents. *Journal of Applied Developmental Psychology, 66*. https://doi.org/10.1016/j.appdev.2019.101068.

Foa, E. B., Johnson, K. M., Feeny, N. C., & Treadwell, K. R. (2001). The Child PTSD Symptom Scale: A preliminary examination of its psychometric properties. *Journal of Clinical Child & Adolescent Psychology, 30*(3), 376-384. https://doi.org/10.1207/S15374424JCCP3003_9

Ford, J. D., Racusin, R., Rogers, K., Ellis, C., Schiffman, J., Ribbe, D., & Edwards, J. (2002). *Traumatic Events Screening Inventory for Children (TESI-C) Version 8.4.* National Center for PTSD and Dartmouth Child Psychiatry Research Group. https://www.ptsd.va.gov/professional/assessment/documents/TESI- C.pdf

Ford, J. D., Spinazzola, J., van der Kolk, B., & Grasso, D. J. (2018). Toward an empirically based developmental trauma disorder diagnosis for children: Factor structure, item characteristics, reliability, and validity of the developmental trauma disorder semi-structured interview. *Journal of Clinical Psychiatry, 79*(5). https://doi.org/10.4088/JCP.17m11675

Fry, D., Fang, X., Elliott, S., Casey, T., Zheng, X., Li, J., Florian, L., & McCluskey, G. (2018). The relationships between violence in childhood and educational outcomes: A global systematic review and meta-analysis. *Child Abuse & Neglect, 75*, 6-28. https://doi.org/10.1016/j.chiabu.2017.06.021

Gould, F., Harvey, P. D., Hodgins, G., Jones, M. T., Michopoulos, V., Maples-Keller, J., Rothbaum, B. O, Rothbaum, A. O., Ressler, K. J., & Nemeroff, C. B. (2020). Prior trauma-related experiences predict the development of posttraumatic stress disorder after a new traumatic event. *Depression and Anxiety.* https://doi.org/10.1002/da.23084

Graham, P. W., Yaros, A., Lowe, A., & McDaniel, M. S. (2017). Nurturing environments for boys and men of color with trauma exposure. *Clinical Child and Family Psychology Review, 20*(2), 105-116. https://doi.org/10.1007/s10567-017-0241-6

Greenwald, R., & Rubin, A. (1999). Assessment of posttraumatic symptoms in children: Development and preliminary validation of parent and child scales. *Research on Social Work Practice, 9*(1), 61-75. https://doi.org/10.1177/104973159900900105

Griffin, G. (2020). Defining trauma and a trauma-informed COVID-19 response. *Psychological Trauma: Theory, Research, Practice, and Policy, 12*(S1), S279. https://doi.org/10.1037/tra0000828

Holmes, S. C., Facemire, V. C., & DaFonseca, A. M. (2016). Expanding criterion a for posttraumatic stress disorder: Considering the deleterious impact of oppression. *Traumatology, 22*(4), 314. https://doi.org/10.1037/trm0000104

Hoover, S. A., Sapere, H., Lang, J. M., Nadeem, E., Dean, K. L., & Vona, P. (2018). Statewide implementation of an evidence-based trauma intervention in schools. *School Psychology Quarterly, 33*(1), 44-53. https://doi.org/10.1037/spq0000248

Humphreys, K. L., Myint, M. T., & Zeanah, C. H. (2020). Increased risk for family violence during the COVID-19 pandemic. *Pediatrics, 145*(4), e20200982. https://doi.org/10.1542/peds.2020-0982.

Hunt, K. L., Martens, P. M., & Belcher, H. M. (2011). Risky business: Trauma exposure and rate of posttraumatic stress disorder in African American children and adolescents. *Journal of Traumatic Stress, 24*(3), 365-369.

https://doi.org/10.1002/jts.20648

Jaycox, L, H., Langley, A. K., & Dean, K. L. (2009). *Support for students exposed to trauma: The SSET program.* RAND Corporation. https://www.rand.org/pubs/technical_reports/TR675.html.

Jones, R. T. (1994). *Child's Reaction to Traumatic Events Scale-Revised.* APA PsychTests. https://doi.org/10.1037/t02072-000

Kataoka, S., Jaycox, L. H., Wong, M., Nadeem, E., Langley, A., Tang, L., & Stein, B. D. (2011). Effects on school outcomes in low-income minority youth: Preliminary findings from a community-partnered study of a school trauma intervention. *Ethnicity & Disease, 21*(301), S1-71-7. PMID: 22352083.

Kataoka, S. H., Stein, B. D., Jaycox, L. H., Wong, M., Escudero, P., Tu, W., Zaragoza, C., & Fink, A. (2003). A school-based mental health program for traumatized Latino immigrant children. *Journal of the American Academy of Child & Adolescent Psychiatry, 42*(3), 311-318. https://doi.org/10.1097/00004583-200303000-00011

Lanier, Y., Sommers, M. S., Fletcher, J., Sutton, M. Y., & Roberts, D. D. (2017). Examining racial discrimination frequency, racial discrimination stress, and psychological well-being among Black early adolescents. *Journal of Black Psychology, 43*(3), 219-229. https://doi.org/10.1177/0095798416638189

Lang, J. M., & Connell, C. M. (2016). Development and validation of a brief trauma screening measure for children: The Child Trauma Screen. *Psychological Trauma: Theory, Research, Practice, and Policy, 9*(3), 390. https://doi.org/10.1037/tra0000235

Langley, A. K., Gonzalez, A., Sugar, C. A., Solis, D., & Jaycox, L. (2015). Bounce Back: Effectiveness of an elementary school-based intervention for multicultural children exposed to traumatic events. *Journal of Consulting and Clinical Psychology, 83*, 853. https://doi.org/10.1037/ccp0000051

McLaughlin, K. A., Greif Green, J., Gruber M. J., Sampson, N. A., Zaslavsky, A. M., & Kessler, R. C. (2012). Childhood adversities and first onset of psychiatric disorders in a national sample of U.S. adolescents. *Archives of General Psychiatry, 69*(11), 1151-1160. https://doi.org/10.1001/archgenpsychiatry.2011.2277

Merikangas, K. R., He, J. P., Burstein, M., Swanson, S. A., Avenevoli, S., Cui, L., Benjet, C., Georgiades, K., & Swendsen, J. (2010). Lifetime prevalence of mental disorders in U.S. adolescents: Results from the National Comorbidity Survey Replication-Adolescent Supplement (NCS-A). *Journal of the American Academy of Child and Adolescent Psychiatry, 49*(10), 980-989. https://doi.org/10.1016/j.jaac.2010.05.017

Mills, M. S., Embury, C. M., Klanecky, A. K., Khanna, M. M., Calhoun, V. D., Stephen, J. M., Wang, Y.-P., & Wilson, T.W., & Badura-Brack, A. S. (2019). Traumatic events are associated with diverse psychological symptoms in typically-developing children. *Journal of Child & Adolescent Trauma, 13*, 381-388 (2020). https://doi.org/10.1007/s40653-019-00284-y

Minahan, J. (2019). Trauma-informed teaching strategies. *Educational Leadership, 77*(2), 30-35. https://www.ascd.org/el/articles/trauma-informed-teaching-strategies

Nadeem, E., Jaycox, L. H., Kataoka, S. H., Langley, A. K., & Stein, B. D. (2011). Going to scale: Experiences implementing a school-based trauma intervention. *School Psychology Review, 40*(4), 549-568. https://doi.org/10.1080/02796015.2011.12087529

National Association of School Psychologists. (2013). *Racial and ethnic disproportionality in education* [Position statement]. Author.

National Association of School Psychologists. (2016a). *Managing strong emotional reactions to traumatic events: Tips for families and teachers.* https://www.nasponline.org/resources-and-publications/resources-and-podcasts/school-safety-and-crisis/mental-health-resources/trauma/managing-strong- emotional-reactions-to-traumatic-events-tips-for-families-and-teachers

National Association of School Psychologists. (2016b). *Trauma: Brief facts and tips for children and adults.* https://www.nasponline.org/resources-and-publications/resources-and-podcasts/school-climate-safety-and-crisis/mental-health-resources/trauma

National Association of School Psychologists. (2020). *NASP 2020 domains of practice.* https://www.nasponline.org/standards-and-certification/nasp-2020-professional-standards-adopted/nasp-2020-domains-of-practice

National Association of School Psychologists School Safety and Crisis Response Committee. (2015). *Supporting students experiencing childhood trauma-Tips for parents and educators.* National Association of School Psychologists.

National Center for PTSD. (n.d.). *Understand PTSD: How common is PTSD in children and adolescents?* https://www.ptsd.va.gov/understand/common/common_children_teens.asp

National Child Traumatic Stress Network. (n.d.-a). *How early trauma is unique.* https://www.nctsn.org/what-is-child-trauma/trauma-types/early-childhood-trauma/effects

National Child Traumatic Stress Network. (n.d.-b). *Effects of complex trauma.* https://www.nctsn.org/print/821

National Child Traumatic Stress Network. (n.d.-c). *Resources related to understanding child traumatic stress.* https://www.nctsn.org/sites/default/files/resources/fact-sheet/nctsn_resources_related_to_understanding_child_traumatic_stress.pdf

National Child Traumatic Stress Network. (n.d.-d). *Age-related reactions to a traumatic event.* https://www.nctsn.org/sites/default/files/resources//age_related_reactions_to_traumatic_events.pdf

National Child Traumatic Stress Network. (n.d.-e). *What a trauma screening tool or process.* https://www.nctsn.org/print/786

National Child Traumatic Stress Network. (2008a). *Child trauma toolkit for educators.* https://www.nctsn.org/resources/child-trauma-toolkit-educators

National Child Traumatic Stress Network. (2008b). *Understanding child traumatic stress: A guide for parents.* https://www.nctsn.org/sites/default/files/resources//understanding_child_traumatic_stress_guide_for_parents.pdf

National Child Traumatic Stress Network. (2013). *Impact of complex trauma.* https://www.nctsn.org/sites/default/files/resources//impact_of_complex_trauma.pdf

National Child Traumatic Stress Network. (2014). Complex trauma: Facts for educators. Author.

National Child Traumatic Stress Network. (2020a). *Understanding child trauma.* https://www.nctsn.org/sites/default/files/resources/fact-sheet/understanding_child_trauma_and_the_nctsn_0.pdf

National Child Traumatic Stress Network. (2020b). *Select NCTSN resources African-Americans and race.* https://www.nctsn.org/sites/default/files/resources/fact-sheet/nctsn_resources_african_americans_and_trauma.pdf

National Child Traumatic Stress Network, Justice Consortium, Schools Committee, and Culture Consortium. (2017). *Addressing race and trauma in the classroom: A resource for educators.* National Center for Child

Traumatic Stress.

Paxton, K. C., Robinson, W. L., Shah, S., & Schoeny, M. E. (2004). Psychological distress for African-American adolescent males: Exposure to community violence and social support as factors. *Child Psychiatry and Human Development, 34*(4), 281-295. https://doi.org/10.1023/B:CHUD.0000020680.67029.4f

Perry, B. D. (2003). *Effects of traumatic events on children.* The Child Trauma Academy. http://www.fa-sett.no/filer/perry-handout-effects-of-trauma.pdf

Perry, B. D. (2012). *Helping traumatized children: A brief overview for caregivers.* The Child Trauma Academy. https://7079168e-705a-4dc7-be05-2218087aa989.filesusr.com/ugd/aa51c7_237459a7e16b4b7e9d2c4837c908eefe.pdf

Proctor, S. L., Li, K., Chait, N., Owens, C., Gulfaraz, S., Sang, E, Prosper, G., & Ogundiran, D. (2020). Preparation of school psychologists to support Black students exposed to police violence: Insight and guidance for critical training areas. *Contemporary School Psychology, 25*, 377-393. https://doi.org/10.1007/s40688-020-00317-6

Pynoos, R. S., Weathers, F. W., Steinberg, A. M., Marx, B. P., Layne, C. M., Kaloupek, D. G., & Kriegler, J. (2015). *Clinician-administered PTSD scale for* DSM-5-*Child/adolescent version.* Scale available from the National Center for PTSD at www.ptsd.va.gov.

Racco, A., & Vis, J. (2015). Evidence-based trauma treatment for children and youth. *Child and Adolescent Social Work Journal, 32*(2), 121-129. https://doi.org/10.1007/s10560-014-0347-3

Reeves, M. A. L., & Brock, S. (2018). Trauma: Helping handout for schools. In G. G. Bear & K. M. Minke (Eds.), Helping handouts: Supporting students at school and home. National Association of School Psychologists. Reinbergs, E. J., & Fefer, S. A. (2018). Addressing trauma in schools: Multitiered service delivery options for practitioners. *Psychology in the Schools, 55*(3), 250-263. https://doi.org/10.1002/pits.22105

Reeves, M. A. L., & Brock, S. (2018). Trauma: Helping handout for schools. In G. G. Bear & K. M. Minke (Eds.), *Helping handouts: Supporting students at school and home.* National Association of School Psychologists.

Reynolds, C. R., & Kamphaus, R. W. (2015a). *Behavior assessment system for children* (3rd ed.). Pearson.

Reynolds, C. R., & Kamphaus, R. W. (2015b). *BASC-3 behavior and emotional screening system (BASC-3 BESS).* Pearson.

Romano, E., Babchishin, L, Marquis, R., & Fréchette, S. (2015). Childhood maltreatment and educational outcomes. *Trauma, Violence, & Abuse, 16*(4), 418-437. https://doi.org/10.1177/1524838014537908

Rossen, E., & Cowan, K. (2013). The role of schools in supporting traumatized students. *Principal Research Review, 8*(6), 1-8. https://www.hartfordschools.org/wp-content/uploads/2016/01/prr_nov13_trauma_sensitive_schools.pdf

Ruiz, E. (2016). Trauma symptoms in a diverse population of sexually abused children. *Psychological Trauma Theory, Research Practice and Policy, 8*(6), 680-687. https://doi.org/10.1037/tra0000160

Saleem, F. T., Anderson, R. E. & Williams, M. (2020). Addressing the "myth" of racial trauma: Developmental and ecological considerations for youth of color. *Clinical Child Family Psychology Review, 23*, 1-14. https://doi.org/10.1007/s10567-019-00304-1

Sanders-Phillips, K. (2009). Racial discrimination: A continuum of violence exposure for children of color. *Clinical Child and Family Psychology Review, 12*(2), 174-195. https://doi.org/10.1007/s10567-009-0053-4

Sanders-Phillips, K., Kliewer, W., Tirmazi, T., Nebbitt, V., Carter, T., & Key, H. (2014). Perceived racial discrimination, drug use, and psychological distress in African American youth: A pathway to child health disparities. *Journal of Social Issues, 70*(2), 279-297. https://doi.org/10.1111/josi.12060

Saxe, G., Chawla, N., Stoddard, F., Kassam-Adams, N., Courtney, D., Cunningham, K., Lopez, C., Hall, E., Sheridan, R., King, D., & King, L. (2003). Child Stress Disorders Checklist. A measure of ASD and PTSD in children. *Journal of the American Academy of Child & Adolescent Psychiatry, 42*(8), 972-978. https://doi.org/10.1097/01.CHI.0000046887.27264.F3

Skiba, R. J., Shure, L., & Williams, N. (2012). Racial and ethnic disproportionality in suspension and expulsion. In A. L. Noltemeyer & C. S. McLoughlin (Eds.), *Disproportionality in education and special education: A guide to creating more equitable learning environments* (pp. 89-118). Charles C Thomas.

Spinazzola, J., Habib, M., Blaustein, M., Knoverek, A., Kisiel, C., Stolbach, B., Abramovitz, R., Kagan, R., Lanktree, C., & Maze, J. (2017). *What is complex trauma? A resource guide for youth and those who care about them.* National Center for Child Traumatic Stress. https://www.nctsn.org/resources/what- complex-trauma-resource-guide-youth-and-those-who-care-about-them

Spinazzola, J., Van der Kolk, B., & Ford, J. D. (2018). When nowhere is safe: Interpersonal trauma and attachment adversity as antecedents of posttraumatic stress disorder and developmental trauma disorder. *Journal of Traumatic Stress, 31*(5), 631-642. https://doi.org/10.1002/jts.22320

St. Jean, N. E., Endale, T., & NCTSN Culture Consortium. (2020). *Cultural responsiveness to racial trauma: Understanding racial trauma, why it matters, and what to do.* National Center for Child Traumatic Stress.

Stein, B. D., Jaycox, L. H., Kataoka, S. H., Wong, M., Tu, W., Elliott, M. N., & Fink, A. (2003). A mental health intervention for schoolchildren exposed to violence: A randomized controlled trial. *JAMA, 290*(5), 603-611. https://doi.org/10.1001/jama.290.5.603

Steinberg, A. M., Brymer, M. J., Kim, S., Briggs, E. C., Ippen, C. G., Ostrowski, S. A., Gully, K. J., & Pynoos, R. S. (2013). Psychometric properties of the UCLA PTSD Reaction Index: Part I. *Journal of Traumatic Stress, 26*(1), 1-9. https://doi.org/10.1002/jts.21780

St. Jean, N. E., Endale, T., & NCTSN Culture Consortium. (2020). *Cultural responsiveness to racial trauma: Understanding racial trauma, why it matters, and what to do.* National Center for Child Traumatic Stress.

Sullivan, A. L., A'vant, E, Baker, J., Chandler, D., Graves, S., McKinney, E., & Sayles, T. (2009). Confronting inequity in special education, Part I: Understanding the problem of disproportionality. *Communiqué, 38*(1). https://www.nasponline.org/publications/periodicals/communique/issues/volume-38-issue-1

Tishelman, A. C., Haney, P., O'Brien, J. G., & Blaustein, M. E. (2010). A framework for school-based psychological evaluations: Utilizing a 'trauma lens.' *Journal of Child & Adolescent Trauma, 3*(4), 279-302. https://doi.org/10.1080/19361521.2010.523062

Tobin, M. (2016). *Childhood trauma: Developmental pathways and implications for the classroom.* Australian Council for Educational Research. https://research.acer.edu.au/learning_processes/20

Tynes, B. M., Willis, H. A., Stewart, A. M., & Hamilton, M. W. (2019). Race-related traumatic events online and mental health among adolescents of color. *Journal of Adolescent Health, 65*(3), 371-377. https://doi.org/10.1016/j.jadohealth.2019.03.006

van der Kolk, B. A. (2003). The neurobiology of childhood trauma and abuse. *Child and Adolescent Psychiatric*

Clinics of North America, 12, 293–317. https://doi.org/10.1016/s1056-4993(03)00003-8

van der Kolk, B. A. (2005). Developmental Trauma Disorder: Toward a rational diagnosis for children with complex trauma histories. *Psychiatric Annals, 35*(5), 401–408. https://doi.org/10.3928/00485713-20050501-06

Wevodau, A. (2016). *Review of trauma screening tools for children and adolescents*. http://www.nysap.us/Review%20of%20Trauma%20Screening%20Tools%20for%20Children%20&%20Adolescents.pdf

Williams, M. T., Metzger, I. W., Leins, C., & DeLapp, C. (2018). Assessing racial trauma within a DSM-5 framework: The UConn Racial/Ethnic Stress & Trauma Survey. *Practice Innovations, 3*(4), 242. https://doi.org/10.1037/pri0000076

Wilmshurst, L. (2015). *Essentials of child and adolescent psychopathology* (2nd ed.). John Wiley.

Zhou, X. (2020). Managing psychological distress in children and adolescents following the COVID-19 epidemic: A cooperative approach. *Psychological Trauma: Theory, Research, Practice, and Policy, 12*(S1), S76–S78. https://doi.org/10.1037/tra0000754

제18장

반응성 애착장애

학습 목표

- 반응성 애착장애(RAD)에 대한 DSM-5의 진단적 특징을 이해할 수 있다.
- RAD가 어린 아동의 사회성, 정서 및 행동 기능에 미치는 영향을 설명할 수 있다.
- 교실에서 RAD가 어린 아동의 학습 능력에 어떠한 영향을 미칠 수 있는지 이해할 수 있다.
- 학교심리사가 RAD 아동의 요구를 해결하기 위해 어떻게 도움을 줄 수 있는지 요약할 수 있다.
- RAD 아동의 교육 및 정신건강의 요구를 해결하기 위한 교육적 지원 및 학교기반 정신건강 개입에 대해 이해할 수 있다.

도입

반응성 애착장애(Reactive Attachment Disorder: RAD)는 심각한 사회적 방임을 경험한 결과로 주 양육자에게 애착을 형성하지 못하는 어린 아동에게 발생하는 희귀하고 복합적인 장애이다(American Psychiatric Association: APA, 2013; Zeanah et al., 2016). 아동은 여러 위탁 가정을 전전하거나 보육원과 같이 아동 수에 비해 양육자의 수가 적은 과밀한 기관에서 양육되면서 여러 양육자로부터 일관성이 없거나 부적절한 보살핌을 경험했을 수 있다(APA, 2013). 정서적 박탈이 특징적으로 나타날 수 있는 이러한 유형의 초기 환경은 아동의 정서적 요구가 충족되지 않는 원인이 될 수 있다. Zeanah와 동료들(2016)이 언급한 바와 같이, RAD의 핵심 특징은 양육자에 대한 선택적 애착(selective attachment)이 부족한 것이다. 주 양육자와 정서적 애착을 형성하지 못한 결과로 인해 아동은 정서적 수준에서 다른 사람들과 관계를 맺지 못하고 사회성, 정서 및 행동 문제를 경험할 수 있다(Cuyvers et al., 2020). 예를 들어, 이러한 아동은 친사회적 행동이 부족하고 위축된 것처럼 보일 수 있고, 다른 사람의 위로를 받으려 하지 않고 다른 사람과 관계를 맺는 것을 꺼릴 수 있다. RAD 증상은 초기 아동기에 명백히 진단이 내려지지만, 이러한 어려움은 청소년기와 성인기로 이어져서 다른 사람과 친밀하고 신뢰할 수 있는 관계를 구축하는 데 문제를 야기할 수 있다(APA, 2013; Cuyvers et al., 2020; Humphreys et al., 2017; Nelson et al., 2018; Seim et al., 2020; Sonuga-Barke et al., 2017). 그러나 생애 초기에 정서적 · 사회적으로 방임된 이력이 있더라도 이러한 환경에서 양육된 아동 대부분에서 RAD가 발생하지 않으며 아동의 후기 발달에서의 예후는 극도로 방임된 시기가 지난 후에 제공되는 양육의 질에 달려 있다(APA, 2013; Humphreys et al., 2017; Zeanah & Gleason, 2010).

탈억제성 사회적 접근장애(Disinhibited Social Engagement Disorder: DSED) 역시 초기 아동기의 심각한 사회적 방임과 부적절한 보살핌의 결과로 여겨진다. RAD와 DSED의 공통적인 주요 위험요인은 심각한 사회적 방임이지만, 증상은 두 장애에서 상당히 다르게 나타난다(APA, 2013; Zeanah et al., 2016). RAD가 있는 아동은 위축된 것처럼 보일 수 있고 다른 사람에게서 위안을 거의 찾지 않고, 위안을 주려는 다른 사람의 시도에 거의 반응하지 않는 한편, DSED가 있는 아동은 탈억제, 즉 다른 사람에게 지나칠 정도의 친밀함을 보이며, 심지어 낯선 사람과의 상호작용도 적극적으로 추구한다(APA, 2013). 그리고 DSED에 비해 RAD는 더 드문 장애로 간주된다. RAD의 유병률은 정확히 알려지지 않았지만, 발달 초기에 심각한 사회적 방임에 노출된 아동의 10% 미만에서 발생하는 것으로 추정된다(APA, 2013; Bruce et al., 2019). 이 장에서는 RAD 및 이와 관련된 진단과 문화적 이슈에 중점을 둔다. 또한 RAD가 어린 아동의 기능에 미치는 영향을 살펴본다. 나아가, 이 장에서는 학교심리사를 위한 함의를 다루고 교육적 지원 및 학교기반 정신건강 개입에 대한 방법을 제공한다.

진단적 쟁점

병인과 관련한 고려사항

일반적인 발달에서의 애착은 유아와 양육자 사이에 형성되는 생물학적 과정으로, 힘든 순간마다 유아에게 편안함과 보살핌을 제공한다(Bowlby, 1969). 생후 약 7개월 이전의 유아는 친숙함과 관계없이 다른 사람들과의 상호작용을 추구한다. 하지만 생후 7~9개월이 된 유아는 자신이 좋아하는 양육자에게 선택적으로 애착을 갖고 상호작용을 많이 하는 반면, 친숙하지 않은 사람은 경계하거나 두려워하게 된다(Zeanah et al., 2016). 주 양육자와 분리될 것을 예상하면, 아동은 저항하고 힘들어할 수 있다. 이러한 발달 시점(생후 7~9개월 이후)에 많은 시간을 함께 보낸 보호자와 유아 사이에는 선택적 애착이 형성될 수 있다(Zeanah et al., 2016). 그러나 선택적 애착 과정에 부정적인 영향을 미칠 수 있는 환경 요인이 존재한다. 연구에 따르면, 극도로 방임되고 부모가 박탈된 환경에서 자란 어린 아동은 주 양육자에 대한 애착을 형성하는 초기 발달에 부정적인 영향을 받을 수 있다(Corval et al., 2017). 보호 시설에서의 돌봄은 주 양육자에게 우선적인 애착을 형성할 기회가 제한적으로 주어진다는 점에서 애착장애의 위험요인임이 많은 연구자에 의해 확인되었다(Corval et al., 2017; Zeanah et al., 2016).

불리한 양육 및 생활 조건이 미치는 영향에 관한 초기 연구에서는 보호 시설에 거주한 이력이 있는 아동, 보호 시설에 있다가 입양된 아동, 위탁 가정에서 생활하는 아동에 초점을 두었다. Zeanah와 동료들(2009)은 **부쿠레슈티 조기 개입 프로젝트**(Bucharest Early Intervention Project)로 알려진, 독특하게 설계된 무작위 연구를 수행했다. 이 연구의 목적은 보호 시설에서 생활하던 생후 6개월에서 30개월 사이의 어린 아동들이 위탁 가정으로 옮겨진 후 정신병리를 덜 보이는지 생후 54개월째에 확인하는 것이었다. 이 연구의 표본은 부쿠레슈티의 보호 시설에서 생활하는 루마니아 미취학 아동 집단, 보호 시설에서 생활하다가 위탁 가정으로 옮겨진 루마니아 미취학 아동 집단, 보호 시설에서 생활한 이력이 없는 일반 루마니아 미취학 아동 집단으로 구분되었다. 연구 결과에서는 보호 시설에서 생활한 이력이 있는 어린 아동이 그렇지 않은 아동보다 더 많은 정신건강의 어려움을 나타내는 것으로 나타났다. 보호 시설에서 생활한 적이 있지만, 현재 위탁 가정으로 옮겨진 아동은 보호 시설에서 생활하는 어린 아동보다 내면화 행동을 경험할 가능성이 작은 것으로 나타났다. 또한 위탁 가정으로 옮겨진 여아는 남아보다 증상을 덜 보였으며, 남아의 경우에는 위탁 가정으로 옮겨진 후에도 증상 발현이 감소하지 않았다(Zeanah et al., 2009).

같은 아동 집단에 대한 후속 연구는 8년 후 아동들이 전-청소년기(preadolescence)에 접어들면서 수행되었다(Humphreys et al., 2017). 후속 연구의 목적은 보호 시설에서 생활한 이력이 있는 아동이 나이가 든 후에도 RAD의 징후를 분명하게 나타내는지 조사하는 것이었다. 버림받은 후 보호 시설의 돌봄을 받으며 자란 아동의 RAD 및 DSED 증상이 12세에 측정되었으며, 양호한 위탁 가정으로 옮겨졌던 아동 및 보호 시설 생활 이력이 없는 아동의 증상과 비교되었다(Humphreys et al., 2017). 연구 결과에서는 어린 나이에 보호 시설에서 양육된 아동이 보호 시설에서 양육되지 않은 아동보다 사춘기 이전에 RAD 및 DSED 증상을 더 많이 나타내는 것으로 드러났다. 또한 연구 결과에 따르면, 양호한 위탁 가정으로 옮겨진 아동이 보호 시설에서 양육된 아동보다 RAD 및 DSED 증상을 훨씬 적게 나타냈다. 나아가, Humphreys와 동료들(2017)은 양육 중단 횟수와 보호 시설에서 양육된 기간이 전-청소년기의 애착장애 증상을 유의하게 예측한다는 사실을 발견했다. 연구자들은 발달 초기에 방임되고 부적절한 보살핌에 노출된 아동이 그 이후에 애착 손상 징후를 나타낼 수 있으나 양질의 양육 환경으로 옮겨진 후에는 RAD 및 DSED가 감소된 징후를 보일 수 있다고 결론지었다(Humphreys et al., 2017).

DSM-5 진단

RAD는 『정신질환의 진단 및 통계 편람 제3판(DSM-III)』(APA, 1980)에서 처음으로 정신장애에 포함되었다(Leveille, 2014; Zeanah & Boris, 2000; Zeanah & Gleason, 2010). 여기에서 확인된 이 장애의 가장 중요한 특징은 사회적 반응성의 결여, 체중 감소와 더딘 성장을 특징으로 하는 성장 장애와 같은 증상들이 생후 8개월 이전에 나타나는 것이다(Zeanah & Boris, 2000). Zeanah와 Boris(2000)가 언급한 것처럼, DSM-III에서 개략적으로 설명된 이러한 RAD의 특징은 문제가 많은데, 왜냐하면 유아기의 선택적 애착이 생후 8개월 이전에는 일어나지 않기 때문이다. 이에 따라 개정판인 DSM-III-R(APA, 1987)에서는 장애의 초점이 비정상적인 사회적 관계이며, 발병 연령이 생후 5년 이내임을 명시하였다(Zeanah & Boris, 2000). 또한 RAD의 두 가지 하위 유형(억제형 및 탈억제형)이 도입되었다. 하위 유형 중 억제형의 특징은 정서적 위축, 슬픔, 두려움과 같은 내재화 행동을 포함하는 반면, 탈억제형의 특징에는 무분별한 사회적 상호작용과 같은 외현화 행동이 포함된다(Leveille, 2014; Zeanah & Gleason, 2000). 하지만 이 시기에 개정된 기준이 연구 결과에 바탕을 두지 않았다는 점에 주목해야 한다(Humphreys et al., 2017). DSM-IV 및 개정판인 DSM-IV-TR(APA, 1994, 2000)의 진단 기준은 유사하지만, DSM-5(APA, 2013)에서는 RAD의 두 가지 하위 유형이 구별되어 개별 장애인 RAD와 DSED로 제시되었으며, 외상 및 스트레스 관련 장애 범주 안에서 각각에 대한 더 광범위한 기준이 구체적으로 서술되었다.

DSM-5(APA, 2013)는 RAD와 DSED 두 가지 별도의 장애로 개념화한다.

RAD와 DSED를 두 가지 별도의 장애로 제시하기로 한 결정은 현재 및 이전에 보호 시설에서 돌봄을 받은 어린 아동, 위탁 가정의 아동, 부적절한 양육의 위험이 있는 박탈 집단의 아동을 조사한 많은 선행연구의 유효한 자료를 기반으로 이뤄졌다(Zeanah & Gleason, 2010). 이 연구들은 Zeanah와 Gleason(2010)에 의해 자세히 검토되었다. 관심 있는 독자들은 이 장의 끝부분에 수록된 참고문헌을 참고하여, Zeanah와 Gleason(2010)의 연구를 검토해 보기를 권한다. 또한 DSM-5에서 RAD와 DSED를 별도의 장애로 개념화하는 것은 최근 연구들을 통해서도 뒷받침되었다. Lehmann과 동료들(2016)은 보호 시설에서 생활한 이력이 없는 위탁 아동 표본을 사용한 연구를 수행했다. 이 연구의 결과에서는 RAD와 DSED가 각기 다른 정신건강장애로 구별되는 각각의 구조를 가진 것으로 나타났다(Lehmann et al., 2016).

DSM-5(APA, 2013)에 기반하는 어린 아동의 RAD 진단 기준에는 발달적으로 부적절하고, 의미 있는 관계 형성에 대한 아동의 어려움을 반영하는 불안정한 애착 행동의 고정된 양식이 포함된다. 아동이 양육자에게 감정적으로 위축된 행동에는 고통스러운 상황에서 거의 위안을 찾지 않거나 최소한의 정도로만 위안을 찾는 것, 상심했을 때 다른 사람이 주는 위안에 거의 반응하지 않거나 최소한의 정도로만 반응하는 것이 포함된다. 예를 들어, 일반적으로 성장하는 어린 아동은 감정이 상하거나 두려울 때 위안, 지지, 보호를 얻으려고 주 양육자를 찾는다. 그러나 RAD가 있는 유아와 어린 아동은 고통을 겪고 있더라도 위안, 지지, 보호를 구하는 노력을 일관되게 보이지 않는다. 성인 양육자가 위안을 제공하려고 하면 유아나 아동은 그것에 거의 혹은 전혀 반응하지 않는다(APA, 2013).

RAD의 또 다른 진단 기준은 사회 · 정서적 장애이다(APA, 2013; Zeanah, 2016). 이러한 사회 · 정서적 문제는 지속적인 양상을 띠어야 하며 다음과 같은 몇 가지 모습으로 나타날 수 있다. 첫째, RAD 아동은 다른 사람과 상호작용할 때 사회 · 정서적 반응을 거의 보이지 않는다. 둘째, 설령 다른 사람과 상호작용을 하더라도 이들은 긍정적인 정서를 거의 나타내지 않는다. 마지막으로, 이들은 성인 양육자와의 상호작용 과정에서 명확한 이유 없이 두려움이나 우울, 짜증과 같은 부정적인 정서를 보일 수 있는데, 이러한 점에서 RAD 아동은 자신의 정서를 조절하는 데 어려움을 겪을 수 있다(APA, 2013; Zeanah & Gleason, 2010). DSM-5(APA, 2013)에서는 이와 같은 사회 · 정서적 장애의 세 가지 지표 중 적어도 두 가지 이상을 충족해야 RAD로 진단 내릴 수 있다고 규정한다.

> 양육자에 대한 선호 애착을 발달시키는 아동의 능력에 영향을 미치는 사회적 방임 또는 학대에 관해 알려진 이력이 없는 한, RAD 진단을 내릴 수 없다.

또한 RAD에 대한 진단 기준에는 아동이 극도로 부적절한 돌봄을 받은 이력이 명시된다(APA, 2013). 첫 번째로는 어린 시절에 아동을 돌본 양육자가 아동의 기본적인 정서적 요구를 충족시키지 못했던 지속적인 사회적 방임이 이 기준에 해당할 수 있다. 또한 극도로 부적절한 돌봄은 초기 발달 과정에서 주 양육자가 자주 변경되어 주 양육자와 유대감을 형성할 기회가 줄어든 결과로도 발생할 수 있다. 예를 들어, 위탁되는 어린 아동은 종종 초기 발달기에 여러 위탁 가정을 거칠 수 있으며, 이로 인해 특정한 양육자에게 일관된 애착을 갖기가 어렵다. 어린 아동이 극도로 부적절한 보살핌을 경험할 수 있는 세 번째 방식은, 아동은 많고 보호자는 적어서 선호 애착을 개발할 기회가 거의 없는 보호 시설 같은 비정형적인 환경에서 성장하는 것이다. 이와 같은 세 가지 방식 중 적어도 한 가지에 해당한다면 부적절한 돌봄을 초기 아동기에 받은 경험이 있다고 볼 수 있다. 또한 DSM-5(APA, 2013)에서는 이 세 가지 방식 중 하나에 해당하는 돌봄이 아동의 억제되고 정서적으로 위축되는 경향의 원인인 것으로 규정한다. 이렇게 규정한 이유는 Zeanah와 Gleason(2010)이 언급한 바와 같이, 양육자에 대한 선택적 애착을 확립하는 아동의 능력을 제한하는 사회적 방임 또는 학대에 관해 알려진 이력 없이 RAD 진단이 이루어지지 않도록 하기 위한 것이다.

나아가, DSM-5(APA, 2013)의 RAD 진단 기준에 따르면 앞서 언급한 사회 · 정서적 문제가 5세 이전에 나타나야 한다. 그리고 아동이 생후 9개월 이상인 경우에만 RAD를 진단할 수 있는데, 이는 아동이 발달적으로 양육자에 대한 선택적 애착을 형성할 수 있는 시기에 이르러야 하기 때문이다(APA, 2013; Zeanah & Gleason, 2010). Zeanah와 Gleason(2010)이 언급한 바와 같이, 선택적 애착을 형성한 아동은 RAD의 특징인 억제되고 정서적으로 위축된 행동을 나타내지 않는다. 따라서 사회 · 정서적 기능의 손상에 이바지하는 선택적 애착의 부재가 RAD의 핵심일 가능성이 크다. 그러나 연구자들은 아동이 나중에 더 지지적이고 양육적인 환경에 배치되면 사회 · 정서적 기능이 향상될 수 있음을 지적한다. 또한 DSM-5(APA, 2013)는 사회 · 정서적 기능 장애를 특징으로 하는 자폐스펙트럼장애(ASD)의 진단 기준을 충족하는 경우에는 RAD 진단을 내릴 수 없는 것으로 명시한다. RAD와 관련된 증상은 12개월 이상 나타날 때, 지속적인 것으로 간주된다. 아동의 증상이 모든 진단 기준을 충족하고 각 증상이 높은 수준에서 발생하면 심각한 수준의 장애가 나타날 수 있다(APA, 2013).

RAD가 임상적으로 표현되는 양상을 고려할 때 RAD 아동은 명백하게 사회 · 정서적 문제 및 대인관계 문제를 보일 수 있으며, 이는 특히 아동이 재학 중인 학교의 교직원에게 많은 어려움을 줄 수 있다. 이러한 문제는 아동이 생애 초기에 자신의 양육자와 선택적 애착을 제대로 형성하지 못한 것과 관련되어 있다. 따라서 잠재적인 문제를 다루는 것을 돕는 일에 학교심리사가 참여하는 것이 중요하다. 학교심리사는 발달 이력의 중요성을 염두에 두고 초기에 여러 위탁 가정을 전전하거나 국제 입양된 아동에게서 필요한 정보를 얻기 위해 노력해야 한다. RAD와 관련된 진단 기준에 대한 지식을 통해 학교심리사는 RAD 위험이 있는 아동에게 더 나은 서비스를 제공할 수 있다.

감별진단

학교심리사처럼 RAD 아동과 함께하는 전문가가 RAD와 유사한 임상 특징을 가진 다른 장애에 대한 지식을 갖고 RAD 아동을 정확히 진단하는 것은 중요하다. RAD 연구를 수행하거나 RAD로 진단된 어린 아동을 연구하는 전문가들은 RAD와 구별되어야 하는 장애들을 확인한 바 있다(APA, 2013; Zeanah et al., 2016). 이러한 장애에는 ASD, 지적장애/지적 발달지연 및 우울장애가 포함된다.

> DSM-5를 기반으로 RAD가 진단되기 위해서는 아동이 ASD의 진단 기준에 부합되지 않아야 한다.

앞서 언급한 바와 같이, RAD의 진단 기준 중 하나는 ASD의 진단 기준에 부합되지 않아야 한다는 것이다(APA, 2013). RAD와 ASD의 공통적인 특징에는 특이한 사회적 행동, 사회적 호혜성 감소, 사회적 위축, 긍정적인 정서 표현 감소가 포함된다(APA, 2013; Zeanah et al., 2016). 두 장애를 구별하는 주요 요소는 다음과 같다. (a) RAD 아동에게는 생애 초기에 사회·정서적 방임 및 박탈에 노출된 이력이 존재하는 반면에, ASD 아동에게는 일반적으로 RAD의 특징인 부적절한 돌봄에 노출된 경험이 없다. (b) 일반적으로 RAD 아동에게서는 제한된 홍미와 반복적인 행동이 나타나지 않지만, ASD 아동에게서는 나타난다. (c) 두 장애 모두 인지적 손상과 연관될 수 있지만, ASD 아동의 사회적 의사소통은 일부 특정 영역(예: 상대방의 행동에 영향을 미치려는 등 분명한 계획을 가진 의사소통)에서 현저한 손상을 보이지만, RAD 아동의 사회적 의사소통 기능은 자신의 전반적인 지적 기능과 유사한 수준을 보인다. (d) ASD 아동은 주 양육자에게 애착 행동을 보이는 반면, RAD 아동은 양육자에 대한 애착 결여를 보인다(APA, 2013; Zeanah et al., 2016). 추가적으로, ASD와 RAD에서는 상동행동이 공통적으로 나타날 수 있으며, 특히 ASD 아동의 경우에는 상징놀이(symbolic play)와 같은 상징적 표상(symbolic representation) 영역에서 현저한 손상을 보인다. 이에 반해 RAD 아동의 상징적 표상 능력은 아동 자신의 전반적인 지적 기능과 유사한 수준을 보이는 것으로 알려져 있다(Zeanah et al., 2016).

지적장애/지적 발달 지연도 RAD와 구별되어야 한다(APA, 2013; Zeanah et al., 2016). RAD를 가진 아동에게도 인지발달 지연이 있을 수는 있지만, RAD와 지적장애/지적 발달지연 사이에는 분명한 차이가 있다. 예를 들어, 지적장애/지적 발달지연이 있는 아동은 일반적으로 RAD 아동에서 볼 수 있는 감정 조절 장애나 감소된 긍정적 감정 표현을 나타내지 않는다(APA, 2013; Zeanah et al., 2016). 또한 지적장애/지적 발달지연 아동의 경우 생후 9개월이 지나면 연령에 관계없이 양육자와 선택적 애착을 가진다(APA, 2013). 이에 비해 RAD 아동은 발달 연령이 생후 9개월 이상인 경우에도 선호 애착을 나타내지 않는다.

마지막으로, 우울장애도 RAD의 감별진단에서 고려해야 할 필요가 있다(APA, 2013). RAD를 가진 아동과 마찬가지로, 우울증이 있는 아동은 긍정적인 감정 감소와 감정 조절의 어려움을 나타낸다. 그러나 RAD의 특징인 선택적 애착의 결여와 양육자가 주는 안락함에 대한 무반응은 우울증 아동의 병력에서 일반적으로 나타나지 않으며, 이 점으로 두 장애를 서로 구별할 수 있다(APA, 2013; Zeanah et al., 2016).

공존장애

공존장애를 식별하는 것은 RAD를 가진 아동을 위한 적절한 개입을 계획하는 데 중요하다(Seim et al., 2020). 그러나 RAD 아동의 공존장애를 조사한 초기 연구에서는 DSM-IV(APA, 1994)에 기반해서 진단된 참가자 표본을 사용했기 때문에 RAD의 공존장애를 명확히 이해하기가 쉽지 않다. 일부 연구에서 RAD의 하위 유형인 억제형과 탈억제형을 구분하지 않아서 결과 해석이 제한적일 수 있기 때문이다. 예를 들어, Lehmann과 동료들(2013)은 위탁 가정에서 생활하는 6세에서 12세 사이의 노르웨이 아동 표본에서 정신건강 문제를 조사했다. 약 19%의 아동이 DSM-IV의 진단 기준에 따라 RAD로 진단받았으며, 이 집단의 약 59%는 정서장애(예: 불안 및 우울증), ADHD 및 행동장애(예: 적대적 반항장애 및 품행장애)를 함께 가진 것으로 나타났다. 그러나 Lehrmann 등의 연구에서는 RAD를 두 하위 유형, 즉 억제형과 탈억제형으로 구별하지 않았기 때문에 각 유형의 공존장애를 명확하게 확인하기 어렵다. 앞서 언급한 바와 같이, DSM-5(APA, 2013)는 이제 두 가지 하위 유형을 개별 장애인 RAD와 DSED로 구분한다. 하지만 RAD가 드문 장애라는 점에서 RAD에 관해 수행된 연구의 양은 제한적이다. 더욱이, 일부 RAD 연구에서는 RAD나 DSED 증상을 가진 아동을 DSM-5에 따라 별개의 집단으로 구분하지 않고 하나의 집단으로 통합하여 관련 분석을 진행하기도 하였다(Davidson et al., 2015). 예를 들어, Davidson과 동료들(2015)은 DSM-5에 의해 RAD 또는 DSED로 진단되는 아동이 섞인 표본에서 정서적·행동적 문제가 나타남을 발견했지만, 혼재된 표본을 사용했기 때문에 정서적·행동적 문제가 RAD나 DESD 중 어느 것과 더 관련되는지 명확하지 않다. 여기에서 제기되는 문제는 어떤 장애가 현재 DSM-5에서 정의하는 RAD와 공존할 수 있는지 온전히 알기 어렵다는 것이다.

DSM-5(APA, 2013)에서는 RAD의 공존장애를 매우 간략히 서술하며, 우울장애와 인지 및 언어 지연 또는 손상, 상동행동과 같은 일부 문제가 RAD와 연관될 수 있다는 정도만 언급한다. Zeanah와 동료들(2016) 역시 동일한 영역인 우울 증상, 인지 장애 및 언어 장애와 DSM-5 진단 기준에 따른 RAD의 관련성을 확인하였다. 또한 Zeanah 등(2016)은 학대당한 적이 있는 일부 아동에게서 외상후 스트레스장애(PTSD)와 RAD가 함께 나타남을 발견했으나 RAD와 PTSD 사이의 연관성은 아직 입증되지 않았다. RAD를 가진 어린 아동에게서 나타나는 공존장애를 파악하기 위해서는 현재의 DSM-5 진단을 적용한 추가 연구가 분명히 필요하다.

DSM-5의 기준에 따라 RAD로 진단된 어린 아동의 공존장애에 대해서는 알려진 것이 거의 없고, 어린 아동에게서 나타나는 공존장애는 RAD를 가진 청소년에게서 나타나는 공존장애와 다를 수 있다. 이 점을 감안하여 Seim과 동료들(2020)은 시설에서 생활하는 12세에서 20세 사이의 노르웨이 청소년을 대상으로 공존장애를 조사하는 연구를 수행했다. 이들의 연구에서 RAD로 진단받은 대다수 청소년은 적어도 1~2개의 공존장애를 가지고 있는 것으로 나타났다. 구체적으로 살펴보면, RAD 청소년에게 가장 흔하게 나타나는 공존장애는 우울장애(43.3%)와 불안장애(42.7%)였으며, 아울러 RAD 청소년 중 많은 수가 품행장애 및 적대적 반항장애(40.3%)를 함께 경험하는 것으로 나타났다. 연구자들이 언급한 바와 같이, RAD 청소년이 정서 문제 못지않게 행동 문제를 경험한다는 이러한 결과는 미취학 아동의 정서 문제가 행동 문제보다 RAD와 더 밀접하게 관련된다는 선행연구(Corval et al., 2019) 결과와 일치하지 않는다. 그러나 Seim과 동료들은 자신들의 연구 결과가 Zimmermann과 Iwanski(2018)의 연구처럼 학령기 아동과 초기 청소년에게 초점을 맞춘 다른 연구 결과와는 일치한다고 주장한다. 연구자들은 RAD로 진단된 학령기 아동 및 청소년의 행동 문제에 대한 증거가 초기 아동기에서부터 청소년기까지 일어나는 발달적 변화를 반영하는 것일 수 있다고 결론지었다(Seim et al., 2000).

학교기반 수혜자격

RAD는 드문 장애이지만 학교심리사는 초기 발달기에 사회적 방임 및 박탈을 경험한 아동에게 사회·정서적 문제가 있는 것으로 보일 때, 이 아동을 평가해 달라는 의뢰를 받을 수 있다. 우려스러운 점은 RAD를 가진 아동이 초기 아동기의 교육 환경에서 쉽게 식별되지 않을 수 있다는 것이다(Bosmans et al., 2020). 따라서 학교심리사가 RAD의 사회적·정서적·행동적 지표에 대한 지식을 충분하게 갖추는 것은 매우 중요하다. 이를 토대로 학교심리사는 RAD 아동을 더욱 정확하게 식별할 뿐만 아니라, 특수교육 서비스나 일반 교육 환경에서 제공하는 서비스 등 학교에서 제공하는 별도의 교육 서비스를 통해 사회적·정서적·행동적·교육적 측면에서 RAD 아동을 더욱 효과적으로 지원할 수 있다.

아동이 미국의 연방법률인 2004년 「장애인교육법(IDEA)」에 따라 특수교육 및 관련서비스의 수혜자격이 있는지 결정하기 위해 다학제 팀은 아동에게 장애가 있고 특수교육이 필요한지를 판단해야 한다(Salvia et al., 2016). 또한 다학제 팀은 아동의 어려움이 학업 성취에 부정적인 영향을 미치고 있는지도 판단해야 한다(IDEA, 2004).

사회 · 정서적 문제가 RAD의 진단적 특징이라는 점을 감안할 때, RAD와 관련된 어려움을 보이는 아동에게 가장 우선 고려해 볼 수 있는 장애 범주는 아동의 상태에 따른 정서장애(ED) 또는 정서 행동 장애이다. IDEA(2004)의 300.8(c) (4)항에 따르면, ED는 아동이 학업 성취에 부정적 영향을 미치는 경험을 장기간에 걸쳐 이어 온 상태를 말한다. IDEA에 따라 ED를 진단하려면 RAD 진단 여부와 상관없이(Losinski et al., 2016) 다음 다섯 가지 증상 중 한 가지 이상이 오랜 기간에 걸쳐 나타나야 한다(IDEA, 2004). 첫째, 학습활동이 불가하며 이는 지적 · 감각적 · 의학적 요인에 의해 설명되지 않아야 한다. 둘째, 또래 및 교사와 만족스러운 대인관계를 형성하거나 유지할 수 없다. 셋째, 일반적인 상황에서 부적절한 유형의 행동이나 감정을 보인다. 넷째, 일상생활 전반에 걸쳐 우울감을 느끼거나 자신이 불행하다고 느낀다. 마지막으로 다섯째, 개인적인 문제 또는 학교에서 겪는 어려움과 관련하여 신체적 증상이 나타나거나 두려움을 느끼는 경향이 있다. 아울러 조현병을 가진 아동 · 청소년의 경우에는 ED 진단이 가능하다. 하지만 아동 · 청소년이 사회적으로 부적응적인 모습을 보이더라도 앞선 ED 증상 중 한 가지 이상에 부합하지 않는다면 이들에게 ED를 진단하지 않는다(IDEA, 2004).

만일 다학제 팀이 RAD 아동에게서 ED의 증거를 찾을 수 없다면 해당 아동은 특수교육 서비스 수혜자격을 인정받기 어려울 수 있다. 하지만 IDEA가 아닌 다른 법률적 근거를 바탕으로 RAD 아동에게 별도의 교육적 지원 및 서비스를 제공하는 것이 가능한지 추가적으로 검토해 볼 수 있다. 예를 들어, 아동에게서 사회 · 정서적 또는 행동적 어려움이 나타날 수 있지만, 그것이 아동의 학업 수행에 부정적인 영향은 미치지 않는 경우가 이에 해당한다. 이러한 경우 RAD 아동은 1973년에 제정된 「재활법 504조(Section 504 of the Rehabilitation Act of 1973)」에 따라 추가적인 지원 및 서비스 수혜자격을 획득할 수도 있다. 「재활법 504조」는 장애를 가지고 있거나 장애를 가진 것으로 우려되는 사람의 권리를 보호하기 위한 법령으로, 한 가지 이상의 주요한 생활 기능에 부정적인 영향을 미치는 것을 장애(disability)로 규정하고 있다. 다학제 팀은 「재활법 504조」에 따른 실천 계획을 수립하여 RAD 아동에게 필요한 교육적, 사회 · 정서적, 행동적 지원을 체계적으로 제공함으로써 이들 아동이 교실에서 더욱 적절하게 기능하도록 도울 수 있다.

문화적 쟁점

DSM-5에서는 애착과 관련된 개인의 문화를 충분히 고려하지 않고 RAD로 진단하지 않도록 경고하고 있는 점에 주목해야 한다. 북미 및 유럽 국가에서 일반적으로 나타나는 애착 유형(attachment pattern)의 경우 발달 심리학 및 애착 관련 연구를 통해 비교적 잘 입증되었으며(Ainsworth et al., 1978; Main & Solomon, 1986), 비서구 문화권에서의 애착 유형 또한 비교문화 연구를 토대로 꾸준하게 탐구되어 왔다(Keller, 2013; Mesman et al., 2016; Sagi, 1990; van Ijzendoorn & Sagi-Schwartz, 2008). 이와 관련하여 Mesman 등(2016)의 연구를 참고할 만한데, 이들은 다양한 국가에서 수행된 애착 신념 및 애착 유형 연구를 개관하면서 다음과 같은 사실이 특정 문화권에 상관없이 대다수의 국가에서 일관되게 확인된다는 견해를 밝혔다. 그것은 심각한 신경생리학적 손상이 없는 경우라면 모든 유아가 한 명 이상의 특정 양육자와 애착을 형성할 수 있다는 점(보편성 가설), 생존이나 건강에 위협을 주는 맥락이 아니라면 유아의 대다수는 양육자와 안정 애착을 형성한다는 점(규범성 가설), 안정 애착은 양육환경, 특히 양육자가 유아의 신호에 민감하게 즉각적으로 반응하는 것에 달려 있다는 점(민감성 가설), 그리고 안정 애착을 가진 아동은 다양한 발달 영역에서 긍정적인 결과를 보인다는 점(유능성 가설)이다. 또한 이들은 인도와 다수의 이슬람 국가를 비롯한 아프리카, 라틴 아메리카, 아시아 일부 국가의 애착 신념과 유형에 초점을 맞춘 더 많은 연구의 필요성을 강조했다. 다양한 문화권의 애착 유형에 대해서는 Keller(2013), Mesman 등(2016), 그리고 van Ijzendoorn과 Sagi-Schwartz(2008)의 연구를 참조할 수 있다.

> DSM-5에서는 애착과 관련된 개인의 문화를 충분히 고려하지 않고 RAD로 진단하지 않도록 경고하고 있다.

DSM-5(APA, 2013)에 따르면 RAD와 유사한 애착 행동이 여러 국가의 어린 아동에게서 나타났으며, 앞서 살펴본 바와 같이 보호 시설이나 여러 위탁 가정을 거친 경험은 아동이 주 양육자에게 선택적으로 애착하는 능력을 방해한다(APA, 2013; Spangler et al., 2019; Zeanah et al., 2016). Dozier와 동료들(2012)은 어린 아동을 위한 보호 시설을 연구하면서 "수백만 명의 영유아가 전 세계적으로 보호 시설에서 양육되고 있으며, 그곳에서의 양육은 어린 아동의 발달 요구를 충족시키기에 적합하지 않다."(p. 1)라고 지적했다. 실제로, 보호 시설에서 생활하는 아동의 수는 200~400만 명으로 추정된다(Dozier et al., 2012). Dozier 등(2012)은 아동 대부분이 부모의 불안정함과 가난 때문에 보호 시설에서 생활하고 있음을 지적한다. 북미와 서유럽에서는 오랫동안 보호 시설보다 위탁 가정을 활용하려고 노력해 왔지만, Dozier와 동료들은 동유럽, 중미와 남미, 아프리카, 아시아, 중동의 많은 국가에서는 여전히 보호 시설이 일반적으로 이용되고 있음을 지적한다. 보호 시설 환경은 어린 아동의 심리적 발달에 부정적인 영향을 미칠 수 있는 요인을 다수 포함하고 있는데, 가령 "양육자 한 사람이 돌보

> 보호 시설에서 생활하는 아동의 수는 200~400만 명으로 추정된다(Dozier et al., 2012).

아야 할 아동의 숫자가 너무 많다는 점, 대다수 양육자가 필요한 훈련과 교육을 제대로 받지 못했다는 점, 낮은 급여와 교대 근무 등으로 근무 조건이 매우 열악하다는 점, 양육 환경이 지나치게 엄격할 뿐 아니라 아동 개인을 위한 개별화된 방식의 양육이 불가하다는 점, 그리고 아동에 대한 정서적 애착이 부족하다는 점"(p. 4) 등을 들 수 있다. 이러한 요소들은 사회적 방임 및 부적절한 보살핌과 관련되며, RAD의 핵심 특징인 양육자에 대한 선택적 애착 능력에 영향을 미친다(Dozier et al., 2012).

보호 시설 및 위탁 가정에서 생활하는 아동에게서 RAD 증상이 나타난다는 증거는 미국(Zeanah et al., 2004), 영국(Bruce et al., 2019), 핀란드(Upadhyaya et al., 2019), 조지아와 독일(Spangler et al., 2019), 포르투갈(Corval et al., 2017), 루마니아(Guyon-Harris, Humphreys, Degnan et al., 2019; Guyon-Harris, Humphreys, Fox, et al., 2019; Zeanah et al., 2009), 노르웨이(Seim et al., 2020), 한국(Hong et al., 2018)과 같은 여러 나라에서 보고되었다. 그러나 앞서 언급했듯이, 지금까지 수행된 RAD 관련 연구의 상당수가 DSM-IV를 사용하여 RAD를 진단하면서 RAD의 하위유형(즉, 억제형과 탈억제형)을 별도로 구별하지 않았다. 더욱이, DSM-5나 국제질병분류의 10번째 개정판인 ICD-10 또는 정신 및 행동 장애 분류(World Health Organization, 1992)를 사용하여 정신장애를 진단한 연구에서도 RAD나 DSED 증상을 가진 참여자를 동일 집단으로 간주하고 분석이 진행되었다. 또한 RAD는 드문 장애이기 때문에 연구를 위한 참가자를 충분히 모집하는 것이 어려울 수 있다. 이와 같은 방법론적 쟁점을 고려할 때, DSM-5에서 제시한 기준에 따라 RAD를 진단하고 세계 여러 문화권에 걸쳐 RAD 아동을 광범위하게 평가한 비교문화(cross-cultural) 연구는 매우 제한적이라고 할 수 있다.

학교와 가정에서 사회성, 정서 및 행동 기능에 미치는 영향

DSM-5로 진단되는 RAD를 가진 아동의 사회성, 정서 및 행동적 어려움에 관한 연구는 제한적이며, 다양한 연구에서 나타나는 일관되지 않은 결과는 RAD가 아동의 심리사회적 발달에 미치는 영향을 이해하는 데 어려움을 준다. 이처럼 RAD 아동의 사회성, 정서 및 행동 문제를 평가한 연구들의 결과가 일부 일치하지 않는 것은 표본에서 비롯된 문제일 수 있는데, DSM(DSM-IV 대 DSM-5)의 진단 기준을 적용한 표본의 크기가 작거나 표본 참가자의 연령 분포가 넓은 경우 연구의 타당도를 저해할 수 있다(Bruce et al., 2019). 이와 같은 제한점에도 불구하고, 이 분야의 연구들은 RAD 증상이 아동의 사회성, 정서 및 행동 기능에 어떠한 영향을 미칠 수 있는지 이해하는 데 중요한 정보를 제공한다. 부모-자녀 관계와 초기 아동기의 정신병리 사이의 연관성이 문헌에서 입증되었다는 점을 감안할 때, RAD가 있는 아동은 정신건강 문제를 경험할 가능성이 크다(Bruce et al., 2019). 이어지는 논의는 RAD를 가진 아동이 학교와 가정 환경에서 나타내는 어려움의 주요 영역에 초점을 맞춘다.

학교에서의 사회성, 정서 및 행동 어려움

앞서 언급한 바와 같이, RAD로 진단받은 아동은 제한된 긍정적 감정, 다른 사람에 대한 사회·정서적 무반응 및/또는 설명할 수 없는 두려움, 불행 또는 짜증과 같은 부정적인 감정을 타당하지 않은 상황에서 나타내는 것(APA, 2013) 등으로 특징지어지는 지속적인 사회·정서적 문제를 가진다. RAD가 있는 어린 아동은 위축되고 불행해 보일 수 있으며, 자신에게 웃어 주는 다른 사람들에게 웃어 주지 않고 주변 사람들에게 관심이 없는 것처럼 보일 수 있다. 이들은 다른 사람들과의 상호작용에 어려움을 겪을 수 있으며, 화가 나서 진정하기 어려워도 다른 사람의 위안을 구하지 않는 경향이 있다(American Academy of Child and Adolescent Psychiatry: AACAP, 2014). 초기의 사회적 방임과 부적절한 보살핌은 아동이 선호하는 양육자에 대한 애착 발달을 막을 수 있으며(Zeanah et al., 2016), 이는 타인을 신뢰하는 능력과 향후 학교에서 교사 및 또래와 대인관계를 형성하는 능력에 영향을 줄 수 있다. 학교심리사는 RAD가 아동의 발달 전반에 걸쳐 아동의 사회적·정서적·행동적 기능에 미칠 수 있는 영향과 그것이 학교에서의 기능에 미치는 영향을 이해하는 것이 중요하다.

자아존중감

애착 행동에 있어서 문제를 보이는 아동의 자아존중감을 다룬 연구들이 존재한다. Vacaru와 동료들(2018)은 남아프리카의 보호 시설에서 생활하는 4세에서 12세 사이의 아동을 표본으로 하여 자아존중감을 조사하는 연구를 수행했다. 이 연구에서 보호 시설 아동의 불안정한 애착은 낮은 자아존중감과 관련이 있으며, 아동이 자기 보고식으로 평가한 전반적 자아존중감 점수와 교사가 평가한 전반적 자아존중감 점수 사이에는 차이가 없는 것으로 나타났다. 차이를 나타낸 자아존중감의 유일한 영역은 신체적 자아존중감으로, 아동의 평가 점수가 교사의 평가 점수보다 높았다. Zimmermann과 Iwanski(2018)의 연구에서도 RAD와 자아존중감의 관련성을 살펴볼 수 있다. 이들은 독일에 거주하는 5~10세 아동 64명

> RAD 증상의 증가는 자아존중감의 감소와 연관이 있다(Zimmermann & Iwanski, 2018).

을 RAD 위험 집단(보호 시설 및 위탁 가정 아동 32명)과 통제 집단(한 명 이상의 생물학적 부모와 함께 생활하는 일반 가정 아동 32명)으로 구분한 후, 이들 집단 각각에서 RAD 증상과 자아존중감 등을 측정하였다. 연구 결과에서 RAD 증상의 증가는 자아존중감의 감소와 연관이 있는 것으로 나타났다(Zimmermann & Iwanski, 2018).

RAD를 가진 아동을 더 잘 이해하고 다른 정서 및 행동 문제가 있는 아동과 어떤 차이가 있는지 알아보기 위해 Bosmans와 동료들(2019)은 RAD를 가진 아동과 교사의 상호작용을 조사하는 연구를 수행했다. 이들은 DSM-5에서 제시하는 기준에 따라 RAD를 진단하면서, 가령 아동의 긍정적인 정서가 어느 정도로 제한되어 있는지, 아동이 힘든 상황에서 양육자에게 도움을 구하지 않고 어느 정도로 억제된 모습을 보이는지 등을 체계적으로 평가하였다. 연구자들의 주장에 따르면, 안정 애착을 가진 아동이 보호자에게 소중하다고 느끼고 높은 자아존중감을 갖는 경향이 있다는 연구들을 감안할 때(Verschueren et al., 2012), RAD가 있는 아동은 타인에게 부정적인 기대와 부정적인 자기관을 갖는 경향이 있음을 예상할 수 있다(Bosmans et al., 2019; Zimmermann & Soares, 2019). Bosman와 동료들(2019)의 연구에서는 다른 정서적 · 행동적 문제가 있는 아동과 비교하여 RAD 아동은, (a) "도전적이고 위협적이지 않은" 상황에서 낮은 수준의 정서적 안정감과 긍정적인 영향을 가질 것이고(p. 193), (b) 양육자와 교사에게 신뢰감을 나타내지 않으며, (c) 낮은 자존감이 보고될 것이라는 가설을 세웠다.

연구를 수행하기 위해 Bosmans와 동료들(2019)는 정서적 · 행동적 문제가 있는 아동에게 특수교육을 제공하는 벨기에의 학교에 다니는 6세에서 10세 사이의 아동을 모집했다. 표본에는 67명의 학생이 포함되었으며, 그중 RAD 행동을 나타내는 학생은 21명이었다. 연구 결과에 따르면 다른 정서적 · 행동적 문제를 가진 아동과 비교하여 RAD 아동은 정서적 안정감, 긍정적 감정, 도전적인 상황에서 교사와의 상호작용에 대한 신뢰 등이 낮은 것으로 나타났다. RAD를 가진 아동은 교사의 지지 능력에 대한 신뢰도 역시 낮다고 보고되었다. 그러나 RAD를 가진 아동의 전반적인 자아존중감이 낮을 것이라는 연구자의 가설은 연구 결과에 의해 뒷받침되지 않았다. 구체적으로, RAD 아동 집단, 그리고 RAD가 아닌 다른 정서 및 행동 문제를 가진 아동 집단(비교 집단)은 자아존중감 평균 점수에서 유의한 차이를 보이지 않았다. Bosmans와 동료들(2019)이 지적하듯이, 이러한 연구 결과는 덜 안정적인 애착을 가진 아이들이 낮은 자아존중감을 갖는다는 연구 결과들에 모순된다. 그러나 Bosmans 등의 연구에서 RAD 아동 집단이 일반적인 또래 집단이 아니라 낮은 자아존중감 문제로 어려움을 겪을 가능성이 있는 다른 유형의 정서 및 행동 문제를 가진 아동 집단과 비교되었다는 점에 주목할 필요가 있다. 일부 연구자들은 낮은 자아존중감이 정서적 · 행동적 장애에 위험요인이라고 주장하는 반면, 다른 연구자들은 낮은 자아존중감을 정신병리의 결과로 여긴다(Orth et al., 2012; Zeigler-Hill, 2011). 만일 Bosmans 등이 정서 및 행동 문제가 없는 일반적인 또래 아동 집단을 비교 집단으로 설정하였다면, RAD 아동 집단과 이들 집단은 자아존중감 점수에서 유의한 차이를 보였을 수 있다. Bosmans와 동료들(2019)은 자신들의 연구 결과를 바탕으로, RAD를 가진 아동은 힘들고 고통스러운 상황에 대처하는 데 필요한 사회적 자원이 부족할 수 있으며 교사를 "학교에서의 자율적 탐색을 위한 안전한 기반"(p. 199)으로 의지하지 못할 수 있다고 결론지었다. 이는 학습 기회에 부정적인 영향을 미칠 수 있으며, 결과적으로 학업 성취에 부정적인 영향을 미칠 수 있다(Bosmans et al., 2019).

다른 연구에서는 RAD 또는 DSED를 가진 청소년의 자아존중감을 조사했다. 예컨대, Seim과 동료들(2020)은 노르웨이의 아동·청소년 보호 시설에 거주하는 12세에서 20세 사이의 청소년을 대상으로 전반적인 자아존중감 및 영역별 자아존중감을 조사했다. 연구에서는 RAD를 나타내는 보호 시설 청소년 집단, RAD를 나타내지 않는 보호 시설 청소년 집단, 보호 시설에서 생활한 적이 없는 일반 청소년이 비교되었다. 연구 결과에 따르면, 일반 청소년과 비교할 때 RAD를 가진 청소년은 학업적 자아존중감이 낮고, 친밀한 또래관계 관련 자아존중감은 약간 더 높은 것으로 나타났다. 또한 학업적 자아존중감은 일반 청소년에 비해 보호 시설에 거주하는 모든 청소년에게서 낮게 나타났다. 이것은 낮은 학업적 자아존중감이 보호 시설의 모든 청소년에게 공통되는 다른 요인과 연관될 수 있음을 시사한다. 이는 교육자들이 RAD를 가진 아동뿐만 아니라 보호 시설에서 생활한 이력이 있는 아동에게도 적절한 교육적 지원을 제공해야 함을 나타내는 중요한 정보이다. 연구자들에 따르면, RAD를 가진 청소년의 친밀한 친구관계 관련 자아존중감이 약간 더 높게 나타난 결과는 RAD를 가진 청소년이 어린 시절의 손상된 관계에서 비롯된 취약한 자기감을 보호하기 위해 사용하는 심리적 방어로서 잘못된 높은 자아존중감을 반영하는 것일 수 있다(Seim et al., 2020). 따라서 RAD를 가진 청소년은 외로움으로부터 자신을 보호하기 위해 관계의 질과 관계없이 보호 시설에 있는 다른 사람들을 가까운 친구로 여길 수 있다(Seim et al., 2020).

정서 및 행동 문제

Bruce와 동료들(2019)이 언급한 바와 같이 RAD 아동의 정서 및 행동 문제 발달에 대한 연구는 제한적이다. 하지만 일부 연구에는 학교에서의 RAD 아동 기능에 잠재적으로 영향을 미칠 수 있는 정서 및 행동 문제의 존재를 분명히 뒷받침한다. 이러한 연구들은 결과가 서로 일치하지 않기도 하는데 이는 이 장의 앞부분에서 밝힌 바와 같이 방법론적 문제로 인해 비롯된 것일 수 있다.

연구에서는 RAD와 내재화 증상 사이의 연관성이 발견되었는데, 이는 RAD의 임상적 표현이 긍정적인 감정의 제한된 표현과 정서적으로 위축된 행동임을 고려할 때 놀라운 일이 아니다. RAD 관련 연구를 검토한 Zeanah와 Gleason(2015)은 일부 연구에서 RAD와 우울증 및 불안과 같은 내재화 행동 사이에 중간 정도의 상관이 나타났음을 보고하였다. 보호 시설에서 생활하는 루마니아 아동 연구(이 장의 앞부분에서 설명한 부쿠레슈티 조기 개입 프로젝트의 일부)에서 Gleason과 동료들(2011)은 보호 시설에서 생활하는 아동과 처음에는 보호 시설에서 생활하다가 나중에 위탁 가정으로 옮겨진 아동의 우울 증상을 조사하였다. 연구 결과에서는 약 22개월부터 54개월 사이의 다양한 시기에서 아동의 억제된 RAD의 징후와 우울 증상 사이에 중간 이상의 상관이 나타났다. 그러나 RAD를 가진 일부 아동은 생후 54개월이 되었을 때 더 이상 주요우울장애 진단 기준을 충족하지 않았다는 점에 유의할 필요가 있다.

RAD 아동의 정서 및 행동 문제와 관련하여 Elovainio 등(2015)의 연구도 참고할 만한데, 이들은 핀란드의 주요 입양기관 3개를 통해 입양된 학령기 국제 아동의 내재화(예: 불안 및 우울증) 및 외현화 행동(예: 공격적 행동 및 품행 문제)을 평가하였다. 연구 결과, RAD 증상을 가진 입양 아동은 DSED 증상을 가진 입양 아동 및 애착 관련 증상이 없는 비교 아동 집단에 비해 내재화 및 외현화 행동을 더 많이 보이는 것으로 나타났다. Elovainio 등에 따르면, 이러한 결과는 DSED를 가진 아동보다 RAD를 가진 아동에게 더 나쁜 결과가 초래됨을 시사하는 것일 수 있다. 하지만 이는 양육적 돌봄이 RAD를 가진 아동에게 보다 긍정적 결과를 가져온다고 주장한 다른 연구들(Fox et al., 2017; Rutter et al., 2009)과는 일치하지 않는 결과이다. 또한 Elovainio 등(2015)은 과잉행동이 RAD 및 DSED 증상 모두와 관련이 있음을 발견했는데, 이는 과잉행동 및 충동적인 행동이 RAD 증상보다는 DSED 증상과 더욱 밀접한 관련을 보이다고 밝힌 다른 선행연구(Gleason et al., 2011)와 일치하지 않는 결과이다. 그러나 주의력 결핍 문제는 RAD 또는 DSED 증상과 관련이 없는 것으로 나타났다(Elovainio et al., 2015).

RAD 청소년의 정서 및 행동 문제를 더 잘 이해하기 위해 Seim과 동료들(2020)은 청소년에게 초점을 맞춘 연구를 수행했다. 연구 결과에서는 불안, 우울증, 적대적 반항 행동, 품행 문제와 같은 정서 및 행동 문제가 RAD로 진단된 청소년에게 존재하는 것으로 나타났다. 또한 이들 청소년의 상당수가 자해, 자살경향성, 심리사회적 문제(예: 괴롭힘 피해, 경찰 연계, 위험한 성적 행동, 알코올 또는 약물 남용)를 경험하는 것으로 나타났다. 또한 연구 결과에서는 RAD

> RAD 진단을 받은 청소년의 상당수가 자해, 자살경향성 및 괴롭힘 피해, 경찰 연계, 위험한 성적 행동, 알코올 또는 약물 남용과 같은 심리사회적 문제를 경험하는 것으로 나타났다(Seim et al., 2020).

증상의 정도가 증가함에 따라 불안과 우울증뿐만 아니라 자해 가능성이 함께 증가하는 것으로 나타났다. Seim 등이 언급한 바와 같이 RAD 청소년이 정서 및 행동 문제를 모두 경험한다는 결과는 흥미로운 것으로, 이는 미취학 아동(preschooler)의 RAD가 행동 문제에 비해 정서 문제와 더욱 밀접한 관련을 보인다는 다른 연구 결과(Spangler et al., 2019)와 일부 대비되는 것이다.

정서조절 곤란

RAD의 진단적 특징인 과민성 및 제한된 긍정적 감정은 감정 조절의 어려움을 반영하는 것일 수 있다(Rutter et al., 2009; Zeanah & Smyke, 2008). 안정 애착을 형성한 유아에게는 일반적으로 적절한 양육 환경을 제공하는 양육자가 있는데, 이들은 유아가 스트레스 상황에서 자신의 정서를 효과적으로 조절할 수 있도록 돕는다(Schwartz & Davis, 2006). 예를 들어, 좋은 양육자는 아동이 괴로워하고 울 때 안고 달래려고 시도함으로써 아동이 편안해지도록 도움을 준다. 하지만 RAD 아동의 경우에는 자신에게 민감하게 반응하는 양육자를 통하여 정서를 조절하는 방법을 배울 기회가 현저하게 부족하다. 따라서 이들은 괴로울 때 나타나는 강한 감정을 감당하는 데 어려움을 겪을 수 있다. 이러한 정서조절 문제는 행동으로 나타날 수도 있다. 특히 학교 환경에서 학생은 적절한 자기조절(self-regulation) 능력을 갖추어야 하는데, 이러한 기대는 RAD 아동에게 많은 문제를 야기할 수 있다(Floyd et al., 2008). 따라서 학교심리사는 RAD 아동이 경험하는 정서조절의 어려움을 인식하여 교사와 학교 관리자가 RAD와 관련된 문제를 이해하도록 안내할 필요가 있다.

> RAD의 진단적 특징인 과민성 및 제한된 긍정적 감정은 감정 조절의 어려움을 반영하는 것일 수 있다.

대인관계

유아기 동안 주 양육자와 형성하는 초기 유대감은 어린 아동이 다른 사람과 상호작용하고 관계를 구축하는 능력의 기초가 된다. 양육자와 맺는 관계의 질은 그 자체로 중요할 뿐만 아니라, 성장과정에서 아동의 대인관계에 영향을 미칠 수 있다(Guyon-Harris, Humphreys, Degnan et al., 2019; Guyon-Harris, Humphreys, Fox, et al., 2019). AACAP(2014)에 따르면, RAD 진단을 받은 아동은 "성인과의 부정적인 초기 경험 때문에 다른 사람들과 상호작용할 가능성이 작다"(para. 4). RAD 아동은 다른 사람과의 상호작용할 때 사회적으로 위축되는 특징이 있으며(Guyon-Harris, Humphreys, Fox, et al., 2019), 화가 났을 때 양육자에게서 위안을 구하지 않는다(AACAP, 2014). RAD는 지속적인 사회·정서적 기능 문제와 관련이 있으며 RAD 아동은 **사회적 호혜성**(social reciprocity)으로 알려진, 타인과 서로 주고받는 상호작용에 참여하려 하지 않는다(Corval et al.,

2017). Guyon-Harris, Humphreys, Fox 등(2019)은 일찍부터 보호 시설에서 생활하거나 여러 위탁 가정을 전전한 이력이 있는 아동이 사회적 어려움을 경험할 수 있으며, 이는 아동이 발달 초기에 경험한 애착장애 때문일 수 있다고 주장한다.

Guyon-Harris, Humphreys, Fox 등(2019)은 이와 관련하여, 보호 시설에서 생활한 적이 있는 루마니아 아동(평균 연령 12.8세)의 사회적 기능을 평가하고자 보호 시설 및 위탁 가정 아동 110명(보호 시설에서 자란 아동 집단), 그리고 일반 가정 아동 50명(비교 집단)을 대상으로 연구를 수행하였다. 연구 결과, RAD 및 DSED 증상은 전반적인 사회적 기능 및 사회적 유능성의 감소를 유의하게 예측하는 것으로 나타났다(Guyon-Harris, Humphreys, Degnan, et al., 2019; Guyon-Harris, Humphreys, Fox, et al., 2019). 흥미로운 점은 RAD 아동과 DSED 아동 간에 사회적 어려움의 징후가 다르다는 것이다. DSED 아동의 양육자는 아동이 피해자이자 갈등적인 또래관계를 갖는 것으로 평가하였지만, RAD를 가진 아동의 양육자는 아동에게 그러한 어려움이 있음을 보고하지 않았다. Guyon-Harris, Humphreys, Degnan 등(2019) 및 Guyon-Harris, Humphreys, Fox 등(2019)은 이러한 차이가 RAD 및 DSED 아동의 상반된 행동 경향과 관련이 있을 수 있다는 견해를 밝혔다. 구체적으로, RAD 아동은 사회적 장면에서 현저하게 억제되거나 위축되는 모습을 보이는 반면, DSED 아동은 사회적 관계를 적극적으로 추구하면서 때로는 침범적이고 심지어는 사회적으로 부적절해 보이는 모습을 나타낸다. Guyon-Harris, Humphreys, Fox 등은 이러한 결과를 토대로 RAD 및 DSED 증상이 초기 청소년기 사회적 기능 손상과 밀접하게 관련이 있다고 결론을 내렸다.

연구자들은 애착장애가 있는 아동이 자신의 필요를 전달하기 위해 사회적으로 부적응적이고 공격적인 행동을 사용할 수 있음을 지적한다(Split et al., 2016). Split과 동료들(2016)에 따르면, RAD 아동의 사회・행동적 발달이 손상되는 요인에는 여러 가지가 있다. 한 가지는 RAD를 가진 아동이 초기 발달 단계에서 부적절한 보살핌의 결과로 갖게 된 낮은 자아 개념인데, 이는 무가치감과 어디에도 소속되지 못하는 느낌으로 이어질 수 있다. 또한 이는 연구(Bosmans et al., 2019)에서 뒷받침하듯이 교사를 포함한 양육자와의 신뢰 부족으로도 이어질 수 있다. 이러한 점에서 RAD 아동은 타인에게 거부를 당하지 않도록 자신을 보호하기 위하여 사회적 접근(social proximity) 행동을 선택할 수 있으며, 이 과정에서 부적응적인 방법(예: 공격 행동, 타인을 조종하는 행동)을 사용할 가능성이 있다(Split et al., 2016). 이러한 행동은 학교생활을 시작할 때 또래 및 교사와의 관계를 형성하는 아동의 능력

RAD 아동은 타인에게 거부를 당하지 않도록 자신을 보호하기 위하여 사회적 접근(social proximity) 행동을 선택할 수 있으며, 이 과정에서 부적응적인 방법(예: 공격 행동, 타인을 조종하는 행동)을 사용할 가능성이 있다(Split et al., 2016).

에 영향을 미칠 수 있다. 다음으로, Split와 동료들은 RAD 아동이 생애 초기 부적절한 양육 환경으로 인하여 정서조절에 문제를 보일 수 있으며, 이와 같은 정서조절 문제가 사회성 및 행동 발달에 부정적인 영향을 미칠 수 있다고 밝혔다. 마지막으로, Spilt와 동료들은 RAD 아동의 사회성 및 행동 발달을 위협하는 요인으로, RAD 아동이 부적절한 양육자의 행동을 모방하는 과정을 통해 다른 사람에게 용인되기 어려운 부적응적인 사회적 행동을 배웠을 수 있다는 점, 동시에 친사회적 행동을 관찰할 수 있는 기회가 현저하게 제한되어 있었다는 점을 언급하였다.

교사가 RAD 아동의 사회적 행동 발달에 영향을 미치는지 알아보기 위해 Spilt와 동료들(2016)은 벨기에의 특수교육 교실에 배치된 RAD 아동과 교사의 상호작용을 관찰하는 연구를 수행했다. 연구자들은 교사의 민감성이 특수교육을 받는 RAD 아동의 부적응적인 사회적 행동을 저지하는 보호요인이 된다는 점에 주목했다. 연구 결과에 따르면, 교사의 민감성은 RAD 아동의 사회성 및 행동 발달과 관련이 있다. 구체적으로 살펴보면, RAD 아동은 교사의 민감성이 높을 때 외현적 및 관계적 공격성을 덜 보였고, 교사의 민감성이 낮을 때는 이러한 공격성을 더 많이 나타냈다. 그러나 교사의 민감성은 친사회적 행동과는 관련이 없는 것으로 나타났다. RAD 아동에게서 나타나는 사회성 및 행동 문제는 다루기 어려운 과제일 수 있으며, 특히 RAD 아동을 지도하는 교사의 경우 자신의 반응이 이들 아동의 사회성 및 행동 발달에 어떠한 영향을 미칠 수 있는지 미처 알아차리지 못하고 있을 수 있다(Spilt et al., 2016). 이에 따라 Spilt와 동료들은 RAD 아동을 지도하는 교사에게 적절한 지원을 제공하여 교사가 아동의 행동과 그 바탕에 있는 사회·정서적 요구 사이의 연관성을 이해하고 아동에게 민감한 방식으로 반응할 수 있도록 돕기를 권장한다(Spilt et al., 2016).

가정에서의 사회성, 정서 및 행동 기능

어린 시절을 보호 시설에서 보낸 아동을 입양하는 가정은 여러 가지 문제로 어려움을 경험할 수 있다. 예컨대, 보호 시설에서 지낸 이력이 있는 어린 아동은 RAD 행동을 보일 수 있다. 입양부모가 아동과 관계를 형성하려는 시도는 아동에게 고통스러운 기억을 떠올리게 할 수 있으며, 아동이 새로운 환경에서 소속감과 안전함을 느끼기 시작하는 과정에서 자신의 가치를 확신하지 못한다면 자신을 부정적으로 평가할 가능성이 높다(Vasquez & Stensland, 2016). 따라서 부모-자녀 관계를 새롭게 만들어 가야 할 입양 가정에서는 RAD와 관련된 사회성, 정서 및 행동 문제를 바르게 인식해야 하며 필요한 경우 별도의 지원을 받을 수 있어야 한다.

이와 관련하여 RAD를 가진 입양아동(9~11세)의 정서조절 문제를 다룬 Vasquez와 Miller

(2018)의 질적 연구를 참조할 만하다. 연구를 위해 Vasquez와 Miller(2018)는 5개의 입양 가정을 선정한 후 각 가정의 구성원(입양 아동 자신, 부모, 형제자매)을 대상으로 반구조화된 단계별 심층 인터뷰를 진행하였다. 이들 가정에 입양된 자녀들은 모두 입양 이후 DSM-IV-TR에 따라 RAD 진단을 받은 바 있다. 연구 결과에서 RAD가 있는 아동은 분노로 묘사되는 극단적인 울화행동(tantrums)을 경험하는 것으로 나타났다. 아동과 부모의 인터뷰에 따르면 분노는 통제할 수 없는 것처럼 보였다. 또 다른 결과는 환경 적응의 어려움으로 인해 촉발된 분노 삽화가 아동에게 일어나는 동안 아동이 슬픔을 가누지 못했다고 부모가 보고했다는 것이다. 또한 아동의 분노는 친밀한 관계에 있는 양육자를 향하는 경향이 있는 것으로 나타났다. 연구자들에 따르면, 아동이 자신의 분노를 통제할 수 없다고 보고했음에도 불구하고 이것은 도리어 다른 상황에서 자신의 감정을 지나치게 억누르고 있을[즉, 억제 통제(inhibitory control)] 가능성을 시사하는 것일 수 있다. 분노에 대한 억제 통제는 아동이 학교나 다른 상황에서는 분노 감정을 억제할 수 있지만, 나중에 가장 안전하다고 느끼는 양육자에게 분노를 표출할 수 있음을 시사한다. 이러한 점에서 Vasquez와 Miller(2018)는 분노가 입양 아동의 정서조절 수단으로 기능할 가능성이 있다고 언급했다. 하지만 이들의 연구에는 작은 표본 크기 외에도 연구와 관련된 다른 문제가 존재한다. 연구에 참여한 아동들은 모두 DSM-IV-TR(APA, 1994)에 따라 RAD 진단을 받았지만, 이들이 RAD 하위 유형(억제형 또는 탈억제형) 중에서 어느 유형에 해당하는지는 별도로 언급되지 않았다. 따라서 분노가 억제되거나 감정적으로 철회된 RAD를 가진 아동에게서만 나타나는 증상인지가 명확하지 않다.

Taft와 동료들(2015)도 RAD 아동을 돌보는 부모의 경험을 탐색하는 질적 연구를 수행했다. 연구자들은 RAD 자녀가 있는 10개의 입양 및 위탁 가정을 대상으로 인터뷰를 실시하여 자녀가 집에서 보이는 두 가지 주요 행동 유형을 확인했다. 이러한 유형의 행동에는 부적절하고 예측할 수 없는 행동과 위협적인 행동이 포함되었다. 입양 가정의 부모는 인터뷰를 통해 RAD 자녀가 보이는 행동이 기이하고 부적절할 뿐만 아니라 부모의 반응을 극대화하기 위하여 사전에 계획한 행동처럼 여겨진다고 설명하였다(Taft et al., 2015, p. 241). 부적절하고 예측할 수 없는 행동의 예로는 자신의 배설물을 집 안 어딘가에 숨기는 것, 무언가를 훔치는 것, 부모에게 학대를 당했다고 거짓으로 신고하는 것 등을 들 수 있다. 부모가 보고한 위협적인 행동의 예로는 가족 구성원을 해치겠다고 위협하는 것, 분노를 삭이지 못하며 공격적인 행동을 보이는 것(신체적 공격을 포함), 학교에서 교사를 깨무는 것, 부모 중의 한 사람에게 유독 위협적인 행동을 보이는 것, 건물에 불을 지르려는 계획을 세우는 것 등을 들 수 있다. 하지만 Taft 등은 RAD 진단 과정에서 사용한 기준(즉, DSM-IV 또는 DSM-5)에 대하여 구체적인 언급을 하지 않았기 때문에, 앞선 Vasquez와 Miller(2018)의 연구와 마찬가지로, 이들의 연구에 참여한 RAD 아동이 DSED와 구별되는 RAD(또는 억제형 RAD)에 해당하는지는 사실 분명하지 않다. 따라서 RAD 아동, 특히 DSM-5에 따라 RAD 진단을 받은 아동(즉, DSED 증상을 배제)의 공격적인 행동을 면밀하게 이해하기 위해서는 향후 더 많은 연구가 축적되어야 한다.

교실에서 학습에 미치는 영향

어린 시절 외상에 노출된 아동을 연구한 결과와 마찬가지로, RAD 아동은 행동과 학습에 영향을 미칠 수 있는 신경생물학적 변화 역시 경험할 수 있다(Embury et al., 2020). 실제로, Corbin(2007)의 견해에 따르면, 아동기 방임에 의한 신경생물학적 손상은 "학대 및 관련 외상에 의한 손상과 유사한 정도로 나타나며, 경우에 따라서는 이를 뛰어넘기도 한다"(p. 539). 양육자의 부재 및 초기 양육 환경의 혼란과 같은 심각한 방임은 스트레스에 대한 신체 반응이나 뇌의 반응을 조절하는 시상하부-뇌하수체-부신축[Hypothalamic-Pituitary-Adrenal(HPA) axis]에 상당한 영향을 미칠 수 있다. 또한 일부 연구에서는 대조군에 비해 RAD를 가진 아동의 뇌 시각 피질에서 회백질의 양이 감소한 것을 발견했다(Shimada et al., 2015). Shimada와 동료들에 따르면, 시각 피질에서 나타나는 회색질 감소는 RAD 아동이 경험하는 내재화 문제, 그리고 이들에게서 발견되는 정서조절 기능의 손상과 밀접한 관련이 있을 수 있다.

교실에서의 성취에 영향을 미칠 수 있는 사회성, 정서 및 행동 문제 외에도 학령기에 이른 RAD 아동은 종종 교실에서 학습의 어려움을 경험한다. 보육원과 같은 보호 시설에서 자란 아동은 상대적으로 풍부하면서도 도전적인 학습 환경에 노출될 기회가 적고 새로운 학습기술을 연습할 기회가 제한된다(Raaska et al., 2012). 일부 연구자들은 보호 시설에서 생활하다 입양된 일부 아동이 새로운 환경에 적응하면 자신의 낮은 학업 성취도를 어느 정도 만회하는 것으로 보인다고 언급하였지만, 또 다른 연구자들은 입양 아동의 학업 성취도가 일반적인 또래에 비해 뒤처지는 경향이 있어서 특수교육 서비스에 더 많이 의뢰될 수 있음을 발견했다(Raaska et al., 2012; van Ijzendoorn & Juffer, 2006).

핀란드의 국제 입양 아동을 대상으로 한 연구에 따르면, 입양아의 약 3분의 1이 학습 문제를 가지고 있는 것으로 나타났다(Raaska et al., 2012). 또한 Raaska와 동료들의 연구 결과에 따르면, 어린 나이에 입양된 아동들의 학습 문제가 덜 심각하고 남아가 여아보다 학습 문제를 더 많이 경험한다(Raaska et al., 2012). 입양 아동의 RAD 증상은 학습장애 사이와 밀접한 관련을 보였는 여러 가지 RAD 증상을 가진 아동은 학습장애, 특히 심각한 학습 문제를 겪을 위험이 더 큰 것으로 나타났다 (Raaska et al., 2012).

데 여러 가지 RAD 증상을 가진 아동은 학습장애, 특히 심각한 학습 문제를 겪을 위험이 더 큰 것으로 나타났다(Raaska et al., 2012). 중요한 유의점은 이 연구가 DSM-5 이전에 발표되었기 때문에 입양 아동의 RAD 증상이 DSM-IV 진단 기준에 따라 평가되었다는 것이다. 그러나 연구자들은 아동의 RAD 증상이 RAD의 하위 유형인 억제형 및 탈억제형 중 어디에 해당하는지 언급하지 않았다. 만일 증상의 양상에 따라 두 하위 유형을 구별했다면 연구 결과가 어떻게 달라졌을지 명확하지 않다.

학습 문제 외에도 교사-아동 관계는 아동이 교실에서 수행하는 교육활동에 영향을 미칠 수 있으며, 이는 특히 RAD로 진단받은 아동에게 해당된다. 앞서 살펴본 연구 결과에서 보듯이, RAD 아동은 교사에 대한 신뢰가 부족할 가능성이 크다(Bosmans et al., 2019). 교사-아동 관계에 대한 선행연구에 따르면, 일반적으로 발달 과정에서 부모와 안정적인 애착을 형성한 아동은 교사에게 지나치게 의존하지 않고 자율적으로 과제를 수행하다가도 필요할 때는 거리낌 없이 도움을 청하는 등 교사와 긍정적인 관계를 맺는 경향이 있다(Verschueren & Spilt, 2020). 반면에 부모와 안정적인 애착을 형성하지 못한 아동의 경우 교사와의 덜 친밀한 관계를 맺는 경향이 있다(Sabol & Pianta, 2012). 일부 연구자들은 RAD 아동이 교사와 관계를 형성하는 데 어려움을 겪을 위험이 있으며, 이는 잠재적으로 아동이 교실에서 더 많은 정서 및 행동 어려움을 경험할 가능성을 높일 수 있다고 주장한다(Bosmans et al., 2020). Bosmans와 동료들(2020)에 따르면, 교사는 RAD 아동과의 관계를 중요하게 인식하고 이들과 친밀한 관계를 맺음으로써 RAD 아동이 학교생활에 무리 없이 적응하고 교실 환경에서 충분한 안전감을 느끼도록 도울 수 있다.

RAD 아동이 나타내는 문제행동을 관리하는 것은 교사에게 힘겨운 일일 수 있다. 이와 관련하여 Bosmans 등(2020)은 교사와 RAD 아동의 관계에서 나타날 수 있는 이른바 불안정한 고리(insecure cycle) 모형을 제시하면서, 극도의 심리적 고통을 느낄 때도 제대로 도움을 청하지 못하는 RAD 아동의 행동이 어떻게 스트레스와 관련된 정서 반응(stress-related emotional reaction)으로 이어질 수 있는지 설명하였다. RAD 아동의 정서 반응은 주로 행동 표현으로 나타나는데, 가령 이들은 지나치게 공격적인 모습을 보인다거나 상호작용 장면에서 물러나는(마치 자신을 보호하려는 것처럼) 모습을 보인다. 아동의 부적절한 행동에 대응하기 위한 노력의 일환으로 교사는 아동과 의사소통하거나 관계 맺기를 시도할 수 있다. 교사의 이러한 노력이 좋은 의도일지라도 RAD를 가진 아동은 이러한 노력을 침범적인 것으로 간주하여 교사가 주는 도움에 대해 부정적인 기대를 가질 수 있다. 이로 인해 교사는 좌절감을 느끼거나 아동과 소통하는 것을 중단할 수 있으며, RAD 아동은 이러한 모습을 보이는 교사에게 실망감을 느낄 수 있다(Bosmans et al., 2020). Bosmans와 동료들(2020)이 언급한 바와 같이, 교사가 RAD 아동의 사회성, 정서 및 행동 요구를 이해하고 교실에서의 이러한 요구를 해결할 수 있도록 도움으로써 아동이 학습에 집중할 수 있도록 하는 것이 중요하다. 또한 교사는 학교심리사와 같은 교내 전문가의 조력을 바탕으로 정서적 및 행동적 측면에서 RAD 아동에게 효과적으로 반응하여 RAD 아동이, 특히 교실에서 자신의 학업 능력을 충분히 발휘하도록 도울 수 있다.

학교심리사를 위한 시사점

RAD는 학교심리사들이 자주 접할 수 있는 장애는 아니지만, 여러 위탁 가정을 전전한 이력이 있거나 국제 입양기관을 통해 보육원에서 현재의 가정으로 입양된 아동이 있을 수 있다. RAD는 교실에서 아동의 기능에 상당한 영향을 미칠 수 있으며, 이러한 문제를 다루는 과정에서 학교심리사의 전문적인 서비스가 필요할 수 있다. 학교심리사는 학교기반 정신건강 전문가로서, RAD 아동 및 가족의 권익을 옹호하고, 담당 교사에게 자문을 제공하며, 특수교육 수혜 심사 과정에서 RAD 아동을 평가하고, 필요할 경우 학교기반 정신건강 개입을 실행하는 등 RAD 학생을 돕는 다양하고 특별한 역할을 수행한다.

옹호

옹호는 학교심리사가 RAD 아동과 그 가족에게 제공할 수 있는 중요한 서비스이다. Good(2016)은 장애 아동의 입양과 관련된 몇 가지 쟁점을 다루었는데, 이는 국제 입양 등을 통해 보호 시설에서 어린 시절을 보낸 아동을 입양한 가족, 그리고 여러 차례 위탁 가정을 옮겨 다니느라 안정적인 애착을 형성할 기회가 없었던 아동을 입양한 가족에게 적용할 수 있다. 이러한 쟁점에는 장애 아동의 양육을 위한 사전 준비 부족, 입양 이후 필요한 지원 부족, 아동의 장애와 직접 관련된 지원 부족, 장애 아동에 대한 교육적 지원 부족이 포함된다. 학교심리사는 RAD 아동의 가족과 긴밀하게 협력하면서, RAD 아동이 사회성, 정서 및 행동 측면에서 흔히 무엇을 필요로 하는지, 특히 이들의 자녀가 구체적으로 무엇을 필요로 하는지에 대한 정보를 제공할 수 있다. 또한 학교심리사는 RAD 아동의 부모가 가정에서 자녀의 정서 및 행동 문제를 다루거나 적절한 교육 서비스를 갖춘 교육 시스템을 탐색하는 과정에서 필요한 도움을 줄 수 있다. 아울러 RAD 아동이 새로운 위탁 가정을 찾은 경우 위탁 가정의 부모와 협력하면서 자녀에게 힘이 되는 안전한 가정 환경을 만들기 위한 부모의 노력을 뒷받침할 수 있다. 이처럼 학교심리사는 RAD 아동에게 필요한 교육 및 정신건강 서비스를 적절하게 제공하여 이들의 권익을 옹호함으로써 RAD 아동의 부모를 돕는 중요한 역할을 수행할 수 있다.

학교에서 제공되는 교육 서비스를 옹호하는 것 외에도 학교심리사는 아동의 부모가 지역사회 전문기관이 포함된 이른바 다중시스템 서비스(multisystem service)를 통해 필요한 도움을 받을 수 있도록 지원할 수 있다. Losinski와 동료들(2016)에 따르면, 다중시스템 접근방식은 RAD 아동과 가족에게 학교기반 정신건강 서비스(예: 상담 서비스)와 지역사회 기반 정신건강 서비스(예: 가족 치료, 정신건강의학과 진료)를 포괄하는 집중적인 랩어라운드 서비스(wraparound service)를 제공할 수 있다. 이처럼 아동과 가족을 위한 지원은 학교, 지역사회 및 가정에서 광범위하게 제공될 수 있다. 이와 관련하여 학교심리사는 지역사회 전문기관과 공고한 협력 관계를 맺음으로써 학교와 지역사회 전문기관을 잇는 가교 역할을 수행할 수 있으며, 이를 바탕으로 부모가 자신의 자녀에게 필요한 정신건강 서비스(예: 심리치료, 가족 치료, 정신건강의학과 진료)에 효과적으로 접근하도록 뒷받침할 수 있다. 또한 Losinski와 동료들(2016)이 권고한 바와 같이, 아동과 가족의 강점과 요구에 초점을 맞춘 가족 서비스 계획(family service plan)을 개발하는 것을 고려할 수 있다. 이처럼 학교심리사는 지역사회 전문기관 연계 및 가족 서비스 계획을 바탕으로 RAD 아동의 권익을 옹호함으로써 RAD 아동에게 필요한 지원을 효과적으로 제공할 뿐만 아니라 특히 가족에게 필요한 서비스가 충분하게 고려되도록 도울 수 있다.

학교심리사는 지역사회 전문기관과 공고한 협력 관계를 맺음으로써 학교와 지역사회 전문기관을 잇는 가교 역할을 수행할 수 있으며, 이를 바탕으로 부모가 자신의 자녀에게 필요한 정신건강 서비스(예: 심리치료, 가족 치료, 정신건강의학과 진료)에 효과적으로 접근하도록 뒷받침할 수 있다.

자문

학교심리사는 RAD 아동의 가족을 돕는 컨설턴트로서, 학교가 RAD 아동의 가족과 건강한 동반자 관계를 형성할 수 있도록 도와야 한다. Taft와 동료들(2016)은 RAD 아동의 가족과 학교가 아동의 학교생활 문제에 대하여 효과적으로 소통할 필요가 있으며, 아울러 RAD 아동의 가족이 학교 교육에 더욱 능동적으로 참여하도록 독려할 필요가 있다고 강조한다. 가족의 참여와 효과적인 의사소통은 학교와 가족 간의 긍정적인 동반자 관계를 촉진하며, 이는 학교와 가정에서 아동에게 긍정적인 결과를 가져올 수 있다(Taft & Schlein, 2017). 연구에 따르면, RAD 아동의 가족과 교직원과의 상호작용은 종종 대립적이고 비생산적인 것으로 나타났다(Taft & Schlein,

2017). 예를 들어, Taft와 Schlein(2017)은 RAD 아동의 부모와 교직원과의 상호작용에 대해 인터뷰한 결과, 부모는 자녀를 담당하는 교사가 자녀의 잘못된 행동에 대해 불평하기 위해 의사소통하는 경향이 있고, 자녀의 교육에 관한 결정을 내리는 데 있어 부모를 중요한 동반자로 보지 않는 것 같다는 불만을 보고했다. 불행하게도 그러한 상호작용은 RAD 아동의 문제에 대한 이해를 저해하고 아동의 학업에 부정적인 영향을 미칠 수 있다. 따라서 학교는 가족과 상호 협력하여 긍정적인 태도로 서로 존중하고, 가족의 관심사와 자녀의 요구에 민감하며, 가족의 참여를 장려하는 동반자 관계를 구축해야만 한다.

학교심리사는 RAD 아동의 부모와 함께하면서 RAD가 아동의 사회성, 정서, 행동 및 학업 기능에 어떠한 영향을 미치는지, 그리고 이러한 영역에서 아동에게 필요한 것이 무엇인지에 대한 심리교육을 제공할 수 있다. 이 같은 심리교육을 바탕으로 RAD 아동의 부모는 일관되고 안정된 가정 환경의 중요성을 이해하고, 서로 신뢰할 수 있는 부모-자녀 관계를 만들어 갈 방법을 찾을 수 있다. 아울러 학교심리사와 RAD 아동의 가족은 가정에서 나타나는 RAD 아동의 행동 문제에 효과적으로 대처하기 위한 구체적인 계획을 수립할 수 있으며, 특히 아동의 필요에 민감하게 반응하면서도 처벌적이지 않는 방식으로 이러한 행동 문제를 다루고자 노력할 수 있다.

부모 대상의 심리교육과 더불어 학교심리사는 RAD 아동을 담당하는 교사에게도 필요한 지원을 제공할 수 있다. 특히 교사는 적절한 지원을 바탕으로 RAD가 아동의 발달에 어떤 영향을 미칠 수 있는지, 그리고 RAD가 교실에서 어떤 모습으로 나타날 수 있는지를 바르게 이해할 필요가 있다. 구체적으로, 교사는 RAD 아동의 감정이 어떻게 부적절한 행동으로 표현될 수 있는지 잘 알아차리고 있어야 한다. 따라서 교사에게 아동이 교실에서 경험할 수 있는 어려움의 유형을 알려 주는 것이 중요하다. 예를 들어, RAD 아동은 감정적으로 위축된 것처럼 보일 수 있지만, 자신의 감정을 감당하기 어려워지면 행동 문제를 보이기 시작할 수 있다. 교사는 RAD 아동이 실제 나이보다 어리게 행동할 수 있고 예상보다 오래 짜증을 낼 수 있음을 아는 것이 중요하다(Embury et al., 2020). 또한 RAD 아동은 자신이 안전하지 못하다고 생각하여 고통을 느낄 때도 대체로 주변에 도움이나 지원을 제대로 요청하지 않는다는 점에서, 교사는 RAD 아동이 괴로울 때 스스로 진정시키기 어렵다는 사실을 잘 이해하고 있어야 한다(Embury et al., 2020).

안정적이고 예측 가능한 학습 환경을 구축하고 아동과 신뢰 관계를 발전시키는 것의 중요성을 이해하는 것도 교사가 RAD 아동이 교실에 적응하도록 돕는 데 필수적이다(Floyd et al., 2008; Schwartz & Davis, 2006). 학교심리사는 교사 및 다른 교직원에게 구체적인 지침을 제공하여 RAD 아동의 안전감을 촉진하고, 특히 이들 아동이 교실 환경에서 충분한 안전감을 느끼도록 도울 수 있다(Schwartz & Davis, 2006, Rosinski et al., 2016). 문제행동과 그렇지 않은 행동의 경계를 분명하게 구분하면서도 아동의 요구에 민감하게 반응하고 수용하는 것은 아동이 교실 환경에 적응하도록 돕는 데 중요하다.

한편으로, Embury와 동료들(2020)은 일부 RAD 아동이 경험하는 사회성 기술 부족, 교실에서 안전함을 느끼지 못할 때 발생하는 학습의 어려움, 제한된 긍정적 감정, 사회적 소속감의 부족과 같은 잠재적인 어려움을 교사가 알아야 하는 중요성을 언급한다. 학교심리사와 교사는 상호 협력하여 교실에서 RAD 아동의 친사회적 행동을 촉진할 수 있으며, 이 과정에서 타인과 적절하게 상호작용하는 방법을 가르치거나 직접 친사회적 행동의 모델이 되어 줄 수 있다(Floyd et at al., 2008). 또한 RAD 아동은 감정 조절이 어려울 때가 많으므로 교사는 RAD 아동이 감당하기 어려운 감정을 느낄 때 적절한 도움이 필요하다는 사실을 잘 인식하고 있어야 한다(Bosmans et al., 2020). 아울러 교사는 학교심리사 및 다른 교직원과 협력하여 RAD 아동이 안전감을 충분히 느낄 수 있는 학습 환경을 조성하기 위하여 노력해야 한다(Bosmans et al., 2020).

평가 역할

여러 유형의 지원에도 불구하고 RAD 아동의 상황이 좀처럼 호전되지 않는다면, RAD 아동이 교실에서 흔히 보이는 정서 행동 문제를 고려하여 특수교육 서비스 대상자 인정 여부를 결정하기 위한 평가 절차를 진행할 수 있다. 이 경우, 먼저 RAD 아동의 부모에게서 평가에 대한 동의를 구해야 하며, 이후 학교의 다학제 팀이 60일 이내에 관련 평가 절차를 완료하게 된다. 앞서 언급한 바와 같이 RAD 아동이 특수교육 서비스 대상자로 인정받으려면 RAD 아동의 문제가 IDEA(2004)에서 제시하는 여러 장애 유형[예: 정서장애(또는 정서행동장애)] 중 하나에 해당해야 하며, 나아가 RAD 아동이 특수교육 서비스를 받아야 할 필요성이 입증되어야 한다. 따라서 다학제 팀의 평가 결과는 RAD 아동의 문제가 학업 수행에 부정적인 영향을 미칠 뿐만 아니라 RAD 아동이 특수교육 서비스 없이는 교실에서 제대로 적응하지 못할 가능성이 높다는 점을 보여 주어야 한다. 학교심리사는 부모의 동의하에 아동이 정서 및 행동 측면에서 무엇을 필요로 하는지에 대한 평가를 진행할 수 있다.

부모, 교사 및 아동(필요한 경우)과 체계적인 인터뷰를 실시하면 아동의 심리사회적 이력, 발달 이력, 병력, 현재 기능 및 아동과 관련해 우려되는 사항에 대한 정보를 얻을 수 있다. 물론 여러 위탁 가정을 거쳤거나 국제 입양된 RAD 아동의 경우에는 부모가 가진 정보가 제한적이어서 초기 발달에 대한 정보를 얻는 것이 어려울 수 있다. 그러나 이러한 사례에서도 RAD 아동이 가정에 합류한 이후 시점을 기준으로 이들의 기능에 대한 구체적인 정보를 부모와 공유할 수 있다. 부모를 통해 얻어야 할 중요한 정보에는 가정에서 보이는 정서 및 행동 문제, 이러한 문제의 지속 기간 및 빈도, 문제를 해결하기 위해 지금까지 사용한 전략 또는 개입, 전략의 효과 여부, 아동의 정신신체적 증상 경험 여부 등이 있다. 특히 RAD 아동이 과거 다른 학교에 재학한 적이 있다면 당시 교육활동에 대한 정보도 평가 과정에서 유용한 자료로 활용될 수 있다. 교사와의 인터뷰는 교실에서 아동의 기능과 교사가 아동에 관해 우려하는 사항에 대한 정보를 제공할 수 있다. 그리고 아동과의 인터뷰는 아동이 무엇을 고민하고 있는지, 그리고 자신이 가정 및 학교에서 겪고 있는 문제에 대해 어떻게 생각하고 있는지에 대한 정보를 제공할 수 있으며, 이는 아동의 발달 및 통찰 수준에 따라 달라질 수 있다.

평정척도도 아동의 정서적 및 행동적 기능에 대한 정보를 수집하는 유용한 방법이 될 수 있다. 예를 들어, 6~18세 아동용 행동 체크리스트(Child Behavior Checklist for Ages 6~18; Achenbach & Rescorla, 2001)는 내재화 및 외현화 행동을 평가하고 아동의 사회적 유능감에 대한 정보도 제공한다. 학교심리사는 가급적 다양한 유형의 평가자 버전을 가진 평정척도를 선택하여, 부모 평정, 교사 평정, 그리고 가능하다면 RAD 아동의 자기 보고에 이르기까지 다양한 정보원으로부터 관련 정보를 광범위하게 수집할 필요가 있다.

행동평가(behavioral assessment)는 아동이 교실에서 보이는 행동에 대한 정보를 수집하는 데 특히 유용하게 활용될 수 있다. 행동평가 과정에서 아동의 행동을 직접 관찰한다면 문제행동을 촉발하는 선행 요인과 행동의 결과, 아동이 교사 및 또래와 상호작용하는 방식, 교사 및 또래가 아동에게 반응하는 방식, 행동의 기능 등과 같은 아동의 행동에 대한 유용한 정보를 얻을 수 있다. 이와 관련하여 Floyd와 동료들(2008)은 "RAD 아동의 불안을 의도적으로 가중하는 조건 관찰 체계(conditioned observation system), 그리고 RAD의 전형적인 행동 특성을 엿보게 하는 특정 상황"을 바탕으로 RAD 아동의 행동을 평가하였던 일부 연구 사례를 언급하며, 다양한 조건과 상황에서 RAD 아동의 행동을 면밀하게 관찰할 것을 권고한 바 있다(Shepehris et al., 2003: Floyd et al., 2008, p.253에서 재인용). 미국의 일부 주(州)에서는 평가 대상 아동의 증상이 IDEA에 따른 정서장애(또는 정서행동장애)로 의심되는 경우 행동 관찰 평가를 의무적으로 실시할 것을 요구하기도 한다. 하지만 Taft 등(2016)과 같은 일부 연구자들의 견해에 따르면, 행동평가는 문제행동을 가진 아동을 평가하는 효과적인 도구이지만 RAD 아동의 행동을 평가하는 경우에는 그리 효과적이지 않을 수 있다. 예컨대, RAD 아동 사례에서는 문제행동을 유발하는 선행 사건, 그리고 문제행동을 유지하게 하는 행동의 결과 등이 분명하게 드러나지 않는 경우가 많다. 설령 문제행동의 선행 사건이나 결과가 확인되었다 하더라도, RAD 아동이 행동 개입 프로그램에 좀처럼 반응하지 않는다는 점 또한 염두에 두어야 한다(Taft et al., 2016).

RAD 아동의 인지 기능과 학업 성취도 역시 학교심리사가 평가해야 할 중요한 영역 중 하나이다. 앞서 언급한 바와 같이, 어린 시절 심각한 방임을 경험한 RAD 아동이 신경발달적 기능에 손상을 입을 가능성이 있다는 연구 결과를 고려할 때 RAD 아동의 인지 기능을 평가하는 것은 아동의 문제해결 능력, 시각 및 청각 정보 처리 능력, 정보 기억 능력 등에 대한 구체적인 정보를 제공할 수 있다. 아동의 현재 학업 기능 수준을 판단하기 위해 학교심리사는 아동의 학업 성취도 평가를 실시한다. 특히 이 같은 학업 성취도 데이터는 다학제 팀이 RAD 아동을 평가하는 과정에서 RAD가 실제로 아동의 학업 수행에 부정적인 영향을 미치고 있는지 여부를 판단하는 데 도움을 줄 수 있다.

치료적 개입

지난 2020년 미국학교심리사협회(National Association of School Psychologists: NASP)에서 채택한 NASP 2020 직무 표준안(Professional Standards)을 살펴보면, 정신건강 서비스 제공자로서 학교심리사가 수행해야 할 주요 역할을 확인할 수 있다(NASP, 2020). 구체적으로, NASP 실무 모형(Practice Model)에서 제시한 10개 영역 중 정신/행동 건강 서비스 및 중재(Mental and Behavioral Health Services and Interventions) 영역에서는 학교심리사가 학교심리 서비스를 통해 아동 · 청소년의 사회 · 정서적 적응을 지원하는 증거기반 전략을 실행하고 이들의 학습활동에 영향을 미치는 사회성, 정서 및 행동 문제를 효과적으로 다룰 것을 강조하고 있다. 학교심리사가 놀이치료 및 인지행동치료(Cognitive Behavioral Therapy: CBT)에 대한 전문성을 갖춘 경우라면 두 분야의 치료 기법을 효과적으로 결합한 학교기반 정신건강 서비스를 통해 RAD 아동이 학교에서 자신의 정서를 적절하게 조절하는 방법을 배우도록 도울 수 있다. 하지만 일부 RAD 아동의 문제는 학교에서 제공하는 정신건강 서비스만으로 다루기 어려울 수 있으며, 이 경우 사회 · 정서적 및 행동적 측면에서 어떠한 지원이 필요한지에 따라 외부 전문기관에 해당 아동의 사례를 의뢰하는 방법도 검토할 필요가 있다.

교육 및 사회 · 정서적 지원

RAD 아동이 학교 환경에 잘 적응하도록 돕기 위해서는 이들의 행동 문제를 다루는 것이 매우 중요하다. 설령 교직원이 아동의 어린 시절 경험이나 병력에 대해 구체적으로 알지 못하더라도, RAD 아동이 자신의 감정과 행동을 관리하는 데 어려움을 겪는 것은 분명하다. 특수교육 서비스 수혜를 위한 정서장애 진단(IDEA, 2004)에 의학적 소견이 필요하지 않다는 점에서, Losinski와 동료들(2016)은 학교의 다층지원체계(Multi-Tiered Systems of Support: MTSS)를 통해 RAD 학생과 같이 정서장애에 따른 지원이 필요하거나 교실에서 제대로 기능하지 못하는 학생을 체계적으로 판별할 것을 권고하였다. MTSS는 선별(screening), 진전도 감찰(progress monitoring), 표적행동 중재(targeted intervention)와 같은 체계화된 과정을 진행하면서 학생이 필요로 하는 다양한 지원을 효과적으로 제공한다. 흔히 MTSS가 정서 및 행동 문제를 가진 아동을 지원할 목적으로 설계된다는 점을 고려할 때, MTSS는 RAD 아동의 행동 문제를 다루는 데도 도움을 줄 수 있다. Losinski 등(2016)에 따르면, 모든 학생에게 보편적으로 적용하는 1단계의 중재 단계에서는 증거기반 교수(research-based instruction), 그리고 행동 문제 고위험 학생에 대한 보편적 선별이 포함된다. 선별에 사용할 수 있는 척도로는, 가령 학생용 위험 선별 척도(Student Risk Screening Scale; Drummond, 1994)의 수정판인 학생용 위험 선별 척도-내재화 및 외현화 문제(Student Risk Screening Scale-Internalizing and Externalizing; Lane et al., 2012)를 들 수 있다. 다음으로, 2단계의 중재 단계에는 별도의 프로그램(예: Check-In Check-Out Program; Everett et al., 2011)을 통한 표적적 개입이나 일상의 행동을 평가하는 척도(예: Daily Behavior Rating Scale; Chafouleas et al., 2009)를 사용하여 학생의 문제행동 양상이 어떻게 달라지고 있는지 점검하는 것이 포함될 수 있다(Losinski et al., 2016). 마지막으로, 3단계 개입에는 행동기능평가 실시와 아동이 나타내는 구체적인 행동에 초점을 맞춘 행동 중재 계획 개발이 포함된다(Losinski et al., 2016). 이처럼 MTSS 기반의 체계적 지원은 RAD 아동의 특정 행동 문제를 다루는 데 많은 도움을 줄 수 있다. 뿐만 아니라, 이러한 지원체계 내에서 RAD 아동이 어떻게 반응하는지에 대한 자료를 수집할 수 있는데, 특히 이 자료는 RAD 아동이 IDEA에 따른 정서장애로 특수교육 서비스 수혜가 가능한지 평가하는 과정에서 유용한 자료로 활용될 수 있다.

MTSS 외에도 이 분야의 전문가들은 안정적인 교실 환경을 조성하는 것이 RAD 아동에게 긍정적인 영향을 미칠 수 있다고 조언한다. 안정적인 교실 환경에서 RAD 아동은 교실에서 예측되는 상황을 파악하고, 자신이 안전할 뿐만 아니라 교실 구성원에게 충분한 지지를 받고 있다고 느낄 수 있다. 가정과 학교 모두에서 아동의 환경은 일관적이고 예측 가능해야 하며, 일상이 변동될 경우에는 변동이 발생하기 전에 아동에게 알려 주어야 한다(Losinski et al., 2016). 교실 활동의 경우 활동에서 기대하는 것을 가르치고 이를 교실에 게시하여 교실 내에서 학생들에게 기대하는 바가 무엇인지 RAD 아동이 더 잘 이해할 수 있도록 하는 것이 중요하다(Embury et al., 2020).

아울러 학교에서는 RAD 아동에게 감당하기 힘든 정서적 고통이 찾아왔을 때 이들 아동이 안전감을 느끼며 마음 편히 쉴 수 있는 별도의 공간을 마련할 필요가 있다(Losinski et al., 2016). 앞서 언급한 바와 같이, 학교심리사와 교사는 아동과 협의를 거쳐 교실이나 학교 내에 아동이 안전하게 머물 수 있는 공간을 지정할 수 있다. 또한 Floyd와 동료들(2008)은 RAD 아동을 위한 학교기반 서비스의 일환으로 학교 현장에 RAD 아동을 바르게 이해하고 세심하고 돌보는 성인의 존재가 필요하다는 견해를 밝혔다. 이들 성인은 RAD 아동의 문제행동을 성급하게 훈육하려 하기보다는 인내심을 가지고 기다리면서 아동이 보이는 정서와 행동의 관련성을 이해하고자 노력한다. 이러한 유형의 지원을 통해 RAD 아동은 교사에 대해 신뢰할 수 있는 안전한 애착 대상으로 여길 수 있게 되며, 필요한 경우 교사에게 도움을 구할 수 있게 된다(Embury et al., 2020). RAD 아동이 이처럼 예측 가능한 교실 환경에서 생활하면서 교사와 깊은 정서적 유대감을 가지게 되면 이들은 교실에서 안전감을 느끼기 시작할 뿐만 아니라 자신의 정서 및 행동을 곧잘 다룰 수 있게 된다. 나아가, 이러한 긍정적인 변화는 교실에서 RAD 아동의 집중력을 높이고 교사의 지시를 따르는 능력을 향상시킬 수 있다(Embury et al., 2020). RAD 아동이 교실에서 부적절한 행동을 보일 때는 아동의 사회성, 정서 및 행동 기술 수준이나 결핍 정도를 충분히 고려하여 특정 행동에 따른 결과를 사전에 약속할 필요가 있다(Embury et al., 2020). 아울러 바람직한 사회적 행동이나 놀이 장면에서의 적절한 행동을 구체적으로 가르치는 것, 그리고 교사의 행동을 모방(modeling)하며 배울 수 있는 기회를 제공하는 것도 RAD 아동의 학습장애를 효과적으로 다루는 데 도움이 될 것이다(Floyd et al., 2008).

RAD 아동이 이처럼 예측 가능한 교실 환경에서 생활하면서 교사와 깊은 정서적 유대감을 가지게 되면 이들은 교실에서 안전감을 느끼기 시작할 뿐만 아니라 자신의 정서 및 행동을 곧잘 다룰 수 있게 된다. 나아가, 이러한 긍정적인 변화는 교실에서 RAD 아동의 집중력을 높이고 교사의 지시를 따르는 능력을 향상시킬 수 있다(Embury et al., 2020).

Ermbury와 동료들(2020)은 교육적 측면에서 RAD 아동의 교실 적응을 도울 수 있는 지원 전략을 제안한 바 있다. 예컨대, 전체 정보를 작은 단위로 분할하여 순차적으로 제시하면 RAD 아동은 관련 내용을 차근차근 익히면서 전체 정보를 더 잘 다룰 수 있게 되며, 잠재적으로 RAD 아동의 불안 수준도 함께 감소할 가능성이 있다. 학업 과제에 대한 단계별 지침을 제공하는 것도 RAD 아동이 과제를 잘 수행하고 자기조절을 배우도록 돕는 효과적인 전략이 될 수 있다. 또한 고학년 학생에게는 일일 일정표를, 저학년 학생에게는 시각적 일정표를 제공하면 아동이 하루 동안 어떤 활동이 일어날지 알 수 있어 교실에서의 예측 가능성을 높일 수 있다(Embury et al., 2020).

학교기반 정신건강 개입과 지원

RAD 아동에 대한 심리치료와 관련하여, 다수의 연구에서는 현시점에서 RAD에 적용할 수 있는 증거기반 치료 프로토콜(treatment protocol)이 매우 부족하다는 점을 언급하고 있는데(Embury et al., 2020; Losinski et al., 2016; Schwartz & Davis, 2006), 이러한 문제점은 특히 RAD 아동을 위한 학교기반 개입에서 두드러지게 나타난다. 사실, RAD 아동의 어린 시절 경험이나 증상은 개인에 따라 큰 차이를 보일 수 있는데, 이러한 점이 RAD 아동에게 일반적으로 적용할 수 있는 치료 프로토콜의 개발을 어렵게 만들 수 있다(Ritchie, 2013). 하지만 여러 연구에 비추어 볼 때, 안전감을 느끼게 하는 성인과 긍정적인 관계를 맺는 것, 그리고 자신의 정서를 적절하게 조절하는 방법을 배우는 것은 RAD 아동에게 많은 유익을 가져다줄 것으로 보인다.

RAD 아동이 교사와 긍정적인 관계를 형성하고 교실에서 자신의 행동 문제를 다루는 데 도움을 주고자 Embury와 동료들(2020)은 학교심리사와 교사가 이른바 'PACE' 원리를 충실하게 따를 것을 권고하였다. PACE 원리는 자녀를 양육하는 과정에서 유쾌함(Playfulness), 수용(Acceptance), 호기심(Curiosity), 공감(Empathy)의 중요성을 강조하는 것으로, 부모(또는 양육자)가 RAD 아동의 행동 문제를 다루는 데 효과적으로 사용되어 왔다(Hughes & Golding, 2012). PACE 접근방식은 Hughes(2007)에 의해 제안되었으며, 양자 관계에 초점을 맞춘 양자 발달 심리치료(dyadic developmental psychotherapy)의 핵심적인 원리 중 하나로 볼 수 있다(Hughes et al., 2015). RAD 아동과 의사소통할 때 PACE 원칙을 사용하면 애착 대상(양육자 또는 교사)과의 신뢰 관계를 형성하고 정서적 · 행동적 문제를 해결할 수 있다. RAD 아동이 일반적으로 긍정적인 감정을 거의 보이지 않는다는 점을 고려할 때, PACE의 네 가지 원리 중 '유쾌함'은 이들 아동이 긍정적인 감정을 경험하고 소통의 과정에서 즐거움을 느끼며 자신감을 찾도록 도울 수 있다. 다음으로, 아동의 생각과 감정을 충분히 '수용'하는 것은 행동의 경계, 즉 기대행동과 문제행동을 분명하게 설정하는 과정에서 RAD 아동이 심리적 안정감을 느끼도록 도울 수 있다. '호기심'은 아동에 대한 관심을 보여 주고 아동을 더 깊이 알아 갈 수 있는 기회를 제공하여 아동이 교사에게 더 잘 반응하도록 돕는다. PACE의 마지막 원칙인 '공감'은 교사로 하여금 아동의 과거 경험이 현재 기능에 어떠한 영향을 미치는지 이해하게 하고 아동의 사회 · 정서적 및 행동적 측면에서 무엇을 필요로 하는지 더 잘 알아차릴 수 있게 한다(Hughes & Golding, 2012). 이처럼 교사가 RAD 아동과 소통하는 과정에서 PACE 원리를 사용하면, 교사와 아동 사이에 신뢰가 쌓이고 서로에게 민감하게 반응하게 되면서 아동은 교사를 신뢰하는 법을 배울 뿐만 아니라 교실 환경에서 충분히 안전하다는 느낌을 가질 수 있다. 이러한 변화는 RAD 아동이 교실에서 타인과 긍정적인 사회적 관계를 맺도록 도울 것이며, 결과적으로 아동이 자신감을 가지는 데 기여할 수 있을 것이다.

학교심리사가 놀이치료에 대한 전문성을 갖춘 경우라면, 학교기반 놀이치료(play therapy)도 RAD 아동을 위한 개입 방법으로 고려해 볼 만하다. 일부 연구자들은 학교기반 개입으로서의 놀이치료를 권장한다(Ritchie, 2013). Ritchie(2013)에 따르면 아동 중심 놀이치료(Child-Centered Play Therapy: CCPT)는 다음과 같은 여덟 가지 기본 원리를 강조한다. 구체적으로 살펴보면, (a) 놀이치료사는 아동과 긍정적인 관계를 형성하고 이들을 세심하게 살펴야 하며, (b) 아동을 있는 그대로 수용하고, (c) 아동이 자신의 감정을 표현하기에 안전하다고 느끼는 환경을 조성하며, (d) 아동의 감정을 인식하고, (e) 아동이 자신의 문제를 스스로 해결함으로써 책임감을 배울 기회를 제공하고, (f) 아동이 놀이치료 세션을 이끌도록 허용하며, (g) 치료 과정이 점진적으로 일어남을 이해하고, (h) 필요한 경우 치료의 한계를 설정한다. CCPT는 본질적으로 비지시적이지만, 치료 과정에서 결코 허용될 수 없는 행동에 대한 경계를 강조한다. 분명한 경계는 예측 가능성을 높일 뿐만 아니라 아동이 치료 과정에서 안전감을 느끼도록 돕는다(Ritchie, 2013). 이와 같은 과정을 통해 아동은 자신을 수용하는 법, 그리고 교사와 같은 타인을 수용하는 법을 함께 배울 수 있다.

놀이치료와 CBT를 결합한 형태의 접근방식은 RAD 아동에게 제공할 수 있는 또 다른 학교기반 개입이다. CBT의 초점은 인지가 자신의 감정에 영향을 미칠 수 있고 왜곡된 인지가 정서적 어려움을 초래할 수 있음을 이해하는 것이다. 놀이치료와 CBT를 결합한 접근방식은 놀이치료의 요소(예: 안전한 환경 조성)를 유지하면서도 CBT의 주요 기법(예: 이완 훈련, 생각과 행동을 연결 짓는 것)을 치료 과정의 핵심적인 전략으로 사용한다(Ritchie, 2013). Ritchie(2013)에 따르면, 이러한 형태의 접근방식은 특히 RAD 아동이 자주 경험하는 정서조절 문제를 다루는 데 사용될 수 있다. 예컨대, RAD 아동은 자신의 감정을 인식하는 방법을 배움으로써 여러 감정이 어떻게 서로 연결되어 있는지, 그리고 감정이 어떻게 행동으로 나타날 수 있는지를 더 잘 이해할 수 있다. 이 치료적 접근법에는 아동이 감정에 압도당하기 시작할 때 사용할 수 있는 이완 기술과 같은 대처기술을 가르치는 것도 포함된다(Ritchie, 2013).

결론적으로, 앞선 논의에서 언급한 바와 같이 RAD 아동은 학교에서 많은 문제를 경험할 수 있다. 이에 학교심리사는 교사를 비롯한 학교 구성원들이 RAD 아동의 학업, 사회성, 정서 및 행동 문제를 바르게 이해하고 이를 적절하게 다룰 수 있도록 다양한 방법을 안내해야 한다.

사례 연구 Crina: 반응성 애착장애 진단을 받은 어린 입양 소녀

배경

Crina는 6세 여자아이로, 2년 전 Collins 부부의 가정에 입양되었다. 당시 슬하에 자녀가 없었던 Collins 부부는 국제 입양을 결정하였으며, 이후 동유럽 국가의 아동에게 새로운 가정을 찾아 주는 국제 입양기관의 도움으로 1년여에 걸친 입양 절차를 완료하였다. 양어머니에 따르면, Crina의 친부모는 Crina와 다른 네 자녀를 양육할 형편이 되지 않아 생후 2개월이 된 Crina를 보육원에 보냈다. 친부모는 Crina를 보육원에 맡겨 둔 채로 방문하려고도 하지 않았다. 보육원은 궁핍하고 열악한 환경을 가진 지역사회에 위치하고 있었다. 보육원은 과밀했고 직원들은 돌봐야 할 아이들의 수를 감당하지 못했다. 입양이 승인되자 Collins 부부는 Crina를 데려오기 위해 해외로 떠났다. 양부모는 보육원이 위치한 지역의 궁핍함과 빈곤 수준, 그리고 보육원의 열악한 생활 환경에 놀랐다. 그들이 Crina를 처음 보았을 때, 그녀는 작은 방의 바닥에 다른 아이들과 함께 앉아 있었지만, 어느 아이들도 서로 소통하지 않는 것 같았다. 양어머니는 Crina와 처음 접촉을 시도했을 때 Crina가 자신을 힐끗 쳐다보고는 자리를 피했다고 진술했다. 양부모는 보육원이 있는 시골에서 일주일을 머물며 매일 Crina를 방문하여 집으로 데려오기 전에 Crina가 자신들과 더 편안해질 수 있도록 도왔다. Collins 부부에 따르면, 입양기관에서는 Crina에 대한 정보를 거의 제공하지 않았으며, 그들이 미국으로 돌아온 후에도 후속 조치를 하지 않았다고 했다.

Collins 부인은 Crina를 미국에 있는 집으로 데리고는 왔지만 Crina의 정서 및 행동 문제를 다룰 준비가 되어 있지 않았다. 양어머니는 Crina가 정서적으로 위축되어 Crina와 상호작용하려는 양부모의 시도에 반응하지 않았으며 종종 얼어붙은 것처럼 부모를 바라보았다고 말했다. 또한 딸이 때때로 새로운 환경을 감당하지 못하는 것처럼 보였으며 힘든 것이 분명한데도 도움을 구하지 않았다고 했다. 화가 난 이유는 분명하지 않은데, 오랫동안 폭발하고 울었던 적도 있다. 때때로 Crina는 양부모에게 물건을 던지고 깨물려고 하는 등 공격적인 모습을 보였다. 또한 옷장에 대변을 누고 남겨 두거나 때때로 바닥에 소변을 보았다. 앞서 언급한 것처럼 Crina는 힘들 때도 도움을 구하지 않았으며, 애정을 표현해도 반응하지 않고 안으려고 하면 긴장했다. 또한 장난감을 부수고 봉제 완구를 찢었으며, 베개와 이불이 있는 침대가 있는데도 종종 침실의 나무 바닥에서 잠을 잤다. Collins 부인은 Crina가 이웃 아이들과 놀려고 하다가도, 자신의 감정을 견디지 못하는 상황이 되면 다른 아이들과 어울리려 하지 않고 아이들을 깨물려고 했다고 말했다. 약 8개월이 지난 후에 부모는 Crina의 정서적 및 행동적 어려움을 해결하기 위해 지금까지 가족과 협력해 온 정신건강 전문가의 도움을 받아 보기로 했다.

입양 초기에 양부모와 소통하기를 꺼렸던 Crina는 현재 어느 정도 편안하게 양부모를 대한다.

Crina는 양부모에게 반응하지만, 대개는 먼저 소통하려 들지 않는다. Crina는 영어를 배웠으며 편안해지면 양부모와 의사소통하게 될 것이다. 여전히 애정을 표현하지 않지만, 가끔은 이전보다 긍정적인 감정을 표현하고 미소 짓기도 한다. Crina의 양부모는 Crina를 유아원(preschool)과 유치원(kindergarten)에 등원시켰으며, Crina는 이곳에서 매일 몇 시간 정도 교육활동에 참여하였다. 그러나 Crina는 교실의 다른 아이들에게 거리를 두었고, 아이들이나 교사가 Crina를 자꾸 활동에 참여시키려고 하면 폭발했다. Crina가 유아원과 유치원 모두에서 어려움을 겪었기 때문에 양부모는 초등학교에 입학한 이후 더 큰 어려움을 겪지는 않을지 우려하고 있다. 양부모는 Crina가 초등학교에 입학하기 전에 미리 학교를 방문하여 선생님을 만나고 교실에서 선생님과 함께할 기회를 가지기로 학교와 협의했다.

논의

사례 기록에서 알 수 있듯이 Crina는 RAD와 관련된 증상을 보인다. Crina는 사회적 방임에 노출되었으며 부적절한 양육 조건을 가진 보호 시설에서 생활한 이력이 있다. Crina는 정서적으로 위축된 모습을 보이며 사회적 상호작용에 참여하지 않고 괴로울 때도 도움을 청하지 않는다. 그뿐만 아니라 양부모에게 물건을 던지고 물어뜯는 등의 공격적인 행동을 하고 오랜 시간 울음을 터뜨리는 등 감정 조절에 어려움을 겪는다. 초등학교 입학 전에 Crina가 학교를 방문하여 교실을 둘러보고 선생님을 만날 수 있도록 배려한 것은 매우 현명한 결정이다. Crina는 이 방문을 통해 학교생활에서 예상되는 것이 무엇인지 알게 될 것이다.

학교심리사는 교사 및 학부모와 협력하여 Crina가 새로운 학교 환경에 적응하도록 도움을 주어야 한다. 교사와 부모에게 RAD에 대한 심리교육을 제공한다면 이들은 RAD 아동에게 나타나는 사회성, 정서 및 행동 문제를 더 잘 이해할 수 있으며, 결과적으로 사회성, 정서 및 행동 측면에서 Crina에게 필요한 것에 대하여 더 민감하게 반응할 수 있다. 그리고 Crina가 교사와 친밀한 관계를 맺고 이를 통해 교사를 신뢰하는 법을 배우도록 돕는 것에 초점을 맞출 필요가 있다. Crina가 교실에서 안전감을 느끼고 교사와 친밀한 관계를 맺도록 도우려면 먼저 안정적인 교실 환경을 조성해야 하는데, 이를 위해 PACE 원리의 사용을 고려할 수 있다. 또한 학교에서의 일과는 흔히 어떻게 진행되는지, 교육활동에 어떻게 참여할 수 있는지, 교실에서 기대되는 행동은 무엇인지 등에 대하여 Crina가 잘 파악할 수 있도록 관련 정보를 충분하게 제공해야 한다. 만일 학교의 일과가 변경되는 경우에는 이러한 사실을 미리 알려 주어 Crina가 환경의 변화를 예측할 수 있도록 도와야 한다. 아울러 교사는 Crina와 상호작용하는 과정에서 일관성을 유지해야 한다. 교사와 부모가 자주 연락하며 솔직하게 의사소통하는 것도 중요한데, 부모는 Crina가 새로운 학교 환경에 어떻게 적응하고 있는지 알아야 하고, 교사는 Crina의 기능에 영향을 줄 수 있는 가정 환경의 변화를 알아야 하기 때문이다.

부모 및 교사를 자문하는 것 외에도 학교심리사는 학부모와 협력하여 Crina와 가족에게 도움이 될 수 있는 다른 유형의 서비스를 추가로 제공할 수 있다. 포괄적인 서비스가 필요하다고 판단되는 경우, 학교심리사는 Crina의 부모가 랩어라운드 서비스를 이용하도록 도울 수 있다. 학교심리사는 랩어라운드 서비스의 일환으로 Crina의 치료에 새롭게 참여하는 지역사회 전문기관과 현재 Crina의 가족을 돕고 있는 치료사 사이에서 가교 역할을 수행할 수 있다. 이러한 역할을 실천하는 과정에서 학교심리사는 Crina 및 가족에게 정신건강 서비스를 제공하는 모든 관계자들이 서로 원활하게 소통하도록 도움을 줄 수 있다.

학교의 MTSS도 Crina에게 사회·정서적 지원을 제공할 수 있다. 앞서 논의한 바와 같이 1단계 지원에는 내재화 및 외현화 행동을 평가하는 선별 척도가 포함된다. 이는 Crina가 경험할 수 있는 특정한 정서 및 행동 문제를 식별하는 데 도움이 될 것이다. 2단계에서는 체크인 체크아웃 프로그램(Check-In Check-Out Program; Everett et al., 2011) 등을 사용하여 Crina가 아침에 그날 목표를 확인하고 일과가 종료된 오후에 어떤 목표를 달성하였는지 하루하루 점검하도록 도울 수 있다. 아울러 2단계에서는 Crina의 정서 및 행동 문제 양상이 매일 어떻게 달라지고 있는지를 점검할 수도 있다. 3단계 중재가 필요한 경우, 학교심리사는 Crina를 대상으로 행동기능평가를 실시하고 평가 결과를 바탕으로 Crina를 위한 행동 중재 계획을 수립할 필요가 있다. 이 계획에는 Crina의 사회성, 정서 및 행동 측면에서 필요한 것과 Crina의 독특한 이력이 민감하게 반영되어야 한다.

Crina의 정신건강을 위한 요구를 해결하기 위해서는 학교기반 정신건강 서비스 제공을 고려할 수 있다. 학교심리사가 놀이치료 및 CBT 기술에 대한 훈련을 받은 경우, 이러한 접근방식으로 개입하는 것이 적절할 수 있다. 학교심리사가 Crina를 대상으로 놀이치료 및 CBT를 시작하려면 Crina의 부모뿐만 아니라, 현재 Crina의 가족을 돕고 있는 치료사와도 부모 동의하에 사전에 충분한 논의를 거치는 것이 중요하다. 이를 통해 Crina의 치료와 관련된 모든 당사자가 이러한 방식의 개입을 지지하는지 확인해야 하며, Crina의 치료사가 이미 진행하고 있는 다른 정신건강 서비스와 중복되지 않도록 개입 전략을 조정할 필요가 있다. 이러한 접근방식에서 놀이치료는 Crina와 학교심리사 사이에 신뢰가 생기는 안전한 환경을 만드는 데 도움이 될 수 있다. 놀이를 사용하는 것은 Crina가 학교심리사에게 편안함을 느끼도록 하는 데 가장 도움이 될 것이다. 놀이뿐만 아니라 이완 기술을 비롯한 CBT 전략을 사용할 수도 있는데, 이는 Crina의 정서조절 문제를 다루는 데 많은 도움을 줄 수 있다.

시간이 지남에 따라 Crina를 특수교육 평가에 의뢰하는 결정이 내려질 수도 있다. 이 경우, 먼저 Crina의 부모에게 평가에 대한 동의를 구해야 하며, 이후 학교는 60일 이내에 관련 평가 절차를 완료해야 한다. 평가 과정에서는 가장 먼저 Crina의 청력과 시력이 어느 정도인지를 확인해야 하며, 학교의 보건교사가 이를 담당한다. 일련의 평가를 통해 학교심리사는 Crina의 지적 능력, 학업 성취도, 적응 행동 및 사회·정서적 행동을 평가한다. Crina가 학업 수행에 부정적인 영향을 미치는 장애를 가진 학생인지, 특수교육 서비스가 필요한지는 평가 자료를 기반으로 결정된다. 학교의 다학제 팀은 평가 결과를 종합적으로 검토하여 Crina의 문제가 IDEA(2004)에서 제시하는 장애 유형(예: 정서장애) 중 하나에 해당하는지, 결과적으로 Crina가 특수교육 수혜자격을 충족하는지 여부를 결정한다. Crina가 IDEA에 따른 장애 수혜자격 기준을 충족하고 특수교육 서비스 없이 학업 진전을 이루지 못할 것이 자료를 통해 확인되면 팀은 Crina를 장애 학생으로 판단하고 Crina를 위한 개별화교육프로그램(Individualized Education Program: IEP) 개발에 착수할 것이다.

핵심 요약

- RAD는 생애 초기에 사회적 방임에 노출된 이력으로 인해 양육자에게 선택적 애착을 형성하지 못하는 드문 장애이다.
- RAD는 아동의 사회성, 정서 및 행동 기능, 특히 자신의 정서를 조절하고 사회·정서적 수준에서 타인과 관계 맺는 능력을 크게 손상시킬 수 있다.
- RAD 아동에게 제공할 수 있는 가장 중요한 개입 중의 하나는 RAD 아동이 일관성을 가진 세심한 양육자와 깊은 신뢰 관계를 형성하고, 이를 바탕으로 안전하고 안정적인 환경에서 생활하도록 돕는 것이다.
- 학교심리사는 옹호, 상담, 평가 및 정신건강 개입을 통해 RAD 아동을 돕는 데 중추적인 역할을 할 수 있다.

연습문제

1. RAD 증상은 몇 살 이전에 나타나야 하는가?
   a. 생후 2개월
   b. 생후 5개월
   c. 2세
   d. 5세

2. 아동이 ASD 진단을 받은 경우 RAD 진단을 내릴 수 있다.
   a. 참
   b. 거짓

3. 교사와 신뢰 관계를 구축하면 RAD 아동이 안전함을 느낄 수 있는 안정적인 교실 환경 조성에 도움이 될 수 있다.
   a. 참
   b. 거짓

4. RAD 아동은 타인에 대한 사회적 접근(social proximity)을 원하는 경우 때때로 부적응적인 행동(예: 공격 행동)을 보이기도 하는데, 이러한 행동은 ____________의 수단으로 이용되고 있을 수 있다.
   a. 오해에 대한 보복
   b. 사회적 거부에 대한 자기 보호
   c. 타인에 대한 적응
   d. 슬픈 감정 줄이기

5. 상당수의 RAD 아동은 정서조절 문제를 경험한다.
   a. 참
   b. 거짓

정답 1) d, 2) b, 3) a, 4) b, 5) a

토의질문

1. DSM-5에서의 제시한 RAD 진단 특징을 설명하시오.
2. RAD가 아동의 사회성, 정서 및 행동 기능에 어떤 영향을 미칠 수 있는지 논하시오.
3. RAD 아동에게 유용할 수 있는 다섯 가지 교육적 및 사회 · 정서적 지원을 설명하시오.
4. PACE 원리에 대하여 설명하고, 교사가 RAD 아동과 신뢰 관계를 형성하기 위해 PACE 원리를 어떻게 사용할 수 있는지 논하시오.
5. 학교기반 정신건강 전문가가 RAD 아동의 정서 및 행동 문제를 다루는 과정에서 놀이치료 기법을 어떻게 사용할 수 있는지 논하시오.

추가 정보

Basic Information Websites

American Academy of Child and Adolescent Psychiatry *Attachment Disorders:* www.aacap.org/AACAP/Families_and_Youth/Facts_for_Families/FFF-Guide/Attachment-Disorders-085.aspx

Mayo Clinic Reactive Attachment Disorder: www.mayoclinic.org/diseases-congitions/reactive-attachment-disorder/symptoms-causes/syc-20352939

Resources for School Psychologists

National Association of School Psychologists DSM-5 and School Psychology: *Reactive Attachment Disorder and Disinhibited Social Engagement Disorder.* www.nasponline.org/publications/periodicals/communique/issues/volume-42-issue-8

RAD Advocates Factsheet *An Educator's Guide to RAD:* https://ec1409ca-cfb8-44d4-9ded-17ed84478048.filesusr.com/ugd/980054_307ceaec0e484649ad057c4e5a4b4b97.pdf

RAD Adovocates Factsheet *5 Ways to Support Parents of Kids With RAD:* https://ec1409ca-cfb8-44d4-9ded-17ed84478048.filesusr.com/ugd/c30adf_c8d437ae45be48c7afb955d42b9e7fd8.pdf

Resources for Families

RAD Advocates Factsheet *How RAD Impacts a Family:* https://ec1409ca-cfb8-44d4-9ded-17ed84478048.filesusr.com/ugd/c30adf_8d2a67db1a944a3591286da88e1d2ad0.pdf

RAD Advocates Factsheet *6 Lesser-Known Symptoms of RAD:* https://ec1409ca-cfb8-44d4-9ded-17ed84478048.filesusr.com/ugd/980054_f48f22adf9e44f54b3b98a13393973bf.pdf

Fact Sheets on RAD

American Academy of Child and Adolescent *Psychiatry Attachment Disorders Fact Sheet:* www.aacap.org/AACAP/Families_and_Youth/Facts_for_Families/FFF-Guide/Attachment-Disorders-085.aspx

Child Mind Institute Quick Facts on Reactive Attachment Disorder: https ://childmind.org/article/quick-facts-onreactive-attachment-disorder/

Minnesota Association for Children's Mental Health Reactive *Attachment Fact Sheet:* www.aecsd.education/tfiles/folder1488/Fact%20Sheet_RAD14.pdf

● 핵심 참고문헌

American Psychiatric Association. (2013). *Diagnostic and statistical manual of mental disorders* (5th ed.). https://doi.org/10.1176/appi.books.9780890425596

Cuyvers, B., Vervoort, E., & Bosmans, G. (2020). Reactive attachment disorder symptoms and prosocial behavior in middle childhood: The role of Secure Base Script knowledge. *BMC Psychiatry, 20*(1), 1-13. https://doi.org/10.1186/s12888-020-02931-3

Embury, C. D., Clarke, L. S., & Leaver, C. (2020). Reactive attachment disorder in the classroom. *Preventing School Failure: Alternative Education for Children and Youth, 64*(3), 240-248. https://doi.org/10.1080/1045988X.2020.1732281

Floyd, K. K., Hester, P., Griffin, H. C., Golden, J., & Canter, L. L. S. (2008). Reactive attachment disorder: Challenges for early identification and intervention within the schools. *International Journal of Special Education, 23*(2), 47-55. https://files.eric.ed.gov/fulltext/EJ814399.pdf

Guyon-Harris, K. L., Humphreys, K. L., Fox, N. A., Nelson, C. A., & Zeanah, C. H. (2019). Signs of attachment disorders and social functioning among early adolescents with a history of institutional care. *Child Abuse & Neglect, 88*, 96-106. https://doi.org/10.1016/j.chiabu.2018.11.005

Lehmann, S., Breivik, K., Heiervang, E. R., Havik, T, & Havik, Q. E. (2016). Reactive attachment disorder and disinhibited social engagement disorder in school-aged foster children-A confirmatory approach to dimensional measures. *Journal of Abnormal Child Psychology, 44*(3), 445-457. https://doi.org/10.1007/s10802-015-0045-4

Lehmann, S., Havik, O. E., Havik, T., & Heiervang, E. R. (2013). Mental disorders in foster children: a study of prevalence, comorbidity and risk factors. *Child and Adolescent Psychiatry and Mental Health, 7*(1), 1-12. https://doi.org/10.1186/1753-2000-7-39

Losinski, M., Katsiyannis, A., White, S., & Wiseman, N. (2016). Addressing the complex needs of students with attachment disorders. *Intervention in School and Clinic, 51*(3), 184-187. https://doi.org/10.1177/1053451215585800

Seim, A. R, Jozefiak, T., Wichstrøm, L., Lydersen, S., & Kayed, N. S. (2020). Reactive attachment disorder and disinhibited social engagement disorder in adolescence: Co-occurring psychopathology and psychosocial problems. *European Child & Adolescent Psychiatry*, 1-14. https://doi.org/10.1007/s00787-020-01673-7

Spilt, J. L., Vervoort, E, Koenen, A. K., Bosmans, G., & Verschueren, K. (2016). The socio-behavioral development of children with symptoms of attachment disorder: An observational study of teacher sensitivity in special education. *Research in Developmental Disabilities, 56*, 71-82. https://doi.org/10.1016/j.ridd.2016.05.014

Zeanah, C. H., Chesher, T., Boris, N. W., Walter, H. J., Bukstein, O. G., Bellonci, C., Scott Benson, R., Bussing, R., Chrisman, A., Hamilton, J., Hayek, M., Keable, H., Rockhill, C., Siegel, M., & Stock, S. (2016). Practice parameter for the assessment and treatment of children and adolescents with reactive attachment disorder and disinhibited social engagement disorder. *Journal of the American Academy of Child & Adolescent Psychiatry, 55*(11), 990-1003. https://doi.org/10.1016/j.jaac.2016.08.004

Zeanah, C. H., Egger, H. L., Smyke, A. T., Nelson, C. A., Fox, N. A., Marshall, P. J., & Guthrie, D. (2009). Institutional rearing and psychiatric disorders in Romanian preschool children. *American Journal of Psychiatry, 166*(7), 777-785. https://doi.org/10.1176/appi.ajp.2009.08091438

Zeanah, C. H., & Gleason, M. M. (2010). *Reactive attachment disorder: A review for* DSM-V. American Psychiatric Association. https://www.researchgate.net/profile/Charles-Zeanah/publication/228683818_Reactive_Attachment_Disorder_a_review_for_DSMV/links/0deec51e86576d1e8c000000/Reactive-Attachment-Disorder-a-review-for-DSM-V.pdf

Zeanah, C. H., & Gleason, M. M. (2015). Annual research review: Attachment disorders in early childhood-clinical presentation, causes, correlates, and treatment. *Journal of Child Psychology and Psychiatry, 56*(3), 207-222. https://doi.org/10.1111/jcpp.12347

참고문헌

Achenbach, T. M., & Rescorla, L. A. (2001). *Manual for the ASEBA school-age forms & profiles: An integrated system of multi-informant assessment.* University of Vermont Research Center for Children, Youth, and Families. https://aseba.org/school-age/

Ainsworth, M. D. S., Blehar, M. C., Waters, E., & Wall, S. (1978). Patterns of attachment A psychological study of the strange situation. Erlbaum.

American Academy of Child and Adolescent Psychiatry. (2014). *Attachment disorders.* https://www.aacap.org/AACAP/Families_and_Youth/Facts_for_Families/FFF-Guide/Attachment-Disorders-085.aspx

American Psychiatric Association. (1980), *Diagnostic and statistical manual of mental disorders* (3rd ed.). American Psychiatric Press.

American Psychiatric Association. (1987). *Diagnostic and statistical manual of mental disorders* (3rd ed., rev.). American Psychiatric Press.

American Psychiatric Association. (1994). *Diagnostic and statistical manual of mental disorders* (4th ed.). American Psychiatric Press.

American Psychiatric Association. (2013). *Diagnostic and statistical manual of mental disorders* (5th ed.). https://doi.org/10.1176/appi.books.9780890425596

Bosmans, G., Spilt, J., Vervoort, E., & Verschueren, K. (2019). Inhibited symptoms of reactive attachment disorder. Links with working models of significant others and the self. *Attachment & Human Development, 21*(2), 190-204. https://doi.org/10.1080/14616734.2018.1499213

Bosmans, G., Verschueren, K., Cuyvers, B., & Minnis, H. (2020). Current perspectives on the management of reactive attachment disorder in early education. *Psychology Research and Behavior Management, 13*, 1235-1246. https://doi.org/10.2147/PRBM.S264148

Bowlby, J. (1969). Attachment and loss (Vol. 1). Basic Books. Bruce, M., Young, D., Turnbull, S., Rooksby, M., Chadwick, G., Oates, C., Nelson, R., Young-Southward, G., Haig, C., & Minnis, H., (2019). Reactive attachment disorder in maltreated young children in foster care. *Attachment & Human Development, 21*(2), 152-169. https://doi.org/10.1080/14616734.2018.1499211

Chafouleas, S. M., Riley-Tillman, T. C., & Christ, T. J. (2009). Direct Behavior Rating (DBR): An emerging method for assessing social behavior within a tiered intervention system. *Assessment for Effective Intervention, 34*, 195-200. https://doi.org/10.1177/1534508409340391

Corbin, J. R. (2007). Reactive attachment disorder. A biopsychosocial disturbance of attachment. *Child and Adolescent Social Work Journal, 24*(6), 539-552. https://doi.org/10.1007/s10560-007-0105-x

Corval, R., Belsky, J., Baptista, J., Mesquita, A., & Soares, L. (2019). Development and validation of an observational measure of symptoms of reactive attachment disorder. *Attachment & Human Development, 21*(2), 111-131. https://doi.org/10.1080/14616734.2018.1499209

Corval, R., Belsky, J, Baptista, Oliveira, P., Mesquita, A., & Soares, L (2017). Inhibited attachment disordered behavior in institutionalized preschool children: Links with early and current relational experiences. *Attachment & Human Development, 19*(6), 598-612. https://doi.org/10.1080/14616734.2017.1342172

Cuyvers, B., Vervoort, E, & Bosmans, G. (2020). Reactive attachment disorder symptoms and prosocial behavior in middle childhood: The role of Secure Base Script knowledge. *BMC Psychiatry, 20*(1), 1-13. https://doi.org/10.1186/s12888-020-02931-3

Davidson, C., O'Hare, A., Mactaggart, F., Green, J., Young, D., Gillberg, C., & Minnis, H. (2015). Social relationship difficulties in autism and reactive attachment disorder: Improving diagnostic validity through structured assessment. *Research in Developmental Disabilities, 40*, 63-72. https://doi.org/10.1016/j.ridd.2015.01.007

Dozier, M., Zeanah, C. H., Wallin, A. R., & Shauffer, C. (2012). Institutional care for young children: Review of literature and policy implications. *Social Issues and Policy Review, 6*(1), 1-25. https://doi.org/10.1111/j.1751-2409.2011.01033.x

Drummond, T. (1994). The Student Risk Screening Scale (SRSS). Josephine County Mental Health Program. Elovainio, M., Raaska, H., Sinkkonen, J., Mäkipää, S., & Lapinleimu, H. (2015). Associations between attachment-related symptoms and later psychological problems among international adoptees: Results from the FinAdo study. *Scandinavian Journal of Psychology, 56*(1), 53-61. https://doi.org/10.1111/sjop.12174

Embury, C. D., Clarke, L. S., & Leaver, C. (2020). Reactive attachment disorder in the classroom. *Preventing School Failure: Alternative Education for Children and Youth, 64*(3), 240-248. https://doi.org/10.1080/1045988X.2020.1732281

Everett, S., Sugai, G., Fallon, L., Simonsen, B., & O'Keeffe, B. (2011). *School-wide tier II interventions: Check-In Check-Out getting started workbook.* OSEP Center on Positive Behavioral Interventions and Supports, Center for Behavioral Education and Research, University of Connecticut. https://www.pbis.serc.co/docs/training/year-2/Tier-2-Workbook.pdf

Floyd, K. K., Hester, P., Griffin, H. C., Golden, J., & Canter, L. L. S. (2008). Reactive attachment disorder.

Challenges for early identification and intervention within the schools. *International Journal of Special Education, 23*(2), 47-55. https://files.eric.ed.gov/fulltext/EJ814399.pdf

Fox, N. A., Nelson III, C. A., & Zeanah, C. H. (2017). The effects of psychosocial deprivation on attachment. Lessons from the Bucharest Early Intervention Project. *Psychodynamic Psychiatry, 45*(4), 441-450. https://doi.org/10.1521/pdps.2017.45.4.441

Gleason, M. M., Fox, N. A., Drury, S., Smyke, A., Egger, H. L., Nelson III, C. A., Gregas, M. C., & Zeanah, C. H. (2011). Validity of evidence-derived criteria for reactive attachment disorder: Indiscriminately social/disinhibited and emotionally withdrawn/inhibited types. *Journal of the American Academy of Child & Adolescent Psychiatry, 50*(3), 216-231. https://doi.org/10.1016/j.jaac.2010.12.012

Good, G. A. (2016). Adoption of children with disabilities: An exploration of the issues for adoptive families, *Early Child Development and Care, 186*(4), 642-661. https://doi.org/10.1080/03004430.2015.1040786

Guyon-Harris, K. L, Humphreys, K. L., Degnan, K., Fox, N. A., Nelson, C. A., & Zeanah, C. H. (2019). A prospective longitudinal study of reactive attachment disorder following early institutional care: Considering variable-and person-centered approaches. *Attachment & Human Development, 21*(2), 95- 110. https://doi.org/10.1080/14616734.2018.1499208

Guyon-Harris, K. L., Humphreys, K. L., Fox, N. A., Nelson, C. A., & Zeanah, C. H. (2019). Signs of attachment disorders and social functioning among early adolescents with a history of institutional care. *Child Abuse & Neglect, 88*, 96-106. https://doi.org/10.1016/j.chiabu.2018.11.005

Hong, M., Moon, D. S., Chang, H., Lee, S. Y., Cho, S. W., Lee, K. S., Park, J.-A., Lee, S. M., & Bahn, G. H. (2018). Incidence and comorbidity of reactive attachment disorder: Based on national health insurance claims data, 2010-2012 in Korea. *Psychiatry Investigation, 15*(2), 118. https://doi.org/10.30773/pi.2017.11.01

Hughes, D. (2007). *Attachment-focused family therapy*. W. W. Norton.

Hughes, D., & Golding, K. (2012). *Creating loving attachments: Parenting with PACE to nurture confidence and security in the troubled child*. Jessica Kingsley Publishers.

Hughes, D., Golding, K. S., & Hudson, J. (2015). Dyadic developmental psychotherapy (DDP): The development of the theory, practice and research base. *Adoption & Fostering, 39*(4), 356-365. https://doi.org/10.1177/0308575915610943

Humphreys, K. L., Nelson, C. A., Fox, N. A., & Zeanah, C. H. (2017). Signs of reactive attachment disorder and disinhibited social engagement disorder at age 12 years: Effects of institutional care history and high-quality foster care. *Development and Psychopathology, 29*(2), 675-684. https://doi.org/10.1017/S0954579417000256

Individuals with Disabilities Education Improvement Act. (2004). 20 U.S.C. § 1400. https://sites.ed.gov/idea/regs/b

Keller, H. (2013). Attachment and culture. *Journal of Cross-Cultural Psychology, 44*(2), 175-194. https://doi.org/10.1177/0022022112472253

Lane, K. L., Oakes, W. P., Harris, P. J., Menzies, H. M., Cox, M. L., & Lambert, W. (2012). Initial evidence for the reliability and validity of the Student Risk Screening Scale for internalizing and externalizing behaviors at the elementary level. *Behavioral Disorders, 37*, 99-122. https://doi.org/10.1177/1534508413489336

Lehmann, S., Breivik, K., Heiervang, E. R., Havik, T., & Havik, O. E. (2016). Reactive attachment disorder and disinhibited social engagement disorder in school-aged foster children-A confirmatory approach to dimensional measures. *Journal of Abnormal Child Psychology, 44*(3), 445-457. https://doi.org/10.1007/s10802-015-0045-4

Lehmann, S., Havik, O. E., Havik, T., & Heiervang, E. R. (2013). Mental disorders in foster children: a study of prevalence, comorbidity and risk factors. *Child and Adolescent Psychiatry and Mental Health, 7*(1), 1-12. https://doi.org/10.1186/1753-2000-7-39

Leveille, M. (2014). Reactive attachment disorder and disinhibited social engagement disorder. *Communique, 42*(8), 1-21. https://www.nasponline.org/publications/periodicals/communique/issues/volume-42-issue-8

Losinski, M., Katsiyannis, A., White, S., & Wiseman, N. (2016). Addressing the complex needs of students with attachment disorders. *Intervention in School and Clinic, 51*(3), 184-187. https://doi.org/10.1177/1053451215585800

Main, M., & Solomon, J. (1986). Discovery of an insecure-disorganized/disoriented attachment pattern. In T. B. Brazelton, & M. Yogman (Eds.), *Affective development in infancy* (pp. 95-124). Ablex

Mesman, J., van IJzendoorn, M. H., & Sagi-Schwartz, A. (2016). Cross-cultural patterns of attachment: Universal and contextual dimensions. In J. Cassidy & P. R. Shaver (Eds.), *Handbook of attachment: Theory, research, and clinical applications* (3rd ed., pp. 852-877). The Guilford Press.

National Association of School Psychologists. (2020). *NASP 2020 domains of practice.* https://www.nasponline.org/standards-and-certification/nasp-2020-professional-standards-adopted/nasp-2020-domains-of-practice

Nelson, R., Chadwick, G., Bruce, M., & Minnis, H. (2018). Parallel lives: A case series of three boys with persistent reactive attachment disorder. *Annals of Clinical and Medical Case Reports, 1*(4), 1-5. https://www.acmcasereport.com/pdf/ACMCR-v1-1014.pdf

Orth, U., Robins, R. W., & Widaman, K. F. (2012). Life-span development of self-esteem and its effects on important life outcomes. *Journal of Personality and Social Psychology, 102*(6), 1271-1288. https://doi.org/10.1037/a0025558

Raaska, H., Elovainio, M., Sinkkonen, J., Matomäki, J., Mäkipää, S., & Lapinleimu, H. (2012). Internationally adopted children in Finland: Parental evaluations of symptoms of reactive attachment disorder and learning difficulties-FINADO study. *Child: Care, Health and Development, 38*(5), 697-705. https://doi.org/10.1111/j.1365-2214.2011.01289.x

Ritchie, J. A. (2013). Reactive attachment disorder: Play therapy interventions for school settings. In J. R. Curry, & L. R. Fazio-Griffith (Eds.), *Integrating play techniques in comprehensive school counseling programs* (pp. 309-323). Information Age Publishing.

Rutter, M., Kreppner, J., & Sonuga-Barke, E. (2009). Emanuel Miller Lecture: Attachment insecurity, disinhibited attachment, and attachment disorders: where do research findings leave the concepts? *Journal of Child Psychology and Psychiatry, 50*(5), 529-543. https://doi.org/10.1111/j.1469- 7610.2009.02042.x

Sabol, T. J., & Pianta, R. C. (2012). Recent trends in research on teacher-child relationships. *Attachment and Human Development, 14*(3), 213-231. https//doi.org/10.1080/14616734.2012.672262

Sagi, A. (1990). Attachment theory and research from a cross-cultural perspective. *Human Development, 33*(1),

10-22. https://doi.org/10.1159/000276499

Salvia, J., Ysseldyke, J., & Witmer, S. (2016). Assessment in special and inclusive education. Cengage Learning.

Schwartz, E., & Davis, A. S. (2006). Reactive attachment disorder: Implications for school readiness and school functioning. *Psychology in the Schools, 43*(4), 471-479. https://doi.org/10.1002/pits.20161

Seim, A. R., Jozefiak, T., Wichstrøm, L., Lydersen, S., & Kayed, N. S. (2020). Reactive attachment disorder and disinhibited social engagement disorder in adolescence: Co-occurring psychopathology and psychosocial problems. *European Child & Adolescent Psychiatry*, 1-14. https://doi.org/10.1007/s00787-020-01673-7

Shimada, K., Takiguchi, S., Mizushima, S., Fujisawa, T. X., Saito, D. N., Kosaka, H., Okazawa, H., & Tomoda, A. (2015). Reduced visual cortex grey matter volume in children and adolescents with reactive attachment disorder. *NeuroImage: Clinical, 9*, 13-19. https://doi.org/10.1016/j.nicl.2015.07.001

Sonuga-Barke, E. J., Kennedy, M., Kumsta, R., Knights, N., Golm, D., Rutter, M., & Kreppner, J. (2017). Childto-adult neurodevelopmental and mental health trajectories after early life deprivation: The young adult follow-up of the longitudinal English and Romanian Adoptees study. *The Lancet, 389*, 1539- 1548. https://doi.org/10.1016/S0140-6736(17)30045-4

Spangler, G., Bovenschen, L., Jorjadze, N., Zimmermann, J., Werner, A., Riedel, N., Gabler, S., Kliewer-Neumann, J. D., & Nowacki, K. (2019). Inhibited symptoms of attachment disorder in children from institutional and foster care samples. *Attachment & Human Development, 21*(2), 132-151. https://doi.org/10.1080/14616734.2018.1499210

Spilt, J. L., Vervoort, E., Koenen, A. K., Bosmans, G., & Verschueren, K. (2016). The socio-behavioral development of children with symptoms of attachment disorder: An observational study of teacher sensitivity in special education. *Research in Developmental Disabilities, 56*, 71-82. https://doi.org/10.1016/j.ridd.2016.05.014

Taft, R. J., & Schlein, C. (2017). How are we doing? Family-school relationships and children with reactive attachment disorder. *The Open Family Studies Journal, 9*(1), 146-159. https://doi.org/10.2174/1874922401709010146

Taft, R., Ramsay, C. M., & Schlein, C. (2015). Home and school experiences of caring for children with reactive attachment disorder. *Journal of Ethnographic & Qualitative Research, 9*(3), 237-246. direct=true&AuthType=ip,shib&db=a9h&AN=108525967&custid=gso1 https://search.ebscohost.com/login.aspx?

Taft, R. J., Schlein, C., & Ramsay, C. (2016). Parents of children with reactive attachment disorder: Experiences of school and family communication and interaction. *International Journal of Learning, Teaching and Educational Research, 15*(1). https://www.ijlter.org/index.php/ijlter/article/view/555

Upadhyaya, S., Chudal, R., Luntamo, T., Sinkkonen, J., Hinkka-Yli-Salomäki, S., Kaneko, H., & Sourander, A. (2019). Parental risk factors among children with reactive attachment disorder referred to specialized services: A nationwide population-based study. *Child Psychiatry & Human Development, 50*(4), 546-556. https://doi.org/10.1007/s10578-018-00861-6

Vacaru, V. S., Sterkenburg, P. S., & Schuengel, C. (2018). Self-concept in institutionalized children with disturbed attachment. The mediating role of exploratory behaviours. *Child: Care, Health and Development, 44*(3), 476-484. https://doi.org/10.1111/cch.12521

van IJzendoorn, M. H., & Juffer, F. (2006). The Emanuel Miller Memorial Lecture 2006: Adoption as intervention.

Meta-analytic evidence for massive catch-up and plasticity in physical, socio-emotional, and cognitive development. *Journal of Child Psychology and Psychiatry, 47*(12), 1228-1245. https://doi.org/10.1111/j.1469-7610.2006.01675.x

van Ijzendoorn, M. H., & Sagi-Schwartz, A. (2008). Cross-cultural patterns of attachment Universal and contextual dimensions. In J. Cassidy & P. R. Shaver (Eds.), *Handbook of attachment: Theory, research, and clinical applications* (pp. 880-905). The Guilford Press.

Vasquez, M., & Miller, N. (2018). Aggression in children with reactive attachment disorder. A sign of deficits in emotional regulatory processes? *Journal of Aggression, Maltreatment & Trauma, 27*(4), 347-366. https://doi.org/10.1080/10926771.2017.1322655

Vasquez, M., & Stensland, M. (2016). Adopted children with reactive attachment disorder: A qualitative study on family processes. *Clinical Social Work Journal, 44*(3), 319-332. https://doi.org/10.1007/s10615-015-0560-3

Verschueren, K., & Spilt, J. L. (2020). Understanding the origins of child-teacher dependency. Mother-child attachment security and temperamental inhibition as antecedents. *Attachment & Human Development*, 1-19. https://doi.org/10.1080/14616734.2020.1751988

Verschueren, K., Doumen, S., & Buyse, E. (2012). Relationships with mother, teacher, and peers: Unique and joint effects on young children's self-concept. *Attachment & Human Development, 14*, 233-248. https://doi.org/10.1080/14616734.2012.672263

World Health Organization. (1992). *The ICD-10 classification of mental and behavioural disorders: Clinical descriptions and diagnostic guidelines.* World Health Organization. https://apps.who.int/iris/bitstream/handle/10665/37958/9241544228_eng.pdf?sequence=8&isAllowed=y&ua=1

Zeanah, C. H., Chesher, T., Boris, N. W., Walter, H. J., Bukstein, O. G., Bellonci, C., Scott Benson, R., Bussing, R., Chrisman, A., Hamilton, J., Hayek, M., Keable, H., Rockhill, C., Siegel, M., & Stock, S. (2016). Practice parameter for the assessment and treatment of children and adolescents with reactive attachment disorder and disinhibited social engagement disorder. *Journal of the American Academy of Child & Adolescent Psychiatry, 55*(11), 990-1003. https://doi.org/10.1016/j.jaac.2016.08.004

Zeanah, C. H., Egger, H. L., Smyke, A. T., Nelson, C. A., Fox, N. A., Marshall, P. J., & Guthrie, D. (2009). Institutional rearing and psychiatric disorders in Romanian preschool children. *American Journal of Psychiatry, 166*(7), 777-785. https://doi.org/10.1176/appi.ajp.2009.08091438

Zeanah, C. H., & Gleason, M. M. (2010). *Reactive attachment disorder: A review for* DSM-V. American Psychiatric Association. Attachment-Disorder-a-review-for-DSM-V.pdf https://www.researchgate.net/profile/Charles-Zeanah/publication/228683818_Reactive_Attachment_Disorder_a_review_for_DSM-V/links/0deec51e86576d1e8c000000/Reactive-

Zeanah, C. H., & Gleason, M. M. (2015). Annual research review. Attachment disorders in early childhood-clinical presentation, causes, correlates, and treatment. *Journal of Child Psychology and Psychiatry, 56*(3), 207-222. https://doi.org/10.1111/jcpp.12347

Zeanah, C. H., Scheeringa, M., Boris, N. W., Heller, S. S., Smyke, A. T., & Trapani, J. (2004). Reactive attachment disorder in maltreated toddlers. *Child Abuse & Neglect, 28*, 877-888. https://doi.org/10.1016/j.chiabu.2004.01.010.

Zeanah, C. H., & Smyke, A. T. (2008). Attachment disorders in relation to deprivation. In M. Rutter, D. Bishop, D.

Pine, S. Scott, J. Stevenson, E. Taylor, & A. Thapar (Eds.), *Rutter's child and adolescent psychiatry* (pp. 906-915). Wiley Blackwell. https://doi.org/10.1002/9781444300895.ch55

Zeanah Jr, C. H., & Boris, N. W. (2000). Disturbances and disorders of attachment in early childhood. In C. H. Jr Zeanah. (Ed.), Handbook of infant mental health (2nd ed.; pp. 353-368). The Guilford Press. Zeigler-Hill, V. (2011). The connections between self-esteem and psychopathology. *Journal of Contemporary Psychotherapy, 41*(3), 157-164. https://doi.org/10.1007/s10879-010-9167-8

Zimmermann, P., & Iwanski, A. (2018). Attachment disorder behavior in early and middle childhood: Associations with children's self-concept and observed signs of negative internal working models. *Attachment & Human Development, 21*(2), 170-189. https://doi.org/10.1080/14616734.2018.1499212

Zimmermann, P., & Soares, I. (2019). Recent contributions for understanding inhibited reactive attachment disorder. *Attachment & Human Development, 21*(2), 87-94. https://doi.org/10.1080/14616734.2018.1499207

제19장

탈억제성 사회적 접근장애

학습 목표

- 탈억제성 사회적 접근장애(DSED)에 대한 DSM-5의 진단적 특징을 요약할 수 있다.
- DSED가 어린 아동의 사회성, 정서 및 행동 기능을 설명할 수 있다.
- 교실에서 DSED가 어린 아동의 학습 능력에 어떠한 영향을 미칠 수 있는지 이해할 수 있다.
- 학교심리사가 DSED 아동의 요구를 해결하기 위해 어떻게 도움을 줄 수 있는지 요약할 수 있다.
- DSED 아동의 교육 및 정신건강의 요구를 해결하기 위한 교육적 지원 및 학교기반 정신건강 개입에 대해 이해할 수 있다.

도입

탈억제성 사회적 접근장애(Disinhibited Social Engagement Disorder: DSED)는 어린 시절에 부적절한 보살핌과 사회적 방임을 경험한 아동의 비정상적인 사회적 행동으로 특징지어지는 정신건강장애이다. 이는 드문 장애로 간주되며 일반 인구 내의 유병률에 대해서는 알려진 바가 거의 없다. 보육원 아동과 같은 고위험군에서는 이 장애가 전체의 약 20%에서 발견된다(American Psychiatric Association: APA, 2013).

연구에 따르면, DSED 아동은 부적절한 사회적 및 신체적 경계를 나타내며 낯선 어른에게 접근하는 것을 조금도 주저하지 않는다(APA, 2013; Zeanah & Gleason, 2015a, 2015b). 긍정적인 감정을 거의 나타내지 않고 정서적으로 위축되는 반응성 애착장애(Reactive Attachment Disorder: RAD) 아동과 달리, DSED 아동은 일반적으로 더 긍정적인 정서를 보이고 사회적 상호작용에도 적극적으로 참여한다(Zeanah et al., 2016). 이들은 종종 친숙하지 않은 어른들의 관심을 구한다(APA, 2013; Zeanah et al., 2016). 심지어 DSED 아동은 낯선 사람에게로 가서 양육자에게 돌아오지 않기까지도 한다. 비록 DSED 아동이 타인에게 무척이나 친절하고 낯선 성인에게도 격의 없는 모습을 보이지만, 누군가의 관심을 추구하는 이들의 행동은 공격적으로 느껴질 수 있다(Guyon-Harris, Humphreys, Fox et al., 2019; Zeanah at al., 2016). 이들이 신체적 · 사회적 경계를 허물어뜨리며 관심을 구하는 행동이 어른들에게는 침범적인 것으로 여겨질 수 있다(Guyon-Harris, Humphreys, Fox et al., 2019). 이 장에서는 DSED와 관련된 진단적 쟁점 및 문화적 쟁점을 검토하고자 한다. DSED를 가진 아동은 사회 · 정서적, 행동적, 학습적 어려움을 흔히 경험한다. 학교심리사가 DSED를 가진 아동의 요구를 해결하는 데 있어 학교를 안내할 수 있는 방법과 이들의 사회 · 정서적, 행동적 및 학습적 요구를 충족하는 데 필요한 지원 형태도 구체적으로 살펴볼 것이다.

진단적 쟁점

병인 및 경과

DSED에 대한 연구는 부적절한 양육의 영향을 조사한 연구에서 비롯되었으며 주로 보호 시설의 유아나 아동에 초점을 맞추고 있다. 대표적인 연구 사례로 부쿠레슈티 조기 개입 프로젝트(Bucharest Early Intervention Project; Zeanah et al., 2005)를 들 수 있다. 이 프로젝트는 보호 시설의 양육 형태가 어린 아동에게 어떠한 영향을 미칠 수 있는지를 평가한 연구로, 이 분야의 초창기 연구 중 하나이다. 이 연구 프로젝트에서 Zeanah와 동료들(2005)은 보호 시설에 거주하는 아동(평균 연령 23.85개월)을 대상으로 RAD 및 DSED 증상을 평가하였다. 연구 결과, 보호 시설에 거주하는 아동은 보호 시설에서 생활한 적이 없는 일반 가정의 아동에 비해 RAD 및 DSED 증상의 수준이 더 높은 것으로 나타났다(Zeanah et al., 2002). Zeanah 등의 연구를 기반으로 후속 연구를 수행한 Smyke 등(2012)은 보호 시설 아동을 두 개의 서로 다른 집단, 즉 보호 시설에서 계속 머무르고 있는 아동 집단과 새롭게 위탁 가정을 찾은 아동 집단으로 구별한 후 아동의 연령이 30개월, 42개월, 54개월, 8세에 이르렀을 때 재차 RAD 및 DSED 증상을 평가하였다. 연구 결과, 위탁 가정 아동의 RAD 증상은 4개의 모든 시점에서 보호 시설 아동에 비해 더 낮은 수준을 보였으며, 위탁 가정 아동의 DSED 증상 또한 30개월을 제외한 3개의 시점에서 보호 시설 아동에 비해 더 낮은 수준을 보이는 것으로 나타났다. 이어진 후속 연구에서 Humphreys 등(2017)은 보호 시설 아동, 위탁 가정 아동, 일반 가정 아동이 각각 12세에 이르렀을 때 재차 RAD 및 DSED 증상을 평가하였다. 연구 결과, 보호 시설에서 생활한 적이 있는 아동(즉, 보호 시설 아동 및 위탁 가정 아동)은 보호 시설에서 생활한 적이 없는 일반 가정 아동에 비해 더 높은 수준의 RAD 및 DSED 증상을 보이는 것으로 나타났다. 아울러 Smyke 등이 밝힌 앞선 연구 결과와 마찬가지로, 위탁 가정 아동은 12세에 이른 시점에서도 보호 시설 아동에 비해 더 낮은 수준의 RAD 및 DSED 증상을 보이는 것으로 나타났다.

DSED와 관련된 종단연구에 따르면, DSED의 임상적 증상은 시간이 지나더라도 비교적 안정적인 모습을 보이며 이러한 경향성은 보호 시설 아동이나 위탁(또는 입양) 가정 아동 모두에게서 유사하게 나타난다(APA, 2013; Zeahah et al., 2016). Zeanah와 동료들(2016)은 보호 시설 아동이 보호 시설에 남아 있든 대안적인 생활 환경으로 옮겨 갔든 간에 지속적으로 DSED 증상을 보인다는 결과를 연구가 일관되게 지지한다고 강조하였다. 나아가, Gleason 등(2011)은 약 30개월, 42개월 및 54개월에 보호 시설 거주 아동을 측정한 연구에서 DSED가 54개월의 정신적 증상을 예측할 수 있음을 발견했다. 다른 연구자들은 초기에 보호 시설에 있다가 입양되어 양부모와 관계를 이미 형성했더라도 DSED 증상이 아동에게서 계속 지속될 수 있음을 발견했다(O'Connor et al., 2003).

DSM-5의 진단적 쟁점

『정신질환의 진단 및 통계편람 제3판(DSM-III)』(APA, 1987)에서 DSED는 RAD의 두 하위 유형 중 하나로 처음 개념화되었다. 당시 RAD에는 무분별한 사교성을 포함한 외현화 행동을 특징으로 하는 탈억제형 하위 유형과 슬픔, 정서적 위축, 두려움과 같은 내재화 행동을 특징으로 하는 억제형 하위 유형이 있는 것으로 여겨졌다(Zeanah & Gleason, 2010). Zeanah와 Gleason(2010)이 언급한 바와 같이, 하위 유형 중 탈억제형인 아동은 주위에 있는 친숙하지 않은 성인에 대한 경계심이 부족하고 낯선 사람에게 부적절하게 접근하는 반면, 억제형 아동은 감정적으로 위축되어 다른 사람의 도움이나 지원을 구하지 않는다. Zeanah와 Gleason(2015a)에 따르면 단일 장애인 RAD을 두 가지 하위 유형으로 개념화한 근거는 "RAD의 두 표현형(phenotypes)은 부적절한 양육 환경을 경험한 아동의 애착 부족을 설명하기 위한 것으로, 억제형 RAD 아동은 애착 행동을 표현하지 않는 반면에, 탈억제형 RAD 아동은 애착 행동을 무분별하게 표현한다."라는 것이다(p. 208). 두 하위 유형은 DSM-5가 나오기 전까지 RAD의 진단 기준 일부로 남아 있었는

데, DSM-5에서는 두 하위 유형을 외상 및 스트레스 관련 장애 범주에 속하는 두 가지 별도 장애로 나누어 DSED와 RAD로 개념화했다(APA, 2013). Zeanah와 Smyke(2014)가 언급한 바와 같이, DSM-5에서 이처럼 RAD와 DSED를 별도의 정신장애로 구별한 까닭은 RAD와 DSED 모두 심각한 사회적 방임 환경에서 발생하지만 증상이 나타나는 양상이나 공존장애, 또는 개입에 따른 결과에서 분명한 차이를 보이기 때문이다. 예를 들어, DSED 아동은 낯선 사람에게 접근하는 데 주저함이 없는 반면, RAD 아동은 양육자에게서 정서적으로 멀어지고, 양육자에게 도움을 구하지 않는다(APA, 2013; Zeanah & Smyke, 2014; Zeanah et al., 2016). 또한 RAD의 공존장애에는 우울증이 포함되는 반면, DSED에는 주의력결핍 과잉행동장애가 흔히 공존한다(APA, 2013; Zeanah & Smyke, 2014; Zeanah et al., 2016). RAD와 DSED가 개입에 반응하는 방식의 차이를 연구한 자료에 따르면, RAD를 가진 아동은 결손되고 방임되던 환경에서 벗어나 보살핌을 주는 양육자와 함께하게 되면 일반적으로 증상이 상당히 감소하는 것으로 나타났다(Zeanah & Gleason, 2010, 2015a, 2015b). 반면에 DSED가 있는 아동은 부적절한 보살핌에서 벗어나 보다 양육적인 환경에 있게 되더라도 증상이 거의 감소하지 않았다(Zeanah & Gleason, 2010, 2015a, 2015b). Zeanah와 Gleason(2015a)에 따르면, RAD의 탈억제 하위 유형을 별도 장애로 설정한 것은 "DSED의 핵심적인 특징이 단순히 누구에게나 친밀감을 나타내는 애착행동이라기보다 특히 처음 보는 성인에게도 전혀 거리낌 없이 접근하여 상호작용을 하는 등 지나치게 무분별하고 조절되지 않는 사회적 행동이라고 보는 것이 더욱 타당하다."(p. 208)라고 지적한 보호 시설 아동에 대한 연구 자료에 기반한다. 따라서 DSED의 새로운 개념화는 애착보다는 사회적 접근(관여)에 중점을 둔다(Zeanah & Gleason, 2015a).

DSED가 있는 아동은 부적절한 보살핌에서 벗어나 보다 양육적인 환경에 있게 되더라도 증상이 거의 감소하지 않았다(Zeanah & Gleason, 2010, 2015a, 2015b).

DSED 개념화의 변화와 초점이 애착에서 비정상적인 사회적 행동으로 옮겨진 것에 대해 일부 학자들은 이의를 제기한다. 예를 들어, Lyons-Ruth와 동료들(2015)은 이러한 변화가 DSED를 "애착과 관련된 장애로 간주해야 하는가, 아니면 애착과 관련 없는 다른 병인을 가진 장애로 간주해야 하는가" 하는 문제를 제기한다고 주장한다(p. 223). DSED가 더 이상 애착장애가 아니라는 개념에 이의를 제기하면서, Lyons-Ruth와 동료들(2015)은 유아기 일차적 양육자와의 애착 문제가 있다는 점은 DSED가 여전히 애착장애로 간주되어야 하는 충분한 증거라고 주장한다. Lyons-Ruth와 동료들(2015)에 따르면, 안정 애착을 가진 아동이 보이는 무분별한 행동들은 사실상 그들의 행동이 보여 주듯 안정 애착을 드러내는 것이다. 하지만 Zeanah와 Gleason(2015a, 2015b)은 DSED과 관련된 세 가지 쟁점을 고려할 때 DSED에서는 애착보다는 사회적 접근(social engagement)의 측면이 더욱 강조되어야 하며 이러한 쟁점은 보호 시설 아동을 대상으로 진행된 선행연구에서 이미 입증된 바 있다고 주장하였다. 첫 번째 쟁점은 사회적 방임이 DSED의 필요조건일 수는 있지만, 그것만이 DSED를 유발하는 원인이 아니라는 것이다(Zeanah & Gleason, 2015b). Zeanah와 Gleason이 지적한 바와 같이, 이는 박탈되고 방임된 환경에서 유년기를 보낸 대부분의 아동이 DSED로 발전하지 않는다는 연구 결과에서 분명히 드러난다. 두 번째 문제는 양육자를 향한 애착 행동이 DSED와 관련이 없다는 것이다. DSED는 친숙하지 않고 기본적으로 애착이 없는 인물을 대상으로 나타내는 사회적으로 부적절한 행동과 관련된다(Zeanah & Gleason, 2015b). 마지막으로, Zeanah와 Gleason(2015b)은 DSED가 애착 대상이 없는 아동, 양육자에게 불안정하거나 혼란한 애착을 보이는 아동 또는 양육자에게 안정 애착을 보이는 아동에게서도 나타날 수 있음을 지적한다. 또한 이들은 사회적 접근이 애착과 연결되어 있지만, 애착과는 다르다는 점을 강조하면서 DSED의 원인을 완전히 이해하기 위해서는 더 많은 연구가 수행되어야 함을 인정한다.

위탁 가정 및 청소년 보호 시설에서 생활하는 아동을 대상으로 한 연구에서도 RAD와 DSED를 각각 독립적인 장애로 분리하여 개념화한 DSM-5의 결정을 뒷받침한다. RAD 및 DSED가 독립적인 구인임을 입증하기 위해 Lehmann과 동료들(2016)은 보호 시설에서 생활한 적이 없는 위탁 가정 아동(6~10세)을 대상으로 연구를 실시했다. 연구 결과에서는 RAD와 DSED가 통계적으로나 개념적으로 상호 구별되는 독립적인 구인일 뿐만 아니라, 다른 사회·정서 및 행동 문제와도 구별될 수 있는 것으로 나타났다(Lehmann et al., 2016). 또한 Seim, Jozefiak, Wichstrøm 및 Kayed(2020)의 연구 역시 RAD 및 DSED가 독립적인 구인임을 뒷받침한다. 참가자 표본은 청소년 센터에 거주하는 12세에서 23세 사이의 노르웨이 청소년으로 구성되었다. 연구자들은 RAD 및 DSED 증상/진단 및 기타 정신장애와 관련된 증상을 확인하기 위해 아동 및 청소년 정신병리 평가(Children and Adolescent Psychiatric Assessment: CAPA)를 사용하여 청소년을 인터뷰했다. 그들의 연구 결과는 RAD와 DSED가 일반적인 정신장애와 구별되는 독립된 장애라는 점을 지지하였다(Seim, Jozefiak, Wichstrøm, & Kayed, 2020).

DSM-5에서 제시한 DSED 진단 기준을 살펴보면, DSED 아동은 낯선 성인에게 접근하여 이들과 적극적으로 상호작용하는 행동 패턴을 보인다. 이러한 행동 패턴은 다음 네 가지의 특징 중 최소한 두 가지를 충족해야 하는데, (a) 낯선 사람에게 접근하거나 관여할 때 거리낌이 거의 또는 전혀 없음, (b) 아동이 속한 문화에서 사회적 경계를 넘어서는 (언어적 또는 신체적으로) 부적절하고 지나치게 친숙한 행동, (c) 양육자를 거의 또는 전혀 확인하지 않고 낯선 사람을 따라감, (d) 친숙하지 않은 성인을 따라갈 때 거의 또는 전혀 주저하지 않음 등이다(APA, 2013).

DSM-5의 기준에서는 이러한 행동 패턴이 주의력결핍 과잉행동장애(ADHD)와 관련된 충동성에 국한되지 않고 사회적으로 탈억제된 행동으로 나타나는 점을 함께 언급한다(APA, 2013).

RAD와 유사하게, DSM-5(APA, 2013)에서는 DSED 아동이 초기 성장 과정에서 부적절하고 방임적인 양육 환경에 노출되어야 하며 이러한 양육 환경은 다음 세 가지의 특징 중 최소한 한 가지에 부합해야 한다고 밝히고 있는데, (a) 아동의 기본적인 정서적 요구가 양육자에 의해 채워지지 않는 사회적 방임, (b) 안정적인 애착을 형성하는 아동의 능력을 저해하는 반복적인 양육자의 교체, (c) 보육원과 같이 아동에 비해 양육자의 수가 적어서 양육자에게 선택적 애착을 확립할 기회가 제한되는 양육 환경이 그것이다. 또한 DSM-5 특수교육에 따르면, 이러한 양육 환경이 앞서 언급한 바 있는 과도하게 친밀함을 나타내는 행동 패턴, 즉 낯선 성인에게 접근하여 이들과 적극적으로 상호작용하는 행동 패턴을 초래한 것으로 판단할 수 있어야 한다. 아동의 발달 연령이 최소 9개월이 될 때까지는 DSED 진단을 내릴 수 없다는 점에 유의하는 것도 중요하다. 그 이유는 아동이 양육자에게 선택적 애착을 할 수 있는 발달 수준에 도달해야 하기 때문이다. DSED 증상이 12개월 이상 이어지는 경우에는 지속성(persistent)으로 구별하며, 아동이 진단 기준에서 제시한 모든 증상을 나타내는 동시에 각 증상이 상대적으로 높은 수준을 보인다면 중도(severe)로 구별한다.

감별 진단(differential diagnosis)에 관해서 DSM-5는 DSED와 ADHD가 구분되어야 할 필요가 있음을 지적한다. Zeanah와 동료들(2016)이 언급한 바와 같이, ADHD 아동의 경우 종종 사회적 충동성을 보이지만, ADHD에서 관찰되는 충동성은 일반적으로 인지적 및 행동적 측면과 더욱 밀접하게 관련되어 있는 반면에, DSED에서 확인되는 충동성은 명백하게 사회적인 측면과 관련되어 있다.

DSED에 관한 문헌 전체를 통틀어서 DSED 아동의 공존장애에 초점을 맞춘 연구는 거의 없다(APA, 2013). DSM-5(APA, 2013)에 따르면, DSED 아동에게서는 인지 및 언어 지연 등 사회적 방임과 관련된 문제가 함께 나타날 수 있다. 특히 주목할 만한 몇몇 연구 결과에 따르면, DSED 아동이 경험한 사회적 박탈은 아동의 탈억제 행동뿐만 아니라 ADHD 증상(부주의 및 과잉행동)과도 관련이 있을 수 있다(Roy et al., 2004; Zeanah et al., 2016). DSM-5(APA, 2013)에서는 DSED가 있는 아동이 ADHD를 동시에 진단받을 수 있음을 지적한다. 연구에 따르면, 미취학 아동(Gleason et al., 2011) 및 학령기 아동(Rutter et al., 2007) 표본에서 DSED와 ADHD가 공존하는 것으로 나타났다. Gleason과 동료들(2011)의 연구에서는 이 두 장애의 증상 간에 중간 정도의 상관관계가 있는 것으로 밝혀졌다.

학교기반 수혜자격

DSM-5는 정신장애 진단, 심리치료, 정신건강 서비스 등을 위하여 임상 및 의료 분야에서 가장 널리 활용되고 있는 대표적인 정신장애 분류체계이지만 장애 학생이 특수교육 서비스를 받아야 하는지 결정하는 데는 다른 유형의 분류체계가 사용된다. 장애의 교육적 분류는 2004년에 연방법으로 제정된 「장애인교육법」(IDEA)을 따른다. IDEA(2004)에 따른 13개 장애 범주 중 하나에 해당하는 자격이 있는지 확인하기 위해서는 여러 분야의 전문가로 이루어진 다학제 팀이, (a) 아동의 증상이 IDEA가 제시하는 특정 장애의 진단 기준에 부합하는지, (b) 특수교육 서비스가 필요한지를 결정해야 한다(Salvia et al., 2016). 아동이 장애를 지닌 것으로 확정하기 위해서는 해당 장애가 특히 아동의 학업적 기능에 부정적인 영향을 미친다는 점이 평가 결과에서 입증되어야 한다.

IDEA(2004)에 따른 13개 장애 범주 중 DSED 징후를 보이는 아동에 대해 가장 많이 고려되는 것은 정서장애[emotional disturbance; 일부 주에는 정서행동장애(Emotional Behavioral Disorder)로 알려짐]이다. IDEA(2004)의 300.8 (c) (4)항에서는 정서장애를 상당한 시간 동안 지속되고 아동이 교실에서 학업을 수행하는 데 부정적인 영향을 미치는 상태로 정의한다. IDEA에서는 아동이 정서장애에 대한 자격을 갖추려면, (a) 지적 · 감각적 또는 의학적 요인 외의 이유로 교실에서 학습할 수 없음, (b) 교사 및 또래와의 관계를 형성하고 유지할 수 없음, (c) 일상적인 상황에서 나타나는 비전형적 감정과 행동, (d) 지속적인 슬픔 상태, (e) 개인적인 또는 학교에서의 어려움과 관련된 신체적 증상 또는 두려움이 발생하는 경향 등과 같은 특성 중 하나 이상을 경험해야 한다고 규정한다. 나아가, 정서장애에는 조현병이 있는 아동과 청소년도 포함된다. 그러나 아동 · 청소년이 사회적으로 부적응한 모습을 보이더라도 상기 기준에 따라 정서장애에 해당한다는 증거가 없다면 정서장애로 진단하지 않는다.

다학제 팀에서 모든 평가 자료를 검토한 후, 아동의 어려움이 교육활동 수행에 부정적인 영향을 미치지 않으므로 특수교육 서비스가 필요하지 않다고 판단하는 경우, 다학제 팀은 IDEA가 아닌 「재활법 504조」를 적용하여 아동에게 별도의 교육 서비스를 제공할 수 있는지 추가적으로 살펴볼 수 있다. 1973년에 공표된 미국의 「재활법 504조(Section 504 of the Rehabilitation Act of 1973)」는 장애를 가지고 있거나 장애를 가진 것으로 우려되는 사람의 인권을 보호하기 위하여 제정되었다. 「재활법 504조」에 따르면 개인의 장애에는 적어도 하나 이상의 주요 생활 기능에 부정적인 영향을 미친다는 증거가 존재해야 한다. 따라서 DSED가 아동의 특정한 생활 영역에 영향을 끼친다면, 「재활법 504조」에 따른 계획을 수립하여 아동에게 필요한 지원을 제공할 수 있다.

문화적 쟁점

앞서 언급한 바와 같이, DSM-5에서는 DSED의 진단 기준이 심각한 사회적 방임임을 나타낸다(APA, 2013). 심각한 사회적 방임은 보호 시설 또는 위탁 가정과 관련된다(APA, 2013; Zeanah et al., 2016). 보호 시설 아동을 연구한 Dozier와 동료들(2012)은 어린 아동들이 보통 빈곤과 불안정한 가정 환경 때문에 보호 시설이나 위탁 가정으로 옮겨 가는 경우가 많다는 점에 주목하였다. 이들은 일반적으로 보호 시설이 어린 아동의 요구를 충족시키기에 적합하지 않음을 언급하였다. 양육자 한 사람이 돌보아야 할 아동의 숫자가 너무 많다는 점, 필요한 훈련과 교육을 제대로 받지 못한 직원이 대부분이라는 점, 근무 조건이 열악하다는 점(예: 낮은 급여, 교대 근무), 그리고 아동에 대한 정서적 애착이 부족하다는 점 등은 보호 시설을 사회적 방임에 특히 취약한 양육 환경으로 만든다(Dozier et al., 2012). 전 세계적으로 보호 시설에서 생활하는 아동의 수는 200만에서 400만 명으로 추산된다(Dozier et al., 2012). 세계 일부 지역에서는 위탁 가정과 같은 대안적인 거주지를 사용하려고 노력해 왔지만, 동유럽, 중앙아메리카, 남미, 아프리카, 아시아 및 중동과 같은 세계 여러 지역의 나라들에서는 보호 시설이 흔히 이용된다(Dozier et al., 2012).

보호 시설에서의 사회적 방임 조건에 이바지하는 요인에는 아동에 비해 적은 양육자의 비율, 훈련과 교육을 받지 않은 직원, 낮은 급여, 교대 근무, 보호 시설에서 생활하는 아동에 대한 정서적 애착 부족 등이 있다(Dozier et al., 2012).

DSED 증상이 보호 시설 아동이나 위탁 가정 아동에게 흔히 나타난다는 점은 세계 여러 나라에서 수행된 다수의 연구에서 입증된 바 있다. 이들 국가에는 노르웨이(Lehmann et al., 2016; Seim, Jozefiak, Wichstrøm, & Kayed, 2020; Seim, Jozefiak, Wichstrøm, Lydersen, et al., 2020), 핀란드(Elovainio et al., 2015), 루마니아(Gleason et al., 2011; Humphreys et al., 2017), 한국(Hong et al., 2018)이 포함된다. 그러나 DSED로 진단받은 아동에게서 나타나는 문화권 차이를 체계적으로 조사한 연구는 부족한 실정이다. 향후 연구에서는 아동의 DSED 증상이 문화적 맥락에 따라 어떠한 차이를 보일 수 있는지, 특히 아동의 양육을 위해 여전히 보호 시설을 사용하는 국가를 중심으로 면밀하게 살필 필요가 있다.

학교와 가정에서 사회성, 정서 및 행동 기능에 미치는 영향

DSED가 흔치 않은 정신장애라는 점에서 DSED 아동의 사회성, 정서 및 행동 기능을 다룬 연구는 매우 제한적이다. 더욱이, 표본을 구성하는 과정에서 DSED와 RAD 아동을 구별하지 않았거나, DSED 아동만 표집하였더라도 그 사례 수가 적은 경우에는 DSED가 사회성, 정서 및 행동 측면에서 어떠한 문제와 고유한 관련성을 보이는지 해석하기 쉽지 않다.

학교에서의 사회성, 정서 및 행동 기능

어린 시절의 심각한 사회적 방임과 부적절한 보살핌의 영향은 어린 아동을 사회적 · 정서적 · 행동적으로 취약하게 만들 수 있다. 연구 결과에 따르면, DSED는 어린 아동의 기능 장애와 관련이 있으며(Gleason et al., 2011), 높은 비율의 정신병리와도 관련된다(Rutter et al., 2007). DSED가 있는 아동은 학교생활을 시작할 때 문제행동을 보일 수 있다. 따라서 학교심리사는 박탈된 생활 조건이 어린 아동의 발달에 미칠 수 있는 심리적 영향을 이해하여, DSED 아동의 사회성, 정서 및 행동 요구를 다룰 수 있는 최선의 방법을 교직원들에게 안내하는 것이 중요하다.

유능성과 자아존중감

DSED 아동이 문제행동을 보인다는 점을 감안하여 일부 학자들은 다양한 기능 영역에서의 역량을 탐구했다. Guyon-Harris, Humphreys, Miron 및 동료들(2019)은 DSED를 가진 십대 초반 청소년의 초기 청소년기 역량을 조사하였다. 이 연구는 '부쿠레슈티 조기 개입 프로젝트(Bucharest Early Intervention Project)'의 일부로, 초기에 루마니아의 보호 시설에서 살았던 아동에 대한 종단연구였다. 표본은 30개월, 42개월, 54개월 및 12세에 평가한 결과에서 탈억제 행동을 보였던 참가자로 구성되었다. Guyon-Harris, Humphreys, Miron 및 동료들(2019)은 가족 관계, 동료 관계, 학업 성취도, 신체건강, 정신건강, 물질 사용 및 위험 감수 행동을 포함하는 7개 영역에서 이들이 어느 정도의 유능성을 보이는지를 조사하였다. 연구 결과에 따르면, DSED는 10대 초반의 유능성 감소와 관련이 있으며, 초기 아동기에 DSED를 가진 아동은 DSED 이력이 없는 대조군에 비해 초기 청소년기에 유능성을 거의 나타내지 않는다(Guyon-Harris, Humphreys, Miron et al., 2019). 또한 연구자들은 DSED의 증상이 시간이 지남에 따라 감소하더라도 초기의 DSED와 이후의 유능한 기능 사이에서 부정적인 관련이 지속된다는 것을 발견했다(Guyon-Harris, Humphreys, Miron, et al., 2019).

DSED 청소년의 자아존중감을 이해하기 위해 Seim, Jozefiak, Wichstrøm 및 Kayed(2020)는 청소년 주거 센터에서 생활하는 12세에서 20세 사이 청소년들이 지닌 자아존중감의 전반적이고 구체적인 영역을 조사하였다. 청소년들에게는 DSED 평가가 실시되었다. 연구 결과에 따르면, DSED를 가진 청소년은 일반적인 또래에 비해 학업 능력, 사회적 수용, 운동 능력, 외모 및 자기가치에 대한 자아존중감이 낮은 것으로 나타났다(Seim, Jozefiak, Wichstrøm, & Kayed, 2020). 또한 연구 결과에서는 DSED가 나타나지 않은 청소년 주거 센터의 청소년에 비해 DSED를 가진 청소년의 사회적 수용과 자기가치감이 낮은 것으로 나타났다(Seim, Jozefiak, Wichstrøm, & Kayed, 2020).

정서적 · 행동적 문제

일부 연구에서는 DSED와 외현화 행동이 관련되어 있을 가능성을 발견하였지만, 연구 결과는 일치하지 않는다. 예를 들어, 보호 시설에서 생활하는 유아의 공격적인 행동을 조사한 연구에서는 유아의 양육자가 보고한 DSED 행동과 전반적인 공격성 평가 사이에 연관성이 없는 것으로 보고되었다(Zeahan et al., 2002). DSED 행동을 보인 42개월 이하 아동을 대상으로 한 '부쿠레슈티 초기 개입 프로젝트'와 관련된 연구에서도 유사한 결과들이 나타났다(Gleason et al., 2011; Zeanah et al., 2005). 보호 시설에서 DSED 행동을 보이는 어린 아동의 외현화 행동은 이 연구들에서 나타나지 않았지만, DSED 아동이 나이가 들면서 외현화 행동을 나타낸다는 연구 결과들이 존재한다. 예를 들어, Lyons-Ruth와 동료들(2009)은 친숙하지 않은 성인에게 DSED 행동을 보이는 유아가 5세가 되었을 때 더 공격적이고 과잉된 행동을 보인다는 사실을 발견하였다.

Gleason과 동료들(2011)은 출생 후 54개월에 이른 시점에서 평가한 보호 시설 아동의 DSED 증상이 부주의함, 과잉행동 및 파괴적 행동과 관련이 있다는 사실을 확인하였으며, 이러한 결과는 다른 여러 연구에서도 유사하게 나타난다. Moran과 동료들(2017)은 학대받은 경험이 있는 12~17세 사이의 소년범들에게 나타나는 DSED 및 RAD 증상과 정신건강 문제의 관련을 조사하였다. 연구에서는 DSED 및 RAD 증상과 과잉행동 사이에 연관이 있는 것으로 나타났다(Moran et al., 2017). 하지만 이 연구에서 사용된 소년범 표본에서는 DSED와 RAD의 증상이 결합되어 있어서 DSED와의 구체적인 연관성이 불분명하다는 점에 유의해야 한다.

나아가, Elovainio와 동료들(2015)은 DSED 증상과 이후에 나타나는 행동 문제의 관련성을 평가하였다. 이 연구는 핀란드에 거주하고 있는 6세에서 15세 사이의 국제 입양아동 총 1,359명을 대상으로 실시되었다. 연구에서는 아동의 DSED 및 RAD 증상뿐만 아니라 ADHD와 관련된 정서적 · 행동적 문제도 평가하였다. 연구 결과, 국제 입양아 표본에서 DSED와 RAD는 행동 문제 및 ADHD 행동과 관련이 있는 것으로 나타났다(Elovainio et al., 2015). 구체적으로 살펴보면, RAD 증상이 있는 아동은 DSED 집단 및 RAD 또는 DSED 증상이 없는 아동에 비해 내재화, 외현화 및 총체적 문제행동을 더 많이 보이는 것으로 나타났다. 흥미롭게도 DSED 증상이 있는 아동은 DSED 증상이 없는 아동에 비해 외현화 행동과 총체적 문제행동을 더 많이 나타냈으나 내재화 문제에서는 유의미한 차이를 보이지 않았다. ADHD 행동과 관련하여서는 DSED 및 RAD 증상이 과잉행동과는 관련이 있지만 부주의함과는 관련이 없는 것으로 나타났다.

DSED에 초점을 맞춘 지금까지의 많은 연구가 어린 아동을 대상으로 진행된 점을 감안하면 청소년기 DSED에 대한 더 많은 연구가 필요하다. Seim, Jozefiak, Wichstrøm, Lydersen과 동료들(2020)은 청소년 보호 시설에서 생활하는 DSED가 있는 노르웨이 청소년(12~20세)을 대상으로 정서적 · 행동적 문제를 조사했다. 연구 결과, DSED를 가진 일부 청소년은 ADHD와 관련된 행동뿐만 아니라 품행장애 및 적대적 반항장애의 공존 증상도 경험한 것으로 나타났다. 흥미롭게도 Seim, Jozefiak, Wichstrøm, Lydersen과 동료들(2020)은 정서 문제가 Rutter 등(2007)이 보고한, 보호 시설에서 생활하다가 입양된 학령기 아동보다 이 청소년 표본에서 광범위하게 발견된다고 보고하였다. 또한 이들의 연구에서 DSED 진단을 받은 청소년은 DSED 진단을 받지 않은 다른 또래들에 비해 더욱 빈번한 자살 사고 및 자살 시도를 보이는 것으로 나타났다(Seim, Jozefiak, Wichstrøm, Lydersen, et al., 2020).

대인관계

일부 연구 결과에 따르면, DSED는 친밀한 사회적 관계를 맺는 데 문제를 야기할 수 있다(Gleason et al., 2011; Rutter et al., 2007).

DSED 아동이 일찍부터 부적절한 양육 환경을 경험하고 모델링을 통해 적절한 사회적 행동을 배울 기회가 부족하다는 점을 감안할 때, DSED를 가진 아동의 사회적 기능 및 사회 행동 문제를 연구하는 것은 중요하다. 일부 연구 결과에 따르면, DSED는 친밀한 사회적 관계를 맺는 데 문제를 야기할 수 있다(Gleason et al., 2011; Rutter et al., 2007). 종단연구로 진행된 '부쿠레슈티 조기 개입 프로젝트'에서 Gleason과 동료들(2011)은 보호 시설에서 생활한 적이 있는 아동을 대상으로 이들이 생후 대략 20개월(최초 측정 시점), 30개월, 42개월, 54개월에 이른 시점에서 DSED 증상 및 사회 · 정서적 유능성 등을 포괄적으로 평가하였다. 연구 결과, 아동이 30개월 및 42개월에 이른 시점에서 DSED 증상은 사회 · 정서적 유능성의 부족과 유의한 관련을 보였으며(54개월에는 사회 · 정서적 유능성 미측정), 아울러 54개월에 이른 시점에서 DSED 증상은 종합적인 기능 손상과도 밀접한 관련을 보이는 것으로 나타났다. 이와 유사하게 Rutter와 동료들(2007)은 보호 시설에서 생활한 적이 있는 입양 가정 아동이 11세에 이르렀을 때 또래관계에서 여러 어려움을 겪을 수 있다고 밝혔다.

앞서 지적한 바와 같이, DSED는 아동에게 지속될 수 있으므로 아동의 연령 증가에 따른 사회적 기능을 이해하는 것이 중요하다. Guyon-Harris, Humphreys, Fox와 동료들(2019)은 '부쿠레슈티 조기 개입 프로젝트'에 참여한 12세 DSED 아동의 사회적 기능을 조사하였다. 연구자들은 여러 종류의 평가 도구를 사용하여 양육자 및 교사의 관점에서 사회적 기능의 다양한 측면을 평가하였다. 연구 결과에 따르면, 아동의 DESD 증상은 갈등 상황에서 아동을 피해자로 보는 양육자 관점의 더 높은 점수를 예측하고 사회적 유능감에서는 더 낮은 점수를 예측하였다(Guyon-Harris, Humphreys, Fox, et al., 2019). 또 다른 학자들은 학대받은 이력이 있는 12세에서 17세 사이의 소년범 표본에서 DSED 및 RAD 증상과 또래 문제를 연구하였다(Moran et al., 2017). 이들의 연구 결과에 따르면, 부모가 아동을 평정한 경우에는 DSED 및 RAD 증상과 또래관계 문제가 중간 정도의 상관을 보였지만 교사가 아동을 평정한 경우에는 DSED 및 RAD 증상과 또래관계 문제 사이에 유의한 상관이 나타나지 않았다. 그러나 이 연구에서는 DSED와 RAD 증상을 구별하지 않았기 때문에 DSED와 또래 문제 사이의 구체적인 연관성은 명확하지 않다.

DSED 아동의 대인관계와 관련하여 Spilt 등(2016)이 수행한 연구도 주목할 만한데, 이들은 1년여에 걸쳐 교사의 민감도(teacher sensitivity)가 DSED 및 RAD 증상을 가진 아동의 사회성 및 행동 발달에 어떠한 영향을 미치는지 평가한 바 있다. 이들은 벨기에 소재 20개 특수학교 학생(약 6~10세) 및 교사를 대상으로 연구를 진행하였다. 연구에 참여한 교사들은 교사 평정용 관계 문제 질문지(Relationship Problem Questionnaire: RPQ)에 응답하였다. 아동・청소년의 DSED 및 RAD 증상 측정에 사용되는 RPQ는 적절한 수준의 타당도와 신뢰도를 갖춘 평가 도구로 알려져 있다. 또한 연구자들은 평가 대상 학생과 교사의 교실 밖 상호작용을 직접 관찰하였다. 연구 결과, RAD 증상을 가진 아동의 경우에는 교사의 민감성이 높거나 낮음에 따라 외현적 및 관계적 공격성이 감소하거나 증가하는 반면에, DSED 증상을 가진 아동의 경우에는 교사의 민감성이 친사회적 행동, 외현적 공격성, 관계적 공격성 등 사회성 및 행동 발달 지표에 아무런 영향을 미치지 못하는 것으로 나타났다(Spilt et al., 2016). Spilt와 동료들(2016)은 DSED가 애착장애가 아니라 사회적 접근(관여) 장애라는 개념을 연구 결과가 뒷받침한다고 결론지었다.

가정에서의 사회성, 정서 및 행동 기능

RAD 또는 DSED 아동이 보호 시설에서 생활했거나 여러 위탁 가정을 거쳤는지 여부에 관계없이 입양 가정이나 새로운 위탁 가정으로 옮겨지면 이들 아동의 가족은 어려운 시기를 감내해야 할 수 있다. 입양 부모와 위탁 가정 부모는 아동의 정서적 및 행동적 문제를 관리할 준비가 되어 있지 않을 수 있다. 학교심리사에게는 가정에서 경험하는 정서적 및 행동적 문제와 이러한 문제가 가정 환경에 미치는 영향을 이해하는 것이 중요하다.

Vasquez와 Miller(2018)는 질적 연구를 수행하며 입양 아동과 가족을 인터뷰했다. 연구에는 입양 가족 다섯이 참여했다. 연구에 참여한 아동들은 입양 이후에 DSM-IV-TR 진단 기준에 따라 RAD 진단을 받았다(DSM-5 출간 이전). 따라서 아동들의 증상이 탈억제형 또는 억제형 하위 유형 중 어느 쪽과 더 관련이 있는지는 불분명하다. 면담 중에 아동과 가족 구성원의 공통된 관심사는 아동이 극도로 성질을 부린다는 점이었다. 가족 구성원들은 이러한 폭발을 통제할 수 없는 분노로 묘사했다. 또한 이들은 아동의 울화행동(tantrum)이 아동 자신과 더욱 친밀한 관계를 가진 양육자에게 집중되는 경향이 있다고 언급하였다. Vasquez와 Miller(2018)에 따르면, 아동은 자신이 분노를 통제할 수 없다고 보고했지만, 화를 참기 어렵다는 점은 도리어 다른 상황에서 자신의 감정을 지나치게 억누르고 있을 가능성을 시사하는 것일 수 있다. 연구자들이 지적한 바와 같이, 그러한 분노에 관한 억제적 통제는 아동이 학교나 다른 상황에 있는 동안 강렬한 감정을 억제했다가 나중에 그들이 안전하다고 느끼는 양육자와 있을 때 방출할 가능성을 나타낸다.

> 분노에 관한 억제적 통제는 아동이 학교나 다른 상황에 있는 동안 강렬한 감정을 억제했다가 나중에 자신이 안전하다고 느끼는 양육자와 있을 때 방출할 가능성을 나타낸다.

앞서 언급한 바와 같이 DSED 아동에 대한 연구 대부분은 보호 시설 및 위탁 가정에서 생활한 이력이 있는 아동의 표본을 포함한다. Zephyr와 동료들(2021)은 학대받거나 위탁 가정에서 생활한 이력이 있으면서 DSED 행동을 보이는 1세에서 5세 사이 아동의 생물학적 부모의 역기능적 행동을 조사하는 흥미로운 연구를 수행했다. 연구자들은 부모-자녀 상호작용을 관찰하고 아동 보호 서비스(Child Protective Services)에서 제공하는 기록을 검토했다. 연구 결과에서는 방임된 이력이 있는 소수의 아동만이 높은 수준의 DSED 행동을 보인 것으로 나타났다. 아동 대부분은 부모에게 불안정한 애착을 형성하고 있었고 절반 이상의 아동이 혼란형 애착을 보였다. Zephyr와 동료들(2021)은 부모가 아동과의 상호작용

> 부모의 행동의 질은 DSED와 관련된 아동 행동의 발달 및 회복에 영향을 미칠 수 있다(Zephyr et al., 2021).

에서 단절되고 무감각한 행동을 많이 보일수록 아동이 더 많은 DSED 행동을 보이는 것을 발견했다. 연구자들은 부모 행동의 질이 DSED와 관련된 아동 행동의 발달 및 회복에 영향을 미칠 수 있다고 결론지었다(Zephyr et al., 2021).

Scheper와 동료들(2016)도 또 다른 독특한 연구를 수행했다. 연구자들은 정서 문제나 행동 문제로 치료받은 적이 있는 일반 가정의 아동을 대상으로 억제 행동과 탈억제 사회 관여 행동을 조사했다. 이 연구의 목적은 일반 가정의 아동과 학대받은 경험이 있는 위탁 가정의 아동을 비교하여 억제 행동 및 탈억제 사회 관여 행동의 임상적 중요성을 평가하는 것이었다. Scheper와 동료들(2016)은 억제 행동이 위탁 가정에서 양육된 집단보다 가정에서 양육된 집단에서 적은 비율로 나타났지만, 탈억제 사회관여 행동이 나타난 비율은 일반 가정에서 양육된 아동과 위탁 가정에서 양육된 아동 모두에게서 비슷하게 40%가 조금 넘는 비율로 나타났다. 그리고 문제행동(내재화 및 외현화 행동)을 통제하였을 때 억제 행동 및 탈억제 사회관여 행동은 일반 가정 아동 집단과 위탁 가정 아동 집단 모두에서 아동의 학대 경험과 유의한 관련을 보이지 않았다. 또한 일반 가정 아동 집단에서 억제 행동의 증가는 임상적 수준의 내재화 및 외현화 행동이 나타날 가능성을 증가시켰지만, 위탁 가정 아동 집단에서는 이러한 관련성이 유의하지 않았다. 또한 Scheperet 등(2016)은 탈억제 사회관여 행동의 증가가 일반 가정과 위탁 가정 모두에서 외현화 행동이 나타날 가능성과 부모 스트레스를 유의하게 증가시키는 것을 발견했다.

교실에서 학습에 미치는 영향

DSED가 교실에서의 아동 학습에 미치는 영향과 DSED를 가진 아동이 겪는 학습에서의 어려움을 해결하는 방법에 관한 연구는 부족한 실정이다. DSED가 더 많은 특수교육 서비스의 필요성을 예측한다는 연구 결과가 존재하지만(Rutter et al., 2007), 이를 뒷받침하는 문헌은 적은 편이다. 하지만 보호 시설 생활 및 여러 위탁 가정을 전전하는 것처럼 사회적 방임이나 박탈을 경험할 가능성이 큰 환경에서 생활하는 것은 충분한 학습 기회를 명백하게 제한한다(Raaska et al., 2012). 이런 점에서 보면 보호 시설이나 여러 위탁 가정을 전전한 이력이 있는 아동이 교실에서 학습하는 데 어려움을 겪는 것은 놀라운 일이 아니다.

Raaska 등(2012)은 핀란드에 거주하는 국제 입양 아동(9~15세) 395명을 대상으로 이들이 학습 영역에서 어떠한 어려움을 겪고 있는지 평가하였다. 아울러 연구자들은 아동의 RAD 증상을 평가하면서 DSM-IV-TR(APA, 1994) 진단 기준을 사용하였는데, 이에 따라 억제형과 탈억제형 중상이 따로 구별되지 않고 단일 변인으로 모두 포함되었다. 이들의 연구는 탈억제형 증상(DSED 증상)과 관련된 학습 문제가 구체적으로 무엇인지를 밝히고 있지는 않지만, DSED 아동이 경험할 수 있는 학습의 어려움이 대체로 어떠한 경향을 보이는지에 대한 개략적인 정보를 제공한다. Raaska와 동료들(2012)이 수행한 연구 결과에 따르면, 어린 나이에 입양된 아동은 나이가 든 후에 입양된 아동에 비해 심각한 학습장애가 더 적은 경향이 있는 것으로 나타났다. 연구 결과는 또한 여아보다 남아가 더 많은 학습 문제를 경험한다는 것을 나타낸다(Raaska et al., 2012).

교실에서 아동의 성취에 영향을 미칠 수 있는 요인을 조사할 때는 DSED와 관련된 사회성, 정서 및 행동 문제가 고려되어야 한다. 앞서 살펴본 바와 같이, 초기 아동기의 DSED는 청소년기의 유능감 감소와 관련이 있으며(Guyon-Harris, Humphreys, Fox et al., 2019), 자신의 능력에 유능감을 느끼지 못하는 것은 학습에 잠재적으로 영향을 미칠 수 있다. 게다가 Gleason과 동료들(2011)이 보고한 DSED와 사회·정서적 역량 부족과의 관련성, 그리고 Guyon-Harris, Humphreys, Fox 등(2019)이 보고한 청소년기의 낮은 사회적 유능감은 학습 활동에 영향을 미칠 가능성이 있다. 사회적 유능성이 학업 수행과 밀접한 관련이 있다고 밝힌 Wight와 Chapparo(2008)의 연구도 이러한 견해를 지지한다. DSED는 학업적 유능성, 자기가치감, 사회적 수용과 같은 영역에서의 낮은 자존감과 관련이 있으며(Seirn, Jozefiak, Wichstrøm, & Kayed, 2020), 이것은 교실에서의 학습활동에 잠재적으로 영향을 미칠 수 있다. 자존감, 학업적 자존감, 학업 성취도 간의 관련성을 확인한 Trautwein 등(2006)의 연구도 이러한 가능성을 지지한다. 외현화 문제 및 과잉행동(Elovaino et al., 2015; Seim, Jozefiak, Wichstrøm, Lydersen, et al., 2020), 그리고 파괴적 행동(Seim, Jozefiak, Wichstrøm, & Kayed, 2020) 또한 학습활동에 영향을 미칠 가능성이 있다. 이와 관련하여 McGee와 Share(1988)의 연구에서도 ADHD와 학업 문제를 집중적으로 다룬 바 있다. 마지막으로, 정서적 문제와 학업 성취도의 관련성을 입증한 Pate와 동료들(2017)의 연구 사례에 비추어 볼 때, 자살 사고나 자살 시도와 같은 정서적 문제(Seim, Jozefiak, Wichstrøm, Lydersen et al., 2020) 역시 아동의 학업 수행에 잠재적으로 영향을 미칠 것으로 보인다.

학교심리사를 위한 시사점

옹호 역할

학교심리사는 DSED 아동의 가족과 함께 일할 때 이들을 옹호하는 중요한 역할을 할 수 있다. 가족과 동반자 관계를 구축하는 것이 중요하며 가족과 아동의 관심 사항과 필요한 영역에 대해 배운다면 학교가 아동에게 더 나은 서비스를 제공할 수 있게 된다. 만약 가족이 국제 입양을 한 경우라면 입양 절차를 거친 다른 가족들처럼 아동의 장애와 관련된 어려움을 관리할 준비가 되어 있지 않고, 입양 이후에 아동의 요구를 해결하는 데 지원을 받지 못했다고 느낄 수 있다(Good, 2016). DSED를 가진 아동이 생활하게 되는 위탁 가정의 가족들도 여러 면에서 아동의 요구를 충족시킬 준비가 되어 있지 않다고 느낄 수 있다. 따라서 학교심리사는 필수적으로 교육 시스템을 통해 가족을 안내하고 아동의 지지자가 되도록 격려해야 한다.

학교 시스템을 통해 아동의 교육적 요구를 해결하는 것 외에도 DSED를 가진 일부 아동과 그 가족에게 외부 치료 서비스가 필요할 수 있다. Losinski 등(2016)은 DSED 또는 RAD 아동을 다루는 학교 실무자가 '다중 시스템 접근방식(multisystem approach)'을 고려하도록 권장한다. DSED 아동이 있는 가족에게는 가족 치료, 아동을 위한 개별 치료 및 정신건강의학과 서비스가 종종 필요하므로 포괄적인 서비스를 사용하는 다중 시스템 접근방식은 DSED 아동과 그 가족의 복잡한 요구를 해결하는 효과적인 도구가 될 수 있다(Losinski et al., 2016). 이러한 접근방식에는 학교와 지역사회에서 제공할 수 있는 다양한 서비스를 효과적으로 조직화하는 것이 포함된다. 학교심리사는 아동과 가족을 위한 포괄적인 서비스를 옹호하고 이러한 유형의 서비스를 찾는 과정을 안내할 수 있다.

자문 역할

DSED가 아동의 부모가 동반자로 자녀의 교육에 참여하도록 하는 것은 학교심리사의 중요한 임무이다. Taft와 동료들(2016)은 장애 학생의 부모와 학교가 IDEA(2004)에 따라 상호 협력해야 한다는 점을 강조하고 있으며, 이는 정서 행동 장애가 있는 학생을 위해 특히 중요하다고 지적한다. 따라서 DSED 아동의 가족과 효과적인 의사소통을 촉진하고 부모의 참여를 강화하기 위해 학교심리사는 DSED 아동의 부모와 협력하는 동반자 관계를 형성해야 한다. 연구자들은 RAD를 가진 아동의 부모가 학교와 상호작용하는 과정에서 자신들의 조언이 무가치하고, 가끔은 자녀의 행동 때문에 학교의 비난을 받는 것처럼 느낄 수 있음을 지적한다(Taft et al., 2016). DSED를 가진 아동의 부모와 교직원은 아동과 관련해 유사한 경험을 할 수 있으므로 학교심리사가 부모와 교직원 사이에서 가교 역할을 하는 것이 중요하다.

일부 부모는 DSED에 대해 궁금해하거나 자녀가 성장함에 따라 장애가 자녀에게 어떻게 영향을 미치는지 궁금해할 수 있다. 학교심리사는 DSED를 가진 일부 아동이 경험하는 사회적 ·

정서적 · 행동적 · 학습적 문제의 유형과 이러한 영역에서 아동의 요구를 가장 잘 해결하는 방법에 대한 정보를 수집할 수 있다. 또한 부모는 자녀를 도울 수 있는 방법 및 DSED와 관련된 행동을 가정에서 관리하는 방법을 궁금해할 수 있다. 학교심리사는 학교 지원 체계를 바탕으로 부모 교육 등을 실시하여 부모가 자녀의 행동에 효과적으로 대처하고 자녀의 권익을 적극적으로 옹호하도록 도울 수 있다. 이를 통해 학교심리사는 부모에게 소중한 자원인 동시에 신뢰할 수 있는 든든한 지지자가 되어 줄 수 있다.

학부모 자문 외에도, 학교심리사는 교사를 대상으로 자문을 진행하고 교사와 협업함으로써 사회 · 정서적, 행동적, 학업적 측면에서 아동의 요구를 지원하는 최선의 방법을 찾을 수 있다. 그리고 DSED가 교실에서 어떠한 모습으로 나타날 수 있는지를 바르게 이해하도록 교사를 도울 수 있다. 그리고 장애에 대한 정보와 그것이 아동의 발달 및 기능에 미치는 영향을 공유하면 교사가 DSED와 관련된 어려움을 더 잘 이해하는 데 도움이 될 수 있다. 여러 연구에서 밝힌 바와 같이 DSED 아동이 겪을 수 있는 문제들, 가령 과잉행동(Elovaino et al., 2015; Seim, Jozefiak, Wichstrøm, Lydersen, et al., 2020), 파괴적 행동(Seim, Jozefiak, Wichstrom, Lydersen, et al., 2020), 낮은 자아존중감(Seim, Jozefiak, Wichstrøm, & Kayed, 2020), 사회 · 정서적 자신감 부족(Gleason et al., 2011)에 관해 교사에게 정보를 주는 것도 도움이 될 수 있다. 또한 교실에서 아동에게 안정감과 일관성이 필요함을 교사에게 강조하는 것이 중요하다.

평가 역할

DSED가 있는 아동의 요구는 다루기 어려울 수 있으며, 교실에서 지원이 제공되었음에도 아동에게 상당한 진전이 없으면 여러 전문가로 구성된 다학제 팀에서 아동을 특수교육 평가에 의뢰하는 것이 최선이라고 결정할 수 있다. 이 경우 학교에서는 평가를 수행하는 것에 대한 부모의 동의를 얻어야 한다. 일단 부모의 동의가 구해지고 나면, 다학제 팀은 60일 이내에 평가 대상 아동에 대한 평가 절차를 완료해야 한다. 외부 기관이 아동에게 서비스를 제공하는 경우에는 해당 기록 검토를 요청하기 전에 부모의 허가를 받아야 한다. 평가를 시작하기 전에는 보건교사가 시력 및 청력 검사를 실시한다.

평가 과정의 일부로 관련 정보가 검토되어야 한다. 학교심리사 및/또는 여러 전문가로 구성된 팀은 주(state) 시험 결과, 훈육실 의뢰 내역, 출결, 교육활동 관련 기록, 심리사회적 발달 사항, 병력 관련 기록 등에서 필요한 정보를 검토한다. 과제 견본과 진행 상황 점검 자료를 검토하는 것도 도움이 될 수 있다.

인터뷰는 부모, 교사, 아동(가능한 연령인 경우)에게서 아동의 기능에 대한 정보를 수집하는 수단이 된다. DSED 아동이 보이는 행동 문제를 고려할 때, 이러한 행동 문제와 관련된 정보를 체계적으로 수집하는 것이 중요하다. 예컨대, 행동 문제가 시작된 시기, 행동 문제의 빈도 및 지속 시간, 그리고 행동 문제를 다루기 위해 지금까지 사용한 전략 등에 대한 세부적인 정보를 수집할 수 있다. 아동의 발달 이력에 대한 정보도 얻을 수 있으나 아동이 입양되었거나 위탁 가정에서 생활했던 경우에는 부모가 아동의 초기 이력을 알지 못할 수 있다. 아동의 정서 및 행동 기능에 대한 정보를 수집하는 데에는 평정척도가 자주 사용된다. 일반적으로 평정척도는 여러 평가자에 의한 평정(예: 자기 보고, 부모평정, 교사평정 등)이 가능하다는 점에서 다양한 정보원으로부터 관련 정보를 수집할 수 있다는 장점을 가진다.

아동의 행동을 관찰하면 선행사건과 행동의 결과를 밝힐 수 있다. 일반적으로, 관찰은 두 가지 이상의 상황에서 이뤄지는 것이 좋다(Floyd et al., 2008). 일부 연구자들은 문제행동이 유발될 가능성이 있는 조건을 포함하는 관찰 체계의 사용을 권장한다(Sheperis et al., 2003). 일부 주에서는 IDEA(2004)에 따른 정서장애 유무를 결정하는 데 있어 관찰이 필수 요소이다.

또한 학교심리사는 아동의 인지 기능, 성취도 및 사회 · 정서적 기능에 대한 평가를 수행할 수 있다. 평가 자료는 장애가 아동의 학업 성취에 부정적인 영향을 미치는지 판단하기 위해 다학제 팀에서 검토할 수 있다.

상담/치료 서비스

학교심리사는 전문성을 갖춘 정신건강 서비스 제공자로서 고유한 위치에 있다. 학교심리사는 DSED 아동의 사회성, 정서 및 행동 요구를 다루는 학교기반 정신건강 개입을 제공할 수 있다. DSED에 초점을 맞추어 개입을 수행한 연구는 현재까지 찾아보기 힘들지만 RAD에 적용할 수 있는 일부 개입(Floyd et al., 2008; Schwartz & Davis, 2006)이 DSED와 관련이 있다. 또한 연구자들은 학교에서 RAD 및 DSED를 가진 학생을 위한 개입이, (a) 개별 아동에게 맞추어 구체화되어야 하고, (b) 발달적으로 적절해야 하며, (c) 부정적인 전략이나 정서적 압력을 수반하지 않아야 한다고 강조했다(Zeanah, 1999: Floyd et al., 2008에서 재인용). 다른 연구자들은 학교기반 개입이 아동의 전반적인 기능을 향상시킬 수 있도록 자아존중감과 자기효능감을 다룰 것을 권장했다

> 연구자들은 학교에서 RAD 및 DSED를 가진 학생을 위한 개입이 (a) 개별 아동에게 맞추어 구체화되어야 하고, (b) 발달적으로 적절해야 하며, (c) 부정적인 전략이나 정서적 압력을 수반하지 않아야 한다고 강조했다(Zeanah, 1999: Floyd et al., 2008에서 재인용).

(Haugaard & Hazan, 2004).

학교심리사는 인지행동치료(CBT)를 제공하여 일부 DSED 아동이 경험하는 자기조절 문제 및 과잉행동을 해결할 수 있다. DSED 아동이 낮은 자존감과 사회적 유능성 문제로 어려움을 겪을 수 있다는 점에서 학교심리사는 아동의 사회적 충동을 다루고 다른 사람들과 상호작용하는 적절한 방법을 아동에게 가르치기 위해 사회적 기술 개입을 제공할 수 있다(Floyd et al., 2008). 놀이치료 역시 아동과 함께 이러한 문제 중 일부를 해결할 때 유용할 수 있다. 학교심리사는 개입을 제공하기 전에 CBT 및 놀이치료법에 대한 훈련을 받아야 한다. 또한 아동이 외부 기관에서 정신건강 서비스를 받고 있을 수 있으므로 학교심리사는 학교에서 제공할 수 있는 서비스 유형을 결정하기 위해 외부 치료사와 협력해야 할 필요가 있다.

앞서 언급한 바와 같이 연구자들은 DSED를 가진 청소년의 자살 사고와 자살 시도를 보고하였다. 따라서 아동이 자살 사고를 경험하고 있는지 알아내어 적절한 치료 서비스를 제공할 수 있도록 자살 경향성 검사가 필요할 수 있다. 아동이 자살 사고나 자살 시도를 인정하는 경우, 학교심리사는 아동에게 현재 자살 사고가 있거나 자해할 계획이 있는지 판단하기 위해 위험 평가를 실시해야 한다. 자살 위험이 높다고 판단되면 위기관리 계획이 필요할 수 있다.

교육적 지원

학교 환경에서 DSED 학생에게 필요한 지원을 다루는 연구는 매우 제한적이지만, 학교의 준비 상태를 평가하는 것은 필수적이다. Floyd와 동료들(2008)은 RAD(당시에는 DSED에도 적용됨)를 가진 아동의 사회성, 정서 및 행동 요구에 대한 심리교육을 교사와 학교 관리자에게 제공해야 할 필요성을 강조한다. 또한 학대받은 아동을 위한 지지적인 접근이 RAD(또는 DSED; Schwartz & Davis, 2006)를 가진 아동에게도 권장된다. 이러한 제안에는 아동의 행동을 이해하고, 아동을 세심하게 보살피고, 아동의 정서 수준에서 상호작용하고, 일관성 및 예측 가능한 환경을 유지하고, 적절한 사회적 상호작용 모델을 제공해야 할 필요성이 포함된다(Perry, 2001). 이러한 접근방식은 교사를 비롯하여 아동의 교육활동에 관여하는 교직원이 사용할 수 있다.

DSED 및 RAD 아동이 나타내는 문제행동을 다루기 위해 일부 학자들은 다중지원체계(Multi-Tiered Systems of Support: MTSS) 이용을 추천한다(Rosinski et al., 2016). 이 모델은 학생들에게 지원을 제공하는 데 사용되며 선별, 진행 상황 점검 및 개별화된 개입을 포함한다. 이는 특히 학교에서 아동의 정서적 및 행동적 요구를 해결하기 위한 지원을 제공하는 데 사용된다. Losinski

와 동료들(2016)은 이 모델이 RAD 및 DSED를 가진 학생들에게 도움이 될 것이라고 주장한다. Losinski 등(2016)에 따르면, MTSS의 1단계 지원에는 감정 및 행동 문제를 식별하기 위한 선별과 증거기반 교육이 포함된다. 2단계 지원에서는 목표행동을 다루는 데 중점을 두며 소그룹으로 이뤄지기도 한다. DSED가 있는 아동의 경우 소그룹 환경에서 사회성 기술을 다루도록 계획해 볼 수 있다. 또한 이 단계에서는 아동의 행동을 매일 점검하는 것이 도움이 될 수 있다. 마지막으로, 3단계의 중재 단계 지원에서는 아동 개인에게 필요한 개별화된 지원에 중점을 두며 더욱 집중적인 개입이 진행된다. 학교심리사는 이 단계에서 DSED 아동의 사회적 유능성과 자존감을 다루는 개입 프로그램을 개별적으로 실행할 수도 있다.

RAD 아동을 위한 지원(Losinki et al., 2016)과 마찬가지로, DSED 아동에게 필요한 지원 중의 하나는 이들이 교실에서 안전감을 느끼도록 돕는 것이다. 교사와 학교심리사는 아동이 학습 환경에서 안전함을 느끼도록 도울 수 있는 최선의 방법을 찾기 위해 협력할 수 있다. 예를 들어, 아동이 감당하기 힘든 심리적 고통을 느꼈을 때 쉴 수 있는 공간을 교실 안에 마련하는 것도 좋은 방법이다. DSED 및 RAD를 가진 아동에게는 예측 가능한 환경이 매우 중요하므로, 예정된 사항은 아동이 알고 있어야 하며, 일과에 변화가 생기는 경우에는 아동에게 알려 주어야 한다(Losinki et al., 2016).

학교기반 정신건강 개입과 지원

DSED 아동을 위한 치료적 접근법, 특히 학교기반 정신건강 개입을 마련하는 것은 쉽지 않은 일이다. 그런데 일부 연구자들에 따르면, RAD 아동에게 도움이 되는 학교기반 놀이치료를 DSED 아동에게도 적용할 수 있다. Ritchie(2013)는 RAD(DSED 증상을 포함) 아동에게 보탬이 될 수 있는 세 가지 유형의 놀이치료를 추천한 바 있다. 이 중 CBT를 사용한 놀이치료는, 특히 DSED 아동이 사회적 탈억제 행동 및 과잉행동을 보인다는 점에서, DSED 증상을 다루는 데 매우 효과적인 접근방식이 될 수 있다. 학교심리사는 CBT 기술을 사용하여 아동이 자신의 생각과 행동을 연결 짓고, 감정에 압도되었을 때 사용할 이완 기술을 배우고, 충동성을 줄이기 위한 전략을 사용하고, 적절한 사회적 행동을 모델링하도록 도울 수 있다. Ritchie(2013)는 놀이치료 기법과 결합된 CBT 접근방식이 감정 조절 문제해결에도 도움이 될 수 있음을 언급한다. Ritchie(2013)가 추천하는 또 다른 놀이치료 접근법은 아동중심 놀이치료(Child-Centered Play Therapy: CCPT)이다. CCPT의 기본 원리에는 놀이치료사와의 긍정적인 관계, 아동에 대한 놀이

치료사의 수용성, 감정을 탐색할 수 있는 안전한 환경, 아동이 감정을 알아차리도록 돕는 것, 아동이 스스로 자신의 어려움을 내적으로 해결하도록 돕는 것, 아동이 놀이치료 회기를 이끌도록 하는 것, 치료 과정이 점진적임을 이해하는 것, 필요한 경우 제한을 설정하는 것이 포함된다(Ritchie, 2013).

행동 관리 훈련(Behavior Management Training: BMT) 또한 RAD 아동에게 효과적인 치료 기법으로 알려져 있다. Buckner 등(2008)은 DSED 및 RAD에 대한 증거기반 치료가 제한적이라는 점을 인정한다. 하지만 BMT는 증거기반 치료를 제공하는 부모 교육 프로그램으로, 부모가 자녀와의 상호작용을 강화하고, 자녀에게 기대되는 행동을 명확하게 전달하며, 자녀의 문제행동에 적절하게 반응하도록 하는 데 주안점을 둔다. 이는 RAD/DSED 아동이 경험할 수 있는 행동 문제를 관리하는 데 도움이 되는 접근방식이다. BMT는 구조화된 프로그램으로 총 10회기로 구성되며, 각 회기의 운영 방법을 자세하게 안내하는 지침서가 별도로 마련되어 있다. 이 프로그램은 학령기 아동의 보호자가 자녀의 외현화 행동 및 주의력/집중력 문제를 적절하게 다룰 수 있도록 돕기 위해 고안되었다. BMT에는 부모(또는 양육자)를 위한 심리교육이 포함되어 있으며, 이는 자녀의 문제행동과 부모의 양육 기술에 초점을 두고 있다. 부모의 효과적인 양육 기술은 부모가 가정에서 적절한 훈육을 실천하는 데 기여할 수 있으며, 특히 자녀가 자신의 파괴적인 행동을 줄이고 사전에 정해진 약속과 규칙을 준수하며 가정에서의 보상 체계를 토대로 학교에서의 행동을 개선하는 데 도움을 줄 수 있다. Buckner와 동료들(2008)에 따르면, BMT는 6~11세 아동의 행동 문제를 관리하는 데 효과적인 것으로 나타났다. BMT의 한 유형인 부모-자녀 상호작용 치료(Parent-Child Interaction Therapy: PCIT)는 외현화 행동의 치료에 유효한 프로그램이다(Dickmann & Allen, 2017). Dickmann과 Allen(2017)은 사례에 적합하게 PCIT를 재구성(예: CBT 요소를 통합)하고 적절한 평가 도구를 사용하여 DSED 증상을 타당하게 측정할 수 있다면 PCIT가 DSED 아동에게 효과적인 치료 프로그램이 될 수 있다고 밝혔다. 현시점에서 DSED에 특화된 학교기반 개입이나 치료 방법은 제대로 알려져 있지 않지만, 학교심리사는 대안적인 접근방식을 찾을 수 있다. 따라서 학교심리사가 놀이치료, CBT 및 BMT와 같은 치료적 접근방식을 훈련받는 것은 중요하다.

사례 연구 Lyla: 탈억제성 사회적 접근장애를 가진 4세 소녀의 사례

배경

Lyla는 최근 유치원에 다니기 시작한 4세 여아로, 현재 위탁 가정에서 위탁 부모와 같이 생활하고 있다. Lyla의 위탁 가정에는 Lyla 외에 10세 된 남아도 함께 위탁되어 있다. Lyla는 이 가족과 함께 약 6개월 동안 함께 지내 왔다. 위탁 가족과 함께 살기 전까지는 아기였을 때부터 위탁 가정 네 곳을 옮겨 다녔다. 위탁 가정의 엄마는 Lyla의 초기 이력에 대해 많은 정보가 없다고 보고했다. 그러나 그녀는 생물학적 엄마가 Lyla를 돌볼 수 없는 데다 돌봐 줄 수 있는 친척이 없어서 Lyla를 위탁 가정에 맡겼음을 알게 되었다.

또한 지금의 위탁모는 일부 위탁 가정에서 Lyla에게 양육적인 환경을 제공하지 않았다는 사실을 위탁 보호 기관을 통해 전달받았다. Lyla는 첫 번째 위탁 가정에서 생활하는 동안 더러워진 기저귀를 차고 몇 시간 동안 요람에 자주 남겨졌다. 사회복지사는 첫 번째 위탁모가 약물을 사용하고 아기를 제대로 돌보지 않는 것을 발견했다. 두 번째 위탁 가정에는 다른 여러 위탁 아동이 있었다. 그 위탁 가정의 엄마는 Lyla를 포함한 위탁 자녀가 문제행동을 할 때 음식을 주지 않는 경향이 있었다. 이 때문에 Lyla는 어린 나이에 음식을 숨기는 법을 배웠다. Lyla가 3세 때 한번은 지금의 위탁 가족과 공원에 함께 있다가 처음 보는 십 대 소년과 이야기하려고 가족에게서 떨어진 적이 있었다. 소년과 잠시 대화한 Lyla는 공원 쓰레기통에서 음식을 뒤지다가 한참 후에 발견되었다. 또한 Lyla는 공격적인 행동과 과잉행동을 보이는 경향이 있었다. 위탁모는 Lyla가 '친근한 소녀'이지만 '때로는 지나치게 친근하다'는 말을 들었다고 보고했다. 위탁 가정의 엄마에 따르면, Lyla는 낯선 사람에게 쉽게 접근하고 누군가에게 다가가서 그 사람과 대화하는 것이 편안해 보인다. Lyla는 대화를 나눈 낯선 사람의 손을 잡으려고 시도하고 낯선 남성의 무릎에 앉아도 되는지 묻기도 한다. 지금의 위탁 가정에서는 충분한 음식이 주어짐에도 불구하고 음식에 지나치게 신경을 쓰는 모습을 보인다. Lyla는 계속해서 낯선 사람에게 접근하고 거슬리는 질문을 하기도 한다. 때때로 낯선 사람들은 Lyla가 지나치게 친근함을 보일 때 불편해한다. 최근 Lyla는 처음 만난 남자 손님에게 지나친 친근함을 보였다. 당시 그 자리에 있었던 위탁 부모는 이러한 행동이 Lyla의 연령에 어울리지 않는다고 생각하며 Lyla의 행동을 줄곧 유심히 관찰하였다. 위탁 부모의 보고에 따르면, Lyla가 남자 손님에게 지나치게 가까이 다가가자 남자 손님은 Lyla에게 적당히 거리를 두었는데, 이때 Lyla는 크게 화를 내며 주변의 작은 물건을 들어 바닥에 집어던지는 모습을 보였다. Lyla가 학교에서도 비슷한 행동을 보이기 때문에 교사와 위탁 부모는 Lyla의 행동을 우려하고 Lyla가 낯선 사람을 따라갈까 봐 걱정한다. 학교에서 Lyla는 학업 수행에 별다른 문제를 보이지 않는 것으로 보고되었지만, 선생님은 Lyla를 가장 잘 도울 수 있는 방법이 무엇인지 확신하지 못했다. 부모와 교사는 Lyla가 때로 지나치게 활동적이며 다른 사람들, 특히 다른 아동들과의 상호작용에서 공격적일 수 있다고 보고했다.

논의

위탁모가 보고한 Lyla의 행동을 고려할 때, Lyla가 DSED 진단 기준에 부합한다는 사실은 분명해 보인다. Lyla는 익숙하지 않은 어른들에게 적극적으로 다가가 그들과 소통한다. 낯선 사람에게 접근하는 것을 주저하지 않으며 낯선 사람에게도 과도한 신체적 접촉을 시도하는 경향이 있다. 더러워진 기저귀를 차고 오랫동안 홀로 방치된 것에서 입증되듯이 Lyla는 사회적 방임과 부적절한 환경에서 생활한 이력을 가지고 있다. Lyla는 또한 음식을 받지 못하는 상황을 겪었고, 그로 인해 음식을 저장하는 습관을 갖게 되었다. 게다가 겨우 4세에 여러 위탁 가정을 전전한 경험이 있다. Lyla는 생후 9개월이 넘었기 때문에 성인에게 선택적 애착을 형성할 수 있는 기간은 지났다.

위탁 가정의 부모와 교사는 모두 Lyla를 염려하고 있으며 Lyla가 나이가 들면서 처할 수 있는 잠재적으로 위험한 상황을 이해하고 있다. 학교심리사는 DSED에 대한 심리교육을 제공하는 개별 상담 실시를 통해 이들의 우려를 효과적으로 다룰 수 있다. 이는 부모와 교사가 DSED의 영향, 특히 아동의 학습활동, 사회성, 정서 및 행동 기능에 미치는 DSED의 영향을 구체적으로 이해할 수 있는 기회를 제공한다. 학교심리사는 학부모와 함께 학교 외부의 정신건강 지원과 같은 추가 서비스가 필요한지 결정할 수 있다. 이처럼 부모가 자신의 자녀에게 필요한 서비스를 찾을 수 있도록 돕는 것은 학교심리사에게 중요한 역할이다. 아울러 학교심리사는 교사에게 지지 자원이 될 수 있으며, 교실에서 나타나는 Lyla의 행동 문제를 해결하는 방법을 교사들이 찾아내도록 이끌며 도움을 줄 수 있다.

Lyla의 사회성, 정서 및 행동 요구를 해결하기 위해 교실에서 교육적 지원이 제공될 수 있다. 이러한 교육적 지원은 MTSS의 각 단계를 통해 제공될 수 있다. Lyla가 이러한 지원에 반응하지 않는 경우, 다학제 팀에서 Lyla를 대상으로 특수교육 서비스 수혜를 위한 평가를 진행할 수 있다. 학교심리사는 일련의 테스트를 실시하고 다학제 팀에서는 평가 결과를 검토하여 Lyla가 장애 아동인지 여부와 특수교육 서비스의 필요 여부를 결정한다. Lyla가 장애아로 결정된다면 장애가 그녀의 학업 수행에 부정적인 영향을 미치고 있다는 점이 명백하게 입증되어야 한다.

학교기반 정신건강 서비스 또한 Lyla의 행동 문제를 해결하기 위한 선택이 될 수 있다. CBT와 통합된 놀이치료는 Lyla가 자신의 감정을 탐색하고 자신의 행동을 관리하는 방법을 배울 수 있는 안전한 기회를 제공한다는 점에서 Lyla에게 효과적인 개입일 수 있다. Lyla는 놀이를 통해 사회적으로 소통하고 상호작용하는 적절한 방법도 배울 수 있다. 대안적인 접근방식으로는 부모에게 행동 관리법을 가르치는 BMT가 고려될 수 있다. Lyla와 가족은 분명히 많은 지원이 필요하며 학교심리사는 부모와 교사에게 귀중한 자원 역할을 할 수 있다.

핵심 요약

- DSM-5에서 DSED는 RAD와 구별되는 장애이다.
- DSED를 가진 아동이 사회적 방임이나 부적절한 양육 환경을 경험하였더라도, DSED는 이제 애착장애가 아닌 사회적 접근장애로 간주된다.
- 부모 행동의 질은 아동의 DSED와 관련된 행동의 발달 및 감소에 영향을 미칠 수 있다.
- 분노의 억제 통제는 아동이 학교나 다른 상황에 있는 동안 억제했던 강렬한 감정을 나중에 안전하다고 느끼는 보호자와 함께 있을 때 드러낼 가능성을 반영한다.

연습문제

1. 다음 중 DSED 아동이 경험하는 사회 · 정서적 어려움에 포함되지 않는 것은?

   a. 과잉행동

   b. 조현병

   c. 낮은 자아존중감

   d. 대인관계 문제

2. DSED 아동은 감정적으로 위축되고 슬퍼 보인다.

   a. 참

   b. 거짓

3. 다음 중 DSED 아동이 친숙하지 않은 성인과 새로운 상황에 처했을 때 나타낼 것으로 예상되는 행동은?

   a. 양육자에게 들러붙기

   b. 낯선 어른에게서 물러나 숨기

   c. 낯선 어른에게 거침없이 다가가기

   d. 낯선 어른에게서 도망치기

4. 여전히 모든 학자가 DSED를 애착장애로 간주한다.

   a. 참

   b. 거짓

5. DSED 아동에게서 고려할 수 있는 IDEA 장애 범주는 정서장애이다.

   a. 참

   b. 거짓

정답 1) b, 2) b, 3) c, 4) b, 5) a

토의질문

1. DSM-5에서 제시한 DSED의 진단 기준의 특징을 설명하시오.
2. DSED가 더 이상 애착장애로 간주되지 않는 이유를 논하시오.
3. DSED가 아동의 사회성, 정서 및 행동 기능에 어떤 영향을 미칠 수 있는지 논하시오.
4. DSED 아동의 학습에 영향을 줄 수 있는 요인을 논하시오.
5. DSED 아동에게 유용할 수 있는 교육적 및 사회 · 정서적 지원을 논하시오.

● 추가 정보

Resources for School Psychologists

American Academy of Child and Adolescent Psychiatry *Attachment Disorders:* www.aacap.org/AACAP/Families_and_Youth/Facts_for_Families/FFF-Guide/Attachment-Disorders-085.aspx

American Association of Child and Adolescent Mental *Disinhibited Social Engagement Behaviour Is Not Unique to Children Exposed to Inadequate Caregiving.* www.acamh.org/app/uploads/2020/01/RD_Disinhibited-social.pdf

● 핵심 참고문헌

American Psychiatric Association. (2013). *Diagnostic and statistical manual of mental disorders* (5th ed.). https://doi.org/10.1176/appi.books.9780890425596

Floyd, K. K., Hester, P., Griffin, H. C., Golden, J., & Canter, L. L. S. (2008). Reactive attachment disorder: Challenges for early identification and intervention within the schools. *International Journal of Special Education, 23*(2), 47-55. https://files.eric.ed.gov/fulltext/EJ814399.pdf

Individuals with Disabilities Education Improvement Act (2004). 20 U.S.C. § 1400. Losinski, M., Katsiyannis, A., White, S., & Wiseman, N. (2016). Addressing the complex needs of students with attachment disorders. *Intervention in School & Clinic, 51*(3), 184-187. https://doi.org/10.1177/1053451215585800

Perry, B. D. (2001). *Bonding and attachment in maltreated children: Consequences of emotional neglect in childhood.* Child Trauma Academy Press. https://7079168e-705a-4dc7-be05-2218087aa989.filesusr.com/ugd/aa51c7_a9e562d294864796bdd5b3096a8d8c86.pdf

Rutter, M., Colvert, E., Kreppner, J., Beckett, C., Castle, J., Groothues, C., Hawkins, A., O'Connor, T. G., Stevens, S. E., & Sonuga-Barke, E. J. (2007). Early adolescent outcomes for institutionally-deprived and non-deprived adoptees. I: Disinhibited attachment. *Journal of Child Psychology and Psychiatry, 48*(1), 17-30. https://doi.org/10.1111/j.1469-7610.2006.01688.x

Scheper, F. Y., Abrahamse, M. E., Jonkman, C. S., Schuengel, C., Lindauer, R. J. L., Vries, A. L. C., Doreleijers, T. A. H., & Jansen, L. M. C. (2016). Inhibited attachment behaviour and disinhibited social engagement behaviour as relevant concepts in referred home reared children. *Child: Care, Health & Development, 42*(4), 544-552. https://doi.org/10.1111/cch.12319

Schwartz, E., & Davis, A. S. (2006). Reactive attachment disorder: Implications for school readiness and school functioning. *Psychology in the Schools, 43*(4), 471-479. https://doi.org/10.1002/pits.20161

Seim, A. R., Jozefiak, T., Wichstr ø m, L, Lydersen, S., & Kayed, N. S. (2020). Reactive attachment disorder and disinhibited social engagement disorder in adolescence: Co-occurring psychopathology and psychosocial problems. *European Child & Adolescent Psychiatry,* 1-14. https://doi.org/10.1007/s00787-020-01673-7

Spilt, J. L., Vervoort, E., Koenen, A. K., Bosmans, G., & Verschueren, K. (2016). The socio-behavioral development of children with symptoms of attachment disorder: An observational study of teacher sensitivity in special education. *Research in Developmental Disabilities, 56*, 71-82. https://doi.org/10.1016/j.ridd.2016.05.014

Zeanah, C. H., & Gleason, M. M. (2010). *Reactive attachment disorder: A review for* DSM-V. American Psychiatric Association. https://www.researchgate.net/profile/Charles-Zeanah/publication/228683818_Reactive_Attachment_Disorder_a_review_for_DSM-V/links/0deec51e86576d1e8c000000/Reactive-Attachment-Disorder-a-review-for-DSM-V.pdf

Zeanah, C. H., & Gleason, M. M. (2015a). Annual research review: Attachment disorders in early childhood - Clinical presentation, causes, correlates, and treatment. *Journal of Child Psychology and Psychiatry, 56*, 207-222. https://doi.org/10.1111/jcpp.12347

참고문헌

American Psychiatric Association. (1987). *Diagnostic and statistical manual of mental disorders* (3rd ed., rev.). American Psychiatric Press.

American Psychiatric Association. (1994). *Diagnostic and statistical manual of mental disorders* (4th ed.). American Psychiatric Press.

American Psychiatric Association. (2013). *Diagnostic and statistical manual of mental disorders* (5th ed.). https://doi.org/10.1176/appi.books.9780890425596

Buckner, J. D., Lopez, C., Dunkel, S., & Joiner Jr, T. E. (2008). Behavior management training for the treatment of reactive attachment disorder. *Child Maltreatment, 13*(3), 289-297. https://doi.org/10.1177/1077559508318396

Dickmann, C. R., & Allen, B. (2017). Parent-child interaction therapy for the treatment of disinhibited social engagement disorder: A case report. *Evidence-Based Practice in Child and Adolescent Mental Health, 2*(1), 19-29. https://doi.org/10.1080/23794925.2017.1286959

Dozier, M., Zeanah, C. H., Wallin, A. R., & Shauffer, C. (2012). Institutional care for young children: Review of literature and policy implications. *Social Issues and Policy Review, 6*(1), 1-25. https://doi.org/10.1111/j.1751-2409.2011.01033.x

Elovainio, M., Raaska, H., Sinkkonen, J., Mäkipää, S., & Lapinleimu, H. (2015). Associations between attachment- related symptoms and later psychological problems among international adoptees: Results from the FinAdo study. *Scandinavian Journal of Psychology, 56*(1), 53-61. https://doi.org/10.1111/sjop.12174

Floyd, K. K., Hester, P., Griffin, H. C., Golden, J., & Canter, L. L. S. (2008). Reactive attachment disorder: Challenges for early identification and intervention within the schools. *International Journal of Special Education, 23*(2), 47-55. https://files.eric.ed.gov/fulltext/EJ814399.pdf

Gleason, M. M., Fox, N. A., Drury, S. S., Smyke, A. T., Egger, H. L, Nelson, C. A., & Zeanah, C. H. (2011). Validity of evidence-derived criteria for reactive attachment disorder: indiscriminately social/dis-inhibited and emotionally withdrawn/inhibited types. *Journal of American Academy of Child and Adolescent Psychiatry, 50*, 216-231. https://doi.org/10.1016/j.jaac.2010.12.012

Good, G. A. (2016) Adoption of children with disabilities: An exploration of the issues for adoptive families. *Early Child Development and Care, 186*(4), 642-661. https://doi.org/10.1080/03004430.2015.1040786

Guyon-Harris, K. L., Humphreys, K. L., Fox, N. A., Nelson, C. A., & Zeanah, C. H. (2019). Signs of attachment disorders and social functioning among early adolescents with a history of institutional care. *Child Abuse & Neglect, 88*, 96-106. https://doi.org/10.1016/j.chiabu.2018.11.005

Guyon-Harris, K. L., Humphreys, K. L., Miron, D., Gleason, M. M., Nelson, C. A., Fox, N. A, & Zeanah, C. H. (2019). Disinhibited social engagement disorder in early childhood predicts reduced competence in early adolescence. *Journal of Abnormal Child Psychology, 47*(10), 1735-1745. https://doi.org/10.1007/s10802-019-00547-0

Haugaard, J. J., & Hazan, C. (2004). Child maltreatment in children and adolescents who have been severely maltreated: Reactive attachment disorder. *Child Maltreatment, 9*, 154-160. https://doi.org/10.1177/1077559504264316

Hong, M., Moon, D. S., Chang, H., Lee, S. Y., Cho, S. W., Lee, K. S., Park, J. A., Lee, S. M., & Bahn, G. H. (2018). Incidence and comorbidity of reactive attachment disorder: Based on National Health Insurance Claims data, 2010-2012 in Korea. *Psychiatry Investigation, 15*(2), 118-123. https://doi.org/10.30773/pi.2017.11.01

Humphreys, K. L., Nelson, C. A., Fox, N. A., & Zeanah, C. H. (2017). Signs of reactive attachment disorder and disinhibited social engagement disorder at age 12 years: Effects of institutional care history and high-quality foster care. *Development and Psychopathology, 29*(2), 675-684. https://doi.org/10.1017/S0954579417000256

Individuals with Disabilities Education Act, 20 U.S.C. § 1400. (2004).

Lehmann, S., Breivik, K., Heiervang, E. R., Havik, T., & Havik, O. E. (2016). Reactive attachment disorder and disinhibited social engagement disorder in school-aged foster children-A confirmatory approach to dimensional measures. *Journal of Abnormal Child Psychology, 44*(3), 445-457. https://doi.org/10.1007/s10802-015-0045-4

Losinski, M., Katsiyannis, A., White, S., & Wiseman, N. (2016). Addressing the complex needs of students with attachment disorders. *Intervention in School & Clinic, 51*(3), 184-187. https://doi.org/10.1177/1053451215585800

Lyons-Ruth, K., Bureau, J.-F., Riley, C. D., & Atlas-Corbett, A. F. (2009). Socially indiscriminate attachment behavior in the Strange Situation: convergent and discriminant validity in relation to caregiving risk, later behavior problems, and attachment insecurity. *Development and Psychopathology, 21*(2), 355-372. https://

doi.org/10.1017/S0954579409000376

Lyons-Ruth, K., Zeanah, C. H., & Gleason, M. M. (2015). Commentary: Should we move away from an attachment framework for understanding disinhibited social engagement disorder (DSED)? A commentary on Zeanah and Gleason (2015). *Journal of Child Psychology and Psychiatry, 56*(3), 223-227. https://doi.org/10.1111/jcpp.12373

McGee, R. O. B., & Share, D. L. (1988). Attention deficit disorder-hyperactivity and academic failure: Which comes first and what should be treated? *Journal of the American Academy of Child & Adolescent Psychiatry, 27*(3), 318-325. https://doi.org/10.1097/00004583-198805000-00009

Moran, K., McDonald, J., Jackson, A., Turnbull, S., & Minnis, H. (2017). A study of attachment disorders in young offenders attending specialist services. *Child Abuse & Neglect, 65*, 77-87. https://doi.org/10.1016/j.chiabu.2017.01.009

O'Connor, T. G., Marvin, R. S., Rutter, M., Olrick, J. T., Britner, P. A., & English and Romanian Adoptees Study Team. (2003). Child-parent attachment following early institutional deprivation. *Development and Psychopathology, 15*(1), 19-38. https://doi.org/10.1017/s0954579403000026

Pate, C. M., Maras, M. A., Whitney, S. D., Bradshaw, C. P. (2017). Exploring psychosocial mechanisms and interactions: Links between adolescent emotional distress, school connectedness, and educational achievement. *School Mental Health, 9*, 28-43. https://doi.org/10.1007/s12310-016-9202-3

Perry, B. D. (2001). *Bonding and attachment in maltreated children: Consequences of emotional neglect in childhood.* Child Trauma Academy Press. https://7079168e-705a-4dc7-be05-2218087aa989.filesusr.com/ugd/aa51c7_a9e562d294864796bdd5b3096a8d8c86.pdf

Raaska, H., Elovainio, M., Sinkkonen, J., Matomäki, J., Mäkipää, S., & Lapinleimu, H. (2012). Internationally adopted children in Finland: Parental evaluations of symptoms of reactive attachment disorder and learning difficulties-FINADO study. *Child: Care, Health and Development, 38*(5), 697-705. https://doi.org/10.1111/j.1365-2214.2011.01289.x

Ritchie, J. A. (2013). Reactive attachment disorder: Play therapy interventions for school settings. In J. R. Curry & L. R. Fazio-Griffith (Eds.), *Integrating play techniques in comprehensive school counseling programs* (pp. 309-323). Information Age Publishing.

Roy, P., Rutter, M., & Pickles, A. (2004). Institutional care: Associations between overactivity and lack of selectivity in social relationships. *Journal of Child Psychology and Psychiatry, 45*, 866-873. https://doi.org/10.1111/J.1469-7610.2004.00278.X

Rutter, M., Colvert, E., Kreppner, J., Beckett, C., Castle, J., Groothues, C., Hawkins, A., O'Connor, T. G., Stevens, S. E., & Sonuga-Barke, E. J. (2007). Early adolescent outcomes for institutionally-deprived and non-deprived adoptees. I: Disinhibited attachment. *Journal of Child Psychology and Psychiatry, 48*(1), 17-30. https://doi.org/10.1111/j.1469-7610.2006.01688.x

Salvia, J., Ysseldyke, J., & Witmer, S. (2016). *Assessment in special and inclusive education.* Cengage Learning.

Scheper, F. Y., Abrahamse, M. E., Jonkman, C. S., Schuengel, C., Lindauer, R. J. L., Vries, A. L. C., Doreleijers, T. A. H., & Jansen, L. M. C. (2016). Inhibited attachment behaviour and disinhibited social engagement behaviour as relevant concepts in referred home reared children. *Child: Care, Health & Development, 42*(4), 544-552. https://doi.org/10.1111/cch.12319

Schwartz, E., & Davis, A. S. (2006). Reactive attachment disorder: Implications for school readiness and school functioning. *Psychology in the Schools, 43*(4), 471-479. https://doi.org/10.1002/pits.20161

Seim, A. R., Jozefiak, T., Wichstrøm, L., & Kayed, N. S. (2020). Validity of reactive attachment disorder and disinhibited social engagement disorder in adolescence. *European Child & Adolescent Psychiatry, 29*, 1465-1476. https://doi.org/10.1007/s00787-019-01456-9

Seim, A. R., Jozefiak, T., Wichstrøm, L., Lydersen, S., & Kayed, N. S. (2020). Reactive attachment disorder and disinhibited social engagement disorder in adolescence: Co-occurring psychopathology and psychosocial problems. *European Child & Adolescent Psychiatry*, 1-14. https://doi.org/10.1007/s00787-020-01673-7

Sheperis, C. J., Renfro-Michel, E. L., & Doggett, R. A. (2003). In-home treatment of reactive attachment disorder in a therapeutic foster care system: A case example. *Journal of Mental Health Counseling, 25*(1), 76-88. https://doi.org/10.17744/mehc.25.1.krphhdq43bn4mawg

Smyke, A. T., Zeanah, C. H., Gleason, M. M., Drury, S. S., Fox, N. A., Nelson, C. A., & Guthrie, D. (2012). A randomized controlled trial comparing foster care and institutional care for children with signs of reactive attachment disorder. *American Journal of Psychiatry, 169*(5), 508-514. https://doi.org/10.1176/appi.ajp.2011.11050748

Spilt, J. L., Vervoort, E., Koenen, A. K., Bosmans, G., & Verschueren, K. (2016). The socio-behavioral development of children with symptoms of attachment disorder: An observational study of teacher sensitivity in special education. *Research in Developmental Disabilities, 56*, 71-82. https://doi.org/10.1016/j.ridd.2016.05.014

Taft, R., Schlein, C., & Ramsay, C. (2016). Parents of children with reactive attachment disorder: Experiences of school and family communication and interaction. *International Journal of Learning, Teaching and Educational Research, 15*(1), 66-78. https://www.ijlter.org/index.php/ijlter/article/view/555

Trautwein, U., Lüdtke, O., Köller, O., & Baumert, J. (2006). Self-esteem, academic self-concept, and achievement: How the learning environment moderates the dynamics of self-concept. *Journal of Personality and Social Psychology, 90*(2), 334-349. https://doi.org/10.1037/0022-3514.90.2.334

Vasquez, M., & Miller, N. (2018). Aggression in children with reactive attachment disorder. A sign of deficits in emotional regulatory processes? *Journal of Aggression, Maltreatment & Trauma, 27*(4), 347-366. https://doi.org/10.1080/10926771.2017.1322655

Wight, M., & Chapparo, C. (2008). Social competence and learning difficulties: Teacher perceptions. *Australian Occupational Therapy Journal, 55*(4), 256-265. https://doi.org/10.1111/j.1440-1630.2007.00706.x

Zeanah, C. H., Chesher, T., Boris, N. W., & the American Academy of Child and Adolescent Psychiatry (AACAP) Committee on Quality Issues (CQI). (2016). Practice parameter for the assessment and treatment of children and adolescents with reactive attachment disorder and disinhibited social engagement disorder. *Journal of the American Academy of Child & Adolescent Psychiatry, 55*(11), 990-1003. https://doi.org/10.1016/j.jaac.2016.08.004

Zeanah, C. H., & Gleason, M. M. (2010). *Reactive attachment disorder: A review for* DSM-V. American Psychiatric Association. https://www.researchgate.net/profile/Charles-Zeanah/publication/228683818_Reactive_Attachment_Disorder_a_review_for_DSM-V/links/0deec51e86576d1e8c000000/Reactive-Attachment -Disorder-a-review-for-DSM-V.pdf

Zeanah, C. H., & Gleason, M. M. (2015a). Annual research review: Attachment disorders in early childhood - Clinical presentation, causes, correlates, and treatment. *Journal of Child Psychology and Psychiatry, 56*, 207-222. https://doi.org/10.1111/jcpp.12347

Zeanah, C. H., & Gleason, M. M. (2015b). A commentary on Zeanah and Gleason (2015). *Journal of Child Psychology and Psychiatry, 56*(3), 227.

Zeanah, C. H., & Smyke, A. T. (2014). Attachment disorders and severe deprivation. In M. Rutter, D. Bishop, D. Pine, S. Scott, J. Stevenson, E. Taylor, & A. Thapar (Eds.), *Rutter's child and adolescent psychiatry*. Blackwell.

Zeanah, C. H., Smyke, A. T., & Dumitrescu, A. (2002). Attachment disturbances in young children. II: Indiscriminate behavior and institutional care. *Journal of the American Academy of Child & Adolescent Psychiatry, 41*(8), 983-989. https://doi.org/10.1097/00004583-200208000-00017

Zeanah, C. H., Smyke, A. T., Koga, S. F., Carlson, E., & Bucharest Early Intervention Project Core Group. (2005). Attachment in institutionalized and community children in Romania. *Child Development, 76*(5), 1015-1028. https://doi.org/10.1111/j.1467-8624.2005.00894.x

Zephyr, L., Cyr, C., Monette, S., Langlois, V., Cyr-Desautels, L., & Archambault, M. (2021). Disinhibited social engagement behaviors in young maltreated children: Dysfunctional behavior of biological parents and child attachment. *Child Abuse & Neglect, 111*, 104791. https://doi.org/10.1016/j.chiabu.2020.104791

찾아보기

저자 소개

Terry Diamanduros, PhD

New York University에서 학교심리학 전공으로 박사학위를 취득하였으며, 수년간 뉴욕시의 학교 및 임상 장면에서 아동·청소년과 일한 경험이 있다. 2004년부터 현재까지 Georgia Southern University의 학교심리학 프로그램의 교수로 근무하고 있으며, 아동기 트라우마, 사이버괴롭힘, 테크놀로지가 아동발달에 미치는 영향에 관심을 가지고 연구하고 있다. 현재 아동정신병리, 발달진단, 성격 및 행동평가, 학업성취평가, 학교심리실습 등의 과목을 가르치며, 미국학교심리사협회(National Association of School Psychologists: NASP)의 회원이며, 조지아주의 NASP 대표로 봉사하고 있다. 또한 조지아주 학교심리사협회의 활동회원이자 임원으로 봉사하였고, 『Journal of Aggression, Maltreatment and Trauma』, 『School Psychology Review』, 『Psychology in the Schools』, 『Journal of Child Sexual Abuse』 등 다수 학술지의 편집위원으로 활동하고 있다.

P. Dawn Tysinger, PhD, NCSP

테네시주 멤피스 소재 University of Memphis에서 학교심리학을 주전공하고, 상담과 중재를 심화전공하여 심리학 박사학위를 취득하였다. NASP에서 인증하는 전국인증학교심리사(Nationally Certified School Psychologist: NCSP) 자격을 소지하고 있으며, Georgia Southern University의 학교심리학 프로그램의 정교수이자 프로그램 디렉터이다. 이 대학에 근무하기 전에는 루이지애나주와 캔자스주의 공립학교에서 학교심리사로 활동하면서 캔자스주의 Emporia State University에서 겸임교수로 근무하였다. NASP에서 활발하게 활동하고 있으며, 지역, 주, 전국 혹은 국제적 수준에서 발표하였고, 학교심리학 전문 학술지에 논문을 게재하였다. NASP의 프로그램 평가위원을 맡고 있으며, 『Psychology in the Schools』, 『School Psychology Training and Pedagogy』, 『National Youth-At-Risk Journal』 및 『Journal of Online Learning Research』의 편집위원으로 활동하고 있다.

Jeffrey A. Tysinger, PhD, NSCP

University of Memphis에서 상담과 중재를 심화전공으로 하여 학교심리학 분야에서 박사학위를 취득하였으며, 현재 Georgia Southern University의 교수이다. 2003년부터 2007년까지 Emporia State University에서 학교심리학 프로그램의 교수로 근무하였으며, 알래스카주의 앵커리지와 루이지애나주의 라푸쉐 패리시(Lafourche Parish)에서 학교심리사로 활동하기도 하였다. 실무자와 교육자로서 다양한 역할을 수행하면서 학교심리학에 대한 독특한 관점과 철학을 가지게 되었다. 캔자스주 학교심리사협회(KASP) 회장, KASP의 뉴스레터 편집장, KASP의 NCSP 인증위원으로 활동하였다. 1997년부터 NASP의 정회원이며, NCSP로 활동하고 있다. NASP의 프로그램 평가위원이며, 조지아주 학교심리사협회의 회원이다.

Pamela A. Fenning, PhD, ABPP

시카고 소재 Loyola University의 학교심리학 프로그램 교수이며, 공동디렉터이다. 일리노이주의 임상 및 학교심리사 면허를 소지하고 있으며, 학교심리학 분야의 이사회 인증을 받았다. 고등학교 수준의 다층적 학업 및 행동중재, 배제적 훈육과 사법적 정의 체계에서 인종적 편향, 학교훈육 정책의 불평등, 주정부 수준의 훈육개혁, 평등하고 포용적인 학교환경 구축을 위한 교직원의 전문성 개발, 군인 자녀에 대한 학교기반 지원 등에 연구 및 임상적 관심을 가지고 있다. NASP 학교심리사 양성위원회의 회장을 맡고 있으며, 대학원 프로그램 인증위원회의 위원으로 활동하고 있다.

역자 소개

이동형(Lee Donghyung)

미국 Texas A&M University 대학원 졸업(학교심리학 박사)

미국 Houston 교육구 학교심리학자 역임

현 부산대학교 교육학과 교수

〈주요 저서 및 역서〉

청소년을 위한 학교기반 인지치료(공역, 학지사, 2019)

고독의 심리학 1, 2(공역, 학지사, 2019, 2020)

교육의 사회적 책임(공저, 학지사, 2022)

김문재(Kim Moonjae)

부산대학교 교육학과 상담심리 박사과정 수료

현 부산광역시교육청 소속 초등교사

〈주요 역서〉

고독의 심리학 1, 2(공역, 학지사, 2019, 2020)

이창우(Lee Changwoo)

부산대학교 교육학과 상담심리 박사과정 수료

현 경상남도교육청 소속 초등교사

〈주요 역서〉

고독의 심리학 1, 2(공역, 학지사, 2019, 2020)

김주영(Kim Juyoung)

부산대학교 교육학과 상담심리 박사과정 수료

현 부산광역시교육청 소속 중등교사

〈주요 역서〉

고독의 심리학 1, 2(공역, 학지사, 2019, 2020)

강수현(Kang Suhyeon)

부산대학교 교육학과 상담심리 박사과정 수료

현 부산광역시교육청 소속 초등교사

〈주요 논문〉

청소년의 반응적 공격성과 외로움의 관계에서 사회적 고립과 지각된 학교풍토의 조절된 매개효과(2022, 교육과학연구) 등

학교현장 중심의 아동·청소년 이상심리학

Child and Adolescent Psychopathology for School Psychology:
A Practical Approach

2025년 7월 20일 1판 1쇄 인쇄
2025년 7월 31일 1판 1쇄 발행

지은이 • Terry Diamanduros, PhD · P. Dawn Tysinger, PhD, NCSP · Jeffrey A. Tysinger, PhD, NCSP · Pamela A. Fenning, PhD, ABPP
옮긴이 • 이동형 · 김문재 · 이창우 · 김주영 · 강수현
펴낸이 • 김진환
펴낸곳 • (주)학지사
04031 서울특별시 마포구 양화로 15길 20 마인드월드빌딩
대표전화 • 02-330-5114　팩스 • 02-324-2345
등록번호 • 제313-2006-000265호

홈페이지 • http://www.hakjisa.co.kr
인스타그램 • https://www.instagram.com/hakjisabook

ISBN 978-89-997-3460-1 93180

정가 32,000원